제14판 머리말

제13판 출간 후 2020년 12월 독점규제법의 전부개정안이 국회를 통과함으로써 개정 내용을 반영한 제14판의 출간을 서두르게 되었다. 1980년 독점규제법이 제정된 이후 40년 이상이 경과하였다. 그동안 우리나라 경제는 질과 양적으로 급격한 발전을 이루었다. 독점규제법이 제정된 해인 1980년 우리나라 GDP는 654억 달러에 불과하였지만 2021년에는 1조8,607억 달러로서 세계 10위의 경제규모를 갖게 되었으며, 디지털 경제로 전환하고 있는 시기에 반도체, 전자, 화학, 자동차 등 미래산업을 이끄는 분야에서 우리나라 기업은 선도적인 위치를 차지하고 있다. 이와 같은 국민경제의 성장은 개인과 기업의 자유와 창의가 온전히 발휘될 수 있는 시장경제질서의 형성에 힘입은 바가 크며, 독점규제법은 이러한 경제질서원리를 구체화하는 데 있어서 핵심적인 역할을 수행하여 왔다. 또한 이 과정에서 독점규제법도 의미 있는 발전을 이루었다. 선진 법리를 적극적으로 수용하고, 구체적인 적용 과정을 통하여 법리를 개선하려는 노력이 경주되었으며, 약 30여 차례의 개정이 이어졌다. 이와 같은 개정은 해당 시기의 필요성과 개선 의지를 반영한 것이지만, 빈번한 개정으로 독점규제법 체계가 지나치게 복잡하게 됨으로써 수범자의 법에 대한 이해에 지장을 초래할 정도에 이른 것도 사실이다. 2020년 개정은 그동안 이루어진 논의의 결과를 반영하면서, 동시에 많은 개정 과정으로 산만해진 법의 체계를 정비하는 데 의의를 두었고, 이러한 점에서 독점규제법 제정 이후 처음으로 전부개정의 형식으로 법개정이 이루어졌다. 물론 이번 개정이 그동안 독점규제법에서 전개되었던 수많은 논의의 종결을 의미하는 것은 아니며, 다만 기존의 논의를 심화시키고 새로운 논의의 출발점을 제공한다는 점에서 의의를 찾을 수 있을 것이다.

경제법의 한 축을 이루는 소비자보호법 분야에서도 변화의 움직임이 일고 있다. 전대미문의 팬데믹 상황에서 비대면거래가 폭발적으로 증가하고 있으며, 디지털 경제의 진화에 따라서 주요 플랫폼을 중심으로 새로운 거래 생태계가 구축되어 가고 있다. 이러한 변화에 대응하여 소비자보호의 관점에서도 실효성 있는 보호 체계를 새롭게 구축할 필요가 있을 것이다. 또한 중소기업관련법 분야에서도 새로운 이해와 접근 방식의 필요성이 나타나고 있다. 단지 중소기업의 보호를 넘어 오늘날 혁신을 통한 선도적 기술의 확보가 점점 중요해지고 있는 상황에서 스타트업을 포함한 중소기업의 보호와 육성은 국민경제의 성장에 필수불가결한 요소가 되고 있으며, 중소기업관련 법체계도 이러한 이해에 기초하여야 한다.

이번 판부터 권오승 교수의 단독저서가 아닌 공저로 출간하게 되었다. 이 책의 역사성에 더하여 경제법 분야에서 전개되고 있는 새로운 변화를 적절히 수용함으로써 미래에도 그 가치를 이어갈 수 있기를 바라는 마음에서 홍명수 교수가 필자로 참여하게 되었는데, 기대에 부응하기 위해 열과 성의를 다하고자 한다.

이 책을 출간하는 과정에서 명지대학교 박사과정의 이찬열 조교와 공정거래조정원 심상아 조사관이 꼼꼼하게 교정을 보았다. 이들의 수고에 고마운 마음을 전하며 앞으로의 학업에 큰 진전이 있기를 바란다. 또한 책을 출판하는 데 많은 도움을 주신 법문사 편집부 김제원 이사님과 영업부 임동수 과장께 진심으로 감사의 마음을 전한다.

2021년 8월
저자 씀

제13판 머리말

제12판을 출간한 지 어언 4년이 지났다. 그동안 경제법 분야에 많은 변화와 발전이 있었다. 경제법의 내용은 크게 총론, 독점규제법, 중소기업관련법, 소비자보호관련법 및 개별 산업규제법 등으로 나누어지는데, 그중에서 가장 많이 발전한 부분은 독점규제법이고, 발전이 가장 늦은 부분은 중소기업관련법이다. 독점규제법은 여러 차례 개정되었을 뿐만 아니라, 학계나 실무에서 논의도 가장 활발하고, 대법원 판례도 가장 많이 축적되어 있다. 그 밖의 분야에서도 여러 차례 법률의 개정이 있었고, 소비자정책위원회의 위상이 바뀌고, 중소기업관련법의 집행기관이 중소벤처기업부장관으로 승격되는 등 상당한 변화가 있었지만, 법과 제도의 정비는 물론이고 학계나 실무의 논의는 그다지 활발하지 않은 것 같다.

저자는 경제법의 핵심 분야인 독점규제법에 관해서는 그동안 서정 변호사와 함께 『독점규제법: 이론과 실무』라는 단행본을 출간하여 그동안의 변화와 발전을 상세히 정리·소개한 바 있으나, 나머지 부분에 관해서는 그동안의 변화와 발전을 제대로 정리·소개하지 못하여 늘 송구스러운 마음을 가지고 있었다. 이 책의 출간으로 오랫동안 밀려 있던 숙제 하나를 해결한 것과 같은 홀가분한 기분을 느끼는 동시에, 개별 산업규제법에 대해서는 이번에도 체계적인 서술을 시도하지 못한 점을 매우 아쉽게 생각한다. 멀지 않은 장래에 이를 보완하여 우리나라 경제법의 전체적인 모습을 개관할 수 있게 할 것을 약속드린다.

우리나라 경제질서는 바야흐로 일대 전환기를 맞이하고 있다. 우리나라 경제는 1960년대 이래 괄목할 만한 성장을 거듭하여 1980년대에는 신흥공업국의 대열에 편입되었고, 1990년대에는 선진국의 문턱에까지 도달하였다. 그러나 그 이후 두 차례의 경제위기를 거치면서 양극화가 심화되고 실업률이 증가하고, 성장률이 둔화되는 등 여러 가지 문제점이 노출되어 국민경제의 지속적인 성장과 발전을 기대하기가 어려운 위기상황에 빠져 있다. 이러한 위기를 극복하기 위해서는 우리나라의 경제구조를 소수 재벌 중심의 독과점적 시장구조에서 대기업과 중소기업이 상생할 수 있는 다원적이고 경쟁적인 시장구조로 전환하지 않으면 안 된다. 그러나 이러한 경제구조의 전환은 결코 쉬운 일이 아니다. 왜냐하면 현재의 경제구조는 정부가 1960년대 이래 소수의 능력있는 기업들을 집중적으로 지원하여 수출을 장려하는 수출지향형 고도성장정책을 추진하는 과정에서 형성된 것이기 때문이다.

그런데 이러한 경제구조의 전환이 없이는 우리나라가 지속적인 발전을 통하여 선진국으로 진입할 수가 없기 때문에, 우리는 경제구조의 전환을 시대적 과제로 알고 이를 실현하기 위하여 꾸준히 그리고 열심히 노력하지 않을 수 없다.

이를 실현하기 위해서는 우선, 먼저 소수 재벌에게 과도하게 집중되어 있는 경제력집중을 완화하고, 독과점적 시장구조를 경쟁적인 시장구조로 전환하는 동시에, 각종 경쟁제한적인 행위나 불공정한 거래행위를 철저히 규제함으로써, 시장경제의 기본원리인 자유롭고 공정한 경제질서를 확립하기 위하여 노력할 필요가 있다. 그리고 국민경제에서 차지하는 비중이 아주 큼에도 불구하고 대기업에 비하여 여러 가지로 불리한 처지에 놓여 있어서 국민경제의 지속적인 성장과 발전에 주도적인 역할을 담당하지 못하고 있는 중소기업을 보호·육성함으로써 대기업과 중소기업이 그들의 장점에 따라 공정하게 경쟁하면서 필요할 때에는 상호 협력할 수 있는 여건을 조성함으로써, 국민경제가 균형있게 발전할 수 있도록 노력할 필요가 있다. 한편 소비자가 주권자로서 그 역할을 다하기 위해서는 시장에 자유롭고 공정한 경쟁이 유지되고 있어야 한다. 그렇게 되어야 비로소 기업들의 성과가 소비자의 후생증대로 자연스럽게 연결될 수 있다. 따라서 소비자주권의 실현을 위해서도 자유롭고 공정한 경쟁질서의 확립이 절실히 필요하다. 이와 같이 중요한 경제구조의 전환을 위하여 정부, 기업, 소비자와 같은 경제주체는 물론이고, 국회와 법원을 비롯한 국가기관, 학계의 전문가나 시민단체들도 지혜를 모을 필요가 있을 것이다.

이러한 관점에서 저자는 이 책이 우리나라 경제법의 내용과 문제점을 정확하게 이해하는 데 도움이 될 뿐만 아니라, 위에서 설명한 시대적 과제를 해결하는 데에 다소라도 보탬이 될 수 있기를 간절히 바라며, 끝으로 이 책의 편집과 교정을 맡아 성실하게 노력해 주신 법문사 편집부 김제원 이사님께 진심으로 감사드린다.

2019년 2월
저 자 씀

제12판 머리말

제11판을 출간한 지 어언 1년이 지났다. 제12판에서는 그동안 경제법 분야에 나타난 변화를 충실히 반영하려고 노력하였다. 최근에는 그 변화가 주로 독점규제법 분야에서 많이 나타나고 있다. 그리고 이 책의 가독성을 높이기 위하여, 독자의 입장에서 꼼꼼히 읽어가면서 이해하기 어렵거나 매끄럽지 않은 문장이나 표현을 바로 잡으려고 노력하였다. 이 작업은 서울대학교 법학전문대학원에 재학 중인 구영한 양이 맡아 주었다. 구양의 노고에 감사하며, 더욱 정진해서 경제법 전문가로 발전할 수 있기를 기원한다.

이 책이 경제법에 대하여 관심을 가지고 있는 많은 학생들에게 좋은 길잡이가 될 수 있기를 기대하며, 앞으로도 더욱 알찬 내용으로 발전시켜 나갈 것을 약속드린다.

2015년 2월
서울대학교 연구실에서
저 자 씀

제11판 머리말

제10판을 출간한 지 1년 만에 다시 제11판을 출간하게 되었다. 그 이유는 두 가지이다. 하나는 그동안 우리나라 경제질서의 기본법인 독점규제법이 두 차례나 개정되었기 때문이고, 다른 하나는 우리나라 경제법의 중요한 내용을 구성하고 있는 중소기업관련법을 추가하기 위함이다.

독점규제법은 2013년 8월과 2014년 1월에 개정되었는데, 전자는 부당지원행위의 금지규정을 보완하기 위한 것이고, 후자는 대규모기업집단에 소속된 계열회사들 간의 순환출자를 금지하기 위한 것이다. 따라서 제11판에는 이러한 두 가지 개정사항을 모두 반영하였다. 한편 우리나라에서는 중소기업이 그 수도 많고 고용에서 차지하는 비중도 높으며, 부가가치의 생산에서 차지하는 역할도 크지만, 자본, 자금, 인력, 기술, 판로, 경영, 정보, 교섭력 등에 있어서 대기업에 비하여 열악한 처지에 놓여 있을 뿐만 아니라, 각종 불공정한 거래관행으로 인한 피해를 받고 있기 때문에, 이러한 중소기업을 보호하고 지원·육성하기 위하여 여러 가지 법과 정책을 마련하여 실시하고 있다. 따라서 저자는 우리나라 경제법의 내용을 정확하게 파악하기 위해서는 중소기업관련법의 내용을 이해하지 않으면 안 된다고 생각하여, 제11판에서는 중소기업관련법의 내용을 간략하게 소개하고 그 문제점과 개선방안을 제시하고 있다.

이 책이 우리나라 경제법에 대하여 관심을 가지고 있는 독자들에게 그 내용을 정확하게 이해할 수 있게 하는 데 도움이 되고, 나아가 우리나라 경제질서의 발전에 다소라도 이바지할 수 있게 되기를 간절히 바라며, 끝으로 편집을 맡아 수고해 주신 김제원 부장께 진심으로 감사드린다.

2014년 2월
우면산 기슭에서
저 자 씀

제10판 머리말

제9판을 출간한 지 만 2년 만에 다시 제10판 전정판을 출간하게 되었다. 제10판을 준비하면서 그동안 우리나라의 경제법이 크게 발전했다는 것을 느낄 수 있어서 매우 기뻤다. 제10판에서는 그동안 개정된 법률의 내용과 대법원 판례의 발전 및 학계와 실무계의 성과를 충실히 반영하려고 노력하였다. 그리고 이 책을 처음부터 끝까지를 꼼꼼히 읽어 가면서 시대의 변화에 따라 적절하지 않은 내용이나 표현 그리고 이해하기 어려운 부분을 적절하고 이해하기 쉽게 고치고 다듬었다.

제10판에서 특별히 수정한 부분은 다음과 같다. 우선, 제1편 경제법 총론에서는 제5장 시장경제에 있어서 국가의 역할을 추가하였다. 그리고 제2편 독점규제법에서는 2011년 12월과 2012년 6월 두 차례에 걸친 법률의 개정과 그동안 발전된 대법원 판례와 학계 및 실무계의 성과를 간략하게 정리해서 반영하였다. 끝으로 제3편 소비자보호관련법에서는 2012년 2월에 개정된 법률, 즉 약관규제법, 방문판매법 및 전자상거래소비자보호법의 내용을 충실히 반영하려고 노력하였다.

우리나라 경제법의 내용과 발전과정을 돌이켜 보면, 경제질서의 기본법이라고 할 수 있는 독점규제법은 시행 30년을 지나면서 이제 상당한 수준에 이른 것으로 보이며, 국제적으로도 좋은 평가를 받고 있다. 그러나 소비자보호법은 아직 미흡한 수준을 벗어나지 못하고 있으며, 이 책에서 다루지 않고 있는 개별 산업규제법이나 중소기업법은 더 이상 말할 필요조차 없는 상태에 머물러 있다. 이러한 법들도 어서 속히 발전해서 우리나라 경제법이 헌법이 지향하고 있는 '사회조화적 시장경제'를 실현하는 데 크게 이바지할 수 있게 되기를 기원한다.

끝으로 이 책이 우리나라 경제법의 내용을 정확하게 이해하고 나아가 그 발전에 다소라도 기여할 수 있게 되기를 간절히 바라며, 편집을 맡아 수고해 주신 김제원 부장에게 진심으로 감사드린다.

2013년 2월
방배동 寓居에서
저 자 씀

제 9 판 머리말

제8판을 펴낸 이후 만 1년 만에 다시 제9판을 출간하게 되었다. 이번에는 경제법 분야에서 지난 1년 동안 나타난 변화를 충실히 반영하려고 노력하였다. 그러나 수정한 부분은 제2편 독점규제법과 제3편 소비자보호관련법으로 제한되었다. 그리고 수정의 정도는 주로 기술적인 측면에서 내용이 잘못되었거나 표현이 부정확한 부분을 바로잡는 수준에 그쳤다. 그 결과 제2편에서는 수정한 부분이 그다지 많지 않고, 제3편에서는 2010년 11월에 개정된 할부거래법에 새로 도입된 선불식 할부거래를 추가하였다. 선불식 할부거래는 이른바 '상조회'와 관련하여 제기되는 소비자피해를 효과적으로 구제 또는 예방하기 위하여 할부거래법에 새로 도입된 제도이다.

이 책이 우리나라 경제법의 내용을 알기 쉽게 이해하고 발전시키는 데 이바지할 수 있기를 기대하며, 독자 여러분들의 아낌없는 성원과 따뜻한 비판을 바라마지 않는다.

2011년 2월
서울대학교 법과대학 연구실에서
저 자 씀

제 8 판 머리말

우리나라의 경제규모가 확대되면서 경제법의 내용도 점차 풍부해지고 있다. 그리고 새 정부에 들어와서는 경제관계법령들이 많이 바뀌고 있다. 저자는 그동안 바뀐 경제관계법령의 내용을 교과서에 보다 정확하게 반영하기 위하여, 다시 개정판을 내기로 하였다.

이 책은 2010년 1월 말을 기준으로 하여, 그동안 개정된 경제관계법령과 공정거래위원회의 고시나 지침 등과 같은 하위 규범들은 물론이고, 독점규제법과 소비자보호관련법에 관한 대법원 판례들 중에서 중요한 판례들을 모두 반영하기 위하여 노력하였다. 이 개정작업을 진행하는 과정에서, 제1편 총론과 제2편 독점규제법에 대하여는 김현민 군(석사과정 수료, 사법연수원생)이, 그리고 제3편 소비자보호관련법에 대하여는 김윤정 석사(박사과정 수료)가 많이 도왔다. 이들의 노고에 진심으로 감사한다. 다만, 한 가지 아쉬운 것은 소비자보호관련법들 중에서 그 개정안이 국회에 제출되어 있는 것들이 여럿 있지만, 그들이 언제 국회를 통과할 수 있을지 예측할 수 없어서 이를 반영하지 못하였다.

작년에는 이 책과 관련하여 아주 기쁜 소식이 있었다. 그것은 중국 화동정법대학의 崔吉子 교수가 이 책을 중국어로 번역하여, 북경대학출판부에서 韓國經濟法이라는 이름으로 출판한 것이다. 방대한 내용을 번역하느라 수고한 崔교수에게 감사드리며, 그 책이 중국의 시장경제와 경제법의 발전에 크게 기여할 수 있기를 간절히 바란다.

2010년 2월
서울대학교 법과대학/법학대학원 연구실에서
저 자 씀

제 7 판 머리말

경제법을 공부하는 사람은 매우 부지런해야 한다. 왜냐하면 경제법의 내용을 구성하고 있는 경제관련 법령들이 자주 바뀌기 때문에, 여간 부지런하지 않으면 그 내용을 정확히 파악하기가 어렵다. 경제법의 내용을 정확히 이해하기 위해서는 우선, 경제활동을 규제하는 법령을 찾아서 그 내용을 정확히 파악하고, 나아가 그것이 실제로 어떻게 기능하고 있는지를 알 수 있도록 노력해야 한다. 경제관련 법령들은 그 내용이 워낙 자주 바뀌기 때문에 최신 법전에 실려 있는 법령이라고 하더라도 이를 쉽게 믿지 말고 그것이 다시 바뀌지 않았는지 확인해 보아야 한다.

제7판에서는 2009년 1월 말을 기준으로 개정된 관련법령과 공정거래위원회의 고시와 같은 하위 규범들을 모두 반영하려고 노력하였다. 특히 제2편 독점규제법에서는 제7장 불공정거래행위의 내용 중에서 제4절 특수불공정거래행위 중 II. 대규모소매점업에 있어서의 불공정거래행위 부분과 제10장 사건처리절차 부분이 많이 바뀌었다. 그리고 제3편 소비자보호관련법에서는 제3장 할부거래법과 제4장 방문판매법 부분이 많이 바뀌었다.

앞으로도 경제법의 변화와 발전을 정확히 파악하여 이를 알기 쉽게 설명함으로써, 경제법을 공부하는 학생들이 우리나라의 경제법을 보다 쉽고 재미있게 이해할 수 있도록 하기 위하여 최선을 다할 것으로 약속드리며, 독자 여러분들의 성원에 감사드린다.

2009년 2월
서울대학교 법과대학 연구실에서
저 자 씀

제 6 판 머리말

제5판을 발간한 지 어언 3년이 지나서 관련법령 중 많은 부분이 개정되었다. 먼저, 독점규제법이 2007년 4월과 8월 두 차례에 걸쳐 대폭 개정되었고, 기업결합 심사기준이 거의 10년 만에 새로이 개정되었으며, 관련 고시나 지침도 상당히 바뀌었다. 또한 2006년에는 소비자보호법이 소비자기본법으로 전면 개정되었다. 아울러 독점규제법의 주요 쟁점에 관한 대법원 판결이 속속 나오고 있으며, 종래 다소 등한시되던 시장지배적 지위남용에 대한 심결도 점차 늘어나고 있다.

제6판에서는 2008년 2월 말 현재 개정된 경제관계법령의 내용과 법원의 판례, 공정거래위원회의 심결례를 모두 반영하도록 노력하였고, 그간 경쟁법이론과 실제의 변화와 발전된 모습을 추가하였다. 뿐만 아니라 독자의 편의를 도모하기 위하여 판형을 키우고, 사법시험 경제법의 범위에 포함되지 않는 표시광고법과 가맹사업법부분을 삭제하여 면수를 줄이는 한편, 심결례와 판례를 본문이나 각주에 흡수하는 방식으로 가독성을 높였다. 아울러 각 장별로 난이도를 조정하는 과정에서 일부 지나치게 세세한 설명을 간결하게 처리하였고, 부록에 첨부되었던 관련법령을 모두 삭제함으로써 전체 면수가 대폭 줄어들었다.

제6판을 준비하는 과정에서 저자는 여러 제자들로부터 많은 도움을 받았다. 우선, 전체적인 개정작업을 이봉의 교수(서울대)가 맡아주었고, 제2편 독점규제법 중 기업결합의 제한과 부당한 공동행위, 불공정거래행위의 일부에 대해서는 이민호 변호사(공정거래위원회 송무팀장)가, 경제력집중과 공정거래사건처리절차 및 제3편 소비자기본법과 방문판매법에 대해서는 황태희 교수(성신여대)가 도와주었다. 편집은 법문사의 김제원 부장이 맡아주었다. 이들의 노고에 진심으로 감사드리며, 앞날에 하나님의 가호가 함께 하시길 기원한다.

2008년 2월
저 자 씀

제 5 판 머리말

제4판을 발간한 지 어언 2년 반이 지났는데, 그동안 경제법의 내용에 상당히 많은 변화와 발전이 있었다. 우선, 경제질서의 기본법인 독점규제법이 개정되었을 뿐만 아니라, 약관규제법, 할부거래법, 방문판매법 및 전자상거래소비자보호법 등 소비자보호관련법들이 많이 바뀌었다. 그리고 공정거래위원회의 심결례는 물론이고 대법원과 고등법원의 판결도 많이 늘어나서, 이에 대한 학계와 실무계의 연구나 논의도 더욱 활발해졌다. 제5판에서는 이러한 변화와 발전을 충실히 반영하도록 노력하였다.

제5판의 원고를 작성하는 과정에서 저자는 여러 제자들로부터 많은 도움을 받았다. 우선, 법령의 변화와 이론과 실무의 발전에 대하여는 이봉의 교수(경북대)와 홍명수 교수(명지대)로부터 도움을 받았다. 제2편 독점규제법 중 경제력집중의 억제와 부당한 공동행위 및 제3편 소비자보호관련법에 대하여는 홍 교수가 도왔고, 제2편 독점규제법 중 불공정거래행위의 금지 이후에 대하여는 이 교수가 도와주었다. 그리고 개정된 법령과 새로운 판례 및 심결례의 검색, 원고의 교정과 색인의 작성 등은 김윤정, 전우정, 권진아(이상 석사과정 수료), 조혜신(석사과정)이 맡아주었다. 편집은 이번에도 김제원 부장이 담당하였다. 이들의 노고에 진심으로 감사드리며, 이들의 앞날에 하나님의 가호가 함께 하기를 기원한다.

2005년 3월
서울대학교 법과대학 연구실에서
저 자 씀

제 4 판 머리말

제3판을 발간한 지 1년밖에 지나지 않은 시점에서 굳이 제4판을 발행하는 이유는 그동안 경제법의 내용이 상당히 많이 바뀌었기 때문이다. 우선 금년 1월에는 독점규제법 중 경제력집중의 억제에 관한 부분이 대폭 개정되었고, 3월에는 방문판매법이 전면 개정되었을 뿐만 아니라 전자상거래소비자보호법이 제정되었으며, 5월에는 가맹사업공정화법이 새로 제정되었다. 뿐만 아니라 독점규제법에 관한 대법원과 서울고등법원의 판결이나 공정거래위원회의 심결도 많이 늘어났으며, 경제법에 관한 이론도 많이 발전하였다.

제4판에서는 2002년 8월 말을 기준으로 하여 이러한 변화와 발전을 모두 반영하려고 노력하였다. 이 개정작업을 진행하는 과정에서 저자는 박사과정의 黃泰熙군과 석사과정의 鄭盛斌군으로부터 많은 도움을 받았다. 黃군은 개정된 법령과 새로 나온 판결들을 모두 정리해 주었으며, 鄭군은 법령확인과 교정 및 색인작업을 도맡았다. 그리고 편집은 이번에도 金濟元 차장이 맡아 주었다. 만약 이들의 도움이 없었더라면 이 책은 아직 햇볕을 보지 못하였을 것이다. 이들의 노고에 진심으로 감사드리는 동시에 이들의 앞날에 하나님의 평강이 함께 하시길 기원한다.

2002년 9월
서울대학교 법과대학 연구실에서
저 자 씀

제 3 판 머리말

2000년 6월에 제2판 3쇄를 발행한 이래 經濟關係法令들 중에서 상당부분이 개정되었다. 우선 經濟秩序의 基本法인 獨占規制法이 2001년 1월에 개정되었고, 그 施行令은 같은 해 3월과 7월 두 차례에 걸쳐서 개정되었다. 그리고 동법의 시행을 위한 公正去來委員會의 告示나 指針도 상당히 많이 바뀌었다. 그리고 消費者保護關係法 중에서 消費者保護法은 2001년 3월에 개정되었고, 그 施行令은 6월에 개정되었으며, 約款規制法은 2001년 3월에 개정되었다. 제3판은 2001년 7월 말 현재까지 개정된 經濟關係法令의 개정내용을 모두 반영하였다.

그리고 최근에는 經濟法의 시행과 관련하여 당사자들이 이를 법원에서 다투는 사례가 많기 때문에 대법원을 비롯한 각급 법원에서 경제법 관련 판결이 많이 나오고 있으며, 공정거래위원회의 심결례도 계속 늘어나고 있다. 제3판에서는 2001년 7월 말까지 선고된 대법원과 고등법원의 판결 중에서 판례의 변경에 해당될 만한 것들은 모두 반영하였고, 공정거래위원회의 심결례는 가능한 한 최근의 것으로 대체하였다.

제3판을 준비하는 과정에서는 박사과정의 吳承翰군과 석사과정의 金漢信, 權五昶, 朴炯濬군의 도움을 받았다. 이들은 개정된 法令과 변경된 判例를 꼼꼼히 찾아 주었을 뿐만 아니라, 校正과 索引作業을 맡아서 성실하게 처리해 주었다. 그리고 편집작업은 金濟元 차장이 맡아 주었다. 이들의 노고에 진심으로 감사드리며, 앞날에 하나님의 平康이 함께 하시길 기원한다.

2001년 8월
서울대학교 법과대학 연구실에서
저 자 씀

제 2 판 머리말

1997년 말 이래 우리나라 경제는 큰 시련을 겪고 있다. 다섯 마리의 龍으로 비유되던 우리나라 경제가 外換不足이라는 위기에 봉착하여 마치 風前燈火와 같은 신세가 되고 말았던 것이다. 정부는 이러한 경제위기를 조속히 극복하고 이를 전화위복의 기회로 삼기 위해서 우리나라 經濟의 基本構造를 改革하기 시작하였다. 이에 따라 經濟法의 內容도 많이 바뀌었다. 그중에 일부는 이미 이 교과서의 초판에 반영되었지만, 그 뒤에도 많은 부분이 개정되었기 때문에 이를 반영하기 위하여 서둘러 제2판을 출판하기로 하였다.

교과서의 내용 중에서 금번에 개정된 주요부분은 다음과 같다. 우선 경제법의 핵심을 이루고 있는 獨占規制法이 금년 1월에 대폭 개정되었기 때문에, 이를 반영하기 위하여 제2편 獨占規制法을 대폭 수정·보완하였다. 입법자는 독점규제법이 經濟秩序의 基本法으로서 그 사명을 다하도록 하기 위하여 법적용범위를 확대하고, 시장지배적 사업자의 지정제도를 폐지하고, 기업결합심사제도를 개선하고, 부당한 공동행위금지제도와 불공정거래행위제도를 개선하고, 권리구제의 원활화를 실현하는 등 여러 가지 制度的인 未備點을 보완하는 동시에, 오늘날 국민적인 관심사로 대두되고 있는 財閥改革을 차질없이 추진할 수 있도록 하기 위하여 지주회사를 제한적으로 허용하고, 계열사간 부당한 지원행위를 조사하기 위한 금융거래정보요구권을 한시적으로 도입하는 등 關聯制度들을 개선·정비하였다.

그리고 개정된 소비자보호법과 방문판매법 등이 금년 2월부터 시행되고 있다. 消費者保護法은 소비자의 알 권리를 실현하기 위한 정보제공을 강조하는 방향으로 개정되었고, 訪問販賣法은 사업자에 대한 규제를 완화하는 방향으로 개정되었다. 이에 따라 제3편 消費者保護關聯法을 현행법의 내용에 맞게 수정하였다.

저자는 지난 1년간 미국과 독일 등 외국에서 연구하고 있었기 때문에, 제2판의 저술을 독일에서 시작하여 귀국한 뒤에, 마무리할 수 있었다. 따라서 저자는 이 책을 저술하는 과정에서 여러 제자들의 도움을 받지 않으면 안되었다. 공정거래위원회에 근무하는 申東權 서기관은 개정된 법령과 관련자료를 모아서 독일까지 우송해 주었으며, 서울대 박사과정에서 저자의 지도로 경제법을 연구하고 있는 洪明秀 군은 개정된 부분의 자료를 정리하고 원고의 초안을 작성하는 일을 도왔고, 申榮秀군은 교정과 색인작성을 맡았으며, 朱一燁군과 郭相彦군도 교정작업을 도왔다.

이들의 도움이 없었다면 아직 이 책이 햇볕을 보지 못했을 것이다. 이들의 노고에 감사하며 이들의 학업에 더욱 큰 진전이 있기를 기원한다. 그리고 표지 디자인은 우리 대학교 미술대학의 白明鎭 교수님이 맡아 주셨다. 바쁘신 가운데서도 기꺼이 '資源配分의 合理化와 分配의 公正化'를 상징하는 참신한 디자인을 해 주시고, 이를 통하여 자칫 각박해지기 쉬운 법학도들의 心性을 아름답게 지켜 주시려는 白교수님의 헌신과 사랑에 대하여 진심으로 감사드린다.

끝으로 이 책의 출판을 맡아 주신 法文社의 裵孝善 사장님과 崔福鉉 상무님, 그리고 편집을 맡아 끝까지 성실하게 일해 주신 張銀美씨에게 깊은 감사를 드린다.

1999년 8월
서울대학교 법과대학 연구실에서
저 자 씀

머 리 말

이 책은 經濟法에 관한 교과서이다. 이 책은 크게 세 부분으로 구성되어 있는데, 제1편은 經濟法 總論이고, 제2편은 獨占規制法이며, 제3편은 消費者保護關聯法이다.

제1편에서는 經濟法에 관한 기본적인 사항을 다루고 있다. 이 부분은 경제법을 체계적으로 공부하려는 사람에게는 매우 중요한 부분이지만, 단순히 사법시험 준비만을 목적으로 공부하는 사람에게는 그다지 흥미 없는 부분이 될 수도 있다.

제2편은 經濟法의 핵심을 이루는 부분이다. 왜냐하면 우리나라는 市場經濟를 경제질서의 기본으로 하고 있는데, 독점규제법은 바로 市場의 機能을 유지하기 위한 법이기 때문이다. 따라서 이 책은 獨占規制法을 아주 자세히 다루고 있다. 그러므로 경제법을 공부하는 학생들은 물론이고 독점규제법에 관심이 있는 분들은 이 부분을 제대로 이해할 수 있도록 정독할 것을 권한다.

제3편은 消費者保護와 관련되는 法律들을 다루고 있다. 消費者保護法, 約款規制法, 割賦去來法 및 訪問販賣法 등이 그 주요내용을 이루고 있는데, 이 부분을 제대로 이해하려면 民法 특히 契約法에 관한 지식이 있어야 한다. 따라서 독자들은 이 부분을 읽기 전에 民法 교과서 중에 특히 債權各論을 먼저 읽고 난 후 소비자 보호관련법을 읽으면 도움이 될 것이다.

최근에 經濟法에 관한 관심이 부쩍 고조되고 있는데, 그 이유는 두 가지라고 생각된다. 하나는 경제법의 중요성이 더욱 커지고 있기 때문이며, 다른 하나는 경제법이 사법시험 제1차 선택과목으로 채택되었기 때문이다. 그런데 문제는 사법시험에서 경제법을 선택한 수험생들 중에서 경제법에 관한 교과서도 읽지 않은 상태에서 바로 객관식 문제부터 풀려고 하는 사람들이 적지 않다는 점이다. 그러한 학생들의 심정은 이해하지 못할 바 아니나 "급한 길은 돌아가라"는 속담이 있듯이, 경제법을 선택한 학생들은 우선 조급한 마음을 진정시키고 교과서부터 차분히 읽어 나가기를 권한다. 그리고 나서 문제집을 풀면 경제법도 이해하고 시험에도 합격하는 영광을 맛보게 될 것이다.

이 책이 햇볕을 보기까지 저자는 많은 사람들의 도움을 받았다. 서울대학교에서 박사과정을 수료하고 지금은 독일 Mainz대학에서 연구하고 있는 李奉儀군은 작년 여름에 잠시 귀국한 틈을 타서 法令들 중에서 개정된 부분과 判例의 내용을 정리해 주었고, 현재 서울대학교 대학원 박사과정에서 저자의 지도를 받고 있는 朱一燁, 洪明秀, 申榮秀군은 저자가 원고를 마무리하지 못하고 도미한 뒤에 獨占規制法 중 不公正去來行爲 이후의 草稿를 작성해서 미국으로 보내주었을 뿐만 아니라, 原稿의 校正과 索引作業을 담당해 주었다. 그리고 이 책의 편집은 法文社 편집부 金濟元 차장이 맡아주었다. 더운 여름에 연구실과 사무실에서 힘들고 까다로운 작업을 성실히 수행해 준 이들에게 진심으로 감사하며, 앞날에 하나님의 큰 은총이 함께 하시길 기도드린다.

끝으로 이 책이 經濟法에 대한 바른 이해를 돕고 나아가 우리나라 經濟法의 발전에 다소라도 기여할 수 있게 되기를 간절히 바라며, 이번에도 이 책의 출판을 쾌히 승낙해 주셨을 뿐만 아니라 저자에게 여러 가지 방면에서 큰 好意를 베풀어 주신 法文社 裵孝善 사장님과 崔福鉉 상무님께 감사의 말씀을 드린다.

1998. 9. 10
Harvard Law School
East Asian Legal Studies에서
저 자 씀

차   례

제 1 편 경제법 총론

제 1 장 경제법의 의의   3 ~ 8

    Ⅰ. 경제법의 형성 3
    Ⅱ. 경제법의 개념 4

제 2 장 경제법의 지위   9 ~ 19

    제 1 절 공·사법과 경제법 ·· 9
    제 2 절 경제법과 다른 법의 관계 ··· 10
        Ⅰ. 헌법과 경제법 10
        Ⅱ. 행정법과 경제법 11
        Ⅲ. 민법과 경제법 11
        Ⅳ. 상법과 경제법 13
        Ⅴ. 노동법과 경제법 14
        Ⅵ. 형법과 경제법 15
        Ⅶ. 세법과 경제법 15
        Ⅷ. 국제법과 경제법 16

    제 3 절 경제법과 경제학 ··· 16
        Ⅰ. 양자의 구별 16
        Ⅱ. 양자의 협력 18

제 3 장 경제체제와 경제질서   20 ~ 26

    제 1 절 용어의 정의 ··· 20
    제 2 절 경제체제의 모습 ··· 21
        Ⅰ. 경제체제의 분류 21
        Ⅱ. 경제체제의 기본유형 22

    제 3 절 자유시장경제 ··· 23

Ⅰ. 자유시장경제의 의의 23
Ⅱ. 자유시장경제의 수정 24

제4장 우리나라의 경제질서   27 ~ 49

제1절 총   설 ·· 27
제2절 경제질서의 변천 ··· 28
　　　Ⅰ. 개   설 28
　　　Ⅱ. 제헌헌법상의 경제질서 29
　　　Ⅲ. 전시경제의 운용 31
　　　Ⅳ. 자유시장경제의 형성과 전개 32
　　　Ⅴ. 사회조화적 시장경제의 추진 34

제3절 현행 헌법상의 경제질서 ··· 35
　　　Ⅰ. 경제질서에 관한 기본규정 35
　　　Ⅱ. 경제질서의 성격 36
　　　Ⅲ. 경제질서의 기본원칙 45

제5장 시장경제에 있어서 국가의 역할   50 ~ 56

제1절 개   설 ·· 50
제2절 시장의 감시자 또는 형성자의 역할 ······································ 51
제3절 시장참여자의 역할 ·· 54
제4절 시장보완자의 역할 ·· 55

제6장 경제법상의 규제   57 ~ 65

제1절 규제의 의의 ·· 57
제2절 규제의 대상 ·· 58
제3절 규제의 목적과 작용 ·· 58
　　　Ⅰ. 규제의 목적 58
　　　Ⅱ. 규제의 작용 60

제4절 규제의 방법 ·· 61
　　　Ⅰ. 권력적·강제적 규제 61
　　　Ⅱ. 비권력적 규제 63

제 2 편   독점규제법

제 1 장 총   설   69 ~ 120

제 1 절 개   설 ··· 69

제 2 절 독점규제법의 목적 ·· 71

   Ⅰ. 직접적인 목적: 자유롭고 공정한 경쟁의 촉진 71

   Ⅱ. 궁극적인 목적 74

   Ⅲ. 독점규제법의 특징 78

제 3 절 독점규제법의 연혁 ·· 80

   Ⅰ. 개   설 80

   Ⅱ. 독점규제법의 제정 전 82

   Ⅲ. 독점규제법의 제정과 개정 87

제 4 절 외국의 입법례 ··· 94

   Ⅰ. 미국의 독점금지법 94

   Ⅱ. 유럽의 경쟁법 101

   Ⅲ. 독일의 경쟁제한방지법 105

   Ⅳ. 일본의 독점금지법 111

제 2 장 기본개념과 적용제외   121 ~ 155

제 1 절 기본개념 ··· 121

   Ⅰ. 사업자, 사업자단체 121

   Ⅱ. 경쟁, 경쟁제한, 관련시장 125

제 2 절 적용제외 ··· 131

   Ⅰ. 적용제외의 의의 131

   Ⅱ. 적용제외의 이론적 근거 132

   Ⅲ. 적용제외행위 134

제 3 절 역외적용 ··· 153

제 3 장 독과점에 대한 규제   156 ~ 187

제 1 절 독과점 규제의 근거와 체계 ······························ 156

Ⅰ. 독과점 규제의 근거　156
Ⅱ. 독과점규제의 체계　157

제 2 절　시장지배적 지위의 남용금지 ·· 157
Ⅰ. 시장지배적 사업자의 의의　157
Ⅱ. 지위남용행위의 금지　160

제 3 절　독과점적 시장구조의 개선 ·· 184
Ⅰ. 도입의 배경　184
Ⅱ. 시장구조 개선시책의 추진경과　186

제 4 장　기업결합의 제한　　　　　　　　　　　　　　　　188 ~ 233

제 1 절　기업결합의 의의 및 규제대상 ·· 188
Ⅰ. 기업결합의 의의　188
Ⅱ. 기업결합 규제의 대상　189

제 2 절　기업결합의 유형 ·· 191
Ⅰ. 기업결합의 수단·방법에 따른 분류　192
Ⅱ. 경쟁제한의 효과에 따른 분류　194

제 3 절　기업결합의 신고 ·· 196
Ⅰ. 신고의무　196
Ⅱ. 신고절차　198
Ⅲ. 신고절차 등의 특례　201
Ⅳ. 사전심사의 요청　202

제 4 절　기업결합의 금지 ·· 202
Ⅰ. 지배관계의 형성　203
Ⅱ. 관련시장에서의 경쟁제한성　205
Ⅲ. 금지에 대한 예외　221
Ⅳ. 위반행위에 대한 시정조치　226

제 5 장　경제력집중의 억제　　　　　　　　　　　　　　　234 ~ 276

제 1 절　경제력집중의 문제 ·· 234
Ⅰ. 경제력집중의 의의와 원인　234
Ⅱ. 기업집단에 의한 경제력집중　237

제 2 절 경제력집중의 억제를 위한 규제 ·· 240
    Ⅰ. 규제의 개관 240
    Ⅱ. 지주회사에 대한 규제 243
    Ⅲ. 대규모기업집단에 대한 규제 257

제 6 장 부당한 공동행위의 제한   277 ~ 319

제 1 절 공동행위의 기능 ··· 277
제 2 절 부당한 공동행위의 의의 및 요건 ··· 278
    Ⅰ. 부당한 공동행위의 의의 278
    Ⅱ. 공동행위의 성립 279
    Ⅲ. 경쟁제한성 289

제 3 절 부당한 공동행위의 유형 ··· 297
    Ⅰ. 개별적 유형 297
    Ⅱ. 법 제40조 제1항 각 호의 성격 305

제 4 절 부당한 공동행위의 인가 ··· 305
    Ⅰ. 인가의 신청 306
    Ⅱ. 인가의 요건 307
    Ⅲ. 인가의 한계 309
    Ⅳ. 인가의 실제 309
    Ⅴ. 인가된 공동행위의 폐지 310

제 5 절 부당한 공동행위의 제재 ··· 310
    Ⅰ. 시정조치 310
    Ⅱ. 사법상의 효력 313
    Ⅲ. 과 징 금 313
    Ⅳ. 자진신고자에 대한 감면 315
    Ⅴ. 형사적 제재 319

제 7 장 불공정거래행위 등의 규제   320 ~ 397

제 1 절 불공정거래행위 금지의 목적 ··· 320
제 2 절 불공정거래행위의 의의 및 유형 ··· 321
    Ⅰ. 불공정거래행위의 의의 322
    Ⅱ. 불공정거래행위의 입법 형식 324

Ⅲ. 불공정거래행위의 유형 325

Ⅳ. 위법성 판단 근거에 따른 분류 327

Ⅴ. 안전지대의 적용 328

Ⅵ. 불공정거래행위의 법체계상 지위 329

제 3 절 일반불공정거래행위 ·· 331

Ⅰ. 거래거절 331

Ⅱ. 차별적 취급 336

Ⅲ. 경쟁사업자 배제 341

Ⅳ. 부당한 고객유인 345

Ⅴ. 거래강제 351

Ⅵ. 거래상 지위의 남용 354

Ⅶ. 구속조건부거래 360

Ⅷ. 사업활동 방해 364

Ⅸ. 부당한 지원행위 367

제 4 절 특수불공정거래행위 ·· 373

Ⅰ. 계속적 재판매거래 등에 있어서 거래상 지위남용행위 373

Ⅱ. 병행수입에 있어서의 불공정거래행위 377

Ⅲ. 신문업에 있어서의 불공정거래행위 및 시장지배적 지위남용행위 380

제 5 절 특별 규제 ·· 386

Ⅰ. 재판매가격유지행위 규제 386

Ⅱ. 특수관계인에 대한 부당한 이익제공 등 금지 390

Ⅲ. 보복조치의 금지 395

제 6 절 불공정거래행위에 대한 제재 ·· 396

Ⅰ. 행정적 제재 396

Ⅱ. 금지청구 및 손해배상 396

Ⅲ. 벌 칙 397

제 8 장 사업자단체 규제   398 ~ 404

Ⅰ. 사업자단체의 의의 398

Ⅱ. 사업자단체의 금지행위 400

Ⅲ. 위반행위에 대한 제재 403

제 9 장 공정거래위원회와 한국공정거래조정원   405 ~ 413

제 1 절   공정거래위원회의 설치 ·· 405

제 2 절   공정거래위원회의 구성 ·· 406

제 3 절   위원회의 회의와 위원장의 직무 ································ 406

  Ⅰ. 위원회의 회의   406

  Ⅱ. 위원장의 직무와 위원의 신분보장   408

  Ⅲ. 사무처의 설치   409

제 4 절   한국공정거래조정원 ··· 409

  Ⅰ. 한국공정거래조정원의 설립과 구성   409

  Ⅱ. 공정거래분쟁조정협의회   410

제10장   사건처리절차   414 ~ 444

제 1 절   개   요 ·· 414

제 2 절   조사 및 심사절차 ··· 415

  Ⅰ. 심사절차의 개시   415

  Ⅱ. 심사절차의 진행   416

제 3 절   심의절차 ··· 420

  Ⅰ. 심의절차의 구조   420

  Ⅱ. 심의절차의 진행   421

제 4 절   위원회의 의결 ··· 425

  Ⅰ. 의결의 성립   425

  Ⅱ. 의결의 내용   426

  Ⅲ. 의결의 효력과 집행   432

제 5 절   불복절차 ··· 435

  Ⅰ. 이의신청   435

  Ⅱ. 행정소송   437

제 6 절   동의의결제도 ··· 437

  Ⅰ. 의의와 법적 성격   437

  Ⅱ. 동의의결의 절차   439

  Ⅲ. 동의의결의 효과   442

Ⅳ. 동의의결의 사후통제 442

제 7 절 당사자의 절차참여 ·· 443
Ⅰ. 의견진술기회의 부여 443
Ⅱ. 자료열람요구 444

제11장 형사적 제재와 민사적 구제 445 ~ 454

제 1 절 형사적 제재 ··· 445
Ⅰ. 독점규제법상 형벌의 부과 445
Ⅱ. 고 발 446

제 2 절 민사적 구제: 손해배상과 금지청구 ····························· 447
Ⅰ. 손해배상책임의 의의 447
Ⅱ. 손해배상책임의 성립 448
Ⅲ. 기록의 송부 등 452
Ⅳ. 금지청구 453

제12장 보칙 등 455 ~ 457

Ⅰ. 비밀엄수의무 455
Ⅱ. 경쟁제한적인 법령제정의 협의 455
Ⅲ. 자율준수 문화의 확산 456
Ⅳ. 업무의 협조 및 권한의 위임 457
Ⅴ. 벌칙적용에서의 공무원의 의제 457

제 3 편 중소기업관련법

제 1 장 총 설 461 ~ 469

제 1 절 개 설 ··· 461
제 2 절 중소기업관련법과 정책의 연혁 ································· 463
Ⅰ. 중소기업정책의 태동 463
Ⅱ. 중소기업의 보호와 육성정책 464
Ⅲ. WTO체제 하의 중소기업정책 466
Ⅳ. 혁신형 중소기업의 육성 467

Ⅴ. 동반성장, 창조경제, 혁신경제　468

제 2 장　중소기업관련법　470 ~ 517

제 1 절　개　　설 ……………………………………………………………… 470

제 2 절　일반 중소기업법 ……………………………………………………… 471

　Ⅰ. 중소기업기본법　471

　Ⅱ. 중소기업협동조합법　474

　Ⅲ. 중소기업 진흥에 관한 법률　480

　Ⅳ. 중소기업창업 지원법　482

　Ⅴ. 중소기업 기술혁신 촉진법　487

　Ⅵ. 중소기업제품 구매촉진 및 판로지원에 관한 법률　490

　Ⅶ. 중소기업 사업전환 촉진에 관한 특별법　495

　Ⅷ. 중소기업 인력지원 특별법　498

　Ⅸ. 대·중소기업 상생협력 촉진에 관한 법률　503

제 3 절　특별 중소기업법 ……………………………………………………… 513

　Ⅰ. 벤처기업육성에 관한 특별조치법　513

　Ⅱ. 1인 창조기업 육성에 관한 법률　515

　Ⅲ. 소기업 및 소상공인 지원에 관한 법률　515

　Ⅳ. 전통시장 및 상점가 육성을 위한 특별법　515

　Ⅴ. 규제자유특구 및 지역특화발전특구에 대한 규제특례법　516

　Ⅵ. 지역신용보증재단법　516

　Ⅶ. 여성기업지원에 관한 법률　516

　Ⅷ. 장애인기업활동 촉진법　516

제 3 장　중소기업관련법의 문제점과 개선방안　518 ~ 524

제 1 절　실체법적인 문제점과 개선방안 ……………………………………… 518

제 2 절　조직법적인 문제점과 개선방안 ……………………………………… 521

제 3 절　절차법적인 문제점과 개선방안 ……………………………………… 523

제 4 장　중소기업과 대기업이 상생할 수 있는 생태계의 조성　525 ~ 530

제 1 절　대기업 중심적인 경제구조의 개편 ………………………………… 526

제 2 절　과도한 경제력 집중의 완화 ………………………………………… 527

제 3 절 독과점적 시장구조의 개선 ································ 528
제 4 절 중소기업정책에 대한 접근방법의 개선 ·················· 529

제 4 편   소비자보호관련법

제 1 장   소비자기본법   533 ~ 590

제 1 절 총   설 ·· 533
제 2 절 소비자의 지위 ·· 535
    Ⅰ. 소비자의 개념   535
    Ⅱ. 경제구조하에서 소비자의 지위   537

제 3 절 소비자권리의 실현을 위한 국가의 노력 ················ 544
    Ⅰ. 입법적 조치   544
    Ⅱ. 사법적 통제   546
    Ⅲ. 행정적 규제   548
    Ⅳ. 사업자의 자율적 규제   548
    Ⅴ. 경쟁의 유지와 확보   549

제 4 절 소비자기본법의 주요내용 ······························ 549
    Ⅰ. 소비자의 권리와 책무   549
    Ⅱ. 국가 및 지방자치단체의 책무   555
    Ⅲ. 사업자의 책무   566
    Ⅳ. 소비자단체   568
    Ⅴ. 한국소비자원   571
    Ⅵ. 소비자의 안전   574
    Ⅶ. 소비자 분쟁의 해결   580
    Ⅷ. 조사절차 등   587
    Ⅸ. 시정조치 등   588
    Ⅹ. 벌칙과 과태료   589

제 2 장   약관규제법   591 ~ 632

제 1 절 약관의 의의와 기능 ···································· 591
    Ⅰ. 약관의 의의   591

Ⅱ. 약관의 기능 593

Ⅲ. 약관의 문제점 595

Ⅳ. 약관법의 적용범위 596

제 2 절 약관의 내용통제 ·· 598

Ⅰ. 계약자유의 원칙과 약관 598

Ⅱ. 약관의 본질 600

Ⅲ. 약관의 내용통제 600

Ⅳ. 일부무효의 특칙 621

제 3 절 불공정한 약관에 대한 규제 ······························ 622

Ⅰ. 불공정한 약관조항의 사용금지 622

Ⅱ. 공정거래위원회의 시정조치 622

Ⅲ. 약관의 심사 624

Ⅳ. 조사 및 의견진술 등 629

Ⅴ. 시정조치에 대한 불복절차 630

Ⅵ. 분쟁의 조정 631

제 3 장 할부거래법 633 ~ 667

제 1 절 총 설 ·· 633

Ⅰ. 할부매매의 의의 633

Ⅱ. 할부매매의 특징 633

Ⅲ. 할부매매의 기능 634

Ⅳ. 할부거래법의 연혁 635

제 2 절 할부거래에 대한 규제 ·· 637

Ⅰ. 할부거래법의 목적과 적용범위 637

Ⅱ. 할부계약 체결시 사업자의 의무 639

Ⅲ. 청약의 철회 642

Ⅳ. 불공정한 할부계약의 통제 646

Ⅴ. 선불식 할부거래의 규제 651

Ⅵ. 벌 칙 663

Ⅶ. 과 태 료 664

제 4 장 방문판매법 668 ~ 709

제 1 절 총 설 ·· 668

Ⅰ. 특수판매와 소비자보호 668
Ⅱ. 방문판매법의 총칙 669

제 2 절 방문판매 및 전화권유판매 ·· 672
Ⅰ. 방문판매 및 전화권유판매의 기능과 문제점 672
Ⅱ. 방문판매업자 등의 신고 등 673
Ⅲ. 청약철회와 손해배상청구금액의 제한 등 676

제 3 절 다단계판매 및 후원방문판매 ······································ 681
Ⅰ. 총 설 681
Ⅱ. 다단계판매업자의 등록 등 683
Ⅲ. 소비자정보의 제공과 청약철회 등 686
Ⅳ. 후원수당의 지급 등 689
Ⅴ. 금지행위 등 690

제 4 절 계속거래 및 사업권유거래 ·· 695
Ⅰ. 소비자에 대한 정보제공 및 계약서 교부의무 695
Ⅱ. 계약의 해지 등 696
Ⅲ. 금지행위 등 697

제 5 절 공정거래위원회의 규제와 감독 ···································· 698
Ⅰ. 소비자권익의 보호 698
Ⅱ. 조사 및 감독 700
Ⅲ. 시정조치 및 과징금 부과 702

제 6 절 보칙과 벌칙 ·· 704
Ⅰ. 보 칙 704
Ⅱ. 벌칙 등 706

제 5 장 전자상거래소비자보호법 710 ~ 741

제 1 절 총 설 ·· 710
Ⅰ. 전자상거래와 통신판매의 의의와 특성 710
Ⅱ. 전자상거래소비자보호법의 제정 714
Ⅲ. 적용제외 및 다른 법률과의 관계 714

제 2 절 전자상거래에 관한 특칙 등 ·· 715
Ⅰ. 전자문서의 활용 715
Ⅱ. 거래기록의 보존 등 716

Ⅲ. 조작실수 등의 방지 717
Ⅳ. 전자적 대금지급의 신뢰확보 등 717

제 3 절 통신판매에 대한 규제 ·······························718
Ⅰ. 통신판매업자의 신고 등 719
Ⅱ. 청약철회와 손해배상청구금액의 제한 등 722

제 4 절 관련사업자의 협력과 금지행위 ·······················727
Ⅰ. 관련사업자의 협력 등 727
Ⅱ. 금지행위 등 729

제 5 절 공정거래위원회의 규제와 감독 ·······················730
Ⅰ. 소비자권익의 보호 730
Ⅱ. 조사 및 감독 732
Ⅲ. 시정조치 및 과징금 부과 734

제 6 절 보칙 및 벌칙 ·····································737
Ⅰ. 보   칙 737
Ⅱ. 벌칙 등 738

사항색인 ··743

제 1 편

경제법 총론

제 1 장 경제법의 의의

제 2 장 경제법의 지위

제 3 장 경제체제와 경제질서

제 4 장 우리나라의 경제질서

제 5 장 시장경제에 있어서 국가의 역할

제 6 장 경제법상의 규제

제 1 장 경제법의 의의

I. 경제법의 형성

경제법은 19세기 후반에 등장한 새로운 법영역이다. 경제법에 관한 논의는 독일에서 시작되었으며, 20세기 들어서 본격적으로 전개되었다.[1] 당시에 자본주의가 급격하게 발전함에 따라 대기업, 노사문제, 카르텔 또는 콘체른 등과 같은 새로운 경제 문제가 발생하였지만, 전통적인 법학은 이에 대하여 적절히 대처할 수 없었다. 이러한 상황에서 전통적인 법규와 법원칙을 재구성하고 보완하려는 시도가 있었으며, 이 과정에서 산업법[2] 또는 경제법과[3] 같은 용어가 사용되기 시작하였다. 제2차 세계대전 이후 경제법은 독립된 법영역을 형성하게 되었다.[4] 독일에서 경제법의 형성과 발전은 일본과[5] 우리나라에[6] 큰 영향을 미쳤으며, 최근 중국에서도 경제법이 중요한 법영역으로 부각되고 있다.[7]

그러나 영국이나 미국 등과 같은 영미법계 나라에서는 경제법이라는 용어는 사용되지 않고 있다. 그렇지만 이들 국가에서 경제활동에 대한 국가의 간섭이나 규제라고 하는 법현상이 존재하지 않는 것은 아니다. 이를 포괄하는 용어로서 경제법이 사용되고 있지 않지만, 미국이나 영국에서도 경제법에 해당하는 독점금지법(Antitrust Law) 또는 경쟁법(Competition Law)과 경제규제법(Regulation of Economy) 등이 존재하고, 특히 미국의 해당 법분야는 우리나라를 포함한 다른 나라에 많은 영향을 미치고 있다.

---

1) Walter Schmidt−Rimpler, Wirtschaftsrecht, HDSW, XⅡ, S. 687 ff.

2) Heinrich Lehmann, Grundlinien des deutschen Industrierechts, Festschrift für Ernst Zitelmann, Leipzig u. Müchen, 1913.

3) Richard Kahn, Rechtsbegriffe der Kriegswirtschaft. Ein Versuch der Grundlegung des Kriegs-wirtschaftsrechts, Müchen, 1918.

4) Gustav Radbruch, Einführung in die Rechtswissenschaft, 1958, S. 115.

5) 독일의 경제법학이 일본 경제법학에 큰 영향을 미친 이유로는 양국의 경제체제가 근사하다는 점과, 전시에 있어서 양국이 추구했던 정책이념이 유사했다는 점, 그리고 일본법학이 독일법학에 대하여 강한 의존성을 가지고 있다는 점 등을 들 수 있다. 金澤良雄, 經濟法, 有斐閣, 1980, 3면.

6) 우리나라에 경제법을 최초로 소개한 것은 김치선, 경제법·사회보장법, 법문사, 1960이었던 것으로 생각된다.

7) 李昌麒 主編, 經濟法學, 中國政法大學出版社, 1999; 劉立天·李美云 編著, 經濟法−原理與案例解析, 人民法院出版社, 2000 참조.

Ⅱ. 경제법의 개념

1. 학설의 변천

경제법이라는 용어는 매우 다양한 의미로 이해되고 있기 때문에,[8] 경제법의 개념에 대하여 일반적으로 승인된 견해를 찾기는 어렵다. 주로 독일에서 전개된 경제법 개념에 관한 학설의 전개 과정을 살펴보면, 처음에는 종래 공법과 사법의 법체계에 포섭되지 않는 법규범들을 총칭하는 개념으로 경제법이라는 용어가 사용되기 시작하였다(집성설).[9] 이후 법학방법론의 이론적 성과를 받아들여 경제생활에 사회학적 방법론을 적용하여 경제법을 이해하려는 견해(방법론설)[10] 또는 시대의 기조로서 경제정신(Wirtschaftsgeist)을 상정하고 이것의 적용을 경제법으로 이해하는 견해(세계관설)[11] 등도 나타났다.

이상의 학설은 새로운 법영역으로서 경제법을 이해하는 계기를 제공하였지만, 경제법의 개념을 명확하게 설명하는 데 한계가 있었다. 이를 극복하기 위하여 경제법을 대상적으로 파악하려는 시도가 나타났다(대상설). 이러한 견해로서 경제가 조직화되고 있는 현상에 초점을 맞추어 경제법을 조직화된 경제에 특유한 법으로 이해하려는 견해(조직경제법설)[12] 또는 경제활동의 주체인 기업자를 중심으로 경제법을 이해하려는 견해(기업자법설)[13] 등이 전개되었다.

한편 제2차 세계대전 이후 경제질서에 대한 이해가 심화되면서, 이러한 이해에

---

8) Walter Schluep, Was ist Wirtschaftsrecht?, Festschrift für Hug, 1968, S. 25ff.에서는 경제법의 개념에 관하여 35개의 서로 다른 견해가 주장되고 있다고 한다.

9) Arthur Nussbaum, Das neue deutsche Wirtschaftsrecht. Ein systematische Übersicht über die Entwicklung des Privatrechts und der benachbarten Rechtsgebiete seit Ausbruch des Weltkrieges, Berlin, 1920, S. 6. Westhoff, System des Wirtschaftsrechts, BD. Ⅰ, 1926. Schmidt－Rimpler, Wirtschaftsrecht, S. 687.

10) Friedrich Darmstädter, Das Wirtschaftsrecht in seiner soziologischen Struktur, 1928. Max Rumpf, Rechtswissenschaft als Sozialwissenschaft, 1929. Karl Geiler, Gesellschaftsrechtliche Organisationsformen des neuen Wirtschaftsrechts, 1922; Beiträge zum Wirtschaftsrecht, 1931, S. 176 ff.

11) Justus W. Hedemann, Grundzüge des Wirtschaftsrechts, 1922.

12) Hans Goldschmidt, Reichswirtschaftsrecht, 1923, SS. 3－12. Hermann Haemmerle, Wirtschaftsrecht als Disziplin, Zeitschrift für die gesamte Staatswissenschaft, Bd. 97(1937), S. 286. 峯村光郎, 「經濟法の基本問題」, 140면; 高田源清, 經濟法, 16면; 福光家慶, 「經濟法の槪念」, 神戶法學雜誌, 3권 2호, 132면 이하.

13) Walter Kaskel, Begriff und Bestandteile des Wirtschaftsrechts, Recht und Wirtschaft, 1921, S. 211. Haussmann, Rechtsstaat und Wirtschaftslenkung, 1938, S. 138; Die Grundlegung des Rechts der Unternehmenzusammenfassungen, 1926; Das Recht des Unternehmenzusammenfassung, 1932.

상응하는 내용으로 경제법에 대한 정의가 새롭게 이루어졌다. 특히 프란츠 뵘(Franz Böhm)이나 오이켄(Eucken) 등에 의해 주창된 질서자유주의가 큰 영향을 미쳤다. 이 사고에 의하면 국가는 경제질서 원리인 자유로운 시장경제를 실현함과 아울러, 시장경제 그 자체가 해결할 수 없는 소득의 분배, 경제주체·산업·지역 간의 불균형 해소 등과 같은 사회조화적 요구를 실현하기 위하여 경제활동에 대한 규제를 하게 된다. 이러한 국가 기능에 초점을 맞추어 경제법을 이해하는 견해가 나타났다(기능설).[14] 기능설은 다시 국가의 규제라고 하는 수단을 중시하는 견해와 전체 경제질서를 정당하게 형성한다고 하는 규제의 목적을 중시하는 견해로[15] 나누어진다. 특히 후자의 견해가 많은 지지를 받았으며, 이를 대표하는 리트너(Fritz Rittner)는 국민경제 전체를 정당하게 질서지우기 위한 법규범과 법제도의 총체를 경제법이라고 한다. 그런데 이들 대부분의 법규범과 법제도는 다른 관점에서 보면 헌법, 행정법, 민법 또는 상법 등에서도 중요한 역할을 담당하고 있다고 한다.[16]

이상의 경제법 개념에 관한 논쟁이 동시적으로 전개되었던 것은 아니다. 기존의 법체계적 사고에 의해 수용하기 어려운 새로운 현상이 나타난 이후 이를 경제법이라는 개념을 통해서 새롭게 이해하려는 시도가 이어졌으며, 이 과정에서 경제법에 대한 이해가 심화되었다. 현재까지 계속된 논의를 종합하면, 국민경제 질서를 정당하게 형성하기 위하여 경제를 규제하는 법규범과 법제도의 총체로서 경제법을 이해하는 것이 타당할 것이다.

2. 경제법의 개념 정의

경제법은 국가가 국민경제 질서를 정당하게 형성하기 위하여 경제활동을 규제하는 법규범과 법제도의 총체이다. 경제법의 개념을 요소별로 나누어 설명하면 다음과 같다.

(1) 경제법은 국가가 경제활동을 규제하는 법이다

우선 경제법은 국가가 경제활동을 규제하는 법이다. 경제는 인간의 생활을 유지·발전시키는 데 필요한 상품을 획득하고 이용하는 과정을 의미하며, 이러한 과

---

14) Gerd Rinck, Wirtschaftsrecht, 4. Aufl., Köln, 1974, S. 1.

15) Helmut G. Isele, Wirtschaftsrecht, Einführung in die Rechtswissenschaft(Hrsg. R. Reinhardt), Marburg, 1949. Ernst R. Huber, Wirtschaftsverwaltungsrecht, Tübingen, 1932, 2. Aufl., 1953 u. 1954. Kurt Ballerstedt, Wirtschaftsverfassungsrecht, Die Grundrechte, Handbuch der Theorie und Praxis der Grundrechte, Ⅲ 1. (Hrsg. K.A. Bettermann, H.C. Nipperdey u. U. Scheuner), Berlin, 1958.

16) Fritz Rittner, Wirtschaftsrecht, 2. Aufl., Heidelberg, 1987, S. 15.

정에 필요한 일체의 활동, 즉 상품의 생산·교환·분배 및 소비를 경제활동이라고 한다. 여기서 말하는 상품에는 유형의 재화뿐만 아니라 무형의 서비스가 포함된 다. 그리고 규제는 규율을 세워서 제한한다는 의미이다. 따라서 경제활동에 대한 규제는 상품의 생산·교환·분배 및 소비에 대하여 일정한 규율을 세워서 거기에 참여하는 경제주체의 활동을 제한하는 모습으로 나타나게 된다. 그런데 이러한 규 제는 개인이나 기업의 자유로운 경제활동에 대한 구속을 의미하기 때문에, 우리나 라처럼 개인과 기업의 경제상의 자유와 창의를 존중하는 것을 경제질서의 기본으 로 삼고 있는 나라에서는 예외적인 현상이라 할 수 있다. 따라서 경제활동에 대한 규제는 반드시 법적인 근거가 있어야 할 뿐만 아니라 법이 정한 절차에 따라 이루 어져야 하며, 또한 필요한 최소한의 범위에 그쳐야 한다.

(2) 국민경제 질서를 정당하게 형성하기 위한 것이다

국가가 경제활동을 규제하는 목적에는 여러 가지가 있다. 정치적, 사회적, 경제 적 목적 등 다양한 목적으로 규제가 이루어진다. 그런데 경제법은 경제적인 목적으 로 하는 규제만을 대상으로 한다. 이러한 점에서 경제법은 경제행정법과 구별된다.

오늘날 경제활동을 조정하는 메커니즘에는 두 가지가 있다. 하나는 경제주체 상호 간의 활동이 국가의 계획과 그에 기한 명령에 따라 조정되는 계획경제이고, 다른 하나는 경제주체 상호 간의 활동이 시장의 기능에 의하여 조정되는 시장경제 이다. 그러나 이들은 모두 이상적인 형태(ideal type)이기 때문에, 실제 사회에서는 이들 양자가 순수한 모습 그대로 실현되는 경우는 거의 없고, 서로 복잡하게 얽힌 모습으로 나타나게 된다. 그런데 양자의 요소가 결합될 경우에도 이들이 무원칙하 게 결합되는 것이 아니라, 어느 하나를 기본으로 하면서 다른 요소들을 적절히 가 미하는 모습을 띠게 된다. 예컨대 미국이나 EU의 여러 나라 또는 우리나라와 일본 처럼 시장경제를 기본으로 하면서, 국가가 예외적으로 개인이나 기업의 경제활동 에 직접 개입하는 경우도 있고, 반대로 북한처럼 계획경제를 기본으로 하면서, 예 외적으로 개인이나 기업에게 일정한 범위 내에서 경제활동의 자유를 인정하는 경 우도 있다. 그러므로 우리나라처럼 시장경제를 경제질서의 기본으로 삼고 있는 나 라에서는 시장의 기능을 유지하기 위한 법, 즉 「독점규제 및 공정거래에 관한 법률」 (이하 '독점규제법'이라 함)이 경제법의 핵심을 이루게 되고, 그 밖에 시장의 실패를 교정하거나 보완하기 위한 법률, 예컨대 중소기업 관련법, 소비자보호 관련법 그리 고 개별 산업규제법 등이 경제법의 내용을 구성하게 된다.

(3) 경제활동을 규제하는 법규범과 법제도의 총체이다

경제법은 경제활동을 규제하는 법규범과 법제도의 총체이다. 국가가 경제활동을 규제하기 위하여 마련한 법규범과 법제도에는 여러 가지가 있다. 우선 경제법을 구성하는 법규범과 법제도는 헌법이나 민법의 경우처럼 '경제법'이라고 하는 단일 법전을 구성하고 있는 것이 아니라 독점규제법, 소비자기본법 등과 같은 단행법의 모습으로 나타나는 경우도 있고, 헌법, 민법, 상법과 같은 전통적인 법률 속에 개별적으로 분산되어 있는 경우도 있다. 따라서 경제법을 체계적으로 이해하기 위해서는 무엇보다 먼저 경제법을 구성하는 단행 법률과 각 법률 속에 분산되어 있는 경제법의 내용들을 찾아내는 작업부터 하지 않으면 안된다. 경제법의 법원, 즉 경제법을 구성하고 있는 대표적인 법규범들을 들어 보면 다음과 같다.

우선 헌법상 경제질서에 관한 규정, 예컨대 헌법 전문, 인간의 존엄성과 기본적 인권의 보장(10조), 직업선택의 자유(15조), 재산권의 보장과 제한(23조), 경제에 관한 장(119조 내지 127조)을 들 수 있다. 이러한 규정들은 우리나라 경제질서에 관한 헌법적 결단의 표현인 동시에 경제규제에 관한 헌법적 근거와 한계를 제공하고 있다. 또한 독점규제법을 들 수 있다. 우리나라처럼 시장경제를 경제질서의 기본으로 삼고 있는 나라에서는 독점규제법이 경제법의 핵심을 이룬다. 따라서 이를 경제질서의 기본법 또는 경제헌법으로 부를 수 있다. 한편 중소기업 관련법이나 소비자보호 관련법을 들 수 있다. 그 밖에 금융산업, 에너지산업, 정보통신산업, 운송산업 등과 같은 개별산업에 대한 규제법도 경제법의 내용을 구성하게 된다.

한편 국가는 경제활동을 규제함에 있어서 다양한 법제도나 법원리를 사용하고 있다. 우리나라의 법질서는 사적자치를 기본으로 하고 있으므로, 개인 상호 간의 법률관계는 원칙적으로 그들의 자유로운 결정에 맡겨져 있다. 따라서 각 개인이나 기업은 누구와, 어떠한 내용의 계약을, 어떠한 방식으로 체결할 것인지를 자유롭게 결정할 수 있다. 이를 사적자치 또는 계약자유의 원칙이라고 하는데, 여기에는 일정한 전제와 아울러 한계가 있다. 그런데 이러한 전제와 한계는 민법이나 상법에 규정되어 있기도 하지만, 독점규제법과 같은 특별법에 의하여 설정되는 경우도 있다. 우선 상대방 선택의 자유는 시장에 자유로운 경쟁이 유지되고 있을 때에 비로소 의미를 갖기 때문에, 독점규제법은 자유로운 경쟁질서를 유지하기 위하여 이를 제한하는 부당한 공동행위나 경쟁제한적인 기업결합을 원칙적으로 금지하고 있다. 그리고 내용결정의 자유는 사적자치가 허용되는 범위 내에서만 인정된다. 따라서 강행법규 또는 선량한 풍속 기타 사회질서에 반하는 행위는 당연히 무효이지만, 비록 그러한 내재적 한계를 벗어나지 않았다고 하더라도 그 행위가 자유로운 경쟁이나 공정한 거래를 저해할 우려가 있는 경우에는 독점규제법에 의하여 금지된다. 한편 독점규제법은 단순히 이러한 행위들을 금지함으로써 사법적 효력을 부인하는 데에 그치지 않고, 나아가 그러한 행위를 한 사업자에 대하여 공정거래위원회가 당해 행위의 중지 또는 그 시정에 필요한 조치를 명하거나 과징금을 부과할 수 있게 하고 있다. 또한 독점규제법은 동법 규정을 위반한 자 또는 공정거래위원회의 시정명령에 응하지 않는 자에 대하여 징역이나 벌금을 부과할 수 있게 하고 있다. 이러한 점에서 경제법의 핵심인 독점규제법은 민사법적 요소와 아울러 행정법 및 형사법적 요소를 동시에 포함하고 있는 법이라 할 수 있다.

제 2 장 경제법의 지위

제 1 절 공·사법과 경제법

종래에는 경제법이 공법도 아니고 사법도 아닌 제3의 법역에 속한다고 하는 견해가 지배적이었다. 이러한 견해는 국가와 시민사회를 엄격히 구별하는 이른바 국가와 시민사회의 이원성(二元性)을 기초로 하고 있었는데, 자본주의 사회가 발전해 감에 따라 국민들 사이에 국가와 시민사회의 동질성에 대한 인식이 높아져서, 국가와 시민사회의 이원성은 상실되고, 공법과 사법을 엄격히 구별하는 사고도 비판을 받게 되었다. 그리고 법을 그 주체에 따라 분류하여 국가에 관한 법을 공법이라고 하고, 개인에 관한 법을 사법이라고 하며, 국가와 개인 사이에 새롭게 등장한 사회에 관한 법을 사회법이라고 하는 이른바 삼분설도 설득력을 잃게 되었다. 이러한 관점에서 보면, 경제법은 공법도 아니고 사법도 아닌 제3의 법역에 속한다고 하는 종래의 학설은 더 이상 유지될 수 없으며, 오히려 공법의 자기확장인 동시에 사법의 자기발전이라고 하는 것이 타당할 것이다.

따라서 경제법의 구체적인 모습은 공법적 요소와 사법적 요소를 동시에 포함하고 있는 단행법의 형태를 취하는 경우도 있고, 헌법이나 행정법과 같은 공법 속에서 발견되는 경우도 있으며, 민법이나 상법과 같은 사법 속에서 발견되는 경우도 있다.[1] 예컨대 경제질서의 기본법이라고 할 수 있는 독점규제법은, 동법을 운용하는 기관이 중앙행정기관인 공정거래위원회이고, 공정거래위원회의 시정조치나 과징금의 부과가 행정처분에 해당되며, 산업합리화, 연구·기술개발 등을 위한 공동행위의 인가가 행정법상의 허가에 해당되는 등 수많은 공법적 요소를 포함하고 있을 뿐만 아니라, 부당한 공동행위의 무효, 사업자의 손해배상책임 등과 같은 사법적 요소도 많이 포함하고 있다.

따라서 독점규제법은 공법적인 요소와 사법적인 요소를 동시에 포함하고 있는 경제법의 대표적인 예라고 할 수 있다. 한편 경제법의 헌법적 기초는 헌법상 인간

---

1) Rinck/Schwark, Wirtschaftsrecht, 6. Aufl., S. 13.

의 존엄성과 기본권 보장, 재산권 보장과 직업선택의 자유 및 경제질서에 관한 장에서 발견된다. 그리고 개인이나 기업의 경제상의 자유는 사적자치를 통하여 실현되는데, 민법은 이 원칙을 간접적으로 보장하는(민법 105조) 동시에 그 한계를 설정하고 있다(민법 2조, 103조).

제2절 경제법과 다른 법의 관계

I. 헌법과 경제법

헌법은 국민의 기본권 보장과 국가의 통치구조를 규정하는 국가의 기본법이다.[2] 따라서 경제법은 헌법이 인정하는 기본적인 질서를 기초로 하며, 또 그것에 의하여 일정한 제약을 받는다. 특히 헌법상 경제질서는 헌법이 규정하는 사회질서의 한 부분이라는 점에서는 헌법의 내용을 구성하지만, 경제법의 헌법적 기초를 이룬다는 점에서는 경제법의 내용을 이루게 된다.[3] 우리나라 헌법은 생산수단에 대한 소유에 관해서는 사유재산제도를 기본으로 하고(23조), 경제활동을 조정하는 메커니즘에 관해서는 시장경제를 경제질서의 기본으로 하고 있으며(119조 1항), 국가가 한편으로는 시장경제 그 자체의 기능을 유지하기 위하여 다른 한편으로는 시장의 실패를 교정하기 위하여 경제에 대한 규제와 조정을 할 수 있게 하고 있다(119조).

따라서 우리나라 경제법은 이러한 헌법상의 경제질서를 기초로 하면서, 이를 구체화하는 내용으로 구성된다. 즉 우리나라 경제법은 시장경제의 기능을 유지하기 위하여 자유롭고 공정한 경쟁을 제한하는 독과점이나 기업결합, 공동행위 및 불공정거래행위를 규제하는 독점규제법 그리고 균형 있는 국민경제의 성장 및 안정과 적정한 소득분배, 경제주체 간 조화를 통한 경제민주화 등과 같은 사회조화적 요구를 실현하기 위하여 경제를 규제하는 각종 경제규제법으로 구성되어 있다.

---

2) 권영성, 헌법학원론, 법문사, 2002, 3면.
3) Fritz Rittner, Wirtschaftsrecht, 2. Aufl., 1987, §1 Rdnr. 61.

Ⅱ. 행정법과 경제법

경제법상의 규제는 경제활동에 대한 행정기관의 간섭이나 개입으로 나타나는 경우가 많다. 따라서 그러한 한도 내에서 경제법은 동시에 행정법의 성격도 가지게 된다. 자본주의가 고도로 발전함에 따라 경제에 대한 국가의 규제는 점차 증가하고 있다. 경제에 대한 규제의 확대는 곧 행정법의 확대를 의미하는 동시에 경제법의 확대를 의미한다. 그러나 경제에 대한 국가적 규제가 행정권에 의한 간섭이나 개입의 형태로 나타나는 경우에 그것이 모두 행정법 현상에 해당되는 것은 사실이지만, 그것이 모두 경제법 현상에 해당되는 것은 아니라는 점에 주의할 필요가 있다. 경제에 대한 국가의 규제들 중에서 경제적인 목적에 의한 규제는 경제법적 규제에 해당되지만, 경제외적인 목적에 의한 규제는 경제법적 규제에 해당되지 않는다. 예컨대 똑같은 영업의 허가라고 하더라도 발전·송전·배전사업 등의 허가(전기사업법 7조)는 경제법적 규제에 해당하지만, 식품 또는 첨가물의 제조·판매업에 대한 규제(식품위생법 36조, 37조)는 경제법적 규제에 해당되지 않는다. 왜냐하면 전자는 경제적 목적에 의한 규제이지만 후자는 경제적 목적에 의한 규제가 아니라 보건·위생을 위한 규제이기 때문이다.

Ⅲ. 민법과 경제법

민법과 경제법은 그 근본 목적에 있어서 서로 구별된다. 즉 민법은 개인 상호간의 법률관계를 정당하게 규율하려는 것을 목적으로 하지만, 경제법은 국민경제 전체를 정당하게 질서 지우려는 것을 목적으로 한다.[4] 따라서 민법에서는 당사자간의 법률관계를 정당하게 규율하기 위하여 이를 저해할 우려가 있는 행위의 효력을 부인하고 있다. 예컨대 의사능력이 없는 자의 법률행위를 무효로 하고, 행위능력이 없는 자의 법률행위나 착오 또는 사기·강박에 의한 의사표시를 취소할 수 있게 하고 있으며, 선량한 풍속 기타 사회질서에 반하는 법률행위를 무효로 하고 있다. 반면 경제법의 핵심인 독점규제법에서는 경제질서의 기본인 시장경제의 기능을 유지하기 위하여, 공정하고 자유로운 경쟁을 제한하는 사업자의 시장지배적

---

4) Fritz Rittner, a.a.O., §1 Rdnr. 56.

지위의 남용과 경쟁제한적인 기업결합, 부당한 공동행위 또는 불공정거래행위 등을 금지하고 있다.

그리고 계약이나 소유권과 같은 민법상의 기본제도들은 경제법적인 관점에서는 그 의미와 기능을 달리하게 된다. 즉 전체 국민경제적인 관점에서 보면 이들의 인정 여부가 경제활동의 조정을 시장의 기능에 맡길 것인지, 아니면 국가의 계획에 의한 정부의 통제에 맡길 것인지를 결정하는 기준이 된다. 전자의 경우에는 계약의 자유와 소유권의 자유를 법질서의 기본으로 하게 되지만, 후자의 경우에는 계약의 자유와 소유권의 자유는 인정되지 않는다. 그런데 역사적인 경험에 비추어 볼 때, 이들 양자는 어느 것도 그 자체로는 완전하지 않기 때문에 각국의 입법자들은 양자 사이에서 불안스러운 선택(bange Wahl)을 하지 않을 수 없게 된다.[5]

따라서 각국은 시장경제를 기본으로 하면서 시장의 기능을 유지하거나 시장실패를 교정하기 위하여 경제에 대한 국가적인 규제를 하기도 하고, 반대로 국가의 계획에 의한 정부의 통제를 기본으로 하면서 부분적으로 시장기능에 의존하기도 한다. 우리나라와 같이 시장경제를 경제질서의 기본으로 하면서 경제에 대한 규제와 조정을 하고 있는 나라에서는, 계약이나 소유권과 같은 제도는 단순히 민법상의 제도에 그치는 것이 아니라 경제법상의 제도로도 기능하게 된다. 따라서 계약에 관한 문제를 검토함에 있어서는 그것이 단순히 당사자 간의 법률관계를 정당하게 규율하는지의 여부만을 문제 삼을 것이 아니라 국민경제 전체적인 관점에서도 이를 정당하다고 평가할 수 있는지, 자유로운 경쟁이나 공정한 거래를 해치는 것은 아닌지에 대하여도 검토해 볼 필요가 있다.

한편 계약자유가 국민경제 전체적인 관점에서 정상적인 기능을 수행하기 위해서는 시장에 공정하고 자유로운 경쟁이 유지되고 있어야 한다. 따라서 이러한 전제조건이 갖추어져 있지 않은 경우에는 국가의 규제를 통하여 이를 보완하지 않으면 안 된다. 이러한 현상은 소유권의 경우에도 마찬가지다. 즉 소유권의 변동에 관하여 민법에서는 주로 당사자 간의 법률관계만을 기준으로 판단하지만, 경제법에서는 국민경제 전체의 입장에서 검토하게 된다. 예컨대 부동산 투기와 같은 경우에는 비록 계약의 내용에 대하여 당사자 간에 원만한 합의가 이루어졌다고 하더라도, 그것이 국민경제 전체에 나쁜 영향을 미치기 때문에 국가의 규제를 받게 되는 것과 같다.

그리고 시장경제를 기본으로 하는 경제질서에 있어서는 민법상의 기본적인 제

---

5) Fritz Rittner, a.a.O., Rdnr. 57.

도인 계약과 소유권도 시장경제질서를 형성하는 기능을 담당한다. 왜냐하면 시장경제질서는 바로 수많은 사법적인 거래관계에 의하여 실현되기 때문이다. 따라서 민법은 총체적으로 경제법과 관련을 맺고 있다. 그러나 개별적인 거래관계는 각 개인의 이익을 실현하고 조정하는 것을 목표로 하고 있기 때문에 경제법의 대상이 되지 않는다. 민법상의 여러 제도나 규범들은 그것이 전체경제적인 관점에서 고려될 때 비로소 경제법적인 의미를 갖게 된다.6) 이러한 현상은 일차적으로 민법 제103조나 제750조와 같은 일반조항에서 드러난다. 그리고 약관의 규제나 제조물책임 등과 같은 사법적인 소비자 보호도 시장의 실패를 교정하는데 기여하는 것으로 이해되고 있다. 한편 특정한 도산기업에 대한 계획적인 구조조정 절차는 그 기업을 유지하는 것이 가지는 공익적인 이익에 의하여 정당화된다. 이처럼 사법적인 제도들이 경제법적으로 제도화되는 경우에는 그러한 한도 내에서 경제법적인 성격을 띠게 된다.7)

이와 같이 경제법은 민법상의 기본적인 제도들을 그 체계 속에 편입시켜서 경제법적 규제의 수단으로 활용하고 있다. 그런데 이러한 제도들은 때로는 국민경제 전체를 정당하게 질서지우려고 하는 경제법적 과제를 제대로 수행하지 못하는 경우가 있기 때문에, 허가·제한·금지 등과 같은 공법적인 규제를 통하여 이를 보완하게 된다.

한편 특허법, 저작권법, 실용신안법, 상표법 등과 같은 지식재산권법도 이 점에 있어서는 마찬가지이다. 이들은 일차적으로는 지식재산권을 개별적으로 보호하지만, 동시에 경쟁을 제한하거나 촉진하는 효과도 가지고 있다. 특허나 상표는 독점적인 지위를 인정하지만, 동시에 기술적인 진보 내지 품질경쟁을 자극한다. 따라서 이러한 사법적 규범과 지식재산권의 경제법적 측면은 개별적인 사례에서 구체적으로 검토해야 할 필요가 있다.8)

Ⅳ. 상법과 경제법

상법과 경제법은 모두 경제생활을 규율하기 때문에, 경제법의 출현으로 인하여 가장 큰 영향을 받는 분야가 바로 상법이라 할 수 있다. 그런데 상법과 경제법의 관

---

6) Rinck/Schwark, a.a.O., S. 12.
7) a.a.O., S. 12−13.
8) a.a.O., S. 13.

계에 대하여는 경제법의 독자성을 인정하는 견해도 있고 반대로 이를 부인하는 견해도 있다. 후자의 경우 경제법이 상법에 발전적으로 해소되어야 한다거나(Klausing), 상법의 개념을 확장하여 이를 기업법이라 하면서 경제법을 기업법에 포함시켜야 한다는(Wieland) 견해가 있다.

우리나라의 상법학자들 사이에서도 상법과 경제법의 관계에 대하여 견해의 대립이 있다. 소수설은 상법에 잠재하는 사회성·규제성의 원리의 내재적인 발현에 의하여, 일시적으로 새로운 법 분과로 인정된 경제법은 상법으로 필연적으로 흡수되어야 할 것이라고 주장한다.9) 그러나 다수설은 상법은 개개의 경제주체의 이익을 기초로 하여 경제주체 상호 간의 이익조정을 목적으로 하는 법인 반면에, 경제법은 국민경제 전체의 이익을 기초로 하여 경제주체의 조직과 활동을 규제하는 법이라는 점에서 경제법의 독자성을 인정한다.10) 그리고 상법의 대상은 기업인 데 반하여, 경제법의 대상은 반드시 기업에만 국한되지 않고, 때로는 국가·지방자치단체 또는 개별적인 소비자도 포함하고 있다.

V. 노동법과 경제법

노동법과 경제법은 모두 자본주의경제가 고도로 발전해 나가는 과정에서 나타나는 체제 자체의 내재적 모순을 해결하기 위하여 나타난 법이라는 점에서 공통성을 가진다. 그렇지만 경제적 종속자인 근로자의 경제적·사회적인 지위 향상을 도모하기 위한 노동법은, 국민경제 전체를 정당하게 질서 지우기 위하여 개인이나 기업의 경제활동을 규제하는 경제법과는 그 목적이나 대상에 있어서 차이가 크기 때문에, 양자는 서로 구별된다. 그러나 양 분야는 기능적으로 상호 밀접한 관계를 갖기도 한다. 예컨대 개별기업에서 노사문제는 노동법의 고유한 영역으로서 경제법과 아무런 관계가 없는 것이 보통이지만, 노사 간에 자율적으로 해결되어야 할 임금인상이 물가정책적인 차원에서 국가의 통제를 받게 되는 경우, 임금인상의 문제가 단순한 노동법상의 문제에 그치는 것이 아니라 경제법적 성격도 띠게 된다. 또 정리해고와 같은 문제는 원래 노동법의 과제이지만 이것이 산업구조의 조정과 관련되는 경우 경제법의 관심사가 되기도 한다.

---

9) 최기원, 상법학신론(상), 박영사, 1996, 13−14면.
10) 이기수, 경제법, 세창출판사, 1997, 14면.

Ⅵ. 형법과 경제법

경제법은 경제법상의 규제를 위반하는 자에 대하여 일정한 형벌을 가하는 경우가 있다(예컨대 독점규제법 124조 내지 127조). 이러한 형벌 규정은 국민경제 전체를 정당하게 질서 지우기 위한 규제라는 점에서는 경제법의 내용을 구성하지만, 범죄와 이에 대한 효과로서의 형벌을 규정하고 있다는 측면에서는 형법의 내용을 구성하게 된다.[11]

이러한 형사특별법을 일반적으로 경제형법이라고 한다. 경제형법은 주로 경제사범을 그 대상으로 하고 있는데, 형법에서는 경제사범에 대하여 일반사범에 비하여 어떠한 특수성을 인정할 것인지에 대하여 논의하고 있다. 특히 경제사범에 대하여 형법총칙의 규정, 예컨대 형의 변경(형법 1조 3항), 고의(동법 13조), 공범과 신분(동법 33조) 등에 관한 규정이 적용되는지에 관하여 다투어지고 있으며, 책임주체(행위자와 사업주·법인과의 관계)에 대하여도 여러 가지 문제가 제기되고 있다.

Ⅶ. 세법과 경제법

세법은 국가의 재정수요를 충족하기 위하여 국민이 부담하는 조세의 종목과 세율을 규정하고 있는 규범의 총체로서 독립된 법 영역을 형성하고 있다. 이러한 세법은 조세의 부담이 비교적 가벼웠던 제1차 세계대전 이전에는 경제법과 별다른 관계를 맺지 않았다. 그러나 복지국가의 이념을 실현하려고 하는 현대국가에 있어서 국민의 조세부담은 점차 증대하고 있을 뿐만 아니라, 국가가 조세의 종목과 세율을 결정할 때, 단순히 국가의 재정적 수요의 충족만을 목적으로 하는 것이 아니라, 국민경제의 건전한 발전을 도모하기 위하여 특정한 산업이나 기업에 대하여 조세를 감면해 주기도 하고(조세특례제한법), 특별히 중과세하기도 함으로써 경제정책적인 목적도 함께 추구하고 있다. 이처럼 오늘날 조세가 경제법적인 규제의 수단으로 활용되는 경우는 많으며, 따라서 세법과 경제법은 아주 밀접한 관련을 맺고 있는 것으로 볼 수 있다.[12]

---

11) 형법의 개념에 대하여는 이재상, 형법총론, 박영사, 1997, 3면 참조.
12) Fritz Rittner, a.a.O., §1 Rdnr. 66.

Ⅷ. 국제법과 경제법

자본주의적 경제활동은 본래 보편적인 성질을 가지고 있으며, 오늘날에는 시장 개방의 영향으로 모든 경제활동이 점차 국제화 내지 세계화되어 가고 있다. 경제 활동이 점차 국제화·세계화되어 감에 따라 경제법도 국제법과 깊은 관련을 맺게 되었다. 그리고 이러한 관련성은 제2차 세계대전 이후에 국제통화기금(IMF), 관세 및 무역에 관한 일반협정(GATT), 경제협력개발기구(OECD) 및 세계무역기구(WTO) 와 같은 국제경제기구에 관한 조약들이 나타남에 따라 더욱 깊어지고 있다.

국제경제법의 개념에 대하여는 학설이 대립하고 있다. 국제경제법을 국제경제 에 관한 국제법과 국내법을 포함하는 것으로 이해하는 견해도 있고,[13] 경제에 관 한 국제법으로 이해하는 견해도 있다.[14] 그런데 대외무역법, 외국환거래법, 외국인 투자 촉진법 등과 같이 내국인의 대외적인 경제활동을 규제하는 국내법은 대외경 제법 그리고 내·외국인을 막론하고 그들의 경제활동을 규율하는 국제법, 즉 국제 조약과 국제관습법은 국제경제법으로 볼 수 있다.[15] 따라서 국제경제법은 국제법 의 일부인 동시에 경제법의 일부를 구성하게 된다.

제3절 경제법과 경제학

Ⅰ. 양자의 구별

경제학은 경제행위의 관계와 방식 및 그 사실을 설명하고 인식하는 것을 사명 으로 한다. 경제학은 인간의 행위를 경제적인 합목적성, 즉 불충분한 상품의 획득 과 이용이라는 관점에서 분석한다. 법학에서 관심을 가지는 행위의 정당성 문제는 경제학에서는 오로지 경제정책이라는 분과에서만 제기된다. 물론 경제정책은 공동 체 형성의 관점에서 전체 정책의 일부로 파악되고 또한 다루어지기 때문에 그 중 요성을 부인할 수 없지만(전체 경제의 조직을 논의의 대상으로 하는 질서정책(Ordnungs−

---

13) 박노형 등, 국제경제법, 박영사, 2020, 8면.
14) 金澤良雄, 앞의 책, 37면.
15) 황적인·권오승, 경제법, 법문사, 1996, 22면 참조.

politik)의 경우 특히 그러하다), 경제학 전반에서 정당성 문제가 주된 쟁점으로 부각되지는 않는다.

경제학에서 형성된 이론, 즉 경제이론은 전체경제적인 연관성을 설명하기 위하여 경제 현실의 다양성을 추상화함으로써 얻어지는 모델을 자주 사용한다. 그러나 어떠한 모델도 경제 현실의 복잡성과 미래의 불확실성으로 인하여 완전한 또는 충분한 설명을 제공하지 못한다. 때로는 예를 들어 마르크스 이론처럼 모델을 제시하기 위하여 전제된 가정이 지나치게 제한적으로 구성됨으로써 이론적 가치를 상실하기도 한다. 나아가 신고전파 경제이론이나 마르크스 경제이론 모두 전제로 하는 인간의 합리성 자체에 의문이 제기되고 있으며,16) 제한된 합리성(bounded rationality)에 기초하여 인간 행동의 실질을 파악하려는 행동주의 경제학의 접근방식에도 주목을 요한다. 이러한 한계에도 불구하고 경제정책은 그 목적과 수단을 구체화하기 위하여 경제이론의 모델에 기초하는 것이 일반적이다. 그러나 경제정책이 채택한 모델 또는 이로부터 확장된 전체 경제의 모델을 정치적 실제에서 관철하려고 하는 경우 상당한 무리가 따를 수 있다는 점에 주의를 기울일 필요가 있다. 이는 (순수한) 시장경제이든 (순수한) 계획 또는 국가주도 경제이든 마찬가지인데, 양 '질서' 모두 지나치게 일방적이고 또한 경제적이다. 각 질서는 법적 사고 그 자체에 대하여는 전혀 언급하지 않을 뿐만 아니라, 다양한 욕구와 이해관계 및 가치들이 고려되지 않는다. 그렇지만 미래의 변화 가능성을 내포한 경제정책적 프로그램으로서 '사회적 시장경제'와 같이 이러한 고려가 내재화된 경우에는 실현 가능성을 긍정할 수도 있을 것이다.

한편 좁은 의미의 법학은 현행법의 규범과 제도들을 설명하고 그들의 연관성을 파악함으로써 법을 적용하는 자가 무엇이 법인지를 이해할 수 있도록 하는 것을 그 과제로 삼고 있다. 법학은 한 나라의 현행법을 체계적인 단일체로 이해하고 있다. 그 이유는 모든 법률의 적용에 있어서는 원칙적으로 전체의 법질서가 고려되어야 하기 때문이다. 이러한 법체계는 다양한 규범, 즉 명령과 그러한 규범이 기초하고 있는 가치들로 구성되어 있다. 그런데 이러한 규범과 가치는 오랜 역사적 발전을 거치면서 끊임없이 변화해 오고 있다.

경제법도 당연히 전체 법질서 안에 위치한다. 앞에서 살펴본 경제법 정의도 이러한 관점에서 이루어지고 있는데, 이러한 정의를 따르더라도 특히 경제학에 대비되는 경제법의 이해를 위해서는 법과 경제의 관계에 대한 이해가 선행될 필요가

---

16) Robert Cooter & Thomas Ulen, Law and Economics, Berkeley Law Books, 2016, pp. 50−51 참조.

있을 것이다. 이와 관련하여 양자의 관계를 소재와 형식의 관계로 파악하려는 단순한 시도는 피하여야 하며, 관계 설정과 관련된 문제도 추상적으로 제기해서는 안 된다. 또한 각 나라가 처한 특수성이 경제법에 영향을 미치고 있다는 점도 염두에 두어야 한다. 각국의 경제법은 법적·정치적·종교적 및 기타의 전통적인 사고방식에 따라 달라질 뿐만 아니라 경제적인 관계와 지리적인 위치(예컨대 삼면이 바다로 둘러싸여 있을 뿐만 아니라 교류가 사실상 불가능한 북쪽 경계를 두고 있는 우리나라와 유럽의 중심부에 위치하여 이웃 나라와의 교류가 활발히 이루어지고 있는 독일을 비교할 수 있다)에 따라 달라질 수밖에 없을 것이다.[17]

Ⅱ. 양자의 협력

경제법은 현행법의 체계 속에 포함되어 있기 때문에 그것과 관련하여 파악되고 설명되어야 한다. 그런데 이러한 경제법을 정확히 파악하기 위해서는 경제생활의 사실적인 관계들과 그러한 관계를 경제학적으로 설명하기 위한 시도인 모델과 이론들에 대하여 정확하게 이해할 필요가 있다. 따라서 법률가는 경제법에 관하여 항상 경제학적으로도 생각해 볼 필요가 있지만, 그러한 경우에도 법적으로 생각하는 것을 포기하거나 중단해서는 안 된다. 법률가가 정당한 결론을 얻기 위하여 종종 경제학의 도움을 받을 필요가 있는 것은 사실이지만, 그렇다고 하여 경제학자에게 법률가가 내려야 할 결정을 대신하게 할 수는 없다.

경제법 영역에서 법정책은 ―법적용과 달리― 정책적 제안과 그것이 기초하고 있는 목적과 수단의 관계를 고려해야 하는 것이 사실이지만, 앞에서 언급한 원칙들은 준수되어야 한다. 법정책에 있어서는 경제학적인 조사와 고려가 법을 적용할 경우보다 훨씬 더 큰 역할을 담당한다. 예컨대 경제학자는 어떠한 입법으로 인하여 초래될 수 있는 경쟁정책적, 경기정책적 또는 대외경제적인 효과를 알려 준다. 그리고 여기서 정책적 결정은 대체로 법률가가 아니라 정치가에게 맡겨져 있다. 그러나 이러한 이유 때문에 경제법을 '적용된 경제정책'으로 보는 것은 타당하지 않다. 이와 같이 법을 도구 내지 수단화하려는 견해는 경제법을 법체계의 맥락에서 격리시키고, 그 한도 내에서 법정책적인 결정과 평가를 경제학에 위임하게 된다. 더욱이 그것은 법의 독자성과 고유성에 의문을 제기하게 되며, 따라서 마르크스주의 이론에 접근하게 된다.[18]

---

17) Fritz Rittner, Wirtschaftsrecht, 2. Aufl., SS. 23－24.

  우리나라에서는 1960년대 이래 정부가 경제개발정책을 추진하는 과정에서 법을 정책의 도구 내지 수단으로 사용해 온 경향이 있었기 때문에, 경제법을 경제정책의 도구로 생각하는 사람들이 적지 않았던 것으로 보인다. 이러한 현상은 1980년대 이후 경제운용의 방식이 정부주도에서 민간주도로 바뀌면서 많이 완화된 것은 사실이지만, 아직도 경제법을 경제정책의 도구 내지 수단으로 생각하는 사람들이 적지 않다. 그러나 이러한 경향은 법치주의의 실현을 저해하는 매우 위험스러운 것으로서 조속히 시정되어야 할 것이다.

---

18) a.a.O., SS. 24－25.

제3장 경제체제와 경제질서

제1절 용어의 정의

한 사회의 경제운용방식을 가리키는 용어로서 경제체제(economic system, Wirt-schaftssystem)라는 용어와 함께 경제질서(economic order, Wirtschaftsordnung)라는 용어가 사용되고 있다. 그런데 개념이나 양자의 관계가 여전히 불명확하기 때문에 서로 혼용되는 경우가 많다. 예컨대 좀바르트(Sombart)는 한 사회의 경제운용방식을 경제체제로 보고, 그 경제운용방식은 경제주체의 목적·동기, 행동방식과 주어진 생산기술 및 경제에 관한 사실적인 질서와 조직에 의하여 특징지어진다고 한다.[1] 반면 오이켄(Eucken)은 사회적인 경제의 순수한 모습을 경제체제라고 하고, 경제체제에는 거래경제(시장경제)와 중앙관리경제(계획경제)가 있다고 한다. 그러나 이러한 경제체제가 실제 사회에서는 순수한 모습 그대로 실현되는 것이 아니라, 서로 얽히고설켜 복잡하고 다양한 모습의 경제질서를 형성하고 있다고 한다.[2] 여기서 우리는 좀바르트는 경제질서를 경제체제의 한 부분으로 이해하고 있는 반면에 오이켄은 경제체제를 경제질서의 한 요소로 파악하고 있음을 알 수 있다.[3]

그런데 일반적으로 경제체제는 경제를 구성하는 기본형태(Grundform)로서 규범적인 의미를 내포하지 않는 것으로 이해되고 있다.[4] 따라서 이 책에서는 경제체제를 경제를 구성하는 기본형태, 즉 순수한 이념적인 형태(Idealtypus)로 이해하고, 어떤 사회에서 실제로 기능하고 있는 경제운용 방식을 경제질서로 파악하는 입장에서 논의를 전개하기로 한다. 따라서 경제질서는 경제체제와는 달리 서술적·경험적인 의미로 이해될 수도 있고 규범적인 의미로 이해될 수도 있다.

---

1) Werner Sombart, Die Ordnung des Wirtschaftslebens, 2. Aufl., Berlin, 1927, S. 14 ff.
2) Walter Eucken, Die Grundlagen der Nationalökonomie, 7. Aufl., Berlin, 1965, S. 79 f.
3) Gernot Gutmann u. a., Die Wirtschaftsverfassung der Bundesrepublik Deutschland, 2. Aufl., 1979, S. 1.
4) Rinck/Schwark, a.a.O., S. 18, Rdnr. 51.

제 2 절 경제체제의 모습

I. 경제체제의 분류

경제체제를 분류하는 방법에는 여러 가지가 있다. 일반적으로 가장 널리 통용되고 있는 방법은 생산수단에 대한 소유를 기준으로 하는 방법과 경제주체들의 활동을 조정하는 기제(mechanism)를 기준으로 하는 방법이다.

1. 자본주의와 사회주의

경제체제를 생산수단에 대한 소유를 중심으로 분류하면 자본주의와 사회주의로 나누어진다. 자본주의(capitalism)란 생산수단이 주로 개인의 소유로 되어 있는 경제체제를 말하며, 사회주의(socialism)란 생산수단이 국가 또는 사회의 소유로 되어 있는 경제체제를 가리킨다. 한편 생산수단의 상당한 부분이 개인의 소유로 되어 있고 나머지 부분은 국가 또는 사회의 소유로 되어 있는 경제체제를 혼합경제(mixed economy)라고 한다.

2. 시장경제와 계획경제

경제체제를 경제주체들 상호 간의 활동을 조정하는 메커니즘, 즉 누가, 무엇을, 언제, 얼마만큼 생산하여, 누구에게, 어떠한 가격이나 조건으로 공급할 것인지를 조정하는 메커니즘을 중심으로 분류해 보면, 전통경제, 시장경제 및 계획경제로 나누어진다. 전통경제란 각 경제주체의 활동이 전통에 의하여 조정되는 경제체제를 말하고, 시장경제(market economy)란 각 경제주체의 활동이 시장에 의하여 조정되는 경제체제를 말한다. 그리고 계획경제(planned economy)란 각 경제주체의 활동이 국가의 계획에 따라 조정되는 경제체제를 말한다. 계획경제에 있어서는 경제주체의 생산목표나 생산량이 국가의 명령으로 조정되기 때문에, 이를 명령경제라고도 한다. 그런데 분업화가 상당한 정도로 진행된 근대경제에서는 전통의 역할이 많이 감소하고 있으므로, 근대경제에 있어서 실제로 중요한 의미를 갖는 경제체제는 시장경제와 계획경제뿐이다. 더욱이 최근에는 계획경제가 점차 그 의미를 상실해 가고 있기 때문에, 경제주체의 활동을 조정하는 메커니즘으로서 실제로 중요한 의미를 갖는 것은 시장경제이다.

Ⅱ. 경제체제의 기본유형

경제체제는 생산수단에 대한 소유와 각 경제주체의 활동에 대한 조정 기제의 결합에 따라서 여러 가지의 모습을 띠게 되는데, 그 대표적인 모습으로 다음 [표 1-1]과 같이 자본주의적 시장경제, 사회주의적 계획경제, 자본주의적 통제경제 및 사회주의적 시장경제 등이 있다.[5]

[표 1-1] 경제체제의 기본유형

소유 \ 조정기제	시 장	계 획
사유 국·공유	자본주의적 시장경제 사회주의적 시장경제	자본주의적 통제경제 사회주의적 계획경제

1. 자본주의적 시장경제

자본주의적 시장경제(capitalist market economy)는 생산수단의 개인 소유가 인정되며, 각 개인은 그들의 소유에 기초하여 자유로운 의사에 따라 경제활동을 수행하고, 그들의 경제활동은 시장에서 가격기구를 통하여 사후적으로 조정되는 경제체제를 말한다. 이것이 순수한 형태의 자본주의 경제이다. 자본주의적 시장경제의 특징으로는 사유재산제, 사적자치, 직업선택의 자유, 이윤추구의 원리, 시장경제와 가격기구, 노동의 상품화 등을 들 수 있다.

2. 사회주의적 계획경제

사회주의적 계획경제(socialist planned economy)는 생산수단을 국가 또는 사회가 소유하고, 각 경제주체의 경제활동은 국가의 계획에 의하여 사전에 조정되는 경제체제를 가리킨다. 이것이 순수한 형태의 사회주의 경제이다. 사회주의적 계획경제의 특징으로는 생산수단의 사회화, 고권적 형성, 계획경제, 공동생산·공동분배 등을 들 수 있다.

---

5) 이형순, 경제학개론, 박영사, 1988, 33면 이하.

3. 자본주의적 통제경제

자본주의적 통제경제(capitalist controlled economy)는 생산수단의 개인 소유는 인정되지만, 각 개인이 그들의 자유로운 의사로 경제활동을 수행하는 것이 아니라 국가의 계획이나 명령에 따라 경제활동을 수행하는 경제체제를 말한다. 1930년대 후반의 독일, 이탈리아 및 일본의 파시스트 정권 그리고 우리나라의 제3공화국이 이러한 경제체제를 채택하였던 것으로 볼 수 있다.

4. 사회주의적 시장경제

사회주의적 시장경제(socialist market economy)는 생산수단을 국가 또는 사회가 소유하지만, 각 경제주체 내지 경제단위의 활동은 국가의 계획에 따라 조정되는 것이 아니라 시장에 의하여 조정되는 경제체제를 말한다. 구 유고슬라비아 그리고 중국이 이러한 경제체제를 채택하고 있다.[6] 구 유고슬라비아에서는 소비재와 노동력에 대한 시장이 실제 존재하였으며, 소비재와 노동력의 가격은 수요와 공급에 따라서 결정되었고, 소비자들은 그들의 생활에 필요한 재화를 자유로이 선택할 수 있었다.

제 3 절 자유시장경제

Ⅰ. 자유시장경제의 의의

자유시장경제(free market economy)는 대부분의 생산수단이 개인이나 기업의 소유로 되어 있고, 각 경제주체의 경제활동의 자유가 보장되며, 그들의 활동이 시장기구에 의해서 조정되고, 경제활동에 대한 국가의 개입이 존재하지 않는 경제질서를 말하며, 순수한 형태의 자본주의적 시장경제에 가장 가까운 경제질서이다.

자유시장경제에서는 각 경제주체가 저마다 자신의 욕망을 충족하기 위하여 자신의 의사에 따라 경제활동을 수행한다. 기업은 영리를 추구하여 상품을 생산·판매하며, 노동자들은 수입원을 확보하기 위하여 노동력을 제공하고, 소비자들은 생

---

6) 중화인민공화국은 공산당 제14차 전국인민대표자대회에서 1990년대의 국가목표로 '사회주의 시장경제'의 건설을 채택한 바 있다.

활의 욕구를 충족하기 위하여 상품을 구입하여 소비한다. 따라서 기업은 더 많은 이윤이 기대되는 곳에 자본이나 자원을 투입하여 생산이나 판매활동을 전개하고, 노동자들은 더 많은 수입이 보장되는 일자리를 찾아서 거기에 노동력을 제공하게 된다. 그리고 소비자들은 품질 좋고 값싼 상품을 구입하려고 노력하게 된다. 그런데 일정한 상품을 구입하려는 소비자가 많아져서 그 수요가 증가하게 되면 그 상품의 가격은 올라가게 되고, 그 상품의 가격이 올라가게 되면 기업은 그 상품의 공급을 늘리게 된다. 이와 같이 가격은 소비자들의 욕구를 생산자에게 전달하는 신호기능을 담당하고 있을 뿐만 아니라, 생산자나 공급자에게 소비자들이 요구하는 상품을 소비자들이 요구하는 때에 그들이 원하는 양만큼 생산하여 공급하게 함으로써 수요와 공급의 균형을 유지하고, 나아가 인적·물적인 자원이 사회적으로 적정하게 배분되도록 하는 자원배분의 기능을 담당하고 있다.

이와 같이 각 경제주체는 오로지 자기 자신의 이익이나 안전을 위하여 활동할 뿐인데, 그들의 개인적인 이익 추구 활동은 이른바 '보이지 않는 손'에 이끌리어 사회 전체의 복리 증진에 기여하게 된다. 이러한 방법에 의한 공익의 증대는 국가가 의도적으로 공익만을 증대시키려고 했을 경우보다 더욱 효과적으로 실현된다. 따라서 국가는 각 개인의 사유재산권과 경제상의 자유를 최대한으로 보장하고 시장기구가 제대로 기능하도록 노력하는 데 그쳐야 하며, 각 경제주체의 구체적인 활동을 구속하거나 제한해서는 안 된다.

그런데 이러한 자유시장경제가 제대로 작동하기 위해서는 다음과 같은 조건이 갖추어져야 한다. 우선 각 경제주체는 무엇을, 언제, 얼마만큼 생산하여, 누구에게 공급하거나 소비할 것인지를 자유롭게 결정할 수 있어야 한다. 둘째 각 경제주체의 경제활동은 넓은 의미의 가격에 의하여 조정되어야 한다. 셋째 가격은 상품의 수요와 공급에 의하여 결정되고, 그 결과 수요와 공급은 균형을 이루어야 한다. 그러나 오늘날의 경제에 있어서 이러한 조건들은 제대로 갖추어 있지 않을 뿐만 아니라, 시장기구 그 자체의 기능적인 한계가 드러나고 있기 때문에, 시장기구의 전제를 회복하고 그 한계를 극복하기 위하여 국가가 경제활동에 대하여 적극적으로 개입할 필요성이 있다.

II. 자유시장경제의 수정

자유시장경제는 사유재산제와 시장경제를 기본으로 하고 있는데, 이들 양자는 모두 일정한 전제와 아울러 한계를 가지고 있다.

사유재산제는 인간의 기본적인 욕구인 소유욕을 충족시키고, 각 개인의 경제의 욕을 자극하는 요인이 되는 것은 사실이지만, 인적·물적인 자원을 적정하게 배분하지 못하는 경우가 있으므로 가진 자와 못 가진 자 사이에 갈등이 생기고, 자원의 합리적인 이용이 저해되는 경우가 발생하게 된다. 따라서 국가는 일정한 상품에 대하여는 사적인 소유를 제한하고, 또 일정한 상품에 대하여는 사적인 소유는 인정하되 그 이용을 제한함으로써 소유와 이용을 분리하고 있다. 이러한 소유권에 대한 제한은 토지의 경우에 가장 두드러지게 나타나는데, 우리나라에서는 토지를 합리적으로 이용하기 위하여 이른바 '토지 공개념(公槪念)'을 기초로 한 법률들을 제정하여 실시하고 있다.

한편 시장경제가 제대로 기능하기 위해서는 시장에 자유롭고 공정한 경쟁이 유지되고 있어야 한다. 이것은 시장기구가 정상적으로 작동하기 위한 전제조건이다. 그런데 자본주의가 산업자본주의에서 독점자본주의로 발전해 감에 따라 규모의 경제를 실현하기 위하여 기업은 내부 성장을 통하여 대기업으로 성장하기도 하고, 중소기업을 흡수·합병하여 대기업으로 변신하기도 하며, 다른 기업과 결합하거나 연대하여 시장을 독점하거나 과점하는 현상도 나타나게 된다. 시장이 소수의 기업에 의하여 독점 또는 과점화되면 상품의 가격은 수요와 공급의 균형점에서 결정되는 것이 아니라 독점기업의 자의(恣意)에 따라 결정되기 때문에, 가격의 신호기능이나 배분기능은 마비되고, 이른바 '보이지 않는 손'은 제대로 작동하지 않게 된다.

그러므로 국가는 시장에서 가격이 가지는 기능을 회복하기 위하여 경쟁을 제한하는 독과점기업을 규제하고, 경쟁제한적인 기업결합이나 부당한 공동행위 등을 금지함으로써, 자유롭고 공정한 경쟁을 유지하려고 노력하고 있다.

한편 시장기구는 비록 그것이 본래의 기능을 발휘하더라도, 다음과 같은 한계를 가지고 있는데, 이를 이른바 시장실패(market failure)라고 한다. 우선 각 개인이나 기업은 저마다 자기의 이익을 추구하기 위하여 노력하기 때문에, 사회가 공동으로 필요로 하는 철도, 도로, 수도, 항만, 전기, 통신, 공원 등과 같은 사회간접자본에는 적절한 투자가 이루어지지 않게 된다(이른바 공공재의 문제). 둘째 개별기업은 공해를 방지하기 위하여 노력하더라도 그 비용이 가격에 반영되지 않기 때문에 공해 문제를 적절히 해결하지 못하게 될 우려가 있다. 셋째 시장기구는 소득을 능력이나 성과에 따라 분배하기 때문에, 능력이 없거나 일자리가 없는 사람은 아무런 소득을 얻지 못하게 된다. 따라서 그들은 최소한의 인간적인 욕구마저 충족할 수 없게 될 우려가 있다. 그러므로 시장기구만으로는 소득분배의 공정화나 국민의 인간다운 생활의 보장을 기대할 수 없다. 넷째 시장기구는 가격을 통하여 소비자의 현재 요구는 반영할 수 있지만, 미래의 요구는 반영하지 못하기 때문에, 인간에게 부여된 인적·물적 자원을 현재 또는 미래의 요구에 적절히 배분하지 못할 뿐만 아니라, 미래의 불확실성에 대하여 적절히 대처하지 못하게 될 우려가 있다. 따라서 시장경제를 기본으로 하는 경제질서에서도 국가는 이상과 같은 시장기구의 한계를 극복하기 위하여 직접 경제활동에 참여하기도 하고, 개인이나 기업의 경제활동을 규제 또는 제한하기도 한다.

요컨대 오늘날에 있어서는 자본주의적 시장경제가 순수한 모습 그대로 실현되고 있는 나라는 하나도 없고, 거의 모든 나라가 사유재산제와 시장경제를 기본으로 하면서 여기에 일정한 수정을 가하고 있다. 그런데 사유재산이나 개인의 경제활동에 대한 제한이나 국가적 간섭의 정도는 나라에 따라 그리고 경제발전의 정도에 따라 서로 다르기 때문에, 각국에서 실제로 기능하고 있는 경제질서의 구체적인 모습은 매우 다양할 수밖에 없다.

제4장 우리나라의 경제질서

제1절 총 설

우리나라 경제질서는 어떠한 모습을 띠고 있는가? 우리나라에서 생산수단에 대한 소유가 사유(私有)를 기본으로 하고 있다는 것은 분명하기 때문에, 우리나라 경제질서가 자본주의에 해당한다는 점에 대하여 이론의 여지는 없다. 그러나 경제활동의 조정기제와 관련해서는 그 해답이 용이하지 않다. 왜냐하면 헌법이나 법률에 규정되어 있는 경제질서와 실제로 기능하고 있는 경제질서 사이에 상당한 괴리가 있기 때문이다. 규범적인 측면에서 살펴보면, 우리나라 경제가 시장경제를 기본으로 하는 것이 명백하지만, 실제로는 반드시 그렇게만 볼 수 없는 측면이 있다. 종래 우리나라 경제가 실제 운영되어 온 모습을 살펴보면, 그것이 시장경제를 기본으로 하고 있는지 통제경제를 기본으로 하고 있는지를 분간하기 어려운 경우가 많았다. 즉 우리나라에서는 경제개발계획을 추진하는 과정에서 경제활동에 대한 정부규제가 지나치게 많았기 때문에, 우리나라의 경제가 정부에 의해서 주도되고 있는지 개인이나 기업에 의하여 주도되고 있는지를 판단하는 것이 용이하지 않았다.

그러나 1980년대 이후에는 경제운용 방식이 정부주도에서 민간주도로 바뀌었을 뿐만 아니라, 특히 1990년대부터는 정부가 우리나라 경제의 경쟁력을 향상시키기 위하여 개인과 기업의 경제활동을 구속하는 여러 가지 규제를 대폭 개혁 내지 완화한 결과, 우리나라 경제질서 속에 남아 있던 통제경제적인 요소들이 상당히 많이 제거되어 우리나라 경제질서에서 시장경제적 요소가 점차 증가하고 있다고 할 수 있다.

한편 경제질서는 규범적 요소와 사실적 요소로 구성되어 있기 때문에, 우리나라 경제질서를 고찰함에 있어서도 경제활동을 규율하는 제반 법규나 제도 및 관행 등과 같은 규범적인 요소와 더불어 주어진 생산기술과 실제 경제운용 방식이나 조직 등과 같은 사실적인 요소를 함께 살펴보지 않으면 안 된다. 다만 후자는 법학의 범주를 벗어나는 것이어서 이 책에서는 주된 논의 대상으로 삼지 않을 것이다. 그리고 경제활동을 규율하는 법규나 제도 및 관행 등과 같은 규범적인 요소를 제대로 이해하기 위해서는, 우선 그러한 법규범이 어떠한 내용으로 구성되어 있는지를 정확히 파악한 뒤에, 그것이 실제로 어떻게 기능하고 있는지를 면밀하게 분석할 필요가 있다. 만약 법규범과 법현실 사이에 상당한 괴리가 있는 것이 발견된다면, 그러한 괴리가 발생하는 이유는 무엇이며, 그것을 메우기 위하여 어떻게 해야 하는지에 대하여도 고찰할 필요가 있다.

여기서는 우리나라 경제질서의 성격을 파악하기 위하여, 우선 8·15해방 이후 오늘날까지 우리나라의 경제질서가 변천해 온 과정을 개괄적으로 살펴본 다음에, 경제법의 기본적인 골격을 규정하고 있는 헌법상의 경제조항과 경제활동을 규율하고 있는 경제 관련 법령들을 중심으로 우리나라 경제질서의 내용과 성격을 파악해 보기로 한다.

제 2 절 경제질서의 변천

I. 개   설

8·15해방 이후 우리나라의 경제질서는 몇 단계의 변화를 거쳐서 오늘에 이르고 있다. 제헌헌법은 경제적 자유보다는 경제적 평등을 중시하는 이른바 통제경제를 채택하였으나, 6·25사변의 전시경제를 경험한 뒤에는 다시 경제적 평등보다는 경제적 자유를 중시하는 자유시장경제로 전환하였다. 그러나 5·16군사쿠데타 이후에는 조속한 근대화 실현을 목표로 종합적인 경제개발계획을 추진하기 위하여, 경제에 대한 국가의 규제와 조정을 대폭 강화하는 이른바 정부주도형 혼합경제를 채택하였다. 이러한 정부주도형 경제성장 정책이 상당한 성과를 거두어, 우리나라 경제가 질적·양적으로 크게 성장한 것은 사실이지만, 경제력집중, 소득의 편중, 경제주체·산업·지역 간의 불균형 등과 같은 문제점도 나타나게 되었다. 따라서 1980년대 이후에는 정부주도형 경제를 민간주도형 경제로 바꾸고, 시장경제를 기본으로 하면서 이를 저해하는 독과점이나 경제력집중을 막고, 경제주체·산업·지역 간의 불균형을 시정하기 위하여, 국가가 경제에 대한 규제와 조정을 하는 이른바 사회조화적 시장경제를 지향하고 있다. 이러한 경제질서의 변천은 규범적인 측면에서뿐만 아니라 사실적인 측면에서도 고찰할 수 있는데, 여기서는 주로 규범적인 측면에서 살펴보되 경제질서의 변천 과정을 가장 잘 표현해 주고 있

는 헌법상 경제조항의 변천 과정을 중심으로 고찰할 것이다.

II. 제헌헌법상의 경제질서

1. 미군정 하의 경제 조치

8 · 15해방 후 남한에 진주한 미군정은 군정청 일반고시 제1호(1945.10.5)로 1933년 일제가 폐지하였던 미곡(米穀)의 자유시장을 부활하고, 일반고시 제2호(1945.10.20)로 생활필수품에 대한 자유시장의 설치를 선언하였다. 그 결과, 일제에 의하여 강행되고 있던 주요 물자의 배급제, 폭리단속, 공정가격제, 가격통제 등과 같은 모든 통제가 폐지되고, 생활필수품에 대한 자유시장이 제도적으로 확립되었다. 그러나 계속되는 인플레이션으로 인하여 국민이 물가고와 식량난에 시달리게 되자, 미군정은 다시 미곡의 수집과 배급 제도를 실시하고(1946.1.25), 중앙경제위원회를 창설하여 경제에 관한 전반적인 통제를 실시하게 되었다. 그리하여 주요 생활필수품에 대한 최고가격제(1946.7.4) 그리고 일반은행의 업무를 양적으로 규제하는 이른바 자유여신한도제를 실시하게 되었다.

2. 제헌헌법상의 경제조항

1948년에 제정된 제헌헌법은 우리나라의 경제질서가 경제적 자유보다는 경제적 평등을 중시한다는 입장을 분명히 선언하였다. 우선 그 전문에서 "정치·경제·사회·문화의 모든 영역에 있어서 각인의 기회를 균등히 하고 능력을 최고도로 발휘케 하여 각인의 책임과 의무를 완수케 한다"고 규정하여, 우리나라가 정치적 민주주의와 아울러 경제적·사회적 민주주의를 건국의 기본이념으로 하고 있음을 천명하고, 제5조에서는 "대한민국은 정치·경제·사회·문화의 모든 영역에 있어서 각인의 자유·평등과 창의를 존중하고 보장하며, 공공복지의 향상을 위하여 이를 보호하고 조정하는 의무를 진다"고 규정하여, 정치·경제·사회적인 민주주의를 실현하기 위한 국가의 의무를 명백히 선언하였다.

그리고 제15조에서는 "재산권은 보장된다. 그 내용과 한계는 법률로써 정한다. 재산권의 행사는 공공복리에 적합하도록 하여야 한다. 공공필요에 의하여 국민의 재산권을 수용, 사용 또는 제한함은 법률이 정하는 바에 의하여 상당한 보상을 지급함으로써 행한다"고 규정하여 사유재산권은 보장하되, 국가는 이를 공공필요를 위하여 법률로 제한할 수 있다는 점을 명백히 선언하였다.

한편 제84조에서는 "대한민국의 경제질서는 모든 국민에게 생활의 기본적 수요를 충족할 수 있게 하는 사회정의의 실현과 균형있는 국민경제의 발전을 기함을 기본으로 삼는다. 각인의 경제상 자유는 이 한계 내에서 보장된다"고 규정하고, 나아가 제85조에서는 중요한 자원과 자연력을 원칙적으로 국유화한다고 규정하고, 제86조에서는 농지는 농민에게 분배한다고 규정하였으며, 제87조에서는 운수·통신·금융·보험·수리·수도·가스와 같은 공공성을 가진 기업은 원칙적으로 국영 또는 공영으로 하고, 대외무역은 국가의 통제 하에 둔다고 규정하였다. 그리고 제88조에서는 국방상 또는 국민생활상 긴절한 필요가 있는 경우에는 사영기업을 국유 또는 공유로 하거나, 그 경영을 통제 또는 관리할 수 있다고 규정하였다. 이와 같이 제헌헌법상 경제질서는 경제적 자유보다 경제적 평등을 중시하는 이른바 통제경제를 원칙으로 하고, 자유시장경제를 예외적으로 인정하는 방식으로 이루어졌다.[1]

이는 36년간에 걸친 일제의 식민지지배에서 해방된 국민의 경제적 평등에 대한 강렬한 열망을 반영한 것인 동시에 황폐화된 경제의 재건과 평준화되어 있는 빈곤의 극복을 위한 의지의 표현이었다고 할 수 있다. 그러나 이러한 이상은 당시의 경제 사정에 적합하지 않았을 뿐만 아니라 이를 실현할 수 있는 주체적인 역량도 갖추어져 있지 않았기 때문에, 정부의 경제정책은 헌법상의 경제질서와는 상관없이 경제적 평등보다는 경제적 자유를 중시하는 쪽으로 기울어졌으며, 그 결과 자유시장경제를 확립하기 위한 제도적인 기반조성에 주력하게 되었다.[2]

1950년 5월에 제정된 한국은행법과 은행법도 정부의 이러한 노력의 일환이었다고 할 수 있다. 1950년 6월 한국은행법에 의하여 중앙은행인 한국은행이 설립되었는데, 한국은행은 국민경제의 발전을 위한 통화가치의 안정, 은행·신용제도의 건전화와 그 기능향상을 통한 경제의 발전, 국가자원의 유효한 이용의 도모 및 정상적인 국제무역과 외환거래를 달성하기 위한 대외지불준비금의 관리를 목적으로 하고 있었다. 그리고 은행법은 해방 후 은행 업무의 무질서한 상태를 수습하고 인플레이션을 억제하기 위하여, 금융기관의 불입자본금의 한도와 예금자의 보호를 위한 조치, 금융기관의 여신과 수신업무에 관한 금지조항을 둠으로써, 일반금융기관의 공공성 유지와 경영의 건실화를 도모하려고 하였다.

---

1) 권영성, 헌법학원론, 법문사, 2002, 166면.
2) 대한민국 국사편찬위원회, 대한민국사, 탐구당, 1988, 174-175면.

Ⅲ. 전시경제의 운용

정부수립 후 경제질서에 관한 기본적인 틀을 제대로 마련하지도 못하고 있던 상태에서 6·25사변이 일어나자, 우리나라의 경제질서는 전시경제체제로 바뀌게 되었다. 전시경제는 주로 전쟁수행을 위한 막대한 자금의 조달과 난민구호를 포함하는 민생안정 그리고 사회·경제적인 혼란의 최소화를 목적으로 하고 있었다.

전쟁이 발발하자 정부는 바로 재정상의 긴급처분 제1호로「사변수습비상경비예산」을 편성·집행하였는데, 월별로 편성된 비상경비예산은 전체 예산의 75% 이상을 군사비에 충당하고, 나머지는 피난민 구호와 치안유지 비용에 충당하였으며, 그 재원은 모두 한국은행의 차입금으로 조달하였다. 그러나 9월 말 서울이 수복된 뒤에는 비상예산제를 지양하고, 전비를 합리적으로 조달하기 위하여「조세임시증징법」을 제정하여 조세제도를 전시세제로 전면 개편하였다. 한편 6월 28일에는 전쟁으로 인하여 야기된 금융상의 혼란을 막기 위해 대통령긴급명령 제2호로「금융기관 예금지불에 관한 특별조치령」을 공포하여 금융기관의 예금과 기타 자금의 지불을 제한하였고, 7월 19일에는 피난민의 생활을 보호하기 위하여 대통령긴급명령 제4호로「금융기관 예금지불에 관한 특별조치」를 발표하여 세대당 주 1만원, 월 3만원까지의 대불제를 실시하였다. 한편 8월 28일에는 적성통화를 적극 봉쇄하고 통화량을 긴축하기 위해 대통령긴급명령 제10호로「조선은행권의 유통 및 교환에 관한 건」을 발표하여 통화교환을 실시하였다. 그러나 전쟁이 장기전의 태세를 갖추게 되자, 정부는 재정금융 측면에서 경제안정을 위한 긴축정책을 실시하고, 다른 한편으로 전력증강을 위한 중점산업의 육성에 주력하였다. 1952년 2월에는 대통령긴급명령 제13호로「긴급통화조치령」을 공포하여 긴급통화조치를 실시하였다. 이 통화조치는 통화체제의 개선, 부동구매력의 흡수, 체납국세 및 연체대출금의 회수, 원화의 대외가치향상 등 인플레이션의 수습과 통화가치의 안정을 목적으로 하였다. 그리고 같은 달에「긴급금융조치법」을 제정하여 구권의 예입과 금융기관에 대한 예금의 일부를 동결하였다.[3]

---

3) 권영성, 앞의 책, 182-184면.

IV. 자유시장경제의 형성과 전개

1. 자유시장경제의 형성

1953년 7월 27일에 휴전이 성립되자, 정부는 미국의 원조에 힘입어 인플레이션의 수습을 통한 민생의 안정 그리고 전재(戰災) 복구와 경제 부흥에 주력하게 되었다. 그런데 미국은 우리나라에 경제원조를 제공하는 조건으로 안정기조와 시장경제의 확립을 요구했기 때문에, 정부는 우리나라 경제질서를 자유화하는 조치를 취하게 되었다. 즉 한국의 재건과 경제부흥을 돕기 위한 미국의 대한원조(FOA) 운영방침을 밝힌 「경제재건 및 재정안정계획에 관한 합동경제위원회의 협약」(1953. 12. 14.)은 경제재건 및 재정안정계획이 한국경제의 확대강화에 최대한으로 공헌해야 한다고 보고, 재건을 위한 경제운영의 기본방향으로서 건전재정의 확립과 통화 및 신용의 안정, 단일외환율, 자유기업원칙, 자기자금부담원칙, 자유가격제, 대출자금 운용원칙 등에 합의하고 있었다. 이에 따라 정부는 1954년 11월 27일 이른바 사사오입(四捨五入) 개헌에 의하여 헌법의 경제조항을 대폭 개정하였다.

헌법상 경제질서의 내용은 다음과 같이 개정되었다. 헌법전문과 제5조의 건국이념과 제15조의 재산권보장 그리고 제84조의 경제질서의 원리규정은 그대로 유지하면서, 제85조의 천연자원에 대한 국유화원칙을 개정하여 법률이 정하는 바에 따라 일정한 기간 그 채취, 개발 또는 이용을 특허할 수 있도록 하고, 제87조의 중요한 공공적인 기업의 국영 또는 공영의 원칙을 개정하여 원칙적으로 모든 기업을 사영으로 하였으며, 제88조를 개정하여 국방상 또는 국민생활상 긴절한 필요로 인하여 법률로써 특히 규정한 경우를 제외하고, 사영기업의 국·공유화 또는 그 경영의 통제와 관리를 허용하지 않았다.

이와 같은 경제질서의 자유화는 기업의 창의력을 조장하고 경제의 부흥에 필요한 외자도입을 촉진함으로써 황폐한 경제의 조속한 재건과 공업의 발전에 크게 기여하였으나, 일부 기업에 의한 부정축재를 가능하게 하고, 우리나라 경제의 대외의존성을 심화시키는 계기가 된 것도 사실이었다.

2. 자유시장경제의 확립과 정부규제의 강화

1950년대 말에는 미국의 원조가 일단락됨에 따라, 자유당 정부는 경제의 자립화를 위한 의지를 최초로 계획화하여 경제개발 7개년계획(1960~1966년)의 전반부 계획으로서 경제개발 3개년계획(1960~1962년)을 수립하였으나, 4·19혁명으로 햇빛을 보지 못하였다. 그 후 민주당 정부는 4월혁명 사업의 완수와 경제자립의 목표 달성을 위하여, 부패한 관권경제를 일소하고 경제제일주의를 내세우며 자유경제체제 하에서 국민경제의 균형 있는 발전을 계획성 있게 단계적으로 실현한다는 기본방침 아래, 다시 경제개발 5개년계획을 수립하였다. 그러나 이 역시 5·16군사쿠데타로 폐기되고 말았다.

5·16군사쿠데타로 집권한 박정희 대통령은 경제적 후진성의 극복과 국민경제의 균형 있는 발전을 경제정책의 기본으로 삼고, 농어촌의 고리채 정리와 부정축재의 처리와 같은 과감한 경제시책을 펴나가는 동시에, 자립경제 확립을 위하여 1962년 1월 「제1차 경제개발 5개년계획」을 공포함으로써 계획적이고 종합적인 경제개발을 본격적으로 추진하게 되었다. 1962년 12월 26일 개정된 제3공화국 헌법에서는 이러한 경제개발계획을 뒷받침하기 위하여 헌법상 경제조항의 대폭적인 수정이 이루어졌다.

헌법 제111조 제1항은 "대한민국의 경제질서는 개인의 경제상의 자유와 창의를 존중함을 기본으로 한다"고 규정하여, 우리나라의 경제질서가 시장경제를 기본으로 한다는 것을 선언한 다음, 제2항에서는 "국가는 모든 국민에게 생활의 기본적 수요를 충족시키는 사회정의의 실현과 균형있는 국민경제의 발전을 위하여 필요한 범위 안에서 경제에 관한 규제와 조정을 한다"고 규정함으로써, 시장기구가 해결하지 못하는 경제문제, 즉 시장실패를 교정하기 위하여 국가가 경제를 규제·조정할 수 있는 근거를 마련하였다. 이로써 우리나라의 경제질서는 경제적 평등보다는 경제적 자유를 중시하는 시장경제를 기본으로 하고, 사회정의의 실현과 균형 있는 국민경제의 발전을 위하여 필요한 범위 내에서 국가가 경제를 규제·조정하는 이른바 혼합경제체제를 채택하게 되었다.

이러한 경제질서의 기본적인 골격은 적어도 헌법적 차원에서는 오늘날까지 그대로 유지되고 있다. 그러나 경제개발계획의 추진과정에서 경제에 대한 국가의 간섭이 점차 증가함에 따라, 실제로 기능하고 있는 (사실상의) 경제질서는 헌법상의 경제질서와 상당한 거리가 있었다. 1960년대 초부터 정부는 우리나라 경제의 구조적인 후진성을 극복하고 자립경제를 실현하기 위하여, 제1차 경제개발 5개년계획(1962~1966년)을 실시하게 되었는데, 이 계획에서는 자유시장경제의 원칙에 입각하여 민간기업의 자유와 창의를 존중하면서 재정·금융·외환 측면에서 이에 대한 적극적인 지원을 모색하는 한편, 민간기업이 참여할 수 없는 기간산업이나 기타 주요부문에서는 정부가 직접·간접으로 참여하는 경제개발방식을 채택하였다. 그 결과 경제에 대한 정부의 개입과 지도가 점차 확대됨으로써, 시장의 기능보다 정부의 역할이 더욱 커지는 경향이 나타나게 되었다. 이러한 경향은 제2차, 3차 경제개발계획을 추진하는 과정에서 더욱 확대되었다. 따라서 1970년대부터는 우리나라의 경제질서가 시장경제를 바탕으로 하되, 국가의 강력한 개입과 지도에 의하여 규율되는 통제경제적 성격을 띠게 되었다.

또한 우리나라는 경제개발전략으로서 국내에 부족한 자본과 자원을 외국으로부터 도입하고 국내의 값싼 노동력을 동원하여 이를 가공하여 수출하는 이른바 대외지향형 경제성장정책을 채택하였으며, 산업화의 구체적인 추진 방식으로서 우선 경공업을 중점적으로 육성하여 경제력을 배양한 후에 점진적으로 중화학공업으로 이행해 가는 이른바 불균형성장정책을 채택하였다. 그 결과 우리나라의 경제는 단기간에 고도성장을 이룩하여, 1980년대에는 바야흐로 신흥공업국의 대열에 들어서게 되었다. 그러나 이러한 경제개발정책은 국가의 집중적인 지원을 받은 소수의 대기업 또는 대기업집단에게 경제력을 과도하게 집중시키고, 농업과 공업, 수출산업과 내수산업, 중소기업과 대기업 간의 불균형을 심화시켰을 뿐만 아니라, 시장기능이 위축되어 자원의 배분이 왜곡되고 경제의 탄력성이 상실되는 등 여러 가지 문제점을 낳게 되었다. 그리고 이러한 문제점은 점차 증폭되어 1970년대 후반부터는 우리나라 경제의 지속적인 발전을 저해하는 장애요인으로 작용하게 되었다.

V. 사회조화적 시장경제의 추진

1980년대에 들어서면서 정부는 수출주도형 경제성장정책에 따른 여러 가지의 문제점을 해결하고, 정부주도형 경제개발의 비능률성을 제거함과 아울러 경제성장의 과실을 모든 국민에게 골고루 분배하기 위하여, 우리나라의 경제질서에 많은 수정을 가하기 시작하였다. 우선 1980년에 개정된 제5공화국 헌법은 경제질서의 기본원칙은 그대로 유지하면서, 국가에 의한 독과점 폐단의 규제·조정(120조 3항), 중소기업 사업활동의 보호·육성(124조 2항), 농·어민과 중소기업의 자조조직 육성과 정치적 중립성의 보장(124조 3항), 건전한 소비행위 계도와 생산품의 품질향상을 촉구하기 위한 소비자보호운동의 보장(125조) 등을 규정하였다.

이러한 헌법정신은 독점규제 및 공정거래에 관한 법률(1980년), 중소기업진흥법

(1982년), 중소기업제품구매촉진법(1981년), 소비자보호법(1980년) 등의 제정과, 농업
협동조합법·중소기업협동조합법·수산업협동조합법 등의 개정 등에 의하여 구체
화 되었으며, 1982년부터 실시된 제5차 경제사회발전 5개년계획에도 반영되었다.
즉 제5차 계획에서는 경제계획의 방식을 종래의 지도계획에서 유도계획으로 전환
하였으며, 경제운용방식도 정부주도에서 민간주도로 바꾸어 시장경제의 장점을 살
리기 위하여 노력하였다.

　　이러한 노력은 정부의 비민주적인 행정관행과 기업의 오랜 타성 때문에 별다른
성과를 거두지 못하고 있다가, 1987년 이른바 '민주화 투쟁'에 힘입어 헌법상의 경
제조항을 다시 개정함으로써 더욱 고조되었다. 여기서 우리 헌법은 대한민국의 경
제질서는 개인과 기업의 경제상의 자유와 창의를 존중하는 시장경제를 원칙으로
하면서, 균형 있는 국민경제의 성장과 안정, 적정한 소득의 분배, 시장의 지배와
경제력남용의 방지, 경제주체 간 조화의 실현을 통한 경제민주화를 위하여 국가가
경제에 관한 규제와 조정을 하는 이른바 사회조화적 시장경제를 지향하고 있다는
점을 명백히 선언하고 있다.

제 3 절 현행 헌법상의 경제질서

Ⅰ. 경제질서에 관한 기본규정

　　우리나라 헌법은 전문에서 "정치·경제·사회·문화의 모든 영역에 있어서 각
인의 기회를 균등히 하고, 능력을 최고도로 발휘하게 하며"라고 규정하여, 우리나
라가 정치적 민주주의와 아울러 경제적·사회적 민주주의를 지향하고 있음을 밝
히고 있다.

　　그리고 제23조 제1항에서는 "모든 국민의 재산권은 보장된다"고 규정하여 사유
재산제를 기본으로 하는 자본주의를 채택하고 있음을 선언하고, 제10조 제1문에서
는 "모든 국민은 인간으로서의 존엄과 가치를 가지며, 행복을 추구할 권리를 가진
다"고 규정하여 사적자치의 원칙을 기초로 하고 있음을 선언하고 있다. 한편 제
119조 제1항에서는 "대한민국의 경제질서는 개인과 기업의 경제상의 자유와 창의
를 존중함을 기본으로 한다"고 규정하여, 시장경제를 경제질서의 기본으로 하고
있음을 선언하고 있다. 따라서 우리나라 헌법상의 경제질서는 사유재산제와 사적

자치의 원칙 및 시장경제를 기본으로 하는 자본주의적 시장경제를 채택하고 있음을 알 수 있다. 이는 국민 개개인에게 자유로운 경제활동을 통하여 생활의 기본적 수요를 스스로 충족할 수 있도록 하고 사유재산과 그 처분 및 상속을 보장해 주는 것이 인간의 자유와 창의를 보장하는 지름길이고, 궁극적으로는 인간의 존엄과 가치를 증대시키는 최선의 방법이라는 이상을 바탕으로 하고 있는 것이다.[4]

그러나 우리나라의 경제질서는 국가가 경제에 대하여 아무런 규제나 간섭도 하지 않는 순수한 의미의 시장경제가 아니라, 국가가 균형 있는 국민경제의 성장과 안정, 적정한 소득의 분배, 시장의 지배와 경제력남용의 방지, 경제주체 간의 조화를 통한 경제의 민주화를 위하여 경제에 관한 규제와 조정을 할 수 있는 이른바 수정된 시장경제라고 할 수 있다.

II. 경제질서의 성격

1. 경제질서의 성격에 관한 논쟁

우리나라 헌법상 경제질서의 성격을 어떻게 파악할 것인지에 대하여 헌법학자들 간에 견해의 대립이 나타나고 있다. 그런데 이러한 견해 대립의 초점은 주로 우리나라 헌법상의 경제질서를 사회적 시장경제(soziale Marktwirtschaft)로 보는 것이 타당한지 혼합경제(mixed economy)로 보는 것이 타당한지에 집중되고 있다.

지배적인 견해는 국가를 그 정치적 성격에 따라 시민민주국가, 사회주의국가, 사회국가로 분류하고, 그에 대응한 경제질서를 각각 자본주의적 자유시장경제질서, 사회주의적 계획경제질서, 사회적 시장경제질서(혼합경제질서)로 구분한 다음에, 이러한 경제질서의 유형은 대체로 근대자본주의적 자유시장경제질서에서 출발하여 사회주의적 계획경제질서로 대체되거나 수정자본주의적 경제질서를 의미하는 사회적 시장경제질서로 발전하였다고 보고 있다. 그리고 우리나라 현행 헌법상 경제질서는 사유재산제를 바탕으로 하고, 경제활동의 자유와 경쟁을 존중하는 자본주의적 자유시장경제를 근간으로 하면서, 자유시장경제에 수반되는 모순을 제거하고 사회정의와 경제민주화를 실현하기 위하여 국가적 규제와 조정을 광범하게 인정하고 있으므로, 전체적으로는 사회적 시장경제(혼합경제·수정자본주의적 경제질서)의 성격을 띠고 있다고 한다.[5] 한편 우리나라의 헌법재판소도 이러한 견해의 영향

---

4) 헌법재판소 1989. 12. 22. 선고 88헌가13 결정 참조.

을 받아 "우리 헌법상의 경제질서는 사유재산제를 바탕으로 하고 자유경쟁을 존중하는 자유시장경제질서를 기본으로 하면서도 이에 수반되는 갖가지 모순을 제거하고 사회복지·사회정의를 실현하기 위하여 국가적 규제와 조정을 용인하는 사회적 시장경제질서로서의 성격을 띠고 있다"고 설시한 바 있다.[6]

그러나 이러한 견해에 대하여는 다음과 같은 비판이 가해지고 있다.[7] 첫째 사회적 시장경제는 다분히 독일적인 전통과 국가의 성격에서 파생된 것이라고 보고, 독일의 사회적 시장경제는 자본주의의 성숙을 전제로 하는 데 반하여 우리나라의 경우에는 자본주의가 성숙하지 않은 상태에 있으므로 경제활동에 대한 국가 개입의 의미가 다를 수밖에 없으며, 따라서 우리나라 경제질서를 사회적 시장경제라고 설명하는 것은 타당하지 않다고 한다.[8] 이러한 비판에 대하여 지배적인 견해는 사회적 시장경제질서가 독일의 특유한 경제질서라기보다 자본주의적 자유시장경제질서, 사회주의적 계획경제질서에 대비되는 제3의 경제질서라고 답한다.[9]

둘째 우리 헌법상의 경제조항은 사회적 시장경제질서에서는 수용할 수 없는 계획적·조정적 요소를 포함하고 있으므로 우리 헌법상의 경제질서를 사회적 시장경제라고 설명하는 것은 타당하지 않다고 한다. 사회적 시장경제질서는 자유를 최우선적 가치로 보고, 경제를 경제질서와 경제과정으로 구분하여 경제질서에 대한 간섭은 인정하지만 경제과정에 대한 직접·간접의 조정방식은 배제되는 질서를 의미한다. 그런데 우리 헌법상의 경제조항에는 사회적 시장경제질서라는 틀에는 수용하기 어려운 내용들이 포함되어 있기 때문에, 우리 헌법상의 경제질서를 사회적 시장경제로 보기는 곤란하다는 것이다.[10]

그런데 이러한 비판에 가담하고 있는 학자들은 대체로 우리나라 헌법상의 경제질서를 사회적 시장경제로 이해하는 것은 적절하지 않고 그 대신에 혼합경제체제로 이해하는 것이 타당하다고 주장한다.[11] 즉 이들은 우리 헌법이 원칙적으로 혼합경제체제를 채택하고 있으나 보다 구체적인 경제체제에 관해서는 중립적인 입

---

5) 김철수, 헌법학개론, 박영사, 1997, 205면; 권영성, 앞의 책, 167−168면; 허영, 한국헌법론, 박영사, 2001, 158면.

6) 헌법재판소 1996. 4. 25 선고 92헌바47 결정 참조.

7) 김문현, "현행헌법상의 경제질서의 성격", 고시계, 1997.9, 84면 이하, 특히 88−89면 참조.

8) 권영설, "국가와 경제−경제질서의 헌법적 기초−", 공법연구, 제16집, 1988, 21−23면.

9) 권영성, 앞의 책, 164면; 김철수, 앞의 책, 205면.

10) 정순훈, "우리 헌법상 경제질서와 경제규제의 한계", 공법연구, 제16집, 1988, 173면; 김형성, "헌법상의 경제질서와 경제간섭의 한계", 한국공법학회 학술발표회, 1992, 8−9면.

11) 권영설, 앞의 논문; 김문현, 앞의 논문; 김형성, 위의 논문; 홍정선, "한국헌법의 경제체제에 관한 연구", 이화여대 논총, 사회과학논집 제59집 제2호, 이화여대 한국문화연구원, 1991, 182면.

장을 취하고 있다고 설명하거나,[12] 우리 헌법상의 경제질서는 혼합경제의 범위 내에서 그때그때의 경제상황이나 사회현실 그리고 집권당의 정책기조에 따라서 경제정책의 선택을 넓게 열어놓는 질서라고 설명하고 있다.[13] 요컨대 헌법학자들은 우리나라 헌법상의 경제질서가 순수한 의미의 시장경제질서도 아니고 계획경제질서도 아니라는 점에 대하여는 견해를 같이하고 있으나, 그것을 사회적 시장경제로 볼 것인지 혼합경제체제로 볼 것인지에 대하여는 견해의 대립을 보이고 있다. 따라서 이하에서는 이 점을 중심으로 검토해 보기로 한다.

2. 헌법학자들의 논의의 한계

헌법학자들의 논의는 다음과 같은 인식을 전제로 하고 있다. 즉 오늘날 현실적인 모델로서 순수한 의미의 시장경제질서와 계획경제질서는 어디에서도 발견되지 않으며, 순수한 의미의 시장경제질서도 계획경제질서도 아닌 제3의 길이 각국의 역사와 종래의 체제, 경제적 상황과 관련하여 모색되고 있을 뿐이다. 우리나라도 예외가 아니며, 제헌헌법 이래 우리 헌법이 담고 있는 경제질서는 이러한 제3의 길의 모색에 대한 표현이라고 할 수 있다는 것이다.[14] 그런데 이러한 인식은 경제운용방식에 관한 순수한 이론적인 모델인 경제체제와 어떤 사회에서 실제로 기능하고 있는 경제질서를 개념적으로 명확히 구별하지 않고 이루어짐으로써, 경제질서에 관한 논의는 구체성을 띠지 못하고 추상적인 차원에서 맴도는 오류를 범하고 있다. 즉 헌법학자들의 논의는 우리나라 헌법상 경제질서가 순수한 의미의 시장경제질서도 아니고 계획경제질서도 아니라는 점을 밝히는 소극적인 의미만 가지고 있을 뿐, 그것이 적극적으로 어떠한 성격을 가지고 있는지를 규명하는 데에는 의미 있는 기여를 하지 못하고 있다.

그런데 순수한 의미의 시장경제질서와 계획경제질서는 어디까지나 이론적인 모델에 지나지 않기 때문에 오늘날에는 말할 것도 없고 역사적으로 한 번도 실재한 적이 없다. 따라서 오늘날 각국의 경제질서를 순수한 의미의 시장경제질서나 계획경제질서에 해당하지 않는다고 하여 제3의 길로 이해한다면, 각국의 경제질서 중서 제3의 길에 해당하지 않는 경우를 찾기는 어려울 것이다. 그리고 경제질서에 관한 논의가 만약 어느 나라의 경제질서가 순수한 의미의 시장경제질서나 계획경

---

12) 홍정선, 앞의 논문.
13) 김문현, 앞의 논문, 94면.
14) 김문현, 앞의 논문, 84면.

제질서 중에서 어느 쪽에 속하는지 아니면 그 어느 쪽에도 속하지 않는 제3의 질서에 해당되는지를 가리는 의미밖에 없다면, 그러한 논의는 더 이상 전개할 필요도 없고 또 실익도 없을 것이다. 그러므로 우리가 경제질서의 성격을 논의할 때에는, 이러한 차원을 넘어서 한 나라의 경제질서가 무엇을 기본으로 하고 있으며 나아가 어떠한 이유에서 어느 정도로 수정 또는 제한되고 있는지에 대하여 구체적으로 검토해 볼 필요가 있다.

그런데 이러한 수정형 경제질서의 모델로서는 자본주의적 시장경제질서를 기본으로 하면서 그 한계를 극복하기 위하여 국가가 경제활동에 부분적으로 개입하고 있는 것도 있고, 사회주의적 계획경제질서를 기본으로 하면서 그 한계를 극복하기 위하여 시장의 기능을 부분적으로 인정하고 있는 것도 있다. 이러한 수정형을 순수한 의미의 시장경제질서나 계획경제질서는 아니지만 그렇다고 하여 제3의 질서라고 하는 것도 적절하지 않다. 왜냐하면 최근에는 이러한 범주를 초월하는 새로운 경제질서의 유형들, 예컨대 자본주의의 틀은 유지하지만 시장의 기능보다는 국가의 통제를 더욱 중시하는 자본주의적 통제경제라든가, 반대로 사회주의의 틀은 유지하지만 국가의 계획보다는 시장의 기능을 더욱 중시하는 사회주의적 시장경제와 같은 새로운 경제질서가 출현하고 있기 때문에, 앞에서 설명한 수정형들을 제3의 질서라고 하게 되면, 이를 최근에 등장하고 있는 새로운 경제질서와 구별할 수가 없기 때문이다. 따라서 이러한 혼란을 피하기 위해서는, 자본주의적 시장경제질서를 기본으로 하면서 이를 수정하고 있는 경제질서는 자본주의적 시장경제질서의 범주에 포함시켜서 이해하고, 사회주의적 계획경제질서를 기본으로 하면서 이를 수정하고 있는 경제질서는 사회주의적 계획경제질서의 범주에 포함시켜서 이해하는 것이 바람직할 것이다. 그리고 제3의 길이란 자본주의적 시장경제질서의 범주에도 속하지 않고 사회주의적 계획경제질서의 범주에도 속하지 않는 새로운 경제질서, 예컨대 자본주의적 통제경제나 사회주의적 시장경제와 같은 새로운 형태의 경제질서를 의미하는 것으로 보아야 할 것이다.

그리고 헌법학자들은 우리나라 헌법상의 경제질서를 이름하여 사회적 시장경제라고 부르기도 하고 혼합경제라고 부르기도 하며, 때로는 이들을 혼용하기도 한다.[15] 그런데 이러한 용어들은 그 의미가 반드시 명확하지 않을 뿐만 아니라 그것을 사용하는 학자에 따라 의미하는 바도 한결같지 않기 때문에, 그로 인한 오해도

---

15) 권영성, 앞의 책은 사회적 시장경제질서와 혼합경제 및 수정자본주의적 경제질서를 엄격히 구별하지 않고 이를 혼용하고 있다(168면 참조).

적지 않다. 우선 사회적 시장경제는 원래 제2차 세계대전 후 독일에서 전후의 경제정책을 특정하기 위하여 프라이부르크학파(신자유주의 또는 질서자유주의)의 영향하에 개발된 개념인데,[16] 그것이 1960년대 중반 이후에는 신사회주의의 관점에서 대폭 수정되어 오늘에 이르고 있다. 따라서 오늘날 독일에서 실현되고 있는 경제질서는 신자유주의적 요소와 신사회주의적 요소가 결합된 것이라고 할 수 있다.[17] 그런데 독일에서는 사회적 시장경제를 제2차 세계대전 후 독일에서 실현된 경제질서를 의미하는 것으로 이해하는 견해도 있지만,[18] 이를 경제질서의 유형이 아니라 경제정책적 및 사회정책적 프로그램으로 이해하는 것이 일반적이다.[19] 이와 같이 사회적 시장경제라는 용어는 그 발상지인 독일에서조차 매우 다양한 의미로 사용되고 있는 데다가, 우리나라에 건너와서는 그 의미가 다시 변질되고 있다. 종래 우리나라에서는 주로 헌법학자들만 이 용어를 사용하고 있었으나 최근에는 경제학자들 중에서도 이를 사용하는 사람들이 늘어나고 있다. 그런데 헌법학자들은 한편에서는 이를 독일에 특유한 경제질서를 가리키는 것으로 이해하고 있는 반면, 지배적인 견해는 이를 독일의 특유한 경제질서가 아니라 자본주의적 시장경제질서도 사회주의적 계획경제질서도 아닌 제3의 경제질서를 가리키는 일반적인 개념으로 이해하고 있다. 후자는 사회적 시장경제질서를 사유재산제의 보장과 자유경쟁을 기본원리로 하는 시장경제질서를 근간으로 하되, 사회복지·사회정의·경제민주화 등을 실현하기 위하여 국가가 경제활동을 규제·조정하는 경제질서라는 일반적인 의미로 이해하고 있다. 그런데 이와 같이 사회적 시장경제질서라는 용어에서 독일적 색채를 완전히 제거해 버리게 되면, 그것은 결국 수정자본주의적 시장경제질서 또는 후술하는 혼합경제체제와 같은 의미가 되고 말 것이다.[20] 그리고 이러한 경제질서는 자본주의적 시장경제질서의 틀을 유지하면서 이를 부분적으로 수정하고 있는 여러 나라에서 쉽게 발견된다. 그러나 이러한 이해는 어디까지나 법학자들, 그것도 독일 법학의 지배적인 영향 하에 있는 헌법학자들 사이에서만 통용되는 것이고 일반 시민들은 물론이고 사회과학자들조차도 쉽게 납득할 수 없

---

16) 사회적 시장경제라는 용어는 뮐러-아르막(Alfred Müller-Armack)이 최초로 사용하였으며, 오이켄(Walter Eucken), 뵘(Franz Böhm) 등과 같은 프라이부르크학파의 경제이론을 토대로 하여 에르하르트(Ludwig Erhard)에 의하여 현실적으로 실현되었다.

17) Helmut Leiphold, Gesellschaftstheoretische Fundierung der Wirtschaftssysteme, in Soziale Marktwirtschaft - Sozialistische Planwirtschaft, 5. Aufl., 1989, S. 13.

18) Hans C. Nipperdey, Soziale Marktwirtschaft und Grundgesetz, 1961, S. 16.

19) Fritz Rittner, Wirtschaftsrecht, 2. Aufl., S. 30.

20) 헌법학자들은 바로 이러한 의미에서 사회적 시장경제라는 용어를 혼합경제체제와 수정자본주의적 시장경제라는 용어와 혼용하고 있는 것으로 생각된다.

는 생소한 것이다. 특히 우리나라 경제질서의 대안을 모색하는 과정에서 '사회적 시장경제가 우리의 대안이 될 수 있는가'라는 질문을 던질 때, 여기서 말하는 사회적 시장경제가 바로 독일 특유의 경제질서를 지칭한다는 점에 대해 의문의 여지는 없을 것이다.

한편 혼합경제체제라는 용어도 반드시 동일한 의미로 이해되고 있는 것은 아니다. 우선 이를 오로지 어의적인 의미로만 이해하면, 그것은 어느 특정한 나라의 경제질서나 경제정책적 프로그램을 의미하는 것이 아니라 순수한 의미의 자본주의적 시장경제질서나 사회주의적 계획경제질서에 해당되지 않는 경제질서라는 의미가 된다. 따라서 우리나라 헌법상의 경제질서를 혼합경제라고 할 경우에는 최소한 이를 사회적 시장경제라고 할 경우에 초래될 수 있는 것과 같은 오해(독일적 색채)는 피할 수 있을 것이다. 이러한 점에서는 혼합경제체제라는 용어가 사회적 시장경제질서라는 용어보다 낫다고 할 수 있다. 그러나 우리가 만약 혼합경제체제라는 용어를 그 연원을 무시하고 오로지 문자 그대로의 의미로 사용할 경우에는 그 의미가 매우 불명확해질 우려가 있기 때문에, 그것 또한 문제가 아닐 수 없다. 왜냐하면 그것은 순수한 의미의 시장경제질서도 아니고 계획경제질서도 아니라는 소극적인 의미밖에 가지지 않기 때문이다.

그리고 혼합경제라는 용어도 하나의 역사적인 산물이기 때문에 그것이 그 연원과 관련하여 일정한 함의를 갖는 것은 당연한 일이다. 즉 혼합경제라는 용어는 특히 1920년대를 전후하여 미국에서 자본주의적 시장경제의 모순과 폐해를 극복하기 위하여 국가가 재정·금융정책을 통하여 경제활동에 적극적으로 개입하기 시작하면서부터 널리 사용되어 온 용어이다. 따라서 우리가 어느 나라의 경제질서를 혼합경제체제라고 칭한다면, 그 경제질서가 미국을 비롯한 서구 자본주의 국가에서 20세기 이후에 나타난 경제질서, 즉 자본주의적 시장경제질서를 기본으로 하면서 국가가 재정·금융정책을 통하여 경제활동에 적극적으로 개입하는 경제질서를 의미하는 것으로 이해될 가능성이 크다. 실제로 헌법학자들 중에서 우리나라 헌법상의 경제질서를 혼합경제로 파악하고 있는 사람들은 혼합경제를 이와 같은 의미로 이해하고 있는 것으로 보인다.

요컨대 우리나라 헌법상의 경제질서의 성격에 관한 헌법학자들의 논의는 경제체제와 경제질서의 개념을 명확하게 구별하지 않은 상태에서, 우리나라 헌법상 경제질서가 순수한 의미의 자본주의적 시장경제질서도 아니고 사회주의적 계획경제질서도 아니라는 점을 밝힌 뒤에, 그것을 사회적 시장경제질서라고 부르는 것이

옳은지 아니면 혼합경제체제라고 부르는 것이 옳은지에 대해서만 초점을 맞추어 논의를 전개해 왔다는 것을 알 수 있다. 그 결과, 이러한 논의는 우리나라 헌법상의 경제질서가 다른 나라의 경제질서와 어떻게 다르며, 또 현행 헌법상의 경제질서가 과거의 경제질서와는 어떻게 다른지를 제대로 설명해 주지 못하고 있다. 따라서 그간의 논의는 그것이 우리나라 헌법상의 경제질서의 성격을 적극적으로 규명하는 데에는 별다른 기여를 하지 못하고, 아무런 실익도 없는 공리공론에 머물렀다는 비판을 면치 못하게 될 것이다.

3. 헌법상 경제질서의 성격

우리나라 헌법상의 경제질서는 과연 어떠한 성격을 띠고 있는가? 우리나라 헌법상의 경제질서가 순수한 의미의 자본주의적 시장경제질서나 사회주의적 계획경제질서에 해당하지 않는다는 점에 대하여는 의문의 여지가 없다. 그렇지만 헌법학자들처럼 제3의 길을 모색하고 있다고 설명하는 것도 타당하지 않다. 왜냐하면 우리나라 헌법상의 경제질서는 사유재산제의 보장과 자유경쟁을 기본원리로 하는 자본주의적 시장경제를 근간으로 하면서 그 모순과 폐해를 극복하기 위하여 국가가 경제활동을 규제·조정할 수 있는 경제질서이므로, 그것은 자본주의적 시장경제도 사회주의적 계획경제도 아닌 제3의 경제질서가 아니라 자본주의적 시장경제의 틀을 유지하면서 이를 부분적으로 수정하고 있는 자본주의적 시장경제질서의 수정형에 해당한다고 할 수 있기 때문이다. 이러한 의미에서 우리나라 헌법상의 경제질서는 미국이나 영국, 독일, 프랑스, 일본 등의 경제질서와 같은 범주에 속하며, 중국의 그것과는 다른 범주에 속한다고 볼 수 있다.

여기서 우리나라 헌법상의 경제질서가 우리와 같은 범주에 속하는 독일이나 미국의 경제질서와 어떻게 다르냐 하는 문제가 뒤따른다. 똑같은 자본주의적 시장경제질서의 범주에 속하는 경제질서라고 하더라도 국가가 경제활동을 규제·조정하는 목적과 범위 및 정도는 나라마다 다르므로, 각국의 경제질서 특징을 밝히려면, 각 국가가 경제를 규제하는 목적과 범위 및 정도를 구체적으로 비교해 볼 필요가 있다. 그러나 오늘날 자본주의 국가 중에서 우리나라처럼 헌법에 경제질서에 관한 장을 별도로 마련하고 있는 나라는 거의 없기 때문에, 우리나라 헌법상의 경제질서를 다른 나라의 경제질서와 개별적으로 비교하기란 매우 어렵다. 따라서 우리나라 헌법상의 경제질서의 특징을 밝혀내기 위해서는 이를 적어도 한편으로는 사회적 시장경제질서의 발상지인 독일의 경제질서 그리고 다른 한편으로는 혼합경제체제의 종주국인 미국의 경제질서와 어떻게 다른지를 비교해 볼 필요가 있다.

우선 독일에서는 국가가 경제활동을 규제하는 목적이 한편으로는 시장경제의 조건을 유지하기 위한 것이고, 다른 한편으로는 사회적 약자의 보호, 사회간접자본의 공급, 환경보호 등과 같이 시장과 경쟁만으로는 해결할 수 없는 사회적인 과제를 해결하기 위한 것이다. 여기서 시장경제와 사회적 형평은 서로 충돌되는 관계에 있는 것이 아니라 상호 보완적인 관계에 있다. 한편 미국에서는 경제활동에 대한 국가의 규제가 시장경제의 기능을 유지하기 위한 독과점규제와 경쟁이 기능하지 않는 규제산업에 대해서만 인정되고, 그 밖에는 재정·금융정책을 통하여 시장경제의 모순과 폐해를 시정해 나가고 있을 뿐이다. 여기서는 시장경제가 기본이고 후자는 어디까지나 전자에 대한 보완적인 관계에 놓여 있다.

그런데 우리나라 헌법에서는 국가가 경제를 규제하는 목적이 독일이나 미국의 경우보다 훨씬 다양하고 복잡하며 광범위하다. 우리나라 헌법에서는 제3공화국 이래로 개인의 경제상 자유와 창의를 존중하는 시장경제를 기본으로 하면서, 국가가 사회정의의 실현과 균형 있는 국민경제의 발전 및 경제민주화의 실현을 위하여 경제에 관한 규제와 조정을 할 수 있게 하고 있다. 제3공화국 헌법은 국가가 "모든 국민에게 생활의 기본적 수요를 충족시키는 사회정의의 실현과 균형있는 국민경제의 발전을 위하여 필요한 범위 안에서 경제에 관한 규제와 조정을 할 수 있다"는 규정을 두고 있었으며, 제5공화국 헌법에서는 여기에 "독과점의 폐단은 적절히 규제·조정한다"는 규정을 추가하였다. 그리고 현행 헌법에서는 국가가 "균형있는 국민경제의 성장 및 안정과 적정한 소득의 분배를 유지하고, 시장의 지배와 경제력남용을 방지하며, 경제주체간의 조화를 통한 경제의 민주화를 실현하기 위하여" 경제에 관한 규제와 조정을 할 수 있도록 하고 있다(119조 2항). 그 밖에도 국가는 "농업과 어업을 보호·육성하기 위하여"(123조 1항), "지역간의 균형있는 발전을 위하여"(123조 2항), "중소기업을 보호·육성하고"(123조 3항), "소비자보호운동을 보장하며"(124조), "대외무역을 육성하기 위하여"(125조) 경제에 대한 규제와 조정을 할 수 있게 하고 있다. 여기서 우리는 우리나라 헌법상의 경제질서가 자본주의적 시장경제의 모순과 폐해를 시정하기 위하여 국가의 경제활동에 대한 개입을 허용하고 있다는 점에서는 독일이나 미국의 경제질서와 유사하지만, 사회정책적 고려를 위한 규제에 있어서는 독일보다 약하고, 산업간·지역 간의 균형 있는 발전과 경제주체 간의 조화로운 발전을 도모하려고 하는 경제정책적 고려에 기초한 규제에 있어서는 미국이나 독일보다 강하다는 점을 알 수 있다.

한편 현행 헌법에 규정되어 있는 경제규제의 목적을 내용별로 분류해 보면, ①
균형 있는 국민경제의 성장 및 안정과 적정한 소득분배의 유지, ② 시장의 지배와
경제력남용의 방지, ③ 경제주체 간의 조화를 통한 경제민주화의 실현으로 나누어
진다. 그런데 ②는 시장경제 자체의 기능을 유지하기 위한 규제로서[21] 시장경제를
경제질서의 기본으로 하는 나라에서는 없어서는 안 될 필수적인 규제이다. 따라서
자본주의적 시장경제를 기본으로 하는 나라들에서 이러한 규제를 하지 않는 나라
는 거의 없다. 그러므로 우리나라 헌법상 경제질서의 특징은 ①과 ③에서 찾을 수
밖에 없다. 왜냐하면 이들은 시장경제 그 자체로는 달성할 수 없는 경제적·사회
적 요구를 실현하기 위한 규제로서, 그 내용은 각국의 구체적인 경제 여건이나 사
회상황에 따라 다르고 그 국가가 추구하고 있는 이념이나 정책 방향에 따라 상이
할 수밖에 없기 때문이다.

그런데 우리나라 헌법상 경제질서의 내용은 그동안 상당한 변화를 거쳐서 오늘
에 이르고 있다. 제3공화국 헌법과 제5공화국 헌법은 사회정의의 실현과 균형 있
는 국민경제의 발전을 위하여 경제를 규제하는 데에 초점을 맞추고 있었으나, 현
행 헌법은 나아가 경제주체 간의 조화를 통한 경제민주화의 실현을 추가하고 있
다. 학자에 따라서는 사회정의의 실현과 균형 있는 국민경제의 발전을 사회정의라
는 관념에 포섭하고, 여기에 경제주체 간의 조화를 통한 경제민주화를 추가한 것
을 경제민주화라는 관념으로 총괄하려는 견해도 있다.[22] 이러한 입장에서는 우리
나라 헌법상의 경제질서를 민주적 시장경제라고 부를 수도 있다. 그런데 경제민주
화란 원래 경제활동에 참여하는 경제주체들, 예컨대 대기업과 중소기업, 사용자와
근로자, 기업과 소비자 간의 불균형을 시정하려는 노력을 의미하는 것이기 때문에,
여기에 사회정의의 실현과 균형 있는 국민경제의 성장과 발전까지를 포함하여 이
해하는 것에 의문이 따른다. 사회정의의 실현, 균형 있는 국민경제의 성장과 발전,
경제민주화의 실현을 모두 포괄하는 관념으로 '사회조화적 요구의 실현'이 보다 적
절한 표현이라 할 수 있으며, 이에 의하면 우리나라 헌법상의 경제질서를 사회조
화적 시장경제라고 부를 수 있을 것이다.[23]

그리고 헌법상의 경제질서는 우리나라 경제질서의 기본골격을 규정하고 있는

---

21) 시장의 지배와 경제력남용의 방지 중에서 시장지배의 방지가 시장경제의 기능을 유지하기 위
한 규제라는 점에 대하여는 이론의 여지가 없다. 그러나 경제력남용의 방지가 시장경제의 기능을 유
지하기 위한 규제인지에 대하여는 의문이 제기되고 있다(박세일, 법경제학, 박영사, 1994, 541면 이하).
22) 성낙인, 한국헌법연습: 사례와 판례, 언약, 1997, 141면 이하 참조.
23) 황적인·권오승, 경제법, 법문사, 1996, 40, 42, 45면 참조.

것에 불과하므로, 그것만으로 우리나라 경제질서의 구체적인 모습을 제대로 파악할 수는 없다. 따라서 우리나라 경제질서의 구체적인 모습을 정확히 파악하려면, 헌법상의 경제질서를 토대로 하여 그것을 구체화하고 있는 각종 경제관계 법령의 내용을 면밀하게 조사하지 않으면 안 된다. 그런데 이러한 조사에 의하더라도 그것만으로 우리나라 경제질서의 구체적인 모습을 제대로 파악할 수는 없을 것이다. 그 이유는 한 나라의 경제질서는 단지 법령뿐만 아니라 각종 관행 등과 같은 사실적인 요소에 의하여도 형성될 수 있기 때문이다. 따라서 이에 대한 상세한 조사도 추가될 필요가 있다. 그리고 우리나라에서는 정부가 오랫동안 경제개발정책을 주도적으로 추진해 오는 과정에서 개인이나 기업의 경제활동에 적극적으로 개입해 왔기 때문에, 그러한 정부개입 중에서 과도하거나 불합리한 것들도 많이 있고, 또 법적인 근거가 전혀 없거나 분명하지 않은 것들도 존재한다. 나아가 법적인 근거가 있는 경우에도 그 기준이나 절차가 명확하지 않거나 투명하지 않은 경우도 많다. 그 결과, 경제활동에 참여하고 있는 개인이나 기업이 느끼고 있는 실제의 경제질서는 헌법상의 경제질서를 중심으로 한 규범적인 질서와 상당한 거리를 가지고 있는 것이 사실이다. 그리고 경제 현상은 끊임없이 변화·발전하고 있으므로, 이를 적절히 규제하려면 무엇보다 그 내용을 정확히 파악하는 것이 우선되어야 한다. 그러므로 우리나라 경제질서를 정당하게 형성하기 위해서는, 실제의 경제 현상에 대하여도 깊은 관심을 가지고 꾸준히 연구될 필요가 있다.

Ⅲ. 경제질서의 기본원칙

현행 헌법은 우리나라의 경제질서가 사유재산제의 보장과 시장경제의 원칙을 기본으로 하면서, 한편으로는 시장경제의 기능을 저해하는 시장의 지배와 경제력 남용을 방지하기 위하여, 다른 한편으로는 균형 있는 국민경제의 성장과 발전, 적정한 소득분배의 유지, 경제민주화의 실현 등과 같은 사회조화적 요구를 실현하기 위하여 국가가 경제를 규제·조정할 수 있는 사회조화적 시장경제질서를 지향하고 있다.

1. 사유재산제의 보장

우리나라 헌법은 "모든 국민의 재산권은 보장된다"고 규정함으로써(헌법 23조 1항), 우리나라의 경제질서가 사유재산제를 기본으로 하고 있음을 선언하고 있다.

이는 제헌헌법 이래 우리 헌법에서 일관성 있게 유지되고 있는 원칙이다. 이러한 재산권 보장은 각 개인의 재산권에 대한 단순한 법적 보장을 의미하는 주관적 공권의 차원을 넘어서, 개인과 기업의 경제상 자유와 창의를 존중하는 자본주의적 시장경제질서의 이념적 기초인 동시에 그 전제조건이 되고 있다.[24] 즉 이것은 우리 헌법이 생산수단의 소유에 관하여 국유나 공유제를 채택하지 않고 사유재산제를 채택하고 있음을 밝히는 기본적인 가치 결단의 의미도 갖는다.[25]

그런데 우리 헌법은 사유재산권을 무제한적으로 보장하고 있는 것이 아니라, 재산권의 내용과 한계는 법률로 정하도록 하고(헌법 23조 1항 후문), 재산권의 행사는 공공복리에 적합하도록 하여야 한다고 규정함으로써(헌법 23조 2항), 재산권의 사회성도 강조하고 있다. 재산권 중에서도 토지재산권의 경우에는 재산권의 사회성이 더욱 강조되고 있다.[26] 특히 농지에 관하여는 국가가 경자유전(耕者有田)의 원칙이 달성될 수 있도록 노력하여야 하며, 농지의 소작제도는 금지된다. 그러나 농업생산성의 제고와 농지의 합리적인 이용을 위하거나 불가피한 사정으로 발생하는 농지의 임대차와 위탁경영은 법률이 정하는 바에 의하여 인정된다(헌법 121조). 그리고 자연자원에 대하여는 부분적인 사회화를 전제로 한 특허를 인정하고 있으며(헌법 120조 1항), 국토와 자원의 균형 있는 개발과 이용을 위하여 필요한 계획을 수립할 수 있도록 하고 있다(헌법 120조 2항). 한편 국가는 국민 모두의 생산 및 생활의 기반이 되는 국토의 효율적이고 균형 있는 이용·개발과 보전을 위하여 법률이 정하는 바에 의하여 그에 관한 필요한 제한과 의무를 과할 수 있다(헌법 122조). 또한 국방상 또는 국민경제상 긴절한 필요로 인하여 법률이 정하는 경우를 제외하고는, 사영기업을 국유 또는 공유로 이전하거나 그 경영을 통제 또는 관리할 수 없다(헌법 126조).

2. 시장경제의 원칙

우리나라 헌법은 그 전문에서 "모든 영역에 있어서 각인의 기회를 균등히 하고, 능력을 최고도로 발휘하게 하며"라고 규정하고, 제10조에서는 "모든 국민은 인간으로서의 존엄과 가치를 가지며, 행복을 추구할 권리를 가진다"고 규정하고 있으며, 또 제15조에서는 "모든 국민은 직업선택의 자유를 가진다"고 규정하고 있다.

---

24) 허영, 앞의 책, 454면.
25) 한태연, 헌법학, 법문사, 1983, 1035면.
26) 토지의 공개념이라고 하는 것은 바로 이러한 토지에 대한 가중된 사회적·공공적 구속성을 의미한다.

그리고 제9장 경제장의 기본조항인 제119조 제1항에서는 "대한민국의 경제질서는 개인과 기업의 경제상의 자유와 창의를 존중함을 기본으로 한다"고 규정하고 있다. 이들 조항을 종합해 볼 때, 우리나라 헌법상의 경제질서는 시장경제를 기본으로 하고 있음을 알 수 있다.

따라서 우리나라에서는 각 개인이 자기의 소질이나 능력에 따라 자유로이 경제활동을 영위할 수 있으며, 누구와 어떠한 내용의 거래를 어떠한 조건으로 체결할 것인지를 자유로이 결정할 수 있다. 그리고 일정한 경제활동을 직업으로 선택하여 계속적·반복적으로 수행할 수도 있다. 각 개인은 영리를 추구하며, 그들의 경제활동은 시장기구에 의하여 사후적으로 조정된다.

그런데 시장경제가 정상적으로 작동하기 위해서는 시장에 공정하고 자유로운 경쟁이 유지되고 있어야 한다. 따라서 각국은 독과점에 의한 시장의 지배나 기업결합 또는 부당한 공동행위 등과 같은 경쟁제한행위를 규제하고 있다. 이러한 규제는 시장경제의 기능을 유지하기 위한 규제이지 이를 제한하기 위한 규제가 아니기 때문에, 시장경제를 기본으로 하는 경제질서에 있어서는 필수적으로 요구되는 것이다. 따라서 시장경제를 기본으로 하는 경제질서에 있어서는 공정하고 자유로운 경쟁을 유지하기 위한 법률, 즉 독점금지법이나 경쟁제한방지법이 경제법의 핵심적인 지위를 차지하고 있다. 우리나라에서는 1980년 12월에 공정하고 자유로운 경쟁을 촉진하기 위하여 독점규제법을 제정하여 1981년 4월 1일부터 시행하고 있는데, 이 법률이 경제법의 핵심을 이루고 있다. 이러한 이유에서 독점규제법은 경제질서의 기본법이라 할 수 있다.[27]

3. 사회조화의 실현

우리나라의 경제질서는 시장경제를 기본으로 하고 있지만, 시장기능만으로 해결할 수 없는 사회조화적 요구가 많기 때문에, 이러한 요구를 실현하기 위하여 국가가 경제에 대한 규제와 조정을 할 수 있도록 하고 있다(헌법 119조 2항과 120조 이하 참조). 그리고 국가가 경제에 대한 규제와 조정을 하는 목적으로 균형 있는 국민경제의 성장 및 안정과 적정한 소득분배의 유지, 경제주체 간의 조화를 통한 경제민주화의 실현, 기타 대외무역의 육성 등을 들 수 있다.

---

27) 항간에서는 독점규제법을 경제헌법이라고 부르는 사람들이 있으나, 이 용어는 적절하지 않은 것으로 생각된다. 왜냐하면 일반적으로 경제헌법이라는 용어는 헌법상의 경제질서를 의미하는 것으로 이해되고 있기 때문이다.

(1) 균형 있는 국민경제의 성장 및 안정과 적정한 소득분배의 유지

국가는 균형 있는 국민경제의 성장 및 안정과 적정한 소득의 분배를 유지하기 위하여 경제에 관한 규제와 조정을 할 수 있다. 국가는 산업 간의 불균형을 시정하기 위하여 농업과 어업을 보호·육성하기 위한 농·어촌종합개발과 그 지원 등 필요한 계획을 수립·시행해야 할 의무를 부담하며(헌법 123조 1항), 지역 간의 균형 있는 발전을 도모하기 위하여 지역경제를 육성할 의무를 진다(헌법 123조 2항). 국가는 산업간·지역 간의 불균형을 시정하고 국민경제적인 관점에서 일정한 경제부문이 변화된 환경이나 시장조건에 쉽게 적응하도록 하거나 또는 경제상 불리한 점을 시정하기 위하여 경제적으로 낙후된 산업이나 지역을 보호·육성하는 것을 그 과제로 설정하고 있다. 국가는 이를 위하여 특정한 산업이나 지역에 보조금을 지급하거나 세제상의 혜택을 부여함으로써 시장의 형성과정에 개입하게 된다. 그리고 국가는 농수산물의 수급균형과 유통구조의 개선에 노력하여 가격안정을 도모함으로써 농·어민의 이익을 보호하는 노력도 한다(헌법 123조 4항).

그리고 국가는 중소기업을 보호·육성해야 할 의무를 진다(헌법 123조 3항). 중소기업은 생산과 고용의 증대에 기여하고, 수요의 변화에 신속하게 대처할 수 있으며, 적극적으로 새로운 기술의 개발에 나설 수 있을 뿐만 아니라, 사회적 분업과 기업 간의 경쟁을 촉진함으로써 국민경제 전체에 크게 기여하고 있다. 그러나 중소기업은 대기업과 비교하여 자금력, 기술수준, 경영능력 등에 있어서 열등하기 때문에, 자력으로는 경영의 합리화와 경쟁력의 향상을 도모할 수 없는 경우가 많다. 따라서 우리 헌법은 중소기업이 국민경제에서 차지하는 비중에 비추어 그 지위가 열악하므로 "중소기업의 보호"를 국가경제정책의 목표로 명문화하고, 대기업과의 경쟁에 있어서 불리한 위치에 있는 중소기업의 지원을 통하여 경쟁상 불리함을 제거하고 가능하면 균등한 경쟁조건을 형성함으로써 대기업과의 경쟁이 가능하게 하려고 한다.[28] 한편 국가는 농·어민과 중소기업의 자조조직을 육성하여야 하며, 그 자율적인 활동과 발전을 보장한다(헌법 123조 5항).

(2) 경제주체 간의 조화를 통한 경제민주화의 실현

국가는 경제주체 간의 조화를 통한 경제의 민주화를 실현하기 위하여 경제에 관한 규제와 조정을 할 수 있다. 자본주의적 시장경제에 있어서 경제주체 중에서 특히 열악한 지위에 있는 주체는 근로자와 소비자이다. 근로자는 재화를 생산하는

---

28) 헌법재판소 1996. 12. 2. 선고 96헌가18 결정 참조.

과정에서 사용자보다 열등한 지위에 있으며, 소비자는 상품을 구입·소비함에 있어서 사업자보다 열등한 지위에 있다. 따라서 헌법은 이러한 경제주체들의 보호와 육성을 통하여 경제민주화를 실현하는 것을 국가의 과제로 삼고 있다. 우선 국가는 근로자를 보호하기 위하여 사회적·경제적 방법으로 근로자의 고용 증진과 적정임금의 보장에 노력하여야 하며, 법률이 정하는 바에 의하여 최저임금제를 시행해야 한다(헌법 32조 1항). 근로조건의 기준은 인간의 존엄성을 보장하도록 법률로 정하고(헌법 32조 3항), 여자와 연소자의 근로에 대하여는 특별한 보호를 한다(헌법 32조 4항, 5항). 그리고 국가는 소비자를 보호하기 위하여 건전한 소비행위를 계도하고 생산품의 품질향상을 촉구하기 위한 소비자보호운동을 법률이 정하는 바에 의하여 보장한다(헌법 124조).

(3) 대외무역의 육성 등

국가는 대외무역을 육성하며, 이를 규제·조정할 수 있다(헌법 125조). 우리나라의 무역은 헌법에 의하여 체결·공포된 무역에 관한 조약과 일반적으로 승인된 국제법규가 정하는 바에 따라 자유롭고 공정한 무역을 조장함을 원칙으로 한다(대외무역법 3조 1항). 그리고 정부는 대외무역법이나 다른 법률 또는 헌법에 의하여 체결·공포된 무역에 관한 조약과 일반적으로 승인된 국제법규에서 무역에 대한 제한을 정한 규정이 있는 경우에는 그 제한을 정한 목적을 달성하기 위하여 필요한 최소한의 범위 안에서 이를 운영하여야 한다(대외무역법 3조 2항).

그리고 국가는 과학기술의 혁신과 정보 및 인력의 개발을 통하여 국민경제의 발전에 노력하여야 하며(헌법 127조 1항), 국가표준제도를 확립한다(헌법 127조 2항).

제5장 시장경제에 있어서 국가의 역할

제1절 개 설

일반적으로 시장경제를 경제질서의 기본으로 삼고 있는 나라에서 국가가 경제활동에 개입하는 경우는 크게 두 가지로 나누어진다. 하나는 시장경제가 정상적으로 작동할 수 있는 조건을 형성하는 동시에 이를 감시하기 위한 경우이고, 다른 하나는 이른바 시장실패를 교정하기 위한 경우이다.

우선 시장경제가 정상적으로 작동하기 위해서는 그 시장에서 활동하는 사업자들 간에 자유롭고 공정한 경쟁이 유지되고 있어야 한다. 그런데 실제로는 독과점이나 경쟁제한적 행위 등으로 인하여 자유롭고 공정한 경쟁이 유지되지 않고 있는 경우가 많다. 따라서 국가는 자유로운 경쟁을 제한하거나 공정한 경쟁을 저해하는 요소나 행위를 규제하기 위하여 경제활동에 개입하게 된다. 이러한 개입은 시장경제가 정상적으로 작동하도록 하기 위한 것이기 때문에, 시장경제를 채택하고 있는 나라에서는 어디에서나 발견되는 공통적인 현상이다.

한편 시장경제가 아직 제대로 정착되지 않고 있거나 정상적으로 작동하지 않고 있는 나라에서는 물론이고, 시장경제가 정상적으로 작동하고 있는 나라에서도 산업 분야에 따라서는 시장의 기능에만 맡겨 놓을 수 없는 분야가 있으므로, 국가가 시장경제의 기능을 보완하기 위하여 경제활동에 개입하는 경우가 있다. 또한 시장경제는 그것이 비록 정상적으로 작동한다고 하더라도 일정한 한계를 가질 수밖에 없기 때문에, 국가가 이러한 시장실패를 교정하기 위하여 경제활동에 개입할 때도 있다. 그런데 이러한 개입은 국가와 시대에 따라 그 모습이나 강도에 상당한 차이를 보인다.[1]

---

1) 보다 자세한 내용은 권오승, "경제적 경쟁에 있어서 국가의 역할", 서울대 법학 제45권 제1호, 2004, 159면 이하 참조.

제 2 절 시장의 감시자 또는 형성자의 역할

시장경제를 경제질서의 기본으로 삼고 있는 나라에서 국가가 경제활동에 개입하는 이유 중에서 가장 중요한 이유는 시장의 기능을 유지하기 위한 것이다. 시장경제가 정상적으로 기능하기 위해서는 시장이 거기에 참여하려는 의사나 능력을 가진 모든 사람들에게 개방되어야 하고(open market), 또 시장에 참여한 사업자들 간에 자유로운 경쟁(free competition)이 공정하게 이루어져야 한다(fair competition). 그런데 실제로는 불합리한 정부 규제에 의하여 시장의 진입이 제한되는 경우도 있고, 독과점이나 경쟁제한행위 또는 과도한 경제력집중 등에 의하여 자유로운 경쟁이 제한되는 경우도 있으며, 불공정한 거래행위에 의하여 공정한 경쟁이 저해되는 경우도 있다. 따라서 국가는 자유롭고 공정한 경쟁질서를 유지하기 위하여 독과점이나 경쟁제한행위를 규제하기도 하고, 과도한 경제력집중을 억제하거나 불합리한 규제를 완화하기도 하고, 공기업을 민영화하기 위하여 노력하기도 한다.

1. 독과점이나 경쟁제한행위의 규제

시장경제가 정상적으로 작동하기 위해서는 시장에 참여하여 활동하고 있는 사업자들 간에 자유롭고 공정한 경쟁이 유지되고 있어야 한다. 그런데 실제의 시장에서는 독과점이나 기업결합, 부당한 공동행위 등과 같은 경쟁제한행위가 나타나고 있기 때문에, 국가는 자유롭고 공정한 경쟁을 유지·촉진하기 위하여 독과점이나 경쟁제한행위를 금지 또는 제한하는 법률을 제정하여 실시하고 있다. 이러한 법률을 통상 독점금지법(Antitrust Law) 또는 경쟁법(Competition Law)이라고 부른다. 우리나라에서는 1980년 독점규제법을 제정하여, 1981년 4월 1일부터 시행하고 있다. 독점규제법은 공정하고 자유로운 경쟁을 촉진하기 위하여, 이를 저해하는 시장지배적 사업자의 지위남용행위를 금지하고, 경쟁제한적인 기업결합과 부당한 공동행위를 원칙적으로 금지하는 동시에 불공정거래행위를 금지하고 있다.

2. 과도한 경제력집중의 억제

시장경제가 정상적으로 작동하기 위해서는 인간의 생활에 필요한 다양한 상품이 개별 시장에서 자유롭게 거래되고 있어야 하며, 그러한 시장에서는 품질과 가격을 중심으로 한 경쟁이 공정하게 이루어지고 있어야 한다. 그런데 우리나라에서는 경제개발 과정에서 정부가 소수의 능력 있는 기업들을 집중적으로 지원·육성해 온 결과, 소수의 재벌이 계열회사를 통해 주요 산업 분야에 폭넓게 진출하여 상당수의 시장을 장악하고 있을 뿐만 아니라, 재벌의 총수가 소수의 지분으로 그룹 전체를 선단식으로 경영하고 있는 이른바 경제력집중이 심화되고 있기 때문에, 소수의 재벌이 참여하고 있는 시장에서는 자유로운 경쟁은 물론이고 공정한 경쟁을 기대하기 어려운 상황이다. 이에 국가는 과도한 경제력집중을 억제하기 위하여 1986년 독점규제법을 개정하여 지주회사에 대한 규제와 대규모기업집단에 대하여 상호출자를 금지하는 등의 규제를 도입하였다. 그런데 이러한 제도의 시행에도 불구하고 재벌에 의한 과도한 경제력집중은 완화되지 않고 있으며, 현재까지도 경제력집중의 억제는 우리 사회의 중요한 이슈로 남아 있다.

3. 불합리한 정부규제의 완화

시장경제가 정상적으로 작동하고 있는 나라에서도 에너지, 방송·통신, 금융, 의료 등과 같은 산업분야에서는 상품의 공급을 오로지 시장의 기능에만 맡겨 놓을 수 없는 경우가 있다. 이러한 산업분야에서는 국가가 경제활동에 직접 참여하여 상품이나 서비스를 공급하는 역할을 담당하기도 하고, 개인이나 기업의 경제활동을 직접, 간접으로 제한하는 경우도 있다. 그런데 이러한 정부의 개입이나 규제는 이를 도입할 당시에는 필요하고 또한 합리적이었다고 하더라도, 경제 여건의 변화와 과학기술의 발전에 따라 더 이상 필요하지 않거나 불합리한 것으로 변하기도 한다. 따라서 각국에서는 이러한 문제를 해결하기 위하여 규제완화(deregulation)에 노력하고 있으며, 우리나라에서는 1980년대 정부주도형 경제개발모델을 민간주도로 전환하는 과정에서 과도한 정부규제를 완화하기 위하여 노력한 바 있다.

그런데 우리나라의 규제개혁은 1997년 초까지는 주로 행정절차의 간소화나 손쉬운 규제완화에 치중하였고, 특정 산업의 진입제한이나 금융·토지이용 등 주요 정책과 관련된 핵심 규제에는 손을 대지 못하였다. 이에 정부는 1997년 8월 규제개혁을 뒷받침할 수 있는 법적 토대를 마련하기 위하여 「행정규제기본법」을 제정하여 양적인 측면에서는 물론이고 규제의 질적인 측면에서도 상당한 성과를 거두었다. 그러나 규제의 품질이라는 측면에서 보면, 기존의 기업들이 원하는 규제완화에는 많은 성과를 거두었으나, 진입장벽의 제거나 독과점적인 시장구조의 개선을 통하여 경쟁을 촉진하기 위한 규제개혁에는 큰 성과를 거두지 못하고 있는 것으로 평가된다. 따라서 앞으로의 규제개혁은 시장경제의 창달을 위한 규제개혁에 치중함으로써 경제활동에 있어서 국가가 담당하는 역할을 축소하는 대신에 시장의 기능을 증대시켜 나가는 방향으로 추진할 필요가 있다.

4. 공기업의 민영화

세계 각국에서는 경제의 자유화와 경영의 효율성을 제고하기 위한 노력의 일환으로 공기업의 민영화(privatization)를 실시하고 있다. 우리나라에서도 이러한 영향을 받아 1980년대 초부터 공기업의 민영화가 시작되었으나, 본격적으로 추진되기 시작한 것은 1990년대 이후이다.

우선 1980년대 초에는 금융자율화의 여건을 조성하기 위하여 4개 시중은행을 중심으로 공기업의 민영화가 실현되었다. 그리고 1987년에는 공기업의 민영화를 본격적으로 추진하기 위하여 '공기업민영화추진위원회'를 설립하여 체계적인 민영화 작업에 착수하였고, 17개의 공기업이 민영화 대상으로 선정되었다. 한편 1993년 말에는 정부가 1998년까지 총 133개의 공기업 중에서 58개를 연차적으로 민영화하고 10개의 공기업을 통폐합하겠다는 계획을 발표하였다. 그러나 1997년까지 민영화가 이루어진 기업은 22개에 불과하였다. 이에 정부는 공기업의 민영화를 효과적으로 추진하기 위한 법적 기초를 마련하기 위하여 1997년 「공기업의 경영구조 개선 및 민영화에 관한 법률」을 제정하여 실시하게 되었다.

1998년 김대중 정부의 등장과 함께 공기업의 민영화 정책도 새로운 단계에 접어들게 되었다. 우선 경제위기의 극복 차원에서 공공부문의 비효율을 제거하기 위하여 공기업의 민영화를 추진하였기 때문에, 그 대상이 크게 확대되었다. 특히 한국통신과 한국전력, 한국가스공사 등 전형적인 네트워크 사업으로서 국민의 생존배려에 매우 중요한 의미를 가질 뿐만 아니라 국민경제에서 차지하는 비중이 매우 큰 대규모 공기업들이 민영화의 대상에 포함됨으로써, 민영화는 당해 산업구조의 개편과 깊은 관련 하에 추진되었다. 그러나 민영화의 대상인 공기업 중에서 비교적 규모가 큰 한국전력, 한국가스공사, 지역난방공사 등의 민영화 작업은 이루어지지 않았고 2003년 이후에는 공기업의 민영화를 추진하는 동력이 줄어들었기 때문에, 시장경제에서 국가가 담당하고 있던 역할을 점차 축소해 나감으로써 시장의 기능을 확대해 나가려는 시도는 충분한 성과를 내지 못하고 있다.

제 3 절   시장참여자의 역할

　시장경제를 경제질서의 기본으로 삼고 있는 나라에서도 국가나 지방자치단체가 경제활동의 주체로서 시장에 참여하는 경우는 흔하다. 상품을 구매하는 수요자로서뿐만 아니라 공급자로서 참여하는 경우도 있다. 그런데 국가나 지방자치단체가 상품의 공급자로 시장에 참여하는 때에는 전기, 가스, 수도의 공급이나 지하철, 의료원, 양로원, 도서관, 공원 등과 같은 시설을 제공하는 경우와 같이 공익을 실현하기 위한 것이 보통이지만, 때로는 오로지 재정 수입의 확대만을 위한 경우도 있다. 그러나 국가나 지방자치단체의 모든 활동은 공익에 의하여 정당화되어야 한다는 관점에서 보면, 단지 재정 수입의 확대만을 위한 국가나 지방자치단체의 상품 공급이 허용될 수 있는지, 그리고 허용될 수 있다면 어디까지 허용될 수 있을 것인지에 대하여는 의문이 제기될 여지가 있다.

　전통적인 자유주의적 기본권 관에 따르면, 오로지 재정수입의 확대만을 목적으로 하거나 혹은 일반적인 공익실현의 목적보다 재정수입의 확대를 주된 동기로 하는 영리활동은 공익 실현을 위한 것으로 볼 수 없기 때문에, 이는 금지된다고 한다. 반면 공익의 개념이 반드시 명확하지 않은데다가 실제로 기업적인 활동을 수행하고 있는 국가나 지방자치단체는 어떠한 방식으로든지 그들의 활동이 공익의 실현에 기여하는 것이라고 주장하고 있다는 이유로, 재정수입의 확대도 기본적으로 공익에 포함된다고 주장하는 견해도 있다.[2] 그러나 우리나라 헌법상의 경제질서가 개인과 기업의 경제상의 자유와 창의를 존중하는 시장경제를 기본으로 하고 있다는 점과 헌법상 일반적으로 승인되고 있는 보충성의 원리와 조세국가의 원칙에 비추어, 국가나 지방자치단체가 상품의 공급자로서 시장에 참여하는 것은 어디까지나 예외적·보충적인 현상이라고 할 수 있다. 따라서 오로지 재정수입의 확대만을 목적으로 하거나 일반적인 공익실현의 목적보다는 재정수입의 확대를 주된 목적으로 하는 시장참여는 허용되지 않는다고 하는 것이 타당할 것이다. 종래 담배와 인삼에 관한 전매사업을 수행하고 있던 전매청이 폐지되고, 한국담배인삼공사로 바뀌었다가 그것이 다시 상법상의 주식회사인 KT&G와 한국인삼공사로 전

---

　2) 이원우, "공공주체의 영리적 경제활동에 대한 법적 고찰", 공법연구 제29집 제4호, 2001, 13면 이하 참조.

환·분리된 것도 이러한 취지를 반영한 것이라고 할 수 있다. 그리고 공익 실현을 위한 시장참여도 그것이 개인이나 기업 등 사경제 주체의 존립 자체를 위태롭게 하거나 자유로운 경쟁을 제한하는 정도에까지는 이르지 않도록 해야 할 것이다.

제 4 절 시장보완자의 역할

시장경제는 비록 그것이 정상적으로 작동한다고 하더라도 일정한 한계를 가질 수밖에 없다. 따라서 국가는 이러한 시장실패를 시정하고 보완하기 위하여 경제에 대한 규제와 조정을 하게 된다. 그러나 국가의 경제에 대한 규제와 조정을 인정하더라도, 구체적인 기준과 정도의 문제가 남게 된다. 여기서는 대표적인 문제로서 중소기업·벤처기업 육성 및 소비자 보호에 대해서만 살펴보고자 한다.

1. 중소기업과 벤처기업의 육성

우리나라에서는 중소기업이 사업체의 수도 많고, 고용이나 국민총생산 등 국민경제에서 차지하는 비중이 매우 큼에도 불구하고, 대기업과 비교하여 자금, 기술, 인력, 정보, 교섭력 등에 있어서 열등한 지위에 놓여 있기 때문에, 국민경제의 지속적인 발전을 주도하는 견인차로서 역할을 담당하지 못하고 있고, 이는 국민경제의 건전한 발전을 저해하는 요인으로 작용하고 있다. 따라서 국가는 국민경제의 균형 있는 발전을 도모하기 위하여 중소기업의 불리한 점을 시정하고 중소기업을 보호·육성할 필요가 있다. 이러한 취지에서 우리 헌법은 국가에게 중소기업을 보호·육성할 의무를 부과하고 있으며, 국가는 이러한 의무를 실현하기 위하여 중소기업기본법 등 중소기업관계법을 제정하여 실시하고 있다.

우선 중소기업기본법은 중소기업의 자주적이고 창의적인 성장을 조성하고 나아가 산업구조의 고도화와 국민경제의 균형 있는 발전을 도모하기 위하여 중소기업이 나아갈 방향과 중소기업의 육성을 위한 시책의 기본적인 사항을 규정하고 있다. 이를 기초로 국가는 구체적으로 중소기업의 설립을 촉진하고 창업된 중소기업에 대한 투자를 촉진하기 위한 「중소기업창업지원법」, 중소기업의 구조개선을 촉진하고 경영안정을 도모하기 위한 「중소기업의 구조개선 및 경영안정지원을 위한 특별조치법」, 중소기업의 구조고도화를 통하여 중소기업의 경쟁력을 강화하고 중소기업제품의 구매촉진과 판로확대 그리고 중소기업의 경영기반 확충을 위한 「중소기업제품 구매촉진 및 판로지원에 관한 법률」등을 제정하여 시행하고 있다. 그리고 최근에는 기존 기업이 벤처기업으로 전환하는 것과 벤처기업의 창업을 촉진하기 위하여 「벤처기업육성에 관한 특별조치법」을 제정하여 시행하는 등 여러 가지 조치를 강구하고 있다.

2. 소비자의 보호

시장경제에서 소비자는 두 가지 지위를 가진다. ① 주권자(집단으로서의 소비자)와 ② 보호의 대상(개체로서의 소비자)이 그것이다. 우선 소비자가 집단적으로는 주권자의 지위를 차지하고 있지만, 개별적으로는 그들의 생활에 필요한 상품이나 서비스를 구입하여 소비하는 과정에서 정보, 기술조작, 부담전가, 교섭력 등에 있어서 사업자보다 열등한 지위에 놓여 있기 때문에, 상품이나 서비스의 가격이나 품질 기타 거래조건 등과 관련하여 경제적인 피해를 보거나 생명이나 신체의 안전이 침해될 우려가 있는 약자의 위치에 있다. 그런데 이러한 소비자피해는 현대사회의 경제구조에 기인하는 이른바 구조적 피해로서, 당사자의 대등성과 입장의 호환성을 전제하는 근대 시민법으로는 이를 적절히 구제 또는 예방하기가 어렵다. 따라서 각국에서는 이러한 소비자피해를 효과적으로 구제 또는 예방하기 위하여 여러 가지 입법적 조치를 강구하고 있으며, 우리나라에서도 1980년부터 국가가 소비자의 기본권익을 보호하고 소비생활의 향상과 합리화를 실현하기 위하여 「소비자보호법」을 제정하였다. 그리고 2000년대에 들어서 경제가 발전하고 소비자운동의 저변이 확대되면서 소비자가 더 이상 보호의 대상이 아니라 권리의 주체라는 의식이 강화됨에 따라, 이러한 변화를 반영하기 위해 2006년 소비자보호법을 「소비자기본법」으로 개정하여 2007년 3월부터 시행하고 있다.

제6장 경제법상의 규제

제1절 규제의 의의

국가는 국민경제의 질서를 정당하게 형성하기 위해서 경제에 대한 개입이나 간섭을 하게 되는데, 이러한 경제에 대한 국가의 개입이나 간섭을 일반적으로 규제 (Lenkung, regulation)라고 한다.

규제의 의미에 대하여 가장 좁게는 어떤 활동에 대하여 특정한 질서를 부여하기 위하여 이를 제한하는 작용으로 이해하고 있는데, 여기서는 이를 널리 '국가의 간섭'이라는 의미로 사용하려고 한다. 경제에 대한 국가의 간섭, 즉 경제의 규제에는 일반적으로 소극적 간섭(권리의 제한)과 적극적 간섭(보호·조성)이 있고, 고권적 간섭과 비고권적 간섭이 있는데, 여기서 말하는 경제의 규제는 이들 모두를 포함한다. 그러나 이러한 경제에 대한 국가의 개입이나 간섭이 모두 경제법상 규제에 해당하는 것은 아니다.

한편 경제에 대한 국가의 개입이나 간섭을 표현하는 말로서 규제라는 용어와 더불어 통제(Kontrolle)라는 용어가 널리 사용되고 있다. 1930년대 세계적인 공황을 계기로 하여 경제에 대한 국가의 개입이나 간섭이 전면적으로 확대되고, 그 후 전시경제를 통하여 이러한 개입이나 간섭이 양적·질적으로 증대함에 따라 통제경제라는 관념이 등장하게 되었는데, 통제경제는 한편으로는 자유경제와 대비되고, 다른 한편으로는 계획경제와 대비된다. 이러한 국민경제의 추이를 기반으로 하여, 법의 영역에서도 국가가 경제를 통제하는 일련의 경제통제법이 나타나게 되었다. 그런데 통제라는 용어는 국가의 권력적인 간섭과 비권력적인 간섭을 모두 포함하는 상당히 넓은 의미로 사용되는 경우도 있지만, 오로지 국가의 권력적인 간섭만을 의미하는 경우도 있다. 따라서 여기서는 혼란을 피하기 위하여 통제라는 용어는 가급적 사용하지 않고 오직 규제라는 용어만 사용하기로 한다.

제2절 규제의 대상

경제법상 규제의 대상은 국민의 경제생활이다. 경제법이 규제의 대상으로 삼고 있는 경제생활은 상품의 생산·교환·분배·소비라고 하는 경제순환의 전 과정은 물론이고, 이와 관련된 금융·운송·보험 등도 포함한다. 그런데 오늘날과 같은 자본주의 사회에서는 이러한 활동들이 상호 밀접한 관련을 맺고 있기 때문에, 경제법 일반은 어느 특정한 분야 혹은 그것과 관련된 특정인만을 대상으로 하는 것이 아니라, 모든 분야에서 활동하고 있는 모든 사람에게 영향을 미칠 가능성이 있다. 따라서 경제법은 기업법보다 그 대상이 넓다고 할 수 있다. 다만 오늘날 자본주의경제가 기업을 중심으로 운영되고 있고, 특히 경제를 규제하고 있는 실정법의 다수가 기업의 활동을 대상으로 하고 있기 때문에, 경제규제의 주된 대상은 기업의 경제활동이 될 것이다. 그러나 경제법적 규제는 때로는 소비생활을 규제하기 위하여 일반 소비자를 그 대상으로 하는 경우도 있다.

한편 경제순환의 과정 중에서 분배 문제는 주로 노동법이나 세법의 영역에 속하지만, 때로는 분배에 대한 규제가 경제정책적 관점에서 이루어지는 경우도 있다. 이러한 경우에는 분배에 대한 규제도 경제법의 연구대상이 된다. 정부가 인플레이션을 방지하기 위하여 임금인상을 억제하는 것이 그 좋은 예가 될 수 있다. 그리고 경제법의 규제대상은 경제생활에 대한 법률관계(매매, 임대차, 소비대차 등)뿐만 아니라 사실관계(생산, 가공, 물건의 운송)도 포함한다.

제3절 규제의 목적과 작용

Ⅰ. 규제의 목적

1. 경제법 일반의 규제목적

경제법상의 규제는 국민경제 전체를 정당하게 질서 지우는 것을 목적으로 한다. 이러한 경제법상 규제의 목적을 가장 잘 표현하고 있는 것이 1919년의 바이마르(Weimar)헌법이다. 동 헌법 제151조는 국가는 경제생활이 모든 국민에게 인간다

운 생활을 보장하려는 정의의 원칙에 합치하도록 규율해야 할 책임이 있다고 규정하고 있다.[1]

　이러한 바이마르헌법의 태도는 우리나라 헌법에도 그대로 반영되고 있다. 즉 헌법 제119조는 대한민국의 경제질서는 개인과 기업의 경제상의 자유와 창의를 존중함을 기본으로 하면서(1항), 균형 있는 국민경제의 성장 및 안정과 적정한 소득의 분배를 유지하고, 시장의 지배와 경제력의 남용을 방지하며, 경제주체 간의 조화를 통한 경제의 민주화를 위하여, 국가가 경제에 관한 규제와 조정을 할 수 있다고 규정하고 있다(2항). 따라서 우리나라의 경제법상 규제는, 한편으로 시장경제의 기능을 유지하기 위하여 자유롭고 공정한 경쟁을 촉진하면서, 다른 한편으로 균형 있는 국민경제의 성장과 안정, 사회정의의 실현, 경제의 민주화 등과 같은 사회조화적 요구를 실현하는 것을 목적으로 하고 있다.

2. 실정 경제법의 규제목적

　우리나라 경제법상의 규제는 시장경제의 기능을 유지하는 동시에 사회조화적 요구의 실현을 목적으로 하고 있기 때문에, 개별 경제법의 규제목적은 각 경제규제의 구체적인 내용과 모습에 따라 달라진다. 예컨대 사업자 간의 부당한 공동행위나 기업결합을 통한 독과점의 형성으로 인하여 시장경제의 기능이 마비될 우려가 있으면 자유로운 경쟁을 유지하기 위하여 독점규제법이 등장하게 되고, 계속적인 인플레이션으로 인하여 국민생활이 불안해 지면 물가안정을 실현하기 위하여 물가규제법이 나타나고, 대기업의 횡포로 인하여 중소기업의 건전한 발전이 저해될 우려가 있으면 중소기업을 보호·육성하기 위하여 중소기업보호법이 나타나고, 사업자의 지나친 이윤추구로 소비자의 권익이 침해될 우려가 있으면 소비자의 권익을 보호하기 위하여 소비자보호법이 나타나게 되는 것과 같다.

　이와 같은 실정 경제법의 목적 중에는 공정하고 자유로운 경쟁의 유지와 같이 비교적 장기적이고 계속적인 것도 있지만, 어떤 특수한 경제상태(불황이나 전시 등)에 대한 처방으로서 단기적이고 일시적인 것도 있다. 그리고 이러한 경제법령들은 각각 개별적인 목적을 실현하기 위하여 마련된 것이지만, 그 배후에는 일정한 공통적인 이념이 존재하는데, 이러한 공통적인 이념을 가장 간명하게 표현하고 있는

---

1) 바이마르 헌법 제151조는 "경제생활의 질서는 모든 국민에게 인간다운 생활을 보장해 주기 위한 정의의 원칙에 합치되어야 하며, 개인의 경제활동의 자유는 이러한 한계 내에서 보장된다"고 규정하고 있다.

것이 바로 우리 헌법 제119조라고 할 수 있다.

3. 경제적 목적과 경제외적 목적

경제법은 국가가 국민경제적인 관점에서 경제를 규제하는 것이기 때문에, 경제법상의 규제는 국가가 경제적인 목적으로 경제의 순환과정에 인위적·정책적인 변경이나 수정을 가하는 것이라 할 수 있다. 그러나 재정법(財政法)이나 경찰법과 같이 경제외적인 목적을 실현하기 위한 법률도, 때로는 경제정책적인 목적을 실현하기 위하여 이용되는 경우도 있다. 이러한 경우에는 그러한 법률도 구체적·실질적으로는 경제법상 규제목적을 실현하기 위한 것이 되고, 그 한도 내에서 경제법적 성격을 띠게 된다. 특히 우리나라와 같이 경제의 재정의존도가 높은 경우에는 재정법이 동시에 경제법의 성격을 띠는 경우도 있다. 예컨대 세법상 제반 특혜조치나 규제조치 또는 특별회계법, 특히 자금특별회계법에 의한 정부의 자금방출은 실제로 대단히 중요한 경제정책적 기능을 담당하고 있다. 따라서 국민경제에 '간접적인' 영향을 미치는 재정법이라 하더라도 경제법에서 제외할 것은 아니다.

II. 규제의 작용

경제법상 규제는 국민경제의 질서를 정당하게 형성하기 위한 것이다. 그런데 우리나라의 경제질서는 시장경제를 기본으로 하고 있고, 법질서는 사적 자치를 기본으로 하고 있기 때문에, 경제법상의 규제가 사적 자치와의 관계에 있어서 어떠한 작용을 담당하는지에 대하여 살펴볼 필요가 있다.

우선 시민법은 일반적·추상적인 평등관계에 있는 시민의 권리·의무를 규율하는 것으로서, 사적 자치를 기본으로 하고 있다. 따라서 그것은 정책적으로는 무색하다고 할 수 있다. 그러나 경제법은 이러한 시민법적 평등관계 그 자체 또는 그 성립 조건을 일정한 목적 하에서 수정·변경 또는 파괴하는 것이다. 따라서 이와 같은 과정을 통하여 나타난 법률관계는 시민법적인 평등관계라는 측면에서 보면 일정한 예외를 형성하게 된다. 예컨대 중소기업관계법상의 중소기업에 대한 지원이나 특혜 또는 산업발전법상의 지원 등은 일종의 특혜로서 이러한 특혜를 받지 못하는 개인이나 기업에 대하여는 특권관계를 형성하게 되며, 반대로 독점규제법상 시장지배적 사업자에 대한 규제나 「하도급거래의 공정화에 관한 법률」에 있어서 원사업자나 수급사업자에 대한 규제는 일종의 구속으로서 이러한 구속을 받지 않는 사업자에 대하여는 특별한 구속관계를 형성하게 된다.

경제법상의 규제가 가지는 의미는 구체적인 규제를 어떠한 관점에서 보는지에 따라서 달라질 것이다. 즉 경제법상의 규제는 시민법적 평등관계에서 보면 특권관계 내지 구속관계가 되지만, 국민경제적인 관점에서 보면 경제상의 자유와 사회조화적인 요구를 실현하기 위한 균형관계로 이해된다. 경제법은 개별법의 구체적인 규제목적에 따라 특정한 경제주체의 경제활동을 지원하는 경우도 있고 이를 억압하는 경우도 있기 때문에, 피상적으로는 상호 모순되는 현상을 초래하는 것 같지만, 이들은 궁극적으로 국민경제의 질서를 정당하게 형성하고자 한다는 점에서는 공통성을 가지고 있다.

제 4 절 규제의 방법

경제법상의 규제를 실현하는 방법에는 여러 가지가 있는데, 이를 크게 나누어 보면 권력적·강제적 규제와 비권력적 규제로 구별된다.

I. 권력적·강제적 규제

경제법은 시민법상 사적자치에 대하여 인위적인 수정이나 변경을 가하는 것이기 때문에, 그 규제는 권력적·강제적인 성격을 띠는 경우가 많다. 그런데 이러한 권력적·강제적인 규제는 가장 직접적이고 효과적인 규제방법이긴 하지만, 반드시 법률에 근거가 있어야 한다는 제한이 따른다. 권력적·강제적 규제는 ① 법률에 의한 직접적 규제, ② 행정권의 발동에 의한 규제, ③ 사법관계에 대한 강행법적 규제 등이 있다.

1. 법률에 의한 직접적 규제

이것은 법률에 의해 일정한 행위를 일률적으로 금지하는 것을 말한다. 그러나 이와 같은 법률에 의한 직접적 규제만으로 규제의 목적을 달성하기 어려운 경우가 많으며, 따라서 법률적 규제는 후술하는 행정권에 의한 규제 나아가 형벌의 부과와 결합하는 경우가 일반적이다. 예를 들어 독점규제법은 시장지배적 사업자의 지위남용행위를 금지하지만(법 5조), 이를 위반하는 자에 대하여 시정조치를 취할 수 있고(법 7조), 나아가 형벌을 부과하는(법 124조) 등의 제재가 결합되고 있다.

또한 법률에 의한 규제는 사법상의 법률관계 그 자체에 대하여 직접적인 변경이나 수정을 가하는 방식으로도 이루어질 수 있다. 입법을 통하여 사법상의 법률관계 그 자체에 직접적인 변경이나 수정을 가한 예로는 1972년 8월 3일 대통령긴급명령 제15호로 공포된 이른바 「8·3 긴급경제조치」를 들 수 있는데, 이 조치는 기업이 보유한 모든 사채를 신고하도록 하여, 이를 연 16.2%의 3년 거치 5년 분할상환조건의 채권·채무관계로 조정하였다. 한편 일반사법의 원칙에 수정을 가한 것으로는 주택임대차보호법, 약관의 규제에 관한 법률, 독점규제법, 하도급거래공정화에 관한 법률, 할부거래에 관한 법률, 방문판매 등에 관한 법률 등이 있다. 이러한 규제는 개별적·직접적으로 개인 상호 간의 법률관계를 규율하는 것이지만, 전체적·궁극적으로는 사법적인 방법으로 사회조화적 요구를 실현하려는 것이라고 할 수 있다. 따라서 이러한 민사특별법들도 그러한 한도 내에서 경제법의 내용을 구성하게 된다.

2. 행정권에 의한 규제

이것은 법률에 근거하여 일정한 형식으로 행정권을 발동하는 것인데, 오늘날의 경제법적 규제에는 이러한 행정권에 의한 규제가 가장 많다. 왜냐하면 이러한 규제는 그 목적이 구체적일 뿐만 아니라, 그 대상인 경제생활의 범위가 극히 유동적이고, 그 내용도 대단히 복잡하고 다양하므로, 그에 대응하는 규제의 방법도 고도로 전문적인 판단을 내릴 수 있는 능력을 갖춘 행정기관의 탄력적인 행정처분에 맡기는 것이 타당하기 때문이다. 행정권에 의한 규제의 방법에는 여러 가지가 있지만, 이를 행정법상 행정행위의 내용에 따라 분류해 보면 명령적 행위와 형성적 행위로 구별된다.

(1) 명령적 행위

명령적 행위란 국민에게 일정한 작위·부작위·급부·수인 등의 의무를 명하거나 이러한 의무를 면제하는 행정행위를 말한다.

(가) 하명, 금지

명령적 행위로서 일정한 작위를 명하는 하명과 일정한 부작위를 명하는 금지가 있다. 하명에는 기업결합의 신고의무(독점규제법 11조)와 방문판매업의 신고의무처럼(방문판매 등에 관한 법률 5조) 일정한 사항을 신고하게 하는 경우가 있고, 가격의 표시처럼 일정한 행위를 할 것을 명하는 경우(물가안정에 관한 법률 3조)도 있다. 또한 시정조치로서 해당행위의 중지를 명하는 경우는(독점규제법 7조) 금지에 해당한다.

(나) 허 가

허가란 강학상 특허에 해당하는 것으로서, 법령에 의하여 일반적으로 금지되어 있는 것을 특정한 경우에 한하여 이를 예외적으로 허용하는 것을 말한다. 경제법상 허가의 예로서는 전기사업자의 허가(전기사업법 7조), 집단에너지사업의 허가(집단에너지사업법 9조) 등이 있다.

(2) 형성적 행위

형성적 행위란 국민에게 그들이 자연적으로는 가지고 있지 않은 특정한 권리, 권리능력, 행위능력 또는 포괄적인 법률관계 기타 법률상의 힘을 설정하거나 변경 또는 소멸시키는 행정행위이다. 형성적 행위에는 일반적으로 특허(설권행위)와 인가(보충행위)가 있지만, 특허가 경제법적 규제의 수단으로 사용되는 경우는 거의 없다. 따라서 경제법적 규제의 수단으로 사용되는 형성적 행위는 주로 인가이다. 이러한 인가는 실정법상 인가라는 용어 이외에 허가 또는 승인 등의 용어로 표현되는 경우도 있으나, 그 실질은 형성적 행위인 경우가 많다. 경제법적 규제의 수단으로 사용되는 인가의 예로는 기간통신사업자의 양수·합병 등에 대한 인가(전기통신사업법 18조), 전략물자의 수출허가(대외무역법 19조) 등을 들 수 있다.

II. 비권력적 규제

이것은 국가가 권력적 수단을 통하여 국민의 경제생활에 강제적인 규제를 가하는 것이 아니라, 비권력적·사법적(私法的) 수단으로 경제에 개입하거나, 행정지도를 통하여 국민의 경제생활을 일정한 방향으로 유도하는 것을 말한다.

1. 비권력적·사법적 수단에 의한 경제개입

자본주의 사회에서는 경제활동이 사기업의 자유로운 결정을 통하여 실현되는 것이 원칙이지만, 국가가 비권력적·사법적 수단을 통하여 직접·간접으로 경제에 개입하는 경우도 있다. 그리고 이러한 현상은 자본주의가 고도로 발전함에 따라 더욱 빈번하게 나타나고 있다. 왜냐하면 자본주의가 고도화됨에 따라 시장경제에 있어서 가격의 자동조절기능이 제대로 작동하지 않아서, 수급의 균형이 깨어지고 자원배분이 왜곡되거나 소득의 분배가 불공정하게 되는 경우가 나타나기 때문에, 이를 시정하기 위하여 국가가 경제에 적극적으로 개입하지 않을 수 없게 된다.

이와 같은 국가의 경제개입에는 국가가 적극적으로 경제활동의 주체가 되는 경우도 있고, 소극적으로 사경제에 대한 경제적 지원을 하는 데 그치는 경우도 있다. 국가가 경제활동의 주체가 되는 경우로서 정부가 우편사업과 같은 일정한 사업을 기업의 형태로 직접 경영하는 정부기업과(정부기업예산법 2조) 한국전력공사와 같은 공공기관을(공공기관의 운영에 관한 법률 4조 내지 6조) 들 수 있다. 국가가 사경제에 대한 경제적 지원을 하는 경우의 예로는 각종의 보조금제도와(농촌진흥법 25조, 소비자기본법 32조 등) 각종의 기금제도(중소기업진흥에 관한 법률 63조) 및 정부의 융자(여객자동차운수사업법 50조) 또는 제반 세제상 지원(여신전문금융업법 43조) 등이 있다.

이러한 경우에 국가는 경제를 권력적·강제적으로 규제하는 것이 아니라 비권력적인 방법으로 규제를 하는 것이고, 그 방법도 사법적인 수단 ― 소유관계(투자)·계약관계(매매, 소비대차, 증여 등) ― 에 의존하고 있다. 그런데 이러한 방법은 때로는 일정한 한계를 가질 수 있기 때문에, 일정한 목적을 보다 효과적으로 달성하기 위해서는 권력적·강제적인 규제를 통하여 이를 보완할 필요가 있다.

2. 비권력적 행정지도

이것은 국가가 경제를 권력적·강제적으로 규제하는 것이 아니라, 비권력적인 행정지도를 통하여 규제목적을 달성하는 것을 말한다. 이러한 행정지도는 경제행정에서 자주 나타나는데, 그 이유는 경제 현상이 끊임없이 변하기 때문에 법률적 규제가 적합하지 않은 경우도 있고, 또 법률적 규제와 같은 강력한 수단을 동원하지 않는 것이 실제로는 더욱 효과적인 경우도 있기 때문이다. 이러한 행정지도는 통상 권고·지시·지도·감독 등의 형태를 띠게 되는데, 행정지도에 법률상의 근거가 요구되는지에 관하여 최소한 조직법적 근거는 필요하다는 견해가 지배적이다. 오늘날에는 행정지도에 대하여도 법률상의 근거 규정을 두고 있는 경우가 점차 늘어나고 있다.

이와 같은 비권력적인 행정지도는 탄력성과 유연성이라고 하는 장점을 가지는 반면, 자칫 잘못하면 일정한 기준도 없이 '좋은 것이 좋다'는 식으로 현실에 타협하게 될 우려도 있다. 그리고 만약 국민이 이러한 행정지도에 대하여 다투려고 하는 경우 행정지도가 행정처분에 해당되는지 여부가 분명하지 않으므로 행정법상의 구제를 받지 못할 우려도 있다. 따라서 이러한 행정지도가 지나치게 남용되지 않도록 주의를 기울일 필요가 있다. 법률에 행정지도를 명문으로 규정하고 있는 것으로 중소벤처기업부장관이 중소기업진흥공단의 업무를 지도·감독할 수 있게 규정한 것이 있다(중소기업진흥에 관한 법률 78조 1항 전단).

제 2 편

독점규제법

제 1 장 총   설

제 2 장 기본개념과 적용제외

제 3 장 독과점에 대한 규제

제 4 장 기업결합의 제한

제 5 장 경제력집중의 억제

제 6 장 부당한 공동행위의 제한

제 7 장 불공정거래행위 등의 규제

제 8 장 사업자단체 규제

제 9 장 공정거래위원회와 한국공정거래조정원

제10장 사건처리절차

제11장 형사적 제재와 민사적 구제

제12장 보칙 등

제1장 총 설

제1절 개 설

자본주의적 시장경제는 기본적으로 시장기구를 중심으로 작동하며, 시장은 상품의 공급자인 기업들과 수요자인 소비자들로 구성된다. 시장에서 공급자와 수요자는 각각 주어진 조건 하에서 자기가 추구하는 목표를 가장 효과적으로 달성할 수 있는 방법을 선택하게 되며, 이들의 상호작용을 통하여 가격·품질·수량 등과 같은 시장성과가 결정된다.

국민경제는 다수의 시장으로 구성되는데, 대부분 시장에서 수요자는 다수인 데 반하여, 공급자는 다수일 경우도 있고 소수일 경우도 있다. 따라서 개별수요자는 다중 속의 1인에 불과하여 시장성과에 아무런 영향을 미칠 수 없는 반면, 공급자는 그들이 완전경쟁 상태에 있지 않은 한 자기의 의사에 따라 시장성과에 어느 정도 영향을 미칠 수 있다. 그 결과, 시장성과는 수요자보다 공급자에 의하여 더 큰 영향을 받게 되며, 공급자가 시장에 미치는 영향의 크기는 그가 시장에서 차지하는 지위에 따라 달라진다. 그리고 각 기업이 취하는 구체적인 행동은 그가 속해 있는 산업 내지 시장의 구조적 특성, 즉 기업의 수와 규모, 기업 간의 경쟁 양상이나 상품의 특성, 구매자의 수와 규모 등과 같은 여러 가지 요인에 의하여 영향을 받는다.

각 시장의 성과는 시장에서 활동하고 있는 개별기업의 다양한 행동을 통하여 실현되며, 나아가 다른 시장과의 연관을 통하여 국민경제 전체의 성과에도 영향을 미친다. 그리고 정부는 시장기구의 외부에 존재하면서 어떤 시장의 성과가 국민경제적인 관점이나 사회적인 관점에서 바람직하지 않다고 판단되는 경우, 이를 시정 내지 교정하기 위하여 시장에 개입하게 된다. 정부는 각 시장의 특성에 따라 직접 공급자의 역할을 행하기도 하고, 또 시장의 구조나 기업의 행동을 규제하는 방법으로 시장감시자의 역할을 담당하기도 한다. 이러한 시장의 구조·행동·성과의 결정요인 및 상호 간의 인과관계와 이에 대한 정부개입의 효과를 연구하는 학문을 산업조직론(Industrial Organization)이라 한다.[1] 그리고 독과점적인 시장구조나 경쟁제한적인 행위를 규제함으로써 자유롭고 공정한 경쟁질서를 유지하기 위한 법규범을 독점금지법 또는 경쟁법이라고 한다.

무릇 자본주의는 상업자본주의에서 산업자본주의를 거쳐 독점자본주의로 전환해 왔다. 이러한 과정에서 기업들은 각 시장에서 치열한 경쟁을 통하여 독점이나 과점의 지위를 차지하기도 하고, 경쟁자나 중소기업을 배제하거나 결합하여 독점이나 과점으로 전환하기도 한다. 그런데 일단 독점이나 과점이 형성되면 그 시장에서는 경쟁이 감소할 수밖에 없으므로, 시장의 기능도 제한된다. 따라서 시장의 기능을 회복하기 위해서는 정부가 시장에 개입하여 독점이나 과점을 규제하지 않으면 안 된다. 그러나 독과점이 국민경제에 미치는 영향은 반드시 부정적인 것만은 아니기 때문에, 독과점의 규제에 대하여는 견해가 대립하고 있다.

우선 독과점은 규모의 경제(economy of scale)를 실현하고 기술혁신을 촉진할 수 있는 장점을 가진다고 한다. 규모의 경제의 실현이란 독과점이 형성되면 생산규모가 확대되어 평균생산비가 저하되기 때문에 기업의 경쟁력이 제고된다는 것을 의미한다. 이러한 이론은 개발 초기단계에서는 어느 정도 정당성을 가졌던 것이 사실이다. 그러나 기업의 규모가 최적단위를 벗어나서 조업도가 낮아지거나 혹은 독과점기업이 복합기업을 이루고 있거나 다수의 소공장을 가지고 있는 경우에는 규모의 경제의 이익이 제대로 실현되지 않는다는 점이 그 한계로 지적되고 있다. 즉 현재 가동하고 있는 공장의 규모를 확대하는 경우 평균생산비가 감소하는 효과가 나타나지만, 동종의 상품을 생산하는 공장을 다른 장소에 별도로 설립하는 경우 생산비의 감소 효과를 기대할 수 없다는 것이다. 나아가 최적 규모를 초과하는 규모의 확대는 오히려 평균생산비를 증대시키는 요인이 되기도 한다.

한편 독과점기업은 초과이윤을 얻을 수 있기 때문에, 이를 연구개발에 투자하게 되면 괄목할 만한 기술혁신을 이룰 수 있는 장점을 가진다고 한다. 그러나 독과점기업은 독과점이익을 계속해서 누리고자 하기 때문에, 한번 오른 독과점가격은 쉽게 내려가지 않는 경향이 있으며, 따라서 기술혁신의 성과가 궁극적으로 소비자에게까지 미치지 않을 수 있다. 그리고 독과점기업은 경쟁의 압력을 받지 않기 때문에 기술혁신을 하지 않고도 계속적으로 초과이윤을 얻는 것이 가능하므로, 기술개발을 해야 할 동기가 부족하여 기술개발을 위한 투자나 노력을 게을리할 우려도 존재한다. 또한 소수의 기업에게 경제력이 과도하게 집중되면 기업의 체질이 약화 되어 경쟁력이 떨어질 수 있고, 나아가 이러한 집중 현상은 분배 상의 형평

---

1) 윤창호 · 이규억, 산업조직론 제3판, 법문사, 1999, 23 - 24면 참조.

을 깨뜨릴 뿐만 아니라 지속적인 성장과 발전을 저해할 수도 있다.

　이와 같이 독과점은 양면성을 가지고 있기 때문에, 이를 규제할 필요가 있는지 그리고 규제할 경우에는 어느 정도로 규제해야 할 것인지에 대하여 견해의 일치를 보기가 매우 어렵다. 시장경제를 기본으로 하는 나라에서도 초기에는 시장의 기능이 제대로 인식되지 않는 경우가 많고 또 정부가 경제개발을 적극적으로 추진해 나가는 과정에서 독과점의 장점을 이용하는 경우도 있다. 따라서 독과점에 대한 규제의 여부와 그 정도에 대하여는 이를 일률적으로 말할 수 없고, 각국의 경제발전단계와 구체적인 시장의 구조와 성과 그리고 독과점에 따른 폐해의 정도 및 이에 대한 국민들의 인식이나 정서 등에 따라 달라질 수밖에 없다.

제 2 절　독점규제법의 목적

　독점규제법 제1조는 "이 법은 사업자의 시장지배적 지위의 남용과 과도한 경제력의 집중을 방지하고, 부당한 공동행위 및 불공정거래행위를 규제하여 공정하고 자유로운 경쟁을 촉진함으로써 창의적인 기업활동을 조장하고 소비자를 보호함과 아울러 국민경제의 균형있는 발전을 도모함을 목적으로 한다"고 규정하고 있다(법 1조).

　독점규제법 제1조는 동법의 규제내용과 목적을 규정하고 있는데, 동법의 목적은 직접적인 목적과 궁극적인 목적으로 나누어진다. 즉 동법은 직접적으로는 공정하고 자유로운 경쟁의 촉진을 목적으로 하고, 이를 통하여 궁극적으로는 창의적인 기업활동의 조장, 소비자의 보호 및 국민경제의 균형 있는 발전을 도모하려고 한다. 그런데 동법이 자유롭고 공정한 경쟁의 촉진을 직접적인 목적으로 하고 있다는 점에 대하여는 의문의 여지가 없지만, 경제력집중의 억제를 동법의 목적에 포함시킬 것인지 여부와 동법의 궁극적인 목적으로 열거하고 있는 것, 즉 창의적인 기업활동의 조장, 소비자의 보호 및 국민경제의 균형 있는 발전의 도모에 대하여는 몇 가지 의문이 제기되고 있다.

Ⅰ. 직접적인 목적: 자유롭고 공정한 경쟁의 촉진

　독점규제법은 자유롭고 공정한 경쟁의[2] 촉진을 목적으로 한다. 우리나라 헌법

상의 경제질서는 개인과 기업의 경제상의 자유와 창의를 존중하는 경제질서, 즉
시장경제를 기본으로 하고 있다(헌법 119조). 그런데 이러한 시장경제가 정상적으로
기능을 수행하기 위해서는 시장에 참여해서 활동하고 있는 사업자들 간에 자유롭
고 공정한 경쟁이 유지되고 있어야 한다.

우선 자유로운 경쟁이 유지되고 있어야 한다. 이를 위해서 무엇보다 시장에 참
여하려는 의사와 능력을 가진 자는 누구나 시장에 참여할 수 있도록 시장이 모든
사업자에게 열려 있어야 한다(open market). 그런데 실제로는 시장진입을 제한하는
요소들이 많이 있다. 일반적으로 시장진입의 제한에는 인가나 허가와 같은 법적인
제한과 대규모의 시설 투자와 같은 사실적인 제한이 있다. 따라서 시장개방의 원
칙을 실현하기 위해서는 이러한 진입제한을 완화하지 않으면 안 된다.

그리고 시장에 참여해서 활동하고 있는 사업자들이 아무런 제한을 받지 않고
자유롭게 경쟁할 수 있어야 한다(free competition). 그런데 실제로는 사업자들 간에
경쟁을 제한하는 요인들이 많이 있다. 일반적으로 자유로운 경쟁을 제한하는 요인
에는 독점이나 과점, 기업결합, 공동행위 등과 정부규제가 있다. 따라서 자유경쟁
을 실현하기 위해서는 이러한 경쟁제한적인 구조나 행태를 배제하지 않으면 안 된
다. 이와 같은 경쟁제한적인 요소들 중에 독점규제법이 규제하고 있는 것은 독점
이나 과점, 기업결합, 공동행위 등과 같은 사업자의 행위들이고, 인가나 허가와 같
은 경쟁제한적인 정부의 행위들은 정부규제의 완화를 통하여 배제할 수밖에 없다.

끝으로 경쟁은 공정하게 이루어져야 한다(fair competition). 즉 사업자들 간의 경
쟁은 주로 그들의 사업상 장점(merit)을 통하여 이루어져야 한다. 경제활동에 참여
하는 자는 누구나 최소의 비용으로 최대의 이득을 얻으려고 하는 경제원칙에 따라
행동하기 때문에, 그들이 많은 고객을 확보하기 위하여 노력(경쟁)하는 것은 오히
려 당연하다. 그러나 사업자들 간의 경쟁은 어디까지나 품질이 좋고 값이 싼 상품
을 제공함으로써 보다 많은 고객의 선택을 받으려는 노력으로 나타나야지, 불공정
한 수단이나 방법으로 표현되어서는 안 된다.

요컨대 시장경제가 본래의 기능을 다하기 위해서는 열린 시장(open market)·자
유로운 경쟁(free competition)·공정한 경쟁(fair competition)이라고 하는 경쟁의 3대
원칙이 모두 실현되어야 한다. 즉 시장이 누구든지 자유롭게 참여할 수 있도록 열

---

2) 법문에는 "공정하고 자유로운 경쟁"이라고 규정하고 있지만, 시장경제에 있어서 차지하는 비중
은 자유로운 경쟁이 공정한 경쟁보다 훨씬 더 크기 때문에, 이 책에서는 자유롭고 공정한 경쟁이라고
서술하기로 한다.

려 있어야 하고, 그 시장에서 활동하는 사업자들이 아무런 제한 없이 자유롭게 경쟁할 수 있어야 하며, 그 수단이나 방법은 품질과 가격을 중심으로 공정하게 이루어져야 한다. 이러한 세 가지의 요건이 모두 갖추어진 경쟁상태를 완전경쟁(perfect competition)이라고 한다. 그런데 이러한 완전경쟁은 하나의 이론적인 모델로서 그것이 실현되기 위해서는 다음과 같은 조건들이 갖추어져야 한다.[3] ① 모든 판매자가 완전히 동일한 상품을 생산하기 때문에, 그 가격이 동일하다고 가정하면 고객이 어떤 판매자로부터 구입하든지 아무런 차이가 없다. ② 그 시장에 있어서 각 판매자가 차지하는 비중이 아주 작기 때문에 그 판매자가 생산량을 증감하거나 그 시장에서 퇴출되더라도 당해 시장에서 활동하는 다른 판매자들의 결정에 영향을 미치지 않는다. ③ 모든 자원은 완전히 유동적이고 대체적이며 모든 판매자는 필요한 투자에 동일하게 접근할 수 있다. ④ 그 시장에 참여한 모든 참가자는 가격, 생산량 및 그 시장의 다른 사항에 대하여 완전한 정보를 가지고 있다.

이상의 조건을 충족한 완전경쟁은 실제의 시장에서 찾아보기 어렵지만, 각국의 독점금지법은 그 시행 초기에 완전경쟁의 실현을 목표로 하고 있었던 것이 사실이다. 그러나 시간이 지남에 따라 그것이 가능하지 않을 뿐만 아니라 반드시 바람직하지도 않다는 사실을 인식하게 되었다. 예컨대 독일에서는 1952년의 경쟁제한방지법 초안이 완전경쟁의 실현을 그 목표로 하고 있었다. 동 법안은 우선 하나의 이상적인 시장형태로서 완전경쟁, 즉 수많은 힘없는 공급자와 수요자로 구성된 시장을 추구해야 하며, 이러한 목표가 실현되지 않는 곳에는 어디에나 국가의 감독이 그것을 대신해야 한다는 것을 기초로 하고 있었다.[4] 독일에서도 1930년대에 이미 완전경쟁은 실현될 수 없다는 점이 어느 정도 인식되어 있었지만, 입법자들은 신자유주의의 이론에 매료되어 이를 반영할 수 없었던 것으로 생각된다. 그러나 1957년부터 경쟁제한방지법을 시행해 나가면서 완전경쟁은 그 실현이 불가능할 뿐만 아니라 그것이 반드시 바람직한 것도 아니라는 점을 점차 깨닫게 되었다.

이러한 맥락에서 오늘날 각국의 독점금지법은 완전경쟁의 실현을 목표로 하는 것이 아니라 유효경쟁(workable competition)의 실현을 목표로 하고 있으며, 이러한 사정은 우리나라 독점규제법에서도 마찬가지이다.

---

3) Herbert Hovenkamp, Federal Antitrust Policy 3rd ed., 2005, p. 3.
4) Fritz Rittner(권오승 역), 독일경쟁법, 법문사, 1997, 143면 참조.

Ⅱ. 궁극적인 목적

독점규제법 제1조는 자유롭고 공정한 경쟁을 촉진함으로써, 창의적인 기업활동을 조장하고 소비자를 보호함과 아울러 국민경제의 균형 있는 발전을 도모함을 목적으로 한다고 규정하고 있다. 따라서 이를 문리적으로 해석하면, 동법은 창의적인 기업활동의 조장, 소비자 보호 및 국민경제의 균형 있는 발전의 도모를 궁극적인 목적으로 하는 것처럼 보인다.[5]

그러나 독점금지법의 집행에 관한 경험이 많은 선진국에서는 말할 것도 없고 일반적으로도 동법의 목적을 그렇게 설명하지 않는다. 예컨대 미국에서는 독점금지법이 자원배분의 효율성을 달성하려는 것을 주된 목적으로 하고 있다는 점에 대하여는 이론이 없지만, 동법이 오로지 효율성의 제고만을 목적으로 하고 있는지,[6] 효율성의 제고(후생의 증가)와 관련하여 소비자와 사용자의 이익을 모두 고려하는 총후생을 기준으로 할 것인지 아니면 소비자후생만을 기준으로 할 것인지, 그 밖에 중소기업의 보호, 경제력집중의 억제 등과 같은 목적도 추구하고 있는지에 대하여는 견해가 대립하고 있다.[7]

우선 창의적인 기업활동의 조장은 독점규제법의 궁극적인 목적이 될 수 없다. 왜냐하면 독점규제법의 직접적인 목적인 자유롭고 공정한 경쟁이 유지되면, 사업자들은 그러한 경쟁에서 살아남고, 또 이기기 위해서는 창의적인 기업활동을 추구하지 않을 수 없기 때문이다. 따라서 창의적인 기업활동의 조장은 현대 자본주의 사회에서 독점규제법이 차지하는 의의 또는 가치이며, 독점규제법의 궁극적인 목적이라고 할 수 없다.[8] 다시 말하자면 독점규제법은 우리나라 경제질서의 기본인 시장경제의 기능을 유지하기 위한 법률이며, 시장경제가 가지는 장점으로서는 창의적인 기업활동 이외에도, 산업의 발전, 고용의 증대 및 국민의 실질적인 소득수

---

5) 대법원도 제1조에서 동법의 목적에 관한 규정을 직접적 목적과 궁극적 목적의 구조로서 이해하고 있는 것으로 보인다. 대법원 2005. 9. 9. 선고 2003두11841 판결 참조. 동 조의 목적에 관한 규정을 구조적으로 이해할 경우, 동법에 위반한 행위의 부당성 판단에 있어서 궁극적 목적에 관한 규정이 최종적인 심사 기준이 되는 것이 불가피하다는 지적으로, 이봉의, 공정거래법, 박영사, 2022, 76-77면 참조.

6) 예컨대 Richard Posner, The Chicago School of Antitrust Analysis, 127 University of Pennsylvania Law Review 925, 1979; Robert Bork, The Antitrust Paradox: A Policy at War with Itself, Basic Books, 1978.

7) Herbert Hovenkamp, op. cit., p. 48.

8) 丹宗昭信・原谷襄兒 編, 獨占禁止法の基礎(實用編), 靑林書院新社, 1983, 3면.

준의 향상 등이 있다.

　그리고 독점규제법이 공정하고 자유로운 경쟁을 유지함으로써 소비자보호를 실현하려 한다고 규정하고 있는데, 동법이 자원의 합리적인 배분을 통하여 소비자후생을 증진하려고 한다는 점에 대하여는 의문의 여지가 없지만, 소비자보호를 목적으로 하고 있다고 보기는 어려운 측면이 있다. 무릇 소비자보호라는 용어는 매우 다양한 의미로 사용되고 있기 때문에 이를 일의적으로 정의할 수는 없지만, 통상적으로 소비자피해의 예방이나 구제라는 소극적인 의미로 사용되고 있다. 따라서 우리가 만약 소비자보호를 소비자피해의 예방이나 구제라는 의미로 이해하게 될 경우, 그것이 독점규제법의 궁극적인 목적이 될 수는 없다. 이러한 입장에서 살펴보면 독점규제법이 소비자보호를 동법의 목적으로 규정하고 있는 것은 타당하지 않을 것이다.9) 다만 우리나라 독점규제법은 시장지배적 사업자의 지위남용과 기업결합 및 부당한 공동행위와 같은 경쟁제한행위뿐만 아니라 불공정거래행위도 규제하고 있는데, 특히 시장지배적 지위의 남용이나 불공정거래행위에는 공정하고 자유로운 경쟁을 저해할 우려가 있는 행위뿐만 아니라 소비자의 이익을 침해할 우려가 있는 행위도 포함되기 때문에 그러한 한도 내에서는 독점규제법이 소비자보호에도 기여한다고 할 수 있다.10)

　그러나 소비자보호를 소비자후생(consumer welfare) 또는 소비자주권(consumer sovereignty)의 실현이라고 하는 적극적인 의미로 이해하게 되면 소비자보호도 독점규제법의 궁극적인 목적이 될 수 있다. 시장경제는 시장기구를 중심으로 작동하며 시장은 상품을 공급하는 사업자들과 그것을 구입하여 소비하는 소비자들로 구성된다. 사업자는 영리를 추구하기 위하여 상품을 시장에 공급하고, 소비자는 자기의 욕구를 충족하기 위하여 시장에서 사업자들이 공급하는 상품을 구입하게 된다. 따라서 사업자가 사업활동에 성공하려면 보다 많은 소비자의 선택을 받아야 한다. 그런데 이를 위해서는 소비자가 원하는 상품을 소비자가 원하는 가격이나 거래조건으로 공급하지 않으면 안 된다.

　그러므로 사업자는 무엇을 얼마만큼 생산하여 어떠한 가격이나 조건으로 누구에게 공급할 것인지를 스스로 결정하는 것이 아니라 소비자의 결정에 따르게 되며, 그 사업의 성패도 결국 소비자의 선택에 따라 좌우된다. 다시 말하자면 사업자가 많은 소비자들의 선택을 받으면 성공하지만 그렇지 못하면 실패하게 된다. 그

---

9) 박세일, 법경제학, 박영사, 1995, 542면 참조.

10) 신현윤, "소비자보호를 위한 현행 독점규제법 규정과 문제점", 경쟁법연구 5－6권, 2000, 77면 참조.

런데 이러한 소비자주권이 실현되기 위해서는 시장에 자유롭고 공정한 경쟁이 유지되고 있어야 한다. 따라서 독점규제법은 소비자주권이 실현될 수 있는 전제조건인 자유롭고 공정한 경쟁을 유지·촉진하기 위한 법이라는 의미에서는 소비자(보호)법으로서의 기능도 담당하고 있다고 할 수 있다.

한편 독점규제법은 자유롭고 공정한 경쟁의 유지를 통하여 국민경제의 균형 있는 발전을 도모하려 한다고 규정하고 있다. 국민경제가 균형 있게 발전하기 위해서는 산업, 지역, 기업 간에 불균형이 발생하지 않아야 한다. 그런데 독점규제법은 원래 자유롭고 공정한 경쟁의 유지·촉진을 통하여 자원배분의 효율성을 달성하려는 제도이기 때문에, 동법이 실효성을 확보하게 되면 경쟁력이 있는 기업은 더욱 번창하고 그렇지 못한 기업은 자연히 도태하게 된다. 이것은 지역이나 산업의 경우에도 마찬가지이다. 따라서 독점규제법은 국민경제의 균형 있는 발전에 기여하는 것이 아니라 오히려 기업이나 산업 또는 지역 간의 불균형을 더욱 심화시킬 가능성을 내포하고 있다. 다만 독점규제법상의 규제 중에서 시장지배적 지위의 남용금지나 경쟁제한적인 기업결합의 금지 정도가 간접적으로 대기업과 중소기업의 불균형을 시정하는 데 어느 정도 기여할 수 있을 뿐이다. 그러므로 국가가 국민경제의 균형 있는 발전을 도모하기 위해서는 자유롭고 공정한 경쟁을 유지하는 데 그치지 않고, 경쟁력이 없거나 약한 산업(예컨대 유치산업이나 사양산업)이나 기업(중소기업) 등을 적극적으로 보호·육성할 필요가 있는데, 이러한 조치들은 대체로 경쟁제한적인 성격을 띠게 되므로 독점규제법이 추구하는 목적에 위배될 가능성이 있다.11) 이러한 관점에서 보면, 국민경제의 균형 있는 발전의 도모는 독점규제법의 궁극적인 목적이라고 하기보다는 오히려 경제정책의 궁극적인 목표로서 독점규제법의 집행이 머물러야 할 한계라고 설명하는 것이 타당할 것이다.

끝으로 독점규제법의 목적과 관련하여 다투어지고 있는 또 다른 문제는 경제력집중의 방지이다. 독점규제법 제1조는 과도한 경제력집중의 방지를 자유롭고 공정한 경쟁을 촉진하기 위한 수단 또는 방법의 하나로 규정하고 있다. 따라서 독점규제법 제1조를 문리적으로 해석하면 경제력집중의 방지는 경쟁촉진의 수단이지 동법의 목적이 아니다.

---

11) 헌법재판소 1996.12.26, 96헌가18 결정(주세법 제38조의7 등에 대한 위헌제청). "헌법 제119조 제2항은 독과점규제라는 경제정책적 목표를 개인의 경제적 자유를 제한할 수 있는 정당한 공익의 하나로 명문화하고 있다. 독과점규제의 목적이 경쟁의 회복에 있다면 이 목적을 실현하는 수단 또한 자유롭고 공정한 경쟁을 가능하게 하는 방법이어야 한다. 그러나 주세법의 구입명령제도는 전국적으로 자유경쟁을 배제한 채 지역할거주의로 자리잡게 되고 그로써 지역 독과점현상의 고착화를 초래하므로, 독과점규제란 공익을 달성하기에 적정한 조치로 보기 어렵다."

그런데 일반적으로 경제력의 집중이란 경제적 자원과 수단을 소유·지배할 수 있는 힘이 소수의 경제주체에게 집중되어 있는 현상을 말한다. 이러한 경제력집중은 자원배분의 효율성을 저해할 뿐만 아니라 적정한 소득분배나 사회적 형평을 저해하고, 나아가 정치적·사회적 힘의 집중을 초래하여 정치적·사회적 민주화를 저해할 우려가 있다. 따라서 경제력집중의 방지는 단순히 경쟁을 촉진하는 수단에 그치는 것이 아니라 정치적 민주화와 사회적 형평을 실현하기 위한 수단으로서의 의미도 있다.[12]

특히 우리나라에서는 소수의 재벌 내지 기업집단에게 경제력이 과도하게 집중되어 있기 때문에 그 문제가 더욱 심각하다. 기업집단에 의한 경제력의 집중은, 특정한 기업(집단)이 ① 국민경제 전체에서 차지하는 비중이 크다는 일반집중, ② 개별시장에서 차지하는 비중이 크다는 시장집중, ③ 어떤 기업이나 기업집단에서 특정한 자연인이나 그 친족이 차지하는 소유의 비중이 크다는 소유집중 등과 같은 다양한 의미를 가지고 있다. 그런데 이러한 현상 중에서 자유롭고 공정한 경쟁의 촉진과 직접적인 관련이 있는 것은 시장의 집중이다. 즉 독점규제법은 개별시장에서 자유롭고 공정한 경쟁을 촉진하는 것을 목적으로 하기 때문에 이를 제한하는 독과점이나 기업결합 또는 부당한 공동행위 등을 규제하고 있다. 따라서 동법은 개별시장에 있어서 시장지배력의 집중을 방지하는 한도 내에서는 경제력집중의 방지에도 기여하고 있다고 할 수 있다.

그런데 우리나라에서는 소수의 기업집단이 무리한 계열확장을 통하여 여러 산업 분야에 폭넓게 참여하여 국민경제 전체를 지배하는 이른바 일반집중을 초래하고 있기 때문에, 독점규제법은 이를 억제하기 위하여 1986년 제1차 개정을 통하여 지주회사의 설립 금지 및 대규모기업집단에 소속된 계열회사의 상호출자 금지와 출자총액 제한 등을 규정하고, 1992년 제3차 개정에서는 계열회사 상호 간의 채무보증을 제한하는 제도를 도입하였으며, 이후 2009년 출자총액의 제한을 폐지하고 2014년 순환출자를 금지하는 등 일련의 변천 과정을 거쳐서 오늘에 이르고 있다. 따라서 독점규제법은 경제력집중의 방지, 즉 시장지배력의 집중뿐만 아니라 일반집중의 억제에 대해서도 상당한 관심을 가지고 있다고 할 수 있다. 다만 우리나라 대기업집단이 야기하고 있는 문제는 그 집단에 속한 계열회사들이 존재하는 시장에서 자유롭고 공정한 경쟁을 기대하기 어렵다는 것이며, 이는 개별시장에서 자유롭고 공정한 경쟁을 유지·촉진하는 것을 목적으로 하는 독점규제법의 관점에서

---

12) 박세일, 앞의 책, 541면 이하 참조.

도 중요한 문제라 할 수 있다. 따라서 독점규제법에서 규율하고 있는 일반집중의 억제는 동법의 직접적인 목적인 공정하고 자유로운 경쟁을 촉진하기 위한 수단이 될 수도 있지만, 일정한 범위 내에서는 그 자체가 동법의 목적이 될 수도 있을 것이다.[13]

Ⅲ. 독점규제법의 특징

독점규제법은 원칙적으로 폐해규제주의, 행정규제주의 및 직권규제주의를 그 특징으로 하고 있다.[14]

1. 폐해규제주의

독과점의 규제에 관한 입법례는 크게 원인금지주의(原因禁止主義, Verbotsprinzip)와 폐해규제주의(弊害規制主義, Mißbrauchsprinzip)로 나누어진다. 전자는 독점이나 과점의 형성 그 자체를 원칙적으로 금지하는 입장으로, 일명 원칙금지주의라고도 한다. 후자는 독점이나 과점의 형성보다는 독과점적 지위가 남용되는 경우, 즉 일정한 폐해를 초래하는 경우에만 이를 규제하는 입장이다. 미국·캐나다·일본 등은 전자 그리고 EU, 독일·영국·프랑스·스웨덴 등은 후자에 속한다.

우리나라의 독점규제법은 독점이나 과점의 형성 그 자체를 금지하는 것이 아니라 그 폐해, 즉 시장지배적 지위의 남용만을 금지하고 있기 때문에, 폐해규제주의의 입장을 따르고 있다고 할 수 있다. 다만 원인금지주의를 취하는 미국에서도 독점화(monopolization) 내지 독점화의 기도(attempt to monopolize)를 엄격한 요건 하에서만 금지하고 있고, 독점규제법도 경쟁제한적인 기업결합의 제한이나 불공정거래행위의 금지 등을 통하여 독과점의 형성을 직·간접적으로 규제하고 있다는 점에서 양자의 구분이 언제나 명확한 것은 아니다.

2. 행정규제주의

일반적으로 원인금지주의를 취하는 나라에서는 독과점이나 경쟁제한행위에 대한 위법성을 판단하는 권한이 1차적으로 법원에 있으므로 감독절차도 자연스레 사

---

13) 김두진, 경제법, 동방문화사, 2020, 20면에서는 우리 사회가 정치경제적으로 건전하게 유지되기 위해 필요한 사회적 형평성의 요소의 하나로서 "과도한 경제력집중의 방지"를 공정거래법의 목적의 하나로 긍정할 수 있다고 보고 있다.
14) 박길준, 한국독점규제법, 삼영사, 1983, 52면 이하.

법절차가 중심이 되지만, 폐해규제주의를 취하는 나라에서는 1차적인 위법성 판단 권한이 행정부(경쟁당국)에 부여되어 있으므로 그 규제절차도 행정처분에 의한 규제, 즉 행정절차가 중심이 되고 있다.

한편 각국에서는 독점규제에 관한 입법적인 태도와는 상관없이, 독점규제법의 엄격하고 공정한 집행을 보장하기 위해서 준입법적·준사법적 권한을 가진 독립적인 규제기구를 설치하여 운영하는 경우가 많다.[15] 우리나라에서는 1981년 독점규제법을 시행할 당시에 동법의 시행을 경제의 기획과 운영에 관한 행정을 총괄하는 경제기획원장관이 담당하도록 하였으나, 1990년 제2차 개정으로 그 권한이 독립적인 규제기관인 공정거래위원회로 이관되었다. 그 결과 시장지배적 사업자의 지위남용이나 기업결합 또는 부당한 공동행위 등과 같은 경쟁제한행위는 물론이고 불공정거래행위에 대한 위법성의 판단 그리고 그 시정조치나 과징금의 부과도 동 위원회의 결정에 맡겨져 있다. 따라서 우리나라 독점규제법의 집행은 행정규제주의의 성격이 강하다고 할 수 있다.

3. 직권규제주의

독점규제법은 공정거래위원회가 직권으로 동법을 시행하는 것을 원칙으로 하고 있다. 공정거래위원회는 우선 동법에 위반한 사실이 있다고 인정할 때에는 직권으로 필요한 조사를 할 수 있고(법 80조 1항), 또 동법의 시행을 위하여 필요하다고 인정할 때에는 당사자, 이해관계인 또는 참고인의 출석 및 의견청취, 감정인의 지정 및 감정의 위촉 등을 할 수 있으며(법 81조 1항), 소속 공무원으로 하여금 사업자 또는 사업자단체의 사무소 또는 사업장에서 업무 및 경영상황, 장부·서류, 기타 자료나 물건을 조사하게 할 수 있다(법 81조 2항).

그리고 공정거래위원회는 동법의 규정에 위반하는 행위가 있는 경우에는 당해 사업자 또는 사업자단체에게 그 시정에 필요한 조치를 명하거나(법 7조, 14조, 37조, 42조, 49조, 52조), 시정방안을 정하여 이에 따를 것을 권고할 수 있다(법 88조). 한편 독점규제법의 위반행위에 대한 형사처벌은 공정거래위원회의 고발이 선행되어야 한다(법 129조). 따라서 우리나라 독점규제법은 법위반행위에 대한 조사, 시정조치 등과 같은 행정절차는 물론이고, 형사절차에 있어서도 공정거래위원회 중심주의에 입각하여 당사자주의를 상당히 제한하고 있다고 할 수 있다.

---

15) 예컨대, 미국의 연방거래위원회(Federal Trade Commission), 독일의 연방카르텔청(Bundeskartellamt), 영국의 공정거래청(Office of Fair Trading), 일본의 公正取引委員會 등을 들 수 있다.

물론 독점규제법은 누구든지 동법에 위반되는 사실이 있다고 인정할 때에는 그 사실을 공정거래위원회에 신고할 수 있도록 하고 있으며(법 80조 2항), 동법의 규정에 위반하는 사항에 대하여 시정조치 또는 과징금 납부명령을 하기 전에 당사자 또는 이해관계인에게 의견을 진술할 기회를 주도록 하고 있다(법 93조). 그리고 공정거래위원회의 처분에 대하여 불복이 있는 자는 동 위원회에 이의신청을 할 수 있으며(법 96조), 불복의 소를 제기할 수도 있다(법 99조). 그러나 이것은 어디까지나 공정거래위원회의 직권규제주의에 대한 보충적인 의미밖에 가지지 않는다.

그런데 사업자들 간의 경쟁제한행위는 원래 당사자나 그 상대방 외에는 이를 쉽게 인지할 수 없기 때문에, 직권규제주의만으로는 이를 효과적으로 규제할 수 없는 경우가 많으며, 규제비용도 많이 든다. 따라서 이러한 직권규제주의는 동법의 실효성을 담보하기 어려운 측면이 있을 뿐만 아니라 피해자의 구제에도 큰 도움이 되지 않는다. 이에 각국에서는 동법의 실효성을 제고하고 피해자구제의 효율화를 도모하기 위하여 당사자주의로 전환하거나 직권주의의 틀을 유지하면서 당사자주의의 요소를 많이 가미해 나가고 있다.

우리나라에서는 1996년 법 개정에서 이러한 취지를 살려 형사적 제재에 관하여는 일정한 경우에 공정거래위원회에게 고발의무를 부과하고(법 129조 2항), 2004년 12월 법 개정에서 민사소송과 관련하여 공정거래위원회의 시정조치 전치주의를 삭제하는 한편 손해액 인정제도를 도입한 바 있으며(법 115조), 2007년 8월 법 개정에서는 한국공정거래조정원의 설립과 분쟁조정제도의 도입 등(법 72조 이하)을 통하여 직권규제주의의 폐해를 시정하고자 노력하고 있다.

제 3 절   독점규제법의 연혁

I. 개   설

우리나라에서 독과점을 규제하기 위한 입법화가 최초로 시도된 것은 1963년이다. 이른바 '삼분폭리사건(三粉暴利事件)'으로 독과점의 폐해에 대한 사회적 비난이 고조되자, 동년 9월 정부는 「공정거래법초안」을 마련하였으나, 이른바 성장우선론에 밀려 국회에 제출하지도 못하였다. 1966년에는 개발인플레이션으로 인하여 물가가 불안해지자, 정부는 이에 대한 대응책으로 「공정거래법안」을 마련하여 국회에 제출하였으나 뜻을 이루지 못하였다. 그리고 1967년에는 거의 동일한 법안을 다시 국회에 제출하였으나 역시 때가 너무 이르다는 이른바 시기상조론에 밀려서 폐기되고 말았다. 그 후 1968년 신진자동차(주)의 코로나승용차 밀수폭리설로 인하여 독과점의 폐해를 규제할 필요성이 다시 제기되었고, 정부는 1969년에 다시 「독점규제법안」을 마련하여 국회에 제출하였으나 7대 국회의 회기만료로 인하여 자동 폐기되고 말았다. 1971년에는 국제통화체제의 불안 등 세계경제여건의 혼란에 따른 물가상승에 대처하기 위하여, 종래의 법안을 수정·보완한 「공정거래법안」을 다시 국회에 제출하였으나, 10·17선언에 의한 국회의 해산으로 인하여 유산되고 말았다.

한편 1972년 말부터 시작된 제1차 '오일 쇼크'로 인하여 물가상승이 더욱 심각해지자, 정부는 물가안정을 경제정책의 최우선 과제로 삼게 되었으며, 당시 물가상승을 주도하고 있는 주범이 독과점기업이라는 판단 아래 독과점기업의 가격남용행위와 기타의 경쟁제한행위를 규제하기 위한 법률을 제정하려고 하였다. 이에 1975년에는 당시 시행되고 있던 「물가안정에 관한 법률」에다가 「공정거래법안」의 일부 조항을 첨가하여 「물가안정 및 공정거래에 관한 법률안」을 국회에 제출하였으며, 이 법률안이 국회를 통과하여 1976년 3월 15일부터 시행되었다. 그런데 이 법률은 물가안정이라고 하는 단기적인 과제와 공정한 거래질서의 확립이라고 하는 장기적인 과제를 하나의 법률에 종합하고, 그 실제운용에 있어서는 주로 단기적인 과제인 물가안정에 역점을 두고 있었기 때문에 공정거래는 물가안정을 위한 수단 정도로밖에 인식되지 않았다.

그러다가 1970년대 말부터는 인플레 심리의 만연, 시장기능의 왜곡, 독과점의 심화 등과 같은 정부주도형 경제성장정책의 부작용이 하나씩 드러나기 시작하였다. 그로 인해 정부에서는 경제운용의 기본방식을 정부주도에서 민간주도로 바꾸고, 시장기능을 회복하여 기업활동의 자유와 창의성을 보장하고, 자원배분의 효율성과 소득분배의 공정화를 실현하기 위하여, 1980년 말에 「독점규제 및 공정거래에 관한 법률」을 제정하여 1981년 4월 1일부터 시행하게 되었다. 이로써 우리나라에서도 드디어 경제질서의 기본법인 독점규제법이 탄생하게 되었다.

독점규제법은 그 후 30여 차례의 개정을 거쳐서 오늘에 이르고 있다. 그런데 그동안 공정거래위원회가 동법을 집행해 온 과정을 돌이켜 보면, 공정거래위원회는 동법의 시행 초기 불공정거래행위와 부당한 공동행위 등과 같은 거래행태를 규율하는 데 치중해 오다가, 1990년대 중반 이후에는 재벌에 의한 경제력집중의 억제와 하도급거래의 공정화에 주력해 왔다. 특히 1997년 IMF 외환위기 이후에는 기업의 구조조정이 활발하게 전개됨에 따라 기업결합의 규제에도 관심을 가지게 되었고, 2006년 이후에는 시장지배적 사업자의 지위남용과 독과점적 구조의 개선에도 주의를 기울이게 되었다. 그 결과, 동법은 불공정거래행위와 부당한 공동행위를 금지함으로써 경쟁제한적인 행태를 개선하고 공정한 거래질서를 확립하는 데에는 상당한 기여를 하였다는 평가를 받고 있지만, 시장지배적 지위의 남용금지와 기업결합의 제한 및 경제력집중의 억제 등을 통하여 독과점적인 시장구조를 경쟁적인 시장구조로 개선하고 과도한 경제력집중을 해소하는 데에는 여전히 미흡하다는 평가를 받고 있다.

II. 독점규제법의 제정 전

1. 1966년의 공정거래법안

우리나라에서 공정거래법의 제정을 위한 노력이 최초로 시작된 것은 1963년이었다. 1960년대에 들어와서 정부가 경제개발 5개년계획을 추진하면서 독과점의 문제가 국민의 관심을 끌기 시작하였다. 특히 1963년에 발생한 "삼분폭리사건"을 계기로 하여 독과점 문제가 사회문제의 하나로 제기되고, 동년 9월부터 바야흐로 공정거래법의 제정에 관한 논의가 시작되었다. 그 후 경제기획원은 1964년 서울대학교 상과대학의 「한국경제문제연구소」가 네덜란드의 「경제경쟁법」을 참고하여 작성·보고한 공정거래법시안에 기초하여 「공정거래법기초위원회」를 구성하고 이를 중심으로 논의를 거듭한 끝에 전문 29개조로 된 제1차 시안을 마련하였다. 당시 독과점기업들은 시장을 광범위하게 지배하면서 관리가격 또는 카르텔 가격에 의해 부당한 독점이윤을 취득하고, 또한 이들의 경쟁제한적 행태는 다른 기업, 특히 중소기업의 발전을 저해할 뿐만 아니라 소비자에게 부담을 부당하게 전가하고 있었다. 이러한 상황에서 정부는 직접적인 통제수단을 동원하기 보다는 공정하고 자유로운 거래를 조장하는 것이 자유경제체제를 보다 충실히 구현하는 것이 된다고 판단하였고, 동 시안은 이러한 취지를 반영하여 부당한 가격과 거래제한행위에 대해 공적인 규제를 가하여 자유로운 경쟁을 확보할 수 있는 규정들을 마련하였다.

이러한 입법취지에 따라 성안된 동 시안의 주요골자는 다음과 같았다. 즉 ① 폐해규제주의에 입각해 부당한 가격 및 거래조건을 규제하기 위하여 경제기획원장관 소속하에 독립적 권한을 가진 「공정거래위원회」를 설치한다. ② 거래에 실질적인 영향을 미치는 사업자 또는 사업자단체의 협정 또는 공동행위의 결정을 동 위원회에 신고하게 하며, 신고된 사항이 부당한 가격 또는 거래조건에 해당된다고 인정될 때 동 위원회는, ⓐ 1차적으로 교섭에 의하여 이러한 상태를 배제하기 위하여 노력하고, ⓑ 교섭에 의하여 배제할 수 없을 때에는 유지명령을 발할 수 있다. ③ 공정거래위원회의 결정에 대하여 불복이 있을 때에는 서울고등법원에 불복의 소를 제기할 수 있으며, 또 대법원에 상고할 수 있다. 그러나 이들 불복의 소나 상고의 제기는 「공정거래위원회」의 결정의 효력을 정지시키지 않는다. ④ 이 법의 규정에 위반한 자는 1년 이하의 징역 또는 벌금형에 처하고, 동법 위반에 의하여 얻은 이익은 판결에 의하여 국고에 환수한다.[16]

그러나 동 시안의 내용상 검토 이전에, 그 필요성 여부에 대하여 찬반양론이 엇갈리게 되었다.[17] 당시 우리나라의 경제는 기업의 육성과 자본형성을 위하여 소비자의 희생이 불가피한 경제발전의 과도기에 놓여 있다고 보는 입장이 우세하였다. 따라서 독점이윤을 조장함으로써 기업인의 투자의욕을 고취하고 가격을 통제하지 않음으로써 기업의 이윤이 극대화될 수 있는 정책을 펴서, 자본축적이 쉽고 빠르게 이루어질 수 있도록 하여야 한다는 반대론이 우세하여 동법의 제정을 위한 노력은 중단되고 말았다.

그 후 1966년 경제기획원은 이를 보완하여, 경제활동에 있어 '공정하고 자유로운 경쟁'을 확립하여, 일반소비자의 이익을 보호함과 아울러 사업자의 기업활동을 촉진시킬 목적으로 전문 44개조의 「공정거래법안」을 성안하여 공표하였다. 그 주요 내용으로 ① 카르텔행위 금지, ② 시장지배적 지위의 남용 금지, ③ 공정거래위원회의 설치 등이 포함되었다. 그런데 업계에서는 동 법안으로 인해 기업활동이 저해될 우려가 있다는 이유로 동법의 제정을 반대하였고,[18] 따라서 이 법안은 국회에 제출되기는 하였으나 심의·제정에는 이르지 못하였다.[19]

2. 1969년의 독점규제법안

1968년 국정감사에서 드러난 신진자동차공업주식회사의 폭리문제를 계기로 하여, 정부는 동년 11월 25일 차관회의에 「소비자보호요강안」을 상정하였는데, 이는

---

16) 김성두, 재벌과 빈곤, 백경문화사, 1965, 190-191면.
17) 김성두, 위의 책, 183-189면 참조.
18) 강민주, "공정거래법안에 문제점이 많다", 법전월보 통권 23호, 1966, 10-11면 참조.
19) 권태준, "공정거래법안의 분석 평가", 정경연구 제3권 제10호, 1967, 204면 이하 참조.

법률을 제정하지 않고 정부지침으로 이를 대신해 보려고 한 것으로 생각된다. 그 소비자보호요강안에는 정부의 권한으로 ① 매년 국무회의에 소비자보호조치를 위한 연차보고 제출, ② 부당한 가격과 상품유통의 저해 및 일정한 한도 이상의 시장지배력을 가진 독과점기업의 부당행위 규제, ③ 정찰제 실시 독려, ④ 상품의 검사제도 정비·확충, ⑤ 소비자단체의 육성·강화 등이 열거되었다. 나아가 소비자보호를 위한 종합시책으로서 ⓐ 상품 및 용역에 의한 소비자의 생명과 신체 및 재산에 대한 위해 방지, ⓑ 상품과 용역의 계량상 불이익의 제거, ⓒ 상품 및 용역의 가격과 품질 및 규격의 적정화, ⓓ 공정거래 및 부당이익 방지, ⓔ 소비자의 자조노력 보조와 정부시책에 대한 소비자의 의견반영 등의 사항을 정부가 관장토록 하였다.[20] 그리고 동년 11월 27일에 경제기획원에서는 독과점규제법의 성안이 완료되었음을 공포하였으며, 12월 19일에 전문 29개조 및 부칙 3항으로 된 「독점규제법시안」을 공표하였다.[21] 동 시안은 ① 남용방지주의에 입각하여 제품의 값이 비쌀 때에 한하여 그 폐해만을 규제하고, ② 규제대상인 과점사업의 범위를 기업(사업자)의 수가 5 이하, 또는 사업자의 수가 6 이상인 경우에는 한 사업자가 동종의 상품 또는 용역에 대한 국내 총생산능력의 100분의 20 이상을 점유하는 사업으로 하고, ③ 이상과 같은 사업자의 카르텔 행위가 공익에 반하여 경쟁을 실질적으로 제한하는 경우에는 독점규제위원회의 심의를 거쳐, 이 카르텔 행위에 대한 시정명령권을 경제기획원장관에게 부여하고, ④ 사업자는 정부의 가격시정명령에 대하여 고등법원에 제소할 수 있는 권리를 가지고, ⑤ 독과점업체는 상품 및 용역의 판매가격과 원가·생산·거래조건 및 판매조직 등을 경제기획원장관에게 신고하여야 하고, ⑥ 독점사업자가 할 수 없는 행위의 유형을 정하고, ⑦ 경제기획원장관은 위반행위의 유지, 위법한 방법으로 체결된 계약의 일부 또는 전부의 무효화 및 가격 또는 거래조건의 시정 등의 시정명령을 발할 수 있고, ⑧ 판매상품에 대한 가격표시제를 채택하고, ⑨ 경제기획원장관에게 독과점 및 카르텔행위에 대한 조사를 실시할 수 있는 강제처분권을 주고, ⑩ 독점규제위원회는 경제기획원 소속하에 두는 것 등을 주요 내용으로 하였다.

1969년 2월 10일 경제기획원은 동 시안에 관한 공청회를 개최하고 법제처의 검토를 거쳐서, 4월 8일 정부는 전문 22조 및 부칙으로 구성된 독점규제법안을 확정

---

20) 김철수, 헌법학연구, 지학사, 1969, 375면 참조.
21) 이는 당시 법제처 배기민 법제관에 의하여 서독의 「경쟁제한방지법」을 참고로 하여 작성된 것이다. 김부남, 독과점규제정책에 관한 연구, 1972, 51면.

하여 국회에 제출하였다. 이 과정에서 독점사업자를 제2조 제2항 각호에 해당하는 사업자로서 대통령이 지정하는 업체라고 하였는데, 이를 독점사업을 영위하는 자 중에서 경제기획원장관이 확인·공고하는 자로 규정하는 수정이 있었다. 이에 야 당인 신민당은 정부안과는 별도의 대안으로서, 전문 32조 및 부칙으로 된 「독점규 제법안」을 국회에 제출하였다. 이 안은 ① 규제대상인 독점사업의 범위를 정부안 의 시장점유율(100분의 20)보다 높여서 100분의 30 이상으로 하여 그 범위를 축소 하고, ② 독점규제위원회를 국무총리 소속하에 두고 그 구성에 있어서 국회의원도 그 위원으로 하며, ③ 독점규제위원회의 권한을 보다 강화한 점 등이 특징이었다. 이러한 독점규제법안을 중심으로 각계에서 활발한 논의가 전개되었는데, 그 내용 을 살펴보면 대체로 관계·학계와 소비자 측에서는 이에 찬성하고 업계에서는 반 대하였다. 그러나 이 법안도 7대 국회에서 심의를 보지 못하고 회기종료로 인하여 자동 폐기되고 말았다.

3. 1971년의 공정거래법안

독점 및 부당한 거래제한에 관한 법률을 제정하기 위한 노력은 계속되어, 경제 기획원은 동년 9월 10일 전문 30개조의 「공정거래법안」을 성안·공표하기에 이르 렀고, 동 법안은 동년 10월 15일 제73차 국무회의를 통과하여 국회에 제출되었다. 동 법안의 주요 내용으로서 ① 독점사업은 ⓐ 3인 이하의 사업자, ⓑ 공급에 있어 서 100분의 30 이상의 시장점유율, ⓒ 경제적 지위가 현저히 우월하여 실질적 경 쟁이 제한될 우려가 있는 사업 중에서, 경제기획원장관이 공정거래위원회의 심의 를 거쳐 지정하고, ② 지정된 독점사업자는 원가, 판매, 조직 등에 관한 독점사업 의 내용을 신고해야 할 의무를 부담하고, ③ 독점사업자의 부당한 가격의 결정 또 는 유지, 부당한 생산 및 출고조절 등의 행위가 금지되고, ④ 이러한 금지행위를 위반한 사업자에 대하여 경제기획원장관은 공정거래위원회의 심의를 거쳐 시정명 령, 무효선언 등 적절한 조처를 할 수 있다. 그리고 ⑤ 이러한 업무의 집행을 위하 여 공정거래위원회를 설치하게 되어 있었는데, 위원의 구성에 있어서는 당연직 규 정을 두지 않음으로써 극단적인 경우에는 위원장 이하 위원 전원을 민간대표로 구 성할 수도 있게 한 점이 그 특색이라고 할 수 있다. 그러나 위원의 구성에 있어서 당연직 규정을 두지 않은 것이 반대로 관제 위원회적인 색채를 더하는 원인을 제 공할 가능성도 있었다. 그런데 이 법안도 이른바 10·17선언에 의한 국회의 해산 으로 유산되고 말았다.

4. 물가안정 및 공정거래에 관한 법률

공정거래법을 제정해야 할 필요성에 대하여 학계·관계·소비자 측에서는 대체로 이를 지지하는 데 반하여, 대기업을 중심으로 한 업계에서는 반대함으로써, 전술한 바와 같이 여러 차례의 입법 시도는 좌절되었다. 그런데 1975년 12월 31일 오일쇼크로 인하여 발생한 물가상승을 막기 위한 「물가안정 및 공정거래에 관한 법률」이 제정·공포되어, 1976년 3월 15일부터 시행되었다. 동법에는 독과점사업자에 대한 가격규제, 불공정거래행위의 금지 및 경쟁제한행위의 금지 등과 같은 공정거래에 관한 규정들이 포함되어 있었다. 그리고 1976년 3월 29일 동법 제5조 제4항의 규정에 의한 「독과점사업 및 독과점사업자의 범위와 기준에 관한 규정」이 제정·공포됨으로써, 물가안정 및 공정거래에 관한 법률과 그 부속법령에 관한 일련의 법령제정작업이 완비되었다.

동법은 본문 32개 조와 부칙 4개 조로 구성되어 있었는데, 그 주요 골자는 다음과 같았다. 우선 물가안정에 관한 것으로서 ① 긴요물품의 가격 등에 대한 최고가격의 지정, ② 가격표시, ③ 공공요금에 대한 규제, ④ 독과점가격의 신고, ⑤ 긴급수급조정조치 등을 규정하고 있었다. 그리고 공정거래에 관한 규정으로서 ① 독과점사업자에 대한 가격규제, ② 불공정거래행위의 금지, ③ 경쟁제한행위의 금지 등이 있었다.

이 법은 구미제국과 일본의 독점금지법을 참고하여 제정된 것이지만, 입법정신이나 목적에는 상당한 차이가 있었다. 즉 미국의 독점금지법은 자본주의의 발달에 따른 기업집중과 그 독과점의 폐단을 제거하고 공정한 거래질서를 확립함으로써 자유경쟁체제를 함양하는 것을 목표로 하고 있고, 독일의 경쟁제한방지법은 독과점을 원인적으로 규제하기보다는 그 경제적 폐해만을 소극적으로 배제하고 있으며, 일본의 독점금지법은 미국식 법체계를 이식한 것이지만, 집중에 대한 태도는 근본적으로 독일의 것과 유사하였으며, 그 후 경제성장정책을 추진한다는 명목하에 크게 변형되어 왔다. 그런데 우리나라의 물가안정 및 공정거래법은 과거 포괄적인 산업규제법이 제정되지 않은 상태에서 대기업에 대한 집중적인 지원을 통하여 고도성장을 추진해 오던 중, 경제가 비교적 자립적 구조 위에 올라서게 되자 독과점의 폐해를 시정하기 위하여 도입된 것으로서, 특히 단기적인 물가안정에 역점을 두고 있었다. 즉 외국의 독점금지법은 각국의 구체적인 사정에 따라 그 내용이 서로 다르기는 하지만, 어느 것이나 자본주의의 시장구조를 개선하려는 것인 반면, 우리나라의 물가안정 및 공정거래법은 시장구조의 개선보다는 시장행태의 개선에 목적을 두고 있어서 본원적인 효과가 적었다고 할 수 있다.[22]

다시 말하자면, 우리나라의 물가안정 및 공정거래법은 실체법적인 측면에서 볼 때, 독과점기업에 대하여는 가격규제만을 실시함으로써 단기적 물가안정에 역점을 두고 있었을 뿐만 아니라, 기업결합이나 소유집중과 같은 독과점의 발생원인은 그 대로 방치하고 있었다. 한편 절차법적인 측면에서는 복합적인 경제법적 문제를 공 정하고도 효율적으로 취급할 수 있는 독립적 규제기구와 절차를 마련하지 않은 채, 경제기획원장관을 위원장으로 하는 경제각료 중심의 물가안정위원회와 경제기 획원을 비롯한 주무 부처에 그 시행을 맡김으로써 그 실효성의 확보에 실패하고 말았다.

Ⅲ. 독점규제법의 제정과 개정

1. 독점규제법의 제정

정부주도형 경제성장정책은 경제규모가 작고 해외 경제여건이 비교적 안정적 이었던 1970년대 초반까지는 상당히 큰 성과를 거두었으나, 그 이후에는 경제규모 가 확대되고 경제구조가 복잡해진 반면에 해외 경제여건은 불안해짐에 따라, 인플 레심리의 만연, 시장기능의 왜곡, 독과점의 심화 등과 같은 부작용과 문제점을 드 러내기 시작하였다. 따라서 정부는 경제운용의 기본방식을 정부주도에서 민간주도 로 전환함으로써 경제체질을 개선하려고 노력하였다. 그런데 민간주도형 경제의 기본이 자유경제체제이고 자유경제의 생명이 시장의 기능에 달려 있기 때문에, 시 장의 기능을 회복하기 위해서 정부는 사업자들이 시장에서 자유롭고 공정한 경쟁 을 할 수 있도록 배려할 필요가 있게 되었다. 이에 정부는 1980년 말에 사업자의 시장지배적 지위의 남용과 과도한 경제력의 집중을 방지하고 부당한 공동행위와 불공정거래행위를 규제함으로써, 공정하고 자유로운 경쟁을 촉진하기 위하여 「독 점규제 및 공정거래에 관한 법률」(이하 '독점규제법'이라 함)을 제정하여[23] 1981년 4 월 1일부터 시행하게 되었다.

동법은 당초 전문 60개 조와 부칙 8개 조로 구성되어 있었다. 동법의 운용기관

---

22) 이규억, 시장구조와 독과점규제, 한국개발연구원, 1977, 205면 참조.
23) 이 법률은 1980년 12월 23일에 國家保衛立法會議에서 의결되어 12월 31일에 공포되었다.

은 경제기획원장관으로 하고 동법의 시행과 관련하여 경제기획원장관의 결정과 처분을 돕기 위하여 5인의 위원으로 구성된 심의·의결기구인 공정거래위원회를 두고 있었다. 그리고 동법은 원래 시장경제의 기능을 유지하기 위하여 자유롭고 공정한 경쟁을 제한하는 경쟁제한행위나 불공정거래행위를 규제하는 것을 주된 목적으로 하고 있었다. 그러나 1986년 제1차 개정 이후에는 과도한 경제력집중의 억제를 위한 규제도 포함하게 되었다.

2. 독점규제법의 개정

재벌의 과도한 경제력집중을 억제하며, 동법의 집행기관인 공정거래위원회의 독립성을 보장하고 조직을 확대하는 등 지위를 강화하는 동시에, 독과점적 시장구조를 개선하고 법위반행위에 대한 조사의 효율성을 확보하는 등 동법의 실효성을 제고하기 위한 독점규제법의 개정이 이어졌다.[24] 주요 개정을 살펴보면 다음과 같다.

우선 1986년의 제1차 개정에서는 과도한 경제력의 집중을 억제하기 위해서 지주회사의 설립을 금지하고, 기업집단의 개념을 새로이 도입하여 대규모기업집단에 속하는 계열회사의 상호출자를 금지하고, 계열회사가 다른 회사에 출자할 수 있는 출자총액을 순자산의 40%로 제한하는 규정을 신설하였다. 그리고 부당한 공동행위에 대한 규제를 종래의 등록제에서 원칙적 금지주의로 전환하고, 기업결합의 제한과 관련하여 주식취득의 신고기준을 10%에서 20%로 상향 조정하는 등 동법의 운영과정에서 나타난 문제점을 보완함으로써 동법의 실효성을 제고하기 위하여 노력하였다.

1990년 개정에서는 동법의 운용기관을 경제기획원장관에서 공정거래위원회로 바꾸는 동시에 공정거래위원회를 경제기획원 소속 하의 독립규제기관으로 개편하여 독립성과 전문성을 강화하였다. 공정거래위원회의 위원도 종래 5명에서 7명으로 증원하였다.[25] 그리고 동법의 미비점을 보완하여 금융·보험업을 영위하는 회사를 상호출자금지의 적용제외대상에서 배제함으로써 상호출자금지의 적용을 받게 하고, 법 위반행위에 대한 억제력을 강화하기 위하여 벌칙을 크게 강화하였다.

1992년 개정에서는 대규모기업집단에 대한 편중여신과 그로 인한 경제력집중을 막기 위하여 대규모기업집단에 속하는 계열회사 상호 간의 채무보증을 자기자

---

24) 독점규제법의 제정과 개정에 관한 보다 자세한 내용은 권오승·서정, 독점규제법: 이론과 실무, 제3판, 법문사, 2018, 32-42면 참조.

25) 공정거래위원회는 그 위원을 증원하는 동시에 그 사무를 처리하기 위하여 사무처를 설치하게 되었다.

본의 200%로 제한하는 제도를 도입하였다. 그 밖에 출자총액제한 제도의 예외 인정의 범위를 확대하고 부당한 공동행위에 대한 규제요건을 완화하는 등 동법의 문제점을 보완하였다.

1994년 개정에서는 출자총액제한에 있어서 출자총액의 한도를 순 자산의 40%에서 25%로 인하하여 규제를 강화하는 동시에, 사회간접자본시설에 대한 민간자본의 유치를 촉진하고 소유분산과 재무구조의 개선을 유도하기 위하여 일정한 요건을 갖춘 기업에 대하여는 출자총액제한을 적용하지 않도록 하였다. 그리고 종래 상품의 판매나 용역의 제공 등 공급자의 공동행위만을 규제할 수 있도록 되어 있던 공동행위의 규제범위를 구매와 관련된 수요자의 공동행위에까지 확대하고, 국제계약의 체결에 대한 신고의무제를 폐지하는 동시에 자율적 심사청구제도를 도입하였으며, 과징금제도를 대폭 확대·강화하였다. 한편 1994년 12월 정부조직법의 개정을 통하여 공정거래위원회의 독립성이 강화되고 조직도 확대되었다.[26)]

1996년 개정에서는 경제의 각 부문에 장기간 고착된 독과점적 시장구조를 개선함으로써 경쟁적 시장구조를 확립하기 위하여 공정거래위원회가 독과점적 시장구조를 개선하기 위한 시책을 수립·시행할 수 있게 하고, 기업결합규제의 적용범위를 모든 사업자로 확대하였으며, 부당한 공동행위에 대한 자진신고자 감면제도를 도입하였다. 또한 경제력집중 억제제도의 실효성을 제고하기 위하여 대규모기업집단 소속 계열회사에 대한 채무보증의 한도액을 자기자본의 200%에서 100%로 인하하였으며, 부당한 지원행위로서 가지급금·대여금·인력·부동산·유가증권·무체재산권 등을 지원하거나 현저히 유리하게 거래하는 행위를 규제하게 되었다. 그리고 과징금제도를 개선하였고, 공정거래위원회가 정부조직법에 의한 중앙행정기관임을 명확히 규정하는 동시에 위원의 수를 7명에서 9명으로 증원하였으며, 공정거래위원회의 회의를 효율적으로 운영함으로써 사건을 신속하게 처리하기 위하여 공정거래위원회의 회의를 전원회의와 소회의로 구분하여 운영할 수 있도록 하였다.[27)]

1998년 개정은 우리나라가 1997년 말 사상 유례가 없는 금융·통화의 위기를 맞이하여 국제통화기금(IMF)으로부터 구제금융을 받으면서 그들이 요구한 조건을 실현하기 위한 일련의 비상적 경제관련 입법의 연장선에서 이루어졌다. 대규모기

---

26) 정부조직법 부칙 제3조(다른 법률의 개정)로 독점규제법 제35조(공정거래위원회의 설치)를 개정하여 공정거래위원회를 종래 경제기획원장관 소속 하의 기관에서 국무총리 소속 하의 독립된 중앙행정기관으로 격상시켰다.

27) 이동규, 독점규제 및 공정거래에 관한 법률 개론, 행정경영자료사, 1997, 49-73면 참조.

업집단의 구조조정을 통해 국제경쟁력을 강화하기 위하여 결합재무제표의 도입, 지배구조의 선진화, 외국인에 대한 적대적 M&A의 허용 등이 추진됨에 따라 대규모기업집단이 무분별한 사업다각화를 추구할 가능성이 감소하였기 때문에, 출자총액제한제도는 더 이상 유지할 실익이 없을 뿐만 아니라, 국내기업을 외국기업보다 차별하는 문제가 있다는 등의 이유로 이를 폐지하였으며, 반면 무리한 차입경영의 원인을 제공하고 있는 계열사 상호 간의 채무보증을 전면적으로 금지하게 되었다.

1999년 2월 개정에서는 독점규제법이 경제질서의 기본법으로서 제 역할을 충실히 수행할 수 있도록, 법적용이 배제되는 사업자의 범위와 행위 유형을 축소하는 동시에, 시장지배적 사업자의 지정·고시제도를 폐지하는 대신 시장지배적 사업자의 추정제도를 도입하는 등 제도적인 미비점을 보완하였다. 그리고 기업의 구조조정을 차질없이 추진할 수 있도록 지주회사를 제한적으로 허용하였고, 대규모 기업집단의 계열회사 간 부당한 지원행위를 효과적으로 차단하기 위하여 금융거래정보요구권을 2년간 한시적으로 도입하였다. 또 부당한 공동행위 금지제도와 불공정거래행위 금지제도를 개선하고, 기업결합의 예외인정기준을 합리화하였으며, 이의신청 절차를 개선하고 이해관계인의 자료열람요구권을 신설하는 등 권리구제가 원활하게 이루어질 수 있도록 하였다.

1999년 12월 개정에서는 경제위기가 어느 정도 극복되고 국민경제가 안정화의 단계에 접어들게 되면서 기업의 구조조정이 법과 제도의 틀 속에서 예측 가능한 상태에서 이루어질 수 있는 여건을 마련하기 위하여 1998년에 폐지되었던 출자총액제한제도를 다시 도입하였고, 대규모 내부거래에 대해서는 이사회의 의결 및 공시의무를 부과하는 동시에 부당지원행위에 대한 과징금 부과한도를 매출액의 5% 이내로 상향 조정하였다.

2001년 개정에서는 기업의 구조조정을 촉진하기 위하여 회사의 분할 또는 분할합병을 통해 지주회사로 전환하거나 지주회사를 설립하는 경우 부채비율의 제한 등을 일정기간 유예하였으며, 벤처기업을 활성화하기 위하여 벤처기업을 자회사로 두는 벤처지주회사에 대하여는 자회사 주식소유 비율에 관한 제한을 적용하지 않기로 하였다. 그리고 지주회사의 설립 또는 전환의 요건을 완화하고, 금융거래정보 요구권의 시한을 3년간 연장하였으며, 부당한 공동행위의 자진신고자 면책규정에 "증거제공을 통하여 공정거래위원회의 조사에 협조한 자"를 추가하는 등 동법의 실효성을 제고하기 위한 개정이 이루어졌다.

2002년에는 지배력의 확장을 위한 과도한 출자는 계속 억제하되, 기업의 경쟁력 강화와 핵심역량으로 집중하기 위한 출자는 자유롭게 할 수 있도록 출자총액제한제도를 개선하고, 기업의 책임·투명경영을 유도하기 위하여 상호출자 및 채무보증 금지대상 기업집단을 조정하는 등 현행 제도의 운영과정에서 나타난 일부 미비점을 개선·보완하기 위한 개정이 이루어졌다.

2004년 개정에서는 카르텔의 억지력을 제고하기 위하여 과징금 부과의 한도를 관련 매출액의 5%에서 10%로 높였으며, 기업결합에 대한 심사절차를 개선하기 위하여 대규모회사의 주식취득에 의한 기업결합의 경우에는 대금납입일 이전에 신고하도록 하는 반면에 기업결합 당사회사 중 일방이 소규모 기업인 경우에는 신고의무를 면제하도록 하고, 또한 경쟁제한성이 있고 복잡한 기업결합의 경우에는 심사기간을 60일에서 90일로 연장하였다. 그리고 독점규제법을 외국사업자에게도 적용할 수 있는 역외적용의 근거를 신설하는 동시에, 외국사업자에 대한 문서 송달에 관한 규정을 신설하였다. 한편 대기업집단에 소속된 비상장·비등록 회사(금융, 보험사 제외)의 소유 및 지배구조와 재무구조 및 경영활동에 관한 중요사항에 대한 공시의무를 강화하였고, 출자총액제한제도에 대하여 졸업기준을 도입하는 동시에 적용제외 또는 예외인정제도를 보완하였다. 그리고 대기업집단에 소속된 금융·보험회사에 대하여 예외적으로 인정되고 있는 의결권 행사의 범위를 현행 30%에서 2006년 4월 1일부터 3년 동안 매년 5%씩 단계적으로 축소하는 동시에, 부당내부거래를 효과적으로 조사하기 위하여 금융거래정보요구권을 3년 시한으로 다시 도입하면서 그 남용을 방지하기 위하여 그 발동요건과 통제장치를 강화하였다. 또한 독점규제법 위반행위로 인하여 손해가 발생한 경우 공정거래위원회의 시정조치와 상관없이 법원에 변론의 전 취지와 증거조사 결과를 감안하여 손해액을 인정할 수 있는 제도를 도입하였고, 경쟁사업자나 소비자 등 시장참여자의 법위반에 대한 감시기능을 강화하기 위하여 법위반행위 신고자에 대한 포상금 제도를 새로 도입하였다.

2005년 3월 개정에서는 남북교류협력법상 협력사업자로 승인된 회사(동법 16조)로서 일정한 기준에 해당하는 회사의 주식을 취득 또는 소유하는 경우에는 출자총액제한 규정의 적용을 받지 않도록 하였다. 한편 2007년 4월 개정에서는 기업지배구조 및 회계투명성이 제고됨에 따라 대기업집단에 대한 규제를 일부 완화하였다. 지주회사의 부채비율을 200%로 상향조정하고, 지주회사의 자회사에 대한 주식보유기준과 자회사의 손자회사에 대한 주식보유기준을 각각 50% 이상에서 40% 이상으로 인하하는 한편, 출자총액제한 기업집단의 범위를 자산총액기준 6조원에서 10

조원 이상으로 상향하고 출자한도도 역시 순자산의 25%에서 40%로 인상하였다. 2007년 8월 개정에서는 지주회사의 사업관련성이 없는 손자회사 보유를 허용하고, 부당한 공동행위의 추정요건을 현실에 맞게 개선하였으며, 한국공정거래조정원과 그 산하기관인 공정거래조정협의회의 설립을 통하여 공정거래분야에 분쟁조정제도를 도입함으로써 피해구제의 실효성과 법집행의 효율성을 조화하고자 하였다. 또한 2007년 10월 개정에서는 출자총액제한을 받는 대기업이 수도권을 제외한 지방에 있는 기업에 출자할 경우 출자총액제한제도의 예외를 인정하도록 개정하였다.

2009년 3월 개정에서는 출자총액제한제도를 폐지하는 대신, 일정 규모 이상의 상호출자제한 기업집단에 속하는 회사에 대하여 그 집단의 일반현황, 주식소유현황, 특수관계인과의 거래사항 등에 대한 공시제도를 새로 도입하였으며, 대규모회사의 기업결합 사전신고의무에 대한 부담을 완화하기 위하여 신고기한을 폐지하고, 실제 기업결합일 이전에는 언제든지 신고할 수 있도록 하였다. 2011년 12월 개정에서는 동의의결제도를 도입하였으며, 2012년 3월 개정에서는 기업결합의 신고를 받은 공정거래위원회가 그 기업결합을 심사할 수 있는 기한을 명시하고, 공정거래위원장을 인사청문회의 대상으로 정하고, 한국공정거래조정원의 업무범위를 확대하였으며, 조사 거부·방해 행위에 대한 형벌을 도입하였다.

2013년 7월 개정에서는 고발요청권 등에 관한 규정이 신설되었고, 동년 8월 개정에서는 부당지원행위의 성립요건을 완화하고 부당한 거래단계의 추가와 특수관계인에 대한 부당한 이익제공행위를 금지하였다. 2014년 1월 개정에서는 신규 순환출자를 금지하는 제도를 도입하였고, 동년 5월에는 거래상 보복조치를 금지하는 규정을 신설하였다. 2016년 3월에는 상호출자제한 기업집단에 속하는 금융·보험사의 국내계열사에 대한 의결권 행사의 제한에 적용하는 발행주식 총수에서 의결권 없는 주식이 제외된다는 것을 명확히 하고, 상호출자제한 기업집단 소속 공시항목에 지주회사 등이 아닌 계열회사의 현황과 금융·보험업을 영위하는 회사의 계열회사에 대한 의결권 행사 여부를 추가하였으며, 부당한 공동행위를 자진 신고하여 시정조치 또는 과징금의 감경 또는 면제를 받은 자가 새로운 위반행위를 하는 경우 담합 등을 신고하더라도 감경 또는 면제를 받은 날로부터 5년 이내에는 시정조치 또는 과징금의 감경 또는 면제를 하지 않도록 하고, 국제계약의 체결제한에 관한 규정(제8장)을 삭제하였다. 2017년 4월 개정에서는 기업집단에 대한 규제를 자산규모별로 차등화하여 상호출자제한 기업집단은 자산규모 10조원 이상인 기업집단을 대상으로 하고, 공시대상 기업집단은 자산규모 5조원 이상인 기업집단으로 지정하도록 하였다. 그리고 공정거래위원회 사건처리의 절차적 투명성을 높이고 법집행의 신뢰성을 제고하기 위하여 조사를 받은 사업자 등의 법위반 사실이 인정되지 않는 경우에도 의결서를 작성하도록 하고, 법위반 사실에 대한 공정거래위원회의 실효적인 조사를 위하여 자료제출요구 불응시 이행강제금을 부과할 수 있도록 하며, 조사에 필요한 자료·물건에 대한 제출명령 불이행 및 조사 거부·방해행위에 대한 제재를 강화하였다.

2018년 8월 개정에서는 ① 담합과 ② 공정거래위원회 신고 등을 이유로 보복조치를 한 사업자에 대하여 실제 손해의 3배 이내의 배상책임을 지도록 하는 징벌적 배상제도를 도입하였고, 공정거래위원회에 신고된 사건 중에서 공정거래위원회가 직접 조사하는 것이 적합하다고 인정되는 경우 등을 제외한 사건을 직권으로 분쟁조정절차에 의뢰할 수 있도록 하였다. 또한 2018년부터 공정거래위원회는 독점규제법의 내용과 절차를 시대에 맞게 업그레이드하기 위하여 동법의 전면개편을 추진하여, 2020년 12월 개정이 이루어졌다. 동 개정에서는 그동안 여러 차례 개정에 의해 복잡하고 체계적이지 못했던 조문들을 합리적으로 편제하였을 뿐만 아니라, 내용 측면에서도 중요한 변화가 있었다. 즉 거래금액 기반 기업결합신고기준 도입, 지주회사의 자회사·손자회사 지분율 상향, 벤처지주회사 요건 완화, 일반지주회사의 기업형벤처캐피탈 소유 허용, 상호출자제한기업집단 소속회사의 기존 순환출자에 대한 의결권 제한, 공시대상기업집단에 소속된 공익법인의 의결권 제한 규정 신설, 상호출자제한기업집단 지정기준을 GDP의 0.5%로 변경,[28] 정보교환을 통한 부당한 공동행위 규율, 사익편취 규제대상 확대, 사인의 금지청구제 도입, 손해배상청구소송에서 기업의 자료제출 의무 부과 등의 개정이 이루어졌다.

2023년 6월에는 공정거래위원회가 입찰 관련 자료의 제출·협조를 요청할 수 있는 대상을 지방공기업, 준정부기관·기타 공공기관이 발주하는 입찰까지 확대, 공정거래위원회의 시정조치 이행관리에 관한 근거 신설, 조정신청 사건에 대한 수소법원(受訴法院)의 소송중지 제도 도입, 동의의결 절차 진행 중 처분시효의 정지 등의 개정이 이루어졌다. 또한 공정거래 자율준수제도 운영 사업자를 대상으로 공정거래위원회가 공정거래 자율준수 평가를 할 수 있도록 하고, 평가 결과 등에 따라 시정조치, 과징금 감경이나 포상 또는 지원 등을 할 수 있도록 하며, 공정거래 자율준수평가기관 지정, 지정 취소 및 정지에 관한 근거를 마련하는 등의 제도를

---

28) 변경된 지정기준은 이 법 시행 이후 최초로 국내총생산액이 2천조 원을 초과하는 것으로 발표된 해의 다음 연도에 이루어지는 상호출자제한기업집단의 지정부터 적용한다.

개선·보완하는 개정도 이루어졌다.

제 4 절 외국의 입법례

Ⅰ. 미국의 독점금지법

1. 개 관

남북전쟁 이후 미국이 급격하게 산업화됨에 따라 각 산업분야에서는 과도한 경쟁과 주기적으로 되풀이되는 불황을 극복하기 위해 기업들이 그들 상호 간의 경쟁을 제한하는 방안을 고안해 내게 되었다. 이러한 방안은 1873년 불황과 파멸적인 요금경쟁을 극복하기 위한 수단으로 당시 기업의 규모가 가장 크고 경쟁이 심하였던 철도업의 '풀'(pool)에서 처음으로 실현되었다. 그런데 철도업자들은 이 제도를 이용하여 시장을 분할하고 나아가 특정한 화주들에 대하여는 특별할인을 제공함으로써, 이러한 할인 혜택을 받지 못한 농민과 중소상공인들로부터 격렬한 비난을 받게 되었다. 그리고 1880년대에는 이러한 '풀'제도의 약점을 보완하고 참가기업들에 대한 강제적 통제를 확보하기 위하여, 보통법(Common Law)상의 신탁(trust)제도를 이용하여 참가기업들의 주식증서를 일단의 수탁자(trustee)들에게 맡김으로써, 이들이 모든 기업의 경영권을 장악하는 이른바 '트러스트' 제도를 창안해 내게 되었으며, 1882년에는 오하이오 스탠더드 석유(Standard Oil of Ohio)의 트러스트협약이 조인되었다.29) 이어서 면실유(1884년), 아마인유(1885년), 사탕(1887년) 등과 같은 주요산업에도 트러스트가 나타나게 되었다.

이와 같은 현상을 규제하기 위하여 1887년에는 「주간통상법」(Interstate Commerce Act)을 제정하여 이러한 현상들을 위법한 것으로 선언하게 되었다. 그러나 그 후에도 기업들 간의 결합은 계속되었고, 이러한 독점화 경향은 오히려 강화되었다. 그 결과, 이들 대기업의 횡포에 시달린 중소상공인들과 노동자들도 독점의 금지를 강력히 요구하게 되었다. 따라서 연방정부는 이러한 트러스트를 금지하기 위하여 1890년에 셔먼법(Sherman Act)을 제정하게 되었다.

부당한 거래제한의 합의와 독점을 위한 합의는 보통법상으로도 공익에 반하는

---

29) Earl W. Kintner, An Antitrust Primer 2nd ed., Macmillan, 1973, pp. 7-8.

것으로서 불법으로 판단되었다. 그러나 여기서 불법이라고 하는 것은 그 합의의
효력을 부인하는 것에 지나지 않기 때문에, 합의의 당사자가 처벌된다는 의미가
아닐 뿐만 아니라 그 합의의 실행으로 인하여 손해를 입은 자가 손해배상을 청구
할 수 있다는 의미도 아니었다. 이처럼 보통법만으로는 기업의 독점으로부터 일반
대중을 충분히 보호할 수가 없었기 때문에, 보통법상의 결합 또는 공모의 법리를
바탕으로 하여 처음에는 조지아주에서 독점금지법(1877년)이 제정되었고, 그 후 이
에 따르는 주가 늘어남에 따라 연방의회에서도 독점금지법을 제정하게 되었다. 연
방차원에서 최초의 독점금지법인 「셔먼법」은 1880년에 제안되어 1890년에 제정되
었다. 그 후 1894년에는 「관세에 관한 법률」(Wilson Tariff Act)이 제정되었는데, 여
기서 독점금지법에 해당되는 것은 제73조 내지 제76조뿐이었다. 수입무역에 있어
서 무역의 제한, 거래의 제한, 수입품에 대한 미국 내에서의 가격인상이 2인 이상
의 개인이나 회사 간의 계약, 트러스트, 협정에 의하여 이루어지는 경우에는 이를
위법으로 하고 있다. 이 법률은 수입무역의 거래제한금지법이다.

그러나 그 후 기업결합은 한층 더 격화되어서 위의 독점금지법은 거의 사문화
되었으며, 새로운 결합수단으로서 지주회사가 많이 이용되는 동시에 독점의 횡포
는 더욱 심화되었다. 그리고 셔먼법은 그 내용이 매우 추상적이어서 그 해석에 관
하여 법원에게 광범위한 재량권이 주어졌으며, 또 법원은 이른바 '합리의 원칙'
(rule of reason)을 개발하여 동법은 모든 거래제한을 다 규제하는 것이 아니라 불합
리한 거래제한만 규제한다고 판시하게 되었다.[30] 이에 연방정부는 이러한 「셔먼법」
을 더욱 강화하기 위하여 1914년에는 「클레이톤법」(Clayton Act)과 「연방거래위원
회법」(Federal Trade Commission Act)을 제정하였다. 클레이톤법은 셔먼법에서 추상
적으로 규제하고 있는 거래제한의 구체적인 유형을 제시함으로써 법적용에 있어
서 법원의 재량권을 축소하고 법집행의 확실성을 추구하기 위한 것이었다. 그리고
연방거래위원회법은 독점금지법에 위반되는 행위가 나타날 우려가 있는 경우에,
이를 사전에 간섭하여 독점을 미연에 방지하고 나아가 일반의 자유경쟁을 보장하
기 위하여 연방거래위원회를 설치·운영한다는 것을 규정하기 위한 것이었다.

그 후에도 미국의 독점금지에 관한 정책은 상당한 변화를 거쳐서 오늘에 이르
고 있다. 그런데 이러한 법정책들은 독점금지의 강화를 목적으로 하는 입법과 그
완화를 목적으로 하는 입법 또는 개정으로 나눌 수 있다.[31] 미국의 독점금지법제

---

30) Standard Oil Co. of New Jersey v. United States, 221 U.S. 1(1911).
31) 독점금지의 강화를 목적으로 하는 입법으로, 1939년 「로빈슨·패트만법」(Robinson—Patman Act),

는 역사가 가장 오래되고 철저할 뿐만 아니라, 많은 나라 독점금지법의 모법이 되고 있다. 따라서 여기서는 미국 독점금지법의 3대 법원이라고 할 수 있는 「셔먼법」, 「클레이톤법」, 「연방거래위원회법」의 주요 내용을 간략하게 설명하기로 한다. 그런데 이들은 모두 연방법이기 때문에, 각 주에는 이와 별도로 독점금지에 관한 주법이 있다. 그리고 이러한 성문법들을 바탕으로 하여 방대한 판례법이 발달하고 있는데, 이들이 전체적으로 미국의 독점금지법제를 형성하고 있다.32)

2. 셔먼법(Sherman Act)

이 법률은 오하이오주 출신의 상원의원인 존 셔먼(John Sherman)이 1880년에 제출하여 1890년 7월 2일 해리슨 대통령 때에 제정되었다. 이는 전문 8개조로 구성된 것으로서, 부당한 거래제한과 독점을 금지하여 거래와 통상을 보호하려는 법률이며, 민사적 구제조치를 포함하는 형사법이다. 이것이 독점금지법 중에서 가장 오래된 기본적인 법률이며, 이후에 제정된 독점금지 관계법들은 모두 이 법을 보충하거나 구체화한 것이라고 할 수 있다. 이 법의 실체적 규정은 제1조의 거래제한(restraint of trade)의 금지와 제2조의 독점화(monopolization)의 금지이다. 그러므로 여기서는 이들 두 조항에 대해서만 살펴보기로 한다.

(1) 제1조는 거래제한의 금지에 관한 규정으로서, "주간 또는 외국과의 거래 또는 통상(trade or commerce)을 제한하는 모든 계약, 트러스트 또는 기타 형태의 결합(combination)이나 공모(conspiracy)는 위법이다. 여기서 위법으로 규정된 계약을 체결하거나 결합 또는 공모를 한 자는 중죄(felony)를 범한 것이 되며, 유죄로 인정되면 법인인 경우에는 1,000만불 이하의 벌금에 처하고, 개인인 경우에는 35만불 이하의 벌금 또는 3년 이하의 징역에 처하거나 양자를 병과할 수 있다"고 규정하여, 카르텔·트러스트·콘체른 등에 의한 모든 경쟁제한을 일반적으로 금지하고 있다. 동 조에서 금지 대상이 되는 행위는 거래를 제한하는 계약(contract), 협력

1938년 「휠러·리법」(Wheeler-Lea Act), 1950년 「오마호니, 키포버·셀러법」(O'Mahoney, Kefauver-Celler Act), 1974년 「독점금지절차 및 처벌법」(Antitrust Procedures and Penalties Act), 1976년 「하트·스코트·로디노 독점금지 개정법」(Hart-Scott-Rodino Antitrust Improvements Act of 1976) 등을 들 수 있다. 반면 독점금지의 완화를 목적으로 하는 입법으로, 1937년 「밀러·타이딩스법」(Miller-Tydings Act, 동법은 1975년에 폐지됨), 1952년 「맥가이어법」(McGuire Act) 등이 있으며, 1918년 「웨브·포머린법」(Webb-Pomerene Act)과 1916년 「해상운송법」(Shipping Act)도 독점금지법의 적용제외를 규정한 법으로서 중요하다.

32) A. D. Neale, The Antitrust Laws of the U.S.A., Cambridge University Press, 1970; Phillip Areeda, Antitrust-Problems, Text, Cases, Little, Brown and Co., 1976; 한정현, "미국 반트러스트법 연구-카르텔행위 금지에 관한 leading case를 중심으로-", 서울대학교 논문집, 인문사회과학, 제20집(1975. 10), 295면 이하 참조.

(combination), 공모(conspiracy)이며, 이상의 세 가지 행위를 구분하는 것이 불필요 하다는 견해가 지배적이다.[33] 판례 역시 이 용어들을 상호 호환 가능한 것으로 사 용하고, 일정한 구분을 의도한 것으로 보이지는 않는다.[34] 이들은 공통적으로 상 호의존적 행위의 의미에서 의사의 연락(meeting of the minds)을[35] 본질적 속성으로 하며,[36] 합의(agreement)라는 개념으로 통합되고 있다.[37] 따라서 Sherman법 제1조 에 의한 공동행위 규제는 합의에 초점을 맞추어 수행되어 왔다.[38]

(2) 제2조는 "주간 또는 외국과의 거래 또는 통상의 어떠한 부분이라도 독점하 거나, 독점화를 기도하는 경우 또는 그러한 목적으로 다른 1인 또는 수인과 결합 하거나 공모하는 자는 중죄를 범한 것으로 한다"고 규정하고 있다. 그런데 여기서 는 독점(monopoly)이 아니라 '독점하는 것'(monopolization)을 금지하고 있다. 어떤 시장에 '기업이 하나'(a single firm)밖에 없더라도 그것이 자연적 독점인 경우에는 합법이지만 합병 등의 방법으로 독점화하거나 독점화를 기도하는 것은 금지된다. 이 경우에는 사업의 거대성(경제적 독점) 그 자체를 위법으로 하는 것이 아니라, 명 백히 시장의 지배를 목적으로 하는 경우에 한하여 위법으로 한다. 연방 대법원은 Grinell 판결에서 동 조의 적용은 1) 관련시장에서 독점력의 보유와 2) 그 독점력 이 반경쟁적, 배타적인 수단에 의하여 또는 반경쟁적, 배타적인 목적을 위해서 의 도적으로 획득, 유지 또는 활용되었을 것의 요건이 충족되어야 한다고 보았다.[39]

셔먼법에서는 실체적 규정은 제1조와 제2조뿐이고, 제3조 이하는 절차 규정이 다. 그리고 모든 카르텔이나 경쟁제한이 금지되어 그 의미하는 바가 매우 포괄 적·추상적이고 불명확하기 때문에, 수범자는 셔먼법에 저촉되지 않도록 대비하는 데에 많은 곤란을 겪었다. 그러나 시대가 변하고 법 운용의 경험이 축적되어 감에 따라 법 규정의 의미가 점차 뚜렷해지게 되었으며, 법원은 이 법률의 적용범위를

---

33) E. Thomas Sullivan & Jeffrey L. Harrison, Understanding Antitrust and Its Economic Implications 4. ed., LexicNexis, 2003, pp. 179-180.

34) Harold Friedman, Inc. v. Kroger Co., 581 F.2d 1066, 1072, n.3 (3d Cir. 1978).

35) Louis Kaplow, "On the Meaning of Horizontal Agreements in Competition Law", Harvard John M. Olin Center for Law, Economics, and Business, Discussion Paper No. 691, 2011, p. 20.

36) E. Thomas Sullivan & Jeffrey L. Harrison, ibid., p. 179.

37) 합의(agreement)는 법문상 표현인 계약(contract), 협력(combination), 공모(conspiracy)에 구현된 종합 개념으로 이해된다. Louis Kaplow, ibid., p. 18.

38) 이러한 경향에 대하여 경쟁 기업 간 전략적 행위의 맥락에서는 거의 의미가 없는 common law 상의 합의 개념을 고수함으로써 과점에 대한 실효성 있는 규제를 행하지 못하게 되었다거나 합의에 집중하는 형식주의가 과점 시장에서의 비효율적인 행태에 대한 반독점법상 제재의 주된 장애요인이 되고 있다는 비판도 있다. Herbert Hovenkamp, Federal Antitrust Policly - The Law of Competition and Its Practice, West, 2011, p. 179.

39) United States v. Grinnell Corp., 384 U.S. 563, 570-571(1966).

판례법을 통하여 상당히 좁게 해석하였다. 1911년에 대법원은 스탠더드 오일(Standard Oil) 사건에서 판결로 1879년에 조직된 록펠러(Rockefeller)의 「스탠더드 오일 트러스트」를 해체시켰는데, 이 판결을 계기로 하여 모든 거래제한이 위법한 것이 아니라 오직 '부당한'(unreasonable) 거래제한만 위법하다고 하는 합리의 원칙(rule of reason)이 도입되었다. 이로부터 법원은 재량의 여지를 가진 합리의 원칙을 더욱 넓게 활용하였다. 그러나 거래제한 중에서 일정한 거래제한은 그 성질상 인정되는 반경쟁적인 효과 때문에 당연히 위법한 것으로 간주함으로써, 피고는 이러한 거래제한의 존재는 시인하지만 그것은 부당한 것이 아니라는 취지의 항변을 할 수 없게 되었다. 이러한 당연위법의 원칙이 적용된 것은 가격담합(price fixing), 집단배척(group boycotts), 시장분할(market division), 끼워팔기(tie-in) 등과 같이 그 행위의 성질상 경쟁을 제한하는 효과 이외에 다른 정당한 목적을 가질 수 없는 것들이었다.

따라서 이들에 대하여는 그 존재만 입증되면 그 이상의 조사를 할 필요 없이 바로 부당한(unreasonable) 거래제한이라는 판단을 하게 되었다.[40] 그러나 미국 연방 대법원은 1979년 BMI사건[41] 이후 일정한 경우에는 당연위법의 적용을 회피하기 위한 항변을 인정하고 있다. 특히 집단배척의 경우에는 그 사업자들이 시장지배력을 가지고 있거나 필수적인 설비에 대한 배타적인 접근권을 가지고 있다는 사실에 대한 원고 측의 입증이 없는 한, 법원은 합리의 원칙에 따라 분석해야 한다고 판시하고 있다.[42] 또한 연방 대법원은 수직적 가격담합(재판매가격유지)과 관련하여 최고가격 방식의 경우에는 Kahn 판결[43] 그리고 최저가격 방식의 경우에는 Leegin 판결에서[44] 당연위법 원칙의 적용을 폐기하였다.

3. 클레이톤법(Clayton Act)

이 법률은 1914년 10월 15일에 제정된 것으로서 총 24개조로 구성되어 있다. 이 법률은 가격차별, 부당한 배타조건부거래, 주식 또는 자산의 취득 등에 대하여 규제하고 있는데, 주된 입법목적의 하나는 셔먼법에 위반될 가능성이 있는 행위를 사전에 방지하기 위한 것이다. 즉 셔먼법이나 연방거래위원회법이 추상적으로 독

---

40) Earl W. Kintner, op. cit., p. 21.
41) Broadcast Music, Inc. v. Columbia Broadcasting System, Inc., 441 U.S. 1, 9(1979).
42) Northwest Wholesale Stationers, Inc. v. Pacific Stationery & Printing Co., 472 U.S. 284, 296-297(1985).
43) State Oil Co. v. Khan, 522 U. S. 3(1997).
44) Leegin Creative Leather Products, Inc. v. PSKS, Inc., 551 U.S. 877(2007).

점금지정책을 선언하고 있는 데 반하여, 이 법률은 법제정 당시에 주로 문제되었던 관행들을 중심으로 구체적인 사항을 규정하고 있다. 이것은 셔먼법 제정 이후에 법원의 해석원칙으로 채택된 '합리의 원칙'이 너무나 추상적이어서, 일반 국민이나 기업인들 사이에서 구체적이고 명백한 입법을 해야 한다는 여론이 높아지자, 이를 받아들여서 셔먼법을 보충하기 위하여 제정된 것이다.

이 법률은 셔먼법과 대비해 보면 예방적 규제에 초점을 맞추고 있는데, 동법의 주요 내용을 살펴보면 다음과 같다. 첫째 가격차별을 금지하고 있으며 커미션, 할인 또는 리베이트의 지급이나 서비스의 제공 등에서의 차별적 취급도 금지하고 있다(2조).[45] 여기서 가격차별이란 상품의 가격을 매수인에 따라 차별하는 것을 말하는데, 금지되는 것은 그 행위로 인하여 경쟁이 실질적으로 제한되는 경우이다. 둘째 상품 판매 및 임대의 경우에 경쟁자의 상품을 취급하지 못하게 하거나 자기의 상품만을 취급하도록 하는 것을 위법으로 하고 있다(3조). 셋째 경쟁의 실질적 제한이나 독점을 초래할 우려가 있는 다른 회사의 자산이나 주식의 취득,[46] 합병, 임원 겸임 등을 금지하고 있다(7조). 넷째 금융기관을 제외한 자본금·잉여금·미지급배당금의 총액이 100만 불을 초과하는 회사의 임원은 경쟁관계에 있는 다른 회사의 임원을 겸임할 수 없도록 하고 있다(9조).

위의 네 가지 행위유형들 중에서 배타조건부 거래의 제한(3조)은 원래의 형태로 남아 있지만, 가격차별에 관한 규정(2조)은 1936년 로빈슨·패트만법에 의하여 개정되었고, 기업결합에 관한 규정(7조)은 1950년 셀러·키포버법에 의하여 개정된 후 1976년 하트·스코트·로디노법에 의하여 경쟁당국에 기업결합에 관한 사전신고를 하도록 보완되었다.[47] 그런데 이러한 행위유형들은 셔먼법상의 거래제한 내지 독점적 행위 또는 연방거래위원회법 제5조의 불공정거래행위에 해당하는 것을 보다 구체화한 것이긴 하지만, 어느 법을 적용하느냐에 따라 그 구성요건에 다소 차이가 있다는 점을 유의할 필요가 있다. 즉 셔먼법을 적용하기 위해서는 그 행위가 경쟁에 실제적인(actual) 감소 효과를 가져오는 것이어야 하지만, 연방거래위원회법이나 클레이톤법을 적용하는 경우에는 반경쟁적 효과를 초래할 개연성만 있으면 된다.

---

45) 클레이톤법 제2조는 1936년 6월 19일 Robinson－Patman Act에 의하여 수정되었기 때문에, 통상 이를 Robinson－Patman Act라고 부른다.

46) 클레이톤법은 원래 주식의 취득에 의한 기업결합만을 금지하고 있었으나, 1950년의 Kefauver－Celler Act에 의하여 자산취득에 의한 기업결합도 규제하게 되었다.

47) Einer Elhauge & Damien Geradin, Global Competition Law and Economics, Hart Publishing, 2007, p. 5.

클레이톤법은 위의 네 가지 유형의 행위를 금지하는 요건으로서 "그 행위의 효과가 경쟁을 실질적으로 제한하거나 독점을 형성할 가능성이 있는 경우"라고 규정하고 있는데, 이것은 클레이톤법에 내재하는 '합리의 원칙'을 표현한 것이다. 그리고 이 법은 셔먼법 및 연방거래위원회법과 마찬가지로 벌칙과 관련하여 양벌규정을 두어, 기업이 독점금지법을 위반하였을 경우에 회사는 물론이고 회사의 임원과 대리인에 대하여도 벌금이나 징역형을 선고하게 되어 있고, 또 독점금지법 위반으로 말미암아 영업이나 재산상의 손해를 받은 자는 손해액의 3배와 소송비용을 배상받을 수 있도록 하고 있다.

4. 연방거래위원회법(Federal Trade Commission Act)

이 법률은 1914년 9월 26일 제정된 것으로서, 스탠더드 오일 사건에 대한 법원의 판결이 셔먼법을 제정한 의의를 망각한 것일 뿐만 아니라, 법의 적용이 기업에 지나치게 관대하다는 비판을 받고 있는 셔먼법을 보충·강화하기 위하여 제정된 것이다. 부단히 변화하고 있는 경제활동에 있어서 개별적인 거래행위가 자유경쟁의 관점에서 용인될 수 있는지 여부를 판단하는 과제를 법원보다는 경제활동의 실정에 밝은 전문가들에게 맡기는 것이 낫다는 전제하에, 일종의 행정위원회인 연방거래위원회를 설치하여, 그 위원회가 이를 판단하게 한 것이다. 이 위원회는 일반 행정부로부터 다소 독립적인 지위를 가지고, 처분권한 등과 같은 행정적인 권능 외에, 때로는 쟁송의 판단 등과 같은 준사법적 권한과 규칙·규정 등을 제정하는 준입법적 권한까지 가지고 있는 독립규제위원회이다.

이 법률은 연방거래위원회의 설치와 권한을 규정하고 있다. 연방거래위원회는 대통령이 상원의 동의를 얻어 임명하는 5인의 위원으로 구성되어 있는데, 위원 중 3인 이상이 동일 정당의 당원이어서는 안 되며, 위원장은 위원 중에서 대통령이 임명하고 위원의 신분은 보장된다. 위원회는 법위반 사건에 대하여 심사권을 가지며, 위반이 뚜렷하다고 인정되면 중지명령(cease and desist orders)을 내려서 그 사업활동을 중지시키는데, 이 명령은 일종의 행정적인 부작위명령이다. 만일 기업이 이 명령을 준수하지 않으면, 위원회는 순회항소법원에 명령집행의 신청을 하고, 법원은 이에 의거하여 위원회의 명령을 확인·변경 또는 취소할 수 있다. 위원회는 또한 은행거래규제법의 적용을 받는 일반 육상운송회사를 제외한 회사 또는 개인에 대하여 그 조직, 사업, 행위, 관행 및 경영에 관한 자료를 수집하며, 다른 회사 또는 개인과의 관계를 조사할 수 있는 권한을 가진다. 연방거래위원회법은 독점이나 부당한 거래제한 등을 규제할 뿐만 아니라, 가격협정, 보이콧, 재판매가격 유지행위, 더 나아가서는 허위광고와 경품제공까지도 금지하고 있다.

한편 연방거래위원회법은 그 밖에 불공정거래행위를 금지하는 실체법적 규정도 마련해 두고 있다. 즉 동법 제5조는 "상거래에 있어서 불공정한 경쟁방법과 불공정하거나 기만적인 행위 또는 관행은 이를 위법으로 한다"고 규정하고 있다. 그런데 이 법률은 사소(私訴)나 법무부에 의해 또는 소급적 벌칙을 통해 집행될 수 없고, 오로지 연방거래위원회에 의하여 당해 행위를 금지하는 명령을 내리는 방법으로만 집행될 수 있다. 이 금지명령은 연방법원에 의한 심사의 대상이 되는 것은 물론이다.

그런데 자유경쟁의 원리를 경제의 대헌장으로 삼고 있는 미국이라 할지라도, 어느 특정한 사업에 대해서는 경제적·사회적·정치적 목적을 달성하기 위하여 경쟁을 배제해야 할 필요성이 있기 때문에, 미국의 의회는 적용제외에 관한 법들을 제정한 바 있다. 그러나 이러한 적용제외법은 거의 모두가 1930년대 불황시대의 산물이라고 하여 학자들은 이에 대하여 반대하고 있으며, 대법원도 시종일관 이에 반대하는 입장을 취하고 있다. 그리하여 독점금지법의 적용제외를 규정하고 있는 각종 법률도 그 근저에서는 항상 독점금지법의 이념을 기초로 하고 있다고 할 수 있다. 21세기에 들어서 미국 반독점법 개선을 목적으로 성립되었던 '반독점법 현대화 위원회'(AMC; Antitrust Modernization Commission)는 "일반적으로 경쟁이 달성할 수 없는 중요한 사회적 이익을 경제적 규제가 달성할 수 있다고 하는 주장에 대하여 회의적(skeptical)인 태도가 유지되어야 한다"고 지적하였다.[48]

Ⅱ. 유럽의 경쟁법

1957년 3월 25일 로마에서 체결되어, 1958년 1월 1일부터 발효한 「유럽경제공동체의 설립에 관한 조약」(EEC조약, 이른바 로마조약)은 제85조 내지 제90조에서 독점금지정책의 표현으로서 '경쟁에 관한 규칙'을 규정하고 있었다. 이 조약은 1992년 「유럽공동체에 관한 조약」(EC조약, 이른바 마스트리히트조약)으로, 1997년에 「유럽연합에 관한 조약」(EU조약, 이른바 암스테르담조약)[49]으로 개정되었고, 해당 조문도 제81조 내지 제86조로 바뀌었다. 그리고 2009년 12월 1일에 유럽연합에 관한 조약

---

48) AMC(Antitrust Modernization Commission), Report and Recommendations, 2007, p. 338.
49) EU조약은 2001년 니스(Nice)조약으로 개정되어 2003년 2월 1일부로 시행되고 있다.

과 유럽공동체 설립에 관한 조약을 개정하는 리스본 조약이 발효함에 따라 회원국의 주권 중 상당부분이 유럽연합(EU)로 이관되어 EU는 단순한 국가연합체에서 벗어나 연방을 지향하는 하나의 법적 실체로 존재하게 되었고, EC조약도 약간의 수정·보완을 거쳐서 EU기능조약으로 개명되었다. 유럽 독점금지법의 기본적인 규정으로는 EU기능조약 제101조(카르텔의 금지, EC조약 제81조)와 제102조(시장지배적 지위의 남용금지, EC조약 제82조), 그리고 1989년에 제정된[50] 후 2004년 1월 20일 개정·시행되고 있는 「기업결합의 통제에 관한 규칙」(Regulation Nr. 139/2004)을 들수 있다. EU기능조약 제101조 및 제102조의 집행절차에 관하여는 별도의 규칙인 Regulation Nr. 1/2003이[51] 있다. 유럽 독점금지법의 주요 내용은 다음과 같다.

우선 EU기능조약 제101조는 회원국 간의 통상에 영향을 줄 우려가 있고, 공동시장 내의 경쟁을 저해, 제한 또는 왜곡하는 것을 목적으로 하거나, 또는 그러한 효과를 초래하는 사업자 간의 모든 협정, 사업자단체에 의한 모든 결의 및 협조행위, 특히 다음 각 호에 열거하는 것은 공동시장과 양립할 수 없는 것으로 보아, 이를 금지하고 있다(1항).

① 구입 또는 판매가격이나 기타의 거래조건을 직접 또는 간접적으로 결정하는 것
② 생산, 판로, 기술개발 또는 투자를 제한하거나 통제하는 것
③ 시장이나 공급원을 분할하는 것
④ 동종의 거래에 대하여 거래의 상대방에 따라 다른 거래조건을 적용하여 그들에게 경제상의 불이익을 제공하는 것
⑤ 계약의 상대방이 상품의 성질이나 상관행에 비추어 그 계약의 대상과는 아무런 관련이 없는 부수적인 의무를 수락할 것을 조건으로 하여 계약을 체결하는 것

그리고 동조의 규정에 의하여 금지된 모든 협정 또는 결정은 사법상 당연 무효이다(2항). 그러나 사업자 간의 모든 협정, 사업자단체의 모든 결의와 협조행위 또는 이에 준하는 것들이 다음과 같은 요건을 갖춘 경우에는 제1항을 적용하지 않을 수 있다(3항).

---

50) Regulation Nr. 4064/89, 이 규칙은 1997년에 Regulation Nr. 1310/97에 의해 일부 수정되었다.
51) 이 규칙은 기존의 집행절차규정인 「EEC조약 제85조와 제86조의 시행을 위한 규칙」(Regulation Nr. 17/62)을 대체하는 것으로서 유럽 독점금지법의 시스템 전환을 가져오는 일대 개혁으로 평가받고 있다. Jürgen Schwarze & Andreas Weitbrecht, Grundzüge des europäischen Kartellverfahrensrechts, Nomos, 2004, S. 23.

① 상품의 생산이나 판매의 개선 혹은 기술적·경영적 진보의 촉진에 기여하고, 그 결과로서 얻어지는 이익이 소비자들에게 공정하게 분배되고

② 사업자들에게 이러한 목적의 달성에 필수불가결하지 않은 제한을 과하지 않고, 또 그러한 사업자들에게 당해 생산물의 실질적인 부분과 관련하여 경쟁을 제한할 가능성을 제공하지 않을 것

한편 EU기능조약 제102조는 공동시장이나 그 주요 부분에 있어서 지배적 지위를 차지하고 있는 하나 또는 다수의 사업자에 의한 지위의 남용은, 그것이 회원국 간의 통상에 영향을 미치는 경우에는 공동시장과 조화되지 않는다고 하여 금지하고 있다. 특히 다음과 같은 경우에는 그러한 남용이 있는 것으로 인정된다.

① 직접 또는 간접으로 불공정한 구입 또는 판매가격, 혹은 불공정한 거래조건을 부과하는 경우

② 소비자에게 불리한 생산, 판로 또는 기술개발의 제한

③ 동일한 거래에 대하여 거래상대방에 따라 다른 거래조건을 부여하고, 그 결과 그들에게 경쟁상의 불이익을 제공하는 것

④ 그 계약의 성질이나 상관행에 비추어 당해 계약의 내용과 무관한 급부를 거래상대방이 추가로 구입할 것을 조건으로 하여 계약을 체결하는 것

「EU기능조약 제101조 및 제102조에 규정된 경쟁규범의 시행에 관한 규칙」은 동 조약 제101조 제3항의 적용에 관하여 특별한 결정이 없이도 직접 적용된다고 규정하고(1조), 개별 회원국은 경쟁법의 입법과 법 적용에 있어서 제101조와 제102조를 직접 적용하며, 그 취지에 반하는 입법과 법 적용을 금지하고(3조), 그 집행에 있어서 유럽집행위원회와 회원국 관할당국, 회원국 법원의 관할사항에 대해 규정하며(4조~6조), 유럽집행위원회와 회원국 관할당국의 협조 및 정보교환의무(11조~12조), 회원국 법원과의 협조의무(15조)와 위원회의 조사권한(17조~21조), 과징금(23조), 이행강제금(24조) 등을 규정하고 있다.[52]

또한 「기업결합 통제규칙」은 유럽공동체 차원에서 의미 있는 공동체 규모의 기업결합을 규율하고 있다. 여기서 유럽공동체 차원에서 의미 있는 기업결합이라 함은 다음과 같은 기업결합을 의미한다. 우선 그 기업결합에 참여한 모든 기업들의 전년도 세계시장에서의 매출액의 합계가 50억 유로(Euro)를 초과하고, 또 그 기업

---

52) Ernst-Joachim Mestmäcker & Heike Schweitzer, Europäisches Wettbewerbsrecht(2. Aufl.), 2004, C.H.Beck, S. 528.

결합에 참여한 둘 이상의 기업들의 공동체 내에서 총매출액이 각각 2억5천만 유로를 초과하여야 한다. 그러나 그 기업결합에 참여한 기업들이 각각 그들의 공동체 내에서 매출액의 3분의 2 이상을 한 회원국에서 실현하고 있는 경우에는 그러하지 아니하다.

한편 위의 기준에 해당하지 않는 기업결합도 다음 각 호에 해당하는 경우에는 공동체적 의미를 가진다. 첫째 기업결합에 참여한 모든 참여기업의 세계시장에서의 총매출액의 합계가 25억 유로를 초과하고, 둘째 모든 참여기업의 총매출액이 최소한 3개 이상의 회원국에서 각각 1억 유로를 초과하고, 셋째 위의 3개 이상의 회원국에서 최소한 2개 이상의 참여기업의 총매출액이 각각 2천5백만 유로를 초과하며, 넷째 최소한 2개 이상의 참여기업의 공동체시장에서의 총매출액이 각각 1억 유로를 초과하는 경우, 다만 그 참여기업들이 그들의 공동체시장에서 매출액의 3분의 2 이상을 한 회원국에서 실현하고 있는 경우에는 그러하지 아니하다.[53] 만일 그 기업결합이 공동시장 또는 그 주요 부분에 있어서 유효한 경쟁을 현저히 제한할 우려가 있는 경우, 특히 지배적인 지위를 형성하거나 강화하는 경우에는 공동시장과 양립할 수 없는 것으로 판단되어 금지된다(2조 3항). 그리고 유럽집행위원회는 다음 각 호의 기준으로 당해 기업결합의 허용여부를 판단한다.

(a) 공동시장 내의 유효경쟁을 유지하거나 촉진하기 위한 필요성, 특히 모든 관련시장의 구조 및 공동시장 내 또는 외에서 활동하는 기업들의 실제적 혹은 잠재적 경쟁의 관점에서 판단한다.

(b) 시장에서의 지위와 참여기업의 경제력 내지 재정능력, 공급자와 구매자의 대체가능성, 원료 및 판매시장에 접근가능성, 법적·사실적 시장진입장벽, 관련 상품 및 서비스 시장에 있어서 각각의 수요와 공급의 추이, 중간 소비자와 최종소비자의 이익, 소비자의 이익에 부합하며 경쟁을 제한하지 않는 기술적·경제적 발전의 촉진(2조 1항).

그리고 특히 2004년의 규칙 개정으로 기업결합 사전신고 및 신고 전 신고인의 신청에 의한 회원국으로의 이송절차(4조), 기업결합에 대한 유럽집행위원회와 회원국의 경쟁당국간의 관할권 및 상호협조(9조), 심사절차 기간(10조), 정보요구권에 관한 절차(11조), 사후심사권(12조, 13조), 과태료(14조)에 관한 규정들이 상당 부분

---

53) Verordnung(EWG) Nr. 4064/89 des Rates über die Kontrolle von Unternehmenszusammenschlüssen Art. 1 참조.

개정되었다.

Ⅲ. 독일의 경쟁제한방지법

1. 독점금지법제의 연혁

(1) 경제력남용방지령

독일에서 카르텔을 최초로 규제하기 시작한 것은 1923년 11월 2일 「경제력남용 방지령」이[54] 제정되면서부터이다. 이 명령이 제정되기 전에는 카르텔의 형성이나 그 활동은 대체로 방임되고 있었으며, 오직 민법상 공서양속(公序良俗)에 관한 조항(독일민법 138조와 826조)에 의거하여 카르텔이 채용하고 있는 협정의 자주적 통제에 대한 당부(當否)가 판단되었을 뿐이었다. 그러나 제1차 세계대전의 발발과 더불어 카르텔은 강화되었고, 이에 따라 그 지위도 독점적으로 되고 카르텔의 이윤이 문제되기 시작하였으며, 특히 제1차 세계대전 중에는 카르텔의 가격정책에 대한 비난·공격이 집중되어 수요자·소비자 측에서 카르텔방지법의 제정을 요구하기에 이르렀기 때문에, 1923년에 「경제력남용방지령」이 제정되었다.

이 명령의 핵심은 제4조로서, 카르텔계약·결의 또는 일정한 실시방법이 전체 경제 혹은 공공의 복지를 위태롭게 하는 경우에는, 경제부장관은 ① 계약 혹은 결의의 전부 또는 일부를 무효로 하거나 그 실시방법을 금지할 수 있고, ② 계약 혹은 결의의 당사자는 언제라도 계약을 해제하거나 결의에서 탈퇴할 수 있다는 내용의 결정을 부여할 수 있으며, ③ 계약 혹은 결의의 실시를 위하여 행하는 모든 협정 및 처리에 관한 등본의 제출을 명하고, 그것의 실시는 등본이 정하는 방법에 의해서만 효과가 있다는 취지의 결정을 부여할 수 있게 하고 있었다.

그리하여 국민경제상 용인될 수 없는 방법으로 생산·거래를 제한하고, 가격을 인상하거나 인상된 가격을 유지하고, 또는 구매 혹은 판매를 제한하고, 가격·거래조건을 차별하여 경제상의 자유를 부당하게 침해하는 경우, 이러한 행위는 전체 경제 혹은 공공의 복지를 위태롭게 하는 것으로 간주하였다. 그러나 이 방지령에서 사실상 가장 문제가 된 것은 제8조이다. 동 조는 "카르텔계약 또는 결의는 중대한 사유가 있는 경우에는 각 당사자가 즉시 이를 해제할 수 있다"고 규정하여 카

---

54) Verordnung gegen den Mißbrauch wirtschaftlicher Machtstellung — 이것은 바이마르체제 하에서 남용방지를 원리로 한 카르텔제한법이었다.

르텔의 내부 구속을 해제하였는데, 이로써 카르텔의 효과적 존립은 위태롭게 되고, 카르텔의 자주적 통제가 곤란하게 되었다. 그리하여 이것이 카르텔 규제정책의 유효한 수단의 하나가 되었다.

(2) 공황 하의 긴급명령

1929년 세계공황에 즈음하여 독일에서는 공황의 중압에서 벗어나기 위하여 긴급명령이 계속 공포되었다. 1930년 7월에는 제1차 카르텔긴급령 ― 재정 · 경제 및 사회상의 난국극복에 관한 대통령령 ― 이 제정되어, 카르텔의 무효선언 및 금지권 발동의 요건을 "상품 및 서비스의 생산 또는 유통을 저해하거나 경제활동의 자유를 국민경제상 적절하지 않은 방법으로 제한하는 경우"로 규정하고, 이 요건에 해당될 경우에는 정부가 카르텔재판소 또는 경제재판소에 청구하지 않고, 직접 가격 결정방법에 관하여 일정한 의무를 부과하거나 가격의 요구를 포함한 계약이나 결의의 무효를 선언하거나 또는 일정한 실시방법을 금지할 수 있게 되었다. 또한 1931년 12월 제4차 긴급명령이 공포되어 경제 사정의 변화에 대응해 협정가격의 평균 10% 인하가 명하여 졌다.

(3) 강제카르텔창설법

그러나 나찌가 정권을 장악한 후에는 정부의 카르텔 규제정책에 큰 변화가 생겼다. 즉 종래에는 카르텔의 폐해가 발생하였을 때 그것을 배제하는 것을 목적으로 하고 있었으나, 1933년 7월의 「강제카르텔 창설에 관한 법률」은 카르텔을 감독하는 것은 물론이고, 나아가 카르텔을 국가의 보조기관으로 하여, 이것을 통해 경제를 통제하고 시장질서를 유지하려는 방향으로 발전하였다.

이 법에 의하면, 경제부장관이 기업의 중요성 및 전체경제와 공공복지를 고려하여 특히 필요하다고 인정할 때, 시장통제의 목적으로 기업을 신디케이트, 카르텔 혹은 이와 유사한 협정에 결합시키거나 기존의 결합에 가입시킬 수 있었다(1조). 또한 일정한 경제부문에서 전체경제 및 공공복지의 중요성을 고려하여 필요하다고 인정할 때, 경제부장관은 당해 경제부문의 범위 내에서 일정기간 신기업의 창설과 기존기업의 사업 규모를 확장함에 있어서 경제부장관의 허가를 받도록 명령할 수 있고, 동일한 조건 하에서 기존 사업의 범위를 제한할 수 있게 하고 있었다(5조). 이와 같은 방법으로 독일경제는 경제단체를 중심으로 하여 유기적으로 재편성되었다.

(4) 군정 하의 카르텔금지

그런데 종전 후 서독에서는 점령군에 의하여 독점금지정책이 채용되었다. 즉 1947년 미국 점령지구에서는 「독일 과도경제력집중금지법 제65호」, 영국 점령지구에서는 「지령 제78호」, 프랑스 점령지구에서는 「명령 제96호」가 각각 공포·시행되었다. 미국 점령지구의 법 제2조는 "국내 혹은 국제법상의 거래 또는 다른 경제활동을 제한하거나 독점적 지배를 조장하는 것을 목적으로 하거나 그와 같은 결과를 초래하고, 또는 국내·국제시장을 제한할 것을 기도하거나 그러한 효과를 초래하는 카르텔, 결합, 신디케이트, 트러스트, 단체 혹은 사업자 상호 간의 다른 형식에 의한 상호인식 또는 공동행위는 이 법률에 의하여 경제력의 과도한 집중으로서 위법으로 한다"고 규정하고 있었으며, 협정 또는 집중은 점령목적에 위배되지 않거나 군정목적을 촉진하기 위하여 필요한 경우를 제외하고는 절대적으로 금지되었다. 한편 영국 및 프랑스 점령지구에 있어서도 기본방침에 있어서는 미국 점령지구법과 일치하는 정책이 취해졌다. 그러나 종전 직후의 독일은 통제 경제하에 있어서 카르텔 활동의 여지가 없었기 때문에 카르텔금지에 관한 점령법규는 사실상 거의 시행되지 않았다.

2. 경쟁제한방지법의 제정

서독은 1948년 6월에 통화개혁을 단행하여 15년간에 걸친 국가사회주의적 통제경제를 청산하고 자유주의경제로 복귀하게 되었다. 이와 때를 같이하여 동년 4월 연합군 고급위원회의 경제행정학술고문은 이미 실시되고 있는 점령법규가 서독경제의 실정에 반드시 적합하지 않다는 것을 인정하고, 이것을 대체할 「경쟁확보에 관한 법률안」의 작성을 경제회의에 위탁하였다. 그러나 당시 이 카르텔법의 제정에는 군정당국의 동의가 필요하였다. 그리고 1949년 3월에는 미·영공동관리청이 경제회의에 「하바나헌장」을 실행하기 위하여 능률경쟁의 제한이나 카르텔 기타의 행위를 금지하는 법률안을 제안하도록 요구하고, 그 초안을 작성할 수 있는 권한을 독일 측에 위임하였다.

한편 이와 같은 점령군의 반카르텔정책의 추진과는 별도로, 독일 국내에서는 이른바 '프라이부르크 학파'를 중심으로 자주적인 반카르텔법 제정의 움직임이 활발하게 전개되었다. 그들은 경쟁만이 경제를 효율적으로 조정할 수 있으며, 경쟁이 행해지고 있으면 국가는 경제에 대하여 계획적인 간섭을 하지 않아도 된다는 사회적 시장경제의 원칙에 입각하고 있었다.

1948년 3월 프라이부르크 학파에 속해 있던 에어하르트(Erhard)가 경제부장관에 취임하자 곧 독일에 고유한 「카르텔규제법」을 제정하기 위한 초안의 기초작업에 착수하여, 1949년 7월에는 카르텔법의 전문가들로 구성된 전문위원회에서 「능률경쟁의 확보를 위한 법률」과 「독점청에 관한 법률」의 제1초안을 경제부장관에게 제출하였다. 이를 이른바 요스텐(Josten) 초안이라고 하는데, 이 초안은 절대적인 카르텔 금지와 매우 광범한 독점감독 및 아주 엄격한 기업결합 해체 규정을 포함하고 있었다. 그런데 이 초안은 그 내용이 지나치게 이론적이며 엄격하고 제한적이어서, 입법자들은 이를 거의 받아들이지 않았다. 그럼에도 불구하고 이 요스텐 초안의 기초를 이루고 있는 질서자유주의적 사고는 연합군의 카르텔해체법과 더불어 독일카르텔법의 양대 뿌리를 형성하고 있다.[55]

그리고 1951년 5월에는 이 초안을 토대로 한 정부초안이 나옴으로써 경쟁제한방지법의 원형이 마련되었다. 이 정부초안은 거의 예외 없는 카르텔의 금지와 시장지배적 사업자의 남용감독 및 합병 등과 같이 시장지배를 초래하는 기업결합에 대한 허가의무를 규정하고 있었다. 이 초안은 1952년 5월 연방상원에 「경쟁제한방지법안」으로 제안되어 부분적인 수정·보완을 거친 후, 동년 6월에 연방의회에 제출되었으나, 카르텔금지의 원칙에 반대하는 독일산업연맹 측의 반대에 부딪혀 성립을 보지 못하고 말았다. 그 후 1954년 2월에 정부는 1952년의 법안과 동일한 원안을 연방상원에 다시 제출하였으며, 연방상원은 제1조의 카르텔금지의 원칙은 원안대로 가결하였으나 정부원안에는 큰 수정을 가했다. 특히 카르텔 금지(원인금지주의) 대신 카르텔에 대한 남용감독(폐해규제주의)이 채택되어야 한다는 주장이 유력하게 개진되었는데, 결국 카르텔 금지는 유지되었고 다만 예외의 가능성이 확대되었다. 즉 정부원안에서 카르텔금지의 예외에 해당하는 조건카르텔, 표준화카르텔, 수출카르텔에 대하여 수정을 가한 것 외에도 이른바 특수카르텔이라고 하는 일반조항을 삽입하였다. 이로 인하여 예외 카르텔에 해당하지 않는 카르텔도 특별한 경우에 허용될 수 있는 길이 열리게 되었다.

그리고 시장지배적 사업자에 대한 남용감독은 실질적인 수정 없이 그대로 유지되었다. 그러나 연방의회는 규제적인 기업결합의 통제에 대하여는 반대하고 기업결합에 대한 감시에 만족하였다. 이 수정원안은 1955년 1월 연방의회에 제출되었으며, 동 의회의 경제위원회에서 무려 86회에 걸친 회의를 거친 끝에 1957년 7월 27일에 「경쟁제한방지법」(Gesetz gegen Wettbewerbsbeschränkungen, GWB)―전문 109

---

55) 권오승 역, 독일경쟁법, 법문사, 1997, 142면 참조.

조 ─ 이 성립되어 1958년 1월 1일부터 시행되었다. 그리고 동법 제48조 제1항 제1
문에 따라 이 법을 집행하는 기관으로 연방카르텔청이 1957년 말에 베를린에 설치
되어 1958년 초부터 활동을 개시하게 되었다. 그러나 1989년 통일 후 연방정부를
베를린으로 이전하는 과정에서 연방카르텔청은 1999년 말 종래의 수도였던 본(Bonn)
으로 주소를 옮겼다.

3. 경쟁제한방지법의 개정

경쟁제한방지법은 그동안 10차례 개정되었다. 1965년의 제1차 개정에서는 특정
한 유형의 카르텔에 대한 적법성 인정을 용이하게 하였으나, 시장지배적 사업자의
남용 감독과 수직적인 가격구속에 대한 규제는 강화하였다. 1973년 제2차 개정에
서는 사업자 상호 간의 협동 가능성을 확대하는 대신에, 시장지배적 사업자에 대
한 남용감독을 더욱 강화하였고, 상표품에 대한 수직적인 가격구속을 완전히 금지
하였으며, 동법 제정 당시에 의회가 주저했던 기업결합의 통제를 도입하였다.
1976년 제3차 개정에서는 오로지 신문업(Pressewesen)에 대한 기업결합의 통제만을
강화하였다. 1980년 제4차 개정에서는 특히 기업결합과 시장지배적 또는 시장우월
적인 사업자에 대한 남용감독을 강화하였고, 그 밖에 "능률경쟁"의 보다 나은 보
호, 특히 상업분야의 구조정책적인 문제를 해결하기 위하여 노력하였다.[56] 한편
1985년 경제법적인 규정들을 정비하기 위한 법률은 법과 행정을 간소화하기 위하
여 카르텔등록부와 경쟁규칙의 등록부를 폐지하고, 그 대신에 예외적으로 허용된
카르텔과 승인된 경쟁규칙에 대한 일반적인 정보권을 도입하였다. 또 1989년 제5
차 개정에서는 일차적으로 상거래, 특히 생필품 거래에 있어서 대기업의 확장과
그들의 행위에 대한 통제를 도입하였다. 그리고 1998년 제6차 개정에서는 독일 경
쟁제한방지법의 내용을 유럽의 경쟁법과 조화시키고 정부조달법을 경쟁제한방지
법 제97조 이하에 수용하는 방향으로 개정되어, 1999년 1월 1일부터 시행되었다.[57]

한편 제6차 개정 이후 「EC조약 제81조 및 제82조에 규정된 경쟁규범의 시행에
관한 규칙」(Regulation Nr. 1/2003)과 「기업결합 통제규칙」(Regulation Nr. 139/2004)의
시행에 따라 경쟁제한방지법을 EU경쟁법과 조화시키는 동시에, 시장에 있어서 경
쟁의 원칙을 유지 또는 강화하기 위한 목적으로 2003년 3월부터 동법의 전면적인
개정작업을 추진한 결과, 2005년 7월 1일에 제7차 개정법이 발효되었다. 그 후에도

---

56) Fritz Rittner, Wirtschaftsrecht(2. Aufl.), Heidelberg, 1987, S. 217.
57) 이봉의, 독일경쟁법, 경쟁제한방지법, 법문사, 2016, 29면.

제8차 개정법이 2013년 6월부터 발효되었는데, 이들은 모두 동법을 EU경쟁법에 더욱 접근시키기 위한 내용으로 이루어졌다. 제9차 개정법은 2017년 6월 9일에 발효되었는데, 그 주된 내용은 신속한 기술적 발전이 나타나고 있는 디지털 경제분야에서 경쟁의 유지를 위한 새로운 규율을 도입하여 이러한 변화에 대응하려는 것이었다.[58] 제10차 개정법은 2021년 1월 19일에 발효되었는데, ECN과의 협업 강화 및 조사 권한 확대 등 규제 절차의 개선뿐만 아니라 새롭게 등장하고 있는 플랫폼 기반의 집중 현상에 대하여 효과적으로 대응할 수 있도록 하는 것을 주된 내용으로 하였다.[59]

4. 경쟁제한방지법의 주요내용

경쟁제한방지법은 총 6장 131개 조문으로 구성되어 있는데, 이 중에서 제1장이 독점금지에 관한 실체법적 내용으로 되어 있다. 제1장은 모두 8절로 구성되어 있으며, 제1절에 카르텔 합의와 사업자단체의 결의 및 동조적 행위, 제2절에 시장지배력과 남용행위, 제3절에 유럽경쟁법의 적용에 관한 사항, 제4절에 경쟁규칙, 제5절에 일정한 경제분야에 대한 특별규율, 제6절에 카르텔당국의 권한과 제재, 제7절에 기업결합규제, 제8절에 독점위원회에 관하여 규정하고 있다.

제7차 개정 이후 동법의 주요내용은 다음과 같다. 먼저 동법은 카르텔과 수직적 합의를 구별하여 규제하던 기존의 방식을 폐지하고, 카르텔 합의나 사업자단체의 결의 및 동조적 행위를 원칙적으로 금지한 뒤에(1조), 예외적으로 허용되는 카르텔(2조)과 중소기업카르텔(3조)에 대하여 특칙을 두고, 그 밖에 유형별 카르텔의 예외조항은 모두 삭제되었다. 이것은 동법을 EU기능조약 제101조 제1항, 제3항과 조화시키기 위한 것이었다. 그리고 동법은 시장지배적 사업자의 지위남용행위(19조)와 차별적 취급 및 부당한 방해행위를 금지하고(20조), 보이콧과 기타 경쟁제한적인 행위를 금지하고 있다(21조). 또한 동법은 EU기능조약 제101조, 제102조에 규정하고 있는 카르텔이나 시장지배적 지위남용행위에 대해서도 동법을 적용할 수 있지만, 양자가 충돌하는 경우에는 EU기능조약이 우선 적용된다는 것을 명시하고 있다(22조). 아울러 금지청구와 손해배상청구를 통한 사법적 집행을 크게 개선하였다(33조). 끝으로 동법은 경쟁제한적인 기업결합을 금지하고 있는데, 이 부분에 대

---

58) Meinrad Dreher & Michael Kulka, Wettbewerbs‒ und Kartellrecht(11. Aufl.), 2021, S. 234.
59) a. a. O., S. 234 및 유영국, "독일 경쟁제한방지법 제10차 개정(안)의 주요 내용과 독점규제법상 시사점", 경쟁법연구 제42권, 2020, 218면 이하 참조.

하여는 별다른 변화가 없었다(35조 이하). 즉 경쟁상 중요한 의미를 갖는 일정한 규모 이상의 기업결합에 참여한 기업들은 사전에 연방카르텔청에 신고하여야 하며 (39조), 연방카르텔청은 당해 기업결합을 심사한 후 이를 통하여 시장지배적 지위가 형성되거나 강화될 것이 예상되는 경우 이를 금지한다(36조, 40조 이하).[60]

Ⅳ. 일본의 독점금지법

1. 독점금지법의 제정경과

일본의 독점금지법, 즉 「사적독점의 금지 및 공정거래의 확보에 관한 법률」은 명치헌법하의 마지막 제국의회에서 가결되어, 1947년 4월 1일 법률 제54호로 공포되었다. 시행기일은 각 규정에 대하여 명령으로 정하게 되어 있었으므로(101조), 공정거래위원회의 조직·권한에 관한 규정(26~44조, 113, 114조)은 동년 7월 20일부터(1947년 점령 142호) 시행되었다.

이와 같이 일본헌법의 시행(1947.5.3)을 전후하여 공포·시행된 독점금지법은 전후 일본의 재건을 위한 점령당국의 중요한 포석의 하나였으며, 당시 미국을 중심으로 한 연합국들의 기본적인 대일점령정책의 일환이기도 하였다. 즉 구 일본의 초국가주의적 군국주의의 경제적 지주를 제거하고, 이를 평화적이고 민주주의적인 기초 위에 재편성하는 것이 점령정책의 당면과제로 되어 있었다. 그 구체적인 계획은 1945년 11월 6일 연합군 최고사령관의 정부에 대한 「지주회사의 해체에 관한 각서」(Memorandum concerning Dissolution of Holding Companies)에 잘 나타나 있었으며, 그 후 이에 기한 작업이 진행되었다. 독점금지법의 제정도 이러한 점령정책의 하나로서 "사적 독점, 거래의 제한, 바람직하지 않은 연쇄적 경영진, 바람직하지 않은 법인 상호 간의 주식소유를 제거 또는 방지하고, 상업·공업 및 농업으로부터 은행의 분리를 확보하며, 민주주의적 기초 위에서 공업·상업·금융 및 농업에 있어서 상사 또는 개인에게 평등한 경쟁의 기회를 제공하는 법률을 제정할 계획"의 수립이 요구되었기 때문이다. 한편 이 각서에 기하여 별도로 진행된 재벌해체조치와[61] 관련하여 살펴보면, 독점금지법의 제정은 재벌해체조치를 통하여 얻은 성과를 정착시키기 위하여 수립된 항구적인 제도라는 의미를 가지고 있었다.

---

60) 권오승, 기업결합규제법론, 법문사, 1987, 51면 이하 참조.
61) 권오승, "日本의 財閥解體와 그것이 韓國財閥政策에 주는 意味", 서울대학교 법학 제41권 제4호, 2001, 187면 이하 참조.

이와 같이 법안의 작성 및 심의는 점령군 당국의 강력한 내면적 지도에 의하여 이루어졌다. 그러나 전후의 황폐 속에서 경제재건을 위한 통제를 필요로 하던 시대에 재벌해체를 그 대상에서 제외하고 있었던 독점금지법이 기능할 수 있는 여지는 매우 적었다. 즉 반트러스트 사상에 감염되기 쉬운 국민들은 이를 하나의 개혁의 이념으로 받아들이는 정도에 그쳤다.[62]

2. 독점금지법의 원시규정과 정책의 전개(1947.4~1949.6)

독점금지법은 동법 제1조에 규정된 독점금지정책의 실현을 목적으로 하며, 실체적 규범체계 이외에 실시기관과 실시절차에 관한 규정을 포함하여 전문 10장과 부칙을 합해 114조로 구성되어 있었다. 이 법률에 의거한 일본의 독점금지정책은 미국의 독점금지정책을 그대로 수용한 것이라고 할 수 있다. 미국의 독점금지법은 셔먼법, 클레이톤법 및 연방거래위원회법을 그 주요 법원으로 하고 있는데, 일본의 독점금지법은 이들을 하나의 법률로 통합하여 체계화한 것이다. 그런데 동법을 제정할 당시의 규제의 정도는 미국의 법제보다 훨씬 엄격하였다고 할 수 있다. 이점은 특히 다음 두 가지 점에서 두드러지게 나타났다.

첫째 영향이 경미한 경우를 제외한 카르텔의 전면적 금지(4조)와 부당한 사업능력교차의 배제(8조)를 규정한 점이다. 이 중에서 전자는 미국에서도 당연위법(per se illegal)의 법리에 의하여 부당한 거래제한에 포함되는 것으로 이해되고 있었지만, 규모가 '큰 것'(bigness)과 '독점화'(monopolization)의 관계에 대해서는 오늘날에도 논란의 대상이 되고 있는데,[63] 동법 제8조는 사적독점 금지와 별개로 사업자 간 사업능력의 차이가 클 경우에 영업시설 양도와 같은 조치를 통하여 인위적으로 균등화 시키는 내용을 담고 있었다.

둘째 기업결합의 철저한 제한을 규정한 점이다(9~16조). 특히 회사 상호 간의 주식보유와 임원겸임이 허용되는 범위는 극도로 제한되었다. 기업결합의 제한은 클레이톤법에도 규정되어 있듯이, 사적독점을 예방하기 위한 규정이라고 할 수 있는데, 이에 대한 규제가 필요 이상으로 엄격하게 규정되어 있었다고 할 수 있다.

한편 동법은 전후 경제재건의 기본원칙을 규정한 이른바 경제헌법으로서 원칙적으로 그 적용제외를 인정하지 않았다.[64] 그리고 동법의 목적에 저촉되는 제반

---

62) 今村成和, 獨占禁止法, 有斐閣, 1978, 13-14면.
63) 今村成和, 위의 책, 47면 참조.
64) 동법 제6장 적용제외의 각 규정 및 동법의 적용제외 등에 관한 법률(1947년 법률 138호) 참조.

법령 —전후의 카르텔 입법 및 각종 특수법인법— 은 속속 개폐되고, 인·허가 제
도도 정리되었다. 또한 장래 카르텔 단체의 소지가 될 우려가 있다고 하여, 강경한
통제단체의 제거정책이 점령정책으로 추진되었다. 독점금지법 제5조에도 통제단체
금지 규정이 마련되어 있었지만, 독점금지법의 적용을 받는 산업단체의 합법적 활
동의 한계를 제시하기 위하여, 미국의 사업자단체(Trade Association)에 대한 판례법
을 참고로 하여 사업자단체법(1948년 7월 29일 법률 191호)이 제정되었다. 그러나 이
기간에 독점금지법의 적용사례로서 주목할 만한 것은 거의 없었다.[65]

3. 독점금지법의 완화와 정책의 후퇴(1949.6~1953.9)

1948년 이래 미국의 대일정책은 크게 변하였다. 그것은 먼저 재벌해체정책의 완
화로 나타났으며, 나아가 독점금지법의 완화까지 인정하게 되었다(1949. 6. 18. 법률
214호에 의한 개정). 이 개정은 국제계약에 대한 과도한 규제를 규정한 동법 제6조와
기업결합에 관한 동법 제4장의 각 조항을 대상으로 하고 있었는데, 이들은 모두
점령정책적인 색채가 가장 현저한 부분이었다. 1951년 5월에는 점령법규의 재검토
를 인정하는 미국 국방장관의 성명이 있었고, 이에 기하여 점령자문위원회는 독점
금지법과 사업자단체법을 개폐할 필요성이 있다는 것을 지적하였다. 그 제 1보로
서 강화조약의 발효 직후 국회에서는 공정거래위원회의 기구축소(1952. 7. 31. 법률
257호 독금법 개정)와 사업자단체법에 있어서 활동규제의 대폭완화(1952. 7. 31. 법률
291호 동법 개정)를 실현하였다.

앞에서 설명한 바와 같이, 동법의 시행 초기에는 위반사건이 생길 여지가 적었
으나 1949년에 들어와서부터 사정이 크게 달라졌다. 공정거래위원회가 취급한 사
건의 수를 살펴보면, 1947~1948년 사이에는 모두 10건뿐이었으나 1949~1950년에
는 89건에 달하게 되었다. 여기에는 1948년 7월에 사업자단체법이 시행되어 동법
의 적용영역이 확대되었다는 점과 1949년 9월의 석탄통제의 철폐를 계기로 하여
자유경제 시대가 재현되었다는 점 등이 그 원인으로 지적되고 있다. 그러나 이러
한 사건의 대다수는 사소한 것들이었기 때문에 독점금지법이 본격적인 문제에 봉
착하게 된 것은 그 후의 일이었다.

1953년 7월 한국전쟁이 종료됨으로써 소위 '특수 붐'이 끝난 뒤부터는 불황대책
으로 카르텔이 음성적·양성적으로 결성되기 시작하여, 금융자본과 대산업자본의
세력이 증대하고, 기업의 계열화 등의 명목으로 지배와 집중이 진행되기 시작하였

---

65) 今村成和, 앞의 책, 14-15면.

다. 그런데 이에 대한 정부의 정책은 1952년 봄의 면방·화섬 등에 대한 조업단축의 권고에서 전형적으로 나타난 바와 같이, 전통적인 산업보호정책으로 일관하고 있었다. 입법상으로도 특정 중소기업의 안정에 관한 임시조치법(1952년 법률 294호) 및 수출거래법(1952년 법률 299호)의 제정에 의하여 카르텔 조직을 공인함으로써, 독점금지정책에 대한 돌파구를 열기에 이르렀으며, 그 결과 독점금지정책은 위축되기 시작하였다. 조업단축의 권고 등에 대해서는 사실상 심판개시 결정이 곤란하였기 때문에, 공정거래위원회는 통산성에 대한 신고와 업계에 대한 경고로 만족할 수밖에 없는 상태에 놓이게 되었다. 사건의 수는 격감하여 1951년 14건이었고, 그 후 1953년까지 거의 같은 수준에 머무르게 되었다. 반면에 불공정한 경쟁방법에 대한 행정적 규제가 행해지기 시작하여, 간장·된장 등과 같은 일상 생활용품의 과도한 경품부 판매가 이에 해당하는 것으로 지정을 받게 되었다. 이러한 사정 하에서 독점금지정책의 중점이 이러한 방향으로 옮겨가게 된 것은 필연적인 모습이라고 할 수 있다. 그러나 이들의 활동은 그 나름대로 사회적 평가를 받았던 것도 사실이다.[66]

4. 독점금지법의 성격 변화와 적용제외법의 급증(1953.9~1972)

이와 같은 정세의 변화는 독점금지법을 종래 경제헌법의 지위로부터 끌어내려서, '시대가 버리고 간 고아'로 만들어 버렸다. 그런데 때마침 서독의 경쟁제한방지법안이 전해지게 되자, 그 구상을 받아들여서 동법의 대 개정을 하게 되었다(1953년 9월 1일 법률 259호). 이 개정에 의하여 독점금지법의 성격에는 대폭적인 변화가 있었는데, 그 개정의 요지를 살펴보면 다음과 같다.

① 제4조(영향이 경미한 경우를 제외한 공동행위의 금지), 제5조(통제단체의 설립, 가입의 금지) 및 제8조(부당한 사업능력의 교차의 배제)의 삭제 및 제4조 삭제에 준하는 제6조(국제카르텔 금지)의 개정.

② 제4장(기업결합의 제한) 각 조항의 대폭적인 완화. 그 결과 지주회사의 전면적 금지(9조)와 금융기관에 의한 주식보유의 제한(12조)을 제외하고는, 회사 간의 주식보유, 임원겸임, 합병 등은 「일정한 거래분야에 있어서 경쟁의 실질적 제한」에 이르지 않는 한 허용하게 되었다.

③ 제5장(불공정한 경쟁방법의 금지)의 개정. 불공정한 거래방법의 금지규정을 개

---

66) 今村成和, 앞의 책, 15-17면.

정하여 그 적용범위를 넓혔다.

④ 제6장(적용제외)에 제24조의2(재판매가격유지계약), 제24조의3(불황 카르텔), 제24조의4(합리화 카르텔)를 추가.

⑤ 사업자단체법의 폐지(부칙). 동법을 대신하여 사업자단체의 활동규제를 중점적으로 규정한 제8조와 제8조의2를 신설하였다.

이상과 같은 개정으로 인하여 독점금지법의 성격은 다음과 같이 바뀌게 되었다.

(1) 예방규정의 소멸: 사적 독점에 대하여는 동법 제4장의 각 규정이, 그리고 부당한 거래제한에 대해서는 동법 제4조의 규정이 각각 예방규정의 의미를 가지고 있었으나, 이를 완화하거나 삭제한 결과 개정법에서는 실질적으로 독점단계에 도달하지 않는 한(사적 독점 또는 부당한 거래제한에 해당되지 않는 한) 법을 적용할 수 없게 되었다. 이는 독점금지정책의 명백한 후퇴인 동시에 그 목적의 실현은 현저히 곤란하게 되었다.

(2) 반카르텔 정책의 변질: 동법 제4조의 규정은 단순히 부당한 거래제한에 대한 예방규정일 뿐만 아니라, 카르텔을 죄악시하는 동법의 기본사상을 단적으로 표명한 것이었다. 이 규정이 있는 한 카르텔에 의한 시장지배는 항상 부당한 거래제한이 되며, 그것이 "공공의 이익에 반하여 일정한 거래분야의 경쟁을 실질적으로 제한하는"것이라는 점은 명백하였다. 그런데 1953년의 개정법은 동조를 삭제하였을 뿐만 아니라 카르텔의 인가제도까지 도입하였다. 그러나 카르텔을 인가하는 것은 당해 행위가 부당한 거래제한에 해당하지 않는다는 것을 공적으로 인정하는 것이지, 부당한 거래제한에 대하여 동법을 적용하지 않는다는 것을 의미하는 것은 아니다. 즉 개정법은 카르텔에 대하여 선악의 구별을 인정하게 되었는데, 이것은 동법의 기본적인 입장이 명확하게 변경된 것이라고 할 수 있다.

이와 같이 예방규정을 소멸시키고 카르텔의 공인정책을 채용하게 된 것은 단순히 본래의 의미의 독점금지정책을 그 테두리 내에서 완화한 것이 아니라, 오히려 그 기본적인 성격이 바뀐 것이라고 볼 수 있다. 이와 같은 개정에 대하여는 종래부터 독점금지정책의 완화에 반대하여 오던 노동자단체나 혁신정당은 물론 중소기업이나 소비자단체로부터 비판의 소리가 높았으며, 저널리즘의 대세도 비판적이었다. 이는 일본에서도 독점금지법이 이미 단순한 점령법규가 아니라는 점을 보여준 것이라고 할 수 있다.

그런데 카르텔 인가의 요건은 엄격하였고 공정거래위원회도 그 적용을 완화하는 태도를 보이지 않았기 때문에, 카르텔의 결성을 용이하게 하기 위한 적용제외법의 제정은 날로 증가해 갔으며,[67] 법률이 없는 경우에는 통산성의 권고라는 방법으로 카르텔을 용인하게 되어, 1957년 공정거래위원회의 연차보고에 의하면 당시 실시 중인 주요 카르텔은 업종별로는 22개, 협정단위별로는 약 40개, 그 밖에 실질적인 카르텔, 수출입거래법에 의한 카르텔 등을 더하면, 일본의 산업 중 카르텔이 없는 업종은 거의 손꼽을 정도였다. 그런데 이 중에서 불황 카르텔(24조의3) 또는 합리화 카르텔(24조의4)로서 공정거래위원회의 인가를 받은 것은 겨우 6개에 지나지 않았다.[68]

그럼에도 불구하고 이것도 대기업의 요구를 만족시키지 못하였다. 따라서 일본 정부는 1957년 독점금지법심의회를 설치하여 동법의 네 번째 개정작업에 착수하여 1958년 10월에 동법의 개정안을 국회에 제출하였다. 여기서는 불황예방 카르텔, 산업통제 카르텔을 도입한 것 이외에, 합리화를 위한 "합병"에 합병제한 규정의 적용제외를 인정하려고 하였다. 그런데 이 개정안은 중소기업단체, 농협관계단체, 소비자단체 등의 강력한 반대에 부딪혀 뜻을 이루지 못하였다. 그러나 공정거래위원회가 법을 운용하는 태도가 완화되어 그 개정방향을 수용함으로써, 실질적으로 개정의 목적을 달성할 수 있었기 때문에 동법 개정을 위한 노력은 약화되고 말았다.[69]

그 후 1963년에는 정부(通産省)가 무역자유화와 이에 따른 자본자유화에 대처하기 위하여 산업을 재편성할 필요가 있다고 보고, 이를 위한 수단으로서 합병제한 규정을 완화하기 위하여 특정산업진흥법을 제정하려고 하였다. 그러나 재계는 통산성의 힘을 빌어 합병할 필요를 인정하지 않고 특정산업진흥법의 제정에 협력하지 않았기 때문에, 이 시도는 폐기되고 말았다.

5. 독점금지법의 강화

1972~3년경 일본의 경제구조는 대체로 독점 내지 과점시장구조로 편성되어 있었기 때문에, 이미 유효한 경쟁질서가 유지될 수 있는 여지는 상당히 제한되어 있

---

67) 1953년 중소기업안정법, 수출입거래법, 주세의 보전 및 주류업조합 등에 관한 법률, 1954년 유안공업합리화 및 유안수출조정 임시조치법, 수출수산업진흥에 관한 법률, 1955년 석탄광업합리화임시조치법, 1956년 기계공업진흥임시조치법, 섬유공업설비임시조치법, 1957년 전자공업진흥임시조치법, 생사제조설비임시조치법, 환경위생관계영업의 운영의 적정화에 관한 법률 등.
68) 今村成和, 앞의 책, 17 - 19면.
69) 今村成和, 앞의 책, 13 - 21면 참조.

었다. 이와 같은 경제구조 하에서 중동의 원유생산 제한에 의한 석유부족에서 촉발된 상사 등의 매점·매석은 물가의 폭등을 초래하게 되었으며, 여기에 놀란 일반소비자들은 독점금지법의 강력한 발동을 요구함과 아울러 정부에 대하여 경제통제를 요청하게 되었다. 공정거래위원회는 이와 같은 상황을 고려하여 1973년 말에 독점금지법의 개정을 검토하기 시작하였다. 여기서 취급된 주요 논점은 ① 기업분할, ② 원가공개, ③ 카르텔 가격의 원상회복명령, ④ 과징금 제도의 신설, ⑤ 형사벌의 강화, ⑥ 주식보유제한의 강화 등 6가지였다. 그리고 독점금지법을 강화하는 개정에 적극적이었던 미끼(三木)수상은 1975년 4월 공정거래위원회의 개정시안을 받아들여 정부개정안을 정리하여 공포하였다.

이 정부안은 몇 번의 우여곡절 끝에 1977년 5월 27일 개정법으로 성립되었다. 독점금지법 개정의 요지는 ① 기업분할(2조, 8조의4), ② 가격의 동조적 인상에 관한 공정거래위원회의 보고징수권(18조의2, 44조), ③ 사업회사 및 금융회사의 주식보유의 제한강화(10조, 11조), ④ 과징금(7조의2, 8조의3), ⑤ 기왕의 위반행위에 대한 공개조치 등(7조, 8조의2, 20조), ⑥ 불공정한 거래방법에 대한 필요조치(20조), ⑦ 절차규정(51조의2, 52조의2, 53조의2, 54조의3, 81조), ⑧ 벌칙의 강화(89조 내지 98조) 등이었다. 이들 중에서 특히 ①, ②, ③의 개정이 독·과점적인 시장구조 규제의 중심을 이루는 것이었다.[70)]

1977년의 개정은 1947년에 독점금지법이 제정된 이래 적어도 동법을 강화하는 방향으로 개정된 최초의 것이라는 점 그리고 독점금지법의 강화를 향한 광범한 국민적인 지지가 구체적으로 실현된 것이라는 점에서 중요한 의미를 갖는다.[71)]

6. 미·일 구조조정협의와 독점금지법의 개정

미·일 구조조정협의(Structural Impediments Initiative)는 1986년 9월에 미·일 양국 간에 개시되어 1988년 6월에 그 최종보고가 공표되었다. 이 협의의 표면적인 목적은 당시에 특히 두드러지고 있던 미·일 간의 무역마찰을 해소하기 위하여, 양국 간 무역 불균형의 원인이 되고 있던 구조상의 문제를 협의하여 양국의 수뇌가 그 개선책을 마련하려는 것이었다. 그러나 그 협의를 제안한 미국 측의 의도는 무역상의 문제를 그 통상의 수단인 미국 통상법으로 해결하려고 할 경우에 생길 수 있는 미·일 관계의 악화를 우려하여, 먼저 일본 측에 대하여 일본의 거래관행

---

70) 丹宗昭信, "獨禁法三十年の步み", 法律時報 49권 11호(통권 598호), 1977, 18－24면 참조.
71) 正田彬, "獨禁法改正の經緯と問題點", 法律時報 49권 11호(통권 598호), 1977, 8면 이하 참조.

에 관한 구조상의 문제에 대하여 자주적인 해결을 촉구하도록 하려는 것이었다. 따라서 이 협의는 미·일 쌍방의 문제를 상호 간에 검토하는 것을 목표로 하고 있었으나 실제로는 미국 측의 요구에 따라 일본의 문제만을 해결하려는 것으로서 일본 측에게만 해결을 위한 의무가 부과되었다.

미국 측이 요구한 개선항목 중에서 중요한 것은 다음과 같은 6가지였다. ① 일본에서는 저축률 및 민간기업의 설비투자수준은 매우 높은 반면, 사회자본의 부족으로 공공투자가 불충분하다는 것, ② 불합리한 토지이용에 의한 지가 앙등으로 인하여 외국기업의 진입이 저지되고 있다는 것, ③ 일본의 유통제도는 여러 가지의 법적 규제를 수반하고 있을 뿐만 아니라 경쟁제한적인 거래관행이 만연되어 있기 때문에 외국기업의 진입이 저지되고 있다는 것, ④ 일본에서는 가격메커니즘이 정상적으로 기능하지 않고 내외의 가격 차이도 현저하게 나타나고 있다는 것, ⑤ 일본의 기업 간에는 주식의 상호보유나 사장단회의 등과 같은 인적결합에 의한 계열화가 현저하게 나타나고 있는데, 이것이 외국기업의 진입을 저지하고 있다는 것, ⑥ 집단 보이콧이나 담합 등과 같은 배타적인 거래관행이 만연되고 있으며, 그것 때문에 외국기업이 배제되고 있다는 것.

이상과 같은 6가지 항목 중에서 ①과 ②는 일본인과 일본기업의 행동양식 그 자체이지만, ③ 내지 ⑥은 일본 경제사회에 뿌리박혀 있는 경쟁제한적인 거래관행으로서 독점금지법과 직접적인 관련이 있는 문제들이었다. 이와 같이 미국 측 요구의 주요부분이 독점금지법의 문제를 지목하고 있었던 것은, 일본이 자본주의 사회의 기본적인 룰이라고 할 수 있는 독점금지법의 진정한 목적을 무시하고, 무역지상주의에 입각하여 생산제일주의 및 기업우선주의의 경제정책을 추진한 것이 무역수지 불균형의 원인이 되고 있다는 인식을 기초로 하고 있었기 때문이다. 바꾸어 말하자면 미국 측은 일본정부에 대하여 '소비자의 이익'을 우선하는 경쟁정책으로 전환할 것을 요구하고 있는 것이고, 그를 위하여 독점금지법의 운용을 엄격하게 하여 기업 간에 공정하고 자유로운 경쟁을 회복시켜야 한다는 것을 강조하고 있는 것이었다.

이 협의에 의하여 미국 측이 기도하고 있는 무역수지의 불균형을 시정하는 효과가 나타날 수 있을지에 대하여는 소극적인 견해가 일반적이었다. 그러나 이러한 미국 측의 요구가 일본으로 하여금 독점금지법의 진정한 목적을 새롭게 인식하여 독점금지정책을 일반소비자의 이익을 우선시키는 방향으로 추진할 수 있는 계기를 마련해 준 것은 사실이었다. 공정거래위원회는 여러 검토위원회와 연구회를 설치하여 그 대응책을 강구한 결과, ① 과징금의 산정방식을 개정하기 위하여 독점금지법 제7조의2를 개정한 것(1989년 7월 1일 시행), ② 독점금지법에 관한 소송에 있어서 공정거래위원회가 필요한 자료를 원고와 법원에 제공하여 원고를 적극적으로 지원하기로 한 것, ③ 독점금지법상 형벌의 강화를 검토하기로 한 것, ④ 「유통·거래관행에 관한 지침」을 공표한 것 등의 성과를 거두었다. 그러나 이러한 대응책은 미국 측의 요구에 대한 양보의 의미를 가질 뿐이며 일본의 독자적인 발안에 의한 것은 아니었다.[72]

한편 1997년에는 일본의 기업이 국제화의 진전이나 경제구조의 개혁에 적절히 대응하도록 하기 위하여, 지주회사의 설립을 전면적으로 금지하고 있던 독점금지법 제9조를 개정하여 "사업지배력의 과도한 집중을 초래하는 지주회사"만 금지하도록 개정함으로써 사업지배력의 과도한 집중과 관계없는 지주회사는 허용하게 되었다.[73]

7. 독점금지법 집행의 강화

2000년 5월에는 독점금지법의 실효성을 제고하기 위하여 손해배상제도의 충실화와 함께 위반행위의 금지를 청구하는 유지청구권제도(injunction)를 도입하였다. 즉 독점금지법상 불공정거래행위로 인하여 피해를 입거나 입을 우려가 있는 자는 법원에 대하여 위반사업자 또는 사업자단체의 침해행위의 정지 또는 예방을 청구할 수 있게 되었다(동법 24조).[74] 그리고 전력, 가스, 철도 등 자연독점사업에 고유한 행위에 대한 독점금지법 적용제외 규정도 폐지하였다.

한편 2002년 5월 개정에서는 출자총액제한제도를 폐지하면서 과도한 사업지배력 규제로 통일하는 등 일반집중 억제 제도를 정비하고,[75] 동법의 역외적용을 위한 송달규정을 마련하는 한편, 과징금의 상한액을 1억엔에서 5억엔으로 상향조정하였다. 2005년 4월에는 과징금 산정율의 인상과 가산제도의 도입, 조사에 협력한 사업자에 대한 과징금 감면(Leniency)제도의 도입, 형사사건의 조사를 위한 공정거래위원회의 법위반행위 조사권한의 도입, 심판절차의 개선과 가격의 동조적 인상에 대한 보고징수제도의 폐지가 이루어졌다. 2009년에는 과징금의 부과대상을 배

---

72) 谷原修身, 現代獨占禁止法要論, 中央經濟社, 1992, 77-78면.

73) 正田 彬, "獨占禁止法九條の改正について", ジュリスト No. 1123, 1997, 3면 이하 참조.

74) 신현윤, "日本獨占禁止法上의 違法行爲 留止請求權", 경쟁법연구 제7권, 2001, 123면 이하 참조. 그리고 私訴制度 일반에 관해서는, 장승화, 公正去來法上 私訴制度의 擴充方案에 관한 硏究, 공정거래위원회 연구용역보고서, 2000 참조.

75) 홍명수, "일본의 일반집중 규제와 시사점", 경쟁법연구 제12권, 2006, 58면 이하 참조.

제형 사적독점과 일부 불공정거래행위로 확대하고, 부당한 거래제한에 있어서 주도적인 역할을 한 사업자에 대하여 과징금을 할증 부과하고, 부당한 거래제한에 대하여 형사처벌을 강화하는 동시에, 회사의 주식취득을 통한 기업결합의 신고를 사전신고로 전환하는 내용의 개정이 이루어졌다. 그리고 2020년에는 자진신고자 감면제도와 관련하여 조사협력자에 대한 과징금 감면에 있어서 신청순위뿐만 아니라 협력의 정도에 따른 감산율을 적용하고 신청자 수에 제한을 두지 않도록 하고, 과징금제도와 관련하여 매출액이 불분명한 경우에 추계 규정의 정비와 밀접 관련 업무의 대가나 담합금 등을 산정 기초에 추가하는 등의 개정이 있었다.

제 2 장   기본개념과 적용제외

제 1 절   기본개념

독점규제법과 같이 기업의 경제활동에 대한 규제를 그 내용으로 하는 법규범에 있어서는 기본적인 법개념이 대단히 중요하다. 왜냐하면 법개념은 규제의 요건을 정함으로써 정부개입의 근거와 내용 및 한계를 설정하기 때문이다. 이러한 기능은 예컨대 사업자, 경쟁, 경쟁제한, 관련시장 등과 같이 독점규제법에서 자주 등장하는 개념의 경우에 특히 두드러지게 나타나고 있다. 따라서 여기서는 먼저 이러한 기본개념들에 대하여 살펴보고자 한다.

I. 사업자, 사업자단체

독점규제법은 사업자 또는 사업자단체의 행위에 적용된다. 즉 독점규제법은 누구에게나 적용되는 것이 아니라 자연인이든 법인이든 사업자로서의 특성을 갖고 있는 자, 즉 사업자와 사업자로 구성된 사업자단체에만 적용된다. 이것은 사업자를 중심으로 한 법률관계, 즉 경쟁관계나 거래관계에서 경쟁과 관련이 있는 행위에만 독점규제법이 적용된다는 의미에서 상법이 상인을 중심으로 한 법률관계를 규율대상으로 하는 것과 유사한 맥락에서 이해할 수 있다.[1]

1. 사 업 자

(1) 사업자의 개념

독점규제법은 사업자를 '제조업, 서비스업, 기타 사업을 행하는 자'로 정의하고 있다(법 2조 1호). 이 규정은 1999년에 개정된 것이다. 종래에는 동법이 사업자를 실질적으로 정의하지 않고 동법의 적용을 받는 사업분야에 대해서만 규정하고 있었고, 그에 따라 독점규제법은 제조업·서비스업 등 12개 사업에 대해서만 적용되

---

1) Fritz Rittner, 권오승 역, 독일경쟁법, 법문사, 1997, 174면 이하 참조.

고 농업·어업·광업 등 5개 사업에는 적용되지 않았다. 그러다가 1999년 법개정으로 독점규제법은 사업의 분야를 묻지 않고 모든 사업자에게 적용되게 되었다.

여기서 사업자란 결국 사업을 행하는 자를 말한다. 그런데 일반적으로 '사업'이라 함은 타인에게 일정한 경제적 이익을 제공하고, 그것에 상응하는 반대급부를 받는 행위를 계속적·반복적으로 하는 것을 말한다. 따라서 자선행위나 단순한 기부행위와 같이 반대급부를 받지 않는 행위는 여기에 포함되지 않는다. 그리고 사업을 행한다는 것은 자기의 계산 하에 사업을 영위한다는 의미로서, 그 활동이 반드시 영리를 목적으로 할 필요는 없다. 한편 법원은 사업자란 '자기의 계산으로 재화나 용역을 공급하는 경제활동을 하면서 그 활동과 관련된 각종 결정을 독자적으로 할 수 있는 자'를 의미하는 것으로 보아,[2] 넓은 의미에서 경제적 독립성을 사업자의 핵심적인 개념요소로 파악하고 있다. 뿐만 아니라 사업자의 의무가 법령에 규정되어 있는지 그리고 그 목적이 공익성을 띠는지 여부도 문제되지 않는다.[3] 또 이러한 사업을 행하는 자는 자연인, 법인, 법인격 없는 사단이나 조합 등 여러 가지 모습을 띨 수 있기 때문에 그 법적 형태도 문제되지 않는다.

그런데 사업자의 개념은 경제학상의 기업(undertaking, Unternehmung)에서 유래된 것으로서, 추상적인 차원에서 특히 가계 내지 소비자에 대응하는 개념으로 이해되고 있다. 그 결과, 협의의 소비자, 즉 경제적으로 단지 수요자로만 등장하는 자연인과 그들의 단체인 소비자단체는 사업자로 파악되지 않는다. 따라서 소비자단체의 보이콧은 원칙적으로 독점규제법상 불공정거래행위에 해당되지 않는다. 그리고 노동자와 그들의 단체인 노동조합도 그 자체로서는 사업자나 사업자단체에 해당하지 않기 때문에, 노동조합의 행위나 단체협약에 대하여는 독점규제법이 적용되지 않는다. 한편 사업자의 개념은 국가나 지방자치단체의 고권적인 행위를 동법의 적용에서 배제하는 기능을 담당한다. 따라서 독점규제법은 공기업에게는 적용되지만, 국가나 지방자치단체의 고권적인 행위에 대하여는 적용되지 않는다.

한편 사업자는 절대적 사업자와 상대적 사업자로 나눌 수 있다. 절대적 사업자란 상법상의 모든 회사와 기타 개인사업자를 말한다. 이러한 절대적 사업자는 항상 그리고 모든 관점에서 사업자이기 때문에, 그가 수요 측면에서 사무실용 비품이나 원재료 등을 구입하는 경우에도 사업자로 취급된다. 따라서 이들이 가장 일반적이고 중요한 독점규제법의 적용대상이 된다. 다만 의사나 변호사 등과 같은

---

2) 서울고법 2003. 5. 27. 선고 2001누15193 판결; 대법원 2005. 12. 9. 선고 2003두6283 판결.
3) 공정거래위원회 1987. 3. 25. 재결 제87−1호 참조.

자유업자 내지 개인사업자의 경우에는 별도의 특별법을 통해서 각종 경쟁행위가 규율되고 있는바, 이들 또한 사업자로서 독점규제법이 적용된다는 데에는 이견이 없다. 학문, 예술 및 스포츠 활동도 그것이 프로선수와 극단(劇團)의 경우처럼 사업자로서 활동하는 것으로 인정되는 경우에는 마찬가지로 독점규제법의 적용을 받는다. 공정거래위원회는 대한건축사협회의 경쟁제한행위에 관한 이의신청 사건에서, 동 협회의 구성원들을 사업자로 본 것과 관련하여 건축물의 설계, 공사감리 등의 서비스를 제공하고 그 대가로 보수를 받는 행위를 계속적·반복적으로 행하는 건축사의 업은 경제적 이익을 공급하고 그것에 대응하는 경제적 이익의 반대급부를 받는 경제행위에 해당하는 것으로서 독점규제법의 적용대상이 된다고 결정하였다.[4]

반면 상대적 사업자는 어느 특정한 활동 영역에 대해서만 사업자로 취급되는 개인이나 단체를 말한다. 자연인은 그가 상품이나 서비스의 공급자로서 독립적으로 활동하는 한도 내에서는 독점규제법의 적용을 받는 사업자가 되지만, 사적인 소비자나 노동자로서 활동하는 경우는 그렇지 않다. 그리고 주로 사업가적 목적을 추구하지 않는 사법상의 법인이나 권리능력 없는 사단도 그들이 부분적으로나마 재화를 공급하고 그 대가를 받는 활동을 하는 한도 내에서는 사업자로 취급된다. 그러나 구체적인 경우에 있어서 이러한 활동을 정확히 규정하기란 자연인의 경우보다 훨씬 더 어렵다.

(2) 국가 또는 지방자치단체

국가나 지방자치단체는 사업자가 아니므로 그들의 고권적인 활동은 원칙적으로 독점규제법의 적용을 받지 않는다. 그러나 국가나 지방자치단체가 일정한 경제주체의 하나로서 타인과 거래행위를 하는 경우는 그 한도 내에서 독점규제법상 사업자로서 동법의 적용을 받게 된다. 여기서 중요한 것은 공적으로 소유 또는 관리되고 있다는 사실이 아니라 사적인 거래에 참여하고 있는지, 아니면 고권적으로 행위하고 있는지이다. 예컨대 대법원은 서울특별시에 대하여 전동차의 제작 납품·구매계약의 주체로서 사업자성을 인정한 바 있다.[5] 그리고 국가나 지방자치단체가 전액 출자하여 설립한 공기업이나, 시립병원 등과 같은 영조물이 유상의 공공서비스를 제공한다면, 그들도 독점규제법상 사업자로서 동법의 적용을 받게 된다.

---

4) 공정거래위원회 1987. 3. 25. 의결 제87-1호.
5) 대법원 1990. 11. 23. 선고 90다카3659 판결.

이와 관련하여, 독일에서는 국가와 지방자치단체의 활동을 몇 단계로 나누어 파악하고 있다. 첫째 국가와 지방자치단체가 예컨대 자기 소유의 광고판이나 항구 등을 임대하거나, 국유림에서 벌채한 목재를 판매하는 경우와 같이 사업자와 유사한 행위를 하는 경우이다. 둘째 국립극장이나 시립도서관 또는 시립병원 등과 같은 영조물이 제공하는 공공서비스도 그 서비스가 유상으로 제공되는 경우이다. 이러한 경우는 모두 독점금지법의 적용을 받게 된다. 셋째 국가기관의 단순한 사무용품 구입에서부터 국방부의 군수품 조달에 이르기까지 국가와 지방자치단체의 모든 수요활동에 대해서는 독점금지법이 적용된다.[6] 끝으로 국가와 지방자치단체가 회사의 주식 또는 지분을 취득함으로써 지배적인 영향력을 행사하게 되는 경우도 사업자로 취급된다.

2. 사업자단체

독점규제법은 개개의 사업자만을 규제 대상으로 삼고 있는 것이 아니라, 2 이상의 사업자가 공통의 이익을 증진할 목적으로 조직한 사업자의 결합체나 그 연합체, 즉 사업자단체도 규제의 대상으로 하고 있다. 따라서 사업자단체는 독점규제법에서 사업자와는 별개의 법적 행위 주체로 취급되며, 명문으로 사업자단체를 금지행위의 주체로 정하고 있는 한도에서만 동법이 적용된다. 그리고 사업자단체에 관한 규정을 적용함에 있어서는 사업자의 이익을 위한 행위를 하고 있는 임원, 종업원, 대리인 등과 같은 자를 사업자로 본다(법 2조 1호 2문).

사업자단체는 사업자의 개념을 기초로 정의되어 있고, 따라서 사업자들로 조직된 단체이어야 한다. 단체의 구성원이 사업자이기만 하면 충분하고, 구성원 전부가 사업자일 필요는 없으며, 법적 형태는 사단이든 조합이든 민법 또는 상법상의 회사이든 이를 묻지 않는다. 사업자단체에는 구성사업자 간의 경쟁을 규율하기 위하여 조직된 단체뿐만 아니라 구성원들의 경제적 조건이나 지위를 개선하기 위하여 설립된 단체, 예컨대 수많은 경제단체와 직업단체 및 사용자단체를 포함한다. 그 밖에 사업자단체는 공통의 이익을 증진할 목적을 가지고 있으면 충분하므로 반드시 경쟁사업자들로 구성될 필요는 없으며, 따라서 상공회의소나 전국경제인연합회 등과 같이 다양한 업종의 사업자를 포섭하는 단체도 여기에 포함된다.

---

6) 우리나라의 독점규제법에 해당하는 독일의 경쟁제한방지법(GWB)은 제4장(97조 내지 184조)에서 공공부문의 조달에 관한 규정을 두고 있으며, 제97조는 공공 조달이 경쟁과 투명한 절차에 의하여 이루어져야 한다는 원칙을 밝히고 있다.

그리고 오늘날에는 사업자의 개념이 점차 확장되어 감에 따라 사업자단체의 개념도 확장되고 있다. 예컨대 의사, 약사, 변호사, 건축사 등과 같은 전문적인 자유업이 사업자의 개념에 포함됨에 따라 의사협회, 약사회, 변호사협회, 건축사회 등도 사업자단체로 다루어지고 있다. 대법원도 사단법인 대한약사회7)와 대한법무사협회8) 및 대한의사협회9)를 사업자단체로 보아 독점규제법의 적용을 인정한 바 있다.

II. 경쟁, 경쟁제한, 관련시장

경쟁과 시장을 학문적으로 파악하려는 노력은 그 역사가 상당히 오래되었으며, 그 뿌리는 아리스토텔레스의 적정가격(iustum pretium) 이론에까지 거슬러 올라간다.10) 그러나 근대적인 의미의 경쟁이론은 18세기 영국의 고전경제학에서 비롯되며, 특히 아담 스미스의 국부론이11) 중요한 전기를 제공하였다.

시장과 경쟁은 독점규제법의 중심개념으로서 원래 경제학에서 유래한 개념이지만, 이제는 법적 개념으로 전환되었을 뿐만 아니라 독자적인 법적 의미를 가지고 있다. 그런데 아직도 이 점을 간과하고 이들의 경제학적 의미만을 파악하려고 노력하는 경향이 있으며, 그 결과 그 논의가 추상론에 빠져서 독점규제법이 추구하고 있는 구체적인 과제를 해결하는 데 별다른 기여를 하지 못하는 경우가 많다. 따라서 이들의 개념은 사법질서의 맥락에서 이해될 필요가 있다. 시장은 일반적으로 상품이나 서비스가 교환 또는 거래되는 장소를 의미하지만, 독점규제법에서는 상품이나 서비스의 거래를 위한 사업자와 그 고객의 만남이라고 이해할 수 있다. 그리고 이때 경쟁이란 시장참가자들이 가능한 한 자신에게 유리한 계약을 체결하기 위하여 노력하는 과정 또는 노력 그 자체를 의미한다. 그런데 독점규제법은 시장과 경쟁이라는 개념과 더불어 '경쟁제한'이라는 개념을 함께 사용하고 있으므로, 여기서는 먼저 이러한 개념들을 명확히 정의해 둘 필요가 있다.

---

7) 대법원 1995. 5. 12. 선고 94누13794 판결.
8) 대법원 1997. 5. 16. 선고 96누150 판결.
9) 대법원 2003. 2. 20. 선고 2001두5347 전원합의체 판결.
10) 권오승, 기업결합규제법론, 법문사, 1987, 23면 주 1) 참조.
11) Adam Smith, An Inquiry into the Nature and Causes of the Wealth of Nations, 1776.

1. 경   쟁

경쟁(競爭, competition, Wettbewerb)의 개념에 대한 만족할 만한 정의는 아직 이루어지지 못하고 있다. 일반적으로 법학자들은 주로 법률상의 표현, 법적 연관성 및 입법취지 등에 기초하여 경쟁을 정의하고자 하는 반면, 경제학자들은 경쟁에 대한 이론적 또는 경험적인 사회과학적 인식을 기초로 하여 이를 정의하려고 한다. 이처럼 서로 다른 접근방법으로 인하여 부분적으로 서로 다른 결과에 도달하게 된다. 그런데 경쟁이란 매우 복합적인 현상이기 때문에 이를 제대로 규명하기 위해서는 법학자 및 경제학자를 비롯한 여러 사회과학자들이 상호보완적으로 연구하지 않으면 안 된다.

그러나 이러한 연구의 수행은 실제로 매우 어려우므로, 법학자들이 이에 대하여 큰 기대를 걸기는 어려울 것이다. 경제학자들은 바람직한 시장 형태로서 예컨대 완전경쟁이나 넓은 과점과 같은 특정한 시장모델을 설정하는 경우가 있지만, 이러한 시장모델이란 추구해야 할 바람직한 목표도 아니고, 또 실현 가능한 목표도 아니다. 따라서 경쟁을 특정한 시장모델이 아니라 법적으로 보호해야 할 하나의 질서원리로 파악하는 것이 바람직할 것이다.

이와 같은 관점에서 보면, 독점규제법이 사업자들의 자의적인 제한으로부터 보호하고자 하는 경제적 경쟁은 다음과 같은 두 가지 의미를 갖는다. 첫째 경쟁은 본질적으로 생산요소들을 조정하고, 이를 통하여 국가가 추구하고 있는 생산이나 분배의 목표달성에 기여할 목적으로 국가에 의하여 규율되는 제도이다. 둘째 경쟁은 각 개인이 다른 사람들과 경제적인 생활관계를 형성할 수 있는 자유의 표현이다.

여기서 스포츠경기에서나 볼 수 있는 결정론적인 경쟁의 개념을 경제적 경쟁, 즉 사회 전체의 경쟁원리로 이해해서는 안 된다. 왜냐하면 결정론적인 경쟁은 자유로운 시민사회에서는 실현될 수 없고, 오로지 명령과 통제가 지배하는 경제체제 하에서만 달성될 수 있기 때문이다. 따라서 개인의 자유와 창의를 존중하는 시장경제에서는 결정론적인 경쟁개념은 인정될 수 없고, 오로지 비결정론적인 경쟁개념만 인정된다. 여기서는 이러한 비결정론적인 경쟁개념을 보다 쉽게 이해할 수 있도록 하기 위하여, 예술의 자유에 관한 획기적인 판결이라고 할 수 있는 전위예술의 문제에 대한 독일 헌법재판소의 판결에서[12] '예술'을 '경쟁'으로, 그리고 '예술

---

12) NJW 1985, SS. 261, 262, "Anachronistischer Zug".

가'를 '기업가'로 바꾸면 그 취지를 경쟁에 관해서도 그대로 적용할 수 있다고 주
장한 프리츠 리트너(Fritz Rittner) 교수의 설명을 소개하기로 한다.[13]

> "경쟁이론은 그 대상을 분명히 규명해 보려고 부단히 노력해 오고 있으나, 법
> 이외의 다른 영역에서는 이를 명확히 규정하기 위한 기준을 찾아내지 못하고 있다.
> 경쟁이론이 이에 대한 객관적인 기준을 찾지 못하고 있는 것은 경쟁 그 자체의 특
> 수성에 기인한다. 전위적인 경쟁은 바로 이러한 경쟁의 개념적인 한계를 확대하려
> 는 시도이다. 엄격한 형식과 경직된 인습에 대한 기업가와 경쟁이론가들의 광범한
> 불신은 경쟁 그 자체의 특성으로서 마땅히 존중되어야 할 것이다. … 경쟁 그 자체
> 를 일반적으로 정의하는 것이 불가능하다고 하여 경쟁을 보호해야 할 헌법적인 의
> 무가 면제되는 것은 아니다."

경쟁의 개념을 적극적으로 정의할 필요가 없다는 것은, 우리가 경쟁의 개념을
필요로 하는 이유를 돌이켜 보면 쉽게 이해할 수 있다. 경쟁의 개념이 필요한 이
유는 특정한 경쟁개념을 이상형으로 하여 그것을 실현하기 위해서가 아니라, 시장
집중이나 일반집중이 더 이상 시장원리에만 맡겨 놓을 수 없을 정도로 그 한계를
넘어선 경우에 규제를 통하여 부득이 간섭하지 않을 수 없는 한계점을 찾아내기
위한 것이다. 따라서 경쟁정책에 있어서 중요한 것은 경쟁의 개념을 적극적으로
정의해 놓고 이를 실현하려는 것이 아니라 경쟁 그 자체는 무한히 변모 · 발전해
가도록 놓아두고, 소극적으로 경쟁을 제한하는 현상들만 찾아내어 이를 배제함으
로써 경쟁의 발전적 잠재력을 유지 또는 보호해 나가려는 것이다. 이러한 이유에
서 각국의 독점금지법은 경쟁의 개념에 대하여는 이를 적극적으로 규정하지 않고
이를 제한하는 경쟁제한 행위들만 개별적으로 포착하고 있다.[14]

2. 경쟁제한

경쟁제한은 사업자들 간 경쟁의 자유를 제한하는 것으로서, 이는 주로 가격, 공
급량, 생산, 투자, 거래조건, 판로, 시장진입 등과 같은 시장요소들과 관련되어 나
타나게 된다. 경쟁제한의 모습은 매우 다양할 뿐만 아니라 끊임없이 변모해 가고
있다. 그 결과 경쟁제한의 구체적인 모습은 이를 모두 한정적으로 열거하기는 불
가능하고, 일정한 기준을 가지고 그 유형을 분류할 수 있을 뿐이다.

경쟁제한을 분류하는 방법에는 여러 가지가 있지만, 이를 크게 나누면 시장에

---

13) F. Rittner, *Wettbewerb auf den Versicherungsmarkten aus rechtswissenschaftlicher Sicht*, Zeitschrift
für die gesamte Versicherungswissenschaft, 1985, 2/3, SS. 201, 206.

14) 권오승 역, 앞의 책, 151면 참조.

미치는 효과를 기준으로 분류하는 방법과 여기에 동원된 수단을 기준으로 분류하는 방법이 있다. 예컨대 시장에 미치는 효과를 기준으로 분류하면, 수평적 경쟁제한, 수직적 경쟁제한 및 혼합적 경쟁제한으로 나누어진다. 수평적 경쟁제한은 동일한 시장에서 활동하고 있는 기업들 간의 경쟁제한을 의미하며, 수직적 경쟁제한은 공급 또는 수요관계로 서로 연결되어 있는 여러 시장에 관련되는 경쟁제한을 의미한다. 그리고 혼합적 경쟁제한은 동일한 시장에서 활동하고 있는 기업들 간의 경쟁제한도 아니고, 거래관계에 의하여 연결되어 있는 기업들 간의 경쟁제한도 아닌, 그 밖의 경쟁제한을 모두 포괄한다.

독점규제법은 이러한 경쟁제한 중에서도, 시장지배적 지위를 남용하거나(법 5조 1항), 경쟁을 실질적으로 제한하거나(법 9조 1항), 부당하게 경쟁을 제한하는 경우(법 40조 1항) 등에 한하여 이를 규제하고 있다. 동법은 '경쟁을 실질적으로 제한하는 행위'를 일정한 거래분야의 경쟁이 감소하여 특정 사업자 또는 사업자단체의 의사에 따라 어느 정도 자유로이 가격·수량·품질 기타 거래조건 등의 결정에 영향을 미치거나 미칠 우려가 있는 상태를 초래하는 행위라고 정의하고 있다(법 2조 5호). 이는 일정한 거래분야에서 경쟁을 전체적으로 보아 그 기능을 실효성 있게 제한하는 것을 의미하며, 그 질적 변화를 통하여 유효한 경쟁(workable competition)을 기대하기가 곤란한 상태를 초래하는 것을 말한다.

3. 일정한 거래분야, 관련시장

독점규제법은 자유롭고 공정한 경쟁을 유지하기 위하여 이를 제한하는 시장지배적 지위의 남용, 경쟁제한적인 기업결합, 부당한 공동행위와 불공정거래행위 등을 금지 또는 제한하고 있다. 따라서 어떠한 행위가 경쟁을 제한하는지 여부를 판단하기 위해서는, 먼저 그러한 행위가 사업자들 간의 경쟁에 영향을 미치는 범위, 즉 일정한 거래분야 내지 관련시장(relevant market)을 획정하지 않으면 안 된다.

독점규제법에서 일정한 거래분야가 특히 중요한 의미를 갖는 이유는 그 범위를 어떻게 획정하느냐에 따라 그 시장의 구조가 독점, 과점 또는 경쟁적인 시장으로 달라질 수 있기 때문이다. 예컨대 콜라·사이다·천연탄산수의 생산자가 각각 하나씩이고, 주스의 생산자가 다수 존재하는 경우에, 이들 모든 기업의 규모가 같다고 가정할 때, 앞의 세 가지 청량음료가 각각 독립적인 시장을 구성한다고 보면 3개의 독점시장이 존재하게 되고, 이들 세 가지의 음료가 단일시장을 형성한다고 보면 하나의 과점시장이 존재하게 되지만, 주스까지 포함한 네 가지 음료가 하나의 시장을 형성한다고 보면 1개의 경쟁적인 시장이 존재하게 된다.

그런데 독점규제법은 "일정한 거래분야라 함은 거래의 객체별·단계별 또는 지역별로 경쟁관계에 있거나 경쟁관계가 성립될 수 있는 분야를 말한다"고 규정하고 있다(법 2조 4호). 따라서 거래의 객체별, 단계별 또는 지역별로 경쟁관계에 있는지 여부가 판단되어야 하며, 특히 객체별 및 지역별에 상응하는 상품시장(product market)과 지역시장(geographical market)의 획정이 중요하다.

우선 상품시장은 일차적으로 수요와 공급의 합리적 대체가능성에 의하여 획정된다. 수요의 대체가능성에 대한 심사는 어떤 상품이 그 기능, 가격 및 특성상 수요자의 관점에서 보아 대체가능성이 있다고 인정할 수 있을 정도로 충분히 유사한지 여부를 기준으로 하여 이루어진다. 예컨대 유럽법원은 United Brands사건에서[15] 바나나는 다른 과일과 구별되는 몇 가지의 특성을 갖고 있기 때문에 바나나시장을 하나의 상품시장으로 보아야 한다고 판시한 바 있다. 바나나는 연중 언제나 구입할 수 있고, 어린아이와 노인 및 환자들과 같은 인구의 중요한 층에 대하여 계속적인 수요를 충족시킬 수 있으며, 바나나의 성수기에는 다른 과일들이 경쟁에 그다지 큰 영향을 미치지 않는다는 특징을 가지고 있다. 이러한 사정이 다른 과일을 구입할 수 있는 시기에는 바나나의 가격과 수요가 떨어진다는 사실보다 더 중요한 의미를 가진다고 한다.[16] 그리고 같은 제품이라고 하더라도 그것이 서로 다른 용도에 사용되거나 용도에 따라 다른 기능을 담당하고 있는 경우에는 별개의 관련시장을 형성하게 된다.

예컨대 Hoffmann—La Roche사건에서는[17] 생체에 사용되는 비타민시장과 산업적인 용도에 사용되는 비타민시장을 구별하고 있다.[18] 우리나라에서는 서울고등법원이 행정전산망용 PC는 정부의 각 부처를 고객군으로 하여 그 표준가격이 미리 정해져 있는 데다가 조달청의 입찰과정을 통하여 실질적으로 연간 구입단가가 결정되고 낙찰 후 구체적인 구매단계에까지 경쟁관계가 성립되어 있는 이상, 행정전산망용 PC 시장은 일반 민수용 판매분야와 구별되는 일정한 거래분야를 구성한다고 판시한 바 있다.[19] 그리고 동양제철화학(주)의 기업결합 사건에서 대법원은 타이어용 카본블랙시장과 산업고무용 카본블랙시장의 경우 양 시장의 구매자가 서

---

15) Case 27/76 United Brands v. Commission(1978) ECR 207, 273.
16) 권오승, EC경쟁법, 법문사, 1992, 162—163면 참조.
17) Case 85/76 Hoffmann—La Roche v. Commission (1979) ECR 514—7.
18) 권오승, 앞의 책, 163면 참조.
19) 서울고법 1996. 2. 13. 선고 94구36751 판결.

로 전환할 가능성이 있다는 것을 주된 근거로 하여 양자를 하나의 관련시장으로 획정하는 것이 타당하다는 입장을 취하였다.[20] 반면 5개음료 제조·판매사업자의 부당공동행위 사건에서 대법원은 생수, 기능성음료, 탄산음료, 과일음료 등을 하나의 음료상품 시장으로 볼 수 있는지와 관련하여 음료상품의 기능 및 효용의 유사성, 구매자들의 대체가능성에 대한 인식 및 그와 관련한 경영의사 결정형태 등을 종합적으로 고려하여 볼 때 이를 하나의 시장으로 인정하기 어렵다고 판시하였다.[21]

한편 공급의 대체가능성에 대한 심사는 특정한 용도에 관하여 수요의 대체성이 없는 상품을 공급하는 자가 대체상품을 공급하기 위하여 그 시설이나 설비를 전환할 수 있는지를 문제 삼는다. 대체로 공급의 대체가능성 검토는 수요 측면에서의 검토 이후 추가적으로 이루어지게 되는데, 특히 사업자의 공급 전환 비용이 작을 경우에 관련시장 획정에서 고려될 여지는 커질 것이다.[22] 여기서 공급의 대체는 종래의 유휴설비를 이용하여 기존 상품의 생산을 늘리는 경우도 있고, 지금까지 다른 상품을 제조해 오던 생산시설을 적은 비용으로 개조하여 당해 상품의 수요 대체가능성이 높은 새로운 상품을 만드는 경우도 있을 것이다. 예컨대 Calnetics사건에서[23] 미국 연방 지방법원은 Volkswagen의 에어컨은 다른 자동차용 에어컨과는 다른 별개의 관련시장을 형성한다고 판시하였으나, 제9항소법원은 원심이 공급의 교차탄력성을 고려하지 않았다는 이유로 이를 파기하면서, Volkswagen의 에어컨은 일단 제조된 뒤에는 Volkswagen에만 사용할 수 있지만, 자동차의 에어컨을 제조하는 시설은 쉽게 다른 모델의 자동차용 에어컨의 제조를 위하여 전환될 수 있다고 하여 자동차용 에어컨 시장을 하나의 관련시장으로 보았다.

한편 지역시장(지리적 시장)은 당해 상품에 적용되는 경쟁의 조건이 모든 사업자에게 동일하게 적용되는 영역을 의미하며, 대법원은 지역시장을 "서로 경쟁관계에 있는 사업자들이 위치한 지리적 범위"로[24] 정의하고 있다. 상품시장과 마찬가지로 대체가능성이 판단기준이 된다. 전국시장이 하나의 지리적 시장이 되는 경우가 있지만, 이 보다 좁은 지역으로 지리적 시장이 획정되는 경우도 있다. 후자의 경우 운송비 등과 같이 해당 지역을 별도의 시장으로 획정하는 것을 정당화할 수 있는

20) 대법원 2009. 9. 10. 선고 2008두9744 판결.
21) 대법원 2013. 2. 14. 선고 2010두28939 판결.
22) EU, Relevant Market Notice, para. 20-23.
23) Calnetics Corp. v. Volkswagen of America, Inc., 348 F. Supp. 606 (C.D. Cal. 1972), 532 F. 2d 674 (9th Cir. 1976), cert. denied, 429 U.S. 940(1976).
24) 대법원 2007. 11. 22. 선고 2002두8626 판결.

사유가 있어야 한다.[25)]

공정거래위원회가 제정하여 고시한 기업결합심사기준에서는[26)] 일정한 거래분야의 판단기준을 거래대상(상품시장)과 거래지역(지역시장) 등에 따라 구분할 수 있다고 규정하고 있다. 우선 상품시장의 경우에는 일정한 거래분야가 거래되는 특정 상품의 가격이 상당한 기간 어느 정도 의미 있는 수준으로 인상될 경우 동 상품의 구매자 상당수가 이에 대응하여 구매를 전환할 수 있는 상품의 집합을 말하며, 특정 상품이 동일한 거래분야에 속하는지 여부는 상품의 기능, 효용 및 가격의 유사성, 구매자 또는 판매자들의 대체가능성에 대한 인식 및 그와 관련된 구매 또는 경영의사결정 행태, 표준산업분류, 거래단계(제조, 도매, 소매 등)와 거래상대방 등을 고려하여 판단한다고 규정하고 있다. 그리고 지역시장은 일정한 거래분야가 당해 상품의 가격이 다른 모든 지역에서는 일정하나 특정지역에서만 상당기간 어느 정도 의미 있는 가격인상이 이루어질 경우 당해 지역의 구매자 상당수가 이에 대응하여 구매를 전환할 수 있는 지역전체를 말하며, 특정지역이 동일한 거래분야에 속하는지 여부는 상품의 특성(상품의 부패성, 변질성, 파손성 등), 판매자의 사업능력(생산능력, 판매망의 범위 등), 구매자 또는 판매자의 구매지역 전환가능성에 대한 인식 및 그와 관련된 구매자의 구매지역 전환 행태 또는 판매자의 경영의사결정 행태 및 시간적, 경제적, 법제적 측면에서의 구매지역 전환의 용이성 등을 고려하여 판단한다고 규정하고 있다.

제 2 절 적용제외

I. 적용제외의 의의

우리나라와 같이 시장경제를 경제질서의 기본으로 삼고 있는 나라에서는 독점규제법이 경제질서의 기본법이라고 할 수 있기 때문에 동법은 원칙적으로 모든 산업분야에 골고루 적용된다. 그 결과 독점규제법이 현재 특정한 산업에 대하여 명시적인 적용제외 조항을 두고 있는 경우는 없다. 그러나 시장경제를 기본으로 하고 있더라도 경제활동을 오로지 시장의 기능이나 경쟁의 원리에만 맡겨 놓을 수는

---

25) 권오승, 앞의 책, 171-172면 참조.
26) 공정거래위원회 고시 제2023-20호, 2023. 2. 7.

없기 때문에, 동법은 제116조 이하에서 특정한 사업자나 특정한 행위에 대하여 그 적용을 전면적 또는 부분적으로 제외하고 있다.

그런데 이러한 적용제외를 널리 인정하게 되면 독점규제법의 실효성이 크게 저하될 우려가 있기 때문에, 우리나라 경제질서의 기본인 시장경제의 기능을 제대로 유지하기 위해서는 이를 가능한 한 제한적으로 해석할 필요가 있다.

Ⅱ. 적용제외의 이론적 근거

적용제외를 인정하는 근거는 이를 실증적인 관점에서 찾을 수도 있고, 이론적인 관점에서 찾을 수도 있다. 여기서 적용제외가 형성되는 사회경제적 과정에 초점을 맞추어 그 근거를 주로 이익집단의 영향에서 찾고 있는 실증적인 관점은[27] 제쳐놓고, 일단 이론적인 관점에서 그 근거를 찾아보면, 그것은 다음과 같은 두 가지로 나누어진다.[28] 하나는 정부가 추구하는 목표가 서로 충돌하는 경우 이에 대한 입법자의 정책적 판단이고, 다른 하나는 시장실패에 대처하기 위한 것이다.[29]

1. 목표충돌에 대한 정책적 결단

이것은 자유롭고 공정한 경쟁의 유지라고 하는 독점규제법의 목적과는 직접적인 관계가 없는 다른 이유로 어떤 구체적인 활동영역에 대하여 동법의 적용을 제외하는 것이다. 이 경우에는 국가가 그 활동영역을 직접 관장할 수도 있고, 다른 사람이 국가의 특별한 감독하에 이를 영위하게 할 수도 있다. 이러한 활동의 대표적인 예로는 국방이나 치안유지를 들 수 있다. 오늘날 대부분의 나라에서는 국방이나 치안유지를 순수한 국가적 과제로 보아, 이러한 활동에 대하여는 독점규제법을 적용하지 않는다. 교육제도, 보건 및 사회복지시설의 유지 등과 같은 경우에도 같은 이유로 독점규제법의 적용이 제외될 수 있다.

그리고 적용제외가 국가의 정책적인 목표를 달성하기 위하여 활용되는 경우도 있다. 예컨대 경기정책(불황카르텔), 산업구조정책(구조조정카르텔, 중소기업의 협동화), 완전고용정책(고용안정을 위한 기업결합의 승인), 국가안보 등을 위한 조치들이 여기에 해당된다. 여기서는 그러한 목표의 달성을 위하여 당해 조치들이 과연 필요하며

---

27) Areeda – Turner, Bd. Ⅰ, pp. 133 – 227.
28) 권오승, "독점규제법상 적용제외", 법경제연구(Ⅱ), 한국개발연구원, 1995, 109면 이하 참조.
29) Wernhard Möschel, Recht der Wettbewerbsbeschränkungen, Köln, 1983, Rdnr. 949 ff.

불가피한 것인지가 문제된다. 독점규제법에서 인정하고 있는 효율성 증대나 도산 기업의 구제를 위한 기업결합의 예외(법 9조 2항), 불황 극복을 위한 산업구조조정·연구기술개발·거래조건의 합리화·중소기업의 경쟁력향상을 위한 공동행위의 인가(법 40조 2항)에서 이러한 목표충돌이 나타나고 있다. 그리고 금융 또는 보험업에 대하여는 투자자 보호와 보험계약의 항구적인 이행확보라는 목표를 달성하기 위하여 독점규제법의 적용을 부분적으로 제외하는 경우가 있다(법 27조 1항). 여기서는 주로 그러한 정책적 판단이 과연 합리적인지 여부가 문제된다. 따라서 그러한 적용제외의 합목적성과 필요성, 그리고 그것이 그 밖의 영역에 미치는 부수적인 영향 등도 함께 고려되어야 한다.[30]

그런데 이러한 적용제외는 결국 경쟁정책에 대한 국가의 태도에 따라 좌우되기 때문에 국가가 이러한 적용제외를 인정함에 있어서 독점규제법이 경제질서의 기본법이라는 점을 감안하여 적용제외의 인정범위를 가능한 한 축소하도록 노력해야 할 것이다. 왜냐하면 충분한 이유도 없이 적용제외를 널리 인정하게 되면, 독점규제법은 경제질서의 기본법으로서의 의의나 기능을 상실하게 될 우려가 있기 때문이다.

2. 시장실패에 대한 대처

여기서도 적용제외의 근거가 입법자의 정책적인 판단에 의존하고 있는 것은 사실이지만, 그것을 정당화하는 근거는 다분히 경쟁이론적인 것이다. 시장경제에 있어서는 모든 경제활동이 원칙적으로 경쟁에 의하여 조정되지만, 경쟁이 아예 발생할 수 없거나, 그 영역의 특수성 때문에 경쟁의 긍정적인 효과가 나타나지 않는 경우에는 경쟁이 배제된다. 이것을 이른바 시장실패(market failure)라고 한다. 운송업, 에너지산업 등이 대표적인 예가 될 것이다.[31]

시장실패의 사유로서 특히 중요한 의미를 갖는 경우는 다음과 같다.[32] 우선 자연독점을 들 수 있다. 자연독점은 흔히 평균비용이 하락하는 규모의 경제가 작동하여 장기적으로 오로지 하나의 공급자만이 살아남게 되는 경우 나타난다. 이러한 산업은 자연적인 적용제외로서 별도의 규율을 받게 된다. 예컨대 전기·가스 등과 같은 에너지산업과 수도·철도운송 등과 같은 분야가 여기에 해당된다. 이러한 분

---

30) Möschel, a.a.O., Rdnr. 952.
31) Möschel, a.a.O., Rdnr. 953.
32) Möschel, a.a.O., Rdnr. 973.

야는 본질적으로 오로지 자유경쟁에만 맡겨 놓을 수 없는 측면이 있으므로, 일반적으로 이를 공공부문 내지 정책규제부문이라고 한다. 이러한 분야에 대하여는 법률에 의하여 영업의 자유가 제한되고 있을 뿐만 아니라 국가의 직접적인 규제가 이루어지고 있는 경우가 많다.

둘째 자연독점에 대한 반대의 경우로서 과당경쟁을 들 수 있다. 여기서는 특정한 시장에 지나치게 많은 경쟁자가 존재하여 그대로 놓아두면 산업 전체가 위험에 처할 우려가 있으므로, 이에 대한 규제가 필요하게 된다.

셋째 이른바 외부효과 문제를 들 수 있다. 외부효과에는 부정적인 것도 있지만 긍정적인 것도 있다. 부정적인 외부효과는 특정한 재화의 생산이나 소비를 통하여 제3자에게 불이익을 주는 경우에 있어서 제3자가 그 불이익을 당사자 간의 시장관계에 반영할 수 없을 뿐만 아니라 가격형성 시에도 이를 고려할 수 없는 경우를 가리킨다. 이러한 경우에는 경쟁이 부정적 외부효과 문제를 해결하는 데 한계가 있기 때문에, 경쟁을 대신하는 규제가 필요할 수 있다.

Ⅲ. 적용제외행위

독점규제법은 법령에 따른 정당한 행위, 무체재산권의 행사행위, 일정한 조합의 행위에 대하여는 동법의 적용을 전면적으로 제외하고 있다.

1. 법령에 따른 정당한 행위(법 116조)

독점규제법은 사업자 또는 사업자단체가 다른 법령에 따라 행하는 정당한 행위에 대하여는 동법을 적용하지 않는다. 그러나 여기서 다른 법령이 구체적으로 무엇을 의미하는지는 명확하지 않다. 1980년에 동법을 제정할 당시에는 특별법의 제정을 통하여 동법의 적용을 받지 않는 법률을 구체적으로 지정하도록 규정하고 있었으나(구법 47조 2항), 국가는 이러한 적용제외법률을 제정하지 않고 있다가, 1986년에 동법의 제1차 개정 시에 동 조항을 아예 삭제해 버렸다. 따라서 현행법상으로는 여기서 말하는 법령이 구체적으로 어떠한 법령을 의미하는지가 분명하지 않기 때문에, 이 문제는 결국 해석론에 맡겨질 수밖에 없다.

해석론으로서는 독점규제법이 금지하고 있는 행위들 중에서 다른 법령에 근거가 있는 행위는 모두 여기에 해당된다고 넓게 해석할 수도 있고, 반대로 다른 법령에 근거가 있는 행위들 중에서 특히 합리적인 근거가 있는 행위만 여기에 해당된다고 좁게 해석할 수도 있다. 그런데 독점규제법이 경제질서의 기본법이라는 점과 동법 제정 당시의 사정 등을 종합적으로 고려해 볼 때, 후자의 견해가 타당하다고 생각된다. 왜냐하면 우리나라에서는 1960년대 이후 줄곧 정부가 주도적으로 경제개발정책을 추진해 오다가, 1980년대에 들어와서는 그러한 개발방식이 한계에 부딪히게 되자, 이를 극복하기 위하여 경제운용방식을 정부주도에서 민간주도로 바꾸고, 민간주도의 시장경제가 정상적인 기능을 수행할 수 있도록 하기 위한 수단으로 독점규제법을 제정하여 시행하고 있기 때문이다.

이러한 관점에서 보면, 정부는 종래 정부주도형 경제개발정책을 추진할 당시에 제정된 제반 법률들을 근본적으로 재검토하여, 이러한 법률들 중에서 민간주도의 시장경제에 어울리지 않는 법률들은 이를 과감히 개정 또는 폐지할 필요가 있으며, 정부는 실제로 그러한 노력을 게을리하지 않았다. 그러나 정부의 꾸준한 노력에도 불구하고 많은 산업분야에는 아직도 합리적인 근거가 없거나 시대정신에 맞지 않는 규제가 남아 있는 것이 사실이다. 이러한 상황에서 다른 법령에 근거가 있는 행위라고 하여, 이를 모두 법령에 따른 정당한 행위로 보아 독점규제법의 적용을 제외하게 되면 독점규제법의 실효성은 크게 저하될 수밖에 없을 것이다. 따라서 독점규제법이 경제질서의 기본법으로서 그 사명을 다할 수 있도록 하기 위해서는, 다른 법령에 근거가 있는 행위라고 하여 무조건 독점규제법의 적용을 제외할 것이 아니라, 그중에서 특히 합리적인 근거가 있는 행위에 대해서만 동법의 적용을 제외하는 것이 바람직할 것이다.

요컨대 시장경제를 경제질서의 기본으로 삼고 있는 우리나라에서는 독점규제법이 경제질서의 기본법이기 때문에, 경쟁을 제한해야 할 합리적인 이유가 있는 경우 동법의 적용을 제외하지만, 그렇지 않은 경우에는 동법을 적용해서 경쟁원리를 확립해야 한다. 동법 제116조가 적용제외의 근거를 단순히 법령에 따른 행위라고 규정하지 않고 법령에 따른 '정당한' 행위라고 규정하고 있는 것은 바로 이러한 이유 때문이다. 대법원이 다른 법령에서 경쟁제한을 허용하고 있는 모든 경우에 대하여 동법을 적용하지 않는 것이 아니라, 정당한 행위 즉 경쟁제한을 인정해야 할 합리적인 이유가 있는 행위에 대해서만 필요최소한의 범위에서 동법의 적용을 제외해야 할 것이라고 판시한 취지도 이러한 맥락에서 이해할 수 있을 것이다.[33] 그런데 구체적인 경우에 있어서 법적용자가 경쟁을 제한해야 할 합리적인 이유가

---

33) 대법원 1997. 5. 16. 선고 96누150 판결.

있는지 여부를 판단하기란 매우 어렵기 때문에, 이를 가능한 한 입법적으로 해결
하도록 노력하는 것이 바람직할 것이다. 이를 위해서는 경쟁당국과 규제당국이 경
쟁제한을 허용하고 있는 현행법의 규정들을 개별적으로 분석·검토하여, 합리적인
이유가 있는 것만 남겨 두고 그렇지 않은 것은 과감히 철폐하도록 노력할 필요가
있다.

(1) 규제산업

규제산업이란 당해 산업이 갖는 특수성으로 인하여 특별법에 기한 정부 규제가
경쟁을 전면적 또는 부분적으로 대신하고 있는 산업을 말하며, 이러한 규제를 흔
히 경쟁대체적인 규제라고 한다. 이들 산업에서 이루어지고 있는 규제에는 사회적
규제도 포함되어 있으나, 이 또한 직접·간접적으로 당해 산업에서의 경쟁에 영향
을 미친다는 점에서 넓은 의미의 경제적 규제로 볼 수 있는 경우가 대부분이다.
경제적 규제는 그 내용에 따라 진입규제, 가격규제, 품질·생산량·공급대상·거
래조건 등과 같은 경제활동에 대한 규제로 나누어진다. 그리고 이러한 규제산업에
대하여는 독점규제법의 적용이 전면적으로 배제되는 경우도 있지만, 개별적인 행
위에 대하여 부분적으로만 제외되는 경우도 있다.

이러한 규제산업의 대표적인 예로서는 전기·석탄·가스 등과 같은 에너지산
업, 철도·자동차·항공기·선박 등을 통한 운송업, 방송 및 통신을 아우르는 방
송통신산업, 은행·증권·보험업과 같은 금융·보험업 등이 있다.

(가) 에너지산업

전기·석탄·가스 등과 같은 에너지산업에 대하여는 국가가 시장진입(전기사업
법 7조, 석탄산업법 17조, 도시가스사업법 3조)과 가격·거래조건(전기사업법 15조, 16조, 도
시가스사업법 20조)의 결정 및 거래방법(전기사업법 31조) 등을 제한하고 있으며, 산업
통상자원부장관은 에너지의 안정적인 수급을 보장하기 위하여 에너지의 수급계획
을 수립하고(전기사업법 25조, 석탄산업법 3조), 비상사태에 대비하기 위하여 수급조정
을 위한 조치 등(전기사업법 29조, 석탄산업법 24조, 도시가스사업법 24조)을 할 수 있다.

(나) 운송업

우리나라에서는 철도운송은 정부가 공기업의 형태로 직접 운영하고 있기 때문
에 경쟁이 간여할 여지가 별로 없지만, 그 밖의 운송 예컨대 자동차·항공기·선
박 등을 통한 육상·항공·해상운송에 대하여는 이를 사기업에게 맡겨 놓고 정부
가 시장의 진입과 가격이나 거래조건의 결정 등을 규제하고 있다. 자동차운송사업

이나 정기항공운송사업을 영위하고자 하는 자는 관할 행정당국의 면허를 받아야 하며(여객자동차운수사업법 4조, 항공법 112조, 해운법 4조),[34] 관할 당국이 정하는 기준 및 요율에 따라 운임 및 요금을 정하여 관할 당국의 인가를 받거나(항공법 117조), 관할 당국에 미리 신고해야 한다(항공법 117조, 여객자동차운수사업법 8조, 해운법 11조). 그리고 이들이 사용하는 운송약관도 관할 당국에 사전에 신고하도록 하고 있다(여객자동차운수사업법 9조).

(다) 방송통신산업

방송통신 관련 법은 전기통신사업의 건전한 발전과 이용자의 편의를 도모함으로써 공공복리의 증진에 기여하기 위하여 과학기술정보통신부, 방송통신위원회 등에게 시장진입부터 요금이나 거래조건의 결정 및 사업자 간의 협정에 이르기까지 광범위한 규제를 할 수 있는 권한을 부여하고 있다.[35] 우선 전기통신사업법은 전기통신사업을 기간통신사업과 부가통신사업으로 구분하며(법 5조), 기간통신사업을 경영하고자 하는 자는 과학기술정보통신부장관에게 등록하여야 하고(법 6조), 부가통신사업을 경영하고자 하는 자는 과학기술정보통신부장관에게 신고하도록 하고 있다(법 22조). 또한 기간통신사업자는 그가 제공하는 전기통신역무에 관하여 그 서비스별로 요금과 이용약관을 정하여 과학기술정보통신부장관에게 신고하여야 한다(법 28조). 한편 전기통신사업자는 정당한 사유 없이 전기통신역무의 제공을 거부하여서는 안 되고, 그 업무를 처리할 때 공평하고 신속하며 정확하게 하여야 한다(법 3조). 과학기술정보통신부장관은 전기통신사업의 효율적인 경쟁체제의 구축과 공정한 경쟁환경의 조성을 위하여 노력하여야 하며, 이를 위한 경쟁정책 수립을 위하여 매년 기간통신사업에 대한 경쟁상황평가를 하여야 한다(법 34조). 그리고 전기통신사업자는 공정한 경쟁 또는 이용자의 이익을 해치거나 해칠 우려가 있는 행위를 하거나 다른 전기통신사업자 또는 제3자에게 하도록 해서는 안 된다(법 50조).

(라) 금융·보험업

금융 또는 보험업을 영위하는 자에 대하여는 시장진입과 요금이나 거래조건 등의 결정이 법률로 제한되고 있다. 우선 은행업을 영위하고자 하는 자는 금융위원회의 인가를 받아야 하며(은행법 8조), 보험사업을 영위하고자 하는 자는 보험종목별로 금융위원회의 허가를 받아야 한다(보험업법 4조). 그리고 금융기관은 각종 대

---

34) 다만 화물자동차의 경우에는 국토해양부장관에게 등록해야 한다(화물자동차운수사업법 3조 1항).
35) 권오승 편, 통신산업과 경쟁법, 법문사, 2004, 32면 이하 참조.

출 등 여신업무와 각종 예금에 대한 이자, 기타 요금 또는 지급금의 최고율의 결정 등에 관하여 금융통화위원회의 통제를 받는다(은행법 30조). 한편 보험업법상 보험회사도 규제 대상으로 하고 있는 「금융회사의 지배구조에 관한 법률」에 의해 보험회사는 법령을 준수하고 자산운용을 건전하게 하며 주주 및 보험계약자 등 이해관계자를 보호하기 위하여 내부통제 기준을 마련하여야 하며, 그 기준의 준수 여부를 점검하고, 이를 위반하는 자를 조사하여 보고하는 준법감시인을 두어야 한다(금융회사지배구조법 24, 25조).

이러한 제한이나 조치들은 모두 경쟁제한적인 성격을 가지는 것으로서 종래에는 당연한 것으로 받아들여지는 경향이 있었지만, 최근에는 이러한 규제 중에서 합리적인 이유가 있는 것과 그렇지 않은 것을 구별하여, 합리적인 이유가 없는 규제는 철폐하고, 합리적인 이유가 있는 규제라고 하더라도 그 규제가 필요한 범위나 정도를 초과하고 있는 경우에는 이를 완화하려는 이른바 규제 완화가 이루어지고 있다. 이와 관련하여 미국 반독점법 현대화 위원회(AMC; Antitrust Modernization Commission)가 "일반적으로 경쟁이 달성할 수 없는 중요한 사회적 이익을 경제적 규제가 달성할 수 있다고 하는 주장에 대하여 회의적인(skeptical) 태도가 유지되어야 한다"는[36] 지적에 유의할 필요가 있다.

(2) 부당한 공동행위 등의 정비

우리나라는 종래 정부 주도의 경제성장정책을 추진하는 과정에서 특정한 산업의 보호·육성, 수출지원 또는 과당경쟁의 방지 등의 목적으로 정부가 가격·생산량·판매지역 등에 대한 공동행위를 묵인하거나 법적, 행정적으로 권장한 경우도 있었다. 그런데 이러한 공동행위가 오늘날의 관점에서 보면 효율성을 증대시키기보다는 오히려 산업의 경쟁력을 저하시키고 소비자후생을 저해하는 등 여러 가지 부정적인 기능을 담당하고 있기 때문에, 이를 과감히 정비해야 한다는 지적이 있다.

한편 국제사회에서는 자유로운 시장접근을 보장하기 위한 노력의 일환으로 1998. 4. 18. OECD가 경성카르텔의 금지를 위한 권고(Recommendation of the Council concerning Effective Action against Hard Core Cartels)를 채택함으로써 각국에서는 경성카르텔을 규제하기 위한 노력이 구체화되었다.

이와 같은 국내외적인 여건의 변화를 감안하여 공정거래위원회는 경쟁제한성

---

36) AMC, Report and Recommendations, 2007, p. 338.

이 크기 때문에 경제발전에 저해 요소가 되거나 국제적인 기준에 비추어 부당하거나 비합리적인 카르텔을 정비하기 위하여 「독점규제 및 공정거래에 관한 법률의 적용이 제외되는 부당한 공동행위 등의 정비에 관한 법률」(이하 '카르텔 일괄정리법')의 제정을 추진하게 되었다.[37] 이 법률은 1999년 1월 6일에 국회를 통과하여 2월 5일에 공포되었는데, 이 법에서 정비의 대상으로 삼고 있는 카르텔은 사업자 간의 행위가 부당한 공동행위에 해당하지만, 개별법령에 근거가 있기 때문에 독점규제법 제58조(개정법 116조)의 법령에 따른 정당한 행위에 해당하여 동법의 적용이 제외되고 있던 행위들이다. 특히 19개의 법률에 규정된 22개의 카르텔은 당초의 목적이 이미 달성되었거나 원래의 취지와 달리 운영되는 것들로서 그 정비가 시급하다고 판단되어 우선적인 정비 대상으로 삼았다. 그 주요 대상은 다음과 같았다.

① 전문직 서비스의 수수료를 해당 사업자단체가 정하여 주무관청의 인가를 받도록 한 경우. 예컨대 변호사, 공인회계사, 관세사, 세무사, 행정사, 변리사, 공인노무사, 수의사, 건축사 등 9개 직종은 해당 사업자단체가 정한 보수기준을 따르게 되어 있었는데, 이러한 보수기준이 폐지되었다.

② 수출입에 관련된 카르텔. 수출입카르텔에 대하여는 무역정책적 관점에서 경쟁제한을 허용하고 있었는데, 시장개방의 추세와 그들이 국내시장에 미치는 효과와 대외신인도 등에 대한 영향 등을 분석하여 부작용이 큰 카르텔을 정비하도록 하였다. 구체적으로는 대외무역법상의 수출입조정명령제도와 해외건설촉진법에 근거한 해외공사 수주경합 조정제도 등이 개선 또는 폐지되었다.

③ 비살균 탁주의 공급구역 제한이 2001년부터 폐지되었다.

④ 보험료율 산출기관에 의한 보험료율 공동산출제도를 개선하였다. 보험사업자들은 지금까지 그들이 공동으로 설립한 보험개발원이 산출한 보험료기준에 따라 보험료를 공동으로 책정해 왔으나, 2000년부터는 보험개발원은 순보험료만 산출하여 제공할 수 있고 부가보험료는 보험회사들이 개별적으로 정할 수 있게 되었다.

⑤ 중소기업제품에 대한 단체수의계약제도를 개선하였다.

---

[37] 공정거래위원회, 1999 공정거래백서, 2000, 32면 이하 참조.

(3) 산업발전법에 의한 특례

1999년 1월 산업발전법이 제정되면서 기존의 공업발전법은 폐지되었으며(산업발전법 부칙 2조), 1번의 전부개정을 포함한 10차례 개정을 거쳐 현재에 이르고 있다. 산업발전법은 지식기반경제의 도래에 대응하여 산업의 경쟁력을 강화하고 지속가능한 산업발전을 도모함으로써 국민경제의 발전에 이바지함을 목적으로 하고 있으며(산업발전법 1조), 산업통상자원부장관은 기업 간 협력에 의한 산업의 경쟁력 강화를 위하여 부품 등의 표준화 또는 공용화, 기술 또는 상표의 공동개발, 기술·인력 등의 제휴를 위한 협력 및 자원생산성 향상 또는 온실가스 배출 감소를 위한 협력을 지원할 수 있게 되어 있는데, 이러한 사업이 독점규제법상 부당한 공동행위에 해당할 우려가 있을 때 그 사업의 지원 여부에 대하여 산업통상자원부장관은 공정거래위원회와 협의하여야 한다(산업발전법 11조 2항).

2. 무체재산권의 행사행위(법 117조)

저작권법, 특허법, 실용신안법, 디자인보호법 또는 상표법에 의하여 인정되는 저작권, 특허권, 실용신안권, 디자인권 또는 상표권 등과 같은 무체재산권은 일종의 재산권으로서 그 성질상 배타적으로 사용·수익·처분할 수 있는 지식재산권이다. 그런데 이러한 지식재산권 제도는 혁신적인 기술에 대한 정당한 보상을 통해 새로운 기술혁신의 유인을 제공함으로써 창의적인 기업활동을 장려하고 관련 산업과 국민경제의 건전한 발전을 도모한다는 점에서 궁극적으로 독점규제법과 같은 목표를 추구하고 있기 때문에, 지식재산권의 행사에 대하여는 독점규제법이 적용되지 않는다. 그러나 혁신적 기술에 대한 보상으로 주어진 기술의 독점적 사용수익권은 대부분 지식재산권자가 관련시장에서 일정한 이익을 실현함으로써 구체화 되기 때문에, 왜곡된 시장구조에 의하여 보다 혁신적인 기술이 정당한 보상을 받을 수 없거나, 그러한 기술 자체의 개발과 보상이 어렵게 되는 경우에는 지식재산권 제도의 본래의 취지에 반하는 결과가 초래될 수 있다.

결국 독점규제법이 보호하고자 하는 시장의 자유로운 경쟁과 공정한 거래질서는 지식재산권 제도의 목적을 달성하기 위한 기본적인 전제가 되고 있다. 그러므로 지식재산권은 새로운 기술혁신의 유인을 제공하는 한편, 관련 시장의 질서를 왜곡하지 않는 범위 내에서 정당하게 행사되어야 한다. 만약 지식재산권을 남용하여 관련 기술의 이용과 새로운 기술 혁신을 부당하게 저해하는 행위는 독점규제법뿐만 아니라 지식재산권 제도의 기본 목적에도 반하게 된다. 따라서 독점규제법은

'무체재산권의 정당한 행사라고 인정되는 행위'에 대하여는 동법을 적용하지 않는 다고 규정하고 있다. 요컨대 무체재산권을 행사하는 행위라도 무조건 독점규제법 의 적용이 배제되는 것이 아니라 그 권리를 인정하는 목적의 범위를 벗어나는 행 위에 대하여는 동법을 적용하고, 그 목적의 범위를 벗어나지 않는 행위에 대해서 만 동법의 적용이 배제된다고 할 수 있다.[38]

그런데 구체적으로 그러한 권리의 행사가 이를 인정하는 목적의 범위를 벗어났 는지를 판단하기가 쉽지 않기 때문에, 공정거래위원회는 2000년부터 지식재산권 행사에 대한 독점규제법 적용의 일반원칙과 구체적 심사기준을 제시함으로써, 법 집행의 일관성과 예측가능성을 높이고 자유롭고 공정한 경쟁을 촉진하기 위하여 '지식재산권의 부당한 행사에 대한 심사지침'(이하 '심사지침'이라 함)을 마련하여 시 행하고 있으며,[39] 여러 차례 개정을 통하여 특히 중요 쟁점으로 부각된 특허관리 전문회사(Non-Practicing Entity)나 표준필수특허권자의 특허남용 등에 대한 규제 원 칙과 기준을 제시하고 있다.[40]

(1) 일반적 심사 원칙

(가) 지식재산권과 독점규제법

특허 등의 지식재산권 제도는 혁신적인 기술에 대한 정당한 보상을 통해 새로 운 기술혁신의 유인을 제공함으로써 창의적인 기업활동을 장려하고 관련 산업과 국민경제의 건전한 발전을 도모하기 위한 것이다. 혁신적 기술에 대한 보상으로 주어진 기술의 독점적 사용수익권은 대부분 지식재산권자가 관련 시장에서 일정 한 이익을 실현함으로써 구체화되는데, 왜곡된 시장구조에 의해 보다 혁신적인 기 술이 합당한 보상을 받을 수 없거나, 그러한 기술 자체의 개발과 이용이 어려운 경우라면 지식재산권 제도의 본래의 취지에 반하는 결과가 발생할 수 있다. 결국 독점규제법이 보호하고자 하는 시장의 자유로운 경쟁과 공정한 거래질서는 지식 재산권 제도의 목적 달성을 위한 기본 전제가 된다.

따라서 지식재산권은 새로운 기술혁신의 유인을 제공하는 한편, 관련 시장의 질서를 왜곡하지 않는 범위에서 정당하게 행사해야 한다. 지식재산권을 남용하여 관련 기술의 이용과 새로운 기술혁신을 부당하게 저해하는 행위는 독점규제법뿐

---

38) 권오승, "지식재산권의 남용통제", 산업재산권 제53호, 2017, 1면 이하 참조.
39) 공정거래위원회, 2000. 8. 30. 제정(예규 12호).
40) 공정거래위원회, 2014. 12. 17. 개정(예규 205호), 2016. 3. 23. 개정(예규 247호), 2019. 12. 16. 개정(예규 333호), 2021. 12. 30. 개정(예규 389호).

만 아니라 지식재산권 제도의 기본 목적에도 반한다. 그러므로 독점규제법은 정당한 지식재산권의 행사를 존중하는 한편, 동 제도의 근본 취지를 벗어나는 행위를 규율함으로써 동법과 지식재산권 제도가 추구하는 공통의 목표를 달성하는 데에 기여할 수 있다.

(나) 기본원칙

법 제117조의 규정에 따른 지식재산권의 정당한 행사란 관련 법률에 따라 허여받은 지식재산권의 배타적 사용권 범위 내에서 행사하는 것을 말하며, 이러한 경우에 법 제117조의 규정에 따라 독점규제법의 적용이 배제된다. 동 규정에 따른 적용제외는 정당성 판단을 요구하며, 따라서 외형상 지식재산권의 정당한 행사로 보이더라도 그 실질이 지식재산권 제도의 취지를 벗어나 제도의 본질적 목적에 반하는 경우 정당한 지식재산권의 행사로 볼 수 없으므로 독점규제법의 적용 대상이 될 수 있다. 이때 지식재산권의 행사가 정당한 것인지는 특허법 등 관련 법령의 목적과 취지, 당해 지식재산권의 내용, 당해 행위가 관련 시장의 경쟁에 미치는 영향 등 제반 사정을 종합적으로 고려하여 판단하여야 하며, 대법원도 이처럼 지식재산권 제도의 의의와 경쟁에 미치는 영향을 모두 정당성 심사의 기준으로 하는 입장을 취하고 있다.[41]

심사지침은 원칙적으로 지식재산권의 행사가 시장지배적 사업자의 지위남용행위 및 복수의 사업자 사이의 부당한 공동행위에 해당하는지에 대한 판단기준을 제시하고 있다. 따라서 사업자가 단독으로 지식재산권을 행사하는 경우, 이 지침은 원칙적으로 그 사업자가 시장지배력을 보유하고 있는 경우에만 적용된다. 특히 사업자가 지식재산권을 행사하면서 단독으로 행하는 거래거절, 차별취급, 현저히 과도한 실시료 부과는 원칙적으로 이를 행하는 사업자가 '압도적인' 시장지배력을 보유한 경우에 적용한다(심사지침 Ⅱ. 2. 나 2문). 반면 지식재산권의 행사가 법 제45조의 불공정거래행위에 해당하는지 여부는 '불공정거래행위 심사지침'을 적용하여 판단한다.

그리고 지식재산권에 배타적·독점적 사용권이 부여된다고 하여 지식재산권의

---

41) 대법원 2014. 2. 27. 선고 2012두24498 판결. 동 판결의 원심인 서울고등법원은 독점규제법 제59조(현 117조)의 정당성을 "공정거래법의 원리에 따라 판단할 것이 아니라 특허법의 원리에 따라 결정하여야 한다"고 판시하였는데, 동 판결은 이러한 입장을 수용하지 않았다. 독점규제법 제117조와 유사한 규정을 두고 있는 일본 독점금지법 제21조의 해석과 관련하여, 지적재산권 제도의 취지를 일탈하고 목적을 위배하는 경우에 지적재산권의 남용이 되며 그 판단에 있어서 경쟁에 미칠 악영향도 고려되어야 한다는 견해로 金井貴嗣·川濱 昇·泉水文雄 編, 獨占禁止法, 弘文堂, 2010, 386면(和久井理子 집필 부분) 참조.

보유자가 곧바로 시장지배력이[42] 있다고 추정되는 것은 아니다. 시장지배력의 보유 여부는 지식재산권의 존재뿐만 아니라 해당 기술의 영향력, 대체기술의 존부, 관련시장의 경쟁상황 등을 종합적으로 고려하여 판단한다. 다만 표준필수특허와 같이 일정한 기간 관련기술을 대체하는 것이 불가능하고 상품 생산을 위해서는 실시허락을 필수적으로 받아야 하는 경우, 그 보유자가 관련시장에서 시장지배력을 보유할 개연성이 높다고 볼 수 있다. 그러나 지식재산권 보유자가 시장지배력을 가지고 있다고 하여 그 사실만으로 곧바로 지식재산권의 행사가 독점규제법에 위반되는 것은 아니다.

한편 지식재산권은 상품의 생산을 위한 많은 요소 중 하나로서 생산과정에서 다른 생산요소와 결합된다. 실시허락 등 지식재산권의 행사를 통한 지식재산권과 다른 생산요소와의 결합은 지식재산권의 효과적인 이용을 가능하게 하고, 제조비용의 절감과 신상품의 개발을 통해 궁극적으로 소비자후생을 증대할 수 있다. 나아가 기술혁신의 유인을 제고하고 연구개발(R&D)에 대한 투자를 촉진하는 친경쟁적 효과를 가질 수 있다. 그러나 실시허락 등 지식재산권의 행사가 현재 또는 잠재적인 시장참여자들 사이에서 관련 상품이나 기술, 연구개발과 관련한 경쟁을 저해하는 경우 독점규제법에 위반될 수 있다. 다만 지식재산권의 행사가 경쟁제한 효과와 효율성 증대 효과를 동시에 발생시키는 경우 양 효과의 비교형량을 통해서 독점규제법 위반 여부를 심사함을 원칙으로 한다. 해당 행위로 인한 효율성 증대 효과가 경쟁제한 효과를 상회하는 경우 위법하지 않은 행위로 판단할 수 있다.

(다) 위법성 판단 시 고려사항

위법성을 판단할 때에는, 다른 경우와 마찬가지로 먼저 관련시장을 획정한 뒤에, 경쟁제한 효과를 분석하고 나아가 효율성 증대 효과도 함께 고려한다.

우선 관련시장의 획정방법은 '기업결합 심사기준'과 '시장지배적 지위남용행위 심사기준'의 "일정한 거래분야의 판단기준"을 준용한다. 그런데 지식재산권의 행사와 관련하여 거래대상에 따른 시장획정을 할 때에는 통상적인 상품·용역이 거래되는 '상품시장' 이외에도 실시허락 계약 등의 형태로 관련 기술이 거래되는 '기술시장'과 새로운 또는 개량된 상품이나 기술·공정을 위한 특정한 연구개발과 관련된 '혁신시장'을 고려할 수 있다. 특히 후자의 경우 특정 상품에 한정되지 않고 다양한 목적과 관련되거나 목표를 특정할 수 없는 초기 연구 단계에서 전개되는 혁

---

42) 시장지배력은 관련시장에서 가격상승·산출량 감소, 상품·용역의 다양성 제한, 혁신 저해 등의 경쟁제한효과를 유발할 수 있는 시장에서의 영향력을 말한다.

신 경쟁의 범위를 기존 상품시장의 차원에서는 적절히 획정하기 어렵다는 점에서 그 중요성이 있다.

그리고 지식재산권의 행사가 관련시장에 미치는 경쟁제한 효과는 관련시장의 가격상승 또는 산출량 감소, 상품·용역의 다양성 제한, 혁신 저해, 봉쇄효과, 경쟁사업자의 비용상승 효과 등을 발생시키거나 발생시킬 우려가 있는지를 종합적으로 고려하여 판단한다. 일반적으로 지식재산권을 행사하는 사업자의 시장지배력이 강한 경우, 해당 지식재산권이 필수생산요소와 같은 유력한 기술로 인정되는 경우, 지식재산권 행사와 관련된 사업자들이 경쟁관계에 있는 경우, 지식재산권의 행사로 공동행위의 가능성이 증대하는 경우 또는 다른 사업자의 시장진입 가능성이 감소하는 등의 경우에는 관련시장의 경쟁을 제한할 가능성이 크다고 할 수 있다.

한편 지식재산권의 행사가 기술의 이용과 혁신을 촉진시키는 등 관련시장의 효율성을 증대시키는 경우에는 이러한 효율성 증대효과를 위법성 판단 시에 고려하게 되는데, 해당 행위로 인한 효율성 증대효과가 경쟁제한효과를 상회하는 경우에는 위법하지 않은 것으로 판단할 수 있다. 다만 위법성 판단 시에 고려대상이 되는 효율성 증대효과는 해당 지식재산권 행사보다 경쟁제한 효과가 더 적은 다른 방법으로 달성할 수 없는 것이어야 하며, 사업자의 내부 비용 절감에 그치지 않고 소비자 후생증대와 국민경제 전반의 효율성 증대에 기여할 수 있는 것이어야 한다. 그러나 이러한 효율성 증대효과는 지식재산권의 행사 시점에 즉시 발생하는 효과에 한정되지 않으며, 기술혁신의 촉진을 통한 상품가격의 하락, 품질의 제고, 소비자 선택권의 확대 등을 통해 향후 관련시장의 효율성 제고에 기여할 수 있는 부분을 포함한다. 다만 이러한 효과의 발생이 막연하게 기대되는 수준에 그쳐서는 안 되며, 해당 효과가 발생할 것이라는 고도의 개연성이 입증되어야 한다.

(2) 구체적 판단기준

심사지침은 지식재산권 행사의 부당성을 판단하는 구체적인 판단기준을, ① 특허권의 취득, ② 소송을 통한 특허권의 행사, ③ 실시허락, ④ 특허풀과 상호실시허락, ⑤ 표준기술 관련 특허권의 행사, ⑥ 특허분쟁과정의 합의, ⑦ 특허관리전문회사의 특허권 행사 등으로 나누어 규정함으로써, 특허권의 취득에서부터 그 행사에 이르기까지 각 단계에서 나타날 수 있는 다양한 남용행위를 효과적으로 규율할 수 있도록 하고 있다.

(가) 특허권의 취득

1) 주요 영업부분에 해당하는 특허권의 양수

주요 영업부분에 해당하는 특허권의 양도·양수 계약을 체결하거나, 배타적 실시허락 계약 등을 통해 실질적으로 양도·양수 계약과 동일한 효과를 발생시키는 경우에는 독점규제법 제9조(기업결합의 제한 규정)의 규정을 적용할 수 있다.

2) 그랜트백(Grantback)

그랜트백은[43] 개량기술에 대한 이용권을 실시허락된 기술의 특허권자에게만 이전시키는 배타적인 경우도 있고, 특허권자 이외의 다른 사업자들에게도 이전시킬 수 있는 비배타적인 경우도 있다. 그랜트백은 실시권자가 연구개발을 할 유인을 감소시키고 관련시장에서 경쟁을 제한할 수 있다. 비배타적인 경우에는 친경쟁적인 효과를 발생시킬 수 있지만, 배타적인 경우에는 경쟁을 제한할 우려가 있다. 그랜트백이 경쟁을 제한하는 것으로서 특허권의 정당한 권리범위를 벗어난 것인지 여부를 판단함에 있어서는 다음과 같은 요소를 고려할 수 있다.

① 그랜트백이 배타적인 것인지 여부

② 배타적인 경우 실시권자가 개량기술에 대한 사용권한을 보유하고 있는지 여부

③ 그랜트백의 범위가 실시허락된 특허기술과 상관없는 부분까지 포함하고 있는지 여부

④ 그랜트백의 존속기간

⑤ 그랜트백에 대한 실시료가 무료인지 여부

⑥ 양 당사자의 시장지배력 여부와 경쟁사업자인지 여부

⑦ 그랜트백이 연구개발 유인에 미치는 효과

(나) 소송을 통한 특허권의 행사

특허침해소송 등의 법적 절차는 특허권자의 중요한 권리보장 수단이다. 그러나 상당한 기간과 비용이 소요되는 특허침해소송은 소송 당사자에게 직접적인 비용을 발생시키는 한편, 관련시장에서 해당 사업자의 평판에 영향을 미치는 등 사업활동에 막대한 장애를 초래할 수 있다. 따라서 특허침해소송 등의 법적·행정적 절차를 남용하는 행위는 특허권의 정당한 범위를 벗어난 것으로 판단할 수 있다.

---

43) 그랜트백이란 실시허락계약을 체결함에 있어서 실시권자가 실시허락과 관련된 기술을 개량하는 경우 그 개량된 기술을 특허권자에게 양도 또는 실시허락 하도록 하는 것을 말한다.

특히 ① 특허가 기만적으로 취득된 것을 알면서도 기만적으로 취득한 특허에 근거하여 특허침해소송을 제기하는 행위, ② 특허권자가 특허침해가 성립하지 않는다는 사실(해당 특허가 무효라는 사실 등)을 알면서도 특허침해소송을 제기하는 행위, ③ 특허침해가 성립하지 않는다는 사실이 사회통념상 객관적으로 명백함에도 불구하고 특허침해소송을 제기하는 행위의 경우에는 남용행위로 판단될 가능성이 크다. 그러나 소송에 대한 특허권자의 기대가 합리적이고 정당한 것으로 인정되는 경우, 사후적으로 특허권자가 패소했다는 사실만으로 특허침해소송이 남용행위로 추정되는 것은 아니다.

(다) 실시허락

실시허락의 경우에는 실시허락의 대가, 거절, 및 실시범위의 제한과 실시허락 시의 조건 부과 등이 특허권의 정당한 권리범위를 벗어난 것인지 여부가 문제될 수 있다.

1) 실시허락의 대가

혁신적인 기술개발을 통한 특허취득 과정에는 통상 상당한 연구개발 기간과 비용, 투자위험이 수반된다. 따라서 특허권자는 추가적인 실시허락으로 발생하는 비용이 많지 않음에도 불구하고 특허취득 과정에서 이미 지출한 비용을 회수하기 위해 높은 실시료를 부과하는 경우가 많다. 원칙적으로 실시료는 특허가 기여한 가치에 상응하는 것이어야 하지만,[44] 특허권자가 이룩한 기술적 성과에 대해 정당한 보상을 제공하고 새로운 기술개발을 유도할 필요가 있다는 점에서, 일반적으로 이러한 실시료 부과행위는 특허권의 정당한 행사로 볼 수 있다. 그러나 다음과 같이 실시허락의 대가를 부당하게 요구하는 행위는 특허권의 정당한 권리 범위를 벗어난 것으로 판단할 수 있다.

① 부당하게 다른 사업자와 공동으로 실시료를 결정·유지 또는 변경하는 행위
② 부당하게 거래상대방 등에 따라 실시료를 차별적으로 부과하는 행위
③ 부당하게 실시 허락된 기술을 사용하지 않은 부분까지 포함하여 실시료를 부과하는 행위
④ 부당하게 특허권 소멸 이후의 기간까지 포함하여 실시료를 부과하는 행위
⑤ 실시료 산정방식을 계약서에 명시하지 않고 특허권자가 실시료 산정방식을 일방적으로 결정 또는 변경할 수 있도록 하는 행위

---

44) Garreston v. Clark, 111 U.S. 120(1884) 참조.

2) 실시허락의 거절

혁신적인 발명에 대한 정당한 보상을 제공하고 새로운 기술개발을 촉진하기 위하여, 특허제도는 특허권자에게 해당 발명 실시에 대한 배타적인 독점권을 부여하고 있다. 따라서 일반적으로 특허권자가 자신의 권리보장을 위해 합리적인 범위에서 실시허락을 거절하는 행위는 특허권에 의한 정당한 권리행사라고 볼 수 있다. 그러나 ① 정당한 이유 없이 자기와 경쟁관계에 있는 다른 사업자와 공동으로 특정사업자에 대하여 실시허락을 거절하는 행위, ② 부당하게 특정사업자에 대하여 실시허락을 거절하는 행위, ③ 특허권자가 부과한 부당한 조건을 수용하지 않는다는 이유로 실시허락을 거절하는 등 다른 부당한 행위의 실효성을 확보하기 위하여 실시허락을 거절하는 행위는 특허권의 정당한 권리범위를 벗어난 것으로 판단할 수 있다.

3) 실시범위의 제한

특허권자는 정당한 범위에서 실시허락을 거절할 수 있을 뿐만 아니라, 다른 사업자에게 특허발명의 이용범위를 한정하여 부분적으로 실시를 허락할 수도 있다. 이러한 실시허락의 범위 제한은 실시허락을 거절하려는 특허권자의 기술 거래를 촉진할 수 있다는 점에서 친경쟁적인 효과를 발생시킬 수 있다. 따라서 일반적으로 특허권자가 자신의 권리보장을 위해 합리적인 범위에서 실시수량, 지역, 기간 등을 제한하여 실시를 허락하는 행위는 특허권에 의한 정당한 권리행사로 볼 수 있다. 그러나 실시권의 범위를 부당하게 제한하는 행위, 즉 ① 실시허락과 관련된 상품 또는 기술과 관련된 실시수량, 지역, 기간 등을 제한하면서 특허권자와 실시권자가 거래수량, 거래지역 그 밖의 거래조건에 부당하게 합의하는 행위, 또는 ② 부당하게 거래상대방 등에 따라 실시허락과 관련된 상품이나 기술과 관련된 실시수량, 지역, 기간 등을 차별적으로 제한하는 행위는 특허권의 정당한 권리범위를 벗어난 것으로 볼 수 있다.

4) 실시허락 시의 조건 부과

특허권자는 특허발명의 이용 범위를 한정하여 부분적으로 실시를 허락하는 한편, 실시권의 범위 설정과 직접적으로 연관되지 않는 다른 조건을 함께 부과하여 보다 효과적으로 자신의 특허권을 보장받을 수 있다. 일반적으로 특허권자가 해당 특허발명의 효과적 구현, 계약상품의 안전성 제고, 기술의 유용 방지 등을 위해 합리적인 범위에서 실시허락 시 조건을 부과하는 행위는 특허권에 의한 정당한 권리행사로 볼 수 있다. 그러나 실시 허락 시 ① 계약상품 가격의 제한, ② 원재료 등의 구매상대방 제한, ③ 계약상품의 판매상대방 제한, ④ 경쟁상품 또는 경쟁기술의 거래 제한, ⑤ 끼워팔기, ⑥ 부쟁의무 부과, ⑦ 기술개량과 연구 활동의 제한, ⑧ 권리소멸 후 이용제한, ⑨ 계약해지 규정 등 부당하게 조건을 부과하는 행위는 특허권의 정당한 권리범위를 벗어난 것으로 판단할 수 있다.

실시허락 시 특허권자가 조건을 부과하는 행위의 부당성을 판단할 때는 해당 특허발명과 부과된 조건의 관련성, 즉 부과된 조건이 해당 특허발명의 실시를 위해 필수적인지 여부, 해당 조건이 관련 기술의 이용을 촉진하는 데 기여하는지 여부, 해당 조건에 대한 특허권의 소진 여부 등을 중요하게 고려해야 한다.

(라) 특허풀과 상호실시허락

1) 특허풀(Patent Pool)

특허풀은45) 보완적인 기술을 통합적으로 운영함으로써 관련 기술분야에 대한 탐색비용, 복수의 특허권자에 대한 교섭비용 등을 절감하고 침해소송에 따른 기술이용의 위험을 감소시켜, 관련 시장의 효율성을 제고하고 기술의 이용을 촉진하는 친경쟁적 효과를 발생시킬 수 있다. 그러나 특허풀을 통한 행위 중에서, ① 특허풀 운영과정에 이와 관련된 거래가격, 수량, 지역, 상대방, 기술개량의 제한 등의 조건에 부당하게 합의하는 행위, ② 부당하게 특허풀에 참여하지 않은 다른 사업자에 대한 실시를 거절하거나 차별적인 조건으로 실시계약을 체결하는 행위, ③ 특허풀 운영과정에 다른 사업자가 독자적으로 취득한 지식과 경험, 기술적 성과 등을 부당하게 공유하도록 하는 행위, ④ 부당하게 특허풀에 무효인 특허 또는 공동실시에 필수적이지 않은 특허를 포함시켜 일괄실시를 강제하는 행위, ⑤ 특허풀에 포함된 각 특허의 실시료를 합산한 금액보다 현저히 높은 일괄실시료를 부과하여 실시권자에게 과도한 불이익을 제공하는 행위 등은 특허권의 정당한 권리범위를 벗어난 것으로 판단될 수 있다. 특히 특허풀과 관련된 권리행사의 부당성을 판단할 때에는 특허풀의 구성 기술, 실시 형태, 운영 방식 등을 중요하게 고려한다.

2) 상호실시 허락(Cross License)

상호실시 허락은46) 특허풀에 비해 연관된 사업자의 수가 적고, 운영방식 또한 덜 조직적인 특성을 갖는다. 이러한 상호실시 허락은 기술이용의 촉진과 거래비용의 절감 등 친경쟁적인 효과에도 불구하고, 사업자 간 공동행위, 제3의 경쟁사업자

---

45) 특허풀이란 복수의 특허권자가 각각 보유하는 특허를 취합하여 상호 간에 또는 제3자에게 공동으로 실시하는 협정을 의미한다.
46) 상호실시 허락은 복수의 특허권자가 각각 보유하는 특허에 대하여 서로 실시를 허락하는 협정으로서 특히 특허 분쟁과정에서 합의 수단으로 이용되는 경우가 많다.

배제가능성 등으로 인해 경쟁을 저해할 우려가 있다는 점에서 특허풀과 상당한 공통점이 있다. 따라서 특허풀과 관련된 위의 ①, ②, ③ 등의 규정은 상호실시 허락을 통한 행위가 특허권의 정당한 권리 범위를 벗어난 것인지 여부를 판단할 때에도 준용할 수 있다.

(마) 표준기술 관련 특허권의 행사

1) 표준기술 관련 특허권 행사 일반

표준기술은 기술 간 호환성을 높여 경제적 효율성을 창출하고 관련기술의 이용과 개발을 촉진한다는 점에서 산업정책적으로 그 필요성이 강조된다. 그러나 표준기술은 관련시장에서 막대한 영향력을 행사할 수 있게 되고, 일단 표준으로 선정된 기술을 다른 기술로 대체하는 데는 상당한 전환비용이 소요되므로 그 영향력은 장기간 지속될 수 있다. 특히 표준기술이 배타적·독점적 특성을 갖는 특허권으로 보호받는 경우는 관련시장에 심각한 경쟁제한 효과를 초래할 수도 있다. 이러한 문제를 해결하기 위하여 많은 표준화기구들은 표준기술 선정에 앞서 관련된 특허정보를 미리 공개하도록 하고, 표준기술로 선정될 기술이 특허권으로 보호받는 경우는 공정하고, 합리적이며, 비차별적인(FRAND: Fair, Reasonable And Non Discrim-inatory) 조건으로 실시허락할 것을 사전에 협의하도록 하고 있다. 이와 같은 특허정보 공개와 실시조건 협의절차는 표준필수특허권의 남용을 방지한다는 측면에서 그 필요성이 강조되며, 해당 절차의 이행 여부는 표준필수특허권 행사의 부당성을 판단할 때 중요한 고려사항이 된다.

일반적으로 표준기술 선정을 위한 협의와 표준필수특허권의 행사는 관련 기술의 이용을 촉진하고 효율성 창출을 통해 소비자후생 증대에 기여할 수 있다는 점에서 친경쟁적인 효과를 발생시킬 수 있다. 그러나 다음과 같이 표준화 절차를 악용하거나, 표준기술로 채택된 이후 부당한 조건을 제시하는 등의 행위는 특허권의 정당한 권리 범위를 벗어난 것으로 판단될 수 있다.

① 표준기술 선정을 위한 협의과정에서 이와 관련된 거래가격·수량, 거래지역, 거래상대방, 기술개량의 제한 등의 조건에 부당하게 합의하는 행위

② 표준기술로 선정될 가능성을 높이거나 실시조건의 사전 협상을 회피할 목적 등으로 부당하게 자신이 출원 또는 등록한 관련 특허정보를 공개하지 않는 행위

③ 관련시장에서의 독점력을 강화하거나 경쟁사업자를 배제하기 위하여 FRAND

조건으로의 실시허락을 부당하게 회피·우회하는 행위

④ 부당하게 표준필수특허의 실시허락을 거절하는 행위

⑤ 부당하게 표준필수특허의 실시조건을 차별하거나 비합리적인 수준의 실시료를 부과하는 행위

⑥ 표준필수특허의 실시허락을 하면서 실시권자가 보유한 관련 특허권의 행사를 부당하게 제한하는 조건을 부과하거나 부당하게 실시권자가 보유한 비표준필수특허에 대한 상호실시허락의 조건을 부과하는 행위

2) 표준필수특허권자의 침해금지청구

표준필수특허권자가 FRAND 조건으로 실시허락할 것을 확약한 경우에 이는 그가 잠재적 실시권자와 실시허락 계약에 대하여 FRAND 조건으로 성실하게 협상할 의무를 부담한다는 것을 의미하는 것이지, 곧바로 해당 특허관련 기술을 사용한 또는 사용하려는 불특정 제3자에게 해당 특허에 대하여 자동적으로 실시권을 부여해야 한다는 것을 의미하는 것은 아니다.

한편 표준필수특허권자는 자신의 특허권침해를 방지하고 그로 인한 손해의 회복을 위하여 침해금지청구권과 손해배상청구권 등을 행사할 수 있다. 그런데 침해금지청구권은 단순한 금전적 배상이 아니라 침해행위로 인한 상품의 생산, 사용, 판매 또는 수입의 금지를 구하는 것으로서 손해배상청구보다 강력한 권리보장의 수단이 된다. 그러나 침해금지청구가 아무런 제한 없이 이루어진다면 표준필수특허권자가 경쟁사업자를 시장에서 배제하거나 사업활동을 방해하기 위하여 또는 잠재적 실시권자에게 과도한 실시료를 부과하거나 실시허락 시 부당한 조건을 부과하기 위하여 침해금지청구를 하는 특허억류(patent hold-up)가 발생할 수 있으며, 이러한 행위는 경쟁사업자의 사업 활동을 위축시키거나 나아가 이들이 시장에서 배제되는 효과를 낳을 수 있다. 따라서 FRAND 조건으로 실시허락할 것을 확약한 표준필수특허권자가 실시허락을 받을 의사가 있는 잠재적 실시권자(willing licensee)에 대하여 침해금지청구를 하는 행위는 특허권의 정당한 권리 범위를 벗어난 것으로서 관련시장의 경쟁을 제한할 우려가 있는 행위로 판단될 수 있다. 이와 관련하여 유럽법원(ECJ)이 Huawei v. ZTE 사건에서[47] 제시한 FRAND 확약을 제공한 표준필수 특허권자의 특허침해금지청구가 TFEU 제102조(남용행위)에 해당하지 않을 수 있는 조건을 참고할 수 있다. 동 조건은 1) 표준필수특허권자는 침해금지

---

47) Case C-170/13 Huawei Technology Co. Ltd v. ZTE Corp.

청구 이전에 침해가 문제가 되고 있는 자(침해주장자)에게 당해 특허와 침해 방식을 명시하여 통지하여야 하고, 2) 통지를 받은 침해주장자가 FRAND 조건에 따른 실시계약의 체결 의지를 표명한 경우에, 표준필수특허권자는 침해주장자에게 실시료와 실시료 계산 방식을 포함한 FRAND 조건을 명시한 구체적인 청약을 서면으로 제시하여야 하고, 3) 침해주장자는 통상적인 관행에 따라서 신의성실하게 표준필수특허권자의 청약에 대응하여야 하고, 4) 동 청약을 침해주장자가 승낙하지 않는 경우 지체 없이 서면으로 FRAND 조건에 부합하는 반대청약을 하여야 하고, 5) 침해주장자가 계속해서 문제가 되는 표준필수특허를 사용하고 있는 경우 표준필수특허권자가 반대청약을 거절한 때로부터 통상적인 관행에 따라서 표준필수특허 사용에 대한 적절한 담보를 제공하여야 하며, 반대청약 이후 합의에 이르지 않은 경우 당사자들은 합의에 의하여 독립적인 제3자에게 실시료 결정을 요청할 수 있다는 것 등이다.

(바) 특허분쟁과정의 합의

특허권자와 이해관계인은 소송 등의 법적 절차 이외에도 당사자 간 합의를 통해 특허의 효력, 특허침해 여부에 대한 분쟁을 해소할 수 있다. 일반적으로 이러한 합의는 소송비용과 기술이용의 위험을 감소시킬 수 있다는 점에서 특허권자의 권리보장을 위한 효율적 분쟁수단으로 인정될 수 있다. 그러나 특허분쟁과정의 부당한 합의는 무효인 특허의 독점력을 지속시키고 경쟁사업자의 신규진입을 방해함으로써 소비자후생을 저해하는 결과를 초래할 수 있다. 따라서 특허무효심판, 특허침해소송 등의 특허분쟁 과정에서 부당하게 시장진입을 지연하는 데 합의하는 등의 행위는 특허권의 정당한 권리 범위를 벗어난 것으로 판단될 수 있다. 특히 합의 당사자가 경쟁관계에 있는 경우, 합의의 목적이 관련시장의 경쟁제한과 관련되는 경우, 특허권이 만료된 이후의 기간까지 관련 사업자의 시장진입을 지연시키는 경우, 특허와 직접적으로 관련되지 않은 시장에서 관련 사업자의 시장진입을 지연시키는 경우, 분쟁의 대상이 된 특허가 무효임을 합의 당사자가 인지한 경우 또는 무효임이 객관적으로 명백한 경우 등에는 해당 특허분쟁과정의 합의를 부당한 것으로 판단할 가능성이 크다.

(사) 특허관리전문사업자의 특허권 행사

특허관리전문사업자는[48] 개인, 중소기업, 연구기관과 같이 특허권을 행사할 역

---

48) 특허관리전문사업자는 제3자로부터의 특허권 매입을 통해 강력한 특허 포트폴리오를 구축하고 이를 기반으로 다른 기업에 대한 실시허락이나 특허소송을 통해 수익을 실현하는 것을 주된 사업으

량이 부족하거나 스스로 특허를 상업화할 의사가 없는 자의 특허를 매입 또는 관리하는 등의 방법으로 그들이 정당한 보상을 받을 수 있게 함으로써 발명의 유인을 제공하고, 특허를 필요로 하는 자에게 특허권이 이전될 수 있도록 중개인의 역할을 함으로써 특허기술의 거래를 활성화하고 특허권의 자본화, 유동화에 기여할 수 있다. 그러나 특허관리전문사업자는 제조활동을 하지 않는 관계로 상대방과 특허권의 상호실시허락을 할 필요가 없고 상대방으로부터 반대소송을 당할 위험도 작기 때문에 일반 특허권자보다 특허권을 남용할 유인이 크다고 할 수 있다. 특히 다음과 같은 행위는 특허권의 정당한 권리 범위를 벗어난 것으로서 관련시장의 경쟁을 제한할 우려가 있는 행위로 판단될 수 있다.

① 통상적인 거래관행에 비추어 볼 때 현저히 불합리한 수준의 실시료를 부과하는 행위
② 제3자로부터 취득한 특허권에 대해 통상적인 거래관행에 비추어 볼 때 불합리한 수준의 실시료를 부과하면서 종전 특허권자에게 적용되던 FRAND 조건의 적용을 부인하는 행위
③ 컨소시움을 통해 특허관리전문사업자를 설립한 복수의 사업자들과 함께 컨소시움에 참여하지 않은 사업자들에게 특허의 실시허락을 부당하게 거절하거나 차별적인 조건으로 실시계약을 체결하기로 합의하는 행위
④ 상대방이 특허관리전문사업자의 특허권 행사에 대응하는 데 필요한 중요한 정보를 은폐 또는 누락하거나 오인을 유발하는 등의 기만적인 방법을 사용하여 특허소송을 제기하거나 특허침해 경고장을 발송하는 등의 행위
⑤ 특허권자가 특허관리전문사업자에게 특허권을 이전하고 특허관리전문사업자로 하여금 다른 사업자에 대하여 위의 ①, ② 등의 행위를 하도록 하는 행위

3. 일정한 조합의 행위

소규모의 사업자 또는 소비자의 상호부조를 목적으로 하여 설립된 일정한 조합(조합의 연합회를 포함)의 행위에 대하여는 독점규제법이 적용되지 않는다(법 118조). 이 규정의 목적은 시장에서 대규모의 기업에 대항하여 독자적인 경제활동을 하기가 어려운 소규모사업자 또는 소비자가 협동조합과 같은 방식으로 그들의 열악한

로 한다. 동 사업자에 대한 경쟁정책적 관점에서의 분석으로, 홍명수, "특허관리전문회사와 경쟁정책", 경제법연구 제13권 제3호, 2014, 35면 이하 참조.

지위를 강화하여 궁극적으로는 소비자 후생의 증진에 기여하려는 데에 있다. 따라서 이 규정의 적용을 받는 사업자 조합은 소규모의 사업자들로만 구성되어야 하고 소규모사업자 이외의 자가 가입되어 있어서는 안 되며, 여기서 소규모 사업자는 대기업과 대등하게 교섭할 수 있게 하기 위하여 단결할 필요성이 있는 규모의 사업자라야 한다.[49]

그리고 이러한 조합의 행위라고 하더라도 그것이 본래의 취지를 벗어나 불공정 거래행위에 해당하거나 부당하게 경쟁을 제한하여 가격을 인상하는 등 소비자후생을 저해하는 경우는 동법의 적용이 제외되지 않는다(동조 단서). 이러한 적용제외를 받을 수 있는 조합에는 소비자협동조합, 중소기업협동조합,[50] 농업협동조합 등이 있다.

제 3 절 역외적용

독점규제법의 '역외적용'(extraterritorial application)이란 자국의 독점규제법을 자국의 주권이 미치는 영역을 넘어서 외국인이 외국에서 행한 행위에 대하여도 적용하는 것을 말한다. 국제법상 관할권에 관한 일반원칙에 따르면 독점규제법은 우리나라의 국내법이기 때문에, 속지주의와 속인주의의 원칙에 따라 우리나라의 영역 안에서는 모든 사업자의 행위에 적용되고, 또 우리나라의 국민에 대해서는 그들이 외국에서 행한 행위에도 적용되지만, 외국인이 외국에서 행한 행위에는 적용되지 않는다. 그러나 오늘날처럼 국가 간의 경제교류가 점차 증가하고, 그에 따라 국경을 넘는 거래가 빈번하게 이루어지고 있는 상황에서는 국내기업과 외국기업 간의 거래 또는 외국기업들 상호 간의 거래에 의해서도 국내 시장의 경쟁질서가 침해될 우려가 있다. 따라서 미국과 EU 및 독일에서는 이러한 문제를 해결하기 위하여 비록 외국 사업자가 외국에서 행한 행위라고 하더라도 그것이 국내 시장에 영향을 미치는 경우는 자국의 경쟁법을 자국의 주권이 미치는 영역을 초월하여 외국기업

---

49) 대법원 2009. 7. 9. 선고 2007두22078 판결 참조. 동 규정의 적용을 받는 소규모 사업자의 기준을 명확히 할 필요가 있음을 지적하는 것으로, 홍명수, "공정거래법상 중소기업정책의 반영에 관한 연구", 법학연구 제53권 제1호, 2012, 340-342면 참조.
50) 다만 중소기업협동조합연합회의 경우 그 산하 지역별 협동조합에 대규모사업자가 가입되어 있다면, 비록 이들 대규모사업자가 중소기업협동조합법 제12조 제2항에 의하여 중소기업 협동조합의 회원이라 하더라도, 위 연합회는 독점규제법 제60조(현 118조) 소정의 소규모사업자들의 단체라 할 수 없다(서울고법 1992. 1. 29. 선고 91구2030 판결).

들 상호 간의 경쟁제한행위에 대하여도 적용할 수 있다는 이른바 역외적용의 이론을 개발하여 널리 활용하고 있다.

우리나라에서는 공정거래위원회가 이러한 국제적 추세에 발맞추어 독점규제법에 아직 역외적용에 관한 명문의 규정이 마련되지 않았던 2002년과 2003년에 이미 흑연전극봉 생산업자들의 국제카르텔사건과 비타민 생산업자들의 국제카르텔사건에서 외국사업자들이 외국에서 행한 가격담합행위에 대하여 우리 독점규제법을 적용하여 시정명령과 아울러 과징금 납부명령을 내렸다. 이에 대하여 흑연전극봉 사건의 일부 외국 피심인들이 불복하였으나, 서울고등법원에 이어서 대법원은 역외적용을 인정하여 상고를 기각하였다.[51)

먼저 입법관할권과 관련하여 대법원은 독점규제법 제19조(현행법 45조)가 부당한 공동행위의 주체를 국내사업자에 한정하지 않고 있으며, 외국사업자가 외국에서 부당한 공동행위를 함으로써 그 영향이 국내시장에 미치는 경우에도 동법의 목적을 달성하기 위하여 이를 적용할 필요성이 있다는 점 등을 들어 그 합의가 국내시장에 영향을 미친 한도에서 독점규제법이 적용된다고 판시하였다.

그리고 실무에서 다투어진 공정거래위원회의 문서송달의 적법성 여부에 대해서도 대법원은 독점규제법 제55조의2(현행법 101조) 및 이에 근거한 위원회의 사건처리절차규칙에 의하여 준용되는 행정절차법에 비추어 위원회가 심사보고서에 대한 의견제출 요구나 전원회의 개최통지서 등을 등기우편으로 송달한 것은 행정절차법 제14조 제1항에 따른 우편송달로서 적법하다고 보았다.

그러나 이러한 과정에서 실체법적 근거 규정의 부재와 아울러 문서송달 등에 관한 절차적 규정의 미비 등의 문제점이 지적되었기 때문에, 2004년에 개정된 독점규제법은 "이 법은 국외에서 이루어진 행위라도 국내시장에 영향을 미치는 경우에는 적용한다"고 규정하여 역외적용의 법적 근거를 마련하였다(법 3조). 그리고 이를 위한 절차적 규정으로서 외국정부와의 협정 또는 상호주의에 입각한 외국정부의 법집행에 대한 지원근거를 마련하고(법 56조), 국외에 주소·영업소 또는 사무소를 둔 사업자 또는 사업자단체에 대한 송달방법으로서 국내에 대리인을 지정하도록 하여 그 대리인에게 송달하도록 규정하고 있다(법 98조).

그런데 이러한 법적 근거가 마련된 뒤에는 공정거래위원회가 역외적용을 더욱 확대해 나가면서 관할권의 존부에 대하여는 신중하게 검토하지 않는 경향을 보이

---

51) 대법원 2006. 3. 23. 선고 2003두11124, 11148, 11155, 11275 판결.

고 있다. 그러나 역외적용은 예외적 현상이기 때문에, 지나친 확대는 다른 나라의 주권을 침해하거나 다른 나라의 경쟁당국과 관할권의 충돌이나 갈등을 발생시킬 우려도 있다. 따라서 독점규제법의 역외적용에 관한 규정을 국제법상 관할권에 관한 일반원칙과 조화롭게 해석하기 위해서는 관할권의 존부, 즉 역외적용의 요건에 대하여 좀 더 신중하게 판단할 필요가 있다.[52] 대법원은 이러한 취지에서 외국에서 일어난 경쟁제한행위가 국내시장에 미치는 영향이 직접적이고, 실질적이며, 합리적으로 예견 가능한 경우에만 우리나라의 독점규제법을 적용하도록 하고 있다.[53]

---

52) 권오승, "독점규제법의 역외적용", 학술원논문집 제56집 2호, 대한민국학술원, 2017, 75면 이하 참조.

53) 대법원 2014. 5. 16. 선고 2012두13665 판결. 한편 '대법원 2023. 4. 13. 선고 2020두31897 판결'에서는 이상의 요건 외에 "공정거래법 적용에 의한 규제의 요청에 비하여 외국 법률 등을 존중해야 할 요청이 현저히 우월"한 지를 역외적용의 인정에 있어서 고려하여야 한다고 판시하였다(해당 사건에서는 부정).

제 3 장 독과점에 대한 규제

제 1 절 독과점 규제의 근거와 체계

I. 독과점 규제의 근거

독점이나 과점이 국민경제에 미치는 영향에 대한 평가는 한결같지 않다. 즉 독점이나 과점은 국민경제에 긍정적인 영향을 미치기도 하지만, 부정적인 영향을 미치는 경우도 있다. 우선 독점이나 과점이 국민경제에 미치는 긍정적인 영향으로는 규모의 경제를 실현하고, 연구개발이나 원가절감을 통하여 효율성을 제고할 수 있다는 점 등이 주장되고 있다. 규모의 경제란 생산량이 증가함에 따라서 평균비용이 감소하는 현상을 말하며, 이러한 평균비용의 감소는 가격 인하로 이어져 자연적으로 독과점이 형성되는 원인이 될 수 있다. 한편 어떤 기업이 독점이윤으로 축적한 자금을 연구개발에 투자하여 신제품을 개발하거나 원가절감을 통한 가격 인하에 성공하여 효율성을 제고하는 경우에는 독과점이 경제성장을 촉진하고 소비자 후생을 증진하는 원동력이 될 수도 있다. 경제개발의 초기 단계에는 이러한 논리에 의하여 독과점을 용인하거나 권장하는 경우도 있었다.

반면 독과점사업자가 그 시장지배력을 이용하여 상품이나 용역의 공급량을 줄이고 가격을 올리는 경우에는 소비자후생이 감소된다. 그런데 이러한 소비자후생의 감소분 중에는 독과점기업에게 이전되는 부분도 있지만, 어느 누구에게도 이전되지 않고 사라지는 부분, 즉 이른바 자중손실(自重損失, deadweight loss)도 있다.[1] 그리고 독과점기업은 약탈적 가격책정이나 과다한 광고·선전 등을 통하여 경쟁사업자를 배제하거나 시장진입을 봉쇄함으로써 자원의 효율적인 배분을 저해할 우려가 있다. 또 다른 사업자의 사업활동을 부당하게 방해하거나 불공정한 거래행위 등을 통하여 공정한 거래를 저해하거나 소비자의 이익을 침해할 우려도 있다. 따라서 각국에서는 이러한 독과점의 폐해를 막기 위하여 독과점에 대한 규제를 실

---

1) H. Hovenkamp, Federal Antitrust Policy, 3rd ed., 2005, p. 19.

시하고 있다.

Ⅱ. 독과점규제의 체계

독과점을 규제하는 방법에는 두 가지가 있다. 하나는 독과점의 형성 그 자체를 사전에 방지하는 방식이고, 다른 하나는 독과점으로 인한 폐해를 사후에 규제하는 방식이다. 독과점의 사전방지수단으로는 독점화의 금지와 기업결합의 제한을 들 수 있으며, 사후규제수단으로는 시장지배적 지위남용행위의 금지를 들 수 있다.

먼저 우리나라 독점규제법은 독일이나 유럽의 예를 따라 시장지배적 지위에 있는 사업자의 지위남용행위를 금지함으로써 소비자이익을 저해하거나 경쟁사업자를 방해 또는 배제하는 등 독과점의 폐해가 나타나는 것을 막고 있다. 그리고 시장의 독과점화를 사전에 방지하기 위하여 일정한 거래분야에서 경쟁을 실질적으로 제한하는 기업결합의 금지 등은 시장지배적 지위를 취득하는 행위를 미연에 방지하는 의미가 있다. 한편 독점규제법은 공정거래위원회가 독과점적 시장구조가 장기간 유지되고 있는 시장에 대하여 경쟁을 촉진하기 위한 시책을 수립·시행하도록 함으로써(법 4조) 보다 적극적인 독과점의 완화 내지 방지수단을 마련하고 있는데, 이는 외국의 입법례에 비추어 특이한 것이다.

제 2 절 시장지배적 지위의 남용금지

독점규제법은 독과점적인 지위의 형성 그 자체는 금지하지 않고 그 폐해, 즉 시장지배적 지위의 남용만을 금지하고 있다. 그런데 남용금지의 위반 여부를 판단하기 위해서는 어떤 사업자가 시장지배적 사업자에 해당하는지, 그리고 남용행위가 구체적으로 어떤 모습으로 나타나는지를 살펴보아야 한다.

Ⅰ. 시장지배적 사업자의 의의

1. 개   념

시장지배적 사업자라 함은 시장지배력을 가지고 있는 사업자, 즉 시장을 주어진 조건으로 받아들이는 것이 아니라 시장의 구조나 행태 또는 성과에 영향을 미칠 수 있는 능력을 가진 사업자를 말한다. 예컨대 상품이나 용역의 공급량을 줄이고 그 가격을 경쟁가격보다 높이 책정함으로써 초과이윤을 얻을 수 있거나 거래거절이나 차별적 취급 등을 통하여 경쟁사업자를 시장에서 배제하거나 방해할 수 있는 능력을 가지고 있는 사업자를 말한다.[2]

독점규제법은 시장지배적 사업자를 "일정한 거래분야의 공급자나 수요자로서 단독으로 또는 다른 사업자와 함께 상품이나 용역의 가격·수량·품질 기타의 거래조건을 결정·유지 또는 변경할 수 있는 시장지위를 가진 사업자"라고 정의하고 있다(법 2조 3호 1문). 따라서 독점규제법은 공급측면에서는 물론이고 수요측면에서 나타나는 시장지배적 지위의 남용도 함께 규제하고 있다. 여기서 '단독 또는 다른 사업자와 함께' 상품이나 용역의 가격·수량·품질 기타의 거래조건을 결정할 수 있는 시장지위를 가진 사업자의 의미가 무엇인지가 문제 된다. 이와 관련하여 대법원은 동 요건이 시장을 독점의 형태로 지배하고 있거나 과점의 형태로 지배하고 있는 개별사업자를 의미하는 것이지, 개별적으로는 그러한 지위를 갖고 있지 않은 여러 사업자들이 집단적으로 통모하여 독점적 지위를 형성한 경우까지를 의미하는 것은 아니라고 판시함으로써,[3] 일견 '공동의 시장지배'(collective dominance)에 관하여 소극적인 입장을 취하고 있는 것으로 보인다.

구체적인 경우에 있어서 어떤 사업자가 시장지배력을 가지고 있는지 여부를 판단하기 위해서는 그 사업자가 당해 시장에서 차지하고 있는 지위나 비중을 심사하지 않으면 안 된다. 그런데 이러한 시장지배력을 직접 측정하기란 매우 어렵기 때문에, 시장지배적 사업자에 해당하는지 여부를 판단함에 있어서는 시장점유율, 진입장벽의 존재 및 정도, 경쟁사업자의 상대적 규모 등(법 2조 3호 2문)과 함께 경쟁사업자 간의 공동행위의 가능성, 유사품 및 인접시장의 존재, 시장 봉쇄력, 자금력 등을 종합적으로 고려하여야 한다.[4]

한편 시장지배적 사업자에 관한 규정 중 정의 조항과 시장지배적 사업자의 추정조항을 적용함에 있어서 당해 사업자와 그 계열회사는 이를 하나의 사업자로 본다(영 2조 2항). 이는 제1장에서 살펴본 사업자의 개념과 관련하여 경제적 동일체이론의 영향을 받은 것으로 보인다. 따라서 시장지배적 지위를 판단함에 있어서 가

---

2) H. Hovenkamp, op. cit., p. 79.

3) 대법원 2005. 12. 9. 선고 2003두6283 판결 참조.

4) 공정거래위원회 고시 제2000-6호, 2000. 8. 30. '시장지배적 지위 남용행위 심사기준'(2015. 10. 23. 개정, 고시 제2015-15호) Ⅲ 참조.

장 중요한 요소인 매출액이나 시장점유율을 산정할 때 계열회사가 동일한 관련시장에서 얻은 매출액이나 시장점유율을 합산하여 시장지배적 지위의 유무를 판단하게 된다. 그런데 동조에 따른 법률효과로서 남용행위의 책임귀속과 관련하여 하나의 사업자로 간주되는 특정 계열회사의 행위에 대하여 다른 계열회사도 시정조치나 과징금을 비롯하여 민사적, 형사적 책임을 지는지 여부는 확실치 않으며, 입법론적인 해결이 필요한 것으로 보인다.

2. 시장지배적 사업자의 추정

어떤 사업자가 시장지배적 지위에 있는지 여부를 판단하기 위해서는, 우선 관련시장을 획정한 뒤에, 그 시장에서 당해 사업자가 시장지배력을 가지고 있는지 여부를 심사해야 한다. 이를 입증할 책임은 공정거래위원회가 부담하게 되는데, 그 입증은 결코 쉽지 않다. 따라서 독점규제법은 이러한 입증상의 곤란을 완화함으로써 시장지배적 사업자에 대한 규제의 실효성을 높이고, 사업자가 스스로 규제대상에 해당되는지 여부를 쉽게 판단할 수 있도록 하기 위하여 법률상 추정조항을 두고 있다. 그에 따라 일정한 거래분야에서 1사업자의 시장점유율이 100분의 50 이상이거나 3 이하 사업자의 시장점유율 합계가 100분의 75 이상인 경우에는 그 사업자가 시장지배적 사업자로 추정된다. 다만 후자의 경우 시장점유율이 100분의 10 미만인 자는 추정에서 제외된다. 그리고 일정한 거래분야에서 연간 매출액 또는 구매액이 80억원 미만인 사업자는 이 추정규정의 적용에서 제외된다(법 6조). 여기서 연간 매출액 또는 구매액이란 "해당 사업자가 시장지배적 지위의 남용금지에 위반한 혐의가 있는 행위를 종료한 날이 속하는 사업연도의 직전 사업연도 1년 동안에 공급하거나 구매한 상품 또는 용역의 금액"을 말하고, 이때 해당 행위가 인지일이나 신고일까지 계속되는 경우에는 인지일이나 신고일을 당해 법위반행위의 종료일로 본다(영 11조). 다만 시장점유율을 금액기준으로 산정하기 어려운 경우에는 물량기준 또는 생산능력기준으로 산정할 수도 있다(영 2조 1항 단서).

그러나 연간매출액 등이 80억원 미만이거나 시장점유율이 10% 미만인 사업자의 경우에는 그들이 법률상 추정을 통해서 시장지배적 사업자로 인정되지 않을 뿐이지, 경우에 따라서 공정거래위원회의 적극적인 입증을 통해 시장지배적 지위가 인정될 수 있기 때문에, 남용금지가 적용될 여지는 여전히 남아 있다.

한편 시장점유율을 기준으로 한 시장지배력의 추정에 관해서는 살펴볼 점이 있다. 우선 시장점유율이 수요측면에서 지배력을 추론하는 데에도 여전히 적절한지에 대하여 의문이 제기되고 있는데, 수요측면에서는 거래관계의 특성과 수요자 중심의 시장구조로 인하여 공급측면에 비하여 낮은 점유율만으로도 충분히 시장지배력을 가질 수 있기 때문이다.5) 또한 시장점유율은 과거 거래주체가 선택한 결과일 뿐이므로 시장의 동태적 측면을 제대로 보여주지 못할 수 있다는 점에서 다른 요소와 종합적인 고려가 불가피하다는 점도 염두에 둘 필요가 있다. 그렇지만 시장점유율은 시장구조 및 시장 참가자들의 상대적 중요성에 관한 의미 있는 정보를 제공할 수 있고,6) 시장점유율 자체가 다시 시장참가자들의 선택에 일정한 영향을 미침으로써 시장봉쇄의 실제적인 힘으로 작용할 수 있다는 점에서 그 중요성을 부인하기 어렵다.7) 이러한 점에서 독점규제법이 시장점유율에 기초한 추정 규정을 둠으로써 다른 요소에 비해 시장점유율에 대한 특별한 취급을 하고 있는 것은 타당한 접근 방식이라 할 수 있다.

II. 지위남용행위의 금지

1. 제도의 목적

시장지배적 사업자는 당해 시장에서 상품이나 용역의 가격, 공급량 또는 거래조건 등에 대하여 결정적인 영향을 미칠 수 있는 능력을 가진 사업자이기 때문에, 그들이 그 지위를 남용하여 공급량을 줄이고 가격을 인상하게 되면, 자원배분이 왜곡되고 소비자후생이 감소될 뿐만 아니라 경쟁사업자들이 시장에서 배제되거나 사업활동이 위축되기도 하고, 또한 거래상대방이나 소비자의 권익이 침해되는 등 여러 가지의 폐해가 나타나게 된다. 따라서 이러한 폐해의 발생을 원천적으로 봉쇄하기 위해서는 시장지배적 지위의 형성 그 자체를 금지할 필요가 있을 것이다. 그러나 실제로 시장에서 지배적인 지위를 차지하고 있는 사업자들 중에는 경쟁기업을 인수 또는 합병하거나 기타 경쟁제한적인 방법으로 그러한 지위를 획득한 사업자들도 있지만(외부적 성장), 치열한 경쟁과정에서 품질개발이나 원가절감과 같은 효율성 증대를 통하여 지배적인 지위를 취득한 사업자들도 있다(내부적 성장). 따라서 시장지배적 사업자의 존재 그 자체를 일률적으로 비난하는 것은 타당하지 않

---

5) 이봉의, "공정거래법상 수요지배력의 남용", 상사판례연구 제14권, 2003, 161면 이하 참조.
6) 유럽위원회가 제정한 Guidance on Article 102 Enforcement Priorities, para. 13에서는 시장점유율은 시장지배력 판단을 위해 유용한 최초의 지표라고 언급하고 있다.
7) Herbert Hovenkamp, op. cit., pp. 91-92.

다. 이에 독점규제법은 시장지배적 사업자의 존재 자체를 원천적으로 부정하는 태도를 취하지 않고, 일단 시장지배적 지위 그 자체는 인정하면서 그러한 지위를 남용하는 행위만 금지하는 폐해규제주의를 채택하고 있다.

한편 우리나라의 경우에는 정부가 이른바 개발연대에 고도성장을 달성하기 위하여 소수의 능력 있는 기업을 집중적으로 지원하는 불균형성장정책을 추진해 온 결과, 많은 산업 분야가 독과점화되어 있을 뿐만 아니라 그것이 장기간 고착되어 있는 경우가 많으며, 미국 등 주요 국가에 비해 상대적으로 경제 규모가 크지 않은 상황이다. 이러한 상황에서 공정거래위원회가 단순히 사후적으로 시장지배적 사업자의 지위남용행위를 금지하는 것만으로는 독과점적인 시장구조를 경쟁적인 시장구조로 개선하기가 매우 어렵다. 따라서 독점규제법은 1996년 개정을 통하여 공정거래위원회에게 독과점적인 시장구조가 장기간 유지되고 있는 시장에 대하여 경쟁을 촉진하기 위한 시책을 수립하여 시행할 의무를 부과하고 있다(법 4조). 이것은 공정거래위원회가 단순히 시장지배적 지위남용행위를 금지하는 데 그치지 않고, 보다 적극적으로 독과점적인 시장구조를 경쟁적인 시장구조로 개선하기 위한 정책을 수립하여 시행할 수 있는 권한과 아울러 의무를 지게 한 점에서 큰 의의가 있다.

2. 남용행위의 유형

시장지배적 사업자는 그 지위를 남용하는 행위를 해서는 안 된다. 그런데 구체적인 경우에 시장지배적 사업자의 행위가 독점규제법이 금지하고 있는 지위남용행위에 해당하는지를 판단하기 위해서는, 시장지배적 지위의 남용행위가 무엇을 의미하는지 그 개념부터 명백하게 밝히지 않으면 안 된다.

먼저 시장지배적 지위란 시장의 행태나 성과에 결정적인 영향을 미칠 수 있는 지위, 종국적으로는 시장에서 경쟁수준 이상으로 가격을 책정할 수 있는 지위를 말한다. 이러한 지위를 가지고 있는 사업자가 유효한 경쟁이 이루어지고 있는 시장에서는 감히 시도할 수 없는 행위를 함으로써 경쟁사업자를 배제 또는 방해하여 자유로운 경쟁을 제한하거나 또는 거래상대방이나 소비자에게 손해를 입히는 경우 그러한 행위는 시장지배적 지위의 남용행위에 해당할 것이다.

그런데 이러한 시장지배적 지위남용행위는 매우 다양한 모습을 띠고 있기 때문에, 이를 일정한 기준에 따라서 유형화하여 이해할 필요가 있다. 일반적으로 당해 행위가 직접적으로 거래상대방이나 소비자의 이익을 침해하는지, 혹은 시장에서 현재 또는 장래의 경쟁자를 배제 또는 방해하는 등 자유로운 경쟁을 제한함으로써 간접적으로 소비자의 후생을 침해하는지에 따라, 착취남용(exploitative abuse)과 배제남용(exclusionary abuse)으로 나누어진다. 이러한 분류는 EU나 독일에서 유래된 것이다. 그리고 그 행위가 경쟁에 미치는 효과에 따라 배제행위, 방해행위, 차별행위 또는 착취행위 등으로 나누기도 하고, 그 행위의 태양에 따라 약탈적 가격설정, 마진 압착, 배타적 거래, 거래거절, 끼워팔기, 차별가격, 초과가격 등으로 구분하기도 한다. 우리 독점규제법은 이를 그 행위의 태양에 따라 부당한 가격결정, 부당한 출고조절, 부당한 사업활동의 방해, 부당한 시장진입의 제한, 기타 경쟁사업자의 배제행위 또는 소비자의 이익저해행위 등으로 나누고 있다(법 5조 1항 각호).[8] 그리고 독점규제법은 이러한 지위남용행위를 판단하는 데에 따르는 어려움을 줄이기 위하여 동법 시행령에서 공정거래위원회로 하여금 남용행위의 유형 또는 기준을 규정할 수 있도록 하고 있으며(법 5조 2항, 영 9조), 공정거래위원회는 동법 시행령 제9조 제6항에 근거하여 「시장지배적 지위남용행위 심사기준」(이하 '심사기준'이라 함)을 마련하여 고시하고 있다.[9]

(1) 부당한 가격결정

시장지배적 사업자는 상품의 가격이나 용역의 대가(이하 '가격'이라 함)를 부당하게 결정·유지 또는 변경하는 행위를 해서는 안 된다(1호). 시장지배적 사업자가 그 지위를 이용하여 가격을 마음대로 결정하게 되면, 그 거래상대방은 물론이고 경쟁사업자나 최종소비자의 이익을 침해할 우려가 있다. 따라서 독점규제법은 이러한 지위남용 행위를 방지하기 위하여 시장지배적 사업자가 가격을 부당하게 결정·유지 또는 변경하는 행위를 금지하고 있다.

그런데 동법은 시장지배적 사업자의 가격결정의 자유 그 자체를 부인하는 것이 아니라, 그 가격결정이 부당한 경우에만 이를 금지하고 있다. 따라서 여기서 문제가 되는 것은 가격의 '부당성'을 판단하는 기준이다. 이론적으로는 비교시장 분석방식과 비용기초 분석방식을 상정할 수 있다. 전자는 유효경쟁이 이루어지고 있는

---

8) 우리나라에서는 학계나 실무에서 부당한 가격결정, 부당한 출고조절 및 소비자이익저해를 착취남용으로 분류하는 반면, 부당한 사업활동 방해, 시장진입제한 및 경쟁사업자 배제를 배제남용으로 분류하는 견해가 있다. 그러나 이러한 분류는 타당하지 않다. 왜냐하면 부당한 가격결정, 부당한 출고조절 및 부당한 사업활동 방해 등은 착취남용에 해당되는 경우도 있지만 배제남용에 해당되는 경우도 있기 때문이다.

9) 동 심사기준에서는 남용행위 이외에 관련시장의 획정과 지배력의 판단기준에 대해서도 기준을 제시하고 있다.

시장에서 형성되는 가격을 기준으로 하여, 당해 시장에서 형성되는 가격을 유효경쟁이 이루어지고 있는 시장에서 형성되는 가격과 비교해 볼 때, 시장지배적 사업자에게는 일방적으로 유리한 반면에 그 경쟁자나 거래상대방에게는 지나치게 불리한 경우에는 부당한 가격형성으로 판단할 수 있다. 그런데 실제로는 그 비교의 기준이 되는 유효경쟁이 이루어지고 있는 시장을 찾기가 쉽지 않기 때문에 부당성을 판단하기가 매우 어렵다.10)

동법 시행령은 가격의 부당한 결정·유지 또는 변경을 "정당한 이유없이 상품의 가격이나 용역의 대가를 수급의 변동이나 공급에 필요한 비용(동종 또는 유사업종의 통상적인 수준의 것에 한한다)의 변동에 비하여 현저하게 상승시키거나 근소하게 하락시키는 경우"로 규정함으로써(영 9조 1항), 비용기초 분석방식을 원칙으로 하고 있다. 그리고 공정거래위원회의 심사기준에서는 부당한 가격결정의 세부유형 및 기준을 다음과 같이 제시하고 있다(시장지배적 지위남용행위 심사기준 Ⅳ-1).

먼저 '상품의 가격이나 용역의 대가'는 원칙적으로 현금결제에 적용되는 가격을 기준으로 하되, 거래관행상 다른 가격이 있는 경우에는 그 가격을 적용한다. 그리고 '수급의 변동'이란 당해 품목의 가격에 영향을 미칠 수 있는 수급요인의 변동을 말하며, 이 경우 상당기간 동안 당해 품목의 수요 및 공급이 안정적이었는지 여부를 고려한다. 또 '공급에 필요한 비용의 변동'은 가격결정과 상관관계가 있는 재료비, 노무비, 제조경비, 판매비와 일반관리비, 영업외비용 등의 변동을 말한다. 한편 '동종 또는 유사업종'은 원칙적으로 당해 거래분야를 위주로 판단하되, 그것이 불합리하거나 곤란한 경우에는 유사시장이나 인접시장을 포함한다. 그리고 '통상적인 수준의 비용'인지 여부의 판단에는 각각의 비용 항목과 전체 비용을 종합하여 판단하되, 당해 사업자의 재무상황, 비용의 변동추세, 다른 사업자의 유사항목 비용지출상황 등을 종합적으로 고려한다. 마지막으로, '현저하게 상승시키거나 근소하게 하락시키는 경우'란 최근 당해 품목의 가격변동 및 수급상황, 당해 품목의 생산자물가지수, 당해 사업자의 수출시장에서의 가격 인상률, 당해 사업자가 시장에서 가격 인상을 선도할 수 있는 지위에 있는지 여부 등을 종합적으로 고려하여 판단하도록 하고 있다.

---

10) 유럽의 경우처럼 국경을 접하고 있는 인접국가가 많은 경우에는 주위에 비교의 대상이 되는 시장이 많이 있기 때문에 그중에서 유효경쟁이 이루어지고 있는 시장을 찾아내어 이를 기준으로 판단하기가 용이하지만, 우리나라처럼 3면이 바다로 둘러싸여 있는 데다가 주변에 경제체제나 발전의 정도에 있어서 상당한 차이가 있는 나라들이 존재하는 경우에는 비교의 대상이 될 수 있는 시장을 찾기가 매우 어렵다.

그리고 공정거래위원회는 시장지배적 사업자가 상품이나 용역의 가격을 부당하게 결정·유지 또는 변경하였다고 볼 만한 상당한 이유가 있을 때는, 관계행정기관의 장이나 물가조사업무를 수행하는 공공기관에 대하여 상품 또는 용역의 가격에 관한 조사를 의뢰할 수 있다(영 10조). 이것은 부당한 가격결정에 있어서 그 부당성의 입증에 따르는 곤란을 완화함으로써 부당한 가격결정 금지의 실효성을 제고하기 위한 것이다.

가격책정의 부당성을 판단하기가 어렵기 때문에 그간 공정거래위원회가 부당한 가격결정을 이유로 규제한 사례는 불과 몇 건에 지나지 않는다. 부당한 가격결정을 금지한 최초의 사례로는 해태제과(주) 등 제과업체 3사가 제품의 가격은 그대로 둔 채 제품의 용량을 감소시켜서 가격을 인상한 것과 동일한 결과를 초래한 행위에 대하여 비스켓류 시장에서의 시장지배적 지위를 남용하여 가격을 인상한 행위로 보아 규제한 예가 있고,[11] 현대자동차가 기아자동차의 주식 인수로 시장지배력을 강화한 후, 다른 사업자와 경쟁이 되는 승용차 부문의 가격은 인상하지 않고, 경쟁이 되지 않는 트럭과 버스 부문을 중심으로 가격을 인상한 행위에 대하여 경쟁시장이라고 할 수 있는 수출시장에서는 가격인상이 거의 없거나 하락하였음에도 불구하고, 국내시장에서 가격을 과도하게 인상한 점과 경쟁시장이었던 신형모델 출시 시점과 독과점으로 전환된 이후 금번 가격인상 시점 간에 가격인상폭이 비용변동폭보다 큰 점 등을 고려하여 시장지배력을 남용하여 부당하게 가격을 인상한 행위로 보아 규제한 예가[12] 있다.

그리고 공정거래위원회는 BC카드와 12개 회원은행, 엘지카드, 삼성카드가 IMF 외환위기 이후 조달금리의 상승 및 위험도의 증가 등을 이유로 현금서비스 및 할부수수료율과 연체이자율을 인상한 이후 원가 요인의 현저한 변동으로 인하여 이들 수수료율을 대폭 인하할 수 있음에도 불구하고 이를 오히려 인상 또는 그대로 유지하거나 소폭 인하하는데 그친 행위에 대하여 이를 시장지배적지위의 남용행위로 보아 규제한 예가[13] 있다. 그러나 이 사건의 심결은 그 후 대법원에 의하여 취소되었다. 그 이유는 공정거래위원회가 가격결정의 주체인 BC카드와 12개 회원은행을 하나의 사업자로 보아 엘지카드 및 삼성카드와 함께 시장지배적 사업자로 본 부분을 받아들이지 않았기 때문이다. 따라서 아쉽게도 가격결정의 부당성에 관

---

11) 공정거래위원회 1992. 1. 15. 의결 제92-1호, 제92-2호, 제92-3호.
12) 공정거래위원회 1999. 9. 3. 의결 제99-130호.
13) 공정거래위원회 2001. 3. 28. 의결 제2001-40호.

한 판단은 이루어지지 않았다.[14)

한편 부당한 가격결정의 금지와 관련하여 제기되는 입법론적인 문제점은 동법 시행령 제9조 제1항이 법 제5조 제1항 1호의 취지를 제대로 살리지 못하고 이를 부당하게 제한하고 있다는 점이다. 즉 법률에서는 가격을 부당하게 결정·유지 또는 변경하는 행위를 모두 금지하고 있는데, 시행령에서는 가격을 정당한 이유 없이 수급의 변동이나 공급에 필요한 비용의 변동에 비추어 현저하게 상승시키거나 근소하게 하락시키는 경우로 제한하고 있다. 그 결과, 가격을 변경하는 경우가 아니라 새로이 결정하거나 그대로 유지하는 경우는 그 가격이 부당하게 높거나 낮더라도 이를 규제할 수 없게 되었다. 따라서 이러한 문제점을 해결하기 위해서는 동법 시행령 제9조 제1항의 규정을 법 제5조 제1항 1호의 취지에 맞게 개정할 필요가 있으며, 현행 규정의 해석상으로도 가격의 현저한 상승 또는 근소한 하락의 의미를 비용 변동에 기초하여 실질적으로 파악할 필요가 있다.

(2) 부당한 출고조절

시장지배적 사업자는 상품의 판매 또는 용역의 제공을 부당하게 조절하는 행위 (이른바 '출고조절행위')를 해서는 안 된다(2호). 여기서 '조절하는 행위'라 함은 당해 품목의 생산 또는 판매를 중단, 감축하거나 출고를 증감시키는 행위를 말한다. 그런데 사업자가 시장의 사정이나 경기의 변동에 따라 상품이나 용역의 생산량 또는 판매량을 조절하는 것은 너무나 당연한 것으로서, 자연스러운 현상이라고 할 수 있다. 따라서 시장지배적 사업자가 상품이나 용역의 판매 또는 제공을 조절하는 때에도 당해 상품의 수급 상황, 생산능력 또는 원자재 조달 사정 등에 비추어 그 조절행위가 통상적인 수준을 벗어나지 않는 경우는 문제가 되지 않고, 통상적인 수준을 현저하게 벗어나서 가격의 인상이나 하락의 방지에 중대한 영향을 미치거나 수급의 차질을 초래할 우려가 있는 경우만 부당한 출고조절행위로서 금지되는 것이다.[15)

동법 시행령은 상품의 판매 또는 용역의 제공을 부당하게 조절하는 행위의 유형으로 정당한 이유 없이 최근의 추세에 비추어 상품 또는 용역의 공급량을 현저히 감소시키거나 유통단계에서 공급부족이 있음에도 불구하고 공급량을 감소시키는 경우를 들고 있다(영 9조 2항 각호). 그리고 심사기준에서는 이들 두 가지 유형의

---

14) 대법원 2005. 12. 9. 선고 2003두6283 판결.
15) 대법원 2002. 5. 24. 선고 2000두9991 판결.

출고조절에 관하여 부당성 판단기준을 다음과 같이 구별하여 제시하고 있다.

첫째 정당한 이유 없이 최근의 추세에 비추어 상품 또는 용역의 공급량을 현저히 감소시키는 경우이다. 여기서 '최근의 추세'는 상당한 기간의 공급량을 제품별, 지역별, 거래처별, 계절별로 구분하여 제품의 유통기한, 수급의 변동요인 및 공급에 필요한 비용의 변동요인을 감안한다. 이때 최근의 추세와 대비할 상당한 기간을 확정함에 있어서는 기본적으로 생산량 또는 판매량의 감소 내지 재고량의 증가가 평상시에 비하여 현저한 기간을 기준으로 삼는 것이지만, 출고조절의 경우 정당한 이유가 없으면 위법한 것으로 평가되기 때문에 당해 제품의 유통기한, 수요의 변동요인, 공급에 필요한 비용의 변동요인 등 정상적인 수급 상황에 영향을 미치는 제반요인을 함께 살펴서 그 기간 동안 생산량 또는 판매량 감소나 재고량의 증가가 수요에 현저하게 역행하는 것으로서 당해 사업자의 시장지배적 지위에 기해서만 설명이 가능한 것인지를 아울러 고려하여야 한다.[16]

'공급량의 현저한 감소'는 당해 품목의 생산량이나 재고량을 조절함으로써 시장에 출하되는 물량을 현저히 감소시키는 것을 말하며, 직영대리점이나 판매회사의 재고량 및 출하량을 합산한다. 그리고 이때 출고량 감소와 재고량 증가가 최근의 추세에 비추어 '현저한지' 여부를 판단함에 있어서 공급량을 감소시킨 후 일정기간 이내에 동 품목의 가격인상이 있었는지, 공급량을 감소시킨 후 일정기간 내에 당해 사업자(계열회사 포함)의 동 품목에 대한 매출액 또는 영업이익의 증가 여부 또는 기존 제품과 유사한 제품의 출하 여부, 원재료를 생산하는 당해 사업자(계열회사 포함)가 자신은 동 원재료를 이용하여 정상적으로 관련 제품을 생산하면서, 타사업자에 대해서는 동 원재료 공급을 감소시켰는지 여부가 고려된다.[17] 이때 당해 사업자의 일부 창고의 출고량과 재고량만을 기준으로 판단해서는 안 되며, 아울러 예컨대 당해 사업자의 월말 출고량이 항상 현저히 감소하는 사정이 있는 경우에 그 월말에 속하는 기간을 기준으로 현저성 여부를 판단해서도 안 된다.[18]

둘째 정당한 이유 없이 유통단계에서 공급부족이 있음에도 불구하고 상품 또는 용역의 공급량을 감소시키는 경우이다. 여기서 '유통단계에서의 공급부족'은 주로 성수기에 최종 소비자가 소비하기 전의 각 유통과정에서 품귀현상이 있음을 말한다.[19] 다만 물가 불안심리에 의한 일부 유통업자의 매점매석행위와 소비자의 사재

---

16) 대법원 2001. 12. 24. 선고 99두11141 판결.
17) '시장지배적 지위남용행위 심사기준' Ⅳ－2 가 참조.
18) 대법원 2001. 12. 24. 선고 99두11141 판결.
19) '시장지배적 지위남용행위 심사기준' Ⅳ－2 나 참조.

기와 같은 비정상적인 가수요에 응하여 공급량을 증대할 것까지 요구되는 것은 아니며, 향후의 공급부족 파동에 대비하기 위하여 일시적으로 출고량을 다소 감소시키는 행위는 합리적인 기업경영행위로 보아 허용될 수 있을 것이다.[20]

지금까지 공정거래위원회가 부당한 출고조절을 지위남용으로 보아 금지한 사례는 그다지 많지 않다. 그런데 이들 사례들은 대체로 IMF 외환위기 이후 환율인상과 원자재가격 폭등, 일시적인 가수요가 복합적으로 작용하여 출고조절이 이루어진 것이라는 점에서 공통성이 있다. 우선 조제분유의 출고량 감소가 문제되었던 남양유업사건에서[21] 대법원은 공정거래위원회가 ① 출고조절의 조사대상을 위 회사의 창고 전부를 기준으로 하거나 적어도 조제분유의 품귀현상이 발생하였다는 수도권 지역에 대한 출고를 담당하는 창고 모두를 기준으로 하지 않고, 수도권 출고를 담당하는 2개의 창고 중 하나만을 기준으로 삼아 출고량과 재고량을 산정한 것은 부당하고, 또 ② 원고회사의 출고량 감소와 재고량 증가, 서울지역 대리점의 '아기사랑' 판매량의 감소가 각 최근의 추세에 비추어 현저한지 여부를 한 달 또는 그 이상의 기간 동안을 기준으로 하지 않고, 단지 5일 동안에 불과한 짧은 기간으로서 그것도 출고량이 항상 감소하기 마련인 월말에 속하는 기간을 기준으로 한 것도 부당하며, ③ 이 사건 기간 동안 수도권 지역에 조제분유 품귀현상이 발생하였음을 인정할 자료가 없고, 오히려 이 기간이 경과한 후에 그러한 품귀현상이 발생한 사실이 인정될 뿐이며, 그 원인도 원고 회사 등 공급업체들의 비정상적인 공급감소에 있다기보다는 가격인상을 앞두고 일부 소비자들이 평상시보다 월등히 많은 양을 사재기한 데에 있는 것으로 추인되므로, 결국 피고 공정거래위원회의 위 의결은 그 판단이 잘못되었거나 사실의 기초를 결하고 있어 위법하다고 판단하여, 공정거래위원회의 결정을 취소한 원심판결을 인용하였다.

그 밖에 대두유의 출고량 감소가 문제되었던 신동방사건과[22] 제일제당사건에서[23] 대법원은 각각 상이한 결론을 내렸다. 대법원은 일관되게 상품의 판매 등을 조절하는 행위가 부당한지는 당해 상품의 수급 등 유통시장의 상황, 생산능력이나 원자재 조달사정 등 사업자의 경영환경에 비추어 그 조절행위가 통상적인 수준을 벗어나서 가격의 인상이나 하락의 방지에 중대한 영향을 미치거나 수급차질을 초래할 우려가 있는지 여부에 따라 판단하여야 한다고 판시하면서, 신동방사건에서

---

20) 대법원 2002. 5. 24. 선고 2000두9991 판결.

21) 공정거래위원회 1998. 6. 9. 의결 제98-112호; 대법원 2001. 12. 24. 선고 99두11141 판결.

22) 공정거래위원회 1998. 11. 4. 의결 제98-252호; 대법원 2000. 2. 5. 선고 99두10964 판결.

23) 대법원 2002. 5. 24. 선고 2000두9991 판결.

는 출고량의 감소 폭이 크고 출고량 감소 이후 영업이익이 급증한 점 등을 고려하여 부당성을 인정한 반면, 제일제당사건에서는 재고량이 한 달 치에 불과하고 출고량의 감소 정도가 미미할 뿐만 아니라 출고량 감소 이후 영업이익도 적자 또는 약간의 흑자에 그쳤다는 점 등을 고려하여 가격인상을 목적으로 출고를 조절하였다고 볼 수 없다는 이유로 그 부당성을 인정하지 않았다.

(3) 다른 사업자의 사업활동 방해

시장지배적 사업자는 다른 사업자의 사업활동을 부당하게 방해하는 행위를 해서는 안 된다(3호). 여기서 '다른 사업자'란 당해 시장지배적 사업자와 경쟁관계에 있거나 경쟁관계가 성립할 수 있는 사업자뿐만 아니라 전·후방관계에 있는 사업자[24] 또는 거래상대방의 지위에 있는 사업자를 말한다. 그리고 '사업활동을 부당하게 방해하는 행위'라 함은 직접 또는 간접으로 다음 각 호의 어느 하나에 해당하는 행위를 함으로써 다른 사업자의 사업활동 등을 어렵게 하는 경우를 말한다(영 9조 3항). 그런데 다른 사업자의 사업활동을 어렵게 하는지 여부를 판단함에 있어서는 다른 사업자의 생산, 재무, 판매 활동을 종합적으로 고려하여야 하며, 사업활동이 실제로 어려워진 경우는 물론이고 어려워질 우려가 있는 경우도 포함된다.

(가) 원재료의 구매 방해

정당한 이유 없이 다른 사업자의 생산활동에 필요한 원재료의 구매를 방해하는 행위가 여기에 해당한다. 원재료에는 부품과 부재료를 포함하며, '원재료의 구매를 방해'한다는 것은 원재료의 구매를 필요한 양 이상으로 현저히 증가시키거나, 원재료 공급자가 당해 원재료를 다른 사업자에게 공급하지 못하도록 강제 또는 유인하는 것을 말한다.

(나) 필수적인 인력의 채용

정상적인 관행에 비추어 과도한 경제상의 이익을 제공하거나 제공할 것을 약속하면서 다른 사업자의 사업활동에 필수적인 인력을 채용하는 행위가 이에 해당한다. 여기서 '필수적인 인력'이라 함은 당해 업체에 장기간 근속하였거나 많은 비용을 투입하여 특별히 양성한 기술인력(기능공 포함), 또는 당해 업체에서 특별한 대우를 받았거나, 당해 업체의 중요 산업정보를 소지하고 있어 이를 유출할 가능성이 있는 기술인력을 말한다. 다만 기능공의 경우에는 당해 업체에 커다란 타격을

---

24) 대법원 2010. 3. 25. 선고 2008두7465 판결은 시장지배적 사업자의 판매대리점을 다른 사업자로 보고 있다.

줄 정도로 다수의 기능공이 스카우트 되는 경우를 말한다.[25]

(다) 필수적인 요소의 사용 거절, 중단 및 제한

정당한 이유 없이 다른 사업자의 상품 또는 용역의 생산·공급·판매에 필수적인 요소의 사용 또는 접근을 거절·중단하거나 제한하는 행위가 여기에 해당한다. 이것은 2001년 3월 27일 개정된 시행령에 도입된 것으로서, 이른바 필수설비이론 (Essential Facilities Doctrine)을[26] 받아들여 입법한 것이다. 이 이론을 적용하기 위해서는 특정한 사업자가 필수적인 요소(이하 '필수요소'라 함)를 독점적으로 소유 또는 통제하고 있어야 한다. 여기서 '필수요소'라 함은 네트워크, 기간설비 등과 같은 유·무형의 요소를 포함하는 것으로서, 사용의 불가피성과 신설의 불가능성을 갖춘 요소를 말한다. 우선 사용의 불가피성은 당해 요소를 사용하지 않고서는 상품이나 용역의 생산·공급 또는 판매가 사실상 불가능하여 일정한 거래분야에 참여할 수 없거나, 당해 거래분야에서 피할 수 없는 중대한 경쟁 열위 상태가 지속될 경우에 인정되며, 신설의 불가능성은 당해 요소를 사용하거나 이에 접근하려는 자가 이를 재생산하거나 다른 요소로 대체하는 것이 사실상·법률상 또는 경제적으로 불가능할 경우 인정된다.

일반적으로 필수설비란 통신, 가스, 전력, 철도망과 같은 네트워크와 항만, 항공시설, 철도역사, 스포츠 경기장, 라디오나 TV 방송국 등과 같은 기간설비를 의미하는 것으로 이해되고 있다. 그런데 독점규제법에서는 필수설비가 아니라 다소 폭넓은 개념으로 해석될 수 있는 필수요소라고 규정하고 있기 때문에, 네트워크와 기간설비 이외에 지적재산권 등과 같은 무형의 요소도 필수요소에 포함되는가 하는 의문이 제기될 수 있다. 문리적 해석상 포함되는 것으로 볼 수 있지만, 그렇게 볼 경우 후술하는 기타의 사업활동 방해 중 거래거절 및 차별적 취급과 구별하기가 곤란하기 때문에, 여기에 포함되지 않는 것으로 보는 견해도 있다.[27] 거절의 상대방인 '다른 사업자'라 함은 필수요소의 보유자 또는 그 계열회사가 참여하고 있거나 가까운 장래에 참여할 것이 예상되는 거래분야에 참여하고 있는 사업자를 말한다. 즉 필수요소를 보유한 자 또는 그 계열회사와 현실적 또는 잠재적 경쟁관계에 있는 사업자에 대하여 당해 필수요소의 사용이나 접근 등을 거절하는 경우가

---

25) '시장지배적 지위남용행위 심사기준' Ⅳ-3 나 참조.

26) 필수설비이론에 관한 자세한 설명은 신동권, "시장지배적 지위의 남용금지와 필수설비이론", 공정거래와 법치, 2004, 199면 이하; 이봉의, "공정거래법상 필수설비법리의 현황과 과제", 상사판례연구 제19권 제1호, 2006, 3면 이하 참조.

27) 신동권, 앞의 논문, 211면 참조.

여기에 해당된다.

한편 거절·중단 또는 제한하는 행위라 함은 필수요소에의 접근이 사실상 또는 경제적으로 불가능할 정도의 부당한 가격이나 조건을 제시하거나, 기존의 사용자에 비하여 현저하게 차별적인 가격이나 배타조건, 끼워팔기 등 불공정한 조건을 제시하는 등 실질적으로 거절·중단 또는 제한하는 것과 같은 효과를 발생시키는 행위를 말한다. 여기서 문제가 되는 것은 적정한 대가의 제공이다. 다른 사업자가 보유하고 있는 필수요소를 사용하거나 이에 접근하려는 자는 그 필수요소의 보유자에게 적정한 대가를 제공해야 한다. 적정한 대가를 제공함에도 불구하고 그 사용이나 접근을 거부하는 경우 지위남용행위가 성립될 수 있고, 비록 사용이나 접근을 허용하더라도 과도한 대가를 요구하여 사용이나 접근을 사실상 곤란하게 할 경우에도 지위남용행위가 되는 것은 마찬가지이다.

그러나 정당한 이유가 있는 경우에는 필수요소의 사용이나 접근을 거절하더라도 남용행위가 성립되지 않는다. 여기서 실무상 구체적으로 어떠한 경우 정당한 이유가 있다고 볼 것인가 하는 점이 매우 중요한 의미를 갖게 된다. 외국의 판례와 학설은 가용능력의 부족을 가장 중요한 이유로 보고 있으며, 그 밖에 시설의 안전성이나 경영상의 이유도 정당한 이유가 될 수 있다고 한다.[28] 심사기준에 따르면, 정당한 이유가 있는지를 판단함에 있어서는 ⅰ) 필수요소를 제공하는 사업자의 투자에 대한 정당한 보상이 현저히 저해되는 경우(다만, 경쟁의 확대로 인한 이익의 감소는 정당한 보상의 저해로 보지 않음), ⅱ) 기존 사용자에 대한 제공량을 현저히 감소시키지 않고서는 필수요소의 제공이 불가능한 경우, ⅲ) 필수요소를 제공함으로써 기존에 제공되고 있는 서비스의 질이 현저히 저하될 우려가 있는 경우, ⅳ) 기술표준에의 불합치 등으로 인하여 필수요소를 제공하는 것이 기술적으로 불가능한 경우, ⅴ) 서비스를 이용하는 고객의 생명이나 신체의 안전에 위험을 초래할 우려가 있는 경우 등을 고려하게 하고 있다.[29]

(라) 기타 사업활동의 방해

전술한 세 유형이 사업활동방해 행위를 모두 포섭하는 데 한계가 있으며, 공정거래위원회는 그 밖에 부당한 방법으로 다른 사업자의 사업활동을 어렵게 하는 행위를 고시하고 있다. 구체적으로 부당하게 특정한 사업자에 대하여 거래를 거절하거나 거래하는 상품 또는 용역의 수량이나 내용을 현저히 제한하는 행위, 거래상

---

28) 이봉의, 앞의 논문, 14면 참조.
29) '시장지배적 지위남용행위 심사기준' Ⅳ-3 다 참조.

대방에게 정상적인 거래 관행에 비추어 타당성이 없는 조건을 제시하거나 가격 또는 거래조건을 부당하게 차별하는 행위, 부당하게 거래상대방에게 불이익이 되는 거래 또는 행위를 강제하는 행위, 거래상대방에게 사업자금을 대여한 후 정당한 이유 없이 대여자금을 일시에 회수하는 행위, 다른 사업자의 계속적 활동에 필요한 소정의 절차(관계기관 또는 단체의 허가, 추천 등)의 이행을 부당한 방법으로 어렵게 하는 행위, 다른 사업자의 행위가 자기의 특허권을 침해하지 않는다는 사실을 알면서도 다른 사업자의 경쟁능력을 침해하기 위하여 다른 사업자를 상대로 특허권침해의 소송을 제기하는 행위 등이 여기에 해당한다.[30]

시장지배적 사업자가 판매업자나 대리점에 대하여 경쟁사업자와의 거래를 중단하도록 하거나 경쟁사업자의 상품 판매를 직접 방해한 행위를 하여 공정거래위원회로부터 시정조치를 받은 예가 있고,[31] 한국전기통신공사가 거래처인 대우통신(주)에 대하여 자신의 경쟁사업자인 데이콤에게 유리한 '082 전화기'의 생산·판매의 중단을 요구한 행위도 이와 유사한 맥락에서 이해할 수 있다.[32]

한편 국내 유일의 일관제철업체인 포스코가 냉연강판 시장에 참여하고 있는 현대하이스코(주)가 냉연강판공장 완공을 전후하여 시험가동 또는 제품생산을 위해 수차례에 걸친 냉연강판의 제조에 필수적인 열연코일(hot coil)의 공급요청을 거절한 행위에 대하여 공정거래위원회가 이를 기타의 부당한 사업활동방해로 보아 금지한 바 있으며, 서울고법도 이를 그대로 인용하였다.[33] 그러나 대법원은 그 거래거절로 인하여 거래상대방의 구체적인 불이익 이외에 현실적으로 경쟁제한의 결과가 나타났다고 인정할 만한 증거가 없다는 이유로 그 행위의 부당성을 부인하였다.[34]

[포스코 판결(전원합의체 판결) 다수의견의 요지]

독점규제법 제3조의2 제1항 제3호의 시장지배적 사업자의 지위남용행위로서의 거래거절의 부당성은 '독과점적 시장에서의 경쟁촉진'이라는 입법목적에 맞추어 해석하여야 할 것이므로, 시장지배적 사업자가 개별거래의 상대방인 특정사업자에 대

---

30) '시장지배적 지위남용행위 심사기준' Ⅳ-3.

31) 공정거래위원회 1990. 7. 6. 시정권고 제90-14호(대한항공사건); 1993. 7. 22. 의결 제93-106호(동양맥주사건); 1995. 4. 1. 의결 제95-42호(코리아제록스사건); 1998. 3. 11. 의결 제98-51호(한국담배인삼공사사건).

32) 공정거래위원회 1997. 1. 30. 의결 제97-6호(한국통신공사사건).

33) 공정거래위원회 2001. 4. 12. 의결 제2001-068호(포스코사건); 서울고법 2002. 8. 27. 선고 2001누5370 판결.

34) 대법원 2007. 11. 22. 선고 2002두8626 전원합의체 판결.

한 부당한 의도와 목적을 가지고 거래거절을 한 모든 경우 또는 그 거래거절로 인하여 특정 사업자가 사업활동에 곤란을 겪게 되었다거나 곤란을 겪게 될 우려가 발생하였다는 것과 같이 특정 사업자가 불이익을 입게 되었다는 사정만으로는 그 부당성을 인정하기에 부족하고, 그중에서도 특히 시장에서의 독점을 유지·강화할 의도나 목적, 즉 시장에서의 자유로운 경쟁을 제한함으로써 인위적으로 시장질서에 영향을 가하려는 의도나 목적을 갖고, 객관적으로도 그러한 경쟁제한의 효과가 생길 만한 우려가 있는 행위로 평가될 수 있는 행위로서의 성질을 갖는 거래거절행위를 하였을 때 그 부당성이 인정될 수 있다고 할 것이다.

그러므로 시장지배적 사업자의 거래거절행위가 그 지위남용행위에 해당한다고 주장하는 피고로서는 그 거래거절이 상품의 가격상승, 산출량 감소, 혁신 저해, 유력한 경쟁사업자의 수의 감소, 다양성 감소 등과 같은 경쟁제한의 효과가 생길 만한 우려가 있는 행위로서 그에 대한 의도와 목적이 있었다는 점을 입증하여야 할 것이고, 거래거절행위로 인하여 현실적으로 위와 같은 효과가 나타났음이 입증된 경우에는 그 행위 당시에 경쟁제한을 초래할 우려가 있었고 또한 그에 대한 의도나 목적이 있었음을 사실상 추정할 수 있다 할 것이지만, 그렇지 않은 경우에는 거래거절의 경위 및 동기, 거래거절행위의 태양, 관련시장의 특성, 거래거절로 인하여 그 거래상대방이 입은 불이익의 정도, 관련시장에서의 가격 및 산출량의 변화 여부, 혁신 저해 및 다양성 감소 여부 등 여러 사정을 종합적으로 고려하여 거래거절행위가 위에서 본 경쟁제한의 효과가 생길 만한 우려가 있는 행위로서 그에 대한 의도나 목적이 있었는지를 판단하여야 할 것이다. 그리고 이때 경쟁제한의 효과가 문제되는 관련시장은 시장지배적 사업자 또는 경쟁사업자가 속한 시장뿐만 아니라 그 시장의 상품 생산을 위하여 필요한 원재료나 부품 및 반제품 등을 공급하는 시장 또는 그 시장에서 생산된 상품을 공급받아 새로운 상품을 생산하는 시장도 포함될 수 있다고 할 것이다.

원심은 원고가 강관용 열연코일을 자동차용으로 전환하여 공급하는 것을 포함하여 참가인에게 자동차냉연강판용 열연코일을 공급하는 것은 고부가가치 최종제품인 자동차용 냉연강판의 판매를 포기하고 경쟁자인 참가인의 자동차강판제조용 원료공급업체로 전락하는 것이라는 취지의 입장을 표방하여 온 사실, 원고는 자기보다 먼저 냉연강판을 생산해 온 연합철강이나 동부제강에게는 냉연용 열연코일을 공급하여 왔음에도 자기가 냉연강판을 생산한 이후에 냉연강판시장에 진입하게 된 참가인에게만은 냉연용 열연코일의 공급을 거부하고 있는 사실, 그리하여 참가인은 냉연용 열연코일의 구매를 전적으로 수입에 의존할 수밖에 없는 상황에서 열연코일 수입에 따른 추가비용부담(운임, 관세, 하역비 등), 거래의 불안정성(물량의 안정적 확보 곤란, 원료 혼용에 따른 생산성 저하, 과다한 운송기간에 따른 시장변화에 대한 신속한 적응 곤란, 환리스크 등) 등으로 인하여 사업활동에 상당한 어려움을 겪고 있고, 또 열연코일의 국내 구매가 불가능하다는 사정으로 인하여 외국으로부터 열연코일 수입시 구매력이 약해지고 거래조건 협상이 불리해지는 여건에 처해 있는 사실을 인정한 다음, 원고의 참가인에 대한 거래거절행위는 열연코일시장에서의 자기의 시장지배적 지위를 이용하여 냉연강판시장에 새로 진입한 경쟁사업자인 참가인에 대하여 냉연강판 생산에 필수적인 열연코일의 거래를 거절함으로써 열연코일시장에서의 시장지배적 지위를 남용하여 냉연강판시장에서 경쟁사업자인 참가인의 사업활동을 방해하고 자기의 시장지배적 지위를 계속 유지·강화하려는 의도 하에 행해진 행위로서, 이는 시장에서의 경쟁촉진을 통해 소비자 후생을 극대화하고 국민경제의 발전을 도모한다는 법 취지에 어긋날 뿐만 아니라, 참가인에게 단순한 불편이나 경제적 손실의 정도를 넘어 경쟁자로서 충분하게 기능할 수 없을 정도의 장애를 초래하여 경쟁저해의 결과를 가져온 것이라 할 것이므로, 원고의 참가인에 대한 거래거절행위는 시장지배적 사업자가 특정 사업자의 사업활동을 어렵게 하는 부당한 행위에 해당한다고 판단하였다.

그러나 앞서 본 바와 같이, 시장지배적 사업자의 거래거절로 인하여 관련시장에서 상품의 가격 등 현실적으로 경쟁제한의 효과가 나타난 경우에는 그에 대한 우려가 있는 행위로서 시장지배적 사업장에게 경쟁제한의 의도나 목적이 있었음을 사실상 추정할 수 있다고 할 것인데, 원심이 들고 있는 사정들은 모두 원고의 이 사건 거래거절행위에 의하여 참가인이 입게 된 구체적 불이익에 불과한 것들로서 현실적으로 경쟁제한의 결과가 나타났다고 인정할 만한 사정에 이르지 못할 뿐만 아니라, 오히려 원심에 제출된 증거들에 의하면, 원고의 이 사건 거래거절행위에도 불구하고 참가인은 일본으로부터 열연코일을 자신의 수요에 맞추어 수입하여 냉연강판을 생산·판매하여 왔고, 냉연강판공장이 완공되어 정상조업이 개시된 2001년 이후부터는 지속적으로 순이익을 올리는 등 냉연강판 생산·판매사업자로서 정상적인 사업활동을 영위하여 왔던 사실을 알 수 있으며, 또한 원고의 이 사건 거래거절행위 이후 국내에서 냉연강판의 생산량이 줄었다거나 가격이 상승하는 등 경쟁이 제한되었다고 볼 만한 자료도 나타나 있지 않으므로, 경쟁 저해의 결과를 초래하였다는 원심의 판단을 수긍하기 어렵다.

또한 이 사건 거래거절행위는 냉연강판시장에 원재료인 냉연용 열연코일을 공급하던 원고가 냉연강판시장에 진입한 이후에도 경쟁사업자에 해당하는 기존의 냉연강판 제조업체들에게는 계속적으로 냉연용 열연코일을 공급하여 오다가 새로이 냉연강판시장에 진입한 경쟁사업자인 참가인에 대하여 신규공급을 거절한 것인바, 비록 원고가 열연코일시장에서의 시장지배적 지위를 이용하여 후방시장인 냉연강판시장에서의 신규 경쟁사업자에게 영향을 미칠 수 있는 거래거절행위를 한 것이긴 하나, 이는 원재료 공급업체가 새로이 냉연강판시장에 진입하면서 기존의 냉연강판 제조업체에 대한 원재료의 공급을 중단하여 경쟁사업자의 수를 줄이거나 그의 사업능력을 축소시킴으로써 경쟁제한의 결과를 낳는 경우와는 달리, 원고와 기존 냉연강판 제조업체들에 의하여 형성된 기존의 냉연강판시장의 틀을 유지하겠다는 것이어서 그 거래거절에 의하여 기존 냉연강판시장의 가격이나 공급량 등에 직접적으로 영향을 미치지는 아니하므로, 참가인의 신규 참여에 의하여 냉연강판시장에서 현재보다 소비자에게 유리한 여건이 형성될 수 있음에도 참가인이 원고 외의 다른 공급사업자로부터 열연코일을 구입할 수 없어, 거래거절에 의하여 신규 참여가 실질적으로 방해되는 것으로 평가될 수 있는 경우에 이르지 않는 한, 그 거래거절 자체만을 가지고 경쟁제한의 우려가 있는 부당한 거래거절이라고 하기에는 부족하다고 보아야 할 것이다. 오히려 이 사건에서는 앞서 살펴 본 바와 같이, 원고의 거래거절행위에도 불구하고 참가인은 일본으로부터 열연코일을 자신의 수요에 맞추어 수입하여 냉연강판을 생산·판매하여 왔고 순이익까지 올리는 등 정상적인 사업활동을 영위하여 옴으로써 결국 냉연강판시장의 규모가 확대되었다고 할 것이다. 따라서 이와 같은 사정과 아울러 이 사건 거래거절행위로 인하여 거래거절 당시 생산량 감소나 가격 상승과 같은 경쟁제한 효과가 발생할 우려가 있었다는 사정에 관한 자료도 없는 점에 비추어 보면, 위에서 본 바와 같이 원심이 들고 있는 이 사건 거래거절로 인하여 참가인이 입게 된 불이익에 관한 사정들만으로는 이 사건 거래거절행위를 거래거절 당시 경쟁제한의 효과가 생길만한 우려가 있는 행위로 평가하기에는 부족하다고 봄이 상당하다.

이 포스코 판결은 전원합의체 판결로서 이후 사건의 판결에 지대한 영향을 미치고 있다. 특히 객관적 요소로서 경쟁제한의 효과 내지 이에 대한 우려뿐만 아니라 주관적 요소로서 경쟁제한의 의도나 목적을 부당성 판단의 고려 요소로 언급한 것은 이후 유사한 사건에 대한 공정거래위원회의 규제 실무와 법원의 판결에서 부당성 판단의 원칙으로 작용하였다.[35] 우선 에스케이텔레콤이 자기의 이동통신서비스를 이용하는 고객 중 MP3폰 소지자들에 대하여 자기가 운영하고 있는 음악사이트인 멜론에서 구매한 음악파일만 재생할 수 있도록 한 DRM을 폐쇄적으로 운영한 행위에 대하여, 공정거래위원회는 이 사건 행위가 MP3폰을 디바이스로 하는 이동통신서비스시장에서 동사가 갖는 시장지배적 지위를 남용하여 별개 상품인 음악 파일을 구입하도록 소비자에게 강제하는 결과를 초래하였고, MP3 파일에 대한 소비자의 선택권을 침해하고 불이익을 가져옴으로써 소비자 이익을 현저히 해할 우려가 있는 동시에, MP3 파일 다운로드서비스 시장에서 경쟁사업자의 사업활동을 곤란하게 하는 행위로 보아 시정조치를 내렸다.[36] 그러나 서울고법과[37] 대법

---

35) 동 판결이 제시한 부당성 판단의 원칙과 관련하여, 특히 주관적 요소를 독립적인 고려 요소로 제시한 것에 대해서는 많은 논의가 이어지고 있지만, 이후 법원은 이러한 입장을 확고하게 유지하고 있는 것으로 보인다. 동 판결에 대한 비판적 검토로서, 홍명수, "독점규제법 위반행위에 있어서 주관적 요건의 검토", 경쟁법연구 제29권, 2014, 3면 이하 참조.

36) 공정거래위원회 2007. 2. 6. 의결 제2007-044호.

원은38) 그 행위가 끼워팔기에 준하는 것으로서 다른 사업자의 사업활동을 방해하였다고 볼 여지가 충분하기는 하지만, ① DRM 기술은 저작권 보호 등을 위하여 필요하므로 DRM을 탑재한 행위에는 정당한 이유가 있는 점, ② 이로 인하여 소비자들이 컨버팅 등의 불편을 입었으나 이는 부득이한 것으로 현저한 이익이 침해되거나 부당하여 불법에까지 이른다고 보이지는 않는 점, ③ 이 사건 행위로 인하여 현실적으로 경쟁제한의 효과가 일정한 정도로 나타났지만, DRM의 특성과 필요성 및 개발경위 등에 비추어, 원고의 이 사건 행위에 있어서 경쟁제한의 효과에 대한 의도나 목적이 있었음을 추단하기 어려운 점 등을 감안하면 부당성을 인정하기 어렵다고 판시하였다.

그리고 서울 강서지역에서 종합유선방송사업을 영위하던 티브로드 GSD방송과 티브로드 강서방송은 정부의 SO통합시책에 따라 통합하게 되었는데, 이 과정에서 서로 다른 채널로 송출하던 TV홈쇼핑 사업자들의 방송채널을 통일하게 되었다. 합병회사인 티브로드 강서방송은 프로그램 송출계약기간 중에 우리홈쇼핑과 채널변경을 위한 협상을 전개하면서 송출수수료의 인상을 요구하였는데, 우리홈쇼핑이 이를 거부하자 그 채널을 비선호채널로 변경하였다. 이 사건에서 공정거래위원회는 티브로드 강서방송의 이러한 행위는 그들이 허가받은 권역 내에서 차지하는 시장지배적 지위를 이용하여 부당하게 거래상대방에게 불이익이 되는 행위를 강요한 부당한 사업활동 방해행위로 보아 시정조치를 내린 바 있다.39) 그리고 서울고법은 포스코의 판결이 내려지기 전에 공정거래위원회의 판단을 그대로 인용하는 판시를 하였다.40) 그러나 대법원은 원고는 프로그램 송출시장에서는 시장지배적 지위를 가지고 있지만, 그와 다른 별개의 시장인 프로그램 송출서비스시장에서는 시장지배적 사업자의 지위에 있다고 볼 수 없을 뿐만 아니라, 원심이 들고 있는 사정들은 모두 원고의 이 사건 채널변경행위에 의하여 우리홈쇼핑이 입게 될 구체적인 불이익에 불과한 것들로서 현실적으로 경쟁제한의 결과가 나타났다고 인정할 만한 사정에 이르지 못하고, 기록에 의하여 알 수 있는 여러 사정을 종합하더라도, 원고가 시장에서의 독점을 유지·강화할 의도나 목적, 즉 시장에서의 자유로운 경쟁을 제한함으로써 인위적으로 시장질서에 영향을 미치려는 의도나 목적을 갖고, 객관적으로도 그러한 경쟁제한의 효과가 생길 만한 우려가 있는 행위로

---

37) 서울고법 2007. 12. 27. 선고 2007누8623 판결.
38) 대법원 2011. 10. 13. 선고 2008두1832 판결.
39) 공정거래위원회 2007. 3. 19. 의결 제2007-143호; 제2007-145호 등 참조.
40) 서울고법 2007. 11. 8. 선고 2007누10541 판결.

평가될 수 있는 불이익 강제행위를 하였다고 보기도 어렵다고 하여 부당성을 인정하지 않았다.[41]

현대자동차와 기아자동차는 ① 그 대리점이 거점을 이전하거나 판매인원을 채용할 때 자신의 승낙을 받거나 심사를 거치도록 하는 등의 방법으로 사업활동을 제한하였으며, ② 현대자동차는 판매대리점의 목표관리에 관한 대리점계약을 체결하면서 일방적으로 목표를 정하고 실적이 부진한 판매대리점에 대하여는 제재를 가하거나 재계약을 하지 않는 행위를 하였다. 이 사건에서 공정거래위원회는 국내 승용차 및 5톤 이하 화물차 판매시장에서 시장지배적 지위를 차지하고 있는 현대/기아자동차 회사의 이러한 행위는 시장지배적 사업자의 사업활동 방해행위에 해당한다고 보아 시정조치를 내리고 과징금을 부과하였다.[42] 그러나 서울고법과[43] 대법원은[44] 위 ①의 행위에 대하여 현대자동차의 경우에는 공정거래위원회의 처분을 인용한 반면, 기아자동차에 대하여는 부당성을 인정하지 않았다. 그리고 ②의 행위에 대하여는 판매목표를 사실상 강제하였더라도 그 목표가 과도한 것으로 보기 어려울 뿐만 아니라 이는 매출신장을 위한 정상적인 행위이며 판매대리점의 경쟁력 약화를 목적으로 한 것은 아니라고 보았다. 결국 이는 판매대리점과 직영대리점 간의 자유로운 경쟁을 저해할 우려가 있다고 하기 어렵고 그러한 의도도 인정하기 어렵다고 보아 그 부당성을 인정하지 않았다.

퀄컴 인코포레이티드(이하 '퀄컴'이라 함)의 사업활동방해 행위 사건에서 퀄컴은 휴대폰의 필수 부품인 모뎀칩셋 시장에서 지배적 지위에 있었고, 또한 관련 표준 필수특허를 보유하고 있었다. 문제가 된 퀄컴의 행위는 두 가지이었는데, 경쟁 모뎀칩셋 제조업자에 대해서는 표준필수특허의 라이선스와 관련하여 그 범위를 제한하는 방식의 제한적 라이선스 계약을 체결하거나 라이선스 계약 자체를 거절하고 부제소 특약 등의 제한적 약정을 체결하였고, 모뎀칩셋을 공급받는 휴대폰 제조업자에 대해서는 표준필수특허의 라이선스 계약 체결을 요구하면서 모뎀칩셋 구입과 라이선스 계약 체결을 연계하는 행위를 하였다. 대법원은 퀄컴이 표준필수특허와 관련하여 FRAND 조건으로 실시허락할 것을 확약하였다는 점을 지적하면서, 전자의 행위는 정상적인 거래관행에 비추어 타당성이 없는 조건을 제시한 행

---

41) 대법원 2008. 12. 11. 선고 2007두25183 판결.

42) 공정거래위원회 2007. 5. 18. 의결 제2007-281호.

43) 서울고법 2008. 4. 16. 선고 2007두16051 판결(현대자동차) 및 서울고법 2008. 9. 11. 선고 2007누30897 판결(기아자동차).

44) 대법원 2010. 3. 25. 선고 2008두7465 판결 및 대법원 2010. 4. 8. 선고 2008두17707 판결.

위 그리고 후자의 행위는 불이익이 되는 거래 또는 행위를 강제한 행위로 볼 수 있으며, 따라서 이러한 퀄컴의 행위는 사업활동방해 행위로서 시장지배적 지위남용행위에 해당한다고 판단하였다.[45] 동 사건은 표준필수특허 라이선스 시장과 모뎀칩셋 시장에서 모두 지배력을 갖는 수직통합 사업자에 의한 남용행위에 대한 규제로서 의미 있는 선례가 될 것이다.[46]

(4) 부당한 시장진입 제한

시장지배적 사업자는 새로운 경쟁사업자의 참가를 부당하게 방해하는 행위를 해서는 안 된다(4호). 시장지배적 사업자는 그 지위를 계속 유지하기 위하여, 새로운 경쟁사업자가 시장에 진입해 오는 것을 방해하는 경우가 있기 때문에, 독점규제법은 이러한 행위를 금지한다. 여기서 '새로운 경쟁사업자'라 함은 일정한 거래분야에 신규로 진입하려고 하는 사업자 및 신규로 진입하였으나 아직 판매를 개시하고 있지 아니한 사업자를 말한다. 그리고 '참가를 부당하게 방해하는 행위'라 함은 직접적 혹은 간접적으로 다음 각 호의 어느 하나에 해당하는 행위를 함으로써 새로운 경쟁사업자의 신규진입을 어렵게 하는 경우를 말한다(영 9조 4항). '신규진입을 어렵게 하는 경우'를 판단함에 있어서는 다른 사업자의 생산·재무·판매활동 등을 종합적으로 고려하되, 신규진입을 어렵게 할 우려가 있는 경우를 포함한다.[47]

① 정당한 이유없이 거래하는 유통사업자와 배타적 거래계약을 체결하는 행위
② 정당한 이유없이 기존 사업자의 계속적인 사업활동에 필요한 권리 등을 매입하는 행위
③ 정당한 이유없이 새로운 경쟁사업자의 상품 또는 용역의 생산·공급·판매에 필수적인 요소의 사용 또는 접근을 거절하거나 제한하는 행위
④ ① 내지 ③ 이외의 부당한 방법으로 새로운 경쟁사업자의 신규 진입을 어렵게 하는 행위로서 공정거래위원회가 고시하는 행위

---

45) 대법원 2023. 4. 13. 선고 2020두31897 판결.
46) 이 사건에 대한 분석으로, 홍명수, "특허권 남용에 대한 시장지배적 지위남용행위로서 규제 가능성 검토", 경쟁법연구 제34권, 2016, 172면 이하 참조.
47) '시장지배적 지위남용행위 심사기준' Ⅳ-4.

(5) 부당한 경쟁사업자 배제 또는 소비자이익의 저해

시장지배적 사업자는 위에서 설명한 행위들 이외에도 부당하게 경쟁사업자를 배제하기 위하여 거래하거나, 소비자의 이익을 현저히 저해할 우려가 있는 행위를 해서는 안 된다(5호). 시장지배적 사업자는 그 지위를 이용하여 당해 시장에서 부당하게 경쟁사업자를 배제하기 위하여 거래하거나, 다른 시장에 진입하여 그 시장의 경쟁질서를 교란시키는 행위를 할 수도 있고, 거래조건 등을 자기에게 일방적으로 유리하게 설정함으로써 소비자의 이익을 침해하거나 건전한 소비자보호운동을 방해하는 행위를 할 수 있다.

제5호에 해당하는 행위를 구체화하고 있는 동법 시행령 제9조 제5항은 제5호 전단의 경쟁사업자를 배제하기 위한 부당한 거래에 관해서만 규정하고 있는데, 내용은 다음과 같다.

① 부당하게 상품 또는 용역을 통상거래가격에 비하여 낮은 대가로 공급하거나 높은 대가로 구입하여 경쟁사업자를 배제시킬 우려가 있는 경우
② 부당하게 거래상대방이 경쟁사업자와 거래하지 아니할 것을 조건으로 그 거래상대방과 거래하는 경우

①은 약탈적 가격 그리고 ②는 배타조건부 거래로 볼 수 있다. 우선 일반적으로 약탈적 가격에서 부당성 판단은 비용을 기준으로 하지만, ①은 통상거래가격을 기준으로 하고 있다는 점에 주의를 요한다. 대법원은 통상거래가격을 "약탈적 가격설정뿐만 아니라 이윤압착 등과 같이 다양한 유형으로 나타날 수 있는 시장지배적 사업자의 가격과 관련된 배제남용행위를 판단하기 위한 도구개념"이라는 점을 전제하고, "시장지배적 사업자가 부당하게 경쟁사업자를 배제하기 위하여 거래함으로써 시장지배적 지위를 남용하는 행위가 존재하지 않는 정상적인 거래에서 일반적으로 형성되었을 가격"을 의미하는 것으로 보았다.[48] 그리고 ②와 관련하여 대법원은 '경쟁사업자와 거래하지 아니할 조건'이 일방적으로 부과된 경우뿐만 아니라 당사자 간 합의에 의해 설정된 경우도 포함되며, "경쟁사업자와 거래하지 아니할 조건으로 거래하는 행위는 그 조건의 이행 자체가 법적으로 강제되는 경우만으로 한정되지는 않고, 그 조건 준수에 강제력 내지 구속력이 부여되어 있는 경우도 포함된다"고 판시하였다.[49] 한편 동법 시행령은 제5호 후단의 소비자이익 저해

---

48) 대법원 2021. 6. 30. 선고 2018두37700 판결.
49) 대법원 2019. 1. 31. 선고 2013두14726 판결.

행위에 관한 구체적인 규정은 두고 있지 않다.

①과 관련하여 경쟁사업자 배제가 문제가 된 사례로서 기업메시징서비스 사건은 동 규정이 이윤압착행위에 대해 적용될 수 있음을 보여주었다는 점에서 의의가 있다.[50] 동 사건에서 이동통신사업자인 원고는 자신이 제공하는 기업메시징서비스 판매가격을 자신이 다른 이동통신사업자로부터 구입하는 전송서비스 이용요금 및 자신이 다른 기업메시징서비스사업자에게 제공하는 전송서비스 최저 이용요금보다 낮은 수준으로 책정하였고, 공정거래위원회는 이러한 행위가 이윤압착행위로서 ① 유형의 경쟁사업자 배제행위에 해당하는 것으로 보고, 시정조치를 내렸다. 동 심결의 취소를 구하는 소송에서 대법원은 도매가격과 소매가격의 차이 및 경쟁사업자의 비용 등에 기초하여 이윤압착의 정도를 검토하고, 그 부당성 판단을 위해서는 "유력한 현실적 또는 잠재적 경쟁사업자의 시장진입이나 확대의 기회가 봉쇄되거나 봉쇄될 우려가 있는지와 그 정도, 하류시장에서 경쟁사업자의 비용이 증대되는 등으로 경쟁에서 배제될 우려가 있는지와 그 정도, 시장지배적 사업자의 지배적 지위가 강화되는지와 그 정도, 그로 인하여 소비자 폐해가 발생할 우려가 있는지를 중점적으로 살펴보아야 한다"고 판시하였다. 대법원은 이에 기초하여 원고의 행위가 부당하게 경쟁사업자를 배제하는 행위에 해당하는 것으로 보았는데,[51] 그 판단 과정에서 이윤압착행위가 최종소비자 가격을 낮출 가능성이 있을 경우 소비자후생 증대효과도 아울러 고려할 필요가 있음을 지적한 것이나 이윤압착으로 인한 경쟁사업자 배제 우려는 상류시장과 하류시장이 연결되어 있는 관련 시장의 구조적 특징과 도·소매가격의 차이에서 비롯되는 것이므로 이를 상류시장과 하류시장에서 발생할 수 있는 문제로 각각 분리함을 전제로 부당성을 판단할 필요가 없다고 판시한 부분도 주목할 만하다.

경쟁사업자의 배제가 문제 된 사례로는 한국방송광고공사가 광고업무대행서비스에 대한 대가를 지급함에 있어서 계열사 신탁분과 비계열사 신탁분에 따라 정당한 이유 없이 차등 지급함으로써 전문성이 떨어지고 경쟁력이 약한 비계열광고회사를 보호하여 광고업무 대행시장에서의 퇴출을 제한하고 광고주가 광고대행계약을 체결할 수 있는 광고회사를 2개 이상으로 할 수 없도록 한 행위에 대하여 시정조치를 내린 것을 들 수 있다.[52]

---

50) 권오승·이민호, 독점규제법 기본판례, 법문사, 2023, 8면 참조.
51) 대법원 2021. 6. 30. 선고 2018두37700 판결.
52) 공정거래위원회 1994. 10. 5. 의결 제94-307호.

화학비료 유통 제한 사건에서는 농업협동조합중앙회(이하 '농협중앙회'라 함)가 2006년 초 남해화학(주) 등 10개 비료제조회사들에 대하여, ① 식량작물용 화학비료의 일종인 BB비료는 자신과 전속 거래하도록 하고, ② 나머지 화학비료에 대하여도 자신이 정한 대농민 공급기준가격과 달리 일반에 판매할 경우에는 사전통보 없이 농협중앙회가 구매가격을 임의로 조정할 수 있도록 하는 한편, ③ 자신과 계약하였거나 이와 유사한 비료를 일반에 시판할 때에는, 모든 종류의 비료에 대하여 구매계약을 해지할 수 있도록 하는 전속거래계약을 체결하도록 한 행위가 문제가 되었다. 이 사건에서 공정거래위원회는 농협중앙회가 시장지배적 지위를 이용한 배타조건부 거래행위를 함으로써 거래상대방의 거래처 선택의 자유가 제한되고, 비료의 구매·유통경로가 독점되어 경쟁사업자의 시장진입과 확대가 봉쇄되었으며, 경쟁사업자와 거래하지 않을 것을 조건으로 매년 일괄구매계약을 함에 따라 비료유통시장에서의 자유로운 경쟁이 부당하게 제한되었다고 판단하여 시정조치를 내렸다.[53] 이 조치는 서울고법과 대법원에서 그대로 확정되었다. 대법원은 이 사건에서 "배타조건부 거래의 부당성은 그 거래행위의 목적 및 태양, 시장지배적 사업자의 시장점유율, 경쟁사업자의 시장진입 내지 확대 기회의 봉쇄정도 및 비용 증가 여부, 혁신 저해 및 다양성 감소 등 여러 사항을 종합적으로 고려하여 판단하여야 한다. 다만, 시장지배적 지위남용행위로서의 배타조건부 거래행위는 거래상대방이 경쟁사업자와 거래하지 아니 할 것을 조건으로 그 거래상대방과 거래하는 경우이므로, 통상 그러한 행위 자체에 경쟁을 제한하려는 목적이 포함되어 있다고 볼 수 있는 경우가 많을 것이다"라고 판시하였다.[54]

오픈마켓 거래제한 사건에서는 국내 오픈마켓 운영시장에서 39.5%에 이르는 시장점유율로 시장지배적 지위를 차지하고 있는 이베이지마켓이, 그 시장에 새로 진입한 후발업체인 엠플온라인이 공격적인 사업전략으로 급성장하게 되자, 자신이 운영하는 G마켓에 입점한 사업자들 중 엠플온라인의 쇼핑몰에도 입점하였던 7개 우량 사업자들에게 G마켓에서의 판매가격을 인하하거나 엠플온라인에서의 판매가격을 인상할 것, 엠플온라인과의 거래를 중단할 것 등을 요구하고, '엠플온라인 쇼핑몰에 올려놓은 상품을 내리지 않으면 G마켓 메인 화면에서 빼버린다'는 등의 위협을 한 행위가 문제가 되었다. 이러한 행위의 결과로 7개 사업자들은 엠플온라인과의 거래를 중단하였고, 엠플온라인은 결국 매출부진을 이기지 못하고 그 시장에

---

53) 공정거래위원회 2007. 3. 28. 의결 제2007－152호.
54) 대법원 2009. 7. 9. 선고 2007두22078 판결.

서 퇴출되고 말았다. 이 사건에서 공정거래위원회는 이베이지마켓의 행위가 '부당하게 경쟁사업자를 배제하기 위하여 거래하는 행위'라고 판단하여 시정조치를 내렸다.55) 그리고 서울고법은 이 사건에서 이베이지마켓의 행위가 유력한 경쟁사업자를 시장에서 배제하는 효과를 거두었을 뿐만 아니라 다른 신규 사업자의 시장진입에도 부정적인 영향을 미쳐 자신의 시장지배적 지위를 유지·강화 시켰으므로 부당하다고 판단하였다.56) 그러나 대법원은 거래중단의 기간이 1~2개월 정도에 그치고 그 규모도 크지 않은 점 등으로 미루어 과연 엠플온라인이 이베이지마켓의 이 사건 행위로 인하여 매출 부진을 이기지 못하고 오픈마켓 시장에서 퇴출된 것인지, 나아가 다른 신규 사업자의 시장진입에 부정적인 영향을 미쳤는지 명백하지 않다고 보았다. 따라서 원심법원이 여러 사정을 종합적으로 고려하여 이 사건 행위를 객관적으로 오픈마켓 시장에 경쟁제한의 효과가 생길 만한 우려가 있는 행위로 평가할 수 있는지 여부 등을 다시 판단하도록 파기 환송하였다.57)

또한 조건부 리베이트가 문제가 되었던 사건에서, 퀄컴 인코포레이티드(이하 '퀄컴'이라 함)은 휴대폰 제조사들에게 CDMA2000 방식 모뎀칩 및 CDMA2000 방식 RF칩을 수요량의 일정 비율 이상으로 구매하는 것을 조건으로 리베이트를 제공한 행위 등이 배타조건부 거래행위에 해당하는지가 다투어졌다. 공정거래위원회는 이를 인정하였고, 최종적으로 대법원도 조건부 리베이트가 그 자체로 위법한 것으로 단정할 수 없지만, 리베이트의 제공 조건, 내용과 형태에 따라 경쟁제한적 효과가 커질 수 있다는 점에 근거하여 문제가 된 행위의 부당성을 인정하였다. 특히 동 판결에서 조건부 리베이트가 약탈적 가격 설정과 유사하지만 약탈 가격의 부당성 판단 기준을 그대로 적용할 필요는 없으며, 경쟁사업자가 가격 및 비용 측면에서 대처할 수 있는지의 판단에 회계적·경제적 분석이 필수적으로 요구되는 것은 아니지만, 판단의 '신뢰성'을 높일 수 있다고 지적한 것은 주목할 만하다.

소비자이익 저해행위로서 서울특별시 태권도협회가 태권도 체육관 관장들이 부담해야 할 보험료를 승품·승단 심사비에 포함하여 응심자들로부터 징수하거나 태권도 체육관 관장들의 경조사시 지급하는 경조사비 등을 승품·승단 심사비에 포함하여 응심자들로부터 징수한 행위를 들 수 있다.58) 마이크로소프트 사건에서는 서버 및 PC용 운영체제시장에서 시장지배력을 갖고 있는 MS가 WMP나 메신저

---

55) 공정거래위원회 2010. 10. 22. 의결 제2010-120호.
56) 서울고법 2008. 8. 20. 선고 2008누2851 판결.
57) 대법원 2011. 6. 10. 선고 2008두16322 판결.
58) 공정거래위원회 2003. 8. 13. 의결 제2003-099호.

를 운영체제와 결합판매함으로써 소비자들로 하여금 운영체제를 구입하기 위해서는 원하지 않는 메신저 등을 함께 구입토록 강제한 사실이 인정되어 공정거래위원회가 부당하게 소비자의 이익을 현저히 저해하는 행위를 인정한 바 있다.59) 또한 씨제이케이블넷 소속 3개 종합유성방송사업자들이 다채널유료방송시장에서 자기의 시장지배적 지위를 부당하게 이용하여 인기채널을 저가 묶음상품에서 제외 시킴으로써 고객으로 하여금 고가의 묶음상품에 가입하도록 유도하는 등 거래조건을 자기에게 일방적으로 유리하게 설정하는 방법으로 소비자의 이익을 현저히 침해한 행위에 대하여 시정조치가 내려진 바 있다.60) 그러나 서울고법과61) 대법원은62) 이 사건에서 이 행위로 인하여 소비자이익이 '현저히' 저해되었다고 인정되지 않는다는 이유로 공정거래위원회의 처분을 취소하였다.

3. 시정조치와 과징금

(1) 시정조치

공정거래위원회는 법 제5조에 위반하는 시장지배적 지위남용행위가 있을 때는 당해 시장지배적 사업자에 대하여 가격의 인하, 당해 행위의 중지, 시정명령을 받은 사실의 공표,63) 기타 시정을 위하여 필요한 조치를 명할 수 있다(법 7조).

한편 공정거래위원회가 법 위반으로 시정명령을 받은 사실의 공표를 명할 때는 위반행위의 내용 및 정도, 기간 및 횟수를 참작하여 공표내용과 매체의 종류·수 등 공표방법을 지정하여야 한다(영 12조).64) 그런데 공정거래위원회가 이러한 공표명령을 적극적으로 활용하고 있는 주된 이유는 공정거래제도를 일반 국민들에게 널리 홍보하는 한편, 법위반행위로 인한 소비자의 추가피해를 방지함과 아울러 당해 사업자에 대한 평판이나 이미지에 부정적 영향을 줌으로써 소비자의 선택에 영향을 미침으로써 법위반행위를 억지하려는 것으로 보인다.

---

59) 공정거래위원회 2006. 2. 24. 의결 제2006-042호. 그 밖에도 이 사건에서는 결합판매를 통한 다른 사업자의 사업활동방해 및 불공정거래행위의 하나인 끼워팔기가 모두 인정되었다. 한편 MS는 공정거래위원회의 결정에 불복하여 제기한 소를 2007. 10. 10. 취하함으로써 동 심결이 그대로 확정되었다.

60) 공정거래위원회 2007. 8. 20. 의결 제2007-405호; 제2007-406호; 제2007-407호.

61) 서울고법 2008. 8. 20. 선고 2007누23547 판결.

62) 대법원 2010. 2. 11. 선고 2008두16407 판결.

63) 종래 '법위반 사실에 대한 공표명령'이 헌법재판소의 위헌결정(헌법재판소 2002. 1. 31. 선고 2001헌바43 결정)으로 효력을 상실함에 따라 2004년 12월 법 개정으로 '시정명령을 받은 사실의 공표명령'으로 변경되었다.

64) 자세한 내용은 공정거래위원회 예규 제33호, 2006. 7. 19. '공정거래위원회로부터 시정명령을 받은 사실의 공표에 관한 운영지침' 참조.

(2) 과징금

시장지배적 사업자가 그 지위를 남용하는 행위를 한 경우, 공정거래위원회가 당해 시장지배적 사업자에 대하여 과징금을 부과할 수 있다. 그런데 과징금은 대통령령이 정하는 매출액(상품 또는 용역의 대가의 합계액을 재무제표 등에서 '영업수익' 등으로 기재하는 사업자의 경우에는 그 영업수익)의 6%를 초과하지 않는 범위 내에서 부과할 수 있다(법 8조 본문). 여기서 '대통령령이 정하는 매출액'이라 함은 법위반사업자가 위반기간 동안 일정한 거래분야에서 판매한 관련 상품이나 용역의 매출액 또는 이에 준하는 금액(이하 '관련매출액'이라 함)을 말한다. 다만 법위반행위가 상품이나 용역의 구매와 관련하여 이루어진 경우는 관련 상품이나 용역의 매입액을 말한다(영 13조 1항). 그 밖에 관련매출액의 산정에 관하여 필요한 사항은 공정거래위원회가 정한다(영 13조 3항).

한편 매출액이 없거나 매출액의 산정이 곤란한 경우로서 대통령령이 정하는 경우, 즉 ① 영업을 개시하지 아니하거나 영업중단 등으로 인하여 영업실적이 없는 경우, ② 위반기간 또는 관련 상품이나 용역의 범위를 확정할 수 없어 위의 방법에 따른 관련매출액의 산정이 곤란한 경우, ③ 재해 등으로 인하여 매출액 산정자료가 소멸 또는 훼손되는 등 객관적인 매출액 산정이 곤란한 경우에는 10억원을 초과하지 않는 범위 내에서 과징금을 부과할 수 있다(법 8조 단서, 영 15조).

4. 벌   칙

시장지배적 사업자가 동법 제5조를 위반하여 지위남용행위를 한 경우에는 3년 이하의 징역 또는 2억원 이하의 벌금에 처하며(법 124조 1항 1호), 공정거래위원회의 시정조치 등에 응하지 아니한 경우에는 2년 이하의 징역 또는 1억 5천만원 이하의 벌금에 처한다(법 125조 1호). 이러한 벌칙에 대하여는 양벌규정이 적용되어 법인(법인격 없는 단체 포함)의 대표자나 법인 또는 개인의 대리인, 사용인 그 밖의 종업원이 그 법인 또는 개인의 업무에 관하여 위반행위를 하면, 그 행위자를 벌하는 외에 그 법인 또는 개인에게도 해당조문의 벌금형을 과한다. 다만 법인 또는 개인이 그 위반행위를 방지하기 위하여 해당 업무에 관하여 상당한 주의와 감독을 게을리하지 아니한 경우에는 그러하지 아니하다(법 128조). 한편 독점규제법 위반행위, 여기서는 지위남용행위를 한 시장지배적 사업자에 대한 형사소추에는 원칙적으로 공정거래위원회의 고발이 있어야 한다(법 129조). 그 이유는 어떤 사업자가 시장지배적 지위를 가지고 있는지, 그리고 그 사업자의 행위가 지위남용에 해당되는지를 판단하기 위해서는 먼저 관련시장을 획정한 뒤에, 시장의 구조와 행태를 분석하는 등 공정거래위원회의 전문적인 판단을 거쳐야 하기 때문이다.

그런데 지금까지 공정거래위원회가 시장지배적 사업자의 지위남용을 이유로 고발한 예는 그다지 많지 않다. 1998년 공정거래위원회가 남양유업 등 3개 시장지배적 사업자의 부당한 출고조절행위에 대하여 법위반의 정도가 객관적으로 명백하고 중대하여 경쟁질서를 현저히 저해하는 것으로 판단하여 시정명령 외에 검찰에 고발한 바 있으나,65) 공정거래위원회의 시정명령 중 2건이 대법원에 의하여 취소됨으로써 형사처벌이 이루어지지는 않았다.66) 또한 서울시태권도협회가 응심자들의 심사료에 경조사비 등을 포함시킨 행위67) 그리고 피내용 백신 3사의 출고조절행위68) 등에 대한 고발이 이루어졌다.

제 3 절 독과점적 시장구조의 개선

I. 도입의 배경

우리나라에서는 독점규제법이 시행된 지 이미 상당한 기간이 지났음에도 불구하고, 독과점적인 시장구조가 개선되지 않고 있을 뿐만 아니라 일부 산업의 경우 과거 개발연대의 각종 인·허가 등 제도적인 진입장벽과 전략산업의 육성을 위한 산업정책, 유치산업의 보호를 위한 수입제한 등 정부주도 및 규제중심의 경제운용 방식으로 인하여 그러한 독과점 구조가 장기간 고착화·심화 되고 있는 것으로 나타나고 있다. 따라서 이러한 시장구조를 개선하기 위하여 1996년 제5차 법 개정에서 공정거래위원회에게 독과점적 시장구조가 장기간 유지되고 있는 상품이나 용역의 공급 또는 수요시장에 대하여 경쟁을 촉진하기 위한 시책을 수립·시행할 의무를 부과하는 규정이 도입되었다(법 4조 1항).

당시 독점규제법이 공정거래위원회에게 시장구조 개선의무를 부과한 이유는 공정거래위원회가 독점규제법에 의하여 1981년부터 시장지배적 사업자의 지위남

---

65) 공정거래위원회 1998. 6. 9. 의결 제98-112호(남양유업); 1998. 11. 4. 의결 제98-251호(제일제당) 제98-252호(신동방).
66) 대법원 2001. 12. 24. 선고 99두11141 판결(남양유업사건); 대법원 2002. 5. 24. 선고 2000두9991 판결(제일제당사건).
67) 공정거래위원회 2010. 7. 15. 의결 제2010-082호.
68) 공정거래위원회 2019. 5. 14. 의결 제2019-029호.

용행위를 규제해 오고 있음에도 불구하고, 그동안 계속해서 시장지배적 사업자의
지위를 유지하고 있는 독과점품목이 무려 20여 개에 달할 정도로 우리나라 산업구
조의 독과점화가 장기간 고착화되어 있었으므로, 이를 개선하기 위해서는 보다 적
극적인 별도의 조치를 강구할 필요가 있다고 판단되었기 때문이다.

　그런데 독과점적 시장구조의 개선시책은 기존의 시장지배적 지위남용행위의
금지와는 다른 몇 가지의 특징을 가지고 있다. 우선 기존의 독과점규제는 이미 형
성된 독과점적 시장구조는 일단 인정하고 그 상황에서 문제되고 있는 시장지배적
사업자의 지위남용행위만을 금지하려는 것인데 반하여, 이 시책은 독과점적 시장
구조 그 자체의 개선을 목적으로 하여 특히 문제가 심각한 업종에 대하여 원재료
조달단계에서부터 최종소비단계에 이르기까지 모든 단계의 행태를 정밀하게 조
사·분석하여 문제점을 진단하고 이를 개선함으로써 독과점시장의 잠재적 경쟁압
력을 경쟁시장의 수준으로 제고시켜서 시장성과가 최대한 발휘될 수 있도록 하려
는 것이다. 둘째 기존의 시장지배적 지위남용행위 금지는 주로 신고에 의존하여
법위반행위를 조사하고 적발하여 이를 시정하는 등 개별사건 위주의 폐해규제방
식으로 운영되어 왔는데 반하여, 이 시책은 공정거래위원회가 능동적으로 독과점
적 시장구조가 고착화된 업종을 중심으로 심층적인 조사와 분석을 통하여 그 원인
을 찾아내어 이를 시정할 수 있는 방안을 모색하려는 것이다.

　그리고 공정거래위원회는 이러한 시책을 추진하기 위하여 필요한 경우에는 관
계 행정기관의 장에게 경쟁의 도입 기타 시장구조의 개선 등에 관하여 필요한 의
견을 제시할 수 있다(법 4조 2항). 한편 공정거래위원회는 이러한 시책을 수립·추
진하기 위하여 시장구조를 조사하여 공표하기도 하고(법 4조 3항), 사업자에 대하여
그 조사·공표를 위하여 필요한 자료의 제출을 요청할 수도 있다(법 4조 4항). 이러
한 사무는 공정거래위원회가 직접 할 수도 있지만 다른 기관, 예컨대 관계행정기
관의 장 또는 정부출연 연구기관의 장에게 위탁할 수도 있다(법 4조 5항, 영 8조).

　이와 같이 독점규제법이 공정거래위원회에게 시장구조의 개선시책을 맡김으로
써 공정거래위원회의 성격에도 변화가 생기게 되었다. 공정거래위원회는 원래 독
점규제법을 해석하여 적용하고, 동법을 위반한 사업자에 대하여 시정명령을 내리
거나 과징금을 부과하는 등 개별시장에서 유효한 경쟁질서를 유지하고 감시하는
것을 주된 사명으로 하고 있는 법적용기관이지, 어떤 정책을 수립하여 시행하는
정책기관이 아니었다. 그런데 1996년의 법 개정에 의하여 공정거래위원회가 독과
점적 시장구조가 장기간 유지되고 있는 상품이나 용역에 대하여 유효경쟁을 촉진

하기 위한 정책을 수립·시행할 의무를 부담하게 된 이후에는 공정거래위원회가 단순히 법적용기관에 그치지 않고, 시장구조의 개선을 위한 시책을 적극적으로 수립·시행하는 정책기관의 성격도 띠게 되었다.

Ⅱ. 시장구조 개선시책의 추진경과

공정거래위원회는 1996년 말 일정한 기준에[69] 해당하는 품목을 시장구조 '우선개선대상품목'으로 선정하였고, 1997년에는 자동차(3개 품목), 타이어, 판유리 등 5개 품목, 1998년에는 철강(5개 품목), 맥주 등 6개 품목, 1999년에는 에어컨, 세탁기, 엘리베이터 등 10개 품목에 대해서, 그러한 품목시장에 참여하고 있는 사업자들의 원재료 수급 단계부터 최종소비 단계에 이르기까지 거래단계별로 각종 경쟁제한요소를 심층 분석하였다. 그리고 공정거래위원회는 이 과정에서 밝혀진 경쟁제한행위, 즉 거래단계별로 기존 독과점 사업자가 자기의 우월적 지위를 계속 유지하기 위하여 다른 사업자의 사업활동을 부당하게 방해하거나 신규진입을 저해하는 경우, 독점 제조업자가 국내 유통구조를 독점함으로써 수입물품의 유통을 어렵게 하는 행위, 원재료 독점사업자가 그 품목의 공급조절을 통해서 다음 단계의 제품시장을 독점하는 행위 등에 대하여 시정명령을 내렸다.

한편 새로운 사업자의 시장진입을 제한하는 정책이나 제도에 대해서 그 존치의 필요성을 재검토한 뒤에 불필요하다고 판단되는 것에 대해서는 관계부처와의 협의를 통하여 이를 개선하였다. 또한 2000년에는 신용카드시장에 대한 시책을 추진하여 BC카드, 삼성카드, LG캐피탈의 부당한 수수료 유지행위, 한국여신전문금융업협회와 7개 전문계 카드사의 신규사업자에 대한 신용카드가맹점 공동이용망 이용거절행위를 적발하여 시정명령과 함께 과징금을 부과하였다.

그리고 2001년부터는 공정거래위원회가 국민경제적 비중이 크거나 국민생활과 밀접한 분야 중에서 법 위반의 빈도가 높고, 소비자 불만이 큰 6개 분야, 즉 건설, 의료·제약, 예식·장례식업, 신문·잡지 및 방송, 정보통신, 사교육 분야를 대상으로 하여 산업별, 시장별 구조, 정부규제 및 거래행태 등에 대한 조사를 실시하여

---

69) 다음 4가지 기준에 중복하여 해당하는 품목을 선정하였다. 즉 ① 산업정책, 수입다변화 등 정부정책에 의해 진입이 규제되고 있는 경우, ② 국내가격이 외국가격보다 높은 것으로 보아 수입품의 경쟁압력이 제대로 작동하지 않는 것으로 판단되는 경우, ③ 최근 2년간 사업자간의 가격인상률이 동일하여 사업자간의 유효경쟁이 존재하는지 의심스러운 경우, ④ 수익률(경상수익률, 영업이익률)이 제조업평균보다 높아 독과점이윤을 시현하고 있다고 추정되는 경우.

종합적인 개선방안을 마련하였고, 그 후에는 독과점적 시장구조가 고착화된 규제산업 등의 시장구조개선을 위한 전담부서를 지정하는 등 이른바 산업별 시장구조개선시책을 보다 체계적으로 추진하고 있다. 특히 2007년에는 공정거래위원회 조직개편을 통하여 시장감시 분야의 조직을 기능별 조직에서 산업별 조직으로 전환하였는데, 이것을 계기로 하여 전문성이 요구되는 산업별 구조개선시책도 더욱 강화될 것으로 기대되었으나 그 조직은 다시 원상으로 회복되었다. 2009년에는 새로운 사업자의 시장진입을 제한하는 규제에 대하여 그 타당성과 존치의 필요성을 재검토하여 불필요하게 경쟁을 제한한다고 판단되는 일부 규제, 예컨대 주류납세병마개사업자를 2개에서 3개로 확대하고, 대량화물 화주의 지분소유범위를 30%에서 40%로 확대하여 해운산업의 진입규제를 완화하는 성과를 거두기도 하였다.

제4장 기업결합의 제한

독점규제법은 자유롭고 공정한 경쟁을 유지하기 위하여 이를 저해하는 경쟁제한적인 기업결합, 즉 일정한 거래분야에서 경쟁을 실질적으로 제한하는 기업결합을 원칙적으로 금지하고 있다.[1] 종래에는 독점규제법이 그 밖에 강요 기타 불공정한 방법에 의한 기업결합도 함께 금지하고 있었다. 그러나 기업결합규제의 취지가 그 기업결합을 통하여 시장구조가 독과점화하는 것을 방지하기 위한 것이라는 점에 비추어 보면, 강요 기타 불공정한 방법에 의한 기업결합의 경우에는 그것이 관련시장의 구조를 악화시키지 않는 한, 이를 별도로 규제할 필요가 없을 것이다. 따라서 입법자는 2007년 8월 법 개정을 통하여 이를 삭제하였다.

제1절 기업결합의 의의 및 규제대상

I. 기업결합의 의의

기업결합이라 함은 기업 간의 자본적·인적·조직적인 결부를 통하여 기업 활동을 단일한 지배체제 하에 통합시킴으로써 개별기업의 경제적인 독립성을 소멸시키는 기업들 간의 결합을 말한다. 이와 같이 기업결합은 거기에 참여하는 기업들의 지배구조에 지속적인 변화를 초래하는 행위를 의미하기 때문에, 그러한 변화를 초래하지 않는 행위, 즉 독립적인 기업들 상호 간에 경쟁행위를 조정하는 공동행위는 여기에 포함되지 않는다.

---

1) 기업결합의 규제에 관한 보다 자세한 사항은 권오승, 기업결합규제법론, 법문사, 1987 및 곽상현·이봉의, 기업결합규제법, 법문사, 2012 참조.

II. 기업결합 규제의 대상

1. 수 범 자

독점규제법은 '누구든지 직접 또는 특수한 관계에 있는 자(이하 '특수관계인'이라 함)를 통하여 일정한 거래분야에서 경쟁을 실질적으로 제한하는 기업결합을 해서 는 안 된다'고 규정하고 있다(법 9조).

기업결합 규제의 대상을 파악하기 위해서는 먼저, 누가 기업결합의 주체가 될 수 있는지를 살펴볼 필요가 있다. 독점규제법은 당초 기업결합의 규제를 받는 자 를 일정한 규모(자본금 50억원 또는 자산총액 200억원 이상에 해당하는 회사)로 제한하고 있었는데, 1996년 12월 법 개정을 통하여 이러한 제한을 삭제하고, 기업결합규제 의 수범자를 '누구든지'라고 규정하고 있다. 따라서 현행법상 기업결합규제를 받는 자는 그 규모와 상관없이 모든 사업자이다.

그런데 여기서 문제가 되는 것은 독점규제법상 사업자의 범위에 포함되지 않는 자도 기업결합규제의 수범자가 되는가 하는 점이다. 동법 제9조가 기업결합규제의 수범자를 '누구든지'라고 규정하고 있기 때문에 이 규정을 오로지 문리적으로만 해 석하면 동 법상 사업자에 해당하지 않는 자도 기업결합의 규제를 받을 수 있을 것 처럼 보인다. 그러나 사경제의 주체로서 거래에 참여하여 경쟁에 영향을 미칠 수 있는 자를 널리 사업자로 파악하여 경쟁질서를 충실하게 보호하려는 동법의 취지 에 비추어 볼 때, 기업결합규제는 오로지 사업자만을 대상으로 한다고 보아야 할 것이다.

2. 특수관계인을 통한 기업결합의 규제

독점규제법은 사업자가 직접 실행하는 기업결합뿐만 아니라 '대통령령이 정하는 특수관계인'을 통하여 실행하는 기업결합도 규제하고 있다. 동법 시행령은 특수관 계인의 범위를 당해 회사를 사실상 지배하고 있는 자와 동일인관련자(단 기업집단으 로부터의 제외규정에 의하여 동일인관련자로부터 분리된 자는 제외) 및 경영을 지배하려는 공동의 목적을 가지고 당해 기업결합에 참여하는 자로 규정하고 있다(영 16조).

(1) 당해 회사를 사실상 지배하고 있는 자

독점규제법은 당해 회사를 사실상 지배하고 있는 자에 대하여는 그 판단기준을 따로 정하지 않고 있다. 다만 동법 시행령 제4조는 기업집단의 범위와 관련하여 동일인이 사실상 그 사업내용을 지배하는 회사를 판단하는 기준을 규정하고 있는데, 이때 '동일인'이 바로 당해 회사를 사실상 지배하고 있는 자에 해당된다. 당해 회사를 사실상 지배하고 있는 자는 회사일 수도 있고 자연인이나 기타 법인일 수도 있는데, 시행령 제4조는 제1호와 제2호에서 각각 형식적 기준과 실질적 기준을 제시하고 있다. 즉 ① 단독으로 또는 동일인관련자와 합하여 당해 회사의 발행주식 총수의 30% 이상을 소유하는 경우로서 최다출자자인 회사이거나(1호), ② 대표이사의 임면 또는 임원의 50% 이상을 선임하거나 선임할 수 있는 회사, 당해 회사의 조직변경 또는 신규회사에의 투자 등 주요 의사결정이나 업무집행에 지배적 영향력을 행사하고 있는 회사, 동일인이 지배하는 회사와 당해 회사간에 임원겸임 등의 인사교류가 있는 회사, 또는 통상적인 범위를 초과하여 동일인 또는 동일인관련자와 자금·자산·상품·용역 등의 거래를 하고 있거나 채무보증을 하거나 받고 있는 회사, 기타 당해 회사가 동일인의 기업집단의 계열회사로 인정될 수 있는 영업상의 표시행위를 하는 등 사회통념상 경제적 동일체로 인정되는 등의 회사로서, 당해 회사의 경영에 대하여 지배적인 영향력을 행사하고 있다고 인정되는 회사가(2호) 이에 해당할 것이다.

(2) 동일인관련자

동일인관련자라 함은 동일인과 다음 각 호의 어느 하나에 해당하는 관계에 있는 자를 말한다(영 4조 1호).

① 배우자, 4촌 이내의 혈족, 3촌 이내의 인척, 동일인이 지배하는 국내 회사 발행주식총수의 100분의 1 이상을 소유하고 있는 5촌·6촌인 혈족이나 4촌인 인척, 동일인이 민법에 따라 인지한 혼인 외 출생자의 생부나 생모

② 동일인이 단독으로 또는 동일인관련자와 합하여 총 출연금액의 30% 이상을 출연한 경우로서 최다출연자가 되거나 동일인 및 동일인관련자 중 1인이 설립자인 비영리법인 또는 단체(법인격이 없는 사단 또는 재단을 말함)

③ 동일인이 직접 또는 동일인관련자를 통하여 임원의 구성이나 사업운용 등에 대하여 지배적인 영향력을 행사하고 있는 비영리법인 또는 단체

④ 동일인이 사실상 사업내용을 지배하는 회사

⑤ 동일인 및 동일인과 ② 내지 ④의 관계에 해당하는 자의 사용인(법인인 경우에는 임원, 개인인 경우에는 상업사용인 및 고용계약에 의한 피용인을 말함)

(3) 경영을 지배하려는 공동의 목적을 가지고 당해 기업결합에 참여하는 자

그 밖에 경영을 지배하려는 공동의 목적을 가지고 새로운 회사의 설립에 참여하는 자가 여기에 해당된다. 예컨대 합작기업의 설립에 참여하는 복수의 사업자들이 여기에 해당되며, 후술하는 바와 같이 이 경우 새로운 회사설립에의 참여는 별도의 기업결합으로서 동법의 규제를 받는다.

제2절 기업결합의 유형

어떤 기업이 다른 기업을 결합하는 경우 그 동기나[2] 효과가 서로 다를 뿐만 아니라 그 형태도 매우 다양하다. 따라서 기업결합은 이를 분류하는 기준과 방법에 따라 여러 가지 모습으로 나누어진다. 우선 기업결합은 결합의 수단과 방법에 따라 주식취득, 임원겸임, 합병, 영업양수, 새로운 회사의 설립에의 참여로 분류할 수 있고, 그것이 경쟁에 미치는 효과에 따라 수평결합, 수직결합 또는 혼합결합으로 분류할 수도 있다.

그런데 독점규제법은 기업결합의 유형을 그 결합의 수단과 방법에 따라 주식취득·임원겸임·회사합병·영업양수·새로운 회사설립에의 참여 등으로 구분하고 있다(법 9조 1항 각호). 이러한 기업결합의 유형에 따라 후술하는 바와 같이 기업결합 신고의무의 내용이 다소 상이하다.

한편 동법은 일정한 거래분야에서 경쟁을 실질적으로 제한하는 기업결합을 원칙적으로 금지하고 있기 때문에(법 9조 1항), 어떤 기업결합이 동법에 위반되는지를 심사하기 위해서는 경쟁제한성, 즉 당해 기업결합이 경쟁에 미치는 영향을 평가하지 않으면 안 된다. 그런데 기업결합은 그것이 수평결합, 수직결합 또는 혼합결합 중에서 어느 유형에 속하느냐에 따라 경쟁에 미치는 영향이 서로 다르다. 따라서 「기업결합 심사기준」(이하 '심사기준'이라 함)은[3] 기업결합의 경쟁제한성 심사에 있어

---

2) 기업결합의 동기에 대하여는 윤창호·이규억, 산업조직론, 법문사, 1997, 211면 이하; 이규억·이성순, 기업결합과 경제력 집중, 한국개발연구원, 1985, 21면 이하 참조.

서 시장집중도와 그 변화의 정도를 기준으로 평가하되, 구체적으로는 수평결합, 수직결합 또는 혼합결합으로 나누어서 심사하도록 하고 있다.

I. 기업결합의 수단·방법에 따른 분류

1. 다른 회사의 주식의 취득 또는 소유

누구든지 직접 또는 특수관계인을 통하여 다른 회사의 주식을 취득 또는 소유함으로써 일정한 거래분야에서 경쟁을 실질적으로 제한하는 행위를 해서는 안 된다(법 9조 1항 1호). 일반적으로 주식이란 회사에 대한 사원의 법률상의 지위를 가리키는데, 주식회사 이외의 회사에 있어서는 회사에 대한 사원의 법률상의 지위가 지분에 따라 결정되므로, 여기서 말하는 주식에는 지분도 포함되는 것으로 이해된다.[4]

2. 임원겸임

일정한 규모 이상의 대규모회사가 직접 또는 특수관계인을 통하여 임원 또는 종업원에 의한 다른 회사의 임원을 겸임함으로써 일정한 거래분야에서 경쟁을 실질적으로 제한하는 행위를 해서는 안 된다(법 9조 1항 2호). 여기서 대규모회사라 함은 자산총액 또는 매출액의 규모가 2조원 이상인 회사를 말한다(법 9조 1항 단서, 영 18조). 따라서 대규모회사 이외의 회사에 의한 임원겸임은 기업결합규제를 받지 않는다.

그리고 임원의 겸임이란 어떤 회사의 임원 또는 종업원이 다른 회사의 임원 지위를 보유하는 것을 의미한다. 임원이란 이사·대표이사·업무집행을 하는 무한책임사원·감사·이상에 준하는 자 또는 지배인 등 본점이나 지점의 영업 전반을 총괄적으로 처리할 수 있는 상업사용인을 말하며(법 2조 6호), 종업원이란 계속하여 회사의 업무에 종사하는 자로서 임원 이외의 자를 말한다.

그런데 계열회사의 임원을 겸임하는 경우에는 비록 당사회사가 대규모회사인 경우에도 신고의무가 면제되고 있으며(법 11조 1항 3호), 기업결합심사기준에 따르면 기업결합 당사자가 서로 독점규제법 시행령 제16조에 규정된 특수관계인에 해

---

3) 공정거래위원회 고시 제1999-2호, 1999. 4. 15. 최근 개정 고시 제2019-1호, 2019. 2. 27.
4) 법 제2조 제7호는 '주식(지분을 포함한다. 이하 같다)'는 규정을 두고 있다.

당되는 경우에는 '간이심사대상 기업결합'으로 분류된다(심사기준 Ⅲ. 1. 참조).[5]

3. 다른 회사와의 합병

누구든지 직접 또는 특수관계인을 통하여 다른 회사와 합병함으로써 일정한 거래분야에서 경쟁을 실질적으로 제한하는 행위를 해서는 안 된다(법 9조 1항 3호). 회사의 합병은 2 이상의 회사가 법적인 단일체를 형성하는 완벽한 형태의 기업결합을 말한다. 일반적으로 회사의 합병에는 흡수합병(merger)과 신설합병(consolida-tion)이 있는데, 흡수합병은 한 기업이 다른 기업에 흡수되어 소멸되는 것을 말하고, 신설합병은 기존의 기업들이 모두 소멸하고 제3의 새로운 기업이 설립되는 것을 말한다. 기업결합의 규제대상이 되는 합병에는 흡수합병과 신설합병이 모두 포함된다. 합병은 법적으로 단일한 법인격이 형성된다는 점에서 영업의 양수와 구별된다.

4. 영업의 양수 등

누구든지 직접 또는 특수관계인을 통하여 다른 회사의 영업의 전부 또는 주요부분을 양수·임차하거나 경영을 수임하거나 또는 다른 회사의 영업용 고정자산의 전부 또는 주요부분을 양수함으로써 일정한 거래분야에서 경쟁을 실질적으로 제한하는 행위를 해서는 안 된다(법 9조 1항 4호). 동 규정은 영업양수 외에도 다양한 행위들을 포함하고 있는데, 이러한 행위들도 영업의 계속적 수행을 가능하게 하는 기능적 재산의 이전을 본질로 하며, 영업의 주체가 변경되고 새로운 지배권이 형성된다는 점에서 공통된다.[6] 한편 영업의 양수는 사실상 합병과 유사한 효과를 가져오지만, 종래의 회사들이 그대로 독립적인 법인격을 유지하게 된다는 점에서 합병과 구별된다.[7]

5. 새로운 회사설립에의 참여

누구든지 직접 또는 특수관계인을 통하여 새로운 회사의 설립에 참여함으로써

---

5) 그렇지만 기업결합 당사자가 특수관계인에 해당하는 경우에 전혀 규제가 이루어지지 않는 것은 아니며, 이러한 경우의 규제 가능성에 관하여 홍명수, "독점규제법상 특수관계인과의 기업결합에 대한 규제가능성 검토", 경쟁법연구 제19권, 2009, 27면 이하 참조.

6) Kling/Thomas, Kartellrecht, Vahlen, 2016, S. 767.

7) 영업양수 방식의 기업결합에 관한 상론은, 홍명수, "영업양수 방식의 기업결합에 있어서 심사 범위와 시정조치 등에 관한 고찰", 동아법학 제71권, 2016, 85면 이하 참조.

일정한 거래분야에서 경쟁을 실질적으로 제한하는 행위를 해서는 안 된다(법 9조 1항 5호). 다만 새로운 회사의 설립에 참여하더라도, 경영을 지배하려는 공동의 목적을 가지고 당해 기업결합에 참여하는 자를 제외하고는 특수관계인만 참여하고 그 이외의 자는 참여하지 않는 경우, 또는 상법 제530조의2(회사의 분할·분할합병) 제1항의 규정에 의하여 분할에 의한 회사설립에 참여하는 경우는 기업결합의 규제대상이 되지 않는다(법 9조 1항 5호 단서).

독점규제법은 기존기업들이 서로 결합하는 본래 의미의 기업결합뿐만 아니라, 새로운 회사의 설립에의 참여를 통한 기업결합도 규제하고 있다. 일반적으로 어떤 시장에 참여하는 사업자의 수가 증가할수록 그 시장의 경쟁은 그만큼 강화된다고 할 수 있다. 따라서 이러한 논리에 따르면, 새로운 회사의 설립은 독점규제법이 규제해야 할 대상이 아니라 오히려 권장해야 할 사항이라고 할 수 있다. 그런데 공동으로 새로운 회사를 설립하는 목적이 공동의 지배관계를 통하여 참가기업들 간의 경쟁 및 나아가 관련시장에서의 경쟁을 제한하고자 한다면, 이는 동법의 규제 대상이 되는 기업결합에 해당하는 것이다. 예컨대 일정한 거래분야에서 상호 경쟁 관계에 있는 유력한 기업들이 원재료의 공동구입 또는 제품의 공동판매를 전담하는 합작회사(joint venture)를 설립하여 실질적인 경쟁을 제거하고자 하는 경우가 여기에 해당한다.

Ⅱ. 경쟁제한의 효과에 따른 분류

기업결합의 경쟁제한성 심사에 있어서, 우선 당해 기업결합이 수평결합, 수직결합 또는 혼합결합 중 어디에 해당하는지를 판단하여야 하며, 그에 따라 경쟁제한 효과를 판단하는 기준이 달라진다. 그리고 한 기업이 여러 상품시장에서 활동하는 경우가 있는데, 그러한 경우에는 하나의 기업결합이 수평결합, 수직결합 또는 혼합결합의 성격을 중첩적으로 가질 수 있다. 이 경우 공정거래위원회는 관련 시장별로 이들 결합의 다양한 경쟁제한 가능성을 모두 고려하여야 하며,[8] 그중 어느 측면에서라도 경쟁을 실질적으로 제한하는 경우 이를 금지하게 된다.

---

8) 하이트맥주와 진로의 기업결합 사건에서는 '먹는 샘물'시장과 '소주'시장의 경우 수평결합이 성립하였고, 맥주와 소주에 관하여는 혼합결합이 성립하였는데, 혼합결합의 측면에서만 경쟁제한성이 인정되었다. 공정거래위원회 2006. 1. 24. 의결 제2006-009호.

1. 수평결합

수평결합은 동일한 시장에서 동종 또는 유사한 제품을 생산·판매하는 기업들 간의 결합을 말한다. 이것은 동일한 시장에서 서로 경쟁관계에 있는 기업들 간의 결합으로서 경쟁제한적인 효과가 가장 명백하게 드러나는 경우이다. 따라서 경쟁정책적 관점에서는 수평결합에 대한 규제가 그 중심이 되고 있다. 예컨대 공정거래위원회는 현대백화점 등 6개 회사의 계열회사인 관악케이블TV방송이 관악유선방송국을 취득하는 것은 서울시 관악구 지역에서 종합유선방송사업을 영위하는 경쟁관계에 있는 회사 간의 기업결합인 수평형 기업결합이라고 판단하였다.[9] 그 밖에 현대자동차가 기아자동차의 주식을 취득한 경우나 에스케이텔레콤이 신세기통신의 주식을 취득한 경우, 삼익악기가 영창악기의 주식을 취득한 경우 등이 모두 수평결합에 해당하는 것으로 판단되었다.

2. 수직결합

수직결합은 원자재의 생산에서부터 제품의 생산·판매에 이르는 과정, 즉 생산과 유통의 수직적 흐름에 있어서 인접하는 단계에 있는 기업들, 예컨대 원자재의 공급자와 완제품 생산자 간의 결합 또는 제품의 생산자와 판매자 간의 결합을 말한다. 이러한 수직결합은 결합의 주체가 수직적 흐름에서 차지하는 위치가 상위(upstream)인지 하위(downstream)인지에 따라, 예컨대 자동차의 부품을 제조·공급하는 기업이 자동차를 조립·판매하는 기업을 결합하는 전방결합(forward integra-tion)과 자동차를 조립·판매하는 기업이 부품을 제조·공급하는 기업을 결합하는 후방결합(backward integration)으로 분류된다.[10] 공정거래위원회는 현대자동차가 참여하고 있는 국내 완성차 시장과 현대오토넷이 참여하고 있는 국내 자동차용 멀티미디어 시장 및 전자제어장치 시장 간에는 원재료 수급관계가 존재하므로, 양자의 결합으로 수직결합이 발생한다고 판단하였다.[11] 아울러 동양나일론이 한국카프로락탐의 주식을 취득한 경우나[12] 에스케이가 대한송유관공사의 주식을 취득한 경우[13] 등도 수직결합에 해당한다고 판단하였다.

---

9) 공정거래위원회 2006. 2. 3. 의결 제2006-10호.
10) 윤창호·이규억, 앞의 책, 86면, 195면 참조.
11) 공정거래위원회 2005. 11. 22. 의결 제2005-231호.
12) 공정거래위원회 1996. 4. 22. 의결 제96-51호.
13) 공정거래위원회 2001. 6. 29. 의결 제2001-90호.

3. 혼합결합

혼합결합은 수평적이거나 수직적인 관계에 있지 않은 기업들 간의 결합을 말한다. 이러한 혼합결합은 다시 시장확대형 결합, 상품확대형 결합 및 순수한 혼합결합으로 나누어진다. 시장확대형 결합은 같은 종류 또는 긴밀한 대체관계에 있는 상품을 공급하고 있지만, 운송비나 정부규제 등에 의하여 지리적으로 분리되어 있는 시장에서 활동하고 있던 기업들 간의 결합을 말하며, 상품확대형 결합은 지리적으로는 동일한 시장에서 활동하고 있지만, 대상적으로는 서로 다르거나 연관성이 있는 상품이나 서비스를 공급하고 있던 기업들 간의 결합을 말한다. 이러한 기업들은 기존의 생산설비나 영업소 등을 공동으로 이용하거나 시장전략을 공동으로 구사하는 등 몇 가지의 기능적인 공동성을 가지며, 이 점에서 수평적 또는 수직적인 결합과 유사한 기능을 담당한다. 그리고 순수한 혼합결합은 건설회사가 김치제조회사를 결합하는 경우와 같이 시장확대형이나 상품확대형 중 어느 쪽에도 속하지 않는 결합을 말한다. 그런데 공정거래위원회는 혼합결합을 이처럼 세분하지 않고, 수평결합이나 수직결합에 해당하지 않는 기업결합을 모두 혼합결합으로 보고 있다(심사기준 Ⅵ. 4.).

혼합결합으로서 처음으로 시정조치가 내려진 바 있는 하이트맥주의 진로 주식 취득사건에서,[14] 공정거래위원회는 소주와 맥주가 동일한 상품시장으로 획정되지 아니하므로 하이트맥주의 맥주상품과 진로의 소주상품 간에는 혼합형 기업결합이 발생한다고 판단하고, 이 부분에 관하여 이른바 포트폴리오효과 등을 들어 경쟁제한성을 인정한 바 있다.

제 3 절 기업결합의 신고

Ⅰ. 신고의무

1. 신고대상 기업결합

독점규제법은 기업결합의 규제를 효율적으로 수행하기 위하여 일정한 요건에

---

14) 공정거래위원회 2006. 1. 24. 의결 제2006-9호.

해당하는 기업결합을 공정거래위원회에 신고하도록 하고 있다. 우선 취득회사가 자산총액 또는 매출액의 규모가 3천억원 이상인 회사(임원겸임으로 인한 기업결합의 경우에는 대규모회사에 한하며, 이하 '기업결합신고 대상회사'라 함)이고, 상대회사가 자산총액 또는 매출액의 규모가 300억원 이상인 회사일 경우에 다음 각 호의 어느 하나에 해당하는 기업결합에 대하여는 이를 반드시 공정거래위원회에 신고하도록 하고 있다. 기업결합신고 대상회사 외의 회사로서 상대회사의 규모에 해당하는 회사가 기업결합신고 대상회사에 대하여 다음 각 호의 어느 하나에 해당하는 기업결합을 하는 경우에도 또한 같다(법 11조 1항, 영 21조 1항, 2항).

① 다른 회사의 발행주식 총수(상법 344조의3 1항, 369조 2항·3항에 의한 의결권 없는 주식은 제외)의 20%(상장법인의 경우에는 15%) 이상의 주식을 소유하게 되는 경우

② 다른 회사의 발생주식을 제1호에 따른 비율 이상으로 소유한 자가 당해 회사의 주식을 추가로 취득하여 최다출자자가 되는 경우

③ 임원겸임의 경우(계열회사의 임원겸임 제외)

④ 다른 회사와 합병하거나 다른 회사의 영업을 양수하는 경우

⑤ 새로운 회사설립에 참여하여 그 회사의 최다출자자가 되는 경우[15]

그러나 기업결합신고 대상회사와 상대회사가 모두 외국회사, 즉 외국에 주된 사무소를 두고 있거나 외국 법률에 따라 설립된 회사인 경우 또는 기업결합신고 대상회사가 국내회사이고 상대회사가 외국회사인 경우에는 그 외국회사 각각의 국내매출액이 300억원 이상인 경우에 한하여 기업결합 신고 의무를 진다(영 21조 3항). 이때 국내매출액이란 외국회사의 대한민국에 대한 매출액을 의미하며, 그 규모는 기업결합 당사회사 각각 기업결합일 전부터 기업결합일 후까지 계열회사의 지위를 유지하고 있는 회사의 국내매출액을 합산한 규모를 말한다(기업결합의 신고요령 Ⅳ. 1.). 다만 영업양수의 경우 양도회사의 국내매출액에는 계열회사의 국내매출액을 포함하지 아니한다(기업결합의 신고요령 Ⅳ. 1. 가).

위 제1호, 제2호에 의하여 주식을 소유하거나 제5호에 의하여 새로 설립되는 회사의 주식을 인수함에 있어서 그 소유나 인수의 비율 산정 또는 최다출자자의 해당 여부를 판단할 때에는 당해 회사의 특수 관계인이 소유하고 있는 주식을 합산한다(법 11조 5항).

---

15) 기업결합신고 대상회사가 상대회사와 공동으로 회사를 설립하는 경우를 의미한다.

2. 신고의무의 예외

「벤처투자 촉진에 관한 법률」상 중소기업창업투자회사 또는 벤처투자조합이 「중소기업창업 지원법」상 창업기업 또는 「벤처투자 촉진에 관한 법률」상 벤처기업과 기업결합을 하는 경우, 「여신전문금융업법」상 신기술사업금융업자 또는 신기술사업투자조합이 「기술보증기금법」상 신기술사업자와 기업결합을 하는 경우, 기업결합신고 대상회사가 「자본시장과 금융투자업에 관한 법률」상 투자회사, 「사회기반시설에 대한 민간투자법」상 사회기반시설 민간투자사업시행자로 지정된 회사, 동 회사에 대한 투자목적으로 설립된 투자회사, 「부동산투자회사법」상 부동산투자회사와 기업결합을 하는 경우에는 신고대상에서 제외된다(법 11조 3항).[16)

그 밖에 관계행정기관의 장이 다른 법률의 규정에 의하여 미리 당해 기업결합에 대하여 공정거래위원회와 협의한 경우에는 신고의무가 발생하지 않는다(법 11조 4항). 다른 법률에 따라 관계 행정기관의 장과 공정거래위원회가 협의하였다면, 이미 당해 기업결합 사실을 인지하고 그에 대한 경쟁제한성 여부를 판단할 것이므로 별도로 신고할 실익이 없기 때문이다. 예컨대 금융기관이 다른 금융기관과 합병을 하고자 하는 때에는 금융위원회의 인가를 받아야 하고, 이때 금융위원회는 당해 합병이 경쟁을 실질적으로 제한하는지 여부에 관하여 공정거래위원회와 미리 협의하여야 한다(금융산업의 구조개선에 관한 법률 4조 4항). 그리고 기간통신사업의 전부 또는 일부를 양수하려 하거나 기간통신사업자인 법인을 합병하려는 자는 과학기술정보통신부장관의 인가를 받아야 한다(전기통신사업법 18조 1항). 이때 과학기술정보통신부장관이 그 인가를 하려면 공정거래위원회와 협의를 거쳐야 한다(전기통신사업법 18조 6항).

Ⅱ. 신고절차

기업결합의 신고절차에 관한 세부사항은 공정거래위원회가 마련한 「기업결합의 신고요령」(이하 '신고요령'이라 함)에[17) 규정되어 있는데, 여기서는 기업결합을 간이신고대상 기업결합과 일반신고대상 기업결합으로 구별하고 있다. 전자는 기업결

---

16) 이때 신고의무가 면제되는 기업결합은 다른 회사 발행주식총수의 20%(주권상장법인이나 협회등록법인의 경우 15%) 이상을 소유하게 되거나 회사설립에 다른 회사와 공동으로 참여하면서 최다출자자가 되는 경우에 한한다.

17) 공정거래위원회 고시 제2018-8호, 2018. 5. 31. 개정.

합의 상대회사가 특수관계인(경영을 지배하려는 공동의 목적을 가지고 기업결합에 참여하는 자는 제외)인 경우, 대표이사를 겸임하는 경우를 제외하고 상대회사 임원총수의 3분의 1 미만의 임원을 겸임하는 경우, 「자본시장과 금융투자업에 관한 법률」에 따른 경영참여형 사모집합투자기구의 설립에 참여하는 경우, 「자산유동화에 관한 법률」에 따른 유동화전문회사를 기업결합하는 경우, 그리고 「선박투자회사법」에 따른 선박투자회사의 설립에 참여하는 경우로서, 신고요령이 정하는 간이한 방식의 신고로서 대신할 수 있으며, 공정거래위원회의 홈페이지를 활용하여 인터넷으로 신고할 수도 있다(신고요령 Ⅱ. 2, 3).

기업결합을 신고하고자 하는 자는 신고의무자 및 상대방 회사의 명칭·매출액·자산총액·사업내용과 당해 기업결합의 내용 및 관련시장 현황 등을 기재한 기업결합 신고서에 신고내용을 입증하는 데에 필요한 서류를 첨부하여 공정거래위원회에 제출하여야 한다(법 11조 1항, 영 21조 4항). 이때 공정거래위원회는 제출된 신고서나 첨부서류가 미비한 경우 기간을 정하여 해당 서류의 보정을 명할 수 있는데, 그 보정에 소요되는 기간은 사전신고시 이행금지기간이나 사전심사요청의 처리기간을 산정함에 있어서 이를 포함시키지 않는다(영 21조 5항).

1. 사후신고의 원칙

독점규제법은 기업결합에 관하여 사후신고를 원칙으로 하고 있다. 즉 기업결합의 신고는 당해 기업결합일로부터 30일 이내에 공정거래위원회에 신고하여야 한다(법 11조 6항 본문). 당해 기업결합일이란 주식소유나 주식소유비율의 증가시 주식회사의 주식을 양수하는 때에는 주권을 교부받은 날, 주식회사의 신주를 유상취득하는 때에는 주식대금의 납입기일의 다음 날, 주식회사 외의 회사의 지분을 양수하는 때에는 지분양수의 효력이 발생하는 날, 감자 또는 주식의 소각이나 그 밖의 사유로 주식소유비율이 증가하는 경우에는 주식소유 비율의 증가가 확정된 날을 말하고, 임원겸임의 경우에는 임원의 선임이 의결된 날, 영업양수의 경우에는 영업양수대금의 지급을 완료한 날, 회사합병의 경우에는 합병등기일, 새로운 회사설립에 참여하는 경우에는 배정된 주식의 주식대금의 납입기일의 다음 날을 말한다(영 21조 10항).

2. 예외적 사전신고

기업결합의 당사회사 중 1 이상의 회사가 자산총액 또는 매출액이 2조원 이상의 대규모회사인 경우에, 그 기업결합이 다른 회사의 발행주식 총수의 100분의 20 이상을 소유하게 되는 경우, 다른 회사의 주식을 100분의 20 이상 소유한 자가 당해 회사의 주식을 추가로 취득하여 최다출자자가 되는 경우, 다른 회사와 합병하거나 다른 회사의 영업을 양수한 경우, 또는 새로운 회사의 설립에 참여하여 그 회사의 최다출자자가 되는 경우에는 이를 사전에 신고하여야 한다(법 11조 6항 1호). 또한 기업결합신고 대상회사 또는 그 특수관계인이 기업결합신고 상대회사 규모에 해당하지 않는 소규모피취득회사와 임원겸임 외의 기업결합을 하는 경우 기업결합의 대가로 지급 또는 출자하는 가치의 총액(당사회사가 자신의 특수관계인을 통하여 지급 또는 출자하는 것을 포함한다)이 대통령령으로 정하는 금액 이상일 것과 소규모피취득회사 또는 그 특수관계인이 국내 시장에서 상품 또는 용역을 판매·제공하거나, 국내 연구시설 또는 연구인력을 보유·활용하는 등 대통령령으로 정하는 상당한 수준으로 활동할 것의 요건을 모두 충족하는 경우에도 사전신고의 적용대상이 된다(법 11조 6항 2호). 이상의 기업결합은 각각 주식 취득을 위한 계약·합의를 한 날, 합병계약의 체결일, 영업양수계약의 체결일 또는 회사설립에의 참여에 대한 주주총회(또는 이에 갈음하는 이사회)의 의결이 있은 날로부터 기업결합일 전까지의 기간 내에 공정거래위원회에 신고하여야 한다(법 11조 6항 단서, 영 21조 10항).

이러한 사전신고의무를 부담하는 자는 공정거래위원회의 심사결과를 통지받기 전까지 각각 주식소유, 합병등기, 영업양수계약의 이행행위 또는 주식인수행위를 해서는 안 된다(법 11조 8항).

3. 공동신고의 원칙

신고의무자가 2인 이상인 경우에는 원칙적으로 공동으로 신고하여야 한다. 다만 신고의무자가 소속된 기업집단에 속하는 회사 중 하나의 회사를 기업결합 신고대리인으로 정하여 그 대리인이 신고한 경우에는 그러하지 아니하다(법 11조 11항).

4. 신고의무 위반에 대한 제재

사업자가 법정의 기간 내에 기업결합의 신고를 하지 아니하거나 허위의 신고를 한 경우 또는 사전신고 시 이행금지의무를 위반한 경우에는 1억원 이하의 과태료에 처하며, 회사의 임원 또는 종업원 기타 이해관계인이 이상의 위반 행위를 한 경우에는 1천만원 이하의 과태료에 처한다(법 130조 1항 1호).

Ⅲ. 신고절차 등의 특례

독점규제법은 동법 제11조 제4항에서 관계중앙행정기관의 장이 다른 법률의 규정에 따라 미리 공정거래위원회와 협의한 경우에는 기업결합의 신고에 관한 규정을 적용하지 않는다고 규정하고 있다. 그런데 이것은 어디까지나 당해 기업결합에 관하여 관계중앙행정기관의 장과 공정거래위원회 사이에 사전 협의가 이루어진 경우에 한하여 신고의무를 면제하는 것이다. 따라서 사업자들로서는 실제로 협의가 이루어지기까지 그 기업결합을 공정거래위원회에 추가로 신고하여야 하는지 여부가 명확하지 않은 측면이 있었다. 이에 2007년 8월 법 개정에서 현행법 제11조에 해당하는 규정이 추가되었다. 동 규정에 따라서 다음 각호의 법인의 설립이나 합병 또는 최다액 출자자의 변경 등(이하 '법인설립 등'이라 함)에 관한 승인·변경허가 추천 등(이하 '승인 등'이라 함)을 신청하는 자는 법인설립 등이 법 제12조 제1항에 따른 신고대상에 해당하는 경우에는 승인 등의 주무관청에 승인 등을 신청할 때, 기업결합신고서류를 함께 제출할 수 있다.

구체적으로 방송법 제15조 제1항 제1호에 따른 종합유선방송사업자인 법인의 합병, 방송법 제15조의2 제1항에 따라 종합유선방송사업자의 최다액출자자가 되고자 하거나 종합유선방송사업자의 경영권을 실질적으로 지배하고자 하는 경우 이를 신청하는 자는 당해 법인설립 등이 법 제11조 제1항 및 제2항에 따른 신고대상에 해당하는 경우에 주무관청에 승인 등을 신청할 때 기업결합 신고서류를 함께 제출할 수 있게 되었다. 승인 등의 신청인이 주무관청에 기업결합 신고서류를 제출한 때에는 그 서류가 주무관청에 접수된 날을 법 제11조에 따른 기업결합 신고가 있은 날로 보며, 주무관청이 기업결합 신고서류를 제출받은 때에는 지체 없이 공정거래위원회에 당해 신고서류를 송부하여야 한다. 반대로 법 제11조 제6항 단서에 따라 사전신고를 하여야 하는 자는 공정거래위원회에 기업결합 신고를 할 때에 법인설립 등의 승인 등에 관한 서류를 함께 제출할 수 있는데, 이때에는 공정거래위원회가 지체 없이 법인설립 등의 승인 등에 관한 서류를 주무관청에 송부하여야 한다(법 제12조 5항).

Ⅳ. 사전심사의 요청

독점규제법 제9조 제1항에 해당하는 기업결합을 하고자 하는 자는 동법 제11조 제6항에 규정된 신고기간 이전이라도 당해 행위가 경쟁을 실질적으로 제한하는 행위에 해당하는지 여부에 대하여 공정거래위원회에 심사를 요청할 수 있다(법 11조 9항). 이것은 만약 그 행위가 경쟁에 미치는 영향이 커서 법에 위반될 우려가 있으면 사업자에게 이를 미리 포기하도록 하는 대신에, 그 영향이 작은 경우 이를 신속하게 실행할 수 있도록 하려는 제도이다. 따라서 공정거래위원회는 그 심사요청을 받은 날로부터 30일 이내에 그 결과를 심사요청자에게 통지하여야 한다. 다만 공정거래위원회가 필요하다고 인정할 때에는 그 기간의 만료일 다음 날부터 기산하여 90일의 범위 안에서 그 기간을 연장할 수 있다(법 11조 10항).

제 4 절 기업결합의 금지

독점규제법은 기업결합이 일정한 거래분야에서 경쟁을 실질적으로 제한하는 경우에는 이를 원칙적으로 금지하고 있다. 그런데 공정거래위원회가 기업결합의 신고를 받으면, 신고일로부터 30일 이내에 경쟁제한적인 기업결합에 해당하는지 여부를 심사하고, 그 결과를 해당 신고자에게 통지하여야 한다(법 11조 7항). 기업결합이 경쟁제한적인 기업결합에 해당되기 위해서는, 우선 기업결합 당사회사 간에 심사기준에 규정된 지배관계가 형성되어야 하며, 나아가 그 기업결합이 일정한 거래분야에서 경쟁을 실질적으로 제한해야 한다. 그러나 이 경우에도 효율성증대의 효과가 경쟁제한의 폐해보다 크거나 회생불가 회사와 결합하는 경우에는 이를 예외적으로 허용할 수도 있다. 아래에서는 이들 세 가지 요건들을 차례로 살펴보기로 한다.

한편 심사기준은 기업결합을 간이심사대상 기업결합과 일반심사대상 기업결합으로 구분하고 있다. 그중 간이심사대상이 되는 기업결합은 당해 기업결합으로 인하여 시장에 미치는 경쟁제한적 효과가 없는 것으로 추정되는 경우로서 원칙적으로 신고내용의 사실여부만 심사하여 적법한 신고서류의 접수 후 15일 이내에 심사결과를 신고인에게 통보한다(심사기준 Ⅲ). 심사기준에 따르면, ① 기업결합 당사자가 서로 동법 시행령 제16조에 규정된 특수관계인(동조 제3호에 규정된 자를 제외)에 해당하는 경우, ② 당해 기업결합으로 취득회사와 피취득회사 간에 심사기준 Ⅳ에 규정된 지배관계가 형성되지 않는 경우, ③ 시행령 제18조의 규정에 의한 대규모 회사가 아닌 자가 혼합형 기업결합을 하는 경우 또는 관련시장의 특성상 보완성 및 대체성이 없는 혼합결합을 하는 경우, ④ 「자본시장과 금융투자업에 관한 법률」 제9조 제18항 제7호의 규정에 따른 사모투자전문회사의 설립에 참여하거나 「자산 유동화에 관한 법률」 제2조 제5호의 규정에 따른 유동화전문회사를 기업결합한 경우, 기타 특정 사업의 추진만을 목적으로 설립되어 당해 사업 종료와 함께 청산되는 특수목적회사를 기업결합한 경우와 같이 경영목적이 아닌 단순투자활동임이 명백한 경우 등이 간이심사의 대상이 된다.

Ⅰ. 지배관계의 형성

주식취득이나 임원겸임 등의 행위가 독점규제법에 의하여 규제되는 기업결합에 해당되기 위해서는 결합의 당사회사 간에 지배관계가 형성되어야 한다. 그런데 회사의 합병이나 영업의 주요부분 양수의 경우에는 그 행위로 인하여 바로 지배관계가 형성되지만, 주식취득, 임원겸임 또는 새로운 회사설립에의 참여와 같은 경우에는 취득회사 또는 그 특수관계인이 종국적으로 피취득회사에 대하여 실질적인 영향력을 행사할 수 있게 되는 경우에 비로소 지배관계가 형성된다(심사기준 Ⅴ).

1. 주식취득

주식취득의 경우에는, 우선 취득회사의 주식소유비율을 기준으로 하여 그 비율이 50% 이상이면 그 자체로서 지배관계가 형성되는 것으로 본다. 그러나 주식소유비율이 50% 미만인 경우에는 ① 각 주주의 주식소유비율, 주식분산도, 주주 상호간의 관계,[18] ② 피취득회사가 그 주요 원자재의 대부분을 취득회사 등으로부터 공급받고 있는지 여부, ③ 취득회사 등과 피취득회사간의 임원겸임관계, ④ 취득회사 등과 피취득회사간의 거래관계, 자금관계, 제휴관계 등의 유무를 종합적으로 고려하여 취득회사 등이 피취득회사의 경영전반에 실질적인 영향력을 행사할 수

---

18) (주)무학이 (주)대선주조의 주식 41.2%를 취득한 사건에서 공정거래위원회와 서울고법은 제1위인 주주 (주)무학의 주식소유비율이 비록 50%에는 미달하지만, 제2위 주주의 주식소유비율이 15.08%에 불과한 점 등에 비추어 지배관계를 인정한 바 있다(서울고법 2004. 10. 27. 선고 2003누2252 판결).

있는지 여부를 판단한다.

또한 취득회사 등에 의해 단독으로 지배관계가 형성되지는 않지만, 다른 자와 공동으로 피취득회사의 경영전반에 실질적인 영향력을 행사할 수 있는 경우에도 지배관계가 형성된 것으로 보는데, 이때 ① 주식 또는 의결권의 보유비율, ② 임원의 지명권 보유여부, ③ 예산, 사업계획, 투자계획 및 기타 주요 의사결정에 대한 거부권 보유여부, ④ 의결권의 공동행사 약정 존재여부, ⑤ 사업수행에 필요한 주요 행정권한 보유여부 등을 종합적으로 고려하여 판단한다.

2. 임원겸임

임원겸임의 경우에는 ① 취득회사 등의 임·직원으로서 피취득회사의 임원의 지위를 겸임하고 있는 자(이하 '겸임자'라 함)의 수가 피취득회사 임원총수의 3분의 1 이상인 경우, ② 겸임자가 피취득회사의 대표이사 등 회사의 경영 전반에 실질적인 영향력을 행사할 수 있는 지위를 겸임하고 있는 경우 등을 종합적으로 고려하여 취득회사 등이 피취득회사의 경영전반에 실질적인 영향력을 행사할 수 있는 경우 지배관계가 형성되는 것으로 본다. 그 밖에 주식소유에 대한 지배관계의 판단기준이 적용가능한 경우에는 이를 준용한다.

3. 새로운 회사설립

새로운 회사 설립에의 참여의 경우 참여회사 중 2 이상 회사의 신설회사에 대한 지배관계가 형성되어야 하며, 이때 지배관계 형성여부는 주식소유에 대한 지배관계 판단기준을 준용한다.

4. 사   례

지배관계를 인정한 사례로서 호텔롯데 등이 평촌개발을 설립하여 해태음료의 영업을 양수한 사건에서[19] 호텔롯데와 그 계열회사는 평촌개발의 주식 19%를, 광인쇄가 평촌개발의 주식 51%를 취득하였다. 그런데 이 사건에서 공정거래위원회는 일본 롯데 계열회사에 대한 광인쇄의 거래의존도가 11.5%여서 롯데의 우호세력이 될 가능성이 있고, 광인쇄가 자금의 출처를 명확히 밝히지 못한 반면, 호텔롯데 등이 인수업무를 주도한 것으로 판단된다는 점을 종합적으로 고려하여 광인쇄

---

19) 공정거래위원회 2000. 4. 26. 의결 제2000-70호.

와 호텔롯데 등은 해태음료를 인수하게 될 평촌개발의 경영을 지배하려는 공동의 목적이 있으므로 특수관계인이라고 보았다. 이를 근거로 공정거래위원회는 호텔롯데 등이 평촌개발을 지배하는 관계에 있다고 보았다.

무학의 대선주조 주식취득사건에서는[20] 무학 및 그 특수관계인이 대선주조의 주식 41.21%를 취득하여 최대주주가 되었는데, 주식취득 당시 대선주조의 2대 주주는 15.08%의 주식을 보유하였고, 소수 주주들이 나머지 주식을 분산하여 보유하고 있었다. 무학은 적대적인 입장에 있던 대선주조의 이사 및 감사를 해임하려고 하였으나 대선주조의 주주총회에서 부결되었다. 이후 대선주조의 이사 등은 대선주조의 주식 50.59%를 취득하여 제3자에게 매각함으로써 대선주조의 경영권이 제3자에게 이전되었다. 서울고등법원은 1대 주주와 2대 주주의 지분보유비율에 상당한 차이가 있고 주식분산도가 높으며, 주주총회에서 일반주주들의 우호성 여부는 변동 가능하다는 점 등을 종합적으로 고려하여 무학이 대선주조에 대하여 지배권 행사가 가능하다고 보았다. 또한 서울고등법원은 대선주조의 이사 등이 과반수 주식을 취득하여 제3자에게 매각한 것은 공정거래위원회의 처분 이후 사정변경에 불과한 것이고 달리 주식이 위장분산되어 있었다고 인정할 명확한 증거가 없다고 판단하여 지배관계를 부인하는 무학의 주장을 받아들이지 않았다.

Ⅱ. 관련시장에서의 경쟁제한성

독점규제법은 일정한 거래분야에서 경쟁을 실질적으로 제한하는 기업결합, 즉 경쟁제한적인 기업결합을 원칙적으로 금지하고 있다(법 9조). 그런데 어떤 기업결합이 경쟁제한적인 기업결합에 해당되는지를 판단하기 위해서는, 우선 그 기업결합이 영향을 미칠 수 있는 일정한 거래분야, 즉 관련시장을 획정해야 하기 때문에, 기업결합의 규제에 있어서 관련시장의 획정이 매우 중요한 의미를 가진다.

1. 관련시장의 획정

'일정한 거래분야'란 경쟁관계에 있거나 경쟁관계가 성립될 수 있는 분야를 말하며, 이를 흔히 관련시장(relevant market)이라고 한다. 일정한 거래분야는 거래의 객체, 단계 또는 지역 등에 따라 구분될 수 있으며(법 2조 4호), 상호 경쟁관계에 있

---

20) 공정거래위원회 2003. 1. 28. 의결 제2003−027호; 공정거래위원회 2003. 8. 27. 재결 제2003−028 호; 서울고법 2004. 10. 27. 선고 2003누2252 판결.

는 사업자들의 범위를 의미한다. 관련시장을 합리적으로 획정하는 것은 기업결합의 경쟁제한성을 판단함에 있어서 결정적인 의미가 있다. 예컨대 관련시장을 넓게 획정하면, 기업결합 당사자의 시장점유율이나 지배력이 낮은 것으로 판단되어 기업결합이 쉽게 허용될 가능성이 있고, 반대로 관련시장을 좁게 획정하면 기업결합 당사자의 시장점유율이나 지배력이 높은 것으로 판단되어 기업결합이 쉽게 금지될 가능성이 있다. 따라서 공정거래위원회는 기업결합심사기준을 통하여 일정한 거래분야의 판단기준을 다음과 같이 제시하고 있다.

(1) 상품시장

일정한 거래분야는 거래되는 특정한 상품 또는 용역의 가격이 상당기간 어느 정도 의미 있는 수준으로 인상될 경우 그 상품의 대표적 구매자가 이에 대응하여 구매를 전환할 수 있는 상품의 집합을 말한다(심사기준 V. 1. 가). 즉 관련상품시장의 획정기준은 원칙적으로 구매자의 수요대체가능성이다. 이것은 미국의 1992년 합병지침과 유사한 것인데, 그에 따르면 '그 상품의 현재 또는 미래의 유일한 판매자인 독점판매자를 가상하고, 그러한 판매자가 적지만 의미 있고 일시적이지 않은 가격인상(small but significant and non-transitory increase in price; SSNIP)을[21] 하면서 고객을 잃지 않고 그러한 가격상승을 유지할 수 있는 가장 작은 상품군'으로 정의하고 있다. 즉 상당수의 소비자가 차선의 대체상품을 구매하기로 전환할 경우, 그러한 대체상품은 가상독점판매자의 현재의 상품과 동일한 상품시장에 속하는 것으로 본다. 이 경우 다시 그와 유사한 대체상품을 대상으로 SSNIP 테스트를 거쳐 다른 대체상품으로의 전환이 미미할 때까지 이러한 과정을 반복하여 최소시장을 획정하게 된다.[22]

그리고 특정한 상품이나 용역이 동일한 거래분야에 속하는지 여부는 다음과 같은 사항을 고려하여 판단한다(심사기준 V. 1. 나).

① 상품이나 용역의 기능 및 효용의 유사성
② 상품이나 용역의 가격의 유사성

---

21) 미국의 1982년도 합병지침에서는 5%의 가격인상을 기준으로 하였으나, 1984년 지침에서부터 SSNIP로 전환하여 오늘날까지 이를 유지하고 있다. SSNIP는 반드시 5%를 의미하는 것은 아니지만 아직도 실무에서는 5~10%의 가격인상을 작지만 의미 있는 인상으로 보고 있다. 그리고 일시적이지 않은 가격인상과 관련해서는 1982년의 지침과 1984년의 지침에서는 1년을 기준으로 하였으나 1992년의 지침에서는 이를 예견가능한 장래라는 개념으로 대체하였다.

22) 이러한 측면에서 SSNIP 테스트를 '반복과정에 의한 최소시장의 원칙'(iterative process and smallest market principle)이라고도 한다.

③ 구매자들의 대체가능성에 대한 인식 및 그와 관련한 구매 행태

④ 판매자들의 대체가능성에 대한 인식 및 그와 관련한 경영의사 결정 행태

⑤ 통계법 제17조(통계자료의 분류) 제1항의 규정에 의하여 통계청장이 고시하는 한국표준산업분류

⑥ 거래단계(제조, 도매, 소매 등)

⑦ 거래상대방

한편 대법원은 그 밖에 사회적·경제적으로 인정되는 업종의 동질성 및 유사성과 기술발전의 속도, 그 상품의 생산을 위하여 필요한 다른 상품 및 그 상품을 기초로 생산되는 다른 상품에 관한 시장의 상황, 시간적·경제적·법적 측면에서의 대체의 용이성도 함께 고려해야 한다고 판시하고 있다.[23]

공정거래위원회가 수요측면에서의 대체가능성을 고려하여 상품시장을 획정한 예로는 먼저 코오롱의 고합 나일론 필름사업 인수사건을[24] 들 수 있다. 이 사건에서 코오롱은 식품포장재의 소재로 사용되는 여러 종류의 필름이 단일한 상품시장을 구성한다고 주장하였으나, 공정거래위원회는 나일론 필름과 나머지 필름들은 그 물리적 특성 및 용도가 다르고, 나일론 필름 가격이 오래 전부터 다른 필름 가격보다 2, 3배 정도로 고가였다는 점 등을 고려하여 나이론 필름과 나머지 필름 사이에 상호 대체성이 있다고 보기 어렵다고 판단하였다.

그리고 에스케이의 대한송유관공사 주식취득사건에서[25] 공정거래위원회는 송유관에 의한 수송서비스와 유조선, 유조화차, 유조차 등 다른 수송수단에 의한 수송서비스가 별도시장으로 구분된다고 보았다. 공정거래위원회는 송유관에 의한 수송은 운송방식, 수송지역, 수송과정의 안정성, 경제적 효과 등에서 다른 수송수단에 의한 수송과 구별되고, 송유관 운송비와 유조차 및 유조화차의 운송비는 상당한 차이가 있어 운송비 측면에서도 대체가능성이 크지 않다고 판단하였다.

관련시장을 획정함에 있어서 공급측면의 대체가능성을 판단한 예로는 인천제철의 삼미특수강 주식취득사건을[26] 들 수 있다. 이 사건에서 공정거래위원회는 스텐레스 냉연강판시장으로 관련시장을 획정하였는데, 스텐레스 냉연강판은 수십여

---

23) 대법원 2008. 5. 29. 선고 2006두6659 판결.

24) 공정거래위원회 2002. 12. 23. 의결 제2002-365호; 2003. 4. 1. 재결 제2003-018호.

25) 공정거래위원회 2001. 6. 29. 의결 제2001-090호. 이 사건에서의 관련시장획정을 비판하면서 송유관에 의한 수송서비스와 다른 수송수단에 의한 수송서비스 사이의 대체관계를 인정하는 견해로는 이상승, "기업결합 사례연구: 시장획정을 중심으로", 권오승 편, 공정거래와 법치, 법문사, 2004, 229-232면 참조.

26) 공정거래위원회 2000. 9. 30. 의결 제2000-151호.

종으로 구분되나 압연정도, 열처리방식, 표면가공 정도를 달리할 뿐 같은 생산라인에서 생산되므로 제품간에 밀접한 생산대체성이 있으며 수요의 대체성 또한 상당하므로 전체를 단일시장으로 획정하였다.

한편 상품의 기능 및 효용의 유사성이 어느 정도 인정된다 하더라도 산업의 특수성도 고려대상이 될 수 있다. 예컨대 유통업의 경우에는 유통업태의 유통환경 특성, 소비자 및 사업자의 인식 등을 종합적으로 고려하여 유통업태간 경제적으로 유의미한 경쟁관계가 있는지 여부가 기준이 된다. 왜냐하면 유통업의 경우 소비자의 소비행태나 유통사업자가 창출하는 부가가치는 상품 그 자체가 아니라, 유통환경의 특성이 가미된 서비스이므로 시장획정에 있어서는 상품의 물리적 기능과 효용의 유사성이 아닌 유통서비스에 대한 구매자들의 인식이나 구매행태가 중요하게 고려되어야 하기 때문이다. 따라서 유통업에서는 물리적으로 동일한 상품일지라도 판매하는 유통채널의 특성에 따라 다른 시장으로 획정하는 것이 일반적이다.[27]

(2) 지역시장

지역시장은 다른 모든 지역에서의 당해 상품 또는 용역의 가격은 일정한데, 특정한 지역에서만 상당한 기간 어느 정도 의미 있는 가격인상이 이루어질 경우 당해 지역의 대표적 구매자가 이에 대응하여 구매를 전환할 수 있는 지역 전체를 말한다(심사기준 V. 2). 그리고 특정한 지역이 동일한 거래분야에 속하는지 여부는 다음 사항을 고려하여 판단한다.

① 상품이나 용역의 특성(부패성, 변질성, 파손성 등) 및 판매자의 사업능력(생산능력, 판매망의 범위 등)
② 구매자의 구매지역 전환가능성에 대한 인식 및 그와 관련한 구매자들의 구매지역 전환 행태
③ 판매자의 구매지역 전환가능성에 대한 인식 및 그와 관련한 경영의사 결정 행태
④ 시간적, 경제적, 법제적 측면에서의 구매지역 전환의 용이성

지리적 시장을 판단하는 대표적인 기준으로는 출하분석(Elzinga－Hogarty) 테스트가 있다. Elzinga－Hogarty 테스트란, 관련상품이 동질적인 경우에 특정지역의 LIFO(Little In From Outside: 지역내 생산소비/지역내 총소비)와 LOFI(Little Out From

---

27) 공정거래위원회 2006. 11. 14. 의결 제2006－264호 신세계의 월마트코리아 주식취득사건 참조.

Inside: 지역내 생산소비/지역내 총생산)가 모두 75% 이상인 경우, 즉 지역 내에서 소비되는 제품의 대부분이 지역 내에서 생산되고 지역 내에서 생산된 제품의 대부분이 지역 내에서 소비되는 경우 당해 지역은 독립된 지리적 시장으로 획정될 수 있다는 이론이다.[28]

상품의 제조·유통 단계별로 살펴보면, 제조단계의 경쟁은 통상 전국적 또는 세계적인 범위로 이루어지고 있지만, 도·소매와 같은 유통단계에서는 세계시장이나 전국단위에서 유효한 경쟁이 일어나기가 어려우므로, 전국이 아닌 지역시장을 별도로 구분하여 관련시장으로 획정할 수도 있다. 신세계의 월마트코리아의 주식취득사건에서[29] 공정거래위원회는 할인점 시장의 경쟁에 지역적 측면이 있음을 전제로 하여 관련지역시장을 획정하였다. 그런데 공정거래위원회는 행정구역을 기본으로 지리적 시장을 획정하는 방법을 택하지 않고 지역별 경쟁, 소비자들의 이용실태, 관련 사업자의 인식 등을 바탕으로 대도시권은 반경 5㎞, 그 외 지방의 경우는 반경 10㎞의 원에 포함된 모든 할인점을 기준으로 다시 동일한 거리의 원을 한차례 중첩시켜 이 중첩원에 포함된 지역을 지리적 시장으로 획정하였다.

지역시장을 전국시장보다 좁게 획정한 다른 예로는 무학의 대선주조의 주식취득사건을[30] 들 수 있는데, 이 사건에서 공정거래위원회는 소주의 경우 부산지역과 경남지역(울산 포함)을 각각 별도의 관련지역시장으로 획정하였다. 대선주조는 SSNIP 테스트를 실제 사건에 적용하는 방법으로 개발된 임계매출감소분석 방법을[31] 사용한 경제분석 결과를 서울고등법원에 제출하였고, 서울고등법원은 그러한 경제분석 결과 및 지역소비자들의 지역제품에 대한 강한 선호도를 근거로 공정거래위원회의 관련지역시장 획정을 타당한 것으로 인정하였다.[32]

(3) 거래의 단계 및 상대방

관련시장은 다시 거래의 단계에 따라 제조, 도매, 소매 등으로 구분하여 획정할

---

28) 공정거래위원회 2006. 1. 24. 의결 제2006-009호.

29) 공정거래위원회 2006. 11. 14. 의결 제2006-264호.

30) 공정거래위원회 2003. 1. 28. 의결 제2003-027호; 공정거래위원회 2003. 8. 27. 재결 제2003-028호; 서울고법 2004. 10. 27. 선고 2003누2252 판결.

31) 임계매출분석 방식(critical loss analysis)은 일정한 가격 인상에 따라서 발생한 실제 매출의 감소(actual loss)와 가격인상으로 인한 효과와 가격인상에 따른 매출 감소 효과가 동일하여 이윤 변화를 수반하지 않는 매출 감소(critical loss)를 비교하여 분석하는 방식을 말하며, 양자의 비교를 통하여 전자가 후자보다 크지 않을 경우에 더 이상의 확대 없이 시장 획정이 이루어지게 된다. 이에 관하여 전성훈, "시장획정 방법론으로서 임계매출감소분석의 발전과 논쟁", 경쟁법연구 제21권, 2010, 58-60면 참조.

32) 서울고법 2004. 10. 27. 선고 2003누2252 판결 참조.

수 있으며, 거래상대방의 특성 또는 상품의 특수성에 의하여 상품, 지역 또는 거래
단계별로 특정한 구매자군이 존재하는 경우에는 그러한 구매자군별로 일정한 거
래분야가 확정될 수 있다.

2. 경쟁제한성의 판단

독점규제법은 경쟁을 실질적으로 제한하는 기업결합을 원칙적으로 금지하고
있다. 따라서 어떤 기업결합이 경쟁을 실질적으로 제한하는지 여부를 판단하기 위
해서는 그 기업결합이 없었을 경우의 시장상황과 그 기업결합으로 인하여 나타날
시장상황을 비교하여, 그 기업결합이 당해 시장에서 유효경쟁을 기대하기가 어려
운 상태를 초래하는지를 판단해야 한다.[33]

(1) 유효경쟁과 경쟁의 실질적 제한

경쟁을 실질적으로 제한하는 행위라 함은 '일정한 거래분야의 경쟁이 감소하여
특정한 사업자 또는 사업자단체가 그의 의사에 따라 어느 정도 자유로이 가격·수
량·품질 기타 거래조건 등의 결정에 영향을 미치거나 미칠 우려가 있는 상태를
초래하는 행위'를 말한다(법 2조 5호).

경쟁의 '실질적 제한'이란 경쟁의 실효성 있는 제한, 즉 유효경쟁(effective or
workable competition)을 기대하기가 거의 불가능한 상태를 초래하는 것을 의미한다.
어떤 시장에서 자유로운 경쟁이 이루어지기 위해서는 다음과 같은 조건이 갖추어
져야 한다. 첫째 그 시장에 참여하고 있는 사업자들 간에 경쟁이 아무런 제한 없
이 이루어져야 하며, 둘째 다른 사업자가 그 시장에 진입하는 데에 아무런 제한이
없어야 한다. 이러한 조건들이 모두 갖추어진 시장을 이른바 완전경쟁시장이라고
하며, 반대로 두 가지 조건이 모두 결여된 시장을 이른바 완전독점시장이라고 한다.

그런데 오늘날과 같이 자본의 집적·집중이 고도로 전개된 독점자본주의 사회
에서는 완전경쟁의 실현을 기대하기가 매우 어렵다. 뿐만 아니라 정부가 이것을
경쟁법이나 경쟁정책의 목표로 삼아 적극적으로 추진할 경우에는 적지 않은 무리
가 따를 우려가 있으므로 반드시 바람직하다고 할 수도 없다. 따라서 오늘날에는
여러 가지로 다양한 경쟁제한의 가능성을 내포하고 있는 현실적인 시장에서 경쟁
의 기능을 가능한 한 최대한으로 발휘할 수 있는 시장의 조건을 유지·확보해 나

---

33) 기업결합의 경쟁제한성 판단에 관하여 보다 자세한 사항은 이민호, 기업결합의 경쟁제한성 판
　단기준 -수평결합을 중심으로-, 서울대 대학원 법학박사학위논문, 2012. 8. 참조.

가려는 데에 유효경쟁의 의의가 있다고 할 수 있다.

한편 법원의 판례는[34] 경쟁제한성을 판단하기 위해서는 시장의 집중도, 시장지배력 남용가능성, 신규진입의 가능성, 경쟁업체간 공동행위 가능성, 해외경쟁의 도입가능성 등을 종합적으로 고려하여야 한다고 판시하고 있다.

(2) 시장의 집중상황

심사기준은 2007년에 개정된 이래 시장집중도를 판단하는 기준으로 허핀달-허쉬만 지수(Herfindahl-Hirschman Index; HHI)를 사용하고 있다. 그 기준에 따르면, 기업결합 후 일정한 거래분야에서 시장집중도 및 그 변화의 정도가 다음의 어느 하나에 해당되는 경우, 즉 ① 수평형 기업결합으로서 결합 후 HHI가 1,200에 미달하거나, HHI가 1,200 이상 2,500 미만이면서 HHI 증가분이 250 미만이거나 또는 HHI가 2,500 이상이고 HHI 증가분이 150 미만인 경우, 또는 ② 수직형 또는 혼합형 기업결합으로서 당사회사가 관여하고 있는 일정한 거래분야에서 HHI가 2,500 미만이고 당사회사의 시장점유율이 25/100 미만인 경우, 또는 일정한 거래분야에서 당사회사가 각각 4위 이하 사업자인 경우에는 경쟁을 실질적으로 제한하지 않는 것으로 추정되며, 그렇지 않은 경우에는 경쟁이 실질적으로 제한될 가능성이 있다(심사기준 IV. 1). 그리고 시장집중도를 평가함에 있어서는 최근 수년간의 시장집중도의 변화추이를 고려하는데, 최근 수년간 시장집중도가 현저히 상승하는 경향이 있는 경우에는 시장점유율이 상위인 사업자가 행하는 기업결합은 경쟁을 실질적으로 제한할 가능성이 높아질 수 있다. 이 경우 신기술 개발, 특허권 등 향후 시장의 경쟁관계에 변화를 초래할 요인이 있는지 여부를 고려한다.

그러나 시장집중도 분석은 기업결합이 경쟁에 미치는 영향을 분석하는 출발점으로서의 의미를 가지며, 경쟁이 실질적으로 제한되는지 여부는 시장의 집중상황과 함께, 단독효과와 협조효과, 시장의 봉쇄효과, 현재 또는 잠재적 경쟁의 배제, 해외경쟁의 도입수준 및 국제적 경쟁상황, 신규진입의 가능성, 유사품 및 인접시장의 존재여부 등을 종합적으로 고려하여 판단한다.

(3) 경쟁제한성의 추정

독점규제법은 일정한 거래분야에서 경쟁을 실질적으로 제한하는 기업결합을 원칙적으로 금지하고 있는데, 실제로는 기업결합의 경쟁제한성을 판단하기가 매우

---

34) 서울고법 2004. 10. 27. 선고 2003누2252 판결.

어렵다. 따라서 입법자는 이러한 곤란을 완화하기 위하여 1996년의 법 개정을 통하여 일정한 요건을 갖춘 기업결합에 대하여는 경쟁제한성을 추정하고 있다(법 9조 3항).

(가) 시장지배적 사업자의 요건에 해당하는 기업결합 등

기업결합에 참여한 당사회사의 시장점유율(계열회사의 시장점유율을 합산한 점유율)의 합계가 다음 각 호의 요건을 갖춘 경우에는 그 기업결합이 일정한 거래분야에서 경쟁을 실질적으로 제한하는 것으로 추정한다(법 9조 3항 1호).

① 시장점유율의 합계가 시장지배적 사업자의 추정요건에 해당할 것
② 시장점유율의 합계가 당해 거래분야에서 제1위일 것
③ 시장점유율의 합계와 시장점유율이 제2위인 회사의 시장점유율의 차이가 그 시장점유율의 합계의 25/100 이상일 것

공정거래위원회는 에스케이텔레콤과 신세기통신의 결합사건과[35] 코오롱과 고합의 결합사건 등 다수의 사례에서 이 규정에 따라[36] 경쟁제한성을 추정하였다. 그런데 이 추정규정은 기업결합의 경쟁제한성을 판단하는 데에는 다소 도움이 되었을지 모르지만, 기업결합규제의 실효성을 제고하는 데에는 큰 기여를 하지 못하고 있다. 왜냐하면 이 추정 규정에 따르면 기업결합 당사회사들의 시장점유율의 합계가 비록 시장지배적 사업자의 추정요건에 해당된다고 하더라도, 그것만으로는 경쟁제한성이 추정되지 않고, 다시 당해 거래분야에서 제1위에 해당되고 또 제2위인 회사와의 차이가 그 합계의 25% 이상이 되어야 비로소 경쟁제한성이 추정되기 때문이다. 결국 이것은 기업결합을 통하여 시장지배적 사업자가 출현하더라도 그것만으로는 경쟁제한성이 추정되지 않고 또 다른 요건이 충족되어야 한다는 의미이다. 따라서 이러한 추정규정이 기업결합규제의 실효성 제고에 실제로 도움이 되도록 하기 위해서는 ①, ②, ③의 요건을 누적적인 요건으로 할 것이 아니라, ①의 요건과 ②, ③의 요건을 선택적인 요건으로 보아, 그중의 어느 하나만 충족되면 경쟁제한성이 추정되는 것으로 개정하는 것이 바람직할 것이다.

(나) 대규모회사에 의한 기업결합

자산총액 또는 매출액(계열회사의 자산총액 또는 매출액을 합산한 규모)이 2조원 이상인 회사가 직접 또는 특수관계인을 통하여 행한 기업결합이 다음 각 호의 요건

---

35) 공정거래위원회 2000. 5. 16. 의결 제2000-76호.
36) 공정거래위원회 2002. 12. 23. 의결 제2002-365호.

을 갖춘 경우에는 일정한 거래분야에서 경쟁을 실질적으로 제한하는 것으로 추정한다(법 9조 3항 2호).

① 「중소기업기본법」에 의한 중소기업의 시장점유율이 3분의 2 이상인 거래분야에서의 기업결합일 것
② 당해 기업결합으로 5/100 이상의 시장점유율을 가지게 될 것

이 추정 규정은 대규모사업자가 중소기업들로 구성되어 있는 시장에 침투하여 그 시장의 경쟁질서를 교란시키는 기업결합을 막기 위하여 마련된 것이다. 공정거래위원회는 포스코 및 포스틸의 포스코아 주식취득사건에서[37] 이 규정을 적용하여 경쟁제한성을 추정하였다.

(4) 기업결합의 유형별 경쟁제한성 판단

기업결합의 경쟁제한성은 취득회사 등과 피취득회사 간의 관계를 고려하여 수평형 기업결합, 수직형 기업결합, 혼합형 기업결합 등 유형별로 구분하여 판단한다.

(가) 수평형 기업결합

수평형 기업결합이 경쟁을 실질적으로 제한하는지 여부에 대해서는 기업결합 전후의 시장집중상황, 단독효과, 협조효과, 해외경쟁의 도입수준 및 국제적 경쟁상황, 신규진입의 가능성, 유사품 및 인접시장의 존재여부 등을 종합적으로 고려하여 심사한다(심사기준 Ⅵ. 2).

1) 단독효과

결합당사회사가 단독으로 경쟁을 제한할 가능성을 단독효과(unilateral effects)라고 하는데, 결합당사회사가 산출량을 제한하고 가격을 인상하여 독점이윤을 얻으려고 하는 경우에, 다른 경쟁사업자들이 이를 억제할 수 있는 능력을 가지고 있지 않으면 단독효과가 발생할 수 있다. 그리고 상품이 차별화된 시장에서 결합당사회사의 제품이 상대적으로 유사하고, 다른 경쟁사업자의 제품은 유사성이 떨어지는 경우에는 결합당사회사의 시장점유율이 다소 낮더라도 단독효과가 발생할 수 있다.[38] 이와 같이 기업결합 후 당사회사가 단독으로 가격인상 등 경쟁제한행위를 하더라도 경쟁사업자가 당사회사 제품을 대체할 수 있는 제품을 적시에 충분히 공급하기가 곤란한 점 등의 사정이 있는 경우에는 당해 기업결합이 경쟁을 실질적으

---

37) 공정거래위원회 2007. 7. 3. 의결 제2007-351호.
38) H. Hovenkamp, Federal Antitrust Policy, West Publishing Co., 2005, pp. 512-516 참조.

로 제한할 수 있다. 그런데 이러한 단독효과는 ① 결합당사회사의 시장점유율 합계, 결합으로 인한 시장점유율 증가폭 및 경쟁사업자와의 점유율 격차, ② 결합당사회사가 공급하는 제품간 수요대체가능성의 정도 및 동 제품 구매자들의 타 경쟁사업자 제품으로의 구매 전환가능성, ③ 경쟁사업자의 결합당사회사와의 생산능력 격차 및 매출증대의 용이성 등을 종합적으로 고려하여 판단한다. 그리고 이러한 판단기준을 적용함에 있어서는 시장의 특성도 함께 감안하여야 한다. 예컨대 차별적 상품시장에 있어서는 결합 당사회사간 직접경쟁의 정도를 측정하는 것이 보다 중요하고 그에 따라 시장점유율보다는 결합당사회사 제품 간 유사성, 구매전환 비용 등을 보다 중요하게 고려하게 된다(심사기준 Ⅵ. 1. 가).

한편 종래의 심사기준에서는 단독효과에 관한 규정을 두고 있지 않았지만, 공정거래위원회는 기업결합으로 인하여 독점력을 행사할 수 있을 정도의 시장점유율을 획득하는 경우에는 단독효과를 고려하여 경쟁제한성을 판단하였다. 이러한 사례로 질레트의 로케트전기 주식취득사건이[39] 있는데, 공정거래위원회는 질레트가 시장점유율을 중시하고 저가정책을 펴서 가격인상의 장애가 되었던 로케트전기를 기업결합함으로써 기업결합 후에 결합당사회사는 경쟁력 있는 세 개의 상표를 배타적으로 사용할 권리를 모두 가지고, 유통조직을 통합함에 따라 소비자나 대리점단계에서 상품을 선택할 여지가 없을 정도로 시장지배력이 강화되어 1차 망간, 알카전지의 가격인상을 용이하게 도모할 수 있는 지위를 갖게 되었다고 판단하였다. 그 밖에 아이앤아이스틸의 한보철강공업 영업양수사건에서와[40] 같이 단독효과와 협조효과를 함께 인정한 사례들도 있다.

2) 협조효과

기업결합에 따른 경쟁자의 감소 등으로 인하여 사업자간의 가격·수량·거래조건 등에 관한 협조(공동행위뿐만 아니라 경쟁사업자 간 거래조건 등의 경쟁유인을 구조적으로 약화시켜 가격인상이 유도되는 경우를 포함)가 이루어지기 쉽거나 그 협조의 이행여부에 대한 감시 및 위반자에 대한 제재가 가능한 경우에는 경쟁을 실질적으로 제한할 가능성이 높아질 수 있다. 그리고 사업자간의 협조가 용이해지는지 여부는 경쟁사업자간 협조의 용이성, 이행감시 및 위반자 제재의 용이성, 및 경쟁상대회사의 전력 등을 고려하여 판단한다(심사기준 Ⅵ. 2. 나).

경쟁사업자 간 공동행위의 용이성은 시장상황, 시장거래, 개별사업자 등에 관

---

39) 공정거래위원회 1998. 12. 18. 의결 제98-282호.
40) 공정거래위원회 2004. 11. 17. 의결 제2004-285호.

한 주요 정보가 경쟁사업자 간에 쉽게 공유될 수 있는지 여부, 관련시장 내 상품 간 동질성이 높은지 여부, 가격책정이나 마케팅의 방식 또는 그 결과가 경쟁사업자 간에 쉽게 노출될 수 있는지 여부, 관련시장 또는 유사 시장에서 과거 협조가 이루어진 사실이 있는지 여부, 경쟁사업자, 구매자 또는 거래방식의 특성상 경쟁사업자 간 합의 내지 협조가 쉽게 달성될 수 있는지 여부 등을 고려하여 판단한다(심사기준 Ⅵ. 2. 나 (1)). 그리고 공동행위의 이행감시 및 위반자 제재의 용이성은 공급자와 수요자간 거래의 결과가 경쟁사업자 간에 쉽고 정확하게 공유될 수 있는지 여부, 공급자에 대하여 구매력을 보유한 수요자가 존재하는지 여부, 결합당사회사를 포함해서 협조에 참여할 가능성이 있는 사업자들이 상당한 초과생산능력을 보유하고 있는지 여부 등을 고려하여 판단한다(심사기준 Ⅵ. 2. 나 (2)). 한편 결합상대회사가 결합 이전에 상당한 초과생산능력을 가지고 경쟁사업자들 간 협조를 억제하는 등의 경쟁적 행태를 보여 온 사업자, 즉 이른바 독행기업(maverick)인 경우에도 결합 후 협조로 인해 경쟁이 실질적으로 제한될 가능성이 높아질 수 있다(심사기준 Ⅵ. 2. 나 (3)).

과거에 공정거래위원회는 LG화학 등의 현대석유화학 주식취득사건과[41] 같이 과점시장에서 수평결합으로 경쟁사업자의 수가 감소하였다는 것만으로 쉽게 협조효과를 인정하기도 하였으나, 점차로 아이앤아이스틸의 한보철강공업 영업양수사건에서[42] 보는 것처럼 상품의 특성, 경쟁사업자들의 생산능력, 경쟁사업자들의 수 및 시장점유율, 과거 공동행위의 전력 등 제반 시장상황을 종합적으로 고려하여 협조효과의 유무를 판단하는 태도를 취하고 있다.

3) 구매력증대에 따른 효과

그리고 당해 기업결합으로 인해 결합 당사회사가 원재료 시장과 같은 상부시장에서 구매자로서의 지배력이 형성 또는 강화될 경우 구매물량 축소 등을 통하여 경쟁이 실질적으로 제한될 수 있는지를 고려한다(심사기준 Ⅵ. 2. 다).

(나) 수직형 기업결합

수직형 기업결합이 경쟁을 실질적으로 제한하는지 여부에 대해서는 시장의 봉쇄효과, 협조효과 등을 종합적으로 고려하여 심사한다(심사기준 Ⅵ. 3).

1) 시장의 봉쇄효과

수직형 기업결합을 통해 당사회사가 경쟁관계에 있는 사업자의 구매선 또는 판

---

41) 공정거래위원회 2003. 9. 4. 의결 제2003-146호.
42) 공정거래위원회 2004. 11. 17. 의결 제2004-285호.

매선을 봉쇄하거나 다른 사업자의 진입을 봉쇄할 수 있는 경우에는 경쟁을 실질적으로 제한할 수 있다. 시장의 봉쇄 여부는 다음과 같은 사항들을 고려하여 판단한다(심사기준 Ⅵ. 3. 가).

① 원재료 공급회사(취득회사인 경우 특수관계인 등을 포함한다)의 시장점유율 또는 원재료 구매회사(취득회사인 경우 특수관계인 등을 포함한다)의 구매액이 당해시장의 국내 총공급액에서 차지하는 비율

② 원재료 구매회사(취득회사인 경우 특수관계인 등을 포함한다)의 시장점유율

③ 기업결합의 목적

④ 수출입을 포함하여 경쟁사업자가 대체적인 공급선·판매선을 확보할 가능성

⑤ 경쟁사업자의 수직계열화 정도

⑥ 당해 시장의 성장전망 및 당사회사의 설비증설 등 사업계획

⑦ 사업자간 공동행위에 의한 경쟁사업자의 배제가능성

⑧ 당해 기업결합에 관련된 상품과 원재료 의존관계에 있는 상품시장 또는 최종산출물 시장의 상황과 그 시장에 미치는 영향

⑨ 수직형 기업결합이 대기업간에 이루어지거나 연속된 단계에 걸쳐 광범위하게 이루어져 시장진입을 위한 필요최소자금규모가 현저히 증대하는 등 다른 사업자가 당해 시장에 진입하는 것이 어려울 정도로 진입장벽이 증대하는지 여부

2) 협조효과

수직형 기업결합의 결과로 경쟁사업자간의 협조 가능성이 증가하는 경우에는 경쟁을 실질적으로 제한할 수 있다. 경쟁사업자 간의 협조 가능성 증가여부는 다음 사항들을 고려하여 판단한다(심사기준 Ⅵ. 3. 나).

① 결합 이후 가격정보 등 경쟁사업자의 사업활동에 관한 정보입수가 용이해지는지 여부

② 결합당사회사 중 원재료구매회사가 원재료공급회사들로 하여금 공동행위를 하지 못하게 하는 유력한 구매회사였는지 여부

③ 과거 당해 거래분야에서 부당한 공동행위가 이루어진 사실이 있었는지 여부 등

그동안 공정거래위원회가 다룬 수직결합에 관한 사례로는 동양나이론(주)의 한

국카프로락탐 주식취득사건과[43] 포스코 및 포스틸의 포스코아 주식취득사건[44]등이 있다. 후자는 국내 전기강판시장에서 실질적인 독점사업자인 포스코가 계열회사인 포스틸을 통하여 포스코아 주식의 과반수를 취득한 사건이다. 포스코가 공급하는 전체 전기강판의 51% 정도가 코어제조사업자들에게 공급되고 있었는데, 포스코아는 코어제조사업자로서 국내 전체 코어제품 생산량의 35% 정도를 생산하고 있었다. 공정거래위원회는 다른 전기강판공급사가 코어제조사업자를 구매처로 확보하기가 어렵고, 다른 코어제조사업자들이 원재료인 전기강판의 대체공급선을 확보하기도 어렵다고 보아 시장 봉쇄효과를 인정하였다. 그 밖에 공정거래위원회가 수직형 기업결합에 대하여 경쟁제한성을 인정한 사례로는 에스케이의 대한송유관공사 주식취득사건,[45] 현대자동차의 코리아정공 주식취득사건[46] 등이 있다.

(다) 혼합형 기업결합

혼합형 기업결합이 경쟁을 실질적으로 제한하는지 여부는 잠재적 경쟁의 저해효과, 경쟁사업자 배제효과, 진입장벽 증대효과 등을 종합적으로 고려하여 심사한다(심사기준 Ⅵ. 4.).

1) 잠재적 경쟁의 저해

혼합형 기업결합이 일정한 거래분야에서 잠재적 경쟁을 감소시키는 경우에는 경쟁을 실질적으로 제한할 수 있다. 잠재적 경쟁의 감소 여부는 다음 사항들을 고려하여 판단한다(심사기준 Ⅵ. 4. 가).

① 상대방 회사가 속해 있는 일정한 거래분야에 진입하려면 특별히 유리한 조건을 갖출 필요가 있는지 여부
② 당사회사 중 하나가 상대방 회사가 속해 있는 일정한 거래분야에 대해 다음 요건의 어느 하나에 해당하는 잠재적 경쟁자인지 여부
  ⅰ) 생산기술, 유통경로, 구매계층 등이 유사한 상품을 생산하는 등의 이유로 당해 결합이 아니었더라면 경쟁제한 효과가 적은 다른 방법으로 당해 거래분야에 진입하였을 것으로 판단될 것
  ⅱ) 당해 거래분야에 진입할 가능성이 있는 당사회사의 존재로 인하여 당해 거래분야의 사업자들이 시장지배력을 행사하지 않고 있다고 판단될 것

---

43) 공정거래위원회 1996. 4. 22. 의결 제96-51호.
44) 공정거래위원회 2007. 7. 3. 의결 제2007-351호.
45) 공정거래위원회 2001. 6. 29. 의결 제2001-090호.
46) 공정거래위원회 2002. 6. 18. 의결 제2002-111호.

③ 일정한 거래분야에서 결합당사회사의 시장점유율 및 시장집중도 수준

④ 당사회사 이외에 다른 유력한 잠재적 진입자가 존재하는지 여부

공정거래위원회는 하이트맥주와 진로의 기업결합 사건에서[47] 맥주상품과 소주상품간의 결합을 혼합결합으로 보았다. 이 사건에서 하이트맥주는 대규모회사이며, 진로의 시장점유율이 50% 이상이고, 하이트맥주가 과거 소주업체인 보배 등을 인수하는 등 소주시장에 진입하려는 시도를 지속적으로 하고 있었으며, 소주시장에서의 기타 경쟁자들보다 월등히 큰 매출액 및 규모를 갖고 있으므로 잠재적 경쟁의 제한성이 인정된다고 판단하였다.

2) 경쟁사업자의 배제

당해 기업결합으로 당사회사의 자금력, 원재료 조달능력, 기술력, 판매력 등 종합적인 사업능력이 현저히 증대되어 당해 상품의 가격과 품질 이외의 요인으로 경쟁사업자를 배제할 수 있을 정도가 되는 경우에는 경쟁을 실질적으로 제한할 수 있다(심사기준 Ⅵ. 4. 나).

공정거래위원회는 에스케이텔레콤의 하나로텔레콤 인수사건에서[48] 이 사건 기업결합을 통하여 에스케이텔레콤과 하나로텔레콤의 종합적인 사업능력이 증대되고, 에스케이텔레콤은 이동전화시장에서의 지배력을 유선시장 및 결합상품시장으로 전이시키며, 이동전화시장에서의 지배력을 더욱 확대함으로써 가격과 품질 이외의 요인으로 경쟁사업자를 배제할 가능성이 높다고 판단하였다.

3) 진입장벽의 증대

당해 기업결합으로 시장진입을 위한 필요최소자금규모가 현저히 증가하는 등 다른 잠재적 경쟁사업자가 시장에 새로 진입하는 것이 어려울 정도로 진입장벽이 증대하는 경우에는 경쟁을 실질적으로 제한할 수 있다(심사기준 Ⅵ. 4. 다).

(5) 경쟁제한성 완화요인

심사기준은 경쟁제한성 완화요인으로 해외경쟁의 도입수준 및 국제적 경쟁상황, 신규진입의 가능성, 유사품 및 인접시장의 존재, 강력한 구매자의 존재 등과 같은 사항을 종합적으로 고려하도록 하고 있다(심사기준 Ⅶ.).

(가) 해외경쟁의 도입수준 및 국제적 경쟁상황

일정한 거래분야에서 상당기간 어느 정도 의미 있는 가격인상이 이루어지면 상

---

47) 공정거래위원회 2006. 1. 24. 의결 제2006-9호.
48) 공정거래위원회 2008. 3. 13. 의결 제2008-105호.

당한 진입비용이나 퇴출비용의 부담없이 가까운 시일 내에 수입경쟁이 증가할 가
능성이 있는 경우에는 기업결합에 의해 경쟁을 실질적으로 제한할 가능성이 낮아
질 수 있다. 해외경쟁의 도입은 신규진입의 특수한 형태라고 할 수 있다. 그런데
해외경쟁의 도입가능성을 평가함에 있어서는 ① 일정한 거래분야에서 수입품이
차지하는 비율의 증감 추이, ② 당해 상품의 국제가격 및 수급상황, ③ 우리나라의
시장개방의 정도 및 외국인의 국내투자현황, ④ 국제적인 유력한 경쟁자의 존재여
부, ⑤ 관세율 및 관세율 인하계획 여부, ⑥ 국내가격과 국제가격의 차이 또는 이
윤율 변화에 따른 수입 증감 추이, ⑦ 기타 각종 비관세장벽을 고려하여 판단한다
(심사기준 Ⅶ. 1. 가).

실제로 삼익악기의 영창악기 주식취득사건에서[49] 일본산 피아노 및 중국산 피
아노의 수입이 증가하여 경쟁제한성을 완화할 수 있는지 여부가 쟁점이 되었는데,
서울고등법원은 일본산 및 중국산 피아노는 국산 피아노와 시장점유율, 가격, 품
질, 브랜드 인지도(선호도), 유통망 확보정도 등에서 차이가 있어 기업결합 이후에
국내 시장에서 결합당사회사의 시장지배력을 억제할 수 있는 유효한 해외경쟁요
소로 보기에는 미흡하다고 판단하였다.

그리고 당사회사의 매출액 대비 수출액의 비중이 현저히 높고 당해 상품에 대
한 국제시장에서의 경쟁이 상당한 경우(심사기준 Ⅶ. 1. 나) 또는 경쟁회사의 매출액
대비 수출액의 비중이 높고 기업결합후 당사회사의 국내가격 인상 등에 대응하여
수출물량의 내수전환 가능성이 높은 경우에는 기업결합에 의해 경쟁을 실질적으
로 제한할 가능성이 낮아질 수 있다(심사기준 Ⅶ. 1. 다).

공정거래위원회는 LG화학 등의 현대석유화학 주식취득사건에서[50] 경쟁사업자
들의 매출액 대비 수출액의 비중이 높아 결합당사회사가 국내가격을 인상할 경우
수출물량의 내수전환이 이루어질 가능성이 있다고 보았다.

(나) 신규진입의 가능성

당해 시장에 대한 신규진입이 가까운 시일 내에 용이하게 이루어질 수 있는 경
우에는 기업결합으로 감소되는 경쟁자의 수가 다시 증가할 수 있으므로 경쟁을 실
질적으로 제한할 가능성이 낮아질 수 있다(심사기준 Ⅶ. 2. 가). 그런데 신규진입의 가
능성을 평가함에 있어서는 ① 법적·제도적인 진입장벽의 유무, ② 필요최소한의

---

49) 공정거래위원회 2004. 9. 24. 의결 제2004-271호; 공정거래위원회 2005. 1. 5. 재결 제2005-
002호; 서울고법 2006. 3. 15. 선고 2005누3174 판결.
50) 공정거래위원회 2003. 9. 4. 의결 제2003-146호.

자금규모, ③ 특허권 기타 지적재산권을 포함한 생산기술조건, ④ 입지조건, ⑤ 원재료조달조건, ⑥ 경쟁사업자의 유통계열화의 정도 및 판매망 구축비용 및 ⑦ 제품차별화의 정도 등을 고려한다(심사기준 Ⅶ. 2. 나). 그리고 ① 당해 시장에 참여할 의사와 투자계획 등을 공표한 회사가 있거나, ② 현재의 생산시설에 중요한 변경을 가하지 않더라도 당해 시장에 참여할 수 있는 등 당해 시장에서 상당기간 어느 정도 의미 있는 가격인상이 이루어지면, 중대한 진입비용이나 퇴출비용의 부담 없이 가까운 시일 내에 당해 시장에 참여할 것으로 판단되는 회사가 있는 경우에는 신규진입이 용이한 것으로 볼 수 있다(심사기준 Ⅶ. 2. 다). 한편 신규진입이 경쟁제한효과를 감소시킬 수 있는지 여부를 판단함에 있어서는 신규진입이 적시에 이루어질 수 있는지, 얻을 수 있는 이윤을 고려할 때 신규진입이 일어날 개연성이 있는지, 또는 충분한 정도로 신규진입이 있을 것인지를 고려하여야 한다. 그런데 신규진입이 충분하기 위해서는 기업결합으로 인한 경쟁제한의 우려가 억제될 수 있는 정도의 규모와 범위를 갖추어야 하며, 특히 차별화된 상품시장에서는 결합당사회사의 제품과 근접한 대체상품을 충분히 공급할 수 있는 능력과 유인이 존재하는지를 고려해야 한다(심사기준 Ⅶ. 2. 라).

(다) 유사품 및 인접시장의 존재

기능 및 효용의 측면에서 유사하나, 가격 기타의 사유로 별도의 시장을 구성하고 있다고 보는 경우에는 생산기술의 발달가능성, 판매경로의 유사성 등 그 유사상품이 당해 시장에 미치는 영향을 고려한다. 그리고 거래지역별로 별도의 시장을 구성하고 있다고 보는 경우에는 시장간의 지리적 접근도, 수송수단의 존재 및 수송기술의 발전가능성, 인접시장에 있는 사업자의 규모 등 인근지역시장이 당해 시장에 미치는 영향을 고려한다(심사기준 Ⅶ. 3.).

(라) 강력한 구매자의 존재

결합 당사회사로부터 제품을 구매하는 자가 기업결합 후에도 공급처의 전환, 신규 공급처의 발굴 및 기타의 방법으로 결합기업의 가격인상 등 경쟁제한적 행위를 억제할 수 있는 때에는 경쟁을 실질적으로 제한할 가능성이 낮아질 수 있다. 이 경우에는 그 효과가 다른 구매자에게도 적용되는지 여부를 함께 고려해야 한다(심사기준 Ⅶ. 4.).

(6) 탈법행위의 금지

경쟁제한적인 기업결합을 금지함에 있어서는 전술한 기업결합의 방법 이외에 기타의 방법에 의한 탈법행위도 금지된다(법 13조). 그리고 탈법행위의 유형 및 기준은 대통령령으로 정하게 되어 있으나, 영 제40조는 기업결합의 탈법행위에 관하여는 아무런 규정을 두지 않고 있다.[51]

Ⅲ. 금지에 대한 예외

독점규제법은 경쟁제한적인 기업결합을 원칙적으로 금지하고 있지만, 공정거래위원회가 당해 기업결합으로 인한 효율성 증대효과가 경쟁제한으로 인한 폐해보다 크다고 인정하는 경우 또는 회생이 불가능한 회사와의 결합으로서 일정한 요건에 해당된다고 인정하는 경우에는 이를 예외적으로 허용하고 있다(법 9조 2항 1문).

이것은 어떤 기업결합이 비록 경쟁제한적인 효과를 가지고 있다고 하더라도, 그것이 효율성 증대의 효과가 크거나 회생이 불가능한 회사의 구제와 같은 공익적인 목적을 실현하기 위하여 필요하다고 인정되는 경우에는 이를 예외적으로 허용하려는 취지이다. 다만 효율성 증대 또는 회생불가회사의 예외요건을 충족하는지에 대한 입증은 당해 사업자가 하여야 한다(법 9조 2항 2문).

1. 효율성 증대를 위한 기업결합

기업결합으로 인한 효율성 증대효과란 당해 기업결합에 의해서만 달성될 수 있는 효율성 증대효과이어야 하며, 가까운 시일 내에 발생할 것이 명백한 것이어야 한다. 심사기준은 여기서 효율성을 개별기업 차원과 국민경제 차원에서 이원적으로 파악하고 있는데, 전자는 기업결합으로 인한 효율성 증대효과를 생산·판매·연구개발 등에서의 효율성 증대효과 그리고 후자는 국민경제 전체에서의 효율성 증대효과를 의미하며, 이러한 효율성 증대효과의 발생여부는 다음 사항을 고려하여 판단하도록 하고 있다(심사기준 Ⅷ. 1. 가).

우선 생산·판매·연구개발 등에서의 효율성 증대효과는 다음 사항을 고려하여 판단한다(심사기준 Ⅷ. 1. 가 (1)).

① 규모의 경제, 생산설비의 통합, 생산공정의 합리화 등을 통해 생산비용을 절감할 수 있는지 여부

---

51) 종래 시행령 제21조의3 제1항 1호는 구법 제7조 제1항 단서의 규정에 의한 대규모회사가 내부조직을 이용하는 등 기업결합 외의 방법으로 현행법 제9조 제3항의 추정요건에 해당하게 되는 경우를 규정하고 있었으나, 이 규정은 2005. 3. 시행령 개정으로 삭제되었다.

② 판매조직을 통합하거나 공동 활용하여 판매비용을 낮추거나 판매 또는 수출을 확대할 수 있는지 여부

③ 시장정보의 공동활용을 통해 판매 또는 수출을 확대할 수 있는지 여부

④ 운송·보관시설을 공동 사용함으로써 물류비용을 절감할 수 있는지 여부

⑤ 기술의 상호보완 또는 기술인력·조직·자금의 공동활용 또는 효율적 이용 등에 의하여 생산기술 및 연구능력을 향상시키는지 여부

⑥ 기타 비용을 현저히 절감할 수 있는지 여부

그리고 국민경제전체에서의 효율성 증대효과는 다음 사항을 고려하여 판단한다(심사기준 Ⅷ. 1. 가 (2)).

① 고용의 증대에 현저히 기여하는지 여부

② 지방경제의 발전에 현저히 기여하는지 여부

③ 전후방 연관산업의 발전에 현저히 기여하는지 여부

④ 에너지의 안정적 공급 등 국민경제생활에 현저히 기여하는지 여부

⑤ 환경오염의 개선에 현저히 기여하는지 여부

그런데 여기서 말하는 국민경제 전체에서의 효율성은 공익적 측면에서 파악한 것이라 할 수 있으며, 따라서 시장의 기능만으로는 달성하기 어려운 목표라고 할 수 있다.

한편 기업결합의 효율성 증대효과로 인정받기 위해서는 그러한 효과가 당해 기업결합 이외의 방법으로는 달성하기 어려운 것이어야 하며, 가까운 시일에 발생할 것이 명백하여야 한다(심사기준 Ⅷ. 1. 나). 그런데 효율성 증대효과가 당해 기업결합 이외의 방법으로는 달성하기 어려운 것인지에 대한 판단은 다음의 기준에 따른다(심사기준 Ⅷ. 1. 나 (1)).

① 설비확장, 자체기술개발 등 기업결합이 아닌 다른 방법으로는 효율성 증대를 실현시키기 어려울 것

② 생산량의 감소, 서비스질의 저하 등 경쟁제한적인 방법을 통한 비용절감이 아닐 것

또한 효율성 증대효과는 가까운 시일 내에 발생할 것이 명백하여야 하며, 단순한 예상 또는 희망사항이 아니라 그 발생이 거의 확실한 정도임이 입증될 수 있는 것이어야 한다. 그런데 당해 결합이 없었더라도 달성할 수 있었을 효율성 증대부

분은 포함하지 않는다(심사기준 Ⅷ. 1. 나 (2), (3)). 그리고 기업결합의 예외를 인정하기 위해서는 이와 같은 효율성 증대효과가 기업결합에 따른 경쟁제한의 폐해보다 커야 한다(심사기준 Ⅷ. 1. 다). 한편 심사기준은 효율성 증대효과가 가격 등에 반영되어 소비자에게 이전될 것을 요구하지는 않는데, 실제 소비자에게 이전되고 있거나 구체적으로 제안되고 있는 상황이라면, 경쟁제한 효과를 상회하는 효율성 증대효과의 인정이 보다 용이하게 이루어질 수 있을 것이다.[52]

2. 회생불가회사와의 기업결합

공정거래위원회가 상당기간 대차대조표상의 자본총계가 납입자본금보다 적은 상태에 있는 등 회생이 불가능한 회사와의 결합으로서, ① 기업결합을 하지 아니하는 경우 그 회사의 생산설비 등이 당해시장에서 계속 활용되기 어려운 경우, 및 ② 당해 기업결합보다 경쟁제한성이 적은 다른 기업결합이 이루어지기 어려운 경우에 해당한다고 인정하는 경우에는 기업결합의 제한 규정을 적용하지 않는다(법 9조 2항 2호, 영 20조). 어떤 기업결합이 회생불가한 회사와의 결합으로서 위 요건들을 모두 충족하는지 여부는 당해 사업자가 입증하여야 한다.[53]

심사기준에 따르면, 여기서 회생이 불가능한 회사란 회사의 재무구조가 극히 악화되어 지급불능의 상태에 처해 있거나 가까운 시일 내에 지급불능의 상태에 이를 것으로 예상되는 회사를 말하며, 이에 대하여는 다음과 같은 사항을 고려하여 판단한다. 회생이 불가한 사업부문의 경우에도 마찬가지이다(심사기준 Ⅷ. 2. 가).

① 상당기간 대차대조표상의 자본총액이 납입자본금보다 작은 상태에 있는 회사인지 여부

② 상당기간 영업이익보다 지급이자가 많은 경우로서 그 기간 중 경상손익이 적자를 기록하고 있는 회사인지 여부

③ 「채무자 회생 및 파산에 관한 법률」 제34조 및 제35조의 규정에 따른 회생절차개시의 신청 또는 동법 제294조 내지 제298조의 규정에 따른 파산신청이 있은 회사인지 여부

---

52) H. Hovenkamp, op. cit., pp. 502-503 참조.

53) 서울고법 2006. 3. 15. 선고 2005누3174 판결 "삼익악기의 영창악기 주식취득사건." 여기서 원고인 삼익악기는 피취득회사인 영창악기가 심각한 자금난에 빠져 있어 본건 기업결합이 없다면 시장에서 퇴출되었을 것이라는 점 등을 들어 예외인정을 주장하였으나, 서울고등법원은 영창악기의 회생불가능성 뿐만 아니라 예외인정의 다른 두 가지 요건 중 어느 것도 충족되지 않는다고 보아 청구를 기각하였다.

④ 당해 회사에 대하여 채권을 가진 금융기관이 부실채권을 정리하기 위하여
당해 회사와 경영의 위임계약을 체결하여 관리하는 회사인지 여부

그리고 기업결합의 예외를 인정받기 위해서는 회생이 불가능한 회사로 판단되는 경우에도 기업결합을 하지 않는 경우 회사의 생산설비 등이 당해 시장에서 계속 사용되기 어려울 뿐만 아니라, 당해 기업결합보다 경쟁제한성이 적은 다른 기업결합이 이루어지기 어려운 경우이어야 한다(심사기준 Ⅷ. 2. 나).

3. 예외로 인정된 사례

공정거래위원회는 1994년 12월 한화기계가 삼미정공의 주식 80%를 취득한 것과 1996년 12월 창원특수강이 삼미종합특수강의 영업을 양수한 것에 대하여 구 독점규제법 제7조 제1항 단서와 동법 시행령 제13조 및 제14조에 의거하여 기업결합의 예외를 인정한 바 있다.[54]

한화기계의 삼미정공 주식취득사건에서 공정거래위원회는 베어링시장에서 국내 제1위 사업자인 한화기계의 시장점유율이 41.1%로 증가되어 경쟁을 제한할 가능성이 큰 것으로 판단하였다. 그러나 양사가 경영상 적자를 보이고 있어 산업합리화를 위해 산업구조 및 조직개편이 불가피한 실정이고, 수출시장의 여건호조로 신규시설투자가 필요하나 장기간에 걸쳐서 큰 자금이 소요되며, 기업결합으로 생산관리 및 기술의 장・단점이 보완되어 시너지효과를 기대할 수 있고, 생산규모의 확대에 따른 원가절감으로 산업의 국제경쟁력이 강화될 수 있으며, 해외시장에서의 정보수집, 판매망 확보 등 판매활동 촉진으로 수출증대에 크게 도움을 줄 것으로 판단된다는 점을 들어 예외를 인정하였다.

그리고 창원특수강의 삼미종합특수강 영업양수사건에서 공정거래위원회는 다음과 같은 이유로 예외를 인정하였다. 이 기업결합으로 특수강선재시장에서 경쟁제한성이 발생하지만, 경영합리화를 위한 산업구조 및 조직개편이 불가피하고, 특수강산업의 중요성과 특수강산업의 합리화효과가 있으며, 포항제철의 해외판매망을 통하여 수출증대가 가능하다고 보아 기업결합의 예외를 인정하였다.

한편 공정거래위원회는 1999년에 현대자동차가 기아자동차와 아시아자동차의 주식을 취득한 사건에서 관련시장을 승용차, 버스, 트럭으로 나누어 승용차와 버스시장에서는 당해 기업결합의 예외를 인정하였다.[55] 공정거래위원회는 이 기업결

---

54) 이동규, 독점규제 및 공정거래에 관한 법률 개론, 행정경영자료사, 1997, 214－217면 참조.
55) 공정거래위원회 1999. 4. 7. 의결 제99－43호.

합으로 승용차, 버스, 트럭의 3개 국내시장에서 모두 경쟁을 실질적으로 제한할 우려가 있다고 보았다.[56] 그러나 기아는 법정관리상태에서 자생적으로 회생하기 곤란하다고 판단되고 당해 기업결합 이외에는 기아의 회생을 위한 다른 방법이 있다고 보기 어려운 반면, 이 사건 기업결합으로 당사회사는 규모의 경제 및 생산비용 절감효과로 효율성 증대효과를 얻을 수 있다는 점에서 산업합리화를 위한 기업결합에 해당된다고 보았다. 또한 당해 기업결합은 국제경쟁력 강화에도 기여할 것으로 인정하였다. 나아가 공정거래위원회는 이러한 긍정적 효과를 경쟁제한의 폐해와 비교형량 하였는데, 먼저 승용차시장 및 버스시장의 경우, 이들 시장에서도 경쟁제한적인 효과가 나타나는 것은 분명하지만 위에서 살펴본 것처럼 경쟁사업자인 대우의 시장점유율이 상당하다는 점, 그리고 내수시장보다 수출시장이 자동차 판매에 있어서 더 큰 비중을 갖고 있다는 점을 고려해 볼 때, 경쟁제한의 효과가 어느 정도 완화되고 있다고 볼 수 있고, 따라서 이들 시장에서는 산업합리화나 국제경쟁력 강화에 따르는 효과가 더 크다고 보아 예외를 인정하였다. 그러나 트럭시장의 경우에는 이러한 경쟁제한적 폐해를 완화할 요인이 보이지 않기 때문에 산업합리화나 국제경쟁력 강화의 효과가 경쟁제한의 폐해보다 더 크다고 볼 여지가 없었고, 따라서 예외를 인정하지 않았다.

반면 삼익악기와 영창악기의 결합사건에서는 대법원이 기업결합 당시 영창악기가 지급불능상태에 있었거나 가까운 시일 내에 지급불능상태에 이르러 회생이 불가한 회사라고 단정하기 어려운 점, 영창악기가 국내외에서 높은 브랜드 인지도를 보유하고 상당한 판매실적을 기록하고 있는 사정 등에 비추어 영창악기가 관련 시장에서 퇴출될 것이라고 보기는 어려워 "생산설비 등이 당해 시장에서 계속 활용되기 어려운 경우"라고 단정하기 어려운 점, 실제로 원고들 이외의 다른 회사들이 영창악기에 대하여 증자참여 내지 인수를 제안했던 사정 등에 비추어 제 3자의 인수가능성이 없어 이 사건 기업결합보다 경쟁제한성이 적은 다른 기업결합이 이루어지기 어려운 경우이었다고 단정하기 어려운 점 등을 종합하여 이 사건 기업결합이 회생이 불가한 회사와의 기업결합에 해당되지 않는다고 판시하였다.[57]

---

56) 다만 승용차와 버스시장의 경우 경쟁사업자인 대우가 각각 36.8%와 25.8%의 비율로 시장을 점유하고 있어 어느 정도 경쟁제한의 폐해를 억제할 요인이 내재하고 있다는 점도 고려되었다.

57) 대법원 2008. 5. 29. 선고 2006두6659 판결.

Ⅳ. 위반행위에 대한 시정조치

어떤 기업결합이 경쟁제한성이 있는 것으로 판단된 경우에는 그러한 경쟁제한성을 제거하기 위하여 적절한 대책을 강구할 필요가 있다. 따라서 독점규제법은 기업결합이 일정한 거래분야에서 경쟁을 실질적으로 제한하거나 제한할 우려가 있는 경우에는, 공정거래위원회가 기업결합 당사회사 또는 위반행위자에 대하여 당해 행위의 금지, 주식의 전부 또는 일부의 처분, 임원의 사임, 영업의 양도, 시정명령을 받은 사실의 공표, 기업결합에 따른 경쟁제한의 폐해를 방지할 수 있는 영업방식 또는 영업범위의 제한, 기타 법위반상태를 시정하기 위하여 필요한 조치를 명할 수 있도록 하고 있다(법 14조 1항 1문). 이 경우 동법 제11조 제6항 단서에 의한 사전신고를 받아서 행하는 시정조치는 신고 후 30일 이내에 이를 하여야 한다. 예외적으로 공정거래위원회가 필요하다고 인정할 때에는 그 기간을 단축하거나 90일을 초과하지 아니하는 범위 내에서 이를 연장할 수 있다(법 14조 1항 2문, 11조 6항).

그런데 기업결합 당사회사에 대한 시정조치만으로는 경쟁제한으로 인한 폐해를 시정하기 어렵거나 기업결합 당사회사의 특수관계인이 사업을 영위하는 거래분야의 경쟁제한으로 인한 폐해를 시정할 필요가 있는 경우에는[58] 그 특수관계인에게도 시정조치를 부과할 수 있다(법 14조 1항). 공정거래위원회는 포인트닉스, 엠디하우스 등의 유비케어 주식취득사건에서 특수관계인에게도 시정명령을 내린 바 있다.[59]

1. 시정조치 부과의 일반원칙

공정거래위원회는 적절한 수준의 시정조치를 부과하기 위하여 기업결합 시정조치 부과기준(이하 '부과기준'이라 함)을 마련하여 시행하고 있는데(법 14조 3항),[60] 그 부과기준은 시정조치에 관한 일반원칙으로 다음과 같은 것을 규정하고 있다(부과기준 Ⅲ).

① 시정조치는 기업결합의 사실관계를 적절히 반영하여 사안별로 검토하여 부

---

58) 예컨대 기업결합 당사회사인 A, B의 영업구역은 겹치지 않아 경쟁제한의 우려가 없지만, 그들의 자회사인 A′, B′가 동일한 영업구역에서 경쟁을 하고 있어 결합 후 독점이 발생하는 경우, A와 B 간의 기업결합은 허용하되 그 자회사인 A′와 B′에 대해 경쟁제한성을 해소하기 위한 시정조치를 부과할 수 있다.

59) 공정거래위원회 2004. 4. 6. 의결 제2004-79호.

60) 공정거래위원회 고시 제2011-3호, 2011. 6. 22. 최근 개정 고시 제2021-2호, 2021. 3. 5.

과하여야 하며, 그 기업결합이 야기하는 경쟁제한의 우려를 효과적으로 시
정할 수 있어야 한다. 이를 위하여 해당 기업결합이 야기할 수 있는 모든
경쟁제한 우려를 시정할 수 있는지 여부, 시정조치의 집행 및 감독이 쉽게
이루어질 수 있는지 여부, 빠른 시일 내에 경쟁제한의 우려를 없앨 수 있는
지 여부 등을 종합적으로 고려하여 판단한다.

② 시정조치는 해당 기업결합이 야기하는 경쟁제한의 우려를 시정하고 효과적으
로 경쟁상황을 회복하거나 유지하는데 필요한 최소한도로 부과되어야 한다.

③ 시정조치는 그 이행 여부를 객관적으로 판단할 수 있을 정도로 명확하고 구
체적이어야 하며 이행할 수 있는 것이어야 한다.

④ 공정거래위원회는 시정조치의 부과 및 집행에 있어 영업비밀이 침해되지 않
는 범위에서 결합 당사회사뿐만 아니라 경쟁사업자, 소비자, 공급자, 관련
전문가 등 이해관계자로부터 의견을 수렴할 수 있다.

2. 시정조치의 부과기준 및 유형

(1) 고려사항

시정조치에는 구조적 조치와 행태적 조치가 있는데, 선진 경쟁당국은 행태적
시정조치보다 구조적 시정조치를 선호하고 있다.[61] 공정거래위원회의 시정조치 부
과기준도 이러한 국제적인 흐름을 반영하여, 공정거래위원회가 시정조치를 부과하
는 경우에는 원칙적으로 구조적 조치를 부과하며, 행태적 조치는 구조적 조치의
효과적 이행을 보완하기 위한 차원에서 병과하여야 한다. 다만 구조적 조치가 불
가능하거나 효과적이지 않은 경우 등에는 행태적 조치만을 부과할 수 있다고 규정
하고 있다. 그리고 시정조치를 부과하는 경우에는 시정조치로 인한 시장의 왜곡
또는 비효율성, 시정조치의 집행 및 감시비용, 기업결합의 효율성 감소 등 해당 시정
조치의 이행에 따라 생겨날 수 있는 잠재적 비용도 고려하여야 한다(부과기준 Ⅳ. 1.).

(2) 구조적 조치

구조적 조치는 금지조치, 자산매각조치, 지식재산권조치 등 기업결합 당사회사
의 자산이나 소유구조를 변경시키는 시정조치를 말한다(부과기준 Ⅱ. 3.). 독점규제
법 제14조 제1항에 열거된 조치들 중에서는 주식의 전부 또는 일부의 처분, 영업
의 전부 또는 일부의 양도, 임원의 사임 등이 여기에 해당된다.

---

61) Rosenthal/Thomas, European Merger Control, Verlag C.H. Beck München 2010, p. 241.

우선 금지조치는 기업결합 전체를 금지하거나 또는 원상회복시키지 않고는 해당 기업결합의 경쟁제한 우려를 시정하기 어려운 경우 또는 결합 당사회사의 자산이 불가분의 일체를 이루고 있어 분리매각을 할 수 없거나 분리매각 시 효과적인 경쟁상황을 회복하기 어려운 경우에 부과한다. 그러나 기업결합의 전부를 금지하지 않고 결합 당사회사의 특정자산만 매각하더라도 경쟁제한 우려를 없앨 수 있는 경우에는 자산매각조치를 부과한다. 이 경우에는 매각대상자산, 매각기한, 부대의무 등을 구체적으로 명시한다. 한편 지식재산권 조치는 기업결합으로 인한 경쟁제한의 우려가 주로 지식재산권의 집중 또는 중첩 등으로부터 생기는 경우에 부과한다(부과기준 Ⅳ. 2.). 그 밖의 구조적 조치로서는 임원의 사임, 핵심기반시설이나 생산요소에 대한 비차별적인 접근권한 부여, 경쟁자와의 관계 단절 등이 있다.

공정거래위원회는 구체적인 사안에서 이러한 조치들 중에서 경쟁제한효과를 제거하기에 가장 적절하다고 판단되는 조치를 선택할 수 있다. 그리고 비례의 원칙상 영업양도나 주식처분의 경우에도 일부의 양도나 처분으로도 경쟁제한성을 배제할 수 있는 때에는 일부의 양도나 처분을 명하고, 그것이 불가능할 경우에 한하여 전부의 양도나 처분을 명하도록 할 필요가 있다. 한편 공정거래위원회로부터 주식처분명령을 받은 자는 그 명령을 받은 날로부터 당해 주식에 대하여는 그 의결권을 행사할 수 없다(법 15조).

종래 공정거래위원회가 자주 사용해 온 구조적 시정조치로는 주식처분, 영업양도, 임원의 사임 등이 있다. 우선 주식처분을 명한 사례로는 동양화학의 한국과산화공업 주식취득사건,[62] 송원산업의 대한정밀화학 주식취득사건과[63] 무학의 대선주조 주식취득사건[64] 등이 있다. 무학사건에서 공정거래위원회는 무학이 대선에 대하여 소유하고 있는 주식의 전부를 처분하도록 명하였고, 서울고등법원은[65] 위원회의 이러한 주식전부 처분 명령이 재량권의 일탈 내지 남용이 아니라고 판시하였다. 그리고 주식의 취득으로 인하여 지배관계가 형성된 경우에 있어서 주식처분조치는 그러한 지배관계를 해소할 수 있을 정도에 이르면 족한 것이지 굳이 전부를 처분하도록 할 필요는 없다. 그러나 기업결합의 목적이 경쟁사업자에 대한 적대적 인수의 성격을 띠고 있고, 나아가 경영간섭을 통하여 경쟁관계를 제한할 우

---

62) 공정거래위원회 1982. 1. 13. 의결 제82-1호.
63) 공정거래위원회 1982. 12. 15. 의결 제82-24호.
64) 공정거래위원회 2003. 1. 28. 의결 제2003-027호; 공정거래위원회 2003. 8. 27. 재결 제2003-028호; 서울고법 2004. 10. 27. 선고 2003누2252 판결.
65) 서울고법 2004. 10. 27. 선고 2003누2252 판결.

려가 있는 경우에는 주식의 전부처분도 가능할 것이다.

한편 공정거래위원회가 영업의 양도를 명한 사례도 많이 있다. 영업양도 명령은 그 성격상 주식의 처분 명령과 선택적으로 부과되거나 또는 병과되는 경우도 있다. 공정거래위원회는 동양제철화학의 콜럼비안 케미컬즈 주식취득사건에서[66] 국내 고무용 카본블랙 시장에 경쟁제한성이 있다고 판단하고, 1년 이내에 콜럼비안 케미컬즈의 손자회사인 콜럼비안 케미컬즈 코리아 주식 전부를 제3자에게 처분하거나 동양제철화학의 포항공장, 광양공장 중 한 곳의 카본블랙 생산설비를 제3자에게 매각할 것을 명령하였다. 또한 공정거래위원회는 이랜드리테일 등의 한국까르푸 주식취득사건에서는[67] 경쟁제한성이 인정되는 3개 지역의 3개 지점을, 신세계의 월마트코리아 주식취득사건에서는[68] 4개 지역의 4~5개 지점을 각각 6개월 이내에 매각하라고 명령하였다.

또한 임원의 사임은 구조적 시정조치들 중에서 당사회사에게 주는 부담은 적지만, 그 반면에 시정효과도 크지 않을 수 있기 때문에, 공정거래위원회는 여기에 다른 행태적 시정조치를 부가하는 경우가 자주 있다. 그 예로는 현대자동차의 코리아정공 주식취득사건,[69] 용산화학의 코리아피티지 주식취득사건[70] 등이 있다.

(3) 행태적 조치

행태적 조치는 구조적 조치를 보완하기 위하여 필요한 범위에서 구조적 조치와 병과하는 것을 원칙으로 한다. 그러나 예외적으로 다음과 같은 경우에는 행태적 조치만 부과할 수도 있다(부과기준 Ⅳ. 3.).

① 해당 기업결합의 경쟁제한 우려를 치유하기에 적절한 구조적 조치가 없거나 구조적 조치를 부과하는 것이 효과적이지 않은 경우
② 구조적 조치를 이행할 경우 해당 기업결합으로부터 기대되는 효율성 증대 등 친경쟁적인 요소의 상당부분이 없어지는 경우

그리고 행태적 조치만을 부과하는 경우에도 해당 기업결합으로 인한 경쟁제한 우려를 해소하여 경쟁적 시장구조의 유지나 회복에 기여할 수 있는 것으로서 구조

---

[66] 공정거래위원회 2006. 8. 7. 의결 제2006-173호.
[67] 공정거래위원회 2006. 11. 6. 의결 제2006-261호.
[68] 공정거래위원회 2006. 11. 14. 의결 제2006-264호.
[69] 공정거래위원회 2002. 6. 18. 의결 제2002-111호.
[70] 공정거래위원회 2003. 9. 24. 의결 제2003-154호.

적 조치에 상당하는 조치를 우선하여 고려하여야 한다. 한편 행태적 조치만을 부과할 경우에는 다음 사항을 종합적으로 고려하여야 한다.

① 해당 행태적 조치로써 효과적인 경쟁상황을 회복하기에 충분한지 여부
② 해당 행태적 조치의 이행 여부를 감독하기 위하여 공정거래위원회가 지속적으로 개입할 필요가 있는지 여부
③ 해당 행태적 조치가 가격·생산량·시장점유율 등 영업의 본질적 내용 및 그 결과에 대한 직접적 규제로서 시장왜곡을 초래할 가능성이 없는지 여부

독점규제법 제14조 제1항에 열거된 조치들 중에서는 영업방식 또는 영업범위의 제한이 여기에 해당되며, 공정거래위원회는 그동안 가격인상의 제한이나 시장점유율의 제한 등과 같은 행태적 조치를 자주 사용해 오고 있다.

우선 가격인상을 제한한 사례로는 하이트맥주의 진로 주식의 취득사건이[71] 있는데, 이 사건에서 공정거래위원회는 5년간 하이트맥주가 생산·판매하는 모든 맥주 상품과 진로가 생산·판매하는 모든 소주 상품 각각의 출고원가(제세 제외)를 소비자 물가상승률 이상으로 인상할 수 없도록 하고, 환율 또는 원재료 가격의 급격한 변동, 천재지변 등의 특별한 사유로 인하여 그 이상으로 인상하여야 할 필요가 있는 경우에는 사전에 공정거래위원회와 협의하도록 명령하였다. 그 밖에 현대자동차의 기아자동차 및 아시아자동차공업 주식취득사건,[72] 호텔롯데 등이 평촌개발을 설립하여 해태음료의 영업을 양수한 사건[73]에서도 가격인상을 제한한 바 있다.

그리고 시장점유율을 제한한 사례로는 델피니엄 엔터프라이즈 피티이 엘티디의 한솔제지 신문용지 사업부문 및 신호제지 신문용지 사업부문 양수사건과[74] 에스케이텔레콤의 신세기통신 주식취득사건이[75] 있다. 그러나 이러한 시정조치는 시장점유율을 한시적으로 일정 수준 미만으로 낮추더라도 당해 기업결합이 계속 유지되는 한 그 기간이 지난 뒤에는 언제라도 그 수준 이상으로 확대할 수 있어 그 실효성을 기대하기가 어렵다. 뿐만 아니라 시장점유율을 일정한 범위로 제한하게 되면, 그 사업자는 가격을 낮추어서 매출량을 늘이려는 경쟁을 할 수 없게 되기 때문에, 그러한 제한은 경쟁의 원리에 부합되지 않는 조치로서, 당해 사업자에게

---

71) 공정거래위원회 2006. 1. 24. 의결 제2006-9호.
72) 공정거래위원회 1999. 4. 7. 의결 제99-43호.
73) 공정거래위원회 2000. 4. 26. 의결 제2000-70호.
74) 공정거래위원회 1998. 11. 20. 의결 제98-269호.
75) 공정거래위원회 2000. 5. 16. 의결 제2000-76호.

는 물론이고 소비자후생에도 도움이 되지 않는 조치로서 결코 바람직하지 않은 것으로 판단된다.

공정거래위원회는 그 밖에 다양한 행태적 조치를 사용하고 있다. 우선 현대홈쇼핑의 관악유선방송국 주식취득사건에서는[76] 관악케이블TV방송과 관악유선방송국에 대하여 2년간 서울지역 종합유선방송사업자 및 위성방송사업자의 상품별 이용요금 부과현황 자료를 자체채널을 통해 방송하고, 요금고지서에 게재하며, 인터넷 홈페이지를 통해 종합유선방송 가입자들에게 고지하도록 명령하였다. 그리고 관악케이블TV방송과 관악유선방송국은 2년간 종합유선방송 이용요금을 변경하는 경우 그 변경내역을 공정거래위원회에 보고하도록 명하였다. 한편 포스코 및 포스틸의 포스코아 주식취득사건에서는[77] 포스코와 포스틸에 대하여 정당한 이유 없이 거래상대방에 대하여 기업결합전의 물량보다 축소하여 배정하거나 거래를 거절하는 행위, 정당한 이유없이 포스코아에게 우선적으로 물량을 배정하는 행위, 가격, 거래조건, 거래내용 등에 관하여 거래상대방에 대하여 부당하게 포스코아와 차별하여 취급하는 행위, 거래상대방에 대하여 포스코의 재고물량 강제구매, 수입구매금지 등 부당한 조건을 부가하여 거래하는 행위, 거래상대방에 대하여 포스코아의 코아제품을 부당하게 구입하도록 하는 행위를 하지 못하도록 명령하였다. 아울러 포스코와 포스틸은 전기강판을 국내 코아제조·판매업체에게 공급함에 있어 포스코아로 하여금 대행하게 하거나 포스코아를 통하여 판매하는 행위를 하지 못하도록 함과 동시에 그 이행여부를 감시하기 위하여 국내 전기강판 구매 코어제조업자 및 독립적인 거래감시인 등으로 구성되는 이행감시협의회를 공정거래위원회와의 합의하에 설치하도록 하였다. 그리고 이행감시협의회의 운영결과를 향후 5년간 매 반기별로 공정거래위원회에 서면으로 보고하도록 하였다.

또한 현대자동차 등의 현대오토넷 주식취득사건에서는[78] 현대자동차로 하여금 자신 및 그 계열회사가 자동차용 멀티미디어 부품과 자동차용 전자제어장치 부품을 개발 또는 구매함에 있어 비계열 부품업체에 대하여 부당하게 거래를 거절하거나 가격·물량 등 거래조건의 결정시 차별하여 취급하는 행위를 하지 않도록 하기 위한 가이드라인 등 구체적인 방안을 수립·시행하도록 명하였다. 또한 현대자동차에 대하여 3년간 각 회계연도 종료 후 3개월 이내에 자신 및 그 계열회사에 위

---

76) 공정거래위원회 2006. 2. 3. 의결 제2006-10호.
77) 공정거래위원회 2007. 7. 3. 의결 제2007-351호.
78) 공정거래위원회 2005. 11. 22. 의결 제2005-231호.

부품을 납품한 부품업체의 명단, 부품명, 납품업체 선정기준 및 선정이유, 납품금액을 공정거래위원회에 보고하도록 하며, 자신 및 그 계열회사의 위 부품 개발에 부품업체가 참여한 경우에는 참여한 업체의 명단, 관련 부품명, 참여업체의 선정기준 및 선정이유, 부품개발기간을 공정거래위원회에 보고하도록 하는 시정명령을 내렸다.

3. 시정조치의 이행감독

공정거래위원회는 결합 당사회사의 시정조치 이행여부를 확인하기 위하여 일정한 기간을 정하여 정기적으로 그 이행내역을 보고하도록 할 수 있으며, 결합 당사회사에 대하여 자료열람, 현장조사 등 필요한 조사를 할 수 있다(부과기준 V.).

4. 합병 또는 설립무효의 소 제기

공정거래위원회는 전술한 경쟁제한적인 기업결합에 해당하는 회사의 합병 또는 설립이 있을 때, 또는 대규모회사가 참여한 기업결합으로서 신고 후 30일이 경과하기 전에 합병 또는 회사설립을 위한 행위가 있는 때에는 당해 회사의 합병 또는 설립무효의 소를 제기할 수 있다(법 14조 2항). 이러한 소는 법률관계의 변동을 선언하는 판결을 구하는 형성의 소에 해당하며, 형성의 소는 법률에 명문의 규정이 있는 경우에 한하여 허용되는 것이므로,[79] 동 규정은 이러한 근거를 마련함으로써 실효성을 기한 측면이 있다. 그러나 실제로 그러한 소가 제기된 예는 아직 없다.

5. 이행강제금

종래에는 경쟁제한적인 기업결합을 한 자에 대하여도 과징금을 부과하였으나, 1999년 2월 제7차 개정법에 의하여 과징금 규정은 폐지되고 그 대신에 이행강제금 규정이 도입되었다(법 16조). 공정거래위원회는 이러한 개정의 취지를 규제의 실효성을 제고하기 위한 것으로 설명하고 있다. 즉 과징금의 부과와 같은 1회적인 제재만으로는 한계가 있으므로, 일정한 시정조치를 내리고 이에 따르지 않을 경우에는 시정조치 불이행 경과일에 비례하는 이행강제금을 부과하는 것이 규제의 실효성을 제고한다는 차원에서 의미가 있다는 것이다. 한편 과징금은 행정제재벌적 성

---

[79] 박재완, 민사소송법 강의, 박영사, 2019, 161, 182면 참조.

격과 아울러 부당이득환수의 성격도 갖고 있다는 점에 비추어 볼 때, 기업결합이 금지된 경우에는 그 기업결합을 통한 부당이득이 발생했다고 보기 어렵기 때문에, 기업결합에 대한 제재로서 과징금을 부과하는 것이 과연 적절한지에 대한 의문도 있었다. 따라서 과징금 대신에 이행강제금 제도를 도입한 것은 제재의 성격을 명확하게 하였다는 점에서도 그 의의가 있다. 대법원은 동 제도를 "과거의 의무위반 행위에 대한 제재와 장래 의무이행의 간접강제를 통합"한 제도로 보았으며, 이러한 이해를 바탕으로 "이행강제금이 부과되기 전에 시정조치를 이행하거나 부작위 의무를 명하는 시정조치 불이행을 중단한 경우 과거의 시정조치 불이행기간에 대하여 이행강제금을 부과할 수 있다고 봄이 타당하다"고 판시하였다.[80]

따라서 공정거래위원회는 경쟁제한적인 기업결합을 한 사업자가 시정조치를 받은 후 정해진 기간 내에 이를 이행하지 아니하는 경우에는, 매 1일당 ① 주식취득이나 회사신설에 의한 기업결합의 경우에는 취득 또는 소유한 주식의 장부가격과 인수하는 채무의 합계액, ② 합병에 의한 기업결합의 경우에는 합병의 대가로 교부하는 주식의 장부가격과 인수하는 채무의 합계액, ③ 영업양수에 의한 기업결합의 경우에는 영업양수금액에 1만분의 3을 곱한 금액을 초과하지 아니하는 범위 안에서, 그리고 ④ 임원겸임의 방식에 의한 기업결합의 경우에는 매 1일당 200만 원의 범위 안에서 이행강제금을 부과할 수 있다(법 16조 1항).

---

80) 대법원 2019. 12. 12. 선고 2018두63563 판결.

제 5 장   경제력집중의 억제

제 1 절   경제력집중의 문제

I. 경제력집중의 의의와 원인

1. 경제력집중의 의의

일반적으로 타인의 의사나 행동을 자기가 원하는 방향으로 조정할 수 있는 가능성을 힘(power)이라고 한다. 이러한 힘은 그 기초가 되고 있는 자원에 따라 정치력, 경제력, 정신력, 사회적 영향력 등으로 나누어진다. 그런데 경제법에서 문제삼고 있는 경제력(economic power)은 토지나 자본 또는 기술 등과 같은 경제적인 자원을 기초로 형성된 힘을 말한다. 예컨대 어떤 상품을 생산해서 판매하는 시장에서 한 기업이 시설이나 규모 측면에서 다른 기업들보다 우월적인 지위에 있어서 생산량이나 가격을 마음대로 결정할 수 있고, 그것으로 다른 기업들의 의사나 행동에 영향을 미칠 수 있다면 그 기업은 경제력을 가지고 있다고 할 수 있다.

경제력을 가진 기업이 당해 상품의 가격을 다른 기업의 최저생산비보다 낮게 책정하면 다른 기업은 그 상품의 가격이 비록 단기적으로는 생산비보다 낮을지라도 우월적인 기업의 가격과 같거나 낮게 책정하지 않을 수 없고, 장기적으로는 기술개발을 통하여 원가절감을 실현하지 않는 한 그 시장에서 도태될 수밖에 없다.

자본주의 사회에서는 이러한 경제력이 소수의 개인이나 기업에게 집중되는 현상이 자주 나타나고 있는데, 이를 경제력집중(concentration of economic power)이라 한다. 우리나라에서는 이른바 '재벌'이라 불리는 소수의 기업집단에게 경제력이 과도하게 집중되어 있는 것이 심각한 문제가 되고 있다.

2. 경제력집중의 원인

경제력집중은 시장경제의 기본원리인 자유경쟁의 부산물로서 자본주의 사회에서 공통적으로 나타나는 현상이라고 할 수 있다. 시장경제에 있어서는 자유경쟁의 결과, 각 개인이나 기업의 능력과 노력의 차이에 따라 경제력이 점차 유능하고 부지런한 경제주체에게 집중되어 가는 것은 자연스러운 현상이라고 할 수 있다. 그런데 과도한 경제력집중은 결과적으로 자유경쟁을 제한하는 요소가 될 뿐만 아니라 시장경제의 기반을 위태롭게 할 우려가 있기 때문에 문제가 된다. 즉 경제력집중이 점차 심화되어 감에 따라 작게는 개별산업에서 독점적인 지위를 차지한 자가 자유로운 경쟁을 제한하게 되고, 크게는 국민경제 전체에서 지배적인 지위를 차지한 기업이나 기업집단이 그 거대한 경제력을 바탕으로 시장경제의 기반을 위태롭게 할 우려가 있다는 것이다.

우리나라는 개발 초기 단계에 부존자원과 자본이 절대적으로 부족한 상태에서 고도성장을 달성하기 위하여 정부가 소수의 능력 있는 기업을 집중적으로 지원하는 이른바 불균형성장정책을 실시해 왔으며, 그 결과 경제력이 정부의 지원과 특혜를 받은 소수의 기업이나 기업집단에게 집중되는 현상이 나타나게 되었다. 구체적으로 살펴보면, 우선 정부는 규모의 경제의 실현을 통하여 효율성을 증대시키고 국제경쟁력을 향상하기 위하여 정책금융과 외국자본 및 기술도입의 인·허가 등과 관련하여 소수의 기업을 특별히 우대해 왔기 때문에, 그러한 특혜를 받은 기업에게 경제력이 집중되는 것은 당연한 일이었으며, 그 결과 이러한 기업들은 각 시장에서 독과점적인 지위를 차지하게 되었다. 그리고 이러한 독과점기업은 자본시장의 미발달로 인하여 자본조달이 어려운 상황에서 독과점으로 인하여 얻은 초과이윤과 생산과정에서 나타난 잉여 생산요소들을 이용하여 위험분산과 시장지배를 목적으로 다른 산업분야에 진출하는 기업 다변화를 추구하게 되었으며, 그 결과 다른 산업분야에도 독과점이 나타나게 되었다.

한편 경제력집중의 다른 원인은 기업집단의 다변화 과정에서도 찾을 수 있다. 개발도상국에서는 경제개발이 주로 선진기술의 단순한 도입을 통하여 이루어지는 경우가 많은데, 이러한 기술적 의존성은 시장구조의 독과점화를 초래하는 중요한 요인으로 작용하고 있다. 이러한 독과점기업들은 경쟁의 압력이 배제된 상태에서 기업 내부에 축적된 인적·물적·자본적인 잉여능력을 활용하기 위하여 새로운 시장에 진출하려는 유혹을 받게 되는데, 그것이 기업집단을 형성하는 원인이 되고 있다. 그리고 기업집단이 급속하게 성장하기 위해서는 막대한 자금이 필요하게 된다. 일반적으로 기업이 자본을 조달하는 방법에는 이익의 사내유보, 주식공모 및 차입 등이 있는데, 국민소득이 낮고 고율의 인플레이션이 지속되면서 부동산 등과 같은 투기성 투자대상이 존재하는 경우 주식공모를 통하여 대중자본을 동원하기는 대단히 어렵다. 또한 애초부터 차입금의 비중이 큰 기업은 원리금 상환의 부담으로 인하여 충분한 유보이익을 축적할 수 없으며, 특히 자본집약적인 산업에 서는 차입금의 비중이 작다고 하더라도 단기간의 유보이익이 신규투자의 재원으로서 충분한 경우는 매우 드물 것이다.

따라서 자본형성의 기반이 취약한 단계에서 고도성장을 이룩하려면 자연히 기업의 외부금융 의존도가 높아지게 된다. 이러한 상황에서 기업집단들은 해외로부터 자본을 도입하거나 정부의 적극적인 금융지원에 힘입어 자기자본이 없이도 다른 산업분야에 진출하는 데 필요한 금융자원을 쉽게 확보할 수 있는 혜택을 누리게 된다. 그 결과 기업의 타인자본 특히 차입자본에 대한 의존성은 더욱 높아진 반면에, 총자본에 대한 자기자본의 비중은 낮은 수준에 머무르게 되었다. 그리고 이러한 자본조달 방법은 기업집단이 형성·강화되는 과정에서 소유의 분산을 이루지 못하게 되는 원인이 되었다. 개인이나 가족의 자본으로 시작한 기업이 타인의 주식참여 없이 자신의 유보이익과 외부금융에 의지하여 기업을 확장 내지 신설하게 되면, 경제력이 기업집단에 집중되는 데에 그치는 것이 아니라 그 기업집단을 실질적으로 소유·지배하는 소수의 개인이나 가족에게 집중되는 결과를 초래하게 된다. 이러한 이유로 우리나라에서는 기업집단 중에서 소수의 개인이나 가족에 의하여 지배되고 있는 기업집단을 재벌(Chaebol)이라고 부르고 있는데, 이것이 우리나라의 경제력집중이 갖는 또 다른 특징이라고 할 수 있다.

또 한 가지 반드시 유의할 필요가 있는 것은 우리나라에서는 정부가 금융정책, 조세정책 등을 통하여 경제력집중을 가속화시킨 측면이 있다는 점이다. 정부가 경제발전을 위하여 선정한 전략산업의 발전을 촉진하기 위하여 거기에 참여한 일부 기업 — 주로 기업집단 — 들에게 여러 가지의 지원과 특혜를 제공하게 되었다. 이러한 지원과 특혜의 예로는 보조금의 지급, 환율의 저평가, 정책금융의 지원, 관세장벽과 인허가 등을 들 수 있다. 한편 정부는 경영부실, 경기변동, 산업구조의 변화 등으로 인하여 도산의 위기에 처해 있거나 은행관리 하에 있는 대기업이 실제로 파산, 소멸할 경우에는 채무불이행과 실업 등으로 인하여 경제적, 사회적 및 심지어는 정치적인 파급효과가 클 것이라는 판단 아래, 특정한 기업집단에게 이러한 기업을 인수하도록 권유하는 동시에, 그 반대급부로 이른바 구제금융이나 다른 인허가 사항에 대한 우선권을 부여하는 경우가 많았다. 이러한 정책이 또한 기업집단을 팽창시키는 중요한 원인이 되었다고 할 수 있다.[1]

---

1) 강명헌, 경제력집중과 한국경제, 매일경제신문사, 1991, 137-142면 참조.

요컨대 우리나라 경제력집중의 본질은 자본주의의 발전과정에서 나타나는 자유경쟁의 결과물이라는 측면보다는 정부주도형 성장정책의 부산물이라는 측면이 더 강하다고 할 수 있다.

Ⅱ. 기업집단에 의한 경제력집중

1. 기업집단의 의의

독점규제법상 기업집단은 동일인이 사실상 그 사업내용을 지배하는 회사의 집단을 의미하며, 이때 동일인이 회사인 경우에는 동일인과 그가 지배하는 하나 이상의 회사의 집단을 말하고, 동일인이 회사가 아닌 경우에는 그가 지배하는 2 이상의 회사의 집단을 말한다(법 2조 11호). 사실상 사업내용을 지배하는 것에 관해서는 동법 시행령 제4조 제1항에서 규정하고 있는데, 동항 제1호와 제2호는 사업내용 지배의 형식적 기준과 실질적 기준을 제시하고 있다. 구체적으로 제1호는 동일인이 단독으로 또는 동일인관련자와[2] 합하여 해당 회사의 발행주식 총수의(의결권 없는 주식은 제외) 100분의 30 이상을 소유하는 경우로서 최다출자자인 회사 그리고 제2호는 다음 각 호의 어느 하나에 해당하는 회사로서 당해 회사의 경영에 대하여 지배적인 영향력을 행사하고 있다고 인정되는 회사를 규정하고 있다. 제2호에서 각 호의 내용은 다음과 같다.

① 동일인이 다른 주요 주주와의 계약 또는 합의에 의하여 대표이사를 임면하거나 임원의 50% 이상을 선임하거나 선임할 수 있는 회사

② 동일인이 직접 또는 동일인 관련자를 통하여 당해 회사의 조직변경 또는 신규사업에 대한 투자 등 주요 의사결정이나 업무집행에 지배적인 영향력을

---

2) 제1항 제1호 각목에 규정된 동일인관련자는 다음과 같다. 가. 배우자, 4촌 이내의 혈족, 3촌 이내의 인척, 동일인이 지배하는 국내 회사 발행주식총수의 100분의1 이상을 소유하고 있는 5촌·6촌인 혈족이나 4촌인 인척, 동일인이 민법에 따라 인지한 혼인 외 출생자의 생부나 생모(이하 '친족'이라 한다). 나. 동일인이 단독으로 또는 동일인관련자와 합하여 총출연금액의 100분의 30 이상을 출연한 경우로서 최다출연자가 되거나 동일인 및 동일인관련자중 1인이 설립자인 비영리법인 또는 단체(법인격이 없는 사단 또는 재단으로 한정한다. 이하 같다). 다. 동일인이 직접 또는 동일인관련자를 통하여 임원의 구성이나 사업운용등에 대하여 지배적인 영향력을 행사하고 있는 비영리법인 또는 단체. 라. 동일인이 이 호 또는 제2호의 규정에 의하여 사실상 사업내용을 지배하는 회사. 마. 동일인 및 동일인과 나목 내지 라목의 관계에 해당하는 자의 사용인(법인인 경우에는 임원, 개인인 경우에는 상업사용인 및 고용계약에 의한 피용인을 말한다). 한편 동조 제2항은 제1호 마목에 해당하는 사외이사가 경영회사는 회사가 독립경영회사로 인정되는 경우 기업집단 범위에서 제외하는 것으로 규정하고 있는데, 이러한 회사는 사전규제의 필요성이 크지 않은 데다가 전문성 있는 자를 사외이사로 선임할 수 있는 편의를 제고하고자 하는 정책적 요구에 따른 것으로 이해된다.

행사하고 있는 회사

③ 동일인이 지배하는 회사(동일인이 회사인 경우에는 동일인을 포함한다. 이하 이 목에서 같다)와 해당 회사 간에 다음의 경우에 해당하는 인사교류가 있는 회사. 1) 동일인이 지배하는 회사와 해당 회사 간에 임원의 겸임이 있는 경우. 2) 동일인이 지배하는 회사의 임직원이 해당 회사의 임원으로 임명되었다가 동일인이 지배하는 회사로 복직하는 경우(동일인이 지배하는 회사 중 당초의 회사가 아닌 다른 회사로 복직하는 경우를 포함한다). 3) 해당 회사의 임원이 동일인이 지배하는 회사의 임직원으로 임명되었다가 해당 회사 또는 해당 회사의 계열회사로 복직하는 경우지배하는 회사와 당해 회사 간에 임원의 겸임이 있거나 또는 동일인이 지배하는 회사의 임·직원이 당해 회사의 임원으로 임명되었다가 동일인이 지배하는 회사로 복직하는 경우이거나 그 반대의 경우 등과 같은 인사교류가 있는 회사

④ 동일인 또는 동일인관련자와 해당 회사 간에 통상적인 범위를 초과하여 자금·자산·상품·용역 등의 거래 또는 채무보증이 있는 경우

⑤ 그 밖에 해당 회사가 동일인의 기업집단의 계열회사로 인정될 수 있는 영업상의 표시행위를 하는 등 사회통념상 경제적 동일체로 인정되는 회사

2. 기업집단의 긍정적 측면

기업집단은 우수한 인력을 다수 확보하여 이를 훈련시키고 조직화함으로써 산업화과정에 유효하게 활용할 수 있도록 하는 장점을 갖고 있다. 또한 기업집단이 전후방의 관련 산업을 중심으로 전개될 경우, 명확한 수요예측을 통하여 경영상의 불안을 완화하고, 거래 또는 정보수집에 필요한 비용을 절약하고, 자금조달을 용이하게 함으로써 경쟁력을 강화할 수 있는 장점을 가지고 있다. 개발도상국에서는 고도화된 산업분야에 대한 여건이 제대로 정비되어 있지 않기 때문에, 이러한 분야에 투자하는 기업은 공급이나 수요측면에서 여러 가지 어려움을 겪게 될 뿐만 아니라, 선진국의 강력한 경쟁력을 가진 기업으로부터 공격을 받을 우려도 있다. 또한 하이테크산업의 육성에는 대규모의 시설투자 및 고도의 기술축적과 경영기법이 필요할 뿐만 아니라, 하이테크산업의 기술개발을 위해서는 대단위의 연구소가 필요하다. 따라서 개별기업으로서는 이러한 분야에 투자하기가 대단히 곤란하며, 오로지 집중된 경제력을 가진 소수의 기업집단만이 이러한 분야에 투자할 수 있는 능력을 가지고 있다.

3. 기업집단 규제의 필요성

기업집단은 전술한 긍정적 측면이 있는 반면에, 다음과 같은 폐해를 초래할 우려가 있으므로 이를 적절히 규제할 필요가 있다.

(1) 시장기능의 왜곡

시장경제는 다수의 독립적인 경제주체들이 상품이나 서비스의 공급에 관하여 가격과 품질을 중심으로 자유롭게 경쟁함으로써 사회전체의 후생 수준을 극대화할 수 있다는 원자적 경쟁구조를 전제로 하고 있다. 그런데 기업집단이 여러 요소시장을 내부화하는 동시에 다양한 산업분야에 참여하여 그 경제활동을 지배하게 되면, 시장경제의 전제인 원자적 경쟁구조가 제대로 작동하지 않게 될 우려가 있다. 그 결과 개별기업의 성패는 그 자체의 경쟁력에 의하여 결정되는 것이 아니라 이들 기업집단과 어떠한 관계를 맺고 있느냐에 따라 좌우되는 경향이 나타나게 된다. 예컨대 어떤 기업집단에 소속된 계열기업이 상품의 생산에 필요한 원재료를 구입하거나 상품을 판매하는 과정에서 가격과 품질을 중심으로 공정한 경쟁을 하는 것이 아니라 다른 계열회사를 부당하게 지원하거나 우대하는 거래를 하게 되면, 그들이 참여하고 있는 시장에서는 경쟁의 원리가 작동하지 않기 때문에, 자원배분이 왜곡되고 소비자의 후생이 저해되는 결과를 초래하게 될 우려가 있다.

(2) 비관련분야로의 다각화(unrelated diversification)

소위 '문어발식 확장'으로 표현되고 있는 우리나라 기업집단, 특히 재벌들의 비관련다각화 현상은 이미 오래전부터 비판받고 있다. 다른 나라의 많은 기업들은 업종전문화를 통한 다각화를 추진하고 있으나, 우리나라의 기업집단은 한동안 기업의 성장기회나 현금의 흐름과 관계없이 투자지출을 해 온 측면이 있다. 비관련다각화는 한계사업에 과잉투자가 일어나 경쟁력의 저하를 가져오고, 한계적 사업으로부터 퇴출하는 것을 막아 기업집단 전체의 가치손실과 동반부실을 초래하게 될 우려가 있다. 아울러 다변화의 정도가 당해 기업집단의 능력을 초과할 정도로 지나치게 되면, 투자의 집중이 이루어지지 않아 가치 창출을 저해할 수도 있기 때문에 요즘과 같은 무한경쟁시대에는 치명적인 약점이 될 수도 있다.[3]

---

3) 최도성, "대규모기업집단의 지배구조", 권오승 편, 자유경쟁과 공정거래, 법문사, 2002, 323-328면.

(3) 정경유착의 심화

정부는 이른바 개발연대에 경제정책을 추진하는 과정에서 인·허가나 금융, 조세 등을 통하여 특정한 기업 내지 기업집단에게 특혜적인 지원을 제공하면서 기업의 자율적인 경제활동에 대하여 간섭해 왔다. 이러한 과정에서 정부는 기업집단을 자기의 통제 하에 두고서, 때로는 이를 비호하고 때로는 이를 규제해 왔으며, 반면에 기업집단은 한편으로는 정부규제를 비판하면서 다른 한편으로는 정부의 그러한 특혜지원을 이용해 온 측면이 있다고 할 수 있다.

정부와 기업집단의 이러한 동반자적 관계는 정부의 보험자적 역할과 기업집단의 도덕적 해이(moral hazard)를 초래하기도 하였다. 그 결과, 정부는 기업집단의 높은 부채비율 때문에 불황기에도 보호와 지원을 계속 확대해 나갈 수밖에 없었으며, 기업집단은 그 규모가 너무 크기 때문에 파산하게 놓아둘 수 없다거나 또는 국민경제적으로 너무 중요하기 때문에 구제하지 않을 수 없다는 의식(이른바 '대마불사(大馬不死)', too big to fail)이 팽배하여 국민경제 전체의 안정성을 위협하는 요인으로 작용하기도 한다.

(4) 비능률과 정치·사회적인 민주화 저해

어떤 조직이 지나치게 비대해지면 그 조직은 고정화되고 진부한 생산방법이나 기술을 고집함으로써 환경의 변화 내지 새로운 기술에 적응하는 것을 곤란하게 하는 경우가 있다. 또한 그러한 조직은 정치적·사회적인 차원에서 의사결정의 구조를 왜곡하여 정치적·사회적인 민주화를 가로막는 요인이 될 우려가 있을 뿐만 아니라 건전한 기업문화의 발달을 저해하는 등 여러 가지 폐해를 초래할 우려가 있다.

제 2 절　경제력집중의 억제를 위한 규제

Ⅰ. 규제의 개관

경제력집중의 문제는 일반집중, 시장집중 및 소유집중 등을 포괄하는 매우 복잡하고 다양한 성격을 가지고 있다. 그런데 각국의 독점금지법은 원래 경제력집중의 문제 중에서 시장집중의 문제, 즉 개별시장에 있어서 독과점이나 경쟁제한적인 행위에 대한 규제를 목적으로 하고 있는 법률이기 때문에, 그 밖의 다른 문제에 대하여는 적극적인 관심을 가지지 않는다. 우리나라에서도 1980년 독점규제법을 제정할 당시에는 독과점이나 기업결합, 부당한 공동행위 및 불공정거래행위 등에 대해서만 규제하고, 경제력집중의 문제에 관한 별도의 규정을 두지 않았다.

그러나 동법을 시행하는 과정에서 우리나라와 같이 소수의 대규모기업집단이 국민경제 전체에서 차지하는 비중이 매우 클 정도로 경제력집중이 심화된 상황에서, 이러한 문제에 대하여는 아무런 대책을 강구하지 않고, 오로지 개별시장에 있어서 독과점이나 경쟁제한행위만을 규제하는 것으로는 유효경쟁을 실현할 수 없다는 인식이 서서히 형성되었다. 그 결과, 1986년 동법의 제1차 개정 시에 과도한 경제력집중을 억제하기 위한 노력의 일환으로 지주회사의 설립금지와 대규모기업집단에 속하는 계열회사의 상호출자금지 및 출자총액의 제한 등과 같은 제도를 도입하게 되었다. 그 후 1992년에는 계열회사의 상호채무보증을 제한하는 제도를 도입하였으며, 1996년에는 이러한 제도의 내용을 더욱 강화하는 방향으로 동법을 다시 개정하였다.

한편 1997년 말에는 우리나라가 외환위기를 맞이하여 IMF로부터 구제금융을 받게 되었는데, IMF는 그 조건으로 기업집단에 대한 대폭적인 구조조정을 요구하게 되었다. 이에 따라 구조조정을 촉진하기 위하여 출자총액제한제도를 폐지하는 반면, 신규 상호채무보증을 금지하고 기존의 채무보증을 2000년 3월 말까지 해소하는 방향으로 법을 개정하게 되었다. 그리고 1999년 2월에는 기업의 구조조정을 조속한 시일 내에 마무리하기 위하여 지주회사의 설립을 제한적으로 허용하고, 30대 기업집단의 계열회사 간 부당한 지원행위를 효과적으로 차단하기 위하여 금융거래정보요구권을 2년간 한시적으로 도입하였다. 같은 해 12월에는 대규모기업집단 내 계열회사 간 순환출자를 억제하기 위하여 출자총액제한제도를 다시 도입하고, 부당한 내부거래를 사전에 효과적으로 예방하기 위하여 일정한 규모 이상의 내부거래를 이사회의 의결 및 공시대상으로 하는 한편, 부당한 지원행위에 대한 제재 수단의 실효성을 확보하기 위하여 과징금의 부과 한도를 상향 조정함으로써 대기업의 구조조정을 촉진하는 방향으로 동법을 개정하였다.

그리고 2001년 1월에는 지주회사의 설립을 통한 기업들의 구조조정을 촉진하기 위해서 회사의 분할 또는 분할합병을 통하여 지주회사로 전환하거나 지주회사를 설립하는 경우에도 부채비율의 제한을 일정기간 유예하고, 벤처기업의 활성화를 위하여 벤처기업을 자회사로 두는 벤처지주회사에 대하여 자회사 발행주식 총수의 소유한도를 완화하였다.

한편 2002년 1월에는 대규모기업집단의 일괄지정제도를 폐지하고, 행태별로 규율대상을 달리하게 되었으며(상호출자와 채무보증은 자산규모 2조원 이상, 출자총액제한은 자산규모 5조원 이상), 공기업집단도 규제의 대상에 포함하게 되었다. 그리고 출자총액제한을 초과하고 있는 회사가 그 해소시한까지 이를 완전히 해소하지 못한 경우에도 그 초과분을 처분하도록 하지 않고 의결권 행사만 제한하도록 하여 해소의 부담을 완화하였다.

그리고 2004년 12월에는 대기업집단에 소속된 비상장·비등록 기업의 공시의무를 강화하고, 지주회사제도를 보완하며, 출자총액제한제도를 합리적으로 개선하고, 계열금융사의 의결권 행사한도를 단계적으로 축소하며, 금융거래정보 요구권을 3년 시한으로 재도입하는 것을 주된 내용으로 하는 개정이 이루어졌다. 2007년에는 출자총액제도를 완화하였으며 금융거래정보요구 시한연장 및 상호출자제한 기업집단 관련 정보공개의 법적 근거를 마련하였다. 또한 지주회사의 설립·전환을 촉진하기 위하여 제도를 개선하였다. 한편 2009년 3월에는 활기찬 시장경제를 창달하기 위한 규제개혁의 일환으로 그동안 대표적인 사전규제로 지목되어 오던 출자총액제한제도를 폐지하고, 기업집단에 대한 공시제도를 도입하였다.

2013년 8월에는 부당지원행위 규제를 보완하기 위하여 특수관계인에 대한 부당한 이익제공 등에 대한 규제가 도입되었다. 2014년 1월에는 출자총액제한제도의 폐지 이후 기업집단의 내부지분율에서 계열회사의 출자 비중이 증가하고, 기업집단의 규모와 계열회사 수가 지나치게 확대되고 있다는 우려가 커지면서, 기업집단의 순환출자를 규제하는 제도가 도입되었다. 다만 급격한 제도 도입에 따른 부작용을 우려하여 신규 순환출자만을 규제하는 내용으로 입법이 이루어졌다. 2020년 12월 공정거래법 전부개정에서는 순환출자 규제와 특수관계인에 대한 이익제공 등에 대한 규제가 강화되었으며, 공익법인에 대한 규제가 도입되는 등의 변화가 있었다.

1986년 규제의 도입 이후 여러 차례 개정을 거치면서, 현행 독점규제법상 경제력집중 억제를 위한 규제는 다음과 같은 특징을 갖는 것으로 볼 수 있다. 첫째 동규제는 재벌에 의한 경제력집중에 대한 우려로 시작된 것이지만, 처음부터 재벌의 인위적 해체가 아니라 지나친 확대를 제한하는 것에 초점을 맞추었으며, 이러한 태도는 지금까지 유지되고 있다. 둘째 경제력집중 억제를 위한 규제체계는 지주회사 규제와 대규모기업집단 규제로 이원화되어 있으며, 특히 후자는 재벌 대신 대규모기업집단이란 개념을 도입하여 규제 대상으로 하고 있다는 점에서 특징적이다. 셋째 대규모기업집단에 대한 규제는 출자규제, 행위규제, 공시규제로 유형화할 수 있다. 출자규제에는 상호출자 금지, 순환출자 금지, 금융·보험사의 의결권 제한 등이 있다. 행위규제에는 사전적으로 채무보증이 금지되고 있으며, 사후적인 규제로서 부당지원행위와 특수관계인에 대한 이익제공행위 규제가 이루어지고 있다. 공시규제로서 대규모 내부거래, 비상장 회사의 중요사항, 대규모기업집단의 현황 등에 대한 공시 의무가 부과되고 있다.

이와 같은 규제체계는 최초의 규제 도입 이후 지속적으로 이루어졌던 제도의 수정·보완을 통해 형성된 것이지만, 여전히 개선의 필요성은 존재한다. 우선 흔히 4차 산업혁명이라 언급되는 산업구조의 변화는 경제력집중의 양상에도 영향을 미치고 있으며, 전세계적으로 나타나고 있는 거대 플랫폼의 등장은 대표적인 예가 되고 있다. 이러한 변화는 경제력집중 억제를 위한 규제체계에도 적절히 반영될 필요가 있을 것이다. 또한 법리적 측면에서 경제력집중의 내용을 이루는 일반집중 또는 소유집중의 의의와 구체적으로 전개되고 있는 양상을 파악하고, 이를 규제 개선의 기초로 삼는 노력도 지속적으로 경주되어야 할 것이다.[4]

이하에서는 독점규제법 제4장에서 이루어지고 있는 지주회사 규제와 대규모기업집단 규제를 살펴보고, 동법 제6장에서 불공정거래행위로서 규제되는 부당 지원행위와 특수관계인에 대한 부당 이익제공행위 규제는 해당 장에서 다룰 것이다.

Ⅱ. 지주회사에 대한 규제

독점규제법은 종래 지주회사가 경제력집중의 수단으로 활용되는 것을 막기 위하여 1986년 제1차 개정을 통하여 지주회사의 설립을 원칙적으로 금지하게 되었다. 그러나 시장개방의 가속화로 경쟁압력이 제고되고 결합재무제표의 도입 등과 같은 기업경영에 대한 감시체제가 갖추어짐에 따라 지주회사의 설립을 허용하더라도 경제력집중이 심화될 여지는 크게 줄어들었기 때문에, 1999년 제7차 개정을 통하여 지주회사가 가지는 순기능을 충분히 활용할 수 있도록 그 설립을 허용하게 되었다. 그러나 지주회사의 폐해가 나타나지 않도록 하기 위하여, 그 설립요건을 엄격하게 제한하였다. 우선 지주회사가 과도한 외부차입으로 자회사를 확장해 나

---

4) 경제력집중에 관한 보다 자세한 논의는 박상인, 벌거벗은 재벌님, 창해, 2012 참조. 또한 대규모기업집단의 변화와 이에 대한 규제 개선의 필요성에 관한 논의로서, 홍명수, "경제력집중 정책의 변화와 신흥 대규모기업집단의 등장", 법학논총 제33권 제3호, 2021, 661면 이하 참조.

가는 것을 막기 위하여 지주회사의 부채비율을 자본총액의 범위 내로 제한하고, 개별 자회사에 대한 지분율을 50% 이상으로 유지하도록 하였다. 그리고 대기업이 금융기관을 사금고화 하는 것을 막기 위하여 하나의 지주회사에 금융회사와 비금융회사를 동시에 두지 못하도록 하였다. 한편 지주회사가 다단계에 걸친 출자방식으로 많은 회사를 거느리는 것을 막기 위하여 원칙적으로 손자회사를 두지 못하도록 하였다.

다만 설립·전환의 요건이 너무나 엄격하여 현실적으로 지주회사의 활용이 매우 어렵다는 지적이 있었기 때문에, 2001년 9차 개정에서는 그 요건을 완화하였다. 또한 2004년과 2007년 개정을 통하여 상장 자회사의 지분율 요건을 낮추고, 제한적인 요건 하에 증손회사를 허용하는 등 지주회사로의 전환을 촉진·유도하는 한편, 지주회사체제의 투명성을 높이기 위한 제도가 도입되었다. 그렇지만 설립·전환 요건의 완화로 인해 지주회사 체제가 경제력집중의 수단이 될 수 있고, 지주회사의 기능상 장점인 투명성이 온전히 발휘되기 어렵다는 우려가 커지면서, 이를 반영하여 2020년 12월 지주회사 설립·전환 요건을 다시 강화하는 방향으로 법개정이 이루어졌다.

1. 지주회사의 의의

일반적으로 지주회사(holding company)라 함은 주식(내지 지분)을 소유함으로써 다른 회사의 사업활동을 지배 또는 관리하는 회사를 말한다.[5] 여기서 다른 회사의 사업활동을 지배·관리한다는 것은 다른 회사의 사업활동의 주요사항에 관하여 간섭하고, 그에 관한 결정에 영향력을 행사하는 것을 의미한다. 그런데 이것은 주식의 소유를 통하여 사업활동을 지배 또는 관리할 수 있는 상태가 초래되는 것만으로 충분하고, 의결권의 행사를 통한 사업활동의 지배·관리가 실제로 일어나야 하는 것은 아니다. 독점규제법은 주식(지분 포함)의 소유를 통하여 '국내'회사의 사업내용을 지배하는 것을 주된 사업으로 하는 회사로서 자산총액이 5천억원 이상인 회사를 말하며(법 2조 8호, 영 3조 1항). 이 경우 주된 사업의 기준은 회사가 소유하고 있는 자회사의 주식(지분)가액의 합계액이 해당 회사 자산총액의 100분의 50 이상인 것을 말한다(영 3조 2항).

---

5) 根岸 哲, 「持株會社と獨占禁止法」, 持株會社の法的諸問題, 資本市場研究會, 1995, 2면.

2. 지주회사의 유형

지주회사는 다른 사업을 행하고 있는지 여부에 따라 순수지주회사(Pure Holding Company)와 사업지주회사(Operating Holding Company)로 분류하기도 하고, 자회사의 사업내용에 따라 금융지주회사(Financial Holding Company)와 비금융지주회사(Non-financial Holding Company)로 분류하기도 한다. 순수지주회사는 다른 사업을 행하지 않고 오로지 다른 회사의 사업활동을 지배하는 것을 목적으로 하는 회사를 말하며, 사업지주회사는 자신의 고유사업을 영위하면서 부수적으로 주식의 소유를 통하여 다른 회사를 지배하는 회사를 말한다. 금융지주회사는 금융업 또는 보험업을 영위하는 자회사의 주식을 소유하는 지주회사이고, 비금융지주회사는 금융업 또는 보험업 이외의 사업을 영위하는 자회사의 주식을 소유하는 지주회사로서 일반지주회사라고도 한다.[6]

3. 지주회사 설립·전환의 신고

지주회사를 설립하거나 지주회사로 전환한 자는 독점규제법 제17조에 따라 신고하여야 하며, 신고는 다음 각 호의 기한 내에 신고인의 성명, 지주회사, 자회사, 손자회사와 증손회사의 명칭, 자산총액, 부채총액, 주주현황, 주식소유현황, 사업내용 등을 기재한 신고서에 신고내용을 입증하는 서류를 첨부하여 공정거래위원회에 제출하여야 한다(영 25조 1항).

① 지주회사를 설립하는 경우에는 설립등기일부터 30일 이내
② 다른 회사와의 합병 또는 회사의 분할을 통하여 지주회사로 전환하는 경우에는 합병등기일 또는 분할등기일부터 30일 이내
③ 다른 법률에 따라 지주회사의 설립·전환의 신고의 적용이 제외되는 회사의 경우 다른 법률이 정하는 제외기간이 경과한 날부터 30일 이내
④ 다른 회사의 주식취득, 자산의 증감 및 그 밖의 사유로 인하여 지주회사로 전환하는 경우에는 직전 사업연도 종료일로부터 4월 이내

그리고 이러한 신고를 하는 자가 법 제31조 제1항 전단에 따라 지정된 상호출자제한 기업집단에 속하는 회사를 지배하는 동일인 또는 그 동일인의 특수관계인에 해당하는 경우에는 법 제19조(상호출자제한 기업집단의 지주회사 설립제한) 각 호의

---

6) 신현윤, 경제법(제7판), 법문사, 2017, 197면.

규정에 의한 채무보증의 해소실적을 함께 제출하여야 한다(영 25조 2항). 한편 지주회사의 설립신고에 있어서 그 설립에 참여하는 자가 2 이상인 경우에는 그들이 공동으로 신고하여야 한다. 다만 신고의무자 중 1인을 대리인으로 정하여 그 대리인이 신고하는 경우에는 예외이다(영 25조 3항).

그러나 지주회사로서 사업연도 중 소유주식의 감소, 자산의 증감 등의 사유로 인하여 지주회사의 기준에 해당하지 않게 되는 회사가 이를 공정거래위원회에 신고한 경우에는 당해 사유가 발생한 날로부터 이를 지주회사로 보지 않는다(영 25조 4항). 이러한 신고를 하는 회사는 공정거래위원회가 정하는 바에 따라, 당해 사유가 발생한 날을 기준으로 한 공인회계사의 회계감사를 받은 대차대조표 및 주식소유현황을 공정거래위원회에 제출하여야 한다. 이 경우 공정거래위원회는 신고를 받은 날로부터 30일 이내에 그 심사결과를 신고인에게 통지하여야 한다(영 25조 5항).

4. 지주회사 등의 행위제한

독점규제법은 지주회사가 경제력집중의 수단으로 이용되는 것을 막기 위하여 지주회사와 그 자회사에 대하여 일정한 행위를 금지 또는 제한하고 있다.

(1) 지주회사의 행위 제한(법 18조 2항)

① 부채비율의 제한: 지주회사는 자본총액(대차대조표상의 자산총액에서 부채액을 뺀 금액)의 2배를 초과하는 부채액을 보유하는 행위를 해서는 안 된다. 다만 지주회사로 전환하거나 설립될 당시에 자본총액의 2배를 초과하는 부채액을 보유하고 있는 때에는 지주회사로 전환하거나 설립된 날부터 2년간은 자본총액의 2배를 초과하는 부채액을 보유할 수 있다.[7]

② 자회사[8] 주식소유비율의 제한: 지주회사는 자회사의 주식을 그 자회사 발행 주식 총수의 100분의 50 미만으로 소유하는 행위를 해서는 안 된다. 그러나 자회사가 「자본시장과 금융투자업에 관한 법률」에 따른 주권상장법인(상장

---

7) 동 제한은 지주회사의 금융 조달 방식을 제한함으로써 지주회사 체제의 확대를 억제하는 것뿐만 아니라, 재무건전성을 확보하려는 의미도 있다. 홍명수, 경제법론IV, 경인문화사, 2016, 340면 참조.

8) '자회사'라 함은 지주회사에 의하여 대통령령이 정하는 기준에 따라 그 사업내용을 지배받는 국내회사를 말한다. 대통령령이 정하는 기준은 지주회사의 계열회사(「벤처투자 촉진에 관한 법률」에 따라 설립된 벤처투자회사 또는 「여신전문금융업법」에 따라 설립된 신기술사업금융업자가 창업투자 목적 또는 신기술사업자 지원 목적으로 다른 국내회사의 주식을 취득함에 따른 계열회사를 제외한다)일 것, 지주회사가 소유하는 주식이 제16조(특수관계인의 범위) 제1호 또는 제2호에 규정된 각각의 자중 최다출자자가 소유하는 주식과 같거나 많을 것의 요건을 충족하여야 한다(법 2조 8호, 영 3조 3항).

법인)인 경우, 주식 소유의 분산요건 등 상장요건이 국내 유가증권시장의 상장요건에 상당하는 것으로 공정거래위원회가 고시하는 국외 증권거래소에 상장된 법인(국외상장법인)인 경우, 공동출자법인인[9] 경우에는 100분의 30 미만 그리고 벤처지주회사의[10] 자회사인 경우에는 100분의 20 미만으로 소유하는 행위를 해서는 안 된다.[11] 다만 다음 각 호의 어느 하나에 해당하는 사유로 인하여 자회사주식보유기준에 미달하게 된 경우에는 제외한다.

i) 지주회사로 전환하거나 설립될 당시에 자회사의 주식을 자회사주식보유기준 미만으로 소유하고 있는 경우로서, 지주회사로 전환하거나 설립된 날부터 2년 이내인 경우

ii) 상장법인 또는 국외상장법인이거나 공동출자법인이었던 자회사가 그에 해당하지 않게 되어 자회사주식보유기준에 미달하게 된 경우로서, 그 해당하지 않게 된 날부터 1년 이내인 경우

iii) 벤처지주회사이었던 회사가 그에 해당하지 않게 되어 자회사주식보유기준에 미달하게 된 경우로서, 그 해당하지 않게 된 날부터 1년 이내인 경우

iv) 자회사가 주식을 모집하거나 매출하면서 「자본시장과 금융투자업에 관한 법률」 제165조의7에 따라 우리사주조합원에게 배정하거나 당해 자회사가 「상법」 제513조(전환사채의 발행) 또는 제516조의2(신주인수권부사채의 발행)의 규정에 따라 발행한 전환사채 또는 신주인수권부사채의 전환이 청구되거나 신주인수권이 행사되어 자회사주식보유기준에 미달하게 된 경우로서, 그 미달하게 된 날부터 1년 이내인 경우

v) 자회사가 아닌 회사가 자회사에 해당하게 되고 자회사주식보유기준에는 미달하는 경우로서, 당해 회사가 자회사에 해당하게 된 날부터 1년 이내인 경우

vi) 자회사를 자회사에 해당하지 않게 하는 과정에서 자회사주식보유기준에 미

---

9) '공동출자법인'이라 함은 경영에 영향을 미칠 수 있는 상당한 지분을 소유하고 있는 2인 이상의 출자자(특수관계인의 관계에 있는 출자자 중 대통령령이 정하는 자 외의 자는 1인으로 봄)가 계약 또는 이에 준하는 방법으로 출자지분의 양도를 현저히 제한하고 있어 출자자 간 지분변동이 어려운 법인을 말한다(법 18조 1항 1호).

10) '벤처지주회사'라 함은 벤처기업 또는 대통령령으로 정하는 중소기업을 자회사로 하는 지주회사로서 해당 자회사의 주식가액 합계액이 당해 지주회사가 소유하고 있는 전체 자회사 주식가액 합계액의 100분의 50 이상인 경우에 해당하는 지주회사를 말한다(법 18조 1항 2호, 영 26조).

11) 동 제한 역시 지주회사 체제의 과도한 확대를 억제하는 의미를 갖는데, 2020년 법 개정에 의해 원칙적인 자회사 주식소유비율은 100분의 40에서 100분의 50으로 상향되었다. 개정 배경이 된 논의에 관하여, 홍명수, 경제법론Ⅳ, 경인문화사, 2016, 353−354면 참조.

달하게 된 경우로서, 그 미달하게 된 날부터 1년 이내인 경우(자회사주식보유 기준에 미달하게 된 날부터 1년 이내에 자회사에 해당하지 않게 된 경우에 한함)

vii) 자회사가 다른 회사와 합병하여 자회사주식보유기준에 미달하게 된 경우로 서, 그 미달하게 된 날부터 1년 이내인 경우

③ 지주회사는 계열회사가 아닌 국내회사(「사회기반시설에 대한 민간투자법」 제4조 (민간투자사업의 추진방식) 제1호부터 제4호까지의 규정에 정한 방식으로 민간투자사업 을 영위하는 회사를 제외함. 이하 이 호에서 같다)의 주식을 당해 회사 발행주식총 수의 100분의 5를 초과하여 소유하는 행위(소유하고 있는 계열회사가 아닌 국내 회사의 주식가액의 합계액이 자회사의 주식가액의 합계액의 100분의 15 미만인 지주회 사에 대하여는 적용하지 아니함) 또는 자회사 외의 국내계열회사의 주식을 소유 하는 행위를 해서는 안 된다.[12] 다만 다음 각 호의 어느 하나에 해당하는 사유로 인하여 주식을 소유하고 있는 계열회사가 아닌 국내회사나 국내계 열회사의 경우에는 그러하지 아니하다.

 i) 지주회사로 전환하거나 설립될 당시에 위의 본문에서 규정하고 있는 행위에 해당하고 있는 경우로서, 지주회사로 전환하거나 설립된 날부터 2년 이내인 경우

 ii) 계열회사가 아닌 회사를 자회사에 해당하게 하는 과정에서 위의 본문에서 규정하고 있는 행위에 해당하게 된 날부터 1년 이내인 경우(같은 기간 내에 자회사에 해당하게 된 경우에 한함)

 iii) 주식을 소유하고 있지 아니한 국내계열회사를 자회사에 해당하게 하는 과정 에서 그 국내계열회사 주식을 소유하게 된 날부터 1년 이내인 경우(같은 기 간 내에 자회사에 해당하게 된 경우에 한함)

 iv) 자회사를 자회사에 해당하지 않게 하는 과정에서 당해 자회사가 자회사에 해당하지 않게 된 날부터 1년 이내인 경우

④ 지주회사가 금융업 또는 보험업을 영위하는 자회사의 주식을 소유하는 지주 회사(금융지주회사)인 경우 금융업 또는 보험업을 영위하는 회사 외의 국내회 사의 주식을 소유하는 행위를 해서는 안 된다. 다만, 금융지주회사로 전환하 거나 설립될 당시에 금융업 또는 보험업을 영위하는 회사 외의 국내회사 주

---

12) 동 제한은 지주회사 체제의 장점이라 할 수 있는 소유지배구조의 투명성을 확보하려는 취지에 서 도입된 것으로 볼 수 있다. 홍명수, 앞의 책, 341–342면 참조.

식을 소유하고 있는 때에는 금융지주회사로 전환하거나 설립된 날부터 2년

간은 그 국내회사의 주식을 소유할 수 있다.

⑤ 지주회사가 금융지주회사 외의 지주회사(일반지주회사)인 경우 금융업 또는
보험업을 영위하는 국내회사의 주식을 소유하는 행위를 해서는 안 된다. 다
만, 일반지주회사로 전환하거나 설립될 당시에 금융업 또는 보험업을 영위
하는 국내회사의 주식을 소유하고 있는 때에는 일반지주회사로 전환하거나
설립된 날부터 2년간은 그 국내회사의 주식을 소유할 수 있다.

(2) 일반지주회사의 자회사 행위제한(법 18조 3항)

지주회사가 단계적으로 자회사를 설립해 나가면 최종단계에 있는 회사에 대하
여는 적은 자본비율로 지배할 수 있게 되며, 동 조항은 이와 같은 지주회사 체제
의 수직적 확대를 막기 위한 취지에서 마련된 규정이다.

① 일반지주회사의 자회사는 손자회사의[13] 주식을 그 손자회사 발행주식 총수
의 100분의 50(그 손자회사가 상장법인 또는 국외상장법인이거나 공동출자법인인 경
우에는 100분의 30 그리고 일반지주회사의 자회사인 벤처지주회사의 자회사인 경우에는
100분의 20) 미만으로 소유하는 행위를 해서는 안 된다. 다만, 다음 각 호의
어느 하나에 해당하는 사유로 인하여 이러한 손자회사주식보유기준에 미달
하게 된 경우를 제외한다.

i) 자회사가 될 당시에 손자회사의 주식을 손자회사주식보유기준 미만으로 소
유하고 있는 경우로서, 자회사에 해당하게 된 날부터 2년 이내인 경우

ii) 상장법인 또는 국외상장법인이거나 공동출자법인이었던 손자회사가 그에
해당하지 않게 되어 손자회사주식보유기준에 미달하게 된 경우로서, 그 해
당하지 않게 된 날부터 1년 이내인 경우

iii) 손자회사가 주식을 모집 또는 매출하면서「자본시장과 금융투자업에 관한
법률」제165조의7에 따라 우리사주조합에 우선 배정하거나 당해 손자회사
가「상법」제513조(전환사채의 발행) 또는 제516조의2(신주인수권부사채의 발행)
의 규정에 따라 발행한 전환사채 또는 신주인수권부사채의 전환이 청구되
거나 신주인수권이 행사되어 손자회사주식보유기준에 미달하게 된 경우로

---

13) '손자회사'란 자회사에 의하여 대통령령으로 정하는 기준에 따라 사업내용을 지배받는 국내회사
를 말한다(법 2조 9호). 대통령령으로 정하는 기준이란 자회사의 계열회사일 것, 자회사가 소유하는
주식이 제16조(특수관계인의 범위) 제1호 또는 제2호에 규정된 각각의 자 중 최다출자자가 소유하는
주식과 같거나 많을 것의 요건을 충족하여야 한다(영 3조 4항).

서, 그 미달하게 된 날부터 1년 이내인 경우

iv) 손자회사가 아닌 회사가 손자회사에 해당하게 되고 손자회사주식보유기준에
는 미달하는 경우로서, 당해 회사가 손자회사에 해당하게 된 날부터 1년 이
내인 경우

v) 손자회사를 손자회사에 해당하지 않게 하는 과정에서 손자회사주식보유기
준에 미달하게 된 경우로서, 그 미달하게 된 날부터 1년 이내인 경우(같은
기간 내에 손자회사에 해당하지 않게 된 경우에 한함)

vi) 손자회사가 다른 회사와 합병하여 손자회사주식보유기준에 미달하게 된 경
우로서 그 미달하게 된 날부터 1년 이내인 경우

② 일반지주회사의 자회사는 손자회사가 아닌 국내계열회사의 주식을 소유하
는 행위를 해서는 안 된다. 다만, 다음 각 호의 어느 하나에 해당하는 사유
로 인하여 주식을 소유하고 있는 국내계열회사의 경우에는 그러하지 아니
하다.

i) 자회사가 될 당시에 주식을 소유하고 있는 국내계열회사의 경우로서, 자회
사에 해당하게 된 날부터 2년 이내인 경우

ii) 계열회사가 아닌 회사를 손자회사에 해당하게 하는 과정에서 당해 회사가
계열회사에 해당하게 된 날부터 1년 이내인 경우(같은 기간 내에 손자회사에 해
당하게 된 경우에 한함)

iii) 주식을 소유하고 있지 아니한 국내계열회사를 손자회사에 해당하게 하는 과
정에서 당해 계열회사의 주식을 소유하게 된 날부터 1년 이내인 경우(같은
기간내에 손자회사에 해당하게 된 경우에 한함)

iv) 손자회사를 손자회사에 해당하지 않게 하는 과정에서 당해 손자회사가 손자
회사에 해당하지 않게 된 날부터 1년 이내인 경우(같은 기간내에 계열회사에 해
당하지 않게 된 경우에 한함)

v) 손자회사가 다른 자회사와 합병하여 그 다른 자회사의 주식을 소유하게 된
경우로서 주식을 소유한 날부터 1년 이내인 경우

vi) 자기주식을 보유하고 있는 자회사가 회사분할로 인하여 다른 국내계열회사
의 주식을 소유하게 된 경우로서 주식을 소유한 날부터 1년 이내인 경우

③ 일반지주회사의 자회사는 금융업이나 보험업을 영위하는 회사를 손자회사
로 지배하는 행위를 해서는 안 된다. 다만, 일반지주회사의 자회사가 될 당

시에 금융업이나 보험업을 영위하는 회사를 손자회사로 지배하고 있는 경우에는 자회사에 해당하게 된 날부터 2년간 그 손자회사를 지배할 수 있다.

(3) 일반지주회사의 손자회사의 행위제한(법 18조 4항)

일반지주회사의 손자회사는 국내계열회사의 주식을 소유해서는 안 된다. 다만 다음 각 호의 어느 하나에 해당하는 경우에는 그러하지 아니하다.

i) 손자회사가 될 당시에 주식을 소유하고 있는 국내계열회사의 경우로서, 손자회사에 해당하게 된 날부터 2년 이내인 경우

ii) 주식을 소유하고 있는 계열회사가 아닌 국내회사가 계열회사에 해당하게 된 경우로서 당해 회사가 계열회사에 해당하게 된 날부터 1년 이내인 경우

iii) 자기주식을 소유하고 있는 손자회사가 회사분할로 인하여 다른 국내계열회사의 주식을 소유하게 된 경우로서, 주식을 소유한 날부터 1년 이내인 경우

iv) 손자회사가 국내계열회사(금융업 또는 보험업을 영위하는 회사를 제외) 발행주식총수를 소유하고 있는 경우[14]

v) 손자회사가 벤처지주회사인 경우 그 손자회사가 국내 계열회사(금융업 또는 보험업을 영위하는 회사는 제외한다) 발행주식총수의 100분의 50 이상을 소유하는 경우[15]

(4) 일반지주회사 증손회사의 행위제한(법 18조 5항)

손자회사가 주식을 소유하고 있는 회사(증손회사)는 국내계열회사의 주식을 소유해서는 안 된다. 다만 다음 각 호의 어느 하나에 해당하는 경우에는 그러하지 아니하다.

i) 증손회사가 될 당시에 주식을 소유하고 있는 국내계열회사인 경우로서, 증손회사에 해당하게 된 날부터 2년 이내인 경우

ii) 주식을 소유하고 있는 계열회사가 아닌 국내회사가 계열회사에 해당하게 된 경우로서, 그 회사가 계열회사에 해당하게 된 날부터 1년 이내인 경우

---

14) 동 규정은 주식 총수를 소유하는 경우에 지주회사 체제의 수직적 확대의 우려가 크지 않다는 판단에 따른 것으로 볼 수 있으며, 이에 의하여 현행 독점규제법상 지주회사 체제에서 증손회사는 일시적이지 않은 상태로 존재할 수 있게 되었다.

15) 2020년 12월 법 개정에 의해 도입된 것으로서, 벤처지주회사인 손자회사의 증손회사 설립 요건을 완화함으로써 벤처기업에 대한 투자를 활성화 하려는 취지에서 도입되었다.

(5) 유예기간의 연장

그런데 위에서 설명한 각 해당 규정의 유예기간은 주식가격의 급격한 변동 등 경제여건의 변화, 주식처분금지계약, 사업의 현저한 손실, 그 밖의 사유로 인하여 부채액을 감소시키거나 주식의 취득·처분 등이 곤란한 경우에는 공정거래위원회의 승인을 얻어 2년을 연장할 수 있다(법 18조 6항).

(6) 지주회사의 보고의무

지주회사는 공정거래위원회가 정하여 고시하는 바에 따라, 당해 사업연도 종료 후 4개월 이내에 당해 지주회사·자회사·손자회사 및 증손회사의 일반현황, 주주현황, 주식소유현황·재무상황 등 사업내용에 관한 보고서를 공정거래위원회에 제출하여야 한다(법 18조 6항, 영 28조).

5. 상호출자제한 기업집단의 지주회사 설립제한

상호출자제한 기업집단에 속하는 회사를 지배하는 동일인 또는 당해 동일인의 특수관계인이 지주회사를 설립하거나, 지주회사로 전환하려는 경우에는 다음 각 호에 해당하는 채무보증을 해소하여야 한다(법 19조).

① 지주회사와 자회사 간의 채무보증
② 지주회사와 다른 국내 계열회사(당해 지주회사가 지배하는 자회사를 제외함) 간의 채무보증
③ 자회사 상호간의 채무보증
④ 자회사와 다른 국내계열회사(당해 자회사를 지배하는 지주회사 및 당해 지주회사가 지배하는 다른 자회사를 제외함) 간의 채무보증

6. 일반지주회사의 금융회사 주식 소유 제한에 관한 특례

일반지주회사는 금융업 또는 보험업을 영위하는 국내회사의 주식을 소유할 수 없지만, 「벤처투자 촉진에 관한 법률」에 따른 중소기업창업투자회사(이하 이 조에서 "중소기업창업투자회사"라 함) 및 「여신전문금융업법」에 따른 신기술사업금융전문회사(이하 이 조에서 "신기술사업금융전문회사"라 함)의 주식을 소유할 수 있다(법 20조 1항). 동 규정은 벤처기업이나 신기술사업 분야에 투자를 촉진할 목적으로 2020년 12월 법 개정에 의해 도입된 것이다. 동 규정에 의하여 금산분리 원칙의 예외로서 일반

지주회사의 이른바 기업형벤처캐피탈(CVC; corporate venture capital) 주식 소유가 가능하게 되었다. 그러나 일반지주회사의 지배력이 금융 분야로 지나치게 확대되는 것을 제한하기 위해, 일반지주회사가 중소기업창업투자회사 및 신기술사업금융전문회사의 주식을 소유하는 경우에는 중소기업창업투자회사 및 신기술사업금융전문회사의 발행주식총수를 소유하여야 한다(법 20조 1항 본문). 다만 다음 각 호의 어느 하나에 해당하는 경우에는 그러하지 아니하다.

① 계열회사가 아닌 중소기업창업투자회사 및 신기술사업금융전문회사를 자회사에 해당하게 하는 과정에서 해당 중소기업창업투자회사 및 신기술사업금융전문회사 주식을 발행주식총수 미만으로 소유하고 있는 경우로서 해당 회사의 주식을 보유하게 된 날부터 1년 이내인 경우(1년 이내에 발행주식총수를 보유하게 되는 경우에 한정한다)

② 자회사인 중소기업창업투자회사 및 신기술사업금융전문회사를 자회사에 해당하지 아니하게 하는 과정에서 해당 중소기업창업투자회사 및 신기술사업금융전문회사 주식을 발행주식총수 미만으로 소유하게 된 날부터 1년 이내인 경우(발행주식총수 미만으로 소유하게 된 날부터 1년 이내에 모든 주식을 처분한 경우에 한정한다)

또한 일반지주회사가 주식을 소유한 중소기업창업투자회사 및 신기술사업금융전문회사는 다음 각 호의 어느 하나에 해당하는 행위를 하여서는 아니 된다.[16] 다만, 제2항 각 호의 어느 하나에 해당하는 경우에는 제1호부터 제5호까지의 규정을 적용하지 아니한다.

① 자본총액의 2배를 초과하는 부채액을 보유하는 행위
② 중소기업창업투자회사인 경우 「벤처투자 촉진에 관한 법률」 제37조 제1항 각 호 이외의 금융업 또는 보험업을 영위하는 행위
③ 신기술사업금융전문회사인 경우 「여신전문금융업법」 제41조 제1항 제1호, 제3호부터 제5호까지의 규정 이외의 금융업 또는 보험업을 영위하는 행위
④ 다음 각 목의 어느 하나에 해당하는 투자조합(「벤처투자 촉진에 관한 법률」 제2조 제11호에 따른 벤처투자조합 및 「여신전문금융업법」 제2조 제14호의5에 따른 신기술사업투자조합을 말한다. 이하 이 조에서 같다)을 설립하는 행위

---

[16] 제2항 각 호의 어느 하나에 해당하는 경우에는 제1호부터 제5호까지의 규정을 적용하지 아니한다.

i) 자신이 소속된 기업집단 소속 회사가 아닌 자가 출자금 총액의 100분의 40 이내에서 대통령령으로 정하는 비율을 초과하여 출자한 투자조합

ii) 자신이 소속된 기업집단 소속 회사 중 금융업 또는 보험업을 영위하는 회사 가 출자한 투자조합

iii) 자신의 특수관계인(동일인 및 그 친족에 한정한다)이 출자한 투자조합(동일인이 자연인인 기업집단에 한정한다)

⑤ 다음 각 목의 어느 하나에 해당하는 투자(「벤처투자 촉진에 관한 법률」 제2조 제 1호 각 목의 어느 하나에 해당하는 것을 말한다)를 하는 행위(투자조합의 업무집행을 통한 투자를 포함한다)

i) 자신이 소속된 기업집단 소속 회사에 투자하는 행위

ii) 자신의 특수관계인(동일인 및 그 친족에 한정한다)이 출자한 회사에 투자하는 행위

iii) 공시대상기업집단 소속 회사에 투자하는 행위

iv) 총자산(운용 중인 모든 투자조합의 출자금액을 포함한다)의 100분의 20을 초과하 는 금액을 해외 기업에 투자하는 행위

⑥ 자신(자신이 업무를 집행하는 투자조합을 포함한다)이 투자한 회사의 주식, 채권 등을 자신의 특수관계인(동일인 및 그 친족에 한정한다) 및 특수관계인이 투자 한 회사로서 지주회사 등이 아닌 계열회사가 취득 또는 소유하도록 하는 행위

한편 일반지주회사는 제1항에 따라 중소기업창업투자회사 및 신기술사업금융 전문회사의 주식을 소유하는 경우에 해당 주식을 취득 또는 소유한 날부터 4개월 이내에 그 사실을 공정거래위원회가 정하여 고시하는 바에 따라 공정거래위원회 에 보고하여야 한다(법 20조 4항). 또한 일반지주회사의 자회사인 중소기업창업투자 회사 및 신기술사업금융전문회사는 자신 및 자신이 운용중인 모든 투자조합의 투 자 현황, 출자자 내역 등을 공정거래위원회가 정하여 고시하는 바에 따라 공정거 래위원회에 보고하여야 한다(법 20조 5항).

7. 탈법행위의 금지

누구든지 지주회사, 자회사, 손자회사, 증손회사의 행위 규제, 상호출자제한기 업집단의 지주회사 설립 제한, 일반지주회사의 금융회사 주식 소유에 관한 특례 등의 규정을 회피하려는 행위를 해서는 안 된다(법 36조 1항).

8. 시정조치, 과징금 및 형벌

(1) 시정조치

공정거래위원회는 지주회사, 자회사, 손자회사, 증손회사의 행위 규제, 상호출자제한기업집단의 지주회사 설립 제한, 일반지주회사의 금융회사 주식 소유에 관한 특례 등의 규정에 위반하거나, 위반할 우려가 있는 행위가 있는 때에는 당해 사업자 또는 위반 행위자에 대하여 다음 각 호의 어느 하나의 시정조치를 명할 수 있다(법 37조 1항).

① 당해 행위의 중지
② 주식의 전부 또는 일부의 처분
③ 채무보증의 취소
④ 시정명령을 받은 사실의 공표
⑤ 기타 법위반상태를 시정하기 위하여 필요한 조치

그리고 상호출자제한 기업집단이 채무보증 해소요건을 충족하지 않은 채, 지주회사를 설립한 경우에는 공정거래위원회는 당해 회사의 설립무효의 소를 제기할 수 있다(법 37조 2항).

(2) 과징금

공정거래위원회는 지주회사, 자회사, 손자회사, 증손회사의 행위 제한 규정, 그리고 일반지주회사의 금융회사 주식 소유에 관한 특례 규정상 일반지주회사와 중소기업창업투자회사 및 신기술사업금융전문회사의 행위 제한 규정에 위반한 자에 대하여 다음 각 호의 구분에 따른 금액의 20%를 초과하지 않는 범위 안에서 과징금을 부과할 수 있다(법 38조 3항).

① 법 제18조 제2항 제1호를 위반한 경우에는 기준대차대조표상 자본총액의 2배를 초과한 부채액
② 법 제18조 제2항 제2호를 위반한 경우에는 당해 자회사 주식의 기준대차대조표상 장부가액의 합계액에 다음에서 정한 비율에서 그 자회사 주식의 소유비율을 뺀 비율을 곱한 금액을 그 자회사 주식의 소유비율로 나누어 산출한 금액
   i) 당해 자회사가 상장법인 또는 국외상장법인이거나 공동출자법인인 경우에는

100분의 30

ii) 벤처지주회사인 경우에는 100분의 20

iii) 이 외의 경우에는 100분의 50

③ 법 제18조 제2항 제3호 내지 제5호, 제3항 제2호 및 제3호, 제4항 제1호 내지 제4호, 제5항을 위반한 경우에는 위반하여 소유하는 주식의 기준대차대조표상 장부가액의 합계액

④ 법 제18조 제3항 제1호를 위반한 경우에는 해당 손자회사 주식의 기준대차대조표상 장부가액의 합계액에 다음에서 정한 비율에서 그 손자회사 주식의 소유비율을 뺀 비율을 곱한 금액을 그 손자회사 주식의 소유비율로 나누어 산출한 금액

i) 해당 손자회사가 상장법인 또는 국외상장법인이거나 공동출자법인인 경우에는 100분의 30

ii) 해당 손자회사가 벤처지주회사의 자회사인 경우에는 100분의 20

iii) 가목 및 나목에 해당하지 아니하는 손자회사의 경우에는 100분의 50

⑤ 법 제18조 제4항 제5호를 위반한 경우에는 해당 손자회사인 벤처지주회사가 발행주식총수의 100분의 50 미만을 소유하고 있는 국내 계열회사 주식의 기준대차대조표상 장부가액의 합계액에 100분의 50의 비율에서 그 국내 계열회사 주식의 소유비율을 뺀 비율을 곱한 금액을 그 국내 계열회사 주식의 소유비율로 나누어 산출한 금액

⑥ 법 제20조 제2항을 위반한 경우에는 해당 자회사 주식의 기준대차대조표상 장부가액의 합계액을 그 자회사 주식의 소유비율로 나눈 금액에 해당 자회사 발행주식 중 자신이 보유하지 않은 주식의 비율을 곱하여 산출한 금액

⑦ 법 제20조 제3항 제1호를 위반한 경우에는 기준대차대조표상 자본총액의 2배를 초과한 부채액

⑧ 법 제20조 제3항 제4호를 위반한 경우에는 위반에 해당하는 만큼의 출자금액

⑨ 법 제20조 제3항 제5호를 위반한 경우에는 위반하여 소유하는 주식, 채권 등의 기준대차대조표상 장부가액의 합계액

⑩ 법 제20조 제3항 제6호를 위반한 경우에는 위반하여 소유하도록 한 주식, 채권 등의 기준대차대조표상 장부가액의 합계액자회사 주식의 소유비율로

나눈 금액에 해당 자회사 발행주식 중 자신이 보유하지 않은 주식의 비율을 곱하여 산출한 금액

(3) 벌 칙

지주회사, 자회사, 손자회사, 증손회사의 행위 규제, 상호출자제한기업집단의 지주회사 설립 제한, 일반지주회사의 금융회사 주식 소유에 관한 특례 규정에 위반한 자에 대하여는 3년 이하의 징역 또는 2억원 이하의 벌금에 처한다(법 124조 1항 4, 5, 6호). 이 경우 징역형과 벌금형은 병과할 수 있다(법 124조 2항). 그리고 공정거래위원회의 시정조치에 응하지 아니한 자에 대하여는 2년 이하의 징역 또는 1억 5천만원 이하의 벌금에 처한다(법 125조 1호).

한편 지주회사의 설립·전환의 신고 규정에 위반하여 지주회사의 설립 또는 전환의 신고를 하지 아니하거나 허위의 신고를 한 자 또는 지주회사의 행위제한규정에 위반하여 지주회사·자회사, 손자회사, 증손회사의 사업내용에 관한 보고를 하지 아니하거나 허위의 보고를 한 자에 대하여는 1억원 이하의 벌금에 처한다(법 126조 1, 2호).

Ⅲ. 대규모기업집단에 대한 규제

1. 대규모기업집단의 의의

(1) 대규모기업집단의 지정

기업집단은 동일인이 지배하는 회사의 집단을 말하며, 독점규제법은 이러한 기업집단 중에서 일정 규모 이상의 대규모기업집단만을 규제대상으로 하고 있다. 공정거래위원회는 우선 지배관계의 정점에 위치한 동일인을 임의로 정하고, 그 동일인이 사업내용을 지배하는 회사의 범위를 확정한 다음, 범위에 포함된 회사의 자산총액 합계액을 구하여 기준에 합치되는 기업집단을 대규모기업집단으로 지정하는 방식으로 운영하고 있다.[17] 동일인의 회사에 대한 지배관계는 발행주식 총수의 100분의 30 이상인 형식적 기준과 회사 경영에 대한 지배적 영향력의 판단에 의한 실질적 기준에 의한다(영 4조 1항 1호, 2호). 이러한 동일인의 지배관계에 도움을 주

---

17) 대규모기업집단 지정제도의 운영과 개선 필요성에 관한 분석으로, 신현윤·홍명수·강상엽, 대기업집단 규제론, 법문사, 2021, 119-129면 참조.

는 자를 동일인관련자라 하는데, 이는 동일인의 지배관계를 파악하는 데 중요한 요소이므로 동법 시행령은 이에 해당하는 자를 법정하고 있으며(영 4조 1항 1호 가 목 내지 마목), 또한 친족독립경영회사로서 동일인이 지배하는 기업집단에서 제외된 경우의 독립경영친족 및 독립경영친족관련자 또는 동일인의 지배적 영향력 행사가 부인된 비영리법인 또는 단체가 동일인관련자에서 제외될 수 있는 근거와 절차를 마련하고 있다(영 6조).

규제대상의 범위는 기업집단에 속하는 국내회사들의 자산총액의 합계액에 기초하여 정하고 있는데, 구체적인 적용 기준과 방식에 관해서는 여러 차례 변화가 있었다. 특히 상대적 기준과 절대적 기준이 교차되었고, 일원적 기준에서 이원적 기준으로의 변화도 중요하다. 구체적으로 최초 제도 도입시부터 1992년까지 절대적 기준으로서 자산총액 기준 4,000억원 이상인 기업집단이 지정되었으며, 1993년~2001년 기간에는 상대적 기준에 의해 계열회사의 자산총액 순위 기준으로 30위까지 지정되었다. 2002년부터는 다시 절대적 기준으로 환원하여 출자총액제한기업집단(5조원 이상)과 상호출자제한기업집단(2조원 이상)으로 구분하여 이원적으로 지정되었고, 2009년 출자총액제한제도의 폐지에 따라 상호출자제한기업집단(5조원 이상)만 지정되었다. 2016년 상호출자제한기업집단 지정 기준이 5조원에서 10조원으로 상향되고, 공기업집단이 제외되는 변화가 있었으며, 2017년 4월 법 개정에 따라서 자산총액 5조원 이상은 공시대상기업집단으로 지정하고 그중 자산총액 10조원 이상은 상호출자제한기업집단으로 지정하는 이원적 방식이 다시 도입되었다. 한편 2020년 12월 법 개정에서는 특정 기준이 국민경제의 성장에 따라서 시의성을 잃게 되는 문제를 해결하기 위하여 GDP에 연동하는 방안이 도입되었다. 즉 개정법 제31조 제1항에 의해 상호출자제한기업집단의 자산총액 기준은 GDP의 0.5%로 변경되었으며, 다만 개정법 부칙 제4조에 의해 동 기준은 법 시행 이후 국내총생산액(GDP)이 2천조원을 초과하는 것으로 「한국은행법」에 따른 한국은행이 발표한 해의 다음 연도에 상호출자제한기업집단을 지정하는 경우부터 적용된다.[18]

공정거래위원회는 매년 5월 1일(부득이한 경우에는 5월 15일)까지 지정기준에 새로 해당하는 기업집단을 공시대상 기업집단 또는 상호출자제한 기업집단으로 지정하고, 이를 그 기업집단에 속하는 회사 및 동일인의 특수관계인인 공익법인에

---

18) 한국은행은 2021년 우리나라 국내총생산이 2,080조원인 것으로 확정 발표하였다(한국은행, 2021년 국민계정(확정) 및 2022년 국민계정(잠정), 2023. 6. 2.) 따라서 2024년부터 상호출자제한기업집단 국내총생산의 0.5%를 기준에 따라서 지정된다.

통지하여야 한다(법 31조 1항, 영 36조 3항, 4항). 상호출자의 금지(법 21조), 순환출자의 금지(법 22조), 순환출자에 대한 의결권 제한(법 23조), 계열회사에 대한 채무보증의 금지(법 24조), 금융회사 또는 보험회사의 의결권 제한(법 25조), 대규모내부거래의 이사회 의결 및 공시(법 26조), 비상장회사 등의 중요사항 공시(법 27조), 기업집단현황에 대한 공시(법 28조), 특수관계인인 공익법인의 이사회 의결 및 공시(법 29조) 및 주식소유현황 등의 신고(법 30조) 및 특수관계인에 대한 부당한 이익제공 등 금지(법 47조)의 규정은 기업집단의 지정 통지를 받은 날부터 적용한다(법 31조 2항). 그러나 상호출자제한 기업집단으로 지정 또는 편입되어 그 기업집단에 속하는 회사로 통지를 받은 회사가 그 통지를 받을 당시에 이미 상호출자의 금지, 또는 계열회사에 대한 채무보증의 금지규정을 위반하고 있는 경우에는 다음 각 호의 구분에 따라 그 적용을 배제하거나 일정기간 유예한다(법 31조 3항).

① 상호출자의 금지규정을 위반하고 있는 경우 혹은 소유하고 있는 주식을 발행한 회사가 새로 계열회사로 편입되어 이 규정에 위반하게 되는 경우에는 지정일 또는 편입일로부터 1년간은 이 규정을 적용하지 아니한다.

② 계열회사에 대한 채무보증의 금지규정을 위반하고 있는 경우(채무보증을 받고 있는 회사가 새로 계열회사로 편입되어 동 규정을 위반하게 되는 경우를 포함)에는 지정일 또는 편입일로부터 2년간은 이 규정을 적용하지 아니한다. 다만, 그 기업집단에 속하는 회사에 「채무자 회생 및 파산에 관한 법률」에 따른 회생절차가 개시된 경우에는 회생절차의 종료일까지, 그리고 그 기업집단에 속하는 회사가 회생절차가 개시된 회사에 대하여 채무보증을 하고 있는 경우에는 그 채무보증에 한하여 채무보증을 받고 있는 회사의 회생절차의 종료일까지는 이를 적용하지 않는다.

공정거래위원회는 회사 또는 특수관계인에게 이상의 기업집단 지정을 위하여 회사의 일반 현황, 회사의 주주 및 임원 구성, 특수관계인 현황, 주식소유 현황 등 대통령령으로 정하는 자료의 제출을 요청할 수 있으며(법 31조 4항), 이때 자료 제출을 거부하거나 거짓의 자료를 제출하여 계열회사 또는 특수관계인으로 편입되지 않은 경우에는 대통령령에서 정한 날에 편입·통지된 것으로 의제된다(법 33조, 영 37조). 그리고 공시대상 기업집단 등에 속하는 회사는 공인회계사의 회계감사를 받아야 하며, 공정거래위원회는 공인회계사의 감사의견에 따라 수정한 대차대조표를 사용하여야 한다(법 31조 5항).

(2) 계열회사 · 공익법인의 편입 및 제외

(가) 절 차

공정거래위원회는 공시대상 기업집단의 계열회사로 편입하거나 계열회사에서 제외해야 할 사유가 발생한 경우에는, 해당 회사(해당 회사의 특수관계인을 포함)의 요청이나 직권으로 계열회사에 해당하는지 여부를 심사하여 계열회사로 편입하거나 계열회사에서 제외하고, 그 내용을 해당 회사에 통지하여야 한다(법 32조 1항).[19] 공익법인을 동일인의 특수관계인으로 편입하거나 제외하는 경우에도 동일하다(법 32조 2항).

공정거래위원회는 이러한 심사를 위하여 필요하다고 인정하는 경우에는 해당 회사에 대하여 주주 및 임원의 구성, 채무보증관계, 자금대차관계, 거래관계 기타 필요한 자료의 제출을 요청할 수 있으며(법 32조 3항), 해당 회사로부터 심사의 요청을 받은 경우에는 30일 이내에 그 심사결과를 요청한 자에게 통지하여야 한다. 다만 공정거래위원회가 필요하다고 인정할 때에는 60일을 초과하지 않는 범위 안에서 그 기간을 연장할 수 있다(법 32조 4항). 한편 공정거래위원회의 자료 요청에 대한 자료 제출을 거부하거나 거짓의 자료를 제출한 경우에는 기업집단 지정 관련 자료 요청에 대한 경우와 마찬가지로 대통령령에서 정한 날에 계열회사 편입이 의제된다(법 33조, 영 37조).

(나) 기업집단으로부터 제외

여기서 당사자들에게 특히 중요한 의미를 가지는 것은 기업집단으로부터의 제외이다. 공정거래위원회는, i) 출자자간의 합의 · 계약 등에 의하여 동일인이 임명한 자 또는 동일인 관련자 외의 자가 사실상 경영을 하고 있다고 인정되는 회사, ii) 다음 각 목의 요건을 모두 갖춘 회사로서 동일인의 친족이 당해 회사를 독립적으로 경영하고 있다고 인정되는 회사,[20] iii) 다음 각 목의 요건을 모두 갖춘 회사

---

19) 여기서의 심사는 계열관계가 존재하는지에 관한 형식적인 심사로 이루어지는데, 경쟁제한성이나 경제력집중의 측면에서 실질적 심사를 통하여 계열관계의 편입을 통제하는 방안을 입법론적으로 제한하고 있는 것으로, 홍명수, "독점규제법상 재벌 규제의 문제점과 개선 방안", 경쟁법연구 제36권, 2017, 3면 이하 참조.

20) 가. 동일인의 친족이 사실상 사업내용을 지배하고 있는 회사 중 기업집단으로부터의 제외를 요청한 각 회사(이하 '친족측계열회사'라 한다)에 대해 동일인 및 동일인관련자 중 다음의 자를 제외한 자가 소유하고 있는 주식의 합계가 각 회사의 발행주식총수의 100분의 3 「자본시장과 금융투자업에 관한 법률」 제9조제15항제3호에 따른 주권상장법인(이하 '상장법인'이라 한다)이 아닌 회사의 경우에는 100분의 10 미만일 것. 1) 친족측계열회사를 독립적으로 경영하는 자(이하 '독립경영친족'이라 한다). 2) 독립경영친족과 제4조제1항제1호 각 목의 어느 하나에 해당하는 관계에 있는 자 중 독립경영친족의 요청에 따라 공정거래위원회가 동일인관련자의 범위로부터 분리를 인정하는 자(이하 '독립경영친족관련자'라 한다)

나. 기업집단에서 친족측계열회사를 제외한 각 회사(이하 '비친족측계열회사'라 한다)에 대해 독립

로서 동일인과 제4조 제1호 마목의 관계에 있는 자가 해당 회사를 독립적으로 경영하고 있다고 인정되는 회사,21) iv) 「채무자 회생 및 파산에 관한 법률」에 의한 파산선고를 받아 파산절차가 진행중인 회사, v) 「기업구조조정투자회사법」에 따른 약정체결기업에 해당하는 회사로서 다음 각 목의 요건을 모두 갖춘 회사,22) vi) 「채무자 회생 및 파산에 관한 법률」에 따른 회생절차개시결정을 받아 회생절차가 진행중인 회사로서 다음 각 목의 모두 갖춘 회사23) 중 어느 하나에 해당하며 동일

경영친족 및 독립경영친족관련자가 소유하고 있는 주식의 합계가 각 회사의 발행주식총수의 100분의 3(상장법인이 아닌 회사의 경우에는 100분의 15) 미만일 것

다. 비친족측계열회사와 친족측계열회사 간에 임원의 상호 겸임이 없을 것

라. 비친족측계열회사와 친족측계열회사 간에 채무보증이나 자금대차가 없을 것. 다만, 다음의 채무보증이나 자금대차는 제외한다. 1) 법 제24조제1호에 따른 채무보증. 2) 거래에 수반하여 정상적으로 발생한 것으로 인정되는 채무보증이나 자금대차

마. 다음의 어느 하나에 해당하는 거래(기업집단의 범위에서 제외된 날의 직전 3년 및 직후 3년간의 거래로 한정한다)와 관련하여 법 제45조제1항제9호, 같은 조 제2항 또는 법 제47조 위반으로 비친족측계열회사, 친족측계열회사, 동일인 또는 친족이 공정거래위원회로부터 시정조치(시정권고 또는 경고를 포함한다)를 받거나 과징금을 부과받은 사실이 없을 것. 1) 비친족측계열회사와 친족측계열회사 간의 거래. 2) 비친족측계열회사와 독립경영친족(독립경영친족관련자를 포함한다) 간의 거래. 3) 친족측계열회사와 동일인(동일인의 친족 중 독립경영친족관련자를 제외한 나머지 자를 포함한다) 간의 거래

21) 가. 동일인과 제4조제1항제1호마목의 관계에 있는 자가 사실상 사업내용을 지배하고 있는 회사 중 기업집단으로부터의 제외를 요청한 각 회사(이하 '임원측계열회사'라 한다)를 독립적으로 경영하는 자(이하 '독립경영임원'이라 한다)가 동일인과 같은 목의 관계에 있기 전부터 사실상 사업내용을 지배하는 회사(해당 회사가 사업내용을 지배하는 회사를 포함한다)일 것

나. 임원측계열회사에 대해 동일인 및 동일인관련자 중 다음의 자를 제외한 자가 출자하고 있지 않을 것. 1) 독립경영임원. 2) 독립경영임원과 제4조제1항제1호 각 목의 어느 하나에 해당하는 관계에 있는 자 중 독립경영임원의 요청에 따라 공정거래위원회가 동일인관련자의 범위로부터 분리를 인정하는 자(이하 '독립경영임원관련자'라 한다)

다. 기업집단에서 임원측계열회사를 제외한 각 회사(동일인이 법인인 경우에는 동일인을 포함한다. 이하 '비임원측계열회사'라 한다)에 대해 독립경영임원 및 독립경영임원관련자가 출자하고 있지 않을 것. 다만, 독립경영임원 및 독립경영임원관련자가 다음 요건을 모두 충족하여 출자하고 있는 경우는 제외한다. 1) 독립경영임원이 「상법」 제382조제3항에 따른 사외이사나 그 밖의 상시적인 업무에 종사하지 않는 이사에 해당할 것. 2) 독립경영임원이 동일인과 제4조제1항제1호마목의 관계에 있기 전부터 독립경영임원 및 독립경영임원관련자가 비임원측계열회사에 대해 소유하고 있는 주식의 합계가 각 회사의 발행주식총수의 100분의 3(상장법인이 아닌 회사의 경우에는 100분의 15) 미만일 것

라. 비임원측계열회사와 임원측계열회사 간에 독립경영임원 외에 임원의 상호 겸임이 없을 것

마. 비임원측계열회사와 임원측계열회사 간에 채무보증이나 자금대차가 없을 것

바. 기업집단으로부터의 제외를 요청한 날이 속하는 사업연도의 직전 사업연도 동안 다음의 비율이 모두 100분의 50 미만일 것. 1) 각 비임원측계열회사의 총매출 및 총매입 거래액 중에서 전체 임원측계열회사에 대한 매출 및 매입 거래액이 차지하는 비율. 2) 각 임원측계열회사의 총매출 및 총매입 거래액 중에서 전체 비임원측계열회사에 대한 매출 및 매입 거래액이 차지하는 비율

22) 가. 동일인 및 동일인관련자가 소유하고 있는 주식 중 해당 회사 발행주식총수의 100분의 3(상장법인이 아닌 회사의 경우에는 100분의 10)을 초과하여 소유하고 있는 주식에 대한 처분 및 의결권 행사에 관한 권한을 「기업구조조정투자회사법」에 따른 채권금융기관에 위임할 것

나. 동일인 및 동일인관련자가 가목에 따른 위임계약의 해지권을 포기하는 내용의 특약을 할 것

23) 가. 동일인 및 동일인관련자가 소유하고 있는 주식 중 해당 회사 발행주식총수의 100분의 3(상장법인이 아닌 회사의 경우에는 100분의 10)을 초과하여 소유하고 있는 주식에 대한 처분 및 의결권 행사에 관한 권한을 「채무자 회생 및 파산에 관한 법률」 제74조에 따른 관리인에게 위임하되, 정리

인이 그 사업내용을 지배하지 않는다고 인정되는 경우에 이해관계자의 요청에 의해 동일인이 지배하는 기업집단의 범위에서 제외할 수 있다(영 5조 1항).

또한 정책적인 이유로 이해관계자의 요청에 따라서 공정거래위원회가 기업집단에서 제외할 수도 있는데, 동법 시행령 제5조 제2항에서 정하고 있는 경우는 다음과 같다. i) 다음 각 목의 자가 「사회기반시설에 대한 민간투자법」에 따라 설립된 민간투자사업법인(이하 이 항에서 "민간투자사업법인"이라 함)의 발행주식총수의 100분의 20 이상을 소유하고 있는 경우 그 민간투자사업법인(이 경우 해당 민간투자사업법인은 다른 회사와의 상호출자와 출자자 외의 자로부터의 채무보증이 모두 없어야 한다),[24] ii) 다음 각 목의 회사 중 최다출자자가 2인 이상으로서 해당 최다출자자가 임원의 구성이나 사업운용 등에 지배적인 영향력을 행사하지 않는다고 인정되는 회사(이 경우 최다출자자가 소유한 주식을 산정하는 때에는 동일인 또는 동일인관련자가 소유한 해당 회사의 주식을 포함한다),[25] iii) 제2호나목에 해당하는 회사로서 다음 각 목의 요건을 모두 갖춘 회사 (다만, 해당 회사는 「사회기반시설에 대한 민간투자법」 제13조에 따라 사업시행자로 지정된 날부터 같은 법 제15조제1항에 따라 주무관청의 승인을 받아 같은 조 제2항에 따라 고시된 실시계획에 따른 사업(같은 법 제21조제7항에 따라 고시된 부대사업은 제외한다)을 완료하여 같은 법 제22조제1항에 따른 준공확인을 받기 전까지의 기간까지만 기업집단 범위에서 제외할 수 있다),[26] iv) 다음 각 목의 어느 하나에 해당하는 회사로서 회사설립

절차가 종료된 후에는 해당 권한을 회사가 승계하게 할 것
　나. 동일인 및 동일인관련자가 가목에 따른 위임계약의 해지권을 포기하는 내용의 특약을 할 것
　24) 가. 국가 또는 지방자치단체
　나. 「공공기관의 운영에 관한 법률」 제5조에 따른 공기업
　다. 특별법에 따라 설립된 공사·공단 또는 그 밖의 법인
　25) 가. 동일한 업종을 경영하는 둘 이상의 회사가 사업구조조정을 위해 그 회사의 자산을 현물출자하거나 합병, 그 밖에 이에 준하는 방법으로 설립한 회사
　나. 민간투자사업법인으로서 「사회기반시설에 대한 민간투자법」 제4조제1호부터 제4호까지의 방식으로 민간투자사업을 추진하는 회사
　26) 가. 해당 회사의 최다출자자가 임원의 구성이나 사업운용 등에 지배적인 영향력을 행사하지 않는다고 인정될 것. 이 경우 최다출자자가 소유한 주식을 산정하는 때에는 동일인 또는 동일인관련자가 소유한 해당 회사의 주식을 포함한다.
　나. 해당 회사(해당 회사가 그 사업내용을 지배하는 회사를 포함한다)가 동일인이 지배하는 회사(동일인이 회사인 경우에는 동일인을 포함한다. 이하 이 호에서 같다)에 출자하고 있지 않을 것
　다. 해당 회사(해당 회사가 그 사업내용을 지배하는 회사를 포함한다)와 동일인이 지배하는 회사 간에 채무보증 관계가 없을 것. 다만, 해당 회사(해당 회사가 그 사업내용을 지배하는 회사는 제외한다. 이하 이 목에서 같다)에 출자한 동일인이 지배하는 회사가 해당 회사에 대해 채무보증을 제공하는 경우는 제외한다.
　라. 동일인 또는 동일인관련자가 해당 회사의 주식을 취득하거나 소유하여 제4조제1항의 요건에 해당하게 된 날 이후 해당 회사(해당 회사가 그 사업내용을 지배하는 회사를 포함한다. 이하 이 목에서 같다)와 동일인(그 친족을 포함한다) 간 또는 해당 회사와 동일인이 지배하는 회사 간에 법 제45조제1항 제9호, 같은 조 제2항 또는 법 제47조를 위반하여 해당 회사, 동일인(그 친족을 포함한다) 또는 동일인이 지배하는 회사가 공정거래위원회로부터 시정조치(시정권고 또는 경고를 포함한다)를 받

등기일부터 10년 이내이고 동일인이 지배하는 회사(동일인이 회사인 경우 동일인을 포함한다)와 출자 또는 채무보증 관계가 없는 회사,[27] v) 5. 다음 각 목의 요건을 모두 갖춘 회사(해당 회사가 그 사업내용을 지배하는 회사를 포함한다).[28]

(다) 제외결정의 취소

한편 공정거래위원회는 이상의 규정에 의하여 동일인이 지배하는 기업집단의 범위에서 제외된 회사가 그 제외요건에 해당하지 않게 된 경우에는 직권 또는 이해관계자의 요청에 의하여 그 제외결정을 취소할 수 있다. 다만 독립경영인정기준에 해당되는 회사로서 동일인의 친족이 해당 회사를 독립적으로 경영하고 있다고 인정되어 기업집단으로부터 제외된 회사의 경우에는 원칙적으로 그 제외된 날로부터 3년 이내에 제외요건에 해당하지 않게 된 경우에 한한다(영 5조 3항).

그리고 공시대상 기업집단에 속하는 회사는 대통령령으로 정하는 바에 따라 해당 회사의 주주의 주식소유현황·재무상황 및 다른 국내회사 주식의 소유현황을 공정거래위원회에 신고해야 한다. 또한 상호출자제한 기업집단에 속하는 회사는 국내계열회사에 대한 채무보증의 현황을 국내금융기관의 확인을 받아 공정거래위원회에 신고하여야 한다(법 30조).

2. 상호출자의 금지

상호출자란 둘 이상의 회사가 서로 상대회사의 주식을 취득 또는 소유하는 것

거나 과징금을 부과받은 사실이 없을 것

27) 가. 「산업교육진흥 및 산학연협력촉진에 관한 법률」에 따른 산학연협력기술지주회사 및 자회사
나. 「벤처기업육성에 관한 특별조치법」에 따른 신기술창업전문회사(같은 법 제11조의2 제4항 제2호에 따른 자회사를 포함한다)로서 회사설립등기일부터 10년 이내인 회사

28) 가. 해당 회사가 제4조 제1항의 요건에 해당하게 된 날의 전날을 기준으로 다음의 어느 하나에 해당하는 회사일 것. 1) 「중소기업기본법」 제2조에 따른 중소기업 중 공정거래위원회가 정하여 고시하는 바에 따라 산정한 연간 매출액에 대한 연간 연구개발비의 비율이 100분의 3 이상인 중소기업. 2) 「벤처기업육성에 관한 특별조치법」에 따른 벤처기업
나. 동일인 또는 동일인관련자가 해당 회사의 사업내용을 지배하는 자와 합의하여 그 회사의 주식을 취득 또는 소유하여 제4조제1항의 요건에 해당하게 된 날부터 7년[해당 회사가 벤처지주회사의 자회사인 경우나 일반지주회사의 자회사인 「벤처투자 촉진에 관한 법률」에 따른 중소기업창업투자회사 또는 「여신전문금융업법」에 따른 신기술사업금융전문회사가 투자한 회사(투자조합의 업무집행을 통한 투자를 포함한다)인 경우에는 10년] 이내일 것
다. 해당 회사(해당 회사가 그 사업내용을 지배하는 회사를 포함한다. 이하 라목 및 마목에서 같다)가 동일인이 지배하는 회사(동일인이 회사인 경우 동일인을 포함한다)에 출자하고 있지 않을 것
라. 해당 회사와 동일인이 지배하는 회사(동일인이 회사인 경우 동일인을 포함한다) 간에 채무보증 관계가 없을 것
마. 나목에 따른 요건해당일 이후 해당 회사와 동일인(그 친족을 포함한다) 간 또는 해당 회사와 동일인이 지배하는 회사 간에 법 제45조제1항제9호, 같은 조 제2항 또는 제47조를 위반하여 해당 회사, 동일인(그 친족을 포함한다) 또는 동일인이 지배하는 회사가 공정거래위원회로부터 시정조치(시정권고 또는 경고를 포함한다)를 받거나 과징금을 부과받은 사실이 없을 것

을 말한다. 상법은 모자관계에 있는 회사들 간에서 자회사가 모회사의 주식을 취득하는 것을 원칙적으로 금지하고 있으며(상법 342조의2 1항),[29] 모자관계에 이르지 않은 회사 간 주식의 상호보유에 대하여는 그 의결권을 제한하고 있다(상법 369조 3항). 그러나 상법상 상호주보유의 제한은 회사의 재무구조의 건전성을 보호하여 자본충실을 유도함으로써 회사의 채권자를 보호하기 위한 제도라는 점에서, 대규모기업집단의 무리한 계열확장을 통한 경제력집중을 억제하기 위한 독점규제법상 상호출자의 금지와는 그 목적과 내용 면에서 차이가 있다. 즉 상법상 상호주보유의 제한은 회사 상호간의 직접적인 상호주보유만을 그 대상으로 하고 있기 때문에, 기업집단에 소속된 계열회사들 사이에 나타나는 다양한 모습의 상호출자를 규제하는 데에는 미흡한 점이 있었다. 따라서 독점규제법에서는 대규모기업집단에 소속된 계열회사들이 직접 상호출자, 환상형 상호출자, 방사선형 상호출자, 행렬식 상호출자 등을 통하여 무리한 계열확장을 시도함으로써 자본의 공동화와 기업경영권의 왜곡 등과 같은 폐단을 초래하는 것을 막기 위하여,[30] 상호출자의 금지를 규정하게 된 것이다. 그러나 동 규제는 직접 상호출자만을 규제 대상으로 하고 있다는 점에서 한계를 갖고 있다.

독점규제법은 자산총액의 합계액이 10조원(2020년 12월 법 개정에 의해 GDP가 2,000조원 이상이 될 경우에는 GDP의 0.5%) 이상인 기업집단을 상호출자제한 기업집단으로 지정하고 있는데, 여기에 속하는 회사는 자기의 주식을 취득 또는 소유하고 있는 계열회사의 주식을 취득 또는 소유해서는 안 된다(법 21조 1항).[31] 다만 ① 회사의 합병 또는 영업 전부의 양수로 인한 경우, ② 담보권의 실행 또는 대물변제의 수령으로 인한 경우에는 예외적으로 인정된다(법 21조 1항 단서). 그런데 이러한 경우에는 당해 주식을 취득 또는 소유하게 된 날로부터 6개월 이내에 당해 주식을 처분하여야 한다. 그러나 자기의 주식을 취득 또는 소유하고 있는 계열회사가 그 주식을 처분한 때에는 그러하지 아니하다(법 21조 2항). 그리고 상호출자제한기업집

---

29) 이때 자회사의 범위는 발행주식총수의 50/100을 초과하는 주식이 다른 회사에 의하여 소유되고 있는 회사뿐만 아니라, 그 자회사에 의하여 발행주식 총수의 50/100을 초과하는 주식이 소유되고 있는 의제자회사, 또는 모회사와 자회사에 의하여 발행주식 총수의 50/100을 초과하는 주식이 소유되고 있는 의제자회사를 포함한다. 다만, 주식의 포괄적 교환이나 이전, 회사의 합병 또는 다른 회사의 영업 전부의 양수로 인한 때와 회사의 권리를 실행함에 있어서 그 목적을 달성하기 위하여 필요한 때에는 예외적으로 모회사의 주식취득이 허용된다. 이러한 경우에 자회사는 그 주식을 취득한 날로부터 6개월 이내에 모회사의 주식을 처분하여야 한다(상법 342조의2 2항).

30) 양명조, 경제법강의, 신조사, 2002, 120면 이하.

31) 다만, 새로 상호출자제한 기업집단으로 지정되거나 상호출자를 하고 있는 회사가 새로 계열회사로 편입되어 계열회사에 대한 상호출자금지 규정에 위반하게 된 경우에는 그 지정일 또는 편입일로부터 1년간은 그 규정의 적용을 하지 않는다(법 14조 3항 1호).

단에 속하는 회사로서 「벤처투자 촉진에 관한 법률」에 따른 중소기업창업투자회사는 국내 계열회사의 주식을 취득 또는 소유하여서는 안 된다(법 21조 3항). 따라서 중소기업창업투자회사는 같은 기업집단의 계열회사 주식을 소유하는 것 자체가 금지되는데, 투자액이 계열회사로 환원되는 것을 방지하여 중소기업에 대한 투자가 실질적인 것이 될 수 있도록 하려는 정책 의도가 반영된 것으로 볼 수 있다.

3. 순환출자의 금지

순환출자란 기업집단의 계열회사들 간에 서로 복잡하게 얽혀 있는 출자를 말한다. 예컨대 갑(甲) 기업집단에 소속된 계열회사 A, B, C가 A는 B에게 출자하고, B는 C에게 출자하고, C는 다시 A에게 출자하는 것과 같은 경우를 말한다. 이러한 순환출자는 재벌의 총수나 그 가족이 아주 적은 지분으로 기업집단 전체를 장악하고 이를 선단식으로 운영할 수 있는 수단으로 활용될 수 있기 때문에, 계열 확장을 통한 경제력집중의 유력한 방식이 되었다. 그렇지만 상호출자 규제는 이러한 순환출자를 규제할 수 없었기 때문에, 이를 직접적인 규제 대상으로 하고자 하는 입법적 시도가 있었고, 특히 간접적으로 순환출자 규제의 의미가 있었던 출자총액제한제도가 2009년 폐지된 이후 경제력집중의 억제에 대한 요구가 강하게 제기되면서 2014년 독점규제법 개정에 의해[32] 순환출자 금지제도가 도입되었다.

현행 독점규제법은 상호출자제한 기업집단에 속하는 회사의 순환출자, 즉 3개 이상의 계열출자로[33] 연결된 계열회사 모두가 계열출자회사[34] 및 계열출자대상회사가[35] 되는 출자관계를 금지하고 있다(법 22조 1항 1문). 그리고 상호출자제한 기업집단 소속 회사 중 순환출자관계에 있는 계열회사의 계열출자대상회사에 대한 추가적인 계열출자도[36] 마찬가지로 금지된다(법 22조 1항 2문). 이상의 규제는 신규로 순환출자를 형성하거나 강화하는 것을 규제하는 것이고, 기존의 순환출자는 규제 대상에 포함되지 않았다. 이는 기존 순환출자의 해소가 기업에게 큰 부담이 될

---

32) 이 개정법은 2013년 12월 31일 국회를 통과하고 2014년 1월 24일에 공포되어 2014년 7월 25일부터 시행되고 있다.

33) 계열출자란 기업집단 소속 회사가 계열회사의 주식을 취득 또는 소유하는 행위를 말한다(법 2조 13호).

34) 계열출자회사란 계열출자를 통하여 다른 계열회사의 주식을 취득 또는 소유하는 계열회사를 말한다(법 2조 14호).

35) 계열출자대상회사란 계열출자를 통하여 계열출자회사가 취득 또는 소유하는 계열회사 주식을 발행한 계열회사를 말한다(법 2조 15호).

36) 계열출자회사가 상법 제418조 제1항에 따른 신주배정 또는 제462조의2 제1항에 따른 주식배당에 의하여 취득 또는 소유한 주식 중에서 신주배정 등이 있기 전 자신의 지분율 범위의 주식, 순환출자회사집단에 속하는 계열회사 간 합병에 의한 계열출자는 제외한다.

수 있다는 점을 고려한 것인데, 제도의 실효성에는 의문이 있었다. 2020년 법 개정에서는 이러한 점을 고려하여, 기존 순환출자의 해소를 요구하지는 않지만 의결권을 제한함으로써 간접적으로 순환출자 해소를 유도하는 제도 개선이 이루어졌다. 즉 상호출자제한 기업집단에 속하는 국내 회사로서 순환출자를 형성하는 계열출자를 한 회사는 상호출자제한기업집단 지정일 당시 취득 또는 소유하고 있는 순환출자회사집단 내의 계열출자대상회사 주식에 대하여 의결권을 행사할 수 없다(법 23조 1항).

한편 순환출자를 형성하는 출자가 다음 각 호의 어느 하나에 해당하는 경우에는 예외적으로 허용된다(법 22조 1항 단서).

① 회사의 합병·분할, 주식의 포괄적 교환·이전 또는 영업전부의 양수
② 담보권의 실행 또는 대물변제의 수령
③ 계열출자회사가 신주배정 등에 의하여 취득 또는 소유한 주식 중에서 다른 주주의 실권 등에 의하여 신주배정 등이 있기 전 자신의 지분율 범위를 초과하여 취득 또는 소유한 계열출자대상회사의 주식이 있는 경우
④ 「기업구조조정촉진법」 제9조 제1항에 따라 부실징후기업의 관리절차를 개시한 회사에 대하여 같은 법 제24조 제2항에 따라 금융채권자협의회가 의결하여 동일인(친족을 포함한다)의 재산출연 또는 부실징후기업의 주주인 계열출자회사의 유상증자 참여(채권의 출자전환을 포함한다)를 결정한 경우
⑤ 「기업구조조정촉진법」 제2조 제2호의 금융채권자가 같은 법 제2조 제7호에 따른 부실징후기업과 기업개선계획의 이행을 위한 약정을 체결하고 금융채권자협의회의 의결로 동일인(친족을 포함한다)의 재산출연 또는 부실징후기업의 주주인 계열출자회사의 유상증자 참여(채권의 출자전환을 포함한다)를 결정한 경우

다만 법 제22조 제2항 단서에 따라 계열출자를 한 회사는 해당 주식을 취득 또는 소유한 날부터 6개월(①, ②), 1년(③) 또는 3년(④, ⑤) 내에 취득 또는 소유한 해당주식(위 ③ 내지 ⑤에 해당되는 경우에는 신주배정 등의 결정, 재산출연 또는 유상증자 결정이 있기 전 지분율 초과분을 말한다)을 처분하여야 한다(법 22조 2항 본문). 그러나 순환출자회사집단에 속한 다른 회사 중 하나가 취득 또는 소유하고 있는 계열출자대상회사의 주식을 처분하여 계열출자에 의하여 형성 또는 강화된 순환출자가 해소된 경우에는 그렇지 않다(법 22조 2항 단서).

4. 계열회사에 대한 채무보증의 금지

독점규제법은 1992년의 개정을 통하여 대규모기업집단에 속하는 회사가 국내 계열회사에 대하여 채무보증을 하는 경우에 그 최고한도를 제한하는 제도를 도입하였다. 그 최고한도는 1992년 동 제도를 도입할 당시에는 자기자본의 200%로 되어 있었다. 그 이유는 계열회사 간의 채무보증이 무리한 차입경영을 가능하게 함으로써 대규모기업집단 전체의 재무구조를 취약하게 하고 공정한 경쟁을 저해하며, 나아가 일부 계열회사의 부실이 그룹전체의 연쇄도산으로 이어져서 금융기관까지 부실화하게 하는 등 IMF의 경제위기를 초래한 주요 원인이 되었다고 판단되었기 때문이다. 뿐만 아니라 이러한 채무보증은 계열회사들을 거미줄처럼 얽어 놓음으로써 계열회사의 정리를 통한 구조조정을 사실상 불가능하게 하는 요인이 되기도 하였다.

독점규제법은 상호출자제한 기업집단에 속하는 회사(금융업 또는 보험업을 영위하는 회사는 제외한다)는 채무보증을 하여서는 아니된다고 규정하고 있다(법 24조 본문). 한편 신규로 상호출자제한 기업집단에 지정되거나 채무보증을 받고 있는 회사가 새로 계열회사로 편입되어 위반하게 되는 경우에는 지정일 또는 편입일부터 2년간은 동 규정이 적용되지 않는다(법 31조 3항 2호 본문).[37) 여기서 채무보증이란 기업집단에 속하는 회사가 ① 은행법에 따른 은행, ② 한국산업은행, ③ 한국수출입은행, ④ 중소기업은행, ⑤ 보험업법에 따른 보험회사, ⑥ 자본시장과 금융투자업에 관한 법률에 따른 투자매매업자·투자중개업자 및 종합금융회사, ⑦ 직전 사업연도 종료일 현재 대차대조표상의 자산총액이 3천억원 이상인 여신전문금융회사와 상호저축은행의 여신과 관련하여 국내 계열회사에 대하여 행하는 보증을 말한다(법 2조 18호, 영 7조). 그러나 다음 각 호의 어느 하나에 해당하는 채무보증은 예외적으로 허용된다(법 24조 단서).

① 조세특례제한법에 의한 합리화기준에 따라 인수되는 회사의 채무와 관련하여 행하는 보증. 여기서 인수되는 회사의 채무와 관련된 채무보증이란 주식양도 또는 합병 등의 방법으로 인수되는 회사의 인수시점의 채무나 인수하

---

37) 이에 해당하지 않는 경우에도 계열회사가 「채무자 회생 및 파산에 관한 법률」에 따른 회생절차가 개시된 경우에는 회생절차의 종료일까지, 그리고 회생절차가 개시된 회사에 대하여 채무보증을 하고 있는 경우에는 그 채무보증에 한정하여 채무보증을 받고 있는 회사의 회생절차의 종료일까지는 제24조가 적용되지 않는다(법 34조 3항 2호 단서).

기로 예정된 채무에 대하여 인수하는 회사 또는 그 계열회사가 행하는 보증, 또는 인수되는 회사의 채무를 분할 인수함에 따라 인수하는 채무에 대하여 계열회사가 행하는 보증을 말한다(영 30조 1항).

② 기업의 국제경쟁력 강화를 위하여 필요한 경우 등 대통령령이 정하는 경우의 채무에 대한 보증. 이는 구체적으로 다음 각 호의 어느 하나에 해당하는 경우를 말한다(영 30조 2항).

i) 「한국수출입은행법」 제18조 제1항 제1호 및 제2호의 규정에 의하여 자본재 기타 상품의 생산 또는 기술의 제공과정에서 필요한 자금을 지원하기 위하여 한국수출입은행이 행하는 대출 또는 이와 연계하여 다른 국내금융기관이 행하는 대출에 대한 보증

ii) 해외에서의 건설 및 산업설비공사의 수행, 수출선박의 건조, 용역수출 기타 공정거래위원회가 인정하는 물품의 수출과 관련하여 국내금융기관이 행하는 입찰보증·계약이행보증·선수금환급보증·유보금환급보증·하자보수보증 또는 납세보증에 대한 보증

iii) 국내의 신기술 또는 도입된 기술의 기업화와 기술개발을 위한 시설 및 기자재의 구입 등 기술개발사업을 위하여 국내금융기관으로부터 지원받은 자금에 대한 보증

iv) 인수인도조건수출 또는 지급인도조건수출 어음의 국내 금융기관매입 및 내국신용장 개설에 대한 보증

v) 「외국환거래법」의 규정에 의한 해외직접투자, 해외건설 및 용역사업자가 행하는 외국에서의 건설 및 용역사업, 기타 공정거래위원회가 인정하는 외국에서의 사업과 관련하여 국내 금융기관의 해외지점이 행하는 여신에 대한 보증

vi) 「채무자 회생 및 파산에 관한 법률」에 따른 회생절차 개시를 법원에 신청한 회사의 제3자 인수와 직접 관련된 보증

vii) 「사회기반시설에 대한 민간투자법」 제4조 제1호 내지 제4호의 규정에 의한 방식으로 민간투자사업을 영위하는 계열회사에 출자를 한 경우로서, 국내금융기관이 당해 계열회사에 행하는 여신에 대한 보증

viii) 「공기업의 경영구조 개선 및 민영화에 관한 법률」 제2조에 따른 회사가 구조개편을 위하여 분할되는 경우에 그 회사가 계열회사가 아닌 회사에 행한 보증을 분할로 인하여 신설되는 회사가 인수하는 것과 직접 관련하여 그 회

사가 그 신설회사에 대하여 행하는 재보증

상호출자제한 기업집단에 속하는 회사는 국내 계열회사에 대한 채무보증현황을 국내 금융기관의 확인을 받아 공정거래위원회에 신고하여야 한다(법 30조 2항). 이러한 신고를 하고자 하는 자는 매년 5월 31일까지 해당 회사의 채무보증금액을 기재한 신고서에 ① 해당 회사의 계열회사에 대한 채무보증명세서 및 직전 1년간의 채무보증변동내역, ② 해당 회사가 계열회사로부터 받은 채무보증명세서 및 직전 1년간의 채무보증변동내역, ③ 해당 회사의 채무보증금액과 ①, ②의 내용을 확인하기 위한 국내 금융기관의 확인서를 첨부하여 공정거래위원회에 제출하여야 한다(영 35조 4항 본문).

다만 상호출자제한 기업집단으로 지정된 기업집단에 속하는 회사의 경우 지정된 해당 연도에 대해서는 지정통지를 받은 날로부터 30일 이내에 신고서를 제출하여야 한다(영 35조 4항 단서).

5. 금융회사 · 보험회사 및 공익법인의 의결권 제한

기업집단에 속한 금융 · 보험회사는 금융이나 보험사업을 통해서 축적된 자금을 계열회사에 출자하여 지배권을 강화하는데 사용할 수 있으며, 이러한 행위는 자금의 편중된 운영에 따른 금융시장의 비효율과 자금 수요자인 사업자들 간에 경쟁을 왜곡할 수도 있다.[38] 따라서 독점규제법은 상호출자제한 기업집단에 속하는 회사로서 금융업 또는 보험업을 영위하는 회사가 취득 또는 소유하고 있는 국내 계열회사의 주식에 대하여 의결권을 행사하는 것을 금지하고 있다. 다만 ① 금융업 또는 보험업을 영위하기 위하여 주식을 취득 또는 소유하는 경우, ② 보험자산의 효율적인 운용 · 관리를 위하여 보험업법 등에 의한 승인 등을 얻어 주식을 취득 또는 소유하는 경우,[39] ③ 당해 국내 계열회사(상장법인에 한함)의 주주총회에서 임원의 선임 또는 해임, 정관의 변경, 그 계열회사의 다른 회사로의 합병, 영업의 전부 또는 주요부분의 다른 회사로의 양도를 결의하는 경우에는[40] 예외적으로 의

---

[38] 實方謙二, 獨占禁止法, 有斐閣, 1998, 108-109면 참조.

[39] 삼성그룹에 속한 삼성생명이 호텔신라 등 4 계열회사의 소유주식에 대한 의결권을 행사한 것이 문제가 된 사건에서 보험자산의 효율적인 운용 · 관리의 해석과 관련하여, 공정거래위원회는 사업내용 측면에서 보험사업과 밀접하게 관련된 사업을 영위하는 경우'로 제한하여 해석하여야 한다고 본 반면, 법원은 보험자산의 운용으로 인한 이득은 증대시키고, 손실이나 위험의 발생은 감소시키는 것을 의미하는 것으로 해석하여야 한다고 판단하고, 의결권 제한의 예외를 인정하였다. 대법원 2005. 12. 9. 선고 2003두10015 판결. 동 판결에 대하여 경제력집중을 억제하기 위하여 금융 · 보험사의 의결권을 제한하고 있는 규제의 취지에 비추어 해당 규정이 해석되어야 관점에서 논의의 여지가 있다.

결권을 행사할 수 있다(법 25조).

한편 2020년 법 개정에서는 상호출자제한 기업집단을 지배하는 동일인의 특수관계인인 공익법인의 의결권을 제한하는 규정이 도입되었다. 동 규정은 기업집단에 속한 공익법인이 본래의 목적을 넘어서 동일인의 기업집단에 대한 지배관계를 구축하는데 활용되고 있다는 문제 의식을 반영하여, 계열회사에 대한 주식 취득 자체를 금지하는 것은 아니지만 해당 주식의 의결권 행사를 제한함으로써 간접적으로 공익법인을 통한 동일인의 기업집단 지배를 통제하려는 취지로 이해된다. 구체적으로 상호출자제한기업집단에 속하는 회사를 지배하는 동일인의 특수관계인에 해당하는 공익법인(「상속세 및 증여세법」 제16조에 따른 공익법인등을 말한다. 이하 같다)은 취득 또는 소유하고 있는 주식 중 그 동일인이 지배하는 국내 계열회사 주식에 대하여 의결권을 행사할 수 없다(법 25조 2항 본문).[41]

6. 대규모 내부거래의 이사회 의결 및 공시

일반적으로 기업집단의 계열회사 간 내부거래는 기업집단의 내부 효율을 증대시키거나 상호보조 효과로 경영의 안정을 확보할 수 있는 장점이 있지만, 그 계열회사와 경쟁관계에 있는 기업과 공정한 경쟁을 저해할 수 있을 뿐만 아니라 경제력집중을 심화시키는 요인으로 작용할 수 있다. 특히 우리나라에서는 1997년 IMF 외환위기 이후, 정부가 금융산업과 재벌에 대한 개혁과 구조조정을 강력하게 추진할 당시에 공정거래위원회는 5대 재벌에 대하여 3차례에 걸쳐 부당내부거래를 조사한 결과 친족분리회사에 대한 부당지원행위를 다수 확인하였다. 여기에서 계열분리회사의 실질적인 독립경영을 유도하고 재벌들이 편법적인 구조조정을 하는 것을 방지하기 위해서 부당내부거래에 대한 이사회의 책임을 강화하고 소액주주나 채권자 등 이해관계인에 의한 감시를 유도하는 등의 대책을 마련할 필요가 있었다.[42]

---

40) 이 경우 그 계열회사의 주식 중 의결권을 행사할 수 있는 주식의 수는 그 계열회사에 대하여 특수관계인 중 대통령이 정하는 자를 제외한 자가 행사할 수 있는 주식의 수를 합하여 그 계열회사 발행주식 총수의 100분의 15를 초과할 수 없다.

41) 다만 공익법인이 해당 국내 계열회사 발행주식총수를 소유하고 있는 경우(법 25조 2항 1호) 또는 해당 국내 계열회사(상장법인으로 한정)의 주주총회에서, 임원의 선임 또는 해임, 정관 변경, 그 계열회사의 다른 회사로의 합병, 영업의 전부 또는 주요 부분의 다른 회사로의 양도(그 다른 회사가 계열회사인 경우는 제외) 중 어느 하나에 해당하는 사항을 결의하는 경우(이 경우에는 그 계열회사의 주식 중 의결권을 행사할 수 있는 주식의 수는 그 계열회사에 대하여 특수관계인 중 대통령으로 정하는 자를 제외한 자가 행사할 수 있는 주식수를 합하여 그 계열회사 발행주식총수의 100분의 15를 초과할 수 없다)에 해당할 때에는 동 규정이 적용되지 않는다(법 25조 2항 단서).

42) 정호열, 경제법, 박영사, 2006, 270면.

입법자는 이와 같이 다양한 방법으로 이루어지는 기업집단의 계열회사 간의 부당내부거래를 사전에 효과적으로 억제하기 위하여, 1999년 12월의 법 개정을 통하여 이러한 계열회사가 일정한 규모 이상의 대규모 내부거래행위를 할 경우에는 이사회의 의결을 거쳐서 공시하도록 하는 규정을 신설하였다. 즉 기업집단에 속하는 국내회사들의 대차대조표상의 자산총액의 합계액이 5조원 이상인 기업집단, 즉 공시대상 기업집단에 속하는 회사는 특수관계인을 상대방으로 하거나 특수관계인을 위하여 하는 거래금액이 100억원 또는 그 회사의 자본총계 또는 자본금 중 큰 금액의(그 금액이 5억원 미만인 경우에는 5억원) 5%에 해당하는 금액 중 낮은 것 이상일 경우에 다음의 거래행위를 하고자 하는 때에는 미리 이사회의 의결을 거친 후 이를 공시하여야 한다(법 26조 1항, 영 33조 1항, 2항).

① 가지급금 또는 대여금 등의 자금을 제공 또는 거래하는 행위
② 주식 또는 회사채 등의 유가증권을 제공 또는 거래하는 행위
③ 부동산 또는 무체재산권 등의 자산을 제공 또는 거래하는 행위
④ 주주의 구성 등을 고려하여 대통령령으로 정하는 계열회사, 즉 동일인이 단독으로 또는 동일인의 친족과 합하여 발행주식 총수의 100분의 20 이상을 소유하고 있는 계열회사 또는 그 계열회사의 자회사인 계열회사를 상대방으로 하거나 동 계열사를 위하여 상품 또는 용역을 제공 또는 거래하는 행위

그리고 이사회의 의결 및 공시사항의 주요내용을 변경하고자 하는 경우에도 마찬가지이다(법 26조 1항 2문). 한편 공시대상 기업집단에 속하는 회사가 내부거래행위의 공시를 할 때에는 거래의 목적 및 대상, 거래의 상대방, 거래의 금액 및 조건, 거래상대방과의 동일거래유형의 총거래 잔액 등을 포함하여야 한다(법 26조 2항, 영 31조 3항). 그리고 이사회에서 의결한 대규모내부거래의 주요내용을 변경하는 경우에도 이사회의 의결을 거친 후 이를 공시하여야 한다(법 26조 1항 후단). 이 제도는 결국 일정한 규모 이상의 내부거래에 대하여 이사회의 의결을 거쳐서(내부적 통제), 공시하도록 하는 방법을 통하여 소액주주나 채권자 등 이해관계인에 의한 외부감시(외부적 통제)를 유도함으로써 부당내부거래를 방지하고자 하는 것이다.

그러나 공시대상 기업집단에 속하는 회사 중 금융업 또는 보험업을 영위하는 회사가 약관에 따라 정형화된 거래로서 당해 회사의 일상적인 거래분야에서 이루어지는 거래를 하는 경우에는 이사회의 의결을 거치지 않을 수 있다. 다만 이 경우에도 그 거래내용은 공시하여야 한다(법 26조 4항). 공정거래위원회는 공시와 관

련되는 업무를 「자본시장과 금융투자업에 관한 법률」 제161조에 따른 신고수리기
관에 위탁할 수 있다(동조 3항). 이에 따른 내부거래의 공시는 금융감독위원회 전자
공시 시스템(dart.fss.or.kr)을 통해서 이루어지고 있다.

이사회의 의결 및 공시의무에 위반하여 이사회의 의결을 거치지 아니하거나 공
시를 하지 않은 경우 또는 주요내용을 누락하거나 허위로 공시한 경우에, 그 사업
자 또는 사업자단체에 대하여는 1억원 이하, 회사, 사업자단체 또는 공익법인의 임
원 또는 종업원 기타 이해관계인에 대하여는 1천만원 이하의 과태료에 처한다(법
130조 1항 4호).

7. 비상장회사 등의 중요사항 공시

대기업집단에 소속된 비상장회사는 집단 내 상장회사와 복잡한 출자관계로 얽
혀 있음에도 불구하고, 소유지배의 구조나 경영상황이 시장에 노출되지 않기 때문
에, 기업집단뿐만 아니라 시장 전체의 투명성을 저해하는 요인이 되어 왔다. 이에
2004년 12월 법 개정에 의하여 일정한 규모 이상의 기업집단에 소속된 비상장·비
등록회사에 대한 공시의무가 도입되었다. 즉 공시대상 기업집단에 속하는 회사 중
금융업 또는 보험업을 영위하는 회사를 제외한 비상장·비등록 회사는 다음 각 호
의 어느 하나에 해당하는 사항, 즉 소유지배구조, 재무구조 및 경영활동과 관련된
중요한 사항을 공시하여야 한다. 다만 법 제26조 규정에 따라 공시되는 사항은 제
외한다(법 27조 1항).

i) 최대주주와 주요주주의 주식보유현황 및 그 변동사항 등 회사의 소유지배구
조와 관련된 중요사항으로서 대통령령이 정하는 사항
ii) 자산·주식의 취득, 증여, 담보제공, 채무인수·면제 등 회사의 재무구조에
중요한 변동을 초래하는 사항으로서 대통령령이 정하는 사항
iii) 영업양도·양수, 합병·분할, 주식의 교환·이전 등 회사의 경영활동과 관
련된 중요한 사항으로서 대통령령이 정하는 사항

8. 기업집단현황 등에 관한 공시

공시대상 기업집단에 속하는 회사는[43] 그 기업집단에 속하는 회사의 일반 현
황, 주식소유 현황, 지주회사 등이 아닌 국내 계열회사 현황(지주회사 등의 자산총액

---

43) 다만, 사업연도 말일 현재 자산총액이 100억원 미만인 회사로서 청산 중이거나 1년 이상 휴업
중인 회사는 제외한다(영 32조 1항).

합계액이 기업집단 소속 국내 회사의 자산총액 금융업 또는 보험업을 영위하는 회사의 경우에는 자본총액 또는 자본금 중 큰 금액 합계액의 100분의 50 이상인 경우로 한정), 상호출자 현황, 순환출자 현황, 채무보증 현황, 취득 또는 소유하고 있는 국내 계열회사 주식에 대한 의결권 행사(금융업 또는 보험업을 영위하는 회사의 주식에 대한 의결권 행사는 제외) 여부, 특수관계인과의 거래 현황 등을 공시하여야 하며(법 28조 1항), 동법 시행령은 공시 대상을 회사의 명칭·사업내용·재무현황·계열회사의 변동 내역 그 밖에 공정거래위원회가 정하여 고시하는 일반현황, 임원현황, 소유지분현황, 회사 간 출자현황, 지주회사 등이 아닌 계열회사 현황(지주회사등의 자산총액 합계액이 기업집단 소속회사의 자산총액 금융업 또는 보험업을 영위하는 회사의 경우에는 자본총액 또는 자본금 중 큰 금액 합계액의 100분의 50 이상인 경우로 한정), 상호출자 현황, 순환출자 현황, 채무보증 현황, 금융업 또는 보험업을 영위하는 회사의 법 제25조에 따른 의결권 행사 여부(금융업 또는 보험업을 영위하는 회사의 주식에 대한 의결권 행사는 제외), 회사와 그 특수관계인 간 자금·자산 및 상품·용역을 제공하거나 거래한 현황, 사업기간(상장회사는 사업분기, 비상장회사는 사업연도) 동안 계열회사와 이루어진 상품 또는 용역의 거래금액이 그 사업기간 매출액의 100분의 5 이상이거나 50억원 이상인 경우 그 계열회사와의 상품 또는 용역의 거래내역 등으로 구체적으로 규정하고 있다(영 33조 2항). 이러한 사항은 분기별로 공시하여야 하지만, 공정거래위원회가 정하여 고시하는 사항은 연 1회 또는 연 2회 공시할 수 있다(영 33조 7항).

9. 특수관계인인 공익법인의 이사회 의결 및 공시

공시대상기업집단에 속하는 회사를 지배하는 동일인의 특수관계인에 해당하는 공익법인이 기업집단 내에서 지배구조의 형성이나 중요한 의사 결정과 관련하여 핵심적인 역할을 수행하는 경우가 있지만, 이에 대한 규제가 이루어지지 않고 있었다. 독점규제법은 이러한 규제 공백을 보완하기 위하여 2020년 법 개정에서 공익법인이 일정한 거래행위를 하거나 주요 내용을 변경하려는 경우 미리 이사회 의결을 거친 후 이를 공시하여야 하는 규정을 도입하였다(법 29조 1항). 이때 이사회 사전 의결과 공시가 요구되는 거래행위는 해당 공시대상기업집단에 속하는 국내 회사 주식의 취득 또는 처분(동항 1호), 해당 공시대상기업집단의 특수관계인(국외 계열회사는 제외)을 상대방으로 하거나 특수관계인을 위하여 하는 대통령령으로 정하는 규모 이상의 거래로서[44] 가지급금 또는 대여금 등의 자금을 제공 또는 거래

---

44) 동법 시행령 제36조 제1항은 거래금액을 1. 100억원, 2. 법 제29조제1항제2호 각 목에 따른 거

하는 행위, 주식 또는 회사채 등의 유가증권을 제공 또는 거래하는 행위, 부동산 또는 무체재산권 등의 자산을 제공 또는 거래하는 행위, 주주의 구성 등을 고려하여 대통령령으로 정하는 계열회사를 상대방으로 하거나 그 계열회사를 위하여 상품 또는 용역을 제공 또는 거래하는 행위 중 어느 하나에 해당하는 거래(동항 2호) 등이다.

10. 탈법행위의 금지

누구든지 상호출자의 금지, 순환출자의 금지, 계열회사에 대한 채무보증의 금지, 금융·보험회사 또는 공익법인의 의결권의 제한 등과 같은 규정의 적용을 면탈하려는 행위를 해서는 안 된다(법 36조 1항). 만약 이러한 탈법행위를 한 자가 있는 경우에는 3년 이하의 징역 또는 2억원 이하의 벌금에 처한다(법 124조 1항 2호).

11. 시정조치와 과징금

(1) 시정조치와 그 이행확보

공정거래위원회는 상호출자의 금지, 순환출자의 금지, 순환출자에 대한 의결권 제한, 계열회사에 대한 채무보증의 금지, 금융·보험회사 또는 공익법의 의결권 제한, 대규모내부거래의 이사회 의결 및 공시, 비상장회사 등의 중요사항 공시, 기업집단현황 등에 관한 공시, 특수관계인인 공익법인의 이사회 의결 및 공시 또는 이에 대한 탈법행위가 있거나 그러한 우려가 있는 행위가 있는 때에는, 해당 사업자 또는 위반행위자에 대하여 당해 행위의 중지, 주식의 전부 또는 일부의 처분,45) 임원의 사임, 영업의 양도, 채무보증의 취소, 시정명령을 받은 사실의 공표, 공시의무의 이행 또는 공시내용의 정정, 기타 법 위반상태의 시정을 위하여 필요한 조치를 명할 수 있다(법 37조 1항). 한편 이러한 시정조치에 응하지 아니한 자에 대하여는 2년 이하의 징역 또는 1억 5천만원 이하의 벌금에 처한다(법 125조 1호).

그리고 상호출자의 금지, 순환출자의 금지를 위반하여 상호출자, 순환출자를 한 주식에 대하여는 그 시정조치의 명령을 받은 날로부터 법 위반상태가 해소될 때까지 해당 주식 전부에 대하여 의결권을 행사할 수 없으며(법 39조 1항), 시정조치로서 주식처분명령을 받은 자는 그 명령을 받은 날부터 해당 주식에 대하여 의

래행위를 하려는 공익법인의 자본총계 또는 자본금 중 큰 금액의 100분의 5에 해당하는 금액(그 금액이 5억원 미만인 경우에는 5억원) 중 낮은 금액 이상인 것으로 한다고 규정하고 있다.

45) 대법원은 신탁계약이 상호출자된 주식의 처분에 해당하지 않는 것으로 보았다. 대법원 2006. 5. 12. 선고 2004두312 판결.

결권을 행사할 수 없다(동조 2항).

(2) 과징금

공정거래위원회는 상호출자의 금지, 순환출자의 금지를 위반하여 주식을 취득·소유한 회사에 대하여 위반행위로 취득·소유한 주식의 취득가액의 20%를 초과하지 않는 범위에서 과징금을 부과할 수 있으며, 계열회사에 대한 채무보증의 금지에 위반하여 채무보증을 한 회사에 대해서는 해당 법 위반 채무보증액의 20%를 초과하지 않는 범위에서 과징금을 부과할 수 있다(법 38조 1항, 2항). 또한 지주회사, 자회사, 손자회사, 증손회사의 행위제한 규정 또는 일반지주회사의 금융회사 주식 소유 특례에 있어서 일반지주회사와 중소기업창업투자회사·신기술사업금융전문회사의 행위제한 규정을 위반한 자에게 다음 각 호의 구분에 따른 금액의 20%를 초과하지 아니하는 범위에서 과징금을 부과할 수 있는데(법 38조 3항), 각 호의 내용은 다음과 같다.

① 제18조 제2항 제1호를 위반한 경우: 대통령령으로 정하는 대차대조표(이하 이 항에서 '기준대차대조표')상 자본총액의 2배를 초과한 부채액

② 제18조 제2항 제2호를 위반한 경우: 해당 자회사 주식의 기준대차대조표상 장부가액의 합계액에 다음 각 목의 비율에서 그 자회사 주식의 소유비율을 뺀 비율을 곱한 금액을 그 자회사 주식의 소유비율로 나누어 산출한 금액

　　가. 해당 자회사가 상장법인 또는 국외상장법인이거나 공동출자법인인 경우에는 100분의 30

　　나. 벤처지주회사의 자회사인 경우에는 100분의 20

　　다. 가목 및 나목에 해당하지 아니하는 경우에는 100분의 50

③ 제18조 제2항 제3호부터 제5호까지, 같은 조 제3항 제2호·제3호, 같은 조 제4항 제1호부터 제4호까지 또는 같은 조 제5항을 위반한 경우: 위반하여 소유하는 주식의 기준대차대조표상 장부가액의 합계액

④ 제18조 제3항 제1호를 위반한 경우: 해당 손자회사 주식의 기준대차대조표상 장부가액의 합계액에 다음 각 목의 비율에서 그 손자회사 주식의 소유비율을 뺀 비율을 곱한 금액을 그 손자회사 주식의 소유비율로 나누어 산출한 금액

　　가. 해당 손자회사가 상장법인 또는 국외상장법인이거나 공동출자법인인 경

우에는 100분의 30

　　나. 해당 손자회사가 벤처지주회사의 자회사인 경우에는 100분의 20

　　다. 가목 및 나목에 해당하지 아니하는 손자회사의 경우에는 100분의 50

⑤ 제18조 제4항 제5호를 위반한 경우: 해당 손자회사인 벤처지주회사가 발행주식총수의 100분의 50 미만을 소유하고 있는 국내 계열회사 주식의 기준대차대조표상 장부가액의 합계액에 100분의 50의 비율에서 그 국내 계열회사 주식의 소유비율을 뺀 비율을 곱한 금액을 그 국내 계열회사 주식의 소유비율로 나누어 산출한 금액

⑥ 제20조 제2항을 위반한 경우: 해당 자회사 주식의 기준대차대조표상 장부가액의 합계액을 그 자회사 주식의 소유비율로 나눈 금액에 해당 자회사 발행주식 중 자신이 보유하지 않은 주식의 비율을 곱하여 산출한 금액

⑦ 제20조 제3항 제1호를 위반한 경우: 기준대차대조표상 자본총액의 2배를 초과한 부채액

⑧ 제20조 제3항 제4호를 위반한 경우: 위반에 해당하는 만큼의 출자금액

⑨ 제20조 제3항 제5호를 위반한 경우: 위반하여 소유하는 주식, 채권 등의 기준대차대조표상 장부가액의 합계액

⑩ 제20조 제3항 제6호를 위반한 경우: 위반하여 소유하도록 한 주식, 채권 등의 기준대차대조표상 장부가액의 합계액

제 6 장   부당한 공동행위의 제한

제 1 절   공동행위의 기능

경쟁은 사업자의 효율성을 제고함으로써 소비자후생을 증진시키기 위하여 마련된 제도이기 때문에 소비자에게는 가장 좋은 벗이라고 할 수 있지만, 사업자에게는 매우 가혹하고 피곤한 제도로 생각될 수 있다. 따라서 사업자들은 기회만 있으면 경쟁을 회피하려는 유혹을 받게 된다. 사업자들이 경쟁을 회피하기 위하여 취할 수 있는 행동이나 전략에는 여러 가지가 있는데, 그중에서 가장 손쉽게 이용할 수 있는 제도가 바로 공동행위, 즉 카르텔이다. 사업자들은 그들 상호 간의 경쟁을 회피 또는 제거하기 위하여 가격을 고정하기도 하고, 시장을 분할하기도 하며, 출고를 조절하기도 하는 등 다양한 형태의 공동행위를 시도하게 되는데, 만약 이러한 사업자들의 시도가 성공을 거두게 되면 그들은 마치 독점기업이 얻는 것과 같은 이득을 얻을 수 있게 된다.

그런데 공동행위의 기능에 대하여는 찬반양론이 대립하고 있다.[1] 먼저 공동행위를 옹호하는 정당화 사유로는 다음과 같은 것들이 있다. 첫째 경쟁사업자들 간에 경쟁이 지나치게 치열하게 되면 원가 이하의 가격경쟁이 초래될 우려가 있는데, 공동행위는 이러한 '파멸적인 경쟁'(ruinous competition)을 피할 수 있게 하는 수단이 된다. 둘째 산업합리화나 불황 극복을 위한 공동행위 등과 같이 일정한 경우에는 카르텔을 통하여 기업의 도산을 방지하고 대량해고 사태를 막을 수 있다. 셋째 사업자들 간의 공동출연으로 기술개발, 품질 개선을 위한 공동의 연구·개발이 가능할 수도 있다. 넷째 사업자들 간의 지나친 가격인하 경쟁은 제품의 품질 저하를 초래할 우려가 있는데, 공동행위를 통하여 가격을 적정한 수준으로 안정시킬 수 있다. 다섯째 수요나 공급이 독점화되어 있는 경우에 다수의 공급자나 수요자가 독점적 수요자나 공급자에 대응하기 위하여 공동행위를 통하여 거래상의 지위나 교섭력을 강화할 수도 있고 독점기업의 횡포에 대항할 수도 있다.

---

1) 양명조, "부당한 공동행위에 있어서 '부당성' 판단기준", 권오승 편, 공정거래법강의, 법문사, 1996, 261-262면 참조.

이와 같이 공동행위가 긍정적 기능을 수행할 수 있다는 주장이 있음에도 불구하고, 독점금지법을 가지고 있는 대부분 나라는 공동행위를 원칙적으로 금지하고 있다. 각국에서 공동행위를 금지하고 있는 이유는 대체로 다음과 같다. 첫째 공동행위는 주로 독점이윤의 확보를 목적으로 하고 있기 때문에 대체로 가격상승을 초래한다. 둘째 공동행위에 참가한 사업자들은 가격, 품질, 서비스 등의 측면에서 경쟁의 압력을 느끼지 않기 때문에 당해 산업 분야에서 효율성, 즉 원가절감이나 경영합리화를 기대할 수 없고, 사업자들이 품질이나 서비스의 개선을 위한 노력을 게을리하게 될 우려가 있으므로 결국 소비자들만 피해를 보게 된다. 따라서 공동행위로 인하여 초래되는 사회적 손실은 독점의 경우와 마찬가지라고 할 수 있다.[2] 셋째 공동행위에 참가한 사업자들은 자체의 결속을 통하여 잠재적 경쟁자의 시장진입을 방해하거나 기존의 사업자를 축출하기도 한다. 넷째 공동행위를 방임하게 되면 궁극적으로 시장의 경직성과 불균형이 초래된다.

독점규제법도 사업자들 간의 부당한 공동행위를 규제하고 있다. 그러나 최초 입법 시에는 공동행위를 할 경우에 경제기획원에 등록할 것을 요구하는 등록제를 채택하였으나, 1986년 개정에서 부당 공동행위를 금지하는 내용으로 변경되어 현재에 이르고 있다(법 40조 1항). 그러나 이러한 공동행위가 때로는 경제정책상 또는 산업정책상 필요하다고 인정되는 경우가 있을 수 있으므로, 동법은 공동행위가 불황극복을 위한 산업구조조정, 연구·기술개발, 거래조건의 합리화, 중소기업의 경쟁력향상을 위한 경우로서 공정거래위원회의 인가를 받은 때에는 예외적으로 허용하고 있다(법 40조 2항).

제 2 절 부당한 공동행위의 의의 및 요건

I. 부당한 공동행위의 의의

공동행위라 함은 사업자가 다른 사업자와 공동으로 상품 또는 용역의 가격, 거래조건, 거래량, 거래상대방 또는 거래지역 등을 제한하는 행위를 말하며, 통상 카르텔(cartel, Kartel) 또는 담합이라고 한다. 공동행위는 계약, 협정, 결의 기타 어떠한 방법으로 형성하든지 그 방법은 묻지 않는다.

---

2) P. Areeda & L. Kaplow, Antitrust Analysis – Problems, Text, Cases, 4th ed., 1992, p. 188.

사업자들은 각자가 처한 여건과 형편이 서로 다르기 때문에, 그들이 제공하는 상품이나 용역의 가격, 거래조건, 거래상대방이나 거래지역 등도 다를 수밖에 없다. 이러한 차이가 바로 사업자들 간의 경쟁을 유발하고 촉진하는 요인이 된다. 그런데 사업자들이 이러한 차이를 무시하고 그들의 사업활동을 인위적으로 조정, 통제하려고 할 때 주로 이용하는 것이 공동행위이다. 따라서 공동행위란 사업자들이 상호 간의 경쟁을 약화시키거나 배제하기 위하여 체결하는 모든 형태의 합의를 가리킨다.3) 그런데 독점규제법은 이러한 공동행위를 모두 다 금지하는 것이 아니라 그것이 부당하게 경쟁을 제한하는 경우, 즉 부당한 공동행위에 해당하는 경우에만 금지하고 있다.

II. 공동행위의 성립

부당한 공동행위로 인정되기 위해서는 먼저 공동행위가 성립해야 한다. 독점규제법 제40조 제1항 본문은 "사업자는 계약·협정·결의 또는 그 밖의 어떠한 방법으로도 다른 사업자와 공동으로 부당하게 경쟁을 제한하는 다음 각 호의 어느 하나에 해당하는 행위를 할 것을 합의(이하 '부당한 공동행위'라 함)하거나 다른 사업자로 하여금 이를 하도록 하여서는 아니 된다"고 규정하고 있다. 동 규정에서 공동행위는 사업자들의 일정한 행위에 관한 합의를 의미하며, 당사자들 간에 합의가 존재하기만 하면 그 합의에 따른 이행행위가 아직 실현되지 않았다고 하더라도 공동행위로서 규제된다.4) 그 이유는 대체로 다음과 같다. 첫째 공동행위는 사업자들 간의 자발적인 합의로서 그것이 성립되기만 하면 바로 실행되는 것이 보통이며, 만약 실행가능성이 없다고 판단되면 그러한 합의가 아예 성립되지 않았을 것이기 때문이다. 둘째 만약 실행행위를 부당한 공동행위의 성립요건에 포함시키게 되면, 공정거래위원회는 사업자들이 공동행위를 하기로 합의한 사실을 인지한 후에도 그것이 실행될 때까지 기다려야 비로소 이를 규제할 수 있게 되는데, 그것은 부당한 공동행위를 금지하고 있는 동법의 취지에 부합되지 않기 때문이다.5) 따라서 공동행위의 성립에 있어서 합의의 인정이 핵심을 이룬다.

---

3) F. Rittner, 권오승 역, 독일경쟁법, 법문사, 1997, 218면 참조.

4) 대법원 1999. 2. 23. 선고 98두15849 판결 참조.

5) 이남기, 경제법, 박영사, 1998, 156면은 그 이유를 "부당한 공동행위의 성립요건을 완화함으로써 그 규제를 강화하기 위해서였다"라고 설명하고 있다.

1. 합의의 의의

(1) 복수 사업자의 존재

공동행위가 성립하기 위해서는, 사업자가 다른 사업자와 공동으로 경쟁을 제한하는 행위를 하기로 하는 합의가 있어야 한다. 공동행위는 이와 같이 사업자가 다른 사업자와 공동으로 하는 행위라는 점에서, 사업자가 단독으로 하는 경쟁제한행위, 예컨대 시장지배적 지위의 남용이나 기업결합 또는 불공정거래행위 등과 구별된다. 복수 사업자의 존재는 공동행위의 성립뿐만 아니라 존속 요건으로서도 의미가 있다. 대법원은 3개 설탕 제조업자의 공동행위 사건에서 2 사업자가 공동행위로부터 탈퇴한 시점에서 공동행위는 종료하는 것으로 보았다.[6]

사업자의 복수성 요건과 관련하여, 법적으로 분리되어 있지만 모회사와 자회사의 관계처럼 경제적으로 하나의 단위로서(economic unit) 나타나는 경우, 이를 단일한 주체로 파악하여 이러한 관계에 있는 사업자 간의 합의가 부당 공동행위의 규제 대상에서 배제되는지가 문제가 되고 있다. EU에서는 ICI 사건에서[7] 모회사가 자회사의 정책에 결정적인 영향력을 갖는 경우에 경제적 단일체가 인정되는 것으로 보았으며, 미국에서는 Copperweld 사건에서[8] 100% 지분관계에 있는 모자회사 간에 Sherman법 제1조의 적용을 부인하고, 100%에 이르지 않을 경우는 별개의 회사로 볼 수 있는지를 개별적으로 판단하여야 하는 것으로 판시하였다. 공정거래위원회가 제정한 '공동행위 심사기준'(이하 '심사기준'이라 함)은[9] '사실상 하나의 사업자의 행위' 개념을 제시하고 있는데, 100% 지분관계가 있는 경우에는 당연히 이에 해당하지만, 이 외에는 실질적으로 지배관계가 존재하는지 여부를 판단하여야 하는 것으로 규정하고 있다. 대법원은 모토로라코리아와 별개의 법인인 3 총판 사업자의 공동행위가 문제 된 사건에서, 총판 3사의 사업활동에 일부 제약이 있지만 영업활동 수행에 있어서 3 사업자가 독자적으로 판단할 수 있는 여지가 있다는 점 등에 근거하여 이들이 경제적 단일체를 이루는 것으로 보지 않았다.[10] 그렇지만 동 판결이 경제적 단일체 개념 자체를 부인한 것은 아니다.[11]

---

6) 대법원 2010. 3. 11. 선고 2008두15176 판결.
7) ICI v. Commission, Case 45/69 [1972].
8) Copperweldcorp. et al. v. Independence tube, 467 U.S. 752(1984).
9) 공정거래위원회 제20호, 2002. 5. 8. 제정; 예규 제235호, 2015. 10. 23. 최근 개정.
10) 대법원 2009. 12. 24. 선고 2009두18509 판결.
11) 홍명수, "부당한 공동행위 성립에 있어서 경제적 단일체 문제의 검토", 법학연구 제54권 제1호, 2013, 121면 이하 참조.

(2) 합의의 본질: 의사의 연락

합의의 성립을 위하여 계약법상 의사의 합치에 이를 정도의 합의가 요구되는 것은 아니다. 사업자들 상호간에 그들의 사업활동을 제한하기로 하는 '의사의 연락'(meeting of minds), 즉 인위적으로 형성된 의사의 연락이 있으면 충분하고, 전술한 것처럼 그 밖에 그러한 의사의 연락에 기하여 사업자들 간에 행위의 일치가 이루어질 것까지 요구하지는 않는다.[12]

'의사의 연락'은 미국 반독점법에서 형성된 개념이다. 독점규제법 제40조 제1항에 해당하는 미국 Sherman법 제1조는 금지되는 행위로서 거래를 제한하는 계약(contract), 협력(combination), 공모(conspiracy)를 규정하고 있는데, 이들은 공통적으로 상호의존적 행위의 의미에서 의사의 연락(meeting of minds)을[13] 본질적 속성으로 하며,[14] 합의(agreement)라는 개념으로 통합되는 것으로 이해되고 있다.[15]

이러한 이해는 대법원 판결에서도 유사하게 전개되고 있는데, 유니버설 뮤직 사건에서 대법원은 "「독점규제 및 공정거래에 관한 법률」 제19조 제1항이 금지하는 '부당한 공동행위'는 '부당하게 경쟁을 제한하는 행위에 대한 합의'로서 이때 '합의'에는 명시적 합의뿐 아니라 묵시적인 합의도 포함된다고 할 것이지만, 이는 둘 이상 사업자 사이의 의사의 연락이 있을 것을 본질로 하므로 단지 위 규정 각호에 열거된 '부당한 공동행위'가 있었던 것과 일치하는 외형이 존재한다고 하여 당연히 합의가 있었다고 인정할 수는 없(다)"고[16] 판시하였다. 동 판결은 의사의 연락이 합의의 본질적 요소이며, 또한 상호적인 것이어야 한다는 점을 분명히 하고 있다. 합의는 개념적으로 복수의 사업자를 전제하고, 일방적으로 이루어지는 의사의 연락을 배제할 필요가 있으므로, 동 판결이 취한 태도는 타당한 것으로 볼 수 있다. 그러나 시장의 특성과 구조, 사업자들의 전략적인 행위 양상, 경쟁의 의

---

12) 카르텔의 입증을 위하여 의사의 연락 외에 그에 기초한 행위의 일치를 요구하는 것은 일본 공정거래위원회의 기본적인 입장이다. 합판입찰가격협정사건(공정거래위원회 1949. 8. 30 심결), 레코드 가격협정사건(공정거래위원회 1951. 10. 5 심결), 석유제품판매가격협정사건(공정거래위원회 1955. 12. 1 심결), 추전시이용조합가격협정사건(1965. 8. 11 권고심결) 등 참조. 우리나라의 독점규제법도 당초 공동행위의 성립요건으로 당사자들 간의 경쟁제한에 관한 합의뿐만 아니라 행위의 일치까지 요구하고 있었으나, 1992년 제3차 법개정에서 당사자들간에 경쟁제한에 대한 합의만 있으면 아직 행위의 일치가 나타나지 않은 경우에도 공동행위가 성립되는 것으로 바뀌었다.

13) Louis Kaplow, "On the Meaning of Horizontal Agreements in Competition Law", Harvard John M. Olin Center for Law, Economics, and Business, Discussion Paper No. 691, 2011, p. 20.

14) E. Thomas Sullivan & Jeffrey L. Harrison, Understanding Antitrust and Its Economic Implications 4. ed., LexicNexis, 2003, p. 179.

15) 합의(agreement)는 법문상 표현인 계약(contract), 협력(combination), 공모(conspiracy)에 구현된 종합 개념으로 이해된다. Louis Kaplow, op. cit., p. 18.

16) 대법원 2013. 11. 28. 선고 2012두17421 판결.

도적 회피 가능성 등이 상호성 판단에 있어서 종합적으로 고려되어야 하며, 의사 연락의 상호성을 지나치게 형식적으로 판단하는 것은 지양될 필요가 있다.[17]

(3) 동조적 행위의 포함 여부

한편 법 제40조 제1항이 공동행위의 성립을 합의에 기초하여 인정하고 있는 것은 비교법적으로 독일이나 EU 경쟁법상 카르텔 금지 규정과 차이를 보여준다. 예를 들어 EU기능조약(TFEU) 제101조 제1항은 금지되는 행위로서 합의 외에도 동조적 행위(concerted practices)를 병렬적으로 규정하고 있다. 이에 비하여 법 제40조 제1항은 규제 대상이 되는 행위를 합의에 한정하여 규정하고 있으므로, EU 경쟁법상 공동행위로서 규제되고 있는 동조적 행위가 독점규제법에서도 규제 대상에 포함되는지가 문제가 될 수 있다.

우선 법 제40조 제1항이 명시적으로 합의만을 규정하고 동조적 행위는 기술하지 않고 있는 것에 비추어, 동조적 행위가 규제 대상인 공동행위의 범위에 포함되지 않는 것으로 볼 수 있다.[18] 반면 합의는 공동행위의 주관적 상태를 포괄하는 개념이고, 법 제40조 제1항이 합의의 방식에는 제한을 두고 있지 않기 때문에 동조적 행위도 동 규정의 적용 대상이 될 수 있다는 견해도 가능하다.[19] 그렇지만 독점규제법은 후술하는 바와 같이 합의의 추정에 관한 규정을 두고 있고, 추정 규정의 적용 법리는 공동행위로서 동조적 행위의 규제 법리와 유사하므로 공동행위 규제에 있어서 두 견해 간에 차이가 큰 것은 아니다.

(4) 교사 행위의 규제와 수직적 공동행위의 규제 가능성

법 제41조 제1항 본문의 후단은 "다른 사업자로 하여금 이를 하도록 하여서는 아니 된다"고 규정하고 있다. 동 규정의 해석과 관련하여, 대법원은 "법률조항의 입법 취지 및 개정경위, 관련 법률조항의 체계, 이 조항이 시정명령과 과징금 납부명령 등 침익적 행정행위의 근거가 되므로 가능한 한 이를 엄격하게 해석할 필요가 있는 점 등에 비추어 보면, 위 제19조(현행법 40조) 제1항 후단의 '다른 사업자로 하여금 부당한 공동행위를 행하도록 하는 행위'는 다른 사업자로 하여금 부당한 공동행위를 하도록 교사하는 행위 또는 이에 준하는 행위를 의미하고, 다른 사업

---

17) 의사 연락의 상호성에 관한 상세한 논의는, 홍명수, "대법원 판결에 나타난 공동행위 성립요건으로서 상호성에 관한 고찰", 경쟁법연구 제41권, 2020, 305면 이하 참조.
18) 권오승·서정, 독점규제법 – 이론과 실무, 법문사, 2016, 291 – 292면.
19) 정재훈, 공정거래법 소송실무, 육법사, 2014, 58면 참조.

자의 부당한 공동행위를 단순히 방조하는 행위는 여기에 포함되지 않는다"고 판시하였다.[20] 동 판결은 법 제40조 제1항 후단을 교사 개념에 기초하여 이해하고, 이를 유사한 행위로 확장하고 있지만, 방조까지 이에 포함되지는 않는 것으로 보고 있다. 이러한 이해는 문언에 충실한 해석으로 볼 수 있지만, 동 조항의 전단에 명시적 합의뿐만 아니라 묵시적 합의도 포함된다는 점이나 방조의 경우를 배제하는 것이 경쟁정책적으로 바람직한지에 의문이 따른다는 점 등을 고려할 때, 이러한 해석에 대하여 논의의 여지는 있을 것이다.

한편 동 규정 후단에 의한 규제는 수직적 공동행위의 규제 가능성 문제와도 깊이 관련된다. 법 제40조 제1항에 의해 수직적 공동행위가 가능한지 여부에 대해서는 찬반의 견해가 대립하고 있다. 다수의 견해인 부정하는 입장은[21] 대체로 독점규제법의 규제체계상 특징에 기초하는데, 그동안 수직적 공동행위에 해당하는 행위들은 불공정거래행위나 재판매가격유지행위로 규제되어 왔다는 점을 지적한다. 반면 긍정하는 입장에서는[22] 법 제40조 제1항이 수평적 관계에 있는 사업자 간의 공동행위로 제한하지 않고 있으며, 경쟁정책적으로도 규율의 필요성이 있다는 점을 강조한다.[23] 각각의 입장에서 동 조항 후단의 의의는 상이할 것이다. 다수의 견해인 부정하는 입장에서 동 조항 후단은 예외적으로 수직적 공동행위를 규제하기 위한 근거가 될 것이며, 반면 긍정하는 입장에서는 후단의 규정이 수직적 공동행위 규제 가능성을 새롭게 창설한 것이 아니라 수직적 공동행위 요소가 관련된 특정한 행태에 대한 경쟁정책적인 주의를 환기시키는 의미를 갖게 될 것이다.

2. 합의의 입증

공동행위의 핵심요소인 '합의'를 인정하기 위해서는, 먼저 당사자 간에 각 사업

---

20) 대법원 2009. 5. 14. 선고, 2009두1556 판결.

21) 신현윤, 경제법, 법문사, 2012, 233－234면 및 이기수·유진희, 경제법, 세창출판사, 2012, 152면 참조. 한편 부정적 입장을 취하면서, 제19조 제1항 제9호의 "기타의 행위로서 다른 사업자의 사업활동 또는 사업내용을 방해하거나 제한함으로써 일정한 거래분야에서 경쟁을 실질적으로 제한하는 행위" 규정은 수직적으로 관련되는 사업자들도 규제 대상에 포함된다고 보는 것으로서, 정호열, 경제법, 박영사, 2012, 337－338면 참조.

22) 이호영, "공정거래법상 수직적 공동행위 규제의 도입", 최근 경쟁법의 주요쟁점과 과제(2010년 한국경쟁법학회 추계학술대회), 2010, 88－91면 참조.

23) 미국의 경우 수직적 관계에 있는 사업자 간의 합의도 Sherman법 제1조에 해당하는 것으로 보고 있으며(Interstate Circuit, Inc. v. U. S., 391 U.S. 208(1939)), EU의 경우 EU기능조약 제101조는 수직적 관계에서의 카르텔에 대해서도 적용되는 것으로 보고 있다(Ford Werke AG and Ford of Europe Inc. v. Commission, 25 & 26/1984 [1985]). EU 회원국인 독일의 경우 2005년 경쟁제한방지법 제1조에서 '경쟁관계에 있는 사업자 간에(im Wettbewerb stehenden Unternehmen)'라는 표현을 삭제함으로써 수직적 관계에 있는 사업자 간 카르텔 규제가 가능하도록 개정되었다.

자의 사업활동을 조정하기로 하는 의사의 연락이 있었다는 사실이 입증되어야 한다.[24] 그런데 대법원은 이러한 의사의 연락에 명시적인 합의는 물론이고 묵시적인 합의 내지 암묵의 요해(了解)에 그치는 경우도 포함된다고 보고 있다.[25] 따라서 공정거래위원회는 당사자들이 사전에 서로 연락하거나 교섭한 사실과 그 연락·교섭을 통하여 각자의 사업활동을 제한 또는 조정하기로 상호 인식하였다는 사실을 입증해야 한다. 이러한 합의가 계약·협정·결의 등과 같이 명시적인 방법으로 이루어진 경우는 그러한 증거를 수집하여 제시함으로써 합의의 존재를 쉽게 입증할 수 있을 것이다. 그러나 공동행위가 법률상 금지되고 있을 뿐만 아니라 그에 대한 규제가 점차 강화되고 있기 때문에, 사업자들은 그러한 합의를 하는 경우도 이를 은밀하게 추진함으로써 그 증거를 남기지 않거나 이를 애써 숨기려는 경향을 보이고 있다. 따라서 실제로는 공정거래위원회가 그러한 합의의 존재를 입증하기가 결코 쉽지 않다. 특히 과점시장이나 공동행위가 관행화되고 있는 시장에서는 경쟁의 압력이 그다지 크지 않기 때문에, 사업자들은 별다른 노력이 없이 단순한 암묵적인 요해, 즉 서로 그러한 행위를 하고 있는 것을 양해하는 것만으로도 공동행위가 성립될 수 있으므로 이를 입증하기가 매우 어렵다.

따라서 이러한 경우에는 직접적인 증거를 제시하여 합의를 입증할 수는 없고, 외관상 나타나는 '행위의 일치'라는 결과로부터 거꾸로 '의사의 연락'이라는 사실의 존재를 추론해 낼 수밖에 없을 것이다.[26] 그런데 구체적인 사례에서 어떠한 전제사실이 존재할 때 '의사의 연락'이라는 사실의 존재를 인정할 수 있을 것인지를 판단하는 기준이 명확하지 않다. 일본 공정거래위원회는 이에 대하여 의사의 연락은 공동행위의 목적사항에 관한 사전의 연락·교섭과 사후의 행동통일에 의하여 합리적으로 추론할 수 있으면 충분하다는 입장을 취하고 있다.[27] 예컨대 사업자들이 일제히 가격을 인상한 경우 그들이 일정한 장소에서 모임을 가졌고, 그 자리에서 가격인상의 필요성과 인상폭 등에 대한 의견교환이 있었다는 사실만 입증하면, 비록 가격인상에 대한 구체적인 합의를 입증하지 못하더라도, 그들의 가격인상이 공

---

24) 대법원 2013. 11. 28. 선고 2012두17421 판결. "사업자 간 의사연결의 상호성을 인정할 만한 사정에 대한 증명이 있어야 하며, 그에 대한 증명책임은 그러한 합의를 이유로 시정조치 등을 명하는 피고(공정거래위원회)에게 있다."

25) 대법원 2002. 3. 15. 선고 99두6514, 99두6521(병합) 판결; 대법원 2007. 12. 13. 선고 2007두2852 판결 참조.

26) 권오승, "부당한 공동행위의 제한", 한국경제법학회 편, 독점규제법 연구, 삼영사, 105-108면 참조.

27) 今村成和, 獨占禁止法, 有斐閣, 昭和 53년, 78면 참조.

동행위에 기인한 것이라는 점을 인정할 수 있다는 것이다.

3. 합의의 추정

사업자들 간에 경쟁제한에 관한 명시적인 약정이 존재하지 않는 경우에는 물론이고, 설령 그러한 약정이 있었다고 하더라도 당사자들이 이를 숨기고 있는 경우에는 이를 입증하기가 쉽지 않으며, 특히 당사자들 간의 합의가 단순한 암묵적인 양해의 수준에 그치고 있는 경우에는 이를 입증하기가 매우 어렵다. 따라서 이러한 입증곤란을 해소하고 공동행위에 대한 규제의 실효성을 제고하기 위해서는 입증의 요건을 완화할 필요가 있다.

이를 위하여 독점규제법은 1992년 제3차 개정을 통하여, "2 이상의 사업자가 일정한 거래분야에서 경쟁을 실질적으로 제한하는 행위를 하고 있는 경우에는 그 사업자들 사이에 부당한 공동행위의 수행을 약정한 명시적인 계약이 없는 경우에도 부당한 공동행위를 하고 있는 것으로 추정한다."(구법 19조 5항)고 규정함으로써, 그 합의를 추정하는 제도를 도입하였다. 동 규정의 해석 그리고 무엇보다 동 규정상 추정의 법적 의의나 성질에 관하여 견해가 일치되었던 것은 아니다.

대법원은 여기서의 추정이 법률상 추정이라는 입장에서 동 규정을 이해하였다. 법률상 추정은 요건사실의 입증이 매우 어려울 경우에 이것과 개연성이 있고 상대적으로 입증이 용이한 간접사실의 입증을 통해 요건사실을 추정토록 하여 일정한 법적 효과를 발생하게 하는 제도이다. 따라서 법률상 추정을 적용할 경우에 입증 책임이 완화될 뿐만 아니라, 상대방이 요건사실의 부존재를 입증하여야 하는 부담을 갖게 됨으로써 입증책임의 전환이 이루어지게 된다. 이러한 추정을 복멸하기 위해서 상대방은 간접사실의 존재를 반증으로서 다투거나 요건사실의 부존재를 본증으로서 입증하여야 한다. 대법원은 동 규정의 추정이 법률상 추정이라는 입장에서 간접사실에 해당하는 '2 이상의 사업자가 법 제19조 제1항 각호의 1에 해당하는 행위를 하고 있다'는 사실(행위의 외형상 일치)과 그것이 '일정한 거래분야에서 경쟁을 실질적으로 제한하는 행위'라는 사실(경쟁제한성)을 입증하면 사업자들의 합의가 추정되고, 이에 추가하여 사업자들의 합의 내지 암묵적인 양해를 추정케 할 정황사실까지 입증할 필요가 없다고 판시한 후, 그 입장을 일관되게 유지하였다.[28]

---

28) 대법원 2002. 3. 15. 선고 99두6514, 99두6521(병합) 판결; 대법원 2002. 5. 28. 선고 2000두1386 판결; 대법원 2003. 2. 28. 선고 2001두1239 판결; 대법원 2003. 5. 27. 선고 2002두4648 판결; 대법원 2003. 12. 12. 선고 2001두5552 판결 참조.

그러나 이러한 대법원 판례의 태도는 구법 제19조 제5항의 법문에는 충실한 해석이라고 할 수 있으나, 추정 규정을 둔 취지에는 부합하지 않는 해석이었다. 대법원 판례에 따르면, 행위의 외형상 일치와 경쟁제한성이라는 두 가지의 요건만 충족되면, 그러한 행위가 의식적 병행행위에 해당하는 경우에는 물론이고, 심지어 단순한 모방행위 또는 독자적인 경영판단에 기인한 경우처럼 사업자들 간에 의사의 연락이 존재하지 않는 것이 거의 명백한 경우에도 합의의 존재가 추정되어, 사업자들에게 지나치게 과중한 입증부담을 지우는 불합리한 결과를 초래하게 될 우려가 있다. 왜냐하면 사업자들이 그 합의의 추정을 번복하려면 합의의 부존재를 입증해야 하는데, 합의의 부존재는 이를 입증하기가 매우 어렵기 때문이다. 대법원은 이러한 문제점을 해결하기 위하여 추정의 복멸을 비교적 폭넓게 인정해 왔다. 즉 사업자들이 만약 합의가 없었더라도 그러한 행위의 일치가 있었을 것이라는 개연성만 입증하면, 달리 합의가 없었다는 점을 법관이 확신할 수 있을 정도로 입증하지 않더라도 추정의 번복을 인정하게 되었다.[29]

그런데 구법 제19조 제5항의 추정은 이를 민사법상의 추정으로 파악할 것이 아니라 '행정법상의 추정'(Vermutungen im verwaltungsrechtlichen Sinne)으로 파악하여, 그러한 요건이 충족된 경우에는 공정거래위원회가 그것에 대한 규제절차에 착수해야 한다고 하는 이른바 착수요건(Aufgreiftatbestände)으로 이해하는 것이 바람직할 것이다. 이러한 추정은 직접적으로 거증책임이나 형식적인 입증책임에 관련되는 것이 아니라 오로지 실질적인 입증책임에만 관련되는 것이다. 즉 추정의 요건이 충족되었다 하더라도 공정거래위원회는 여전히 당해 시장의 구조나 성과, 시장진입의 장벽 또는 사업자의 전력과 정황사실의 존재 여부를 포괄적으로 조사해야 할 임무를 부담하게 되고, 다만 공정거래위원회가 그러한 임무를 성실히 수행했음에도 불구하고 아직 명확하게 밝혀지지 않은 부분이 남아 있을 경우에는 그 추정을 깨뜨리려는 당사자, 즉 당해 사업자가 비로소 그 입증책임을 부담하는 것으로 보아야 할 것이다. 이와 같이 구법 제19조 제5항의 추정을 행정법상의 추정으로 이해할 경우에는, 그것은 법률상의 추정이 아니라 사실상의 추정과 비슷한 기능을 담당하게 될 것이다.

실제로 합의의 추정과 관련하여 특히 문제가 되는 상황은 이른바 의식적 병행행위(conscious parallelism)와 정보교환이다. 우선 의식적 병행행위란 과점산업에서

---

29) 대법원 2002. 5. 28. 선고 2000두1386 판결; 대법원 2003. 2. 28. 선고 2001두1239 판결; 대법원 2005. 1. 28. 선고 2002두12052 판결 등 참조.

흔히 나타나는 현상으로서, 사업자들 상호간에 경쟁제한에 대한 의사의 연락은 없지만, 동일한 행위가 사실상 병행적으로 이루어지고 있다는 것에 대한 상호 인식은 있는 경우를 가리킨다. 과점상태에서는 경쟁사업자의 수가 적기 때문에, 각 사업자가 그들의 기업활동을 독자적으로 영위해 나간다고 하더라도 경쟁사업자들의 반응이나 기대되는 행위 등을 비교적 정확하게 예측할 수 있기 때문에, 경쟁사업자들이 비교적 쉽게 병행적인 행위로 나아갈 수 있다. 그런데 미국에서는 통상 의식적 병행행위만으로 공동행위의 성립을 인정하지 않고 있으며, 그것이 독점금지법에 위반되기 위해서는 추가로 합의의 추정을 가능하게 하는 요소, 이른바 추가적 요소(plus factor)가 있어야 한다고 보고 있다. 이때 고려되는 요소에는 다음과 같은 것들이 포함된다.[30]

① 공동행위를 할 합리적인 동기나 이유가 있는 경우
② 공동행위가 아니면 취하지 않았을 자신의 이익에 배치되는 행동이 있는 경우
③ 시장현상이 공동행위의 결과라고 설명하는 것 이외에는 달리 합리적으로 설명할 수 있는 방법이 없는 경우
④ 과거에 독점금지법을 위반한 전례가 있는 경우
⑤ 혐의를 받고 있는 당사자들 사이에 회의나 직접적인 교신이 존재하는 경우
⑥ 피고가 공동행위를 조장하는 행위를 한 경우[31]
⑦ 산업의 특성이 경쟁의 회피를 어렵게 하는지의 여부[32]
⑧ 시장의 성과가 합의의 추정을 가능하게 하는지의 여부[33]

그런데 입법자는 2007년 8월에 구법 제19조 제5항에 대한 여러 비판을 수용하여 동 규정을 '행위의 일치'와 공동성을 보여 주는 '정황사실'이 있을 경우에 비로소 합의를 추정하는[34] 방향으로 개정하였다. 또한 2020년 12월에는 기본 골격은 유지하면서, 입증의 대상이 되는 간접사실을 정보교환에 기초하여 추가하는 개정

---

30) 정경택, "공동행위 규제상의 문제점", 권오승 편, 공정거래법강의, 법문사, 1996, 291면 이하 참조.
31) 공동행위를 조장하는 행위의 대표적인 예로서는 상호간의 정보교환과 사업자단체를 통한 자료의 교환을 들 수 있으며, 과점사업자 간에 단일한 가격공식을 채택하거나 가격을 공개하는 것도 공동행위를 조장하는 행위로 보고 있다.
32) 일반적으로 판매자가 많고 진입장벽이 낮으며, 제품이 동질적이고 기술적 변화에 민감하지 않으며, 구매자가 소수의 사려 깊은 부류이고, 거래가 빈번하지 않은 상황에서는 공동행위가 성립하기가 어렵다고 생각되기 때문에, 이러한 경우에는 명시적 합의가 있어야 비로소 합의의 존재가 인정된다.
33) 시장점유율이 장기간 고정되어 있고, 당해 사업자들이 상당한 수익을 얻고 있으며, 산업전반에 걸쳐 경쟁수준 이상의 이윤이 존재하는 경우에는 합의의 존재를 쉽게 추정할 수 있다.
34) 2007년 법 개정 이전에는 추정의 대상이 부당한 공동행위인지 합의인지에 관한 견해의 대립이 있었다. 후자의 견해가 다수이었지만, 이를 입법적으로 명확히 하였다.

이 이루어졌다(법 40조 5항). 즉 2 이상의 사업자가 법 제40조 제1항 각 호의 어느 하나에 해당하는 행위를 하는 경우로서 ① 해당 거래분야 또는 상품·용역의 특성, 해당 행위의 경제적 이유 및 파급효과, 사업자간 접촉의 횟수·양태 등 제반사정에 비추어 그 행위를 그 사업자들이 공동으로 한 것으로 볼 수 있는 상당한 개연성이 있는 때 그리고 ② 제1항 각 호의 행위(제9호의 행위 중 정보를 주고받음으로써 일정한 거래분야에서 경쟁을 실질적으로 제한하는 행위를 제외한다)에 필요한 정보를 주고받은 때에는 그 사업자들 사이에 공동으로 제1항 각 호의 어느 하나에 해당하는 행위를 할 것을 합의한 것으로 추정한다.

이상의 추정 규정은 적어도 공동행위의 경우에는 그 특성상 행위의 일치와 일정한 정황사실의 입증으로 합의의 존재를 추정할 수 있다는 점과 그러한 정황사실로 제시할 수 있는 사정에는 어떠한 것들이 있는지를 분명하게 제시함으로써, 개정 이전 정황사실을 둘러싼 논란을 해소하였다는 점에서 긍정적인 평가가 가능할 것이다. 심사기준은 동 규정을 구체화하고 있는데, ① 직·간접적인 의사연락이나 정보교환 등의 증거가 있는 경우, ② 공동으로 수행되어야만 당해 사업자들의 이익에 기여할 수 있고 개별적으로 수행되었다면 당해 사업자 각각의 이익에 반하리라고 인정되는 경우, ③ 당해 사업자들의 행위의 일치를 시장상황의 결과로 설명할 수 없는 경우, ④ 당해 산업구조상 합의가 없이는 행위의 일치가 어려운 경우를 정황증거로서 제시하고 있다(심사기준 Ⅱ. 2. 나. (2) (가)).

한편 2020년 법 개정에서 정보교환이 간접사실의 하나로 추가되었다는 점도 의의가 크다. 종래 정보교환은 정황사실의 하나로서 실무상 자주 문제가 되었으며, 동 개정은 이러한 상황을 반영한 것으로 볼 수 있다. 정보교환이 경쟁에 미치는 영향은 긍정적인 측면과 부정적인 측면을 동시에 가지고 있다. 시장에 상품이나 서비스의 수요와 공급상황을 정확히 반영하는 정보가 공급되면, 시장참여자들의 효율적이고 경쟁적인 대응이 가능해져서 소비자와 공급자 모두에게 혜택을 줄 수 있다. 그러나 정보교환은 사업자들 간에 가격이나 수량 등의 결정에 관한 불확실성을 제거하여 담합을 용이하게 하거나 촉진할 수도 있기 때문에, 정보교환이 사업자 간의 의사연결의 상호성을 인정할 수 있는 유력한 자료로 활용될 수 있다. 따라서 대법원은 정보교환이 인정되는 경우에 "관련시장의 구조와 특성, 교환된 정보의 성질·내용, 정보교환의 주체 및 시기와 방법, 정보교환의 목적과 의도, 정보교환 후의 가격·산출량 등 외형상 일치 여부 내지 차이의 정도 및 그에 관한 의사결정 과정·내용, 그 밖에 정보교환이 시장에 미치는 영향 등 모든 사정을 종

합적으로 고려하여" 합의가 있는지 여부를 판단하여야 한다고 판시하고 있다.[35]

2020년 동 조항의 개정은 이러한 이해를 받아들인 것으로 볼 수 있다. 즉 사업자 간의 정보 교환이 간접사실의 하나로 고려될 수 있다는 점을 입법적으로 명확히 하였다는 점에서 의의가 있다. 그러나 정보교환은 경쟁정책적 측면에서 상반된 효과를 낳을 수 있기 때문에, 정보교환이 인정되는 경우에 곧바로 합의가 추정되는 것은 아니며, 정보교환에 대한 실질적인 검토가 요구된다. 법 제40조 제5항 제2호는 제1항 각 호의 행위에 '필요한' 정보로 규정하고 있는데, 여기서 필요성은 정보의 교환 방식이나 범위, 정보의 성격이나 내용 등에 의해 판단될 수 있을 것이다. 즉 정보의 내용이 개별 사업자에 대한 구체적인 것인지 산업 전체의 통계적인 것인지, 미래에 관한 것인지 과거에 대한 것인지, 정보가 교환 방식이 폐쇄적인지 개방적인 것인지 등의 분석이 필요하며, 대체로 전자의 경우가 공동행위와 관련성이 크다고 볼 수 있다. 예를 들어 Wood Pulp 사건에서[36] 유럽법원은 펄프제조업자들이 가격공표의 방식으로 정보를 교환한 것에 관하여, 이러한 방식의 정보 교환이 경쟁사업자의 장래의 불확실성을 줄이는 방향으로 작용하지 않았으며, 경쟁사업자의 낮은 가격책정을 유도하는 가격경쟁을 이끌었다는 점에 근거하여 동조적 행위를 인정하지 않았다. 또한 당해 시장이나 산업에서 정보가 교환된 범위도 합의 추정의 근거로서 정보교환의 가치를 판단하는 데 중요하다. 미국 American Column 사건에서는[37] 목재 생산자들 간에 정보가 유통된 범위가 전체 시장의 3분의 1 정도이었는데, 연방대법원은 이러한 정보교환이 과잉생산 억제와 가격인상을 가능하게 하는 수단으로 활용되었다고 판단하였다.

Ⅲ. 경쟁제한성

1. 부당한 경쟁의 제한

독점규제법은 모든 공동행위를 다 금지하는 것이 아니라, 부당한 공동행위, 즉 부당하게 경쟁을 제한하는 공동행위만 금지하고 있다. 동법은 당초에 공동행위의 경우도 기업결합의 경우와 마찬가지로 일정한 거래분야에서 경쟁을 실질적으로 제한하는 공동행위를 금지하고 있었다. 그런데 여기서 "일정한 거래분야에서 경쟁

---

35) 대법원 2014. 2. 27. 선고 2011두16049 판결; 대법원 2014. 7. 24. 선고 2013두16951 판결 참조.
36) A. Ahlström Oy v. Commission, Case C89/85 [1993].
37) American Column & Lumber Co. v. United States, 257 U.S. 377(1921).

을 실질적으로 제한한다"는 요건의 의미는 서로 경쟁관계에 있는 사업자들로 구성된 관련시장에서 유효한 경쟁을 기대하기가 매우 곤란한 상태를 초래하는 것을 의미한다. 따라서 구법에서는 어떠한 공동행위가 동법에 위반되는지 여부를 판단하기 위해서는, 먼저 그 공동행위가 이루어지고 있는 거래분야, 즉 관련시장을 확정한 다음에, 그 공동행위가 당해 시장에서 경쟁을 실질적으로 제한하는지 여부를 심사하지 않으면 안 되었다.

그러나 이러한 심사는 기업결합의 경우에는 반드시 필요한 절차이지만, 공동행위의 경우에도 마찬가지로 요구되는지는 의문이다. 왜냐하면 기업결합과 공동행위는 경쟁에 미치는 영향이 서로 다르기 때문이다. 즉 기업결합이 경쟁에 미치는 영향은 직접적이지 않고 간접적인데다가 긍정적일 수도 있고 부정적일 수도 있기 때문에, 그것이 시장의 구조와 행태 및 성과에 미치는 영향을 구체적, 개별적으로 심사할 필요가 있다. 그러나 공동행위가 경쟁에 미치는 영향은 직접적인 데다가 대체로 부정적이기 때문에, 이를 기업결합의 경우처럼 개별적으로 면밀히 심사할 필요가 없다. 따라서 동 규정은 1999년 독점규제법 개정을 통하여 "부당하게 경쟁을 제한하는" 공동행위를 금지하는 것으로 변경되었다. 공동행위는 대체로 경쟁에 부정적 영향을 미치고, 특히 상품이나 용역의 가격, 거래량, 거래지역이나 거래처 등과 같이 경쟁의 핵심적인 요소를 대상으로 하는 공동행위는 경쟁제한적이 않은 경우가 드물다는 점을 고려할 때, 모든 공동행위에 대하여 엄격한 심사를 요구하는 것으로 해석될 수 있는 '경쟁을 실질적으로 제한'이라는 규정을 '부당하게'로 변경한 동 개정은 바람직한 개선으로 볼 수 있다.

동 규정에서 부당한 공동행위의 구성요건 중 부당성이라는 요건은 다음과 같은 두 가지 의미로 이해할 수 있다. 우선 공동행위의 위법성 심사는 공동행위에 참가한 사업자들이 당해 시장에서 차지하는 지위에 따라 구별할 필요가 있다. 공동행위에 참가한 사업자들이 당해 시장에서 차지하는 지위라는 관점에서 보면, 그들이 어느 정도 자유로이 가격이나 거래량, 기타의 거래조건에 영향을 미칠 수 있는 힘, 즉 시장지배력을 가지고 있을 때는 그 공동행위가 경쟁을 제한할 우려가 있지만, 그렇지 않을 경우는 그들이 경쟁에 미치는 영향이 크지 않기 때문에, 그러한 공동행위는 독점규제법상 문제 될 여지가 없을 것이다. 예컨대 공동행위에 참가한 사업자들의 시장점유율 합계가 20% 이하인 경우가 여기에 해당한다. 따라서 부당성이라는 요건은 이와 같이 시장지배력이 없거나 경쟁에 미치는 영향이 크지 않은 사업자들 간의 공동행위를 규제의 대상에서 제외하는 소극적 역할을 담당하게 된다.

한편 공동행위가 경쟁에 미치는 영향은 그 공동행위의 내용이나 성격에 따라 서로 다르기 때문에, 공동행위의 위법성 심사는 그 공동행위의 내용이나 성격에 따라 경쟁제한에 미치는 영향이 큰 공동행위와 그렇지 않은 공동행위를 구별하여 진행할 필요가 있다. 공동행위가 상품이나 용역의 가격, 거래량, 거래지역이나 거래처 등과 같이 경쟁의 핵심적인 요소를 내용으로 하는 경우는 그 성격상 주로 경쟁제한적 효과를 초래하게 되지만, 공동연구·개발이나 공동생산·구매 등과 같은 사항을 내용으로 하는 경우는 그 성격상 경쟁제한적 효과와 효율성 증대효과를 동시에 발생시킬 수 있다. 뿐만 아니라 사업자들 간의 경쟁은 가격, 품질, 수량, 거래조건, 거래상대방 등과 같은 다양한 요소를 중심으로 복합적으로 이루어지기 때문에, 어떠한 요소에 대하여 경쟁을 제한하게 되면 다른 요소에 대한 경쟁이 촉진될 수도 있다. 예컨대 사업자들이 거래조건에 대한 경쟁을 제한하게 되면 오히려 가격이나 품질에 대한 경쟁이 촉진될 수도 있다. 따라서 부당성이라는 요건은 공동행위의 성격상 경쟁제한적 효과만 발생시키는 경성 공동행위에 대하여는 특별한 사정이 없는 한 시장상황에 대한 구체적인 심사 없이 위법한 것으로 보는 반면, 경쟁제한 효과와 효율성 증대 효과를 함께 발생시키거나 거래조건에 대한 경쟁을 제한하는 대신에 가격이나 품질에 대한 경쟁을 촉진하는 연성 공동행위에 대하여는 이들을 종합적으로 심사하여 위법성을 판단하도록 한다. 이러한 점에서 부당성은 경성 공동행위와 연성 공동행위에 대한 규제를 차별화된 방식으로 수행할 수 있도록 하는 기능을 담당한다.

2. 공동행위의 위법성 심사

심사기준에 따르면, 공동행위의 위법성 심사는 공동행위의 성격을 분석하여, 그 성격상 경쟁제한 효과만 생기는 것이 명백한 경우, 즉 경성 공동행위와 경쟁제한효과와 효율성증대 효과를 함께 발생시킬 수 있는 경우, 즉 연성 공동행위로 나누는 것에서 시작한다. 이어서 전자에 대하여는 특별한 사정이 없는 한 구체적인 경쟁제한성에 대한 심사 없이 부당한 공동행위로 판단할 수 있지만, 후자에 대하여는 당해 공동행위의 위법성을 판단하기 위하여 경쟁제한 효과와 효율성증대 효과를 종합적으로 심사함을 원칙으로 하고 있다(심사기준 V. 1, 2).

공동행위의 성격, 즉 경성 공동행위와 연성 공동행위의 구분은 공동행위의 대상이 되는 경제활동의 종류(생산·판매·산출량 결정 등) 및 합의의 수준 등의 요소에 의하여 결정된다.

(1) 경성 공동행위

경쟁제한 이외에 다른 목적이 없는 공동행위는 직접적으로 관련시장에서 가격을 올리거나 산출량을 감소시키는 행위로서, 경쟁관계에 있는 사업자 간에 ① 가격을 결정 혹은 변경하는 행위, ② 산출량을 결정 혹은 조정하는 행위, ③ 거래지역 또는 거래상대방을 제한·할당하는 행위, ④ 입찰가격 또는 낙찰예정자를 사전에 결정하는 행위가 여기에 해당된다.

가격·산출량의 결정·조정은 직접적으로 소비자로 하여금 높은 가격을 지불하게 하며, 시장 및 고객의 제한·할당도 소비자의 선택가능성을 제한하고 사업자 간 경쟁을 감소시켜 결국 가격 상승이나 산출량 감소를 초래하게 된다. 그리고 입찰가격 등을 사전에 결정하는 행위는 입찰참여자들의 경쟁을 직접적으로 제한하여 낙찰가격을 상승시키게 된다. 따라서 이러한 행위는 성격상 경쟁을 직접 제한하는 효과를 발생시킨다.

이상과 같이 주로 경쟁제한 효과만 발생시키는 공동행위는 관련 사업자들이 공동으로 행동하면 당해 상품시장이나 지역시장에서 가격·수량·품질 및 기타 조건을 좌우할 수 있는 시장지배력을 획득할 수 있는 경우에 쉽게 발생되고 또한 유지될 수 있다. 공동행위에 참여한 사업자보다 낮은 가격으로 소비자들이 원하는 상품의 수량을 충분히 공급할 수 있는 공급자가 존재하는 경우에는 대부분의 소비자들이 공동행위에 참여하지 않은 공급자들로부터 상품을 구매할 것이기 때문에 당해 공동행위가 유지되기가 어렵다. 따라서 위와 같은 공동행위를 수행했다는 사실 그 자체가 관련시장에서 당해 사업자들이 경쟁을 제한할 수 있는 시장지배력을 보유하고 있다는 증거가 될 수 있다.

한편 어떤 업종의 생산구조, 시장구조, 경쟁상태 등을 분석하여 시장지배력 형성 여부를 심사하는 것은 결국 해당 공동행위가 관련시장에서의 경쟁을 제한하는지 여부를 판단하기 위한 것이다. 그런데 위와 같은 공동행위는 행위 그 자체가 직접적으로 경쟁을 제한하여 가격상승·산출량 감소를 초래하기 때문에 구체적인 경제분석이 없더라도 시장상황에 대한 대략적인 분석을 통하여 위법한 공동행위로 판단할 수 있다.

다만 문제되는 공동행위가 주로 경쟁제한 효과만 초래하는 공동행위로 분류되는 유형이라고 하더라도 효율성을 증대시키는 경제적 통합과[38] 합리적으로 연관되어 추진되고, 효율성 증대 효과의 목적을 달성하기 위해 합리적으로 필요하다고

---

[38] 여기서 '경제적 통합'이라 함은 생상, 판매, 구매 또는 연구개발 등의 통합을 말한다.

인정되는 경우는 연관되는 경제적 통합의 경쟁제한 효과와 효율성 증대 효과 등을 종합적으로 고려하여 위법성 여부를 판단한다.

(2) 연성 공동행위

공동행위의 성격상 경쟁제한 효과와 효율성 증대 효과를 함께 발생시킬 수 있는 경우 경쟁제한 효과 분석은 다음과 같이 한다.

(가) 일반원칙

참여사업자들이 상당한 시장지배력을 보유하고 있는 경우에는 공동행위를 통해 시장지배력을 유지·창출·증가시켜 가격의 상승이나 품질·산출량·혁신 노력의 감소를 초래하는 등 경쟁제한 효과를 발생시킬 수 있다.

공동행위의 경쟁제한 효과를 심사하기 위해서는 공동행위에 참여한 사업자들이 보유하고 있는 시장지배력의 정도와 사업자 간 경쟁제한의 정도를 종합적으로 고려해야 한다. 우선 시장지배력의 정도는 관련시장을 획정하고 당해 공동행위에 참여하고 있는 사업자들의 시장점유율을 산정하여 판단한다. 관련시장에서 참여사업자들이 보유하고 있는 시장지배력이 클수록 경쟁제한 효과를 발생시킬 가능성이 증가한다. 참여사업자들의 시장점유율의 합계가 20% 이하인 경우는 당해 공동행위로 인해 경쟁제한 효과가 발생할 가능성이 없거나 발생하더라도 그 효과가 미미한 것으로 보고 심사를 종료한다.[39] 그러나 시장점유율의 합계가 20%를 초과하는 경우는 시장지배력, 참여사업자 간의 경쟁제한 수준 등을 분석하여 경쟁제한 효과의 발생 여부 및 크기를 심사한다. 그리고 사업자 간 경쟁제한의 정도는 참여사업자 간 독자적 경쟁능력·경쟁동기의 감소 수준, 경쟁기회·경쟁수단·경쟁방법의 제한 등의 검토를 통하여 판단한다. 참여사업자 간 경쟁제한의 정도가 강할수록 경쟁제한 효과를 발생시킬 가능성이 증가한다.

결국 당해 공동행위가 경쟁제한 효과를 발생시키는지 여부는 참여사업자들의 시장지배력 보유와 참여사업자 간의 경쟁제한을 종합적으로 고려하여 결정한다. 시장지배력이 크고 경쟁제한의 정도가 강하면 경쟁제한 효과가 발생할 가능성이 크지만, 시장지배력이 작고 경쟁제한의 정도가 약하면 경쟁제한 효과가 발생할 가

---

39) 이와 같은 규정은 EU의 de minimis(최소 허용) 원칙과 유사하다. 즉 EU의 de minimis 고시(Com-mission Notice on agreements of minor importance which do not appreciably restrict competition under Article 81(1) of the Treaty establishing the European Community(de minimis), 2001/C 368/07)에서는 수평적 합의의 경우 공동행위 참가자들의 시장점유율의 합계가 10%, 수직적 합의의 경우에는 15%를 최소 허용기준으로 제시하고 있다. 한편 동 기준의 적용에 있어서 이른바 경성 공동행위로 분류되는 가격고정, 시장분할 공동행위에 대하여 위원회의 규제 가능성을 열어 놓고 있다.

능성도 작아질 것이다. 한편 경쟁제한의 정도가 높더라도 시장지배력을 보유하지 못하는 경우 또는 시장지배력을 보유하고 있더라도 참여사업들 간 경쟁이 계속되는 경우 경쟁제한 효과가 발생할 가능성은 줄어들 것이다.

(나) 경쟁제한 효과의 분석절차

경쟁제한 효과의 분석에 있어서, 먼저 관련시장을 획정하고 시장점유율을 산정한 뒤에, 시장점유율의 합계가 20% 이하인 경우에는 특별한 사정이 없는 한 당해 공동행위가 경쟁제한 효과를 발생시키지 않는 것으로 판단하고, 20%를 초과하는 경우에만 다음 심사절차를 거쳐 경쟁제한 효과를 판단한다.

우선 참여사업자들의 시장지배력을 심사한다. 참여사업자들이 관련시장에서 보유하고 있는 시장지배력이 클수록 당해 공동행위로 인하여 경쟁제한 효과가 발생할 가능성이 커진다. 그런데 시장지배력의 심사는 시장점유율, 해외경쟁 도입수준, 신규진입의 가능성 등을 분석하여 종합적으로 판단하는데, 일부 요소의 판단만으로 시장지배력의 수준을 충분히 판단할 수 있는 경우에는 다른 요소에 대한 분석을 생략할 수 있다.

그리고 참여사업자 간 경쟁제한의 수준을 심사한다. 이 단계에서는 공동행위 참여사업자 간 독자적 경쟁 능력·동기의 증감 수준, 경쟁기회·경쟁수단·경쟁방법의 제한여부 등을 분석한다. 참여사업자 간 경쟁 능력·동기의 감소 수준이 미약하고, 경쟁기회·경쟁수단·경쟁방법의 제한 정도가 낮아 관련시장에서 사업자 간 경쟁이 계속될 경우에는 참여사업자들이 공동행위를 통해 시장지배력을 유지·창출·증가시킬 가능성은 희박하며, 경쟁과 관련된 민감한 정보교환이 없거나 적절하게 차단된 경우에는 경쟁제한 효과를 야기할 가능성이 작아진다. 반면 참여 사업자 간 경쟁제한 수준이 높아서 사업자 상호 간에 독자적으로 경쟁할 동기나 능력이 상당히 감소하거나, 경쟁기회·경쟁수단·경쟁방법이 제한되거나, 경쟁과 관련된 민감한 정보가 교환될 경우에는 경쟁제한 효과를 야기할 가능성이 커진다.

한편 참여사업자 간 경쟁제한을 심사할 때는 합의이행에 대한 모니터링 시스템 및 제재수단이 있는지 여부, 공동행위의 존속기간, 자산에 대한 공동 사용·통제 수준, 재무적 이해관계 수준 및 참여사업자 간 경쟁 허용수준을 고려한다.

(다) 효율성 증대 효과의 분석

공동행위의 성격상 경쟁제한 효과와 효율성 증대 효과를 함께 발생시킬 수 있는 경우 효율성 증대 효과의 분석은 다음과 같이 한다.

공동행위는 규모의 경제, 범위의 경제, 위험 배분, 지식·경험의 공동활용에 의한 혁신속도 증가, 중복비용의 감소 등 경제적 효율성을 증대시킬 수 있다. 이러한 효율성 증대는 사업자 간 경쟁을 촉진시켜 상품의 가격 하락, 품질·유통 속도의 제고 등 소비자 편익의 증가로 연결될 수 있다. 그러나 산출량 감축, 시장 분할 또는 단순한 시장지배력의 행사에 의해 발생하는 비용절감 등은 효율성 증대 효과로 주장할 수 없으며, 제품·서비스의 품질 저하 등 소비자의 이익 감소를 통해 달성되는 비용절감도 효율성 증대 효과로 주장될 수 없다.

한편 이러한 효율성은 확실하게 실현될 수 있어야 한다. 이를 판단하기 위해서는 효율성이 어떠한 방법으로 실현되는지, 효율성이 가까운 시일 내에 발생할 것이 명백한지, 효율성의 크기는 어떠한지, 효율성 증대가 소비자 편익의 증대로 연결될 수 있는지에 대한 심사가 필요하다. 그리고 그러한 효율성 증대 효과가 당해 공동행위 외의 방법으로는 달성하기 어렵다고 판단되는 경우에만 효율성 증대 효과를 인정한다.

또한 효율성과 관련된 정보는 오로지 공동행위 참여사업자들만 보유하고 있기 때문에 제3자가 이를 검증하거나 수량화하기가 어렵다. 따라서 효율성 증대 효과를 주장하는 사업자는 당해 공동행위로 발생하는 효율성 증대 효과를 판단하기 위한 충분한 자료를 제출하여야 하며, 그렇게 하지 않는 경우 효율성 증대 효과는 인정되지 않는다.

(라) 양 효과의 비교형량

당해 공동행위가 효율성 증대 효과와 경쟁제한 효과를 동시에 발생시키는 경우에는 양 효과의 비교형량을 통해 당해 공동행위의 위법성을 심사한다. 비교형량에 있어서는 효율성 증대 효과가 경쟁제한 효과를 상쇄할 수 있는지 여부를 심사한다. 당해 공동행위가 허용되기 위해서는 관련시장에서 경쟁제한에 따르는 폐해가 클수록 이를 상쇄하기 위한 효율성 증대 효과도 커야 한다.

3. 행정지도와 관련된 문제

공동행위의 부당성 판단과 관련하여 실무상 자주 제기되는 문제로서 행정지도에 따른 공동행위를 어떻게 처리할 것인가 하는 문제가 있다. 방송·통신업, 금융업, 에너지산업, 운송업, 의료·제약업 등과 같은 규제산업에서는 당해 산업분야를 전문적으로 규제하고 있는 전문규제기관이 각 산업분야에 고유한 정책목표를 실현하기 위하여 다양한 규제를 실시하고 있기 때문에, 그러한 산업별 규제가 독점규제법상 자유경쟁의 원리에 배치되거나 저촉될 우려가 있다. 독점규제법은 이와 같은 산업별 규제가 구체적인 법적 근거가 있는 경우에는 동법 제116조의 법령에 따른 정당한 행위로 보아 동법의 적용을 제외하고 있다. 그런데 동 규정에 따라서 직접 사업자들이 공동행위를 하는 경우는 드물며, 법령에 근거한 행정작용이 사업자들의 행위를 매개하는 경우가 일반적이다. 이때 권력적 행위로서 행정행위가 개입하는 경우 동 규정의 적용에 의문이 없지만, 비권력적 사실행위로서 행정지도의 경우에는 논의의 여지가 있다.

무엇보다 우리나라에서는 관련 산업분야에 대하여 인·허가권을 비롯하여 광범위한 규제 권한을 행사하고 있는 산업별 규제기관이 이른바 개발연대의 관행에 따라 구체적인 법적 근거도 없이 관계 법령상 일반적인 감독 권한을 근거로 하여 경쟁제한행위를 유발하는 행정지도를 하는 경우가 자주 있다는 점에서 주의를 기울일 필요가 있다. 이러한 행정지도는 비록 법적인 구속력은 없다고 하더라도 현실적으로 사업자들이 거기에 불응하기가 어려운 사실상의 구속력을 가지고 있기 때문에, 그 행정지도에 따라 이루어진 경쟁제한 행위를 독점규제법상 어떻게 규율할 것인가 하는 문제가 제기된다. 이에 대하여 공정거래위원회는 '행정지도가 개입된 부당한 공동행위에 대한 심사지침'(이하 '심사지침'이라 함)을[40] 통하여, 행정기관이 법령상 구체적인 근거 없이 사업자들의 합의를 유도하는 행정지도를 한 결과, 부당한 공동행위가 행하여졌다고 하더라도 그 부당한 공동행위는 원칙적으로 위법하고, 다만 다른 법령에서 사업자가 독점규제법 제40조 제1항 각 호의 1에 해당하는 행위를 하는 것을 구체적으로 허용하고 있는 경우, 또는 다른 법령에서 행정기관이 사업자로 하여금 독점규제법 제40조 제1항 각 호의 1에 해당하는 행위를 하는 것을 행정지도할 수 있도록 규정하고 있는 경우로서, 그 행정지도의 목적, 수단, 내용, 방법 등이 근거법령에 부합하고, 사업자들이 그 행정지도의 범위 내에서 행위를 한 경우에는 법 제116조의 '법령에 따른 정당한 행위'로 보아 적용제외를 인정하고, 그 밖의 경우에는 사실상 구속력이 있는 행위가 부당한 공동행위의 동인이 된 경우에 한하여 과징금 감경사유로 고려할 수 있도록 하고 있다. 대법원은 보험사들이 단체상해보험상품의 영업보험료 할인, 환급률 축소·폐지 등을 합의한 사건에서 금융감독원이 보험료율 적용방식이나 과도한 할인 등의 문제와 관련하여 보험사들의 의견을 청취한 사실이 인정되나 이러한 사실이 "보험사들로 하여금 이 사건 합의를 할 것을 직접적이고 구체적으로 지시하였다고 할 수 없고, 금융감독원의 보험사들에 대한 감독의 근거가 되는 보험업법의 해당 규정들이 자유경쟁

---

40) 공정거래위원회 예규 제42호, 2006. 12. 27. 제정; 예규 제235호, 2015. 10. 23. 개정.

의 예외를 구체적으로 인정하고 있는 법률 등에 해당한다고 볼 수도 없다"고[41] 보고, 법 제116조에 의해 보험사들의 부당한 공동행위의 성립이 부인되지 않는다는 결론을 내렸다.

한편 행정지도와 관련된 공동행위의 문제와 관련하여, 행정지도가 개입된 경우에 합의의 성립 또는 합의의 추정이 부인될 수도 있다.[42] 심사지침은 행정지도에 사업자들이 개별적으로 따른 경우에는 부당한 공동행위에 해당하지 않는다고 규정하고 있는데(심사지침 IV. 2.), 합의의 추정과 관련해서도 행정지도에 개별적으로 따른 것은 추정을 복멸하는 근거가 될 수 있다. 대법원은 11개 보험회사의 공동행위 사건에서 "금융감독원장이 행정지도를 통하여 사실상 보험료결정에 관여하였고 그 결과 보험료가 동일하게 유지되었다면, 위와 같은 사정은 공동행위의 합의추정을 복멸시킬 수 있는 정황으로서 참작될 수 있다"고[43] 판시하였다.

제 3 절 부당한 공동행위의 유형

부당한 공동행위는 사업자들이 체결하는 합의의 내용이나 대상에 따라 다양한 모습을 띠게 되는데, 독점규제법은 그 유형을 9가지로 나누어서 규정하고 있다(법 40조 1항 각 호).

Ⅰ. 개별적 유형

1. 가격협정

가격협정이란 사업자가 다른 사업자와 공동으로 상품이나 용역의 가격을 결정·유지 또는 변경하는 행위를 말하며(1호), 공정거래위원회에서 다루어진 부당한 공동행위의 유형 중에서 가장 높은 비중을 차지한다.[44] 한편 제1호에서 말하는 가

---

41) 대법원 2012. 5. 24. 선고 2010두375 판결.

42) 행정지도가 개입된 공동행위와 관련하여 합의의 성립이 부인되는 경우와 법령에 따른 행위로서 적용 제외되는 경우를 구분하여 논의하고 있는 것으로 홍명수, "독점규제법상 행정지도에 의한 카르텔 규제의 법리적 고찰", 경쟁법연구 제21권, 2010, 81면 이하 참조.

43) 대법원 2005. 1. 28. 선고 2002두12052 판결.

44) 권오승 외, 「사업자단체가 개입된 카르텔 유형 및 근절방안 연구」, 2004년 공정거래위원회 연구용역보고서, 32면에 의하면, 1981년부터 2004년 7월까지 공정거래위원회에서 다루어진 부당한 공동행위 사건에서 가격협정에 관련된 사건은 약 76%에 이르고 있다.

격이란 사업자가 제공하는 상품 또는 용역의 대가, 즉 사업자가 거래의 상대방으로부터 반대급부로 받는 일체의 경제적 이익을 의미한다.45) 시장경제에서는 상품이나 용역의 가격이 수요와 공급의 원리에 따라 자유롭게 결정되는 것이 원칙이다. 그런데 사업자들이 공동행위에 의하여 상품이나 용역의 가격을 인위적으로 결정하게 되면, 사업자들 간 가격경쟁이 제한되므로 독점규제법에 의하여 금지된다.

가격협정은 가장 전형적인 공동행위로서, 그것을 실시하는 것이 직접 각 당사자에게 이익이 되는 경우가 많기 때문에 성립이 용이하고 실시되는 경우도 많다. 그런데 이러한 가격협정은 시장경제가 정상적으로 작동할 수 있게 하는 가격기구에 대한 직접적인 제약이 되기 때문에, 이를 엄격하게 규제하는 것이 세계적인 추세이다. 미국의 판례는 셔먼법 제1조의 거래제한을 해석함에 있어서, 가격에 관한 공동행위는 그 제한된 가격의 부당성 여부를 묻지 않고 그 자체로서 당연위법(*per se illegal*)이라고 한다.46) 그리고 독일의 경쟁제한방지법(GWB)은 경쟁제한적인 카르텔을 원칙적으로 금지하는 일반조항을 두고 있는데, 가격협정은 전형적인 카르텔의 대표적인 예로 다루어지고 있다(GWB 1조). 우리나라 대법원도 "사업자들이 공동으로 가격을 결정하거나 변경하는 행위는 그 범위 내에서 가격경쟁을 감소시킴으로써 그들의 의사에 따라 어느 정도 자유로이 가격의 결정에 영향을 미치거나 미칠 우려가 있는 상태를 초래하게 되므로, 그와 같은 사업자들의 공동행위는 특별한 사정이 없는 한 부당하다고 볼 수밖에 없다"고 판시하고 있다.47)

한편 가격협정은 일반적으로 가격 인상을 목적으로 하지만, 가격을 인하하거나 현행가격을 유지하는 경우 또는 최고 또는 최저가격 범위의 설정을 목적으로 하는 경우도 있다. 그리고 가격인상 협정에 있어서는, 협정으로 정한 가격의 인상이 현실적으로 실현될 수 없는 경우에도, 협정의 결과로서 어느 정도의 인상효과가 나타날 가능성이 있으면 부당한 공동행위가 된다. 그 이유는 협정에서 정한 기일에 가격이 일제히 인상되지는 않았지만, 일정한 기간 동안 점진적으로 인상되거나 예정된 인상 폭의 일부가 실현되거나, 또는 경쟁이 희박한 지역에서만 인상이 실현될 수도 있기 때문이다.

가격협정의 방법으로는 확정가격을 정하는 방법과 인상률을 정하는 방법, 표준

---

45) 대법원 2001. 5. 8. 선고 2000두10212 판결.
46) 가격협정에 관한 대표적인 판례로서는 U.S. v. Trenton Potteries Co., 273 U.S. 392, 47 S. Ct. 377, 71 L. Ed. 700(1927)이 있다.
47) 대법원 2005. 8. 19. 선고 2003두9251 판결; 대법원 2007. 9. 20. 선고 2005두15137 판결; 대법원 2009. 3. 26. 선고 2008두21058 판결 참조.

품목의 가격을 정하는 방법, 재판매가격을 정하는 방법, 리베이트율이나 마진율을 정하는 방법, 운송비와 같은 부대비용을 정함으로써 가격의 구성요소에 합의하는 방법48) 등이 있다. 한편 가격협정에 있어서는 준수해야 할 최저가격을 정하는 것이 보통이지만 최고가격을 정하는 경우도 있다. 이 경우에는 최고가격의 결정이라고 하는 형식을 취하더라도, 실제로는 그 수준으로 가격이 결정된다는 점과 이와 같은 가격결정력 그 자체가 바람직하지 않은 것이기 때문에 규제를 받게 된다. 그러나 사안에 따라서는 친경쟁적 효과가 있는지를 검토해 볼 필요도 있다.

2. 거래조건협정

거래조건협정이란 사업자가 다른 사업자와 공동으로 상품 또는 용역의 가격 이외의 거래조건이나, 그 대금 또는 대가의 지급조건을 정하는 행위를 말한다(2호). 대법원은 손해보험회사들이 자동차보험 계약자들에게 무료로 제공하는 긴급출동 서비스가 여기서 말하는 거래조건에 해당된다고 판시한 바 있으며,49) 그 밖에 일정한 상품에 다른 상품을 끼워 파는 조건으로 거래하거나 일정한 경우에 특별할인이나 리베이트와 같은 유리한 판매조건을 부여할 것을 협정하는 것이 여기에 해당한다.

거래조건협정은 거대한 기업에 대항하기 위하여 중소기업자들이 체결하는 거래조건협정과 같이 경쟁제한적인 효과가 그다지 크지 않은 합리적인 경우도 있을 수 있지만, 이러한 거래조건협정이 가격결정에 부정적인 영향을 미치는 경우는 부당한 공동행위로서 규제를 받게 된다.

3. 공급제한협정

공급제한협정이란 사업자가 다른 사업자와 공동으로 상품의 생산·출고·수송 또는 거래의 제한이나 용역의 거래를 제한하는 행위를 말한다(3호). 이것은 각 당사자의 생산량이나 판매량을 일정한 수준으로 제한하거나 일정한 비율로 감축시킴으로써 가격의 유지 또는 인상을 도모하려는 것인데, 가격협정에 비하여 각 당

---

48) 사업자들 사이에 석도강판의 운송을 사업자가 담당하여 판매할 때에는 거래처까지의 실제 운송거리에 상관없이 사업자들 중 가장 가까운 생산공장과 거래처 간의 거리에 해당하는 협정 운송비를 징수하기로 하는 운송비 합의를 한 경우, 석도강판의 가격은 판매가격과 운송비를 합한 인도가격이고, 따라서 이러한 운송비 합의는 석도강판의 가격을 사업자들의 의도대로 결정하는 행위로서 구독점규제 및 공정거래에 관한 법률(1999.2.5. 법률 제5813호로 개정되기 전의 것)상의 부당한 공동행위(19조 1항 1호)에 해당된다(대법원 2001. 5. 8. 선고 2000두7872 판결).

49) 대법원 2006. 11. 23. 선고 2004두8323 판결.

사자의 이해관계가 서로 대립하기가 쉽고 가격에 미치는 영향도 간접적이기 때문에, 가격협정보다 성립하기가 어려울 뿐만 아니라 그 유지에는 사업자단체에 의한 감시 등과 같은 강력한 조직을 필요로 한다. 그러나 공급제한은 수급에 직접 영향을 미치게 되므로, 가격협정을 수반하지 않더라도 부당한 공동행위로서 규제를 받게 된다. 대법원은 동부제강 등 석도강판을 제조·판매하는 4개사가 그 시장점유율을 합의한 행위를 부당한 공동행위로 인정한 바 있다.[50]

4. 시장분할협정

시장분할협정이란 사업자가 다른 사업자와 공동으로 거래지역 또는 거래상대방을 제한하는 행위를 말한다(4호). 시장분할협정은 거래지역을 제한하는 협정과 거래상대방을 제한하는 협정으로 나누어지며, 그 유형으로는 경쟁자와 신규거래를 금지하거나 고객등록제에 의하여 거래처의 고정화를 도모하는 거래처고정 카르텔이나, 수주자를 담합으로 결정하는 수주조정카르텔 또는 공동의 판매기구를 설치하는 공동판매카르텔 등이 있다. 그런데 시장분할협정은 그 자체로 사용되기도 하지만, 다른 공동행위 유형, 특히 가격협정과 결합하여 사용되는 경우도 많다. 이러한 협정은 사업자들 간의 판매경쟁을 제한하고, 시장의 개방성을 부당하게 제약하는 등 경쟁제한성이 크기 때문에, OECD는 시장분할협정을 가격고정, 생산량제한 및 입찰담합과 함께 이른바 경성카르텔로 규정하여 당연위법으로 볼 것을 권고한 바 있다.[51]

5. 설비제한협정

설비제한협정이란 사업자가 다른 사업자와 공동으로 상품의 생산 또는 용역의 제공을 위한 설비의 신설 또는 증설이나 장비의 도입을 방해하거나 제한하는 행위를 말한다(5호). 이는 투자조정카르텔이라고도 하는데, 공급제한협정과 달리 생산량이나 판매량을 직접 제한하는 것이 아니기 때문에, 예상되는 가까운 장래의 수요에 대하여 충분한 공급능력을 갖추고 있는 경우에는 부당한 공동행위가 되지 않는다. 과잉설비를 폐기하는 경우에도 마찬가지이다.

---

50) 대법원 2001. 5. 8. 선고 2000두10212 판결.
51) OECD, Trade and Competition: From Doha to Cancun, 2003, pp. 17-18 참조.

6. 상품의 종류 · 규격제한협정

상품의 종류 · 규격제한협정이란 사업자가 다른 사업자와 공동으로 상품의 생산 또는 거래 시에, 그 상품의 종류 또는 규격을 제한하는 행위를 말한다(6호). 이것은 새로운 상품이나 다른 규격의 상품이 시장에 공급되어 자유로운 경쟁이 촉진되는 것을 제한하거나, 또는 표준화된 상품에 대하여 국외자(outsider)의 시장진입을 배척함으로써 거래를 제한할 수 있다는 점에서 부당한 공동행위로서 규제되고 있다. 그러나 제품의 표준화 내지 규격의 통일이 가격유지의 수단으로 악용되지 않고, 경쟁의 합리화에 기여하는 경우에는 규제의 대상에서 제외된다. 대법원은 하나로텔레콤 등 4개 통신회사가 소위 결합상품의 출시를 금지하기로 합의한 것에 대하여 시외전화 시장에서 경쟁을 부당하게 제한하는 부당한 공동행위로 인정한 바 있다.[52]

7. 합작회사의 설립

합작회사의 설립이란 사업자가 다른 사업자와 공동으로 영업의 주요 부분을 수행하거나 관리하기 위한 회사 등을 설립하는 행위를 가리킨다(7호). 예컨대 상호 경쟁관계에 있는 다수의 사업자들이 상품 또는 서비스의 공동판매 혹은 원자재의 공동구입을 위한 합작회사(joint venture)를 설립하는 경우가 여기에 해당한다.

이것은 새로 설립된 회사를 통하여 참가기업들 간에 경쟁이 제한될 수 있기 때문에 부당한 공동행위로서 규제되고 있다. 한편 사업자들이 새로운 회사를 설립하는 경우는 그것이 기업결합의 한 유형으로서 법 제9조 제1항 제5호에 의한 기업결합 규제의 대상이 될 수도 있다. 이와 같이 합작기업은 공동행위의 성격과 기업결합의 성격을 동시에 가지고 있기 때문에, 이를 공동행위로 규율할 것인지 아니면 기업결합으로 규율할 것인지를 판단하기가 어려운 경우가 많다. 그런데 일반적으로는 참가사업자들이 단지 새로운 회사에 참가할 수 있는 권리만 보유하고, 새로 설립된 회사가 지속적인 사업기반을 가지고 시장에 등장하여 '새로운 독립적인 계획단위'(neue selbständige Planungseinheit)로서 최소한 자신의 주체적인 영업활동에 관하여 자유로운 의사결정을 할 수 있는 경우에는 기업결합으로 규제하지만, 그렇지 않은 경우는 부당한 공동행위로 규제하는 것이 타당할 것이다.[53]

---

52) 대법원 2008. 10. 23. 선고 2007두2358 판결.

53) Volker Emmerich, Fälle zum Wettbewerbsrecht 4. Aufl., C. H. Beck, 2000, S. 39.

8. 입찰담합

입찰담합이란 입찰 또는 경매에 있어서 낙찰자, 경락자(競落者), 투찰가격, 낙찰가격 또는 경락가격, 그 밖에 대통령령으로 정하는 사항을 결정하는 행위를 말하며(8호), 2007년 8월 법 개정에 의하여 추가되었다. 입찰은 경쟁 메커니즘을 활용하여 거래 상대방과 거래 조건을 동시적으로 결정하는 시스템을 의미한다. 입찰담합은 이와 같은 입찰의 본질적 기능을 훼손하는 의미가 있으며, 경성 공동행위의 하나로 분류되고 있다.54) 이와 관련하여 입찰 담합은 경쟁의 외관(Schein)을 창출하면서, 경쟁제한의 효과를 낳게 한다는 지적이 유력하다.55) 입찰담합은 종래 건설업을 중심으로 뿌리 깊은 관행으로 자리 잡고 있었으나, 입찰이 갖는 특수성으로 인하여 입찰과정에서 나타나는 다양한 형태의 합의가 기존의 공동행위 유형 중 어느 유형에 해당하는지에 관하여 다툼이 있어서 이를 규제하기가 쉽지 않았다. 이에 입법자는 이러한 문제점을 해소함으로써 입찰담합에 대한 규제의 효율성을 제고하기 위하여 법개정을 통하여 이를 별도의 유형으로 규정하게 되었다.

심사기준은 낙찰예정자 또는 경락예정자를 사전에 결정하고 그 사업자가 낙찰 또는 경락 받을 수 있도록 투찰여부나 투찰가격 등을 결정하는 행위, 낙찰가격 또는 경락가격을 높이거나 낮추기 위하여 사전에 투찰여부나 투찰가격 등을 결정하는 행위는 물론이고, 다수의 입찰 또는 경매에서 사업자들이 낙찰 또는 경락받을 비율을 결정하는 행위, 입찰 또는 경매에서 사전에 설계 또는 시공의 방법을 정하는 행위, 그 밖에 입찰 또는 경매의 경쟁요소를 결정하는 행위가 포함된다고 규정하고 있다(심사기준 Ⅳ. 8). 이와 관련하여 대법원은 독점규제법이 입찰담합을 공동행위의 한 유형으로 규정하고 있는 것은 "입찰 자체의 경쟁뿐 아니라 입찰에 이르는 과정에서의 경쟁도 함께 보호하려는 데 그 취지가 있다"고 판시하였다.56)

입찰담합은 은밀하게 이루어지지만, 어느 정도 정형화된 방식이 활용되고 있기 때문에, 규제기관은 구체적인 담합 사례의 분석을 통하여 입찰이 실제 이루어지는 방식에 대한 이해를 갖출 필요가 있다. 이와 관련하여 미국법무부가 입찰 담합을 네 가지 유형으로 분류하고 있는 방식을 참고할 만한데, 1) 예정한 자가 낙찰자가 될 수 있도록 다른 경쟁자의 입찰 참가를 억제하는 '입찰 억제'(bid suppression), 2)

---

54) OECD, ibid., pp. 17–18.

55) Ulrich Immenga & Ernst–Joachim Mestmäcker hrsg., GWB Kommentar 3. Aufl., C. H. Beck, 2001, SS. 145–146.

56) 대법원 2016. 4. 12. 선고 2015두50061 판결.

낙찰 예정자의 경쟁자가 입찰 개시자가 받아들이기 어려운 높은 가격으로 또는 특정한 조건을 부가하여 입찰에 응하는 '보조 입찰'(complementary bidding), 3) 담합에 참가한 자들이 돌아가면서 낙찰자가 되도록 합의하는 '순환입찰'(bid rotation), 4) 입찰을 포기하거나 낙찰되지 않은 경쟁자를 위한 대가로서 원계약의 하청계약이나 낙찰자에 대한 공급 계약을 체결하도록 유도하는 '하청계약화'(subcontracting) 등을 제시하고 있다. 대법원은 "입찰에 있어서의 담합이란 입찰자가 입찰을 함에 즈음하여 실질적으로는 단독 입찰인 것을 그로 인한 유찰을 방지하기 위하여 경쟁자가 있는 것처럼 제3자를 시켜 형식상 입찰을 하게 하는 소위 들러리를 세운다거나 입찰자들끼리 특정한 입찰자로 하여금 낙찰받게 하거나 당해 입찰에 있어서 입찰자들 상호 간에 가격경쟁을 하는 경우 당연히 예상되는 적정한 가격을 저지하고 특정입찰자에게 부당한 이익을 주고 입찰실시자에게 그 상당의 손해를 입히는 결과를 가져올 정도의 가격으로 낙찰되도록 하기 위한 사전협정으로서 그 어느 경우이건 낙찰자가 된 입찰자에게 책임을 돌릴 수 있는 경우를 말하고, 단지 기업이윤을 고려한 적정선에서 무모한 출혈경쟁을 방지하기 위하여 일반거래 통념상 인정되는 범위 내에서 입찰자 상호 간에 의사의 타진과 절충을 한 경우는 위의 담합에 포함되지 않는다"고[57] 판시한 바 있다.

한편 우리나라에서는 국가·지방자치단체 등 공공부문에서 입찰담합이 빈번하게 발생하고 있고, 또 그로 인한 폐해가 크기 때문에, 독점규제법은 이에 대비한 별도의 규정을 두고 있다. 공정거래위원회는 국가·지방자치단체, '공공기관의 운영에 관한 법률'에 따른 공공기관 또는 '지방공기업법'에 따른 지방공기업이 발주하는 입찰과 관련된 부당한 공동행위를 적발하거나 방지하기 위하여, 중앙행정기관·지방자치단체, '공공기관의 운영에 관한 법률'에 따른 공공기관 또는 '지방공기업법'에 따른 지방공기업의 장(이하 '공공기관의 장'이라 함)에게 입찰 관련자료의 제출과 그 밖의 협조를 요청할 수 있다(법 41조 1항). 그리고 이들 공공기관의 장은 해당 입찰에 참가한 사업자의 수가 20개 이하이고, 추정가격이 일정한 금액 이상인 경우에는 입찰관련 정보를 낙찰자 결정후 30일 이내에 국가 종합전자 조달시스템 등을 통하여 공정거래위원회에 제출하여야 한다(법 41조 2항, 3항 및 영 48조 3항).

9. 다른 사업자의 사업활동제한 및 정보교환

그 밖의 행위로서 다른 사업자(그 행위를 한 사업자를 포함한다)의 사업활동 또는

---

57) 대법원 1994. 12. 2. 선고 94다41454 판결; 대법원 2000. 6. 9. 선고 99두2314 판결.

사업내용을 방해·제한하거나 가격, 생산량, 그 밖에 대통령령으로 정하는 정보를 주고받음으로써 일정한 거래분야에서 경쟁을 실질적으로 제한하는 행위(9호)도 부당한 공동행위의 하나로서 금지된다. 동 규정 전단은 이른바 작은 일반조항(kleine Generalklausel)으로서 위에서 설명한 유형에 해당하지 않는 부당한 공동행위를 규제할 수 있는 근거를 제공한다. 심사기준은 영업장소의 수 또는 위치를 제한하는 행위, 특정한 원료의 사용비율을 정하거나 직원의 채용을 제한하는 행위, 자유로운 연구·기술개발을 제한하는 행위 등은 물론이고, 공동행위 참여 사업자들이 공동행위에 참여하지 않은 다른 사업자의 사업활동 또는 사업내용을 방해하거나 제한하는 경우뿐만 아니라, 공동행위에 참여한 사업자 자신들의 사업활동 또는 사업내용을 제한하는 경우도 포함된다고 규정하고 있다(심사기준 IV. 9.).

한편 2020년 법 개정에 의해 그 밖의 행위로서 정보교환에 관한 행위가 추가되었다. 정보를 교환하는 행위는 경쟁제한적 폐해를 낳을 수 있으며, 이러한 우려를 반영하여 개정법은 법률상 추정에 관한 제40조 제5항에 간접사실의 하나로 정보교환을 규정하였고, 또한 동 규정의 개정에 의해 정보를 교환하는 행위 자체가 공동행위의 하나가 될 수 있는 근거 규정을 마련하였다. EU 경쟁법에서는 정보교환이 공동행위를 형성하거나(establish) 그 구성 부분이(be part) 될 수 있는 것으로 보고 있는데,58) 예를 들어 사업자들이 장래 부과하고자 하는 상품 가격에 관한 자신의 의사를 교환하기로 합의하는 경우 정보교환의 합의로서 공동행위가 성립하게 되는 반면, 생산량에 관한 수평적 합의가 존재하는 상황에서 비용에 관한 정보를 교환하는 것은 후자에 해당한다. 독점규제법도 유사한 태도를 취하고 있는데, 법률상 추정의 요건의 하나로 정보교환을 규정한 것과 별개로, 법 제40조 제1항 제9호 후단에서 정보교환을 공동행위 유형의 하나로 규정하고 있다. 한편 동 규정의 적용에 있어서도 정보교환의 이중적 성격이 고려되어야 한다. 즉 정보교환은 정보의 불균형을 해소함으로써 효율성 개선에 기여하는 등의 친경쟁적 효과를 낳을 수 있지만, 정보교환에 참가한 사업자들의 전략적 불확실성을 줄임으로써 경쟁제한 효과를 발생시킬 수도 있다. 따라서 상반된 효과 간의 형량이 필요할 수 있으며, 구체적인 부당성 판단 과정에서 정보가 교환되는 방식, 정보교환의 범위, 정보의 내용 등에 대한 분석이 요구된다.59)

---

58) Guidelines on horizontal cooperation agreements, para. 60.

59) 홍명수, "EU 경쟁법상 공동행위 관련 정보교환에 관한 고찰", 홍익법학 제18권 제1호, 2017, 591면 이하 참조.

Ⅱ. 법 제40조 제1항 각 호의 성격

독점규제법 제40조 제1항 각 호의 성격을 어떻게 파악할 것인지에 대하여는, 한정적 열거규정과 예시적 열거규정으로 보는 견해로 나뉜다. 전자는 부당한 공동행위에 대한 규제도 국민의 생활에 부담을 주는 규제이기 때문에, 구체적인 근거가 있어야 비로소 규제가 가능하므로, 동 규정을 한정적인 것으로 해석해야 한다고 주장한다. 그러나 후자는 경제사정의 변화에 따라 공동행위의 유형도 점차 다양화·복잡화하고 있기 때문에, 공동행위의 유형을 일일이 법률로 규정하는 것은 불가능하므로, 현행법의 규정은 공동행위의 유형 중에서 중요한 것들을 예시한 것에 불과하며, 이를 한정적으로 열거한 것은 아니라고 한다. 그런데 "다음 각 호의 1에 해당하는 행위"라고 규정하고 있는 동법 제40조 제1항의 규정 형식으로 보아, 이를 예시적 규정으로 이해하는 것은 문리해석의 한계를 벗어난 무리한 해석이라고 생각되므로, 이를 한정적 규정으로 해석하는 것이 타당할 것이다. 그러나 동법 제40조 제1항 각 호의 내용이 매우 추상적일 뿐만 아니라, 특히 제9호 전단의 내용은 매우 포괄적이기 때문에 이를 적극적으로 활용하게 되면, 동법 제40조 제1항 각 호의 성격을 한정적 규정으로 해석한다고 하더라도 실제에 있어서는 이를 예시적 규정으로 보는 것과 별다른 차이가 없을 것이다.

그러나 입법론으로서 공동행위의 유형을 이와 같이 한정적으로 열거하는 것은 타당하지 않다. 왜냐하면 열거된 규정에 포함되지 않는 공동행위는 이를 규제할 수 없게 될 우려가 있기 때문이다. 따라서 끊임없이 변화·발전하고 있는 경제사정에 부응하여 점차 다양화·복잡화하고 있는 공동행위를 효과적으로 규제하기 위해서는, 공동행위의 유형을 법률에 한정적으로 열거하는 태도를 지양하고, 이를 포괄적으로 금지하는 일반규정을 마련하는 것이 바람직할 것이다.

제 4 절 부당한 공동행위의 인가

독점규제법은 부당한 공동행위를 원칙적으로 금지하고 있다. 그러나 불황 극복을 위한 산업구조 조정, 연구·기술개발, 거래조건의 합리화 또는 중소기업의 경쟁력 향상을 위한 공동행위로서, 대통령령이 정하는 요건에 해당하고, 공정거래위원회의 인가를 받은 경우에는 예외적으로 허용된다(법 40조 2항).

Ⅰ. 인가의 신청

공동행위의 인가를 받고자 하는 사업자는 공정거래위원회에 인가신청서를 제출하여야 하며, 동 신청서에는 다음과 같은 사항을 기재하여야 한다(영 50조 1항).

① 참가사업자의 수
② 참가사업자의 명칭 및 사업소 소재지
③ 대표자와 임원의 주소·성명
④ 공동행위를 하고자 하는 사유 및 그 내용
⑤ 공동행위를 하고자 하는 기간
⑥ 참가사업자의 사업내용

그리고 인가신청서에는 ① 참가사업자의 최근 2년간의 영업보고서·대차대조표 및 손익계산서, ② 공동행위의 협정 또는 결의서 사본, ③ 공동행위의 인가요건에 적합함을 증명하는 서류, ④ 기타 공동행위의 인가를 제한하는 사유에 해당하지 않는다는 사실을 증명하는 서류를 첨부하여야 한다(영 50조 2항).

공정거래위원회가 공동행위의 인가신청을 받은 경우에는 그 신청일로부터 30일 이내에[60] 이를 결정하여야 하며(영 50조 5항), 필요하다고 인정할 때에는 공동행위를 인가하기 전에 당해 신청내용을 공시하여 이해관계인의 의견을 들을 수 있다. 인가의 내용을 변경하는 경우에도 마찬가지이다(영 51조 1항). 그 공시내용에는 다음과 같은 사항이 포함되어야 한다(영 51조 2항).

① 신청사업자의 명칭 및 주소
② 공동행위의 내용
③ 공동행위를 하고자 하는 사유
④ 공동행위를 하고자 하는 기간
⑤ 변경신청의 경우에는 당초 인가내용의 변경사항 및 사유

이러한 공시기간은 30일 이내로 하며, 공시내용에 관하여 의견이 있는 이해관

---

60) 공정거래위원회가 필요하다고 인정할 때에는 30일을 초과하지 않는 범위 안에서 그 기간을 연장할 수 있다.

계인은 공시기간 내에 공정거래위원회에 의견서를 제출할 수 있다(영 51조 3항, 4항). 그리고 공정거래위원회가 공동행위의 인가신청을 받아 이를 인가하는 경우에는 당해 신청인에게 인가증을 교부하여야 한다(영 50조 3항).

Ⅱ. 인가의 요건

1. 불황 극복을 위한 산업구조 조정

인가 요건으로서 불황 극복을 위한 산업구조 조정은 개정 전에도 존재하였던 것이지만, 불황의 극복(구법 19조 2항 3호)과 산업구조의 조정(구법 19조 2항 4호)으로 분리되어 있었다. 2020년 법 개정에 의해 양자를 통합한 불황 극복을 위한 산업구조의 조정이 인가 요건의 하나로 규정되었다. 불황 극복을 위한 행위 중 산업구조 조정의 경우 그리고 산업구조 조정 중에서 불황 극복을 위한 경우만 인가 요건이 된다는 점에서 실질적으로 인가 범위는 축소된 것으로 볼 수 있다.

불황이라 함은 경쟁상태에서 수요가 지속적으로 감퇴되어, 상품의 가격이 효율적인 기업의 평균생산비 이하로 떨어짐으로써 상당수의 기업이 도산 내지 생산중단의 위험에 빠지게 되는 상황을 말한다. 또한 시장경제에 있어서 사업자들이 그들의 사업활동을 성공적으로 수행해 나가기 위해서는, 경제·사회의 여건의 변화를 신속하게 예측하고 거기에 적절히 대처해 나가지 않으면 안 된다. 그런데 이러한 여건의 변화가 급격하거나 현저할 때는 각 사업자의 개별적인 노력만으로 적절히 대처할 수 없기 때문에 산업구조 조정을 통하여 공동으로 대처할 필요가 있다. 독점규제법은 불황 극복을 위하여 공동의 대처로서 산업구조를 조정하는 경우, 이러한 공동행위가 경쟁을 제한하는 것임에도 불구하고 국민경제상 필요한 것으로 판단하여 인가 제도에 의한 예외를 허용하고 있다.

2. 연구·기술개발

기술발전의 속도가 빠르고 경쟁이 날로 치열해지고 있는 오늘날의 경제여건 하에서 사업자들이 성공적인 사업활동을 수행하기 위해서는 기술 및 연구개발을 활발하게 추진하지 않으면 안 된다. 그러나 이러한 기술 및 연구개발에는 막대한 자금이 소요될 뿐만 아니라 그에 따른 성과를 확신할 수 없는 등 많은 어려움이 있기 때문에, 여러 사업자들이 공동으로 이에 대처하는 것이 바람직한 경우도 있을 것이다. 그러나 이러한 연구·기술개발을 목적으로 하는 공동행위도 역시 자유로운 경쟁을 제한할 우려가 있기 때문에, 개별 사업자가 수행하는 것에 한계가 있거나, 연구·기술개발의 경제적 효과가 경쟁제한 효과보다 큰 경우에 한하여 인가할 수 있다.

3. 거래조건의 합리화

사업자들이 치열한 경쟁에서 살아남고 보다 높은 이윤을 획득하기 위해서는 원가의 절감이나 품질향상과 더불어 거래조건의 합리화를 위한 노력을 게을리해서는 안 된다. 그런데 이러한 합리화는 각 사업자가 개별적으로 추진할 수도 있지만, 다수의 사업자가 공동으로 추진하는 것이 더 효과적일 경우도 있을 것이다. 따라서 독점규제법은 이를 위하여 사업자들이 거래조건의 합리화를 위하여 실행하는 공동행위를 예외적으로 인가해 주고 있다. 그러나 이를 널리 인정하게 되면 자유로운 경쟁이 저해될 우려가 있으므로, 공정거래위원회는 거래조건의 합리화로 생산능률의 향상, 거래의 원활화 및 소비자의 편익 증진에 명백하게 기여하는 경우, 거래조건의 합리화 내용이 당해 사업분야의 대부분의 사업자들에 의하여 기술적·경제적으로 가능한 경우, 경쟁을 제한하는 효과보다 거래조건의 합리화의 효과가 클 경우에 한하여 이를 인가할 수 있다.

4. 중소기업의 경쟁력 향상

중소기업은 대기업에 비하여 자금력·기술수준·경영능력 등에 있어서 대체로 불리한 처지에 놓여 있기 때문에, 개별적인 차원에서는 경영의 합리화나 경쟁력의 향상을 도모할 수 있는 능력이 없는 경우가 많다. 따라서 중소기업들이 경쟁력을 향상하기 위하여 공동행위를 하는 경우에는 공정거래위원회가 이를 예외적으로 인가할 수 있다.[61]

그러나 시장경제를 경제질서의 기본으로 삼고 있는 법질서 하에서는 중소기업도 원칙적으로 자유로운 경쟁을 통하여 합리화를 실현하고 경쟁력을 향상시켜 나가야 하기 때문에, 중소기업의 경쟁력향상을 위한 공동행위는 엄격한 요건 하에서 예외적으로만 허용하도록 해야 할 것이다. 따라서 공정거래위원회가 중소기업의

---

[61] 중소기업의 경쟁력 향상을 위한 공동행위에 대하여 자세한 설명은 권오승, "서독의 경쟁제한방지법상의 중소기업의 협동화촉진", 경희법학 제19권 제1호, 1984, 37면 이하 및 홍명수, "공정거래법상 중소기업정책의 반영에 관한 연구", 법학연구 제53권 제1호, 2012, 335면 이하 참조.

경쟁력향상을 위한 공동행위를 인가하고자 하는 경우에는, 당해 공동행위에 의한 중소기업의 품질 또는 기술의 향상 등 생산성향상이나 거래조건에 관한 교섭력 강화의 효과가 명백한 경우, 참가사업자 모두가 중소기업자인 경우, 공동행위 이외의 방법으로는 대기업과 효율적인 경쟁을 하거나 대기업에 대항하기 어려운 경우에 한하여 이를 인가할 수 있다.

Ⅲ. 인가의 한계

공정거래위원회가 공동행위를 인가함에 있어서 당해 공동행위가 다음 각 호의 어느 하나에 해당하는 경우에는 이를 인가해서는 안 된다(영 49조).

① 당해 공동행위의 목적을 달성하기 위해 필요한 정도를 초과할 경우
② 수요자 및 관련된 사업자의 이익을 부당하게 침해할 우려가 있는 경우
③ 당해 공동행위에 참가한 사업자간에 공동행위의 내용에 관하여 부당한 차별이 있는 경우
④ 당해 공동행위에 참가하거나 탈퇴하는 것을 부당하게 제한하는 경우

Ⅳ. 인가의 실제

그러나 공정거래위원회가 실제로 공동행위를 인가한 예는 그다지 많지 않다. 그 이유는 한편으로 사업자들이 그동안 인가신청을 많이 하지 않았기 때문이고, 다른 한편으로 공정거래위원회가 인가 제도를 적극적으로 활용하지 않았기 때문이다. 그런데 사업자들의 인가신청이 부진한 이유는 다음과 같은 것으로 짐작된다. 즉 사업자들이 인가제도의 존재 자체를 제대로 알지 못하고 있거나, 인가의 취득 가능성을 아주 낮게 평가하고 있거나, 아니면 인가신청의 과정에서 업계의 정보가 관계당국에 노출되는 것을 꺼리기 때문이라고 생각된다. 실제로 2004년에 사업자의 의식을 조사한 결과에 따르면, 조사에 응한 사업자의 31.6%가 인가제도의 존재 자체를 모르고 있었으며, 그 존재 자체는 알지만 그 내용을 모르거나 거의 모르는 사업자가 38.6%에 달하는 것으로 나타났다.[62] 따라서 공정거래위원회는 인가제도의 의의, 내용과 절차 및 그 혜택을 널리 홍보하고, 또 그 요건을 갖춘 경우에는

---

62) 권오승 외, 앞의 보고서, 49-50면 참조.

이를 적극적으로 인가해 줌으로써, 사업자들이 이 제도를 널리 활용할 수 있도록 유도할 필요가 있다.63)

공정거래위원회는 레미콘 업계가 인가신청한 원재료 공동구매, 영업의 공동수행, 공동의 품질관리 및 연구개발 중에서 공동 품질관리 및 연구개발에 관한 공동행위를 인가한 바 있다.64) 동 결정에서 공정거래위원회는 원재료 공동구매와 영업의 공동수행은 공동행위로 인한 경쟁제한성이 산업합리화, 중소기업 경쟁력 향상 등과 같은 긍정적 효과보다 크다는 이유로 불허하고, 공동의 품질관리 및 연구개발은 경쟁제한 효과가 거의 없는 반면에 레미콘 품질개선, 산업합리화 등 긍정적 효과가 존재하고 또한 법령상 인가 요건에 해당한다는 이유로 허용하면서, 허용기간을 2년으로 정하였다.65)

V. 인가된 공동행위의 폐지

공동행위의 인가를 받은 사업자가 당해 공동행위를 폐지한 경우에는 그 사실을 지체 없이 공정거래위원회에 신고하여야 한다(영 52조).

제 5 절 부당한 공동행위의 제재

I. 시정조치

공정거래위원회는 법 제40조의 규정에 위반하는 부당한 공동행위가 있을 때에는 당해 사업자에 대하여 그 행위의 중지, 법위반으로 인하여 시정명령을 받은 사실의 공표, 기타 시정을 위하여 필요한 조치를 명할 수 있다(법 42조). 그런데 공정거래위원회는 당해 위반행위의 시정에 가장 적절하고 효율적인 시정조치를 발굴함으로써 시정조치의 실효성을 제고하기 위하여 시정조치의 원칙과 주요유형별 기준과 예시를 제시하는 '공정거래위원회의 시정조치의 운영지침'을 마련하여 실시하고 있다.66)

---

63) 양명조, 앞의 글, 266면 참조.
64) 공정거래위원회, 2010. 1. 20. 결정.
65) 동 결정에 대해 검토한 것으로, 홍명수, "공정거래법상 중소기업정책의 반영에 관한 연구", 법학연구 제53권 제1호, 2012, 338면 이하 참조.

이 지침에 따르면, 시정조치는 당해 위반행위를 효과적으로 시정할 수 있도록 실효성 있게 명하여 져야 하고(실효성의 원칙), 당해 위반행위의 위법성 판단과 연관되어 명하여 져야 하고(연관성의 원칙), 시정조치를 받은 피심인이 이행해야 될 시정조치의 내용이 무엇이고, 공정거래위원회가 이행을 확보하고 점검하여야 할 내용이 무엇인지 알 수 있도록 명확하고 구체적으로 명하여 져야 하고(명확성과 구체성의 원칙), 피심인이 당해 시정조치를 사실상·법률상 이행하는 것이 가능할 수 있도록 명하여 져야 하고(이행 가능성의 원칙), 당해 위반행위의 내용과 정도에 비례하여 명하여 져야 한다(비례의 원칙). 그리고 시정조치의 방법으로는 부작위명령, 작위명령 및 보조적 명령이 있는데, 부작위명령에는 행위중지 명령과 행위금지 명령이 있고, 작위명령에는 이용강제·거래개시·거래재개 명령, 합의파기명령, 계약조항의 수정 또는 삭제 명령, 독자적 가격재결정 명령, 분리판매 명령, 정보공개 명령, 절차이행명령 등이 있으며, 보조적 명령에는 통지명령 또는 교부명령, 보고명령, 교육실시명령, 점검활동 보장명령, 자료보관명령 등이 있다. 한편 공정거래위원회는 위반행위를 효과적으로 시정할 수 있다면 단순히 부작위명령에 국한하지 않고, 위반행위에 비례하여 합리적으로 필요한 범위 내에서 작위명령 또는 보조적 명령을 위반행위에 따라 적절하게 선택하여 명할 수 있다.

그런데 공정거래위원회는 실제로 부당한 공동행위에 대한 시정조치로서 '합의 파기 명령'을 자주 사용하고 있다. 그 이유는 부당한 공동행위는 사업자들 간의 합의를 통하여 실현되는 경쟁제한행위이므로, 그러한 합의를 파기하게 되면 경쟁이 회복될 것이라는 기대가 있기 때문이다. 그러나 공정거래위원회가 부당한 공동행위에 대한 시정조치로서 합의를 파기하라고 명령하는 것은 법리적인 측면에서는 타당하지 않은 것으로 생각된다. 왜냐하면 부당한 공동행위를 할 것을 약정하는 계약 등은 그 사업자 간에서는 무효이기 때문에(법 40조 4항), 법리적인 측면에서 보면 이를 굳이 파기해야 할 필요가 없기 때문이다. 그럼에도 불구하고 공정거래위원회가 '합의의 파기'를 명하는 이유는 무엇인가? 그 주된 이유는 다음과 같은 것으로 짐작된다. 우선 부당한 공동행위를 하기로 한 합의가 사업자 간에서 법적으로는 무효이지만, 그럼에도 불구하고 당사자들을 구속하는 사실상의 구속력을 가지고 있기 때문에, 그러한 사실상의 구속력을 배제하기 위한 것으로 보인다. 그러나 과연 그러한 조치를 통하여 사실상의 구속력을 배제할 수 있는지는 의문이며, 또 당사자 간의 합의가 아직 실행되지 않고 있는 상태에서 공정거래위원회가

---

66) 공정거래위원회 지침, 2005. 11. 1. 제정, 2018. 8. 21. 공정거래위원회 예규 제307호, 폐지제정.

이를 시정하기 위하여 합의를 파기하라고 명하게 되면, 비례의 원칙이나 과잉금지의 원칙에 위배될 우려도 있다. 둘째 우리나라와 같이 시장구조가 독과점화되어 있는 데다가, 공동행위가 관행화되고 있는 산업분야가 많은 상황에서는, 부당한 공동행위를 하기로 한 계약 등의 사법적인 효력을 부인하는 것만으로는 경쟁을 회복할 수 없다고 판단되기 때문에, 궁여지책으로 합의파기라는 조치를 명하고 있는 것으로 보인다. 이러한 상황에서 부당한 공동행위를 하기로 한 계약 등의 사법적인 효력을 부인하는 것만으로 경쟁을 회복할 수 없는 것은 사실이지만, 합의를 파기한다고 해서 경쟁이 회복될 수 있는 것도 아니라는 점을 유의할 필요가 있다. 따라서 경쟁을 회복하기 위해서는 독과점화되어 있는 시장의 구조를 유효경쟁이 가능한 경쟁적인 시장구조로 개편해 나가는 동시에, 사업자들의 시장행동을 지속적으로 감시하여 부당한 공동행위가 적발되는 대로 이를 엄격하게 규제함으로써 공동행위 지향적인 관행이나 문화를 개선해 나가도록 노력할 필요가 있을 것이다.

한편 부당한 공동행위가 이미 실행에 옮겨진 뒤에는 합의 그 자체를 파기하는 것만으로는 경쟁을 회복할 수 없다는 점도 문제로 제기된다. 이러한 현상은 특히 과점시장에서 두드러지게 나타난다. 예컨대 시장에서 지배적인 지위를 차지하고 있는 사업자들이 공동으로 가격을 인상하기로 합의한 후 실제로 가격 인상을 단행한 경우에, 공정거래위원회가 그 합의를 파기한다고 하더라도 이미 인상된 가격은 원상으로 회복되지 않는 경우가 많다. 따라서 이러한 경우에 공정거래위원회가 그러한 위법행위를 배제하기 위하여 특단의 조치를 강구할 필요가 있는데, 이때 공정거래위원회가 시정조치의 범위를 어디까지 확대할 수 있는가 하는 문제가 제기된다. 구체적으로 가격협정에 의해 형성되어 유지되고 있는 가격을 그 협정 전의 가격으로 인하하라는 원상회복명령을 내릴 수 있는가 하는 것이다. 그런데 독점규제법에서 가격협정을 금지하고 있는 이유는 그것이 사업자들 간의 가격경쟁을 제한하기 때문이지, 가격의 인상을 내용으로 하고 있기 때문이 아니다. 만약 이 제도가 가격인상을 억제하기 위한 것이라면, 가격인상을 내용으로 하는 가격협정만 금지하고 가격고정이나 가격인하를 내용으로 하는 가격협정은 금지하지 말아야 할 것이다. 따라서 가격협정에 의하여 가격이 공동으로 인상된 경우에는 공정거래위원회가 그 가격협정이 무효라는 사실을 확인한 뒤에, 그 사업자들에게 당해 공동행위를 금지하는 명령을 내릴 수는 있지만, 가격을 인하하라는 명령을 내릴 수는 없다고 해야 할 것이다. 왜냐하면 공정거래위원회가 사업자들에게 가격인하 명령을 할 수 있게 된다면, 그것은 곧 사업자들의 가격결정 그 자체에 관여하는 결과가 되어 시장의 기능을 왜곡할 우려가 있기 때문이다.

그런데 보다 근본적인 문제는 유효경쟁이 이루어질 수 있는 조건이 갖추어진 시장에서는 가격협정의 구속력만 제거하면 가격경쟁이 곧바로 회복될 수 있지만, 공동행위가 관행화되고 있거나 시장구조가 독과점화되어 있는 시장에서는 가격협정을 금지하거나 그 효력을 부인하는 것만으로는 가격경쟁을 회복시킬 수 없다는 점이다. 그러나 이러한 문제가 가격인하 명령을 내릴 수 있게 한다고 해서 해결되는 것도 아니다. 따라서 가격협정에 참가한 사업자가 시장지배적 사업자에 해당하는 경우에는 그 가격협정을 독점규제법 제5조 제1항 제1호에 해당되는 지위남용행위로 보아 가격의 인하를 명할 수 있지만(법 7조), 그 밖의 경우에는 가격인하 명령을 내릴 수는 없고 각 사업자가 가격협정의 구속을 받지 않고 가격을 자율적으로 결정할 수 있는 여건과 문화를 형성해 나가도록 노력하는 것이 바람직할 것이다.

Ⅱ. 사법상의 효력

독점규제법은 동법에 위반하는 계약 등의 사법상의 효력은 사업자간에 있어서는 이를 무효로 한다고 규정하고 있다(법 40조 4항). 따라서 부당한 공동행위는 당사자를 구속할 수 있는 법적 효력이 없다. 즉 부당한 공동행위의 당사자는 다른 당사자가 그 계약 등을 준수하지 않는다고 하여 그 계약 등의 이행을 강제하거나 채무불이행의 책임을 추궁할 수 없다.

그러나 이것은 그 계약 등이 당사자인 사업자 간에 상대적으로 무효가 된다는 의미이고, 그 계약 등을 기반으로 하여 다시 제3자와 체결한 계약의 효력에는 영향을 미치지 않는다. 예컨대 어떤 사업자가 다른 사업자와 공동으로 상품의 가격을 인상하기로 하는 가격협정을 체결한 경우, 그 협정은 부당한 공동행위로서 무효이지만, 그 협정에 따라 인상된 가격으로 제3자와 체결한 매매계약의 효력에는 영향을 미치지 않는다. 따라서 그 제3자가 부당한 공동행위로 인하여 손해를 입었다고 하더라도, 그 매매계약의 무효를 주장할 수는 없고, 독점규제법이나 민법상의 손해배상을 청구할 수 있을 뿐이다.

Ⅲ. 과 징 금

동법에 위반하는 부당한 공동행위가 있을 경우에는 공정거래위원회가 당해 사업자들에게 과징금을 부과할 수 있다(법 43조). 이러한 과징금은 부당이득의 환수와 행정제재벌적 성격을 동시에 가지고 있다.[67] 즉 과징금은 사업자들이 부당한 공동행위로 인하여 벌어들인 부당이득을 환수함으로써, 사회적 공정성을 확보함과 아울러 사업자들이 이러한 공동행위를 했다가 적발되면 경제적으로도 큰 손해를 보게 된다는 점을 인식시켜서, 그러한 행위를 하려는 유혹을 사전에 차단함으로써 부당한 공동행위를 억지하려는 데에 그 목적이 있다.

한편 과징금은 당해 위반사업자가 위반기간 동안 일정한 거래분야에서 판매한 관련 상품이나 용역의 매출액 또는 이에 준하는 금액(관련매출액)을 기준으로 여기에 100분의 20을 곱한 금액을 초과하지 않는 범위 안에서 부과된다(법 43조, 영 13조 1항 본문). 그러나 위반행위가 상품이나 용역의 구매와 관련하여 이루어진 경우에는 관련 상품이나 용역의 매입액을, 입찰담합 및 이와 유사한 행위인 경우에는 계약금액을 기준으로 여기에 100분의 20을 곱한 금액을 초과하지 않는 범위 안에서 부과된다(영 13조 1항 단서). 다만 공정거래위원회는 당해 사업자의 매출액이 없는 경우 등에는 40억원을 초과하지 않는 범위 안에서 과징금을 부과할 수 있다(법 43조 단서).

따라서 과징금의 부과에 있어서 가장 중요한 기준이 되는 것은 위반기간과 관련매출액이다. 우선 위반기간은 위반행위의 개시일로부터 그 종료일까지의 기간을 말하는데, 개시일은 원칙적으로 실행개시일이 아니라 합의일이고,[68] 종료일은 합의에 따른 실행행위가 종료된 날이다.[69] 그리고 관련매출액은 부당한 공동행위와 관련된 상품의 대가의 합계액에서 품질불량·파손 등으로 대가의 일부가 공제될 경우의 공제액 등 소정의 금액을 공제한 금액으로 하여야 하며, 매출액을 산정함에 있어서 그 전제가 되는 부당한 공동행위와 관련된 상품의 범위는 부당한 공동행위를 한 사업자 간의 합의의 내용에 포함된 상품 또는 용역의 종류와 성질·거래지역·거래상대방·거래단계 등을 고려하여 개별적·구체적으로 판단하여야 한

---

67) 대법원 2004. 10. 27. 선고 2002두6842 판결; 대법원 2004. 10. 28. 선고 2002두7456 판결 참조.

68) 심사기준은 "합의일을 특정하기 어려운 경우에는 사업자별로 실행개시일을 위반행위의 개시일로 본다"고 규정하고 있다(심사기준 III. 2. 가. (2)).

69) 대법원 2006. 3. 24. 선고 2004두11275 판결. 심사기준은 "부당한 공동행위가 종료한 날은 원칙적으로 그 합의에 기한 실행행위가 종료한 날을 의미한다. 다음 각 호의 어느 하나에 해당하는 사유가 발생한 경우에는 합의에 기한 실행행위가 종료한 것으로 볼 수 있다. (1) 합의에 정해진 조건이나 기한이 있는 경우로서 그 조건이 충족되거나 기한이 종료한 경우. (2) 공동행위의 구성사업자가 합의 탈퇴의사를 명시적 내지 묵시적으로 표시하고 실제 그 합의에 반하는 행위를 한 경우. 다만, 합의에 반하는 행위를 하는 것이 현저히 곤란한 객관적이고 구체적인 사유가 인정되는 경우에는 합의 탈퇴의 의사표시로 부당한 공동행위가 종료한 것으로 볼 수 있다. (3) 공동행위가 심의일까지 지속되는 경우에는 심의일에 그 공동행위가 종료된 것으로 본다"고 규정하고 있다(심사기준 III. 2. 나)

다.[70] 대법원은 직접적으로 합의 대상에 포함되지 않았다 하더라도 담합 대상이
된 제품의 기준가격에 영향을 받은 제품의 매출액도 관련 매출액에 포함되는 것으
로 보았으며,[71] 범용제품에 대한 가격합의에 있어서 특수규격제품의 매출액이 관
련매출액에 포함되는지 여부에 관하여, 포함되는 것으로 보기 위해서는 공정거래
위원회가 특수규격제품 시장에서 경쟁제한 효과의 발생이나 발생할 우려에 대한
입증이 이루어져야 한다고 보았다.[72] 한편 대법원은 실행행위가 중첩되거나 연속
되는 경우에는 각각의 행위를 개별적으로 부과대상으로 할 것이 아니라 일괄하여
하나의 과징금 부과를 하는 것이 타당하다고 보고 있다.[73]

IV. 자진신고자에 대한 감면

1. 제도의 의의와 연혁

부당한 공동행위는 그 성질상 사업자들 간에 은밀하게 이루어지기 때문에 공정
거래위원회가 이를 적발하기가 매우 어렵다. 그리고 부당한 공동행위는 그에 대한
규제가 강화되면 강화될수록 그 수법이 더욱 교묘해지고 더욱 지능화될 가능성이
있기 때문에 내부자의 협조 없이는 이를 적발하여 제재하기가 매우 어렵다. 따라
서 독점규제법은 내부자의 협조를 유인함으로써 부당한 공동행위에 대한 규제의
실효성을 제고하기 위하여 자진신고자 등에 대한 감면제도를 도입하여 시행하고
있다. 1996년에 동법의 개정을 통하여 부당한 공동행위를 한 사업자가 그 사실을
공정거래위원회에 신고한 경우에는 시정조치나 과징금을 감경 또는 면제할 수 있
게 하는 제도를 도입하였으며(법 44조), 2001년에는 공정거래위원회가 조사를 개시
한 후에 증거제공 등의 방법으로 그 조사에 협조한 자에 대하여도 시정조치나 과
징금을 감경 또는 면제할 수 있도록 그 적용대상을 확대하였다. 그럼에도 불구하
고 이 제도가 그다지 활발하게 이용되지 않았기 때문에, 2005년에는 이 제도를 활

70) 대법원 2003. 1. 10. 선고 2001두10387 판결; 대법원 2014. 5. 16. 선고 2012두5466 판결. '과징금
부과 세부기준 등에 관한 고시'(공정거래위원회 고시 제2021-50호)는 관련상품의 범위에 관하여 "관
련상품은 위반행위로 인하여 직접 또는 간접적으로 영향을 받는 상품의 종류와 성질, 거래지역, 거래
상대방, 거래단계 등을 고려하여 행위유형별로 개별적·구체적으로 판단한다. 관련상품에는 해당 위
반행위로 인하여 거래가 실제로 이루어지거나 이루어지지 아니한 상품이 포함된다"고 규정하고 있다
(동 고시 II. 5. 나).
71) 대법원 2009. 6. 25. 선고 2008두17035 판결.
72) 대법원 2011. 5. 26. 선고 2009두12082 판결.
73) 대법원 2001. 5. 8. 선고 2000두7872 판결.

성화하기 위하여 동법 시행령을 개정하여 공정거래위원회의 재량의 여지를 대폭 축소하여 일정한 요건을 갖춘 자에게는 과징금과 시정조치를 반드시 감경 또는 면제하도록 하는 동시에,[74] 이른바 Amnesty Plus 제도까지 도입하였다. 그 결과 2006년부터는 이 제도가 매우 활발하게 이용되기 시작하였으며, 최근에는 공정거래위원회가 이 제도에 힘입어 국내외에서 장기간 지속되어 온 부당한 공동행위와 국제 카르텔을 적발하는데 상당한 성과를 거두고 있다.

2. 자진신고자 감면제도의 요건과 효과

독점규제법은 부당한 공동행위의 사실을 자진신고한 자나 증거제공 등의 방법으로 조사에 협조한 자에 대하여 시정조치 또는 과징금을 감경 또는 면제할 수 있고, 공정거래위원회의 고발을 면제할 수 있도록 하고 있으며(법 44조 1항), 감경 또는 면제되는 자의 범위와 감경 또는 면제의 기준·정도 등에 관한 세부사항은 대통령령으로 규정하고 있다(법 44조 5항, 영 54조).

우선 공정거래위원회가 조사를 시작하기 전에 자진신고한 자로서 다음 요건을 모두 갖춘 경우에는 과징금 및 시정조치를 면제한다(영 54조 3항 1호).

① 부당한 공동행위임을 입증하는데 필요한 증거를 단독으로 제공한 최초의 자일 것. 다만, 공동행위에 참여한 2 이상의 사업자가 공동으로 증거를 제공하는 경우에도 이들이 실질적인 지배관계에 있는 계열회사이거나 회사의 분할 또는 영업양도의 당사자로서 공정거래위원회가 정하는 요건에 해당하면 단독으로 제공한 것으로 본다.

② 공정거래위원회가 부당한 공동행위에 대한 정보를 입수하지 못하였거나 부당한 공동행위임을 입증하는데 필요한 증거를 충분히 확보하지 못한 상태에서 자진신고하였을 것

이와 관련하여 대법원은 굴삭기제조사들의 부당한 공동행위 사건에서, 원고가 조사에 협조하기 전에 공정거래위원회가 이미 확보하고 있던 서류들은 가격에 대한 언급이나 원고가 가격관련 공동행위에 참여하였다는 언급이 전혀 없어서 이들만으로는 그들 사이에 언제 어떠한 조건으로 가격합의가 성립되었는지를 알기 어

---

74) 이 제도를 도입할 당시에는 동법 시행령에 "신고자에 대한 감경 또는 면제는 … 이를 할 수 있다"라고 규정되어 있었으나, 이 규정이 2001년에는 "시정조치의 감경 또는 면제는 … 이를 할 수 있다" 그리고 "과징금은 … 감면한다"고 개정되었다가, 2005년에는 다시 "과징금 또는 시정조치를 면제한다." "과징금은 감경하고 시정조치를 감경할 수 있다." 또는 "과징금은 면제하고, 시정조치를 감경하거나 면제한다."로 개정되었다.

려운 사정 등에 비추어 단지 부당한 공동행위의 단서에 관한 기초자료에 불과한
데 반하여, 원고가 제출한 것은 각 가격인상 시점별로 일시, 장소, 주체, 객체 등에
관한 상세한 진술과 각 가격인상과 관련한 구체적인 논의 내용이 명기된 자료로서
위 기초자료에 더하여 이 사건 부당한 공동행위를 입증하는 데 필요한 최초의 증
거가 될 수 있다고 판시한 바 있다.[75] 그리고 기타의 사업자에 대해서도 부당한
공동행위임을 입증하는 데 필요한 증거란 부당한 공동행위를 직접적 또는 간접적
으로 입증할 수 있는 증거를 의미하므로 문서를 비롯한 진술도 포함된다고 하면
서, 원고의 직원이 이 사건 부당한 공동행위에 대하여 구두 진술을 통해 조사에
협조한 사실이 있으므로, 이들에 대하여도 기타의 요건 충족 여부를 따져서 과징
금을 감경해야 한다고 판시하고 있다.[76]

  ③ 부당한 공동행위와 관련된 사실을 모두 진술하고, 관련 자료를 제출하는 등
    조사가 끝날 때까지 성실하게 협조하였을 것
  ④ 그 부당한 공동행위를 중단하였을 것

  그리고 공정거래위원회가 조사를 시작한 후에 조사에 협조한 자로서, 공정거래
위원회가 아직 부당한 공동행위에 대한 정보를 입수하지 못하였거나 부당한 공동
행위임을 입증하는데 필요한 증거를 충분히 확보하지 못한 상태에서 조사에 협조
하고, 위 ①, ③, ④의 요건을 모두 갖춘 경우에는 과징금을 면제하고, 시정조치를
감경하거나 면제한다(영 54조 3항 2호).

  한편 공정거래위원회가 조사를 시작하기 전에 자진신고하거나 공정거래위원회
가 조사를 시작한 후에 조사에 협조한 자로서 부당한 공동행위임을 입증하는 데
필요한 증거를 단독으로 제공한 두 번째의 자가 위 ③, ④의 요건을 모두 갖춘 경
우에는 과징금의 50%를 감경하고, 시정조치를 감경할 수 있다(영 54조 3항 3호). 그
러나 이 경우, 2개 사업자가 부당한 공동행위에 참여하고 그중의 한 사업자인 경
우, 또는 위의 ①, ②에 해당하는 자가 자진신고하거나 조사에 협조한 날로부터 2
년이 지나서 자진신고하거나 조사에 협조한 사업자인 경우에는 과징금 및 시정조
치를 감경하지 아니한다(영 54조 3항 6호).

  그 밖에 부당한 공동행위로 인하여 과징금 부과 또는 시정조치의 대상이 된 자
가 그 부당한 공동행위 외에 그 자가 관련되어 있는 다른 부당한 공동행위에 대하

---

75) 대법원 2008. 9. 25. 선고 2007두12699 판결.
76) 대법원 2008. 9. 25. 선고 2007두12699 판결; 대법원 2008. 10. 23. 선고 2007두2920 판결.

여 위의 자진신고자 또는 조사협조자의 요건을 충족하는 경우에는 그 부당한 공동행위에 대하여 다시 과징금을 감경 또는 면제하고, 시정조치를 감경할 수 있다(영 54조 3항 4호). 이는 이른바 Amnesty Plus 제도로서 현재 조사 중인 부당한 공동행위에 대하여는 감면요건을 충족하지 못하였으나, 자신이 관련된 다른 공동행위에 관한 증거를 제공한 경우에 그 공동행위에 대한 시정조치나 과징금을 감면하는 것 이외에 조사 중인 공동행위에 대하여도 추가적으로 시정조치 및 과징금을 감면받는 제도이다.

그러나 자진신고자 또는 조사협조자가 이상과 같은 감면요건에 해당한다고 하더라도, 다른 사업자에게 그 의사에 반하여 해당 부당한 공동행위에 참여하도록 강요하거나 이를 중단하지 못하도록 강요한 사실이 있는 경우[77] 또는 일정한 기간 동안 반복적으로 법 제40조 제1항을 위반하여 부당한 공동행위를 한 경우에는 시정조치와 과징금의 감면을 하지 않는다(영 54조 3항 5호). 그리고 자진신고로 시정조치 또는 과징금을 감경 또는 면제받은 자가 그 감경 또는 면제받은 날 이후에 새롭게 법 제40조 제1항을 위반하는 경우에는 시정조치 또는 과징금을 감경 또는 면제받은 날로부터 5년 이내에는 자진신고에 따른 시정조치 또는 과징금의 감경 또는 면제를 하지 않는다(법 44조 2항).

그런데 자진신고자 또는 조사협조자의 신원이나 제보내용 등이 제3자에게 누설될 경우에는 조사협조가 원만하게 이루어지기가 곤란하게 될 우려가 있다. 이에 입법자는 이 제도를 활성화하기 위하여 2007년 법개정을 통하여 자진신고자 또는 협조자의 신원이나 제보내용 등에 대하여 비밀보장을 하게 되었다. 즉 공정거래위원회 및 그 소속 공무원은 자진신고자 등이 해당 정보를 제공하는 데 동의하거나 해당 사건과 관련된 소송의 제기, 수행 등에 필요한 경우를 제외하고는, 자진신고자 또는 조사협조자의 신원이나 제보내용 등 자진신고나 제보와 관련된 정보 및 자료를 사건 처리와 관계없는 자에게 제공하거나 누설해서는 안 된다(법 44조 4항). 다만 자진신고자 등이 해당 정보를 제공하는 데 동의한 경우, 또는 해당 사건과 관련된 소송의 제기, 수행 등에 필요한 경우에는 그렇지 않다(영 54조 2항). 그리고 공정거래위원회는 자진신고자나 조사협조자의 신청이 있으면 자진신고자 등의 신원이 공개되지 않도록 해당 사건을 분리 심리하거나 분리 의결할 수 있다(영 54조

---

77) EU 경쟁법이나 미국 반독점법에서 인정되는 주도자는 감면규정 제외 대상에서 배제되고 있는데, 주도자의 선별이 실질적으로 용이하지 않다는 정책적 판단에 따른 것으로 이해된다. 홍명수, "자진신고자 감면제도에 있어서 적용 제외 사유에 관한 검토", 경쟁법연구 제26권, 2012, 48면 이하 참조.

4항).

한편 자진신고자 또는 조사협조자에 대한 구체적인 감면의 정도, 감면제도의 세부운영절차 및 증거제출방법 등에 관한 사항은 공정거래위원회가 따로 정하여 고시하도록 되어 있는데(영 54조 5항), 이에 따라 공정거래위원회는 '부당한 공동행위 자진신고자 등에 대한 시정조치 등 감면제도 운영고시'를[78] 제정하여 운영하고 있다.

V. 형사적 제재

동법에 위반하여 부당한 공동행위를 한 자 또는 이를 행하도록 한 자에 대하여는 3년 이하의 징역 또는 2억원 이하의 벌금에 처한다(법 124조 1항 9호). 그리고 공정거래위원회의 시정조치에 응하지 아니한 사업자에 대하여는 2년 이하의 징역 또는 1억 5천만원 이하의 벌금에 처한다(법 125조 1호). 최근에는 부당한 공동행위를 한 자에 대한 형사적 제재가 늘어나고 있다.

---

78) 공정거래위원회 고시 제2021-72호, 2021. 6. 10. 일부 개정.

제 7 장   불공정거래행위 등의 규제

제 1 절   불공정거래행위 금지의 목적

독점규제법은 공정한 거래를 유지하기 위하여 불공정거래행위를 금지하고 있다. 여기서 공정한 거래(fair trade)라 함은 공정한 경쟁(fair competition)보다 넓은 개념으로서, 경쟁의 수단이나 방법의 공정성뿐만 아니라 경쟁의 자유를 제한하는 경쟁제한성이나 거래조건의 공정성까지 포함하는 매우 포괄적인 개념으로 이해되고 있다. 따라서 불공정거래행위의 금지는 경쟁 그 자체뿐만 아니라 경쟁자와 거래상대방 및 소비자의 이익도 함께 보호하는 제도라고 할 수 있으며,[1] 그러한 점에서 시장지배적 지위의 남용금지나 기업결합의 제한 또는 부당한 공동행위의 제한과 구별된다. 예컨대 어떤 사업자가 자기의 거래상의 지위를 이용하여 경쟁사업자나 거래상대방의 사업활동을 제한하거나 혹은 불공정한 경쟁방법을 사용하거나 부당한 거래조건을 강요하게 되면, 경쟁사업자들이 시장에서 배제되거나 사업활동의 방해를 받는 등 자유로운 경쟁이 제한될 수도 있고, 거래상대방인 사업자나 소비자가 피해를 받을 수도 있다. 따라서 독점규제법은 이러한 폐해를 막기 위하여 거래상의 지위남용행위를 불공정거래행위의 하나로서 금지하고 있다.

한편 우리나라의 시장구조는 주요 산업의 상당 부분이 독과점화되어 있을 뿐만 아니라, 유통구조는 다른 나라에 비하여 매우 길고 복잡한 데다가 비합리적인 경우가 많다. 이처럼 유통구조가 비합리적인 이유는 유통체계가 여러 단계에 걸쳐서 계열화되어 있기 때문이다. 여기서 계열화란 유통단계가 '제조업자 → 대리점 → 소매점 → 소비자'의 형태를 취하고 각 단계의 사업운영이 지배력을 가지고 있는 특정한 사업자에 의해서 사실상 통제되고 있는 유통체계를 말한다. 이러한 유통체계 하에서는 상표 간 경쟁(inter-brand competition)은 있지만 상표 내 경쟁(intra-brand

---

1) 독일에서 공정한 경쟁을 보호하기 위한 법인 부정경쟁방지법(UWG; Gesetz gegen den unlauteren Wettbewerb) 제1조는 경쟁자, 소비자 및 기타 시장참가자를 불공정한 거래행위로부터 보호함과 아울러 왜곡되지 않은 경쟁에 관한 일반의 이익(Interesse der Allgemeinheit)을 보호하는 것을 동법의 목적으로 규정하고 있다. Meinrad Dreher & Michael Kulka, Wettbewerbs-und Kartellrecht, C.F.Müller, 2021, SS. 40-42 참조.

competition)은 제한되는 경우가 많다. 왜냐하면 동일 상표 내에서는 유통단계를 지배하고 있는 사업자가 판매가격이나 판매지역, 거래상대방 등에 대해서 통제하거나 거래를 강제할 가능성이 크기 때문이다. 따라서 다른 나라에 비해 유통단계의 많은 부분이 계열화되어 있는 우리나라에서는 유통단계에서 우월적 지위를 차지하고 있는 사업자가 그의 지위를 이용하여 불공정거래행위를 할 우려가 매우 크다고 할 수 있다.[2]

이러한 관점에서 볼 때, 불공정거래행위의 금지는 자유로운 경쟁질서를 저해하고 있는 독과점적인 시장구조와 깊은 관련을 맺고 있을 뿐만 아니라, 비합리적인 유통구조와도 깊이 연결되어 있다. 따라서 우리나라에서 불공정거래 행위를 근절하기 위해서는 시장구조의 개선과 아울러 유통구조의 합리화를 위한 노력도 게을리하지 말아야 할 것이다.

한편 불공정거래행위 금지 규정(법 45조)이 속한 제6장은 불공정거래행위와 일정한 관련성을 갖는 행위를 규제하는 별도의 근거 규정을 두고 있다. 재판매가격유지행위(법 46조), 특수관계인에 대한 부당한 이익제공의 금지(법 47조), 보복조치의 금지(법 48조) 등이 이에 해당한다. 이상의 행위는 불공정거래행위와 일정한 관련이 있지만, 해당 행위의 부당성 측면에서 고유한 특성, 정책적 중요성 등을 고려하여 불공정거래행위와는 별개의 규정에 의하여 규제가 이루어지고 있다.

제 2 절 불공정거래행위의 의의 및 유형

독점규제법은 공정한 거래를 저해할 우려가 있는 행위를 불공정거래행위라고 하여 이를 금지하고 있다. 따라서 사업자는 직접 불공정거래행위를 하거나, 계열회사 또는 다른 사업자로 하여금 불공정거래행위를 하도록 해서는 안 된다(법 45조). 독점규제법은 당초 사업자가 스스로 행하는 불공정거래행위만 금지하고 있었으나, 대규모기업집단에 속하는 회사가 그 경제력을 이용하여 계열회사나 납품업체들에게 불공정거래행위를 하도록 하는 행위가 많이 나타남에 따라, 이를 규제하기 위하여 1986년 법개정을 통하여 다른 사업자나 계열회사로 하여금 이를 행하도

---

2) 불공정거래행위 규제에 의한 경쟁질서 개선 효과 측면에서 동 규제가 경제력집중 억제나 독과점 형성 규제보다 더 실질적인 중요성을 갖는다는 것으로, 이기수·유진희, 경제법, 세창출판사, 2006, 202면 참조.

록 하는 것도 금지하고 있다. 따라서 독점규제법상 단독행위 규제체계는 시장지배
적 지위남용행위 규제와 불공정거래행위 규제로 이원화되었으며, 이는 독점규제법
의 중요한 특징을 이룬다.[3]

Ⅰ. 불공정거래행위의 의의

1. 공정거래저해성

독점규제법상 불공정거래행위란 법 제45조 제1항 각호에 열거된 행위로서 공
정한 거래를 저해할 우려가 있는 행위를 말하며, 전술한 것처럼 여기서 공정한 거
래란 공정한 경쟁보다 넓은 개념이다. 즉 불공정거래행위는 사업자들 상호 간에
경쟁 수단이나 방법이 불공정한 경우는 물론이고, 그 거래의 내용이나 조건이 부당
하거나 불공정한 경우 또는 거래를 위한 교섭이나 정보제공에 있어서 상대방의 합
리적인 선택을 방해하는 행위까지를 포함하는 아주 폭넓은 개념이라고 할 수 있다.

그런데 불공정거래행위로서 독점규제법의 규제대상이 되기 위해서는, 동법 제
45조 제1항 각호 및 이를 구체화한 동법 시행령 제55조 제1항에 의한 [별표 2] '불
공정거래행위의 유형 및 기준' 각호가 정하는 행위로서, 당해 행위가 외형적으로
위 각 규정이 정하는 요건을 갖추는 것 외에, 그것이 공정한 거래를 저해할 우려
가 있어야 한다. 그리고 이때 공정거래 저해성을 판단함에 있어서는 거래당사자의
거래상의 지위 내지 법률관계, 상대방의 선택가능성·사업규모 등의 시장상황, 그
행위의 목적 및 효과, 관련 법규의 특성 및 내용 등 여러 사정을 고려하여, 그 행
위가 공정하고 자유로운 경쟁을 저해할 우려가 있는지의 여부에 따라 판단한다.[4]

한편 '불공정거래행위의 유형 및 기준'을 살펴보면, 각 행위의 세부유형에 따라
공동의 거래 거절, 계열회사를 위한 차별, 부당염매 등의 행위에 대하여는 그것이
'정당한 이유없이' 행해질 때에 불공정거래행위로 보는 반면, 다른 행위유형들에
대하여는 그것이 '부당하게' 이루어지는 경우에 불공정거래행위로 보고 있다. 이러
한 법문상 차이가 각 행위의 위법성을 판단하는 데 어떤 의미를 가지는지를 살펴
볼 필요가 있다.

---

3) 이호영, "공정거래법상 단독행위 규제체계의 현황 및 개선방향", 경쟁저널 제169호, 2013, 3-4면
참조.

4) 대법원은 불공정거래행위 유형 중 거래거절, 거래상 지위남용, 사업활동 방해가 문제가 된 사건
에서 이와 같이 판시하였다. 대법원 1998. 9. 8. 선고 96누9003 판결.

일반적으로 '정당한 이유없이'라는 문언이 삽입되어 있는 행위들은 원칙적으로 공정거래의 저해성이 인정되는 행위들이다. 따라서 외형상 그러한 행위가 있으면 일단 이를 위법한 행위로 보되, 정당한 이유가 있는 경우에 한하여 그 위법성이 조각되어 적법한 행위로 인정된다. 그러나 '부당하게'라는 부사가 삽입되어 있는 행위들은 원래 그 행위 자체는 적법하지만, 그 행위가 부당하게 행해지는 경우에는 위법성이 인정된다. 대법원은 이와 같은 맥락에서 "독점규제법 시행령 제36조 제1항 [별표] 제2호 (가), (나), (라)목에서 '가격차별', '거래조건차별', '집단적 차별'에 대하여는 그러한 행위가 '부당하게' 행하여진 경우에 한하여 불공정거래행위가 되는 것으로 규정하면서도, '계열회사를 위한 차별'의 경우에는 정당한 이유가 없는 한 불공정거래행위가 되는 것으로 문언을 달리하여 규정하고 있는 취지는, 이러한 형태의 차별은 경쟁력이 없는 기업집단 소속 계열회사들을 유지시켜 경제의 효율을 떨어뜨리고 경제력 집중을 심화시킬 소지가 커서 다른 차별적 취급보다는 공정한 거래를 저해할 우려가 많으므로, 외형상 그러한 행위유형에 해당하면 일단 공정한 거래를 저해할 우려가 있는 것으로 보되 공정한 거래를 저해할 우려가 없다는 점에 대한 입증책임을 행위자에게 부담하도록 하겠다는 데에 있다"고 판시함으로써,[5] '정당한 이유없이'와 '부당하게'의 구별을 입증책임의 차이로 이해하고 있음을 분명히 밝히고 있다.

공정거래위원회가 2004년에 제정한 「불공정거래행위 심사지침」(이하 '심사지침'이라 함)도[6] 역시 이와 같은 태도를 견지하고 있다. 이 지침에 따르면, '부당하게'를 요건으로 하는 행위유형들은 당해 행위의 외형이 있다고 하여 바로 공정거래저해성이 인정되는 것은 아니며, 원칙적으로 경쟁제한성·불공정성(unfairness)과 효율성 증대효과·소비자후생 증대효과 등을 비교·형량하여 경쟁제한성·불공정성의 효과가 보다 큰 경우에만 위법한 것으로 보되, 이러한 유형의 행위에 대해서는 공정거래위원회가 부당성을 입증할 책임을 부담하는 것으로 본다. 반면 '정당한 이유없이'를 요건으로 하는 행위에 대해서는 당해 행위의 외형이 있는 경우에는 원칙적으로 공정거래저해성이 있는 것으로 보고, 피심인에게 정당한 이유가 있는지에 대해 입증할 책임이 있는 것으로 본다(심사지침 Ⅲ. 1. 가. (3)).

---

5) 대법원 2001. 12. 11. 선고 2000두833 판결.

6) 공정거래위원회예규 제351호 2020. 7. 29., 일부개정.

2. 저해할 우려가 있는 행위

공정한 거래를 '저해할 우려가 있는 행위'라고 할 때에 '저해'가 구체적으로 무엇을 의미하는지에 대하여는 이를 일반적으로 정의할 수 없기 때문에, 구체적인 사안에 따라 경쟁수단의 공정성, 거래의 내용이나 조건의 공정성, 경쟁제한성, 판단의 자율성 등이 침해되는지 여부를 종합적으로 고려하여 개별적으로 판단할 수밖에 없다.

한편 공정한 거래를 저해할 '우려'가 있다고 하는 것은 실제로 공정한 거래를 저해한 사실이 있어야 할 필요는 없고, 그러한 위험성이 있는 것만으로 충분하다는 의미이다. 그리고 그 우려의 정도는 추상적인 위험성만으로 충분하고 구체적인 위험성까지 요구되는 것은 아니다. 따라서 후술하는 불공정거래행위의 유형에 해당하는 행위가 존재하고, 그것이 객관적으로 보아 공정한 거래를 저해할 우려가 있다고 판단될 경우는 그 구체적인 위험성이 존재하는지 여부를 따져 볼 필요 없이 당해 행위는 금지된다.

Ⅱ. 불공정거래행위의 입법 형식

일반적으로 불공정거래행위를 규율하는 방법에는 두 가지가 있다. 하나는 당사자들이 민법상의 손해배상이나 금지청구와 같은 제도를 통하여 이를 사법적으로 해결하는 방법이고, 다른 하나는 정부가 행정력을 동원하여 이를 강제적으로 규제하는 방법이다. 미국이나 독일처럼 시장경제와 사적자치가 기본질서로 정착되고 있는 나라에서는 정부가 가능한 한 사적인 경제활동에 개입하지 않으려 하기 때문에 주로 전자의 방법을 채택하고 있는 반면, 일본이나 우리나라처럼 국가가 오랫동안 경제활동에 깊숙이 간여해 온 전통이 있는 나라에서는 후자의 방법이 선호되고 있다.

또한 불공정거래행위를 금지하는 입법 형식도 두 가지로 나누어진다. 하나는 미국이나 독일처럼 불공정한 거래행위를 일반적으로 금지하는 방법이고, 다른 하나는 일본이나 우리나라처럼 공정한 거래를 저해할 우려가 있는 행위를 '불공정거래행위'의 유형으로 규정해 놓고, 그 규정에 포함되는 행위만을 금지하는 방법이다. 전자는 다양한 모습의 불공정거래행위를 모두 금지할 수 있는 장점을 갖는 반면, 구체적인 경우에 특정한 행위가 불공정거래행위에 해당되는지 여부를 판단하기가 어렵다는 단점이 있다. 그러나 후자는 불공정거래행위의 유형을 명확히 제시함으로써 구체적인 경우에 특정한 행위가 금지되는지 여부를 쉽게 판단할 수 있는 장점을 갖는 반면, 새로운 형태의 불공정거래행위가 나타날 경우에 이를 규제하기가 어렵다는 단점이 있다.

독점규제법은 불공정거래행위에 해당할 가능성이 있는 행위의 유형을 10가지로 나누어 열거해 놓고(법 45조 1항), 사업자가 이러한 유형의 행위로서 공정한 거래를 저해할 우려가 있는 행위를 직접 하거나, 계열회사 또는 다른 사업자로 하여금 이를 하도록 하는 것을 공정거래위원회가 규제하도록 하는 방법을 채택하고 있다. 다만 제10호는 작은 일반조항의 형식으로 되어 있어서, 제1호 내지 제9호에 해당하지 않는 행위를 포섭할 수 있는 근거가 되고 있다.

한편 독점규제법은 불공정거래행위 금지 규정(45조)이 속한 제6장에서 재판매가격유지행위(46조), 특수관계인에 대한 부당한 이익제공(47조), 보복조치(48조)를 규제하는 별도의 근거 조항을 두고 있다. 특히 재판매가격유지행위는 종래 별도의 장(구법 7장)에서 규제되고 있었는데, 2020년 법 개정에 의해 불공정거래행위와 동일한 장에서 규율하는 것으로 변경되었다.

III. 불공정거래행위의 유형

독점규제법은 불공정거래행위의 유형을 10가지로[7] 나누어서 규정하고 있다(법 45조 1항). 그 내용을 구체적으로 살펴보면, ⅰ) 부당하게 거래를 거절하는 행위 ⅱ) 부당하게 거래의 상대방을 차별하여 취급하는 행위, ⅲ) 부당하게 경쟁자를 배제하는 행위, ⅳ) 부당하게 경쟁자의 고객을 자기와 거래하도록 유인하는 행위, ⅴ) 부당하게 경쟁자의 고객을 자기와 거래하도록 강제하는 행위, ⅵ) 자기의 거래상의 지위를 부당하게 이용하여 상대방과 거래하는 행위, ⅶ) 거래의 상대방의 사업활동을 부당하게 구속하는 조건으로 거래하는 행위, ⅷ) 부당하게 다른 상대방의 사업활동을 방해하는 행위, ⅸ) 부당하게 특수관계인 또는 다른 회사에 가지급

---

7) 1999년 2월의 제7차 개정으로 법 제23조 제1항에 제8호가 신설되었으나, 제6호가 표시·광고법 제정으로 인해 삭제되어, 독점규제법상 불공정거래행위의 유형은 실질적으로 7가지가 규정되어 있었다. 2020년 개정에 의해 불공정거래행위 유형은 총 10호로 증가하였는데, 개별 행위유형이 같은 호에 규정되어 있던 것을 별개의 호로 분리하여 규정함으로써(예를 들어 거래거절과 차별적 취급이 1호에 규정된 것을 각각 1호와 2호에 별도로 규정) 증가한 것이기 때문에, 실질적으로 불공정거래행위 유형이 새롭게 추가된 것은 아니다.

금·대여금·인력·부동산·유가증권·상품·용역·무체재산권 등을 제공하거나 상당히 유리한 조건으로 거래하는 행위(가) 또는 다른 사업자와 직접 상품·용역을 거래하면 상당히 유리함에도 불구하고 거래상 실질적인 역할이 없는 특수관계인이나 다른 회사를 매개로 거래하는 행위를(나) 통하여 특수관계인 또는 다른 회사를 지원하는 행위, x) 그 밖의 행위로서 공정한 거래를 저해할 우려가 있는 행위 등이 있다.

그런데 독점규제법 제45조 제1항 각 호에 열거된 행위의 유형들은 불공정거래행위의 포괄적 범위와 기준을 제시한 것으로서 일반적이며 추상적이기 때문에, 구체적인 유형 및 기준은 대통령령으로 정하도록 하고 있다. 이에 동법 시행령은 제55조 제1항에서 [별표 2] '불공정거래행위의 유형과 기준'을 규정하고 있다(법 45조 3항). 동법이 이러한 규정방식을 채택하고 있는 이유는 불공정거래행위가 시장에서 사업자들이 행하는 통상적인 영업활동과 관련되어 나타나고 있다는 점을 감안하여, 이에 대한 예측가능성을 높이고 경제 환경의 변화에 대응하여 금지되는 행위의 내용을 구체적으로 제시할 필요가 있기 때문이다. 이러한 규정방식에 대하여는 헌법재판소도 그 부득이성을 인정하고 있다.[8]

그런데 독점규제법은 불공정거래행위의 유형과 기준을 정함에 있어서 모든 사업분야에 공통적으로 적용되는 일반 불공정거래행위에 대해서는 이를 시행령 별표로 규정하는 한편(영 55조 1항, 이하 '일반지정'이라 함), 특수한 사업분야 또는 특정한 행위에만 적용되는 특수 불공정거래행위에 대해서는 그 세부기준을 공정거래위원회가 별도로 정하여 고시하도록 하고 있다(영 55조 2항). 현재 일반불공정거래행위의 유형으로 지정되어 있는 것은 크게 9가지 유형의 29가지 행위이며, 특수불공정거래행위는 총 3개 분야에 걸쳐서 지정되어 있다.

한편 하도급거래에 있어서는 법 제45조 제1항 제6호의 "자기의 거래상의 지위를 부당하게 이용하여 상대방과 거래하는 행위"가 자주 문제되기 때문에, 이에 대해서는 특별법으로서 1984년에 「하도급거래공정화에 관한 법률」을 제정하여 별도로 규제하고 있다. 그리고 종래 일반불공정거래행위의 유형 중의 하나로 규율되고 있던 '부당한 표시·광고'는 1999년부터 「표시·광고의 공정화에 관한 법률」에 의하여 규율되고 있다. 또한 주로 거래상 지위남용이 문제되어 별도의 고시로 규율되고 있던 가맹사업에 있어서의 불공정거래행위도 2002년부터 「가맹사업거래의 공정화에 관한 법률」로 규율되고 있으며, 2011년 제정된 「대규모유통업에서의 거

---

8) 헌법재판소 2002. 7. 18. 선고 2001헌마605 결정 참조.

래 공정화에 관한 법률」 그리고 2015년 제정된 「대리점거래의 공정화에 관한 법률」
도 이와 유사하다.

Ⅳ. 위법성 판단 근거에 따른 분류

불공정거래행위의 위법성 판단은 경쟁제한성뿐만 아니라 불공정성에 의해서도
이루어지며,[9] 이는 불공정거래행위가 독점규제법상 다른 위법 유형과 구별되는 중
요한 특징이 된다. 여기서 불공정성은 합리적 선택의 침해와 같은 시장참가자들에
게 발생하는 불이익에 초점을 맞추어 구성된 개념으로 볼 수 있는데,[10] 공정거래
위원회 제정한 '불공정거래행위 심사지침'(이하 '심사지침'이라 함)은[11] 불공정성을 경
쟁수단의 불공정성과 거래내용의 불공정성으로 구분하여 규정하고 있다. 즉 심사
지침에서 경쟁수단의 불공정성은 "상품 또는 용역의 가격과 질 이외에 바람직하지
않은 경쟁수단을 사용함으로써 정당한 경쟁을 저해하거나 저해할 우려가 있음"을
의미하며, 거래내용의 불공정성은 "거래상대방의 자유로운 의사결정을 저해하거나
불이익을 강요함으로써 공정거래의 기반이 침해되거나 침해될 우려가 있음"을 의
미한다(심사지침 Ⅲ. 1. 가. (1) (라)).

나아가 심사지침은 불공정거래행위 유형에 따라서 위법성 판단이 경쟁제한성
에 의하는 경우, 불공정성에 의하는 경우 등으로 구분하고 있는데, 특히 후자의 경
우에 앞에서 언급한 두 가지 의미의 불공정성을 분리하여 적용하고 있다. 즉 심사
지침은 불공정성의 주된 내용이 경쟁수단의 불공정성에 의한 경우로 부당한 고객
유인, 거래강제, 사업활동 방해에 속한 유형들 그리고 거래내용의 불공정성에 의
하는 경우로 거래상 지위남용의 유형들 해당하는 것으로 규정하고 있다.

다음의 [표 7-1]은 일반지정에서 규정하고 있는 불공정거래행위의 유형을 심
사지침에서 제시하고 있는 위법성 판단 기준에 따라서 분류한 것이다.

---

9) 경제력 집중이 판단 기준이 되는 유형도 있다.
10) 독일의 부정경쟁방지법 제3조a는 소비자, 기타 시장참가자 또는 경쟁자의 이익을 상당히
(spürbar) 침해하는 행위를 불공정거래행위로 규정하고 있다.
11) 공정거래위원회 예규 제351호, 2020. 7. 29., 일부 개정.

[표 7-1] 위법성 판단 기준에 따른 불공정거래행위 세부 유형

경쟁제한성		• 거래거절(공동의 거래거절, 기타의 거래거절) • 차별적 취급(가격차별, 거래조건차별, 집단적 차별) • 경쟁사업자 배제(부당염매, 부당고가매입) • 거래강제(끼워팔기) • 구속조건부거래(배타조건부 거래, 거래지역 또는 거래상대방 제한)
불공정성	경쟁수단의 불공정성	• 부당한 고객유인(부당 이익에 의한 고객유인, 위계에 의한 고객유인, 기타의 부당 고객유인) • 거래강제(사원판매, 기타의 거래강제) • 사업활동 방해(기술의 부당이용, 인력의 부당유인·채용, 거래처 이전 방해, 기타의 사업활동 방해)
	거래내용의 불공정성	• 거래상 지위의 남용(구입 강제, 이익제공 강요, 판매목표 강제, 불이익 제공, 경영간섭)
경쟁제한성+경제력집중		• 차별적 취급(계열회사를 위한 차별) • 부당지원행위

그러나 심사지침이 불공정거래행위의 유형에 따라서 위법성 판단의 근거를 달리하고 있는 규정 방식을 취하고 있다 하더라도, 경쟁제한성 또는 불공정성 중 어느 하나를 위주로 위법성을 판단하는 것으로 규정된 불공정거래행위 유형에 대해 다른 측면에서 위법성을 판단할 여지가 전혀 없는 것으로 볼 것은 아니다. 예를 들어 끼워팔기의 위법성 판단에 관하여 심사지침은 경쟁제한성에 의하는 것으로 규정하고 있다. 그러나 대법원은 비인기토지의 매입에 인기토지의 우선매입권을 부여한 행위가 거래상대방의 상품 선택의 자유를 제한하는 등 공정한 거래질서를 침해할 우려가 있다는 점에 근거하여 끼워팔기로서 불공정거래행위에 해당한다고 판시하였는데,[12] 동 판결에서 위법성 판단의 근거가 된 거래상대방의 선택의 자유의 제한은 불공정성의 관점이 반영된 것으로 볼 수 있다.

V. 안전지대의 적용

공정거래위원회는 심사지침에서 안전지대(safety zone)에 관한 규정을 두고, 불공정거래행위의 규제 실무에 적용하고 있다. 심사지침은 "안전지대란 사업자의 시

---

12) 대법원 2006. 5. 26. 선고 2004두3014 판결. 또한 독일 부정경쟁방지법상 끼워팔기가 오인 내지 가격은폐, 구매 강제 등의 의미에서 불공정거래행위에 해당할 수 있다고 보는 것으로, Friedrich L. Ekey u. a., Wettbewerbsrecht, C. F. Müller, 2005, SS. 136-144 참조.

장점유율 등에 비추어 통상적으로 공정거래저해성이 미미할 것으로 인정되는 경우 불공정거래행위의 외형에 해당되는 행위가 있다고 하더라도 공정거래저해성이 없는 것으로 보아 공정거래위원회가 원칙적으로 심사절차를 개시하지 않는 심사면제 대상을 의미"하는 것으로 규정하고 있다(심사지침 Ⅲ. 2.). 동 규정에서 안전지대는 원칙적으로 시장점유율을 기준으로 정한다. 동 기준에 해당할 경우 심사 절차는 개시되지 않지만, 절대적인 것은 아니다. 구체적인 기준은 유형별로 제시되어 있는데, 원칙적으로 위반 행위에 참가한 사업자들의 시장점유율 합계가 시장점유율 10% 미만이고, 시장점유율 산정이 사실상 불가능하거나 현저히 곤란한 경우 연간매출액 50억원 미만이 보충적인 기준이 된다(예, 심사지침 Ⅴ. 1. 가. (4)).

이러한 기준은 경쟁제한적 효과가 미미할 것이라는 예상에 근거한 것이며, 따라서 경쟁제한성에 대한 판단이 주를 이루는 불공정거래행위에서 의미가 있을 것이다. 심사지침에서 안전지대가 적용되고 있는 위반 유형은 거래거절, 차별적 취급, 경쟁사업자 배제 그리고 구속조건부거래에 속하는 유형들이다. 이들은 모두 경쟁제한성에 기초하여 위법성을 판단하는 유형들인데, 계열회사를 위한 차별과 같이 경쟁제한성과 함께 경제력집중을 위법성 판단에서 고려하여야 하는 유형은 다시 안전지대의 적용에서 제외되고 있다. 당연히 불공정성 위주로 위법성을 판단하는 부당한 고객유인, 거래강제, 거래상 지위의 남용, 사업활동방해에 속하는 유형들에 대해서는 안전지대가 적용되지 않는다(심사지침 Ⅴ. 2. 다. (3)).

Ⅵ. 불공정거래행위의 법체계상 지위

1. 시장지배적 지위 남용행위와의 관계

시장지배적 지위의 남용행위와 불공정거래행위는 모두 공정하고 자유로운 경쟁을 저해하는 행위로서 독점규제법에 의하여 금지되는 단독행위이다. 따라서 양자는 그 행위 유형에 있어서 서로 중복되거나 겹치는 경우가 많이 있다. 예컨대 거래거절 행위는 시장지배적 지위남용행위를 규제하는 법 제5조 제1항 제3호의 부당한 사업활동 방해에 해당할 수 있지만, 또한 불공정거래행위의 하나로서 법 제45조 제1항 제1호의 부당한 거래거절로서 규제될 수도 있다.

그런데 시장지배적 지위의 남용행위는 사업자의 시장지배적 지위를 전제로 하고 있으므로 시장지배적 사업자에게만 적용되는 반면, 불공정거래행위는 그러한 지위를 전제로 하지 않기 때문에 모든 사업자에게 적용된다. 다시 말하자면 시장지배적 지위의 남용금지는 불공정거래행위의 금지에 대하여 특별법적 지위에 서게 된다. 따라서 시장지배적 사업자에 대하여는 법 제5조가 법 제45조보다 우선적으로 적용되어야 할 것이다. 한편 양자를 특별법적 관계로 이해하는 근거를 시장의 구조적 특징에서 찾을 수도 있다. 즉 시장지배적 사업자가 존재하는 시장은 이미 구조적으로 경쟁이 제약되고 있는 이른바 잔존경쟁(Restwettbewerb, remaining competition)을 특성으로 하는 시장이며,[13] 시장지배적 지위남용행위의 규제는 이러한 시장구조적 특징이 있는 시장에 적용되는 규범으로서 일반 시장에 적용되는 불공정거래행위 규제에 대하여 특별법적 지위에 있는 것으로 이해할 수도 있을 것이다. 한편 시장지배적 지위남용행위의 위법성은 경쟁제한성에 기초하여 판단하는 반면, 불공정거래행위의 위법성 판단은 경쟁제한성뿐만 아니라 불공정성과 같은 다양한 기준에 기초하여 이루어진다는 점에서 양자의 규범목적상 차이가 존재할 수 있으며, 이에 근거하여 양자의 관계를 경합적인 관계로 이해할 수도 있을 것이다.[14] 대법원은 포스코사건 판결에서 시장지배적 지위의 남용행위와 불공정거래행위는 그 규제목적과 범위를 달리 한다고 판시하고 있다.[15]

2. 부정경쟁방지법과의 관계

「부정경쟁방지 및 영업비밀보호에 관한 법률」(이하 '부정경쟁방지법'이라 함)은 부정경쟁행위와 영업비밀 침해행위를 방지하여 건전한 거래질서를 유지함을 목적으로 하는 점(동법 1조)에서 공정한 거래질서를 보호하기 위한 불공정거래행위의 금지와 마찬가지로 '거래질서법'에 해당한다.[16]

그런데 부정경쟁방지법에서 말하는 부정경쟁행위는 국내에 널리 알려진 타인의 성명·상표·상호 등을 부정하게 사용하는 등의 행위를 의미하는 반면(부정경쟁방지법 2조 1호), 독점규제법 제45조 제1항의 불공정거래행위는 경쟁방법의 불공정성이나 경쟁제한성 또는 거래의 내용이나 조건의 불공정성 등을 통하여 공정한 거래질서를 침해하는 행위를 가리키는 것이다. 따라서 부정경쟁의 방지는 사업자의

---

13) Gerhard Wiedemann hrsg., Handbuch des Kartellrechts, C. H. Beck, 1999, S. 831.

14) 양자의 관계에 관한 상론으로, 홍명수, "시장지배적 지위남용행위와 불공정거래행위의 관계와 단독행위 규제체계의 개선", 경쟁법연구 제33권, 2016, 47면 이하 참조.

15) 대법원 2007. 11. 22. 선고 2002두8626 판결 참조.

16) 독일의 경우 우리의 독점규제법에 해당하는 경쟁제한방지법은 경쟁의 자유를, 부정경쟁방지법은 경쟁의 공정성을 보호하기 위한 법으로 이해하는 것이 지배적인 견해이다. Adolf Baumbach & Wolfgang Hefermehl, Wettbewerbsrecht, 18. ed., Verlag C.H. Beck, 1995, S. 73.

사적이익을 보호하기 위한 것으로서 그 구제는 부정경쟁행위의 금지청구나 손해배상청구 등을 통하여 법원에서 사법적(司法的)으로 이루어지는 것을 원칙으로 하는 데 반하여, 불공정거래행위는 공정한 거래질서를 해치는 행위로서 독립규제기관인 공정거래위원회가 행정력을 동원하여 이를 적극적으로 규제하고 있다.[17] 다만 구체적인 사례에서는 부정경쟁행위와 불공정거래행위가 중첩될 수 있는데, 이 때에는 독점규제법이 우선하여 적용된다(동법 15조 2항).

제 3 절 일반불공정거래행위

독점규제법은 불공정거래행위를 10가지 유형으로 나누어 규정하고 있으며, 동법시행령 제55조의 [별표 2]에서는 이를 다시 9개 유형의 29개 행위로 세분하고 있다.[18] 여기서는 이에 따라 불공정거래행위의 유형과 기준을 살펴보기로 한다.

Ⅰ. 거래거절

1. 의   의

법 제45조 제1항 제1호는 "부당하게 거래를 거절하는 행위"를 불공정거래행위 유형의 하나로 규정하고 있다. 거래거절은 거래의 개시를 거절하거나 계속적인 거래관계를 중단하는 행위, 또는 거래하고 있는 상품의 수량이나 내용을 현저히 제한하는 행위를 말한다. 사적자치를 원칙으로 하는 법질서 하에서 각 거래주체는 누구와, 어떠한 내용의 계약을, 어떠한 방법으로, 체결할 것인지 여부를 자유롭게 결정할 수 있다. 그러나 이러한 거래거절이 공정한 거래를 저해할 우려가 있는 경우에는 불공정거래행위로서 금지된다. 불공정거래행위로서 거래거절의 부당성은 원칙적으로 거래상대방의 거래 기회를 실질적으로 제한함으로써, 거래상대방이 속한 시장에서 배제되거나 경쟁상 현저하게 불리한 위치에 놓이게 할 우려에 기초한다. 따라서 거래거절에 의하여 거래상대방의 거래 기회가 실질적으로 제한되는지

---

17) 부정경쟁방지법상 특허청장 또는 지방자치단체의 장은 부정경쟁행위를 조사하고 그에 대한 시정권고를 내릴 수 있다(법 7조, 8조).

18) 법 제45조 제1항 제9호 및 일반지정 제10호에 규정된 부당지원행위는 경제력집중 억제를 위해 도입된 것으로서, 제47조의 특수관계인에 대한 이익제공행위와 같이 이 책 제2편 제5장에서 다룬다.

여부가 부당성 판단의 핵심이며, 이를 파악하기 위하여 거래 거절이 나타난 시장에 대한 분석이 요구된다.

2. 유   형

(1) 공동의 거래거절

공동의 거래거절은 "정당한 이유없이 자기와 경쟁관계에 있는 다른 사업자와 공동으로 특정 사업자에 대하여 거래의 개시를 거절하거나 계속적인 거래관계에 있는 특정 사업자에 대하여 거래를 중단하거나 거래하는 상품 또는 용역의 수량이나 내용을 현저히 제한하는 행위"(일반지정 1. 가.)를 말한다. 미국 반독점법상 당연위법에 해당하는 집단거절(boycott)에 상응하는 유형이며, 동 규정에서 위법성 표지를 '정당한 이유없이'로 기술하고 있는 것은 동일한 경쟁정책적 관점에서 이해할 수 있을 것이다. 공동의 거래거절에서 공동성의 의의에 대하여 논의의 여지가 있다. 구체적으로 법 제40조에 의해 규제되는 부당 공동행위의 경우 공동성의 주관적 요건으로서 합의가 존재하여야 하는데, 공동의 거래거절에서도 동일하게 요구되는 것으로 보아야 할 것이다. 거래거절에서 공동성에 관한 부분이 다른 공동행위와 구별되는 경쟁정책적 근거를 찾기 어려우며, 비교법적으로 볼 때도 미국의 판례에서 나타나는 boycott 사례에서 공동성에 대하여 다른 공동행위와 구별되는 상이한 접근을 하고 있지 않다. 그렇지만 부당한 공동행위와 달리 주관적 요건만으로 공동행위의 성립이 인정되고 별도의 실행행위는 불필요한 것으로 보기는 어렵다. 법 제45조 제1항 제1호와 일반지정 제1호 가목의 규정은 거래의 거절을 명시적으로 요구하고 있고, 따라서 이 경우에 부당한 공동행위와 같이 주관적 요건만으로 행위가 성립하는 것으로 볼 수는 없으며, 이러한 점에서 부당 공동행위와 공동의 거래거절 간에 차이가 있다. 한편 일반지정 제1호 가목은 거래거절의 세부적 유형으로 거래개시의 거절과 계속적 거래관계에서 거래의 중단이나 현저한 제한을 병렬적으로 규정하고 있다.[19]

거래거절의 부당성은 거래 상대방의 거래의 기회를 제한하고, 이로 인하여 관련시장에서 배제될 우려를 낳는 것에 근거한다. 따라서 거래거절로 인하여 거래 상대방의 거래 기회가 실질적으로 제한되는지에 대한 판단이 요구되며, 이는 거래

---

19) 거래 개시의 거절과 기존 거래의 중단 모두 거래거절에 해당하지만, 양자 간에 실제 규제 가능성에는 차이가 있을 수 있다. 특히 후자의 경우 기존 거래관계의 중단으로 인해 거래상대방이 이미 활동하던 시장에서 배제될 위험이 더 클 수 있다. Alison Jones & Brenda Surfin, EC Competition Law, Oxford Univ. Press, 2008, p. 530 참조.

가 이루어지고 있는 시장의 분석에 의존할 수밖에 없고, 또한 그 전제로서 관련시
장의 획정이 전제된다. 심사지침은 거래거절을 공동으로 한 사업자들의 시장점유
율의 합이 10% 미만인 것을 기준으로 안전지대를 설정하여 심사면제를 규정하고
있는데, 이와 같은 기준의 제시는 부당성 판단을 위하여 당해 시장의 분석이 불가
피함을 시사하는 것이다. 이때의 거래거절은 공정한 거래를 저해할 우려를 낳는
것으로 충분하므로, 거래의 기회가 완전히 배제되는 경우뿐만 아니라 경쟁상 침해
를 낳을 수 있을 정도로 거래가 실질적으로 제한되는 경우도 부당성 판단에 있어
서 고려될 수 있다. 한편 실제 거래에 제공할 수 있는 물품이 부족하거나 거래 상
대방이 채무를 이행할 수 있을 것으로 보기 어려운 객관적 사정의 존재 등이 정당
화 사유로서 고려될 수 있으며, 공동의 거래거절에 따른 효율성의 증대 효과가 경
쟁을 제한하는 효과보다 클 경우에 이는 부당성을 조각할 수 있는 사유가 될 수
있다.

공동의 거래거절에 관한 사례로 국민은행 등 7개 은행이 공동으로 ㈜하나은
행에 대하여 CD공동망을 통한 입출금거래 서비스를 제한한 행위를 들 수 있다. 이
사건에서 공정거래위원회는 피심인들이 삼성카드의 가상계좌 서비스에 필요한 하
나은행의 CD공동망이용을 제한함으로써 신용카드업시장에서 경쟁을 실질적으로
제한하거나 제한할 우려가 있다고 보아 시정명령을 내렸다.[20] 그러나 서울고법에
이어 대법원은 개별 은행과 금융결제원의 전산망을 상호 연결하여 고객이 다른 은
행의 현금지급기(CD기)를 이용할 수 있게 하는 시스템인 CD공동망의 참가은행들
이 공동으로 특정 은행으로 하여금 다른 신용카드회사 고객의 가상계좌 서비스와
연결된 CD공동망을 사용하지 못하게 단절한 경우, CD공동망의 운영에 있어서는
전산망 구축과 유지에 상당한 비용과 노력을 투자한 참가은행들의 의사가 존중되
어야 하는 점, 신용카드회사가 CD공동망을 이용함으로써 참가은행들보다 부당하
게 경쟁우위에 설 가능성이 크고, 위와 같은 공동의 거래거절로 인하여 신용카드
시장에서 다른 거래처를 용이하게 찾을 수 없어 거래기회가 박탈되었다고는 할 수
없는 점 등에 비추어, 참가은행들의 위 가상계좌 서비스에 대한 공동의 거래거절
행위는 그 거래거절에 정당한 사유가 있다고 보아 부당성을 인정하지 않았다.[21]

---

20) 공정거래위원회 2002. 1. 8. 의결 제2002-001호.
21) 서울고법 2003. 10. 23. 선고 2002누1641 판결; 대법원 2006. 5. 12. 선고 2003두14253 판결.

(2) 기타의 거래거절

기타의 거래거절은 "부당하게 특정사업자에 대하여 거래의 개시를 거절하거나 계속적인 거래관계에 있는 특정사업자에 대하여 거래를 중단하거나 거래하는 상품 또는 용역의 수량이나 내용을 현저히 제한하는 행위를 말한다(일반지정 1. 나.)." 기타의 거래거절은 '공동의 거래거절' 외의 거래거절 유형을 의미하므로 공동이 아닌 단독으로 나타나는 거래거절이 여기에 해당하는 것으로 보고 있으며, '불공정거래행위 심사지침'도 이를 명시적으로 밝히고 있다(V. 1. 나. (1)). 그러나 가목은 공동의 거래거절을 '자기와 경쟁관계에 있는 다른 사업자와' 공동으로 하는 것으로 규정하고 있으므로 경쟁관계가 아닌 수직적 관계에 있는 사업자 간의 공동의 거래거절은 동 규정에 포섭되지 않으며, 이러한 경우도 '기타의 거래거절'에 해당하는 것으로 볼 여지는 있다. 예를 들어 Kodak과 General Electric이 카메라에 부착할 플래시를 공동으로 개발하면서 새로운 기술에 관한 정보를 다른 플래시 제조업자에게 제공하지 않기로 한 사건에서 미국 연방대법원은 이때의 거래거절이 Sherman 법 제1조에 의해 규제되는 것으로 보았는데,[22] 동 행위를 독점규제법 제45조 제1항 제1호의 '공동의 거래거절'로 규제하기 어렵다는 점에서 기타의 거래거절에 의한 규제 가능성을 고려할 필요는 있을 것이다.

단독으로 행하는 거래거절에 있어서 부당성 판단 역시 경쟁제한적 효과에 초점을 맞추고 있다는 점에서 공동의 거래거절의 경우와 본질적으로 차이가 없으며, 따라서 부당성은 거절의 상대방에게 거래의 기회가 실질적으로 제한되는 경우에 인정될 수 있다. 이때 단독으로 거래거절을 행하는 것이 공동의 거래거절에 상응하는 효과를 가지기 위해서는, 거래거절의 주체가 거래거절이 발생한 시장에서 단독으로 거래에 실질적인 영향을 미칠 수 있는 지위에 있을 것이 요구된다. 이와 관련하여 대법원은 한국코카콜라 사건에 대한 판결에서[23] '유력사업자'라는 개념을 제시하여 시장지배력과는 구분하여 이해하려는 입장을 보여주고 있다.[24]

기타의 거래거절로서 다루어진 중요 사건 중 하나로 미디어플렉스의 거래거절 사건을[25] 들 수 있다. 동 사건에서 영화배급업자인 미디어플렉스는 2005년 전주지

---

22) Berkey Photo, Inc. v. Eastman Kodak Co., 444 U.S. 1093(1980).

23) 대법원 2001. 1. 5. 선고 98두17869 판결.

24) 일본의 公正取引委員會가 제정한 '유통, 거래관행에 관한 독점금지법상의 지침'에서 당해 시장에서의 시장점유율이 10% 이상 또는 상위 3위 이내에 있는 것을 유력한 사업자의 기준으로 제시하고 있는 것을 참고할 수 있다고 보는 것으로 김차동, "단독거래거절에 의한 불공정거래행위의 규제원리", 권오승 편, 공정거래와 법치, 2004, 법문사, 700면.

25) 공정거래위원회 2007. 2. 12. 의결 2006독감1297.

역의 극장업자인 전주시네마에 대한 영화공급을 거절하였으며, 동 기간 동안 전주
지역의 배급시장에서 미디어플랙스의 시장점유율은 23%였다. 영화의 제작, 유통,
상영이 수직적인 구조로 재편되어 있는 영화산업의 특성, 영화배급업자가 유통을
담당하고 있는 영화는 다른 경로로 접근할 수 없다는 점 등에 비추어, 23% 정도의
시장점유율을 갖고 있는 미디어플랙스의 단독의 거래거절 행위는 충분히 거래상
대방의 사업의 곤란을 낳을 수 있는 것이었고, 공정거래위원회는 당해 거래거절
행위를 부당한 것으로 판단하였다. 또한 한국코카콜라 사건은[26] 부당성 판단과 정
당화 사유에 관한 중요한 쟁점을 제공하고 있다. 동 사건에서 신고인 범양식품은
대구·경북, 대전·충남북 지역 내에서 코카콜라 제품을 독점적으로 제조·판매할
수 있는 이른바 보틀러계약을 1974년 5월 27일 미국 코카콜라 측과 체결한 이후
약 23년간 피심인 한국코카콜라(주)(미국 코카콜라의 자회사)로부터 음료원액을 공급
받아 왔다.

이후 코카콜라의 국내시장 직접 진출과정에서 한국코카콜라는 범양식품에게
적어도 1997년 말까지는 원액공급이 계속될 것처럼 하다가, 직접 진출을 위한 음
료사업관련 자산인수 협상 중 자산인수가격에 대한 양당사자간의 이견을 좁히지
못하자 1997년 4월 1일부터 범양식품에 대한 원액공급을 중단하였다. 동 사건에
대하여 공정거래위원회는 한국코카콜라의 이러한 행위는 계속적 거래관계에 있는
특정사업자에 대하여 부당하게 거래를 중단하는 행위로서 '기타의 거래거절'에 해
당된다고 판단하여 시정명령을 내렸다. 피심인이 동 심결에 불복하여 제기한 항고
소송에서, 고등법원은 대체로 심결의 결론을 유지하면서 원고의 청구를 기각하는
판결을 하였지만,[27] 대법원은 원심 판결을 번복하였다.

동 판결에서 대법원이 보여준 '기타의 거래거절'의 부당성 판단은 주목할 만한
데, 대법원은 "거래거절이라는 행위 자체가 바로 불공정거래행위에 해당하는 것은
아니고, 그 거래거절이 특정 사업자의 거래기회를 배제하여 그 사업활동을 곤란하
게 할 우려가 있거나, 오로지 특정 사업자의 사업활동을 곤란하게 할 의도를 가진
유력 사업자에 의하여 그 지위 남용행위로서 행하여지거나 혹은 법이 금지하고 있
는 거래강제 등의 목적 달성을 위하여 그 실효성을 확보하기 위한 수단으로 부당
하게 행하여진 경우라야 공정한 거래를 저해할 우려가 있는 거래거절행위로서 법
이 금지하는 불공정거래행위에 해당한다고 할 수 있다"고[28] 판시하였다.

---

26) 공정거래위원회 1997. 8. 27. 의결 9704경촉0614.
27) 서울고법 1998. 10. 14. 선고 97구53139 판결.

II. 차별적 취급

1. 의   의

법 제45조 제1항 제2호는 "부당하게 거래의 상대방을 차별하여 취급하는 행위"를 불공정거래행위 유형의 하나로 규정하고 있다. 거래상 차별은 인위적으로 거래상대방을 분리하는 것이며, 이를 유효하게 실행하기 위하여 당해 시장에 미칠 수 있는 일정한 영향력을 전제한다. 따라서 이러한 행위는 시장지배력의 남용으로서 규제될 수도 있으며, EU에서 바나나의 가격을 거래상대방에 따라서 상이하게 책정한 것이 문제가 되고, 이를 시장지배적 지위남용행위로 판단한 United Brands 사건은[29] 대표적인 예이다. 일반지정 제2호는 차별적 취급을 네 가지 유형, 즉 가격차별, 거래조건차별, 계열회사를 위한 차별, 집단적 차별로 구분하고 있다.

거래상 차별은 사업자가 동일한 상품의 거래에 있어서 비용이 같음에도 불구하고 상이한 거래조건을 부과하는 것을 말한다. 엄밀한 경제학적 이해에 따르면, 가격차별은 한계비용에 대한 가격의 비율이 다른 경우를 의미한다.[30] 이러한 개념적 이해에 비추어 비용상의 차이가 거래조건에 반영된 결과로 나타난 거래상 차별은 차별적 취급의 사실 자체를 부인하는 유력한 항변 사유가 될 수 있다.

차별적 취급의 부당성은 주로 경쟁제한적 측면에서 파악되며, 심사지침도 이러한 관점에서 부당성 판단의 기준을 제시하고 있다. 거래상 차별에 따른 경쟁제한적 효과는 차별행위자가 속한 시장과 거래상대방이 속한 시장에서 각각 파악될 수 있으며,[31] 흔히 전자를 1선 차별, 후자를 2선 차별로 이해한다. 차별이 나타난 시장에서의 경쟁제한적 효과는, 거래상 차별이 차별 행위자의 거래량을 확대하는 수단으로 활용되고, 이는 경쟁사업자의 시장점유율을 축소시키는 방향으로 작용할 수 있다는 것에 근거한다.[32] 2선 차별로서 이해되는 거래상대방이 속한 시장에서

---

28) 대법원 2001. 1. 5. 선고 98두17869 판결.

29) United Brands Co. and United Brands Continental BV v. Commission of European Communities, Case 27/76.

30) Herbert Hovenkamp, Federal Antitrust Policy: The Law of Competition and Its Practice, Thomson/West, 2005, p. 565. 여기서 Hovenkamp는 1단계 차별이 약탈가격의 문제와 결합될 수 있음을 지적하고 있다.

31) 이호영, 독점규제법, 홍문사, 2005, 207-208면.

32) Herbert Hovenkamp, op. cit., p. 573면. 미국에서 발생한 Utah Pie 사건에서(386 U.S. 685(1967))에서는 냉동파이 시장에서 가격차별에 의한 경쟁사업자 배제가 경쟁제한성 판단의 근거가 되었다.

의 경쟁제한적 효과는 수직적 관련성 하에서 발생하는데, 불리한 거래조건이 부과
된 거래상대방이 다음 단계에서 경쟁상 불리한 조건에 처할 수 있다는 점이 경쟁
제한성 판단의 근거가 된다.

차별적 취급의 항변사유에 관하여 심사지침은 전술한 비용에 기초한 항변과 효
율성 증대효과 내지 소비자후생 증대효과에 따른 항변의 가능성을 규정하고 있다
(Ⅴ. 2. 가. (다)). 특히 후자의 경우, 거래상의 차별은 일반적으로 생산량의 확대를
낳아 경쟁시장에서의 균형생산량에 접근시킬 수 있다는 점이나, 상대적으로 유리
한 조건이 부과된 거래상대방의 후생 증대 측면이 고려될 수 있을 것이다. 또한
경쟁사업자의 행태에 대한 수동적인 반응의 결과로서 차별이 이루어진 경우에 경
쟁정책적으로 비난하기 어렵다는 점에서, 이른바 경쟁대응(meeting Competition) 항
변의 가능성이 논의되고 있다.[33] 미국 판례법상 A&P 사건에서[34] 정식화된 경쟁대
응 항변의 요건을 보면, 판매자는 신뢰할 수 있는 거래상대방으로부터 정보를 얻
고, 이를 조사하기 위하여 노력하여야 하며, 거래상대방의 요구에 따라서 가격을
낮추지 않을 경우 거래 종결의 심각한 위험에 직면하고 있어야 한다.

2. 유 형

(1) 가격차별

'가격차별'이라 함은 부당하게 거래지역 또는 거래상대방에 따라 현저하게 유리
하거나 불리한 가격으로 거래하는 행위를 말한다(일반지정 2. 가.). 가격차별은 분리
가 가능한(상호 간에 전매가 불가능한) 지역 또는 상대방을 대상으로 차별적으로 가격
을 부과하는 것을 의미한다. 동 규정에서 상대방을 사업자로 제한하고 있지 않으
므로 일반 소비자도 포함되며, 또한 다른 차별적 취급 유형과 마찬가지로 차별의
현저성이 요구된다. 1선차별은 일반적으로 가격 탄력성이 높은 그룹에 대해서는
낮은 가격 그리고 가격 탄력성이 낮은 그룹에 대해서는 높은 가격을 부과하는 방
식으로 이루어진다. 이러한 가격 부과방식은 거래량의 증가를 낳으며, 따라서 경
쟁사업자의 시장점유율은 축소될 수 있다. 2선차별은 다음 단계에서의 경쟁에 미
치는 영향과 깊이 관련된다. 가격차별의 부당성 판단은 주로 경쟁제한성에 기초하
며, 이러한 유형별 이해는 구체적인 경쟁제한 효과의 판단에서 의의가 있다.

---

33) Ernest Gellhorn & William E. Kovacic, Antitrust Law and Economics, West Publishing Co., 1994, p. 445 참조.

34) Great Atlantic & Pacific Tea Co., Inc. v. FTC, 440 U.S. 69 (1979).

소비자를 대상으로 한 가격차별이 문제된 사례로 장례식장을 운영하는 대우의료재단이 장례를 치르려는 상주들이 장의서비스 분야에서 자기와 경쟁관계에 있는 상조회사 및 외부 장의사를 통하여 장례물품을 구입할 경우 자기의 장례식장 이용료를 과도하게 높게 책정한 경우를 들 수 있다. 공정거래위원회는 그러한 차별행위가 상주들의 자유로운 장례물품 선택을 제한하고, 동 가격차별이 시행된 이후 같은 지역 내에서 상조회사나 외부 장의사를 통하여 장례가 치러진 예가 단 1건도 없으며, 그 결과 장기적으로 불리한 취급을 받는 상조회사 등을 시장에서 배제할 우려가 있다는 이유로 공정거래저해성을 인정하였다.[35]

2선차별에 해당하는 가격차별로는 롯데칠성음료(주) 등 7개 청량음료업체의 가격차별행위를 들 수 있는데, 이 사건 피심인 중 하나인 두산음료(주)는 자기와 단독으로 거래하는 편의점(AM/PM, Family M)과는 일정량 이상 판매 시 판매가격을 할인해 주는 물량별 거래가격체계를 약정하여 동일하게 적용하는 반면, 자기의 경쟁사와 거래하는 복수거래 편의점에게는 동 가격체계에 따른 가격보다 높은 가격으로 공급하였다. 이에 대하여 공정거래위원회는 두산음료가 거래형태에 따라 거래처별로 상이한 가격으로 제품을 공급한 행위는 불리한 가격으로 공급받은 복수거래업체로 하여금 동 업계의 경쟁에서 불리하게 작용하도록 하여 결국에는 당해 거래처의 경쟁기능을 직접적으로 저하시킬 수 있게 될 것인 바, 이는 부당하게 거래상대방에 따라 현저하게 불리한 가격으로 거래하는 차별적 취급행위에 해당된다고 하여 시정명령을 내렸다.[36]

(2) 거래조건차별

거래조건차별은 부당하게 특정사업자에 대하여 수량·품질 등의 거래조건이나 거래내용에 관하여 현저하게 유리하거나 불리한 취급을 하는 행위를 말한다(일반지정 2. 나.). 결국 거래조건 차별은 가격을 제외한 일체 거래조건에 대해 차별적 취급을 하는 것을 의미하며, 상품 등의 품질, 규격, 거래수량, 결제조건, 지불조건, 거래시기, 운송조건, 리베이트 등이 그 대상이 된다. 거래조건 차별의 경우도 가격차별과 마찬가지로 주로 경쟁제한성 측면에서 부당성 판단이 이루어진다.

거래조건차별에 관한 사례로서 거래의 기회 제공에 있어서 차별이 문제가 되었던 사건이 있다. 외국산 오렌지 및 기타 감귤류 수입업체인 (주)제주교역은 불성실

---

35) 공정거래위원회 2004. 3. 12. 의결 제2004-091호.
36) 공정거래위원회 1993. 10. 28. 의결 제93-241호.

업체에 대해서는 수입입찰참가를 제한할 것을 제주도지사로부터 권고를 받고 신고인에 대한 수입입찰참가를 제한하였다. 이에 대하여 공정거래위원회는 과거 불성실하게 거래에 임했던 다른 사업체는 입찰참가가 제한되지 않았음을 지적하면서 신고인에 대해서만 차별적으로 수입입찰참가를 제한하는 행위는 부당하게 특정사업자에 대하여 거래조건이나 거래내용에 관하여 현저하게 불리한 취급을 하는 행위로서 거래조건차별에 해당한다고 판단하여 시정권고를 내렸다.37)

(3) 계열회사를 위한 차별

계열회사를 위한 차별은 정당한 이유 없이 자기의 계열회사를 유리하게 하기 위하여 가격·수량·품질 등의 거래조건이나 거래내용에 관하여 현저하게 유리하거나 불리하게 하는 행위를 말한다(일반지정 2. 다.). 위법성에 관한 기술이 '정당한 이유 없이'로 되어 있다는 점에서, '부당하게'로 되어 있는 다른 차별적 취급 유형과 구별된다. 또한 행위 측면에서 계열회사를 유리하게 하기 위한 의도가 요구되고 있다는 것도 다른 차별적 취급 유형과 구별되는 특징이다. 심사지침은 "경쟁제한성 또는 경제력 집중 우려를 위주로 위법성을 판단(한다)"고 규정하고 있고(V. 2. 다. (2)), 대법원 역시 "계열회사를 위한 차별의 요건으로서 계열회사를 유리하게 하기 위한 의도는, 특정 사업자가 자기의 이익을 위하여 영업활동을 한 결과가 계열회사에 유리하게 귀속되었다는 사실만으로는 인정하기에 부족하고, 차별행위의 동기, 그 효과의 귀속주체, 거래의 관행, 당시 계열회사의 상황 등을 종합적으로 고려하여 사업자의 주된 의도가 계열회사가 속한 일정한 거래분야에서 경쟁을 제한하고 기업집단의 경제력 집중을 강화하기 위한 것이라고 판단되는 경우에 한하여 인정된다"고38) 판결하고 있다. 계열회사를 위한 차별은 경제력집중의 우려를 낳을 수 있고, 독점규제법은 이러한 우려를 반영한 규제체계를 두고 있으므로, 이와 같이 계열회사를 위한 차별의 부당성 판단의 기준을 이중적으로 제시하는 것은 충분한 타당성을 갖는다. 다만 대법원 판결은 심사지침과 달리 경쟁제한성과 경제력집중을 누적적 요건으로 제시하고 있으며, 이로써 다른 차별 유형에 비하여 위법성의 인정이 어렵게 되었는데, 이러한 법리 구성이 경쟁정책상 타당한지는 의문이다.

계열회사를 위한 차별에 관한 사례로서 대한주택공사가 정부의 방침에 따라 인

---

37) 공정거래위원회 1997. 4. 15. 의결 9701광사0049.
38) 대법원 2004. 12. 9. 선고 2002두12076 판결.

수한 (주)한양 외 3개 회사에 대한 선급금지급행위가 계열회사를 위한 차별인지 여부가 다투어진 바 있다. 대법원은 대한주택공사의 선급금 지급행위가 정부가 부실기업의 경영정상화의 촉진을 도모하기 위하여 동사에 부여한 수의계약 승인과 금융지원명령의 범위 내에 속하는 행위에 해당하고, 또한 인수된 부실기업들이 다시 도산하는 경우 아파트건설의 공사중단으로 인한 집단민원 등 사회적 문제야기, 종업원의 대량실직, 자재납품 및 하도급업체의 연쇄도산 등을 방지하여 사회적, 경제적 안정을 도모하기 위한 공익적 목적이 있을 뿐만 아니라, 1조원이 넘는 전대 및 지급보증을 한 동사의 동반 도산을 예방하기 위하여 불가피하게 이루어진 최소한의 행위라는 점 등 공정한 거래를 저해할 우려가 없다는 점에 대하여 동사가 충분한 입증을 하였다는 이유로 위법성을 부인하였다.[39]

또한 SK텔레콤(주)이 계열회사인 대한텔레콤(주)과 거래하면서 1995.3.13.부터 1997.10.2.까지 9건의 용역거래 중 외주용역(대한텔레콤이 제3자에게 의뢰하여 수행한 용역부분)과 1995.4.27.부터 1997.3.25까지 4건의 장비구매거래를 통하여 실제 외주용역에 들어간 비용보다 평균 46.5%, 장비의 조달원가보다 평균 38.3%에 해당하는 거래차액을 대한텔레콤이 취하도록 거래대금을 지급하고, 1996년 4월부터 1997년 2월까지 자신의 대리점에 계열회사인 선경유통(주)으로 하여금 CDMA(코드분할 디지털방식) 셀룰러폰 단말기를 공급하는 업무를 맡기면서, 약정업무 대행수수료(매출액의 1.5%)보다 현저하게 과다한 업무대행수수료(매출액의 5%)를 용인해 준 것이 문제된 사안에서, 공정거래위원회는 피심인이 자신의 계열회사와 거래함에 있어서, i) 용역거래 및 장비구매대행거래를 하면서 정당한 이유없이 실제비용이나 조달원가를 적정하게 반영하지 않은 과다한 대가를 지급하고, ii) 피심인의 대리점에 이동전화단말기를 공급하는 업무를 맡기면서 정당한 이유없이 약정한 적정수수료 이상의 금액을 지급하였던 바, 이와 같은 피심인의 행위는 계열회사를 유리하게 취급하는 행위로서 법 제23조 제1항 제1호 및 일반지정 제2호 다목에 해당된다고 보아 시정명령을 내렸다.[40] 그러나 대법원은 공정거래위원회의 판단을 번복하였는데, 이 사건 행위의 주된 의도가 SKG가 속한 일정한 거래분야에서 경쟁을 제한하고 기업집단의 경제력 집중을 강화하기 위한 것이라고 판단되는 경우에 해당하지 않는다는 점 그리고 사업경영상의 필요성은 공정거래저해성 판단의 요소이고 이를 고려할 때 이 사건에서 공정거래저해성이 없다는 점 등에 근거하여 문제가 된

---

39) 대법원 2001. 12. 11. 선고 2000두833 판결.
40) 공정거래위원회 1998. 2. 2. 의결 제98-31호.

행위의 위법성을 부인하였다.41)

(4) 집단적 차별

집단적 차별은 집단으로 특정사업자를 부당하게 차별적으로 취급하여 그 사업자의 사업활동을 현저하게 유리하거나 불리하게 하는 행위를 말한다(일반지정 2. 라.). 집단적으로 특정사업자를 불리하게 취급하는 경우는 동기와 효과 측면에서 공동의 거래거절과 유사하다. 집단적 차별취급 역시 부당성 판단은 주로 경쟁제한성에 기초한다.

엘지카드(주), 삼성카드(주), 국민신용카드(주), 외환신용카드(주), 비씨카드(주) 등 5개 신용카드사업자들이 백화점과 할인점에 적용한 가맹점수수료율의 차별에 관한 사건은42) 집단적 차별의 예에 해당한다. 이들 5개 신용카드사들의 시장점유율의 합은 93.3%에 이르고 있는 상황에서 백화점에 대해서는 2.5% 내지 2.6% 그리고 할인점에 대해서는 1.5%의 가맹점 수수료율을 적용하였고, 양자의 차이는 비율적으로 67%에서 73%에 이르렀다. 공정거래위원회는 이러한 차이가 현저한 것으로 파악하였으며, 나아가 이를 정당화할 수 있는 비용적인 측면에서의 근거가 없고, 그 외에 수수료율 상의 차이를 정당화할 수 있는 사유를 제시할 수 없다는 점에서 부당성을 인정하였다.

III. 경쟁사업자 배제

1. 의 의

법 제45조 제1항 제3호는 "부당하게 경쟁자를 배제하는 행위"를 불공정거래행위 유형의 하나로 규정하고 있다. 시장에서 경쟁사업자를 배제하는 행위의 부당성은 당연히 경쟁제한성에 있으며, 심사지침도 경쟁제한성을 위주로 부당성을 판단하고 있다. 경쟁사업자를 배제하는 수단은 다양하게 있지만, 일반지정에서는 부당염매와 부당고가매입을 이에 해당하는 행위로 규정하고 있다.

---

41) 대법원 대법원 2004. 12. 9. 선고 2002두12076 판결. 동 판결에 대한 상세한 논의로, 홍명수, 경제법론Ⅱ, 경인문화사, 2010, 300−308면 참조. 또한 대법원이 사업경영상 필요성을 불공정거래행위의 정당화 사유로 고려한 구체적인 내용이 채권확보대책이나 손해확대 방지, 경영위기 극복을 위한 대책, 투자 비용과 운영 및 관리 비용 회수, 거래비용 감소와 영업정보 누설 방지, 사회적 여건과 영업환경 변화에 대처 등이었음을 분석한 것으로, 정주미, 공정거래법상 불공정거래행위의 위법성, 경인문화사, 2023, 194−197면 참조.

42) 공정거래위원회 2002. 11. 28. 의결 2002유거1096.

2. 유 형

(1) 부당염매

부당염매란 자기의 상품 또는 용역을 공급함에 있어서 정당한 이유없이 그 공급에 소요되는 비용보다 현저히 낮은 대가로 계속하여 공급하거나, 기타 부당하게 상품 또는 용역을 낮은 대가로 공급함으로써 자기 또는 계열회사의 경쟁사업자를 배제시킬 우려가 있는 행위를 말한다(일반지정 3. 가.). 동 규정에서 부당염매는 계속거래상의 부당염매와 기타의(일시적) 부당염매로 구분된다. 계속거래 상의 부당염매는 염매가 장기간 계속됨으로써 경쟁사업자를 배제할 우려가 보다 크며, '정당한 이유 없이'를 위법성 표지로 기술하고 있다. 그 밖의 부당염매는 부당성에 관한 일반적인 기술방식을 취하고 있다. 일반적으로 가격은 가장 중요한 거래조건이며, 이를 대상으로 하는 가격경쟁은 경쟁의 전형적인 모습으로 이해된다. 따라서 상품을 저가로 제공하는 것 자체가 문제되지 않으며, 특히 비용절감 등에 따라서 경쟁사업자보다 낮은 가격으로 공급하는 것은 긍정적으로 평가될 수 있는 것이다. 그러나 저가의 공급이 비용에 기초한 합리적 가격 설정에 의한 것이 아니고, 또한 경쟁사업자가 배제될 우려와 관련될 것일 때, 독점규제법상 문제가 된다.

동 규정에서 부당염매로 규제되기 위해서는 염매에 해당하고, 또한 부당한 것이어야 한다. 염매가 비용 이하 가격에서의 판매를 의미한다는 것에 이론은 없지만, 이때의 비용이 구체적으로 무엇을 의미하는지, 특히 경제학적 관점에서 어떻게 구성되는지에 대하여 논의가 있다. 이와 관련하여 미국 반독점법상 부당염매에 해당하는 약탈적 가격(predatory pricing)에 관해 Areeda & Turner가 제시한 이론을 참고할 만하다. 이에 의하면, 평균총비용 이하(손익분기점 이하)로 책정된 가격은 시장이나 경영 상황에 따라서 정당화될 여지가 있지만, (단기)한계비용 또는 그 대용으로서 (단기)평균가변비용 이하(조업중단점 이하)의 수준에 있는 가격은 부당한 것으로 추정된다.[43] 평균가변비용 이상일 경우에는 평균총비용 이하일지라도 가변비용을 충당하고 고정비용의 일부를 줄일 수 있지만, 그 이하에서는 가변비용조차 충당할 수 없기 때문에 조업을 중단하는 것이 합리적이므로, 이러한 수준으로 가격을 책정하는 것은 경제적으로 정당화되기 어렵다는 점이 Areeda & Turner 이론의 주된 근거가 된다. 이러한 이해는 염매의 부당성 판단에 있어서 의미 있는 시

---

43) Phillip Areeda & Donald F. Turner, "Predatory Pricing and Related Practices under Section 2 of the Sherman Act", 88 Harvard Law Review, 1975, p. 700.

사점을 제공하는 것이지만, 행위의 성립과 관련되는 염매 자체는 동 규정에서 정하고 있는 비용 개념에 기초하여 파악할 수밖에 없을 것이다. 대법원은 법규정상 '공급에 소요되는 비용'이라는 문언에 충실하게 총원가, 즉 평균총비용의 기준에 의하여 염매인지 여부를 판단하고 있다.

부당염매에 있어서 부당성 판단은 경쟁사업자의 배제 내지 배제할 우려가 있는지 여부, 즉 경쟁제한성에 기초한다.[44] 또한 정당화 사유로서 초과공급 상태와 같은 시장의 특수상황, 신규진입의 경우나[45] 파산 상태와 같은 사업자의 특수상황, 변질이나 부패의 우려가 큰 상품의 특성 등이 고려될 수 있을 것이다.

부당염매는 다시 계속적 염매와 일시적 염매로 구분할 수 있다. 계속적 염매는 상당한 기간에 걸쳐 반복해서 공급비용 보다 현저히 낮은 수준으로 상품 또는 용역의 공급이 이루어지는 것을 말하며, 일시적 염매란 일회 또는 단기간(1주일 이내)에 걸쳐 현저히 낮은 대가로 상품 또는 용역의 공급이 이루어짐을 말한다(심사지침 V. 3. 가. (1)). 일반지정 제3호 가목은 계속적 부당염매와 일시적 부당염매의 위법성 표지를 '정당한 이유 없이'와 '부당하게'로 구분하여 기술하고 있는데, 계속적 염매가 보다 경쟁제한의 우려가 크다는 점이 이러한 기술상의 차이에 반영된 것으로 볼 수 있다. 전술한 것처럼, 대법원은 이러한 차이를 입증책임의 문제로 이해하고 있으며, 이에 의하면 전자의 경우에는 피규제자가 정당한 이유를 입증하여야 하고, 후자의 경우에는 규제기관이 부당성을 입증하여야 한다.

계속적 염매와 관련된 사례로서, 한국석유공업(주)가 방수시트판매가 부진해지고 타생산업체와의 경쟁이 심화되자, 이를 타개하기 위해 자신의 생산제품인 방수시트 3개 제품을 시장판매가격보다 44.0~45.5% 정도 낮은 가격으로, 그리고 총판매원가보다 5.2~14.9% 정도 낮은 가격으로 정하여 1994. 2. 16.부터 5. 31.까지 대량수요처인 (주)금덕건자재, 동환기업 등 12개 업체와 조달청에 판매하였고, 피심인의 시장점유율은, 염매 실시 전인 1994. 1.에는 18% 수준이었으나, 염매기간 중에는 30% 수준으로 대폭 늘어났던 사건이 있다. 공정거래위원회는 이러한 염매가

---

44) 일반적으로 염매의 제공은 경쟁사업자에게 경쟁상의 손해를 낳는 대신에, 경쟁사업자 배제 후 염매에 따른 손실을 회수(recoupment)하는 가격을 부과할 때까지의 기간 동안 낮은 가격으로 인한 거래상대방의 후생 증대를 동반한다. 만약에 이러한 측면에서의 효과가 경쟁사업자 배제에 의한 경쟁제한 효과를 상회하는 것이라면, 이를 정당화 사유가 될 수 있다. Phillip Areeda & Herbert Hovenkamp, Antitrust Law vol. III, Little, Brown and Company, 1996, pp. 234−235. 한편 유럽법원은 France Telecom 사건에서 염매 주체가 손실을 회수할 가능성의 입증이 약탈적 가격(시장지배적 지위남용행위)의 필수적 전제는 아니라고 판결하였다. Case C−202/07 P, para. 112.

45) Phillip Areeda & Herbert Hovenkamp, op. cit., pp. 446−447.

경쟁사업자를 배제시키거나 배제시킬 우려가 있다고 인정하여 시정명령을 내렸다.[46] 또한 삼성테스코(홈플러스)의 신규점포인 안산점이 2000. 8. 30.부터 11. 2.까지 약 2개월간 코카콜라를 정당한 이유가 없거나 부당하게 구입원가 984.5원/1.5ℓ 보다 현저히 낮은 가격인 390원/1.5ℓ에서 890원/1.5ℓ에 판매한 행위가 문제가 되었다. 공정거래위원회는 코카콜라가 소비자에게 인지도가 높고 소비자들은 통상 매장에서 여러 가지 상품을 한 번에 구입한다는 점을 감안할 때, 이상의 행위는 인지도가 높은 코카콜라를 미끼상품으로 내세워 장기간 고객을 유인함으로써 경쟁관계에 있는 다른 유통업자들의 사업활동을 곤란하게 하여 이들을 시장에서 배제할 우려가 있다고 판단하여 시정조치를 내린 바 있다.[47]

일시적 염매에 관해서는 주로 입찰과 같은 1회성 염매가 문제가 되고 있다. 초기 사례인 (주)캐드랜드의 부당염매사건에서 1995. 10. 10. 한국전력공사의 배전설비 자동화시스템개발을 위한 GIS 소프트웨어 구매입찰에 ㈜캐드랜드는 응찰가격 1원으로 참여하여 낙찰예정자로 결정되었다. 이에 대해 공정거래위원회는 (주)캐드랜드의 1원 입찰행위가 부당하게 경쟁사업자를 배제하기 위하여 거래하는 행위로서, (주)캐드랜드가 낙찰예정자로만 선정되어 있고 아직 계약이 체결되어 실제 공급이 이루어지기 전에 시급히 시정할 필요가 있는 점을 고려하여 1995. 12. 30.까지 시정권고를 하였으나, (주)캐드랜드가 불수락을 통보함에 따라 시정명령을 내렸다. 이후 공정거래위원회는 1원 입찰이라고 하여 무조건 부당염매로 처리하지 않고, 관련시장 및 입찰의 성격 등을 분석하여 경쟁제한성 내지 경쟁자배제성을 판단하고 있다.

1원 입찰을 제외한 기타 입찰에서 발생한 일시적 염매에 관한 사례로, 현대정보기술(주)가 지방자치단체가 발주하는 지역정보화 시스템통합용역사업의 경쟁입찰에서 최소한의 인건비조차도 반영되지 않은 저가로 입찰하여 낙찰받은 사건에서 공정거래위원회는 당해 염매행위의 의도, 목적, 염가의 정도, 반복가능성, 염매 대상 상품 또는 용역의 특성과 그 시장상황, 행위자의 시장에서의 지위, 경쟁사업자에 대한 영향 등 개별 사안에서 드러난 여러 사정을 종합적으로 살펴 그것이 공정한 거래를 저해할 우려가 있는지 여부에 따라서 판단한다는 원칙 하에 문제가 된 저가 입찰의 부당성을 인정하였다.[48] 그러나 대법원은 공정거래위원회와 판단

---

46) 공정거래위원회 1994. 7. 28. 의결 제94-205호.

47) 공정거래위원회 2001. 2. 14. 의결 제2001-31호.

48) 공정거래위원회 1998. 2. 24. 의결 제98-39호.

을 달리하였는데, 지방자치단체의 지역정보화시스템통합용역을 민간업체에 대하여 경쟁입찰에 부친 것은 이 사건 용역이 처음이었고, SI사업자들은 모두 향후 확대될 '지역정보화시스템통합용역'이라는 신규시장에 먼저 진입하여 기술과 경험을 축적할 목적으로 입찰예정 가격에 훨씬 못 미치는 금액으로 입찰에 참가하였으며, 무엇보다도 인천광역시는 향후 이 사건 용역과 관련된 각종 장비 및 용역을 구매함에 있어서 낙찰자에게 연고권 등 사실상의 우선권을 부여하지 않고 그 때마다 경쟁입찰방식에 의하여 공급자를 정하기로 방침을 정하고 있었고, 이 사건 용역사업은 계속성 사업이 아니라 1회성 사업이라서 현대정보기술(주)이 저가로 낙찰받았다고 하여 그의 경쟁자들이 향후 위 신규시장에서 배제될 우려가 없었던 점을 들어 원고의 저가입찰행위에는 부당성을 인정할 수 없다고 판시하였다.49)

(2) 부당고가매입

부당고가매입은 부당하게 상품 또는 용역을 통상거래가격에 비하여 높은 대가로 구입하여 자기 또는 계열회사의 경쟁사업자를 배제시킬 우려가 있는 행위를 말한다(일반지정 3. 나.). 부당고가매입은 구조적으로 부당염매의 반대적인 상황으로 이해될 수 있지만, 동 규정이 고가매입 기준을 통상 거래가격으로 제시하고 있는 것처럼, 고가매입의 고유한 측면에서 파악되어야 할 부분도 있다. 당해 시장이 독과점적이라면, 통상의 거래가격은 경쟁시장에서의 균형가격보다 높을 수 있다. 부당성 판단은 원칙적으로 경쟁제한성의 측면에서 이루어진다. 당해 물품이 경쟁사업자의 사업영위에 필수적인 것인지, 거래상대방이 다른 선택을 할 여지가 실질적으로 감소하고, 따라서 매입주체의 경쟁사업자가 구매할 기회가 실질적으로 제한되는지 등을 고려하여 판단할 것이고, 이러한 점에서 수직적 거래제한으로서의 성격이 부당성 판단에 고려될 수 있다.

Ⅳ. 부당한 고객유인

1. 의   의

법 제45조 제1항 제4호는 "부당하게 경쟁자의 고객을 자기와 거래하도록 유인하는 행위"를 불공정거래행위 유형의 하나로 규정하고 있다. 부당한 고객유인은

---

49) 대법원 2001. 6. 12. 선고 99두4686 판결.

거래상 합리적으로 기대할 수 있는 이익을 침해할 수 있으며, 특히 거래상대방의 합리적 선택을 제한하거나 왜곡할 수 있다는 점이 중요한 규제 근거가 된다. 따라서 동 행위의 부당성은 거래상대방의 이익 침해적 관점에서 파악할 수 있다. 심사지침에서도 부당한 고객유인의 부당성 판단은 주로 불공정성, 특히 경쟁수단의 불공정성에 기초하여 이루어지고 있다. 한편 일반지정은 부당한 고객유인의 세 가지 세부 유형을 제시하고 있는데, '부당한 이익에 의한 고객유인', '위계에 의한 고객유인' 그리고 '기타의 부당한 고객유인'이 이에 해당한다.

2. 유   형

(1) 부당한 이익에 의한 고객유인

부당한 이익에 의한 고객유인이란 정상적인 거래관행에 비추어 부당하거나 과대한 이익을 제공하거나 제공할 것을 제의하여, 경쟁사업자의 고객을 자기와 거래하도록 유인하는 행위를 말한다(일반지정 4. 가.). 이익 제공 또는 제의 방식에는 제한이 없으며, 표시·광고의 방식도 가능하다. 또한 제공되는 이익에는 적극적 이익뿐만 아니라 요금 감면과 같은 소극적 이익도 포함된다. 제공되는 이익의 부당성 여부를 판단함에 있어서 이익의 성격이나 크기 등이 고려 요소가 되며, 특히 당해 사업자가 속한 시장에서의 정상적인 거래관행은 중요한 기준이 될 것이다. 이와 관련하여 심사지침은 정상적인 거래관행이 바람직한 경쟁질서에 부합되는 관행을 의미하는 것으로 규정하고 있다(심사지침 Ⅴ. 4. 가. (2) (나)). 또한 심사지침에서는 경쟁사업자로부터 자기와 거래를 하도록 하는 유인가능성이 이익제공의 부당성 판단의 기준으로 제시되고 있으며, 객관적으로 고객의 의사결정에 상당한 영향을 미칠 수 있는 가능성이 있으면 유인가능성이 인정될 수 있다(심사지침 Ⅴ. 4. 가. (2) (나)). 부당한 이익에 의한 고객유인의 규제는 본질적으로 거래상대방의 합리적 선택의 왜곡에 근거하는 것이고, 부당성의 표지로서 유인가능성은 이를 적절히 반영한 것이라 할 수 있다. 이와 관련하여 대법원은 부당한 고객유인의 부당성 판단에 있어서 "그 행위로 경쟁사업자들 사이의 상품가격 등 비교를 통한 소비자의 합리적인 선택이 저해되거나 다수 소비자들이 궁극적으로 피해를 볼 우려가 있게 되는 등 널리 거래질서에 대해 미칠 파급효과의 유무 및 정도, 문제 된 행위를 영업전략으로 채택한 사업자들의 수나 규모, 경쟁사업자들이 모방할 우려가 있는지, 관련되는 거래의 규모 등에 비추어 해당 행위가 널리 업계 전체의 공정한 경쟁질서나 거래질서에 미치게 될 영향 등과 함께 사업자가 제공하는 경제적 이익의 내용과 정도, 제공의 방법, 제공기간, 이익제공이 계속적·반복적인지 여부, 업계의 거래 관행 및 관련 규제의 유무 및 정도 등을 종합적으로 고려하여야" 하는 것으로 판시하고 있다.[50] 한편 심사지침은 부당한 이익에 의한 고객유인의 예의 하나로서 "자기와 거래하도록 하기 위해 자신의 상품 또는 용역을 구입하는 고객에게 음성적인 리베이트를 지급하거나 지급할 제의를 하는 행위"(심사지침 Ⅴ. 4. 가. (3) (가))를 들고 있다는 점에도 주의를 요한다.[51]

부당한 이익에 의한 고객유인의 규제 사례로서, 빙과류, 유제품 등을 제조하여 이를 판매하는 (주)빙그레, 해태유업(주), 매일유업(주) 등이 독점적인 거래 등을 조건으로 거래처에게 판촉지원금을 지급한 사건이 있다. 공정거래위원회는 당해 사업자들이 지급한 판촉지원금은 정상적인 거래관행에 반하는 과다한 이익 제공으로서 고객의 합리적인 상품선택을 왜곡시켜 고객을 유인하기 위한 수단으로 사용된 것이므로, 이들의 행위를 부당한 고객유인에 해당하는 것으로 보고 시정명령을 내렸다.[52] 또한 상조회사의 이관할인이 문제가 된 사건에서 공정거래위원회는 경쟁 상조회사와 체결한 상조거래 계약을 해지하고 자신과 신규로 상조거래 계약을 체결할 경우에 최대 36회차분까지 납입금 지급을 면제하는 이관할인방식에 의한 영업행위가 부당한 고객유인에 해당하는 것으로 보았다.[53] 이에 대한 취소소송에서 원심은 이러한 행위가 정상적인 거래관행에 비추어 부당하지 않다고 판단하였지만,[54] 대법원은 문제가 된 행위가 고객의 합리적인 선택에 상당한 지장을 초래할 수 있다는 점을 들어 부당성을 인정하였으며, 특히 부당성 인정의 근거로서 이러한 영업방식이 상조용역시장 전체의 부담이 되고 시장 전체의 비효율성을 초래할 수 있다는 점을 지적한 것은[55] 주목할 만하다.

부당한 고객유인의 규제 사례로서 가장 빈번하게 발생하는 행태는 리베이트 제공과 관련된 것이며, 특히 제약산업에서 이에 관한 규제 사례가 집중되었다. 특히 2007년 동아제약 등 10개 제약회사에 대한 규제가 대표적이다.[56] 문제가 된 사건

50) 대법원 2018. 7. 12. 선고 2017두51365 판결.
51) 시장지배적 사업자에 의한 리베이트는 경쟁사업자를 배제하기 위한 수단으로 활용될 수 있으며, 이때 리베이트의 부당성은 경쟁제한성에 기초한다. Immenga/Mestmäcker hrsg., GWB Kommentar 3. Aufl., C. H. Beck, 2001, SS. 678–680 참조. 그러나 동 규정에서 리베이트는 거래상대방의 합리적 선택을 침해하는 것에 초점을 맞춘 것이며, '은밀한' 리베이트로 한정한 것도 이러한 취지를 강조한 것으로 이해된다.
52) 공정거래위원회 1993. 7. 5. 의결 제93–97호.
53) 공정거래위원회, 2014. 11. 11. 의결 제2014–250호.
54) 서울고법 2017. 5. 31. 선고 2015누56689 판결.
55) 대법원 2018. 7. 12. 선고 2017두51365 판결.
56) 구체적인 심결은, 동아제약(주) 공정거래위원회 2007. 12. 20. 의결 제2007–551호, (유)한국비엠

에서 제약회사들은 다양한 방식으로 리베이트를 제공하였으며, 공정거래위원회는 이러한 행위들이 부당한 공동행위에 해당하는 것으로 판단하였다. 판단 과정을 구체적으로 보면, 공정거래위원회는 문제가 된 사업자들이 제공한 리베이트 총액이 약 5,228억원에 이를 정도로 크고, 환자의 의약품 선택권이 없고 의료인에 의해 의약품 처방·판매가 결정되는 특수한 환경하에서 제약회사는 의료기관을 대상으로 자사의 의약품이 채택·처방·판매되도록 음성적 리베이트 경쟁을 하였다는 점을 지적하였다. 이러한 행태는 결국 제약회사의 비용부담, 의약품 가격 상승 나아가 신약 연구·개발의 투자 감소로 이어짐으로써 궁극적으로 소비자 이익의 침해를 낳을 수 있다는 점이 위법성 판단의 주된 근거가 되었다. 한편 리베이트적인 지원행위가 의약품 시장의 정상적인 관행이라는 주장과 관련하여, 공정거래위원회는 정상적인 거래관행은 상품의 가격이나 품질 등을 통하여 고객의 수요를 창출하는 것이라는 점을 지적하고, 제약회사들의 행태가 사회통념상 정상적인 거래관행으로 보기 어렵다는 점도 위법성을 인정하는 주된 근거로 들었다. 동 사건에서 규제를 받은 사업자들은 대부분 취소소송을 제기하였는데, 법원은 일련의 소송에서 일부 과징금 부과와 같은 집행 과정에서 제기된 문제 등을 제외하고 대체로 공정거래위원회의 판단을 유지하였다.[57] 특히 동아제약 사건에서 대법원이 고객유인행위의 부당성은 "객관적으로 고객의 의사결정에 상당한 영향을 미칠 가능성이 있는지 여부에 따라 결정된다고 할 것인데, 전문의약품의 경우 보건의료 전문가인 의사가 환자를 위하여 의약품을 구매 또는 처방하는 특수성이 있으므로 의사나 의료기관의 의약품에 대한 의사결정은 곧바로 최종 소비자인 환자의 의약품 구매로 연결될 수밖에 없는 점, 이 사건에서 문제된 원고의 구체적인 개개의 지원행위는 의사나 의료기관 등을 상대로 의약품의 처방증대 또는 판매증진을 위한 의도로 행해진 것인 점 등에 비추어 보면, 원고의 의료기관 등에 대한 이 사건 각 지원행위는 경쟁사업자의 고객을 유인할 가능성이 있다"고 판시한 부분은 고객유인행위의 본질을 밝히고 있다는 점에서 주목할 만하다.[58]

에스 공정거래위원회 2007. 12. 20. 의결 제2007−552호, 한미약품(주) 공정거래위원회 2007. 12. 20. 의결 제2007−553호, (주)유한양행 공정거래위원회 2007. 12. 20. 의결 제2007−554호, 일성신약(주) 공정거래위원회 2007. 12. 21. 의결 제2007−557호, 국제약품공업(주) 공정거래위원회 2007. 12. 21. 의결 제2007−558호, 한올제약(주) 공정거래위원회 2007. 12. 21. 의결 제2007−559호, 삼일제약(주) 공정거래위원회 2007. 12. 20. 의결 제2007−560호, (주)중외제약 공정거래위원회 2007. 12. 20. 의결 제2007−561호, (주)녹십자 공정거래위원회 2007. 12. 20. 의결 제2007−562호, 등이다.

57) 대법원 2010. 11. 25. 선고 2008두23177 판결; 대법원 2010. 11. 25. 선고 2009두9543 판결; 대법원 2010. 12. 23. 선고 2008두22815 판결.

58) 대법원 2010. 12. 23. 선고 2008두22815 판결.

(2) 위계에 의한 고객유인

'위계에 의한 고객유인'이라 함은 부당한 표시 · 광고 이외의 방법으로 자기가 공급하는 상품 또는 용역의 내용이나 거래조건 기타 거래에 관한 사항에 관하여, 실제보다 또는 경쟁사업자의 것보다 현저히 우량 또는 유리한 것으로 고객을 오인 시키거나, 경쟁사업자의 것이 실제보다 또는 자기의 것보다 현저히 불량 또는 불리한 것으로 고객을 오인시켜서 경쟁사업자의 고객을 자기와 거래하도록 유인하는 행위를 말한다(일반지정 4. 나.). 표시 또는 광고에 의한 경우는 「표시 · 광고의 공정화에 관한 법률」에 의하여 별도로 규제되므로 제외된 것이다. 위계에 의한 고객유인의 경우 기만 또는 위계가 경쟁사업자(잠재적 경쟁사업자 포함)의 고객을 오인시키거나 오인시킬 우려가 있는지 여부와 기만 또는 위계가 고객유인을 위한 수단인지 여부 등을 고려하여 위법성을 판단한다. 즉 오인가능성과 이로 인한 자기와의 거래 유인가능성이 모두 고려되며, 이때 실제 고객 유인의 결과가 발생할 것까지 요구되는 것은 아니다. 한편 심사지침은 동 유형의 경우 합리성 등에 의한 예외인정의 가능성이 없음을 밝히고 있다. 심사지침이 예시하고 있는 것을 보면, 표시 광고 이외의 방법으로 사실과 달리 자신의 상품이 경쟁사업자의 것보다 현저히 우수한 것으로 거래상대방을 오인시켜 자기와 거래하도록 하는 행위나 할인판매를 한다고 선전하면서 예상 수요를 충족시키기에 현저히 부족한 수량만을 할인판매 대상으로 하여 고객을 유인하는 행위, 이른바 '미끼 상품' 방식의 판매 행위 등이 동 유형에 해당한다(심사지침 V. 4. 나. (3)).[59]

위계에 의한 고객유인의 규제 사례를 보면, 한국오라클(주)가 DBMS제품 및 설치 용역을 수주하는 과정에서, 경쟁사업자의 경영현황이나 영업능력에 관하여 과거자료에 근거하여 불리한 부분만을 발췌하고 객관적인 검증 없이 경쟁사업자 제품의 기능상 결격을 지적하는 비교자료를 작성하여 배포한 행위가 문제가 되었으며, 공정거래위원회는 당해 행위를 위계에 의한 고객유인으로 판단하였다.[60] 삼성에버랜드(주)가 위탁급식계약을 체결하는 과정에서 기업신용등급, 위생사고 건수, 식자재의 비교 측면에서 자신의 장점과 경쟁사업자의 단점이 부각되는 내용의 문서를 고객에게 송부한 사건에서, 공정거래위원회는 당해 행위로 인한 고객의 실제 유인 여부와 상관없이 유인 가능성이 있었다는 점에서 위법성을 인정하였다.[61] 이

---

59) 불공정거래행위로서 위계에 의한 고객유인에 해당하는지를 판단하기 위한 종합적인 고려 사항의 하나로 "그와 같은 경쟁수단이 일반 상거래의 관행과 신의칙에 비추어 허용되는 정도를 넘는지"를 언급한 것으로, 대법원 2019. 9. 26. 선고 2014두15047 판결 참조.
60) 공정거래위원회 1999. 9. 29. 의결 9904유거0533.

동통신사가 단말기 가격을 부풀리고 보조금을 지급하여 소비자가 고가의 단말기를 할인받아 저렴하게 구매하는 것으로 오인시켜 자신의 이동통신 서비스에 가입하도록 유인한 행위가 문제 된 사건에서 공정거래위원회 그리고 최종적으로 대법원은 이러한 행위가 상품 등의 거래조건에 관하여 실제보다 유리한 것으로 오인시켜 고객을 유인한 행위에 해당하는 것으로 보았다.[62]

(3) 기타의 부당한 고객유인

기타의 부당한 고객유인이란 경쟁사업자와 그 고객의 거래에 대하여 계약성립의 저지, 계약불이행의 유인 등의 방법으로 거래를 부당하게 방해함으로써 경쟁사업자의 고객을 자기와 거래하도록 유인하는 행위를 말한다(일반지정 4. 다.). 동 규정은 이익제공이나 위계의 방식 외에 경쟁사업자와 고객의 거래를 방해하는 일체 행위를 대상으로 한다. 동 행위의 부당성 판단은 거래방해가 고객유인을 위한 수단인지 여부와 거래방해에 의해 경쟁사업자와 거래를 중단시킴으로써 자기와 거래할 가능성이 있는지 여부를 고려하여 판단한다.[63] 즉 방해행위가 있다 하더라도 자기와의 거래를 유인하기 위한 수단으로서 행해진 것인지가 결정적이다. 또한 동 행위도 합리성이 인정될 경우 위법성이 부인될 수 있다. 심사지침은 경쟁사업자와 고객 간의 거래를 방해하기 위한 목적으로 경쟁사업자와 고객 간 계약의 성립을 저지하거나 계약해지를 유도하는 행위나 합리적 이유 없이 자신의 시장지위를 이용하여 판매업자에 대해 경쟁사업자의 제품을 매장 내 외진 곳에 진열하도록 강요하는 행위를 동 유형에 해당하는 것으로 예시하고 있다(심사지침 V. 4. 다. (3)). 한편 진열이 유통과정상 경쟁에서 중요한 요소가 되고 있는 사실을 고려할 때, 이를 불공정성의 관점에서만 파악하는 것에 대해서는 논의의 여지가 있다. 진열 또는 진열허용비(slotting allowance)의 문제는 양적 또는 질적으로 불리한 진열 공간을 갖게 되는 경쟁사업자의 배제적 관점에서도 제기될 수 있으며, 이러한 행위가 유통 과정에서의 효율성과 관련될 경우 경쟁 배제적 효과와의 형량이 기본적으로 요구될 것이다.[64]

---

61) 공정거래위원회 2011. 8. 1. 의결 제2011-131호.

62) 공정거래위원회 2012. 7. 10. 의결 제2012-106호 및 대법원 2019. 9. 26. 선고 2014두15047 판결.

63) 동 유형의 행위는 경쟁사업자의 고객을 쟁탈한다는 점에서 위법성이 더욱 강하다고 보는 것으로, 신현윤, 경제법, 법문사, 2015, 295면 참조.

64) 진열허용비가 유통과정에서의 혁신에 기여하고, 상품에 대한 정보를 유통업자에게 제공하며, 특히 유통 상의 위험을 유통업자로부터 제조업자에게 이전하는 효과를 낳는 점 등의 고려가 반경쟁적 효과와 아울러 고려되어야 한다는 입장을 보이고 있는 것으로, Kenneth Kelly, *The antitrust analysis*

Ⅴ. 거래강제

1. 의   의

거래강제란 부당하게 경쟁자의 고객을 자기와 거래하도록 강제하는 행위를 말한다(법 45조 1항 5호). 거래의 강제는 사업자의 요구를 거절하기 어렵거나 궁핍한 상태에 있기 때문에 거래처선택의 자유가 제한된 거래상대방에게 하는 행위라는 점에서 볼 때, 자유로운 의사결정의 침해라고 할 수 있으며, 그로 인해 가격·품질·서비스에 의한 능률경쟁을 제한한다는 점에서는 경쟁수단의 불공정성이 문제되는 행위이다. 따라서 거래강제의 공정거래저해성 판단에 있어서는 행위자가 거래상대방에 대하여 우월적 지위에 있는가 하는 점(행위자 지위의 우월성)과, 그러한 우월적 지위를 이용하여 강제행위를 하였는가 하는 점(행위의 강제성)이 중요한 기준이 된다. 한편 거래강제의 유형에 따라서는 강제로 인한 경쟁제한적 효과가 부각되는 경우도 있으며, 이 경우에는 행위의 경쟁에 미치는 효과의 분석(경쟁제한성)이 중요한 판단 기준이 된다. 일반지정에서는 거래강제행위의 유형으로서 끼워 팔기, 사원판매, 기타의 거래강제 등 세 가지 유형을 규정하고 있다.

2. 유   형

(1) 끼워팔기

끼워팔기(tie-in sale)란 사업자가 거래상대방에 대하여 자기의 상품 또는 용역을 공급하면서 정상적인 거래관행에 비추어 부당하게 다른 상품 또는 용역을 자기 또는 자기가 지정하는 사업자로부터 구입하도록 하는 강제행위를 말한다(일반지정 5. 가.). 시장경제에서 사업자는 판매 방법을 자유롭게 선택할 수 있으며, 상품을 개별적으로 판매할 수도 있고 여러 상품을 묶어서 판매할 수도 있다. 따라서 거래상대방이 자유로운 의사에 따라 이를 하나의 거래단위로 선택하게 되면, 부당한 끼워팔기에 해당되지 않는다. 그러나 이러한 끼워팔기가 강제될 경우에, 끼워 팔리는 상품, 즉 종된 상품의 시장(tied product market)에서 경쟁이 감소되고, 거래상대방의 선택의 자유가 제한될 수 있다. 불공정거래행위로서 끼워팔기가 규제되기

---

of grocery slotting allowances: The procompetitive case, Journal of Public Policy & Marketing Vol. 10 no. 1 (1991), pp. 188–190 참조.

위해서는 끼워팔기가 성립하여야 하고, 또한 부당한 것이어야 한다. 우선 끼워팔
기가 성립하려면, 복수의 상품이 존재하고(주상품과 종된상품), 이들이 묶여서 판매
되어야 하며, 또한 이러한 판매가 강제적인 것이어야 한다. 끼워팔기의 강제는 개
별적인 상품의 구매가 실질적으로 가능하지 않은 상태를 의미한다. 또한 끼워팔기
의 부당성 판단은 주로 경쟁제한성에 기초하며, 심사지침도 이러한 입장을 취하고
있다(심사지침 V. 5. 가. (2)). 일반적으로 끼워팔기는 주상품 시장에서 지배력을 갖
고 있는 사업자가 종된상품 시장으로 지배력을 확장하려는 수단으로 활용되는데,
경쟁제한 효과의 분석도 이에 초점을 맞추게 된다.

끼워팔기 규제 사례로서 거래조건의 차별, 끼워팔기 등이 복합적으로 관련되었
던 한국토지공사 사건이 있다. 한국토지공사는 상대적으로 선호도가 높았던 부천
상동지구 공동주택지를 판매하면서, 선호도가 낮은 인천마전지구 공동주택지를 끼
워팔았고, 마찬가지 방식으로 용인 신봉·동천·죽전·동백 4개 지구 공동주택지
판매에 남양주 호평·평내·마석 3개 지구 공동주택지 판매를 연계하였다. 공정거
래위원회는 한국토지공사의 행위가 거래상대방에게 선호되는 상품을 그렇지 않은
상품의 판매에 연계한 것이고, 따라서 끼워팔기로서 거래강제에 해당하는 것으로
판단하였다.[65] 피심인인 한국토지공사가 이에 불복하여 제기한 소송에서, 최종적
으로 대법원은 공정거래위원회의 판단을 유지하는 판결을 하였다.[66] 특히 대법원
판결에서 주목할 부분은 끼워팔기의 부당성 판단에 관한 것인데, 동 판결에 의하
면 끼워팔기의 부당성은 "종된 상품을 구입하도록 한 결과가 상대방의 자유로운
선택의 자유를 제한하는 등 가격과 품질을 중심으로 한 공정한 거래질서를 저해할
우려가 있는지 여부에 따라 판단하여야 한다." 동 판결은 불공정거래행위로서 끼
워팔기의 부당성을, 경쟁제한성 측면에서뿐만 아니라 거래의 공정성 내지 소비자
선택의 제한 등 소비자 이익침해의 관점에서 구성할 수 있음을 밝히고 있다는 점
에서 주목할 만하다.[67]

(2) 사원판매

사원판매란 부당하게 자기 또는 계열회사의 임직원으로 하여금 자기 또는 계열
회사의 상품이나 용역을 구입 또는 판매하도록 강제하는 행위를 말한다(일반지정 5.

---

65) 공정거래위원회 2001. 4. 2. 의결 제2001-045호.
66) 대법원 2006. 5. 26. 선고 2004두3014 판결.
67) 홍명수, "끼워팔기 등 불공정거래행위", 「공정거래법 판례선집」, 사법발전재단(2012), 560면 이하
참조.

나.). 거래강제는 기존의 구속적 관계에서 발생할 수 있는데, 독점규제법은 회사와 임직원의 관계를 구속적 관계의 전형으로 파악하여, 이 관계에서 발생하는 거래강제를 하나의 유형으로 법정하고 있다. 사원판매의 상대방에는 직원뿐만 아니라 임원도 포함된다. 또한 판매를 강제당한 임직원이 해당 요구를 수행하기 위해 스스로 구매하는 경우가 많다는 점을 고려하여, 대상 행위를 구입 또는 판매로 규정하고 있다. 강제는 임직원의 의사에 반하여 구입이나 판매가 이루어지는 것을 의미하는데, 이를 이행치 않을 경우 인사적·경제적 불이익을 주는 경우가 전형적으로 여기에 해당한다. 사원판매의 부당성 판단은 같은 거래강제 유형인 끼워팔기와 달리 주로 경쟁수단의 불공정성에 기초하여 이루어진다(심사지침 V. 5. 나. (2)).

규제 사례로서 대우자동차판매(주)가 지역본부장회의에서의 지시와 그에 이은 결과점검 등을 통하여 그 관리직 대리급 이상 임직원과 전입직원들을 상대로 그 취급 차종에 관한 판매행위를 한 데에 대하여, 대법원은 그러한 행위가 대상 임직원들의 차량 구입 및 차종에 대한 선택의 기회를 제한하여 그 구입을 강제한 행위에 해당한다고 판시하였다.[68] 그리고 이 사건에서 대법원은 사원판매의 요건으로서 구체적인 판매행위가 이루어져야 하는지 여부와 관련하여, 사원판매에 해당하기 위하여 문제된 행위의 태양과 범위, 대상 상품의 특성, 행위자의 시장에서의 지위, 경쟁사의 수효와 규모 등과 같은 구체적 상황을 종합적으로 고려할 때, 당해 행위가 거래 상대방인 임직원의 선택의 자유를 제한함으로써 가격과 품질을 중심으로 한 공정한 거래질서를 침해할 우려가 있다고 인정되어야 하지만, 당해 행위에 의하여 구입, 판매와 같은 거래가 반드시 현실적으로 이루어져야 하거나 혹은 공정한 거래질서에 대한 침해의 우려가 구체적일 것까지 요구되는 것은 아니라고 판시함으로써, 공정거래저해성과 관련하여 구체적인 위험이 아니라 추상적인 위험이 있으면 된다고 보았다. 나아가 공정한 거래질서에 대한 침해의 우려가 있는 한 단순한 사업경영상의 필요나 거래상의 합리성 내지 필요성 유무는 불공정거래행위의 성립에 영향을 미칠 수 없다고 지적함으로써, 비교형량에 있어서 공정한 거래질서의 우선적 지위를 확인하였다.

(3) 기타의 거래강제

기타의 거래강제라 함은 정상적인 거래관행에 비추어 부당한 조건 등 불이익을 거래상대방에게 제시하여 자기 또는 자기가 지정하는 사업자와 거래하도록 강제

---

68) 대법원 2001. 2. 9. 선고 2000두6206 판결.

하는 행위를 가리킨다(일반지정 5. 다.). 기타의 거래강제는 끼워팔기나 사원판매에 해당하지 않는 나머지의 거래강제를 포괄한다. 동 규정에 해당하는 행위인지를 판단하기 위해, 거래의 선택을 구속하는 일체 상황이 고려되어야 한다. 예를 들어 시장구조적인 측면에서의 구속적 상황이 문제될 수 있고, 또는 당사자 사이에 선행하는 계약에 따른 구속적 관계가 영향을 미칠 수도 있다. 부당성 판단은 사원판매와 마찬가지로 주로 경쟁수단의 불공정성에 기초하여 이루어진다(심사지침 V. 5. 다. (2)).

기타의 거래강제에 관한 규제 사례로서 (주)대우건설이 아파트를 분양함에 있어서 자신이 연대보증한 대출을 이용한 분양세대로 하여금 소유권 이전 및 근저당권 설정 등의 업무를 피심인이 지정한 법무사에게만 위임하도록 한 사건이 있다. 공정거래위원회는 이러한 행위가 업무를 위임할 법무사 선택의 권리를 제한하며, 부동산 등기서비스 시장의 참여를 제한함으로써 공정한 경쟁을 침해한다는 점에서 위법한 것이고, 또한 지정법무사에 대한 업무의 위임이 업계관행이라 하더라도 시공사 위주의 업무편의를 위한 것에 불과하므로 정상적인 거래관행으로 보기 어렵다고 판단하였다.[69]

VI. 거래상 지위의 남용

1. 의 의

거래상 지위의 남용이란 자기의 거래상의 지위를 부당하게 이용하여 상대방과 거래하는 행위를 말한다(법 45조 1항 6호). 동 규정은 거래상대방에 대하여 우월한 지위에 있는 자가 자신의 지위를 남용하여 상대방에게 경제상 불이익을 미치는 행위를 규제 대상으로 한다. 여기서 거래상 지위는 시장지배적 지위와 같은 정도의 지위를 의미하는 것은 아니며,[70] 최소한 상대방의 거래활동에 상당한 영향을 미칠 수 있는 지위로서 그 상대방과의 관계에서 상대적으로 결정된다. 따라서 거래상대방에 영향을 미칠 수 있는 우월한 지위가 있는지 여부의 판단은, 영향을 미칠 가능성에 관한 종합적인 고려에 의하여 이루어져야 하며, 상대방이 거래를 전환하는 것이 가능한지 또는 요구받은 거래조건을 회피하기 어려운지 등이 주된 기준으로

---

69) 공정거래위원회 2006. 10. 10. 의결 2006서경0031.
70) 이호영, 독점규제법, 홍문사, 2010, 295면 참조.

고려된다.[71] 한편 동 규정은 거래 상대방을 사업자로 한정하고 있지 않으므로, 행위 유형상 제외될 수밖에 없는 경우(판매목표 강제, 경영간섭) 외에는 소비자도 이에 포함되는 것으로 볼 수 있다. 이와 관련하여 심사지침은 거래 상대방이 소비자인 경우 문제가 된 행위가 거래질서와의 관련성이 있는 경우 포함될 수 있다는 입장을 취하고 있다(V. 6. 가. (1)).

거래과정에서 일방당사자의 거래조건이나 내용 등이 다른 당사자에 비해 또는 종전의 것에 비해 불리한 것 그 자체는 경제활동에서 통상적으로 발생하는 일이므로 특별히 문제가 되지 않는다. 이러한 점에서 민사적으로 다루어질 문제와의 구별이 중요한 쟁점이 된다. 심사지침은 이와 관련하여 거래개시 단계에서 거래상대방에게 (실질적인) 선택의 기회가 주어진 경우 또는 거래상 우월적 지위가 전제되지 않을 경우에 발생하는 다툼은 민사적인 문제이며, 당연히 당연히 거래상 지위 남용으로서 고려되지 않는다는 점을 분명히 하고 있다. 또한 심사지침은 사업자가 거래상대방에 대해 거래상 지위를 갖는다고 하더라도 양 당사자 간 권리의무 귀속관계, 채권채무관계 등과 관련하여 계약서 및 관련 법령 내용 등의 해석에 대해 다툼이 있는 경우에는 동 규정의 적용 대상이 아니라고 규정하고 있다(심사지침 Ⅵ. 6. (2)). 의사표시나 법령의 해석은 민사법의 고유한 관점에서 이루어지는 것이며, 독점규제법상의 판단은 그 이후의 문제이다. 그렇지만 이러한 해석 문제가 독점규제법상 문제는 아니라는 점과 해석 문제가 있는 사안이 독점규제법에서 다루어질 수 있다는 것은 분리되어 사고될 필요가 있다. 즉 우월적 지위에 있는 자가 계약서 및 관련 법령내용 등의 해석에 관하여 다투는 것 자체가 정상적 거래관행 등에 비추어 정당하여 순수한 민사상의 분쟁에 불과하다고 인정되는 경우가 아닌 한 그러한 다툼은 결국 공정한 거래질서를 저해할 수 있으므로 독점규제법의 적용 대상이 되며,[72] 대법원은 "계약의 해석에 관하여 다툼이 있는 민사 사안이라는 이유만으로 공정거래법의 적용이 배제되어야 한다고 볼 수 없다"고[73] 판시하였다.

거래상 지위남용 행위의 부당성 판단은 주로 불공정성에 근거한다. 무엇보다 거래상 지위남용은 우리 사회의 중요한 이슈로 부각되고 있는, 이른바 갑을관계 문제가 전형적으로 드러나는 유형이라 할 수 있으며, 당사자 간 이익의 배분이 공정하게 이루어지는 거래 공정화의 관점이 부당성 판단의 기초가 되어야 한다. 심

---

71) 白石忠志, 獨禁法講義, 有斐閣, 2009, 94면; 金井貴嗣/川濱 昇/泉水文雄, 獨占禁止法, 弘文堂, 2010, 334면(金井貴嗣).

72) 서울고법 2007. 9. 5. 선고 2007누9046 판결.

73) 대법원 2009. 10. 29. 선고 2007두20812 판결.

사지침은 사업자가 거래상대방에 대해 거래상 지위를 가지고 있는지 여부, 거래내용의 공정성을 침해하는지 여부, 합리성이 있는 행위인지 여부를 종합적으로 고려하여 판단하며, 특히 거래내용의 공정성 여부는 당해 행위를 한 목적, 거래상대방의 예측가능성, 당해업종에서의 통상적인 거래관행, 관련법령 등을 종합적으로 고려하여 판단한다는 원칙을 제시하고 있다(심사지침 V. 6. (4)). 한편 거래상 지위남용은 경쟁사업자의 경쟁이 제한되는 효과를 낳을 수도 있으며, 부당성 판단에서 이러한 측면이 고려될 여지도 있다.[74] 일반지정은 거래상 지위남용의 유형으로서, 구입강제, 이익제공강요, 판매목표강제, 불이익제공, 경영간섭 등의 5가지 유형을 규정하고 있다.

2. 유   형

(1) 구입강제

'구입강제'란 거래상대방이 구입할 의사가 없는 상품 또는 용역을 구입하도록 강제하는 행위를 말한다(일반지정 6. 가.). 이와 관련하여 대법원은 부관훼리 사건의 판결에서, '거래상대방이 구입할 의사가 없는 상품 또는 용역'이라 함은 행위자가 공급하는 상품이나 역무뿐만 아니라 행위자가 지정하는 사업자가 공급하는 상품이나 용역도 포함한다 할 것이고, '구입하도록 강제하는 행위'라 함은 상대방이 구입하지 않을 수 없는 객관적인 상황을 만들어 내는 것을 포함한다고 판시한 바 있다.[75]

규제 사례로서 (주)아이가 자기의 대리점인 36개 전문점에 대하여 주문하지 않은 NUK용품 및 화장품 등을 임의로 공급한 사건이 있다. 공정거래위원회는 주문하지도 않은 상품을 일방적으로 공급한 행위는 자기의 거래상 우월적 지위를 이용하여 거래상대방이 구입할 의사 없는 물품을 구입토록 사실상 강제한 구입강제 행위임을 인정하여 당해 행위에 대해 시정명령을 내렸다.[76] 또한 공정거래위원회는 남양유업(주) 사건에서 국내 유가공산업의 치열한 경쟁 상황에서 대리점이 주문한 수량보다 초과공급을 한 행위를 부당한 구입강제로 판단하였다.[77]

---

74) 일본 독점금지법 제19조 및 제2조 제9항 제5호는 거래상 지위남용을 불공정한 거래방법의 하나로 규제하고 있으며, 이러한 주장을 전개한 것으로서 白石忠志, 獨禁法講義, 有斐閣, 2009, 95면 참조.

75) 대법원 2002. 1. 25. 선고 2000두9359 판결 참조.

76) 공정거래위원회 1994. 2. 2. 의결 제94－12호.

77) 공정거래위원회 2006. 12. 6. 의결 2006서경1597.

(2) 이익제공강요

이익제공강요란 거래상대방에게 자기를 위하여 금전·물품·용역 기타의 경제상 이익을 제공하도록 강요하는 행위를 가리킨다(일반지정 6. 나.).

규제 사례로서 재단법인 천주교 서울대교구 유지재단은 포교구료, 자선사업, 교육사업 등을 실시하기 위하여 설립·운영되는 재단법인으로서, 가톨릭대학교 의과대학 소속의 8개 소속병원을 통하여 의료사업을 영위하고 있으며, 이들 소속병원은 직영약품 도매상인 '보나에서'를 통하여 국내 제약업체들로부터 수의계약 방식으로 약품을 간접 구입하고 있는바, 동 재단은 약품거래에 관련하여 동아제약 등 13개 제약회사로부터 기부금을 제공받아 이를 재단에 전입하고, 재단소속 병원들은 보험삭감 보상금을 제공받았다. 이에 대하여 공정거래위원회는 동 재단의 이러한 행위는 자기의 거래상 우월적 지위를 이용하여 동 재단이 보험 삭감액에 상당하는 경제적 손실의 보상을 이들 제약업체에게 전가시킨 행위로서, 정상적인 거래관행에 비추어 부당하게 경제적 이익을 제공받은 행위에 해당된다고 하여 시정명령을 내렸다.[78] 또한 종합유선방송사업자인 (주)경북케이블티브이방송이 자신의 방송설비인 변조기(modulator)를 구입하면서, 구입비용의 일부를 거래상대방인 8개 방송채널사용사업자에게 부담하도록 한 사건이 있었다. 공정거래위원회는 변조기는 피심인에게 전달되는 비디오 신호를 특정채널로 변환하는 기계장치로서 피심인 사업 영위에 필요한 자산이고, 따라서 이것의 구입비용을 거래상대방에게 전가하는 것은 합리성을 결한 것으로서, 부당한 이익제공 강요에 해당하는 것으로 판단하였다.[79]

(3) 판매목표강제

판매목표강제란 사업자가 자기가 공급하는 상품 또는 용역과 관련하여 거래상대방의 거래에 관한 목표를 제시하고 이를 달성하도록 강제하는 행위를 말한다(일반지정 6. 다.).

규제 사례로서, 올림푸스한국(주)은 '기타제품판매대리점계약'에서 (주)중외메디칼에게 2004. 7. 1.부터 2005. 3. 31.까지의 기간 중 서울 등 6개 지역에서 의료제품·내시경 처치구 등의 기타제품을 독점적으로 판매할 수 있는 권리를 부여하면서 32억원의 연간 목표구매액을 설정하고, 이를 달성하지 못할 경우에는 계약을

---

78) 공정거래위원회 1994. 3. 3. 의결 제94-37호.
79) 공정거래위원회 2006. 3. 28. 의결 2005조일4285.

해지하도록 하였다. 피심인은 2005. 7. 22. (주)중외메디칼이 판매목표를 달성하지 못하였음을 이유로 '기타제품판매대리점계약'을 종료시키고 (주)중외메디칼에 대한 제품공급을 중단하였다. 공정거래위원회는 당해 행위가 판매상 목표의 강제로서 거래상 지위의 남용에 해당하는 것으로 판단하였다.[80]

(4) 불이익제공

불이익제공이란 위의 (1), (2), (3)에 해당하는 행위 이외의 방법으로 거래상대방에게 불이익이 되도록 거래조건을 설정 또는 변경하거나 그 이행과정에서 불이익을 주는 행위를 말한다(일반지정 6. 라.).

여기서 '불이익제공'이라 함은 사업자가 거래상 지위를 이용하여 거래를 함에 있어 거래상대방에 대한 거래조건의 설정 또는 변경이나 그 이행과정에서 거래상대방에게 불이익을 주는 행위를 의미하는 것이므로, 그 행위의 내용이 상대방에게 다소 불리하다는 점만으로는 부족하고, 구입강제, 이익제공강요, 판매목표강제 등과 동일시할 수 있을 정도로 일방 당사자가 자기의 거래상의 지위를 부당하게 이용하여 그 거래조건을 설정 또는 변경하거나 그 이행과정에서 불이익을 준 것으로 인정되고, 그로써 정상적인 거래관행에 비추어 상대방에게 부당하게 불이익을 주어 공정거래를 저해할 우려가 있어야 하며, 또한 상대방에게 부당하게 불이익을 주는 행위인지 여부는 당해 행위가 행하여진 당시를 기준으로 하여 당해행위의 의도와 목적, 당해 행위에 이른 경위, 문제가 되는 거래조건 등에 의하여 상대방에게 생길 수 있는 불이익의 내용과 불이익 발생의 개연성, 당사자 사이의 일상 거래과정에 미치는 경쟁제약의 정도, 관련 업계의 거래관행과 거래행태, 일반 거래질서에 미치는 영향, 관계 법령의 규정 등 여러 요소를 종합하여 판단하여야 한다.[81] 그리고 거래상대방에게 발생한 불이익의 내용은 객관적으로 명확하게 확정되어야 하고, 여기서의 불이익이 금전상의 손해인 경우에는 법률상 책임 있는 손해의 존재는 물론 그 범위(손해액)까지 명확하게 확정되어야 한다.[82] 한편 불이익제공이 상대방의 동의, 즉 당사자 간의 합의에 의한 경우 상대방의 동의가 자발적으로 이루어진 것인지, 그렇지 않고 상대방이 거래관계의 지속을 위하여 어쩔 수 없는 강요에 의하여 이루어진 것인지가 다투어지는 경우에 대하여, 대법원은 그 자발성의

---

80) 공정거래위원회 2007. 3. 6. 의결 2006서경1459.
81) 대법원 1998. 3. 27. 선고 96누18489 판결; 대법원 2001. 12. 11. 선고 2000두833 판결; 대법원 2002. 5. 31. 선고 2000두6213 판결 등 참조.
82) 대법원 2002. 5. 31. 선고 2000두6213 판결 참조.

여부를 행위자의 상대방에 대한 거래상 우월적 지위의 정도, 상대방의 행위자에 대한 거래 의존도, 거래관계의 지속성, 거래상품의 특성과 시장상황, 거래상대방의 변경가능성, 당초의 거래조건과 변경된 거래조건의 내용, 거래조건의 변경 경위, 거래조건의 변경에 의하여 납품업자가 입은 불이익의 내용과 정도 등을 정상적인 거래관행이나 상관습 및 경험칙에 비추어 합리적으로 추단할 수밖에 없다고 판시하였다.[83]

규제 사례로서 회원제골프장을 운영하는 체육시설업자에 관한 사건이 있으며, 특히 동 사건은 불이익제공의 부당성 판단을 거래질서적 관점에서 행하고 있다는 점에서 주목할 만하다. 동 사건에서 체육시설업자는 평일회원 자격기간을 5년에서 1년으로 축소하고, 자격 연장요건을 자동 연장에서 심사 방식으로 변경하는 등의 회칙을 개정하였는데, 공정거래위원회는 이러한 행위가 불이익 제공 행위에 해당하는 것으로 보고 시정명령과 과징금납부명령을 부과하였다.[84] 동 심결의 취소소송에서 원심은 공정거래위원회의 판단을 유지하였지만,[85] 대법원은 원심을 파기환송하면서, "거래상 지위 남용행위의 상대방이 경쟁자 또는 사업자가 아니라 일반 소비자인 경우에는 단순히 거래관계에서 문제될 수 있는 행태 그 자체가 아니라, 널리 거래질서에 미칠 수 있는 파급효과라는 측면에서 거래상 지위를 가지는 사업자의 불이익 제공행위 등으로 인하여 불특정 다수의 소비자에게 피해를 입힐 우려가 있거나, 유사한 위반행위 유형이 계속적 · 반복적으로 발생할 수 있는 등 거래질서와의 관련성이 인정되는 경우에 한하여 공정한 거래를 저해할 우려가 있는 것으로 해석함이 타당하다"고[86] 판시하였다. 동 판결은 부당성 판단의 원칙으로서 거래질서 관련성을 제시하고 있는데, 이는 민사적 해결 영역과 독점규제법에 의한 규율 영역을 구분하는 기준으로서도 의의가 있다.[87] 계약과 경쟁을 규율하는 각각의 법체계는 개인 상호 간 관계에서의 정당성(Richtigkeit im Verhältnis der Einzelnen zueinander)과 전체 경제의 정당성(gesamtwirtschaftliche Richtigkeit) 확보의 관점에서 상이한 법목적을 추구하며,[88] 이러한 이해는 동 판결의 타당성을 뒷받침한다.

---

83) 대법원 2003. 12. 26. 선고 2001두9646 판결 참조.

84) 공정거래위원회 2011. 7. 4. 의결 제2011−091호.

85) 서울고법 2012. 7. 12. 선고 2011누26505 판결.

86) 대법원 2015. 9. 10. 선고 2012두18325 판결.

87) 동 판결의 의의를 분석하면서, 거래상 지위의 남용행위에 해당하지 않는 경우에 사법상 구제수단의 불충분성 문제를 다루고 있는 것으로, 이민호, "거래상 지위의 남용행위와 거래질서", 경쟁법연구 제34권, 2016, 275−282면 참조.

88) Fritz Rittner & Meinrad Dreher, Europäisches und deutsches Wirtschaftsrecht, C. F. Müller, 2008, SS. 20−21 참조.

(5) 경영간섭

경영간섭이란 거래상대방의 임직원을 선임 또는 해임함에 있어서 자기의 지시 또는 승인을 얻게 하거나, 거래상대방의 생산품목·시설규모·생산량 또는 거래내용을 제한함으로써 경영활동을 간섭하는 행위를 말한다(일반지정 6. 마.).

삼양식품공업(주)는 라면, 인스턴트 면류, 대두유, 간장 등을 제조·판매하는 사업자로서, 피심인의 대전지점은 영업구역인 대전지역에서 삼양식품공업(주)의 판매촉진을 위하여 1990. 6.부터 관할 대리점인 영신상사 등 5개 대리점에 대해 판매차량의 증차를 요구하여 왔으며, 이에 응하지 않는 경우 대리점을 교체한다는 내용의 판매전략회의의 결정사항에 따라 1991. 1.~3. 동안 판매차량을 증차한다는 내용의 합의서를 영신상사를 제외한 4개 대리점으로부터 받아내었다. 이에 대해 공정거래위원회는, 대리점이 그의 판매차량을 증차하여 상품의 매출을 증가시키는 경우 당해 대리점의 수익이 증대될 것은 예상할 수 있으나, 대리점과 피심인은 서로 독립된 사업자이고 판매차량의 구입문제는 대리점의 영업비용으로 충당해야 하는 대리점주의 경영에 관한 고유한 사항이므로, 피심인의 행위는 자기의 거래상의 우월한 지위를 이용하여 정상적인 거래관행에 비추어 부당하게 거래상대방인 대리점의 경영활동을 간섭하는 행위에 해당한다고 하여 시정명령을 내렸다.[89]

Ⅶ. 구속조건부거래

1. 의　의

구속조건부거래란 거래의 상대방의 사업활동을 부당하게 구속하는 조건으로 거래하는 행위를 말한다(법 45조 1항 7호). 이때 거래상대방은 하위 유통업체로서 판매업자인 경우가 보통이지만, 판매업자가 공급업자에게 구속을 가하는 경우도 있고 또한 이러한 구속이 상호적으로 이루어지는 경우도 있다.

일반지정은 구속조건부거래의 유형으로서 배타조건부 거래와 거래지역 또는 거래상대방의 제한을 들고 있다. 이들 유형에서는 공통적으로 수직적 구조 하에서 거래상대방의 사업활동에 제한을 가하는 것이 문제가 된다. 그러나 구체적으로 배타조건부 거래가 브랜드 간 경쟁을 제한하는 것에 초점이 있는 반면에, 후자의 경우 브랜드 내에서 발생하는 경쟁제한의 효과가 중요하다는 점에서 차이가 있다.

---

89) 공정거래위원회 1991. 6. 18. 의결 제91-53호.

한편 두 유형 모두 부당성 판단에 있어서 경쟁제한적 효과 이외에 경쟁을 촉진하는 효과를 고려하여 종합적인 판단이 요구된다는 점에서[90] 유사한 판단과정을 거치게 된다.

2. 유 형

(1) 배타조건부 거래

배타조건부 거래란 사업자가 부당하게 거래상대방이 자기 또는 계열회사의 경쟁사업자와 거래하지 아니하는 조건으로 그 거래상대방과 거래하는 행위를 가리킨다(일반지정 7. 가.). 배타조건부 거래에는 조건설정의 주체에 따라서 판매업자가 주체인 배타적 인수계약, 공급업자가 주체인 배타적 공급계약 및 이들 양자가 혼합된 상호적 배타조건부거래가 있다.

배타조건부 거래의 위법성은 무엇보다 수직적 관련성 하에서 경쟁사업자에 대한 시장봉쇄 효과에 기초한다. 이와 관련하여 비교법적으로 미국의 FTC v. Motion Picture Advertising Service 사건은[91] 의미 있는 선례가 될 것이다. 동 사건에서 광고사업자인 Motion Picture는 문제가 된 지역 영화관의 40%와 영화관의 광고시간을 배타적으로 구매하는 거래를 하였다. 이에 대하여 FTC는 계약기간을 1년 이하로 단축할 것을 명령하였고, 연방대법원은 시장봉쇄효과가 75%에 달한다는 것에 주목하면서 FTC의 판단을 유지하였다.

한편 배타조건부 거래의 경쟁촉진적 효과에 대해서도 주의할 필요가 있다. 일반적으로 거론되는 것은, 안정적인 거래상대방의 확보로 인한 비용절감 효과, 유통업자의 성실성의 확보, 불확실성의 감소, 무임승차의 방지 등이다.[92] 이러한 효과는 배타조건부 거래의 위법성을 판단함에 있어서 형량의 요소로 고려되어야 하며, 심사지침도 동일한 입장을 취하고 있다(심사지침 V. 7. 가. (2) (다)).

규제 사례로서 국내 제1의 소주 제조·판매업자인 피심인 (주)진로는 경쟁사업자인 동양맥주(주)가 신제품인 경월그린소주를 시판함에 따라 예상되는 자사제품의 판매량감소를 막기 위하여 자기의 거래처인 주류도매상 중에 경월그린소주를

---

90) 대법원 2000. 10. 6, 선고 99다30817 판결 참조.

91) 344 U. S. 392 (1953).

92) Phillip Areeda & Louis Kaplow, Antitrust Analysis, 4th ed., Little, Brown and Company, 1988, pp. 773-776 참조. 한편 배타조건부 거래가 광고 등의 판촉행위에 있어서 무임승차를 방지하고 이러한 행위로부터 발생하는 이익을 내부화하는 기능을 한다는 것에 관하여, E. Thomas Sullivan & Jeffrey L. Harrison, Understanding Antitrust and Its Economic Implications, 4th ed., LexisNexis, 2003, pp. 244-245.

취급하던 일부 주류도매상에게 자기가 공급하는 인기주인 진로소주의 기존 출고지를 교통여건이 좋지 않은 타 출고지로 변경하고, 1994. 1. 20.부터 1995. 1. 31. 기간 중 진로소주의 공급을 중단하거나 감량하였다. 이에 대하여 공정거래위원회는 피심인이 국내 소주시장에서 1위의 시장점유율을 지닌 사업자임을 감안할 때, 피심인이 자기의 거래처인 주류도매상이 자기의 경쟁사업자제품을 취급하였다는 이유로 자사인기제품의 출고지를 교통여건이 불편한 곳으로 변경하고 자사의 인기제품공급을 일정기간 중단하거나 감량한 행위는 주류도매상으로 하여금 경쟁사업자의 제품을 취급하지 못하도록 한 행위로 인정되는 바, 이러한 행위는 경쟁사업자를 소주시장에서 배제하거나 거래기회를 감소시킴으로써 동종제품간 경쟁을 감소시키는 경쟁저해성이 있는 것으로, 거래상대방이 자기의 경쟁사업자와 거래하지 아니하는 조건으로 그 거래상대방과 거래하는 행위에 해당된다고 하여 시정명령을 내렸다.[93]

또한 (주)대한항공은 항공사간 경쟁심화에 따른 가격 경쟁의 대안으로 고객의 대한항공에 대한 애호도를 증진시켜 수송 수입을 극대화하기 위하여 고객의 탑승실적과 제휴업체의 이용실적을 누적으로 합산하여 보너스로 항공권 또는 좌석승급 등의 편익을 제공하는 상용고객보너스(FTBS) 제도를 1985년 4월 1일 도입하였다. 그리고 1995년 4월 1일에는 스카이패스로 그 명칭을 변경하였고, 현재는 공동판촉을 통한 단골고객 및 잠재고객의 확보 등 판매경쟁력의 강화를 위해 신용카드사 등의 다른 사업자와 스카이패스 업무제휴계약을 체결하고 제휴관계를 유지하였다. (주)대한항공은 스카이패스 제도를 운영하면서 거래상대방에 대하여 자신의 경쟁사업자인 아시아나항공(주)와의 병행제휴를 금지하였다. 즉 아시아나항공(주)와의 제휴관계를 청산하는 것을 조건으로 삼성카드와 제휴약정을 체결하였고, 국민신용카드가 아시아나항공(주)와 병행제휴계약을 체결하자 동 카드사와의 기존 제휴관계를 중단하였으며, 외환신용카드가 아시아나항공(주)와 병행제휴계약을 추진하자 제휴관계 중단을 통보함으로써 이를 무산시켰다. 이에 대하여 공정거래위원회는 (주)대한항공은 거래상대방의 사업활동을 구속하고 경쟁사업자를 배제할 의도가 있었다는 점, 특히 항공운송시장에서 경쟁상의 우위에 있기 때문에 거래상대방이 구속될 가능성이 크다는 점, 신용카드 사용이 보편화되어 감에 따라서 항공운송시장에서의 경쟁제한적 효과가 발생할 우려가 크다는 점 등에 근거하여, (주)대한항공의 행위를 배타조건부거래로서 위법한 것으로 판단하였다.[94]

---

93) 공정거래위원회 1994. 3. 23. 의결 9403경정096.

(2) 거래지역 또는 거래상대방의 제한

거래지역·거래상대방의 제한이란 사업자가 상품 또는 용역을 거래함에 있어서, 그 거래상대방의 거래지역 또는 거래상대방을 부당하게 구속하는 조건으로 거래하는 행위를 말한다(일반지정 7. 나.). 일반적으로 지역이나 상대방에 따른 거래제한은 인위적으로 시장을 분할하는 의미가 있으며, 복수의 사업자가 존재함에도 불구하고 거래상대방은 단일한 사업자와 거래할 수밖에 없는 결과를 낳을 수 있다는 점은 부당성 판단의 주된 근거가 된다. 또한 이러한 유형의 거래제한은 일반적으로 특정한 브랜드 상품의 유통과정에서 발생하며, 수직적 거래제한의 한 유형, 즉 수직적 비가격제한(non-price restraints)으로 이해되고 있다.[95] 이러한 유형의 거래제한은 지역 또는 상대방 제한에 따른 브랜드 내 경쟁제한의 의미가 있지만, 동시에 브랜드 간 경쟁을 촉진하는 효과를 낳을 수 있기 때문에, 결국 경쟁제한적 효과와 경쟁촉진적 효과를 비교 형량하는 과정이 필요할 수 있으며, 이러한 인식은 심사지침에도 반영되고 있다(심사지침 V. 7. 나. (2) (다)).

규제 사례로서 도미노피자가 자기의 가맹계약자와 체결한 '도미노피자 판매체인점 가맹계약서' 제21조에 의하여 가맹점 소재지역 이외에서는 배달판매 및 판촉행위를 금지하고, 또한 1999년 10월 9일 자기의 가맹계약자인 도미노피자 사당점과 도미노피자 방배점이 각각 자신의 배달구역을 넘어 다른 지역에 배달하였다는 이유로 가맹계약서 제13조(영업방침 준수) 제2항에 근거하여 서면으로 경고를 한 사건이 있다. 공정거래위원회는 "피심인이 자신의 가맹계약자들에 대하여 판매지역 제한을 실시한 사실 그 자체만 가지고 법위반으로 결정할 수는 없고 피심인이 관련시장에서 보유하고 있는 영향력, 브랜드간 경쟁 및 브랜드내 경쟁에 미치는 효과, 피심인이 다른 방법에 의하여 피심인의 영업상목적을 달성할 수 있는지 여부, 피심인이 채택한 지역제한의 강도 등 여러 요소를 종합적으로 비교·형량하여 위법여부를 판단하여야 할 것이다"라는 일반원칙을 제시하고, 이에 기초하여 브랜드간 경쟁촉진효과와 브랜드 내 경쟁제한효과의 구체적인 형량을 통하여 경쟁제한적인 효과가 보다 크다는 결론을 내렸다. 또한 판매지역제한을 통한 소비자 후생의 감소 효과도 지적하였으며, 이상의 논의에 기초하여 도미노피자의 판매지역 제한행위는 위법하다는 결론을 내렸다.[96]

---

94) 공정거래위원회 2000. 5. 25. 의결 2000유거0018.

95) Phillip Areeda & Louis Kaplow, op. cit., pp. 651-653 참조.

96) 공정거래위원회 2000. 11. 15. 의결 2000유거0069. 동 심결에 대한 비판적 평석으로, 공정거래위원회, 주요국의 심결사례분석 및 시사점 연구, 2002, 196-197면 참조.

(주)모닝글로리가 전국 34개 대리점과 대리점계약을 체결하면서, 동 대리점계약을 통하여 대리점의 판매지역을 일정한 지역으로 한정하고 피심인의 사전동의가 없는 한, 지정된 판매지역을 제외하고는 대리점이 상품을 직접 또는 간접으로 판매할 수 없으며 영업장소도 변경할 수 없도록 규정하고, 판매지역 이외의 지역을 침범하여 영업행위를 할 경우에는 계약의 해지 또는 상품공급을 중단할 수 있도록 규정하였다. 그런데 공정거래위원회는 피심인의 이러한 행위가 대리점의 거래지역을 부당하게 구속하는 조건으로 거래하는 행위로 인정된다고 보아 시정명령을 내렸다.[97]

(주)필립스코리아가 자신이 거래하는 대리점에 대하여 고가에 해당하는 4개 품목을 인터넷 오픈마켓에 공급하는 것을 금지한 사건에서, 공정거래위원회 그리고 최종적으로 대법원은 이러한 행위가 가격 인하를 막기 위한 것으로서 상표 내 경쟁을 근본적으로 차단하고 가격경쟁을 제한한다고 보았으며, 따라서 부당한 거래상대방 제한에 해당하는 것으로 판단하였다.[98]

Ⅷ. 사업활동 방해

1. 의   의

사업활동 방해란 사업자가 부당하게 다른 사업자의 사업활동을 방해하는 행위를 말한다(법 45조 1항 8호). 동 유형의 부당성 판단은 주로 경쟁수단의 불공정성에 기초하여 이루어진다. 일반지정은 동 유형에 해당하는 구체적인 세부 유형으로 기술의 부당이용, 인력의 부당유인·채용, 거래처 이전방해, 기타의 사업활동 방해 등을 들고 있다.

2. 유   형

(1) 기술의 부당이용

기술의 부당이용이란 사업자가 다른 사업자의 기술을 부당하게 이용하여 다른 사업자의 사업활동을 상당히 곤란하게 할 정도로 방해하는 행위를 말한다(일반지정 8. 가.). 특히 이러한 유형의 행위는 대·중소기업 관계에서 대기업에 의한 중소기업

---

97) 공정거래위원회 1994. 3. 10. 의결 제94-66호.
98) 공정거래위원회 2012. 8. 27. 의결 제2012-179호 및 대법원 2017. 6. 19. 선고 2013두17435 판결.

의 기술 탈취 형태로 빈번히 발생한다. 물론 이러한 침해에 대하여 지식재산권법에 근거한 권리보호가 가능하지만, 중소기업 입장에서 독점규제법상 기술의 부당이용에 대한 규제는 상대적으로 용이한 침해 방지 수단이 될 수 있다.[99] 그러나 동 규제의 적용이 적극적으로 이루어지지는 않고 있다.

(2) 인력의 부당유인·채용

인력의 부당유인·채용이란 사업자가 다른 사업자의 인력을 부당하게 유인·채용하여 다른 사업자의 사업활동을 상당히 곤란하게 할 정도로 방해하는 행위를 말한다(일반지정 8. 나.).

규제 사례로서 현대자동차(주)는 1995. 12. 11.에 자사의 전주공장 상용제품개발연구소 설계용역업무를 리빙인력개발과 1년간 위탁계약을 체결하였는데, 이후 거래과정에서 리빙인력개발 측에 문제가 있다는 이유로 '현 업체 문제점 및 향후 업체운영 방안'을 1997. 5. 16. 리빙인력개발에 통보하였고, 1997. 6. 30.자로 계약 해지됨을 두 차례에 걸쳐 통지하는 한편 1997. 5. 20. 현대자동차에서 팀장으로 근무하던 고○○는 신설회사 현대오토엔지니어링의 설립등기를 했다. 이어 1997. 7. 2. 현대자동차(주)는 현대오토엔지니어링의 직원을 모집한다는 내용의 공고를 내도록 하는 한편, 자사 직원을 동원하여 리빙인력개발 소속의 설계도면CAD 및 사양입력 요원을 개별 접촉하여 현대오토엔지니어링의 응시원서 제출을 유인하게 함으로써 총 50명 중 41명의 원서를 받아 채용하였다. 이후 현대오토엔지니어링은 현대자동차(주)와 설계업무 용역계약을 체결하여 리빙인력개발이 하던 일을 수행하였다. 공정거래위원회는 이에 대해, 현대자동차(주)가 계획적으로 리빙인력개발과의 거래를 중단하고 현대오토엔지니어링을 교사하여 리빙인력개발의 직원을 유인·채용하도록 한 행위는, 다른 사업자로 하여금 특정사업자의 인력을 부당하게 유인·채용하도록 하여 당해 특정사업자의 사업활동을 심히 곤란하게 할 정도로 방해하도록 한 행위로서, 공정한 거래를 저해할 우려가 있는 행위로 인정하였다.[100]

---

99) 심사지침 V. 8. 가 (2) (나)에서는 특허법 등 관련 법령 위반 여부를 부당성 판단에서 고려 요소의 하나로 규정하고 있지만, 전적으로 이에 의하지 않고, 기술이용의 목적 및 의도, 당해 기술의 특수성, 통상적인 업계 관행 등을 종합적으로 고려하여야 하는 것으로 규정하고 있다. 홍명수, 경제법론V, 경인문화사, 2022, 469면 참조.

100) 공정거래위원회 1997. 12. 8. 의결 제97-181호.

(3) 거래처 이전방해

거래처 이전방해란 사업자가 다른 사업자의 거래처 이전을 부당하게 방해하여 다른 사업자의 사업활동을 심히 곤란하게 할 정도로 방해하는 행위를 말한다(일반지정 8. 다.).

규제 사례로서 한국출판협동조합은 자신의 조합원으로서 자신과 일원화 공급계약을 체결하여 거래하던 2개의 출판사가 1996. 10.경 다른 출판유통기구로 거래처를 이전하고자 업무의 편의를 위해 장부이체방식에 의한 정산을 요청하였음에도 불구하고, 정산절차에 대한 사전 논의 없이 무조건 각 서점에 기출고된 출판사들의 서적을 일시에 전량 반품하도록 조치함으로써 출판사 및 서점에 상당한 손실을 입혔다. 이에 대하여 공정거래위원회는 이러한 행위를 정당한 이유 없이 거래상대방의 정상적인 거래처 이전을 방해함으로써 거래상대방의 사업활동을 심히 곤란하게 할 정도로 방해한 행위로 판단하여 시정명령을 내렸다.[101]

(4) 기타의 사업활동방해[102]

기타의 사업활동방해는 가목 내지 다목 외의 부당한 방법으로 다른 사업자의 사업활동을 심히 곤란하게 할 정도로 방해하는 행위를 말한다(일반지정 8. 라.).

규제 사례로서 포스코(주)의 대표이사가 계열회사 및 협력회사들로 하여금 계열회사 및 협력사들이 영위하는 사업과 무관할 뿐만 아니라 아직 사업을 준비하는 단계로서 실적이 전혀 없는 등 사업의 성패가 불투명한 체육복표사업을 추진하고 있는 타이거풀스의 주식을 시가보다 훨씬 고가로 매입하도록 지시·요청한 행위를 들 수 있다. 이 사건에서 공정거래위원회는 전술한 주식매입으로 인하여 이들 회사에 적지 않은 손실이 발생하였고, 그 밖에 이 회사들의 재무상태 및 자금운용에 큰 지장을 초래했을 것으로 판단하여 위법성을 인정하는 한편, 포스코(주)와 그 대표이사를 고발조치하였다.[103]

(주)한국케이블TV경기방송이 자신의 영업허가구역 중 자신과 지분관계가 없는 내일네트워크 등 중계유선방송사업자의 영업허가구역에서는 시청료 무료행사를 하고, 그 밖의 다른 구역에서는 정상가격을 받는 등의 방법으로 내일네트워크 등

---

101) 공정거래위원회 1997. 4. 12. 의결 제97-52호.
102) 기타의 사업활동방해와 거래처 이전방해는 다른 두 사업활동방해 유형에서 사업활동을 곤란하게 하는 정도를 '상당히'로 규정한 것과 달리 '심히'라는 표현을 사용하고 있다. 문리적으로 보면, '심히'라는 표현이 '상당히'보다 사업활동 곤란의 정도가 더 큰 것으로 해석될 수 있는데, 심사지침은 이러한 표현상의 차이에 관하여 구체적인 언급을 하고 있지는 않다.
103) 공정거래위원회 2002. 6. 27. 의결 제2002-117호.

다른 사업자의 가입자 수를 감소케 하는 행위가 문제되었고, 공정거래위원회는 이 사건 행사로 인한 가입자 수의 감소로 내일네트워크 등이 종합유선방송사업자로 전환하는데 지장을 초래하는 등 이들의 사업활동을 심히 곤란하게 하는 행위라고 판단하여 시정조치를 내린 바 있다.[104]

엘리트학생복 청주본점이 공동구매용으로 저렴하게 제작된 엘리트교복(엘리트메이트)을 판매하면서 고가의 엘리트 교복을 싸게 판매하는 것처럼 광고한 사건이 있다. 이에 대하여 공정거래위원회는 사업활동 방해의 수단, 당해 수단을 사용한 목적 및 의도, 당해 업계의 통상적인 거래관행 등에 대한 종합적인 고려 하에서, 피심인의 행위가 부당한 것으로 평가하였고, 또한 경쟁사업자인 태멘교복사의 사업활동은 당해 행위에 의하여 심히 곤란한 상황에 이르게 되었음을 인정하였으며, 피심인에 대하여 시정명령을 내렸다.[105]

국내 먹는샘물 시장에서 10% 이상의 점유율을 갖고 있던 하이트진로음료가 천안 인근 지역에서 이미 다른 사업자와 계약을 체결하고 있던 11개 대리점을 상대로 기존 대리점거래의 종료와 자신과의 대리점계약 체결을 권유한 사건이 있다. 이에 의하여 11개 대리점 중 8개 대리점이 하이트진로음료와 대리점계약을 체결하였고, 이로 인해 기존 대리점계약을 통해 먹는샘물을 공급하던 사업자는 매출액이 급감하게 되었다. 이 과정에서 하이트진로음료는 자신과 새롭게 계약을 체결한 대리점에 대하여 공급가격을 대폭 낮추고(통당 2,000원인 공급가격을 계약 첫해에 800.3원으로 인하), 기존 대리점계약의 종료로 인해 발생하는 변호사비용을 분담하는 등의 행위를 하였으며, 대법원은 이러한 행위를 일반적으로 사용되는 경쟁 수단으로 볼 수 없고, 먹는샘물 시장에서 이러한 거래 관행이 존재한다고 보기 어렵다는 점 등에 근거하여 기타의 사업활동방해행위로서 부당성을 인정하였다.[106]

IX. 부당한 지원행위

1. 의   의

부당한 지원행위라 함은 사업자가 부당하게 특수관계인 또는 다른 회사에 대하여 가지급금·대여금·인력·부동산·유가증권·상품·용역·무체재산권 등을 제

---

104) 공정거래위원회 2002. 10. 9. 의결 제2002-214호.
105) 공정거래위원회 2007. 7. 23. 의결 2007전사0579.
106) 대법원 2018. 7. 11. 선고 2014두40227 판결.

공하거나, 현저히 유리한 조건으로 거래하여 특수관계인 또는 다른 회사를 지원하는 행위를 말하며, 일명 부당내부거래라고 한다.

이러한 행위는 주로 계열기업들 상호 간에 발생하기 때문에, 여기서 다른 회사라 함은 주로 다른 계열기업을 의미하게 된다.[107] 이러한 지원행위는 지원주체인 우량기업의 재원을 부실한 계열기업에 지원함으로써 핵심역량을 약화시키고 한계기업의 퇴출을 저지함으로써, 기업집단 전체의 동반부실을 초래하고 기업의 구조조정을 저해하며, 나아가 국제경쟁력을 약화시키는 요인이 되고 있다. 한편 이러한 지원행위는 지원을 받는 계열기업과 지원을 받지 않는 독립기업 간의 공정한 경쟁을 저해할 우려가 있을 뿐만 아니라 시장경제의 기반을 위태롭게 하는 동시에, 무분별한 계열 확장을 가능케 하여 경제력집중을 심화시킬 우려도 있다.

독점규제법은 1996년부터 '부당한 지원행위'를 금지하고 있다. 입법자는 당초 이 제도를 대규모기업집단의 경제력집중을 억제하기 위한 수단으로 보아 제3장(기업결합의 제한 및 경제력집중의 억제)에 규정하려고 하였으나, 지원행위는 대규모기업집단 소속 계열회사들뿐만 아니라 일반사업자들 사이에서도 얼마든지 일어날 수 있다는 이유로 이를 반대하는 주장이 제기됨에 따라, 제3장에 규정하지 않고 제5장에서 불공정거래행위의 한 유형으로 규정하여 모든 사업자들에게 다 적용할 수 있게 되었다.

그런데 이와 같이 부당지원행위가 불공정거래행위의 한 유형으로 규율됨에 따라, 그 위법성 판단의 핵심기준인 부당성 판단과 관련하여 많은 논란이 제기되었다. 대법원 판례는 그 부당성을 지원객체의 관련시장에서 경쟁이 저해되거나 경제력집중이 야기되는 등으로 공정한 거래가 저해될 우려가 있는지 여부에 따라 판단하고 있기 때문에,[108] 이러한 기준에 부합하지 않는 지원행위 규제에 어려움이 있었다. 이에 입법자는 이에 따른 규제의 공백을 메우기 위하여 2013년 8월 독점규제법을 개정하여,[109] 부당지원행위 유형에 부당한 거래단계의 추가를 포함시켰고, 별도의 위법 유형으로서 특수관계인에 대한 부당한 이익제공에 대한 규제를 새롭게 도입하였다.

---

107) 그러나 지원주체의 계열회사에 한정되는 것은 아니다. 대법원 2004. 3. 12. 선고 2001두7220 판결; 대법원 2004. 10. 14. 선고 2001두2881 판결.

108) 대법원 2006. 12. 7. 선고 2004두11268 판결 참조.

109) 이 개정법은 2013년 8월 13일에 공포되었으며 2014년 2월 14일부터 시행되고 있다.

2. 유　형

독점규제법 제45조 제1항 제9호는 사업자는 부당하게 ① 특수관계인 또는 다른 회사에 대하여 가지급금·대여금·인력·부동산·유가증권·상품·용역·무체재산권 등을 제공하거나 상당히 유리한 조건으로 거래하는 행위, 또는 ② 다른 사업자와 직접 상품·용역을 거래하면 상당히 유리함에도 불구하고 거래상 실질적인 역할이 없는 특수관계인이나 다른 회사를 매개로 거래하는 행위를 통하여 특수관계인 또는 다른 회사를 지원하는 행위로서, 공정한 거래를 저해할 우려가 있는 행위를 하거나, 특수관계인 또는 다른 회사로 하여금 이를 행하도록 해서는 안 된다고 규정하고 있다. 또한 동조 제2항에 의하여 특수관계인 또는 회사가 다른 사업자로부터 위의 부당지원행위에 해당할 우려가 있음에도 불구하고 해당 지원을 받는 행위는 금지된다. 부당지원행위의 구체적인 유형에 관해서는 일반지정 제9호가 규정하고 있다.

(1) 부당한 자금지원

부당한 자금지원이란 부당하게 특수관계인 또는 다른 회사에[110] 대하여 가지급금·대여금 등 자금을 상당히 낮거나 높은 대가로 제공 또는 거래하거나 상당한 규모로 제공 또는 거래하여 과다한 경제상의 이익을 제공함으로써 특수관계인 또는 다른 회사를 지원하는 행위를 말한다(일반지정 9. 가.). 동 규정에서 제공 또는 거래의 대상은 자금이며, 이것이 대가나 규모 측면에서 상당한 것이어야 한다. 또한 이러한 행위를 과다한 경제상 이익제공으로 볼 수 있을 경우에 최종적으로 지원행위에 해당하게 된다. 한편 제3자를 매개로 하여 자금지원이 이루어진 경우에도 동규정이 적용된다는 점에도[111] 주의를 요한다.

여기서 상당성은 정상거래와의 비교를 통하여 인정되며, 이때 정상거래는 거래당사자 간에 이루어진 거래와 동일한 거래가 독립된 자 간에 이루어졌을 경우 합리적으로 예상되는 거래를 의미한다.[112] 합리적으로 예상되는 거래를 가격 측면에

---

110) 대법원은 모회사가 주식의 100%를 소유하고 있는 자회사(완전자회사)라고 하더라도 양자는 별개의 독립한 거래주체라 할 것이어서, '다른 회사'의 개념에 포함되는 것으로 판시하고 있다. 대법원 2004. 11. 12. 선고 2001두2034 판결; 대법원 2006. 12. 22. 선고 2004두1483 판결. 또한 지원객체는 일정한 거래분야에서 시장에 직접 참여하고 있는 사업자일 것을 요건으로 하는 것은 아니라고 한다. 대법원 2004. 9. 24. 선고 2001두6364 판결.

111) 대법원 2004. 10. 14. 선고 2001두2935 판결.

112) 정상거래를 가격 측면에서 파악한 정상가격의 판단과 관련하여, 대법원은 "당해 거래와 동일

서 구체화한다면, 거래 당시 기대할 수 있었던 최선의 가격이나 더 나은 가격을 곧 정상가격으로 볼 것은 아니고, 거래에 영향을 미친 제반 요소를 살피고 비교를 위해 요구되는 합리적인 조정 과정을 거친 후에 정상가격을 도출하여야 한다.[113] 한편 2013년 동 규정의 개정에 의해 현저성은 상당성으로 변경되었고, 이러한 변화는 정상거래와 지원행위에 해당하는 거래의 차이를 줄이는 의미가 있으므로 종래 현저한 정도는 아니지만 상당한 정도의 차이를 보이는 거래행위는 지원행위가 될 수 있으며, 그 한도에서 규제 범위는 확장된 것으로 볼 수 있다. 그렇지만 동 개정에 의해 정상거래와 비교하는 의미나 방식이 변경된 것으로 볼 것은 아니다. 따라서 대법원이 현저성을 상당성으로 개정하기 이전 판결에서, '현저히 낮거나 높은 대가로 제공 또는 거래하거나 현저한 규모로 제공 또는 거래하여 과다한 경제상의 이익을 제공'한 것인지 여부는 급부와 반대급부 사이의 차이는 물론 지원성 거래규모와 지원행위로 인한 경제상 이익, 지원기간, 지원횟수, 지원시기, 지원행위 당시 지원객체가 처한 경제적 상황 등을 종합적으로 고려하여 구체적·개별적으로 판단하여야 한다고 판시한 것은[114] 개정 이후에도 유효하다 할 것이다.

구체적으로 대법원 판결에 나타난 부당한 자금지원행위를 보면, 대법원은 지원객체인 회사가 발행한 기업어음을 제3자인 회사를 매개로 하여 우회적으로 그 회사에게 현저하게 유리한 조건으로 인수하는 행위,[115] 비계열 대리점을 배제한 상태에서 계열회사에 대해서만 특별판매장려금을 지급한 행위[116] 등은 부당한 자금지원행위에 해당한다고 보았다.

(2) 부당한 자산 · 상품 등 지원

부당한 자산 · 상품 등 지원이란 부당하게 특수관계인 또는 다른 회사에 대하여 부동산 · 유가증권 · 무체재산권 등 자산 또는 상품 · 용역을 상당히 낮거나 높은 대가로 제공 또는 거래하거나 상당한 규모로 제공 또는 거래하여 과다한 경제상의

한 실제 사례를 찾을 수 없어 부득이 유사한 사례에 의해 정상가격을 추단할 수밖에 없는 경우에는, 단순히 제반 상황을 사후적, 회고적인 시각에서 판단하여 거래 당시에 기대할 수 있었던 최선의 가격이나 당해 거래가격보다 더 나은 가격으로 거래할 수도 있었을 것이라 하여 가벼이 이를 기준으로 정상가격을 추단하여서는 안 되고, 먼저 당해 거래와 비교하기에 적합한 유사한 사례를 선정하고 나아가 그 사례와 당해 거래 사이에 가격에 영향을 미칠 수 있는 거래조건 등의 차이가 존재하는지를 살펴 차이가 있다면 이를 합리적으로 조정하는 과정을 거쳐 정상가격을 추단하여야 한다"고 판시하였다(대법원 2015. 1. 29. 선고 2014두36112 판결).
113) 대법원 2022. 5. 12. 선고 2017두63993 판결.
114) 대법원 2004. 10. 14. 선고 2001두2881 판결.
115) 대법원 2004. 3. 12. 선고 2001두7220 판결.
116) 대법원 2004. 11. 12. 선고 2001두2034 판결.

이익을 제공함으로써 특수관계인 또는 다른 회사를 지원하는 행위를 말한다(일반지정 9. 나.).

대법원은 주식회사가 발행한 신주를 정상적인 가격보다 현저히 높은 가격으로 인수한 신주인수행위,[117] 한국도로공사가 민간업체에게 임대하기 곤란한 고속도로 휴게시설을 자회사로 하여금 잠정적으로 운영하게 하기 위하여 수의계약으로 임대하고 그 임대료를 면제해 준 행위,[118] 투자신탁운용회사가 증권회사로부터 이미 부도가 발생한 회사들의 회사채와 기업어음을 장부가격으로 매입한 행위[119] 등은 부당한 자산지원행위에 해당한다고 보았다.

(3) 부당한 인력지원

부당한 인력지원이란 부당하게 특수관계인 또는 다른 회사에 대하여 인력을 상당히 낮거나 높은 대가로 제공하거나 상당한 규모로 제공하여 과다한 경제상의 이익을 제공함으로써 특수관계인 또는 다른 회사를 지원하는 행위를 말한다(일반지정 9. 다.).

하이트진로는 2008년부터 2015년까지 자신의 특수관계인이 지분 대부분을 보유하고 서영이앤티에 직원들을 전적·파견하고 급여 일부를 부담하였다. 대법원은 하이트진로가 부담한 임금 비중이 33.4%로서 해당 기간 당기순이익의 3.6%에 이르는 점, 이러한 지원이 재무상황이 악화된 서영이 계속 운영되어 경영권이 안정적으로 승계되도록 하기 위한 목적으로 이루어진 점 등에 근거하여 부당한 인력지원행위에 해당하는 것으로 보았다.[120]

(4) 부당한 거래단계의 추가 등

부당한 거래단계의 추가 등이란 사업자가 다른 사업자와 직접 상품·용역을 거래하면 상당히 유리함에도 불구하고, ① 거래상 역할이 없거나 미미한 특수관계인이나 다른 회사를 거래단계에 추가하거나 거쳐서 거래하는 행위, ② 특수관계인이나 다른 회사를 거래단계에 추가하거나 거쳐서 거래하면서 그 특수관계인이나 다른 회사에 그 거래상의 역할에 비하여 과도한 대가를 지급하는 행위를 통하여 과다한 경제상 이익을 제공함으로써, 특수관계인 또는 다른 회사를 지원하는 행위를

---

117) 대법원 2005. 4. 29. 선고 2004두3281 판결.
118) 대법원 2006. 6. 2. 선고 2004두558 판결.
119) 대법원 2006. 12. 7. 선고 2004두11268 판결.
120) 대법원 2022. 5. 26. 선고 2020두36267 판결.

말한다(일반지정 9. 라.).

미스터피자가 유통 과정에 역할이 없는 씨케이푸드와 장안유업을 추가하여 치즈 등을 공급받았으며, 이를 통해 각각 약 40억원과 9억원의 유통 마진을 취득하게 하였다. 대법원은 미스터피자가 치즈 등을 직거래하였을 때보다 높은 가격을 지급하였다고 볼 수 있다는 점 등에 근거하여 부당한 지원행위에 해당하는 것으로 판단하였다.[121] 동 판결에서 특히 주목할 것은 현저성 판단에 관한 것인데, 대법원은 지원객체가 속한 시장에서 지원행위의 비중이 크지 않더라도 '현저한 규모의 거래에 해당하지 않는다고 단정할 것은 아니며, "지원객체의 사업개시 또는 사업유지를 위한 최소한의 물량을 초과할 정도의 거래규모가 확보되어 지원객체의 사업위험이 제거되었다고 볼 수 있는 이상 현저한 규모의 거래에 해당한다"고 판시하였다.

3. 부당성 판단

대법원은 지원행위의 부당성을 판단함에 있어서는 "지원주체와 지원객체와의 관계, 지원행위의 목적과 의도, 지원객체가 속한 시장의 구조와 특성, 지원성 거래 규모와 지원행위로 인한 경제상 이익 및 지원기간, 지원행위로 인하여 지원객체가 속한 시장에서의 경쟁제한이나 경제력집중의 효과 등은 물론 중소기업 및 여타 경쟁사업자의 경쟁능력과 경쟁여건의 변화 정도, 지원행위 전후의 지원객체의 시장점유율의 추이, 시장개방의 정도 등을 종합적으로 고려하여 당해 지원행위로 인하여 지원객체의 관련시장에서 경쟁이 저해되거나 경제력집중이 야기되는 등으로 공정한 거래가 저해될 우려가 있는지 여부에 따라 판단하여야 한다"고 판시하였다.[122] 즉 대법원은 지원행위의 부당성 판단을 경제력집중과 경쟁제한성의 이원적 기준에 의하고 있는데, 동 규정의 입법취지가 공정한 거래질서의 확립과 아울러 경제력집중의 방지에 있다는 점에 비추어 타당한 것으로 볼 수 있다. 한편 동 판결이 "공익적 목적, 소비자 이익, 사업경영상 또는 거래상의 필요성 내지 합리성 등도 공정한 거래질서와 관계없는 것이 아닌 이상 부당성을 갖는지 유무를 판단함에 있어 고려되어야 하는 요인의 하나"로[123] 판시함으로써, 특히 사업경영상 또는 거래상 필요성을 부당성 판단의 고려 요소의 하나로 인정하고 있다는 점에도 주의를

121) 대법원 2022. 9. 16. 선고 2019도19067 판결.
122) 대법원 2006. 12. 7. 선고 2004두11268 판결.
123) 위의 대법원 판결.

요한다.

제 4 절 특수불공정거래행위

공정거래위원회는 특수한 사업분야나 특정한 행위와 관련하여 발생하는 불공
정거래행위를 효과적으로 규제하기 위하여 특히 필요하다고 인정하는 경우에는
불공정거래행위의 유형 또는 기준을 특정분야 또는 특정행위에 적용하기 위하여
세부기준을 정하여 고시할 수 있다(영 55조 2항). 현재 공정거래위원회가 지정·고
시하고 있는 특수불공정거래행위의 유형은 모두 3가지이다([표 7-2] 참조).

[표 7-2] 특정행위 또는 특정사업분야에 적용되는 불공정거래행위의 유형 및 기준

특정행위	특정사업분야
• 병행수입에 있어서의 불공정거래행위의 유형 고시 • 계속적 재판매거래 등에 있어서의 거래상 지위남용행위 세부유형 지정고시	• 신문업에 있어서의 불공정거래행위 및 시장 지배적 지위남용행위의 유형 및 기준

Ⅰ. 계속적 재판매거래 등에 있어서 거래상 지위남용행위

1. 개   관

거래상 지위남용행위는 통상 계속적 재판매거래에서 자주 나타나고 있기 때문
에, 공정거래위원회는 이러한 행위들을 효율적으로 규제하기 위하여 '계속적 재판
매거래등에 있어서의 거래상 지위남용행위 세부유형 지정고시'를 제정하여 시행하
고 있다.[124)

2. 적용범위

이 고시는 상품의 재판매·위탁판매 등을 위하여 일정한 기간 동안 약정을 하
고 공급업자가 판매업자에게 계속적으로 상품을 매입거래, 위·수탁거래 등의 방
법으로 공급하는 거래(이를 '계속적 재판매거래 등'이라 함)에서 공급업자가 판매업자에

---

124) 공정거래위원회 고시 제2014-6호, 2014. 5. 12. 제정, 고시 제2017-6호, 2017. 6. 2. 일부 개정.

대해 거래상 우월한 지위를 가지는 경우에 적용한다(고시 2조 1항). 그러나 가맹사업법에 따른 가맹사업에 해당하는 경우에는 이 고시를 적용하지 않는다(고시 2조 3항).

여기서 공급업자가 판매업자에 대해 거래상 우월한 지위를 가지고 있는지 여부는 ① 상품시장 및 유통시장의 구조, ② 공급업자와 판매업자 간의 사업능력의 격차, ③ 판매업자의 공급업자에 대한 거래 의존도, ④ 거래의 대상이 되는 상품의 특성 등을 종합적으로 고려하여, 공급업자가 판매업자의 거래활동에 상당한 영향을 미칠 수 있는 지위에 있는지에 따라 판단한다(고시 2조 2항).

3. 불공정거래행위의 내용

(1) 구입 강제행위의 금지
공급업자는 다음 각 호의 어느 하나에 해당하는 행위를 해서는 안 된다(고시 4조).

① 판매업자가 청약 또는 주문하지 않은 상품을 일방적으로 공급하고 이를 구입한 것으로 정산하거나 이에 준하여 회계 처리하는 행위
② 합리적 이유 없이 판매업자로 하여금 유통기한이 임박한 상품, 신제품, 판매가 부진한 비인기 제품, 재고품 등을 일정한 수량 이상 반드시 구입 또는 인수하도록 하는 행위
③ 기타 구입할 의사가 없는 상품 또는 용역을 구입하도록 강제하는 행위

(2) 경제상 이익제공 강요행위의 금지
공급업자는 다음 각 호의 어느 하나에 해당하는 행위를 해서는 안 된다(고시 5조).

① 공급업자가 자기의 필요에 의해 판매촉진행사를 실시하면서 그 행사에 소요되는 비용 등은 사전에 판매업자와 약정하지 않고 판매업자에게 부담하도록 강요하는 행위
② 공급업자가 실질적으로 채용·관리하는 자의 인건비의 전부 또는 일부를 판매업자에게 부담하도록 강요하거나 판매업자에게 고용된 인원을 파견 받아 자기의 사업장 또는 자기가 지정하는 사업장에서 근무하도록 강요하는 행위
③ 판매업자에게 거래와 무관한 기부금, 협찬금 등 경제상 이익을 공급업자를 위하여 제공하도록 강요하는 행위

(3) 판매목표 강제행위의 금지

공급업자는 자기가 공급하는 상품과 관련하여 거래상대방의 거래에 관한 목표를 제시하고 이를 달성하지 못하였다는 이유만으로 판매업자에게 다음 각 호의 어느 하나에 해당하는 행위를 해서는 안 된다(고시 6조).

① 판매업자와의 계약을 중도에 해지하는 행위
② 제품의 공급을 중단하는 행위
③ 판매업자에게 지급할 의무가 있는 금원의 전부 또는 일부를 지급하지 않는 등 불이익을 제공하는 행위

(4) 불이익 제공행위의 금지

공급업자는 거래조건의 설정 및 변경과 관련하여 다음 각 호의 어느 하나에 해당하는 행위를 해서는 안 된다(고시 7조 1항).

① 계약 유효기간 중에 정상적인 거래관행에 비추어 부당한 거래조건을 추가한 새로운 계약을 일방적으로 체결하는 행위
② 계약의 전부 또는 일부를 해지하더라도 손해배상을 청구할 수 없도록 하는 행위
③ 공급업자가 판매업자에게 임대한 장비, 비품이 판매업자의 귀책사유에 의하여 손실, 훼손된 경우 감가상각을 고려하지 않은 당초 구입가격에 근거하여 변상하도록 하는 등 부당한 변상기준을 일방적으로 설정하는 행위
④ 계약서 내용에 관한 해석이 일치하지 않을 경우 공급업자의 일방적인 해석에 따라야 한다는 조건을 설정하는 행위

그리고 공급업자는 반품과 관련하여 다음 각 호의 어느 하나에 해당하는 행위를 해서는 안 된다(고시 7조 2항).

① 공급업자의 귀책사유로 인해 상품이 파손 또는 훼손되었음에도 불구하고 반품을 거부하는 행위
② 공급업자의 귀책사유로 인해 반품이 발생하였음에도 불구하고 운송비 등 반품에 소요되는 비용을 판매업자에게 전가시키는 행위

한편 공급업자는 거래과정에서 다음 각 호의 어느 하나에 해당하는 행위를 통해 판매업자에게 불이익을 주어서는 안 된다(고시 7조 3항).

① 상품의 공급 또는 영업의 지원 등을 부당하게 중단 또는 거절하거나 현저히 제한하는 행위

② 판매장려금 지급 제한 사유와 무관하게 판매장려금을 부당하게 삭감하거나 지급하지 않는 행위

또한 공급업자는 그 밖의 방법으로 부당하게 거래상대방에게 불이익이 되도록 거래조건을 설정 또는 변경하거나 그 이행과정에서 불이익을 주는 행위를 해서는 안 되며(고시 7조 4항), 판매업자가 이 고시를 위반한 공급업자의 행위에 대하여 공정거래위원회 등 관계기관에 신고하거나 알리는 행위를 한 것을 이유로 부당하게 해당 판매업자에게 불이익이 되도록 거래조건을 설정 또는 변경하거나 그 이행과정에서 불이익을 주는 행위를 해서는 안 된다(고시 7조 5항).

(5) 경영활동 간섭금지

공급업자는 다음 각 호의 어느 하나에 해당하는 행위를 해서는 안 된다(고시 8조 1항).

① 합리적 이유 없이 공급업자가 자기의 필요에 의해 실시하는 판매촉진행사에 판매업자가 반드시 참여하도록 요구하는 행위

② 판매업자에게 소속된 임직원의 선임·해임·근무지역·근무조건이나 판매원의 계약체결·해지·영업지역·거래조건 등을 일방적으로 정하여 이행을 요구하는 행위

③ 합리적 이유 없이 판매업자의 거래처 현황, 매출 내역, 자금출납 내역 등 판매업자의 사업상 비밀에 해당하는 정보를 제공하도록 요구하는 행위

④ 판매업자의 거래상대방, 영업시간, 거래지역 등을 공급업자가 일방적으로 정하여 이행을 요구하는 등 경영활동에 간섭하는 행위

그러나 위의 규정은 위·수탁거래에 있어 공급업자가 판매업자에게 동의를 얻은 경우 등 정당한 이유가 있는 경우에는 적용하지 않는다(고시 8조 2항).

(6) 주문내역 확인요청 거부 또는 회피 금지

공급업자는 판매업자가 청약 또는 구입 의사를 표시한 제품, 수량 등 주문내역의 정당한 확인 요청에 대하여 이를 거부 또는 회피해서는 안 된다(고시 9조).

4. 자료제출과 재검토기한

공정거래위원회는 이 고시의 시행과 관련하여 필요한 경우 공급업자와 판매업자에게 계속적 재판매계약등과 관련한 자료의 제출을 명할 수 있다(고시 10조). 그리고 「훈령・예규 등의 발령 및 관리에 관한 규정」에 따라 이 고시에 대하여 2017년 7월 1일을 기준으로 매 3년이 되는 시점마다 그 타당성을 검토하여 개선 등의 조치를 하여야 한다(고시 11조).

Ⅱ. 병행수입에 있어서의 불공정거래행위

1. 개   관

'병행수입'이라 함은 독점수입권자에 의해 당해 외국상품이 수입되는 경우 제3자가 다른 유통경로를 통하여 진정상품(외국에서 적법하게 상표를 사용할 수 있는 권리가 있는 자에 의하여 상표가 부착되어 배포된 상품)을 국내 독점수입권자의 허락 없이 수입하는 것을 말한다. 우리나라에서 병행수입은 1995년 11월 '지적재산권 보호를 위한 수출입통관 사무처리규정'의 개정을 통해서 허용되었는데, 이를 허용한 이유는, 병행수입이 허용되지 않은 상태에서는 시장이 개방되어도 국내시장에서 가격경쟁이 제대로 일어나지 않고, 국내 공산품 가격의 안정에 도움이 되지 않을 뿐만 아니라 소비자 보호에도 반하는 문제가 발생할 우려가 있기 때문이다. 그러나 병행수입이 허용되고 난 이후에도 병행수입품의 수입・유통단계에서 독점수입권자들이 각종 불공정거래행위에 의해 가격경쟁과 서비스경쟁을 저해하는 문제가 발생하게 되었다. 이에 따라 공정거래위원회는 독점수입권자에 의한 병행수입저지행위 중에서 불공정거래행위에 해당되어 금지되는 부당한 병행수입저지행위의 대표적인 유형을 구체적으로 밝혀서 이를 사전에 예방하기 위하여 '병행수입에 있어서의 불공정거래행위의 유형고시'를 제정하여 시행하고 있다.[125]

2. 적용대상

이 고시는 관세청 고시인 「지적재산권보호를 위한 수출입 통관 사무처리에 관한 고시」 제1−3조 제5호 단서규정에 의하여 "상표권을 침해하지 않는 것으로 보

---

125) 공정거래위원회 고시 제2015−15호, 2015. 10. 23. 일부 개정.

는 경우"에 해당되어 수입이 허용되는 상품을 국내에 수입하여 판매하는 병행수입업자의 행위를 부당하게 저해하는 독점 수입권자 및 그 판매업자의 불공정거래행위를 그 규제대상으로 한다(고시 3조).

3. 기본원칙

병행수입은 독점수입권자 이외의 제3자가 다른 유통경로를 통하여 진정상품을 수입함에 따라 일반적으로 경쟁을 촉진시키는 효과를 지니는 것이므로 이를 부당하게 저해하는 경우에는 법에 위반된다(고시 4조 1항). 그러나 병행수입품이라고 하는 상품이 진정상품이 아니고 위조상품인 경우에는 상표권의 침해를 이유로 독점수입권자가 그 판매를 중지시킬 수 있고, 그 외에도 상품사양이나 품질이 다른 상표품인 데도 불구하고 허위의 출처표시를 하는 등으로 해서 일반소비자에게 독점수입권자가 취급하는 상품과 동일한 것이라고 오인될 우려가 있는 경우 상표의 신용을 보지하기 위하여 필요한 조치를 취하는 것은 원칙적으로 법상 문제되지 않는다(고시 4조 2항).

4. 불공정거래행위의 내용

(1) 해외유통경로로부터의 진정상품 구입방해

독점 수입권자가 부당하게 ① 병행수입업자가 진정상품을 구입하고자 하는 경우 외국상표권자의 해외거래처에 대하여 외국상표권자로 하여금 제품공급을 하지 못하게 하거나, ② 병행수입품의 제품번호 등을 통하여 그 구입경로를 알아내어 동 제품을 취급한 외국상표권자의 해외거래처에 대하여 외국상표권자로 하여금 제품공급을 하지 못하게 하는 경우에는, 불공정거래행위 유형 중에서 거래지역 또는 거래상대방의 제한에 해당되어 독점규제법 제45조 제1항 제7호에 위반되거나, '기타의 사업활동의 방해'에 해당되어 제23조 제1항 제8호에 위반된다(고시 5조).

(2) 판매업자에 대한 병행수입품의 취급제한

독점수입권자가 독점수입상품을 판매함에 있어 부당하게 병행수입품을 취급하지 않는 조건으로 자기의 판매업자와 거래하는 등 판매업자에 대하여 병행수입품을 취급하지 않도록 하는 경우에는 불공정거래행위 유형 중에서 '배타조건부거래'에 해당되어 법 제45조 제1항 제7호에 위반된다(고시 6조).

(3) 병행수입품을 취급한 판매업자에 대한 차별적 취급

독점수입권자가 독점수입상품을 판매함에 있어 자기의 판매업자 중 병행수입품을 취급하는 판매업자에 대하여는 타판매업자에 비하여 현저하게 불리한 가격으로 거래하거나, 수량·품질 등 거래조건이나 거래내용에 관하여 부당하게 차별적 취급을 하는 경우에는 불공정거래행위 유형 중에서 '가격차별' 및 '거래조건차별'에 해당되어 법 제45조 제1항 제2호에 위반된다(고시 7조).

(4) 병행수입품을 취급한 판매업자에 대한 제품공급거절 및 중단

독점수입권자가 독점수입상품을 판매함에 있어 병행수입품을 취급하는 사업자와는 거래개시를 거절하거나, 그동안 계속 거래하여 오던 자기의 판매업자 중 병행수입품을 취급한 사업자에 대하여 병행수입품을 취급하였다는 이유만으로 부당하게 제품의 공급을 중단하는 경우에는 불공정거래행위 유형 중에서 '기타의 거래거절'에 해당되어 법 제45조 제1항 제1호에 위반된다(고시 8조).

(5) 병행수입품을 취급하는 소매업자에 대한 독점수입품의 판매제한

독점수입권자가 자기의 판매업자(도매업자)로 하여금 부당하게 병행수입품을 취급하는 소매업자에게는 독점수입품을 판매하지 못하게 하는 경우에는, 불공정거래행위 유형 중에서 '거래지역 또는 거래상대방의 제한'에 해당되어 법 제45조 제1항 제7호에 위반되거나, '경영간섭'에 해당되어 법 제45조 제1항 제6호에 위반된다(고시 9조).

(6) 규제 사례

한성자동차 사건은 병행수입과 관련하여 다루어진 대표적인 사례에 해당한다. 동 사건에서 (주)한성자동차는 독일 벤츠사의 한국내 독점 수입판매대리점이며 위 상표의 한국내 전용사용권등록권자의 지위에 있었다. 한편 다른 자동차수입업자인 (주)오토월드는 벤츠사의 캐나다판매법인으로부터 벤츠자동차를 병행수입하여 판매하였고, 차대번호를 추적하여 이를 확인한 (주)한성자동차는 벤츠사로부터 독점수입판매대리점계약 위반을 이유로 약정된 커미션을 지급받았다. 벤츠사는 커미션에 해당하는 금액을 벤츠캐나다사에게, 벤츠캐나다사는 캐나다판매법인에게, 캐나다판매법인은 (주)오토월드에게 순차적으로 청구하였고, (주)오토월드가 이의 지급을 거절하자, 캐나다판매법인은 (주)오토월드와의 거래를 중단하였다. 동 사건에 대하여, 공정거래위원회는 (주)한성자동차가 차대번호를 확인하고 이를 통보하여 커미션을 청구한 행위가, '병행수입 고시'상의 해외유통경로로부터의 진정상품 구입방해에 해당한다고 판단하고, (주)한성자동차에 대한 시정명령을 부과하였다.[126]

동 명령에 대한 취소소송에서 고등법원은 우선 (주)한성자동차의 행위가 구독점규제법 제59조에서 규정한 적용제외 사유로서 무체재산권의 행사에는 해당하지 않는다고 보면서, 당해 사안이 독점규제법적 관점에서 다루어질 수 있음을 인정하였다. 즉 진정상품의 병행수입행위는 (주)한성자동차의 상표권 전용사용권을 침해하는 것은 아니라고 보았다. 그러나 병행수입의 제한으로서 불공정거래행위의 인정은 받아들이지 않았다. (주)한성자동차가 벤츠사에게 커미션을 청구한 것은 계약상 정당한 권리행사라 할 수 있으며, 또한 이러한 행위로부터 (주)오토월드의 수입거절의 상당인과관계를 부정하였다. 즉 (주)오토월드의 수입거절은 캐나다판매법인으로부터의 커미션해당액의 지급 거절에 따른 것이고, 이에 대하여 (주)한성자동차로부터의 인과성을 인정하기 어렵다고 보았다.[127] 이와 같은 고등법원의 판단은 대법원에서도 유지되었다.[128]

Ⅲ. 신문업에 있어서의 불공정거래행위 및 시장지배적 지위남용행위

1. 개 관

공정거래위원회는 신문업에 대하여 과거에는 신문불공정거래행위기준 고시를 제정하여 운용한 바 있으나 1999년부터는 동 고시를 폐지하고 이를 업계의 자율규제에 맡겨왔다. 그런데 동 고시를 폐지한 이후 신문업자들의 무가지 배포행위와 경품제공행위, 신문구독 강요행위 등이 증가하여 이를 신문업계의 자율규제에 맡기는 것에는 한계가 있다는 지적이 있었기 때문에, 공정거래위원회는 2001년 6월에 신문시장 당사자(신문사, 지국, 독자, 광고주(기업))들의 신문판매나 광고게재 등의 상업적 활동에 대한 불공정거래행위 및 시장지배적 사업자인 신문발행업자의 시장지배적지위남용행위에 대한 유형 및 기준을 내용으로 하는 고시(2001. 6. 30. 제2001−7호)를 제정하여 시행하였다.

그러나 이 고시에서는 사업자단체가 공정경쟁규약을 시행하는 경우, 당해 사업

---

126) 공정거래위원회 1998. 6. 5. 의결 제98−110호.
127) 서울고법 2000. 4. 6. 선고 99누389 판결.
128) 대법원 2002. 2. 5. 선고 2000두3184 판결.

자단체가 우선적으로 동 규약을 적용하는 것으로 규정함으로써 공정거래위원회의 일차적인 개입이 제한되어 있었기 때문에 신문시장에서의 불공정거래행위 등이 근절되지 않았다. 이에 2003년 개정된 고시(2003. 5. 27. 제2003-3호)에서는 사업자단체가 공정경쟁규약을 운영하는 경우에도 공정거래위원회가 일차적으로 규제할 수 있도록 하였다. 그리고 2009년에는 법집행의 일관성 및 객관성을 제고하고 신문업 사업자의 법위반행위를 예방함과 아울러 당해 사업자단체 등의 법 준수활동을 지원하여 신문업 시장의 공정한 거래질서 확립을 도모하기 위하여 새로 고시를 제정하여 시행하고 있다.[129]

2. 신문 및 무가지 등의 정의

(1) 신문 등의 정의

이 고시에서 '신문'이라 함은 정기간행물의 등록 등에 관한 법률에 규정된 '일반 일간신문', '특수 일간신문', '일반 주간신문' 및 '특수 주간신문'으로서 영리목적으로 발행하는 신문을 말한다(고시 2조 1항). 그리고 '유료신문'이라 함은 신문발행업자 또는 신문판매업자가 신문대금을 받고 배포하는 호별배달신문, 우송신문, 가판신문, 기타 판매신문을 말한다. 이에 관한 구체적인 사항은 사단법인 한국에이비씨협회의 관련기준에 따른다(고시 2조 3항).

(2) 무가지 및 경품류

이 고시에서 '무가지'라 함은 신문발행업자 또는 신문판매업자가 신문판매업자 또는 구독자에게 공급하는 유료신문을 제외한 신문을 말하며, 판촉용신문과 예비용신문 등을 포함한다. 다만, 공익목적으로 낙도, 군부대 등에 무료로 제공하는 신문이나 호외로 제공하는 신문은 제외한다(고시 2조 2항). 그리고 '경품류'라 함은 신문발행업자 또는 신문판매업자가 자기가 발행하거나 판매하는 신문의 독자에게 직접 또는 간접적으로 제공하는 현금, 유가증권, 물품, 용역제공 등 경제상의 이익을 말한다(고시 2조 4항).

3. 불공정거래행위의 내용

(1) 무가지 및 경품류 제공의 제한

다음 각 호의 어느 하나에 해당하는 행위는 불공정거래행위 중에서 "부당하게

---

129) 공정거래위원회 고시 제2015-15호, 2015. 10. 23. 일부 개정.

경쟁자의 고객을 자기와 거래하도록 유인하는 행위"에 해당된다(고시 3조).

① 신문발행업자가 신문판매업자에게 1개월 동안 제공하는 무가지와 경품류를 합한 가액이 같은 기간에 당해 신문판매업자로부터 받는 유료신문대금의 20%를 초과하는 경우

② 신문판매업자가 독자에게 1년 동안 제공하는 무가지와 경품류를 합한 가액이 같은 기간에 당해 독자로부터 받는 유료신문대금의 20%를 초과하는 경우. 이 경우에는 구독기간이 1년 미만인 때에도 같다.

③ 신문발행업자가 직접 독자에게 1년 동안 제공하는 무가지와 경품류를 합한 가액이 같은 기간에 당해 독자로부터 받는 유료신문대금의 20%를 초과하는 경우

여기서 '무가지의 가액'은 당해 당사자간에 거래되는 유료신문의 단가를 적용하여 계산하며, 신문발행업자가 신문판매업자에게 제공하는 '경품류'는 독자에게 전달되는 것을 전제로 제공하는 것을 말한다. 다만, 다음과 같은 경우, 즉 ① 화재, 수해 기타의 재해가 발생한 경우에 이재민에게 제공하는 위문품, 의연금 등 경제상 이익으로서 사회통념상 정상적인 상관행에 비추어 적당하다고 인정되는 경우, ② 자기가 발행하거나 판매하는 신문에 부수하여 제공하는, 자기 신문에 수록된 내용을 첨삭없이 담아 제작한 소형 인쇄물 등으로서 사회통념상 정상적인 상관행에 비추어 적당하다고 인정되는 경우, ③ 독자투고, 독자인터뷰 등 특별한 노고의 대가로서 사회통념상 정상적인 상관행에 비추어 적당하다고 인정되는 경우, ④ 구독자에 한정하지 않는 행사초대 등으로서 사회통념상 정상적인 상관행에 비추어 적당하다고 인정되는 경우에는 경품류의 제공으로 보지 아니한다.

그럼에도 불구하고 신문발행업자가 경품류 제공행위에 대한 계획을 수립하고 경품류 비용의 전부 또는 일부를 지원하여 경품류를 일괄 구입한 후 신문판매업자에게 배정하거나, 경품류 제공행위에 대한 구체적인 계획을 수립하거나 직접적으로 경품류 구입비용을 지원하지 않더라도 신문판매업자에 대하여 경품류 제공의 독려, 권유 등의 행위를 하는 등 신문판매업자의 경품류 제공행위에 직·간접적으로 관여한 경우에는 신문발행업자의 경품류 제공행위로 본다.

(2) 부당한 고객유인행위의 금지

신문판매업자 또는 발행업자의 다음 각 호의 어느 하나에 해당하는 행위는 불

공정거래행위 유형 중에서 "부당하게 경쟁자의 고객을 자기와 거래하도록 유인하는 행위"에 해당된다(고시 4조).

① 신문판매업자가 구독계약기간이 종료된 후, 구독중지 의사를 표시한 자에게 신문을 7일 이상 계속 투입하는 행위

② 신문발행업자 또는 신문판매업자가 직접 또는 제3자를 통하여 경품류 제공 이외의 방법(신문대금 대신지급, 다른 간행물 끼워주기, 과도한 가격할인 등)으로 정상적인 상관행에 비추어 과도한 대가지급을 전제로 경쟁사업자의 고객을 자기와 거래하도록 유인하는 행위

③ 신문발행업자가 실제로는 독자에게 배포되지 않고 폐기되는 신문부수도 독자에게 배포되는 신문부수에 포함·확대하여 광고주를 오인시킴으로써 자기에게 광고게재를 의뢰하도록 유인하는 행위

④ 신문발행업자가 고객에게 자기의 신문에 그 고객에게 유리한 기사를 게재하는 등의 이익을 주겠다고 하여 광고게재의뢰를 유인하는 행위

(3) 거래상 지위남용행위의 금지

신문발행업자가 다음 각 호의 어느 하나에 해당되는 행위, 즉 ① 신문판매업자에게 사전협의 없이 그의 의사에 반하여 판매목표량을 늘리도록 강요하는 행위, ② 신문판매업자에게 신문공급부수, 신문공급단가, 신문판매지역 등을 사전협의 없이 부당하게 결정하거나 변경하는 행위, ③ 원재료구입처 등 거래상대방에게 자기를 위하여 기자재 등을 제공하도록 강요하거나 특정행사에 금전·물품·용역 기타의 경제상 이익을 제공하도록 강요하는 행위, ④ 광고게재 의뢰를 받지 않고 일방적으로 자기의 신문에 광고를 게재한 후 그 고객에게 광고대가의 지급을 강요하는 행위, ⑤ 일정기간 계속적인 거래관계에 있는 고객에게 사전협의 없이 합리적인 근거가 없는 높은 광고단가로 부당하게 광고대가지급을 강요하는 행위를 하는 경우, 그것은 불공정거래행위 유형 중에서 "자기의 거래상의 지위를 부당하게 이용하여 상대방과 거래하는 행위"에 해당된다(고시 5조).

(4) 차별적 취급행위의 금지

신문발행업자가 신문판매업자에게 신문을 공급함에 있어 부당하게, 합리적인 거래기준에 의하지 아니하고 거래지역 또는 거래상대방에 따라 현저하게 유리하

거나 불리한 조건으로 거래하는 행위와, 신문판매업자가 신문을 판매함에 있어 광고물의 배달을 의뢰받는 경우 광고물의 배달을 의뢰하는 자에 따라 정상적인 가격이나 거래조건에 비해 부당하게, 현저하게 유리하거나 불리한 조건으로 거래하는 행위는 불공정거래행위 유형 중에서 "부당하게 거래의 상대방을 차별하여 취급하는 행위"에 해당된다(고시 6조).

(5) 거래강제행위의 금지

신문발행업자가 다음 각 호의 어느 하나에 해당하는 행위, 즉 ① 정상적인 거래관행에 비추어 부당하게 자기의 임직원에게 자기, 특수관계인 또는 계열회사가 발행하는 신문, 잡지 또는 다른 출판물을 구입 또는 판매(영업사원은 대상에서 제외)하도록 강요하거나 강압적으로 권유하는 행위, ② 사회통념에 비추어 아주 낮은 보수 또는 무보수로 사원을 채용한 뒤 그 사원이 수주한 광고대가의 일부를 보수(다만, 광고영업사원에게 지급되는 사회통념상 합당한 성과급의 경우는 제외)로 지급하는 조건으로 그 사원에게 광고상품의 판매를 강요하는 행위, ③ 광고게재를 유도할 목적으로 고객에게 광고게재를 의뢰하지 않으면 자기의 신문에 그 고객에게 불리한 기사를 게재하는 등의 불이익을 주겠다는 의사를 표시하거나 불이익을 주는 행위, ④ 신문판매업자에게 신문을 공급하면서 정상적인 거래관행에 비추어 부당하게 자기, 특수관계인 또는 계열회사가 발행하는 신문, 잡지 또는 다른 출판물을 구입하도록 하는 행위를 하는 경우, 그것은 불공정거래행위 유형 중에서 "부당하게 경쟁자의 고객을 자기와 거래하도록 강제하는 행위"에 해당된다(고시 7조).

(6) 신문판매업자에 대한 배타조건부거래행위의 금지

신문발행업자가 신문판매업자에게 부당하게, 사전계약 또는 합의에 의하지 아니하고 다른 신문발행업자의 신문을 판매하지 못하게 하는 행위는 불공정거래행위 유형 중에서 "거래의 상대방의 사업활동을 부당하게 구속하는 조건으로 거래하는 행위"에 해당된다(고시 8조).

(7) 거래거절행위의 금지

신문발행업자가 신문판매업자에 대하여 계약서상 신문공급의 제한 또는 해약사유나 사전합의에 의하지 아니하고 부당하게 신문공급을 중단 또는 현저히 제한하거나 계약을 해지하는 행위는 불공정거래행위 유형 중에서 "부당하게 거래를 거절하는 행위"에 해당된다(고시 9조).

4. 시장지배적 지위남용의 금지

(1) 부당한 가격의 결정·유지·변경

시장지배적사업자인 신문발행업자가 거래상대방에 대한 신문판매가격 또는 광고대가를 원가변동요인 등에 비하여 현저하게 높은 수준으로 결정·유지 또는 변경하는 행위는 "상품의 가격이나 용역의 대가(이하 '가격'이라 함)를 부당하게 결정·유지 또는 변경하는 행위"로서 법 제5조 제1항 제1호에 해당된다(고시 10조 1항).

(2) 부당하게 경쟁사업자를 배제하는 행위

시장지배적사업자인 신문발행업자가 자기 신문판매업자들에게 지나치게 낮은 가격으로 신문을 공급함으로써 다른 신문발행업자를 배제시킬 우려가 있는 경우와 광고주 등 거래상대방이 다른 신문발행업자와 거래하지 아니하는 조건으로 거래하는 행위는 "부당하게 경쟁사업자를 배제하기 위하여 거래하는 행위"로서 법 제5조 제1항 제5호 전단에 해당된다(고시 10조 2, 3항).

(3) 다른 사업자의 사업활동 방해

시장지배적사업자인 신문발행업자가 허위 또는 근거없는 내용으로 광고주 등 거래상대방을 비방하는 기사를 게재함으로써 사업활동을 어렵게 하는 행위는 "다른 사업자의 사업활동을 부당하게 방해하는 행위"로서 법 제5조 제1항 제3호에 해당된다(고시 10조 4항).

5. 사업자단체의 공정경쟁규약 및 다른 고시와의 관계

신문업에 대한 동 고시의 집행에 있어서 사업자단체가 공정거래위원회의 심사를 거쳐 이 고시의 내용에 저촉되지 아니하는 공정경쟁규약을 시행하는 경우에는 그 사업자단체가 동 규약을 적용하여 사건을 처리하게 할 수 있다. 다만, 공정거래위원회가 사업자단체에서 처리하는 것이 효과적이라고 인정하여 사업자단체와 협의한 경우에는 그 사업자단체가 동 규약을 적용하여 사건을 처리하도록 한다(고시 11조). 또 다른 고시와의 관계에 있어서 신문업에 대해서는 동 고시가 「경품류제공에 관한불공정거래행위의 유형 및 기준」과 「시장지배적 지위남용행위의 유형 및 기준」에 우선하여 적용된다(고시 12조).

제 5 절 특별 규제

I. 재판매가격유지행위 규제

1. 규제의 의의

(1) 재판매가격유지행위의 의의
(가) 재판매가격유지행위의 개념

재판매가격유지행위는 상품의 유통 과정에서 상위에 있는 사업자가 다음 단계에서의 상품 가격을 구속하는 것을 의미한다. 독점규제법 제2조 제20호에서 재판매가격유지행위란 "사업자가 상품 또는 용역을 거래할 때 거래상대방인 사업자 또는 그 다음 거래단계별 사업자에 대하여 거래가격을 정하여 그 가격대로 판매 또는 제공할 것을 강제하거나 그 가격대로 판매 또는 제공하도록 그 밖의 구속조건을 붙여 거래하는 행위"를 말한다.

재판매가격유지는 상품 유통단계에서 가격 유지를 의미하므로 대리나 위탁판매 등과 같이 유통과정상의 재판매로 볼 수 없는 경우에는 동 규정의 적용 여지가 없지만, 어디에 해당하는지는 실질적으로 판단하여야 한다. 재판매가격유지는 행태적으로 가격유지를 강제하거나 기타 구속조건을 붙여 거래하는 것을 말한다. 따라서 단지 일정한 가격을 권장하거나 희망하는 것은 강제나 구속적 조건이 수반하지 않는 것이므로, 동법에서 규제하는 재판매가격유지행위에 해당하지 않는다. 대법원은 "단지 참고가격 내지 희망가격으로 제시하는 것에 그치지 않고, 재판매업자로 하여금 그 지시·통지에 따르도록 하는 것에 대하여 현실로 그 실효성을 확보할 수 있는 수단이 부수되어 있는" 경우에, 여기서 규제되는 재판매가격유지행위에 해당하는 것으로 보고 있다.[130]

(나) 재판매가격유지행위의 유형

경쟁정책적으로 의미 있는 분류는 가격유지의 내용에 따라 최저재판매가격유지와 최고재판매가격유지로 구분하는 것이다. 최저가격의 유지는 균형가격 이상에서 일정한 가격을 설정하고 그 이하의 가격으로 판매하는 것을 금지하는 것이며,

---

130) 대법원 2001. 12. 24. 선고 99두11141 판결.

최고가격 유지는 균형가격 이하에서 결정된 가격 이상으로 판매하는 것을 금지하는 형태로 나타난다.

　최고가격유지는 균형가격 이하에서 가격책정이 이루어지기 때문에, 그 자체로 소비자에게 이익이 되는 측면이 있으며, 이러한 점은 경쟁정책상 긍정적인 평가 요소로서 고려될 수 있다. 미국 반독점법에 관한 판례도 이와 같은 최고가격유지의 특성을 반영하여 상반되는 효과를 형량하는 합리의 원칙에 따라서 위법성을 평가하였으며,[131] 이러한 태도는 2020년 개정 이전 구 독점규제법 제29조 제1항 단서에서 정당한 사유가 있는 최고가격유지 형태의 재판매가격유지행위는 허용되는 것으로 하는 규정에 반영되었다. 개정 이후에는 양자에 대한 법적 규율은 동일하게 되었지만, 정당화 사유의 구체적 검토에서 양자의 형태적 특징의 차이가 영향을 미칠 수 있다.

(2) 재판매가격유지행위의 경쟁제한성과 경제적 동기

　전술한 것처럼 재판매가격유지행위는 유통과정상 상위에 있는 사업자에 의하여 이루어지며, 수직적 구조 하에서 하위 단계에서의 가격 경쟁을 제한한다. 일반적으로 재판매가격유지는 동일한 상표품(브랜드 제품) 안에서의 가격 고정 형태로 나타나게 되는데, 이러한 특성에 따라서 재판매가격유지행위는 '수직적 브랜드 내(vertical intra-brand) 제한'으로 이해되고 있다.[132]

　가격경쟁을 제한한다는 점에서 재판매가격유지가 경쟁제한적 효과를 낳는 것에 의문은 없지만, 이러한 행위의 배경이 되는 경제적 동기에 대해서 살펴볼 필요가 있다. 일반적으로 재판매가격유지의 경제적 동기로서 유인염매의 방지가 거론된다. 다수의 상품을 취급하는 유통 사업자는 브랜드 인지도가 높은 상품의 염매를 통하여 고객을 확보하는 전략을 활용할 수 있는데, 당해 상품의 제조업자 입장에서는 자사 상품의 브랜드 가치가 하락할 우려를 갖게 되며, 이를 억제하기 위하여 가격을 고정하는 방식을 채택할 수 있다. 또한 재판매가격유지는 유통사업자의 무임승차(free-riding)를 방지하는 목적과도 관련된다. 제조업자는 자신의 상품에 대한 유통업자의 판촉활동을 권장하게 되는데, 유통업자의 판촉활동에 따른 비용은 상품의 가격에 전가될 것이다. 이때 소비자가 판촉활동으로부터 상품에 대한 정보를 얻은 후에, 이러한 활동을 하지 않는 대신에 저가로 상품을 공급하는 유통

---

131) State Oil Co. v. Khan, 522 U.S. 3 (1997).
132) E. Thomas Sullivan & Jeffrey L. Harrison, op. cit., p. 215 이하 참조.

업자로부터 상품을 구매한다면, 적극적으로 판촉활동을 하지 않은 유통업자가 다른 유통업자의 영업활동에 무임승차를 하게 되는 상황이 발생하고, 이는 당해 상품의 판촉활동을 전반적으로 위축시키는 결과를 낳을 수 있다. 이때 제조업자가 하위 유통 단계에서의 가격을 고정하면, 당해 상품의 판매에 적극적인 활동을 하지 않은 유통사업자에게 상품을 구매할 유인이 줄어들 것이므로, 결국 재판매가격유지는 유통사업자의 무임승차를 방지하는 유력한 수단이 될 수 있다.

이상의 유인염매나 무임승차의 방지는 유통 과정에서 브랜드 간(inter-brand) 경쟁을 촉진시키는 의미가 있으며, 이러한 점은 재판매가격유지행위의 경쟁제한성 판단에 종합적으로 고려될 요소라 할 수 있다.

2. 규제의 내용

(1) 재판매가격유지행위의 금지

독점규제법 제46조 본문은 "사업자는 재판매가격유지행위를 하여서는 아니된다"고 규정하고 있다. 본문은 행위만 있으면 위법 평가 없이 바로 금지가 되는 당연위법적 형식을 취하고 있지만, 정당화 사유가 있는 경우 예외적으로 허용될 수 있는 단서 규정에 의해 당연위법적 성격은 해소된 것으로 볼 수 있다. 한편 구 독점규제법 제29조 제2항에 의해 일정한 요건을 갖추고 공정거래위원회의 사전 지정을 받은 상표품에 대한 재판매가격유지행위 규제의 적용이 제외되었는데, 2020년 법 개정에 의해 동 규정은 삭제되었다. 사전 지정제도는 거의 활용되지 않고 있다는 점에서 실효성에 의문이 있었고, 동 규정에서 제시되었던 요건들은 사후적인 평가 요소로 고려하는 것이 타당하다는 지적을 반영한 것으로서 바람직한 입법 개선으로 평가할 수 있다.

(2) 예 외

법 제46조 단서에 의해 각 호에서 정한 사유에 해당하는 경우에 허용되는데, 우선 제1호는 "효율성 증대로 인한 소비자후생 증대효과가 경쟁제한으로 인한 폐해보다 큰 경우 등 재판매가격유지행위에 정당한 이유가 있는 경우"를 규정하고 있다. 2020년 개정 이전 이에 해당하는 규정인 제29조 제1항 단서가 "상품이나 용역을 일정한 가격 이상으로 거래하지 못하도록 하는 최고가격유지행위로서 정당한 이유가 있는 경우에는 그러하지 아니하다"로 되어 있어, 정당화 사유에 의한 예외적 허용이 최저가격 형태의 재판매가격유지행위에 대해서는 적용되지 않았지만, 동 개정에 의해 이러한 제한은 사라지게 되었다. 동 개정은 최저가격 형태의 재판매가격유지 역시 경쟁촉진적인 효과를 가질 수 있으며, 이는 정당화 사유로서 부당성 판단에서 고려될 필요가 있다는 사고를 반영한 것이다.[133] 이와 관련하여 미국 반독점법상 재판매가격유지에 관한 2007년 Leegin 판결에서[134] 미국 연방대법원은 최저가격 형태의 재판매가격유지에 대한 당연위법의 법리적용을 부인하고 합리의 원칙에 따라서 경쟁제한성을 판단하였다는 것을 참고할 수 있을 것이다.

법 제46조 제2호는 "「저작권법」 제2조 제1호에 따른 저작물 중 관계 중앙행정기관의 장과의 협의를 거쳐 공정거래위원회가 고시하는 출판된 저작물(전자출판물을 포함한다)인 경우"를 규정하고 있다. 독점규제법이 저작물에 대한 재판매가격유지행위를 허용하는 이유나 근거는 저작물은 고유한 창작물로서 통상 일반 공산품과는 다른 문화상품의 특성을 가지고 있고, 문화의 보급과 문화수준의 유지를 위하여 없어서는 안 될 존재이기 때문에 그 발행의 자유를 보장할 필요가 있다는 점, 다양한 종류의 저작물이 전국적으로 광범위하게 보급되어 일반소비자에게 널리 제공될 수 있도록 하기 위해서는 판매상에게 일정한 이윤을 보장해 줄 필요가 있다는 점,[135] 그리고 출판업계는 그 업종의 성질상 다수의 출판사가 존재할 수밖에 없어서 중소기업인 영세기업의 비중이 높고 신규참여도 활발하여 경쟁적 성격이 다분한 시장구조를 가지고 있어서 재판매가격유지행위를 인정하더라도 그 폐해가 그다지 크지 않을 수 있다는 점[136] 등을 들 수 있다.

(3) 규제 사례

법개정 이전 규제 사례로서 ㈜필립스코리아 사건이 있다. 동 사건에서 필립스

---

133) 대법원은 구 독점규제법 제29조 제1항이 관련된 사건에서 "최저재판매가격유지행위가 당해 상표 내의 경쟁을 제한하는 것으로 보이는 경우라 할지라도, 시장의 구체적 상황에 따라 그 행위가 관련 상품시장에서의 상표 간 경쟁을 촉진하여 결과적으로 소비자후생을 증대하는 등 정당한 이유가 있는 경우에는 이를 예외적으로 허용하여야 할 필요가 있다. 그리고 그와 같은 정당한 이유가 있는지 여부는 관련시장에서 상표 간 경쟁이 활성화되어 있는지 여부, 그 행위로 인하여 유통업자들의 소비자에 대한 가격 이외의 서비스 경쟁이 촉진되는지 여부, 소비자의 상품 선택이 다양화되는지 여부, 신규사업자로 하여금 유통망을 원활히 확보함으로써 관련 상품시장에 쉽게 진입할 수 있도록 하는지 여부 등을 종합적으로 고려하여야 할 것"이라고 판시함으로써, 구 독점규제법 제29조 제1항의 규정에도 불구하고 최저재판매가격유지에 대한 경쟁제한성 판단이 필요함을 지적하였다. 대법원 2010. 11. 25. 선고 2009두9543 판결 및 대법원 2011. 3. 10. 선고 2010두9976 판결.

134) Leegin Creative Leather Products, Inc. v. PSKS, Inc., 551 U.S. 877 (2007). 동 판결에 대한 평석으로, 홍명수, "Leegin 판결이 남긴 것", 경제법판례연구 제8권, 2013 참조.

135) 신광식, "재판매가격유지행위의 규제제도 개선방안", 경쟁법연구 제5-6권, 1994, 154, 168-169면.

136) 서울고법 1996. 3. 19. 선고 95구24779 판결; 서울고법 2002. 9. 3. 선고 2001누14046 판결.

코리아는 대리점에게 자신의 소형가전 제품을 인터넷 오픈마켓에 판매할 경우 권장소비자가격의 50% 이상 가격으로 판매하도록 하고, 이를 위반한 대리점에게 출고정지, 공급가격 인상 등의 제재를 한 행위가 문제가 되었다. 대법원은 이러한 행위가 상표 간 경쟁 등을 촉진하여 결과적으로 소비자 후생을 증대하는 것으로 보기 어렵다는 점 등에 근거하여 독점규제법상 금지되는 최저재판매가격유지행위에 해당하는 것으로 보았다.[137)]

Ⅱ. 특수관계인에 대한 부당한 이익제공 등 금지

1. 규제 의의

2013년 8월 개정된 독점규제법은 종래 부당지원행위의 범주에 포함되지 않던 특수한 형태의 부당지원행위를 효과적으로 규제하기 위하여, 특수관계인에 대한 부당한 이익제공 등을 금지하는 규정을 도입하였다. 일반적으로 내부거래는 그 동기에 따라서 거래비용적 측면에서 효율성을 추구하여(efficiency) 이루어지는 거래, 지배주주가 사적 이익을 추구하여(tunneling) 이루어지는 거래, 기업집단 내 특정 계열회사를 지원하기 위하여(propping) 이루어지는 거래 등으로 구분할 수 있는데,[138)] 전술한 부당지원행위 규제는 주로 propping 거래를 규제 대상으로 한 것이기 때문에 tunneling 거래에 대해서는 규제에 어려움이 있었고, 이를 보완할 목적으로 특수관계인에 대한 부당한 이익제공 금지, 이른바 사익편취 규제가 도입되었다.

구체적으로 자산총액이 5조원 이상인 공시대상 기업집단 중에서 총수가 있는 기업집단에 속하는 계열회사는 특수관계인(동일인 또는 그 친족에 한함)이나 특수관계인이 발행주식 총수의 20% 이상을 소유하고 있는 계열회사와 다음 각 호의 어느 하나에 해당하는 거래, 즉 ① 정상적인 거래에서 적용되거나 적용될 것으로 판단되는 조건보다 상당히 유리한 조건으로 거래하는 행위, ② 회사가 직접 또는 자신이 지배하고 있는 회사를 통하여 수행할 경우 회사에 상당한 이익이 될 사업기회를 제공하는 행위, ③ 특수관계인과 현금, 그 밖의 금융상품을 상당히 유리한 조건으로 거래하는 행위, ④ 사업능력, 재무상태, 신용도, 기술력, 품질, 가격 또는 거래조건 등에 대한 합리적인 고려나 다른 사업자와 비교하지 않고 상당한 규모로

---

137) 대법원 2017. 6. 19. 선고 2013두17435 판결.
138) 백미연, "대기업집단 계열사 간 내부거래자료를 이용한 터널링에 대한 실증 연구", 서울대학교 박사학위논문, 2019, 21−27면 참조.

거래하는 행위를 통하여 특수관계인에게 부당한 이익을 귀속시키는 행위를 해서는 안 된다(법 47조 1항, 영 57조 1항, 2항). 그리고 특수관계인은 누구에게든지 위와 같은 행위를 하도록 지시하거나 해당 행위에 관여해서도 안 된다(법 47조 4항). 한편 같은 조 제1항 2문은 그 행위의 유형 또는 기준을 대통령령으로 정하도록 하고 있으며, 이에 따라 같은 법 시행령 제54조 제1항은 특수관계인에게 부당한 이익을 귀속시키는 행위의 유형 또는 기준을 [별표 3]으로 규정하고 있다.

2. 행위 유형

(1) 상당히 유리한 조건의 거래(1호)

정상적인 거래에서 적용되거나 적용될 것으로 판단되는 조건보다 상당히 유리한 조건으로 거래하는 행위는 그 거래의 내용이나 대상에 따라 상당히 유리한 조건의 자금 거래, 자산·상품·용역 거래 및 인력거래 등으로 나누어진다. 그러나 시기, 종류, 규모, 기간, 신용상태 등이 유사한 상황에서 특수관계인이 아닌 자와의 정상적인 거래관계에서 적용되거나 적용될 것으로 판단되는 조건과의 차이가 7% 미만이거나 거래당사자간 해당 연도 거래총액이 50억원(상품·용역의 경우에는 200억원) 미만인 경우에는 상당히 유리한 조건에 해당하지 않는 것으로 본다.

(2) 사업기회의 제공(2호)

회사가 직접 또는 자신이 지배하고 있는 회사를 통하여 수행할 경우 회사에 상당한 이익이 될 사업기회를 제공하는 행위란 회사가 직접 또는 자신이 지배하고 있는 회사를 통하여 수행할 경우 회사에 상당한 이익이 될 사업기회로서, 회사가 수행하고 있거나 수행할 사업과 밀접한 관계가 있는 사업기회를 제공하는 행위를 말한다. 그러나 회사가 해당 사업기회를 수행할 능력이 없거나, 사업기회 제공에 대한 정당한 대가를 지급받은 경우 또는 그 밖에 회사가 합리적인 사유로 사업기회를 거부한 경우는 제외한다.

(3) 현금, 기타 금융상품의 상당히 유리한 조건의 거래(3호)

특수관계인과 현금, 기타 금융상품의 상당히 유리한 조건으로 거래하는 행위는 특수관계인과 현금, 기타 금융상품을 정상적인 거래에서 적용되는 대가보다 상당히 낮거나 높은 대가로 제공하거나 거래하는 행위를 말한다. 다만, 시기, 종류, 규모, 기간, 신용상태 등이 유사한 상황에서 특수관계인이 아닌 자와의 정상적인 거

래에서 적용되거나 적용될 것으로 판단되는 조건과의 차이가 7% 미만이고, 거래
당사자간 해당 연도 거래총액이 50억원 미만인 경우에는 상당히 유리한 조건에 해
당하지 않는 것으로 본다.

(4) 합리적 고려나 비교가 없는 상당한 규모의 거래(4호)

사업능력, 재무상태, 신용도, 기술력, 품질, 가격 또는 거래조건 등에 대한 합리
적인 고려나 다른 사업자와의 비교 없이 상당한 규모로 거래하는 행위는 거래상대
방의 선정 및 계약체결 과정에서 사업능력, 재무상태, 신용도, 기술력, 품질, 가격,
거래규모, 거래시기 또는 거래조건 등 해당 거래의 의사결정에 필요한 정보를 충
분히 수집·조사하고, 이를 객관적·합리적으로 검토하거나 다른 사업자와 비교·
평가하는 등 해당 거래의 특성상 통상적으로 이루어지거나 이루어질 것으로 기대
되는 거래상대방의 적합한 선정과정 없이 상당한 규모로 거래하는 행위를 말한다.
그러나 거래당사자간 상품·용역의 해당연도 거래총액(2 이상의 회사가 동일한 거래상
대방과 거래하는 경우에는 각 회사의 거래금액의 합계액으로 함)이 200억원 미만이고, 거래
상대방의 평균매출액의 12% 미만인 경우에는 상당한 규모에 해당하지 않는 것으
로 본다.

다만 기업의 효율성 증대, 보안성, 긴급성 등과 같은 거래의 목적을 달성하기
위하여 불가피한 경우로서 다음과 같은 요건을 갖춘 경우에는 예외적으로 허용된
다(법 47조 2항).[139)

(가) 효율성 증대가 있는 거래

효율성 증대가 있는 거래란 다음 각 호의 어느 하나에 해당하는 경우로서 다른
자와의 거래로는 달성하기 어려운 비용절감, 판매량 증가, 품질 개선 또는 기술개
발 등의 효율성 증대효과가 있음이 명백하게 인정되는 거래를 말한다.

① 상품의 규격·품질 등 기술적 특성상 정후방 연관관계에 있는 계열회사 간
   의 거래로서 해당 상품의 생산에 필요한 부품·소재 등을 공급 또는 구매하는
   경우

② 회사의 기획·생산·판매 과정에 필수적으로 요구되는 서비스를 산업연관
   성이 높은 계열회사로부터 공급받는 경우

③ 주된 사업영역에 대한 역량 집중, 구조조정 등을 위하여 회사의 일부 사업

---

139) [별표 4] 법 제47조 제1항 제4호를 적용하지 아니하는 거래 참조.

을 전문화된 계열사가 전담하고 그 일부 사업과 관련하여 그 계열회사와 거래하는 경우

④ 긴밀하고 유기적인 거래관계가 오랜 기간 지속되어 노하우 축적, 업무 이해도 및 숙련도 향상 등 인적·물적으로 협업체계가 이미 구축되어 있는 경우

⑤ 거래목적상 거래에 필요한 전문지식 및 인력보유 현황, 대규모·연속적 사업의 일부로서 의 밀접한 연관성 또는 계약이행에 대한 신뢰성 등을 고려하여 계열회사와 거래하는 경우

(나) 보안성이 요구되는 거래

보안성이 요구되는 거래란 다음 각 호의 어느 하나에 해당하는 경우로서 다른 자와 거래할 경우 영업활동에 유용한 기술 또는 정보 등이 유출되어 경제적으로 회복하기 어려운 피해를 초래하거나 초래할 우려가 있는 거래를 말한다.

① 전사적 자원관리시스템, 공장, 연구개발시설 또는 통신기반시설 등 필수시설의 구축·운영, 핵심기술의 연구·개발·보유 등과 관련된 경우

② 거래과정에서 영업·판매·구매 등과 관련된 기밀 또는 고객의 개인정보 등 핵심적인 경영 정보에 접근 가능한 경우

(다) 긴급성이 요구되는 거래

긴급성이 요구되는 거래란 경기급변, 금융위기, 천재지변, 해킹 또는 컴퓨터 바이러스로 인한 전산시스템 장애 등 회사 외적 요인으로 인한 긴급한 사업상 필요에 따른 불가피한 거래를 말한다.

3. 부당성 판단

특수관계인에 대한 부당한 이익제공 행위를 제45조 제1항이 아닌 별개의 조항에서 규율하는 것은, 불공정거래행위의 한 유형인 부당 지원행위와 달리 부당성을 판단할 수 있도록 하기 위한 입법자의 의도가 반영된 것으로도 볼 수 있다. 따라서 부당지원행위의 부당성 판단 기준으로 대법원 판결이 제시한 경쟁제한성과 경제력집중 등을 종합적으로 고려하는 판단방식을 곧바로 원용할 수는 없을 것이다.

동 제도가 도입된 이후 공정거래위원회는 현대증권이 동일인의 친족이 90%의 지분을 보유하고 있었던 HST와 거래한 행위를 동 규정에 의하여 규제하였다.[140] 동 사건에서 현대증권은 제록스와 지점용 복합기 임대차거래에 있어서 직거래 방

---

140) 공정거래위원회 2016. 7. 7. 의결 제2016-189호.

식 대신에 HST를 거래 중간에 위치시켜 이중으로 임대차계약을 맺는 방식을 택하였다. 공정거래위원회는 당해 행위가 법 제23조의2(현행법 47조) 제1항 제1호에 해당하는 것으로 보고, 이에 대한 시정조치와 과징금 부과를 명하였다. 동 사건에서 공정거래위원회는 문제가 된 행위가 제23조의2 제1항 제1호에 해당하는지, 즉 정상적인 조건보다 상당히 유리한 조건으로 거래가 이루어졌는지에 초점을 맞추었으며, 당해 행위의 위법성에 관한 판단을 행하지는 않았다. 또한 한진 그룹에 속한 대한항공이 총수 일가가 100% 지분을 보유하고 있는 계열회사인 유니컨버스와 싸이버스카이에 대한 지원행위에 대하여 공정거래위원회는 시정명령과 과징금 부과 및 고발 조치를 취하였는데,141) 동 사건에서도 특수관계인에 대한 이익제공 여부를 판단하였을 뿐 동 행위의 부당성에 관한 별도의 판단이 이루어지지는 않았다. 그러나 동 심결의 취소를 구하는 소송에서 대법원은 공정거래위원회와 상이한 입장을 취하였다. 대법원은 법 제23조의2 제1항 제1호에 해당하기 위해서 부당성에 대한 규범적 평가가 요구된다는 것을 전제하고, "여기에서 말하는 부당성이란 이익제공행위를 통하여 그 행위객체가 속한 시장에서 경쟁이 제한되거나 경제력이 집중되는 등으로 공정한 거래를 저해할 우려가 있을 것까지 요구하는 것은 아니고, 행위주체와 행위객체 및 특수관계인의 관계, 행위의 목적과 의도, 행위의 경위와 그 당시 행위객체가 처한 경제적 상황, 거래의 규모, 특수관계인에게 귀속되는 이익의 규모, 이익제공 행위의 기간 등을 종합적으로 고려하여, 변칙적인 부의 이전 등을 통하여 대기업집단의 특수관계인을 중심으로 경제력집중이 유지·심화될 우려가 있는지에 따라서 판단하여야 한다"고 판시하였다.142)

부당 지원행위 규제의 실효성을 보완하고자 하는 입법 목적 그리고 불공정거래행위의 한 유형으로 규정하고 있지 않은 규제체계 등을 고려할 때, 특수관계인에 대한 이익제공행위의 부당성이 경제력집중과 무관한 것으로 보기는 어려울 것이다. 이러한 점에서 위에서 살펴본 대법원 판결이 동 행위의 부당성 판단의 불가피성을 전제하고, 경제력집중의 관점에서 구체적 기준을 제시하고 있는 것은 타당한 것으로 볼 수 있다. 공정거래위원회가 제정한 「특수관계인에 대한 부당한 이익제공행위 심사지침」(공정거래위원회예규 제435호, 2023. 5. 22., 일부개정)도 동 판결의 내용을 수용하여 부당성 판단 기준을 제시하고 있다(심사지침 V.). 그렇지만 동 판결이 부당성 판단의 구체적 기준으로 제시하고 있는 '특수관계인을 중심으로 경제력

---

141) 공정거래위원회 2017. 1. 10. 의결 제2017－002, 009호.
142) 대법원 2022. 5. 12. 선고 2017두63993 판결.

집중이 유지·심화될 우려'에[143) 대해서는 추가적인 논의가 필요하다. 법 제47조에
의한 규제는 터널링 방식에 의한 특수관계인의 이익 취득에 대한 부정적 가치판단
에 따른 것이고, 입법자는 이러한 행위를 경제력집중의 구체적인 폐해로서 파악한
것이라 할 수 있다. 물론 특수관계인이 취득한 이익을 지배권 승계와 같은 목적으
로 활용할 수 있고, 이는 경제력집중과의 관련성을 드러낸다는 점에서 부당성 판
단의 유력한 고려 사항이 될 수 있지만, 취득한 이익을 어떻게 활용하는지가 반드
시 고려되어야 하는 사항이라 할 수는 없다. 특수관계인에 대한 이익제공이 경제
력이 집중된 상황에서 비정상거래를 통해서 이루어진 것이라면, 이러한 행위와 경
제력집중의 관련성을 인정할 수 있을 것이고, 부당성 판단은 주로 이러한 관련성
을 부인하거나 이를 상쇄하는 긍정적 요소가 존재하는지를 중심으로 이루어져야
한다. 동 판결에서 제시된 '특수관계인을 중심으로 경제력집중이 유지·심화될 우
려'도 이러한 관점에서 이해되어야 할 것이다.

III. 보복조치의 금지

사업자는 불공정거래행위와 관련하여 분쟁조정의 신청, 신고 또는 공정거래위
원회의 조사에 대한 협조 등의 행위를 한 사업자에게 그러한 행위를 한 것을 이유
로, 거래의 정지 또는 물량의 축소, 그 밖에 불이익을 주는 행위를 하거나 계열회
사 또는 다른 사업자로 하여금 이를 행하도록 하는 보복조치를 해서는 안 된다(법
48조). 사업자의 불공정거래행위에 대하여 거래 상대방이 이에 응하지 않을 경우
에, 사업자는 거래거절이나 차별적 취급과 같은 행위로서 대응하는 경우가 많다.
따라서 보복조치로서 이루어지는 행위 역시 불공정거래행위로서 규제될 수 있지
만, 이러한 경우 해당 위반 유형에서 요구하는 경쟁제한적 효과와 같은 부당성 요
건이 충족되어야 한다. 법 제48조에 의한 보복조치 규제는 이와 같은 부당성 요건
의 충족 여부를 불문하고 보복조치인 것만 입증이 되면 가능한 것이기 때문에, 규
제의 실효성을 제고하는 측면이 있다. 또한 법 제109조 제2항은 보복조치를 행한
사업자가 징벌적(3배) 손해배상 책임을 지게 함으로써 책임을 가중하고 있다.

---

143) 동 기준은 심사지침 V. 2.에 반영되었다.

제 6 절 불공정거래행위에 대한 제재

I. 행정적 제재

1. 시정조치

공정거래위원회는 독점규제법에 위반하는 불공정거래행위, 재판매가격유지행위, 특수관계인에 대한 부당한 이익제공 또는 보복조치 등의 행위가 있을 때에는 해당 사업자에 대하여 해당 위반 행위의 중지, 재발 방지를 위한 조치, 계약조항의 삭제, 법 위반행위로 인하여 공정거래위원회로부터 시정명령을 받은 사실의 공표, 기타 시정을 위하여 필요한 조치를 명할 수 있다(법 24조).

2. 과 징 금

공정거래위원회는 불공정거래행위, 재판매가격유지행위 또는 보복조치가 있는 경우, 이를 행한 사업자에 대해 대통령령이 정하는 매출액의 4%를 초과하지 않는 범위 안에서 과징금을 부과할 수 있으며, 특히 부당 지원행위와 특수관계인에 대한 이익제공행위에 대하여는 대통령령이 정하는 매출액의 10%의 범위 내에서 과징금을 부과할 수 있다. 매출액이 없는 경우 등에는 전자는 10억원을 초과하지 않는 범위에서 그리고 부당지원행위 등의 경우에는 40억원을 초과하지 않는 범위에서 과징금을 부과할 수 있다(법 50조).

II. 금지청구 및 손해배상

불공정거래행위(부당지원행위 제외)로 피해를 입거나 피해를 입을 우려가 있는 자는 그 위반행위를 하거나 할 우려가 있는 사업자 또는 사업자단체에 자신에 대한 침해행위의 금지 또는 예방을 청구할 수 있다(법 108조). 또한 불공정거래행위를 한 사업자는 해당 피해자에게 손해배상 책임을 지며(법 109조 1항), 특히 법 제48조의 보복조치를 한 사업자는 피해자에게 발생한 손해의 3배를 넘지 아니하는 범위에서 손해배상의 책임을 진다(법 109조 2항).

Ⅲ. 벌   칙

동법에 위반하여 부당지원행위 또는 특수관계인에 대한 이익제공 행위 등을 한 자에 대하여는 3년 이하의 징역 또는 2억원 이하의 벌금에 처하고(법 124조 1항 10호), 보복조치를 한 자에 대하여도 동일한 형벌이 부과된다(법 124조 1항 11호). 불공정거래행위 중 부당한 고객유인, 거래강제, 거래상 지위남용, 사업활동 방해를 한 자에 대하여는 2년 이하의 징역 또는 1억 5천만원 이하의 벌금에 처한다(법 125조 4호). 2020년 법 개정 이전에는 모든 불공정거래행위에 대하여 형벌이 부과될 수 있었지만, 동 개정에 의해 불공정거래행위 중 주로 불공정성에 기초하여 부당성 판단이 이루어지는 행위 유형에 대하여만 형벌의 부과가 가능한 것으로 변경되었다. 다만 불공정거래행위, 재판매가격유지행위, 특수관계인에 대한 이익제공행위, 보복조치에 대한 시정조치에 따르지 않은 경우에도 동일한 형벌이 부과되는데(법 125조 1호), 이 경우에는 불공정거래행위 유형에 제한이 없으므로, 주로 경쟁제한성에 기초하여 부당성 판단이 이루어지는 불공정거래행위 유형도 간접적으로 형벌의 부과 대상이 될 수 있다. 한편 법 제124조 제1항에 의한 형벌의 부과의 경우에 징역형과 벌금형은 이를 병과할 수 있다(법 124조 2항).

제 8 장 사업자단체 규제

　독점규제법은 사업자단체가 부당한 공동행위, 현재 또는 장래의 사업자 수를 제한하는 행위, 구성사업자의 사업내용 또는 활동을 부당하게 제한하는 행위, 사업자에게 불공정거래행위 또는 재판매가격유지행위를 하게 하거나 이를 방조하는 행위를 해서는 안 된다고 규정하고 있다(법 26조).

Ⅰ. 사업자단체의 의의

1. 사업자단체의 개념

　사업자단체란 그 형태 여하를 묻지 않고 2인 이상의 사업자가 공동의 이익을 증진할 목적으로 조직한 결합체 또는 그 연합체를 말한다(법 2조 2호). 여기서 말하는 단체는 특정한 법적 형태를 전제로 하는 것은 아니며,[1] 단체를 조직한 자들이 사업자이기만 하면 족하고 그 구성원이 법인이든 조합 또는 회사이든 상관없다.

　여기서 사업자라 함은 제조업, 서비스업, 기타 사업을 행하는 자를 말하며, 사업자의 이익을 위한 행위를 하는 임원·종업원·대리인 기타의 자는 사업자단체에 관한 규정을 적용함에 있어서는 이를 사업자로 본다(법 2조 1호 후단). 이는 회사의 이사나 영업부장 등이 개인 명의로 단체를 구성하거나 혹은 단체에 가입하고 있으면서, 실질적으로는 그가 소속되어 있는 사업자의 이익을 위하여 활동하고 있는 경우도 있을 수 있기 때문에, 그러한 경우에는 그 단체도 사업자단체에 포함시키려는 취지이다. 그러므로 임원·종업원·대리인 기타의 자가 사업자를 대표 또는 대리하여 단체에 가입하고 있는 경우에는, 그들에 의하여 대표 또는 대리되고 있는 사업자가 당해 단체를 구성하고 있는 것으로 된다.[2]

　사업자단체의 구성원은 그 전부 또는 일부가 사업자이어야 하며, 서로 경쟁관계에 있는 사업자일 필요는 없다. 따라서 대한상공회의소나 전국경제인연합회 등

---

1) Immenga/Mestmäcker, GWB Kommentar zum Kartellgesetz, München, 1992, S. 90; F. Rittner, 권오승 역, 독일경쟁법, 법문사, 1997, 184면.
2) 今村成和, 獨占禁止法, 有斐閣, 1990, 39면.

도 사업자단체에 해당할 수 있다. 그리고 '공동의 이익'을 증진할 목적으로 조직된 것이면 충분하므로 순수하게 사업자 간의 친목이나 종교, 학술 등의 목적을 가진 단체라도 그 구성원의 전부 또는 일부가 사업자이고, 당해 단체가 대내외적으로 구성사업자의 시장행위를 조정 또는 통제하는 행위를 하는 경우에는 사업자단체로서의 적격이 인정될 수 있다.[3]

2. 사업자단체의 규제근거

사업자단체는 사업자들의 상호협조와 공동이익의 증진에 필요한 활동을 하기 위하여 설립된 단체이며, 이들의 활동 중에는 기업의 성장과 국민경제의 건전한 발전에 긍정적인 기여를 하는 것도 있지만, 반대로 부정적인 영향을 미치는 것도 있다. 그런데 사업자단체의 활동을 경쟁정책의 관점에서 분류해 보면, ① 경쟁에 관계없는 적법한 활동(시장조사, 공동보험, 운송문제의 처리, 상사중재, 대외이익대표, 대정부활동, 공동선전, 수요의 환기), ② 남용되지 않는 한 원칙적으로 적법한 활동(통계수집, 공동수요예측, 공동연구, 정보교환, 공동구입, 제품의 규격화·표준화), ③ 독점규제법 제51조 제1항 각호에 열거된 행위와 같이 자유롭고 공정한 경쟁질서를 저해할 우려가 있는 활동 등 세 가지로 나눌 수 있다.

이와 같이 사업자단체의 활동이 항상 경쟁제한적인 성격을 가지는 것은 아니며, 경우에 따라서는 경쟁촉진적인 것들도 있다. 즉 사업자단체가 정보의 교환·전달기관으로서의 기능을 적절히 수행하면 경쟁을 촉진할 수도 있다. 예컨대 중소기업자들이 조직한 단체가 정보의 교환과 전달을 통하여 대기업에 대한 경쟁력을 강화하는 경우가 여기에 해당된다. 왜냐하면 중소기업의 정보수집능력은 대기업에 비하여 상당히 제한되어 있기 때문이다.

그러나 사업자단체는 많든 적든 간에 경쟁제한행위에 관여하고 있는 것이 사실이고, 비록 구성사업자의 공동의 이익증진이라는 목적을 달성하기 위하여 단체의 의사결정에 의하여 구성사업자의 사업활동이 일정한 범위에서 제한을 받는 것이 어느 정도 예정되어 있다고 하더라도 구성사업자의 사업내용이나 활동을 과도하게 제한하는 경우에는 구성사업자 간의 공정하고 자유로운 경쟁을 저해할 우려가 있기 때문에, 이를 적절히 규제할 필요가 있다.

---

3) 이봉의, 부당공동행위 및 사업자단체 금지행위 관련 심결정리 및 분석, 2007 공정거래위원회 연구용역보고서, 122면 이하 참조.

Ⅱ. 사업자단체의 금지행위

1. 부당한 공동행위에 의한 경쟁제한

법 제51조 제1항 제1호는 사업자단체의 금지행위로서 "제40조 제1항 각 호의 행위로 부당하게 경쟁을 제한하는 행위"를 규정하고 있다. 동 규정은 사업자단체에 의한 공동행위를 규제 대상으로 하며,[4] 부당한 공동행위에 해당하는지의 판단은 동법 제40조 제1항에 기초한다. 예를 들어 동법 제40조 제1항이 규제하는 공동행위는 합의만으로 성립하고 별도의 실행행위를 요하지 않으므로, 사업자단체에 의한 공동행위의 경우에도 이에 따른 실행행위까지 요구되는 것으로 볼 것은 아니다.[5]

사업자단체에 의한 공동행위를 금지하는 동 규정과 부당한 공동행위를 규제하는 법 제40조 제1항의 관계에 관하여 논의될 필요가 있다. 법 제40조 제1항은 공동행위의 요건으로서 합의를 '계약·협정·결의 기타 어떠한 방법으로' 행하여질 수 있는 것으로 규정하고 있으며, 이때 결의는 단체적 합의 방식을 상정한 것으로 볼 수 있다. 즉 사업자단체에 의한 공동행위는 법 제40조 제1항에 의한 규제가 가능하다는 점에서, 법 제51조 제1항 제1호에 의하여 사업자단체의 금지행위로서 규제하는 고유한 의의가 무엇인지에 대한 이해가 필요하다.[6]

우선 제40조 제1항에서의 결의가 다양하게 이루어지는 사업자단체의 모든 의사결정 방식을 포괄할 수 있는지가 다투어질 수 있다. 예를 들어 치과의사회와 치과기공사회 사이에 각 실무협의회 소속 회원을 통하여 치과기공물의 가격에 관한 가이드라인을 정한 다음 대표자의 추인을 받아 대표자 명의로 회원들에게 위 가이드라인에 대한 안내문을 발송한 사건에서, 대법원은 이러한 행위가 법 제26조(현행법 51조) 제1항 제1호에서 정한 사업자단체에 의한 가격결정행위에 해당한다고 보았는데,[7] 사업자단체의 이러한 행위가 법 제40조 제1항의 합의에 해당할 수 있는지에 대하여 논의의 여지가 있다. 무엇보다 제51조 제1항의 규정에 비추어 사업자

---

4) 공정거래위원회의 인가를 받아 예외적으로 공동행위가 허용되는 것에 관한 법 제40조 제2항의 규정은 사업자단체의 공동행위에 관해서도 준용된다(법 51조 2항).

5) 대법원 2006. 11. 24. 선고 2004두10319 판결.

6) 동법 제51조 제1항 제1호를 제40조 제1항에 대한 특칙(특별법적 규정)으로 이해하는 견해로서, 황태희, "공정거래법상 사업자단체의 금지행위", 경쟁저널 제154호, 2011, 48면 참조.

7) 대법원 2005. 8. 19. 선고 2003두9251 판결.

단체가 모든 구성 사업자들의 동의 과정을 거치지 아니하고 일정한 사항을 사업자에게 지시한 경우도 규제 대상이 될 수 있는데 반하여, 이러한 행위를 제40조 제1항에 의하여 규율하는 경우에는, 비록 동 규정이 합의를 개방적으로 기술하고 있다 하더라도, 어려움이 따를 수 있다. 양자의 규범적 차이가 분명하게 드러나는 것은, 규정 위반에 대한 제재 대상에 관한 것이다. 즉 부당한 공동행위로서의 규제는 공동행위에 참가한 사업자를 대상으로 하는데 반하여, 사업자단체 금지행위는 구성사업자뿐만 아니라 사업자단체 자신도 제재 대상이 된다는 점에서(법 52조, 53조), 양 규정의 적용상 실질적인 차이가 나타난다.

2. 사업자 수의 제한

법 제51조 제1항 제2호는 사업자단체의 금지행위로서 "일정한 거래분야에서 현재 또는 장래의 사업자 수를 제한하는 행위"를 규정하고 있다. 동 규정은 부당성 판단을 요하지 않는 당연위법적인 형식을 취하고 있다. 관련시장에서 사업자 수의 제한은 인위적 진입장벽으로서의 의미가 있으며, 미국 반독점법상 당연위법의 법리가 적용되는 시장 분할과도 유사하다. 즉 경쟁제한성이 인정될 가능성이 매우 크지만, 그러나 모든 경우에 사업자 수의 제한이 경쟁제한성을 갖는 것으로 단정할 수는 없으며, 우리나라 법체계에서 사법부의 위법 심사 배제의 함의를 갖는 당연위법의 법리가 수용되기 어렵다는 점도 염두에 두어야 한다. 따라서 법문의 규정 태도와 달리 경쟁제한성 판단이 필요한 것으로 보아야 할 것이다.[8]

3. 구성사업자의 사업활동 제한

법 제51조 제1항 제3호는 사업자단체의 금지행위로서 "구성사업자(사업자단체의 구성원인 사업자를 말한다. 이하 같다)의 사업내용 또는 활동을 부당하게 제한하는 행위"를 규정하고 있다. 동 규정에서 부당성 판단에 관하여 논의의 여지가 있다. 경쟁질서와 관련하여 사업자단체의 특별한 역할에 주목하여 이루어진 동 규정의 입법 취지에 비추어 부당성은 경쟁제한성으로 이해하는 것이 타당할 것이다.[9] 대법원 역시 이러한 입장을 취하고 있는데, 대한의사협회 사건에서 의약분업제도의 정

---

8) 공정거래위원회 실무는 사업자 수의 제한에 해당하는 행위가 있는지 여부에 기초하여 위반행위에 해당하는지를 판단하고, 경쟁제한성에 관한 판단은 별도로 하지 않는 경향을 보여주고 있다. 공정거래위원회 2009. 12. 30. 의결(약) 제2009-271호; 공정거래위원회 2008. 5. 2. 의결(약) 2008-205호 참조.

9) 김두진, 경제법, 동방문화사, 2020, 278-279면 참조.

비 과정에서 정부가 '의약품 실거래가 상환제'를 채택하여 보험약가를 30.7% 인하하면서 대신에 진료수가를 12.8% 인상하는 등의 정책을 제안하자 대한의사협회가 의료수가를 현실화할 것을 요구하면서 폐업결의를 한 행위가 법 제50조 제1항 제3호에 해당하는지가 쟁점이 되었으며, 대법원은 경쟁제한성에 기초하여 동 행위의 위법성을 인정하였다.[10]

4. 사업자의 불공정거래행위 또는 재판매가격유지행위의 강요·방조 행위

법 제51조 제1항 제4호는 사업자단체의 금지행위로서 "사업자에게 제45조 제1항에 따른 불공정거래행위 또는 제46조에 따른 재판매가격유지행위를 하게 하거나 이를 방조하는 행위"를 규정하고 있다. 동 규정에서 금지되는 행위는 불공정거래행위 또는 재판매가격유지행위를 강요하거나 방조하는 행위이며, 특히 강요의 의미와 관련하여 사실상 강요한 것으로 볼 수 있는 정도의 상당한 영향력의 행사로 이해하는 견해가 유력하다.[11] 이와 관련하여 법원은 강요에 관하여 "단순히 물리적으로 이를 강요하는 것만을 의미하는 것이 아니라 그러한 지위를 이용하여 이러한 재판매가격유지행위를 권장하거나 협조를 요청하는 등 어떠한 방법으로든 이를 사실상 강요하는 결과를 가져오는 모든 행위를 말하는 것"으로[12] 보고 있다. 동 행위의 위법성은 기본적으로 강요·방조의 대상이 되는 행위의 위법성에 기초하지만, 또한 사업자단체의 강요 또는 방조 행위 자체도 위법성 판단의 요소가 된다. 이와 관련하여 대한출판문화협회 사건에서 대법원은 "사업자단체가 사업자에게 법 제29조(현행법 46조)에 의한 재판매가격유지행위를 하게 하는 행위를 금지하는 취지는 사업자의 재판매가격유지행위를 규제하는 법 제29조의 그것과는 전혀 별개의 것이므로, 개개의 사업자 사이에 저작물에 관한 재판매가격유지행위를 할 수 있다고 하더라도 사업자단체가 자유경쟁가격제도를 택하려는 사업자에게 재판매가격유지행위를 하게 하는 행위는 법 제26조(현행법 51조) 제1항 제4호에 위반되는 것"으로 판시하였다.[13] 동 판결에서 대법원은 사업자단체 금지행위의 고유한 위법성을 강조하는 입장에서 동법 제46조 제2호에 의하여 허용되는 재판매가격유지행위를 강요한 경우에도 사업자단체의 금지행위에 해당한다고 본 것이다. 그러

---

10) 대법원 2002. 9. 24. 선고 2002두5672 판결; 대법원 2010. 10. 28. 선고 2010두14084 판결에서도 이때의 제한이 구성사업자 사이의 공정하고 자유로운 경쟁을 저해할 정도에 이른 경우에는 이를 허용하지 않겠다는 데에 동 규정의 입법취지가 있다고 판시하고 있다.

11) 이호영, 독점규제법의 이론과 실무, 홍문사, 2006, 373면.

12) 서울고법 1996. 3. 19. 선고 95구24779 판결.

13) 대법원 1997. 6. 13. 선고 96누5834 판결.

나 사업자단체의 강요 또는 방조의 위법성 판단이 그 대상인 행위의 위법성 판단과 분리될 수 있는지는 의문이며, 독점규제법이 허용하는 행위에 대한 강요 또는 방조가 경쟁제한의 관점에서 위법한 것으로 평가될 수 있는지에 관하여 논의의 여지가 있다.

한편 다른 금지유형과 비교하여 여기서의 강요 또는 방조의 대상인 불공정거래행위 또는 재판매가격유지행위가 실행에 이를 필요는 없다고 보는 견해가 있다.[14) 공동행위와 달리 불공정거래행위나 재판매가격유지행위에서는 실행행위가 요구되지만, 실행행위와 무관하게 독점규제법에 위반하는 행위의 강요 또는 방조 행위로부터 위법성을 인정할 수 있다는 입장에서는 가능한 견해라 할 수 있다.

Ⅲ. 위반행위에 대한 제재

1. 시정조치

법 제52조 제1항에 의하여 공정거래위원회는 사업자단체의 금지행위 규정에 위반하는 행위가 있을 때에는 당해 사업자단체에 대하여 당해행위의 중지, 시정명령을 받은 사실의 공표 기타 시정을 위한 필요한 조치를 명할 수 있으며, 필요한 경우 구성사업자에게도 동일한 조치를 취할 수 있다.

2. 과 징 금

동법 제53조 제1항에 의하여 공정거래위원회는 사업자단체의 금지행위 규정에 위반하는 행위가 있을 때에는 당해 사업자단체에 대하여 10억원의 범위 안에서 과징금을 부과할 수 있다. 또한 동조 제2항에 의하여 공정거래위원회는 사업자단체의 부당한 공동행위에 참가한 사업자에 대해서 대통령령이 정하는 매출액에 100분의 20을 곱한 금액을 초과하지 않는 범위 안에서, 매출액이 없는 경우 등에는 40억원을 초과하지 않는 범위 안에서 과징금을 부과할 수 있다. 이때의 과징금 부과기준은 동법 제40조 제1항에 위반한 공동행위 참가사업자에 대한 과징금 부과기준과 동일하다. 한편 동조 제3항에 의하여 제51조 제1항 제2호 내지 제4호의 행위에 참가한 사업자에 대해서는 대통령령이 정하는 매출액에 100분의 10을 곱한 금액을 초과하지 않는 범위 안에서, 매출액이 없는 경우 등에는 20억원을 초과하지 않는

---

14) 이호영, 앞의 책, 375면.

범위 안에서 과징금을 부과할 수 있다.

3. 벌   칙

사업자단체의 금지행위 중에서 부당한 공동행위에 의하여 경쟁을 제한하는 행위를 한 자에 대하여는 3년 이하의 징역 또는 2억원 이하의 벌금에 처하고(법 124조 1항 12호), 구성사업자의 사업활동을 제한하는 행위를 한 자와 사업자단체의 금지행위에 대한 공정거래위원회의 시정조치에 응하지 않은 자에 대하여는 2년 이하의 징역 또는 1억 5천만원 이하의 벌금에 처한다(법 125조 1호, 5호).

제9장 공정거래위원회와 한국공정거래조정원

제1절 공정거래위원회의 설치

공정거래위원회는 독점규제법에 의한 사무를 독립적으로 수행하기 위하여 국무총리 소속하에 설립된 중앙행정기관으로서(법 54조), 다음과 같은 사무를 수행한다(법 55조).

① 시장지배적 지위의 남용행위 규제에 관한 사항
② 기업결합의 제한 및 경제력집중의 억제에 관한 사항
③ 부당한 공동행위 및 사업자단체의 경쟁제한행위 규제에 관한 사항
④ 불공정거래행위 및 재판매가격유지행위 규제에 관한 사항
⑤ 경쟁제한적인 법령 및 행정처분의 협의·조정 등 경쟁촉진정책에 관한 사항
⑥ 기타 법령에 의하여 공정거래위원회의 소관으로 규정된 사항

여기서 말하는 기타 법령에는 소비자기본법, 할부거래에 관한 법률, 하도급거래 공정화에 관한 법률, 약관의 규제에 관한 법률, 표시·광고 공정화에 관한 법률, 가맹사업거래의 공정화에 관한 법률, 대규모유통업에서의 거래의 공정화에 관한 법률, 대리점거래의 공정화에 관한 법률, 방문판매 등에 관한 법률, 전자상거래등에서의 소비자보호에 관한 법률, 소비자생활협동조합법, 제조물책임법 등이 있다.

공정거래위원회는 독점규제법의 시행에 관하여 필요한 기준을 제정하고, 동법 위반행위에 대한 신고를 받으며, 동법상 금지되는 행위에 대한 예외를 인정하고, 동법 위반행위에 대하여 필요한 조사를 하는 한편, 이에 대한 시정조치를 내리고, 나아가 과징금을 부과하고 고발권을 행사하는 등 입법권, 사법권 및 행정권을 모두 갖고 있는 독립규제위원회이다. 또한 외국정부와 독점규제법의 집행을 위한 협정을 체결하고, 외국정부의 법 집행을 지원하는 등 국제협력 활동을 할 수 있다(법 56조).

제 2 절 공정거래위원회의 구성

공정거래위원회는 위원장 1인 및 부위원장 1인을 포함한 9인의 위원으로 구성하며, 그중 4인은 비상임위원으로 한다. 상임위원과 비상임위원은 독점규제 및 공정거래 또는 소비자분야에 경험 또는 전문지식이 있는 자로서, 다음 각 호의 어느 하나에 해당하는 자 중에서 위원장과 부위원장은 국무총리의 제청으로 대통령이 임명하고, 기타 위원은 위원장의 제청으로 대통령이 임명하거나 위촉한다. 이 경우 위원장은 국회의 인사청문을 거쳐야 한다(법 57조 2항).

① 2급 이상 공무원(고위공무원단에 속하는 일반직공무원을 포함한다)의 직에 있던 자
② 판사·검사 또는 변호사의 직에 15년 이상 있던 자
③ 법률·경제·경영 또는 소비자 관련 분야 학문을 전공하고 대학이나 공인된 연구기관에서 15년 이상 근무한 자로서 부교수 이상 또는 이에 상당하는 직에 있던 자
④ 기업경영 및 소비자보호활동에 15년 이상 종사한 경력이 있는 자

위원장과 부위원장은 정무직으로 하고, 기타 3인의 상임위원은 고위공무원단에 속하는 「국가공무원법」 제26조의5에 따른 임기제 공무원으로 보한다(법 57조 3항).[1] 위원장·부위원장 및 사무처의 장은 정부조직법 제10조의 규정에 불구하고 정부위원이 된다(법 57조 4항). 위원장·부위원장 및 다른 위원의 임기는 3년으로 하고, 1차에 한하여 연임할 수 있다(법 61조).

제 3 절 위원회의 회의와 위원장의 직무

I. 위원회의 회의

1. 의회의 구분

공정거래위원회의 회의는 위원 전원으로 구성하는 전원회의와 상임위원 1인을

---

1) 위원장은 장관급, 부위원장은 차관급으로 한다. 「공정거래위원회와 그 소속기관 직제」 별표 2 참조.

포함한 위원 3인으로 구성하는 소회의로 구분되며(법 58조), 5개 이내의 소회의를 둔다(영 59조 1항).

(1) 전원회의

전원회의는 다음 각 호의 1에 해당하는 사항을 심의·의결하며(법 59조 1항), 전원회의는 위원장이 주재하며, 재적위원 과반수의 찬성으로 의결한다(법 64조 1항).

① 공정거래위원회 소관의 법령이나 규칙·고시의 해석 적용에 관한 사항
② 제96조에 따른 이의신청
③ 소회의에서 의결되지 아니하거나 소회의가 전원회의에서 처리하도록 결정한 사항
④ 규칙 또는 고시의 제정 또는 변경
⑤ 경제적 파급효과가 중대한 사항
⑥ 기타 전원회의에서 스스로 처리하는 것이 필요하다고 인정하는 사항

(2) 소회의

위원장은 각 소회의의 구성위원을 지정하고 이를 변경할 수 있다(영 59조 2항). 소회의의 의사는 상임위원이 주재하며, 구성위원 전원의 출석과 출석위원 전원의 찬성으로 의결한다(법 64조 2항). 그리고 소회의는 전원회의에서 심의·의결되는 사항 이외의 사항을 심의·의결한다(법 59조 2항).

2. 회의의 운영

공정거래위원회의 심리와 의결은 공개한다. 그러나 사업자 또는 사업자단체의 사업상의 비밀을 보호할 필요가 있다고 인정할 때에는 공개하지 않을 수 있다(법 65조 1항). 공정거래위원회의 심리는 구술심리를 원칙으로 하되, 필요한 경우 서면심리로 할 수 있다(법 65조 2항). 다만 공정거래위원회의 사건에 관한 의결의 합의는 비공개로 한다(법 65조 3항). 한편 위원회가 이 법의 규정에 위반되는 사항에 대하여 의결하는 경우에는 그 이유를 명시한 의결서로 하여야 하고, 의결에 참여한 위원이 그 의결서에 서명·날인하여야 한다(법 68조 1항). 그런데 공정거래위원회는 의결서 등에 오기, 계산착오, 그 밖에 이와 유사한 오류가 있는 것이 명백한 때에는 신청에 의하거나 직권으로 경정할 수 있다(법 68조 2항).

위원은 다음 각 호의 어느 하나에 해당하는 사건에 관한 심의·의결에서 제척되며, 당사자는 위원에게 심의·의결의 공정을 기대하기 어려운 사정이 있는 경우에 위원장에게 그 원인을 명시하여 기피신청을 할 수 있고, 위원장은 이 기피신청에 대하여 위원회의 의결을 거치지 않고 결정한다. 한편 위원 본인이 이러한 사유에 해당하는 경우에는 스스로 그 사건의 심의·의결을 회피할 수 있다(법 67조).

① 자기나 배우자 또는 배우자였던 자가 당사자이거나 공동권리자 또는 공동의무자인 사건
② 자기가 당사자와 친족관계에 있거나 자기 또는 자기가 속한 법인이 당사자의 법률·경영 등에 대한 자문·고문 등으로 있는 사건
③ 자기 또는 자기가 속한 법인이 증언이나 감정을 한 사건
④ 자기 또는 자기가 속한 법인이 당사자의 대리인으로서 관여하거나 관여하였던 사건
⑤ 자기 또는 자기가 속한 법인이 사건의 대상이 된 처분 또는 부작위에 관여한 사건
⑥ 자기가 공정거래위원회 소속 공무원으로서 당해 사건의 조사 또는 심사를 행한 사건

II. 위원장의 직무와 위원의 신분보장

1. 위원장의 직무

위원장은 공정거래위원회를 대표하며, 국무회의에 출석하여 발언할 수 있다. 위원장이 사고로 인하여 직무를 수행할 수 없을 때에는 부위원장이 그 직무를 대행하며, 위원장과 부위원장이 모두 사고로 인하여 직무를 수행할 수 없을 때에는 선임 상임위원의 순으로 그 직무를 대행한다(법 60조).

2. 위원의 신분보장

위원은 다음 각 호의 어느 하나에 해당하는 경우를 제외하고는 그 의사에 반하여 면직되거나 해촉되지 않는다(법 62조).

① 금고 이상의 형의 선고를 받은 경우

② 장기간의 심신쇠약으로 직무를 수행할 수 없게 된 경우

위원은 정당에 가입하거나 정치활동에 관여할 수 없으며(법 63조), 위원 중 공무원이 아닌 위원도 형법 기타의 법률에 의한 벌칙의 적용에 있어서는 이를 공무원으로 본다(법 123조 1항).

Ⅲ. 사무처의 설치

공정거래위원회의 사무를 처리하기 위하여 동 위원회에 사무처를 두며(법 70조), 사무처에 운영지원과·경쟁정책국·기업집단국·소비자정책국·시장감시국·카르텔조사국 및 기업거래정책국을 둔다. 그리고 위원장 밑에 대변인, 부위원장 밑에 감사담당관 및 심판관리관, 사무처장 밑에 기획조정관 각 1명을 둔다(공정거래위원회와 그 소속기관 직제 6조). 한편 공정거래위원회는 공정거래기능의 지역적 사무를 처리하기 위하여 서울, 부산, 광주, 대전 및 대구에 지방공정거래사무소를 두고 있다(영 62조, 공정거래위원회와 그 소속기관 직제 18조, 19조, 별표 1).

제 4 절 한국공정거래조정원

Ⅰ. 한국공정거래조정원의 설립과 구성

독점규제법은 2007년 8월 개정을 통해 사적인 분쟁의 성격을 가진 불공정거래행위 등에 대해 사건의 분쟁해결절차를 간소화함으로써 신속한 피해보상과 사건처리의 실효성을 제고하기 위하여 한국공정거래조정원(이하 '조정원'이라 함)을 설립하여 운영하고 있다. 조정원은 제45조(불공정거래행위의 금지) 제1항을 위반한 혐의가 있는 행위와 관련된 분쟁의 조정, 「가맹사업거래의 공정화에 관한 법률」에 따른 가맹사업 당사자 간 분쟁의 조정, 「하도급거래 공정화에 관한 법률」에 따른 하도급분쟁의 조정, 「약관의 규제에 관한 법률」에 따른 분쟁의 조정, 「대규모유통업에서의 거래 공정화에 관한 법률」에 따른 분쟁의 조정, 「대리점거래의 공정화에 관한 법률」에 따른 분쟁의 조정, 시장 또는 산업의 동향과 공정경쟁에 관한 조사 및 분석, 사업자의 거래 관행과 행태의 조사 및 분석, 제90조 제7항에 따라 공정거

래위원회로부터 위탁받은 제89조 제3항에 따른 동의의결의 이행관리, 제97조의2 제2항에 따라 공정거래위원회로부터 위탁받은 시정조치의 이행관리, 공정거래와 관련된 제도와 정책의 연구 및 건의, 그 밖에 공정거래위원회로부터 위탁받은 사업 등을 수행한다(법 72조).

조정원은 법인으로 하며, 민법상 재단법인에 관한 규정을 준용한다. 조정원의 장은 공정거래위원회 위원의 자격이 있는 자 중에서 공정거래위원장이 임명하며, 정부는 조정원의 설립과 운영에 필요한 경비를 예산의 범위 안에서 출연하거나 보조할 수 있다(법 72조 2항 내지 5항).

Ⅱ. 공정거래분쟁조정협의회

1. 설치, 구성과 회의

공정거래조정원의 업무 중 가장 중요한 것은 분쟁조정이라 할 수 있으며, 특히 독점규제법 제45조(불공정거래행위의 금지) 제1항을 위반한 혐의가 있는 행위와 관련된 분쟁을 조정하기 위하여 조정원에 공정거래분쟁조정협의회(이하 '협의회'라 함)를 두고 있다.[2] 협의회 위원은 9인으로 구성하며, 협의회 위원장은 조정원의 장이 제청으로 공정거래위원회 위원장이 임명한다. 협의회 위원은 독점규제 및 공정거래 또는 소비자분야에 경험 또는 전문지식이 있는 자로서 다음 각 호의 어느 하나에 해당하는 자 중에서 조정원의 장의 제청으로 공정거래위원회 위원장이 임명 또는 위촉한다. 이 경우 다음 각 호의 어느 하나에 해당하는 자가 1인 이상 포함되어야 한다(법 73조, 영 64조).

① 4급 이상의 공무원의 직에 있던 자
② 판사·검사 또는 변호사의 직에 7년 이상 있던 자
③ 법률·경제·경영 또는 소비자 관련 분야 학문을 전공하고 대학이나 공인된 연구기관에서 7년 이상 근무한 자로서 부교수 이상 또는 이에 상당하는 직에 있던 자

---

2) 공정거래조정제도는 대체적 분쟁해결을 위한 제도로서 공정거래위원회 내에서의 심판절차나 정식의 소송절차에서의 부담을 완화하고 당사자 자율에 기초하여 신속하고 구체적으로 타당한 분쟁해결을 기한다는 점 그리고 시정조치 등에서 적절하게 이루어질 수 없는 피해의 구제를 직접적으로 의도할 수 있다는 점에서 제도적 의의를 찾을 수 있다. 홍명수, "공정거래조정제도의 개선에 관한 고찰", 가천법학 제11권 제1호, 2018, 133면 이하 참조.

④ 기업경영, 소비자보호활동 및 분쟁조정활동에 7년 이상 종사한 경력이 있는 자

협의회 위원의 임기는 3년으로 하되 연임할 수 있으며, 협의회 위원 중 결원이 생긴 때에는 보궐위원을 위촉하여야 하며, 그 보궐위원의 임기는 전임자의 남은 임기로 한다(법 73조).

그리고 법 제73조(공정거래분쟁조정협의회의 설치 및 구성)부터 제78조(조정조서의 작성과 그 효력)까지에 규정된 것 외에 협의회의 조직·운영·조정절차 등에 관하여 필요한 사항은 대통령령으로 정하도록 하고 있다(법 79조).

협의회의 위원장은 협의회의 회의를 소집하고 그 의장이 된다. 협의회는 재적위원 과반수의 출석으로 개의하고, 출석위원 과반수의 찬성으로 의결하며, 위원장이 사고로 직무를 수행할 수 없는 때에는 공정거래위원회 위원장이 지명하는 협의회 위원이 그 직무를 대행한다(법 74조). 위원장이 협의회의 회의를 소집하려면 긴급을 요하는 경우를 제외하고는 협의회의 위원들에게 회의 개최 7일 전까지 회의의 일시·장소 및 안건을 서면으로 통지하여야 한다(영 65조 1항). 조정의 대상이 된 분쟁당사자인 사업자는 협의회에 출석하여 의견을 진술할 수 있다(법 74조 4항). 협의회의 회의는 비공개이지만, 협의회의 위원장이 필요하다고 인정하는 때에는 분쟁당사자, 그 밖의 이해관계인이 방청하게 할 수 있다(영 65조 2항).

협의회 위원은 다음 각 호의 어느 하나에 해당하는 경우에는 해당 분쟁조정사항의 조정에서 제척된다(법 75조 1항).

① 협의회 위원 또는 그 배우자나 배우자이었던 자가 해당 분쟁조정사항의 분쟁당사자가 되거나 공동권리자 또는 의무자의 관계에 있는 경우
② 협의회 위원이 해당 분쟁조정사항의 분쟁당사자와 친족관계에 있거나 있었던 경우
③ 협의회 위원 또는 협의회 위원이 속한 법인이 분쟁당사자의 법률·경영 등에 대하여 자문이나 고문의 역할을 하고 있는 경우
④ 협의회 위원 또는 협의회 위원이 속한 법인이 해당 분쟁조정사항에 대하여 분쟁당사자의 대리인으로 관여하거나 관여하였던 경우 및 증언 또는 감정을 한 경우

그 외에도 분쟁당사자는 협의회 위원에게 협의회의 조정에 공정을 기하기 어려운 사정이 있는 때에는 협의회에 그 협의회 위원에 대한 기피신청을 할 수 있으며, 협의회 위원이 그러한 사유에 해당하는 경우에는 스스로 해당 분쟁조정사항의

조정에서 회피할 수 있다(법 75조 2항, 3항).

2. 분쟁조정절차

독점규제법 제45조(불공정거래행위의 금지) 제1항을 위반한 혐의가 있는 행위로 인하여 피해를 입은 사업자는 분쟁조정신청서를 협의회에 제출함으로써 분쟁조정을 신청할 수 있다(법 76조 1항).

그리고 공정거래위원회는 법 제80조 제2항에 따른 신고가 접수된 경우 협의회에 그 행위 또는 사건에 대한 분쟁조정을 의뢰할 수 있다(법 76조 2항). 이러한 분쟁조정의 신청은 시효중단의 효력이 있다(법 76조 4항).

한편 협의회가 분쟁조정 신청을 받거나 의뢰를 받은 때에는 즉시 그 접수사실 등을 공정거래위원회 및 분쟁당사자에게 통지하여야 한다(법 76조 3항).

협의회는 분쟁당사자에게 분쟁조정사항에 대하여 스스로 합의하도록 권고하거나 조정안을 작성하여 제시할 수 있다. 그리고 해당 분쟁조정사항에 관한 사실을 확인하기 위하여 필요한 경우 조사를 하거나 분쟁당사자에 대하여 관련 자료의 제출이나 출석을 요구할 수 있다(법 77조 1항, 2항).

그러나 협의회는 다음 각 호의 어느 하나에 해당하는 행위 또는 사건에 대하여는 조정신청을 각하하여야 한다(법 77조 3항).

① 조정신청의 내용과 직접적인 이해관계가 없는 자가 조정신청을 한 경우
② 이 법의 적용대상이 아닌 사안에 관하여 조정신청을 한 경우
③ 위반혐의가 있는 행위의 내용·성격 및 정도 등을 고려하여 공정거래위원회가 직접 처리하는 것이 적합한 경우로서 대통령령으로 정하는 기준에 해당하는 행위[3]
④ 조정신청이 있기 전에 공정거래위원회가 법 제80조에 따라 조사를 개시한 사건에 대하여 조정신청을 한 경우. 이 경우에는 공정거래위원회의 확인을 받아야 한다.

협의회는 ① 분쟁당사자가 협의회의 권고 또는 조정안을 수락하거나 스스로 조

---

[3] 2021년 4월 동법 시행령 개정에 의해 공동의 거래거절, 계열회사를 위한 차별 및 집단적 차별, 계속적 부당염매 행위는 삭제되고, 이에 해당하는 행위는 부당 지원행위만 남게 되었다(영 69조 1항). 따라서 조정 대상은 확대되었다. 독일의 경우 부정경쟁방지법 위반행위를 조정 대상으로 하고 있으며, 경쟁제한방지법 위반행위는 조정 대상이 되지 않는다. Ansgar Ohly & Olaf Sosnitza, Gesetz gegen den unlauteren Wettbewerb mit Preisangabenverordnung Kommentar(9 auf.), C. H. Beck, 2014, S. 1056 참조.

정하는 등 조정이 성립된 경우, ② 분쟁조정의 신청을 받은 날 또는 공정거래위원
회로부터 분쟁조정의뢰를 받은 날부터 60일(분쟁 당사자 쌍방이 기간연장에 동의한 경우
에는 90일로 한다)이 경과하여도 조정이 성립하지 아니한 경우 또는 ③ 분쟁당사자
의 일방이 조정을 거부하는 등 조정절차를 진행할 실익이 없는 경우에는 조정절차
를 종료하여야 한다(법 77조 4항). 또한 분쟁조정이 신청된 사건에 대하여 신청 전
또는 신청 후 소가 제기되어 소송이 진행 중일 때에는 수소법원은 조정이 있을 때
까지 소송절차를 중지할 수 있으며(법 77조의2 1항), 이에 따라 소송절차가 중지되
지 아니하는 경우 협의회는 해당 사건의 조정절차를 중지하여야 한다(법 77조의2 2
항). 협의회는 조정이 신청된 사건과 동일한 원인으로 다수인이 관련되는 동종·유
사 사건에 대한 소송이 진행 중인 경우에도 협의회의 결정으로 조정절차를 중지할
수 있다(법 77조의2 3항). 한편 분쟁당사자는 소 제기 사실과 법원에 의한 소송절차
중지 사실을 지체 없이 협의회에 통지하여야 한다(영 68조 1항, 3항). 또한 협의회도
가 당사자로부터 소 제기 사실을 통지 받거나 확인한 경우 또는 조정절차를 각하
하거나 종료한 경우에 분쟁당사자의 동의를 받아 조정과 관련된 일정한 사항을 해
당 법원에 통지하여야 한다(영 68조 2항, 4항).

협의회는 조정신청을 각하하거나 조정절차를 종료한 경우에는 공정거래위원회
에 조정의 경위, 조정신청 각하 또는 조정절차 종료의 사유 등을 관계 서류와 함
께 지체 없이 서면으로 보고하여야 하고 분쟁당사자에게 그 사실을 통보하여야 한
다(법 77조 5항). 공정거래위원회는 분쟁조정사항에 관하여 조정절차가 종료될 때까
지 해당 분쟁당사자에게 시정조치 및 시정권고를 해서는 아니 된다(법 77조 6항).

협의회는 분쟁조정사항에 대하여 조정이 성립된 경우 조정에 참가한 위원과 분
쟁당사자가 기명 날인하거나 서명한 조정조서를 작성한다. 협의회는 분쟁당사자가
조정절차를 개시하기 전에 분쟁조정사항을 스스로 조정하고 조정조서의 작성을
요청하는 경우에는 그 조정조서를 작성하여야 한다. 조정조서가 작성된 경우 조정
조서는 재판상 화해와 동일한 효력을 갖는다. 분쟁당사자는 조정에서 합의된 사항
을 이행하여야 하고, 이행결과를 공정거래위원회에 제출하여야 한다. 공정거래위
원회는 합의가 이루어지고, 그 합의된 사항을 이행한 경우에는 시정조치 및 시정
권고를 하지 아니한다(법 78조).

제 10 장   사건처리절차

제 1 절   개   요

독점규제법의 실효성을 확보하기 위해서 공정거래위원회는 이 법에 위반하는 행위가 있는 경우, 해당 사업자 또는 사업자단체에 대해서 그 시정방안을 정하여 이에 따를 것을 권고하거나 명령할 수 있다. 독점규제법은 동법 제10장, 동법 시행령 제10장, 그리고 「공정거래위원회 회의운영 및 사건절차 등에 관한 규칙」(이하 '절차규칙'이라 함)에서[1] 이러한 실효성 확보절차를 규정하고 있다. 이 절차규칙은 독점규제법 이외에도 표시·광고법, 하도급법, 약관규제법, 방문판매법, 전자상거래소비자보호법, 가맹사업법, 대규모유통업법, 대리점법 등 공정거래위원회의 소관 법률에 위반한 사건에 대한 처리절차에 대하여 적용된다.

공정거래위원회의 법위반 사건에 관한 처리는 조사 및 심사·심의·의결의 3단계 절차에 따라 진행된다. 조사 및 심사란 구체적 사실의 단서를 접한 위원회가 후술하는 심의절차를 거쳐서, 의결을 할 필요가 있는지 여부를 판단하기까지 일련의 조사과정을 말한다. 이 절차는 심사관(심사공무원)이 담당한다. 심의는 심사보고를 받은 위원회가 법위반 사실에 관한 심리를 하는 과정을 말하며, 당사자 등의 의견진술·증거조사·감정 등의 절차를 거치면서 진행된다. 의결은 위원회가 법위반 사실을 인정하고 이에 대하여 일정한 법률효과를 부여하는 것을 말한다.

---

1) 공정거래위원회 고시 제1997-28호, 1997. 12. 1. 제정; 고시 제2023-9호, 2023. 4. 14. 최근 개정.

제 2 절 조사 및 심사절차

I. 심사절차의 개시

1. 공정거래위원회의 인지

공정거래위원회는 독점규제법에 위반되는 사실이 있다고 인정되는 경우에는 직권으로 필요한 조사를 할 수 있다(법 80조 1항).

2. 신고인의 지위

독점규제법은 누구든지 동법의 규정에 위반되는 사실이 있다고 인정할 때에는 그 사실을 공정거래위원회에 신고할 수 있게 하고 있다(법 80조 2항). 그리고 공정거래위원회는 이 법의 시행을 위하여 필요하다고 인정할 때에는 당사자, 이해관계인 또는 참고인을 출석시켜 의견을 청취할 수 있고, 감정인을 지정하여 감정을 위촉할 수 있으며, 사업자, 사업자단체 또는 이들의 임직원에 대하여 원가 및 경영상황에 관한 보고, 기타 필요한 자료나 물건의 제출을 명하거나 제출된 자료나 물건의 일시 보관을 할 수 있다(법 81조).

공정거래위원회의 실무는 신고된 모든 사건에 대하여 일정한 처리를 하고 있는데, 현행법상 신고인의 지위에 관하여는 「하도급거래 공정화에 관한 법률」(이하 '하도급법'이라 함) 제22조 제1항에 관한 대법원의 판결2)이 주목할 만하다. 대법원은 동 판결에서 신고는 법위반사실에 관한 직권발동을 촉구하는 단서의 제공에 불과한 것이며, 이에 의해서 일정한 조치를 청구할 수 있는 구체적인 청구권이 발생하는 것은 아니라고 보았다. 왜냐하면 당해 사건에 대하여 직접적인 이해관계를 가지고 있지 않은 모든 신고인에게 일정한 권리를 부여하는 것은 무리라고 할 수 있기 때문이다.

그리고 절차규칙은 심사절차를 개시하지 않는 경우의 통지(20조 2항), 심사관이 사건을 심사착수 보고한 경우에 신고인에 대한 통지(15조 4항), 회의 개의의 통지(37조 4항), 신고인의 의견진술(37조), 심의중지에 따른 종결처리를 할 경우에 신고

---

2) 대법원 1989. 5. 9. 선고 88누4515 판결.

인 등에 대한 통지(56조 3항), 신고인 등에 대한 의결 등의 요지 통지(64조 2항) 등을 통하여 신고인의 절차상 권리를 보장하고 있다.

심사관은 표시·광고법, 방문판매법, 전자상거래소비자보호법, 할부거래법 위반행위와 관련한 소비자의 신고가 개별 피해구제를 목적으로 하며, 사업자가 공정거래위원회가 정한 기준에 따른 소비자불만 자율관리 프로그램을 실질적으로 도입하여 운용하고 있고, 소비자가 사업자와의 자율처리를 수락하는 경우에는 이를 해당사업자에게 통보하여 자율적으로 처리하도록 할 수 있다(절차규칙 19조 1항). 심사관이 사업자로 하여금 제1항에 따른 자율처리를 하게 한 경우에는 조사 및 심사절차를 개시하지 아니할 수 있다(절차규칙 19조 2항). 그러나 소비자의 신고가 다수 피해자가 있는 신고사건이거나 공정거래위원회가 정하는 일정기간 동안 자율처리가 완료되지 않은 경우, 또는 자율처리가 공익에 반하는 경우 등 자율처리가 적절하지 않다고 심사관이 판단하는 경우에는 이를 적용하지 않는다(절차규칙 19조 3항).

3. 처분시효

독점규제법 위반행위의 종료일부터 7년이 경과한 경우 시정조치를 명하거나 과징금을 부과할 수 없다(법 80조 4항). 예외적으로 공동행위 위반행위의 경우에는 처분시효가 조사를 개시한 경우 개시일부터 5년[3] 그리고 조사를 개시하지 않은 경우 법 위반행위 종료일부터 7년이 되는데(법 80조 5항), 동 규정은 공동행위에 있어서 합의 입증의 어려움을 감안하여 처분시효 기간을 확장한 것으로 이해된다. 이상의 처분시효는 공정거래위원회의 시정명령이나 과징금 부과를 제한하므로, 공정거래위원회의 심사나 심의도 이에 영향을 받게 될 것이다.

Ⅱ. 심사절차의 진행

1. 심사관의 지정

공정거래위원회가 법위반의 혐의가 있는 사실을 인지하거나 신고 등을 받은 경

---

3) 동법 시행령 제72조 제1항에서 '조사 개시일'이란 "1. 공정거래위원회가 법 제80조 제1항에 따라 직권으로 조사를 개시한 경우(제2호에 따른 신고 없이 또는 그 신고 이전에 조사를 개시한 경우만 해당한다): 법 제81조 제1항 및 제2항에 따른 처분 또는 조사를 한 날 중 가장 빠른 날, 2. 공정거래위원회가 법 제80조 제2항에 따른 신고(법 제44조 제1항 제1호에 따른 자진신고를 포함한다)로 조사를 개시한 경우: 신고를 접수한 날"을 의미한다.

우에 사무처장은 심사관을 지정하여 심사절차의 개시에 앞서 사실조사와 사전심사를 하게 할 수 있다(절차규칙 10조 1항). 심사관은 당해사건에 해당하는 업무를 관장하는 국장, 심판관리관, 시장분석정책관 또는 지방사무소장이 되며, 예외적으로 당해 사건이 속하는 업무의 소관이 불분명하거나 동조에 따른 심사관이 당해 사건의 심사에 적합하지 않다고 인정하는 경우에는 사무처장이 공정거래위원회 소속인 4급 이상의 공무원 또는 고위공무원단에 속하는 공무원 중에서 심사관을 지정할 수 있다(절차규칙 10조 6항 및 7항).

2. 사건 심사의 착수보고

심사관은 조사 및 사전심사의 결과, 심사절차를 개시하지 아니할 수 있는 경우에 해당하지 않는다고 인정되는 경우에는 위원장에게 ① 사건명, ② 사건의 단서, ③ 사건의 개요, ④ 관계법조 등을 서면 또는 전산망을 이용하여 보고해야 하며, 이로써 실질적인 심사절차에 들어간다(절차규칙 15조).

심사관은 i) 법 제2조 1호의 규정에 의한 '사업자' 요건을 충족하지 않는 경우, ii) 법 제13장(적용제외) 각 조의 규정에 해당하는 경우, iii) 법 제80조(위반행위의 인지·신고 등) 제4항 규정에 의한 기간이 경과된 경우, iv) 무기명, 가명 또는 내용이 분명하지 아니한 신고로서 심사관이 보완요청을 할 수 없는 경우, 기간을 정한 보완요청을 받고도 이에 응하지 아니한 경우 또는 보완내용이 분명하지 아니하거나 허위로 기재된 경우, v) 신고인이 신고를 취하한 경우, vi) 사망, 해산, 폐업 또는 이에 준하는 사유가 발생한 사업자를 신고한 경우, vii) 이미 처리한 사건과 동일한 위반사실에 대하여 직권으로 인지하거나 다시 신고하여 올 경우, viii) 기타 독점규제법 제103조(과징금 납부기한의 연장 및 분할납부) 제1항과 동법 시행령 제87조 제1항에서 정한 기준에 미달하는 경우 및 동법 동조 제2항에 의한 기간이 경과된 경우에는 심사절차를 개시하지 아니한다는 결정을 할 수 있다. 심사관이 이러한 결정을 한 경우에는 그 결정 후 15일 이내에 신고인 또는 피조사인에게 그 사실을 서면으로 통지하여야 한다(절차규칙 20조). 그런데 이들은 위원회의 관여 없이 사건이 종결되는 경우에 해당하므로, 절차운영의 공정과 확실을 기한다는 측면에서 위원회에 대한 보고서 제출과 같은 사후적인 통제가 필요할 것이다.

재신고된 사건의 경우에는 심사관은 이미 처리한 사건과 동일한 위반사실에 대한 신고에 대하여는 당초 신고를 처리한 조사공무원과 다른 조사공무원으로 하여금 사실에 대한 조사와 사전심사를 하게 할 수 있다. 그러나 신고의 내용에 절차규칙 제45조(재심사명령) 각 호의 어느 하나에 준하는 사유가 있다고 인정되는 경우에는 위원장에게 사건 심사착수보고를 하여야 하며, 이 경우에는 사건의 단서 란에 "재신고"라고 명시해야 한다(절차규칙 21조 7항).

3. 조사권한과 의무

(1) 조사권한

심사관 또는 사건을 조사하는 공무원(조사공무원)은 조사과정에서 일정한 권한과 의무를 진다. 이것은 절차의 공정성을 담보하는 동시에 피조사인의 절차상 권리를 보장하기 위한 것이다.

법 제81조는 공정거래위원회의 위반행위의 조사 및 의견청취 등에 관한 권한을 규정하고 있으며, 특히 동조 제2항 내지 제9항은 조사 과정에서 소속공무원의 권한과 이에 대한 제한에 관하여 규정하고 있다. 공정거래위원회의 사건처리절차에서 이루어지는 문서의 송달은 행정절차법 제14조 내지 제16조의 규정을 준용하되, 다만 국외에 주소를 두고 있는 사업자 또는 사업자단체에 대해서는 국내에 대리인을 지정하도록 하여 동 대리인에게 송달하고, 해당 사업자 또는 사업자단체가 국내 대리인을 지정하지 아니한 경우에는 관보·공보·게시판·일간신문 중 하나 이상에 공고하고 인터넷에도 공고하여야 한다(법 98조).

공정거래위원회가 조사를 위해서 당사자, 이해관계인 또는 참고인을 출석하게 하여 의견을 듣고자 하는 경우에는 사건명, 상대방의 성명, 출석일시 및 장소 등의 사항을 기재한 출석 요구서를 발부하여야 하며(영 73조 1항), '공정거래위원회 조사절차에 관한 규칙'(이하 '조사규칙'이라 함)은[4] 출석요구서에 불응하는 경우의 법률상의 제재내용도 기재할 것을 요구하고 있다(조사규칙 19조 1항). 공정거래위원회는 사업자 또는 사업자단체의 사무소·사업장에서 당사자, 이해관계인 또는 참고인의 진술을 들을 수도 있으며(법 81조 3항), 이때의 진술이나 당사자, 이해관계인 또는 참고인이 출석하여 진술한 경우에는 진술조서를 작성하여야 한다(법 81조 5항, 조사규칙 19조 2항). 한편 조사공무원은 전원회의 또는 소회의가 필요성을 인정한 경우를 제외하고 심의·의결절차가 진행 중인 경우 조사를 하거나 당사자의 진술을 들을 수 없는데(법 81조 4항), 동 규정은 2021년 5월 동법 개정에 의해 도입된 것으로서 무기대등원칙의 실현을 통해 당사자주의를 강화하는 의미가 있다. 또한 조사공무원은 사업자, 사업자단체 또는 이들의 임직원에게 조사에 필요한 자료나 물건

---

4) 공정거래위원회고시 제2023-11호, 2023. 4. 14., 일부개정.

의 제출을 명하거나5) 일시 보관할 수 있으며(법 81조 6항), 이 경우 보관조서의 작성·발급의무와 조사 관련성이 부인되거나 보관 필요성이 소멸한 경우 반환할 의무를 부담한다(법 81조 7항, 8항).

조사공무원이 사업자 또는 사업자단체의 사무소 또는 사업장에 출입하여 조사하는 경우에는 그 권한을 표시하는 증표를 관계인에게 제시하고, 조사목적·조사기간 및 조사방법 등 대통령령으로 정하는 사항이 기재된 문서를 발급하여야 한다(법 81조 9항). 조사규칙은 현장조사 개시 전 공무원증의 제시, 조사공문의 교부 그리고 조사공문의 내용 및 피조사업체의 권리에 대한 상세한 설명을 조사공무원의 의무로서 규정하고 있다.(조사규칙 10조 1항). 한편 조사공무원은 원칙적으로 사업자 또는 사업자단체의 정규 근무시간 내에 조사하여야 하고, 문서에 기재된 조사 기간 내에 조사를 종료하여야 한다(법 82조 1항, 2항). 동 규정도 조사 대상인 사업자 또는 사업자단체의 이익을 보호하기 위한 것으로 2021년 법 개정에 의해 새롭게 도입된 것이다.

(2) 조사공무원의 의무와 당사자의 권리

조사공무원은 법의 시행을 위하여 필요한 최소한의 범위 안에서 조사를 행하여야 하며, 다른 목적 등을 위하여 조사권을 남용해서는 안 된다(법 84조). 또한 조사는 법령 등의 위반에 대한 처벌보다는 법령 등을 준수하도록 유도하는 데 중점을 두어야 하며, 다른 법률에 따르지 아니하고는 조사의 대상자 또는 조사의 내용을 공표하거나 직무상 알게 된 비밀을 누설해서는 안 된다. 그리고 행정기관은 행정조사를 통하여 알게 된 정보를 다른 법률에 따라 내부에서 이용하거나 다른 기관에 제공하는 경우를 제외하고는 원래의 조사목적 이외의 용도로 이용하거나 타인에게 제공해서는 안 된다(행정조사기본법 4조). 이들 조항은 위원회의 사건처리절차의 전 과정에 있어서 조사 등에 관한 권한을 규정한 것이기 때문에, 심사과정에 있어서 심사관 등의 권한에 대하여도 적용되는 것으로 해석된다.

한편 공정거래위원회의 처분 또는 조사와 관련된 당사자, 이해관계인 또는 참고인은 의견을 제출하거나 진술할 수 있으며(법 81조 10항), 적법절차(due process)의 관점에서 당사자 또는 이해관계인의 의견진술권은 공정거래위원회의 사건처리절

---

5) 제출을 명하기 위하여 교부하는 서면에는 다음 각호의 사항을 명시하여야 한다. 1. 사건명 2. 보고 또는 제출할 일시와 장소 3. 보고 또는 제출할 자료 및 물건 4. 명령에 응하지 아니하는 경우의 법률상의 제재내용(조사규칙 20조).

차 전반에 걸쳐서 보장된다. 즉 당사자 또는 이해관계인은 공정거래위원회의 회의에서 의견을 진술할 권리가 있으며(법 93조 2항), 공정거래위원회는 시정조치를 명하거나 과징금을 부과하기 전에 이들에게 진술할 기회를 부여하여야 한다(법 93조 1항). 나아가 조사 및 심의를 받는 사업자, 사업자단체 또는 이들의 임직원은 변호사 등의 조력을 받을 권리가 보장되고 있다(법 83조). 또한 당사자나 신고인 등에[6] 대해서는 처분과 관련된 자료에 대한 열람 또는 복사를 공정거래위원회에 요구할 수 있으며, 영업비밀 자료, 자신신고 관련 자료, 법에 의한 비공개자료 제외를 제외하고 공정거래이원회는 이러한 요구에 따라야 한다(법 95조). 이 외에 사업자 또는 사업자단체가 천재·지변, 합병·인수, 화의 또는 법정관리신청 또는 파산 그 밖에 이에 준하는 절차가 진행되고 있는 경우, 권한 있는 기관에 장부·증거서류가 압수 또는 영치된 경우, 또는 화재 등으로 인하여 사업자 및 사업자단체의 사업수행에 중대한 장애가 발생한 경우로 인하여 처분을 이행하거나 조사를 받기가 곤란한 경우에는 공정거래위원회에 처분 또는 조사를 연기하여 줄 것을 신청할 수 있다. 공정거래위원회가 처분 또는 조사의 연기신청을 받은 때에는 그 사유가 타당하다고 인정되는 경우 처분 또는 조사를 연기할 수 있다(법 85조, 영 76조).

제 3 절 심의절차

Ⅰ. 심의절차의 구조

1. 대심적 요소

공정거래위원회의 심의절차는 원칙적으로 대심적 구조를 취하고 있다. 대심적 구조는 법 위반의 혐의가 있는 사업자인 피심인의 절차적인 권리가 충분히 보장될 수 있다는[7] 의미에서 긍정적으로 평가할 수 있다. 심사관이 심사보고서를 각 회의에 제출함과 동시에 피심인에게 송부하도록 하는 것(절차규칙 25조 1항, 10항), 피심인의 의견서 제출 시부터 심의에 부의하는 기간의 계산(절차규칙 35조 1항), 피심인에 대한 회의 개최 통지 및 회의 개의 요건으로서 피심인의 출석(절차규칙 40조) 그

---

6) 동법 시행령 제81조에 의해 독점규제법 제109조에 의한 손해배상청구소송을 제기한 자도 열람, 복사를 요구할 수 있다.

7) 이시윤, 민사소송법, 박영사, 1990, 130면 참조.

리고 심의에 있어서 피심인의 질문권(절차규칙 45조 2항)·증거조사 신청권(절차규칙 48조 1항)·최후진술권(절차규칙 50조 2항) 등은 대심적 요소를 반영한 것이다.

2. 직권주의적 요소

공정거래위원회는 당사자의 이해관계에 구속받지 않고 경쟁질서의 확립이라는 공익적 목적을 달성하기 위하여 심의에 있어서 의장이 직권으로 심의부의를 연기·철회할 수 있으며(절차규칙 36조), 모두절차에서 피심인의 의견진술에 대한 의장의 허가(절차규칙 44조 2항), 석명권(절차규칙 45조 1항) 그리고 심사관 또는 피심인의 진술의 제한(절차규칙 46조) 등의 직권주의적 요소를 가미하고 있다.

Ⅱ. 심의절차의 진행

1. 심의의 사전절차

(1) 심사보고서의 제출

심사관은 다음 각 호의 사항을 기재한 심사보고서를 작성하여 각 회의에 제출하여야 한다. 기재해야 할 내용은 ① 사건의 개요, ② 시장구조 및 실태, ③ 제도개선사항의 유무, ④ 사실의 인정, ⑤ 위법성 판단 및 법령의 적용, ⑥ 자율준수프로그램 또는 소비자불만 자율관리 운용상황의 조사여부, ⑦ 심사관의 조치의견, ⑧ 피심인 수락여부(전원회의 소관사건은 제외), ⑨ 첨부자료 등이다(절차규칙 25조 1항). 한편 당해 사건이 소회의 소관사항(절차규칙 5조)인 경우에는 심사관은 피심인에게 심사보고서를 사전에 송부하여 심사보고서상의 행위사실을 인정하고 심사관의 조치의견을 수락하는지 여부를 물어야 하며, 이를 수락하지 않는 경우에는 이에 대한 의견을 제출할 것을 문서로 요청하여야 한다. 다만 심사관의 조치의견이 고발 또는 과징금납부명령인 경우, 피심인이 수락하지 않을 것이 명백할 경우 및 의장의 승인이 있는 경우에는 행위사실 인정 및 조치의견 수락 여부를 묻지 않는다(절차규칙 67조 1항). 그 밖의 경우에는 심사관은 심사보고서를 각 회의에 제출함과 동시에 피심인에게 심사보고서를 송부하고, 이에 대한 의견을 원칙적으로 4주(소회의에 제출되는 심사보고서의 경우 3주)의 기간 내에 심판관리관에게 문서로 제출할 것을 요구하는 통지를 하여야 한다(절차규칙 25조 10항 본문).

(2) 주심위원의 지정 및 심의 부의

전원회의의 의장은 심사보고서를 제출받은 경우 상임위원 1인을 당해 사건의 주심의원으로 지정한다.[8] 각 회의의 의장은 피심인의 의견서가 제출된 날, 심의준비 절차를 종료한 날 또는 의견서가 제출되지 아니한 경우에는 그 기간이 경과된 날로부터 30일 이내에 당해 사건을 심의에 부의하여야 한다. 다만 각 회의의 의장이 필요하다고 인정하는 때에는 그 기간을 연장할 수 있다(절차규칙 35조 1항). 그리고 각 회의의 심의기일에는 심판정에서 심의한다(절차규칙 35조 2항).

(3) 의견청취절차

주심위원 또는 소회의 의장(이하 '주심위원 등'이라 함)은 다음 각호의 어느 하나에 해당하는 경우 심의를 효율적, 집중적으로 진행하기 위하여 의견청취절차를 실시할 수 있다(절차규칙 29조 1항).

① 피심인이 심사보고서의 사실관계, 위법성 판단 등을 다투는 경우
② 사실관계가 복잡하거나 쟁점이 많은 경우
③ 전원회의 안건인 경우
④ 피심인이 의견청취절차 진행을 요청한 안건으로서 피심인의 방어권 보장, 심의의 효율적 진행을 위하여 필요하다고 인정되는 경우

주심위원 등은 심사보고서에 대한 피심인의 의견서가 제출된 이후의 날로 의견청취절차를 진행할 일시 및 장소를 정하여 기일 5일 전까지 당해 사건의 상임위원, 심사관, 피심인에게 통지하여야 한다(절차규칙 30조 1항). 의견청취절차는 원칙적으로 당해 사건의 주심위원 등, 심사관, 피심인, 심의·의결 업무를 보좌하는 공무원이 모두 참석하여야 진행할 수 있으며, 통지를 받은 상임위원은 그 절차에 참석하여 질의하고 의견을 청취할 수 있다(절차규칙 31조 1항).

의견청취절차의 진행은 구술로 심사관과 피심인의 의견을 청취하고 질의하는 방식을 원칙으로 하지만, 주심위원 등은 필요하다고 판단하는 경우 의견청취절차 기일에 진술할 내용을 기재한 요약 서면을 제출하도록 할 수 있다. 그리고 주심위원 등은 의견청취절차를 중립적 입장에서 공평하게 진행하여야 하며, 심사관과 피심인에게 주장의 기회를 동등하게 부여하여야 한다. 한편 심의·의결 업무를 보좌

---

8) 호문혁, 민사소송법연구(Ⅰ), 법문사, 1998, 558면은 주심위원 지정의 의의가 모호하다는 점을 지적하고 있는데, 당해 사건의 관련시장이나 산업에 대한 전문성이 충분히 반영되는 방식으로 운영될 수만 있다면 긍정적인 측면도 있다고 생각된다.

하는 공무원은 의견청취절차의 안건, 일시 및 장소, 참석자, 진행순서, 심사관과 피심인의 발언 요지 등 주요 내용을 기록·보존하여야 하며, 그 기록을 첫 심의기일 전에 각 회의에 제출하여야 한다(절차규칙 32조).

(4) 심의개최 통지

의장은 심의개최 10일(소회의의 경우 5일) 전까지 당해 회의 구성위원 및 피심인에게[9] 각 회의 심의개최의 일시·장소 및 사건명, 심리 공개 여부 등을 서면(전송 포함)으로 통지하여야 한다. 다만 긴급을 요하는 등 기타 부득이한 경우에는 그러하지 않다(절차규칙 37조 1항). 비상임위원이 존재하는 현행 위원회의 구조상 위원에 대한 통지에는 심의안건에 대한 통지도 요구된다(동조 2항). 신고인에 대하여도 통지를 하여야 하며(동조 4항), 이 때 의장이 필요하다고 인정할 때에는 심사보고서(사건의 단서, 심사경위, 심사관의 조치의견 및 첨부자료는 제외)를 송부할 수 있다(동조 5항).

(5) 심사관 및 피심인의 회의출석

절차규칙 제40조 제1항은 각 회의에는 당해 사건의 심사관 및 피심인이 출석한다고 규정하고 있어 이들의 출석이 개의의 요건이 되는지가 명확하지 않지만, 특히 피심인의 출석은 개의의 요건으로 보아야 한다. 동조 제2항은 피심인이 통지를 받고도 정당한 이유 없이 출석하지 않은 경우에는 개의할 수 있다고 규정하고 있으나, 피심인의 절차보장을 위해서는 형사소송에서와[10] 같이 불출석 개의가 가능한 경우를 좀 더 구체적으로 규정하는 것이 바람직할 것이다.

2. 심의절차

(1) 참가주체

절차규칙 제43조에 의해 각 회의는 신청 또는 직권으로 심의결과에 대한 이해관계인, 자문위원, 관계행정기관, 공공기관·단체, 전문적인 지식이나 경험이 있는 개인이나 단체, 감정인 등을 참고인으로 하여 심의에 참가시켜 의안에 대한 설명 또는 의견을 듣고 신문할 수 있다. 그리고 절차규칙 제7조 제5항은 심판관리관이 회의에 참여하여 의안과 관련한 법리 등 기타 의견을 진술할 수 있게 하고 있으며, 또한 의안의 상정자를 제외한 위원회 직원(심판관리관실 소속 직원 제외)은 심사

---

9) 피심인에게는 개최일시의 변경에 대한 신청권이 있다(절차규칙 33조 3항).
10) 신동운, 형사소송법(Ⅰ), 법문사, 1997, 650-654면 참조.

관을 보조하여 심의에 참가하여 의안에 대한 설명 또는 의견을 진술할 수 있다(절차규칙 40조 1항). 판결의 법적 효과를 받는 자에 한하여 참가자격을 부여하고 있는 민사소송과는[11] 달리 참가할 수 있는 자의 범위를 상당히 넓게 인정하고 있는데, 이는 행정기관 내부에서 이루어지는 심의절차로서 직권주의적 성격이 반영된 것으로 볼 수 있다. 또한 절차참여의 확대는 공정거래위원회가 시장경제에 대한 폭넓은 정보를 획득할 수 있게 하여 정당한 결정을 내리게 하는 기능을 수행할 수 있고, 또한 제도적으로 공정거래위원회의 결정에 민주적 정당성을 부여하는 의미가 있다는 점에서[12] 긍정적인 평가가 가능할 것이다. 다만 규정의 형식상 심결의 효력을 직접 받는 자와 그 밖의 참가인은 구별할 필요가 있으며, 이와 관련하여 OECD의 보고서에서 피해자의 경우 보호적 측면에서 그리고 공중과 같은 제3자의 경우 정보제공적 측면에서 차별화된 방식으로 절차적 권리가 보장될 필요가 있다는 지적은 참고할 만하다.[13]

(2) 대리인

절차규칙 제42조는 피심인의 대리인이 될 수 있는 자격을 규정하고 있다. 그 내용을 살펴보면 ① 변호사, ② 피심인인 법인의 임원 등 기타 각 회의의 허가를 얻은 자 등이다. 대리인은 대리권의 범위와 자기가 대리인임을 명백히 표시하는 위임장을 각 회의의 심의개시 전까지 제출하여야 한다.

(3) 심의절차의 순서

심의기일에서의 절차는 인정신문(절차규칙 41조) → 모두절차(44조) → 위원회의 심의 및 증거조사(45조 내지 48조) → 심사관의 조치의견 진술 및 최후의견 진술(50조)의 순서로 진행된다.

심의과정에서 당사자 또는 이해관계인은 진술할 수 있다(법 93조 2항). 이에 대한 심의절차는 의장이 주재한다. 의장은 심판정의 질서유지, 석명권과 질문권, 진술의 제한 그리고 심의의 분리·병합 및 재개 등의 권한을 갖는다. 위원은 의장의 허락을 얻어 사실의 인정 또는 법률의 적용에 관계되는 사항에 관하여 심사관 또는 피심인에게 질문할 수 있고, 심사관 또는 피심인은 상대방의 진술의 취지가 명

---

11) 이시윤, 앞의 책, 222면 참조.
12) 박준영, 공정거래절차의 법리, 경인문화사, 2020, 316-317면 참조.
13) OECD, Trade and Competition: From Doha to Cancun, 2003, pp. 13-14

백하지 아니할 때는 의장의 허락을 얻어 직접 상대방에게 질문할 수 있다(절차규칙 45조 2항). 피심인 또는 심사관은 각 회의에 증거조사를 신청할 수 있으나, 각 회의는 필요하다고 인정하는 때에는 직권으로 증거조사를 할 수 있다(절차규칙 48조). 참고인신문은 이를 신청한 심사관 또는 피심인이 먼저 하고, 다음에 다른 당사자가 한다(절차규칙 49조).

(4) 재심사명령

공정거래위원회의 각 회의는 ① 사실의 오인이 있는 경우, ② 법령의 해석 또는 적용에 착오가 있는 경우, ③ 심사관의 심사종결이 있은 후 심사종결사유와 관련이 있는 새로운 사실 또는 증거가 발견된 경우, ④ 기타 이에 준하는 사유가 있는 경우에는 심사관에게 당해 사건에 대한 재심사를 명할 수 있다(절차규칙 52조). 재심사명령이 있는 경우에는 당해 사건에 대한 절차가 새롭게 진행된다.

제 4 절 위원회의 의결

Ⅰ. 의결의 성립

위원회는 합의체의 성격상 의사가 성립하기 위해서는 일정한 결정방식이[14] 당연히 요구된다. 독점규제법은 전원회의와 소회의를 구분하여 규정하고 있는데, 전자의 경우에는 재적위원 과반수의 찬성으로 그리고 후자의 경우에는 재적위원 전원의 찬성으로 의결이 성립한다(법 64조 1항 및 2항). 한편 각 회의가 의결 또는 결정을 한 경우에는 형식적 요건으로서 의결서 또는 결정서를 작성하여야 하며, 소정의 사항을 기재하고 참여위원이 서명·날인하여야 한다(법 68조 1항). 이 경우 전원회의의 주심위원에 대하여는 당해 사건의 주심위원임을 표시하여야 한다(절차규칙 54조 4항).

---

14) 절차규칙은 제8조 제2항 본문의 "제1항에서 결정 또는 의결사항이라 함은 각 회의의 결정 또는 의결을 구하는 의안을 말한다"고 규정한 것과 같이 의결과 결정을 병행하여 사용하고 있다. 구체적으로 결정이라는 표현을 사용하고 있는 경우는 제53조의 고발 등의 결정 등인데, 이러한 구별의 이론적 기준이나 실천적 필요성이 있다고 볼 수 없으므로 통일된 용어로 사용하는 것이 타당하다고 본다. 따라서 이하에서는 의결 또는 결정은 의결로 표시한다.

II. 의결의 내용

1. 심의절차의 종료

각 회의는 ① 절차규칙 제20조의 심사절차를 개시하지 아니할 수 있는 경우, ② 약관법 위반행위를 한 피심인이 사건의 조사 또는 심사과정에서 당해 위반약관을 스스로 시정하여 시정조치의 실익이 없다고 인정하는 경우, ③ 재신고 사건으로 원사건에 대한 조치와 같은 내용의 조치를 하는 경우, ④ 사건의 사실관계에 대한 확인이 곤란하여 법 위반 여부의 판단이 불가능한 경우, 새로운 시장에서 시장상황의 향방을 가늠하기가 매우 어렵거나 다른 정부기관에서 처리함이 바람직하여 위원회 판단을 유보할 필요가 있는 등 심의절차의 종료가 합리적이고 타당하다고 인정하는 경우에는 심의절차의 종료를 의결할 수 있다(절차규칙 53조).

2. 무혐의 · 주의 촉구

각 회의는 피심인의 행위가 독점규제법 위반행위로 인정되지 아니하거나 위반행위에 대한 증거가 없는 경우에는 무혐의를 의결할 수 있다. 그리고 각 회의는 피심인의 행위가 독점규제법에 위반되지 아니하더라도 장래의 법위반 예방 등 필요한 경우에는 주의 촉구를 할 수 있다. 이 경우 당해 행위가 법에 위반되지 아니함을 명백히 하는 문언을 함께 기재하여야 한다(절차규칙 54조).

3. 종결 처리

각 회의는 피심인에게 사망 · 해산 · 파산 · 폐업 또는 이에 준하는 사유가 발생함으로써 시정조치 등의 이행을 확보하기가 사실상 불가능하다고 인정될 경우나, 피심인이 채무자 회생 및 파산에 관한 법률에 의하여 보전처분 또는 회생절차 개시결정을 받았고, 법 위반혐의가 재산상의 청구권과 관련된 경우에는 종결처리를 의결할 수 있다(절차규칙 55조 1항). 그러나 후자의 경우 피심인이 채무자 회생 및 파산에 관한 법률에 의하지 아니한 방법으로 정상적인 사업활동을 영위하는 경우에는 사건절차를 재개할 수 있다(절차규칙 55조 2항).

4. 심의 중지

각 회의는 피심인, 신고인 또는 이해관계인 등에게 ① 부도 등으로 인한 영업 중단, ② 일시적 폐업이라고 인정되는 경우, ③ 법인의 실체가 없는 경우, ④ 도피 등에 의한 소재불명, ⑤ 국외에 소재하는 외국인 사업자를 신고한 경우로서 조사 등이 현저히 곤란한 경우, ⑥ 이에 준하는 경우 등에 해당하여 조사 등을 계속하기가 곤란한 경우에는 그 사유가 해소될 때까지 심의 중지를 의결할 수 있다(절차 규칙 56조 1항). 따라서 이 경우에는 의결내용이 실체적 법률관계에 종국적인 영향을 주는 것은 아니다. 한편 심사관은 심의 중지가 의결된 때에는 심의 중지자 명부에 해당사항을 기재하고 점검·관리하여야 하며, 이 경우 의결된 날로부터 6개월 경과 후 종결 처리할 수 있다(동조 2항). 그리고 심의 중지가 종결처리로 이어진 경우에는 신고인 등에게 종결 처리된 사실 및 피심인의 영업재개 등 심사개시 사유가 발생한 때에는 재신고가 가능하다는 사실을 통지하여야 한다(동조 3항). 이는 신고인의 이익을 보호함과 동시에, 자의적 조사 중지와 종결처리에 대한 견제의 의미도 갖고 있다.

5. 경　　고

각 회의는 독점규제법 등의 위반의 정도가 경미한 경우나 위반행위를 한 피심인이 사건의 심사 또는 심의과정에서 당해 위반행위를 스스로 시정하여 시정조치의 실익이 없다고 인정하는 경우 또는 사건의 심사 또는 심의과정에서 피심인이 시정조치 또는 금지명령을 이행할 경우에는 경고를 의결할 수 있다(절차규칙 57조). 이때 경고를 행정소송의 대상이 되는 처분으로 볼 수 있는지와 관련하여, 대법원은 「표시·광고의 공정화에 관한 법률」 위반 사건에서 경고가 '기타 위반행위의 시정을 위하여 필요한 조치'에 해당하므로 처분성이 인정되어 행정소송의 대상이 될 수 있다고 판단하였다.[15] 그러나 경고를 시정조치의 한 내용으로 볼 것은 아니며, 다만 피심인의 권리의무에 직접 영향을 미칠 수 있다는 점에서 처분성은 인정될 수 있을 것이다.[16]

---

15) 대법원 2013. 12. 26. 선고 2011두4930 판결.
16) 같은 취지로, 이동규, 공정거래 주요쟁점 및 이슈 36선, 박영사, 2023, 92－93면 참조.

6. 시정권고

각 회의는 위원회의 심결을 거쳐 위반행위를 시정하기에는 시간적 여유가 없거나 시간이 경과되어 위반행위로 인한 피해가 크게 될 우려가 있는 경우, 위반행위자가 위반사실을 인정하고 당해 위반행위를 즉시 시정할 의사를 명백히 밝힌 경우, 위반행위의 내용이 경미하거나 일정한 거래분야에서 경쟁을 제한하는 효과가 크지 않은 경우, 또는 공정거래 자율준수 프로그램(Compliance Program)을 실질적으로 도입·운용하고 있는 사업자가 동 제도 도입이후 최초로 법위반행위를 한 경우에는 피심인에게 시정방안을 정하여 이에 따를 것을 권고할 수 있다(절차규칙 58조 1항). 의결에 따른 권고는 일정한 사항을 기재한 서면으로 하여야 하는데(절차규칙 58조 3항), 심사관은 권고를 받은 자가 수락하지 아니하기로 통지하거나, 시정권고를 통지받은 날부터 10일 이내에 그 수락여부를 서면으로 통지하지 아니한 경우에는 당해 사건에 대한 심사보고서를 작성하여 각 회의에 제출하여야 한다(절차규칙 58조 4항).

시정권고는 위법성의 정도에 있어서 시정명령과 차이가 있는 것은 아니며, 시간적 긴박성에 따른 긴급처분적인 성격을 갖는다. 따라서 당사자의 절차적 보호라는 사익과 단기간 내에 법질서를 회복하려는 공익 간의 형량이 전제되어야 한다. 이러한 점에서 독점규제법이 일정한 법률효과의 발생을 위하여 당사자의 수락을 요구하는 것은 타당하다고 생각된다.

7. 시정명령

각 회의는 심의절차를 거쳐 시정명령의 의결을 할 수 있으며(절차규칙 59조 1항), 법위반상태가 이미 소멸된 경우에도 법위반행위의 재발방지에 필요하다고 인정하는 경우에는 시정에 필요한 조치 등을 의결할 수 있다(동조 2항). 당해 행위의 중지, 법위반행위로 인하여 공정거래위원회로부터 시정명령을 받은 사실의 공표 등과 같이 독점규제법에 시정조치의 내용으로 규정되어 있는 것이 시정명령의 구체적 내용을 이루게 된다. 그런데 동조 제2항의 시정조치는 적극적으로 경쟁질서의 확립을 지향하는 조치의 성격을 띠지만, 과거의 위반행위에 대한 위법성 판단이 전제되어야 한다.

8. 과징금 납부명령

각 회의는 심의절차를 거쳐 과징금 납부명령의 의결을 할 수 있다(절차규칙 59조 1항).

(1) 과징금의 의의

과징금이란 법위반행위에 대하여 행정권에 기초하여 부과하는 금전적 부담을 의미하는데,[17] 독점규제법상 과징금은 우리나라에 최초로 도입된 제도로서 법에서 규정한 의무이행을 확보하기 위한 수단이라고 본다.

(2) 과징금의 법적 성격

독점규제법상 과징금은 행정제재벌과 부당이득환수의 성격을 함께 가지고 있다고 보는 것이 통설이다. 과징금의 행정제재벌적 성격은 과징금이 법위반행위에 기한 징벌의 효과와 함께 위하적 효력을 갖는 것에 기인한다. 반면 과징금은 법위반행위와 관련하여 부당하게 취득한 이득을 환수하는 성격을 갖고 있다. 다만, 부당이득의 부분은 이를 구체적으로 산정하기가 매우 어렵다는 문제가 있다. 과징금의 행정제재벌적 측면과 관련하여 과태료의 병과가 문제될 수 있다. 그러나 법상 과징금과 과태료의 부과는 각각 근거가 되는 위법행위의 성격과 추구하는 목적이 상이하다. 즉 과태료의 부과는 법위반행위 자체에 대한 것이 아니라 법위반행위의 조사과정에서의 절차위반행위에 대하여 이루어지고 있다. 따라서 법의 적용에 있어서 이러한 병과가 크게 문제되는 것은 아니다.

현행법은 과징금을 산정함에 있어서 위반행위로 취득한 이익뿐만 아니라 위반행위의 내용, 정도, 기간, 횟수 등을 고려할 것을 요구하고 있다. 따라서 과징금이 법위반자에 대한 제재를 통해서 의무이행을 확보하려는 취지가 있음과 아울러 부당이득을 환수하고자 하는 이중적 성격을 갖는다고 해석하게 된다. 다만 이론적으로 볼 때 행정제재벌이란 전술한 바와 같이 법위반행위에 대한 규제라는 의미를 넘어서 국가의 행정권에 기해서 부과하는 법익의 박탈을 의미하는 것인데, 사업자가 부당하게 취득한 이익을 그의 법익으로 관념할 수 있는가 하는 점이 문제가 될 수 있다. 또한 실제적인 측면에서는 과징금의 성격을 이중적인 것으로 보게 되면 과징금의 액수가 사업자가 부당하게 취득한 이득을 초과하는 것을 인정할 수밖에

---

17) 홍정선, 행정법원론(상), 박영사, 1995, 448면.

없는데, 이 점에 대하여는 비례원칙을 위반하지 않도록 노력하여야 할 것이다.

(3) 과징금의 부과

공정거래위원회가 과징금을 부과함에 있어서는, ① 위반행위의 내용과 정도, ② 위반행위의 기간 및 횟수, ③ 위반행위로 인해 취득한 이익의 규모[18] 등을 참작하여야 한다(법 102조 1항). 한편 법위반행위를 한 사업자의 합병이 있는 경우에는 합병 후 존속하거나 합병에 의해 설립된 회사에 대하여 과징금을 부과할 수 있다(동조 2항). 또한 법위반행위를 한 사업자인 회사가 분할 또는 분할합병된 경우에는 분할되는 회사, 분할 또는 분할합병으로 설립되는 새로운 회사, 분할되는 회사의 일부가 다른 회사에 합병된 후 그 다른 회사가 존속하는 경우 그 다른 회사 중 어느 하나에게 과징금을 부과·징수할 수 있으며, 「채무자 회생 및 파산에 관한 법률」 제215조에 따라 새로운 회사를 설립하는 경우에는 기존 회사 또는 새로운 회사 중 어느 하나에게 과징금을 부과할 수 있다(법 102조 3항, 4항). 공정거래위원회가 과징금을 부과하고자 하는 때에는 그 위반행위의 종별과 당해 과징금의 금액 등을 명시하여 이를 납부할 것을 서면으로 통지하여야 한다(영 86조 1항).

과징금의 종별 부과기준은 동법 시행령 별표 6 '위반행위의 과징금 부과기준'과 같다(법 102조 5항, 영 85조 1항). 동 기준은 위반행위 유형별로 관련매출액의 일정한 비율에 중대성 정도에 따라 차등화 된 부과기준율을 곱하여 기본 산정기준을 제시하고 있다(2. 가.).[19] 기본 산정기준에 의하여 정한 금액을 대상으로 일정한 사유에 따라서 각각 100분의 100 그리고 100분의 50을 한도로 하는 두 차례 조정(감액과 가중을 포함)을 하고(2. 나. 및 다.),[20] 이를 다시 위반사업자의 현실적 부당능력 등을 고려하여 원칙적으로 100분의 50 한도에서 감액하여 부과과징금을 정하며, 이 과정에서 경우에 따라 과징금이 면제될 수 있다(2. 라.).

구체적인 집행은 동법 시행령 제85조 제2항에 의해 공정거래위원회가 제정한 '과징금부과 세부기준 등에 관한 고시'에[21] 의한다. 이에 따르면 과징금 부과여부

---

18) 철저한 경제분석을 통하여 부당이득의 규모를 구체적으로 산정하는 것이 매우 중요할 것이다.

19) 관련매출액과 관련하여 대법원은 "과징금 산정의 기준이 되는 매출액을 산정함에 있어서 그 전제가 되는 부당한 공동행위와 관련된 상품 또는 용역의 범위는, 부당한 공동행위를 한 사업자간 합의의 내용에 포함된 상품 또는 용역의 종류와 성질·거래지역·거래상대방·거래단계 등을 고려하여 개별적·구체적으로 판단하여야 한다"고 보았다. 대법원 2003. 1. 10. 선고 2001두10387 판결 참조.

20) 1차 조정은 행위 요소에 의한 조정으로서 기본 산정기준의 100분의 100 범위에서 위반행위의 기간 및 횟수에 따른 조정이다(2. 나). 2차 조정은 행위자 요소에 의한 조정으로서 1차 조정된 산정기준의 100분의 50 범위에서 위반사업자의 고의·과실, 위반행위의 성격과 사정 등의 사유를 고려하여 조정한다(2. 다).

는 위반행위의 내용 및 정도를 우선적으로 고려하고 시장상황 등을 종합적으로 참작하여 결정하되, 위반행위로 인한 자유롭고 공정한 경쟁질서의 저해효과가 중대하거나 소비자 등에게 미치는 영향이 큰 것으로 판단되는 경우에는 과징금을 부과하는 것을 원칙으로 한다. 그리고 가격 또는 물량을 직접적으로 결정·유지·변경 또는 제한하거나 가격 또는 물량의 결정·유지·변경 또는 제한을 목적으로 하는 위반행위의 경우, 가격·물량 외의 거래조건과 관련된 위반행위는 경쟁질서를 저해하는 효과가 크거나 다수의 사업자 또는 소비자에게 미치는 영향이 중대하다고 인정되는 경우, 위반행위에 의하여 위반사업자가 부당이득을 얻었거나 다른 사업자로 하여금 부당이득을 얻게 한 경우에도 원칙적으로 과징금을 부과하는 것으로 한다(동 고시 Ⅲ. 1. 참조). 동 고시는 이러한 원칙에 따라서 위반행위 유형별로 세부적 기준을 마련하고 있다. 예를 들어 입찰담합의 관련매출액을 정함에 있어서, 낙찰이 되어 계약이 체결된 경우에는 계약금액, 낙찰은 되었으나 계약이 체결되지 않은 경우에는 낙찰금액, 낙찰이 되지 아니한 경우에는 예정가격(예정가격이 없는 경우에는 응찰금액)을 당해 입찰담합에 참여한 각 사업자의 관련매출액으로 보며, 응찰하지 아니하였거나 탈락한 자에 대하여는 산정기준의 2분의 1 범위 내에서 이를 감액할 수 있다(과징금고시 Ⅳ. 1. 다. (1) (마)).

9. 과태료 납부명령

과태료 납부를 명할 수 있는 경우는 독점규제법 제130조 제1항에 규정되어 있다. 사업자, 사업자단체, 공시대상기업집단에 속하는 회사를 지배하는 동일인 또는 그 동일인의 특수관계인인 공익법인 그리고 회사·사업자단체·공익법인의 임원 또는 종업원, 그 밖의 이해관계인이 신고의무 위반, 위법한 금융업 또는 보험업 영위, 보고의무 위반, 공시의무 위반, 자료제출의무 위반, 출석의무 위반 등의 행위를 한 경우에 전자에 대해서는 1억원 이하 그리고 후자에 대해서는 1천만원 이하의 과태료를 부과한다. 또한 동조 제2항에 의해 질서유지 명령에 따르지 않은 자에 대해서도 100만원 이하의 과태료가 부과될 수 있다. 공정거래위원회가 과태료를 부과할 때에 구체적인 부과기준은 동법 시행령 제99조 제1항 및 별표 7, 8, 9, 10에 따른다. 그러나 공정거래위원회는 위의 기준에 따라 산정된 과태료를 그 위반의 정도, 사유 또는 결과 등을 고려하여 감면하거나 2분의 1의 범위에서 가중할수 있다. 다만 가중하는 경우에도 법 제130조 제1항에 따른 과태료 금액의 상한을

---

21) 공정거래위원회고시 2017-21호, 2917. 11. 30., 일부개정.

초과할 수 없다(영 99조 2항).

Ⅲ. 의결의 효력과 집행

1. 의결의 효력

각 회의의 의결은 그 내용의 구분 없이 공통의 효력으로서 절차의 종결효과와 아울러 준사법적 기관의 의결이라는 점에서 불가변적 효력을 갖는다. 구체적으로 각각의 의결은 그 내용에 따른 구속력을 갖는데, 피심인의 법률관계에 종국적인 영향을 미치는 것은 시정명령 등에 한한다. 시정권고의 경우에도 이후 절차의 진행에 따라서 종국적인 법적 효과가 발생하는 경우가 있다.

2. 의결의 집행

(1) 심사관의 조치

각 회의의 의결 등에 따른 조치는 원칙적으로 당해 사건을 담당하고 있는 심사관이 행한다. 그리고 심사관은 시정명령이나 고발 등의 의결이 있는 경우 부득이한 경우를 제외하고, 그 의결 등의 합의가 있은 날부터 40일(과징금 부과금액의 확정을 위해 필요한 자료의 제출을 명하는 경우 75일) 이내에 피심인 또는 권한 있는 기관의 장에게 의결서 등의 정본을 송부하고(절차규칙 64조 1항) 신고인 등에게는 그 요지를 통지하여야 하며, 이해관계인에게도 필요시 그 요지를 통지할 수 있다(절차규칙 64조 2항).[22]

한편 2023년 6월 법 개정에 의해 시정조치의 이행관리에 관한 규정이 도입되었다. 시정명령에 대한 사후 감독이 제대로 이루어지지 않음으로써 규제의 실효성이 저해되고 있다는 비판을 수용하여, 시정명령의 이행을 관리할 수 있는 법적 근거를 마련하게 되었다. 즉 공정거래위원회는 시정조치의 이행 여부를 점검할 수 있고, 해당 사업자 또는 사업자단체에 그 이행에 관련된 자료의 제출을 요구할 수 있으며(법 97조의2 1항), 이에 관한 업무를 조정원에 위탁할 수 있다(법 97조의2 2항, 영 83조의2).

---

[22] 이해관계인에 대한 통지를 심사관의 재량사항으로 한 것은 문제가 있다고 본다. 재량사항으로 규정한다면 그 결정은 각 회의가 하는 것이 타당할 것이다.

(2) 과징금의 징수

(가) 과징금의 납부

공정거래위원회가 과징금을 부과하고자 하는 때에는 그 위반행위의 종별과 당해 과징금의 금액 등을 명시하여 이를 납부할 것을 서면으로 통지하여야 한다(영 86조 1항). 그리고 과징금 부과에 대하여 서면통지를 받은 자는 통지가 있은 날로부터 60일 이내에 공정거래위원회가 정하는 수납기관에 과징금을 납부하여야 한다. 다만 천재·지변 기타 부득이한 사유로 인하여 그 기간 내에 과징금을 납부할 수 없는 때에는 그 사유가 없어진 날부터 30일 이내에 납부하여야 한다(영 86조 2항).

(나) 과징금 납부기한의 연장 및 분할납부

공정거래위원회는 과징금의 금액이 매출액에 100분의 1을 곱한 금액 또는 10억 원을 초과하는 경우로서(영 87조 1항), ① 재해 또는 도난 등으로 재산에 현저한 손실을 받는 경우, ② 사업여건의 악화로 사업이 중대한 위기에 처한 경우, ③ 과징금의 일시납부에 따라 자금사정에 현저한 어려움이 예상되는 경우, ④ 기타 그에 준하는 사유로 인하여 과징금을 부과 받은 자가 과징금의 전액을 일시에 납부하기가 어렵다고 인정되는 때에는 그 납부기한을 연장하거나 분할 납부하게 할 수 있다. 과징금 납부의무자가 과징금 납부기한의 연장 또는 분할 납부를 신청하고자 하는 경우에는 과징금 납부를 통지받은 날로부터 30일 이내에 공정거래위원회에 신청하여야 한다. 공정거래위원회가 그 납부기한을 연장하거나 분할 납부하도록 한 경우, 필요하다고 인정하는 때에는 담보를 제공하게 할 수 있다(법 103조 1항, 2항).[23]

한편 공정거래위원회는 일정한 사유가 있을 경우에는 위의 결정을 취소하고 과징금을 일시에 징수할 수 있다. 구체적으로 보면 ① 분할납부로 결정된 과징금을 그 납부기한 내에 납부하지 아니한 때, ② 담보의 변경 기타 담보보전에 필요한 공정거래위원회의 명령을 이행하지 아니한 때, ③ 강제집행, 경매의 개시, 파산선고, 법인의 해산, 국세 또는 지방세의 체납처분을 받은 때 등 과징금의 전부 또는 잔여분을 징수할 수 없다고 인정되는 때 등이다(법 103조 3항).

끝으로 독점규제법은 과징금을 부과받은 회사가 분할 또는 분할합병되는 경우(부과일에 분할 또는 분할합병되는 경우를 포함) 그 과징금을 분할되는 회사와 분할 또는 분할합병으로 인하여 설립되는 회사, 그리고 분할되는 회사의 일부가 다른 회

---

23) 연장은 2년을 초과할 수 없다(영 87조 2항). 각 분할된 납부기한 간의 간격은 6월을 초과할 수 없으며, 분할 횟수는 6회를 초과할 수 없다(영 87조 3항).

사와 합병하여 그 다른 회사가 존속하는 경우 그 다른 회사가 연대하여 납부할 책임을 지도록 하고 있다. 아울러 과징금을 부과받은 회사가 분할 또는 분할합병으로 인하여 해산되는 경우(부과일에 해산되는 경우를 포함)에 그 과징금은 분할 또는 분할합병으로 인하여 설립되는 회사와 분할되는 회사의 일부가 다른 회사와 합병하여 그 다른 회사가 존속하는 경우 그 다른 회사가 연대하여 납부할 책임을 진다(법 104조).

(다) 가산금 및 체납처분

공정거래위원회는 과징금 납부의무자가 납부기한 내에 과징금을 납부하지 않은 때에는, 납부기한의 다음 날부터 납부한 날까지의 기간에 대하여 연 100분의 40 범위 안에서 은행법 제2조의 규정에 의한 금융기관의 연체이자율을 참작하여 공정거래위원회가 정하여 고시한 이율을 적용하여 계산한 가산금을 징수한다. 이 경우 가산금을 징수하는 기간은 60개월을 초과하지 못한다(법 105조 1항). 한편 과징금 납부의무자가 납부기한 내에 과징금을 납부하지 아니한 때에는 기간을 정하여 독촉을 하고, 지정한 기간 안에 과징금과 가산금을 납부하지 아니한 때에는 국세체납처분의 예에 따라 이를 징수할 수 있다(동조 2항). 그리고 이상의 업무를 국세청장에게 위탁할 수 있다(영 91조). 또한 공정거래위원회는 체납된 과징금의 징수를 위하여 필요하다고 인정되는 경우에는 국세청장에 대하여 과징금을 체납한 자에 대한 국세과세에 관한 정보의 제공을 요청할 수 있다(법 105조 4항).

반면 공정거래위원회가 이의신청의 재결 또는 법원의 판결 등의 사유로 과징금을 환급하는 경우에는 과징금을 납부한 날로부터 환급한 날까지의 기간에 대하여 대통령령이 정하는 바에 따라 환급가산금을 지급하여야 한다. 다만 법원의 판결에 의하여 과징금부과처분이 취소되어 그 판결이유에 따라 새로운 과징금을 부과하는 경우에는 당초 납부한 과징금에서 새로 부과하기로 결정한 과징금을 공제한 나머지 금액에 대해서만 환급가산금을 계산하여 지급한다(법 106조).

제 5 절 불복절차

Ⅰ. 이의신청

1. 이의신청의 법적 성격

공정거래위원회의 처분에 대하여 불복이 있는 자는 그 처분의 통지를 받은 날로부터 30일 이내에 그 사유를 갖추어 동 위원회에 이의신청을 할 수 있다(법 96조). 이의신청의 재결청이 원처분청과 동일한 것에 비추어 이미 내려진 처분에 대한 검토를 다시 한번 요구하는 성격이 있다.

2. 이의신청의 대상

이의신청의 대상은 공정거래위원회의 처분이다. 이의신청의 대상인 처분은 당사자의 법률관계에 종국적인 영향을 미칠 수 있는 것이어야 한다. 구체적으로 보면 위원회의 의결 중 시정명령, 과징금 납부명령 그리고 과태료 납부명령 등이 여기에 해당되며, 시정권고의 경우에는 그 자체로서 당사자를 구속하는 효력은 없으며, 당사자의 수락을 전제로 하여 일정한 효력이 발생할 뿐이다. 따라서 수락 여부와 무관하게 시정권고 자체를 다툴 법률상 이익이 당사자에게 있다고 볼 수는 없다. 또한 수락을 거부한 경우에는 공정거래위원회에서의 절차가 계속 진행되므로이 역시 이의신청의 대상이 되지 않는다.

3. 이의신청의 절차

(1) 절차의 진행
(가) 서면에 의한 이의신청

이의신청을 하고자 하는 자는 그 처분의 통지를 받은 날부터 30일 이내에 이의신청의 대상 및 내용, 사유 등을 기재한 신청서에 이의신청의 사유나 내용을 증명하는 데 필요한 서류를 첨부하여 공정거래위원회에 제출하여야 한다(법 96조 1항, 영 83조 1항).

(나) 심사관의 지정 및 심사보고서의 제출

이의신청 사건의 처리에 있어서 심사관은 심판관리관이 된다. 그러나 위원장은 필요하다고 인정할 경우 이의신청의 심사관을 다르게 지정할 수도 있다(절차규칙 75조 1항 및 3항). 심판관리관은 이의신청이 소정의 기간이 경과한 후에 제기된 경우에는 그 이의신청을 각하할 수 있다(동조 2항). 심사관은 이의신청의 경위, 이의신청의 취지 및 이유, 이의신청에 대한 심사관의 의견 등을 기재한 심사보고서를 제출한다.

(다) 심의 및 재결

공정거래위원회는 이의신청에 대하여 60일 이내에 재결을 하여야 한다. 다만 부득이한 사정으로 그 기간 내에 재결을 할 수 없는 경우에는 30일의 범위 안에서 결정으로 그 기간을 연장할 수 있다(법 96조 2항). 이의신청에 대한 심의 및 재결은 공정거래위원회의 전원회의에서 이루어진다(법 59조 1항 2호). 이의신청에 대한 재결은 구술심의를 원칙으로 한다. 그러나 이의신청에 대한 심의 중 재결기간 연장결정, 집행정지결정, 각하결정은 서면으로 한다. 다만 이 경우에도 당사자가 구술심의를 신청한 때에는 서면심의만으로 결정할 수 있다고 인정되는 경우 이외에는 구술심의를 하여야 한다(절차규칙 78조). 재결은 법 제96조 제1항에 위반하여 제기된 이의신청에 대한 각하, 이의신청이 이유 없다고 인정되는 경우의 기각 그리고 이유 있는 경우의 처분의 취소 또는 변경 등으로 구분된다(절차규칙 79조).

(라) 재결에 따른 조치

이의신청에 대한 재결 이후 당해 사건에 대한 이행점검 등 시정조치의 이행 또는 불이행과 관련된 절차의 수행은 당초 당해 사건을 심사한 심사관이 행한다. 따라서 이의신청에 대한 재결이 있는 경우 심판관리관 등은 재결결과를 원처분 심사관에게 지체 없이 통지하고 이의신청인에게는 재결서 정본을 지체 없이 송부하여야 한다(절차규칙 80조).

(2) 시정조치명령의 집행정지

행정법상의 처분에 대하여는 이에 대한 쟁송이 제기된다 하더라도 집행이 정지되지 않는 것이 원칙이다(행정심판법 21조 1항 및 행정소송법 23조 1항). 그 근거에 대하여 종전에는 공정력 등에 기초한 것으로 보았으나, 오늘날에는 입법정책적인 것으로 보는 것이 일반적이다.[24] 따라서 이것은 독점규제법상 당연히 원용되어야 할

---

24) 김동희, 행정법(I), 박영사, 1998, 342면.

원칙은 아니다. 독점규제법은 공정거래위원회의 결정에 의해서만 집행이 정지될 수 있는 것으로 규정하고 있으므로, 원칙적으로는 이의신청에 의해 집행이 정지되지 않는 것으로 보아야 할 것이다. 즉 공정거래위원회는 명령의 이행 또는 절차의 계속 진행으로 인하여 발생할 수 있는 회복하기 어려운 손해를 예방하기 위하여 필요하다고 인정하는 때에는 당사자의 신청이나 직권에 의하여 그 명령의 이행 또는 절차의 계속 진행에 대한 정지를 결정할 수 있다(법 97조 1항).[25] 한편 집행정지의 결정을 한 후에 집행정지의 사유가 없어진 경우에는 당사자의 신청 또는 직권에 의하여 집행정지의 결정을 취소할 수 있다(동조 2항).

II. 행정소송

공정거래위원회의 처분에 대하여 불복의 소를 제기하고자 할 때에는 처분의 통지를 받은 날 또는 이의신청에 대한 재결서의 정본을 송달받은 날부터 30일 이내에 이를 제기하여야 한다(법 99조 1항). 이 기간은 불변기간이다(법 99조 2항). 독점규제법은 종래에는 이의신청 전치주의를 취하고 있었으나, 1999년의 법 개정에 의하여 이의신청을 거치지 않고도 불복의 소를 제기할 수 있게 되었다. 이것은 2002년에 개정된 행정소송법 제18조 제1항 본문의 취지를 반영한 것으로 볼 수 있다. 그리고 불복의 소는 공정거래위원회의 소재지를 관할하는 서울고등법원을 전속관할로 한다(법 100조).[26]

제 6 절 동의의결제도

I. 의의와 법적 성격

1. 의 의

동의의결제도는 독점규제법 위반사건으로 경쟁당국의 조사나 심의를 받고 있

---

25) 명문의 규정은 없으나 제도의 취지상 긴급한 필요성을 당연히 집행정지의 요건으로 보아야 한다는 견해가 있다. 임영철, 앞의 논문, 11면.
26) 공정거래위원회의 소재지가 세종시로 바뀌었기 때문에 이 규정의 개정에 관하여 논의가 이루어질 필요가 있다.

는 사업자 또는 사업자단체(이하 '신청인'이라 함)가 당해 조사나 심의의 대상이 되는
행위(이하 '해당행위'라 함)로 인한 경쟁제한상태 등의 자발적 해소, 소비자 피해구제,
거래질서의 개선 등을 위하여 필요한 시정방안을 경쟁당국에 제출하고, 경쟁당국
이 이해관계자 등의 의견 수렴을 거쳐서 그 타당성을 인정하는 경우, 그 행위의
위법성 여부를 판단하지 않고 그 시정방안과 같은 취지의 의결을 함으로써 사건을
신속히 종결시키는 제도이다. 이 제도는 미국의 동의명령(consent order), EU의 동의
의결(commitment decision) 또는 독일의 의무부담확약(Verpflichtungszusagen)과 유사
한 제도로서, 2011년 12월의 법 개정을 통하여 한미자유무역협정(FTA) 이행법안의
하나로 도입된 것이다.

동의의결제도는 경쟁당국으로서는 위법성 여부를 가리기가 쉽지 않은 사건의
처리에 소요되는 행정비용과 시간을 절약할 수 있고, 사업자의 입장에서는 시정조
치에 따르는 기업이미지 손상과 사건의 조사 및 심의 등 법적 분쟁을 처리하는 과
정에서 발생하는 위험과 비용을 줄일 수 있는 장점을 가지고 있다. 그리고 소비자
의 입장에서도 경쟁당국의 시정조치가 이루어지더라도 피해구제를 받기 위해서는
별도의 소송을 제기해야 하지만, 동의의결로 시정방안이 실행될 경우에는 신속하
고 효율적인 피해구제를 받을 수 있는 장점이 있다. 그러나 경쟁당국이 정식절차
를 통하여 법 위반행위를 조사하여 시정하지 않고 법 위반의 혐의를 받고 있는 사
업자와 타협하여 사건을 종결함으로써 사업자에게 면죄부를 주게 될 우려가 있을
뿐만 아니라, 사건처리에 대한 사법적 통제가 이루어질 수 없다는 단점도 있다.

따라서 독점규제법은 부당한 공동행위나 법위반의 정도가 명백하고 중대하여
경쟁질서를 현저히 저해한다고 인정되는 경우에는 동의의결의 대상에서 제외하고,
각 사건별로 형사처벌 여부에 대하여 검찰과 사전 협의를 하게 하는 등 다른 나라
보다 엄격한 요건과 절차를 규정하고 있다.[27]

2. 법적 성격

동의의결은 경쟁당국이 신청인의 시정방안에 동의하여 더 이상의 조사나 심의
를 진행하지 않고 사건을 종결하기로 합의하는 것이기 때문에, 이를 경쟁당국과 신
청인 간의 공법상의 계약으로 볼 수도 있지만,[28] 우리나라 독점규제법은 공정거래
위원회가 신청인의 시정방안을 수락하여 동의의결을 할 것인지 여부를 심결을 통해

---

27) 신현윤, 앞의 책, 401면 참조.
28) 독일에서는 실제로 이를 공법상 계약으로 보고 있다.

결정하고(법 90조 4항), 신청인이 정당한 이유 없이 동의의결을 이행하지 않는 경우 이를 취소할 수 있으며(법 91조 1항), 동의의결 위반 시 이행강제금을 부과할 수 있도록 하고 있는 점(법 92조 1항) 등에 비추어 볼 때, 독점규제법상 동의의결은 공정거래위원회의 행정행위로서 처분의 성격을 띠고 있다고 할 수 있다.[29]

Ⅱ. 동의의결의 절차

1. 동의의결의 신청

동의의결을 신청하기 위해서는 일정한 요건을 충족하여야 한다. 독점규제법은 동의의결의 요건을 소극적 요건과 적극적 요건으로 구분하여 규정하고 있다. 우선 소극적 요건은 제89조 제1항 단서의 각호에서 규정하고 있는데, 해당 행위가 제40조(부당한 공동행위의 금지) 제1항에 따른 위반행위인 경우(1호), 제129조 제2항에 따른 고발요건에 해당하는 경우(2호), 동의의결이 있기 전 신청인이 신청을 취소하는 경우(3호) 등이 이에 해당한다. 이상의 규정 어느 하나에 해당하는 경우에 동의의결은 허용되지 않는데, 특히 제2호가 준용하고 있는 제129조 제2항은 위반의 정도가 객관적으로 명백하고 중대하여 경쟁질서를 현저히 저해하는 경우를 의무적 고발 사항으로 규정하고 있으므로, 위반의 정도에 대한 평가가 소극적 요건에 해당하는지를 판단함에 있어서 선행되어야 한다.

법 제89조 제1항 본문이 동의의결의 목적으로 규정하고 있는 '경쟁제한상태 등의 자발적 해소', '소비자 피해구제', '거래질서의 개선' 등은 동의의결의 적극적 요건이라 할 수 있는데, 동조 제2항은 이를 신청서에 기재하여야 할 사항으로 법정함으로써 적극적 요건에 관한 내용을 보다 구체화하고 있다. 동조 제2항 각호의 내용은 다음과 같다. 해당 행위를 특정할 수 있는 사실관계(1호), 해당 행위의 중지, 원상회복 등 경쟁질서의 회복이나 거래질서의 적극적 개선을 위하여 필요한 시정방안(2호), 소비자, 다른 사업자 등의 피해를 구제하거나 예방하기 위하여 필요한 시정방안(3호). 기술적인 규정인 제1호를 제외하고, 제2호와 제3호의 규정은 동의의결의 허용 여부를 결정함에 있어서 핵심적인 요건이 될 것이다. 공정거래위원회는 적극적 요건에 해당하는 동조 제2항 제2호 및 제3호의 시정방안에 초점을

---

29) 유진희·최지필, 공정거래법상 동의의결제도의 내용과 문제점 검토, 고려법학 제64호, 2012, 368면 참조.

맞추어 동의의결 여부를 판단하게 되는데, 동조 제3항은 각호에서 이때의 판단 기준을 제시하고 있다. 대상 행위가 이 법을 위반한 것으로 판단될 경우에 예상되는 시정조치, 그 밖의 제재와 균형을 이룰 것(1호), 공정하고 자유로운 경쟁질서나 거래질서를 회복시키거나 소비자, 다른 사업자 등을 보호하기에 적절하다고 인정될 것(2호) 등이 이에 해당한다.

2. 동의의결의 개시결정과 의견수렴 등

(1) 개시결정

공정거래위원회가 동의의결 절차를 개시하기 위해서는 신청인의 신청이 있어야 하며, 이러한 신청을 받은 공정거래위원회는 신속한 조치의 필요성, 소비자 피해의 직접 보상의 필요성 등을 종합적으로 고려하여 동의의결 절차의 개시 여부를 결정하여야 한다(법 90조 1항).

(2) 의견수렴

공정거래위원회는 동의의결을 하기 전에 30일 이상의 기간을 정하여 다음 각 호의 사항을 신고인 등 이해관계인에게 통지하거나, 관보 또는 공정거래위원회의 인터넷 홈페이지에 공고하는 등의 방법으로 의견을 제출할 기회를 주어야 한다(법 90조 2항).

① 해당 행위의 개요
② 관련 법령 조항
③ 시정방안(시정방안이 수정된 경우에는 그 수정된 시정방안)
④ 해당 행위와 관련하여 신고인 등 이해관계인의 이해를 돕는 그 밖의 정보. 다만 사업상 또는 사생활의 비밀보호나 그 밖에 공익상 공개하기에 적절하지 않은 것은 제외한다.

이러한 의견수렴절차는 당해 사건의 처리에 관하여 이해관계인이나 일반 국민들이 의견을 개진할 수 있는 기회를 제공하는 의미가 있다. 즉 동 규정은 이해관계자의 절차적 이익의 보호나 공익적 통제 가능성을 보장하는 규정이라는 점에서 중요성을 갖는다. 그러나 공정거래위원회가 그 수렴된 의견에 구속되는 것은 아니다.[30]

---

30) 이기수·유진희, 앞의 책, 267면 참조.

(3) 관계 행정기관에 대한 통보 등

그리고 공정거래위원회는 위와 같은 사항을 관계 행정기관의 장에게도 통보하고 그 의견을 들어야 하며, 검찰총장과는 협의하여야 한다(법 90조 3항). 그런데 검찰총장과의 협의의무는 동의의결제도의 도입과정에서 동의의결이 검찰의 형사소추권을 침해할 우려가 있다고 주장하는 법무부의 요구에 의하여 마련된 것이다. 그러나 이러한 의무는 동의의결절차의 신속성을 저해하고 동의의결 신청에 대한 인센티브를 떨어뜨릴 우려가 있기 때문에, 동의의결제도의 취지를 살리기 위해서는 이를 삭제하는 것이 바람직할 것이다.[31]

3. 동의의결의 확정

공정거래위원회는 해당 행위의 사실관계에 대한 조사를 마친 후, 신청인이 제출한 경쟁질서의 회복이나 거래질서의 개선을 위한 시정방안과 소비자나 다른 사업자의 피해의 구제나 예방을 위한 시정방안이 다음 각 호의 요건을 모두 충족한다고 판단되는 경우에는 해당 행위와 관련된 심의절차를 중단하고, 그 시정방안과 같은 취지의 의결(이하 '동의의결'이라 함)을 할 수 있다.[32] 이 경우 신청인과의 협의를 거쳐 시정방안을 수정할 수 있다(법 89조 3항).

① 해당 행위가 이 법을 위반한 것으로 판단될 경우에 예상되는 시정조치, 그 밖의 제재와 균형을 이룰 것

② 공정하고 자유로운 경쟁질서나 거래질서를 회복시키거나 소비자, 다른 사업자 등을 보호하기에 적절하다고 인정될 것

그런데 이러한 시정방안의 적정성 요건은 동의의결에 대한 내부적 통제장치로서 중요한 역할을 하지만, ①의 요건은 동의의결이 해당 행위가 동법에 위반된다고 인정한 것을 의미하지 않는다는 규정(법 89조 4항)과 어울리지 않는 것으로서 입법론상 재고할 필요가 있다.[33]

---

31) 위의 책, 268면 참조.
32) 공정거래위원회가 동의의결을 하거나 이를 취소하는 경우에는 전원회의 또는 소회의의 심의·의결을 거쳐야 한다(법 90조 4항).
33) 이기수·유진희, 앞의 책, 266면 참조.

Ⅲ. 동의의결의 효과

공정거래위원회의 동의의결로 당해 사건은 종결된다. 그러나 동의의결은 해당 행위가 독점규제법에 위반된다고 인정한 것을 의미하지 않으며, 누구든지 신청인이 동의의결을 받은 사실을 들어 해당 행위가 이 법에 위반된다고 주장할 수 없다(법 89조 4항). 따라서 동의의결이 제3자의 손해배상청구권을 배제하는 것은 아니지만, 동의의결을 받은 사실이 제3자가 제기한 민사소송 등에서 당해 행위의 위법성에 대한 사실상 추정으로 작용하지도 않는다. 따라서 제3자는 그 행위의 위법성에 대하여 별도로 주장, 입증하여야 한다.

그리고 동의의결을 받은 신청인은 그 동의의결의 이행계획과 이행결과를 공정거래위원회에 제출하여야 하며(법 90조 5항), 공정거래위원회는 이행계획의 이행 여부를 점검할 수 있고, 해당 신청인에게 관련 자료의 제출을 요청할 수 있다(법 90조 6항). 한편 공정거래위원회는 이행계획 이행 여부 점검 등의 이행관리 관련 업무를 조정원 또는 한국소비자원에 위탁할 수 있다(법 90조 7항). 위탁을 받은 기관의 장은 이행관리 현황을 분기별로 공정거래위원회에 보고하여야 하고, 공정거래위원회의 현황 보고 요구가 있는 경우 즉시 이에 따라야 하며(법 90조 8항), 또한 동의의결을 받은 신청인이 그 이행을 게을리하거나 이행하지 아니하는 경우 지체 없이 그 사실을 공정거래위원회에 통보하여야 한다(법 90조 9항). 한편 법 제80조 제4항 및 제5항에 의한 처분시효 기간은 동의의결 신청에 의해 중지되며, ① 신청인이 동의의결의 신청을 취소한 때, ② 공정거래위원회가 동의의결 절차를 개시하지 아니하기로 결정한 때, ③ 공정거래위원회가 동의의결을 하지 아니하기로 결정한 때, ④ 동의의결의 이행이 모두 완료된 때, ⑤ 동의의결이 취소된 때 중 어느 하나에 해당하게 된 때부터 남은 기간이 진행된다(법 90조 10항).

Ⅳ. 동의의결의 사후통제

1. 동의의결의 취소

공정거래위원회는 다음 각 호의 어느 하나에 해당하는 경우에는 동의의결을 취소할 수 있다(법 91조 1항).

① 동의의결의 기초가 된 시장상황 등 사실관계의 현저한 변경 등으로 인해 시정방안이 적정하지 않게 된 경우

② 신청인이 제공한 불완전하거나 부정확한 정보로 인하여 동의의결을 하게 되었거나, 신청인이 거짓 또는 그 밖의 부정한 방법으로 동의의결을 받은 경우

③ 신청인이 정당한 이유 없이 동의의결을 이행하지 않는 경우

그런데 ①에 따라 동의의결을 취소하는 경우에는 신청인이 다시 동의의결을 신청하면 공정거래위원회는 다시 동의의결을 할 수 있지만, ② 또는 ③에 따라 동의의결을 최소하는 경우에는 공정거래위원회는 중단된 해당 행위 관련 심의절차를 계속하여 진행할 수 있다(법 91조 3항).

2. 이행강제금 부과

공정거래위원회는 정당한 이유 없이 상당한 기간 내에 동의의결을 이행하지 아니한 자에게 동의의결이 이행되거나 취소되기 전까지 1일당 200만원 이하의 이행강제금을 부과할 수 있다(법 92조 1항). 이행강제금의 부과·납부·징수 및 환급 등에 대하여는 법 제16조 제2항 및 제3항을 준용한다(법 92조 2항).

제 7 절 당사자의 절차참여

Ⅰ. 의견진술기회의 부여

적법절차(due process)의 관점에서 당사자 또는 이해관계인의 의견진술권은 공정거래위원회의 사건처리절차 전반에 걸쳐서 보장된다. 즉 공정거래위원회의 처분 또는 조사과정에서 당사자, 이해관계인 또는 참고인의 의견 제출 및 진술권(법 81조 10항), 공정거래위원회의 회의에서 당사자 또는 이해관계인의 의견진술권(법 93조 2항), 공정거래위원회의 시정명령 또는 과징금 부과 전 당사자 또는 이해관계인의 의견진술권(법 93조 1항) 등이 제도적으로 보장되고 있다.

Ⅱ. 자료열람요구

또한 당사자나 신고인 등에[34] 대해서는 처분과 관련된 자료에 대한 열람 또는 복사를 공정거래위원회에 요구할 수 있으며, 영업비밀 자료, 자신신고 관련 자료, 법에 의한 비공개자료 제외를 제외하고 공정거래위원회는 이러한 요구에 따라야 한다(법 95조). 동 제도는 1999년 법 개정을 통해 도입된 것으로서, 처음 제도는 공정거래위원회가 공익성 심사를 통해 열람·복사의 허용 여부를 결정할 수 있도록 하였으나, 이에 대하여 당사자 등의 절차적 권리가 침해될 수 있다는 비판이 있었다. 이러한 비판을 수용하여 2020년 5월 법 개정에 의해 당사자 등의 열람·복수 요구에 공정거래위원회는 원칙적으로 응하여야 하는 것으로 변경되었다.

---

34) 동법 시행령 제81조에 의해 독점규제법 제109조에 의한 손해배상청구소송을 제기한 자도 열람, 복사를 요구할 수 있다.

제 11 장 형사적 제재와 민사적 구제

제 1 절 형사적 제재

I. 독점규제법상 형벌의 부과

독점규제법은 제124조 내지 제127조에서 법위반행위에 대한 제재로서 형벌을 부과하고 있다.[1] 이 조문들과 법위반행위의 내용을 규정하는 관계조문들은 형벌 부과의 근거로서 구성요건에 해당하는 것이다. 형벌의 부과는 국가의 헌법질서 안에서 모든 국민이 원만한 공동생활을 영위해 나갈 수 있도록 하기 위하여 필요한 최소한의 조건들을 보호하려는 데에 그 목적이 있으며, 또 형벌이 강제적인 법익 박탈의 성격을 띠는 것을 감안할 때, 독점규제법상의 형벌은 경쟁질서의 보호를 위하여 마련된 여러 가지 제도들 중에서 최후적 내지 보충적인 수단으로서 의미를 가진다.[2]

경쟁질서는 헌법적인 차원에서 승인되고 있는 경제질서의 기본이기 때문에, 이에 대한 침해에 대하여 형벌을 부과하는 것은 타당하다고 할 수 있다. 그러나 독점규제법에서 규제되는 모든 행위를 구성요건화하는 것은 형사정책적인 관점에서뿐만 아니라 경쟁정책적인 관점에서도 타당하지 않다고 생각된다. 독점규제법상 금지되고 있는 모든 행위들이 경쟁정책적으로 동일한 의미를 가지는 것은 아니기 때문에 경쟁질서에 미치는 영향을 고려하여 형벌 부과 여부를 결정하여야 할 것이다. 이러한 취지에서 2020년 개정법은 불공정거래행위에 대한 형벌의 부과와 관련하여 모든 불공정거래행위가 아니라 주로 불공정성에 기초하여 부당성을 판단하는 위법유형에 대해서만 형벌을 부과하는 것으로 변경되었다(법 125조 4호). 그리고 공정거래위원회의 처분이나 사법상의 구제수단을 통하여 규제의 목적을 달성할 수 있다면 굳이 국가의 형벌권이 개입하는 것은 바람직하지 않다고 할 수 있다.

---

1) 이러한 한도에서 독점규제법을 실질적 의미의 형법으로 보는 견해도 있다. 김일수, 형법총론, 박영사, 1997, 4면 참조.
2) 김일수, 위의 책, 37－38면.

Ⅱ. 고   발

1. 전속고발권

고발은 제3자가 수사기관에 대하여 범죄사실을 신고하여 범인의 처벌을 희망하는 의사표시로서 수사의 단서 중의 하나이다.[3] 그러나 법이 고발을 공소제기의 요건으로 규정한 경우에는 고발이 단순한 수사의 단서에 그치는 것이 아니라 소송조건이 된다. 독점규제법 제129조 제1항이 바로 이러한 규정에 해당되는데, 동법 제124조 및 제125조의 죄는 공정거래위원회의 고발이 있어야 공소를 제기할 수 있다.[4] 그런데 일단 공정거래위원회의 고발에 따라 공소가 제기된 후에는 그 고발을 취소하지 못한다(법 129조 6항).

2. 전속고발권의 통제

소송조건으로서 공정거래위원회의 고발은 검사의 공소권 행사에 대한 통제를 의미하지만, 반면 공정거래위원회의 고발권이 남용될 소지도 있다. 공정거래위원회는 법 제124조, 제125조의 죄 중에서 그 위반의 정도가 객관적으로 명백하고 중대하여 경쟁질서를 현저히 저해한다고 인정되는 경우에는 검찰총장에게 고발해야 할 의무가 있으며(법 129조 2항), 검찰총장은 이러한 고발요건에 해당하는 사실이 있음을 공정거래위원회에 통보하여 고발을 요청할 수 있다(법 129조 3항). 공정거래위원회가 위의 고발요건에 해당하지 않는다고 결정하더라도 감사원장, 중소벤처기업부장관, 조달청장은 사회적 파급효과, 국가재정에 미치는 영향, 중소기업에 미친 피해의 정도 등 다른 사정을 이유로 공정거래위원회에 고발을 요청할 수 있다(법 129조 4항). 이러한 고발요청이 있는 경우에는 공정거래위원회 위원장은 검찰총장에게 고발하여야 한다(법 129조 5항).

3. 전속고발권의 존치에 관한 문제

전속고발권이 검사의 공소권 행사를 제한함으로써 독점규제법상 형벌권의 행

---

3) 신동운, 형사소송법(Ⅰ), 법문사, 1997, 113면.
4) 따라서 위의 죄에 대하여 공정거래위원회의 고발이 없이 공소가 제기된 경우에는 법원은 공소기각의 판결을 하게 된다(형사소송법 327조 2호). 그리고 공정거래위원회의 고발조치는 항고소송의 대상이 되는 행정처분이라 할 수 없다(대법원 1995. 5. 12. 선고 94누13794 판결).

사에 장애가 되고 있다는 이유로 이를 폐지하자는 주장이 있다. 그러나 헌법재판소가 공정거래위원회의 고발권 불행사의 위헌확인에 관한 사건에서[5] 적절히 밝힌 바와 같이, 독점규제법 위반행위에 대한 판단을 하기 위해서는 시장분석 등 전문적인 심사가 필요하다는 점 그리고 수사기관의 형사사법권 남용으로 인하여 기업 활동의 위축을 초래할 수 있다는 점 등을 고려해 볼 때, 동 제도의 존속을 인정하되, 이를 시장분석 등 전문적인 심사가 필요한 경우로 제한하는 것이 바람직할 것이다. 다만 고발권의 남용을 막고 그 행사의 공정성을 보장할 수 있도록 하기 위하여 절차적인 개선을 도모할 필요는 있다.

제 2 절 민사적 구제: 손해배상과 금지청구

I. 손해배상책임의 의의

1. 독점규제법상 손해배상의 의의

독점규제법상 손해배상제도는 직접적으로는 동법 위반행위로 인하여 피해를 입은 자가 가해자로부터 그 피해의 전보를 받을 수 있도록 하려는 데에 목적이 있지만, 간접적으로는 동법 위반행위를 억제함으로써 경쟁법이나 정책의 실효성을 확보하기 위한 수단으로서의 의미도 가진다. 이와 같이 손해배상제도가 경쟁법이나 정책의 실효성 확보의 수단으로서 가지는 의미는 비록 간접적인 것이기는 하지만 결코 무시할 수는 없을 것이다. 특히 미국에서는 클레이튼법 제4조의 손해배상 제도가 동법 위반행위를 억제하는 데 중요한 역할을 담당하고 있다고 한다.[6]

2. 독점규제법상 손해배상의 성격

독점규제법상의 손해배상책임을 불법행위책임으로 보는 경우에는 민법상의 불법행위책임과의 관계가 문제된다. 독점규제법 제109조 제1항 단서가 고의·과실의

---

5) 헌법재판소 1995. 7. 21. 선고 94헌마191 결정, 「독점규제 및 공정거래에 관한 법률」 제71조 위헌확인.

6) 미국에서는 독점금지법 위반행위에 대한 구제의 95%가 사인의 제소에 의하여 이루어지고 있는데, 그중 대부분을 손해배상청구가 차지할 정도로 손해배상청구가 매우 활발하게 이용되고 있다. 김두진, 공정거래법 집행제도의 개선방안, 한국법제연구원, 2003, 65면; 松下滿雄, アメリカ獨占禁止法, 東京大學出版會, 1982, 395면 이하 참조.

입증책임을 사업자 또는 사업자단체에게 전환함으로써 주관적 요건에 대한 입증책임이 완화되고 있지만, 독점규제법상 손해배상책임의 법적 성격은 민법상 불법행위에 대한 손해배상책임과 법적 성격이 동일하다. 따라서 사업자가 독점규제법 위반행위로 인하여 피해자에게 손해를 입힌 경우 그것은 민법상 불법행위도 구성하게 되므로,[7] 피해자는 독점규제법상 손해배상청구권뿐만 아니라 민법상 손해배상청구권도 갖게 되기 때문에, 두 청구권을 선택적으로 행사할 수 있다.

II. 손해배상책임의 성립

1. 손해배상책임의 성립요건

민법상 불법행위책임이 성립하기 위해서는 주관적 요건으로서 행위자의 고의·과실과 책임능력이 있어야 하고, 객관적 요건으로서 가해행위의 위법성과 인과관계가 인정되는 범위에서 손해의 발생이 요구된다.[8] 여기서 위법성이란 가해행위가 법질서에 위반된다고 하는 부정적인 가치판단을 의미한다.[9] 독점규제법도 법질서의 일부를 구성하고 있으므로, 독점규제법에 위반하는 행위에 대한 위법성과 위법성 조각은 독점규제법이 구성하는 질서, 즉 공정한 경쟁질서와 관련해서 평가되어야 할 것이다.[10]

독점규제법상 손해배상책임도 그 법적 성격은 불법행위책임이기 때문에, 그 성립요건은 민법상의 손해배상책임과 기본적으로 동일하다. 따라서 독점규제법 위반을 이유로 한 손해배상청구권에 대해서도 민법상 불법행위로 인한 손해배상청구권의 일반적인 소멸시효가 적용된다. 즉 피해자나 그 법정대리인이 그 손해 및 가해자를 안 날로부터 3년간 이를 행사하지 않거나 불법행위를 한 날로부터 10년이 경과하면 동법 위반으로 인한 손해배상청구권은 시효로 소멸하게 된다(민법 766조). 그 밖에 독점규제법은 피해의 구제를 위하여 다음과 같은 몇 가지 특칙을 인정하고 있다.

---

7) 대법원 2009. 7. 23. 선고 2008다40526 판결.

8) 곽윤직, 채권각론, 박영사, 1979, 594면.

9) 김상용, 채권각론(하), 법문사, 1998, 165면.

10) 대법원 1990. 4. 10. 선고 89다카29075 판결에서 대법원은 불공정거래행위의 해당성(위법성)을 조각하기 위한 '정당한 이유'라 함은 전적으로 공정한 경쟁질서의 유지라는 관점에서 평가되어야 한다고 판시한 바 있다.

2. 주관적 요건

독점규제법의 위반을 이유로 한 손해배상청구의 경우에는 고의·과실에 대한 피해자의 입증책임이 가해자인 사업자에게 전환되어 있다. 따라서 주관적 요건에 관하여 사업자가 자신의 고의·과실이 없음을 입증하지 못할 경우에는 손해배상 책임을 면할 수 없다. 그리고 행위자의 책임능력은 실제로 크게 문제되지 않는다. 독점규제법과 같은 경제법령의 경우 법 위반행위와 손해 발생 사이에 인과관계가 인정되면 과실의 존재는 사실상 추정된다고 볼 수 있으므로, 이러한 입증책임의 전환규정은 원고의 입증책임의 부담을 완화해 주는 기능을 담당한다.

3. 객관적 요건

(1) 독점규제법 위반행위의 존재

어떤 행위가 독점규제법 위반행위로 인정되려면, 그 행위가 외형상 동법의 규정에 위반하는 요건을 갖추는 외에, 그것이 법의 목적에 비추어 허용될 수 없는 행위에 해당되어야 한다. 왜냐하면 독점규제법 위반행위는 권리침해라는 결과의 반사회성에 중점을 두는 전통적인 유형의 불법행위와는 달리, 행위 자체의 반사회성을 문제삼는 것이기 때문이다. 대법원 판례는 법에 정해진 시정조치가 확정된 경우 곧 바로 사업자 등의 행위에 위법성이 인정되는 것은 아니고 시정조치에 있어서 공정거래위원회가 인정한 사실은 시정조치에서 지적된 불공정거래행위에 의하여 입은 손해를 배상받고자 제기한 민사소송에서 법원을 구속하지는 못하지만, 사실상 추정을 받게 된다고 판시하고 있다.11) 따라서 이미 공정거래위원회의 조사, 심결 과정에서 법 위반사실이 밝혀지고 관련증거가 확보되어 있다면 피해자는 그 자료를 인용함으로써 그 주장·입증의 부담을 덜 수 있을 것이다.

(2) 손해의 발생

독점규제법 위반행위가 있다고 하여 그 사실만으로 바로 손해배상을 청구할 수 있는 것이 아니고, 그 법위반행위로 인하여 손해가 실제로 발생하였다는 사실을 입증해야 비로소 손해배상을 청구할 수 있다. 여기서 손해란 법 위반행위로 인하여 피해자에게 발생한 법익의 침해를 의미하며, 독점규제법에도 이러한 해석을 제한하는 명문의 규정이 없다. 그러나 독점규제법 위반행위로 인한 피해는 하나의

---

11) 대법원 1990. 4. 10. 선고 89다카29075 판결.

시장이나 거래에 한정되는 것이 아니라, 경제의 순환과정을 따라서 광범위하게 확산되어 나가게 된다. 따라서 독점규제법상의 손해는 경쟁규범의 보호목적 범위 내에서 발생한 손해에 한정하여 그 성립을 인정하는 것이 타당할 것이다.

독점규제법상 손해배상책임은 원칙적으로 실손해의 배상을 그 한도로 하지만, 부당한 공동행위 금지, 보복조치의 금지, 또는 사업자단체의 금지행위를 위반함으로써 손해를 입은 자는 그 손해의 3배를 넘지 않는 범위에서 배상을 청구할 수 있다(법 109조 2항).

(3) 손해액의 입증

우리나라 대법원 판례는 불법행위로 인한 재산상 손해의 산정방법에 관하여 차액설을 채택하고 있다. 즉 위법한 행위로 인하여 발생한 재산상 손해는 그 위법행위가 없었더라면 존재하였을 재산상태와 그 위법행위가 이루어진 이후의 재산상태의 차이가 손해로 산정되며, 여기에는 기존의 이익이 상실된 적극적 손해와 장차 얻을 수 있는 이익을 얻지 못하게 되는 소극적 손해가 포함된다. 예컨대 부당한 공동행위나 착취적 행위로 인하여 초과가격을 지급한 피해자의 손해액은 그가 실제로 지급한 가격과 그러한 위법행위가 없었을 경우에 형성되었을 가격의 차액이 된다. 그런데 위법행위가 없었을 경우에 형성되었을 가격, 즉 가상 경쟁가격은 그 행위가 발생한 당해 시장의 다른 가격형성 요인을 그대로 유지한 상태에서 그 행위로 인한 가격상승분 만을 제외하는 방식으로 산정하여야 한다.[12] 그리고 위법한 입찰담합행위로 인한 손해는 그 담합행위로 인하여 형성된 낙찰가격과 그 담합행위가 없었을 경우에 형성되었을 가상 경쟁가격과의 차액을 말한다.[13]

만일 이러한 가상 경쟁가격에 대한 직접적인 증거가 있다면 이를 근거로 하여 가상 경쟁가격을 인정할 수 있을 것이다. 그러나 이러한 증거가 확보되는 경우는 거의 없기 때문에 직접증거에 의한 방식은 실용적인 방법이라고 보기 어렵다. 따라서 가상적인 경쟁가격은 법 위반행위가 없는 경우의 시장성과에 대한 경제학적 증거를 기초로 하여 추정할 수밖에 없다. 그리고 초과가격으로 인한 손해액을 산정하는 방법에는 ① 전후비교법, ② 표준시장비교법, ③ 비용기반 접근법, ④ 이론적 모델에 의한 추정방법, ⑤ 계량경제학적 모델에 의한 추정방법 등이 있는데, 실제로는 어느 한 방법만이 아니라 두세 가지 방법을 복합적으로 사용하는 방법이

---

12) 대법원 2011. 7. 28. 선고 2010다18850 판결.
13) 대법원 2011. 10. 13. 선고 2008두1832 판결.

많이 활용되고 있다. 대법원도 경제학적 분석 방식의 활용에 긍정적인데, 밀가루 담합 사건에서 대법원은 "계량경제학적 분석방법인 회귀분석을 통하여 담합 후 더미변수와 3개월 전의 원맥도입가 및 실질국내총생산 등을 각각 설명 변수로 하고 밀가루 입고단가를 종속변수로 한 회귀방정식을 추정한 다음, 이를 근거로 계산한 밀가루의 경쟁가격을 전제로 원고의 손해액을 산정"한 것을 적법한 것으로 보았다.[14]

그런데 이러한 손해액 산정방법은 특히 부당한 공동행위의 경우에 직접구매자가 그로 인한 손해배상을 청구할 때 사용되는 것으로서, 이는 직접구매자가 최종소비자로서 부당한 공동행위로 인하여 초과가격을 지급하여 입게 된 손해의 전부를 자신이 부담하게 된다는 것을 전제로 한다. 그러나 직접구매자가 최종소비자가 아니라 중간단계의 유통업자이거나 원재료 구매자인 경우에는 그가 입은 손해의 전부 또는 일부를 그 하위 단계에 있는 구매자인 간접구매자에게 전가할 수 있을 것이다. 이 때 직접구매자가 입은 손해의 전부 또는 일부가 간접구매자에게 전가되었기 때문에 직접구매자가 주장하는 손해 중에서 간접구매자에게 전가된 부분은 공제해야 한다는 항변, 즉 손해전가 항변을 인정할 것인지, 그리고 이를 인정한다면 전가로 인한 영향을 어떻게 측정하여 반영할 것인지 하는 문제가 추가로 고려되어야 한다.

미국 연방대법원은 직접구매자의 손해배상청구에 대하여 피고에게 손해전가 항변을 허용하지 않는 대신, 피고의 이중배상의 위험을 회피하기 위하여 간접구매자의 원고적격을 부정하는 법리를 확립하였다. 그런데 우리나라 대법원은 재화 등의 가격인상이 제품 등의 판매가격 상승으로 바로 이어지는 특별한 사정이 없는 한, 양자 사이에 직접적인 인과관계가 있다거나 제품 등의 인상된 가격 폭이 재화 등의 가격인상을 그대로 반영하고 있다고 단정할 수 없다고 보아, 이른바 손해전가의 항변을 인정하지 않고 있다. 다만 제품 등의 가격인상을 통하여 부분적으로 손해가 감소되었을 가능성이 있는 경우에는 이러한 사정을 손해배상액을 정할 때에 참작하는 것이 공평의 원칙상 타당할 것이라고 판시하고 있다.[15]

이와 같이 독점규제법 위반행위로 인하여 손해가 발생된 것이 인정되는 경우에도 피해자가 그 손해의 배상을 청구하기 위해서는 구체적인 손해액을 입증하여야 하는데, 그러한 손해액을 입증하기가 매우 어렵기 때문에 손해배상의 청구를 하지

---

14) 대법원 2012. 11. 29. 선고 2010다93790 판결.
15) 위의 판결.

못하거나 손해배상을 청구하더라도 승소하지 못하는 경우가 많다. 그런데 이러한 사정은 손해배상청구의 실효성을 저해하는 중요한 요인 중의 하나로 지적되고 있다. 따라서 독점규제법은 손해배상의 청구를 용이하게 하기 위하여 손해발생이 인정되는 경우에 그 손해액을 입증하기 위하여 필요한 사실을 입증하는 것이 해당 사실의 성질상 극히 곤란한 경우에는 법원이 변론 전체의 취지와 증거조사의 결과에 기초하여 상당한 손해액을 인정할 수 있게 하고 있다(법 115조).

(4) 인과관계의 존재

가해행위와 손해의 발생 사이에는 인과관계가 있어야 한다. 그리고 인과관계의 입증은 피해자인 원고가 하여야 한다. 인과관계에 관하여 우리 대법원 판례는 원칙적으로 상당인과관계설을 취하고 있으며, 독점규제법상 손해배상책임도 민법상 손해배상책임과 같은 성질을 가지고 있기 때문에, 독점규제법상 손해배상책임에도 상당인과관계설이 그대로 적용될 수 있다. 그러나 독점규제법 위반행위가 시장에서의 경쟁질서와 관련된 비교적 새로운 유형의 불법행위라는 점에서, 환경오염소송, 의료과오소송, 제조물책임소송과 같은 특수소송에서 인과관계에 대한 입증책임을 완화하는 대법원 판례의 입장은 독점규제법 관련소송에도 그대로 적용될 수 있을 것이다.[16] 한편 독점규제법 위반사건으로 인한 손해는 경제순환 과정에 따라서 확대되는 경향이 있다는 점에도 주의를 요한다. 전술한 미국 반독점법상 직접성 심사방식은 이중배상의 위험을 방지하기 위한 법리로 등장한 것이지만, 규범적 인과관계를 정하는 의미도 있다. 이러한 점에서 동 법리는 독점규제법 영역에서 상당인과관계설을 구체화할 경우에 의미 있는 시사점을 제공한다.

Ⅲ. 기록의 송부 등

손해배상청구의 소가 제기된 경우에 법원은 필요한 경우 공정거래위원회에 대하여 당해 사건기록의 송부를 요구할 수 있다. 여기서 말하는 기록에는 사건관계인, 참고인 또는 감정인에 대한 심문조서 및 속기록 기타 재판상 증거가 되는 일체의 것을 포함한다(법 110조).

또한 법원은 부당 공동행위, 불공정거래행위(부당 지원행위 제외), 사업자단체 금

---

16) 홍대식, "공정거래법상 손해배상청구: 실무의 관점에서", 경영법률 제13집 제2호, 2003, 263면 참조.

지행위에 위반한 행위로 인한 손해배상청구소송에서 당사자의 신청에 따라서 상대방 당사자에게 손해의 증명 또는 손해액 산정에 관한 자료의 제출을 명할 수 있다(법 111조 1항). 그리고 독점규제법상 손해배상청구소송에서 당사자가 자신이 보유한 영업비밀에 관하여 일정한 사항을 소명하고 비밀을 유지할 것을 신청한 경우에, 법원은 결정으로서 이를 공개하지 아니할 것을 명령할 수 있다(법 112조 1항).

Ⅳ. 금지청구

2020년 법개정에 의해 불공정거래행위(부당 지원행위 제외) 금지 규정 및 사업자단체의 금지 규정 중 불공정거래행위와 관련된 부분을 위반한 행위로 피해를 입거나 피해를 입을 우려가 있는 자는 그 위반행위를 하거나 할 우려가 있는 사업자 또는 사업자단체에 자신에 대한 침해행위의 금지 또는 예방을 청구할 수 있는 금지청구 제도가 도입되었다(법 108조 1항). 이때 금지청구의 소는「민사소송법」에 따라 관할권을 갖는 지방법원 외에 해당 지방법원 소재지를 관할하는 고등법원이 있는 곳의 지방법원에도 제기할 수 있으며(법 108조 2항), 이로써 제소의 편의를 제공하고 있다. 한편 이러한 소 제기의 경우 법원은 피고의 신청이나 직권으로 원고에게 상당한 담보의 제공을 명할 수 있는데(법 108조 3항), 동 규정은 남소의 폐해를 방지하려는 취지로 이해된다.

사인의 금지청구제도는 불공정거래행위에 한정하여 피해자가 규제기관이나 법원을 거치지 않고 직접적으로 위법행위의 중지 또는 예방을 청구할 수 있는 제도로서, 피해자 구제에 있어서 자율성과 직접성을 특징으로 한다. 동 제도의 도입 이전에는 불공정거래행위로 인해 피해가 발생한 경우 공정거래위원회의 시정조치 등과 같은 행정적 제재나 손해배상청구를 통해서 문제를 해결하였지만, 위반행위의 경제적 효과가 즉각적으로 나타나고 폐해가 확산될 수 있다는 점에서 실효성 있는 구제수단으로서는 한계가 있었다. 금지청구 제도는 피해자가 사적으로 문제가 되고 있는 침해행위의 중지 또는 예방을 직접 청구할 수 있는 제도로서 이러한 한계를 보완할 수 있다는 점에서 긍정적인 평가가 가능하다.

그렇지만 동 제도의 도입이 사적 분쟁 해결방식의 활성화로 이어질 지에 대해서는 지속적으로 주의를 기울일 필요가 있다. 이와 관련하여 동 규정과 거의 유사한 일본 獨占禁止法 제24조의 중지청구(差止請求) 제도[17] 운용에 있어서, 위반행위

[17) 일본 獨占禁止法 제24조는 피해자가 불공정거래행위에 대해 중지 또는 예방을 청구할 수 있다

로 인한 피해에 대한 인식이 제대로 이루어지지 않는 것, 위반행위자와 거래의 계속을 원하는 경우가 많은 것, 위반행위로 인한 피해를 다른 거래에 전가시키는 경우가 있는 것 등이 제도의 활성화가 부진한 이유로 거론되고 있다는 점을[18] 참고할 수 있을 것이다. 또한 소액다수적 피해가 발생하는 경우, 개별 피해자에 의한 소 제기의 가능성이 크지 않다는 점에서, 단체소송과 같은 제도적 뒷받침이 필요할 수 있다.

는 점에서는 동일하지만 이러한 청구가 가능하기 위하여 현저한 손해의 발생 또는 발생할 우려가 있을 것을 요구한다는 점에서 청구의 대상이 독점규제법 제108조에 비해 제한되어 있다.

18) 谷原修身, 獨占禁止法の解說, 一橋出版, 2006, 73면 참조.

제 12 장   보 칙 등

Ⅰ. 비밀엄수의무

독점규제법에 의한 직무에 종사하거나 종사하였던 위원 또는 공무원 그리고 분쟁의 조정업무, 동의의결 이행관리 업무, 시정조치 이행관리 업무를 담당하거나 담당하였던 사람은 그 직무상 알게 된 사업자 또는 사업자단체의 비밀을 누설하거나, 동법의 시행을 위한 목적 외에 이를 이용해서는 안 된다(법 119조). 이에 위반한 자에 대하여는 2년 이하의 징역 또는 200만원 이하의 벌금에 처한다(법 127조 3항).

Ⅱ. 경쟁제한적인 법령제정의 협의

관계행정기관의 장이 사업자의 가격·거래조건의 결정, 시장진입 또는 사업활동의 제한, 부당한 공동행위 또는 사업자단체의 금지행위 등 경쟁제한사항을 내용으로 하는 법령을 제정 또는 개정하거나, 사업자 또는 사업자단체에 대하여 경쟁제한사항을 내용으로 하는 승인 기타의 처분을 하고자 할 때에는, 미리 공정거래위원회와 협의하여야 한다. 그리고 관계행정기관의 장이 경쟁제한사항을 내용으로 하는 예규·고시 등을 제정 또는 개정하고자 할 때에는 미리 공정거래위원회에 통보하여야 한다. 또 전술한 승인 기타의 처분을 행한 경우에는 당해 처분의 내용을 공정거래위원회에 통보하여야 한다.

공정거래위원회는 이러한 통보를 받은 경우에 당해 제정 또는 개정하고자 하는 예규·고시 등에 경쟁제한사항이 포함되어 있다고 인정하는 경우에는, 관계행정기관의 장에게 그 경쟁제한사항의 시정에 관한 의견을 제시할 수 있으며, 그 밖에 협의 없이 제정 또는 개정된 법령과 통보 없이 제정 또는 개정된 예규·고시 등 및 통보 없이 행해진 승인 기타의 처분에 대해서도 마찬가지이다(법 120조).

Ⅲ. 자율준수 문화의 확산

2023년 법 개정을 통하여 공정거래 자율준수 프로그램의 확산을 촉진하는 근거 규정이 마련되었다. 독점규제법은 시장의 자율성 확대를 추구하므로, 공정거래 자율준수 프로그램은 이러한 법의 이상에 부합하는 측면이 있으며, 규제 일변도의 접근 방식에서 벗어나 사업자의 자발적 참여를 통해 공정거래 정착을 유도함으로써 공정거래 제도의 실효성을 높일 수 있다는 점에서도 의의가 있다. 이러한 점에서 공정거래위원회가 경쟁촉진의 일환으로 공정거래 자율준수 문화를 확산시키기 위한 시책을 마련하고 추진할 수 있는 법적 근거가 마련되었으며(법 120조의2 1항), 이에 따른 구체적인 제도로서 공정거래 자율준수 제도와 이를 평가할 수 있는 규정이 도입되었다. 즉 공정거래위원회는 공정거래위원회 소관 법령을 자율적으로 준수하기 위하여 내부준법제도(이하 '공정거래 자율준수제도')를 운영하는 사업자를 대상으로 그 운영상황에 대하여 평가(이하 '공정거래 자율준수평가')를 할 수 있으며(법 120조의2 2항), 공정거래 자율준수평가를 받으려는 사업자는 대통령령으로 정하는 바에 따라 공정거래위원회에 신청하여야 한다(법 120조의2 3항). 공정거래위원회는 공정거래 자율준수제도를 활성화하기 위하여 공정거래 자율준수 평가를 받은 사업자를 대상으로 대통령령으로 정하는 바에 따라 그 평가 결과 등에 근거하여 시정조치 또는 과징금 감경이나 포상 또는 지원 등을 할 수 있으며(법 120조의2 4항), 공정거래 자율준수평가를 신청한 사업자에 대하여 대통령령으로 정하는 바에 따라 그 평가에 소요되는 비용을 부담하게 할 수 있다(법 120조의2 5항).

이상의 공정거래 자율준수평가는 사업자에게 미치는 영향이 크기 때문에 공정성이 담보될 필요가 있으며, 독점규제법은 이에 관한 규정을 두고 있다. 공정거래위원회는 공정거래 관련 분야에 대하여 전문성이 있는 기관 또는 단체를 대통령령으로 정하는 바에 따라 공정거래 자율준수평가기관(이하 '평가기관')으로 지정하여 공정거래 자율준수평가에 관한 업무(이하 '평가업무')를 수행하게 할 수 있다(법 120조의3 1항). 또한 공정거래위원회는 평가기관이 다음 각 호의 어느 하나에 해당하는 경우에는 평가기관의 지정을 취소하거나 1년 이내의 기간을 정하여 업무의 정지를 명할 수 있으며, 해당 사유는 ① 거짓이나 부정한 방법으로 지정을 받은 경우, ② 업무정지명령을 위반하여 그 정지 기간 중 평가업무를 행한 경우, ③ 고의 또는 중대한 과실로 제120조의2 제6항에 따른 공정거래 자율준수평가의 기준 및 절차를 위반한 경우, ④ 정당한 사유 없이 평가업무를 거부한 경우, ⑤ 파산 또는 폐업한 경우, ⑥ 그 밖에 휴업 또는 부도 등으로 인하여 평가업무를 수행하기 어려운 경우인데, 특히 제1호 또는 제5호에 해당하면 그 지정을 취소하여야 한다(법 120조의3 2항).

Ⅳ. 업무의 협조 및 권한의 위임

1. 관계행정기관의 장의 협조

공정거래위원회는 독점규제법의 시행을 위하여 필요하다고 인정할 때에는 관계행정기관, 기타 기관 또는 단체의 장의 의견을 들을 수 있으며, 관계 행정기관의 장에게 필요한 조사를 의뢰하거나 필요한 자료를 요청할 수 있다. 그리고 이 법의 규정에 의한 시정조치의 이행을 확보하기 위하여 필요하다고 인정하는 경우에는, 관계 행정기관 등의 장에게 필요한 협조를 의뢰할 수 있다(법 121조).

2. 권한의 위임·위탁

공정거래위원회는 독점규제법의 규정에 의한 권한의 일부를 대통령령이 정하는 바에 의하여 소속기관의 장이나 특별시장·광역시장 또는 도지사에게 위임하거나 다른 행정기관의 장에게 위탁할 수 있다(법 122조).

Ⅴ. 벌칙적용에서의 공무원의 의제

공정거래위원회의 위원 중 공무원이 아닌 위원은 「형법」이나 그 밖의 법률에 따른 벌칙의 적용에서는 공무원으로 보며, 공정거래분쟁조정협의회에서 분쟁의 조정업무를 담당하거나 담당하였던 자는 「형법」 제129조(수뢰, 사전수뢰)부터 제132조(알선수뢰)까지의 규정에 따른 벌칙의 적용에서는 공무원으로 본다(법 123조).

제 3 편

중소기업관련법

제 1 장 총   설

제 2 장 중소기업관련법

제 3 장 중소기업관련법의 문제점과 개선방안

제 4 장 중소기업과 대기업이 상생할 수 있는
       생태계의 조성

제1장 총 설

제1절 개 설

우리나라의 중소기업은 그 수가 매우 많을 뿐만 아니라 고용에서 차지하는 비중도 아주 크고 또 부가가치 등에 있어서 기여하는 비중도 높기 때문에 국민경제에서 차지하는 비중이 막중하다. 그러나 중소기업은 여러 가지 측면에서 대기업에 비하여 열악한 처지에 놓여 있을 뿐만 아니라 대기업의 각종 불공정한 거래관행으로 인하여 피해를 받고 있기 때문에, 국민경제의 지속적인 성장과 발전을 주도하는 역할을 담당하지 못하고 있다. 이에 정부는 국민경제의 균형 있는 발전을 도모하기 위하여 중소기업을 보호하고 지원·육성하기 위한 제반 법과 정책을 마련하여 시행하고 있다.

그런데 우리나라에서 중소기업이 이처럼 열악한 처지에 놓여 있는 이유는 무엇인가? 그 주된 이유는 두 가지이다. 하나는 중소기업이 대기업에 비하여 불리한 상대적인 취약점을 가지고 있기 때문이다. 즉 중소기업은 자금, 인력, 기술, 판로, 경영, 정보, 교섭력 등의 측면에서 대기업에 비하여 열악한 처지에 놓여 있는 경우가 많다. 이것은 우리나라 중소기업뿐만 아니라 다른 나라 중소기업들도 공통적으로 가지고 있는 일반적인 취약점이다. 그리고 다른 하나는 특히 우리나라 중소기업이 안고 있는 특수한 취약점 때문이다. 우리나라 중소기업은 대기업 중심적인 경제구조 하에서 특별히 경험하고 있는 구조적인 취약점을 가지고 있다. 우리나라에서는 1960년대 이래 정부가 부존자원과 자본이 절대적으로 부족하고 국내시장이 협소한 상태에서 고도성장을 달성하기 위하여 소수의 능력 있는 기업을 집중적으로 지원하여 수출을 장려하는 이른바 수출지향형 고도성장정책을 추진해 온 결과, 우리나라 경제가 비교적 짧은 기간에 고도성장을 거듭하여 1980년대에는 신흥공업국의 대열에 편입되었고, 2000년대에는 선진국의 문턱에 도달하게 되었으며, 2010년에는 세계의 10대 교역국으로 성장하는 괄목할 만한 성과를 거두게 되었다. 그러나 그 이면에는 경제력이 소수의 재벌에게 과도하게 집중되고, 주요 산업분야의 독과점화가 심화되었으며, 내수시장이 위축되고 기업간·계층간·지역간의 격차가 심화되는 등 중소기업에게 불리한 경제적 환경이나 여건이 조성되었다. 따라서 우리나라 중소기업은 자본주의가 정상적으로 발전되어 온 선진국의 중소기업이 일반적으로 안고 있는 취약점에 더하여, 대기업 중심적인 경제구조 하에서 당면하고 있는 특수한 취약점까지 안고 있는 이중고를 겪고 있다.

그렇지만 중소기업이 국민경제에서 차지하는 중요성을 부인하기 어렵다. 이는 여러 산업 지표에서 확인할 수 있다. 2015년 기준 전 산업에서 3,604.773개의 사업체 중 중소기업의 수는 3,600,882개로 99.9%를 차지하며, 중소기업 종사자 비중도 90.2%에 이른다.[1] 이로써 중소기업이 경제활동의 근간을 이루고 고용의 주된 창출을 담당하고 있음을 알 수 있지만, 이에 비하여 매출액 등 성과 측면에서 중소기업이 차지하는 비중은 현저히 떨어진다. 전 산업에서 중소기업의 매출액 비중은 53.9% 그리고 영업이익 비중은 58.1%로 나타나고 있으며,[2] 이러한 수치는 사업체 수 측면에서 0.1%에 지나지 않는 대기업이 국민경제에서 절대적인 비중을 차지하고, 따라서 대기업과 중소기업 간에 상당한 격차가 있음을 시사하는 것이다. 또한 이와 같은 격차는 고착되거나 심화되고 있는 것으로 조사되고 있다. 1998년 대기업과 중소기업의 영업이익률은 6.53%와 6.01%로 나타났는데 비하여 2010년에는 각각 7.83%와 4.25%로 나타나고 있으며, 이러한 분석은 중소기업은 저이윤 그리고 대기업은 고이윤의 현상이 고착되고 있음을 보여주는 것이다.[3]

따라서 여기서는 우리나라 중소기업이 그 상대적 취약점과 아울러 구조적 취약점을 동시에 극복하고 대기업과 함께 국민경제의 지속적인 성장과 발전을 이끌고 나가는 경제주체로 발전할 수 있도록 하기 위하여, 우선 우리나라 중소기업관련법과 정책의 연혁을 살펴 본 뒤에, 현행 중소기업관련법의 내용을 개관해 보고, 현행 중소기업관련법이 안고 있는 문제점을 찾아내어 이를 개선할 수 있는 방안을 제시한 후, 대기업과 중소기업이 상생할 수 있는 여건 내지 생태계를 조성할 수 있는 방안을 모색해 보고자 한다.

---

1) 중소기업중앙회, 2017년 중소기업 위상지표, 2017, 2면.
2) 위의 자료, 3면.
3) 조덕희, 제조 중소기업의 경영성과 및 경쟁력 실태 분석, 산업연구원, 2012, 20-21면 참조.

제2절 중소기업관련법과 정책의 연혁

I. 중소기업정책의 태동

우리나라에서 '중소기업의 육성'이라는 주제가 법과 정책의 차원에서 최초로 등장하기 시작한 것은 1956년 8월이었다. 1950년대에는 우리나라 경제가 주로 중소기업들에 의하여 운용되고 있었기 때문에 경제를 성장시키기 위해서는 중소기업을 육성할 필요가 있었으나 특별히 중소기업정책이라고 지칭할 만한 것은 없었으며,[4] 1956년 8월에 마련된 '중소기업육성대책요강'이 그 전부였다고 할 수 있다. 이 요강은 중소기업협동조직의 강화대책으로 중소기업협동조합법의 제정을 제안하고, 중소기업 자금대책으로 20억원의 융자재원 확보 및 중소기업 판로확대 등을 제시하였다. 그런데 이 요강은 재원부족과 관리역량의 부족으로 인하여 대부분 실현되지 못하였지만, 정부가 최초로 종합적이고 유기적인 중소기업육성대책을 제시하였다는 점에서 우리나라 중소기업정책의 역사에서 중요한 의미를 가지고 있다고 할 수 있다.[5]

1960년대에는 정부가 대기업과 중소기업을 구별하지 않고 노동집약적인 경공업을 바탕으로 수출지원제도와 유인체계를 구축하고 수출특화업종을 지정하여 수출산업의 육성에 주력하면서, 중소기업을 지원·육성하기 위하여 1961년에는 중소기업은행법을 제정하여 중소기업은행을 설립하고, 중소기업협동조합법과 중소기업사업조정법 등을 제정하였다. 우리나라 중소기업관련법의 근간이 형성되는 과정에서, 「중소기업은행법」을 가장 먼저 제정한 것은 당시에는 중소기업의 자금조달이 가장 시급한 과제였기 때문이며, 「중소기업협동조합법」을 제정한 것은 본격적인 중소기업정책의 시행에 앞서 정책집행의 경로를 확보하기 위한 것으로 이해된다. 그리고 그들과 함께 「중소기업사업조정법」을 제정한 것은 우리나라 중소기업관련법과 정책의 성격형성에 있어서 매우 중요한 의미를 가지는 것으로 생각된다. 중소기업사업조정법은 중소기업의 과도한 경쟁을 공정히 조정함으로써 중소기업의

---

4) 당시의 상황을 고려할 때, 이 시기부터 진정한 의미의 중소기업정책이 있었다고 하기는 어려울 것이며, 오히려 '기업' 일반을 육성하기 위한 정책이 시작되었다고 보는 것이 적절할 것이다.
5) 한국정책학회, 중소기업정책 50년사와 중소기업 정책의 미래, 2012, 25면 참조.

경제적인 기회균등과 효과적인 경제활동의 보장 및 국민경제의 균형 있는 발전을 도모하기 위하여(법 1조), 상공부장관에게 사업조정권을 부여하고 있는데, 이는 정부가 중소기업을 지원·육성하는 방법과 관련하여 중소기업 간의 경쟁을 촉진하는 것보다는 과도한 경쟁을 조정하는 것이 더욱 중요하게 생각되고 있었다는 것을 의미하기 때문이다. 그러나 동법이 제정된 후 10년이 지나도록 상공부장관이 중소기업의 사업을 조정한 실적은 전혀 없었으며, 1974년에 들어와서 재생타이어의 생산과 판매에 있어서 대기업의 진입을 막는 중소기업사업조정심의회의 결정이 처음으로 내려졌다는 보도가 있을 정도이다.[6]

그리고 1960년에 중소기업행정을 전담하는 기구로서 상공부 공업국에 중소기업과를 신설하였으며, 1968년에는 중소기업 관련업무의 중요성과 행정수요의 증대로 말미암아 이를 중소기업국으로 확대하였다. 한편 1965년에는 국민경제를 균형 있게 발전시키기 위하여 정부의 중소기업정책의 기본방향을 제시하는 중소기업기본법을 제정하였는데, 이 법에 따르면 중소기업정책의 기본방향은 중소기업을 대기업과 함께 국민경제의 성장과 발전을 리드할 수 있는 핵심주체로 양성하려는 것이 아니라, 대기업의 조력자 내지 협력자로서 보호하고 지원·육성해야 할 대상으로 보고 있었다는 것을 알 수 있다.[7] 그러나 이 법률에 규정된 중소기업시책을 구체화할 수 있는 시행령이 오랫동안 제정되지 않고 있다가 1983년에야 비로소 제정되었기 때문에 이 법률을 제정한 효과는 크지 않았다.[8]

II. 중소기업의 보호와 육성정책

1970년대에는 정부가 중화학공업을 중심으로 한 대기업 위주의 경제성장정책을 추진하면서, 대기업은 정책금융과 외자배분을 통해 급속히 성장한 반면 중소기업은 그러한 경제 환경의 변화에 적응하지 못하고 자본과 노동의 수급에 곤란을 겪게 되었다. 그런데 1970년대 후반에는 정부가 중화학공업 육성을 위한 소비재와 부품산업의 중요성 등에 대하여 인식하게 되면서 중소기업에 대한 관심이 다시 높

---

6) 1971년 3월 20일자 매일경제신문 8면 및 1974년 10월 15일자 매일경제신문 2면(한국법제연구원·법제처, 「중소기업 발전지원 관련 법제 모듈화」, 2012 발전경험 모듈화사업, 2012.12, 29면에서 재인용) 참조.
7) 조혜신, "한국 중소기업법제의 성과와 한계 지원·육성정책과 경쟁정책의 관계를 중심으로", 한국기업법학회·한국법제연구원 공동국제학술대회, 2013, 7면 참조.
8) 한국정책학회, 앞의 책, 30면 참조.

아지게 되었다. 1975년에는 중소기업계열화촉진법을 제정하였고, 1976년에는 신용
보증기금을 설립하였으며, 1978년에는 중소기업진흥법을 제정하였고, 1979년에는
중소기업진흥공단을 설립하고, 중소기업 고유업종 제도를 도입하는 등 중소기업의
지원·육성을 위한 기반을 구축하게 되었다.[9] 이와 같이 중소기업을 지원·육성하
기 위한 정책수단이 보다 다양해지고 그 내용이 풍부해지긴 했으나, 그 정책의 내
용은 중소기업이 대기업 위주의 중화학 공업에 필요한 부품소재를 생산할 수 있도
록 하는 단편적이고 선언적인 단순 보호시책에 그쳤을 뿐만 아니라, 시책의 수혜
자도 대기업의 부품조달 및 하청관계에 있는 중소기업에 제한되고 있었다는 한계
를 가지고 있었다.[10]

  그리고 1981년에는 중소기업제품구매촉진법을 제정하여 단체수의계약제도를
도입하였는데, 이를 통하여 중소기업의 정부 및 공공기관에 대한 수주기회가 대폭
확대되었다. 그러나 단체수의계약제도는 중소기업의 경쟁력을 향상시키기 위한 제
도라기보다는 오히려 중소기업을 경쟁으로부터 보호하기 위한 전형적인 제도라고
할 수 있다. 한편 1980년대에는 대기업집단, 특히 재벌에 의한 경제력 집중이 심화
되고, 중화학 공업의 육성정책으로 중소기업의 경쟁력이 현저히 약화되자, 정부는
기존의 대기업 편중정책에서 벗어나 중소기업에 대한 다양한 보호와 지원정책을
추진하게 되었다. 1980년에 지정계열화제도를 도입하였고, 1981년에 중소기업진흥
장기계획[11]을 수립하였으며, 1983년에 유망 중소기업제도를 도입하였고, 1984년에
하도급거래 공정화에 관한 법률을 제정하였으며, 1985년에 중소기업 우선육성업종
제도 등을 본격적으로 실시하였고, 중소기업진흥기금에 의한 시설근대화자금을 지
원하기 시작하였다. 그리고 1986년에 중소기업창업지원법을 제정하였고, 1989년에

---

  9) 위의 책, 30−31면 참조.
  10) 장지호, "중소기업정책의 제도정합성 고찰: 시차이론을 활용한 담론제도주의를 중심으로", 한국
공공관리학보 제23권 제3호, 2009, 191−214면 참조.
  11) 이 계획은 1981년 중소기업학회를 중심으로 한 전문가 25명으로 구성된 작업단이 초안을 작성
한 후 1982년 관계부처와 실무적인 협의를 거쳐 완성된 것으로서, 다음과 같은 장기목표를 제시한 바
있다.
  −중소기업 부가가치율을 1991년에 45% 수준에 달하도록 하고 연 13% 수준의 중소기업 성장률 유지
  −1981년 48% 수준이던 중소기업 고용비중을 1991년에 54%로 증대
  −1960~70년대에 중소기업에 30%, 대기업에 70%로 이루어지던 투자를 1980년대에는 중소기업에
    40%, 대기업에 60%로 조정
  −규모가 작은 소기업의 육성, 발전을 위하여 소기업 개념을 별도로 규정
  −중소기업 고유 업종의 대폭 확대 지정
  −1991년에 2,000억원 규모의 중소기업공제사업기금을 설치
  −협동조합의 기능 강화, 중소기업진흥공단의 역할 증대, 지방행정기관의 중소기업지원기능 본격화,
    기타 무역진흥공사의 기능 강화 등 중소기업지원조직의 전문화

중소기업 경영안정 및 구조조정 촉진에 관한 특별조치법을 제정하였다.[12)

1990년대에는 중국이 개혁과 개방을 통하여 세계시장에 진입하게 됨에 따라 국내 경공업 위주의 중소기업이 큰 타격을 입게 되었고, 1992년 한·중 수교 이후에는 중국과의 교역이 증대되면서 중소기업의 가격경쟁력이 급격히 떨어지게 되었다. 정부는 이러한 문제점을 해소하기 위하여 1993년에 중소기업 구조개선 사업을 시행하였고, 지방중소기업과 소기업을 지원하기 위하여 1994년에 지역균형개발 및 지방중소기업 육성에 관한 법률을 제정하였으며, 1997년에 소기업지원특별법을 제정하였다.

Ⅲ. WTO체제 하의 중소기업정책

1995년에는 WTO체제가 출범함에 따라 정부가 중소기업을 보호하고, 지원·육성하는 각종 제도들을 그대로 유지할 수 없게 되었다. 이에 중소기업지원시책의 기본방향도 중소기업에 대한 '보호와 지원'이라는 기조에서 벗어나 '자율과 경쟁'을 통하여 중소기업의 실질적인 자생력을 배양하는 기조로 전환되어, 중소기업 고유업종의 해제 예시(1994), 단체수의계약의 품목 축소(1995), 구조개선 및 경영안정지원법의 제정(1995) 등이 추진되었다. 한편 중소기업 및 벤처기업에 대한 자금투자가 원활하게 이루어지도록 하기 위하여 코스닥 시장을 개설하였고, 1997년에는 벤처기업의 창업 촉진과 기술개발 활동 지원 등을 위하여 벤처기업 육성에 관한 특별조치법을 제정하였다.[13)

그리고 1997년 말에는 우리나라가 외환위기로 인하여 IMF에 구제금융을 요청하는 미증유의 국가적인 어려움에 봉착하게 되었다. 이에 1998년 2월에 출범한 국민의 정부는 대기업은 자율성을 보장하고 중소기업은 집중적으로 지원함으로써 양자를 균형 있게 발전시키려는 정책방향 아래 주로 IT 산업 위주의 벤처기업을 적극 육성하기 위하여, 자금지원, 기술인력 공급, 입지공급 등을 적극 추진하였으며, 코스닥 등록요건의 완화 및 세제지원 등을 추진하였다. 한편 1999년에는 여성경제인의 창업을 지원하기 위하여 여성기업 지원에 관한 법률을 제정하였고, 2001년에는 소상공인과 전통시장을 집중적으로 지원하기 위하여 소기업 및 소상공인 지원을 위한 특별조치법을 제정하였다.

---

12) 한국정책학회, 앞의 책, 36−37면 참조.
13) 위의 책, 44−45면 및 49면 참조.

한편 중소기업정책을 전담하는 행정기구에 관해서는 1996년 2월에 체계적이고 효율적인 중소기업 지원체계를 구축하기 위하여 산업자원부 중소기업국과 공업진흥청을 통합하여 산업자원부의 외청으로 중소기업청을 신설하였다. 그리고 1998년 4월에는 중소기업 정책개발기능의 강화와 관련부처 간 중소기업 육성시책의 협의조정을 위하여 대통령 직속으로 중소기업특별위원회를 설립하였다. 그러나 이 특별위원회는 2008년 이명박 정부가 출범하면서 폐지되었다.[14]

Ⅳ. 혁신형 중소기업의 육성

2003년에 출범한 참여정부는 중소기업과 소상공인을 서민경제의 주역으로 육성한다는 방침아래 신용보험제도의 도입, 금융지원의 강화, 경영컨설팅의 확대 등을 추진하였고, 국민의 정부의 벤처기업정책을 '혁신형 중소기업'으로 명칭을 바꾸어서 유사한 지원정책을 추진하였다. 참여정부는 2004년 7월 '중소기업 경쟁력강화 종합대책'을 발표하여 중소기업의 어려운 여건을 타개하기 위한 단기대책과 체질개선을 위한 중장기대책을 기업유형(혁신선도, 중견자립, 소상공인)과 성장단계(창업, 성장, 구조조정)에 따라 맞춤형으로 제시하고자 하였다. 그리고 기존의 보호위주의 정책에서 벗어나 중소기업의 경쟁력을 높이기 위해서 2004년에는 중소기업진흥 및 제품구매촉진에 관한 법률을 개정하여 기존의 단체수의계약제도는 유지하되 경쟁에 의해서도 중소기업제품의 구매를 확대할 수 있도록 중소기업간 경쟁제도를 도입하였으며, 중소기업의 사업영역 및 기업간 협력증진에 관한 법률을 개정하여 중소기업 고유업종 지정 및 지정 계열화제도를 폐지하였고,[15] 2005년에는 중소기업진흥 및 제품구매촉진에 관한 법률을 개정하여 중소기업의 경쟁력을 강화하고 중소기업제품 공공구매의 투명성을 높이기 위하여 단체수의계약제도를 폐지하였다. 한편 2004년 10월에는 서민경제의 활력을 회복하기 위하여 재래시장육성을 위한 특별법을 제정하였고, 2005년 10월에는 장애인기업에 대한 지원정책을 효율적으로 추진하기 위하여 장애인 기업활동 촉진법을 제정하였으며, 2006년에는 중소기업협동조합법을 개정하여 중소기업협동조합 및 중소기업관련단체에 대한 조사 및 해산명령제도를 신설하였고, 중소기업 사업전환촉진에 관한 특별법을 제정

---

14) 위의 책, 51-52면 및 56면 참조.
15) 중소기업 고유업종제도는 중소기업의 경쟁력을 높이고 경영안정을 도모하기 위하여 대기업의 신규참여 및 확장을 제한하는 제도로 운영되어 왔으나, 오히려 중소기업의 경쟁력을 약화시키고 국내 대기업을 역차별하는 등의 문제점이 있어서, 동법에 의하여 2007년 1월 1일에 폐지되었다.

하여 중소기업 사업전환 촉진제도를 신설하였다.[16]

V. 동반성장, 창조경제, 혁신경제

2008년에 출범한 이명박 정부는 친기업·비즈니스 프랜들리 정책을 기조로 하여 다양한 규제완화정책을 추진하면서, 중소기업 부문과제로 혁신형 중소기업의 육성과 일자리 창출, 중소기업 창업절차의 간소화, 공공구매제도의 확대, 금융지원 강화 등을 추진함과 아울러, 글로벌 경쟁환경 하에서 기업의 지속가능한 경쟁력을 확보하기 위해서는 대·중소기업의 동반성장정책이 필요하다는 점을 강조하였으며, 이를 위하여 2010년에는 동반성장위원회를 설립하고, 대·중소기업의 동반성장정책 추진대책을 발표하여, 공정거래질서의 확립, 사업영역의 보호, 동반성장전략의 확산, 중소기업 자생력강화지원과 같은 동반성장 전략을 추진하였다. 그리고 2012년에는 전통시장을 보호하기 위하여 유통산업발전법에 대형마트에 대하여 영업제한을 할 수 있는 근거를 마련하였다.[17]

그리고 2013년에 출범한 박근혜 정부는 우리나라 경제가 선도·창조형 경제로 변화할 수 있도록 하기 위하여, ① 창조경제의 생태계 조성, ② 중소·중견기업의 육성 및 ③ 소상공인과 전통시장의 활력 회복 등을 중소기업관련 중점 정책과제로 선정하여 추진하고 있으며,[18] 2014년 1월에는 정부가 '경제혁신 3개년계획' 추진방향을 확정·발표하면서 3대 추진전략을 발표한 바 있다.[19] 그런데 그중에서 특히 중소기업정책과 관련하여 주목할 만한 것은, 대·중소기업 불공정거래 등 불합리하고 비정상적인 관행을 정상화할 계획과 수출·대기업·제조업·수도권 등에 의존하고 있는 성장동력을 내수·중소기업·서비스업·지방 등으로 다양화할 계획을 들 수 있다.[20] 그리고 중소기업청은 중소기업관련 국정과제, 즉 ① 중소기업성

---

16) 한국정책학회, 앞의 책, 61−62면 및 66−68면 참조.

17) 위의 책, 72−73면 참조.

18) 중소기업청 2013. 3. 25. 보도자료 참조.

19) 추진전략의 내용은 다음과 같다. 첫째 비정상의 정상화를 통해 '기초가 튼튼한 경제'를 만들겠다고 밝혔다. 이를 통해 공기업 방만경영, 지하경제, 복지 누수, 대·중소기업 불공정거래 등 불합리하고 비정상적인 관행을 정상화할 계획이라고 한다. 둘째 창조경제를 통한 '역동적인 혁신경제' 구축을 제시했다. 민간의 창의성을 기반으로 한 창조경제 실현과 세계시장 진출 확대 등을 통해 우리 경제의 역동성을 획기적으로 높일 방침이다. 셋째 내수활성화를 통한 '내수·수출균형경제' 실현이다. 수출·대기업·제조업·수도권 등에 의존하고 있는 성장동력을 내수·중소기업·서비스업·지방 등으로 다양화할 계획이다.

20) 2014. 1. 15. 경제장관회의 결과보고 참조.

장 희망사다리 구축, ② 창업·벤처 활성화를 통한 일자리 창출, ③ 소상공인·자
영업자 및 전통시장의 활력 회복을 효과적으로 추진하기 위하여 세부시책을 마련
하여 시행하였다.21)

2017년에 출범한 문재인 정부는 국정과제의 기본원칙 중 하나로 '더불어 잘사
는 경제'를 제시하였다. 이를 구체화하는 5가지 전략 중 하나로 중소벤처가 주도하
는 창업과 혁신성장을 설정하고, 이에 해당하는 100대 과제로서 혁신을 응원하는
창업국가 조성(39), 중소기업의 튼튼한 성장 환경 구축(40), 대·중소기업 임금 격
차 축소 등을 통한 중소기업 인력난 해소(41)를 제시하였다.22) 그리고 이를 추진할
수 있는 기구로서 2017년 7월 중소기업청을 격상시켜 중앙행정조직으로서 중소기
업벤처부를 출범시킴으로써, 정책 추진의 실효성을 기하고자 하였다. 문재인 정부
는 혁신경제의 주된 주체로서 중소기업을 상정하고, 중소기업의 성장과 혁신경제
의 발전을 결합하였으며, 중소기업정책도 이러한 틀 안에서 추진되었다.23)

---

21) 중소기업청, 2013년도 업무보고, 8면 이하 참조.
22) 한국개발연구원, 문재인정부 100대 국정과제, 2017
23) 이정섭, 중소기업 정책평가와 향후 과제, 중소기업벤처연구원, 2021, 14면 이하 참조.

제2장 중소기업관련법

제1절 개   설

현재 우리나라에서 시행되고 있는 중소기업의 지원·육성과 직접, 간접으로 관련되는 법률은 모두 18개이다. 그런데 이들 중에는 중소기업기본법이나 중소기업진흥에 관한 법률처럼 중소기업 일반을 그 대상으로 하는 법률도 있지만, 벤처기업이나 여성기업 또는 지방중소기업처럼 그 대상을 제한하고 있는 법률도 있다. 따라서 여기서 이들을 그 적용대상에 따라 분류해 보면, 그 내용은 다음 [표 2-1] 과 같다.

[표 2-1] 현행 중소기업 관련 법률

중소기업 일반을 대상으로 하는 법률	중소기업기본법
	중소기업협동조합법 중소기업 진흥에 관한 법률 중소기업창업 지원법 중소기업제품 구매촉진 및 판로지원에 관한 법률 중소기업 사업전환 촉진에 관한 특별법 중소기업 기술혁신 촉진법 중소기업 인력지원 특별법 대·중소기업 상생협력 촉진에 관한 법률(중소기업벤처부 소관)
적용대상을 특정하고 있는 법률	벤처기업육성에 관한 특별조치법 1인 창조기업 육성에 관한 법률 소기업 및 소상공인 지원에 관한 법률 전통시장 및 상점가 육성을 위한 특별법 지역신용보증재단법 규제자유특구 및 지역특화발전특구에 대한 규제특례법 여성기업지원에 관한 법률 장애인기업활동 촉진법

한편 독점규제법이나 하도급법처럼 직접 중소기업의 지원·육성을 목적으로 하고 있는 것은 아니지만, 기능적으로 중소기업의 지원·육성에 기여하고 있는 법률도 있다.[1] 그러나 여기서는 이러한 기능적인 중소기업법은 제외하고, 중소기업 일반을 대상으로 하는 일반 중소기업법과 특정 중소기업만을 대상으로 하는 특별 중소기업법에 대하여 살펴보고자 한다.

제 2 절 일반 중소기업법

중소기업은 일반적으로 자금, 인력, 기술, 판로, 경영, 정보, 교섭력 등에 있어서 대기업보다 열악한 처지에 놓여 있다. 따라서 일반 중소기업법은 이러한 중소기업의 취약점을 보완하기 위하여 여러 가지 제도와 시책을 마련하여 실시하고 있다. 일반 중소기업법에는 「중소기업기본법」, 「중소기업협동조합법」, 「중소기업 진흥에 관한 법률」, 「중소기업창업지원법」, 「중소기업 구매촉진 및 판로지원에 관한 법률」, 「중소기업 사업전환 촉진에 관한 특별법」, 「중소기업 기술혁신촉진법」, 「중소기업 인력지원특별법」, 「대·중소기업 상생협력 촉진에 관한 법률」 등이 있는데, 그 주요내용은 다음과 같다.

I. 중소기업기본법

「중소기업기본법」은[2] 중소기업이 나아갈 방향과 중소기업을 육성하기 위한 시책의 기본적인 사항을 규정하여, 창의적이고 자주적인 중소기업의 성장을 지원하고 나아가 산업구조를 고도화하고 국민경제를 균형 있게 발전시키기 위하여, 정부의 중소기업시책의 대상이 되는 중소기업자의 범위를 정한 뒤에, 정부와 지방자치단체 및 중소기업자 등의 책무와 중소기업의 보호 및 육성에 관한 시책 등에 대하여 규율하고 있다.

---

1) 경쟁법상 중소기업의 보호는 중소기업의 경쟁력 향상이 궁극적으로 경쟁에 기여할 수 있다는 사고에 의해 뒷받침된다. Fritz Rittner & Meinrad Dreher, Europäisches und deutsches Wirtschaftsrecht, C. F. Müller, 2008, S. 477 참조.

2) 1965년에 제정된 중소기업기본법은 2007년 4월 11일에 전부 개정된 이래, 여러 차례의 개정을 거쳤으며, 최근에는 2020년 12월 8일에 개정되었다.

1. 중소기업자의 범위

정부의 중소기업시책의 대상이 되는 중소기업자의 원칙적인 범위는 중소기업 기본법 제2조 제1항 제1호 및 동법 시행령 제3조에서 정하고 있는데, 동 규정들은 규모기준, 상한기준, 독립성기준의 세 가지 기준을 제시하고 있다. 규모기준은 주된 업종의 3년 평균매출액을 기준으로 하고 있으며, 동법 시행령 별표 1에서 업종 별로 구체적 기준을 제시하고 있다(영 3조 1항 1호 가.). 예를 들어 의복제조업의 경우 중소기업은 1,500억원 이하 그리고 소기업은 120억원 이하이다. 상한기준은 업종별 차이 없이 자산총액 5천억원 미만으로 한다(영 3조 1항 1호 나.). 한편 독립성기준에 의하여 일정한 요건을 충족하면 중소기업자에서 제외되는데, 자산총액 5천억원 이상 법인이 30% 이상의 지분을 소유하고 최다출자자인 경우 또는 관계기업으로서 일정한 요건을 충족하고 있는 경우는 독립성이 부인되어 중소기업자에 해당하지 않게 된다(영 3조 1항 2호).

이 외에 「사회적기업 육성법」 제2조 제1호, 「협동조합 기본법」 제2조, 「소비자 생활협동조합법」 제2조 및 「중소기업협동조합법」 제3조에 따른 사회적 기업, 협동조합, 협동조합연합회 등도 동법 시행령에 의해 중소기업자가 될 수 있다(법 2조 1항 2호 내지 5호 및 영 3조 2항 내지 5항).

그리고 중소기업은 대통령령으로 정하는 구분기준에 따라 소기업과 중기업으로 구분하며(법 2조 2항), 그 규모의 확대 등으로 중소기업에 해당하지 않게 된 경우에도 그 사유가 발생한 연도의 다음 연도부터 3년간은 중소기업으로 본다. 다만 중소기업 외의 기업과 합병하거나 기타 대통령령으로 정하는 사유로 중소기업에 해당하지 않게 된 경우에는 예외이다(법 2조 3항).

2. 정부와 지방자치단체 및 중소기업자 등의 책무

정부는 중소기업의 혁신역량과 경쟁력 수준 및 성장성 등을 고려하여 지원대상의 특성에 맞도록 기본적이고 종합적인 중소기업시책을 세워 실시하여야 하며(법 3조 1항), 지방자치단체는 정부의 중소기업시책에 따라 관할지역의 특성을 고려하여 그 지역의 중소기업시책을 세워 실시하여야 한다(법 3조 2항). 그리고 정부와 지방자치단체는 상호간의 협력과 중소기업시책의 연계를 통하여 중소기업에 대한 지원효과를 높일 수 있도록 노력하여야 한다(법 3조 3항).

한편 중소기업자는 기술개발과 경영혁신을 통하여 경쟁력을 확보하고 투명한 경영과 기업의 사회적 책임을 다하여 국가경제의 발전과 국민의 후생증대에 이바지할 수 있도록 노력하여야 하며(법 4조 1항), 중소기업자와 그 사업에 관하여 중소기업과 관련되는 자는 정부와 지방자치단체의 중소기업시책 실시에 협력하여야 한다(법 4조 2항).

3. 중소기업 보호 · 육성 업무의 총괄 · 조정 등

중소벤처기업부장관은 정부 및 지방자치단체가 행하는 중소기업 보호 및 육성에 관한 업무를 총괄 · 조정하며(법 4조의2), 중소기업의 보호 · 육성에 관한 다른 법률을 제정하거나 개정할 때에는 이 법의 목적에 맞도록 하여야 한다(법 4조의3).

4. 중소기업시책

정부는 구체적으로 창업의 촉진과 기업가 정신의 확산(법 5조)[3], 경영 합리화와 기술향상(법 6조), 판로확보(법 7조), 중소기업 사이의 협력(법 8조), 기업구조의 전환(법 9조), 공정경쟁과 동반성장의 촉진(법 10조)[4], 사업영역의 보호(법 11조), 공제제도의 확립(법 12조), 중소기업자의 조직화(법 13조), 국제화의 촉진(법 14조), 인력확보의 지원(법 15조)[5], 소기업대책(법 16조), 지방소재 중소기업 등의 육성(법 17조) 등을 위하여 필요한 시책을 실시하여야 한다.

5. 관련 법제와 재정조치 등

정부는 중소기업시책을 실시하기 위하여 필요한 법제 및 재정 조치를 하여야 하고(법 18조), 중소기업을 육성하는 데에 필요한 재원을 지속적이고 안정적으로 확보하여야 하며, 중소기업 육성을 위한 지원과 투자를 지속적으로 확대하도록 노력하여야 하고(법 18조의2), 중소기업자에 대한 자금 공급을 원활히 하기 위하여 재정 및 금융자금 공급의 적정화와 신용보증제도의 확립 등 필요한 시책을 실시하여야 하며, 중소기업시책을 효율적으로 실시하기 위하여 조세에 관한 법률에서 정하는 바에 따라 세제상의 지원을 할 수 있다(법 19조). 한편 정부는 창의적이고 자주

---

3) 중소기업기본법 제5조는 그 제목이 '창업 촉진'으로 되어 있었으나, 2011. 7. 25. 법 개정으로 '창업 촉진과 기업가정신의 확산'으로 바뀌었다.

4) 중소기업기본법 제10조는 그 제목이 '계열화의 촉진'으로 되어 있었으나, 2011. 7. 25. 법 개정으로 '공정경쟁 및 동반성장의 촉진'으로 바뀌었다.

5) 중소기업기본법 제15조는 그 제목이 '근로환경의 개선 등'으로 되어 있었으나, 2011. 7. 25. 법 개정으로 '인력확보의 지원'으로 바뀌었다.

적인 중소기업의 성장을 지원하기 위하여 중소기업 육성에 관한 종합계획을 3년마다 수립·시행하여야 하고(법 19조의2), 종합계획에 따라 매년 정부와 지방자치단체가 중소기업을 육성하기 위하여 추진할 중소기업시책에 관한 계획을 수립하여 관련 예산과 함께 3월까지 국회에 제출하여야 하며(법 20조 1항), 중소벤처기업부장관은 전년도 육성계획의 실적과 성과를 평가하고, 그 평가결과를 반영하여 중소기업 정책에 관한 연차보고서를 정기국회 개회 전까지 국회에 제출하여야 한다(법 20조 2항). 그리고 중소벤처기업부장관은 중소기업 지원사업에 대한 중소기업의 신청·접수현황, 지원이력 등의 자료·정보를 통합관리하기 위하여 중소기업 지원사업 통합관리시스템을 구축·운용할 수 있다(법 20조의2). 또한 정부는 중소기업의 활동현황, 자금, 인력 및 경영 등 실태를 파악하기 위하여 매년 정기적으로 실태조사를 실시하고 그 결과를 공표하여야 한다(법 21조).

한편 중소기업에 영향을 주는 기존규제의 정비 및 규제 관련 민원처리의 원활한 지원을 위하여 중소벤처기업부장관 소속으로 중소기업 옴부즈만을 두는데(법 22조), 중소기업자·이해관계자와 관련단체의 장은 중소기업에 영향을 주는 불합리한 규제의 개선 및 행정기관의 규제집행에 따르는 애로사항 등에 관하여 중소기업 옴부즈만에게 의견을 제출할 수 있다(법 23조). 그리고 중소벤처기업부장관은 중소기업 옴부즈만의 활동 지원을 위하여 필요하다고 인정하면 국가기관, 지방자치단체, 공공기관 또는 관련 법인·단체에 그 소속 공무원이나 직원의 파견을 요청할 수 있으며, 중소기업 옴부즈만의 운영에 필요한 행정적·재정적 지원을 할 수 있다(법 24조). 또 중소벤처기업부장관은 중소기업시책의 수립 등에 필요한 조사와 연구를 수행하는 전문연구평가기관을 지정하여 운영할 수 있으며, 전문연구평가기관이 조사와 연구를 수행하는 데에 필요한 경비를 예산의 범위 안에서 출연하거나 보조할 수 있다(법 25조).

Ⅱ. 중소기업협동조합법

1. 총   칙

「중소기업협동조합법」은 중소기업자가 서로 힘을 합하여 협동사업을 추진하는 협동조직의 설립·운영 및 육성에 관한 사항을 정하여 중소기업자의 경제적 기회 균등을 기하고 자주적인 경제 활동을 북돋우어 중소기업자의 경제적 지위의 향상과 국민경제의 균형 있는 발전을 꾀함을 목적으로 한다(법 1조).

중소기업협동조합의 종류는 협동조합(이하 '조합'이라 함), 사업협동조합(이하 '사업조합'이라 함), 협동조합연합회(이하 '연합회'라 함) 및 중소기업중앙회(이하 '중앙회'라 함)로 나누어지는데(법 3조 1항), 이들은 모두 법인으로 한다(법 4조 1항). 조합, 사업조합, 연합회 또는 중앙회는 이 법에 다른 규정이 있는 경우 이외에는 ① 조합원 또는 회원의 상호부조를 목적으로 하되, 영리를 목적으로 하지 않아야 하며, ② 조합원 또는 회원의 의결권과 선거권은 평등해야 한다. 다만 업종의 명칭을 붙인 연합회의 회원의 의결권과 선거권은 정관으로 정하는 바에 따라 회원이 가진 조합원 수의 비례에 따른다(법 7조 1항). 그리고 조합, 사업조합, 연합회 또는 중앙회는 특정한 조합원 또는 회원의 이익만을 목적으로 하여 사업을 해서는 안 되며(법 7조 2항), 정치에 관한 모든 행위를 할 수 없고(법 8조 1항), 공직선거에서 특정 정당을 지지하는 행위, 특정인을 당선되도록 하거나 당선되지 않도록 하는 행위를 해서는 안 되며(법 8조 2항), 누구든지 조합, 사업조합, 연합회 또는 중앙회를 이용하여 공직선거에서 특정 정당을 지지하는 행위, 특정인을 당선되도록 하거나 당선되지 않도록 하는 행위를 해서는 안 된다(법 8조 3항).

전국을 업무구역으로 하여 설립되는 조합, 사업조합, 업종의 명칭을 붙인 연합회 및 중앙회는 중소벤처기업부장관이 감독하고, 그 밖의 조합, 사업조합 및 행정구역의 명칭을 붙인 연합회는 시·도지사가 감독한다(법 12조). 중소벤처기업부장관은 중소기업협동조합의 기능 활성화를 위한 추진계획을 3년마다 수립하여야 하며, 중소기업협동조합의 운영현황 등 실태파악을 위하여 실태조사를 실시할 수 있다(법 12조의2).

2. 협동조합

중소기업기본법 제2조 제1항에 따른 중소기업을 영위하는 자로서 조합 구역에서 같은 업종을 영위하는 자와 조합 구역에서 같은 업종 또는 관련 업종의 사업을 영위하는 사업조합은 정관으로 정하는 바에 따라 조합의 조합원이 될 자격을 가진다(법 13조 1항). 그리고 조합은 같은 업종의 사업을 영위하는 자로서 특별한 사유가 있으면 정관으로 정하는 바에 따라 중소기업자 이외의 자를 조합원으로 할 수 있고(법 13조 2항), 사업을 원활히 추진하기 위하여 정관으로 정하는 바에 따라 다른 업종의 중소기업자를 조합원으로 할 수도 있다. 다만 이 경우에는 같은 업종 조합원 전체의 100분의 20을 초과할 수 없다(법 13조 3항).

조합에 가입하려는 자는 정관으로 정하는 바에 따라 가입에 대한 조합의 자격 확인을 받아 인수출자 좌수에 대한 금액을 납입하고 조합이 가입금을 징수할 것을 정할 경우에는 그 지급을 마친 때 또는 조합원의 지분의 전부 또는 일부를 승계한 때에 조합원이 되며(법 15조 1항), 조합원이 될 자격을 가진 자가 조합에 가입하려는 때에는 조합은 정당한 이유없이 이를 거부하거나 현재의 조합원이 가입할 당시에 붙인 것보다 불리한 조건을 붙여서는 안 된다(법 15조 2항). 조합원은 정관으로 정하는 바에 따라 1좌 이상의 출자를 하여야 하며(법 16조 1항), 출자 1좌의 금액은 균일하여야 하고(법 16조 2항), 한 조합원의 출자 좌수는 출자 총좌수의 100분의 20을 넘어서는 안 되며(법 16조 3항), 조합원의 책임은 그 출자액을 한도로 한다(법 16조 7항).

조합원은 각각 한 개의 의결권과 선거권을 가지며(법 19조 1항), 조합은 정관으로 정하는 바에 따라 조합원의 의결권 또는 선거권을 제한할 수 있다(법 19조 3항). 조합원은 의결권 또는 선거권을 출석하여 행사하며(법 19조 4항),[6] 정관으로 정한 자격을 갖춘 대리인에 의하여 의결권 또는 선거권을 행사할 수 있다(법 19조 5항).[7]

조합을 설립하려면 조합원이 될 자격을 가진 자로서, ① 하나의 시·도 또는 그 일정 지역을 업무구역으로 하는 조합은 30명 이상의 발기인,[8] ② 전국 또는 둘 이상의 시·도를 업무구역으로 하는 조합은 50명 이상의 발기인이 있어야 하며(법 27조 1항),[9] 조합 설립 후에도 그 발기인 수에 해당하는 조합원을 유지하여야 한다(법 27조 2항). 발기인은 정관을 작성하여 회의의 일시, 장소와 함께 공고하고 창립총회를 개최하여야 하고(법 28조), 창립총회가 끝나면 지체 없이 정관, 사업계획, 임원의 성명과 주소, 그 밖에 필요한 사항을 적은 서면을 주무관청에 제출하여 설립의 인가를 받아야 한다(법 32조).

조합은 설립 목적을 이루기 위하여 ① 생산, 가공, 수주, 판매, 구매, 보관, 운송, 환경 개선, 상표, 서비스 등의 공동사업과 이를 위한 단지 및 공동시설의 조성·관리 및 운영, ② 조합원 사이의 사업조정에 관한 기획과 조정 및 중소기업 외의 자가 그 조합의 사업분야를 침해한 경우 주무관청에 대한 조정 신청, ③ 대·중소기업 상생협력 촉진에 관한 법률에 따른 위탁 기업체와 조합원인 수탁기

---

6) 다만 정관으로 정하는 바에 따라 미리 통지한 사항에 관하여는 서면 또는 전자문서에 의하여 의결권을 행사할 수 있다(법 19조 3항 단서).

7) 이 경우 대리인은 정관으로 정하는 바에 따라 대리권을 증명하는 서면 또는 전자문서를 의결권을 행사하기 전에 미리 조합에 제출하여야 한다(법 19조 4항 2문).

8) 다만 조합의 업종이 도매업 또는 소매업이면 50명 이상의 발기인이 있어야 한다.

9) 다만 조합의 업종이 도매업 또는 소매업이면 70명 이상의 발기인이 있어야 한다.

업체 사이의 수탁·위탁거래의 알선과 이에 따른 조정, ④ 제품의 단체표준과 공동검사 및 시험연구에 관한 사항, ⑤ 조합원에 대한 사업자금의 대부 또는 대부의 알선과 조합 자체사업을 위한 자금의 차입, ⑥ 조합원의 사업에 관한 경영·기술 및 품질관리의 지도, 조사 연구, 교육 및 정보의 제공에 관한 사업, ⑦ 조합원의 경제적 이익을 도모하기 위한 단체적 계약의 체결, ⑧ 조합원이 생산하는 제품의 수출과 제품의 생산에 필요한 원자재 및 시설재의 수입과 가격조사, ⑨ 조합원에 대한 복리 후생, ⑩ 국가, 지방자치단체, 중앙회 또는 연합회로부터 위탁받은 사업 등(법 35조 1항 각호)의 전부 또는 일부를 할 수 있고, 이러한 사업을 추진하기 위하여 필요하면 주무관청의 승인을 받아 다른 법인에 출자할 수도 있다(법 35조 2항). 그리고 조합은 사업연도 개시일로부터 2개월 이내에 대통령령으로 정하는 바에 따라 그 사업계획과 수지예산서를 작성하여 총회의 의결을 받아야 한다(법 36조). 조합에는 총회(법 43조), 대의원총회(법 44조), 임원(법 50조), 이사회(법 55조) 등과 같은 기관을 두며, 조합의 사업연도는 정부의 회계연도에 따른다(법 67조).

3. 사업협동조합

중소기업자로서 정관으로 정하는 자는 그 사업조합의 조합원이 될 자격을 가지며(법 78조), 사업조합을 설립하려면 조합원이 될 자격을 가진 자 5명 이상의 발기인이 있어야 한다(법 80조).

사업조합은 ① 생산, 가공, 수주, 판매, 구매, 보관, 운송과 그 밖의 서비스 등 공동사업과 단지 및 공동시설의 조성과 관리·운영, ② 조합원에 대한 사업자금의 대부 또는 대부의 알선과 조합 자체사업을 위한 자금의 차입, ③ 조합원의 사업에 관한 경영·기술 및 품질 관리의 지도, 교육, 정보의 제공 및 연구에 관한 사업, ④ 조합원의 경제적 이익을 도모하기 위한 단체적 계약의 체결, ⑤ 조합원이 생산하는 제품의 수출과 제품의 생산에 필요한 원자재의 수입, ⑥ 조합원에 대한 복지 후생사업, ⑦ 기술 개발, 신제품 개발 및 경영 기법 등의 공동연구사업, ⑧ 국가, 지방자치단체, 중앙회, 연합회 또는 조합으로부터 위탁받은 사업, ⑨ 설립 목적을 이루는데 필요한 수익 사업으로서 주무관청의 승인을 받은 사업, ⑩ 공제사업, ⑪ 하도급법에 따른 원사업자와 조합원인 수급사업자 간의 하도급대금 협의 및 조정 지원, ⑫ 그 밖에 위의 사업과 관련된 부대사업의 전부 또는 일부를 할 수 있다(법 82조 1항). 그리고 유통산업발전법 제12조 제2항 제2호 나목에 따른 사업협동조합과 동법 제 18조에 따른 상점가진흥조합은 위의 사업 외에 ① 대규모점포 또는 상점가의 건전한 상거래 질서 확립을 위한 사업, ② 소비자와 조합원의 보호 또는 편익을 위한 시설의 설치, 운영 및 관리, ③ 그 밖에 위의 사업과 관련된 부대사업을 할 수 있다(법 82조 2항).

한편 사업조합에는 임원으로 이사장 1명과 이사 2명 이상 및 감사 2명 이하를 둔다. 다만 필요에 따라 정관으로 정하는 바에 따라 상근 이사 1명을 둘 수 있다(법 84조 1항). 그런데 상근 이사는 조합원 외의 자 중에서 이사회의 추천에 따라 이사장이 임명한다(법 84조 2항).

4. 협동조합 연합회

업종의 명칭을 붙인 연합회의 경우 그 연합회의 업무구역의 일부를 업무구역으로 하는 같은 업종의 조합과 사업조합은 연합회의 정관으로 정하는 바에 따라 연합회의 회원이 될 자격을 가지며(법 88조 1항), 행정구역의 명칭을 붙인 연합회의 경우 그 연합회의 업무구역의 전부 또는 일부를 업무구역으로 하는 조합과 사업조합은 연합회의 정관으로 정하는 바에 따라 연합회의 회원이 될 자격을 가진다(법 88조 2항). 연합회를 설립하려면 연합회의 회원이 될 자격을 가진 자로서, 업종의 명칭을 붙인 연합회는 3개 조합 이상의 발기인이 있어야 하며,[10] 행정구역의 명칭을 붙인 연합회는 5개 조합 이상의 발기인이 있어야 한다(법 90조).

연합회는 ① 생산, 가공, 판매, 구매, 보관, 운송, 환경 개선, 상표 및 서비스 등의 공동사업과 이를 위한 단지·공동시설의 조성, 관리 및 운영, ② 회원 사이의 사업을 조정하려고 하거나 중소기업자 외의 자가 그 조합원의 사업분야를 침해한 경우 주무관청에 대한 조정 신청, ③ 대·중소기업 상생협력 촉진에 관한 법률에 따른 위탁 기업체와 회원의 조합원인 수탁기업체 사이의 수탁·위탁거래의 알선과 이에 따른 조정, ④ 회원에 대한 사업자금 대부의 알선과 연합회 사업을 위한 자금의 차입, ⑤ 제품의 단체표준과 검사에 관한 사항, ⑥ 회원의 조직, 사업, 신기술 개발 및 품질관리에 대한 지도, ⑦ 회원에 대한 교육과 정보제공 및 정보화 촉진사업의 수행, ⑧ 조합에 관한 조사 연구, ⑨ 회원의 경제적 이익을 도모하기 위한 단체적 계약의 체결, ⑩ 회원의 조합원이 생산하는 제품의 수출과 제품을 생산하는 데 필요한 원자재 및 시설재의 수입과 가격 조사, ⑪ 국가, 지방자치단체 또는 중앙회로부터 위탁받은 사업, ⑫ 회원을 위한 국내외 전시·판매장의 설치 및

---

10) 다만 연합회의 업종이 도매업 또는 소매업이면 10개 조합 이상의 발기인이 있어야 한다(법 90조 1호 단서).

관리, ⑬ 설립목적을 이루는 데 필요한 수익 사업으로서 주무관청의 승인을 받은 사업, ⑭ 하도급법에 따른 원사업자와 조합원인 수급사업자 간의 하도급대금 조정 지원, ⑮ 공제사업, ⑯ 그 밖에 위의 사업과 관련된 부대사업의 전부 또는 일부를 할 수 있다. 다만 행정구역의 명칭을 붙인 연합회는 ④, ⑤, ⑨, ⑩, ⑭ 및 대통령 령으로 정하는 사업을 할 수 없다(법 93조).

연합회는 임원으로 회장 1명, 이사 5명 이상, 상근이사 1명과 감사 3명 이하를 두며, 총회는 정관으로 정하는 바에 따라 대의원으로 구성하고, 회장과 이사 및 감 사는 정관으로 정하는 바에 따라 대의원 중에서 선출하되, 회장은 조합의 이사장 을 겸하지 못한다(법 95조).

5. 중소기업 중앙회

중앙회의 회원은 정회원과 특별회원으로 하며, 정회원은 연합회, 전국조합, 지 방조합, 사업조합, 중소기업관련단체 및 협동조합연합회로 하고, 특별회원은 정관 으로 정하는 바에 따라 경제단체와 중소기업 관련단체 또는 중소기업관련 기관 등 으로 할 수 있다(법 99조). 중앙회를 설립하려면 연합회 또는 3개 이상의 조합이 발 기인이 되어야 한다(법 103조).

중앙회는 ① 조합, 사업조합 및 연합회의 조직과 사업의 지도, ② 정회원의 권 익 보호와 건전한 발전을 위한 사업 및 정부에 대한 건의, ③ 정회원에 대한 경 영·기술 및 품질 관리에 관한 지도와 교육, ④ 정회원과 중소기업에 대한 정보의 제공 및 정보화 촉진 사업의 추진, ⑤ 중소기업에 대한 조사·연구, ⑥ 정회원에 대한 보조금의 교부 또는 교부 알선, ⑦ 중앙회의 사업을 위한 자금의 차입, ⑧ 중 소기업공제사업기금의 운용 및 관리, ⑨ 소기업과 소상공인의 생활안정을 위한 공 제사업, ⑩ 정회원을 위한 공동사업, ⑪ 중소기업을 위한 수출입 업무와 중소기업 제품의 국내외 전시·판매장의 설치·운영 및 관리, ⑫ 중소기업을 위한 공업단지 및 공동이용 시설의 설치·관리, ⑬ 국가 또는 지방자치단체로부터 위탁받은 사업, ⑭ 정회원의 사업지원을 위한 재원의 조성 및 관리, ⑮ 중소기업을 위한 연구원 및 연수원의 설립·운용, ⑯ 창고 등 중소기업을 위한 물류 공동화 시설의 설치· 운영, ⑰ 중소기업 제품의 전자상거래, ⑱ 중소기업 관련 신문의 발행, ⑲ 중소기 업협동조합을 운영하는 데 필요한 전문인력 양성, ⑳ 중소기업의 제조물 책임에 관한 보험 등의 계약을 상법 제639조에 따라 중소기업을 위하여 체결하는 사업 등 (법 106조 1항 각호)을 할 수 있다.

그리고 중앙회는 위의 사업을 추진하기 위하여 필요하면, 주무관청의 승인을 받아 다른 법인에 출자할 수 있고(법 106조 2항), 정관 또는 규약에서 정하는 바에 따라 정회원에 대하여 업무 및 회계에 관하여 보고를 요구하고 필요한 명령을 할 수 있으며(법 106조 3항), 또 정관으로 정하는 바에 따라 정회원의 업무 및 회계에 관한 사항을 감사할 수 있고(법 106조 4항), 감사 결과 시정이나 그 밖의 조치가 필요한 사항이 있으면 정회원에 대하여 그 시정이나 그 밖의 필요한 조치를 하도록 명하고 그 감사 결과를 즉시 주무관청에 보고하여야 한다(법 106조 5항). 한편 중앙회는 회원의 공동사업을 지원하기 위하여 공동사업지원자금을 설치할 수 있으며(법 106조 8항),[11] 중앙회 회장은 정관으로 정하는 바에 따라 직원 중에서 중앙회 업무에 관한 재판상 또는 재판외의 행위를 할 수 있는 대리인을 선임할 수 있다(법 106조 9항).

중앙회는 중소기업자의 도산을 막고 공동판매와 구매사업의 기반을 조성하기 위하여 중소기업공제사업기금을 설치하여(법 108조) 운용·관리하며(법 110조),[12] 소기업과 소상공인이 폐업이나 노령 등의 생계위협으로부터 생활의 안정을 기하고 사업재기의 기회를 제공받을 수 있도록 소기업과 소상공인을 위한 공제사업을 관리·운용한다(법 115조). 중앙회의 임원으로 회장 1인, 부회장 5명 이상, 상근 부회장 1명, 이사 10명 이상, 상근 이사 5명 이하 및 감사 1명을 두며(법 122조), 회장은 중앙회를 대표하고 업무를 관장하며, 총회와 이사회의 의장이 된다(법 124조 1항).

Ⅲ. 중소기업 진흥에 관한 법률

「중소기업 진흥에 관한 법률」은 중소기업의 구조 고도화를 통하여 중소기업의 경쟁력을 강화하고 중소기업 경영 기반을 확충하기 위하여(법 1조), 정부로 하여금 여러 가지 시책과 사업을 추진하도록 하고 있다.

---

11) 공동사업지원자금은 회원의 출자금 또는 출연금, 기업의 출연금, 금융기관의 출연금 또는 출자금, 그 밖에 정관으로 정하는 수익금을 재원으로 조성하며, 공동 기술 및 상표의 개발 사업, 공동 시험 연구사업, 공동 구매, 판매 및 국내외 판로 개척 사업, 국내외 규격 인증 획득 및 해외 조달 시장 진출 사업, 정보화 사업, 그 밖에 정관으로 정하는 사업을 위하여 사용하여야 한다(법 106조 6항).

12) 중소기업공제사업기금은 그 기금에 가입한 중소기업자가 납부하는 공제부금과 정부, 조합, 사업조합, 연합회, 그 밖의 자의 출연금, 공제사업을 위한 차입금, 그 기금의 운용으로 생기는 수익금으로 조성하며(법 109조 1항), 그 기금에 가입한 중소기업자의 도산을 막기 위한 공제금의 대출, 공동 구매 및 판매 사업 자금의 지원 등을 위하여 사용한다(법 111조 1항).

1. 중소기업의 구조 고도화

정부는 경제 여건의 변화에 따라 중소기업 경영의 어려움을 해소하고 중소기업의 경쟁력을 높이기 위하여 사업규모, 경영기법 또는 생산방법의 개선이 필요하다고 인정되면, 개인사업의 법인 전환, 기업의 합병과 분할, 공동사업, 협업, 사업 전환, 사업장의 이전, 경영 합리화 등 중소기업의 구조 고도화를 지원하기 위하여 필요한 시책을 강구할 수 있으며(법 3조 1항), 특별시장·광역시장·도지사 또는 특별자치도지사(이하 '시·도지사'라 함)는 정부의 중소기업 구조고도화 지원시책을 시행하기 위하여 매년 관할구역의 중소기업의 구조고도화 지원을 위한 계획(이하 '구조고도화 지원계획'이라 함)을 세워 공고하여야 한다(법 3조 2항). 이 구조고도화 지원계획에는 지방자치단체의 실정에 맞도록 ① 사업별 예산 지원에 관한 사항, ② 경영과 기술에 관한 상담, 진단, 지도 및 정보 제공 등에 관한 사항, ③ 그 밖에 구조고도화 지원에 필요한 사항이 포함되어야 하며(법 3조 3항), 시·도지사는 구조고도화 지원계획의 원활한 추진을 위하여 관계 행정기관의 장에게 필요한 지원을 요청할 수 있다(법 3조 4항).

그리고 중소벤처기업부장관은 중소기업의 자동화를 촉진하고 자동화설비의 생산업체와 엔지니어링 사업자를 육성하기 위하여 자동화 지원사업을 실시하여야 하며(법 4조 1항), 서로 다른 업종을 영위하고 있는 중소기업자간 정보 및 기술교류를 촉진하기 위하여 이업종교류(異業種交流) 지원사업을 실시하여야 한다(법 5조 1항). 중소벤처기업부장관은 자동화 지원사업으로 ① 중소기업의 자동화 촉진을 위한 설비 보급, ② 중소기업의 자동화를 위한 시범사업과 표준화, ③ 중소기업의 자동화에 관한 전문인력의 양성, ④ 중소기업의 자동화를 촉진하기 위한 자금 지원, ⑤ 그 밖에 중소기업의 자동화를 촉진하기 위하여 필요한 사항에 관한 지원사업을 추진할 수 있으며(법 4조 2항), 이업종교류 지원사업으로 ① 정보 및 기술교류의 활성화를 위한 전문가의 의견, ② 정보 및 기술교류에 필요한 자금 지원, ③ 그 밖에 정보 및 기술 교류를 촉진하기 위하여 필요한 사항에 관한 지원사업을 추진할 수 있다(법 5조 2항).

2. 중소기업의 경영기반 확충

중소벤처기업부장관은 중소기업자의 집단화와 시설공동화 등을 위한 중소기업의 협동화사업(법 28조 내지 36조), 협업지원사업(법 39조 내지 40조), 입지지원사업과 환경오염 저감 지원사업(법 41~42조), 지도와 연수사업(법 43조 내지 57조), 국제화 지원사업(법 58~59조), 경영안정 지원 등(법 60~62조), 가업승계 지원(법 62조의2~3), 사회적 책임경영의 지원(법 62조의4~6) 및 소기업에 대한 지원(법 62조의10 내지 13)과 지방중소기업의 육성(법 62조의14 내지 23) 등과 같은 사업을 할 수 있다.

3. 중소기업창업 및 진흥기금

정부는 중소기업의 창업 촉진, 산업의 균형 있는 발전과 산업기반의 구축, 경영기반 확충 및 구조고도화에 필요한 재원을 확보하기 위하여 중소기업 창업 및 진흥기금을 설치하며(법 63조), 이 기금은 정부나 지방자치단체와 그 밖의 자의 출연금 및 융자금 등으로 조성되며(법 64조), 중소기업진흥공단이[13] 운용·관리한다(법 66조).

Ⅳ. 중소기업창업 지원법

1. 창업지원계획의 수립 등

「중소기업창업 지원법」은 중소기업의 설립을 촉진하고 성장 기반을 조성하여 중소기업의 건전한 발전을 통한 건실한 산업구조의 구축에 기여함을 목적으로 한다(법 1조).[14] 중소벤처기업부장관은 창업을 촉진하고 창업자의 성장·발전을 위한 중소기업 창업지원계획을 세워 고시하여야 하며(법 4조 1항), 정부는 창업자 또는 창업지원에 관한 사업을 하는 자에 대하여 필요한 자금을 투자·출연·보조·융자하거나 그 밖에 필요한 지원을 할 수 있다(법 4조 2항).

그리고 중소벤처기업부장관은 중소기업의 창업을 촉진하고 창업자의 창업 성공률을 향상시키기 위하여, ① 유망한 예비창업자의 발굴·육성 및 그에 대한 지원, ② 창업자의 우수한 아이디어 사업화에 대한 지원, ③ 기업, 창업관련 단체 등을 통한 예비창업자 또는 창업자의 발굴·육성, ④ 예비창업자 또는 창업자의 해외진출 지원, ⑤ 그 밖에 창업교육 및 창업기반시설 확충 등 대통령령으로 정하는 사업을 추진할 수 있으며(법 4조의2 1항), 이러한 사업을 추진하기 위하여 필요하다고 인정하는 경우에는 예산의 범위 안에서 대학, 연구기관, 공공기관, 창업 관련단

---

13) 중소기업진흥공단의 설립과 운영에 관한 자세한 사항은 법 68조 이하에 자세히 규정되어 있다.
14) 이 법은 중소기업을 새로 설립하는 창업에 관하여 적용하며, 금융 및 보험업, 부동산업 등 대통령령으로 정하는 업종의 중소기업에 대하여는 적용하지 아니한다(법 3조).

체, 중소기업 및 예비창업자에게 해당 사업을 수행하는 데에 드는 비용의 전부 또는 일부를 출연하거나 보조할 수 있다(법 4조의2 3항). 그리고 중소벤처기업부장관은 재창업을 활성화하고, 재창업자의 사업성공률을 높이기 위하여 재창업자의 특성을 고려한 중소기업재창업지원계획을 수립하여 추진할 수 있으며(법 4조의3), 지역의 고용창출 및 지역경제 활성화를 위하여 지역특성화 산업에 속하는 업종의 창업을 촉진하고 계획을 수립하여 추진할 수 있다(법 4조의4). 한편 정부는 창업자에 대하여 창업 및 중소기업의 성장과 발전에 필요한 자금, 인력, 기술, 판로, 입지 등에 관한 정보를 제공하기 위하여 필요한 시책을 강구하여야 하며(법 5조), 중소벤처기업부장관도 창업 저변을 확충하기 위하여 청소년, 대학생 및 창업자 등에게 창업교육을 실시할 수 있다(법 7조).

창업보육센터를 설립·운영하는 자로서 이 법에 따른 지원을 받으려는 자는 ① 창업자가 이용할 수 있는 시험기기나 계측기기 등의 장비와 10인 이상의 창업자가 사용할 수 있는 500제곱미터 이상의 시설, ② 경영학 분야의 박사학위 소지자, 변호사법에 따른 변호사, 그 밖의 대통령령으로 정하는 전문인력 중 2명 이상을 확보할 것, ③ 창업보육센터사업을 수행하기 위한 사업계획 등이 중소벤처기업부령에 맞을 것 등의 요건을 갖추어 중소벤처기업부장관의 지정을 받아야 한다(법 6조). 중소벤처기업부장관은 창업 저변을 확충하기 위하여 청소년, 대학생 및 창업자 등에게 창업교육을 할 수 있으며(법 7조), 「고등교육법」 제29조 제1항에 따른 대학원 중에서 창업분야 전문인력 양성을 목적으로 하는 대학원을 지정하여 예산의 범위 안에서 그 운영 등에 필요한 경비를 출연하거나 그 밖에 필요한 지원을 할 수 있다(법 8조).

2. 중소기업창업투자회사[15]

「벤처투자 촉진에 관한 법률」(이하 '벤처투자법'이라 함)상 중소기업창업투자회사는 ① 창업자에 대한 투자, ② 벤처기업에 대한 투자, ③ 기술혁신형·경영혁신형 중소기업에 대한 투자, ④ 중소기업창업투자조합 및 한국벤처투자조합의 결성과

---

15) 종래 벤처투자 제도는 투자주체별로 「벤처기업육성에 관한 특별조치법」 및 「중소기업창업 지원법」 각각 분산되어 있어 국민들이 쉽고 체계적으로 이해하기 어렵고, 투자대상 등을 제한적으로 규정하고 있어 벤처투자 시장의 환경 변화에 탄력적으로 대응하기 어려운 문제점이 있었다. 이에 따라 창업자, 중소기업 및 벤처기업 등에 대한 투자 활성화 기반을 조성하고 벤처투자 산업을 종합적·체계적으로 육성하기 위하여 개별법에 따라 각각 운영되어 왔던 벤처투자에 관한 사항은 2020년 2월 제정된 「벤처투자 촉진에 관한 법률」에 통합되었다. 따라서 종래 「중소기업창업 지원법」에 규정되어 있던 중소기업창업투자회사에 관한 규정도 「벤처투자 촉진법」 제5장에 위치하게 되었다.

업무의 집행, ⑤ 해외 기업의 주식 또는 지분의 인수 등 중소벤처기업부장관이 정하는 방법에 따른 해외투자, ⑥ 중소기업이 개발 또는 제작하며, 다른 사업과 회계의 독립성을 유지하는 방식으로 운영되는 사업에 대한 투자, ⑦ 이상과 같은 사업에 딸린 사업으로서 중소벤처기업부장관이 정하는 사업 중의 어느 하나에 해당하는 사업을 영위하는 회사로서, 이 법에 따른 지원을 받으려는 자는 중소벤처기업부령으로 정하는 바에 따라 중소벤처기업부장관에게 중소기업창업투자회사로 등록하여야 한다(벤처투자법 37조 1항). 그리고 중소기업창업투자회사는 상법에 따른 주식회사로서 납입자본금의 규모와 차입비중이 대통령령으로 정하는 요건을 충족하고, 임원에게 결격사유가 없어야 하며, 대주주가 대통령령으로 정하는 사회적 신용을 갖추어야 하고, 대통령령으로 정하는 상근하는 전문인력과 시설을 보유하여야 하고, 창업투자회사와 투자자 간, 특정 투자자와 다른 투자자간의 이해상충을 방지하기 위한 체계를 갖추어야 한다(벤처투자법 37조 2항).

중소기업창업투자회사는 ① 조직과 인력에 관한 사항, ② 재무와 손익에 관한 사항, ③ 중소기업창업투자조합의 결성 및 운영 성과에 관한 사항, ④ 법 제41조 제3항에 따른 경영개선 조치를 요구받은 경우와 제49조 제1항에 따른 업무정지, 시정명령 등의 조치를 받은 경우 그 조치에 관한 사항을 공시하여야 하며(벤처투자법 45조), 다음 각 호의 어느 하나에 해당되는 행위를 해서는 안 된다. 다만 중소기업창업투자회사의 자산운용의 건전성을 해칠 우려가 없는 경우로서 대통령령으로 정하는 경우에는 예외이다(벤처투자법 39조).

① 독점규제법에 따른 상호출자제한 기업집단에 속하는 회사에 투자하는 행위
② 비업무용부동산을 취득하거나 소유하는 행위(담보권 실행으로 비업무용부동산을 취득하는 경우 제외)
③ 그 밖에 설립 목적을 해치는 것으로서 대통령령으로 정하는 행위

그리고 중소기업창업투자회사의 대주주는 중소기업창업투자회사의 이익에 반하여 대주주 자신의 이익을 얻을 목적으로 ① 중소기업창업투자회사에 부당한 영향력을 행사하기 위하여 외부에 공개되지 아니한 자료 또는 정보의 제공을 요구하는 행위(「상법」 제466조에 따른 권리의 행사에 해당하는 경우는 제외), ② 경제적 이익 등 반대급부의 제공을 조건으로 다른 주주와 담합하여 중소기업창업투자회사의 투자활동 등 경영에 부당한 영향력을 행사하는 행위, ③ 중소기업창업투자회사로 하여금 위법행위를 하도록 요구하는 행위, ④ 금리, 수수료 또는 담보 등에서 통상적인

거래조건과 비교하여 해당 중소기업창업투자회사에 현저하게 불리한 조건으로 대주주등 자신이나 제3자와의 거래를 요구하는 행위, ⑤ 그 밖에 제1호부터 제4호까지의 행위에 준하는 행위로서 대통령령으로 정하는 행위 등을 하여서는 아니된다(벤처투자법 40조).

한편 중소기업창업투자회사의 투자의무는 벤처투자법으로 변경된 이후 강화되었는데, 중소기업창업투자회사는 등록 후 3년이 지난 날까지 중소기업창업투자회사가 운용 중인 총자산(자본금과 운용 중인 모든 벤처투자조합의 출자금액의 합을 말한다)의 50퍼센트의 이내에서 대통령령으로 정하는 비율 이상을 제37조 제1항 제1호부터 제4호까지, 제6호 및 제7호의 사업에 사용하여야 하고, 중소기업창업투자회사는 등록 후 3년이 지난 날 이후에도 제1항에 따른 투자의무비율을 유지하여야 하며, 중소벤처기업부장관은 중소기업창업투자회사가 투자회수·경영정상화 등 중소벤처기업부장관이 인정하는 사유로 제1항에 따른 투자비율을 유지하지 못하는 경우에는 1년 이내의 범위에서 투자의무 이행 유예기간을 줄 수 있다(벤처투자법 38조).

3. 엑셀러레이터(창업기획자)

엑셀러레이터(창업기획자)란[16] 지원할 초기창업자를 선발하여 투자하는 사업과 초기창업자의 성공가능성을 높이기 위하여 사업모델 개발, 기술 및 제품개발, 시설 및 장소의 확보 등과 같은 지원사업을 영위하는 자를 말하며, 중소기업창업지원법에 따른 지원을 받으려는 자는 중소기업벤처부령으로 정하는 바에 따라 중소벤처기업부장관에게 등록하여야 한다(벤처투자법 24조). 엑셀러레이터는 초기창업자에 투자할 목적으로 벤처투자법 제12조에 따른 개인투자조합을 결성할 수 있으며, 중소벤처기업부장관은 창업보육센터가 창업기획자로 전환할 경우 필요한 비용의 전부 또는 일부를 지원할 수 있고(법 19조의6), 창업자의 성장·발전을 위하여 창업기획자와 공동으로 창업자를 발굴·육성하기 위한 사업을 시행할 수 있다(법 19조의8).

---

16) 「중소기업창업 지원법」상 엑셀러레이터에 관한 규정은 대부분 벤처투자법에서 규정하는 것으로 변경되었고, 엑셀러레이터라는 용어도 창업기획자로 변경되었다.

4. 중소기업창업투자회사[17]

① 창업자에 대한 투자, ②「중소기업 기술혁신 촉진법」제15조 및 제15조의3에 따른 기술혁신형·경영혁신형 중소기업에 대한 투자, ③ 벤처기업에 대한 투자, ④ 벤처투자조합의 결성과 업무의 집행, ⑤ 해외 기업의 주식 또는 지분 인수 등 중소벤처기업부장관이 정하여 고시하는 방법에 따른 해외투자, ⑥ 중소기업이 개발하거나 제작하며 다른 사업과 회계의 독립성을 유지하는 방식으로 운영되는 사업에 대한 투자, ⑦ 제1호부터 제6호까지의 규정에 준하는 것으로서 중소벤처기업부장관이 정하여 고시하는 자에 대한 투자, ⑧ 제1호부터 제7호까지의 사업에 딸린 사업으로서 중소벤처기업부장관이 정하는 사업 중 어느 하나에 해당하는 사업을 하는 자로서 이 법의 적용을 받으려는 자는 중소벤처기업부장관에게 중소기업창업투자회사로 등록하여야 한다(벤처투자법 37조 1항). 중소기업창업투자회사로 등록하기 위해서는 일정한 요건을 갖추어야 하는데, 특히 물적조건으로서 상법상 주식회사로서 납입자본금이 20억원 이상이어야 하고 납입자본금 중 차입금이 20% 미만이어야 한다(벤처투자법 37조 2항 및 영 23조 1항).

5. 중소기업상담회사

중소기업상담회사란 ① 중소기업의 사업성 평가, ② 중소기업의 경영 및 기술 향상을 위한 용역, ③ 중소기업에 대한 사업의 알선, ④ 중소기업의 자금 조달·운용에 대한 자문 및 대행, ⑤ 창업절차의 대행, ⑥ 창업보육센터의 설립·운용에 대한 자문, ⑦ 이상 각 호의 사업에 딸린 사업으로서 중소벤처기업부장관이 정하는 사업을 영위하는 회사를 말하는데, 이들이 이 법에 따른 지원을 받고자 하는 경우에는 중소벤처기업부령이 정하는 바에 따라 중소벤처기업부장관에게 중소기업상담회사로 등록하여야 한다(법 31조 1항). 그리고 중소기업상담회사는 상법에 따른 회사로서 납입자본금이 대통령령으로 정하는 금액 이상이어야 하며, 임원이 결격사유에 해당하지 않아야 하고, 대통령령으로 정하는 기준에 따른 전문인력과 시설을 보유하고 있어야 한다(법 31조 2항). 한편 중소벤처기업부장관은 중소기업상담회사가 창업자에게 용역을 제공하면 대통령령으로 정하는 바에 따라 그 용역 대금의 일부를 지원할 수 있다(법 32조).

---

17) 「중소기업창업 지원법」 상 중소기업창업투자조합에 관한 규정은 삭제되었고, 대신 벤처투자법에서 중소기업창업투자회사에 관한 규정을 신설하였다.

6. 창업절차 등

제조업을 영위하고자 하는 창업자는 대통령령으로 정하는 바에 따라 사업계획을 작성하고, 이에 대한 시장·군수 또는 구청장의 승인을 받아 사업을 할 수 있으며, 시장·군수 또는 구청장이 그 사업계획의 승인을 할 때에는 그 공장의 건축면적이 산업집적활성화 및 공장설립에 관한 법률 제8조에 따른 기준공장면적률에 적합하도록 하여야 하며, 승인신청을 받은 날로부터 20일 이내에 승인 여부를 알려야 한다(법 33조). 그리고 시장·군수 또는 구청장은 사업계획의 승인을 받은 자가 ① 사업계획의 승인을 받은 날부터 대통령령으로 정하는 기간이 지난 날까지 공장의 착공을 하지 않거나 공장착공 후 대통령령으로 정하는 기간 이상 공사를 중단한 경우, ② 사업계획의 승인을 받은 공장용지를 공장설립 등의 완료신고를 하기 전에 다른 사람에게 양도한 경우, ③ 사업계획의 승인을 받은 공장용지를 다른 사람에게 임대하거나 공장이 아닌 용도로 활용하는 경우, ④ 사업계획의 승인을 받은 후 대통령령으로 정하는 기간이 지난 날까지 공장 건축을 끝내지 않은 경우 중의 어느 하나에 해당하면 사업계획의 승인과 공장 건축 허가를 취소하거나 해당 토지의 원상회복을 명할 수 있다(법 37조).

V. 중소기업 기술혁신 촉진법

「중소기업 기술혁신 촉진법」은 중소기업의 기술혁신을 촉진하기 위한 기반을 확충하고 관련시책을 수립·추진함으로써 중소기업의 기술경쟁력을 강화하여 국가경제발전에 이바지하기 위하여(법 1조), 정부 등의 책무(법 3조)와 중소기업 기술혁신 촉진을 위한 계획(법 5조 이하)과 지원사업 등(법 9조 이하)에 대하여 규율하고 있다.

1. 정부 등의 책무

정부는 중소기업의 기술혁신을 촉진하기 위하여 필요한 시책을 수립·시행하여야 하며(법 3조 1항), 지방자치단체는 위의 시책에 따라 관할구역의 특성을 고려하여 해당구역 중소기업의 기술혁신을 촉진하기 위한 시책을 수립·시행할 수 있다(법 3조 2항). 그리고 공공연구기관은 중소기업의 기술혁신을 촉진하기 위하여 적극 노력하여야 한다(법 3조 3항).

2. 중소기업기술혁신 촉진계획

중소벤처기업부장관은 중소기업의 기술혁신을 촉진하기 위하여 산업기술혁신촉진법 제5조에 따른 산업기술혁신촉진계획에 따라 중소기업기술혁신 촉진계획을 5년 단위로 수립하여야 하며(법 5조 1항), 이 촉진계획에는 ① 중소기업의 기술혁신촉진을 위한 정책목표 및 기본방향에 관한 사항, ② 기술혁신 과제의 사업타당성조사 등 기술혁신 촉진을 위한 제도개선에 관한 사항, ③ 중소기업 기술혁신 성과의 보호 및 사업화 촉진에 관한 사항, ④ 기술혁신 촉진을 위한 중소기업간 협력, 산학협력 등에 관한 사항, ⑤ 중소기업의 기술인력 양성·활용 및 교육에 관한 사항, ⑥ 기술평가 및 기술금융지원에 관한 사항 등에 관한 사항이 포함되어야 한다(법 5조 2항). 그리고 중소기업의 기술혁신 촉진에 관한 사항을 심의·조정하기 위하여 중소벤처기업부에 중소기업 기술혁신추진위원회를 둔다(법 6조).

3. 중소기업기술혁신 촉진 지원사업

중소벤처기업부장관은 중소기업의 기술혁신을 촉진하기 위하여, ① 기술혁신에 필요한 자금지원, ② 기술혁신 과제의 사업타당성 조사, ③ 수요와 연계된 기술혁신의 지원, ④ 기술혁신 성과의 사업화, ⑤ 기술 혁신을 위한 경영 및 기술지도, ⑥ 기술혁신형 중소기업의 육성, ⑦ 산업·안전 등에 관한 해외규격 획득 및 품질향성에 대한 지원, ⑧ 중소기업 정보화 지원사업, ⑨ 산·학·연 공동기술개발사업 등 산학협력 지원사업, ⑩ 기술융합 촉진을 위한 지원사업, ⑪ 그 밖에 기술혁신을 촉진하기 위하여 필요한 지원사업을 추진하여야 하며(법 9조 1항), 기술혁신촉진 지원사업을 추진하는 데에 필요하다고 인정하는 경우에는 미리 관계중앙행정기관의 장과 협의하여야 한다(법 9조 2항). 한편 중소벤처기업부장관은 이러한 기술혁신 촉진 사업을 효율적으로 지원하기 위하여 중소기업 기술진흥전문기관을 지정할 수 있으며, 기술진흥전문기관은 중소기업의 기술혁신을 촉진하기 위한 수요조사 및 연구·기획, 기술혁신 촉진지원사업의 평가·관리 등의 사업을 수행한다(법 7조).

그리고 중소벤처기업부장관은 중소기업의 기술혁신을 촉진하기 위하여 필요하다고 인정하는 경우 기술혁신 능력을 보유한 중소기업자가 단독 또는 공동으로 수행하는 기술혁신 사업에 출연할 수 있으며(법 10조), ① 대학·산업대학·전문대학 또는 기술대학, ② 기능대학, ③ 특정 연구기관이나 연구기관, ④ 국립 및 공립 연구기관, ⑤ 중소기업진흥공단, ⑥ 그 밖에 기술혁신 등을 촉진하기 위하여 필요하다고 인정하여 중소벤처기업부장관이 지정하는 법인 또는 단체가 중소기업자와 공동으로 수행하는 산학협력 지원사업과 중소기업에 대하여 실시하는 기술지도 사업에 출연할 수 있다(법 11조). 한편 중소벤처기업부장관은 중소기업과 국제기구 또는 외국의 정부·기업·대학·연구기관 및 단체 등과의 기술협력을 촉진하기 위하여, ① 중소기업의 국제기술협력을 위한 조사, ② 기술도입 및 기술교류, ③ 국제 전시회 또는 학술회의의 개최, ④ 중소기업과 외국의 대학·연구기관 및 단체 등 간의 공동기술개발, ⑤ 그 밖에 중소기업의 국제기술협력을 촉진하기 위하여 필요한 사업으로서 대통령령으로 정하는 사업을 추진할 수 있으며(법 11조의3 1항), 이러한 사업을 전문적으로 시행할 기관을 지정하고 업무수행에 필요한 비용의 일부를 출연할 수 있다(법 11조의3 2항).

중소벤처기업부장관은 중소기업의 기술혁신을 촉진하고 성공가능성을 높이기 위하여 중소기업의 기술혁신 과제에 대한 사업타당성 조사를 할 수 있으며, 그 사업타당성 조사를 실시하는 기관 또는 단체에 그 사업에 드는 비용을 출연할 수 있다(법 12조).

중앙행정기관 및 공공기관의 운영에 관한 법률에 따른 공공기관으로서 직전 3개 연도 평균 연구개발 예산이 300억원 이상인 기관(이하 '시행기관'이라 함)의 장은 매년 중소기업의 기술혁신을 지원하기 위한 계획을 수립·시행하여야 하며(법 13조 1항), 기술혁신 지원계획에 따라 기술혁신 사업을 수행하는 중소기업을 선정하여 해당 기술혁신 사업에 드는 비용의 전부 또는 일부를 출연, 보조 또는 계약 등의 방식으로 지원할 수 있다(법 13조 2항). 그리고 중소벤처기업부장관은 시행기관의 장에게 해당 기관이 추진하는 연구개발사업의 특성, 직전 3개 연도 지원실적 등을 고려하여 해당 기관 연구개발예산의 일정 비율 이상을 중소기업의 기술혁신을 위하여 지원하도록 요청할 수 있으며(법 13조 3항), 기술혁신 지원계획의 원활한 수립·시행을 지원하기 위하여 중소기업 기술혁신 지원단을 설치·운영할 수 있다(법 13조의2). 한편 중소벤처기업부장관은 기술지원계획의 실효성 향상을 위하여 시행기관이 실시하는 기술혁신 지원사업에 관하여 실태조사를 하거나 기술혁신 지원계획의 이행 여부에 대한 점검을 할 수 있다(법 13조의3).

중소벤처기업부장관은 산업기술혁신 촉진법 제15조에 따라 기술혁신 성과 등을 사업화하는 중소기업자에게 ① 시험제품의 제작·설비투자에 드는 자금의 지원, ② 제품의 성능 검사를 위한 시험·분석 지원, ③ 중소기업이 대학·연구기관 등으로부터 이전받는 기술의 실용화 지원, ④ 그 밖에 기술혁신 성과의 사업화를 촉진하기 위하여 필요한 사항에 관한 지원을 할 수 있다(법 14조). 그리고 중소벤처기업부장관은 기술혁신 활동을 통하여 기술경쟁력 확보가 가능하거나 미래 성장가능성이 있는 기술혁신형 중소기업을 발굴·육성하기 위하여 필요한 사업(법 15조) 및 경영혁신 활동을 통하여 경쟁력의 확보가 가능하거나 미래 성장가능성이 있는 중소기업을 발굴·육성하기 위하여 필요한 사업(법 15조의3) 등을 추진할 수 있다.

중소벤처기업부장관은 중소기업 생산환경 개선 및 생산성 향상을 위한 지원사업(법 17조의3)과 정보화 지원사업(법 18조) 및 통합정보화 경영체제 지원사업(법 19조) 등을 추진할 수 있다.

4. 중소기업기술혁신 촉진 기반확충 및 우대조치

중소벤처기업부장관은 산업기술혁신 촉진법 제20조에 따라 중소기업의 기술인력 및 정보화 인력 양성을 위하여 필요한 중소기업 기술인력 양성 사업을 추진하여야 하며(법 21조 1항), 기술인력 양성 사업을 추진하는 대학·연구기관·기업·단체 등에게 필요한 비용을 출연할 수 있다(법 21조 2항). 그리고 중소벤처기업부장관은 중소기업 관련 기술을 소개·보급하고, 각종 중소기업 기술지원 정보를 전산화하여 중소기업이 효율적으로 이용할 수 있도록 필요한 사업을 추진할 수 있으며(법 22조), 정부는 중소기업 기술혁신의 중요성에 대한 사회적 분위기를 조성하기 위하여 ① 중소기업의 우수한 혁신기술의 성과에 대한 전시·홍보, ② 우수한 혁신기술을 보유한 중소기업 및 유공자에 대한 포상, ③ 중소기업의 기술혁신 세미나, 기술혁신에 대한 사례 발표회, ④ 그 밖에 중소벤처기업부장관이 필요하다고 인정하여 공고하는 사업 등과 같은 홍보사업을 할 수 있다(법 23조).

VI. 중소기업제품 구매촉진 및 판로지원에 관한 법률

「중소기업제품 구매촉진 및 판로지원에 관한 법률」(이하 '판로지원법'이라 함)은 중소기업제품의 구매를 촉진하고 판로를 지원함으로써 중소기업의 경쟁력 향상과 경영안정에 이바지하는 것을 목적으로 한다(법 1조). 2009년 「중소기업진흥 및 제품구매촉진에 관한 법률」이 「중소기업진흥에 관한 법률」로 법명이 변경되면서, 이 법에 있었던 중소기업 제품구매에 관한 규정을 새롭게 구성하여 별도의 법률로서 판로지원법이 제정되었다. 중소기업제품 구매촉진 및 중소기업자간 경쟁제도 운영, 기술개발제품 우선구매 지원, 구매 효율성의 제고와 이행력 확보 및 중소기업 판로지원 등에 관하여 규율하고 있는데, 핵심적인 제도는 중소기업제품 공공구매 제도로서, 특히 공공부문이 중소기업과의 거래를 선도하도록 하는 정책적 고려에 따른 것으로 이해된다.

1. 중소기업제품 구매촉진 및 중소기업자간 경쟁제도 운영

공공기관의 장은 물품·용역 및 공사(이하 '제품'이라 함)에 관한 조달계약을 체결하려는 때에는 중소기업자의 수주 기회가 늘어나도록 하여야 하며(법 4조 1항), 국가를 당사자로 하는 계약에 관한 법률 제4조 제1항에 따라 기획재정부장관이 고시한 금액 미만의 물품 및 용역에 대하여는 대통령령으로 정하는 바에 따라 중소기업자와 우선적으로 조달계약을 체결하여야 한다(법 4조 2항). 한편 중소벤처기업부장관은 정부의 국고보조금을 대통령령으로 정하는 일정한 금액 이상 수령한 기관 또는 법인의 보조사업과 관련하여 제품을 구매하려는 때에는 중소기업제품을 우선적으로 구매하도록 권고할 수 있다(법 4조 3항).

그리고 대통령령으로 정하는 공공기관의 장은 예산과 사업계획을 고려하여 중소기업제품의 구매 증대를 위한 구매계획과 전년도 구매실적을 중소벤처기업부장관에게 통보하여야 하며, 이 경우 구매계획에 대통령령으로 정하는 중소기업제품 구매목표비율을 제시하여야 한다(법 5조 1항). 중소벤처기업부장관은 구매계획의 이행 등 중소기업제품 구매를 촉진하고 공공기관의 효율적인 구매를 지원하기 위하여 공공기관의 중소기업제품 구매계획 및 구매실적의 작성지침을 마련하여 공공기관의 장에게 통보하여야 하며(법 5조 2항), 중소기업 중앙회의 의견을 들어 국가에 대하여는 국가재정법 제6조에 따른 각 중앙관서의 장, 지방자치단체에 대하여는 행정안전부장관, 그 밖의 공공기관에 대하여는 관계 중앙행정기관의 장과 협의하여 위의 구매계획과 구매실적을 종합하여 국무회의의 심의를 거쳐 공고하고 이를 국회에 제출하여야 한다(법 5조 3항). 그리고 위의 공공기관의 장에게 구매계획의 이행점검 등을 위하여 중소기업제품 구매실적의 제출을 요구할 수 있는데, 이 경우 공공기관의 장은 특별한 사유가 없는 경우에는 이에 따라야 한다(법 5조 4항).

중소벤처기업부장관은 중소기업자가 직접 생산·제공하는 제품으로서 판로확대가 필요하다고 인정되는 제품을 중소기업자간 경쟁제품으로 지정할 수 있는데, 경쟁제품을 지정하고자 하는 경우에는 미리 관계 중앙행정기관의 장과 협의하여야 한다. 이 경우 관계 행정기관의 장이 지정 제외를 요청한 제품에 대하여는 특별한 사유가 없으면 그 제품을 경쟁제품으로 지정해서는 안 된다(법 6조). 그리고 공공기관의 장은 경쟁제품에 대하여는 대통령령으로 정하는 특별한 사유가 없으면 중소기업자만을 대상으로 하는 제한경쟁 또는 중소기업자 중에서 지명경쟁(이하 '중소기업자간 경쟁'이라 함) 입찰에 따라 조달계약을 체결하여야 하며, 중소기업자간 경쟁입찰에서 적정한 품질과 납품가격의 안정을 위하여 중소기업자의 계약이행능력을 심사하여 계약상대자를 결정하여야 한다. 다만 구매의 효율성을 높이거나 중소기업제품의 구매를 늘리기 위하여 필요한 경우에는 대통령령으로 정하는 방법에 따라 계약상대자를 결정할 수 있는데, 계약상대자를 결정함에 있어서 소기업 및 소상공인의 공동수주기회를 확대하기 위하여 5인 이상의 중소기업자로 구성된 공동수급체 중 대통령령으로 정하는 요건에 해당하는 공동수급체에 대하여 우대할 수 있다(법 7조). 한편 공공기관의 장은 중소기업자간 경쟁의 방법으로 제품조달계획을 체결하거나 국가를 당사자로 하는 계약에 관한 법률 제7조 단서 또는 지방자치단체를 당사자로 하는 계약에 관한 법률 제9조 제1항 단서에 따라 경쟁제품에 대하여 수의계약의 방법으로 계약을 체결하는 경우로서 대통령령으로 정하는 금액 이상의 제품조달계획을 체결하려면 그 중소기업자의 직접 생산 여부를 확인하여야 한다(법 9조 1항).

2. 기술개발제품 우선구매 지원

정부는 중소기업자가 개발한 기술개발제품의 수요를 창출하기 위하여 이들 제품을 우선적으로 구매하는 등 필요한 지원시책을 마련하여야 하며, 중소벤처기업부장관이나 관계 중앙행정기관의 장은 중소기업자가 개발한 기술개발제품의 구매를 늘리기 위하여 공공기관이나 그 밖에 대통령령으로 정하는 자에게 우선구매 등 필요한 조치를 요구할 수 있는데, 이러한 요구를 받은 공공기관이 그 요구에 따라 이들 제품의 우선구매 등의 조치를 할 수 없는 경우에는 그 사유를 대통령령으로 정하는 기간 내에 중소벤처기업부장관과 관계 중앙행정기관의 장에게 통보하여야 한다(법 13조). 그리고 중소벤처기업부장관은 공공기관의 중소기업 기술개발제품 구매를 촉진하기 위하여 기술개발제품 우선 구매지원센터를 설치·운영할 수 있다(법 13조의2).

중소벤처기업부장관은 중소벤처기업부령으로 정한 중소기업 기술개발제품에 대하여 성능인증을 할 수 있으며(법 15조 1항), 성능인증을 받은 제품 등 대통령령으로 정하는 일정한 요건을 갖춘 제품(이하 '우선구매 대상 기술개발제품'이라 함)을 지정하여 고시하여야 하며(법 14조 1항), 고시된 우선구매 대상 기술개발제품에 대하여 공공기관에 홍보하여야 한다(법 14조 2항). 그리고 우선구매 대상 기술개발제품을 구매하기로 계약한 공공기관 구매 책임자는 고의나 중대한 과실이 입증되지 않으면 그 제품의 구매로 생긴 손실에 대하여 책임을 지지 않는다(법 14조 3항).

3. 구매 효율성의 제고 및 이행력 확보

중소벤처기업부장관은 구매계획의 이행 등 중소기업제품 구매를 촉진하고 공공기관의 효율적인 구매를 지원하기 위하여 소속 공무원 또는 공공기관의 장이 추천한 중소기업업무 관련 담당자 등을 공공구매지원관리자로 지정하여야 하며, 지정된 공공구매지원관리자는 해당 공공기관의 제품 발주계획 및 구매실적 등 중소기업제품구매의 적정성을 검토하여 중소벤처기업부장관에게 보고하여야 하며, 중소벤처기업부장관은 해당 공공기관의 장에게 이에 대한 개선을 권고할 수 있다(법 21조).

중소벤처기업부장관은 공공기관의 구매 효율성을 높이기 위하여 중소기업자여부 등 대통령령으로 정하는 관련 정보, 중소기업자의 제품의 생산·제공능력 및 계약실적 등에 대한 정보와 공공기관의 구매계획·발주 및 입찰과 낙찰 등에 대한 정보를 수집하여 공공기관과 중소기업자에게 제공하여야 하고, 이러한 정보의 수집과 제공을 위하여 중소기업제품 공공구매 종합정보망을 구축·운영하여야 한다(법 25조).

4. 중소기업 판로지원 등

중소벤처기업부장관은 중소기업의 국내외 시장 개척과 판로 거점 확보를 지원하기 위하여 ① 중소기업 제품의 국내 유통망 구축과 홍보·판매 또는 사후관리 지원에 관한 사업, ② 중소기업의 국내외 전시·박람회 개최 또는 참가 지원에 관한 사업, ③ 국내외의 거래알선과 상품홍보를 위한 정보망 구축 및 운영에 관한 사항, ④ 중소기업의 국내외 마케팅 능력 향상 지원에 관한 사항, ⑤ 중소기업의 국외조달 및 유통시장 진출지원에 관한 사항, ⑥ 중소기업의 국외시장개척단의 파견과 국외진출 거점 확보 지원에 관한 사업, ⑦ 중소기업의 국외진출을 위한 통·번역 및 컨설팅 지원에 관한 사항, ⑧ 그 밖에 중소기업의 무역진흥을 위한 기반 확충과 판로개척을 위하여 필요하다고 인정하는 사업을 실시할 수 있으며, 국내와 판로지원사업의 시행을 위하여 필요하다고 인정하면 대통령령으로 정하는 기관이나 단체에 대하여 그 사업을 위탁하거나 관련 자료와 정보 제공 및 국내외 시장조사 등의 협조를 요청할 수 있다(법 26조). 그리고 중소벤처기업부장관은 중소기업제품의 판매촉진 및 판로확대를 위하여 중소기업제품 전용판매장을 설치·운영할 수 있다(법 26조의2).

중소벤처기업부장관은 매년 중앙행정기관, 지방자치단체 및 그 밖에 대통령령으로 정하는 기관이나 단체의 중소기업 국외 판로지원계획을 종합하여 공표해야 한다(법 27조 1항). 그리고 중소벤처기업부장관은 중소기업제품의 생산과 판로개척을 지원하기 위하여 그 제조, 가공 또는 수리에 관한 수주·발주 정보를 수집하여 중소기업자에게 제공함으로써 중소기업자의 생산과 판로가 연계될 수 있도록 필요한 조치를 취해야 하고(법 28조 1항), 다수의 중소기업자가 판매 활동을 강화하기 위하여 공동상표를 도입하거나 이용하려는 경우에는 대통령령으로 정하는 바에 따라 ① 공동상표 개발 비용, ② 공동상표제품의 판매에 필요한 시설과 그 운영자금, ③ 공동상표제품의 품질 향상 및 디자인 개발, ④ 공동상표제품에 대한 판매와 수출, ⑤ 공동상표제품에 대한 홍보, ⑥ 그 밖에 공동상표제품의 판매 활동 강화에 필요한 사항을 지원할 수 있다(법 28조 2항). 한편 중소벤처기업부장관은 제조업을 하는 중소기업자가 생산한 제품 및 원자재·부자재에 대한 유통시설을 조성, 설치 또는 개선하는 사업과 이에 딸린 사업 등 물류현대화사업을 추진하는 경우 이를 지원할 수 있다. 이 경우 물류현대화사업의 지원내용은 자금지원, 지도·연수 및 정보제공 등으로 한다(법 29조). 또 중소벤처기업부장관은 중소기업의 국외 판로확대를 위하여 ① 내수 위주의 중소기업자 중 수출을 준비하거나 추진하는 자, ② 수출을 영위하는 중소기업자 중 수출이 유망하거나 미래 성장 가능성이 있는 자로서 대통령령으로 정하는 기준에 해당하는 중소기업자, 또는 ③ 중소기업의 생산비중이 높은 품목 중 수출이 유망하거나 미래 성장가능성이 있는 품목으로서 대통령령으로 정하는 기준에 해당하는 품목을 지정하여 지원할 수 있다(법 30조).

5. 중소 소모성 자재 납품업 지원

공공기관의 장은 소모성 자재를 구입할 때 대규모 자재구매 대행업자와 중소 소모성 자재 납품업자 간에 경쟁이 있는 경우 중소 소모성 자재 납품업자와 우선 계약을 체결해야 한다(법 31조의2). 그리고 중소벤처기업부장관은 중소 소모성 자재 납품업자의 활동을 지원하기 위한 정보·상담 및 그 밖의 종합적인 서비스를 제공할 수 있는 중소 소모성 자재 납품업 종합지원센터를 중소기업진흥에 관한 법률 제69조에 따라 설립된 판매회사 내에 설치하며, 정부는 그 지원센터의 설치와 운영에 필요한 자금 등을 지원할 수 있다(법 31조의3). 한편 중소벤처기업부장관은 중소 소모성 자재 납품업자를 체계적으로 육성하기 위하여 중소 소모성 자재 납품업의 현황 및 실태에 관한 조사를 2년마다 실시하고, 그 결과를 공표할 수 있다(법 31조의4).

Ⅶ. 중소기업 사업전환 촉진에 관한 특별법

「중소기업 사업전환 촉진에 관한 특별법」은 경제 환경의 변화로 인하여 어려움을 겪고 있는 중소기업의 사업전환을 촉진하여 중소기업의 경쟁력을 강화하고 산업구조의 고도화를 달성함으로써 국민경제의 건전한 발전에 기여하기 위하여(법 1조), 사업전환 촉진체계의 구축, 사업전환계획의 승인, 사업전환절차의 원활화, 사업전환촉진을 위한 지원사업 등에 대하여 규율하고 있다.

1. 사업전환 촉진체계의 구축

중소벤처기업부장관은 중소기업자의 원활한 사업전환을 지원하기 위하여 ① 중소기업 사업전환정책의 추진방향, ② 사업전환 지원체계의 구축과 운영, ③ 사업전환을 지원하기 위한 방안, ④ 사업전환을 촉진하기 위한 제도 개선, ⑤ 이 법의 적용대상이 되는 중소기업자의 업종·규모 등, ⑥ 그 밖에 사업전환을 촉진하기 위하여 중소벤처기업부장관이 필요하다고 인정하는 사항이 포함된 중소기업사업전환촉진계획을 2년마다 수립·시행하여야 하고(법 4조 1항), 중소기업자의 사업전환을 효율적으로 지원하기 위하여 중소기업지원기관이나 단체를 지정하여 중소기업사업전환지원센터를 설치·운영할 수 있으며(법 6조 1항), 정부는 지원센터의 설치와 운영에 드는 경비의 전부나 일부를 보조할 수 있다(법 6조 3항).

한편 중소벤처기업부장관은 중소기업자의 사업전환을 효율적으로 지원하기 위하여 중소기업지원기관이나 단체를 지정하여 중소기업사업전환지원센터를 설치·운영할 수 있으며(법 6조), 사업전환촉진계획의 수립과 성과관리 등을 위하여 2년마다 중소기업자의 사업전환에 관한 실태조사를 하여야 하며, 필요하다면 이를 수시로 할 수 있다(법 7조 1항).

2. 사업전환계획의 승인

사업전환을 하려는 중소기업자는 ① 사업전환의 필요성, ② 새로 운영하거나 추가하려는 업종, ③ 사업전환의 내용과 실시기간, ④ 사업전환에 따른 근로자의 고용조정과 능력개발, ⑤ 사업전환에 필요한 재원과 그 조달계획, ⑥ 사업전환으로 달성하려는 매출액 등 목표수준, ⑦ 그 밖에 중소벤처기업부장관이 필요하다고 인정하는 사항을 포함한 사업전환에 관한 계획을 중소벤처기업부장관에게 제출하여 승인을 받을 수 있다(법 8조). 그리고 중소벤처기업부장관은 사업전환계획의 승인을 받은 중소기업자(이하 '승인기업'이라 함)의 사업전환계획의 이행 여부와 실적 등을 정기적으로 조사하여야 한다(법 10조).

3. 사업전환절차의 원활화

주식회사인 승인기업은 사업전환을 위하여 자기 주식을 다른 주식회사 또는 다른 주식회사의 주요 주주의 주식과 교환하거나(법 12조 1항), 신주를 발행하여 다른 주식회사 또는 다른 주식회사의 주요 주주의 주식과 교환할 수 있다(법 14조 1항). 이 경우 교환하는 주식의 수가 발행주식 총수의 100분의 50을 초과하지 아니하면 주주총회의 승인을 이사회의 승인으로 갈음할 수 있다(법 16조 1항).

그리고 주식회사인 승인기업이 다른 주식회사와 합병을 통하여 사업전환을 하려는 경우에는 채권자에 대하여 상법 제527조의5 제1항에도 불구하고 그 합병결의가 있은 날부터 1주 이내에 10일 이상의 기간을 정하여 그 기간 이내에 합병에 관한 다른 의견을 낼 것을 공고하고, 알고 있는 채권자에 대하여는 공고사항을 알려야 한다(법 18조 1항). 또 주식회사인 승인기업이 다른 주식회사와 합병을 할 때 합병 후 존속하는 회사가 합병으로 인하여 소멸하는 회사의 발행주식 총수 중 의결권 있는 주식의 100분의 90 이상을 보유하는 경우에는 합병으로 인하여 소멸하는 회사의 주주총회의 승인을 이사회의 승인으로 갈음할 수 있고(법 18조의2 1항), 영업의 전부 또는 일부를 다른 주식회사에 양도하는 경우 그 양도가액이 다른 주식회사의 최종 대차대조표상에 현존하는 순자산액의 100분의 10을 초과하지 않으면 다른 주식회사의 주주총회의 승인을 이사회의 승인으로 갈음할 수 있다(법 20조 1항).

4. 사업전환촉진을 위한 지원사업

중소벤처기업부장관은 사업전환을 추진하는 중소기업자에게 판로·기술 및 진출업종 등 사업전환에 관한 정보를 제공할 수 있으며(법 21조 1항), 이를 위하여 ① 중소기업지원기관과 단체 등을 활용한 정보제공체제의 구축, ② 경영·기술 관련 전문가를 활용한 판로·기술 및 진출업종 등에 대한 정보 데이터베이스의 구축 및 관리, ③ 그 밖에 사업전환 관련 정보제공을 활성화하기 위하여 필요한 사업을 할 수 있다(법 21조 2항). 그리고 중소벤처기업부장관은 사업전환을 추진하는 중소기업자에게 경영·기술·재무·회계 등의 개선에 관한 컨설팅을 지원할 수 있고(법 22조 1항), 사업컨설팅을 지원하기 위하여 ① 중소기업자의 규모와 업종에 적합한 컨설팅 서비스의 제공, ② 컨설팅 결과의 신뢰성을 확보하기 위한 평가체계 구축, ③ 컨설팅 결과와 융자·보조 등 지원수단의 연계, ④ 그 밖에 컨설팅 기반 강화에 필요한 사업을 추진할 수 있다(법 22조 2항). 정부는 인수·합병, 영업양수·양도 등을 통하여 사업전환을 추진하는 중소기업자를 지원하기 위하여 ① 인수·합병 등을 위한 중개기반의 구축 지원, ② 인수·합병 등에 관한 정보제공과 법무·회계 등 상담지원, ③ 인수·합병 등에 필요한 자금의 융자와 투자 지원, ④ 그 밖에 인수·합병 등을 원활하게 하기 위하여 필요한 사업을 할 수 있고(법 23조), 중소기업자는 사업전환에 따른 실업예방과 재직근로자의 능력개발을 위하여 노력하여야 하며, 정부는 사업전환을 추진하는 중소기업자의 고용조정, 재직근로자의 고용안정 및 능력개발 등을 위하여 사업전환 중소기업의 실직자에 대한 재취업교육과 새로 진출한 업종에 대한 근로자 교육 또는 고용조정의 지원 및 직업능력개발 지원 사업 등을 포함한 지원방안을 마련할 수 있다(법 25조).

한편 정부 및 지방자치단체는 승인기업에 대하여 설비구입 및 연구개발 등 사업전환에 필요한 자금의 융자나 출연 등의 지원을 하거나(법 24조 1항), 중소기업자의 사업전환에 따른 공장의 신설·이전·증설 등을 위한 입지의 공급과 절차의 간소화를 위하여 노력하여야 하며, 승인기업에 대하여 농공단지, 지식산업센터 및 창업보육센터 등에의 입주 등과 같은 사업을 할 수 있고(법 27조), 조세관련 법률에서 정하는 바에 따라 세제지원을 할 수 있다(법 29조). 그리고 중소벤처기업부장관은 사업전환과정 등에서 생기는 유휴설비의 원활한 유통을 지원하기 위하여, ① 국내외 유휴설비 유통정보의 제공과 거래주선, ② 유휴설비의 매매관련 기관 사이의 연계체제 구축, ③ 유휴설비의 집적과 판매를 위한 입지지원 등의 사업을 추진할 수 있다(법 26조).

Ⅷ. 중소기업 인력지원 특별법

「중소기업 인력지원 특별법」은 중소기업의 인력수급 원활화와 인력구조 고도화 및 인식개선 사업을 지원하여 중소기업의 경쟁력을 높이고 고용을 촉진함으로써 국민경제와 사회의 균형있는 발전에 이바지하기 위하여(법 1조), 국가 등의 책무와 중소기업 인력지원 기본계획의 수립 및 시행, 중소기업 인력수급 원활화, 중소기업의 인력구조의 고도화와 재직자 훈련 강화 등에 대하여 규율하고 있다.

1. 국가 등의 책무

국가는 중소기업에 대한 인력지원을 위하여 필요한 시책을 수립하고 시행하여야 하며(법 4조 1항), 지방자치단체는 관할지역에 있는 중소기업에 대한 인력지원을 위하여 지역산업 특성에 적합한 계획을 수립하여 시행할 수 있다(법 4조 2항).

2. 중소기업 인력지원 기본계획의 수립 및 시행

중소벤처기업부장관은 중소기업의 원활한 인력 확보를 지원하기 위하여, 중소기업 인력지원 기본계획(이하 '기본계획'이라 함)을 5년마다 관계 중앙행정기관의 장의 의견을 들어 수립하여야 한다. 기본계획에는 ① 중소기업 인력지원의 목표 및 정책 기본방향, ② 산업구조의 변화를 반영한 중소기업의 인력 활용에 관한 사항, ③ 중소기업의 경쟁력 강화를 위한 인력구조 고도화 및 중소기업 재직자 교육·연수에 관한 사항, ④ 중소기업의 홍보를 위한 교육, 정보제공, 현장체험 등 인식개선에 관한 사항, ⑤ 중소기업에 필요한 인력의 양성·공급에 관한 사항, ⑥ 중소기업 근무환경의 개선에 관한 사항, ⑦ 그 밖에 중소벤처기업부장관이 중소기업에 대한 인력지원을 원활하게 추진하기 위하여 필요하다고 인정하는 사항이 포함되어야 한다(법 5조 1항). 그리고 중소벤처기업부장관 및 관계 중앙행정기관의 장은 기본계획에 따라 매년 연도별 시행계획을 수립·시행하여야 한다(법 5조 2항).

한편 중소벤처기업부장관은 기본계획의 수립 등을 위하여 중소기업의 인력 및 인식개선에 관한 실태조사를 하여야 하며(법 7조 1항), 실태조사에는 ① 중소기업의 지역별·업종별·직종별 인력의 실태 및 특성에 관한 사항, ② 중소기업의 인력구성 및 인력수요의 변화에 관한 사항, ③ 중소기업의 교육훈련 및 인력관리에 관한 사항, ④ 중소기업의 인식개선을 위한 홍보에 관한 사항, ⑤ 중소기업에 대한 정확한 정보제공에 관한 사항, ⑥ 중소기업의 대학생 현장체험 학습 강화에 관한 사항, ⑦ 그 밖에 여성, 외국인 또는 비정규직 직원의 활용 등 중소기업의 인력 및 인식개선에 필요한 실태조사에 관한 사항이 포함되어야 한다(법 7조 2항).

3. 중소기업 인력수급 원활화

정부는 중소기업의 인력수급을 원활하게 하기 위하여, ① 지역별·업종별·직종별 중소기업의 인력수요에 적합한 인력양성사업, ② 미취업 인력을 대상으로 시행하는 중소기업 현장연수사업, ③ 중소기업 재직자의 능력개발을 위한 사업, ④ 중소기업으로 구성된 단체와 각급학교, 인력양성기관 등이 인력공동관리협의회를 구축하여 시행하는 공동교육 및 공동채용사업, ⑤ 그 밖에 중소기업에 필요한 인력의 양성·공급을 위한 사업 등 산학협력사업의 추진을 지원할 수 있고(법 8조 1항), 지역특성화 산업 또는 지역선도산업을 육성하는 데에 필요한 인력을 양성하기 위하여 본사, 주사무소 또는 사업장 중 어느 하나가 수도권이 아닌 지역에 있는 중소기업이 참여하는, ① 대학, 전문대학 및 기술대학 중 수도권이 아닌 지역에 있는 대학과 협력하여 하는 중소기업 수요에 맞는 교육과정 개설 및 취업연계사업, ② 지방대학 및 연구기관의 연구인력과 연구 시설·장비의 공동 활용사업, ③ 지역 특성에 맞는 인력양성을 위하여 중소기업 또는 협동조합 등과 인력양성기관이 공동으로 제안하는 사업, ④ 그 밖에 지방중소기업의 경쟁력 강화를 위하여 실시하는 마케팅, 디자인, 물류 분야 등의 전문인력 활용에 관한 협력 사업을 지원할 수 있으며(법 8조 2항), 중소기업과 대기업이 함께 추진하는 ① 인력양성을 위한 시설·인력 및 교육프로그램의 공동활용사업, ② 기술인력의 파견근무, 기술지도 활동 등을 통한 인력의 공동활용사업, ③ 그 밖에 중소기업의 경쟁력을 높이기 위한 인력 관련 협력사업을 지원할 수 있고(법 8조 3항), 중소기업이 퇴직 및 전직 인력을 적극 활용할 수 있도록 지원할 수 있다(법 8조 4항).

한편 중소벤처기업부장관은 미취업자를 대상으로 산업현장에서 필요한 실무교육과 현장연수를 받게 한 후 중소기업에 채용을 알선하는 인력채용 연계사업(법 9조), 중소기업의 수요에 맞는 인력양성을 촉진하기 위하여 중소기업과 각급 학교를 연계하여 재학생을 대상으로 맞춤형 교육을 실시하는 산학연계 맞춤형 인력양성사업(법 10조), 학교에 재학 중인 학생의 중소기업에 대한 관심을 높이고 중소기업에의 취업을 촉진하기 위하여 중소기업에서 기업활동을 체험하게 하거나 중소기업 경영자가 교육 강사로 참여하는 중소기업체험사업(법 11조) 등을 할 수 있는데, 이 경우 지방자치단체의 장의 요청이 있는 경우 협의를 거쳐 사업에 참여시킬 수 있으며, 이러한 사업에 참여하는 자에 대한 필요 경비를 지원할 수 있다(법 9조 2항, 10조 2항, 11조 2항).

고용노동부장관은 15세 이상 29세 이하인 미취업자의 중소기업 취업을 촉진하기 위하여 이들을 고용하는 중소기업에 고용장려금을 지원할 수 있으며(법 12조), 중소벤처기업부장관은 중소기업이 필요한 외국 전문인력을 안정적으로 활용할 수 있도록 지원하여야 하며(법 13조), 병역법 제36조 제1항에 따른 전문연구요원 및 산업기능요원의 활용실태를 조사하고 중소기업의 의견을 수렴하여 전문연구요원제도 및 산업기능요원제도의 개선에 관하여 병무청장에게 협의를 요청하여야 하고(법 14조), 중소기업의 원활한 인력 확보를 위하여 중소기업의 구인활동 및 구직자의 중소기업 취업활동에 필요한 지원을 할 수 있다(법 18조).

4. 중소기업의 인력구조의 고도화와 재직자 훈련 강화

중소기업 관련단체 및 협동조합 등은 중소기업에 필요한 인력을 확보하기 위하여 ① 중소기업 인력관리 실태에 대한 조사, ② 중소기업의 우수인력 확보를 지원하기 위한 공동채용 활동, ③ 중소기업에 우수인력의 유입을 촉진하기 위한 근로시간의 단축, 근로환경의 개선 등을 위한 사업, ④ 중소기업 재직자의 직업능력 향상을 위한 공동교육훈련, ⑤ 그 밖에 중소기업의 인력수급 원활화 및 인력구조 고도화를 위하여 필요한 사업을 내용으로 하는 인력구조 고도화사업계획을 수립·시행할 수 있다(법 19조 1항). 정부는 이러한 인력구조 고도화계획이 대통령령으로 정하는 요건을 충족하는 경우에는 그 계획의 시행에 드는 경비의 일부를 지원할 수 있으며(법 19조 2항), 중소기업의 직업능력 개발훈련 실시를 촉진하기 위하여 중소기업 공동교육 훈련 시설의 설치 및 운영에 필요한 지원을 할 수 있고(법 20조의2), 중소기업의 생산성 향상과 근로자의 능력 향상을 위하여 첨단 정보통신매체를 활용한 원격훈련 시행에 필요한 정보처리시스템의 도입, 원격교육과정의 개발, 교육운영비용 등을 지원할 수 있다(법 20조의3).

그리고 고용노동부장관은 중소기업이 ① 고용환경 개선을 위한 시설·설비에 투자하여 근로자를 채용하는 경우, ② 경쟁력 향상 등을 위하여 고용노동부장관이 고시로 정하는 전문인력을 채용하는 경우, ③ 새로운 업종에 진출하여 근로자를 채용하는 경우, 또는 ④ 근로시간을 단축하여 근로자를 채용하는 경우 등의 방법으로 고용기회의 확대를 도모하는 경우에는 이를 고용보험법 제19조에 따른 고용안정·직업능력 개발사업으로 보아 지원할 수 있고(법 21조), 중소벤처기업부장관은 중소기업 기술인력의 기술수준 향상을 위하여 ① 외국정부·국제기구 또는 교육훈련기관 및 산업체 등과의 협력체계 구축, ② 외국 대학과의 산학협력을 통한 기술인력 협력, ③ 중소기업의 인력 관련 국제학술대회, 박람회 및 회의의 개최와 참가, ④ 중소기업 인력양성 및 인력지원 관련 정보의 교류, ⑤ 그 밖에 중소기업 인력지원 관련 국제협력을 위하여 필요한 사업을 수행할 수 있으며(법 23조 1항), 이러한 사업을 수행하거나 참여하는 자에게 비용의 전부 또는 일부를 지원할 수 있다(법 23조 2항).

5. 중소기업으로의 인력 유입을 위한 환경조성

정부는 여러 중소기업이 재직자의 복리후생을 증진하기 위하여 중소기업 밀집지역에 설치·운영하는 공동복지시설, 직장과 주거의 거리가 먼 재직자를 위하여 제공하는 공동숙박시설, 또는 공동으로 설치·운영하는 영유아보육법 제10조에 따른 어린이집의 설치 및 운영에 필요한 경비를 지원할 수 있고(법 24조), 중소기업에 근무하는 근로자의 문화생활 향상 및 건강 증진을 지원하도록 노력해야 한다(법 24조의2).

중소벤처기업부장관은 우수인력이 중소기업에 유입될 수 있도록 인식개선작업을 실시할 수 있는데(법 26조 1항), 이를 위하여 ① 우수한 혁신기술을 보유한 중소기업, ② 근로환경·직업능력개발 및 복리후생, 인력의 효율적인 활용 등 인력관리체제를 모범적으로 개선한 중소기업, ③ 산·학·연 협동을 성공적으로 수행한 중소기업, ④ 그 밖에 중소벤처기업부장관이 중소기업 인식개선에 이바지한다고 인정하는 중소기업을 발굴하여 포상·홍보하는 등 인식개선사업을 실시해야 하고, 중소기업의 인력관리체제 개선을 촉진하기 위하여 우수 사례가 보급·확산되도록 노력하여야 한다(법 26조 2항). 그리고 이러한 인식개선사업을 중소기업 관련기관 및 협동조합과 함께 추진하는 경우에는 필요한 경비의 일부를 지원할 수 있다(법 26조 3항).

정부는 중소기업의 근로시간 단축을 촉진하기 위하여 ① 중소기업의 근로시간 단축을 지원하기 위한 경영 상담, 지도활동, 교육 및 홍보, ② 근로시간 단축에 따라 생산성을 높이기 위한 지원, ③ 근로시간을 단축한 중소기업에 대한 경영지원 및 세제지원을 제공할 수 있으며(법 27조), 중소기업에 근무하는 근로자의 임금 또는 복지 수준을 향상시키기 위하여 대통령령으로 정하는 성과공유 유형 중 어느 하나에 해당하는 방법으로 근로자와 성과를 공유하고 있거나 공유하기로 약정한 중소기업을 우대하여 지원할 수 있고(법 27조의2 1항), 중소기업과 근로자 간의 성과공유 확산을 위하여 성과공유기업이 되려는 중소기업에 컨설팅 비용 등 필요한 경비를 지원할 수 있다(법 27조의2 2항).

중소벤처기업부장관은 ① 중소기업에서 같은 분야 및 직종의 생산 업무에 15년 이상 종사한 사람, ② 국가기술자격법 제10조에 따라 국가기술자격을 취득하고 같은 분야의 중소기업에 10년 이상 종사한 사람, ③ 숙련기술장려법에 따른 대한민국 명장으로서 선정 당시와 같은 분야의 중소기업에 3년 이상 종사한 사람, 또는 ④ 숙련기술장려법에 따른 국내기능경기대회 및 국제기능올림픽대회 입상자로서 같은 분야의 중소기업에 5년 이상 근무한 사람이 해당 직종과 관련된 분야에서 신기술에 기반한 창업을 하려는 경우에는 자금을 지원하고 관련 정보를 제공하는 등 우선적으로 지원할 수 있다(법 28조). 그리고 정부는 중소기업, 협동조합 등 또는 중소기업 관련기관·단체의 추천을 받아 같은 중소기업에 10년 이상 장기근속한 사람으로서 업무수행 능력이 우수한 근로자를 선발하여 국내 및 국외 연수를 실시할 수 있으며(법 29조 1항), 중소벤처기업부장관은 중소기업에 근무하는 근로자의 사기를 북돋우고 기술 및 기능 수준의 향상을 촉진하며, 우수 기술 및 기능의 전수를 촉진하기 위하여 업종별·분야별 전문기술인력 및 전문기능인력을 발굴하여 기술 및 기능의 전수를 위한 교육활동 등에 필요한 경비 등을 지원할 수 있다(법 29조 2항). 한편 정부 및 공공기관의 장은 이러한 전문기술인력 및 전문기능인력에 대하여 공공시설 이용 시에 우대하는 등의 조치를 할 수 있다(법 29조 3항). 그리고 정부는 중소기업에 5년 이상 근무한 근로자를 주택도시기금으로부터 자금을 지원받은 국민주택 등 대통령령으로 정하는 주택에 우선하여 입주하게 할 수 있고(법 30조 1항), 중소기업 인력지원을 위한 자금을 원활히 공급하기 위하여 재정지원, 신원보증지원 등 필요한 시책을 실시할 수 있다(법 31조 1항).

6. 중소기업 핵심인력 성과보상기금

중소벤처기업부장관은 중소기업 핵심인력의 장기재직 촉진 및 중소기업 인력양성을 위하여 중소기업 핵심인력 성과보상기금을 설치한다(법 35조의2). 이 기금은 중소기업진흥공단이 관리·운용한다(법 35조의4).

IX. 대·중소기업 상생협력 촉진에 관한 법률

「대·중소기업 상생협력 촉진에 관한 법률」(이하 '상생협력법'이라 함)은 대기업과 중소기업 간 상생협력 관계를 공고히 하여 대기업과 중소기업의 경쟁력을 높이고 대기업과 중소기업의 양극화를 해소하여 동반성장을 달성함으로써 국민경제의 지속성장 기반을 마련하는 것을 목적으로 한다(법 1조). 동법은 2006년 기존의 「중소기업의 사업영역보호 및 기업간 협력증진에 관한 법률」을 폐지하는 대신, 이를 대폭 보완한 법률로서 제정되었다. 중소기업 정책은 다양한 관점에서 이루어지며, 중소기업 보호를 위한 국가의 후견적 개입이나 대·중소기업 간 거래의 공정성 확보를 위한 규제뿐만 아니라 이해관계의 양 측면에 있는 대·중소기업의 상생과 협력을 모색하는 것도 중요한 정책 방향의 하나로 제시되고 있다.[18] 특히 상생협력법은 대기업과 중소기업의 공존과 협력을 직접적으로 추구하고 있다는 점에서 다른 중소기업보호 관련 법률들과 구별된다. 즉 상생법은 대기업과 중소기업을 대립적인 위치가 아닌 상생할 수 있는 동반자 관계로 이해하고, 이를 실현하기 위한 주된 방식으로 양 당사자의 자율적 협력에 의존하고 있다.[19] 특히 대기업과 중소기업 간 격차의 심화나 불공정성의 구조화 문제의 해결에 있어서 양 측의 협력이 유의미한 해결 방안이 될 수 있다는 인식이 커지고 있는 상황에서 상생법은 이러한 정책 실현을 대표하는 법률로서 고유한 의의를 갖고 있다. 동법은 대·중소기업 상생협력 촉진을 위한 계획의 수립 및 시책의 추진에 관한 근거 규정을 두고 있다. 또한 중소기업은 대기업과 수평적 그리고 수직적 관계에서 만나게 되는데, 동법은 대기업과의 경쟁 상황에 있는 수평적인 관계에서 중소기업 사업영역 보호제도 그리고 수직적인 관계에서 수탁·위탁거래의 공정화를 위한 규제를 도입하고 있다.

1. 대·중소기업 상생협력 촉진시책의 기본 방향

정부는 ① 대기업과 중소기업 상생협력의 자율성 보장, ② 대기업과 중소기업의 이익에 서로 도움이 되는 상생협력의 촉진, ③ 공공기관과 중소기업 간의 협력

---

18) 이경의, 중소기업정책론, 지식산업사, 2006, 476−479면 참조.
19) 상생협력법 제정 시 "대기업과 중소기업간 자율적인 상생협력을 제도적으로 지원할 수 있는 확고한 기반을 마련하려는 것"을 제정이유로 밝히고 있다. http://www.law.go.kr/LSW/

에서 공공부문의 선도적인 역할 강화라는 기본방향에 따라 대·중소기업 상생협력을 촉진하기 위한 시책을 수립하여 시행하여야 한다(법 3조).

2. 대·중소기업 상생협력 촉진을 위한 계획의 수립 및 추진

중소벤처기업부장관은 관계 중앙행정기관의 장과 협의하여 대·중소기업 상생협력 추진기본계획을 3년 단위로 수립하여야 하며(법 4조 1항), 기본계획에는 ① 대·중소기업 상생협력 촉진시책의 기본방향, ② 대·중소기업 상생협력의 연차별 목표, ③ 대·중소기업 간 성과공유 및 기술·인력교류의 촉진에 관한 사항, ④ 상생협력 우수기업 선정 및 지원에 관한 사항, ⑤ 대·중소기업 간 임금격차 완화에 관한 사항, ⑥ 공공기관의 중소기업 협력에 관한 사항, ⑦ 적합업종 중소기업의 육성 및 지원에 관한 사항, ⑧ 그 밖에 대·중소기업 상생협력을 촉진하기 위하여 필요한 사항이 포함되어야 한다(법 4조 2항).

관계 행정기관의 장은 기본계획에 따라 대·중소기업 상생협력 추진 시행계획을 매년 수립하여 시행하여야 하며(법 5조 1항), 전년도의 시행계획 추진실적과 해당 연도의 시행계획을 매년 중소벤처기업부장관에게 제출하고, 중소벤처기업부장관은 매년 시행계획에 따른 추진실적을 평가하여야 한다(법 5조 2항). 그리고 관계 중앙행정기관의 장은 시행계획의 시행에 필요한 지원을 할 수 있다(법 5조 3항). 한편 공공기관의 운영에 관한 법률 제4조에 따른 공공기관 중 대통령령으로 정하는 기관은 매년 중소기업지원계획과 추진실적을 작성하여 중소벤처기업부장관에게 제출하여야 하는데(법 19조 1항), 중소벤처기업부장관은 공공기관이 제출한 중소기업지원계획과 추진실적을 평가하고 그 결과를 기획재정부장관에게 통보할 수 있고(법 19조 2항), 기획재정부장관은 통보받은 평가결과를 공공기관의 평가 시에 반영할 수 있다(법 19조 3항).

3. 대·중소기업 상생협력 촉진을 위한 시책 추진

정부는 수탁기업이 원가절감 등 수탁·위탁기업 간에 합의한 공동목표를 달성할 수 있도록 위탁기업이 지원하고 그 성과를 수탁·위탁기업이 공유하는 계약모델(이하 '성과공유제'라 함)의 확산을 위한 시책을 수립하여 추진할 수 있으며(법 8조 1항), 중소벤처기업부장관은 성과공유제의 확산을 지원하기 위하여 중소벤처기업부령으로 정하는 법인이나 단체에 성과공유제 확산 추진본부를 설치할 수 있는데(법 8조 2항), 이 추진본부는 ① 성과공유제에 대한 연구·조사, ② 국내외 우수사례의 발굴·확산, ③ 성과공유제를 도입한 기업에 대한 교육·컨설팅, ④ 그 밖에 성과공유제 확산을 위하여 필요한 사항에 관한 사업을 할 수 있으며(법 8조 3항), 중소벤처기업부장관은 추진본부가 위의 사업을 추진하는 데 필요한 지원을 할 수 있다(법 8조 4항). 성과공유제는 수탁·위탁기업 간에 사전 합의에 따라서 계약을 체결하고 향후 성과를 계약에 의하여 공유하는 제도로서, 계약에 따라서 성과를 수탁·위탁기업 간에 분배하는 것을 주된 내용으로 한다. 상생협력법은 기본적으로 성과공유제를 강제가 아닌 당사자의 자율에 의하는 것으로 하고 있지만, 동 제도의 확산을 적극적으로 권장하는 정책을 추진하고 있다.[20]

정부는 대기업과 중소기업 간의 공동 기술개발, 대기업의 구매약정 등 대기업의 협력이 수반되는 기술개발 등 대기업과 중소기업 간의 기술협력을 촉진하기 위하여 기술개발에 필요한 자금을 지원할 수 있고(법 9조 1항), 대기업과 중소기업 간의 인력교류를 촉진하기 위한 시책을 수립하여 시행하여야 하며, 이를 위하여 필요한 경우 인건비의 일부를 지원할 수 있다(법 10조). 그리고 정부는 중소기업의 경영자율성을 저해하지 않는 범위에서 대·중소기업 상생협력을 촉진하기 위하여 필요한 경우 대기업이 중소기업에 자본참여를 할 수 있는 방안을 수립하여 시행할 수 있고(법 11조 1항), 환경경영을 중소기업에 확산하고 국제환경규제에 대한 대응력을 높이기 위하여 대기업과 중소기업 간의 기술·정보 등의 교류와 협력을 촉진하기 위한 방안을 수립하여 시행할 수 있으며(법 12조 1항), 정보화와 관련한 대·중소기업 간의 협업화, 기술 및 정보의 교류 등 대·중소기업 간 정보화 협력을 촉진하기 위한 방안을 마련하고 필요한 지원을 할 수 있고(법 12조 2항), 대·중소기업 간의 공동마케팅 등 중소기업 제품의 판로확대를 위한 대·중소기업 간 협력을 촉진하기 위하여 필요한 지원을 할 수 있다(법 12조 3항). 또 정부는 대기업과 중소기업 간의 임금 격차 완화를 위하여 노사 간 상생협력의 임금교섭 노력을 적극 지원하는 등 필요한 시책을 수립하여 시행할 수 있다(법 18조).

독점규제법 제45조 제1항 제9호는 사업자가 부당하게 특수관계인 또는 다른 회사에 대하여 가지급금·대여금·인력·부동산·유가증권·상품·용역·무체재산권 등을 제공하거나 현저히 유리한 조건으로 거래하여 특수관계인 또는 다른 회사를 지원하는 행위, 즉 부당지원행위를 불공정거래행위의 일종으로 보아 금지하고 있다. 그러나 대·중소기업 상생협력을 촉진하기 위하여 대기업이 사전에 공개한

---

20) 상생협력법상 성과공유제의 개선에 관한 논의로서, 홍명수, "대·중소기업 상생협력 촉진에 관한 법률(상생법)의 의의와 개선에 관한 고찰", 법학연구 제21권 제3호, 2018, 409면 이하 참조.

합리적인 기준에 따라 중소기업을[21] 지원하는 것은 독점규제법 제45조 제1항 제9호의 불공정거래행위에 해당하지 않는 것으로 본다(법 13조).

중소벤처기업부장관은 필요하면 대·중소기업 상생협력에 대한 실태조사를 할 수 있으며, 이를 위하여 필요하면 대기업과 중소기업에 자료 제출이나 의견 진술 등을 요구할 수 있다(법 14조). 그리고 대·중소기업 상생협력을 촉진하기 위하여 상생협력의 수준을 평가하여 계량화한 상생협력지수를 산정하여 공표할 수 있으며(법 15조), 상생협력 우수기업 및 상생협력 확산에 기여한 자를 선정하고 포상하는 등 지원시책을 마련할 수 있다(법 16조). 한편 수탁기업은 위탁기업과 대등한 거래관계를 유지하고 기술정보의 교환 및 공동기술개발 등을 촉진하기 위하여 위탁기업별·지역별·업종별로 수탁기업협의회를 구성할 수 있으며(법 17조 1항), 국가 또는 지방자치단체는 수탁기업협의회의 활성화를 위하여 필요한 지원을 할 수 있다(법 17조 2항).

정부는 대·중소기업 상생협력을 촉진하기 위하여 대·중소기업·농어업협력재단을 설립하는데(법 20조 1항), 그 재단은 ① 대·중소기업 간 협력사업의 개발 및 운영 지원, ② 기술협력사업의 관리·운영 및 평가 지원, ③ 수탁기업협의회의 구성 및 운영 지원, ④ 수탁·위탁거래의 공정화 지원, ⑤ 위탁기업과 수탁기업 간 분쟁의 자율적 조정 지원, ⑥ 대·중소기업상생협력기금의 관리·운용, ⑦ 농어촌 상생협력기금의 관리·운용, ⑧ 상생결제의 관리·운용 및 보급·확산 지원, ⑨ 그 밖에 중소벤처기업부장관이 지정·위탁하는 사업을 한다(법 20조 2항). 그리고 정부는 예산의 범위에서 재단의 설립과 운영에 필요한 자금을 지원할 수 있다(법 20조 4항). 그리고 대·중소기업 간 동반성장과 관련한 민간부문의 합의를 도출하고 동반성장 문화를 조성 및 확산하기 위하여 재단에 동반성장위원회를 두는데(법 20조의2 1항), 동 위원회는 ① 동반성장지수의 산정 및 공표에 관한 사항, ② 적합업종의 합의도출 및 공표에 관한 사항, ③ 그 밖에 민간부문의 동반성장 추진과 관련하여 위원회가 필요하다고 인정하는 사항에 관한 업무를 수행하는데(법 20조의2 2항), 정부기관이나 재단으로부터 독립적이고 자율적으로 수행한다(법 20조의2 3항). 그리고 중소기업자단체는 위원회에 적합업종 합의 도출을 신청할 수 있는데, 이 경우 위원회는 신청일로부터 1년 이내에 기업, 중소기업자단체 및 전문가 등의 의견을 들어 적합업종 합의 도출을 마쳐야 한다(법 20조의4).

---

21) 독점규제법에 따른 상호출자제한 기업집단에 속하는 회사는 제외한다.

4. 수탁 · 위탁거래의 공정화

위탁기업이 수탁기업에 물품 등의 제조를 위탁할 때에는 지체 없이 그 위탁의 내용, 납품대금의 금액, 대금의 지급 방법, 지급기일, 검사방법, 그 밖에 필요한 사항을 적은 약정서를 그 수탁기업에게 발급하여야 하고(법 21조 1항), 수탁기업으로부터 물품 등을 받으면 물품 등의 검사 여부에 관계없이 즉시 물품 수령증을 발급하여야 한다(법 21조 2항).

위탁기업이 수탁기업에 납품대금을 지급하는 기일은 그 납품에 대한 검사여부에 관계없이 물품 등을 받은 날로부터 60일 이내의 최단기간으로 정하여야 하며(법 22조 1항), 이에 위반하여 지급기일을 정한 경우에는 물품 등의 수령일로부터 60일이 되는 날을 그 대금의 지급기일로 정한 것으로 보며, 납품대금의 지급기일을 약정하지 아니한 경우에는 물품 등의 수령일을 그 대금의 지급기일로 정한 것으로 본다(법 22조 2항). 그리고 위탁기업이 납품대금을 60일이 지난 후 지급하는 경우에는 그 초과기간에 대하여 연 40% 이내의 범위에서 대통령령으로 정하는 이율에 따른 이자를 지급하여야 하며(법 22조 3항), 납품대금을 어음으로 지급하거나 어음대체결제 방식으로 지급하는 경우에는 연 40% 이내의 범위에서 대통령령으로 정하는 할인료를 수탁기업에 지급하여야 한다(법 22조 4항). 한편 수탁기업이 상생결제를 통하여 납품대금을 지급받은 경우에는 건설공사 하도급대금의 직접지급, 수탁기업이 파산한 경우 등 대통령령으로 정하는 정당한 사유가 없으면 총 지급받은 납품대금 중 상생경제가 차지하는 비율 이상으로 하위 수탁기업에게 현금결제 또는 상생결제의 방식으로 납품대금을 지급하여야 한다(법 22조 5항).

위탁기업은 검사시설의 개선 및 검사에 종사하는 사람의 자질 향상을 도모하고 객관적이며 타당성 있는 검사기준을 정하여 수탁기업이 납품한 물품 등을 공정하고 신속하게 검사하도록 하여야 하고(법 23조 1항), 검사 결과 불합격한 물품 등에 대하여는 그 불합격 사유를 즉시 문서로 수탁기업에 통보하여야 한다(법 23조 2항). 그리고 수탁기업은 시설을 개선하고 기술을 향상시켜 위탁기업으로부터 제조를 위탁받은 제품의 품질을 개선하고 규격에 맞는 제품을 납품기일 이내에 납품하도록 하여야 하고(법 24조 1항), 제품을 표준화하고 합리적인 원가계산제도에 따라 적정한 가격 결정과 품질관리를 하도록 하여야 한다(법 24조 2항).

한편 수탁 · 위탁기업은 전문인력과 설비 등을 갖춘 기관으로서 대통령령으로 정하는 기관과 서로 합의하여 기술자료를 임치하고자 하는 기업의 기술자료를 임치할 수 있으며(법 24조의2 1항), 위탁기업은 수탁기업이 동의하거나 파산선고 또는 해산결의로 그 권리가 소멸되거나 사업장을 폐쇄하여 사업을 할 수 없는 경우 등 위탁기업과 수탁기업이 협의하여 정한 기술자료 교부요건에 부합하는 경우에는 수취인에게 수탁기업이 임치한 기술자료를 내줄 것을 요청할 수 있다(법 24조의2 2항). 그리고 수취인은 중소벤처기업부장관이 정하는 기술자료 교부조건에 부합하는 경우에 임치기업의 기술자료를 요청한 자에게 교부하며(법 24조의2 3항), 정부는 수취인에게 예산의 범위에서 필요한 지원을 할 수 있다(법 24조의2 4항).

임치기업은 ① 기술자료의 제호·종류·제작연월일, ② 기술자료의 개요, ③ 임치기업의 명칭 및 주소, ④ 그 밖에 대통령령으로 정하는 사항을 등록할 수 있으며(법 24조의3 1항), 실명으로 등록된 임치기업의 기술에 대하여 당사자 또는 이해관계인 사이에 다툼이 있으면 임치기업이 임치물의 내용대로 개발한 것으로 추정한다(법 24조의3 2항). 그리고 타인의 기술자료를 절취 등의 부정한 방법으로 입수하여 등록을 행한 자는 5년 이하의 징역 또는 그 재산상 이득액의 2배 이상 10배 이하에 상당하는 벌금에 처한다(법 41조 1항).[22]

위탁기업은 수탁기업에 물품 등의 제조를 위탁할 때 다음과 같은 행위를 하여서는 안 된다(법 25조 1항).

① 수탁기업이 책임질 사유가 없는데도 물품 등의 수령을 거부하거나 납품대금을 깎는 행위
② 납품대금을 지급기일까지 지급하지 않는 행위
③ 수탁기업이 납품하는 물품 등과 같은 종류이거나 유사한 물품 등에 대하여 통상적으로 지급되는 대가보다 현저히 낮은 가격으로 납품대금을 정하는 행위
④ 물품 등의 제조를 위탁한 후 경제상황 변동 등의 이유로 발주자로부터 추가금액을 받은 위탁기업이 같은 이유로 수탁기업에 추가비용이 드는데도 받은 추가금액의 내용과 비율에 따라 납품대금을 증액하여 지급하지 않는 행위
⑤ 품질의 유지 또는 개선을 위하여 필요한 경우나 그 밖에 정당한 사유가 있

---

22) 중소기업이 대기업에게 기술을 탈취당하는 문제와 관련하여 특허법에 의하는 경우 법률서비스 이용에 현실적인 어려움이 따를 수 있으며, 독점규제법상 불공정거래행위로서 기술의 부당 이용의 규제를 통한 중소기업의 보호가 가능하지만, 거래 관계의 지속을 원하는 중소기업의 입장에서 이러한 규제시스템을 적극적으로 이용하는데도 한계가 있을 수 있다. 이러한 점에서 상생법에 의한 기술자료 임치제도는 중소기업 보호에 실질적인 기여를 할 수 있을 것이라는 분석으로, 오세영, "중소기업 기술역량 확보방안에 관한 연구-기술자료 임치제도를 중심으로-", 고려대학교 석사학위논문, 2016, 34-56면 참조.

는 경우를 제외하고 위탁기업이 지정하는 물품 등을 강제로 구매하게 하는 행위

⑥ 납품대금을 지급할 때 그 납품대금의 지급기일까지 금융기관으로부터 할인을 받기 어려운 어음을 지급하는 행위

⑦ 물품 등에 흠이 없는데도 정당한 사유없이 발주물량을 통상적으로 발주하는 수량보다 현저히 감소시키거나 발주를 중단하는 행위

⑧ 납품대금을 지급하는 대신 위탁기업이 제조하는 제품을 받을 것을 요구하는 행위

⑨ 위탁기업이 수출용으로 수탁기업에 발주한 물품 등에 대하여 정당한 사유 없이 내국신용장 개설을 기피하는 행위

⑩ 물품 등의 제조를 의뢰한 후 그 제조된 물품 등에 대한 발주를 정당한 사유 없이 기피하는 행위

⑪ 수탁기업이 납품한 물품에 대한 검사를 할 때 객관적 타당성이 결여된 검사 기준을 정하는 행위

⑫ 정당한 사유 없이 기술자료 제공을 요구하는 행위

⑬ 기술자료의 임치를 요구한 수탁기업에 불이익을 주는 행위

⑭ 위탁기업이 위와 같은 행위를 한 경우, 해당 수탁기업이 그 사실을 관계 기관에 고지하였다는 이유로 수탁·위탁거래의 물량을 줄이거나 수탁·위탁거래의 정지 또는 그 밖의 불이익을 주는 행위

위탁기업은 정당한 사유가 있어서 수탁기업에게 기술자료를 요구할 경우에는 요구목적, 비밀유지에 관한 사항, 권리귀속관계 및 대가 등에 관한 사항을 해당 수탁기업과 미리 협의하여 정한 후 그 내용을 적은 서면을 수탁기업에게 주어야 한다. 이 경우 위탁기업은 취득한 기술자료를 정당한 권원없이 자기 또는 제3자를 위하여 유용해서는 안된다(법 25조 2항).

한편 수탁기업은 위탁기업으로부터 물품 등의 제조를 위탁받았을 때에는 ① 위탁기업으로부터 위탁받은 물품 등의 품질·성능 또는 납품기일에 관한 약정을 위반하는 행위, ② 물품 등의 가격을 부당하게 인상하여 줄 것을 요구하는 행위, ③ 그 밖에 수탁·위탁거래의 질서를 문란하게 하는 행위를 해서는 안 된다(법 25조 4항). 중소벤처기업부장관은 위탁기업이 이 법의 수탁·위탁거래의 공정화 또는 금지행위에 관한 규정을 위반한 사실이 있고, 그 위반사실이 하도급법의 관련 규정

또는 독점규제법상 불공정거래행위 금지에 해당될 때에는 공정거래위원회에 필요한 조치를 하여 줄 것을 요구해야 하는데(법 26조 1항), 이 경우 공정거래위원장은 우선적으로 그 내용을 검토하여 6개월 이내에 필요한 조치를 하고, 그 결과를 중소벤처기업부장관에게 통지하여야 한다(법 26조 2항). 그리고 중소벤처기업부장관은 대기업과 중소기업의 수탁·위탁거래 과정에서 위탁기업이 약정서의 발급, 납품대금의 지급 등 및 검사의 합리화 규정 또는 준수사항을 이행하고 있는지를 주기적으로 조사하여, 개선이 필요한 사항에 대하여는 해당 기업에 개선을 요구하고 요구에 응하지 않는 경우에는 이를 공표하여야 하며(법 27조 1항 3항), 조사 결과 현금 결제 확대 등 결제조건이 양호하고 공정한 수탁·위탁거래 관계를 확립하기 위하여 노력한 것으로 평가된 기업에 대하여는 포상이나 그 밖에 필요한 지원을 할 수 있다(법 27조 5항). 그리고 정부는 중소기업에 대한 대기업의 납품대금 결제조건을 개선하고 현금성 결제를 확대하기 위하여 세제지원 등 필요한 지원을 할 수 있다(법 27조 6항).

또한 위탁기업과 수탁기업 또는 중소기업협동조합 간에 ① 약정서 및 물품 수령증, ② 납품대금의 지급 등, ③ 물품 등의 검사, ④ 기술자료의 임치, ⑤ 준수사항의 이행여부에 관한 사항에 관하여 분쟁이 생겼을 때에는 위탁기업·수탁기업 또는 중소기업협동조합은 중소벤처기업부장관에게 분쟁의 조정을 신청할 수 있는데(법 28조 1항), 중소벤처기업부장관이 이러한 신청을 받으면 지체 없이 그 내용을 검토하여 위의 사항에 관하여 시정할 필요가 있다고 인정될 때에는 해당 위탁기업·수탁기업 또는 중소기업협동조합에 그 시정을 권고하거나 명령할 수 있다(법 28조 3항). 그러나 시정명령을 받은 위탁기업·수탁기업 또는 중소기업협동조합이 그 명령을 따르지 아니할 때에는 그 명칭과 요지를 공표하여야 한다(법 28조 4항). 그리고 공표 후 1개월이 지날 때까지 시정명령을 이행하지 않은 자는 1년 이하 징역 또는 5천만원 이하의 벌금에 처한다(법 41조 2항).

5. 중소기업의 사업영역 보호

중소기업자단체는 ① 대기업, ② 대기업이 같은 업종의 여러 소매점포를 직영하거나 같은 업종의 소매점포에 대하여 계속적으로 경영을 지도하고 상품·원재료 또는 용역을 공급하는 직영점형 체인사업이나 프랜차이즈형 체인사업을 운영하는 경우에 그 점포, 또는 ③ 대기업이 실질적으로 지배하는 중소기업으로서 지식경제부령이 정하는 중소기업이 사업을 인수·개시 또는 확장함으로써 해당 업종의 중소기업 상당수가 공급하는 물품 또는 용역에 대한 수요를 감소시켜 중소기업의 경영안정에 현저하게 나쁜 영향을 미치거나 미칠 우려가 있다고 인정할 때에는 중소기업중앙회를 거쳐 중소벤처기업부장관에게 사업조정을 신청할 수 있다.[23] 다만 해당 업종의 중소기업자단체가 없는 경우에는 그 업종의 중소기업은 해당지역에서 동일업종을 영위하는 중소기업 중 일정 비율 이상의 중소기업으로부터 동의를 받고 중소기업중앙회를 거쳐 사업조정을 신청할 수 있다(법 32조 1항). 이러한 사업조정 신청은 대기업 등이 사업을 인수·개시 또는 확장하기 이전에 할 수 있으며, 사업의 인수·개시 또는 확장 후에는 그 날부터 180일 이내에 하여야 한다(법 32조 2항).

중소기업 중앙회가 이러한 사업조정 신청을 받으면 사실 조사를 하고 사업조정에 관한 의견서를 작성하여 중소벤처기업부장관에게 제출하여야 하며(법 32조 3항), 중소벤처기업부장관이 사업조정 신청을 받았을 때에는 그 사실을 그 신청과 관계되는 대기업 등에 알려야 한다(법 32조 4항).

중소벤처기업부장관은 중소기업자단체 등으로부터 사업조정 신청을 받은 경우 해당 업종 중소기업의 사업활동 기회를 확보하는 데 필요하다고 인정하면 중소기업사업조정심의회[24]를 거쳐 해당 대기업 등에 사업의 인수·개시 또는 확장의 시기를 3년 이내에서 기간을 정하여 연기하거나 생산품목·생산수량·생산시설 등을 축소할 것을 권고하거나 사업이양, 사업의 전부 또는 일부에 대한 철수 및 축소, 확장 및 진입자재 등을 3년 이내에서 기간을 정하여 권고할 수 있다(법 33조 1항, 2항). 그리고 권고를 받은 대기업 등이 그 권고를 따르지 않을 때에는 그 권고 대상이나 내용을 공표할 수 있으며(법 33조 3항), 그 공표 후에도 정당한 사유 없이 권고사항을 이행하지 않는 경우에는 해당 대기업 등에 그 이행을 명할 수 있다(법 33조 4항). 그리고 이 명령을 이행하지 않은 자는 1년 이하의 징역 또는 5천만원 이하의 벌금에 처한다(법 41조 2항). 그러나 중소벤처기업부장관은 그 명령을 한 후 그 이행 전에 그 사유가 변경되었거나 소멸되었다고 인정할 때에는 조정심의회의 심의를 거쳐 조정 내용의 전부 또는 일부를 철회하여야 한다(법 34조 4항). 한편 중소벤처기업부장관은 사업조정 신청을 받은 경우 그 대기업 등에 조정심의회 심의 결과를 통지할 때까지 해당 사업의 인수·개시 또는 확장을 일시 정지하도록 권고

---

23) 이 경우 사업조정 신청일은 중소기업 중앙회에 사업조정신청서를 제출한 날로 본다.

24) 이 법은 동법 제33조에 따른 사업조정을 원활하게 하기 위하여 중소벤처기업부장관 소속으로 중소기업사업조정심의회를 둔다(법 31조).

할 수 있으며(법 34조 1항), 이러한 권고를 하는 경우 해당 대기업 등이 그 권고에 따르지 않는 경우에는 그 권고대상이나 내용 등을 공표할 수 있다(법 34조 2항). 한 편 법 제33조에 따른 권고 또는 이행명령의 대상이 되는 업종의 사업이나 그 밖에 중소기업에 적합하다고 인정하여 중소벤처기업부장관이 지정하는 업종 및 품목의 사업을 영위하고 있는 대기업 등은 중소기업과의 합리적인 역할분담으로 산업의 효 율성을 증대시키기 위하여 이를 중소기업에 이양하도록 노력하여야 한다(법 35조).

여기서 중소기업 적합업종이란 이론적으로 중소규모의 기업에 의하여 운영되 어도 충분히 기술적인 효율성이 보장될 뿐만 아니라 생산기술 특성상 최소효율규 모가 작아서 중소자본으로 운영될 수 있는 업종으로서 대기업과 중소기업이 병존 하는 시장구조에서 중소기업이 경쟁력을 발휘할 수 있는 분야를 의미한다.[25] 그리 고 중소기업 적합업종제도는 중소기업이 경쟁력을 발휘할 수 있는 분야를 지정하 여 중소기업 사업영역의 보호 및 건강한 산업생태계를 조성하는 것을 목적으로 하 고 있다는 점에서 과거 중소기업 고유업종제도와 유사하지만, 그 업종을 지정하는 방식에 있어서 정부가 특정 업종을 일방적으로 지정하는 방식에서 탈피하여 관련 대·중소기업 간의 합의를 도출하는 방식을 도입함으로써 보다 자발적이고 민주 적인 절차를 채택하고 있다는 점에서 차이가 있다.[26]

그리고 정부는 사업조정 중인 업종의 중소기업의 경쟁력 강화를 위하여 예산의 범위에서 해당 업종 중소기업의 설비개선·기술향상 등 사업활동 개선을 위하여 필요한 사항을 지원할 수 있고(법 34조의2), 대기업 등으로부터 사업을 이양받은 중 소기업에 창업자금의 지원, 협동화단지 및 지식산업센터 등에 우선 입주 및 기술 개발 자금 등의 우선 지원을 할 수 있으며(법 36조), 대기업 등이 중소기업에 이양 하는 사업이 대통령령이 정하는 기준에 맞을 때에는 그 대기업 등에 금융·세제상 의 지원을 할 수 있다(법 37조).

---

25) 김세종, "중소기업 적합업종제도 운영 및 향후 과제", KOSBI 중소기업포커스 제12호, 2011, 5면 참조.

26) 동반성장위원회는 중소기업의 사업영역을 보호하고 대·중소기업간 양극화를 해소하기 위하여 2011년 9월 일반 제조업 16개 품목을 중소기업적합업종으로 발표한 이후 대상품목을 늘리는 한편 대 상업종을 서비스업으로 확대함으로써 2013년 5월 현재 85개 제조업과 15개 서비스업 등 총 100개의 업종이 중소기업적합업종에 포함되어 있다(동 위원회, 제23차 동반성장위원회 개최결과 보도자료, 2013. 5. 27., 2면 참조).

제 3 절 특별 중소기업법

특별 중소기업법에는 벤처기업육성에 관한 특별조치법, 1인 창조기업육성에 관한 법률, 소기업 및 소상공인 지원을 위한 특별법, 전통시장 및 상점가 육성을 위한 특별법, 지역신용보증재단법, 지역균형발전 및 지방중소기업육성에 관한 법률, 여성기업지원에 관한 법률 및 장애인기업활동 촉진법 등이 있는데, 그 주요내용은 다음과 같다.

Ⅰ. 벤처기업육성에 관한 특별조치법

「벤처기업육성에 관한 특별조치법」은 기존 기업의 벤처기업으로의 전환과 벤처기업의 창업을 촉진하여 우리 산업의 구조조정을 원활히 하고 경쟁력을 높이는 데에 기여하기 위하여, 벤처기업의 요건(법 2조의2)과 벤처기업 육성을 위한 추진체계의 구축(법 3조의2 이하), 자금 공급의 원활화(법 5조 이하), 기업활동과 인력 공급의 원활화(법 15조 이하), 입지 공급의 원활화(법 17조의2 이하) 등 벤처기업 육성기반을 구축하기 위한 제도 등에 대하여 규율하고 있다.

1. 벤처기업의 요건

벤처기업이란 중소기업기본법 제2조에 따른 중소기업으로서, 중소기업창업투자회사, 중소기업창업투자조합, 신기술사업금융업자, 신기술사업투자조합 또는 한국벤처투자조합 등의 투자금액의 합계 및 기업의 자본금 중 투자금액의 합계가 차지하는 비율이 각각 대통령령으로 정하는 기준 이상인 기업을 말한다(법 2조의2 1항).

2. 벤처기업 육성을 위한 추진체계의 구축

중소벤처기업부장관은 벤처기업을 육성하기 위하여 3년마다 벤처기업 육성계획을 관계 행정기관의 장과 협의를 거쳐 수립·시행해야 하는데(법 3조의2 1항), 이 육성계획에는 ① 벤처기업의 육성을 위한 정책의 기본방향, ② 벤처기업의 창업지원, ③ 벤처기업 육성을 위한 기반조성, ④ 벤처기업 관련 통계 조사·관리, ⑤ 벤처기업제품의 공공구매 확대, ⑥ 벤처기업의 해외시장 진출에 관한 사항, ⑦ 그 밖에 벤처기업의 육성을 위하여 필요한 사항을 포함하여야 한다(법 3조의2 2항).

중소벤처기업부장관은 벤처기업을 체계적으로 육성하고 육성계획을 수립·추진하기 위하여 매년 벤처기업의 활동현황 및 실태 등에 대한 조사를 하고 그 결과를 공표하여야 한다(법 3조의3). 그리고 벤처기업 관련정보를 종합적으로 관리하고 벤처기업 간의 협력기반을 구축하여 벤처기업 활동에 유용한 정보를 제공하기 위하여 종합관리시스템을 구축·운영할 수 있다(법 3조의4).

3. 자금공급의 원활화

기술신용보증기금은 벤처기업과 신기술창업전문회사에 우선적으로 신용보증을 하여야 한다(법 5조). 한편 대학, 국공립연구기관, 정부출연 연구기관 또는 그 밖에 과학이나 산업기술 분야의 연구기관으로서 대통령령으로 정하는 기관은 신기술창업전문회사(이하 '전문회사'라 함)를 설립할 수 있는데(법 11조의2 1항), 전문회사를 설립하는 경우 대학이나 연구기관은 중소벤처기업부장관에게 등록하여야 한다(법 11조의2 2항). 전문회사는 ① 대학·연구기관 또는 전문회사가 보유한 기술의 사업화, ② 기술의 사업화를 위한 자회사의 설립, ③ 창업보육센터의 설립·운영, ④ 벤처투자조합·신기술사업투자조합 또는 벤처투자법에 따른 개인투자조합에 대한 출자, ⑤ 개인투자조합 재산의 운용, ⑥ 전문회사가 보유한 기술의 산업체 등으로의 이전, ⑦ 대학·연구기관이 보유한 기술의 산업체 등으로의 이전 알선, ⑧ 대학·연구기관의 교원·연구원 등이 설립한 회사에 대한 경영·기술 지원, ⑨ 위의 사업에 부수되는 사업으로 중소벤처기업부장관이 정하는 사업을 영위하며(법 11조의2 4항), 중소기업창업 및 진흥기금을 관리하는 자는 전문회사에 우선적으로 지원할 수 있다(법 11조의4).

4. 기업활동, 인력·입지 공급의 원활화

그리고 주식회사인 벤처기업에 대하여는 전략적 제휴를 위하여 주식교환(법 15조), 합병절차의 간소화(법 15조의3), 신주발행에 의한 주식 교환 등(법 15조의4)에 관한 특례가 인정되고 있으며, 인력 공급의 원활화를 위하여 교육공무원 등의 휴직 허용(법 16조), 겸임이나 겸직에 대한 특례(법 16조의2)가 인정되고 있다. 뿐만 아니라 대학이나 연구기관의 장은 해당 기관이 소유한 교지나 부지의 일정 지역에 대하여 창업자·벤처기업 등의 생산시설 및 그 지원시설을 집단적으로 설치하는 신기술창업집적지역의 지정 등을 중소벤처기업부장관에게 요청할 수 있고, 중소벤처기업부장관은 이를 검토하여 신기술창업집적지역으로 지정할 수 있다(법 17조의2).

Ⅱ. 1인 창조기업 육성에 관한 법률

「1인 창조기업 육성에 관한 법률」은 창의성과 전문성을 갖춘 국민의 1인 창조기업 설립을 촉진하고 그 성장기반을 조성하여 1인 창조기업을 육성함으로써 국민경제의 발전에 이바지하기 위하여 1인 창조기업의 육성계획, 활동 현황 및 실태 등에 대한 조사, 종합관리시스템 구축, 지원센터 지정 및 지식서비스 거래, 교육훈련, 기술개발, 아이디어의 사업화, 해외진출, 금융지원 등에 대하여 규율하고 있다.

Ⅲ. 소기업 및 소상공인 지원에 관한 법률

「소기업 및 소상공인 지원에 관한 법률」은 소기업 및 소상공인의 자유로운 기업활동을 촉진하고 구조개선 및 경영안정을 도모하여 균형 있는 국민경제의 발전에 이바지함을 목적으로 한다(법 1조). 중소벤처기업부장관은 소상공인 창업 지원(법 8조), 소상공인의 경영안정 등 지원(법 9조), 소상공인의 구조고도화 지원(법 10조), 소상공인의 조직화 및 협업화 지원(법 11조), 폐업 소상공인에 대한 지원(법 12조) 등에 관한 사업을 할 수 있다. 또한, 중소벤처기업부장관은 「감염병의 예방 및 관리에 관한 법률」에 따른 조치로 인하여 발생한 손실을 보상하여야 한다(법 12조의2).

Ⅳ. 전통시장 및 상점가 육성을 위한 특별법

「전통시장 및 상점가 육성을 위한 특별법」은 전통시장과 상점가의 시설 및 경영의 현대화와 시장 정비를 촉진하여 지역상권의 활성화와 유통산업의 균형 있는 성장을 도모함으로써 국민경제의 발전에 이바지하기 위하여, 시장 및 상점가의 활성화 촉진, 상업기반시설의 현대화 지원, 경영현대화 촉진, 시장정비사업의 촉진 및 분쟁의 조정 등 시장 및 상점가의 지원시책과 상인조직과 시장경영진흥원에 대하여 규정하고 있다.

V. 규제자유특구 및 지역특화발전특구에 대한 규제특례법

「규제자유특구 및 지역특화발전특구에 관한 규제특례법」은 규제자유특구 및 지역특화발전특구의 지정 및 운영을 통하여 지역특성에 맞게 선택적으로 규제특례를 적용함으로써 지역의 자립적이고 지속적인 성장기반을 구축하여 국가균형발전과 지역의 혁신적이고 전략적인 성장에 기여하는 것을 목적으로 하며(법 1조), 규제자유특구 및 지역특화발전특구의 지정 및 운영, 규제특례에 관한 사항 및 지역특화발전특구위원회 등에 관하여 규율하고 있다.

VI. 지역신용보증재단법

「지역신용보증재단법」은 신용보증재단과 신용보증재단 중앙회를 설립하여 담보력이 부족한 지역내 소기업·소상공인 등과 개인의 채무를 보증하게 함으로써 자금 융통을 원활하게 하고 아울러 지역경제 활성화와 서민의 복리증진에 이바지함을 목적으로 한다(법 1조).

VII. 여성기업지원에 관한 법률

「여성기업지원에 관한 법률」은 여성기업의 활동과 여성의 창업을 적극적으로 지원하여 경제영역에서 남녀의 실질적인 평등을 도모하고 여성의 경제활동과 여성경제인의 지위향상을 도모함으로써 국민경제의 발전에 이바지하기 위하여(법 1조), 국가 및 지방자치단체의 책임(법 3조), 차별적 관행의 시정(법 4조), 여성기업 활동촉진에 관한 기본계획(법 5조), 여성창업지원 특례(법 8조), 공공기관 우선구매(법 9조), 자금지원 우대(법 10조), 경영능력향상 지원(법 11조) 및 디자인 개발지원(법 12조) 등에 관하여 규정하고 있다.

VIII. 장애인기업활동 촉진법

「장애인기업활동 촉진법」은 장애인의 창업과 기업활동을 적극적으로 촉진하여 장애인의 경제적·사회적 지위를 높이고 경제력 향상을 도모함으로써 국민경제의 발전에 이바지하기 위하여(법 1조), 국가 및 지방자치단체의 책임(법 3조), 차별적 관행의 시정(법 4조), 장애인 기업활동 촉진에 관한 기본계획(법 5조), 장애인의 창업지원 특례(법 8조), 자금지원 우대(법 9조), 공공기관의 구매촉진(법 9조의2) 및 경영능력 향상 지원(법 10조) 등에 대하여 규정하고 있다.

제3장 중소기업관련법의 문제점과 개선방안

중소기업관련법은 그동안 우리나라 중소기업의 보호와 지원·육성에 어느 정도 기여를 한 것은 사실이다. 그러나 우리나라 중소기업의 열악한 지위는 크게 개선되지 않고 있으며, 대기업과 중소기업 간의 불공정거래관행도 좀처럼 시정되지 않고 있다. 뿐만 아니라 대기업 중심적인 경제구조는 전혀 개선될 기미를 보이지 않고 있으며, 경제력집중으로 인한 대기업과 중소기업의 양극화도 전혀 개선되지 않고 오히려 더욱 심화되고 있다.[1] 그런데 정부가 그동안 중소기업관련법과 정책을 꾸준히 집행해 왔음에도 불구하고, 중소기업의 지위가 획기적으로 개선되지 않고 있는 이유는 무엇인가? 그 이유는 여러 가지 측면에서 분석·검토해 볼 수 있겠지만, 여기서는 이를 규범적인 측면에서 다음과 같은 두 가지 차원으로 나누어서 살펴보고자 한다. 하나는 현행 중소기업관련법이 우리나라 중소기업의 문제를 해결하기에 적합한 목적과 내용 및 수단을 갖추고 있는가 하는 것이고, 다른 하나는 그 중소기업관련법의 집행이 제대로 되어 왔는가 하는 것이다.

일반적으로 경제관련법은 실체법과 조직법 및 절차법으로 구성되어 있는데, 이는 중소기업관련법의 경우에도 마찬가지이다. 따라서 여기서는 중소기업관련법을 실체법적인 측면과 조직법적인 측면 및 절차법적인 측면으로 나누어서 그 문제점을 진단한 후 이를 개선할 수 있는 방안을 모색해 보고자 한다.

제1절 실체법적인 문제점과 개선방안

중소기업관련법의 실체법적인 내용은 목적, 정부와 지방자치단체의 책무, 및 그 목적을 실현하기 위한 제반 시책 등으로 구성되어 있다. 따라서 중소기업관련법의 실체법적인 문제점을 진단하기 위해서는 먼저, 그러한 법률이 추구하고 있는

---

1) 기업경영성과 평가 사이트인 CEO스코어가 2008년부터 2012년까지 5년간 한국 경제의 각종 경제지표에서 삼성과 현대차 그룹이 차지하는 비중을 조사한 결과, 2012년 GDP대비 양대 그룹의 매출비중이 35%(삼성 23%, 현대차 12%)를 차지하고 있는 것으로 나타나고 있다. 2014. 1. 13일자 이데일리 참조.

목적이 타당한지, 그리고 그 목적을 실현하기 위한 제도와 시책이 적절한지, 그리고 각종 법률이나 그 법률에 규정되어 있는 제도와 시책들 간에 서로 충돌하거나 모순되는 것은 없는지 등에 대하여 차례로 살펴볼 필요가 있다.

우선 현행 중소기업관련법은 대체로 중소기업이 대기업에 비하여 자금, 인력, 기술, 판로, 경영, 정보, 교섭력 등의 측면에서 불리한 처지에 놓여 있는 상대적인 취약점을 극복하고, 대기업과 중소기업 간의 불공정한 거래관행을 시정하는 것을 그 목적으로 하고 있다. 그런데 이러한 목적을 가지고 있는 현행 중소기업관련법은 중소기업의 상대적인 취약점을 해소하고, 대기업과 중소기업 간의 불공정한 거래관행을 시정하는 데에는 기여할 수 있지만, 대기업중심적인 경제구조 하에서 발생하는 구조적인 문제점을 해결하는 데에는 기여하기가 어렵다. 따라서 중소기업의 문제를 근본적으로 해결하기 위해서는 중소기업관련법의 목적을 대기업 중심적인 경제구조를 대기업과 중소기업이 상생하는 다원적인 구조로 전환하는 데까지 확대해서, 중소기업이 대기업 중심적인 경제구조 하에서 대기업의 조력자 내지 협조자의 역할을 담당하는 차원에서 벗어나, 대기업과 대등한 입장에서[2] 때로는 대기업과 경쟁하고, 때로는 대기업과 협력하면서 국민경제의 성장과 발전을 주도해 나가는 핵심적인 경제주체로 발전해 나갈 수 있도록 하는 것이 바람직할 것이다.

둘째 현행 중소기업관련법의 내용은 중소기업의 상대적인 취약점을 해소하고, 대기업과 중소기업 간의 불공정한 거래관행을 시정하기 위한 제도나 시책들로 구성되어 있다. 그런데 이러한 제도나 시책의 목적은 상대적인 취약점을 안고 있는 중소기업을 지원·육성하고, 대기업의 불공정한 거래관행을 시정함으로써, 중소기업의 경쟁력을 향상시켜서 중소기업이 대기업과 자유롭고 공정하게 경쟁할 수 있는 여건을 마련하려는 것이 되어야 마땅할 것이다.[3] 그러나 실제로는 대기업 중심적인 경제구조 하에서 대기업의 조력자 내지 협력자의 역할을 성실히 수행할 수 있도록 하려는 차원에 그치는 경우가 많다. 그 대표적인 예가 중소기업 사업영역 보호제도[4]나 중소기업간 경쟁제도[5]라고 할 수 있다. 이러한 제도들은 그 운영방법

---

2) 다시 말하자면 대기업과 중소기업이 이른바 '갑·을관계'에서 벗어나서 상호 대등한 입장에서 거래할 수 있게 되는 것을 말한다.

3) 동지: 이동원, 앞의 논문, 20면 참조.

4) 대·중소기업 상생협력 촉진에 관한 법률은 중소기업의 사업영역을 보호하기 위하여 중소벤처기업부장관으로 하여금 사업조정에 관한 권고 및 명령을 할 수 있게 하고 있으며(법 33조), 대기업 등의 사업을 중소기업에게 이양하도록 하는 제도를 두고 있다(법 35조).

5) 중소기업제품 구매촉진 및 판로지원에 관한 법률은 중소기업 제품의 구매를 촉진하기 위하여 중소기업자간 경쟁제품의 지정(법 6조)과 경쟁제품의 경쟁방법(법 7조) 및 경쟁입찰 참여자격(법 8조) 등에 대하여 규정하고 있다.

에 따라서 중소기업의 경쟁력을 향상시킬 수도 있지만, 반대로 중소기업의 경쟁력을 저하시킬 우려도 있다. 따라서 중소기업이 대기업과 함께 국민경제의 성장과 발전을 주도하는 핵심적인 경제주체로서 그 역할을 제대로 수행할 수 있도록 하기 위해서는, 중소기업관련법이 중소기업의 상대적인 취약점을 해소하고, 대기업의 불공정한 거래관행을 시정하기 위한 제도나 시책을 마련하여 시행함에 있어서, 소극적으로 열악한 처지에 놓여 있는 중소기업을 보호하고, 지원·육성하거나 중소기업에게 불공정한 거래관행을 시정하는 차원에 그칠 것이 아니라, 적극적으로 중소기업이 중견기업이나 대기업으로 성장·발전해 나가는 것을 가로막는 장애 요인들을 제거하여 중소기업이 중견기업이나 대기업으로 성장·발전할 수 있는[6] 여건이나 생태계를 조성하는데 초점을 맞출 필요가 있다.

셋째 현행 중소기업관련법은 그 수가 많기 때문에 그 속에 포함되어 있는 제도나 시책의 종류나 내용도 매우 다양하다. 그런데 이러한 제도나 시책들은 그 때 그 때의 필요에 따라 만들어진 것으로서 그 내용이 단편적일 뿐만 아니라 서로 중복되거나 충돌되는 경우도 있다. 예컨대 중소기업창업지원법과 벤처기업육성에 관한 특별조치법, 또는 하도급법과 대·중소기업상생협력촉진에 관한 법률은 그 내용에 있어서 서로 중복되는 경우가 많은 것으로 보인다. 그리고 중소기업관련법의 내용 중에는 기본적인 사항도 있고 부수적인 사항도 있으며, 단기적인 것도 있고 중·장기적인 것도 있다. 그런데 이러한 내용들이 체계적으로 정비되어 있지 않기 때문에, 구체적인 제도나 시책의 경우에 그 내용이 서로 충돌되거나 모순되는 경우가 있더라도 그 상호관계가 분명하지 않으므로, 이를 조정하기가 어려운 경우도 있다. 그리고 개별적인 제도나 시책들 중에는 국제적인 기준에 부합하지 않는 경우도 있다. 그 대표적인 예로서 중소기업적합업종제도는 그 제도와 운용이 정부의 조치로 평가되고 실제로 특정업종이 중소기업적합업종에 포함됨으로써, WTO 회원국, FTA 상대국과의 교역, 투자 등에 영향을 미치게 되는 경우 관련 국제통상규범의 준수 여부가 문제될 우려가 있다.[7] 한편 각 정부의 성격이나 정책담당자의 성향에 따라 그 집행의 강도에 차이가 나타나는 경우도 있다. 그런데 이러한 문제점들은 중소기업관련법의 실효성을 저해하는 요인으로 작용할 뿐만 아니라 국제적인 분쟁의 소지가 될 우려가 있기 때문에, 중소기업관련법의 실효성을 제고하기

---

6) 정기화, "공생발전을 위한 법의 역할: 대·중소기업 관계를 중심으로", 저스티스 통권 제134-2호, 2013, 249면 참조.

7) 조영재, "중소기업 적합업종제도에 대한 국제통상규범 적용가능성에 관한 연구", 통상법률 통권 제113호, 2013, 49면 이하, 51면 참조.

위해서는 중소기업관련법을 종합적인 관점에서 재검토하여 현행법의 내용 중에서 중복되거나 충돌되는 부분은 수정하고, 미흡한 부분은 보완함으로써 중소기업관련법의 내용을 국내외의 다른 규범이나 국제적인 조약과 조화될 수 있도록[8] 재정비하거나 운영에 신중을 기할 필요가 있다.[9]

끝으로 중소기업의 지원과 육성은 주로 경제정책적인 함의를 가지고 있지만, 경우에 따라서는 사회정책적인 함의를 가지는 경우도 있다. 따라서 중소기업관련법은 대체로 경제적인 차원에서 열악한 처지에 놓여 있는 중소기업을 지원·육성하기 위한 제도나 시책들로 구성되어 있지만, 장애인기업이나 여성기업, 1인 창업기업 또는 전통시장이나 소상공인, 지방중소기업 등을 지원·육성하기 위한 경우에는 사회적 약자나 취약계층을 보호하기 위한 사회(정책)적인 목적을 실현하기 위한 제도나 시책을 포함하고 있는 경우도 있다. 그리고 중소기업을 지원·육성하기 위한 법들 중에는 양자의 성격을 동시에 가지고 있는 경우도 있는데, 양자는 그 기본적인 성격이 다르기 때문에 그 제도나 시책의 내용이나 방법도 다를 수밖에 없다. 따라서 중소기업관련법의 실효성을 제고하기 위해서는 중소기업관련법들 중에서 경제적인 목적을 실현하기 위한 것과 사회적인 목적을 실현하기 위한 것을 엄격히 구별하여, 전자는 가능한 한 중소기업의 경제적 효율성이나 경쟁력의 향상에 초점을 맞추고, 후자는 가능한 한 사회적 약자의 보호를 통한 사회안전망의 확보에 초점을 맞추어 나가도록 하는 것이 바람직할 것이다.

제 2 절 조직법적인 문제점과 개선방안

중소기업관련법의 실효성을 확보하기 위해서는 그 집행을 담당하고 있는 정부기관이나 조직이 제대로 정비되어 있어야 하고, 그 기관이나 조직의 책무가 적절하게 규율되고 있어야 한다. 그런데 현행법상 중소기업관련법의 집행은 기본적으로 국가와 지방자치단체의 책무로 되어 있으며(중소기업기본법 3조), 중앙정부의 차원에서는 중소벤처기업부장관이 이를 담당하고 있다(정부조직법 32조 3항). 그 밖에 중소기업을 지원하는 기관이나 단체로서는 중소기업진흥공단, 중소기업중앙회, 중

---

8) 이동원, 앞의 논문, 21면 참조.
9) 중소기업법령체계의 개편에 관한 상세한 내용은 김광희 외, 중소기업 법령체계 개편방안 연구, 중소기업연구원, 2009 참조.

소기업기술정보진흥원, 대·중소기업협력재단, 소상공인진흥원, 시장경영징흥원, 신용보증재단 및 신용보증재단 중앙회 등이 있다.[10]

　2017년 정부조직법의 개정으로 중소기업청이 중소벤처기업부로 승격되기는 했지만, 우리나라 경제정책의 기조가 오랫동안 대기업 중심적인 구조에서 벗어나지 못하고 있는 상태에서, 경제부처 중에서 가장 낮은 자리에 있는 중소벤처기업부장관이 중소기업관련법령이나 정책을 수립하여 집행하는 과정에서 이를 대기업 중심적인 구조에서 벗어나 중소기업 중심적인 구조로 전환하기를 기대하기는 어려울 것이다. 그러므로 정부가 중소기업관련법과 정책을 수립, 집행함에 있어서 중소기업을 단순히 대기업의 조력자 내지 협력자로 보지 않고, 대기업과 대등한 입장에서 국민경제의 성장과 발전을 주도하는 핵심주체로 발전해 나갈 수 있도록 하기 위해서는, 정부의 경제정책의 기조를 대기업 중심적인 구조에서 벗어나 대기업과 중소기업이 상생하는 구조로 근본적으로 전환하는 것이 바람직할 것이다.

　그리고 중소기업진흥공단, 중소기업중앙회, 중소기업기술정보진흥원, 대·중소기업협력재단 등과 같이 중소기업을 지원하는 기관이나 단체의 경우에는 그들의 기능이나 업무가 단편적이고 체계적이지 않은 문제점을 안고 있다. 따라서 중소기업을 지원하는 기관이나 단체의 기능이나 업무의 효율성을 제고하기 위해서는 그들의 기능이나 업무를 종합적으로 조정할 수 있는 단체나 조직을 설립하여 중소기업의 지원기능이나 업무가 종합적인 차원에서 체계적으로 이루어지도록 할 필요가 있을 것이다.[11] 한편 중소기업기본법에 따르면, 지방자치단체는 정부의 종합적인 중소기업정책에 따라 관할지역의 특성을 고려하여 그 지역의 중소기업시책을 수립하여 시행하도록 되어 있는데(법 3조 2항), 현재 각 지방자치단체에서 중소기업정책의 집행은 경제진흥실(서울특별시)이나 일자리경제산업실(경상북도) 등과 같은 일반경제부서의 업무로 되어 있기 때문에, 이러한 부서에서 일반경제정책과 구별되는 별도의 중소기업정책을 수립하여 시행하기를 기대하기는 매우 어려울 것이다. 따라서 지방자치단체의 차원에서 중소기업정책의 독립성을 확보하기 위해서는 지방자치단체의 경우에도 중소기업정책을 전담하는 부서를 일반경제부서에서 분리하여 독립시킬 필요가 있을 것이다.

---

10) 이동원, "대·중소기업의 상생을 위한 법적 과제", 기업법연구 제26권 제3호, 2012, 14－15면 참조.
11) 김세종·황성수, "중소기업 지원체계 개편방안", 경영법률 제19집 제2호, 2009.1, 128－134면 참조.

제 3 절 절차법적인 문제점과 개선방안

중소기업관련법과 정책의 집행은 이를 담당하고 있는 정부와 지방자치단체의 시책을 통하여 실현된다. 따라서 중소기업관련법과 정책의 실효성을 확보하기 위해서는 그 집행기관의 권한이 강력하고, 이를 집행하는 행정절차가 민주적이고 투명해야 하며, 그 집행방법이 합리적이어야 한다. 그런데 현재 중소기업관련법의 집행을 담당하고 있는 정부기관, 즉 중소벤처기업부의 권한에 대하여는 앞에서 살펴보았기 때문에, 여기서는 그 행정절차가 민주적이고 투명한지, 그리고 그 집행방법이 합리적인지에 대하여 살펴보고자 한다.

우선 중소기업기본법은 정부는 매년 정부와 지방자치단체가 중소기업을 육성하기 위하여 추진할 중소기업육성계획을 수립하여 관련 국회에 제출하도록 하고 있으며, 중소벤처기업부장관은 전년도 육성계획의 실적과 성과를 평가하고, 그 평가결과를 반영하여 중소기업정책에 관한 연차보고서를 국회에 제출하도록 하고 있다. 그리고 정부는 중소기업의 활동현황, 자금, 인력 및 경영 등 실태를 파악하기 위하여 매년 정기적으로 실태조사를 실시하고 그 결과를 공표하도록 하고 있다. 한편 중앙행정기관의 장과 중소벤처기업부장관은 이와 관련하여 필요한 경우에는 관계 중앙행정기관과 지방자치단체의 장에게 협조를 요청할 수 있다. 그런데 여기서 문제가 되는 것은 정부가 중소기업육성계획을 수립하고 그 실적 및 성과를 평가하는 일은 중소기업자들에게 매우 중요한 일임에도 불구하고, 그 과정이 전적으로 행정기관 중심으로 이루어지고 있어서, 중소기업자나 관련단체들은 여기에 참여할 수 있는 기회가 없다는 점이다. 따라서 중소기업관련법과 정책의 정당성과 실효성을 제고하기 위해서는 정부가 중소기업육성계획을 수립하고 그 실적 및 성과를 평가하는 과정에 중소기업자나 관련단체가 적극적으로 참여해서 의견을 개진할 수 있는 기회를 충분히 보장할 필요가 있을 것이다.

그리고 중소기업의 상대적인 취약점을 해소하기 위하여 중소기업을 지원·육성하는 경우에도 그 목적은 어디까지나 중소기업을 보호·육성하고 그 경쟁력을 제고하기 위한 것이기 때문에, 그 수단이나 방법도 중소기업의 성장이나 발전을 저해하는 장애요인을 제거하는 친시장적인 것이 되도록 노력할 필요가 있다. 따라서 중소기업 적합업종을 지정하거나 중소기업의 사업을 조정하는 경우와 같이 중소기업을 외부의 경쟁으로부터 보호하는 경우, 또는 공공기관으로 하여금 중소기업제품을 우선적으로 구매하도록 하는 경우와 같이 중소기업에게 특권을 부여하는 경우에는 이를 필요한 최소한의 범위로 제한하고 또 기간을 제한함으로써 그러한 제도가 중소기업의 경쟁력을 저해하는 요인으로 작용하지 않도록 배려할 필요가 있다.

한편 중소기업기본법은 중소기업에 영향을 주는 기존규제의 정비 및 규제 관련 민원처리의 원활한 지원을 위하여 중소벤처기업부장관 소속으로 중소기업 옴부즈만을 설치하여, 중소기업에 영향을 주는 불합리한 규제의 개선 및 행정기관의 규제집행에 따르는 애로사항 등에 관하여 중소기업자·이해관계자와 관련단체의 장이 중소기업 옴부즈만에게 의견을 제출할 수 있게 하고 있다. 동법에서 중소기업 옴부즈만 제도를 도입한 것은 칭찬할 만한 일이라고 할 수 있지만, 그 옴부즈만에게 의견을 제출할 수 있는 사안의 범위가 중소기업에 영향을 주는 불합리한 규제의 개선 및 행정기관의 규제집행에 따르는 애로사항 등으로 제한되어 있는 것은 아쉬운 점이라고 생각된다. 따라서 중소기업관련법의 실효성을 제고하기 위해서는 중소기업자·이해관계자와 관련단체의 장이 중소기업 옴부즈만에게 의견을 제출할 수 있는 사안의 범위를 중소기업관련법과 정책 전반으로 확대하는 것이 바람직할 것이다.

제4장 중소기업과 대기업이 상생할 수 있는 생태계의 조성

지난 50년간 우리나라가 중소기업관련법과 정책을 통하여 추구해 온 목표는 1960년대 이래 정부가 주도적으로 추진해 온 불균형성장정책의 결과로 형성된 대기업 중심적인 경제구조 하에서 대기업에 비하여 상대적으로 열악한 처지에 놓여 있는 중소기업을 지원·육성하고, 대기업과 중소기업 간의 불공정거래관행을 시정함으로써, 중소기업이 대기업의 조력자 내지 협력자의 역할을 성실히 수행할 수 있도록 하는 동시에 중소기업이 대기업과 함께 국민경제의 주역으로 성장할 수 있게 하려는 것이었다. 그런데 이러한 중소기업관련법과 정책은 그동안 상당한 성과를 거두었음에도 불구하고, 중소기업은 아직 대기업과 대등한 입장에서 국민경제의 성장과 발전을 주도하는 핵심적인 역할을 담당하기는커녕 대기업의 조력자 내지 협력자의 역할도 제대로 수행하지 못하고 있어서, 국민경제의 지속적인 발전을 저해하는 요인으로 작용하고 있다는 평가를 받고 있다. 이것이 바로 우리나라 중소기업관련법과 정책의 한계라고 할 수 있다.[1]

따라서 장차 우리나라 중소기업관련법과 정책이 지향해야 할 방향은, 단기적으로는 중소기업의 상대적인 취약점을 개선하기 위하여 중소기업을 지원·육성하고, 대기업과 중소기업 간의 불공정한 거래관행을 시정함으로써 중소기업이 대기업의 조력자 내지 협력자의 역할뿐만 아니라 경쟁자의 역할을 성실히 수행할 수 있도록 하면서, 장기적으로는 오랫동안 지속되어 온 대기업 중심적인 경제구조를 대기업과 중소기업이 상생할 수 있는 다원적인 경제구조로 전환하여, 모든 기업이 그 규모와 상관없이 그들의 재화의 가격, 품질 및 기능 등과 같은 장점(merits)에 따라 공정하게 경쟁할 수 있는 환경을 마련함으로써 경쟁력 있는 기업은 살아남고 경쟁력이 없는 기업은 도태되는, 친시장적인 생태계를 조성하는 방향으로 나아갈 수 있도록 노력해야 할 것이다.[2]

---

1) 동지: 조혜신, 앞의 논문, 19-20면 참조.
2) 참고로 참여정부가 추진한 '대·중소기업 상생정책'이나 이명박 정부가 추진한 '대·중소기업 동반성장정책'은 대기업과 중소기업의 관계를 갈등관계가 아니라, 상호협력하면서 함께 성장해가는 관계로 유도하고자 한 것이었다. 이러한 점에서 종래의 중소기업관련정책이 추구해 온 기조와는 상당한

제 1 절 대기업 중심적인 경제구조의 개편

그런데 우리나라의 경제구조가 대기업 중심적인 경제구조로 고착되게 된 것은 1960년대 이래 정부가 소수의 능력 있는 기업을 집중적으로 지원하여 고도성장을 추구해 온 불균형성장정책의 결과라고 할 수 있다. 따라서 이러한 경제구조를 대기업과 중소기업이 상생할 수 있는 다원적인 경제구조로 전환하기는 결코 쉽지 않을 것이다. 왜냐하면 이는 우리나라 경제의 장기적인 발전전략을 어떻게 수립할 것이냐 하는 점과 깊이 관련되는 대단히 중요한 문제이기 때문이다. 우리나라 경제의 장기적인 발전전략을 수립함에 있어서 우리가 선택할 수 있는 방안은 다음 세 가지 중의 어느 하나가 될 수 있을 것이다. 하나는 대기업 중심적인 현재의 경제구조를 그대로 유지하면서 국제경쟁력을 갖춘 대기업의 수를 늘리는 동시에[3] 이를 뒷받침할 수 있는 중견기업이나 중소기업을 육성해 나가는 방안이고, 둘은 대기업 중심적인 경제구조를 아예 대만과 같이 중소기업 중심적인 경제구조로 전환하는 방안이며, 셋은 대기업 중심적인 경제구조를 대기업과 중소기업이 상생할 수 있는 다원적인 구조로 전환하는 방안이다.

이들 중에서 대기업 측에서 가장 선호하는 방안은 아마 첫 번째 방안이 아닐까 생각된다. 그러나 그것은 실현가능성이 높지 않을 뿐만 아니라 그러한 방법으로는 대기업과 중소기업 간의 양극화를 해소할 수 없고, 내수시장을 활성화할 수도 없다는 한계가 있기 때문에, 이를 우리나라 경제의 지속적인 발전을 기약하는 방안으로 채택하는 적절하지 않은 것은 바람직하지 않다고 생각된다. 그리고 두 번째 방안은 지금까지 우리나라가 추진해 온 경제정책의 방향을 근본적으로 부정하는 것으로서, 이를 채택하기는 매우 어려울 것이다. 따라서 지난 50여 년간 우리나라 경제가 발전해 온 과정을 존중하면서 그 문제점을 개선해 나갈 수 있는 가장 합리적이면서 실현가능성이 높은 방안은 세 번째 방안이라고 할 수 있다. 그러므로 장차 우리나라 경제가 지향해 나가야 할 장기적인 방향은 대기업에게 유리한 산업이나 분야에서는 대기업이 국제경쟁력을 갖춘 대기업으로 계속 성장·발전해 나갈

차이가 있는 것으로 보인다. 그러나 여기에는 아직 우리나라의 경제구조를 대기업중심적인 구조에서 대기업과 중소기업이 상생하는 다원적인 구조로 전환하려는 사고의 전환은 보이지 않는다.

3) 예컨대 삼성전자나 LG전자, 현대자동차나 포스코 등과 같이 국제경쟁력을 갖춘 대기업의 수가 수십 개로 늘어났으면 좋겠다는 바람과 같은 것을 말한다.

수 있도록 하고, 중소기업에게 유리한 산업이나 분야에서는 중소기업이 국내시장에서는 물론이고 국제시장에서도 경쟁력을 갖춘 기업, 즉 중견기업이나 강소기업으로 성장·발전해 나감으로써, 중소기업이 때로는 대기업과 공정하게 경쟁하고 때로는 대기업과 긴밀히 협력하는 다원적인 경제구조를 형성해 나가도록 하는 것이 바람직할 것이다. 그런데 이러한 경제구조를 형성하기 위해서 우선적으로 해결해야 할 과제는 소수의 재벌에 의한 과도한 경제력집중과 장기간 고착되어 있는 독과점적 시장구조를 시급히 개혁하여 모든 기업이 자유롭고 공정하게 경쟁할 수 있는 친경쟁적인 생태계를 조성하는 것이라고 할 수 있다.

제 2 절   과도한 경제력 집중의 완화

우리나라는 개발 초기단계부터 부존자원과 자본이 절대적으로 부족한 상태에서 고도성장을 이룩하기 위하여 정부가 소수의 능력 있는 기업을 집중적으로 지원하는 불균형 성장정책을 추진해 왔기 때문에, 그 과정에서 경제력이 소수의 기업집단에게 과도하게 집중되는 결과를 초래하게 되었다.[4] 그런데 이러한 기업집단들은 계열회사를 통하여 다양한 산업분야에 참여하는 방법으로 그 세력을 계속 확대하여 저마다 수십 개의 계열회사를 거느리고 있는데, 그들은 지주회사나 순환출자 등과 같은 방법으로 서로 연결되어 있기 때문에, 총수가 아주 적은 지분만으로 기업집단 전체를 총괄적으로 지배하거나 계열회사의 경영에 지배적인 영향을 미칠 수 있게 되어 있으며, 계열회사 상호간의 내부거래도 널리 성행되고 있다.

이와 같이 경제력이 소수의 기업집단에게 과도하게 집중되어 있는데다가, 계열회사의 경영이 독립적이지 않고 또 계열회사 상호간에 내부거래가 성행하고 있기 때문에, 그 기업집단에 소속되어 있는 계열회사들이 독립적으로 경영하기가 어려울 뿐만 아니라 그 기업집단에 소속되어 있지 않는 중소기업들은 혁신적인 기업활동을 통하여 성장·발전하기가 매우 어려운 토양을 형성하고 있다.[5] 왜냐하면 기업집단의 계열회사와 경쟁관계에 있는 중소기업은 가격과 품질에 있어서 그 계열회사보다 더 유리한 조건을 제시하더라도 그 기업집단의 다른 계열회사와 거래할 수 있는 기회를 얻기가 어렵기 때문에, 중소기업과 기업집단의 계열회사 간에는

---

4) 김종인, 지금 왜 경제민주화인가, 동화출판사, 2012 참조.
5) 이봉의, "대·중소기업 공생발전을 위한 법의 역할", 저스티스 통권 제134-2호, 2013, 225면 참조.

공정한 경쟁을 기대하기가 매우 곤란하고, 또 기업집단의 계열회사와 거래관계를 맺고 있는 중소기업은 그 계열회사가 불공정한 거래조건을 요구하더라도 이를 거절하기가 어려워서 그들 사이에 공정한 거래를 기대하기가 매우 곤란하기 때문이다. 더욱이 최근에는 기업집단의 계열회사들 상호간에 부당한 자금지원, 자산·상품 등의 지원이나 인력지원 또는 물량몰아주기 등과 같은 부당지원행위가 자주 나타나고 있기 때문에, 그들과 경쟁관계에 있는 중소기업들은 그 시장에서 공정하게 경쟁하기는커녕 살아남기조차 어려운 실정이다.[6] 따라서 이러한 문제점을 근본적으로 해결하기 위해서는 소수의 기업집단에게 과도하게 집중되어 있는 경제력집중을 조속히 완화함으로써 기업집단의 영향력을 제한할 필요가 있다. 그러나 이러한 경제력집중의 완화는 상당한 시간과 노력이 필요한 과제이기 때문에, 우선 계열회사들 상호간에 다양한 형태의 순환출자로 연결되어 있는 자본적 연대를 해소함으로써[7] 기업집단의 계열회사들이 독립적으로, 다시 말하자면 기업집단의 총수나 다른 계열회사의 영향을 받지 않고 자율적으로 경영할 수 있는 여건을 마련하기 위하여 노력할 필요가 있다.

제 3 절   독과점적 시장구조의 개선

대기업과 중소기업 간의 거래가 공정하게 이루어지도록 하기 위해서는, 공정거래위원회가 불공정한 경쟁이나 거래의 관행을 시정하는 것도 중요하지만, 더욱 중요한 것은 그러한 관행이 발생할 소지를 아예 없애는 것이다. 그런데 이를 위해서는 독과점 사업자의 시장지배적 지위남용행위를 엄격히 금지하는 동시에, 장기간 고착되어 있는 독과점적인 시장구조를 개선하기 위하여 노력할 필요가 있다. 왜냐하면 대기업이 중소기업에게 어떤 재화를 공급하거나 구입하면서 불공정한 거래조건을 제시할 경우에 중소기업이 그 거래를 거절할 수 있다면 불공정한 거래행위가 발생할 여지가 없어질 것이기 때문이다.

그런데 중소기업이 그 거래를 거절할 수 없는 이유는 그 재화가 반드시 필요한

---

6) 이를 막기 위하여 독점규제법 제23조 제1항 제7호는 부당지원행위를 금지하고 있으며, 2013년 8월에 개정된 독점규제법은 특수관계인에 대한 부당한 이익제공 등을 금지하고 있다(법 23조의2).

7) 이러한 연결고리를 끊기 위해서는 다양한 형태의 순환출자를 금지할 필요가 있는데, 기존의 순환출자를 해소하는 것에 대하여는 재계의 반대가 매우 컸기 때문에, 2014년 1월에 개정된 독점규제법은 신규 순환출자만 금지하고 있다(법 9조의2).

재화인데 이를 공급하는 대기업이 독점적인 지위를 차지하고 있기 때문에 다른 거래상대방을 찾을 수 없거나, 이를 구입하는 대기업이 독점적 지위를 차지하고 있어서 그 재화를 구입하고자 하는 다른 거래상대방을 찾을 수 없기 때문이다. 따라서 대기업과 중소기업 간의 거래의 공정성을 확보하기 위한 최선의 방법은 대기업이 독점적 지위를 차지하고 있는 시장의 구조를 개선하여 그 시장에 자유로운 경쟁이 이루어지도록 함으로써 중소기업이 그 거래의 상대방을 자유롭게 선택할 수 있도록 하는 것이라고 할 수 있다.[8] 시장경제가 정상적인 기능을 발휘하기 위해서는 시장에 자유롭고 공정한 경쟁이 유지되고 있어야 하는데, 그중에서 공정한 경쟁이나 공정한 거래의 확보보다 자유로운 경쟁의 유지가 더욱 중시되고 있는 이유가 바로 여기에 있다고 할 수 있다.

제 4 절 중소기업정책에 대한 접근방법의 개선

우리나라 정부가 1980년대 이래 중소기업을 보호하고 지원·육성하기 위하여 여러 가지 법과 정책을 마련하여 시행해 오고 있지만, 아직 중소기업의 지위가 획기적으로 개선되지 않고 있는데, 그 일차적인 이유는 중소기업관련법과 정책이 소기의 성과를 거두지 못하였기 때문이라고 할 수 있다. 그러나 보다 근본적인 이유는 기존의 중소기업관련법과 정책만으로는 해결할 수 없는 한계, 즉 오랫동안 지속되어 온 대기업 중심적인 경제구조가 개선되지 않고 있기 때문이라고 생각된다. 따라서 중소기업이 장차 우리나라 경제에서 대기업과 함께 국민경제의 지속적인 발전을 주도하는 핵심적인 경제주체로 성장·발전해 나갈 수 있도록 하기 위해서는 중소기업정책에 대한 접근방법을 전면적으로 전환할 필요가 있다.

우선 단기적으로는 중소기업의 상대적인 취약점을 개선하기 위한 현행 중소기업관련법과 정책의 문제점을 해결함으로써 중소기업의 경쟁력을 향상시키기 위하여 노력할 필요가 있으며, 장기적으로는 대기업 중심적인 경제구조를 대기업과 중소기업이 상생할 수 있는 다원적인 경제구조로 전환하여, 대기업과 중소기업이 각각 그들이 제공하는 재화의 가격이나 품질 등과 같은 장점을 중심으로 공정하게

---

8) 이러한 취지에서 독점규제법 제3조는 공정거래위원회로 하여금 독과점적 시장구조가 장기간 유지되고 있는 상품이나 용역의 공급 또는 수요시장에 대하여 경쟁을 촉진하기 위한 시책을 수립하여 시행하도록 하고 있다.

경쟁할 수 있는 친경쟁적인 환경 내지 생태계를 조성하기 위하여 노력할 필요가 있다.

그런데 대기업 중심적인 경제구조를 다원적인 친경쟁적 경제구조로 전환하기 위해서는 소수의 재벌에게 과도하게 집중되어 있는 경제력집중을 완화하는 동시에 장기간 고착화되어 있는 독과점적 시장구조를 개혁할 필요가 있는데, 이러한 과제는 종래의 관점에서 보면 중소기업정책의 범주에 포함되는 업무가 아니라고 할 수 있다. 따라서 앞으로는 중소기업정책을 단순히 상대적으로 열악한 처지에 놓여 있는 중소기업을 보호하고 지원·육성하는 차원의 문제로 보아 중소벤처기업부의 차원에 맡겨 놓을 것이 아니라, 국민경제의 지속적인 성장과 발전을 도모할 수 있는 경제구조를 형성하는 차원의 문제, 즉 국가경제의 장기적인 발전전략을 수립하는 문제와 관련되는 것으로 보아, 이를 중장기 국가발전전략의 수립과 경제정책의 수립·총괄·조정 등을 담당하고 있는 기획재정부와 독점규제법과 경쟁정책의 수립과 집행을 담당하고 있는 공정거래위원회,9) 과학기술정책의 수립·총괄·조정·평가, 과학기술의 연구개발·협력·진흥, 과학기술인력양성을 담당하고 있는 미래창조과학부 및 인적자원개발정책을 담당하고 있는 교육부 등 관련기관이 모두 참여하여 종합적인 차원에서 해결책을 모색할 수 있는 체제를 마련할 필요가 있다.10)

---

9) "중소기업의 보호는 넓은 의미의 경쟁정책의 한 측면을 의미하므로, 중소기업의 보호는 경쟁질서의 범주 내에서 경쟁질서의 확립을 통하여 이루어져야 한다." 헌법재판소 1996. 12. 26. 96헌가18 결정.

10) 권오승, "중소기업관련법과 정책의 개혁", 서울대 법학 제55권 제2호, 2014, 555면 이하 참조.

제 **4** 편

소비자보호관련법

제 1 장 　소비자기본법

제 2 장 　약관규제법

제 3 장 　할부거래법

제 4 장 　방문판매법

제 5 장 　전자상거래소비자보호법

제1장 소비자기본법

제1절 총 설

소비자문제는 1960년대에 접어들면서 선진 공업국을 중심으로 제기되기 시작한 사회문제의 하나로서, 오늘날 국제사회가 당면하고 있는 가장 중요한 법 정책적인 과제 중의 하나이다.[1] 현대사회에서는 복지수준의 증대로 인하여 상품과 용역에 대한 수요가 대폭 늘어나고 신용능력이 증가함에 따라 소비가 훨씬 더 중요한 의미를 가지게 되었다. 이에 따라 사람들은 현대사회를 소비사회라고 부르고 있다. 그런데 소비자의 지위는 그다지 많이 개선되지 않고 있다. 왜냐하면 시장경제에 있어서 소비자가 주권자로서 제 기능을 다하기 위해서는 상품이나 서비스를 제조 또는 판매하는 공급자와 대등한 지위를 가지고 있어야 하는데, 실제로는 공급자보다 훨씬 낮은 지위에서 거래에 참여하고 있기 때문이다.

돌이켜 보면, 가내수공업의 단계를 벗어나지 못한 경제사회에 있어서는 각 사람은 생활에 필요한 재화(상품이나 용역)를 스스로 자급자족하는 것이 보통이었고, 타인의 재화가 필요할 경우에도 주로 주문생산에 의존해 왔었다. 따라서 이러한 방법으로 구입한 상품에 결함이 있거나 가격이 부당하게 높아서 소비자가 피해를 입은 경우에도 그 피해의 구제는 어디까지나 구체적인 거래당사자 간의 문제로서 비교적 쉽게 해결할 수 있었다. 그리고 이러한 거래는 거기에 참여한 주체들 상호간에 지위가 대등하고(지위의 대등성), 입장이 서로 바뀔 수 있다는 것(입장의 호환성)을 전제로 하고 있었으며, 또한 그 피해가 미치는 범위도 당해 거래에 참여한 당사자들에게 국한되었기 때문에 그것이 사회문제로 비화될 소지는 거의 없었다.

그런데 자본주의가 고도로 발달하여 사업자의 규모와 시설이 대형화하고, 동일한 품질의 상품이 대량으로 생산·판매되는 단계, 즉 대량생산·대량판매의 단계에 이르게 되면, 공급자는 부당한 공동행위나 기업결합 등과 같은 경쟁제한행위를 통하여 시장지배력을 강화해 나가는 데 반하여, 소비자는 상품이나 용역의 품질이

---

1) E. von Hippel, Verbraucherschutz, 3. Aufl., 1986, S. 3.

나 가격 또는 거래조건 등을 제대로 파악할 수도 없는 처지에 놓이게 된다. 이러한 상황에서는 소비자가 생활에 필요한 물자를 구입함에 있어서 공급자가 표시나 광고 등을 통하여 제공하는 정보에 의존하여 상품이나 용역을 선택할 수밖에 없게 된다. 그런데 표시나 광고를 하는 사업자들은 소비자에게 상품이나 서비스의 품질이나 가격 또는 거래조건 등에 대한 객관적인 정보를 정확하게 제공해 줌으로써 소비자의 합리적인 선택을 도우려고 노력하는 것이 아니라, 자기 제품의 장점만을 적극적으로 선전 또는 홍보하고, 그와 모순되는 제품의 결점이나 부작용 또는 안전성확보를 위한 조치 등에 대하여는 제대로 알려주지 않는 경향이 있다.

그 결과, 소비자는 사업자가 제공하는 상품이나 서비스를 구입하는 과정에서 여러 가지의 피해를 입을 우려가 있다. 소비자가 상품이나 서비스의 선택을 잘못하거나 부당한 가격결정이나 불공정한 거래조건 등으로 인하여 경제적인 피해를 볼 우려도 있고, 또한 상품에 결함이 있는 경우에는 생명·신체의 안전이 침해될 우려도 있다. 그런데 더욱 심각한 문제는 대량생산·대량판매·대량소비가 일반화되고 있는 현대 자본주의사회에서는 이러한 피해가 개별소비자의 차원에 그치는 것이 아니라 국민 일반에게 널리 확산되어 심각한 사회문제를 야기하게 된다는 점이다. 따라서 소비자문제는 이제 더 이상 피해를 받은 소비자 개인의 문제에 그치는 것이 아니라 사회적인 문제로 비화되고 있다. 이러한 현상은 근본적으로는 현대사회의 경제구조와 깊은 관련이 있기 때문에 사람들은 오늘날의 소비자피해를 이른바 구조적 피해라고 한다.

한편 현대국가는 모든 국민들에게 인간다운 생활을 보장해 주어야 할 의무를 부담하고 있는데, 이를 위하여 국가는 이러한 소비자피해를 효과적으로 구제 또는 예방하고, 나아가 고도로 발전하는 물질적인 생산력을 인간사회의 복지향상과 문화적인 욕구충족을 위하여 긍정적으로 활용할 수 있도록 배려할 필요가 있다. 따라서 1960년대 이후에는 '소비자보호'가 선진 공업국에서 적극적으로 추진하고 있는 공통적인 정책적 과제가 되고 있다.

우리나라에서도 5차례에 걸친 경제개발 5개년계획을 통하여 국민경제가 대량생산·대량판매·대량소비의 단계로 접어들게 됨에 따라, 소비자문제가 사회문제의 하나로 등장하게 되었다. 그런데 우리나라에서 소비자문제가 일찍이 사회적인 관심을 끌게 된 데에는 여성단체들이 전개한 소비자보호운동의 공이 컸다고 할 수 있다. 우리나라에서는 소비자보호운동이 1960년대 후반에 주로 여성단체들에 의하여 시작되었으며, 1980년대에 접어들면서 본격적인 궤도에 오르게 되었다.

한편 정부에서는 1970년대 후반 오일쇼크로 인한 심각한 물가상승에 대처하기 위한 수단으로 소비자보호운동에 관심을 갖기 시작하였으며, 그 후 1970년대 말부터는 소비자보호정책을 적극적으로 추진하게 되었다. 그 결과, 1979년 12월에는 전문 8장 32개조와 부칙으로 구성된 「소비자보호법」을 제정하였으며, 그 다음 해인 1980년 10월에는 헌법 제125조(현행 헌법 124조)에 "국가는 건전한 소비행위를 계도하고 생산품의 품질향상을 촉구하기 위한 소비자보호운동을 법률이 정하는 바에 의하여 보장한다"고 규정함으로써, 소비자보호운동을 보장하는 헌법적인 근거를 마련하게 되었다. 그러나 경제가 더욱 발전하고 소비자보호운동의 저변이 확산되면서, 소비자는 더 이상 보호의 대상이 아니라 권리의 주체라는 의식이 강화되었다. 따라서 이러한 변화를 반영하고자 종래 2006년 9월 소비자보호 위주의 소비자정책에서 탈피하여 중장기 소비자정책의 수립, 소비자안전·교육의 강화 등으로 소비자권익을 증진함으로써 소비자의 주권을 강화하고, 시장 환경의 변화에 맞게 한국소비자원의 관할 및 소비자정책에 대한 집행기능을 공정거래위원회로 이관하고, 소비자피해를 신속하고 효율적으로 구제하기 위하여 일괄적 집단분쟁조정 및 단체소송을 도입하여 소비자피해구제제도를 강화하는 등의 내용을 담은 전부개정이 이루어졌으며, 이때 법명도 「소비자보호법」에서 「소비자기본법」으로 변경되었다.

제 2 절 소비자의 지위

I. 소비자의 개념

소비자가 생활에 필요한 재화를 구입하기 위하여 체결하는 계약의 유형은 매우 다양하다. 따라서 이들에 대한 법적 보호도 그 계약의 유형에 따라 매매계약에 있어서는 매수인보호, 임대차계약에 있어서는 임차인보호, 할부거래나 방문판매와 같은 특수판매에 있어서는 매수인보호, 여행계약에 있어서는 여행자보호, 의료계약에 있어서 환자보호 또는 보험계약에 있어서는 보험계약자나 피보험자 보호 등과 같은 모습으로 나타나게 된다. 그런데 이와 같이 다양한 모습으로 나타나는 소비자를 효과적으로 보호하기 위해서는 소비자의 개념을 하나의 통일된 개념으로 파악하여 이들의 법률관계를 체계적으로 구성할 필요가 있다.

소비자의 개념은 우선 사업자 내지 공급자에 대립하는 개념으로 파악될 수도 있고, 국민경제에 있어서 차지하는 비중을 강조하여 국민 일반으로 파악할 수도 있다.[2] 그런데 소비자기본법 제2조 제1호는 이러한 의미에서 "소비자라 함은 사업자가 제공하는 물품 또는 용역(시설물을 포함한다. 이하 같다)을 소비생활을 위하여 사용 내지 이용하는 자 또는 생산활동을 위하여 사용하는 자로서 대통령령이 정하는 자를 말한다"고 규정하고 있다. 동 규정에서 소비자란 다음과 같은 특성을 가진 자를 말한다.

우선 사업자가 제공하는 물품이나 용역을 사용하거나 이용하는 자이다. 따라서 자기가 생산한 물품이나 용역을 스스로 사용하거나 이용하는 경우에는 소비자의 개념에 포함되지 않는다. 그리고 사업자가 제공하는 물품이나 용역을 사용하거나 이용하는 자라고 하더라도, 그것을 소비생활을 위하여 사용하거나 이용하지 않고 이를 전매하거나 이를 소재로 하여 생산 활동을 영위하는 자는 원칙적으로 소비자의 개념에 포함되지 않는다. 즉 소비자는 유통과정의 마지막 단계에 있는 최종소비자만을 의미하며, 이를 전매하거나 이를 소재로 하여 생산 활동을 영위하는 중간소비자는 여기에 포함되지 않는다. 왜냐하면 최종소비자는 거래과정에서 받은 피해를 다른 사람에게 전가할 수 있는 방법이 없는데 반하여 중간소비자들은 그 피해를 다른 사람에게 전가할 수 있는 가능성이 있기 때문이다.

그러나 소비자기본법 제2조 1의 후문과 동법 시행령 제2조는 사업자가 제공하는 물품이나 용역을 생산 활동을 위하여 사용 또는 이용하는 자로서, ① 제공된 물품 또는 용역(이하 '물품 등'이라 함)을 최종적으로 사용하는 자(다만, 제공된 물품 등을 원재료(중간재를 포함한다), 자본재 또는 이에 준하는 용도로 생산 활동에 사용하는 자는 제외), ② 제공된 물품 등을 농업·축산업 및 어업활동을 위하여 사용하는 자(다만 「원양산업발전법」 제6조 제1항에 따라 농림수산식품부의 허가를 받아 원양어업을 하는 자는 제외)를 소비자의 개념에 포함시키고 있다. 입법자가 이들을 소비자의 개념에 포함시킨 것은, 이들도 최종소비자와 마찬가지로 사회적인 약자로서 법적인 보호를 받을 필요가 있다는 판단에 따른 것이다. 그러나 이러한 판단에는 의문이 있다. 왜냐하면 이들이 비록 거래과정에서 피해를 입었다고 하더라도 그 피해는 제3자에게 전가할 수 있는 것이기 때문에 소비자기본법에서 최종소비자와 같은 차원에서, 그리고 같은 정도로 보호할 필요는 없고, 만약 보호가 필요하다면 다른 방법으로 보호하는 것이 바람직할 것이기 때문이다.

---

2) 今村成和, 「消費者保護の批判的檢討」, 私的獨占禁止法の研究(四) Ⅱ, 319면.

II. 경제구조하에서 소비자의 지위

1. 자본주의사회와 소비자

인간은 누구나 자신의 생활을 영위하기 위해서 일정한 재화를 소비하지 않으면 안 된다. 그런데 오늘날과 같은 자본주의사회에서는 그러한 재화, 즉 물품이나 용역을 스스로 생산하여 소비하는 사람은 거의 없고, 대부분의 사람들은 사업자가 영리추구를 위하여 생산하여 공급하는 재화를 구입하여 소비하고 있다. 다시 말하자면, 소비자는 자신의 생활을 영위하기 위하여 사업자가 제공하는 물품이나 용역을 구입하여 소비하는 반면, 사업자는 영리추구를 위하여 상품이나 용역을 생산하여 소비자에게 공급하고 있다. 따라서 소비자가 상품이나 용역을 구입함에 있어서는 사업자가 제공하는 상품이나 용역 중에서 자기의 욕구를 충족하기에 가장 적합한 것, 즉 품질이 가장 좋고 값이 가장 싼 것을 선호하게 된다. 따라서 사업자는 품질이 좋고 값이 싼 상품이나 용역을 공급함으로써 소비자의 선호를 확보하기 위하여 노력하게 된다. 그런데 어떤 시장에서 소비자들이 특정한 상품이나 용역을 많이 구입하게 되면 그 가격은 올라가고, 그것을 구입하지 않으면 그 가격이 떨어지게 된다. 그리고 가격이 올라가면 생산이 늘어나고, 가격이 떨어지면 생산이 줄어들게 된다. 이러한 구조하에서는 사업자가 소비자들의 선호를 많이 확보하면 그 사업에 성공하여 계속 번창하지만, 그렇지 않으면 그 사업에 실패하고 결국 시장에서 쫓겨나게 된다.

그러므로 사업자가 그 사업을 계속 유지·발전시켜 나가기 위해서는 소비자가 원하는 품질이나 특성을 갖춘 상품이나 용역을 소비자가 원하는 가격이나 거래조건으로 공급함으로써 보다 많은 소비자의 선택을 확보하지 않으면 안 된다. 결국, 시장경제에 있어서는 소비자가 사업자들이 어떠한 상품이나 용역을 어떠한 가격이나 거래조건으로 공급할 것인지를 지도하는 역할을 담당하게 되는데, 이를 이른바 소비자주권(consumer sovereignty)이라고 한다. 그런데 이러한 소비자주권이 제대로 실현되기 위해서는 시장경제가 정상적으로 작동하고 있어야 하며, 시장경제가 정상적으로 작동하기 위해서는 시장에 자유롭고 공정한 경쟁이 유지되고 있어야 한다.3) 왜냐하면 시장에 자유롭고 공정한 경쟁이 유지되고 있어야 비로소 가격이

---

3) Leland Gordon and Stewart Lee, Economics for Consumers, 7th ed., Van Nostrand, 1977, pp.

상품이나 용역에 대한 수요와 공급을 조절하는 기능을 원만하게 수행할 수 있기 때문이다.

그리고 사적자치의 원칙이 제 기능을 다 하기 위해서도 시장경제가 정상적으로 작동할 수 있는 조건이 갖추어져 있어야 한다. 사적자치는 근대법의 기본원칙으로서 개인 상호간의 법률관계의 형성을 당사자의 자기결정에 맡겨 놓고, 국가나 법질서는 여기에 직접 개입하지 않는다는 것을 의미한다. 이것은 인간의 자기결정 내지 자기책임의 원칙의 표현으로서, 인간의 존엄과 가치를 실현하기 위한 불가결의 조건이 되는 동시에 당사자 간의 이해관계를 정당하게 조정하는 법적 수단이 되고 있다.4) 즉 각 개인은 자신의 욕구와 이해관계를 가장 잘 통찰할 수 있기 때문에, 그들의 사적인 생활관계의 형성을 그들의 자유로운 결정에 맡겨 놓게 되면, 각 개인의 이익을 가장 잘 실현할 수 있을 뿐만 아니라 사회전체의 이익도 극대화될 수 있다는 것이다. 그런데 이러한 사적자치의 원칙은 구체적인 거래에 있어서는 계약자유의 원칙과 과실책임의 원칙으로 표현된다. 계약자유의 원칙은 각 개인이 누구와, 어떠한 내용의 계약을, 어떠한 방식으로, 체결할 것인지의 여부를 자유롭게 결정할 수 있다는 것을 의미한다. 그리고 각 개인이 그 거래관계를 자유롭게 형성한 이상 그 거래관계에서 나오는 권리의 행사와 의무의 이행은 신의에 따라 성실히 해야 하며(민법 2조 1항), 거기서 생긴 손해는 원칙적으로 각자가 부담하게 된다. 그러나 그것이 타인의 고의 또는 과실에 기인한 위법한 것일 때에는 그 손해를 그 타인에게 전가할 수 있다. 이것이 바로 과실책임의 원칙이다. 그런데 이러한 원칙들은 모두 거래주체 상호간의 지위의 대등성과 입장의 호환성을 전제로 하고 있다.5)

그러나 실제 시장에는 사업자들 간의 경쟁이 자유롭고 공정하게 이루어지지 않는 경우가 많을 뿐만 아니라, 거래주체들 상호간에 지위의 대등성과 입장의 호환성도 보장되지 않는 경우도 많기 때문에, 소비자가 이른바 주권자로서 그 거래의 내용이나 조건을 자유롭게 결정할 수 있는 경우는 드물다. 소비자는 사업자가 공급하는 상품이나 용역을 사업자가 제공하는 정보에 따라 선택하여 사업자가 제시하는 가격이나 거래조건으로 구입하게 되는 것이 보통이다. 그 결과, 소비자는 거래과정에서 품질이 좋고 값이 싼 상품이나 용역을 구입하지 못하고 품질이 나쁜

8-9.

4) 헌법재판소 1991. 6. 3. 결정 89헌마204, 헌판집 3권 276면.

5) 宮澤健一, 「經濟構造における消費者の地位」, ジュリスト增刊綜合特輯 No. 13, 消費者問題, 34면.

상품이나 용역을 비싸게 구입함으로써 경제적인 피해를 볼 수도 있고, 또 결함 있는 상품을 구입하여 사용함으로써 생명이나 신체의 안전이 침해될 수도 있다. 뿐만 아니라 소비자들은 이러한 피해를 받고도 그것을 제대로 인식하지 못하고 지나치는 경우도 있고, 또 비록 그 피해를 인식했다고 하더라도 이를 신속하고 적절하게 구제하거나 예방하기 위하여 노력하지 못하는 경우도 자주 있다.

2. 소비자의 열등성

오늘날의 경제구조 하에서 소비자가 차지하고 있는 지위를 명확하게 파악하기 위하여 이를 사업자의 지위와 대비해 보면, 소비자는 정보, 기술조작, 부담전가, 조직력과 시장지배력 등에 있어서 사업자보다 열등한 지위에 놓여 있다는 것을 알 수 있다.

우선 소비자는 정보면에서 사업자보다 열등한 지위에 놓여 있다. 소비자는 그가 오래 전부터 사용해 오고 있는 물품에 대하여는 그 품질이나 가격 또는 거래조건을 쉽게 판단할 수 있지만, 고도로 발달한 기술적인 과정을 거쳐서 대량으로 생산된 제품이 복잡한 유통경로를 통해서 공급되는 물품에 대하여는 그 품질이나 가격 또는 거래조건 등을 스스로 판단할 수 없는 경우가 많다. 따라서 소비자는 사업자가 표시나 광고 등을 통하여 제공하는 정보에 의존하여 판단할 수밖에 없다. 그런데 사업자는 소비자에게 정보를 제공함에 있어서 그가 알고 있는 정보를 모두 다 제공하는 것이 아니라 자기에게 유리한 정보는 제공하고 불리한 정보는 제공하지 않는 경향이 있는가 하면, 유리한 정보는 부각시키고 불리한 정보는 은폐하거나 축소하는 경향도 있다. 따라서 소비자는 정보면에서 사업자에 비하여 열등한 지위에 놓여 있다.

둘째 소비자는 기술조작에 있어서 사업자보다 열등한 지위에 놓여 있다. 가위나 칼과 같이 전통적인 제품이나 단순한 기술구조를 가지고 있는 상품은 소비자가 이를 쉽게 조작할 수 있지만, 자동차나 컴퓨터와 같이 고도의 기술과정을 거쳐서 생산된 제품의 경우 사업자는 이에 관한 기술적인 전문가인 반면에, 소비자는 아예 문외한인 경우가 많다. 간혹 소비자가 공적 또는 사적인 감정기관에서 제공하는 감정의 결과나 비교테스트의 결과를 참고하여 그 품질을 평가할 수 있는 경우가 있지만, 이것은 어디까지나 예외적인 경우에 불과하고 일반적으로 그러한 도움조차 받을 수 없는 경우가 많다. 따라서 소비자는 기술조작에 있어서 사업자에 비하여 열등한 지위에 놓여 있다.

셋째 소비자는 부담전가에 있어서 사업자보다 열등한 지위에 놓여 있다. 사업자는 원가상승이나 기타의 요인에 의한 부담을 제품가격에 산입하여 고객에게 전가할 수 있는 반면, 소비자는 유통과정의 마지막 단계에 놓여 있기 때문에 그가 받은 부담을 달리 전가할 방법이 없다. 따라서 소비자는 부담전가 측면에서 사업자보다 열등한 지위에 놓여 있다.

넷째 소비자는 조직력과 시장지배력에 있어서 사업자보다 열등한 지위에 놓여 있다. 현대사회에 있어서 사업자는 이른바 규모의 경제(economies of scale)를 실현하기 위하여 그 규모와 조직력을 점차 확대해 나가고 있다. 그런데 이러한 조직력이 시장지배력으로 나타나게 되면 시장의 기능을 저해하게 되고, 나아가 사회 전체의 후생 수준이 감소하게 된다. 한편 사업자들은 그들의 이익을 보호하기 위해 사업자단체를 조직하여 정부의 정책결정에 영향을 미칠 수도 있다. 그러나 소비자는 그 자체가 미약한데다가 서로 분산되어 있고 연대할 수 있는 계기가 부족하기 때문에, 이를 조직하기가 대단히 곤란하다. 따라서 소비자는 조직력과 시장지배력에 있어서 사업자보다 현저히 열등한 지위에 놓여 있다.

3. 소비자의 특성

소비자의 열등성은 현대자본주의 사회에서 소비자가 차지하는 지위의 특성에 기인한다. 그런데 이러한 소비자의 특성을 명확히 밝히기 위하여 이를 구체적인 거래실제에 비추어 정리해 보면 다음과 같다.[6]

(1) 거래주체로서의 인간

자본주의 사회에서는 누구든지 생활을 영위하기 위하여 좋든 싫든 간에 거래사회의 일원으로 참여할 수밖에 없는데, 개인이 생활을 영위하기 위하여 거래사회에 참여하게 되면 그는 소비자가 된다. 그런데 소비자가 거래사회에 참여하고 있는 경우에는 거래주체가 '인간'이고, 거래의 목적이 '생활의 영위'라는 점이 소비자의 특성을 구성하게 된다. 즉 소비자는 사업자와 같이 '영리추구'를 위하여 거래하는 것이 아니라 생활을 영위하기 위하여 거래하기 때문에, 소비자의 거래에 있어서는 반드시 경제적인 합리성만 관철되는 것이 아니라 사행심·허영심·비과학성 등과 같은 인간성의 약점이 거래의 전면에 그대로 드러나게 된다. 그리고 소비자가 구입한 상품은 인간의 생활 속에 깊숙이 파고들기 때문에 만약 당해 상품에 결함이

---

6) 正田 彬, 消費者の權利, 岩波新書, 1976, 7면 이하 참조.

있는 경우에는 그 결함이 인간의 생명과 신체의 안전에 직접적인 영향을 미칠 우려가 있다.

(2) 상품의 안전성과 소비자

사업자가 소비자에게 제공하는 물품 중에는 소비자의 생명이나 신체의 안전을 해칠 우려가 있는 것들이 있다. 그런데 이러한 경우에도 예컨대 칼과 같이 소비자가 그러한 위해를 정확히 인식하고 있어서 이를 안전하게 사용할 수 있는 경우에는 별다른 문제가 발생하지 않는다. 그러나 오늘날 거래사회에서 유통되고 있는 상품들 중에는 인간의 생명이나 신체의 안전을 해칠 우려가 있는 위해를 내포하고 있음에도 불구하고, 그것이 소비자에게 제대로 인식되지 않고 있기 때문에 소비자가 그러한 위해를 방지하거나 회피할 수 없는 경우도 많이 있다.

이러한 상품의 위해는 전기기구나 자동차와 같이 그 상품의 직접적인 기능에 의하여 발생하는 경우도 있고, 식품첨가물과 같이 상품의 원재료에 의하여 발생하는 경우도 있으며, 또 약품과 같이 상품의 부차적인 기능과 관련하여 발생하는 경우도 있다. 그런데 이와 같은 상품의 위해는 소비자가 이를 쉽게 식별할 수 없을 뿐만 아니라, 대량생산·대량판매 체제의 발달로 인하여 위해가 일단 발생하면 거래사회의 전반에 널리 확산되어 다수의 피해자를 낳을 가능성이 있기 때문에 그 피해가 심각한 사회문제를 야기할 우려가 있다.

(3) 상품의 선택과 소비자

소비자가 어떤 상품을 구입하는 경우에는 그 상품의 품질과 가격에 대하여 일정한 인식을 하고 있다는 것을 전제로 한다. 그런데 복잡한 생산 공정을 거쳐서 생산된 상품이나 복잡한 유통과정을 거쳐서 판매되는 상품에 대하여는, 소비자가 그 상품의 품질과 가격에 대하여 정확한 인식을 하기가 매우 어렵다. 왜냐하면 소비자는 사업자와는 달리 '여러 가지로 다양한 종류'의 상품을, '소량으로' 구입하기 때문에, 그가 구입하는 상품에 대하여 정확한 지식을 획득할 기회가 없기 때문이다. 따라서 소비자는 사업자가 표시·광고 등을 통하여 제공하는 정보에 의존하여 상품을 선택할 수밖에 없다. 이와 같이 소비자는 거래의 객체를 특정하고 그 가격을 결정하기 위한 자료를 획득하고 인식함에 있어서 사업자에게 크게 의존하고 있다.[7]

---

7) 이러한 현상을 의존효과(dependence effect)로 설명하고 있는 것으로서, John K. Galbarith, The

(4) 가격 결정과 소비자

시장경제에 있어서는 상품의 가격이 경제활동의 집약적인 표현이라고 할 수 있다. 상품의 가격은 원래 수요와 공급이 만나는 점에서 결정되기 때문에, 사업자는 이러한 가격을 일방적으로 결정하는 것이 아니라 구체적인 거래과정에서 소비자와 흥정해서 결정하게 된다. 따라서 소비자도 이러한 방법으로 가격결정에 참여하게 되는 셈이다. 그러나 오늘날의 경제사회에 있어서는 각 사업자들이 공동행위나 기업결합 등을 통하여 시장지배력을 형성하고, 그러한 시장지배력을 이용하여 상품의 가격을 일방적으로 결정·유지 또는 변경하는 경우가 자주 있기 때문에, 소비자는 상품을 구입하는 과정에서 가격결정에 참여할 수 있는 기회를 갖지 못하고, 사업자들이 일방적으로 제시하는 가격을 수동적으로 받아들일 수밖에 없는 경우가 많다.

4. 소비자 권리의 선언

소비자란 생활을 영위하기 위하여 사업자가 공급하는 상품이나 용역을 구입하여 소비하는 자를 말한다. 따라서 오늘날과 같은 산업사회에서는 모든 국민이 다 소비자라고 할 수 있다. 그런데 현대 사회에 있어서는 이러한 소비자가 사업자들에게 자기가 원하는 상품이나 용역을 자기가 원하는 가격이나 거래조건으로 공급하도록 명령하는 이른바 '주권자'의 지위에 있는 것이 아니라, 사업자가 자기의 계획에 따라 제공하는 상품이나 용역을 그가 요구하는 가격이나 거래조건으로 구입해서 쓰지 않을 수 없는 '종속자'의 지위에 놓여 있다. 그 결과, 소비자는 자기의 생활을 영위하기 위하여 사업자들로부터 상품이나 용역을 구입하여 소비하는 과정에서 경제적인 피해를 보는 경우도 자주 있고, 생명이나 신체의 안전이 침해되는 경우도 자주 있다. 그런데 이러한 소비자피해는 현대 자본주의사회의 구조적인 모순에 기인하는 이른바 구조적 피해라고 하는 특성을 가지고 있기 때문에, 그 구제를 당사자 간의 지위의 대등성과 입장의 호환성을 전제로 하고 있는 종래의 시민법적인 해결방식에 맡겨 둘 수는 없다. 따라서 선진 각국에서는 이러한 소비자의 피해를 효과적으로 구제하고 예방하기 위하여 정책적인 차원에서 적극적인 배려를 하는 동시에, 고도로 발전하는 물질적인 생산력을 인간사회의 복지향상과 문화적인 욕구충족을 위하여 긍정적으로 활용할 수 있도록 하기 위하여 소비자의 권익을 기본적 인권의 차원으로 승화시켜서 보호하려고 노력하고 있다.

Affluent Society, Houghton Mifflin Company, 1998, p. 124 이하 참조.

우리나라에서는 1980년부터 헌법에 소비자보호운동의 보장에 관한 근거가 마련되어 있음에도 불구하고(헌법 124조), 소비자의 권리에 대하여는 헌법에는 명문의 규정이 없다. 따라서 소비자의 권익을 기본적 인권의 차원으로 승화시켜서 이해하려고 할 때에 그 헌법적 근거를 어디에서 찾을 것인가 하는 것이 문제된다. 헌법학계에서는 소비자의 권리는 새로운 유형의 현대형 인권으로서 다양한 측면을 가지고 있는 복합적 기본권이므로, 그 헌법적 근거도 ① 인간의 존엄성과 행복추구권을 보장하고 있는 헌법 제10조를 이념적인 근거로 하고, ② 소비자보호운동을 보장하고 있는 헌법 제124조를 부분적인 직접적인 근거로 하며, ③ 국민의 자유와 권리는 헌법에 열거되지 아니한 것을 이유로 경시되지 아니한다는 헌법 제37조 제1항을 보완적인 근거로 하면서, 그 밖에 ④ 재산권보장에 관한 헌법 제23조 제1항, 인간다운 생활의 보장에 관한 헌법 제34조 제1항, 보건에 관한 보호를 규정하고 있는 헌법 제36조 제3항 등을 간접적인 근거로 하여 헌법상 보장되고 있다고 설명하고 있다.[8]

소비자의 권리를 최초로 선언한 사람은 미국의 케네디 대통령이다. 그는 1962년 의회에 보낸 「소비자이익의 보호에 관한 특별교서」에서[9] 소비자는 ① 안전의 권리(the right to safety), ② 알 권리(the right to be informed), ③ 선택할 권리(the right to choose), ④ 의견을 반영할 권리(the right to be heard) 등과 같은 네 가지 권리를 갖는다고 선언하였다. 그리고 유럽경제공동체(EEC)의 이사회는 1975년에 채택한 「소비자의 보호와 교육에 관한 기본계획」에서, 소비자는 ① 생명 및 건강을 침해당하지 않을 권리, ② 적정한 표시를 행하게 할 권리, ③ 부당한 거래조건을 강제당하지 않을 권리, ④ 부당하게 입은 피해로부터 공정하고 신속하게 구제받을 권리, ⑤ 정보를 신속하게 제공받을 권리 등 5가지의 권리를 갖는다고 선언하였다.[10] 그리고 국제소비자연맹(IOCU)은 1980년 아시아 태평양지역협의회에서 소비자는 ① 안전의 권리, ② 알 권리, ③ 선택할 권리, ④ 의견을 반영할 권리, ⑤ 공정하고 신속한 피해보상을 받을 권리, ⑥ 교육을 받을 권리, ⑦ 깨끗한 환경을 요구할 권리를 가진다고 선언하였다. 이후 1985년 국제연합(United Nations)은 '소비자보호를 위한 국제연합 지침'(United Nations Guidelines for Consumer Protection)을 통해서 케네디 선언에서 제시된 4가지 권리에 다시 4가지 권리를 추가하여 8가지 소비

---

8) 권영성, 헌법학원론, 법문사, 2001, 536면 참조.

9) Special Message to the Congress on Protecting the Consumer Interest, March 15, 1962.

10) ABl. EG 1975 C 92/1.

자 권리를 승인하였는데, ① 안전의 권리, ② 알 권리, ③ 선택할 권리, ④ 의견을 반영할 권리, ⑤ 기본적 수요를 충족할 권리(the right to satisfaction of basic needs),[11] ⑥ 보상을 받을 권리(the right to redress), ⑦ 교육을 받을 권리(the right to consumer education), ⑧ 건강한 환경에 관한 권리(the right to a healthy environment) 등이 이에 해당한다.

우리나라 소비자기본법은 국제연합의 8가지 소비자 권리 중에서 기본적 수요를 충족할 권리는 제외하고, 여기에 단결권 및 단체 활동권을 추가하여 소비자는 8대 기본적 권리를 가진다고 선언하고 있다.

제 3 절 소비자권리의 실현을 위한 국가의 노력

I. 입법적 조치

1. 근대 시민법의 한계

근대 시민법은 개인 상호간의 법률관계를 규율함에 있어서 거래주체의 지위가 대등하고 그 입장이 서로 바뀔 수 있다는 것을 전제로 하고 있다. 그런데 오늘날의 소비자거래는 이러한 지위의 대등성과 입장의 호환성이 상실된 상태에서 이루어지는 경우가 많기 때문에, 근대 시민법은 이러한 소비자거래에서 발생하는 문제를 해결하는 데에 일정한 한계를 가질 수밖에 없다. 따라서 각국에서는 사업자보다 열등한 지위에서 거래하는 소비자의 권리를 실현하기 위하여 여러 가지의 입법적 조치를 강구하고 있다. 그런데 이러한 조치는 각국의 입법자가 소비자문제의 해결에 관하여 근대 시민법이 보여준 한계를 얼마만큼 솔직하게 인정하느냐, 그리고 그 대안을 마련하기 위하여 어느 정도로 진지하게 노력하느냐에 따라 상이한 모습으로 나타나게 된다.

한편에서는 근대 시민법의 근간을 이루고 있는 기본원칙(예컨대 신의성실의 원칙이나 권리남용금지의 원칙 등)의 적절한 해석을 통하여 소비자문제를 해결할 수 있다고 보는데 반하여, 다른 한편에서는 전통적인 시민법체계 내에 사회적인 요소를

---

11) 기본적 수요에 관한 권리를 법적 권리가 아니라 목표 내지 권고적 성격을 갖는 것으로 보는 견해로, Sinai Deutch, "Are Consumer Rights Human Rights?", Osgoode Hall Law Journal 32(3), 1994, p. 556 참조.

적당히 수용 또는 가미함으로써 소비자문제를 해결할 수 있다고 보고 있다. 이러한 견해들은 모두 근대 시민법의 틀을 유지하면서 그 규정의 해석이나 일부개정을 통하여 소비자문제를 충분히 해결할 수 있다고 하는 점에서 공통성을 가지고 있다.

그러나 최근에는 근대 시민법의 틀을 유지하고서는 소비자문제를 제대로 해결할 수 없다고 보고, 근대 시민법과는 다른 원리를 가진 별도의 특별법을 제정하여야 한다고 주장하는 견해가 등장하고 있다. 그런데 각국의 입법은 이러한 견해들 중에 어느 하나만을 채택하는 것이 아니라, 이들 견해를 종합하여 때로는 근대 시민법상의 기본원칙의 해석을 통하여, 때로는 시민법체계 내에 사회적인 요소를 가미함으로써, 또 경우에 따라서는 근대 시민법과는 다른 원리를 가진 별도의 입법을 통하여 소비자문제의 해결을 위하여 노력하고 있다.

2. 소비자의 입법화

오늘날의 소비자피해는 현대의 경제구조 하에서 소비자의 지위가 사업자의 지위보다 낮기 때문에 발생하는 이른바 구조적 피해이다. 따라서 거래주체의 대등성을 전제로 하고 있는 근대 시민법(민법, 상법 및 민사소송법)을 가지고는 소비자의 피해를 적절히 구제할 수 없는 경우가 많다. 예컨대 사업자가 독점이나 과점의 상태에 있는 경우에는 그가 지나치게 높은 가격이나 부당한 거래조건을 요구하더라도 소비자는 이를 수용할 수밖에 없고, 사업자들이 일방적으로 작성하여 제시하는 약관이 소비자에게 지나치게 불리할 정도로 불공정하더라도 이를 거부할 수 없는 경우도 있다. 그리고 결함 있는 제조물로 인하여 소비자의 생명이나 신체의 안전이 침해되어도 그 피해자는 제조자의 고의·과실을 입증하지 못하여 피해구제를 받지 못하는 경우도 있다. 또한 대량으로 생산 또는 판매되는 제품에 결함이 있는 경우에는 그 결함으로 인하여 피해를 보는 소비자의 수가 아주 많음에도 불구하고 각 소비자가 받은 피해의 액은 소액이기 때문에 그 피해의 구제가 제대로 이루어지지 않는 경우가 많다. 왜냐하면 각 소비자들은 많은 소송비용과 복잡한 소송절차 때문에 소송제기 그 자체를 포기해 버리는 경우가 많기 때문이다.

그런데 이러한 문제는 모두 근대 시민법이 예상하지 못했던 새로운 현상들이기 때문에, 근대 시민법만으로는 여기에 적절히 대처할 수 없다. 따라서 이러한 문제점을 효과적으로 해결하기 위해서는 사업자에 비하여 경제적·사회적으로 열악한 지위에 있는 소비자를 적극적으로 보호한다는 관점에서, 소비자의 피해를 효과적으로 구제하고 예방할 수 있는 입법적인 조치를 강구할 필요가 있다. Medicus는 이러한 입법화 과정이 대체로 3단계로 진행되는 것으로 보고 있다. 우선 소비자보호에 관한 사고가 입법에 영향을 미친 것은 분명하지만 소비자 개념이 단지 주변적으로만 다루어졌던 1단계, 소비자 보호의 사고가 의식적인 입법 동기로서 작용하였지만 소비자 개념이 직접적인 구성요건적 출발점으로서 채택되지는 않았던 2단계, 그리고 소비자라는 용어가 법문에 직접적으로 등장하는 3단계로 구분된다.12) 이러한 이해에 따르면 현재 우리나라는 3단계에 위치하고 있으며, 다양한 측면에서 소비자에 대한 이해가 심화되고 있는 것으로 볼 수 있다.13) 소비자기본법은 이러한 취지에서 국가 및 지방자치단체에게 소비자의 기본적 권리를 실현하기 위하여 관계법령과 조례를 제정하고 폐지해야 할 의무를 부과하고 있으며(법 6조 1호), 이에 따라 국가는 독점규제법, 표시·광고법, 약관규제법, 할부거래법, 방문판매법, 전자상거래소비자보호법, 제조물책임법 등과 같은 소비자보호에 관한 법을 제정하여 실시하고 있다.

II. 사법적 통제

사법적 통제는 구체적인 거래관계에서 권익이 침해된 소비자의 보호를 목적으로 하고 있는데, 이를 위한 방법에는 민사적 통제와 형사적 제재가 있다.

1. 민사적 통제

민사적 통제는 소비자가 받은 피해를 구제하거나 예방하고, 불공정한 약관의 효력을 부인하며, 불공정한 거래행위를 금지하는 등 다양한 방법으로 실현된다. 그런데 이러한 민사적 통제는 법원에 의한 통제로서 당사자가 법원에 소를 제기해야 비로소 법원이 거기에 관여할 수 있는데, 대부분의 소비자는 법률지식이 부족한데다가 소송비용의 부담이나 소송절차의 복잡성 등으로 인하여 소제기 자체를 꺼리는 경향이 있다. 따라서 소비자들은 고액의 피해를 입었거나 생명·신체의 안전이 침해된 경우와 같이 심각한 피해가 발생한 경우를 제외하고는 아예 소송을 제기할 엄두조차 내지 못하는 경우가 많다. 뿐만 아니라 소비자피해의 대부분은 법원에서 소송을 통하여 구제받기가 곤란한 소액다수 피해이다. 따라서 소비자가

---

12) Dieter Medicus, "Wer ist ein Verbraucher?", Festschrift für Zentaro Kitagawa, Duncker & Humblot, 1992, SS. 472–473.

13) a. a. O., S. 473, SS, 478–479.

받은 피해 중에서 실제로 법원에 의하여 구제되는 것은 극소수에 지나지 않는다.

이에 따라 각국에서는 소액다수의 피해라는 특성을 가지고 있는 소비자피해를 효율적으로 구제하기 위하여 여러 가지의 제도를 마련하여 실시하고 있다. 예컨대 미국에서는 일찍이 집단소송(class action)제도를 실시하고 있으며, 또한 독점금지법 등과 같은 특정한 분야에 대하여는 이른바 삼배배상(treble damage)제도를 인정하고 있다. 한편 독일에서는 일정한 자격을 갖춘 소비자단체에게 소송을 제기할 수 있는 권한을 부여하는 단체소송(Verbandsklage)제도를 실시하고 있다. 예컨대 소비자단체는 기만적인 광고나 기타 양속위반적인 경쟁행위의 중지를 청구하거나(Unter-lassungsklagengesetz(금지소송법) 1조, 3조), 금지된 약관의 사용이나 추천의 중지를 청구할 수 있는 권한을 가지고 있다.

우리나라 소비자기본법도 일정한 소비자단체가 사업자가 소비자의 생명·신체 또는 재산에 대한 권익을 직접적으로 침해하고 그 침해가 계속되는 경우 법원에 소비자권익 침해행위의 금지·중지를 구하는 소송을 제기할 수 있도록 하는 소비자단체소송제도를 도입하여 실시하고 있다(법 70조).

2. 형사적 제재

국가는 소비자의 권리실현을 위하여 사업자에게 형사적 제재를 가하는 경우도 있다. 우선 소비자기본법은 국가가 소비자를 보호하기 위하여 사업자가 준수해야 할 안전에 관한 기준, 표시의 기준, 광고의 기준, 거래적정화를 위한 기준, 개인정보보호를 위한 기준 등을 정하여야 하고, 사업자는 그러한 기준을 준수해야 하며(법 20조), 그러한 기준에 위반한 사업자에 대하여는 중앙행정기관의 장이 그 행위의 중지 등 시정에 필요한 조치를 명할 수 있게 하고 있다(법 80조). 그리고 동법은 소비자의 안전을 확보하기 위하여 중앙행정기관의 장으로 하여금 사업자가 물품 및 용역의 결함으로 인하여 소비자의 생명·신체 및 재산상의 안전에 위해를 끼칠 우려가 있는 경우에는 당해 물품의 수거·파기 또는 수리·교환·환급을 명하거나 제조·수입·판매금지 또는 당해 용역의 제공금지를 명할 수 있고, 당해 물품 및 용역과 관련된 시설의 개수 기타 필요한 조치를 명할 수 있게 하고 있다(법 50조 1항). 그리고 동법은 이러한 시정조치의 실효성을 확보하기 위하여 그 시정명령에 위반한 사업자에 대하여 3년 이하의 징역 또는 5천만원 이하의 벌금에 처하도록 하고 있다(법 84조 1항 1호).

Ⅲ. 행정적 규제

소비자의 권리실현을 위한 국가의 규제에는 전술한 사법적 통제와 더불어 행정적 규제가 있다. 그런데 사법적 통제는 사후적·일회적인 규제인 반면에 행정적 규제는 예방적·일반적인 규제라는 특징을 갖고 있기 때문에, 오늘날 각국에서는 특히 소비자의 안전에 관하여 행정적 규제를 많이 활용하고 있다. 한편 우리나라에서는 소비자들의 자발적인 참여에 의한 소비자보호운동이 충분히 성숙되지 않은 상태에서 정부가 주도적으로 소비자보호시책을 추진해 왔기 때문에 소비자보호에 있어서 정부의 역할이 특별히 강조되고 있다. 예컨대 소비자의 안전을 보장하기 위하여 식품이나 의약품에 대해서 그 제조·가공업에 대한 허가제를 통하여 소비자피해를 사전에 예방하거나(식품위생법 37조, 약사법 31조), 보험업의 경우 사업허가신청서에 보험약관을 첨부하도록 하여 소비자에게 부당하게 불리한 약관의 사용을 원천적으로 봉쇄하고 있다(보험업법 5조 3호).

그리고 소비자의 피해에 대한 사법적 통제가 가지는 약점을 보완하기 위하여 행정적 규제를 활용하는 경우도 자주 있다. 예컨대 소비자기본법은 소비자의 안전을 확보하기 위하여 중앙행정기관의 장에게 물품 및 용역의 결함으로 인하여 소비자의 생명·신체 및 재산상의 안전에 위해를 끼치거나 끼칠 우려가 있다고 인정되는 경우에는 당해 사업자에 대하여 당해 물품의 수거·파기 또는 수리·교환·환급을 명하거나 제조·수입·판매금지 또는 당해 용역의 제공금지를 명할 수 있도록 하고, 또 당해 물품 및 용역과 관련된 시설의 개수 기타 필요한 조치를 명할 수 있도록 하고 있다(법 50조 1항). 그리고 소비자분쟁의 조정을 통하여 소비자분쟁을 신속하게 해결하기 위하여 한국소비자원에 소비자분쟁조정위원회를 설치하여 운영하고 있다(법 60조).

Ⅳ. 사업자의 자율적 규제

소비자의 권익을 보호하기 위하여 사업자들이 자발적으로 소비자보호를 위한 조치를 강구할 수도 있는데, 이것은 사업자가 단순히 국가나 지방자치단체 또는 소비자단체 등의 요구에 수동적으로 대응하는 데 그치는 것이 아니라 능동적으로 그 대책을 강구한다는 점에서 대단히 중요한 의미를 가진다. 특히 사업자는 소비자 피해를 가장 문제 인식할 수 있는 위치에 있기 때문에 사업자의 자율적 규제는 소비자 구제의 실효성을 높일 수 있다는 점에서도 의의가 있다. 그런데 이러한 자율적 규제는 소비자의 권리의식의 향상과 깊은 관련이 있는 것으로서, 각 지역이나 사업 분야에 따라 다르게 발전하고 있으며 그 성과도 각 시대와 나라에 따라 달리 나타나고 있다.

V. 경쟁의 유지와 확보

시장경제를 경제질서의 기본으로 삼고 있는 나라에서는 국가가 자유롭고 공정한 경쟁의 유지와 확보를 위하여 부단히 노력하지 않으면 안 된다. 왜냐하면 사업자들 간에 유효한 경쟁이 유지되고 있어야 비로소 소비자들은 품질 좋고 값싼 상품이나 용역을 풍부하게 공급받을 수 있기 때문이다. 영국의 Molony보고서는 이러한 의미에서 '소비자에게 있어서 가장 좋은 벗은 경쟁'이라고 한다. 우리나라에서도 자유롭고 공정한 경쟁을 유지 또는 확보하기 위하여 독점규제법을 제정하여 실시하고 있는데, 동법은 이를 위하여 사업자의 시장지배적 지위의 남용을 금지하고, 기업결합 및 경제력집중을 억제하며, 부당한 공동행위를 제한하고, 불공정거래행위를 금지하는 등 여러 가지 조치를 강구하고 있다.

제 4 절 소비자기본법의 주요내용

소비자기본법은 소비자의 권익을 증진하기 위하여 소비자의 권리와 책무, 국가·지방자치단체 및 사업자의 책무, 소비자단체의 역할 및 자유시장경제에서 소비자와 사업자 사이의 관계를 규정함과 아울러 소비자정책의 종합적 추진을 위한 기본적인 사항을 규정하고 있다(법 1조).

I. 소비자의 권리와 책무

1. 소비자권리의 내용

소비자기본법에 따르면 소비자는 ① 안전의 권리, ② 알 권리, ③ 선택할 권리,

④ 의견을 반영할 권리, ⑤ 피해보상을 받을 권리, ⑥ 교육을 받을 권리, ⑦ 단결권 및 단체활동권, ⑧ 환경권 등과 같은 기본적인 권리를 가진다(법 4조).

(1) 안전의 권리

소비자는 물품 및 용역(이하 '물품 등'이라 함)으로 인한 생명·신체 및 재산상의 위해로부터 보호받을 권리를 가진다(1호). 현대사회에서는 고도로 발달된 기술개발에 힘입어 소비자가 다양한 상품이나 용역을 향유할 수 있는 반면, 그로 인하여 생명이나 신체상의 안전이 침해될 가능성도 대폭 증가하였다. 그런데 소비자는 '살아 있는 인간'이기 때문에 소비자가 인간다운 생활을 영위할 수 있도록 하기 위해서는, 무엇보다 생명이나 신체의 안전을 확보할 필요가 있으며, 나아가 재산상의 피해를 받지 않도록 배려해야 한다. 따라서 안전의 권리는 다른 어떠한 이익과도 비교할 수 없는 소비자의 가장 중요한 기본적인 권리이다. 소비자기본법은 제7장에서 소비자안전과 관련한 여러 규정을 두고 있다.

(2) 알 권리

소비자는 물품 등을 선택함에 있어서 필요한 지식과 정보를 제공받을 권리를 가진다(2호). 소비자가 시장에서 자기가 원하는 상품이나 용역을 적정한 가격으로 구입하기 위해서는, 우선 그 상품이나 용역에 대하여 정확한 정보를 가지고 있어야 한다. 그런데 오늘날의 소비자는 정보면에서 사업자와 대등하지 않을 뿐만 아니라 사업자에게 의존하고 있기 때문에 상품이나 용역의 품질이나 가격을 제대로 판단할 수 없는 경우가 많다. 따라서 소비자의 선택할 수 있는 권리가 실질적인 것이 되기 위해서는 단순히 소비자를 기만하는 표시나 광고를 금지하는 것만으로는 부족하고, 적극적으로 사업자들이 소비자에게 상품이나 용역에 대한 정확한 정보를 제공할 수 있도록 하여야 한다. 소비자는 허위 또는 과장된 표시나 광고를 통한 그릇된 정보 및 이와 유사한 상관습으로부터 보호되어야 할 뿐만 아니라, 사업자가 제공하는 정보만을 믿고 상품이나 용역을 선택해도 자신의 욕구를 충족하는 데에 아무런 지장이 없도록 정확한 정보를 제공받을 수 있어야 한다. 즉 소비자는 모든 상품이나 서비스에 대한 품질·성능·수량·내용·성분·가격·거래조건·대체상품의 존재 및 기타 필요한 사항에 대하여 충분한 정보를 제공받을 권리를 가진다. 이 권리는 시장경제에 있어서 소비자가 주권자로서의 지위를 회복하기 위한 기본적인 전제가 된다.

이러한 취지에서 소비자기본법은 국가에게 물품 등에 대한 표시 및 광고의 기준을 정하도록 하고 있으며(법 10조 및 11조), 국가·지방자치단체 또는 소비자나 소비자단체는 필요하다고 인정되거나 또는 소비자의 요청이 있는 때에는 국가 및 지방자치단체에 의해 설치된 시험·검사기관이나 한국소비자원에 시험·검사 또는 조사를 의뢰하여 시험·검사 또는 조사 등을 실시할 수 있다(법 17조). 이러한 상품이나 용역의 비교 테스트 및 가격이나 거래조건의 조사는 단순히 개별적인 소비자의 보호에만 기여하는 것이 아니라, 그를 통하여 시장경제의 기능을 더욱 촉진하는 역할도 담당하고 있다.

(3) 선택할 권리

소비자는 물품 등을 사용 또는 이용함에 있어서 거래의 상대방·구입장소·가격·거래조건 등을 자유로이 선택할 권리를 가진다(3호). 소비자는 가능한 한 여러 사업자들로부터 많은 종류의 상품 및 서비스를 경쟁가격으로 구입할 권리를 가진다. 한편 법률이나 명령 등이 시장의 기능을 대신하고 있는 경우에는, 소비자가 만족할 만한 품질의 상품 및 서비스를 저렴한 가격으로 공급받을 수 있도록 배려해야 한다. 오늘날의 경제사회에 있어서는 대기업이 거대한 자본력을 기초로 시장지배력을 형성하여 소비자들이 가격이나 거래조건의 결정에 참여할 수 있는 기회를 박탈하고 있을 뿐만 아니라, 매스 미디어를 이용한 정보의 독점이나 조작을 통하여 소비자의 기호나 판단에까지 영향을 미치고 있다.

이러한 상황에서 국가가 소비자의 이익을 제대로 보호하기 위해서는 사업자의 소비자에 대한 지배를 배제하여, 소비자로 하여금 그가 구입하는 상품이나 서비스에 대하여 거래의 상대방·구입장소·가격·거래조건이나 방법을 자유롭게 선택할 수 있도록 배려할 필요가 있다. 이를 위해서는 국가가 독과점이나 부당한 공동행위 또는 기업결합 등과 같은 경쟁제한행위를 철저히 규제함으로써 자유롭고 공정한 경쟁질서를 확립하고, 소비자의 합리적인 선택을 방해하는 불공정거래행위를 엄격하게 금지할 필요가 있다. 이러한 규제는 우리나라에서는 주로 독점규제법에 의해 이루어지는데,[14] 나아가 독점규제법과 소비자법은 소비자 이익 실현의 공통의 과제를 수행하며,[15] 기능적으로 상호 보완이 필요한 관계에 있다는 점도 염두

---

14) 소비자 보호를 위하여 경쟁법상 제도가 점점 더 중요해지고 있다는 것으로, Fritz Rittner & Meinrad Dreher, Europäisches und deutsches Wirtschaftsrecht, C. F. Müller, 2008, S. 25.

15) 예를 들어 von Hippel은 소비자 보호와 관련하여, 경제의 자기조정 기능 강화, 경쟁의 촉진 등의 경쟁법적 접근 외에도, 개별 보호 법률에 의한 법적 조치, 사법적 통제와 행정적 통제, 소비자에

에 두어야 한다.[16]

(4) 의견을 반영시킬 권리

소비자는 소비생활에 영향을 미치는 국가 및 지방자치단체의 정책 결정과 사업자의 사업 활동 등에 대하여 의견을 반영시킬 권리를 가진다(4호). 오늘날에는 국가나 지방자치단체가 개인이나 기업의 경제활동에 직접·간접적으로 깊이 관여하고 있는 경우가 많기 때문에, 국가나 지방자치단체의 정책이 소비자의 권리실현에 도움이 되도록 하기 위해서는 소비자들이 정책결정의 과정에 보다 적극적으로 참여할 수 있도록 배려해야 한다.

그리고 현대사회에서는 일정한 상품이나 서비스에 대하여는 그 재화의 공급을 시장의 기능에 맡겨 놓지 않고 국가나 지방자치단체가 적극적으로 개입하는 경우가 적지 않다. 이러한 경우에는 국가나 지방자치단체가 그러한 사업의 운영과정에 소비자의 의견을 반영할 수 있는 방안을 마련할 필요가 있다. 한편 전기, 가스 등을 공급하는 에너지산업이나 철도, 항공 등의 운송산업과 같은 규제산업(regulated industry)에서는 시장의 기능을 규제가 대신하게 되는데 국가는 이러한 상품의 공급과정에 소비자의 의견을 반영할 수 있는 방안을 마련할 필요가 있다.

(5) 피해보상을 받을 권리

소비자는 물품 등의 사용 또는 이용으로 인하여 피해를 입은 경우에는 그 피해에 대하여 신속하고 공정한 절차에 따라 적절한 보상을 받을 권리를 가진다(5호). 국가는 소비자가 상품이나 용역으로부터 생명·신체 또는 재산상의 피해를 받지 않도록 보호해야 하지만, 일단 피해가 발생한 경우에는 이를 신속하고 공정한 절차에 따라 적절히 보상받을 수 있도록 배려하지 않으면 안 된다. 이러한 권리를 제대로 실현하기 위해서는 '소액다수의 피해'라고 하는 특징을 가지고 있는 소비자 피해의 구제에 적합한 소송제도를 적극적으로 도입하여 활용할 필요가 있다. 소비자기본법은 소비자 분쟁의 원만한 해결을 위하여 소비자분쟁의 조정절차를 구체화하는 동시에, 소비자의 생명·신체 또는 재산에 대한 권익을 직접적으로 침해하

대한 정보제공과 교육, 소비자의 조직화, 소비자의 공익기구에 대한 참가 확대 등이 종합적으로 소비자 보호에 기여한다고 보고 있다. E. von Hippel, a. a. O., S. 25 참조.

16) OECD, The Interface between Competition and Consumer Policies, DAF/COMP/GF(2008), 2008, pp. 18-19. 또한 경쟁이 소비자에게 이익이 되는 것은, 소비자 정책의 스탠스와 실효성에 달려 있으며, 이러한 점에서 경쟁정책과 소비자정책은 보완적이라고 보는 것으로서, John Vickers, Economics for consumer policy, Office of Fair Trading, British Academy Keynes Lecture, 2003, p. 5 참조.

고 그 침해가 계속되는 경우 법원에 소비자권익 침해행위의 금지·중지를 청구하는 소비자단체소송제도를 도입하여 시행하고 있다.

(6) 교육을 받을 권리

소비자는 합리적인 소비생활을 영위하기 위하여 필요한 교육을 받을 권리를 가진다(6호). 소비자 주권을 실현하려면 소비자의 역량을 증진시켜서 소비자가 자신의 권리를 올바르게 행사하고 그 선택에 책임을 지는 시장경제의 주체로서 활동할 수 있도록 양성할 필요가 있다. 기술혁신으로 인한 대량생산과 각종 매스 미디어를 이용한 선전 광고나 과대표시의 홍수 속에서 소비자가 원하는 상품이나 서비스를 바르게 선택할 수 있도록 하기 위해서는 학교 및 사회교육기관을 통하여 소비자문제에 관한 계속적인 교육이 이루어져야 한다.

따라서 소비자들이 그들의 지위를 정확하게 인식하고 그들의 권익을 옹호할 수 있도록 하는 동시에, 사업자나 정부로부터 보다 체계적인 소비자정보를 제공받을 수 있도록 하기 위해서는 소비자의 교육을 적극적으로 실시할 필요가 있다. 그런데 이러한 소비자교육이 실효를 거두기 위해서는 국가적 차원에서의 교육지원은 물론이고, 학교교육, 소비자단체 등에 의한 특별교육 및 신문, 라디오나 텔레비전 등과 같은 매스 미디어를 통한 사회교육의 차원에서도 소비자의 교육을 적극적으로 실시할 필요가 있다.

(7) 단결권 및 단체활동권

소비자는 스스로의 권익을 증진하기 위하여 단체를 조직하고, 이를 통하여 활동할 수 있는 권리를 가진다(7호). 소비자는 사업자보다 경제적·사회적 측면에서 열악한 지위에 놓여 있기 때문에, 사업자 또는 사업자단체에 대항하여 그들의 권익을 옹호하기 위해서는 스스로 조직화할 필요가 있다. 그런데 소비자는 서로 분산되어 있을 뿐만 아니라 서로 연대할 수 있는 계기도 마땅하지 않기 때문에, 이를 조직화하기는 매우 어렵다. 따라서 소비자의 조직화에 성공한 나라는 그다지 많지 않다. 우리나라에서는 1960년대부터 주로 여성단체들이 중심이 되어 소비자보호운동을 전개해 왔으며, 이것이 소비자의 조직화를 위한 계기가 되었다. 소비자단체는 1979년에 제정된 소비자보호법에 의하여 비로소 그 업무가 법적으로 보장되었다. 이들은 소비자의 권리실현과 관련하여 여러 가지의 활동을 전개하고 있다. 소비생활에 직접·간접으로 영향을 미치는 국가나 지방자치단체의 정책결정에 소비자 또는 소비자단체의 의견을 적극적으로 반영하기 위하여 그 과정에 소비자 대표가 참여하고 있다. 소비자기본법은 소비자의 권익증진 및 소비생활의 향상에 관한 기본적인 정책을 종합·조정하고 심의·의결하기 위하여 국무총리 소속으로 설치된 소비자정책위원회에 소비자대표를 참여시키고 있으며(법 24조 3항 2호), 소비자의 분쟁을 조정하기 위하여 설립된 소비자분쟁조정위원회에 소비자단체의 임원을 참여시키고 있다(법 61조 2항 4호).

아울러 소비자문제를 해결할 수 있는 힘의 원천은 결국 소비자들의 자각과 자발적인 참여 및 단결에서 찾을 수밖에 없다. 소비자문제를 근본적으로 해결하기 위해서는 소비자들이 스스로 현대사회에서 그들이 차지하는 지위를 정확하게 인식하고 소비자의 권리를 실현하기 위하여 자주적으로 단결하여 소비자운동을 활발하게 전개해 나가지 않으면 안 된다. 소비자들이 스스로 이와 같은 운동을 펼쳐 나갈 때에는, 국가나 지방자치단체가 이를 적극적으로 지원하지 않을 수 없을 것이고, 사업자도 여기에 적극적으로 협력하지 않을 수 없을 것이다. 왜냐하면 소비자들이 자주적으로 단결하여 국가 및 지방자치단체에 대하여 소비자보호시책의 적극적인 시행을 촉구하고, 소비자피해의 예방과 구제를 위하여 적절한 조치를 강구해 줄 것을 요구하게 되면, 국가나 지방자치단체는 이를 무시할 수 없으며, 또 사업자에게 양질염가의 상품이나 용역을 합리적인 조건으로 공급하도록 요구하거나 안전성이 결여된 상품이나 부당하게 고가로 판매하는 상품이나 용역에 대하여 불매운동을 전개하게 되면, 사업자가 여기에 대응하지 않을 수 없기 때문이다.

(8) 환경친화적인 소비권

소비자는 안전하고 쾌적한 소비생활 환경에서 소비할 권리를 가진다(8호). 소비자가 단기적으로는 품질 좋고 값싼 물품이나 용역을 구입하면 그것으로 만족할 수 있지만, 장기적으로는 그러한 물품이나 용역의 공급과정에서 사업자의 활동이 안전하고 쾌적한 소비생활 환경을 조성하는데 기여하는지 여부에 대하여도 관심을 가져야 한다. 이것은 상품에 대한 현 세대의 수요뿐만 아니라 미래 세대의 수요도 충족시킬 수 있는 '지속가능한 소비(sustainable consumption)'를 강조한 1999년에 개정된 국제연합 소비자 보호지침(UN Guidelines on Consumer Protection)의 핵심적 내용을 반영한 것이다. 그리고 환경친화적인 소비권의 보장을 위하여 사업자는 안전하고 쾌적한 소비생활 환경을 조성하기 위하여 물품 등을 제공함에 있어서 환경친화적인 기술의 개발과 자원의 재활용을 위하여 노력하여야 한다(법 18조 3항).

2. 소비자의 책무

소비자는 사업자 등과 더불어 자유 시장경제를 구성하는 경제주체이므로 권리와 함께 일정한 책무를 지게 된다. 이것은 소비자는 이제 더 이상 보호의 대상이 아니라 주권자로서의 지위를 차지하고 있음을 전제로 하는 것이다. 따라서 소비자는 물품 등을 올바르게 선택하고, 법 제4조의 규정에 따른 소비자의 기본적 권리를 정당하게 행사하여야 한다. 아울러 소비자는 스스로의 권익을 증진하기 위하여 필요한 지식과 정보를 습득하도록 노력하여야 하며, 자주적이고 합리적인 행동과 자원 절약적이고 환경 친화적인 소비생활을 함으로써 소비생활의 향상과 국민경제의 발전에 적극적인 역할을 다하여야 한다(법 5조).

II. 국가 및 지방자치단체의 책무

국가 및 지방자치단체는 소비자의 기본적 권리가 실현되도록 하기 위하여 ① 관계법령 및 조례의 제정 및 개폐, ② 필요한 행정조직의 정비 및 운영개선, ③ 필요한 시책의 수립 및 실시, ④ 소비자의 건전하고 자주적인 조직활동의 지원·육성 등의 책무를 진다(법 6조). 그리고 국가는 지방자치단체의 소비자권익과 관련된 행정조직의 설치·운영 등에 관하여 대통령령이 정하는 바에 따라 필요한 지원을 할 수 있다(법 7조).

1. 소비자 정책의 추진

(1) 기본계획의 수립

공정거래위원회는 소비자정책위원회의 심의·의결을 거쳐 소비자정책에 관한 기본계획(이하 '기본계획'이라 함)을 3년마다 수립하여야 한다(법 21조 1항). 기본계획에는 ① 소비자정책과 관련된 경제·사회 환경의 변화, ② 소비자정책의 기본방향, ③ 소비자안전의 강화, 소비자와 사업자 사이의 거래의 공정화 및 적정화, 소비자교육 및 정보제공의 촉진, 소비자피해의 원활한 구제, 국제소비자문제에 대한 대응, 그 밖에 소비자의 권익과 관련된 주요한 사항 등이 포함된 소비자정책의 목표, ④ 소비자정책의 추진과 관련된 재원의 조달방법, ⑤ 어린이 위해방지를 위한 연령별 안전기준의 작성, ⑥ 그 밖에 소비자정책의 수립과 추진에 필요한 사항이 포함되어야 한다(법 21조 2항). 그리고 공정거래위원회는 소비자정책위원회의 심의·

의결을 거쳐 기본계획을 변경할 수 있다(법 21조 3항). 공정거래위원회가 기본계획을 수립하려는 때에는 관계 중앙행정기관의 장 및 시·도지사에게 기본계획에 반영되어야 할 정책과 사업에 관한 자료의 제출을 요청할 수 있다. 이 경우 관계 중앙행정기관의 장 및 시·도지사는 특별한 사유가 없으면 그 요청에 따라야 한다. 공정거래위원회는 그에 따라 제출받은 정책과 사업에 관한 자료를 기초로 총괄·조정하여 기본계획안을 작성하며, 제출된 정책과 사업 외에 기본계획에 포함되는 것이 타당하다고 인정되는 사항은 관계 중앙행정기관의 장 및 시·도지사와 협의하여 기본계획안에 반영할 수 있고, 소비자정책위원회의 심의·의결을 거쳐 기본계획으로 확정한다. 공정거래위원회는 기본계획이 확정되면 이를 지체 없이 관계 중앙행정기관의 장 및 시·도지사에게 통보하여야 한다. 확정된 기본계획의 변경절차도 이를 준용한다(영 12조).

관계 중앙행정기관의 장은 기본계획에 따라 매년 10월 31일까지 소관 업무에 관하여 다음 연도의 소비자정책에 관한 시행계획(중앙행정기관별 시행계획)을 수립하여야 한다. 시·도지사는 기본계획과 중앙행정기관별 시행계획에 따라 매년 11월 30일까지 소비자정책에 관한 다음 연도의 시·도별 시행계획을 수립하여야 한다(법 22조 1, 2항). 관계 중앙행정기관의 장 및 시·도지사는 중앙행정기관별 시행계획이나 시·도별 시행계획을 수립·시행하기 위하여 필요한 경우에는 관계 행정기관 및 공공기관이나 단체의 장에게 협조를 요청할 수 있다(영 13조 1항). 공정거래위원회는 매년 12월 31일까지 중앙행정기관별 시행계획 및 시·도별 시행계획을 취합·조정하여 소비자정책위원회의 심의·의결을 거쳐 종합시행계획을 수립하여야 한다. 그리고 관계 중앙행정기관의 장 및 시·도지사는 종합시행계획이 실효성 있게 추진될 수 있도록 매년 소요비용에 대한 예산편성 등 필요한 재정조치를 강구하여야 한다(법 22조 3항, 4항).

(2) 기본계획의 평가

관계 중앙행정기관의 장 및 시·도지사는 지난해의 중앙행정기관별 시행계획이나 시·도별 시행계획의 추진실적을 평가한 후 그 결과를 매년 1월 31일까지 공정거래위원회에 제출하여야 한다. 공정거래위원회는 제출받은 추진실적결과를 종합하여 기본계획의 성과를 정기적으로 평가한 후 그 결과를 기본계획의 수립·변경에 반영하여야 한다(법 22조 5항, 영 13조 2항, 3항).

(3) 소비자정책위원회

(가) 소비자정책위원회의 설치와 구성

소비자의 권익증진 및 소비생활의 향상에 관한 기본적인 정책을 종합·조정하고 심의·의결하기 위하여 국무총리 소속으로 소비자정책위원회(이하 '정책위원회'라함)를 둔다(법 23조). 이는 기존의 정책위원회의 위상을 제고하고 의결권을 강화한 것이다. 정책위원회는 위원장 2명을 포함한 25명 이내의 위원으로 구성하며(법 24조 1항), 위원장은 국무총리와 소비자문제에 관하여 학식과 경험이 풍부한 자 중에서 대통령이 위촉하는 자가 되고(동조 2항), 위원은 관계 중앙행정기관의 장[17] 및 한국소비자원의 원장과 다음 각 호의 어느 하나에 해당하는 자 중에서 국무총리가 위촉하는 자가 된다(동조 3항).

① 소비자문제에 관한 학식과 경험이 풍부한 자

② 법 제29조의 규정에 따라 등록한 소비자단체 및 대통령령이 정하는 경제단체에서 추천하는 소비자대표 및 경제계대표

위원장 중 위촉된 위원장과 위원의 임기는 3년으로 하고(동조 4항), 정책위원회의 효율적인 운영 및 지원을 위하여 정책위원회에 간사위원 1명을 두며, 간사위원은 공정거래위원회 위원장이 된다(동조 5항). 정책위원회의 사무를 처리하기 위하여 공정거래위원회에 사무국을 두고, 그 조직·구성 및 운영 등에 필요한 사항은 대통령령으로 정한다(동조 7항).

(나) 소비자정책위원회의 기능

정책위원회는 다음 각 호의 사항을 종합·조정하고 심의·의결한다(법 25조 1항).

① 기본계획 및 종합시행계획의 수립·평가와 그 결과의 공표

② 소비자정책의 종합적 추진 및 조정에 관한 사항

③ 소비자보호 및 안전 확보를 위하여 필요한 조치에 관한 사항

④ 소비자정책의 평가 및 제도개선·권고 등에 관한 사항

⑤ 그 밖에 위원장이 소비자의 권익증진 및 소비생활의 향상을 위하여 토의에 부치는 사항

정책위원회는 소비자의 기본적인 권리를 제한하거나 제한할 우려가 있다고 평

---

17) 법 제23조에 따른 소비자정책위원회의 위원이 되는 관계 중앙행정기관의 장은 기획재정부장관·행정안전부장관·농림축산식품부장관·산업통산자원부장관·보건복지부장관·환경부장관·국토교통부장관 및 공정거래위원회 위원장으로 한다(영 14조).

가한 법령·고시·예규·조례 등에 대하여 중앙행정기관의 장 및 지방자치단체의 장에게 법령의 개선 등 필요한 조치를 권고할 수 있다(동조 2항). 이 경우 권고를 하기 전에 중앙행정기관의 장 및 지방자치단체의 장에게 미리 의견을 제출할 기회를 주어야 한다(동조 3항). 중앙행정기관의 장 및 지방자치단체의 장은 위의 권고를 받은 날로부터 3개월 내에 필요한 조치의 이행계획을 수립하여 정책위원회에 통보하여야 하며(동조 4항), 정책위원회는 통보받은 이행계획을 검토하여 그 결과를 공표할 수 있다(동조 5항). 그리고 정책위원회는 그 업무를 효율적으로 수행하기 위하여 정책위원회에 실무위원회와 분야별 전문위원회를 둘 수 있다(동조 6항).

(다) 긴급대응 등

위원장은 다음 각 호에 해당한다고 인정하는 경우에는 긴급회의를 소집할 수 있다(법 25조의2 1항).

① 사업자가 제공하는 물품 등으로 인하여 소비자의 생명 또는 신체에 대통령령으로 정하는 위해가 발생하였거나 발생할 우려가 있는 경우
② 이상과 같은 위해의 발생 또는 확산을 방지하기 위하여 복수의 중앙행정기관에 의한 종합적인 대책마련이 필요한 경우

긴급회의는 위원장, 간사위원 및 위원장이 종합적인 대책의 수립과 관계된다고 인정하는 중앙행정기관의 장으로 구성하며(동조 2항), 위해의 발생 및 확산을 방지하기 위한 종합적인 대책을 마련할 수 있다(동조 3항).

중앙행정기관의 장은 그 종합대책에 필요한 세부계획을 즉시 수립하고, 해당 세부계획의 이행사항 및 결과를 정책위원회에 보고하여야 하며(동조 4항), 중앙행정기관의 장 및 지방자치단체의 장은 긴급대응의 요건에 해당한다고 인정되는 위해가 신고 또는 보고되거나 이러한 위해를 인지한 경우에는 즉시 정책위원회에 해당 내용을 통보하여야 한다(동조 5항).

정책위원회는 긴급대응에 관한 사항을 심의하기 위하여 필요한 경우에는 소비자문제에 관하여 전문지식이 있는 자, 소비자 또는 관계 사업자의 의견을 들을 수 있고(법 26조 1항), 공정거래위원회는 소비자권익증진, 정책위원회의 운영 등을 위하여 필요한 경우 중앙행정기관의 장 및 지방자치단체의 장 등 관계 행정기관에 의견제시 및 자료제출을 요청할 수 있다(동조 2항).

2. 소비자의 조직 활동의 지원

국가 및 지방자치단체는 소비자단체의 업무와 소비자생활협동조합 등이 행하는 교육·홍보·공동구매·판매사업 및 공동이용시설의 설치·운영, 그리고 기타 소비자의 권익증진을 위하여 필요하다고 인정하는 소비자의 조직 활동을 지원·육성하여야 하며(법 6조 4호, 영 4조 1항), 이러한 활동을 하는 소비자단체나 소비자생활협동조합 등에 대하여 예산의 범위 안에서 필요한 자금을 지원할 수 있다(영 4조 2항). 지방자치단체는 소비자단체·소비자생활협동조합 등 소비자의 조직 활동 지원의 내용이 포함된 조례를 제정할 수 있으며, 국가는 지방자치단체가 소비자의 권익 증진에 관한 업무를 효율적으로 수행하기 위하여 소비자단체나 법인의 장에게 그 단체나 법인에 소속된 직원의 파견을 요청하는 경우에는 파견에 드는 경비 등을 지원할 수 있다(법 7조, 영 3조, 5조).

3. 위해의 방지

국가는 사업자가 소비자에게 제공하는 물품 등으로 인한 소비자의 생명·신체 및 재산상의 위해를 방지하기 위하여, ① 물품 등의 성분·함량·구조 등 안전에 관한 중요한 사항, ② 물품 등을 사용할 때의 지시사항이나 경고 등 표시할 내용과 방법, ③ 기타 위해를 방지하기 위하여 필요하다고 인정되는 사항에 관하여, 사업자가 지켜야 할 기준을 정하여야 한다(법 8조 1항). 그리고 중앙행정기관의 장은 국가가 정한 기준을 사업자가 준수하는지 여부를 정기적으로 시험·검사 또는 조사하여야 한다(법 8조 2항).

4. 계량 및 규격의 적정화

국가 및 지방자치단체는 소비자가 사업자와 거래를 함에 있어서 계량으로 인하여 손해를 입지 않도록 하기 위하여, 물품 등의 계량에 관하여 필요한 시책을 강구하여야 하며, 물품의 품질개선 및 소비생활의 향상을 위하여 물품 등의 규격을 정하고 이를 보급하기 위한 시책을 강구하여야 한다(법 9조).

계량의 적정화를 실현하기 위한 법률로 「계량에 관한 법률」이 있는데, 동법은 계량 및 측정에 관한 국가표준을 확립하고, 이의 체계적인 보급과 통일적인 적용으로 적정한 계량 및 측정의 실시를 확보하기 위한 제반조치를 강구하고 있다. 한편 규격의 적정화를 실현하기 위한 법률로 「산업표준화법」이 있는데, 동법은 적정하고 합리적인 산업표준을 제정·보급함으로써, 광공업제품의 품질고도화 및 동제품 관련서비스의 향상, 생산효율의 향상, 생산기술의 혁신을 기하며 거래의 단순·공정화 및 소비의 합리화를 도모하기 위한 제반조치를 마련하고 있다.

5. 표시의 기준

국가는 소비자가 사업자와의 거래에 있어서 표시나 포장 등으로 인하여 물품 등을 잘못 선택하거나 사용하지 않도록 물품 등에 대하여 다음과 같은 사항에 관하여 표시기준을 정하여야 한다(법 10조).

① 상품명·용도·성분·재질·성능·규격·가격·용량·허가번호 및 용역의 내용

② 물품 등을 제조·수입 또는 판매하거나 제공한 사업자의 명칭(주소 및 전화번호를 포함한다) 및 물품의 원산지

③ 사용방법, 사용 및 보관할 때의 주의사항 및 경고사항

④ 제조연월일, 부품보유기간, 품질보증기간 또는 식품이나 의약품 등 유통과정에서 변질되기 쉬운 물품은 그 유효기간

⑤ 표시의 크기·위치·방법

⑥ 물품 또는 용역에 대한 불만 및 소비자피해가 있는 경우의 처리기구(주소 및 전화번호를 포함한다) 및 처리방법

⑦ 시각장애인을 위한 표시방법

그런데 표시에 관한 규제 중에서 중요한 것으로는 「표시·광고의 공정화에 관한 법률」(이하 '표시광고법'이라 함) 제3조에 의한 부당한 표시행위의 금지이고, 이 외에도 「물가안정에 관한 법률」 제3조에 의한 가격 표시, 「식품 등의 표시·광고에 관한 법률」 제8조에 의한 부당 표시행위 금지 등의 규제가 이루어지고 있다.

6. 광고의 기준

원래 광고란 사업자가 소비자에게 자기가 공급하는 물품이나 용역의 내용이나 가격 또는 거래조건을 알림으로써, 소비자의 선택을 돕는 역할을 담당하고 있다. 그러나 광고의 내용이나 방법이 허위 또는 과장되거나 부실한 경우에는 소비자의 합리적인 선택을 돕는 것이 아니라 방해할 우려가 있다. 따라서 국가는 물품 등의 잘못된 소비 또는 과다한 소비로 인하여 발생할 수 있는 소비자의 생명·신체 또

는 재산에 대한 위해를 방지하기 위하여 다음 각 호의 어느 하나에 해당하는 경우에는 광고의 내용 및 방법에 관한 기준을 정하여야 한다(법 11조).

① 용도·성분·성능·규격 또는 원산지 등을 광고하는 때에 허가 또는 공인된 내용만으로 광고를 제한할 필요가 있거나 특정내용을 반드시 소비자에게 알릴 필요가 있는 경우
② 소비자가 오해할 우려가 있는 특정용어 및 특정표현의 사용을 제한할 필요가 있는 경우
③ 광고의 매체 및 시간대에 대하여 제한이 필요한 경우

광고에 관한 현행법상의 규제로서 표시광고법이 중요하며, 동법 제3조에 의해 부당한 광고행위에 대한 규제가 이루어지고 있다.

7. 거래의 적정화

국가는 사업자의 불공정한 거래조건이나 거래방법으로 인하여 소비자가 부당한 피해를 입지 않도록 필요한 시책을 수립·실시하여야 한다(법 12조 1항). 그리고 국가는 소비자의 합리적인 선택을 방해하고 소비자에게 손해를 끼칠 우려가 있다고 인정되는 사업자의 부당한 행위를 지정·고시할 수 있다(동조 2항).

한편 국가 및 지방자치단체는 약관에 따른 거래 및 방문판매, 다단계판매, 할부판매, 통신판매, 전자상거래 등 특수한 형태의 거래에 대하여 소비자의 권익을 위하여 필요한 시책을 강구하여야 하는데(동조 3항), 이를 위하여「약관의 규제에 관한 법률」,「할부거래에 관한 법률」,「방문판매 등에 관한 법률」,「전자거래기본법」,「전자상거래 등에서의 소비자보호에 관한 법률」과 같은 법률을 제정하여 실시하고 있다.

8. 소비자에 대한 정보제공

국가 및 지방자치단체는 소비자의 기본적인 권리가 실현될 수 있도록 소비자권익과 관련된 주요시책 및 주요결정사항을 소비자에게 알려야 하며(법 13조 1항), 소비자가 물품 등을 합리적으로 선택할 수 있도록 하기 위하여 물품 등의 거래조건·거래방법·품질·안전성 및 환경성 등에 관련되는 사업자의 정보가 소비자에게 제공될 수 있도록 필요한 시책을 강구하여야 한다(동조 2항).

9. 소비자의 능력향상

국가 및 지방자치단체는 소비자의 올바른 권리행사를 이끌고, 물품 등과 관련된 판단능력을 높이며, 소비자가 자신의 선택에 책임을 지는 소비생활을 할 수 있도록 하기 위하여 필요한 교육을 하여야 한다. 그리고 경제 및 사회의 발전에 따라 소비자의 능력 향상을 위한 프로그램을 개발하여야 하며, 소비자교육과 학교교육·평생교육을 연계하여 교육적 효과를 높이기 위한 시책을 수립·시행하여야 한다. 그리고 국가 및 지방자치단체는 소비자의 능력을 효과적으로 향상시키기 위한 방법으로 「방송법」에 따른 방송사업을 할 수 있다(법 14조).

그를 위하여 국가 및 지방자치단체는 소비자교육을 정보통신매체를 이용하는 방법, 현장실습 등 체험 위주의 방법, 「평생교육법」 제2조 제3호에 따른 평생교육시설을 활용하는 방법, 「방송법」 제73조 제4항에 따른 비상업적 공익광고 등 다양한 매체를 활용하는 방법 등으로 실시할 수 있다(영 6조).

10. 개인정보의 보호

국가 및 지방자치단체는 소비자가 사업자와의 거래에서 개인정보의 분실·도난·누출·변조 또는 훼손으로 인하여 부당한 피해를 입지 않도록 필요한 시책을 강구하여야 한다. 그리고 국가는 소비자의 개인정보를 보호하기 위한 기준을 정하여야 한다(법 15조). 이에 따라서, 「개인정보 보호법」 제15조 등에서 개인정보보호에 관한 규정을 두고 있다.

11. 소비자 분쟁의 해결

국가 및 지방자치단체는 소비자의 불만이나 피해가 신속·공정하게 처리될 수 있도록 하기 위하여 관련기구의 설치 등 필요한 조치를 강구하여야 한다(법 16조 1항). 이를 위하여 국가는 한국소비자원에 소비자분쟁조정위원회를 설치·운영하고 있으며(법 60조), 시·도지사는 소비자의 불만이나 피해를 신속·공정하게 처리하기 위하여 전담기구의 설치 등 필요한 행정조직을 정비하여야 한다(영 7조).

그리고 국가는 소비자와 사업자 사이에 발생하는 분쟁을 원활하게 해결하기 위하여 소비자분쟁 해결기준을 제정할 수 있는데(법 16조 2항), 소비자분쟁해결기준은 일반적 소비자분쟁해결기준과 품목별 소비자분쟁해결기준으로 나뉜다. 일반적 소비자분쟁해결기준은 동법 시행령 제8조 제2항에 의한 [별표 1]로 규정되어 있으며, 품목별 소비자분쟁해결기준은 동법 시행령 제8조 제3항에 근거하여 공정거래위원회가 제정하고 고시하고 있다. 공정거래위원회가 품목별 소비자분쟁해결기준을 제정하여 고시하는 경우에는 품목별로 해당 물품 등의 소관 중앙행정기관의 장과 협의하여야 하며, 소비자단체·사업자단체 및 해당 분야 전문가의 의견을 들어야 한다(영 8조 4항).

그런데 이러한 소비자분쟁해결기준은 분쟁당사자 사이에 분쟁해결방법에 관한 별도의 의사표시가 없는 경우에 한하여 분쟁해결을 위한 합의 또는 권고의 기준이 된다(법 16조 3항). 동 규정에서 소비자분쟁해결기준은 매우 제한된 범위에서 법적 효력을 갖지만, 동 규정은 소비자분쟁해결기준이 사실상 영향력을 미칠 수 있는 근거가 되고 있다. 이와 관련하여 감기약(콘택600)을 복용한 후 사망에 이르렀던 사건을 참고할 수 있다. 동 사건에 관한 판결에서 대법원은 "콘택600의 포장지에 제조자가 기재한 보상 관련 문구인 '본 제품은 재정경제부 고시에 의거 보상을 받을 수 있습니다'는, 위 감기약의 소비자와 제조자 사이에 보상합의가 이루어지지 않을 경우 구 소비자보호법(2006. 9. 7. 소비자기본법으로 전문 개정되기 전의 것) 및 그 하위 법령 등에서 정한 절차와 보상기준에 따라 피해구제를 청구할 수 있음을 안내하는 의미를 가질 뿐, 그 제조자가 소비자들에게 위 감기약을 정상적으로 사용할 경우 아무런 해를 끼치지 않는다는 것을 보증하고 사고 발생시 무과실책임을 부담하겠다는 의사표시로 볼 수 없다"고[18] 판시하였다. 동 판결은 보상 기준의 고시에 관한 제조업자 의사표시의 해석에 관한 것이므로, 특히 법 제16조 제3항에서 의사표시가 없는 경우와 관련되는 것은 아니지만, 소비자분쟁해결기준이 사업자에 의해 어떻게 활용되고 이에 대한 법적 평가가 어떻게 이루어지는지를 보여주는 예가 될 것이다.

한편 다른 법령에 근거한 별도의 분쟁해결기준이 시행령 제8조의 소비자분쟁해결기준보다 소비자에게 유리한 경우에는 그 분쟁해결기준을 시행령 제8조의 소비자분쟁해결기준에 우선하여 적용하고, 품목별 소비자분쟁해결기준에서 해당 품목에 대한 분쟁해결기준을 정하고 있지 아니한 경우에는 같은 기준에서 정한 유사품목에 대한 분쟁해결기준을 준용할 수 있으며, 품목별 소비자분쟁해결기준에서 동일한 피해에 대한 분쟁해결기준을 두 가지 이상 정하고 있는 경우에는 소비자가 선택하는 분쟁해결기준에 따른다(영 9조).

---

18) 대법원 2008. 2. 28. 선고 2007다52287 판결.

12. 소비자종합지원시스템의 구축·운영

공정거래위원회는 소비자에게 물품 등의 선택, 피해의 예방 또는 구제에 필요한 정보의 제공 및 이 법 또는 다른 법률에 따른 소비자 피해구제(분쟁조정을 포함한다. 이하 같다)를 신청하는 창구의 통합 제공 등을 위하여 소비자종합지원시스템(이하 '종합지원시스템'이라 함)을 구축·운영한다(법 16조의2 1항). 소비자 지원 프로그램이 각 중앙행정기관이나 지방자치단체에 분산됨으로써 소비자 지원의 실효성을 저해하는 문제점을 시정하고자 도입된 규정이다.

공정거래위원회는 종합지원시스템을 통하여 소비자에게 다음 각 호의 사항을 제공하여야 한다. 이 경우 공정거래위원회는 해당 사항을 관장하는 중앙행정기관의 장, 지방자치단체의 장 및 관련 기관·단체의 장(이하 '중앙행정기관의 장 등'이라 함)과 협의하여야 한다(법 16조의2 2항).

① 물품 등의 유통이력, 결함, 피해사례, 품질인증 등 소비자의 선택, 피해의 예방 또는 구제와 관련된 정보 제공
② 소비자 피해구제기관 및 절차 안내, 피해구제를 신청하는 창구의 통합 제공, 피해구제 신청에 대한 처리결과 안내 등 소비자피해구제 지원
③ 그 밖에 소비자의 물품등의 선택, 피해의 예방 또는 구제를 위하여 필요한 업무로서 대통령령으로 정하는 업무

공정거래위원회는 종합지원시스템의 구축·운영을 위하여 필요한 경우 중앙행정기관의 장 등에게 다음 각 호의 자료 또는 정보를 제공하여 줄 것을 요청하고 제공받은 목적의 범위에서 그 자료·정보를 보유·이용할 수 있다(법 16조의2 3항).

① 국세기본법 제81조의 13에 따른 과세정보로서 소비자피해가 발생한 물품을 제조·수입·판매하거나 용역을 제공한 사업자의 개업일·휴업일 및 폐업일
② 그 밖에 종합지원시스템의 구축·운영을 위하여 필요한 정보로서 대통령령으로 정하는 자료 또는 정보

그리고 이상의 자료 또는 정보의 제공을 요청받은 중앙행정기관의 장 등은 특별한 사유가 없으면 이에 협조하여야 하며(법 16조의2 4항), 중앙행정기관의 장 등은 공정거래위원회와 협의하여 종합지원시스템을 이용할 수 있다(법 16조의2 5항).

13. 시험·검사시설의 설치

국가 및 지방자치단체는 물품 등의 규격·품질·안전성 등에 관하여 시험·검사 또는 조사를 실시할 수 있는 기구와 시설을 갖추어야 한다(법 17조 1항). 그리고 국가·지방자치단체 또는 소비자나 소비자단체는 필요하다고 인정될 때 또는 소비자의 요청이 있을 때에는, 국가나 지방자치단체에 의하여 설치된 검사기관이나 한국소비자원에 시험·검사 또는 조사를 의뢰하여 시험 등을 실시할 수 있다(동조 2항). 동 규정은 소비자가 검사기관이나 한국소비자원에 의뢰하지 않고 국가 등에 요청한 경우에도 이들의 의뢰로 시험·검사 등이 이루어질 수 있음을 명확히 하고 있다. 또한 국가 및 지방자치단체가 시험·검사 또는 조사를 실시한 경우에는 그 결과를 공표하고 소비자보호를 위하여 필요한 조치를 하여야 하며(동조 3항), 동 규정은 국가 및 지방자치단체가 시험·검사 등의 결과를 은폐하거나 축소하는 것을 방지하는 의미가 있다. 한편 국가 및 지방자치단체는 소비자단체가 물품 등의 규격·품질·안전성 등에 관하여 시험·검사를 실시할 수 있는 시설을 갖출 수 있도록 지원할 수 있다(동조 4항). 국가 및 지방자치단체는 상술한 내용의 기준을 정하거나 소비자의 권익과 관련된 시책을 수립하기 위하여 필요한 경우에는 한국소비자원, 국공립의 검사기관, 정부출연 연구기관, 과학기술분야 정부출연 연구기관, 특정연구기관, 공정거래위원회에 등록된 소비자단체 등에 조사·연구를 의뢰할 수 있다(동조 5항, 영 11조).

14. 국제협력

국가는 소비자 문제의 국제화에 대응하기 위하여 국가 사이의 상호협력방안을 마련하는 등 필요한 대책을 강구하여야 한다. 공정거래위원회는 관계 중앙행정기관의 장과 협의하여 국제적인 소비자문제에 대응하기 위한 정보의 공유, 국제협력창구 또는 협의체의 구성·운영 등 관련 시책을 수립·시행하여야 한다(법 27조). 공정거래위원회는 국제협력창구 또는 협의체를 구성하는 경우에는 정책위원회의 심의·의결을 거쳐야 하며, 운영비용을 예산의 범위 안에서 지원할 수 있다(영 21조). 2006년에는 OECD 소비자정책위원회 회의의 국내개최를 통하여 국제사회에서의 위상을 제고하였고, 한미FTA에 '소비자보호 협력' 조항을 도입하는 것을 합의하기도 하였다.[19] OECD 소비자정책위원회(Committee on Consumer Policy)는 2007. 7.

---

19) 재정경제부, 2007년 소비자정책 추진계획, 3면.

12.에 소비자 분쟁의 효과적 해결 및 피해구제 활성화를 위한 권고사항을 담은 '소비자 분쟁조정 및 피해구제 권고안'을 채택·발표하였는데, 이에 따르면 분쟁조정 등의 대상을 소비자관련법 위반에 한정하지 않고 경쟁법 위반 등 '소비자에게 영향을 미치는 다른 정책 분야에서의 법위반으로 인한 소비자 피해'까지 확대하였다. 동 권고안은 법적 구속력은 없지만 권고 사항의 적극적 이행에 대한 OECD 회원국 간 합의안으로서 향후 소비자 분쟁조정 및 피해구제에 대한 국제기준으로 자리 잡을 수 있을 것이다.[20)]

Ⅲ. 사업자의 책무

1. 소비자권익 증진시책에 대한 협력 및 관련기준의 준수

사업자는 국가 및 지방자치단체의 소비자권익 증진시책에 적극 협력하여야 하며, 소비자단체 및 한국소비자원의 소비자 권익증진과 관련된 업무의 추진에 필요한 자료 및 정보제공의 요청에 적극 협력하여야 한다. 그리고 사업자는 안전하고 쾌적한 소비생활 환경을 조성하기 위하여 물품 등을 제공함에 있어서 환경친화적인 기술의 개발과 자원의 재활용을 위하여 노력하여야 한다(법 18조).

또한 사업자는 국가가 마련한 위해방지를 위한 기준에 위배되는 물품을 제조, 수입, 판매하거나 용역을 제공해서는 안 되고, 표시 기준이나 광고의 기준을 위반해서는 안 되고, 국가가 부당한 행위로 지정·고시된 행위를 해서는 안 되며, 국가가 정한 개인정보의 보호기준을 위반해서는 안 된다(법 20조).

2. 사업자의 책무

소비자에게 상품이나 용역을 공급하는 자는 사업자이기 때문에 사업자들이 소비자에게 값싸고 품질 좋은 상품이나 용역을 공급하기 위하여 최선의 노력을 다하게 되면 소비자의 권익은 저절로 실현된다. 그러나 실제의 거래에 있어서는 사업자들이 오로지 소비자에게 양질염가의 상품이나 용역을 공급하기 위하여 노력하는 것이 아니라, 소비자의 합리적인 선택을 방해하거나 불공정한 거래조건이나 방법을 사용함으로써 소비자의 권익을 침해하는 경우가 자주 있다.

따라서 소비자기본법은 사업자로 하여금 물품 등으로 인하여 소비자에게 생

[20) 공정거래위원회 보도자료, 2007. 7. 13.

명·신체 또는 재산에 대한 위해가 발생하지 않도록 필요한 조치를 강구하도록 하고, 물품 등을 공급함에 있어서 소비자의 합리적인 선택이나 이익을 침해할 우려가 있는 거래조건이나 거래방법을 사용해서는 안 되며, 소비자에게 물품 등에 대한 정보를 성실하고 정확하게 제공하고, 소비자의 개인정보가 분실·도난·누출·변조 또는 훼손되지 않도록 그 개인정보를 성실하게 취급하도록 하고, 물품 등의 하자로 인한 소비자의 불만이나 피해를 해결하거나 보상하여야 하며, 채무불이행 등으로 인한 소비자의 손해를 배상하여야 한다고 규정하고 있다(법 19조). 특히 마지막 규정(법 19조 5항)은 사업자의 채무불이행에 따른 손해배상 책임을 넘어서 소비자의 불만에 대한 보상도 사업자 책무의 범위 안에 있는 것으로 규정하고 있다는 점에서 의의가 있다.

3. 소비자중심경영의 인증

공정거래위원회는 물품의 제조·수입·판매 또는 용역의 제공의 모든 과정이 소비자 중심으로 이루어지는 경영을 하는 사업자에 대하여 소비자중심경영에 대한 인증을 할 수 있다(법 20조의2 1항). 최근 사업자의 지속적 성장 가능성이나 사회에 미치는 영향 측면에서 구성된 ESG 지표가 주목을 받고 있다. ESG(environmental, social and corporate governance) 지표는 환경, 사회, 지배구조를 핵심 요소로 하는데, 소비자 보호는 사회 부문의 중요한 평가 지표의 하나가 되고 있다. 동 규정에서 소비자중심경영의 인증은 이러한 평가의 공적 인증으로서 의의를 갖게 될 것이다. 소비자중심경영의 인증을 받으려는 자는 대통령령으로 정하는 바에 따라 공정거래위원회에 신청하여야 하며(동조 2항), 그 인증을 받은 사업자는 대통령령으로 정하는 바에 따라 그 인증의 표시를 할 수 있다(동조 3항). 그 인증의 유효기간은 2년으로 하고(동조 4항), 공정거래위원회는 소비자중심경영을 활성화하기 위하여 대통령령으로 정하는 바에 따라 그 인증을 받은 기업에 대하여 포상 또는 지원 등을 할 수 있다(동조 5항).

공정거래위원회는 소비자중심경영에 관하여 전문성이 있는 기관 또는 단체를 대통령령으로 정하는 바에 따라 소비자중심경영인증기관으로 지정하여 그 인증에 관한 업무를 수행하게 할 수 있으며(법 20조의3), 소비자중심경영인증을 받은 사업자가 다음 각 호의 어느 하나에 해당하면 그 인증을 취소할 수 있다(법 20조의4 1항).

① 거짓이나 부정한 방법으로 소비자중심경영인증을 받은 경우. 이 경우에는

그 인증을 취소하여야 한다(동조 1항 단서).

② 법 제20조의2 제 7항에 따른 소비자중심경영인증의 기준에 적합하지 아니하게 된 경우

③ 소비자중심경영인증을 받은 후에 소비자의 생명·신체 또는 재산의 보호 등에 관한 법률로서 대통령령으로 정하는 법률에 위반하여 관계 중앙행정기관으로부터 시정명령 등 대통령령으로 정하는 조치를 받은 경우

한편 공정거래위원회는 위의 ① 또는 ③에 의하여 소비자중심경영인증이 취소된 사업자에 대하여 그 인증이 취소된 날로부터 3년 이내의 범위에서 대통령령으로 정하는 기간 동안에는 소비자중심경영인증을 해서는 안 된다(법 20조의4 2항).

Ⅳ. 소비자단체

1. 소비자단체의 업무

소비자는 스스로의 권익을 증진하기 위하여 단체를 조직하고 이를 통하여 조직적인 활동을 전개할 수 있다. 법 제28조 제1항은 소비자단체의 업무로서 ① 국가 및 지방자치단체의 소비자의 권익과 관련된 시책에 대한 건의, ② 물품 등의 규격·품질·안전성·환경성에 관한 시험·검사 및 가격 등을 포함한 거래조건이나 거래방법에 대한 조사·분석, ③ 소비자문제에 관한 조사·연구, ④ 소비자의 교육, ⑤ 소비자의 불만 및 피해를 처리하기 위한 상담·정보제공 및 당사자 간 합의의 권고 등을 규정하고 있다. 이와 같은 소비자단체 업무의 법정은 소비자단체의 업무를 법적으로 보장하는 동시에, 소비자단체의 업무 범위의 한계를 정하는 의미가 있다.

한편 소비자단체가 조사·분석한 결과의 공표와 관련하여, 소비자기본법은 원칙적으로 소비자단체의 공표의 자유를 인정하면서, 공표로 인한 부정적 효과를 최소화하려는 제도적 보완을 마련하고 있다. 소비자단체가 조사·분석 등을 실시한 경우에는 그 결과를 공표할 수 있다(법 28조 2항 본문). 다만 공표되는 사항 중 물품 등의 품질·성능 및 성분 등에 관한 시험·검사로서 전문적인 인력과 설비를 필요로 하는 역학시험, 화학시험, 전기시험, 열 및 온도시험, 비파괴시험, 음향 및 진동시험, 광학 및 광도시험, 의학시험, 생물학적 시험 등의 경우에는 대통령령이 정하는 시험·검사기관의 시험·검사를 거친 후 공표하여야 한다(법 28조 2항 단서). 여

기서 '대통령령이 정하는 시험·검사기관'이란 ① 국공립검사기관, ② 한국소비자원, ③ 국가표준기본법 시행령 제16조에 따라 관련 중앙행정기관의 장이 시험·검사를 행할 능력이 있다고 인정하는 시험·검사기관, ④ 그 밖에 중앙행정기관의 장이 관계 법령에 따라 지정한 시험·검사기관 중의 어느 하나에 해당하는 시험·검사기관을 말한다(법 28조 2항, 영 22조). 그리고 소비자단체가 시험·검사기관의 시험·검사 결과를 공표하는 경우에는 공표 예정일 7일 전까지 해당 사업자의 의견을 들어야 한다(영 22조 3항).

그리고 소비자단체는 법 제78조의 규정에 따라 자료 및 정보의 제공을 요청하였음에도 사업자 또는 사업자단체가 정당한 사유 없이 이를 거부·방해·기피하거나 거짓으로 제출한 경우에 그 사업자 또는 사업자단체의 이름(상호 그 밖의 명칭을 포함한다), 거부 등의 사실과 사유를 「신문 등의 진흥에 관한 법률」에 따른 일반일간신문에 게재할 수 있다(법 28조 3항). 소비자단체는 사적주체에 불과하므로 이들의 요구에 응하지 않은 것을 법적으로 강제하기는 어렵지만, 일간지 게재 방식의 간접적 강제를 통하여 자료 요청의 실효성을 기하고 있다. 한편 소비자단체는 업무상 알게 된 정보를 소비자의 권익을 증진하기 위한 목적이 아닌 용도에 사용해서는 안 되며, 사업자 또는 사업자단체로부터 제공받은 자료 및 정보를 소비자의 권익을 증진하기 위한 목적이 아닌 용도로 사용함으로써 사업자 또는 사업자단체에 손해를 끼친 때에는 그 손해에 대하여 배상할 책임을 진다(법 28조 4항, 5항).

2. 소비자단체의 등록

소비자단체의 조직과 활동은 자유롭게 할 수 있다. 그러나 소비자단체의 업무 중에서 소비자기본법에 의하여 일정한 제한을 받고 있는 업무를 하고자 하는 소비자단체에 대하여는 국가가 이를 감독 또는 지원할 필요가 있는데, 소비자기본법은 이들 단체에 대하여는 일정한 설비와 인력을 갖추어 국가 또는 지방자치단체에 등록하게 한 후에 이를 지원해 주도록 하고 있다. 소비자단체가 국가 또는 지방자치단체로부터 보조금을 지급받기 위해서는 반드시 등록하여야 한다(법 32조).

물품 또는 용역에 대한 시험·검사 및 거래조건이나 거래방법에 대한 조사 및 소비자피해와 불만의 처리를 위한 상담·정보제공 및 당사자간 합의의 권고를 하고자 하는 소비자단체 중에서 물품 및 용역에 대하여 전반적인 소비자문제를 취급하고, 업무를 처리할 수 있는 전산장비와 사무실, 상근인력 5명 이상을 갖춘 비영리 민간단체는 대통령령이 정하는 바에 따라 공정거래위원회 또는 지방자치단체에 등록할 수 있다. 공정거래위원회 또는 지방자치단체의 장은 등록을 신청한 소비자단체가 요건을 갖추었는지 여부를 심사하여 등록 여부를 결정하여야 한다(법 29조, 영 23조 1항).

이러한 소비자단체들 중에서 전국적인 규모의 소비자단체의 협의체와 3개 이상의 시·도에 지부를 설치하고 있는 소비자단체는 공정거래위원회에 등록할 수 있고,[21] 그 밖의 단체는 주된 사무소가 위치한 시·도에 등록할 수 있다(영 23조 2항). 그리고 소비자단체의 등록 시에는 ① 목적, ② 명칭, ③ 주된 사무소의 소재지 및 지부의 주소, ④ 대표자의 성명·주민등록번호와 주소 및 전화번호, ⑤ 설립연월일, ⑥ 회원의 수(지부의 수를 포함한다), ⑦ 사업내용 등을 기재한 신청서를 공정거래위원회 또는 시·도지사에게 제출하여야 한다(영 23조 3항). 이 신청서에는 정관과 인력·재정상황 및 재정확보방안, 주요설비의 목록 및 성능에 관한 자료를 첨부하여야 한다(영 23조 4항). 공정거래위원회 또는 지방자치단체의 장은 소비자단체가 거짓 그 밖의 부정한 방법으로 등록을 한 경우에는 등록을 취소하여야 하며, 등록소비자단체가 법 제29조 제1항 각 호의 요건을 갖추지 못하게 된 경우에는 3월 이내에 보완을 하도록 명할 수 있고, 그 기간이 경과하여도 그 요건을 갖추지 못하는 경우에는 등록을 취소할 수 있다(법 30조).

3. 자율적 분쟁조정

공정거래위원회에 등록한 소비자단체의 협의체는 소비자의 불만 및 피해를 처리하기 위하여 자율적 분쟁조정을 할 수 있다(법 31조 1항 본문). 한국소비자원에 분쟁조정 절차가 마련되어 있지만, 특히 소비자 입장에서 민간 기구에 의한 조정이 접근의 편의를 제공할 수 있기 때문에, 자율적 분쟁해결의 측면에서 일정한 기여를 할 수 있을 것이다. 다만 다른 법률의 규정에 따라 설치된 전문성이 요구되는 분야의 분쟁조정기구로서 대통령령이 정하는 기구에서 관장하는 사항에 대하여는 그러하지 아니하다(법 31조 1항 단서). 그러한 분쟁조정기구로는 「금융소비자보호에 관한 법률」 제33조에 따라 설치된 금융분쟁조정위원회, 「의료사고 피해구제 및 의료분쟁 조정 등에 관한 법률」 제6조에 따라 설립된 한국의료분쟁조정중재원, 「환경분쟁 조정법」 제4조에 따라 설치된 환경분쟁조정위원회, 「저작권법」 제

---

21) 2021. 2. 1. 기준으로 공정거래위원회에 등록되어 있는 소비자단체는 한국소비자단체협의회, 한국여성소비자연합, 소비자교육중앙회, 한국YMCA, 한국YWCA, 한국소비자교육원, 소비자시민모임, 한국소비자연맹, 녹색소비자연대, 소비자공익네트워크, 한국부인회, 대한어머니회중앙회, 한국여성단체협의회, 소비자와함께, 금융소비자연맹, 경제정의실천시민연합, 금융소비자원, 해피맘 등 18개 단체이다.

112조에 따른 한국저작권위원회, 「개인정보 보호법」 제40조에 따라 설치된 개인정보 분쟁조정위원회, 「전기사업법」 제53조에 따라 설치된 전기위원회, 「우체국예금·보험에 관한 법률」 제51조 제1항에 따라 설치된 우체국예금·보험분쟁조정위원회, 그 밖에 다른 법령에 따라 설치된 분쟁조정기구로서 공정거래위원회가 필요하다고 인정하여 지정·고시하는 분쟁조정기구 등이 있다(영 25조). 자율적 분쟁조정은 당사자가 이를 수락한 경우에는 당사자 사이에 자율적 분쟁조정의 내용과 동일한 합의가 성립된 것으로 본다(법 31조 2항).

소비자와 사업자 간에 발생한 분쟁에 대하여 공정거래위원회 또는 시·도에 등록된 소비자단체가 합의를 권고하였음에도 불구하고 합의가 이루어지지 아니하면 소비자단체는 소비자를 대리하여 소비자단체협의체에 자율적 분쟁조정을 신청할 수 있다. 소비자단체협의체가 자율적 분쟁조정을 하는 경우에는 자율적 분쟁조정위원회를 구성 및 조정서의 작성 등에서 공공성과 중립성이 유지되도록 하여야 한다. 자율적 분쟁조정위원회는 분쟁조정의 신청을 받은 날부터 30일 이내에 그 분쟁조정을 마쳐야 한다. 다만, 부득이한 사정으로 그 기간 내에 분쟁조정을 마칠 수 없으면 그 사유와 기한을 구체적으로 밝혀 당사자나 그 대리인에게 알려야 한다(영 24조).

V. 한국소비자원

1. 한국소비자원의 조직

한국소비자원은 1987년 7월 1일 소비자보호법에 의하여 '한국소비자보호원'으로 설립된 이후, 2007년 3월 28일 소비자기본법에 의해 그 이름이 '한국소비자원'으로 변경되었다. 한국소비자원은 소비자보호시책을 효과적으로 추진하기 위하여 정부의 출연으로 설립된 특수공익법인으로서 그 주된 사무소의 소재지에서 설립등기를 함으로써 성립한다. 한국소비자원의 정관에는 목적, 명칭, 주된 사무소 및 지부에 관한 사항, 임원 및 직원에 관한 사항, 이사회의 운영에 관한 사항, 법 제51조의 규정에 따른 소비자안전센터에 관한 사항, 법 제60조의 규정에 따른 소비자분쟁조정위원회에 관한 사항, 업무, 재산 및 회계, 공고, 정관의 변경, 내부규정의 제정 및 개정·폐지에 관한 사항을 기재하여야 한다(법 34조).

그리고 한국소비자원은 공정거래위원회의 승인을 얻어 필요한 곳에 그 지부를 설치할 수 있다(법 33조 3항). 지부의 설치에 관한 승인을 받으려면 지부의 명칭, 소재지, 설치예정 연월일, 설치 이유, 지부의 조직, 그 밖에 지부의 설치에 필요한 사항을 적은 신청서를 공정거래위원회에 제출하여야 한다(영 26조).

한국소비자원에 원장·부원장 및 소비자안전센터의 소장 각 1인을 포함한 10인 이내의 이사와 감사 1인을 둔다. 원장·부원장·소장 및 대통령령이 정하는 이사는(1인, 영 30조 2항) 상임으로 하고 그 밖의 임원은 비상임으로 한다. 원장은 「공공기관의 운영에 관한 법률」 제29조에 따른 임원추천회의가 복수로 추천한 사람 중에서 공정거래위원회 위원장의 제청으로 대통령이 임명한다. 원장은 한국소비자원을 대표하고 그 업무를 총괄한다. 부원장, 소장 및 상임이사는 원장이 임명한다. 부원장은 원장을 보좌하며, 원장이 부득이한 사유로 직무를 수행할 수 없는 경우에 그 직무를 대행한다. 소장은 원장의 지휘를 받아 법 제51조 제1항의 규정에 따라 설치되는 소비자안전센터의 업무를 총괄하며, 원장·부원장 및 소장이 아닌 이사는 정관이 정하는 바에 따라 한국소비자원의 업무를 분장한다. 비상임이사는 임원추천회의가 복수로 추천한 사람 중에서 공정거래위원회 위원장이 임명하며, 감사는 임원추천위원회가 복수로 추천하여 「공공기관의 운영에 관한 법률」 제8조에 따른 공공기관운영위원회의 심의·의결을 거친 사람 중에서 기획재정부 장관의 제청으로 대통령이 임명한다. 원장·부원장이 모두 부득이한 사유로 직무를 수행할 수 없는 때에는 상임이사·비상임 이사의 순으로 정관이 정하는 순서에 따라 그 직무를 대행한다. 업무 및 회계를 감사하는 감사는 공정거래위원회 위원장이 임명한다. 그리고 원장의 임기는 3년으로 하고, 부원장, 소장, 이사 및 감사의 임기는 2년으로 한다(법 38, 39조).

공정거래위원회는 한국소비자원을 지도·감독하고, 필요하다고 인정되는 때에는 한국소비자원에 대하여 그 사업에 관한 지시 또는 명령을 할 수 있다. 한국소비자원은 매년 업무계획서와 예산서를 작성하여 공정거래위원회의 승인을 얻어야 하며, 매년 결산보고서와 이에 대한 감사의 의견서를 작성하여 공정거래위원회에 보고하여야 한다. 이 경우 그 절차 등에 관하여는 대통령령으로 정한다. 공정거래위원회는 필요하다고 인정되는 때에는 한국소비자원에 대하여 그 업무·회계 및 재산에 관한 사항을 보고하게 하거나 감사할 수 있다(법 42조).

2. 한국소비자원의 업무

한국소비자원은 다음과 같은 업무를 담당하고 있다(법 35조 1항, 2항).

① 소비자의 권익과 관련된 제도와 정책의 연구 및 건의

② 소비자의 권익증진을 위하여 필요한 경우 물품 등의 규격·품질·안전성·환경성에 관한 시험·검사 및 가격 등을 포함한 거래조건이나 거래방법에 대한 조사·분석

③ 소비자의 권익증진·안전 및 소비생활의 향상을 위한 정보의 수집·제공 및 국제협력

④ 소비자의 권익증진·안전 및 능력개발과 관련된 교육·홍보 및 방송사업

⑤ 소비자의 불만처리 및 피해구제. 다만 국가 또는 지방자치단체가 제공한 물품 등으로 인하여 발생한 피해구제와 그 밖에 다른 법률의 규정에 따라 설치된 전문성이 요구되는 분야의 분쟁조정기구에 신청된 피해구제 등으로서 대통령령이 정하는 피해구제[22]는 그 처리대상에서 제외한다.

⑥ 소비자의 권익증진 및 소비생활의 합리화를 위한 종합적인 조사·연구

⑦ 국가 또는 지방자치단체가 소비자의 권익증진과 관련하여 의뢰한 조사 등의 업무

⑧ 「독점규제 및 공정거래에 관한 법률」 제90조 제7항에 따라 공정거래위원회로부터 위탁받은 동의의결의 이행관리

⑨ 그 밖에 소비자의 권익증진 및 안전에 관한 업무

한국소비자원은 업무수행 과정에서 취득한 사실 중 소비자의 권익증진, 소비자 피해의 확산 방지, 물품 등의 품질향상 그 밖에 소비생활의 향상을 위하여 필요하다고 인정되는 사실은 이를 공표하여야 한다. 그러나 사업자 또는 사업자단체의 영업비밀을 보호할 필요가 있다고 인정되거나 공익상 필요하다고 인정되는 때에는 공표하지 않을 수 있다(법 35조 3항). 동 규정은 이와 같이 원칙적인 공표 의무를 부과하고 있는데, 예외 사유로서 사업자의 기업비밀이나 공익상의 필요를 지나치게 강조하게 되면 소비자의 알 권리가 지나치게 침해될 우려가 있기 때문에, 해당 요건은 엄격하게 해석하여야 할 것이다.

그리고 한국소비자원의 원장은 소비자의 불만처리와 피해구제 및 물품 등의 규

---

22) 법 제35조 제2항 제2호에서 "대통령령이 정하는 피해구제"란 다음 각 호의 어느 하나에 해당하는 것을 말한다(영 28조).
 1. 다른 법률에 따라 제45조 제1항의 소비자분쟁조정위원회에 준하는 분쟁조정기구가 설치되어 있는 경우 그 분쟁조정기구에 피해구제가 신청되어 있거나 이미 그 피해구제 절차를 거친 사항과 동일한 내용의 피해구제
 2. 소비자가 한국소비자원에 피해구제를 신청한 후 이와 동일한 내용으로 제1호에 따른 분쟁조정기구에 피해구제를 신청한 경우 그 피해구제

격·품질·안전성·환경성에 관한 시험·검사 및 가격 등을 포함한 거래조건이나 거래방법에 대한 조사·분석을 실시함에 있어서 필요하다고 인정할 때에는 국립 또는 공립의 시험·검사기관에 관계물품에 대한 시험·검사를 의뢰할 수 있다. 이 경우에 시험·검사의 의뢰를 받은 기관은 특별한 사유가 없는 한 우선하여 이에 응하여야 한다(법 36조). 시험·검사를 의뢰받은 국공립 검사기관은 특별한 사유가 있는 경우가 아니면 의뢰받은 날부터 15일 이내에 시험·검사의 결과를 한국소비 자원에 통보하여야 한다. 이 경우 15일 이내에 그 결과를 통보할 수 없는 부득이 한 사유가 있으면 그 사유와 통보기한을 정하여 한국소비자원에 알려야 한다. 그 리고 시험·검사에 드는 비용은 한국소비자원이 부담한다(영 29조).

VI. 소비자의 안전

1. 소비자안전조치의 개관

소비자기본법은 최근 증가하고 있는 소비자들의 안전성확보 요구, 특히 식품 등의 안전성 요구에 대응하기 위해 안전관리체계를 강화하는 차원에서 소비자의 안전에 관한 규정을 독립된 장으로 편성하였다. 특히 국가 및 지방자치단체는 어 린이·노약자 및 장애인 등 안전취약계층에 대하여 우선적으로 보호시책을 강구 하여야 하며, 사업자는 어린이·노약자 및 장애인 등 안전취약계층에 대하여 물품 등을 판매·광고 또는 제공하는 경우에는 그 취약계층에게 위해가 발생하지 않도 록 제19조 제1항의 규정에 따른 사업자의 책무 준수와 더불어 필요한 예방조치를 취하여야 한다(법 45조).[23]

공정거래위원회 또는 시·도지사는 사업자가 제공한 물품 등으로 인하여 소비 자에게 위해발생이 우려되는 경우에는 관계중앙행정기관의 장에게 다음 각 호의 조치를 요청할 수 있다(법 46조 1항).

① 사업자가 다른 법령에서 정한 안전조치를 취하지 아니하는 경우에는 그 법 령의 규정에 따른 조치

② 다른 법령에서 안전기준이나 규격을 정하고 있지 않는 경우에는 수거·파기

---

23) 노인층의 경우, 미성년자와 같이 민법상 제한능력자로서 법률행위의 보호로부터 벗어나 있지 만, 비합리적인 소비 행태는 자주 발생하고 있다. 특히 최근 인구 비중이 급격히 증가하면서 노인 소 비자 보호의 문제가 중요한 이슈로 부각되고 있다. 조정은·노미리, "고령소비자 보호정책의 현황과 과제", 소비자법연구 제5권 제3호, 2019, 67면 이하 참조.

등의 권고, 명령, 과태료 처분 조치

③ 그 밖에 물품 등에 대한 위해방지대책의 강구

공정거래위원회 또는 시·도지사의 요청을 받은 관계중앙행정기관의 장은 조치 여부 및 그 내용을 신속히 공정거래위원회 또는 시·도지사에게 통보하여야 한다(동조 2항).

2. 결함정보의 보고의무

(1) 사업자의 보고의무

사업자는 다음 각 호의 어느 하나에 해당하는 경우에는 제조·수입·판매 또는 제공한 물품 등의 결함을 소관 중앙행정기관의 장에게 보고(전자적 보고를 포함한다)하여야 한다(법 47조 1항).

① 제조·수입·판매 또는 제공한 물품 등에 소비자의 생명·신체 또는 재산에 위해를 끼치거나 끼칠 우려가 있는 제조·설계 또는 표시 등의 중대한 결함이 있다는 사실을 알게 된 경우

② 제조·수입·판매 또는 제공한 물품등과 동일한 물품 등에 대하여 외국에서 결함이 발견되어 사업자가 외국 정부로부터 수거·파기 등의 권고를 받고 수거·파기 등을 하거나 자발적으로 수거·파기 등을 한 경우 또는 외국의 다른 사업자가 해당 조치를 한 사실을 알게 된 경우. 다만 사업자가 법 제48조에 따라 해당 물품 등의 수거·파기·수리·교환·환급 또는 제조·수입·판매·제공의 금지 및 그 밖의 필요한 조치(이하 '수거·파기 등'이라 함)를 한 경우에는 예외이다. 이러한 보고를 받은 중앙행정기관의 장은 사업자가 보고한 결함의 내용에 관하여 법 제17조의 규정에 따른 시험·검사기관 또는 한국소비자원 등에 시험·검사를 의뢰하고, 시험·검사의 결과 그 물품 등이 법 제49조 또는 제50조의 요건에 해당하는 경우에는 사업자에게 각각에 해당하는 규정에 따른 필요한 조치를 취하여야 한다(동조 2항).

소비자기본법 제47조 제1항의 규정에 따라 결함의 내용을 보고하여야 할 사업자는 다음 각 호와 같다(동조 3항).

① 물품 등을 제조·수입 또는 제공하는 자

② 물품에 성명·상호 그 밖에 식별 가능한 기호 등을 부착함으로써 자신을 제

조자로 표시한 자

③ 유통산업발전법 제2조 제3호의 규정에 따른 대규모점포의 종류 중 대형마트·전문점·백화점·쇼핑센터·복합쇼핑몰 또는 그 밖의 대규모점포를 설치하여 운영하는 자

④ 그 밖에 소비자의 생명·신체 및 재산에 위해를 끼치거나 끼칠 우려가 있는 물품 등을 제조·수입·판매 또는 제공하는 자로서 대통령령이 정하는 자

(2) 물품 등의 자진수거

사업자는 소비자에게 제공한 물품 등의 결함으로 인하여 소비자의 생명·신체 또는 재산에 위해를 끼치거나 끼칠 우려가 있는 경우에는 대통령령이 정하는 바에 따라 당해 물품 등의 수거·파기·수리·교환·환급 또는 제조·수입·판매·제공의 금지 그 밖의 필요한 조치를 취하여야 한다(법 48조). 이것은 이른바 리콜제도의 법적 근거를 마련한 것이다. 일반적으로 리콜제도는 피해 발생 이전의 구제라는 점에서 사전적이고, 피해의 개별적 구제가 아니라 상품 전제를 대상으로 한다는 점에서 일괄적이며, 사업자의 자발적인 조치를 전제한다는 점에서 특징이 있으며, 따라서 리콜제도는 소비자피해 구제의 관점에서 근본적인 대책의 하나로 이해할 수 있다. 리콜제도는 상품이나 사업자에 대한 신뢰를 제고하는데 기여할 수 있으며, 이른바 브랜드 가치의 제고를 통하여 궁극적으로 사업자의 이익 증대에 도움이 될 수 있다. 이러한 점에서 사업자 스스로 자발적인 리콜제도를 활용할 수 있도록 하는 환경의 조성이 중요하며, 또한 소비자 입장에서도 상품은 그 자체로 완성된 것이 아니라, 사업자와 소비자 사이에 의견의 교환을 통하여 지속적으로 발전해 나아가는 과정에 있다는 인식을 함으로써 적극적으로 리콜제도에 부응할 필요가 있다.

그렇지만 리콜제도는 사업자 입장에서 상당한 비용이 발생하게 되고, 이는 리콜제도의 활성화에 지장을 초래하는 주된 요인으로 작용하고 있다.[24] 따라서 소비자기본법은 리콜제도의 본질이 자발성에 있음에도 불구하고 리콜제도를 활성화하기 위한 여러 가지 제도적 방안을 마련하고 있다. 우선 리콜제도의 근거가 되는 법 제48조의 규정이 리콜을 사업자의 의무로서 규정하고 있는 것에 주의를 요한

---

24) 물론 사업자는 리콜에 의한 비용을 부담하게 되지만, 이러한 비용은 브랜드 평판에 발생하는 피해나 사업자 신뢰도의 저하로 인한 비용보다 적을 수 있다는 지적으로, Edward R. Miller—Jones ed., Consumer Protection and Product Recalls, fastbook publishing, 2010, p. 15.

다. 동법 시행령은 이를 구체화하고 있는데, 사업자는 물품 등의 수거·파기·수리·교환·환급 또는 제조·수입·판매·제공의 금지나 그 밖에 필요한 자진시정조치를 하려는 경우에는 결함이 있는 물품 등의 명칭과 제조연월일 또는 공급연월일, 결함과 위해의 내용 및 원인, 결함이 있는 물품 등으로 인하여 발생하는 위험과 주의사항, 자진시정조치의 방법과 기간, 소비자 또는 판매자 등에게 자진시정조치계획을 알리기 위한 방법이 포함된 시정계획서를 소관 중앙행정기관의 장에게 제출하여야 하며, 자진시정조치를 마친 후에는 그 결과를 소관 중앙행정기관의 장에게 보고하여야 한다(영 36조). 이 외에도 법 제49조와 제50조는 사업자의 리콜에 중앙행정기관이 개입할 수 있는 근거를 마련하고 있는데, 이른바 권고리콜, 강제리콜, 긴급리콜로 구분할 수 있다.

(3) 권고리콜

중앙행정기관의 장은 사업자가 제공한 물품 및 용역의 결함으로 소비자의 생명·신체 및 재산상의 안전에 위해를 끼치거나 끼칠 우려가 있다고 인정되는 경우에는, 당해 사업자에 대하여 당해 물품의 수거·파기 또는 수리·교환·환급, 당해 용역의 제공금지 그 밖에 필요한 조치를 권고할 수 있다. 이에 따라 물품 등의 수거·파기·수리·교환·환급 또는 제조·수입·판매·제공의 금지나 그 밖에 필요한 조치의 권고를 할 때에 법 제52조 제1항에 따른 위해정보가 필요하다고 인정되면 법 제51조 제1항에 따른 소비자안전센터에 위해정보의 제출을 요청할 수 있다. 이 경우 소비자안전센터는 특별한 사유가 없으면 그 요청에 따라야 한다. 이러한 시정권고를 받은 사업자는 당해 권고의 수락여부를 7일 이내에 소관 중앙행정기관의 장에게 통지하여야 하며, 사업자가 수거·파기 등의 권고를 수락하는 경우에는 물품 및 용역의 자진수거 등의 조치를 취하여야 한다. 그리고 중앙행정기관의 장은 위의 시정권고를 받은 사업자가 정당한 사유 없이 그 권고를 따르지 아니하는 때에는 사업자의 이름, 시정권고의 대상이 되는 물품 등의 명칭과 시정권고의 내용과 사업자의 시정권고 수락거부사유, 그 수락거부사유에 대한 중앙행정기관의 장의 의견 등을 신문·방송 등을 통하여 공표할 수 있다. 다만, 사업자가 자신이 제공한 물품 등의 안전성에 대하여 객관적 자료를 제시한 경우에는 시정권고를 받은 사실을 공표해서는 안 된다(법 49조, 영 37조).

(4) 강제리콜, 긴급리콜

한편 중앙행정기관의 장은 사업자가 제공한 물품 및 용역의 결함으로 인하여 소비자의 생명·신체 또는 재산에 위해를 끼치거나 끼칠 우려가 있다고 인정되는 경우에는 서면 통지(영 38조 2항), 시정계획서 제출(동조 3항) 등 대통령령이 정하는 절차에 따라 그 물품 등의 수거·파기·수리·교환·환급을 명하거나 제조·수입·판매 또는 제공의 금지를 명할 수 있고, 그 물품 등과 관련된 시설의 개수 그 밖의 필요한 조치를 명할 수 있다(강제리콜). 다만 소비자의 생명·신체 또는 재산에 긴급하고 현저한 위해를 끼치거나 끼칠 우려가 있다고 인정되는 경우로서 그 위해의 발생 또는 확산을 방지하기 위하여 불가피하다고 인정되는 경우에는 그 절차를 생략할 수 있다. 이때에는 그 사유와 의무사항 및 이행에 필요한 상당한 기간을 정하여 서면으로 사업자에게 통지하여야 한다(긴급리콜). 이러한 시정조치를 명할 때 위해정보가 필요하다고 인정되면 중앙행정기관의 장은 소비자안전센터에 위해정보의 제출을 요청할 수 있다(법 50조 1항, 영 38조 1항, 2항).

시정명령을 받은 사업자는 7일 이내에 다음 각 호의 사항이 포함된 시정계획서를 소관 중앙행정기관의 장에게 제출하고 시정조치를 하여야 한다. 이 경우 소관 중앙행정기관의 장은 소비자의 안전에 긴급하고 현저한 위해를 끼칠 우려가 있는 경우에는 시정계획서의 제출기한을 단축할 수 있다(영 38조 3항).

① 결함이 있는 물품 등의 명칭과 제조연월일 또는 공급연월일
② 결함과 위해의 내용 및 원인
③ 결함이 있는 물품 등으로 인하여 발생하는 위험과 주의사항
④ 시정조치의 이행방법과 이행기간
⑤ 소비자 또는 판매자 등에게 시정조치계획을 알리기 위한 다음 각 호의 방법
가. 소비자의 주소를 알고 있는 경우: 등기우편에 의한 방법
나. 소비자의 주소를 모르거나 다수의 소비자 또는 판매자 등에게 시정조치계획을 신속하게 알릴 필요가 있는 경우: 방송이나 신문에 광고하는 방법 및 대형마트 등이나 물품 등의 판매·제공장소에 안내문을 게시하는 방법

사업자가 위의 명령에 따르지 아니하는 경우에는 중앙행정기관의 장은 직접 당해 물품의 수거·파기 및 용역의 제공금지 등 필요한 조치를 취할 수 있다(법 50조 2항).

중앙행정기관의 장은 사업자가 시정계획서상의 시정조치 기간 이내에 그 물품

등을 수거하여 파기하지 아니하면 소속 공무원에게 이를 수거하여 파기하게 할 수 있다. 이 경우 사업자 외의 자가 소유하거나 점유하는 물품 등은 수거·파기 대상에서 제외할 수 있다. 물품 등을 수거하여 파기할 때에는 사업자를 참여시켜야 하며, 사업자가 이에 따르지 아니하거나 상당한 기간 사업자의 소재를 알 수 없는 경우에는 관계 공무원을 1명 이상 참여시켜야 한다. 사업자의 파산 등으로 사업자가 비용을 부담할 수 없는 경우를 제외하고 수거·파기에 드는 비용은 사업자가 부담한다(영 38조 7~9항).

3. 위해정보의 수집

소비자안전시책을 지원하기 위하여 한국소비자원에 소비자안전센터를 둔다. 소비자안전센터에 소장 1인을 두고, 그 조직에 관한 사항은 정관으로 정한다. 소비자안전센터는 위해정보의 수집 및 처리를 주업무로 하며, 소비자안전을 확보하기 위한 조사 및 연구, 소비자안전과 관련된 교육 및 홍보, 위해 물품 등에 대한 시정 건의, 소비자안전에 관한 국제협력, 그 밖에 소비자안전에 관한 업무 등을 수행한다(법 51조).

소비자안전센터는 물품 등으로 인하여 소비자의 생명·신체 또는 재산에 위해가 발생하였거나 발생할 우려가 있는 사안에 대한 위해정보를 수집할 수 있다(법 52조 1항). 소장은 수집한 위해정보를 분석하여 그 결과를 원장에게 보고하여야 하고, 원장은 위해정보의 분석결과에 따라 필요한 경우에는 위해방지 및 사고예방을 위한 소비자안전경보의 발령,25) 물품 등의 안전성에 관한 사실의 공표, 위해물품 등을 제공하는 사업자에 대한 시정 권고, 국가 또는 지방자치단체에의 시정조치·제도개선 건의, 그 밖에 소비자안전을 확보하기 위하여 필요한 조치를 할 수 있다(동조 2항).26) 원장은 시정권고를 받은 사업자에게 수락 여부 및 그 이행의 내용과 실적, 이행하지 못한 물품 등에 대한 조치계획, 위해방지를 위한 대책 등의 제출을

---

25) 한국소비자원의 원장은 법 제52조 제2항 제1호에 따른 소비자안전경보의 발령이나 같은 항 제2호에 따른 물품 등의 안전성에 관한 사실을 공표하려면 소비자안전센터의 소장으로 하여금 해당 물품 등에 대하여 위해정보의 발생빈도, 소비자의 위해정도, 그 밖에 한국소비자원의 원장이 정하는 평가요소에 대한 평가를 실시하게 할 수 있다. 그리고 평가를 효율적으로 수행하기 위하여 소비자안전센터에 위해정보평가위원회를 둔다(영 42조).

26) 국민의 생명, 신체 등에 대한 위해는 감염병에 의한 경우와 물품 등에 의한 경우로 구분할 수 있는데, 전자는 질병관리청(「감염병의 예방 및 관리에 관한 법률」 제7조) 그리고 후자는 소비자안전센터와 한국소비자원이 관장한다. 물품 등으로 인한 위해와 관련하여 질병관리청은 법적 권한을 갖고 있지 않지만, 가습기 살균제 사건과 관련하여 2011. 8. 31. 질병관리청(당시 질병관리본부)은 원인미상 폐손상 위험요인으로 가습기 살균제를 추정하고 동 제품에 관해 소비자에게 사용 중단, 사업자에게 출시 중단을 권고하였다.

요청할 수 있고(동조 3항), 위해가 발생하거나 발생할 우려가 높다고 판단되는 경우로서 사업자가 시정권고를 이행하지 않는 경우에는 공정거래위원회에 그 시정요청을 해 줄 것을 건의할 수 있다(동조 4항). 그리고 위해정보를 수집·처리하는 자는 물품 등의 위해성이 판명되어 공표되기 전까지 사업자명·상품명·피해정도·사건경위에 관한 사항을 누설해서는 안 된다(동조 5항).

공정거래위원회는 각종 위해정보를 수집하기 위하여 필요한 경우 대통령령이 정하는 바에 따라 행정기관, 소비자단체, 병원, 학교 등을 위해정보 보고기관으로 지정·운영할 수 있다(법 52조 6항). 위해정보 보고기관으로 지정될 수 있는 기관으로는 경찰서·소방서·보건소 등 위해정보수집이 가능한 행정관서, 등록한 소비자단체, 종합병원 및 병원, 초등학교·중학교·고등학교 중 보건실을 운영하고 있는 학교, 그 밖에 위해정보의 수집이 가능한 기관이나 단체를 들 수 있다(영 39조 1항).

공정거래위원회는 소비자안전센터가 위해정보를 효율적으로 수집할 수 있도록 하기 위하여 필요한 경우에는 행정기관·병원·학교·소비자단체 등을 위해정보 제출기관으로 지정·운영할 수 있고, 위해정보 제출기관으로 지정된 기관이 업무상 위해정보를 취득한 경우에는 위해에 관한 내용을 소비자안전센터에 제출하여야 한다(법 52조, 영 39조 2항). 소비자안전센터는 위해정보 제출기관이 제출한 위해정보를 유형별로 분류하여 3년 이상 보관하여야 한다(영 40조).

Ⅶ. 소비자 분쟁의 해결

1. 소비자 상담기구의 설치·운영

사업자 및 사업자단체는 소비자로부터 제기되는 의견이나 불만 등을 기업경영에 반영하고, 소비자의 피해를 신속하게 처리하기 위하여 소비자상담기구의 설치·운영에 적극 노력하여야 한다. 소비자 상담기구에는 소비자의 불만 또는 피해의 상담을 위하여 「국가기술자격법」에 따른 관련 자격이 있는 자 등 전담직원을 고용·배치하도록 적극 노력하여야 한다(법 53조). 그리고 중앙행정기관의 장 또는 시·도지사는 사업자 또는 사업자단체에게 소비자상담기구의 설치·운영을 권장하거나 그 설치·운영에 필요한 지원을 할 수 있다(법 54조 1항).

2. 한국소비자원의 피해구제

(1) 피해구제의 청구와 합의권고

한국소비자원의 기능 중에서 실제로 가장 중요한 것은 소비자피해의 구제이다. 물품의 사용이나 용역의 이용으로 인하여 피해를 입은 소비자는 그 구제를 한국소비자원에 신청할 수 있다(법 55조 1항). 그리고 국가·지방자치단체 또는 소비자단체가 소비자로부터 피해구제의 신청을 받은 때에는 한국소비자원에 그 처리를 의뢰할 수 있다(법 55조 2항). 한편 사업자는 소비자로부터 피해구제의 신청을 받은 때에는 그 신청을 받은 날부터 30일이 경과하여도 합의에 이르지 못하는 경우, 한국소비자원에 피해구제의 처리를 의뢰하기로 소비자와 합의한 경우, 그 밖에 한국소비자원의 피해구제의 처리가 필요한 경우로서 대통령령이 정하는 사유에 해당하는 경우에 한하여 한국소비자원에 그 처리를 의뢰할 수 있다(법 55조 3항). 이러한 피해구제의 신청을 받은 경우에, 원장은 그 피해사건이 지나치게 복잡하거나 고도로 전문적이고 법률적인 판단이 요구되기 때문에, 한국소비자원이 처리하기에 적합하지 않다고 판단되는 경우에는, 신청인에게 그 사유를 통지하고 그 사건의 처리를 중지할 수 있다(법 55조 4항). 그러나 그 밖의 경우에는 피해에 관한 사실확인과 법령위반사실 등을 확인한 후에 피해구제신청의 당사자에 대하여 피해보상에 대한 합의를 권고할 수 있다(법 57조). 이러한 합의가 이루어지면 피해구제절차는 종결된다. 한국소비자원의 피해구제 처리절차 중에 법원에 소를 제기한 당사자는 그 사실을 한국소비자원에 통보하여야 한다. 또한 한국소비자원이 당사자의 소제기 사실을 알게 된 때에는 지체 없이 피해구제절차를 중지하고, 당사자에게 이를 통지하여야 한다(법 59조).

원장은 피해구제신청사건을 처리함에 있어서 당사자 또는 관계인이 법령을 위반한 것으로 판단되는 때에는 관계기관에 이를 통보하고 적절한 조치를 의뢰하여야 한다(법 56조). 원장은 피해구제의 신청을 받은 날부터 30일 이내에 법 제57조의 규정에 따른 합의가 이루어지지 아니하는 때에는 지체 없이 법 제60조의 규정에 따른 소비자분쟁조정위원회에 분쟁조정을 신청하여야 한다. 다만 피해의 원인규명 등에 상당한 시일이 요구되는 피해구제신청사건으로서 대통령령이 정하는 사건에 대하여는 60일 이내의 범위에서 처리기간을 연장할 수 있다(법 58조). 여기서 대통령령이 정하는 사건이란 의료, 보험, 농업 및 어업 관련 사건, 그 밖에 피해의 원인규명에 시험·검사 또는 조사가 필요한 사건을 말한다(영 44조).

(2) 소비자 분쟁의 조정

(가) 소비자분쟁조정위원회

소비자와 사업자 사이에 발생한 분쟁을 조정하기 위하여 한국소비자원에 소비자분쟁조정위원회(이하 '조정위원회'라 함)를 둔다. 조정위원회는 ① 소비자분쟁에 대한 조정결정, ② 조정위원회의 의사에 관한 규칙의 제정 및 개정·폐지, ③ 그 밖에 조정위원회의 위원장이 토의에 부치는 사항에 대하여 심의·의결한다(법 60조). 조정위원회의 위원장은 위원회의 회의를 소집하고 그 의장이 된다. 회의를 소집하려면 회의의 일시·장소 및 회의에 부치는 사항을 정하여 부득이한 사유가 있는 경우 외에는 회의시작 3일 전까지 각 위원에게 서면으로 알려야 한다(영 45조).

조정위원회는 위원장 1인을 포함한 150명 이내의 위원으로 구성하며, 위원장을 포함한 5명은 상임으로 하고, 나머지는 비상임으로 한다(법 61조 1항). 그리고 위원장은 상임위원 중에서 공정거래위원회 위원장이 임명한다(동조 3항).

위원은 소비자 관련 전문가[27) 중에서 한국소비자원장의 제청에 의하여 공정거래위원회 위원장이 임명 또는 위촉한다. 조정위원회의 비상임위원을 제청할 때에는 전국적 규모의 소비자단체 및 사업자단체로부터 추천된 자 중에서 각각 2명 이상이 균등하게 포함되도록 하여야 한다(법 61조 2항, 영 47조). 위원의 임기는 3년으로 하며, 연임할 수 있다(법 61조 5항).

위원장이 부득이한 사유로 직무를 수행할 수 없는 때에는 위원장이 아닌 상임위원이 위원장의 직무를 대행하고, 위원장이 아닌 상임위원이 부득이한 사유로 위원장의 직무를 대행할 수 없는 때에는 공정거래위원회 위원장이 지정하는 위원이 그 직무를 대행한다(동조 4항).

위원은 자격정지 이상의 형을 선고받거나 신체상 또는 정신상의 장애로 직무를 수행할 수 없는 경우를 제외하고는 그의 의사와 다르게 면직되지 아니한다(법 62조). 조정위원회의 업무를 효율적으로 수행하기 위하여 조정위원회에 분야별 전문위원회를 둘 수 있다(법 61조 6항). 전문위원회는 분야별로 10명 이내의 위원으로 구성하며, 위원은 해당 분야에 관한 학식과 경험이 풍부한 자 중에서 조정위원장

---

27) 1. 대학이나 공인된 연구기관에서 부교수 이상 또는 이에 상당하는 직에 있거나 있었던 자로서 소비자권익 관련분야를 전공한 자
2. 4급 이상의 공무원 또는 이에 상당하는 공공기관의 직에 있거나 있었던 자로서 소비자권익과 관련된 업무에 실무경험이 있는 자
3. 판사·검사 또는 변호사의 자격이 있는 자
4. 소비자단체의 임원의 직에 있거나 있었던 자
5. 사업자 또는 사업자단체의 임원의 직에 있거나 있었던 자
6. 그 밖에 소비자권익과 관련된 업무에 관한 학식과 경험이 풍부한 자(법 61조 2항)

이 위촉한다(영 50조).

조정위원회의 회의는 위원장·상임위원 및 위원장이 회의마다 지명하는 5인 이상 9인 이하의 위원으로 구성하는 분쟁조정회의와 위원장 또는 상임위원과 위원장이 회의마다 지명하는 2명 이상 4명 이하의 위원으로 구성하는 조정부로 구성하며, 분쟁조정회의는 위원장이 주재하고, 조정부는 위원장 또는 상임위원이 주재하며, 위원 과반수의 출석과 출석위원 과반수의 찬성으로 의결한다(법 63조). 위원은 자신과 관련된 사건의 경우 제척, 기피될 수 있고, 회피할 수 있다(법 64조).

(나) 분쟁조정의 절차

조정위원회가 법 제58조 또는 제65조 제1항의 규정에 따라 분쟁조정을 신청받은 경우에는 대통령령이 정하는 바에 따라 지체 없이 분쟁조정절차를 개시하여야 한다(법 65조 2항). 그리고 조정위원회는 그 신청을 받은 날부터 30일 이내에 그 분쟁조정을 마쳐야 한다. 정당한 사유가 있는 경우로서 30일 이내에 그 분쟁조정을 마칠 수 없는 경우에는 그 기간을 연장할 수 있는데, 이 경우 그 사유와 기한을 명시하여 당사자 및 그 대리인에게 통지하여야 한다(법 66조). 분쟁조정이 신청된 사건에 대하여 신청 전 또는 후 소가 제기되어 소송이 진행 중일 때에 수소법원은 조정이 있을 때까지 소송절차를 중지할 수 있으며(법 68조의4 1항), 이에 따라 소송절차가 중지된 경우 조정위원회는 해당 사건의 조정절차를 재개한다(2항). 한편 조정위원회는 조정이 신청된 사건과 동일한 원인으로 다수인이 관련되는 동종·유사 사건에 대한 소송이 진행 중인 경우 조정위원회의 결정으로 조정절차를 중지할 수 있다(3항).

분쟁조정절차에서 조정위원회는 필요한 경우 전문위원회에 자문할 수 있고, 한국소비자원의 원장에게 시험·검사 또는 조사를 요청할 수 있는데, 요청을 받은 한국소비자원의 원장은 지체 없이 시험·검사 또는 조사를 실시하여 그 결과를 조정위원회에 통보하여야 한다(법 65조 3항, 영 49조). 조정위원회는 분쟁조정절차에 앞서 이해관계인·소비자단체 또는 관계기관의 의견을 들을 수 있다(법 65조 4항). 조정위원장은 분쟁신청을 받은 경우 분쟁조정 업무의 효율적 수행을 위하여 10일 이내의 기간을 정하여 분쟁당사자에게 보상방법에 대한 합의를 권고할 수 있다(영 54조).

분쟁의 조정이 이루어진 경우에는 조정위원회의 위원장이 지체 없이 그 결과를 당사자에게 통지하여야 하며, 당사자가 이러한 통지를 받은 날로부터 15일 이내에 조정을 수락한 경우에는 조정위원회는 조정서를 작성하고 당사자가 기명·날인하여야 한다. 그리고 당사자가 위의 기간 내에 분쟁조정에 대한 수락거부의 의사를 표시하지 아니한 때에도 조정을 수락한 것으로 본다. 다만 수락한 것으로 보는 경우에는 각 당사자의 기명날인 또는 서명을 생략할 수 있다. 이 경우 분쟁조정의 내용은 재판상의 화해와 동일한 효력을 가진다(법 67조). 조정위원회의 운영 및 조정절차에 관하여 소비자기본법에서 규정하지 아니한 사항에 대하여는 「민사조정법」을 준용한다(법 69조).

(3) 집단분쟁조정[28]

국가 · 지방자치단체 · 한국소비자원 · 소비자단체 · 소비자 또는 사업자는 소비자의 피해가 다수의 소비자에게 같거나 비슷한 유형으로 발생하는 경우로서 물품 등으로 인한 피해가 같거나 비슷한 유형으로 발생한 경우로서 소비자[29]의 수가 50명 이상이고, 사건의 중요한 쟁점이 사실상 또는 법률상 공통되는 사건에 대하여는 조정위원회에 일괄적인 분쟁조정을 의뢰 또는 신청할 수 있다(법 68조 1항, 영 56조). 이러한 의뢰 또는 신청을 받은 조정위원회는 그 의결로써 의뢰받거나 신청받은 날부터 60일 이내에 집단분쟁조정의 절차를 개시하여야 한다. 이 경우 조정위원회는 14일 이상 그 절차의 개시를 공고하여야 한다. 집단분쟁조정 절차의 개시 공고는 한국소비자원 인터넷 홈페이지 및 전국을 보급지역으로 하는 일간신문에 게재하는 방법으로 한다(법 68조 2항, 영 58조). 조정위원회는 집단분쟁조정의 당사자가 아닌 소비자 또는 사업자로부터 그 분쟁조정의 당사자에 추가로 포함될 수 있도록 하는 신청을 받을 수 있다(법 68조 4항). 집단분쟁조정의 당사자가 아닌 소비자나 사업자가 추가로 집단분쟁조정의 당사자로 참가하려면 공고기간 이내에 서면으로 참가신청을 하여야 한다(영 59조 1항). 집단분쟁조정의 당사자 참가신청을 받으면 그 참가신청기간이 끝난 후 10일 이내에 참가인정 여부를 서면으로 알려야 한다(영 59조 2항).

---

28) 이러한 집단분쟁조정 제도와 관련하여, 2008년 2월에 인터넷 쇼핑몰인 옥션에서 외부 해커에 의해 1,081만명의 개인정보가 유출된 사건이 발생하자, 피해자들이 옥션을 상대로 집단분쟁조정을 신청한 바 있다. 이 사건에서 한국소비자원은 옥션으로 하여금 개인정보 유출의 피해자들에게 일정 금액을 배상하도록 조정결정을 하였으나, 옥션이 이에 불응하자 민사소송이 진행되었다. 제1심에서 서울 중앙지방법원은 옥션이 해킹사고를 방지하기 위해서 선량한 관리자로서 취해야 할 기술적 · 관리적 조치의무를 다하였다고 판시함으로써 원고패소 판결을 내린 바 있다(서울중앙지법 2010. 1. 14. 선고 2009가합88186 손해배당(기)).

29) 법 제31조 제1항 본문에 따른 자율적 분쟁조정, 법 제57조에 따른 한국소비자원 원장의 권고, 그 밖의 방법으로 사업자와 분쟁해결이나 피해보상에 관한 합의가 이루어진 소비자, 시행령 제25조 각 호의 분쟁조정기구에서 분쟁조정이 진행 중인 소비자, 해당 물품 등으로 인한 피해에 관하여 법원에 소를 제기한 소비자를 제외한다(영 56조).

조정위원회는 사업자가 조정위원회의 집단분쟁조정의 내용을 수락한 경우에는 집단분쟁조정의 당사자가 아닌 자로서 피해를 입은 소비자에 대한 보상계획서를 작성하여 조정위원회에 제출하도록 권고할 수 있다. 보상계획서 제출을 권고받은 사업자는 그 권고를 받은 날부터 15일 이내에 권고의 수락 여부를 조정위원회에 알려야 한다(법 68조 5항, 영 60조).

조정위원회는 집단분쟁조정의 당사자인 다수의 소비자 중 일부의 소비자가 법원에 소를 제기한 경우에는 그 절차를 중지하지 아니하고, 소를 제기한 일부의 소비자를 그 절차에서 제외한다(법 68조 6항). 집단분쟁조정의 기간은 공고가 종료된 날의 다음 날부터 30일 이내에 마쳐야 한다(법 68조 7항).

집단분쟁조정에 이해관계가 있는 당사자들은 그중 3명 이하를 대표당사자로 선임할 수 있다. 조정위원회는 당사자들이 대표당사자를 선입하지 아니한 경우에 필요하다고 인정하는 때에는 당사자들에게 대표당사자를 선임할 것을 권고할 수 있다. 대표당사자는 자기를 선임한 당사자들을 위하여 그 사건의 조정에 관한 모든 행위를 할 수 있다. 조정신청의 철회 및 조정안의 수락 거부는 자기를 선임한 당사자들의 서면에 의한 동의를 받아야 한다. 대표당사자를 선임한 당사자들은 대표당사자를 통해서만 그 사건의 조정에 관한 행위를 할 수 있다. 그러나 대표당사자를 선임한 당사자들은 필요하다고 인정하는 경우에는 대표당사자를 해임하거나 변경할 수 있다. 이 경우 당사자들은 그 사실을 지체 없이 조정위원회에 통지하여야 한다(법 68조의2).

이상과 같은 분쟁조정의 신청과 집단분쟁조정의 의뢰 또는 신청은 시효중단의 효력이 있다. 다만, 다음 각 호의 어느 하나에 해당하는 경우 외의 경우로 분쟁조정절차 또는 집단분쟁조정절차가 종료된 경우에는 그 조정절차가 종료된 날부터 1개월 이내에 소를 제기하지 아니하면 시효중단의 효력이 없다(법 68조의3 1항).

① 당사자가 분쟁조정 또는 집단분쟁조정의 내용을 수락하거나 수락한 것으로 보는 경우
② 당사자 일방 또는 쌍방이 분쟁조정 또는 집단분쟁조정의 내용을 수락하지 아니한 경우

3. 소비자단체소송

소비자기본법상 소비자단체소송의 도입은 사업자의 위법행위로부터 다수의 소

비자 및 건전 사업자를 보호할 필요가 있음에도 불구하고 현행 사법체제에서 소액의 피해를 입은 일반 소비자가 기업을 상대로 민사소송을 제기하기가 어렵고, 소송을 수행할 실익도 없는 상황이라는 문제의식에서 출발하였다. 이러한 단체소송제도의 도입으로 인하여 소비자의 소제기를 우려한 사업자의 자발적인 위법행위 중지·예방, 품질·안전성 향상, 자진수거 활성화 등의 긍정적 효과가 기대될 수 있을 것이다.

소비자단체소송의 소송적격은 법정의 소비자단체로 제한한다. 즉 다음의 어느 하나에 해당하는 단체는 사업자가 법 제20조의 규정을 위반하여 소비자의 생명·신체 또는 재산에 대한 권익을 직접적으로 침해하고 그 침해가 계속되는 경우 법원에 소비자권익침해행위의 금지·중지를 구하는 소송(이하 '단체소송'이라 함)을 제기할 수 있다(법 70조).

① 법 제29조의 규정에 따라 공정거래위원회에 등록한 소비자단체로서 정관에 따라 상시적으로 소비자의 권익증진을 주된 목적으로 하고, 단체의 정회원 수가 1천명 이상이며, 등록 후 3년이 경과한 단체
② 한국소비자원
③ 「상공회의소법」에 따른 대한상공회의소, 「중소기업협동조합법」에 따른 중소기업협동조합중앙회 및 전국 단위의 경제단체로서 대통령령이 정하는 단체[30]
④ 법률상 또는 사실상 동일한 침해를 입은 50인 이상의 소비자로부터 단체소송의 제기를 요청받고, 정관에 소비자의 권익증진을 단체의 목적으로 명시한 후 최근 3년 이상 이를 위한 활동실적이 있으며, 단체의 상시 구성원수가 5천명 이상이고 중앙행정기관에 등록되어 있는 「비영리민간단체 지원법」 제2조의 규정에 따른 비영리민간단체

단체소송의 소는 피고의 주된 사무소 또는 영업소가 있는 곳, 주된 사무소나 영업소가 없는 경우에는 주된 업무담당자의 주소가 있는 곳의 지방법원 본원 합의부의 관할에 전속한다. 외국사업자의 경우 대한민국에 있는 이들의 주된 사무소·영업소 또는 업무담당자의 주소에 따라 정한다(법 71조). 이는 소비자의 소제기의 편의보다 사업자의 소송편의를 고려한 규정으로 생각된다. 그리고 단체소송의 원

---

30) 사업자 등을 회원으로 하여 「민법」에 따라 설립된 사단법인으로서 정관에 따라 기업경영의 합리화 또는 건전한 기업문화 조성에 관한 사업을 수행하는 법인 중 공정거래위원회가 정하여 고시하는 법인 또는 사업자 등을 회원으로 하여 「민법」에 따라 설립된 사단법인으로서 정관에 따라 무역진흥 업무를 수행하는 법인 중 공정거래위원회가 정하여 고시하는 법인(영 63조).

고는 변호사를 소송대리인으로 선임하여야 한다(법 72조).

단체소송을 제기하는 단체는 소장과 함께 원고 및 그 소송대리인, 피고, 금지·중지를 구하는 사업자의 소비자권익 침해행위의 범위를 기재한 소송허가신청서를 법원에 제출하여야 한다(제73조).

법원은 다음 각 호의 요건을 모두 갖춘 경우에 한하여 결정으로 단체소송을 허가한다(법 74조 1항).

① 물품 등의 사용으로 인하여 소비자의 생명·신체 또는 재산에 피해가 발생하거나 발생할 우려가 있는 등 다수 소비자의 권익보호 및 피해예방을 위한 공익상의 필요가 있을 것
② 소송허가신청서의 기재사항에 흠결이 없을 것
③ 소제기단체가 사업자에게 소비자권익 침해행위를 금지·중지할 것을 서면으로 요청한 후 14일이 경과하였을 것

그리고 단체소송을 허가하거나 불허가하는 결정에 대하여는 즉시항고할 수 있다(법 74조 2항). 원고의 청구를 기각하는 판결이 확정된 경우 이와 동일한 사안에 관하여는 법 제70조의 규정에 따른 다른 단체는 단체소송을 제기할 수 없다. 다만, 판결이 확정된 후 그 사안과 관련하여 국가 또는 지방자치단체가 설립한 기관에 의하여 새로운 연구결과나 증거가 나타난 경우와 기각판결이 원고의 고의로 인한 것임이 밝혀진 경우는 예외로 한다(법 75조). 기타 단체소송의 절차에 관하여 필요한 사항은 대법원규칙으로 정한다(법 76조 3항).

Ⅷ. 조사절차 등

중앙행정기관의 장은 소비자기본법의 시행을 위하여 필요한 때에는, 소속공무원으로 하여금 사업자의 물품·시설 및 물품제조공정 기타 물건의 검사 또는 당해 사업자에게 그 업무에 관한 보고를 하게 하거나 관계물품·서류 등을 제출하게 할 수 있으며, 물품 등의 안전성을 의심할 만한 정당한 이유가 있는 경우로서 시정권고 내지 명령을 위한 사실 확인, 위해정보의 사실 확인의 사유가 있는 때에는 소속 공무원으로 하여금 사업자의 영업장소, 제조장소, 창고 등 저장소, 사무소 그 밖의 이와 유사한 장소에 출입하여 검사 등을 할 수 있다(법 77조 1항, 2항). 중앙행정기관의 장은 소관 소비자권익 증진시책을 추진하기 위하여 필요한 경우에는 원

장에게 소비자피해에 관한 정보 및 각종 실태조사 결과 등 소비자의 권익과 관련된 정보의 제공을 요청할 수 있다(법 77조 6항).

한편 소비자단체 및 한국소비자원은 그 업무를 추진함에 있어서 필요한 자료 및 정보의 제공을 사업자 또는 사업자단체에게 요청할 수 있는데, 이 경우 사업자 또는 사업자단체는 정당한 사유가 없는 한 이에 응하여야 한다. 소비자단체가 자료 및 정보를 요청하는 때에는 소비자정보요청협의회의 협의·조정을 미리 거쳐야 한다. 자료 및 정보의 제공을 요청하는 소비자단체 및 한국소비자원은 그 자료 및 정보의 사용목적·사용절차 등을 미리 사업자 또는 사업자단체에 알려야 한다(법 78조). 사업자나 사업자단체에 자료 및 정보의 제공을 요청할 수 있는 소비자단체는 법 제29조에 따라 공정거래위원회나 지방자치단체에 등록된 소비자단체로 한다(영 65조). 정보요청과 관련된 사항을 협의·조정하기 위하여 한국소비자원에 소비자정보요청협의회를 둔다(법 79조 1항).

IX. 시정조치 등

중앙행정기관의 장은 사업자가 법 제20조(소비자 권익증진 관련기준의 준수)의 규정을 위반하는 행위를 한 경우에는 그 사업자에게 그 행위의 중지 등 시정에 필요한 조치를 명할 수 있고, 그 시정명령을 받은 사실을 공표하도록 명할 수 있다(법 80조).

국가 및 지방자치단체는 사업자가 법 제20조의 규정을 위반하는지 여부를 판단하기 위하여 필요한 경우에는 등록소비자단체 또는 한국소비자원에 조사를 의뢰할 수 있고(법 81조 1항), 공정거래위원회는 사업자가 법 제20조의 규정을 위반하는 행위를 한 사실을 알게 된 때에는 그 물품 등을 주관하는 중앙행정기관의 장에게 위반행위의 시정에 필요한 적절한 조치를 요청할 수 있다(법 81조 2항).

한편 중앙행정기관의 장은 법 제20조의3 제3항, 제20조의4 제1항, 제30조, 제50조 또는 제80조의 규정에 따른 명령 등의 조치를 하고자 하는 경우에는 청문을 실시하여야 한다. 다만 법 제50조 제1항 단서의 경우에는 그렇지 않다(법 82조).

중앙행정기관의 장은 이 법에 따른 권한의 일부를 대통령령이 정하는 바에 따라 시·도지사에게 위임할 수 있고(법 83조 1항), 다음 각 호의 어느 하나에 해당하는 경우에는 법 제77조 제1항에 따른 권한을 한국소비자원에 위탁할 수 있다(법 83조 2항).

① 법 제17조 제2항의 규정에 따라 한국소비자원에 시험·검사 또는 조사를 의뢰하는 경우

② 법 제55조 제1항 내지 제3항의 규정에 따라 한국소비자원에 신청 또는 의뢰된 피해구제사건을 처리함에 있어서 사실확인을 위하여 필요하다고 인정되는 경우

③ 원장이 법 제35조 제1항 제2호 및 제52조 제2항 제1호부터 제3호까지의 조치를 하기 위하여 필요하다고 요청하는 경우

④ 법 제81조 제1항에 따라 한국소비자원에 의뢰하는 경우

또한 공정거래위원회와 법 제16조의2 제7항에 따라 종합지원시스템 운영의 전부 또는 일부를 위탁받은 자는 종합지원시스템을 통하여 소비자 피해의 예방 및 구제를 위한 사무를 수행하기 위하여 불가피한 경우 개인정보보호법 제23조에 따른 건강에 관한 정보(의료분쟁조정과 관련된 정보에 한정한다)나 같은 법 제24조에 따른 고유 식별정보가 포함된 자료를 처리할 수 있다(법 83조의2 1항, 2항). 그리고 이러한 정보나 자료를 처리할 때에는 해당 정보를 개인정보보호법에 따라 보호하여야 한다(법 83조의2 3항).

X. 벌칙과 과태료

1. 벌   칙

다음 각 호의 어느 하나에 해당하는 자는 3년 이하의 징역 또는 5천만원 이하의 벌금에 처한다. 이때 징역형과 벌금형은 이를 병과할 수 있다(법 84조 1항, 3항).

① 법 제50조 또는 제80조의 규정에 따른 명령을 위반한 자

② 법 제77조 제4항(제83조 제3항의 규정에 따라 준용되는 경우를 포함한다)의 규정을 위반하여 검사 등으로 알게 된 내용을 이 법의 시행을 위한 목적이 아닌 용도로 사용한 자

③ 법 제78조 제5항의 규정을 위반하여 제공된 자료 및 정보를 사용목적이 아닌 용도 또는 사용절차가 아닌 방법으로 사용한 자

그리고 법 제52조 제5항의 규정을 위반하여 위해정보에 관한 사항을 누설한 자는 1년 이하의 징역 또는 3천만원 이하의 벌금에 처한다(법 84조 2항).

법인의 대표자 또는 법인이나 개인의 대리인, 사용인 그 밖의 종업원이 그 법인 또는 개인의 업무에 관하여 법 제84조의 위반행위를 한 때에는 그 행위자를 벌할 뿐만 아니라 그 법인 또는 개인에 대하여도 해당 조항의 벌금형을 과한다. 다만 법인 또는 개인이 그 위반행위를 방지하기 위하여 해당 업무에 관하여 상당한 주의와 감독을 게을리하지 아니한 경우에는 그렇지 않다(법 85조).

2. 과 태 료

다음 각 호의 어느 하나에 해당하는 자는 3천만원 이하의 과태료에 처한다(법 86조 1항).

① 법 제20조의 규정을 위반한 자

② 법 제37조의 규정을 위반하여 동일 또는 유사명칭을 사용한 자

③ 법 제47조 제1항의 규정을 위반하여 보고의무를 이행하지 아니하거나 거짓으로 이행한 자

④ 법 제77조 제1항 또는 제2항의 규정에 따른 검사·출입을 거부·방해·기피한 자, 업무에 관한 보고를 하지 아니하거나 거짓으로 보고한 자 또는 관계 물품·서류 등을 제출하지 아니하거나 거짓으로 제출한 자

과태료는 대통령령이 정하는 바에 따라 중앙행정기관의 장 또는 시·도지사가 부과·징수한다(법 86조 2항).

제 2 장 약관규제법

제 1 절 약관의 의의와 기능

Ⅰ. 약관의 의의

약관은 은행거래(예금, 대부 등), 보험계약(화재, 자동차, 생명보험 등), 공급계약(전기, 가스, 수도, 주택 등), 운송계약(철도, 버스, 선박, 항공 등), 이용계약(우편, 전신, 전화 등), 증권투자신탁, 할부거래, 신용카드거래, 리스계약, 프랜차이즈계약, 여행계약, 회원계약[1] 등과 같은 오늘날의 대량거래에 있어서 없어서는 안 될 필수불가결한 존재로 인식되고 있다.

약관의 정의는 「약관의 규제에 관한 법률」(이하 '약관규제법'이라 함) 제2조 제1호에서 규정하고 있는데, 동 규정에서 "약관이란 그 명칭이나 형태 또는 범위에 상관없이 계약의 한쪽 당사자가 여러 명의 상대방과 계약을 체결하기 위하여 일정한 형식으로 미리 마련한 계약의 내용을 말한다." 약관규제법은 당연히 약관을 규제의 대상으로 하는 것이므로 이와 같은 약관의 정의는 약관규제법의 적용 범위를 정하는 의미를 갖는다.

법 제2조 제1호의 정의에서 우선 ① 명칭이나 형태 또는 범위에 상관이 없다. 계약서, 약정서, 부가약관 등 명칭을 불문한다. 형태에도 제한이 없으며, 계약서 형태로 작성된 것이든 계약서와 별개로 작성된 것이든 상관이 없으며, 출입구에 게시된 경우도 약관이 될 수 있다. 또한 범위에도 제한이 없기 때문에 계약의 일부분, 특히 유일조항의 경우도 약관에 해당할 수 있다. ② 계약의 한쪽 당사자(사업자)가 마련한 것이어야 한다. 즉 한쪽 당사자가 마련한 것이라는 점에서 일방성이 요구된다. 따라서 당사자 간에 계약 내용이 되는 조항과 관련하여 개별적인 교섭이 이루어진 경우라면 더 이상 약관에 해당하지 않으며, 당연히 약관규제법의 적용 대상이 되지 않는다.[2] 이때 교섭이 있었던 것으로 보기 위해서는, 계약당사자

---

1) 대법원 1999. 4. 9. 선고 98다20714 판결; 대법원 2000. 3. 10. 선고 99다70884 판결; 대법원 2002. 4. 12. 선고 98다57099 판결 참조.

에게 당해 조항에 대하여 충분한 검토와 고려를 하고 상대방에게 영향력을 행사하여 그 내용을 변경할 수 있는 가능성이 주어져야 한다. 그렇지만 교섭의 결과가 반드시 조항변경의 형태로 나타나야 하는 것은 아니라는 점에 주의를 요한다. ③ 여러 명의 상대방(고객)과 계약을 체결하기 위한 것이어야 한다. 즉 상대방이 다수일 것이 요구된다. 그러나 동 규정이 불특정한 상대방일 것을 요구하고 있는 것은 아니다. 이때 어느 정도가 다수에 해당하는지는 구체적, 개별적으로 판단할 문제인데, 단지 1회 또는 소수를 상대방으로 계약을 체결하기 위하여 작성된 것은 여기에 해당되지 않는다.[3] 한편 법 제2조 제3호에서 상대방은 고객으로 규정하고 있을 뿐 이를 소비자로 한정하고 있지 않으므로, 상대방에는 사업자도 포함될 수 있다. ④ 일정한 형식에 의한 것이어야 한다. 동 규정에 의해 구두 약정은 배제된다. 그렇지만 문자로 이루어질 것을 요구하고 있지는 않으므로 그림이나 기호 등에 의한 것도 약관에 해당할 수 있으며, 영구적인 형태가 아닌 것, 예를 들어 해수욕장에 그려진 파라솔 그림도 약관이 될 수 있다. ⑤ 미리 마련한 것이어야 한다. 즉 사전성이 요구되는데, 사업자가 직접 작성한 것일 필요는 없으며, 예를 들어 표준약관을 약관으로 채택한 경우에도 사전성 요건은 충족된다. ⑥ 계약의 내용이 되는 것이어야 한다. 계약의 내용에 포함되는 것이 아니라면 약관에 해당하지 않으며, 이러한 점에서 약관은 계약의 초안을 의미한다.

일반적으로 당해계약이 약관에 해당한다는 것은 약관규제법의 적용을 주장하는 측(일반적으로 당해 계약조항이 약관규제법에 의해 무효라고 주장하는 고객)이 주장, 입증하여야 한다. 한편 약관이 아닌 개별약정으로서 약관규제법의 적용 대상이 되지 않는다는 주장을 하는 경우에 개별약정의 입증은 일반적으로 사업자가 하여야 할 것이다. 그러나 약관이 계약 내용이 되는 것을 피하고 약관규제법 제4조의 개별약정 우선의 원칙의 적용을 받기 위해 개별약정을 주장을 하는 경우에는, 동 규정의 적용에 의해 유리한 법적 효과를 받게 되는 고객이 입증책임을 부담한다.

---

2) 독일 민법 제305조 제1항은 "계약조항이 당사자간에 개별적으로 교섭이 이루어진 경우(im einzelnen ausgehandelt sind)는 약관이 아니다"고 규정하고 있다. '개별적인 교섭'을 거쳤다고 볼 자료가 없다는 이유로 약관을 인정한 예로 대법원 1997. 2. 28. 선고 96다48312 판결 참조.

3) 대법원은 건설회사가 상가 및 그 부지를 특정인에게만 매도하기로 하는 내용의 상가매매계약서는 다수계약을 위한 것이 아니므로, 동법 소정의 약관에 해당하지 않는다고 보았으며(대법원 1999. 7. 9. 선고 98다13754, 13761 판결), 지방자치단체가 30여개의 건설업체를 대상으로 작성한 택지공급계약서(대법원 1998. 12. 23. 선고 96다38704 판결) 그리고 한국자산관리공사가 30개의 종금사를 대상으로 부실채권을 인수하는 데 따른 정산방법 등을 구체적으로 정한 업무방법서(대법원 2006. 4. 27. 선고 2004다40320 판결) 등은 약관에 해당하는 것으로 판단하였다.

Ⅱ. 약관의 기능

사업자가 약관을 사용하는 이유는 그것이 그들의 영업활동에 도움이 되기 때문이다. 즉 약관은 일반적으로 영업의 합리화, 법률의 상세화, 거래상 위험의 전가 등과 같은 기능을 담당하고 있는 것으로 이해되고 있다.

1. 영업의 합리화

오늘날의 거래는 점차 양적으로는 대량화하고, 질적으로는 복잡 다양화하는 경향이 있다. 기술혁신으로 인하여 대량생산이 가능하게 되었고, 운송수단이나 통신수단의 발달로 인하여 대량판매가 가능하게 되었다. 그 결과로서 오늘날의 거래는 대량거래라는 특징을 가지고 있다. 그런데 대량거래가 일반화하고 있는 상황에서 거래의 당사자가 그 계약의 내용이나 거래조건을 거래 시마다 개별적인 상담을 통하여 일일이 결정하게 되면, 많은 시간과 비용이 소요될 것이고, 이러한 상황에서 거래의 신속한 처리를 기대하기는 어려울 것이다.

이에 사업자들은 이러한 어려움을 극복하기 위하여, 그들이 체결하고자 하는 계약의 내용이나 거래조건을 약관의 형식으로 사전에 마련해 놓고, 이를 그들이 체결하는 거래에 일률적으로 적용하고 있다. 이러한 방법을 통해서 사업자들은 계약의 체결에 필요한 시간과 노력 및 비용을 절약하고, 나아가 영업의 합리화를 실현하고 있다.

또한 사업자들은 약관을 통하여 거래상의 위험이나 부담을 사전에 예측하고 적절히 관리해 나감으로써, 그들의 사업 활동을 합리적으로 조정 내지 통제해 나갈 수 있다. 예컨대 사업자는 손해배상액의 예정을 통하여 장래 자기가 부담해야 할 손해배상액을 사전에 예측하여 대비함으로써 자금운용을 합리적으로 조정할 수 있다.

요컨대 현대사회에서는 사업자들이 대량거래를 신속하게 처리하고, 복잡하고 까다로운 내용의 계약을 원만하게 처리하기 위하여, 그리고 거래상의 위험을 예측하여 이를 적절히 관리, 통제함으로써 그들의 자금운용을 합리적으로 조정하기 위하여 약관을 널리 사용하고 있다.

2. 법률관계의 명확화

근대사회에서는 법질서가 사적자치를 기본으로 하고 있으며, 계약은 그 수단으로 이용되고 있다. 따라서 각 개인은 계약을 통하여 그들의 법률관계를 자기의 의사에 따라 자유롭게 형성해 나갈 수 있다. 개인 상호간의 법률관계를 규율하는 민법이나 상법도 사적자치의 원칙을 전제로 하고 있기 때문에, 민법이나 상법의 규정들은 대개가 임의규정으로서 당사자 간에 계약이 존재하지 않거나 계약이 존재하더라도 그 내용이 불충분 또는 불명확한 경우에 한하여 보충적으로 적용된다. 그런데 이러한 민법이나 상법의 규정들은 일반적이고 전형적인 경우를 상정하여 마련된 것으로서 그 내용이 추상적이거나 애매한 경우가 많다. 따라서 이러한 규정을 구체적인 개별 사례에 적용하기 위해서는 이를 보다 구체화할 필요가 있는데, 사업자들은 약관을 이러한 목적으로 사용하는 경우가 많다. 이러한 경우에는 약관이 임의규정의 내용을 구체화하는 기능을 담당하게 된다.

한편 헬스클럽 또는 골프장 등과 같은 시설이용계약이나 전자상거래 등과 같이 민법이나 상법의 입법 시 예상하지 못했던 새로운 유형의 계약이 등장하고 있는데, 민법이나 상법에는 이러한 신종계약에 대하여 적용할 법규가 없는 경우가 많다. 사업자들은 약관을 통하여 이러한 신종계약에 적합한 규율을 마련하는 경우가 많은데, 이러한 경우에 약관은 법률상의 공백을 보충하는 역할을 담당하게 된다.

요컨대 약관은 한편으로는 민법이나 상법의 규정들 중에서 추상적이거나 애매한 규정을 구체화하고, 다른 한편으로는 법률상의 공백을 보충함으로써 당사자 간의 법률관계를 합리적으로 규율함으로써, 당사자 간의 분쟁을 예방하는 동시에 거래관계를 합리적으로 조정하는 기능을 담당하고 있다.

3. 거래상 위험의 전가

사업자들은 약관의 내용을 형성함에 있어서 가능한 한 그들의 권리나 이익은 확대하고, 의무나 부담은 축소하려고 한다. 예컨대 사업자는 계약의 해제권이나 급부의 변경권 등을 유보하기도 하고, 면책조항을 마련해 두기도 한다. 그런데 이러한 조항들은 사업자에게만 일방적으로 유리하고 상대방에게는 지나치게 불리한 경우가 많다. 따라서 이러한 약관을 방치해 두면 당사자 간의 법률관계를 합리적으로 조정할 수 없게 될 우려가 있다. 면책조항이나 위험전가조항이 대표적인 예이다. 그런데 이러한 조항들은 양 당사자의 이해관계를 적절하게 조정한 것이 아니라 사업자가 자신의 우월적 지위를 이용하여 원래 자기가 부담해야 할 거래상의 위험까지 상대방에게 전가하는 불공정한 조항이라고 할 수 있다.

어떤 사업자가 자기의 권리나 이익만을 고려하여 자기에게는 일방적으로 유리하지만 상대방에게는 지나치게 불리한 약관을 작성하여 사용하려고 할 경우, 만약 상대방이 당해 사업자보다 경제력이 강하거나 최소한 대등한 지위에 놓여 있다면 그러한 약관의 수정이나 변경을 요구함으로써 자기의 이익을 지킬 수 있지만, 그렇지 않을 경우에는 그 약관을 계약의 내용으로 받아들이거나 아니면 계약의 체결 그 자체를 포기할 수밖에 없다. 더욱이 이 경우에 그 사업자가 독점기업이고 그 재화가 필수품인 경우에는, 그 상대방은 '울며 겨자 먹기' 식으로 그 약관에 따라 계약을 체결할 수밖에 없을 것이다.

그런데 오늘날 사업자와 소비자 간의 거래에 있어서는 사업자보다 강하거나 사업자와 대등한 지위에 있는 소비자는 거의 없기 때문에, 사업자가 일방적으로 작성한 약관이 상대방인 소비자에 의하여 수정되거나 변경될 가능성은 거의 없다. 따라서 이러한 경우에는 당사자 간의 법률관계가 양 당사자의 자유로운 합의에 의하여 규율되는 것이 아니라, 사업자의 일방적인 요구나 지시에 의하여 규율되는 결과가 된다. 따라서 이러한 폐단을 막고 계약의 공정을 실현하기 위하여 국가가 약관에 대한 규제를 실시할 필요가 있다.

Ⅲ. 약관의 문제점

이와 같이 약관은 대량거래를 신속하게 체결하고, 복잡하고 까다로운 거래를 원만하게 처리할 수 있게 하는 등 여러 가지 긍정적 기능을 수행하고 있지만, 반면 사업자가 그들의 우월적 지위를 이용하여 자기의 권리나 이익은 가능한 한 확대하면서 자기가 부담해야 할 거래상의 위험이나 부담은 상대방에게 전가하는 수단으로 악용될 우려도 있다. 따라서 약관을 둘러싸고 일어나는 법률문제는 대체로 이와 같은 사업자의 우월적 지위의 남용에 기하여 야기되는 약관의 불공정성을 배제하려는 데에 집중되고 있다. 각국에서는 이를 위하여 여러 가지 방법으로 약관에 대한 법적 규제를 실시하고 있다.[4]

세계에서 약관에 대한 법적 규제를 가장 먼저 실시한 나라는 독일이다. 독일에

---

4) 이은영, 약관규제법, 박영사, 1994, 13-48면 참조.

서는 1976년 12월에 「보통거래약관의 규제에 관한 법률」을 제정하여 1977년 4월 1일부터 이를 시행함으로써 약관의 공정화에 상당한 기여를 하였다. 그런데 동법은 2002년 1월 1일부터 발효된 독일의 채권법현대화법(Gesetz zur Modernisierung des Schuldrechts)에 의하여 독일채권법 제305조 이하에 편입되었다.[5] 한편 우리나라에서는 1986년 12월에 독일의 약관규제법을 모델로 약관규제법을 제정하여 1987년 7월 1일부터 시행하고 있다. 동법은 1992년에 대폭 개정되었으며, 그 이후에도 여러 차례 개정되어 오늘에 이르고 있다.

Ⅳ. 약관법의 적용범위

1. 약관규제에 관한 일반법

약관규제법은 원칙적으로 약관을 사용하고 있는 모든 거래에 대하여 일률적으로 적용되는 일반법이다. 따라서 약관규제법은 그 거래가 상인 상호간의 거래인지 상인과 소비자 간의 거래인지를 묻지 않고 모든 거래에 일률적으로 적용된다. 뿐만 아니라 그 계약의 유형에 대하여도 이를 묻지 않고 모든 형태의 계약에 적용된다. 따라서 약관규제법은 상품거래는 물론이고 금융거래, 보험계약, 여행계약, 프랜차이즈 계약 등과 같은 서비스거래에 대하여도 일률적으로 적용된다.

그러나 여기에는 다음과 같은 두 가지의 제한이 있다. 우선 약관이 상법 제3편(회사법), 근로기준법 기타 대통령령이 정하는[6] 비영리사업분야에 속하는 계약에 관한 것일 때에는 약관규제법을 적용하지 않는다(법 30조 1항). 그리고 특정한 거래분야의 약관에 대하여 다른 법률에 특별한 규정이 있는 경우에는 그 규정이 약관규제법의 규정에 우선한다(법 30조 2항).[7] 여기서 다른 법률에 특별한 규정이 있는 경우란 단순히 당해 거래분야를 규율하는 특별법이 존재한다는 사실을 의미하는 것이 아니라, 당해 특별법이 약관규제법과 상호 모순·저촉되는 경우를 가리킨다. 이와 관련하여 상법 제638조의3이 동 규정에서 특별한 규정에 해당하는지가 다투어졌다. 구체적으로 상법 제368조의3은 "① 보험자는 보험계약을 체결할 때에 보

---

5) 이에 관한 자세한 사항은 김대규, "독일 약관규제법의 민법전 편입 및 개정", 경쟁법연구 제8권, 2002, 591면 이하 참조.

6) 현재 동법 시행령상 이에 관한 규정을 두고 있지 않다.

7) 예컨대 상법 제638조의3 제1항은 "보험자는 보험계약을 체결할 때에 보험계약자에게 보험약관을 교부하고 그 약관의 중요한 내용을 알려주어야 한다"고 규정한다. 따라서 보험약관에 대하여는 고객의 요구에 불문하고(법 3조 1항 참조) 보험자는 약관의 교부의무를 부담한다.

험계약자에게 보험약관을 교부하고 그 약관의 중요한 내용을 알려주어야 한다. ②
보험자가 제1항의 규정에 위반한 때에는 보험계약자는 보험계약이 성립한 날부터
1월내에 그 계약을 취소할 수 있다"고 규정되어 있었는데, 동 규정은 약관규제법
제3조 제2항 내지 제4항의[8] 명시설명의무에 관한 규정의 특별 규정에 해당하여
약관규제법 제30조 제3항이 적용된다는 주장이 제기되었다. 이에 대하여 대법원은
"약관규제법 제30조 제3항(현행법 30조 2항)에서 다른 법률에 특별한 규정이 있는
경우에 그 규정이 우선 적용되는 것으로 규정하고 있는 것도 위와 같은 법률의 상
호 모순·저촉 시의 특별법 우선 적용의 원칙이 약관에 관하여도 적용됨을 밝히고
있는 것"이고, "상법 제638조의3 제2항은 약관에 대한 설명의무를 위반한 경우에
그 약관을 계약의 내용으로 주장할 수 없는 것으로 규정하고 있는 약관규제법 제3
조 제3항과의 사이에는 아무런 모순·저촉이 없다"고 할 것이며, "따라서 상법 제
638조의3 제2항은 약관규제법 제3조 제3항과의 관계에서는 그 적용을 배제하는 특
별규정이라고 할 수가 없으므로 보험약관이 상법 제638조의3 제2항의 적용 대상이
라 하더라도 약관규제법 제3조 제3항 역시 적용이 된다"고 판시하였다.[9]

2. 강행규정

약관규제법의 규정은 강행규정이다. 따라서 계약당사자들의 합의로 이 법의 적
용을 배제할 수 없다. 이 법은 약관의 작성자가 우월적인 지위를 이용하여 자기에
게 일방적으로 유리하게 작성한 약관을 사용함으로써 상대방의 정당한 이익을 침
해하는 것을 막기 위하여 마련된 법이기 때문에, 당사자 간의 합의로 이 법의 적
용을 배제할 수 있게 하면 입법 목적을 실현하는데 상당한 지장을 초래할 것이다.
그러나 당사자들이 개별적으로 흥정하여 합의한 개별약정에 대하여는 이 법률이
적용되지 않는다.

3. 민사특별법

당사자들은 계약을 체결하는 방식을 자유롭게 선택할 수 있다. 개별약정의 방
법으로 체결할 수도 있고 약관에 의하여 체결할 수도 있다. 그런데 약관에 의하여
체결할 경우에는 약관이 계약의 초안이 된다. 그런데 민법이나 상법은 개별약정을

---

8) 특히 동조 제4항은 "사업자가 제2항 및 제3항을 위반하여 계약을 체결한 경우에는 해당 약관을
계약의 내용으로 주장할 수 없다"고 규정되어 있다.
9) 대법원 1998. 11. 27. 선고 98다32564 판결 참조.

계약체결의 원칙적인 모습으로 상정하고 있기 때문에, 약관에 의하여 체결된 계약은 특수한 방식으로 체결된 계약이 된다. 따라서 약관의 해석과 효력 등에 관하여 규율하고 있는 약관규제법의 규정은 민법이나 상법의 특별법으로서, 동법의 규정이 민법이나 상법의 규정보다 우선적으로 적용된다. 예컨대 민법상 법률행위의 일부무효 원칙(민법 137조)이 약관에 대하여는 적용되지 않는다(법 16조).

4. 경 제 법

약관규제법은 경제법적 성격도 가지고 있다. 왜냐하면 약관규제법은 국가가 국민경제적인 관점에서 건전한 거래질서를 확립하고, 이를 통하여 소비자를 보호하고 국민생활을 균형 있게 향상시키기 위하여, 당사자 간의 법률관계에 대하여 일정한 통제를 가하고 있기 때문이다. 이러한 통제는 사법적 통제와 행정적 규제로 나누어지는데, 사법적 통제는 법원이 담당하고, 행정적 규제는 주로 공정거래위원회가 담당한다. 공정거래위원회는 불공정한 약관조항을 사용하는 사업자에 대하여 그 시정에 필요한 조치를 명하거나 권고할 수 있다(법 17조의2).

제 2 절 약관의 내용통제

Ⅰ. 계약자유의 원칙과 약관

근대법은 사적자치를 기본으로 하고 있으며, 이를 실현하기 위한 수단으로 계약자유를 인정하고 있다. 따라서 각 개인은 자기의 의사에 따라 그들의 법률관계를 자유롭게 형성할 수 있다. 각 개인은 자기가 원하는 상대방과, 자기가 원하는 내용의 계약을, 자유로운 방식으로 체결할 수 있다. 바꾸어 말하자면 각 개인이 누구와 어떠한 내용의 계약을 어떠한 방식으로 체결하든지 국가는 여기에 관여하지 않는다. 이러한 계약자유는 자기결정 내지 자기책임 원칙의 한 표현으로서, 인간의 존엄과 가치를 실현하기 위한 전제인 동시에 당사자 간의 이해관계를 합리적으로 조정하기 위한 법적 수단이 되고 있다. 그런데 이러한 계약자유는 무제한적으로 인정되는 것이 아니라 법질서가 허용하는 한계 내에서만 인정되는데, 그 한계를 설정해 주는 기준이 바로 강행법규와 선량한 풍속 기타 사회질서(민법 103조)이다. 따라서 이러한 한계를 넘는 계약은 그것이 비록 당사자 간 합의의 소산이라고 하더라도 무효가 된다.

한편 계약자유는 당사자 간의 이해관계를 정당하게 조정하는 기능을 담당한다. 각 당사자는 자기의 욕구나 구체적인 사정을 가장 잘 파악하고 있기 때문에, 그들의 자유로운 결정에 따라 형성된 법률관계는 그들의 이해관계를 가장 잘 반영할 수 있으며, 또 이해관계의 충돌이 발생하는 경우에는 이를 가장 잘 조정할 수 있다. 그러나 이것은 하나의 기대이지 실제는 아니다. 왜냐하면 계약자유가 이러한 기능을 제대로 수행하기 위해서는 일정한 전제가 충족되어야 하는데, 근대사회에서는 그러한 전제가 대체로 충족되었지만, 현대사회에서는 그러한 전제가 상실되어 버렸기 때문이다. 즉 계약자유가 당사자 간의 이해관계를 정당하게 조정하기 위해서는 각 당사자의 지위가 대등해야 하는데, 오늘날에는 경제적 · 사회적인 이유로 인하여 당사자의 지위가 대등하지 않은 경우가 많기 때문이다. 그러나 당사자 간의 지위가 대등하지 않은 경우에, 계약자유는 당사자 간의 이해관계를 정당하게 조정하는 기능을 담당하는 것이 아니라, 경제적 강자는 계약자유의 이름으로 자기가 원하는 바를 상대방에게 강제할 수 있고(명령의 자유) 경제적 약자는 자기에게 불리한 상대방의 요구를 무조건 받아들일 수밖에 없는 것(복종의 강요)을 의미하게 된다. 그런데 이러한 문제점은 약관에 의한 거래에서 두드러지게 나타나고 있다.

약관은 계약자유의 산물로서 사업자가 대량거래를 신속하게, 그리고 복잡하고 까다로운 거래를 원만하게 처리하기 위하여 마련된 제도이다. 그런데 사업자는 우월한 경제력과 전문적인 지식을 이용하여 약관의 내용을 자기에게는 일방적으로 유리하고 계약상대방인 고객에게는 지나치게 불리하게 작성해 놓고, 이를 내용으로 하는 계약을 체결하는 경우가 많다. 그런데 이러한 경우에는 약관이 더 이상 당사자 간의 이해관계를 정당하게 조정하기 위한 수단이 아니라 사업자의 일방적인 요구를 관철하기 위한 수단으로 전락하게 된다. 만약 계약상대방의 경제력이나 법적 지위가 사업자보다 강하거나 대등하다면 약관의 수정이나 변경을 요구할 수 있지만, 그렇지 못한 경우에는 사업자가 제시하는 약관이 자기에게 불리함에도 이를 거절하지 못하고 그대로 받아들일 수밖에 없게 된다. 그리고 이러한 경우에는 약관이 계약자유의 전제인 당사자의 자기결정까지 배제하는 결과를 초래하게 된다. 따라서 상대방의 자기결정을 보장하는 동시에 건전한 거래질서를 확립하기 위하여 사업자가 일방적으로 작성한 약관의 효력이나 내용을 통제할 필요가 있다. 다시 말하자면 이러한 경우에는 계약자유를 존중한다는 미명 하에 불공정한 약관의 사용을 방임할 것이 아니라, 당사자 간의 이해관계를 정당하게 조정하기 위하여 불공정한 약관의 효력이나 내용을 통제할 필요가 있다.

Ⅱ. 약관의 본질

약관의 본질, 즉 법적 성질에 대하여는 종래 규범설과 계약설이 대립하고 있었다. 두 설은 약관이 당사자를 구속하는 근거에 관하여 상이한 입장을 취하였는데, 규범설은 약관은 법규범이기 때문에 당사자의 의사와 상관없이 당사자를 구속하는 힘을 갖는다는 견해이고, 계약설은 약관이 당사자를 구속하는 것은 당사자 사이에 약관을 계약의 내용으로 편입시키려는 합의가 있기 때문이라는 견해이다.10) 대법원은 계약설의 입장을 취하였는데, 자동차보험약관에 관한 사건에서 "약관이 구속력을 갖는 근거는 그 자체가 법규범 또는 법규범적 성질을 갖기 때문이 아니고 계약당사자가 이를 계약의 내용으로 하기로 하는 명시적 또는 묵시적 합의를 하였기 때문"이라고 판시하였다.11) 약관규제법도 계약설을 기초로 하여 약관의 내용을 통제하고 있다.12)

Ⅲ. 약관의 내용통제

약관규제법은 약관의 공정화를 실현하기 위하여 약관의 내용통제를 실시하고 있는데, 그 내용통제는 약관의 편입, 해석 및 효력의 측면으로 나뉘어 실시된다.

1. 약관의 편입통제

약관은 계약의 초안에 불과하기 때문에 그 자체가 바로 계약의 내용이 되는 것이 아니라, 당사자의 합의에 의하여 계약에 편입되었을 때에 비로소 계약의 내용이 된다. 약관규제법은 약관의 편입통제를 위하여 사업자는 약관을 알아보기 쉽게 작성하여, 고객에게 명시 및 교부하고, 약관의 중요한 내용을 설명하도록 하고 있다.

---

10) 약관의 본질에 대한 자세한 설명은 이은영, 앞의 책, 91면 이하 참조.

11) 대법원 1986. 10. 14. 선고 84다카122 판결.

12) 이은영 교수는 우리나라 약관규제법은 계약설에 기초를 두되 약관의 사회적 기능과 조화될 수 있도록 절충설적 입장을 취하였다고 설명하고 있다. 이은영, 앞의 책, 104면 이하 참조.

(1) 약관의 작성

우선 사업자는 고객이 약관의 내용을 쉽게 알 수 있도록 한글로 작성하고, 표준화·체계화된 용어를 사용하며, 약관의 중요한 내용을 부호·문자·색채·굵고 큰 문자 등으로 명확하게 표시하여 알아보기 쉽게 약관을 작성하여야 한다(법 3조 1항). 실제 거래에서 아주 작은 글씨로 작성된 '깨알약관'이나 내용의 대부분을 한자로 작성한 '한자약관' 등이 문제가 되면서, 2011년 법개정에서 고객의 이해도를 높일 수 있는 약관 작성 방식을 의무화하는 동 규정이 도입되었다. 한편 법 제3조 제4항은 작성 의무를 위반한 경우의 법적 효과에 대한 규정을 두고 있지 않으므로, 동 규정을 선언적이거나 권고적인 것으로 이해할 수 있을 것이다. 그러나 법 제3조 제1항이 사업자의 의무로 규정하고 있는 형식, 고객의 이해를 저해하는 약관의 규제 필요성 등을 고려할 때, 약관의 계약설에 기초한 편입이론 일반의 관점에서 효력을 부인하는 견해도 가능하다.

(2) 명시·교부의무

사업자는 계약을 체결할 때에는 고객에게 약관의 내용을 계약의 종류에 따라 일반적으로 예상되는 방법으로 분명하게 밝히고, 고객이 요구할 경우 그 약관의 사본을 고객에게 내주어 고객이 약관의 내용을 알 수 있게 하여야 한다. 다만 여객운송업, 전기·가스 및 수도사업, 우편업, 공중전화 서비스 제공 통신업의 약관에 대하여는 이러한 의무가 면제된다(법 3조 2항). 특히 동항 단서에 규정된 의무가 면제가 되는 업종은 공통적으로 거래의 신속성을 요한다는 특징을 갖고 있는데, 동법 시행령 제2조는 이상의 업종의 약관인 경우에도 사업자는 영업소에 해당 약관을 비치하여 고객이 볼 수 있도록 하여야 한다고 규정함으로써 비치의무를 규정하고 있다.

(3) 설명의무

사업자는 약관에 정해져 있는 중요한 내용을 고객이 이해할 수 있도록 설명하여야 한다. 다만 계약의 성질상 설명하는 것이 현저하게 곤란한 경우에는 그러하지 아니하다(법 3조 3항). 설명의무의 대상은 모든 약관 조항이 아니라 중요한 내용에 한정된다. 여기서 중요한 내용이라 함은 고객의 이해관계에 중대한 영향을 미치는 사항으로서 사회통념상 그 사항을 알고 있었는지의 여부가 계약체결의 여부나 대가를 결정하는 데에 직접적인 영향을 미칠 수 있는 사항을 의미한다.[13] 구체

적인 경우에 있어서 약관의 내용 중에서 무엇이 중요한 내용에 해당하는지에 대해
서는 개별적으로 심사할 수밖에 없다.

이때 설명의무는 고객이 중요한 내용을 이해할 수 있도록 이행되어야 한다. 즉
설명의무의 이행 여부는 고객의 이해가능성이 기준이 된다. 이와 관련하여 대법원
이 "통신판매 방식으로 체결된 상해보험계약에서 보험자가 약관 내용의 개요를 소
개한 것이라는 내용과 면책사고에 해당하는 경우를 확인하라는 내용이 기재된 안
내문과 청약서를 보험계약자에게 우송한 것만으로는 보험자의 면책약관에 관한
설명의무를 다한 것으로 볼 수 없다"고[14] 판시한 것을 참고할 수 있을 것이다. 한
편 설명의무는 고객의 예측가능성을 보장해 주기 위한 것이므로, 거래상 일반적이
고 공통된 것이어서 보험계약자가 별도의 설명 없이도 충분히 예상할 수 있었던
사항이거나, 이미 법령에 의하여 정하여진 것을 되풀이하거나 부연하는 정도에 불
과한 사항이라면 그러한 사항에 대하여까지 인정된다고 볼 수 없다.[15] 또한 보험
계약자가 약관의 내용을 충분히 잘 알고 있는 경우에는 그 약관이 바로 계약의 내
용이 되어 당사자에 대하여 구속력을 가지므로 보험자는 별도로 약관의 내용을 설
명할 필요가 없고,[16] 어느 약관조항이 당사자 사이의 약정의 취지를 명백히 하기
위한 확인적 규정에 불과한 경우에는 상대방이 이해할 수 있도록 별도로 설명하지
않았다고 하더라도 그것이 약관규제법 제3조 제3항에 위반되는 것이라고는 할 수
없다.[17]

동항 단서에 의해 설명의무가 부과되지 않는 '계약의 성질상 설명하는 것이 현
저하게 곤란한 경우'에 해당하는지는 구체적, 개별적인 판단에 따를 수밖에 없을
것이다. 이와 관련하여 최근 그 비중이 급격히 증가하고 있는 인터넷상으로 이루
어지는 거래가 설명하는 것이 현저히 곤란한 경우에 해당하는지가 문제가 된다.
이와 관련하여 대법원이 "약관법이 약관의 중요 내용에 대한 설명의무를 규정하고
있는 취지, 인터넷으로 거래를 하는 경우에도 사업자가 신용카드 회원가입을 신청

---

13) 대법원 2007. 8. 23. 선고 2005다59475, 59482, 59499 판결. 한편 대법원 1995. 12. 12. 선고 95다
11344 판결은 한전의 전기공급규정 중 면책규정에 대하여 "수용가가 한전으로부터 설명을 들어 이를
알았더라면 계약을 체결하지 아니하였을 것이라고 인정할 만한 사정이 없다면 중요한 내용에 해당하
지 않는다"고 판시하였고, 대법원 1998. 11. 10. 선고 98다20059 판결은 "일반 거래상 자유롭게 양도
될 가능성이 큰 금전채권의 일종인 예금채권에 대하여 은행거래약관에서 양도금지의 특약을 정하고
있는 것은 예금주의 이해관계와 밀접하게 관련되어 있는 중요한 내용"이라고 판시하였다.

14) 대법원 1999. 3. 9. 선고 98다43342, 43359 판결.

15) 대법원 2000. 5. 30. 선고 99다66236 판결; 1998. 11. 27. 선고 98다32564 판결 등. 이들은 보험
약관에 관한 판결이다.

16) 대법원 1998. 4. 14. 선고 97다39308 판결.

17) 대법원 1998. 2. 27. 선고 96다8277 판결.

한 고객에게 전화통화를 이용하여 구두로 중요 내용을 이해할 수 있게 설명하거나, 적어도 상품설명 화면이나 계약신청 화면에 약관 게시와 별도로 고객이 쉽게 알아보고 이해할 수 있도록 계약의 중요 내용을 명시하는 등의 방법으로 설명의무를 이행하는 것이 그다지 어렵지 않다고 보이며, 인터넷 외의 방법으로 가입한 고객에 대한 보호와 인터넷 가입 고객에 대한 보호의 형평성 등을 고려할 때, 인터넷으로 이 사건 계약을 체결하였다는 이유만으로 계약의 성질상 약관의 설명이 현저하게 곤란한 경우에 해당하여 약관설명의무가 면제된다고 보기 어렵다"고[18] 본 것은 주목할 만하다.

(4) 의무 위반의 효과

사업자가 약관의 명시·교부 및 설명의무를 위반하여 계약을 체결한 때에는, 해당 약관을 계약의 내용으로 주장할 수 없다(법 3조 4항). 동 규정은 사업자가 약관을 명시, 교부 또는 설명하지 않은 경우에 약관이 계약에 편입되지 않은 것을 이유로 법적 효력을 부인하는 것이 아니라, 사업자가 약관을 계약의 내용으로 주장할 수 없는 것으로 규정하고 있으며, 따라서 동 규정의 해석상 고객은 이를 계약의 내용으로 주장할 수 있다. 이 점에 있어서 약관규제법은 독일의 민법과 태도를 달리하고 있다. 독일의 민법은 약관은 그 사용자(사업자)가 계약을 체결할 때에 약관을 명시, 설명하고 상대방(고객)이 그 효력에 동의한 경우에만 계약의 구성부분이 된다고 규정하고 있다(독일 민법 305조 2항).

한편 앞에서 살펴본 것처럼, 대법원은 보험약관의 경우 보험자가 약관의 명시·설명의무를 위반한 때에는 보험계약자가 보험계약의 성립일로부터 1월 내에 그 보험계약을 취소할 수 있다고 규정한 상법 제638조의3 제2항이 약관규제법 제3조 제3항과의 관계에서 그 적용을 배제하는 특별규정이라고 할 수 없으므로, 보험계약자가 보험계약을 취소하지 않았다고 하더라도 보험자의 설명의무 위반의 법률효과가 소멸되어 이로써 보험계약자가 보험자의 설명의무 위반의 법률효과를 주장할 수 없다거나 보험자의 설명의무 위반의 하자가 치유되는 것은 아니라고 한다.[19] 결국 보험계약자로서는 상법상의 취소권과 약관규제법상의 계약편입배제효과를 모두 주장할 수 있다.[20]

---

18) 대법원 2013. 2. 15. 선고 2011다69053 판결.
19) 대법원 1998. 11. 27. 선고 98다32564 판결.
20) 대법원 1999. 3. 9. 선고 98다43342 판결.

(5) 개별약정의 우선

약관은 사업자가 다수의 계약을 위하여 사전에 일방적으로 작성한 것이기 때문에 그 자체로서는 계약의 초안에 불과하고, 사업자가 고객에게 그 약관을 명시·교부 및 설명한 경우에만 계약의 내용이 될 수 있다. 그런데 사업자가 고객에게 약관을 명시했다고 하더라도, 고객이 그 약관을 계약의 내용에 편입시키는 것을 거부하면 그 약관은 계약의 내용이 되지 않는다. 그런데 고객이 약관의 편입을 거부할 때에는 그 전부를 거부할 수도 있지만, 그중 일부조항만 거부할 수도 있다. 후자의 경우 당사자는 약관의 해당 조항을 삭제할 수도 있지만 약관의 조항과 다른 내용의 개별약정을 체결할 수도 있다. 그런데 이러한 경우에는 약관의 내용과 개별약정이 서로 충돌하게 될 우려가 있다.

이에 대하여 약관규제법은 약관에서 정하고 있는 사항에 관하여 사업자와 고객이 약관의 내용과 다르게 합의한 사항이 있을 때에는 그 합의사항은 약관에 우선한다고 명문으로 규정하고 있다(법 4조). 약관이 계약당사자 사이에 구속력을 갖는 것은 그 자체가 법규범이거나 또는 법규범적 성질을 가지고 있기 때문이 아니라 당사자가 그 약관의 규정을 계약 내용에 포함시키기로 합의했기 때문이므로, 계약당사자가 명시적으로 약관의 규정과 다른 내용의 약정을 하였다면, 약관의 규정이 있다는 것을 이유로 하여 그 개별약정의 효력을 부인할 수는 없기 때문이다.[21] 이것은 마치 법률행위가 임의법규에 우선하는 것과 같은 이치이다(민법 105조). 개별약정은 약관이 아니기 때문에 개별약정에는 약관규제법이 적용되지 않고, 민법이나 상법이 적용된다.

이와 관련하여 특정한 약관조항이 개별약정인지 여부가 쟁점이 된다. 이러한 문제는 사전에 사업자가 정한 선택 항목의 범위 안에서 개별 합의가 이루어지는 형식을 취할 경우에 자주 발생한다. 대출비용을 사전에 마련된 선택 항목에 따라서 고객이 부담하는 것으로 한 것이 개별약정에 해당하는지가 문제되었던 사건에서 대법원은 "합의에 의한 개별약정으로 인정되기 위해서는, 이 사건 비용부담조항에서 정한 선택 항목에 따라 선택이 이루어졌다는 사정만으로는 부족하고, 원고

---

21) 대법원 1989. 3. 28. 선고 99다4645 판결. 보험사의 대리인이 보험계약자에게 보험약관과 다른 내용으로 보험계약을 설명하고 이에 따라 계약이 체결되었으면 그 때 설명된 내용이 보험계약의 내용이 되고 그와 배치되는 약관의 적용은 배제된다고 보았다. 대법원 2001. 3. 9. 선고 2000다67235 판결에서는 금융기관의 여신거래기본약관에서 금융사정의 변화를 이유로 사업자에게 일방적인 금리변경권을 부여하고 있으나, 개별 약정서에 당초의 약정이율을 거래기간 동안 일방당사자가 임의로 변경하지 않는다는 조항을 두고 있는 경우 개별약정이 우선하여 IMF로 인한 금융기관의 일방적 금리인상은 효력이 없다.

들이 피고들과 거의 대등한 지위에서 그 비용 부담자 및 부담 정도에 관하여 충분한 검토와 고려를 한 후 개별적인 교섭 또는 흥정을 거쳐 이 사건 비용부담조항에서 제시된 제한적인 선택 항목에 구속되지 아니하고 그 내용을 변경함으로써 원고들의 이익을 조정할 수 있는 기회를 가졌음에 관한 개별·구체적 사정이 있어야 한다"고 판시하였다.[22]

2. 약관의 해석통제

약관은 그 자체로서는 계약의 초안에 불과하지만, 그것이 일단 계약에 편입되면 계약의 내용을 구성하게 된다. 따라서 약관은 원칙적으로 법률의 해석방법이 아니라 법률행위의 해석원칙에 따라 해석되어야 한다. 일반적으로 법률행위는 사적자치를 실현하기 위한 수단이기 때문에, 법률행위를 해석함에 있어서는 가능한 한 당사자가 그 법률행위를 통하여 기도하는 목적을 달성할 수 있도록, 즉 당사자의 진의를 탐구하도록 노력해야 한다. 따라서 법률행위의 내용 중에 모순되는 조항이 있는 경우에는 이를 되도록 통일적으로 해석해야 하고, 또 가능한 한 당사자가 기도하는 목적을 실현할 수 있는 방향으로 해석해야 한다. 그리고 당사자의 의사가 명확하지 않을 경우에는 관습, 임의법규 및 신의성실의 원칙 등이 법률행위 해석의 기준이 된다.[23]

그러나 약관은 일반계약과는 달리 양 당사자가 자유롭게 합의한 것이 아니라 사업자가 일방적으로 작성하여 제시한 것이기 때문에, 이를 일반 법률행위와 같이 해석할 수는 없다. 따라서 약관규제법은 약관에 대하여 몇 가지 특수한 해석원칙을 규정하고 있다. 그런데 이러한 약관의 해석은 단순히 약관의 의미와 내용을 명확하게 밝히는 데 그치지 않고, 부당한 약관의 내용을 통제하는 기능도 담당하고 있다. 약관의 해석에 의한 내용통제를 일반적으로 약관의 간접적 내용통제라고 한다.

(1) 신의성실의 원칙

약관은 신의성실의 원칙에 따라 공정하게 해석되어야 한다(법 5조 1항 전단). 약관은 사업자가 장래에 체결할 다수의 계약을 위하여 일방적으로 작성한 것이기 때문에, 이를 신의성실의 원칙에 따라 공정하게 해석하여야 한다. 다시 말하자면 약관을 해석함에 있어서는 사업자의 이익뿐만 아니라 상대방의 정당한 이익과 합리

---

22) 2014. 6. 12. 선고 2013다214864 판결.
23) 곽윤직, 민법총칙, 박영사, 1991, 388면 이하 참조.

적인 기대도 함께 고려하여 공정하게 해석하여야 한다.

(2) 통일적 해석의 원칙

약관은 다수의 계약을 위하여 사전에 작성된 것이기 때문에, 모든 고객에게 동일하게 통일적으로 해석되어야 하며, 고객에 따라 다르게 해석되어서는 안 된다(법 5조 후단). 즉 약관은 다수인에게 통용되는 것이므로 약관을 작성한 사업자의 의도에 따라 주관적으로 해석할 것이 아니라 그 문언에 따라 객관적으로 해석되어야 하며, 고객의 종류에 따라 달리 해석할 것이 아니라 통일적으로 해석하여야 한다.24)

(3) 작성자불리의 원칙

약관은 경제적인 측면에서는 물론이고 전문적인 지식에 있어서도 우월한 지위에 있는 사업자가 일방적으로 작성한 것이기 때문에, 그 약관의 내용에 의심스러운 것이 있는 경우에는 그 위험은 당연히 사업자가 부담해야 한다. 또한 사업자는 고객이 전문성이 부족하거나 열등한 지위에서 적극적으로 해석상 주장을 하기 어렵다는 것을 감안하여 약관의 내용을 의도적으로 모호하게 작성하고, 이를 자신에게 유리한 법적 효과를 미치게 하는 방식으로 활용할 수 있다는 점도 염두에 두어야 한다. 약관규제법은 이러한 점을 고려하여 약관의 뜻이 명백하지 않은 경우에는 고객에게 유리하게 해석되어야 한다고 규정하고 있다(법 5조 2항).25)

그 밖에 약관규제법에 명문으로 규정되어 있지는 않지만 일반적으로 승인되고 있는 해석원칙의 하나로서 엄격해석의 원칙이 있다. 이 원칙에 따르면 약관의 내용이 상대방의 법률상의 지위에 중대한 영향을 미치게 되는 경우, 즉 법률에 규정되어 있는 사업자의 책임을 배제·제한하거나 고객의 권리를 제한하는 약관조항은 약관규제법 제6조 제1항, 제7조 제2호의 규정의 취지에 비추어 더욱 엄격하게 해석해야 한다.26) 채무불이행책임이나 하자담보책임과 같은 사업자의 책임을 면책하는 조항이 그 대표적인 예이다.

---

24) 대법원 1995. 5. 26. 선고 94다36704 판결. 약관의 해석은 개개 계약 당사자가 기도한 목적이나 의사를 기준으로 하지 않고 평균적 고객의 이해가능성을 기준으로 하되, 보험단체 전체의 이해관계를 고려하여 객관적, 획일적으로 해석하여야 한다는 이유로, 자가운전보험에 관한 가족운전자 한정운전 특별약관에서의 '배우자'에는 부첩관계의 배우자는 포함되지 않는다.

25) 대법원 2004. 5. 28. 선고 2001다81245 판결. 면책청구권 등의 항변권을 포기한 것인지가 명백하지 않은 이상 약관규제법 제5조 제1항과 제2항에 의하여 고객인 원고 등에게 불리하게 면책청구권 등의 항변권이 포기된 것으로 해석할 수는 없다.

26) 대법원 2001. 3. 23. 선고 2000다71555 판결.

3. 약관의 효력통제

(1) 의 의

계약자유의 원칙에는 내재적인 한계가 있다. 즉 계약이 강행법규나 선량한 풍속 기타 사회질서에 반하는 경우에는 무효이다(민법 103조). 따라서 약관이 이러한 계약자유의 한계를 벗어난 경우에는 효력을 잃게 되는 것은 당연하다. 대법원은 이러한 취지에서 실효약관이 보험계약자 등의 불이익변경금지원칙을 규정한 상법 제663조에 위배되어 무효인 이상 더 나아가 약관규제법에 의하여 무효인지 여부에 관하여 판단할 필요가 없다고 판시한 바 있다.[27] 그런데 문제가 되는 것은 계약이 강행법규나 선량한 풍속 기타 사회질서에는 반하지 않지만, 객관적으로 보아 불공정한 경우이다. 이 경우 그 계약이 만약 당사자들의 자기결정을 기초로 한 개별약정에 의하여 형성된 때에는 유효하지만, 반대로 그 계약이 사업자가 일방적으로 작성한 약관에 의하여 형성된 때에는 무효가 된다는 것이다. 그 이유는 개별약정의 경우에는 그 계약이 당사자들의 입장에서 불공정하지 않으면(주관적인 공정성만 확보되면) 그것으로 충분하지만, 약관의 경우에는 객관적인 제3자(예컨대 법관)가 보기에도 공정해야 하기 때문이다. 이와 같이 약관의 효력은 개별약정의 효력보다 훨씬 더 좁은 범위에서 인정된다. 따라서 약관의 효력을 판단함에 있어서는 개별약정의 경우와는 다른 기준을 적용하게 된다.

이와 관련하여 약관규제법은 효력을 판단하는 일반기준과 구체적인 무효 기준을 동시에 제시하고 있다. 즉 법 제6조에서 일반원칙으로서 신의성실의 원칙에 반하여 공정을 잃은 약관조항이 무효임을 밝힌 후(1항), 일정한 내용을 가진 약관조항은 공정을 잃은 것으로 추정하고(2항), 또한 제7조 이하에서는 개별적·구체적인 무효조항에 관한 규정을 두고 있다. 불공정 약관조항의 사법상의 효과를 부인하는 입법 방식에는 일반조항에 의하여 무효로 하는 방식과 개별적, 구체적으로 무효사유를 열거하는 방식의 두 가지가 있을 수 있다. 전자는 포괄적인 기준에 의거하므로 모든 약관조항을 대상으로 하고 공통된 기준에 의하여 심사할 수 있는 장점이 있는 반면, 판단기준이 추상적이므로 약관거래의 법적 안정성을 해하는 단점이 있다. 한편 후자는 무효조항을 구체적으로 열거하므로 사업자나 고객이 어떤 조항이 무효로 되는지를 미리 알 수 있어 이에 대비할 수 있고 규제기관의 자의적 판단을 피할 수 있는 장점이 있는 반면, 불공정한 모든 약관을 일일이 열거하기가 어려우

---

27) 대법원 1996. 12. 20. 선고 96다23818 판결.

므로 다양하고 가변적인 약관거래의 실태에 적절히 대응하기가 어렵다. 약관규제법은 양자를 모두 활용하는 규제체계를 형성하고 있다.

이러한 점에서 개별금지 규정은 일반규정에 의하여 무효로 되는 중요한 사항을 구체적으로 예시하여 열거한 것이라고 볼 수 있다. 따라서 개별금지규정의 적용에 있어서 일반원칙을 담고 있는 일반규정은 최종적인 기준이 될 것이다. 또한 약관심사의 순서에 있어서도 우선 개별금지규정을 적용하여 그 효력을 판단하고, 일반규정인 제6조는 보충적으로 적용되는 것으로 보아야 한다. 이와 관련하여 개별금지규정의 적용결과 유효로 판단되는 경우에 다시 일반규정을 적용하여 심사할 수 있는지가 문제될 수 있는데, 양자의 상호관계에 비추어 적용을 긍정하는 것이 타당하다. 대법원 판례는 불공정성의 판단 근거로서 개별금지규정과 일반규정을 함께 제시하고 있다.28)

한편 개별금지규정은 행위에 대한 부정적 평가에 의해 무효가 되는 상대적 무효규정과, 평가의 여지 없이 무효가 되는 절대적 무효규정으로 분류된다. 법 제7조 제1호, 제9조 제1호 및 제13조 등 3개 규정은 절대적 무효의 형식으로 규정되어 있으며, 나머지 규정은 '상당한 이유없이' 또는 '부당하게'와 같은 평가 규정을 통해 당해 약관의 무효 여부를 판단하도록 하고 있다.

(2) 일반원칙
(가) 신의성실의 원칙

법 제6조 제1항은 "신의성실의 원칙에 반하여 공정을 잃은 약관조항은 무효이다"라고 규정함으로써 약관의 내용통제를 위한 일반원칙을 규정하고 있다. '신의성실'은 상대방의 신뢰를 헛되이 하지 않도록 성의를 가지고 행동하는 것을 말하며, 약관과 관련하여 신의성실의 원칙은 약관을 마련함에 있어서 상대방인 고객의 이익을 침해하지 않도록 배려할 사업자의 의무를 의미한다.29) 약관은 양 당사자가 합의에 의해 정하여야 할 계약내용을 사업자가 일방적 의사에 의하여 작성하는 것이므로 사업자는 자신의 이익만이 아니라 상대방인 고객의 이익도 함께 고려하여

---

28) 동법 제7조 제2호, 제,3호와 제6조를 함께 적용한 예(대법원 1991. 12. 24. 선고 90다카23899 판결), 제8조와 제6조를 함께 적용한 예(대법원 1994. 5. 10. 선고 93다30082 판결), 제14조와 제6조를 함께 적용한 예(대법원 1994. 12. 9. 선고 93다43873 판결)가 있다.

29) "약관의 내용통제원리로 작용하는 신의성실의 원칙은 보험약관이 보험사업자에 의하여 일방적으로 작성되고 보험계약자로서는 그 구체적인 조항내용을 검토하거나 확인할 충분한 기회가 없이 보험계약을 체결하게 되는 계약작성의 과정에 비추어, 약관작성자는 계약상대방의 정당한 이익과 합리적인 기대 즉 보험의 손해전보에 대한 합리적인 신뢰에 반하지 않고 형평에 맞게끔 약관조항을 작성하여야 한다는 행위원칙을 가리키는 것이다"(대법원 1991. 12. 24. 선고 90다카23899 판결).

야 할 신의칙상의 의무를 부담한다. 또한 거래의 종류, 동기, 관행 등에 비추어 거래상대방인 고객의 기대가 계약의 기초를 이루는 경우에는 사업자는 그와 같은 상대방의 기대도 존중하여야 한다.

(나) 불공정성의 추정

법 제6조 제1항의 기준은 추상적이기 때문에 판단이 용이하지 않아 이를 구체화할 필요가 있다. 동조 제2항은 불공정성을 추정할 수 있는 3가지 요건을 제시하고 있는데, 고객에게 부당하게 불리한 조항(1호), 고객이 계약의 거래형태 등 제반 사정에 비추어 예상하기 어려운 조항(2호), 계약의 목적을 달성할 수 없을 정도로 계약에 따르는 본질적 권리를 제한하는 조항(3호) 등이 이에 해당한다. 동항의 추정은 법률상의 추정이며, 따라서 3가지 추정 요건은 간접사실에 해당하는 것으로서, 이의 입증이 이루어지면 불공정성이 추정된다. 법률상 추정의 법리에 따라서 이러한 추정 요건이 충족되면, 입증책임이 전환되어 불공정하지 않다는 입증책임은 사업자가 부담하게 된다.

법 제6조 제2항 제1호는 "고객에게 부당하게 불리한 조항"을 추정 요건으로 제시하고 있다. 동 규정에 해당하는지 여부는 사업자가 어떤 조항으로 얻은 이익과 고객의 반대급부를 비교하는 것에 의하여 판단한다. 이러한 판단은 종합적인 관점에서 이루어질 필요가 있는데, 일정한 사항에 대한 고객의 불이익이 있더라도 다른 사항에 대해 이익이 있어 계약의 전체적인 내용이 정당하게 조정된 경우라면 고객에게 부당하게 불이익한 조항이라고 할 수 없다.[30] 여기서 고객의 이익이란 개개의 계약당사자가 아닌 고객집단, 즉 전체로서 고객의 평균적인 이익으로 파악되어야 한다. 대법원은 가맹본부가 아무런 제약 없이 언제라도 가맹점의 점포와 동일 지역 내에 직영점을 개설하거나 가맹점을 둘 수 있도록 하는 조항은 가맹점에 대하여 약관규제법 제6조 제2항 제1호의 부당하게 불리한 조항에 해당하여 동법 제6조 제1항에 의해서 무효라고 판결하였다.[31] 또한 방송·통신 서비스 가입 등의 영업업무를 위탁한 계약에서 지급수수료 지급기준을 사후에 변경할 수 있고 양 당사자의 협의를 통해 이를 조정할 수 있다는 조항에 근거하여 지급수수료 지급기준을 고객에게 불리하게 변경하는 추가계약을 체결한 사안에서도, 대법원은

---

30) 대법원은 "고객에게 부당하게 불리한 조항인지 여부는 그 약관 조항에 의하여 고객에게 생길 수 있는 불이익의 내용과 불이익 발생의 개연성, 당사자들 사이의 거래과정에 미치는 영향, 관계 법령의 규정 등 모든 사정을 종합하여 판단"하여야 하는 것으로 보고 있다. 대법원 2022. 5. 12. 선고 2020다278873 판결.

31) 대법원 2000. 6. 9. 선고 98다45553, 45560, 45577 판결.

대등한 교섭력을 갖지 못한 고객이 충분한 의견을 개진할 기회를 제공받지 못하였다는 점 등에 근거하여 추가계약이 고객에게 부당하게 불리한 조항에 해당하고 따라서 동법 제6조 제1항에 근거하여 무효라고 판단하였다.32) 한편 동 규정은 고객의 부당한 불이익을 불공정성 추정 요건으로 규정하고 있지만, 부당한 불이익의 판단이 실질적으로 입증책임을 완화하는 의미가 있는지에 대해서는 의문이 있다.

동항 제2호는 "고객이 계약의 거래형태 등 제반사항에 비추어 예상하기 어려운 조항"을 규정하고 있으며, 이에 해당할 경우 불공정성이 추정된다. 이 규정은 이른바 '기습조항'을 규제하기 위한 것이다.33) 약관에 의한 계약에 있어서 고객은 약관의 내용에 영향을 미칠 수 없고, 또한 약관의 모든 조항을 충분히 검토하지 못하는 것이 일반적이다. 이러한 상황을 악용하여 기업이 통상의 약관의 테두리를 벗어난 조항, 즉 고객이 전혀 예상하지 못한 내용이 담긴 조항을 삽입하는 수가 있다. 예를 들어 대리점계약에 관한 약관 중에 고용에 관한 조항이 들어 있거나, 요리강습계약에 관한 약관 중에 조리기구 판매조항이 들어 있는 경우도 이에 해당한다. 대법원은 상가임대분양계약서에 "기부채납에 대한 부가가치세액은 별도"라고 기재된 부분이 약관규제법 제6조 제2항 제2호 소정의 "고객이 계약의 거래 형태 등 제반 사정에 비추어 예상하기 어려운 조항"에 해당하여 무효라고34) 판결하였다.

동항 제3호는 "계약의 목적을 달성할 수 없을 정도로 계약에 따르는 본질적 권리를 제한하는 조항"을 규정하고 있다. 계약목적의 달성 불능에는 사회통념상 계약목적의 달성이 위태로운 경우도 포함된다. 일반적으로 어떠한 채무가 계약관계의 본질을 이루어 그것 없이는 계약체결이 아무런 의미도 갖지 않게 되는 그러한 경우에 사업자가 약관에 의해 그러한 의무를 벗어나는 것은 고객의 본질적 권리에 대한 제한이며, 따라서 그러한 약관조항은 무효라 할 것이다. 예를 들어 자동차보험약관에서 사고발생 후 지체 없이 서면에 의한 통지를 요구하고 정당한 이유 없이 이것을 위반한 때는 손해전보의 책임이 없다고 규정한 조항이 문제가 될 수 있다. 이러한 약관조항은 통지해태 자체로 인하여 보험자가 입은 손해의 배상을 요구하는 것이 아니라 이것을 넘는 보험자의 면책을 정하고 있다. 즉 상대방의 부수적·파생적 의무의 불이행을 계기로 일거에 계약을 실효시켜 보험회사의 전보책

---

32) 대법원 2022. 5. 12. 선고 2020다278873 판결.

33) 한편 독일 민법 제305조C 제1항은 "보통거래약관의 조항 중 제반사항 특히 외형상 형태에 비추어 매우 이례적이어서 약관제안자의 상대방이 이를 고려할 필요가 없는 것은 계약의 구성부분으로 되지 아니한다"라고 하여 이러한 약관조항을 계약편입에서 배제시킴으로써, 이를 효력통제가 아닌 편입통제의 문제로 다루고 있다.

34) 대법원 1998. 12. 22. 선고 97다15715 판결.

임을 전면적으로 면하도록 한 것은 극히 불균형하다고 할 것이다. 이러한 주요의무의 공동화를 가져오는 약관조항은 동 규정에 의해 무효가 된다.

(다) 임의법규의 문제

민법이나 상법상 임의규정들은 담보책임이나 위험부담 등과 같은 부수적인 권리와 의무에 대하여 객관적인 입장에서 당사자 간에 정당한 배분을 실현하기 위한 목적으로 마련된 규정들이다. 즉 임의법규는 당사자 간에 배분적 정의를 실현하기 위한 규정들이지만, 당사자들의 특약은 이러한 임의법규에 우선한다. 왜냐하면 임의법규는 모든 경우에 일반적으로 적용되는 규율인 반면, 특약은 구체적인 경우에 있어서 당사자들이 그들의 이해관계를 조정하기 위하여 자율적으로 형성한 규율이기 때문이다. 그런데 여기서 말하는 특약은 당사자들의 자기결정을 기초로 한 개별적인 약정을 의미하는 것으로서, 사업자에 의하여 일방적으로 작성된 약관은 여기에 포함되지 않는다. 따라서 약관이 임의법규보다 고객에게 불리한 경우에는 그 약관이 임의법규에 우선하는 것이 아니라 임의법규가 약관의 효력을 통제하는 기준이 될 수 있다. 독일의 민법 제307조 제2항 제1호는 이러한 취지를 명문으로 규정하고 있다. 약관규제법의 개별적 금지규정들은 이러한 관점에서 약관의 내용이 민법이나 상법의 임의규정에 비추어 그 작성자인 사업자에게는 일방적으로 유리한 반면에 고객에게는 일방적으로 불리한 경우에는 그 약관이 무효라고 규정한 것으로 이해할 수 있다.

(라) 입법론

이상의 불공정성을 추정하는 규정과 관련하여 입법론적으로 논의의 여지가 있다. 우선 기습조항과 관련하여 이를 불공정성의 추정 요건으로 규정할 것이 아니라, 약관의 편입을 배제하는 요건으로 규정하는 것이 바람직할 것이다.[35]

나아가 보다 본질적인 문제로서 신의성실의 원칙에 기초한 불공정성 판단의 의의나 추정 조항의 의미와 실제 기능에 비추어 법 제6조의 규제체계가 타당한지가 재고될 필요가 있다. 이와 관련하여 약관규제법 제6조의 모델이 되었던 독일 민법 제307조를 참고할 수 있을 것이다. 독일 민법 제307조는 제1항에서 보통거래약관의 조항들이 신의성실의 원칙에 반하여 약관이용자의 계약상대방을 부당하게 불리하게 하는 경우에는 무효라고 규정하고, 제2항에서 어떤 조항이 ① (그 규정을 회피하려고 하는) 법 규정의 본질적인 기본관념에 배치되거나, ② 그 계약의 성질상 인정되는 본질적인 권리나 의무를 제한하여 그 계약의 목적달성을 위태롭게 하는

---

35) 장경환, "약관의 불공정성 판단기준", 권오승 편, 공정거래법강의, 법문사, 1996, 586-587면 참조.

경우에는 부당하게 불리한 것으로 추정된다고 규정하고 있다. 여기서 ①은 민법이나 상법에 규정되어 있는 사항에 대하여 약관이 그 규정(임의규정)의 본질적인 기본관념에 배치되도록 규정하고 있는 경우에는 그 약관이 무효라는 의미이고, ②는 민법이나 상법에 규정되어 있지 않은 계약의 경우에 그 계약의 성질상 인정되는 본질적인 권리나 의무를 제한하여 그 계약의 목적달성을 위태롭게 하는 때에는 무효라는 의미이다. 결국 ①은 전형계약의 경우에는 민법이나 상법의 임의규정이 약관의 효력통제의 기준이 된다는 의미이고, ②는 비전형계약의 경우에는 계약의 성질상 인정되는 본질적인 권리나 의무를 제한하여 그 계약의 목적달성을 곤란하게 하는지의 여부가 그 기준이 된다는 의미이다.

이와 비교하여 약관규제법 제6조 제2항은 추정 요건으로서 기능할 만큼 판단기준이 명확하지 않을 뿐만 아니라, 그 근거도 명확하지 않다. 따라서 입법론으로서는 우리 약관규제법 제6조 제2항을 독일 민법 제307조 제2항과 같이 개정하는 방안을 적극적으로 고려할 필요가 있다.

(3) 구체적인 무효사유
(가) 면책조항의 금지

"계약 당사자의 책임에 관하여 정하고 있는 약관의 내용 중 다음 각 호의 어느 하나에 해당하는 내용을 정하고 있는 조항은 무효로 한다"(법 7조).

　① "사업자, 이행 보조자 또는 피고용자의 고의 또는 중대한 과실로 인한 법률
　　　상의 책임을 배제하는 조항"(1호)

동 규정은 절대적 무효규정에 해당한다. 한편 동 규정의 해석상 이들의 경과실로 인한 손해에 대하여 책임을 배제하는 조항은 신의성실의 원칙에 반하여 공정을 잃은 것이 아닌 한 유효하다.

　② "상당한 이유 없이 사업자의 손해배상 범위를 제한하거나 사업자가 부담하
　　　여야 할 위험을 고객에게 떠넘기는 조항"(2호)

예컨대 사업자가 그의 불법행위나 채무불이행으로 인한 손해배상책임을 상당한 이유 없이 제한하거나, 위험부담에 관한 기본원칙에 반하여 자기가 부담해야 할 위험을 고객에게 떠넘기는 조항은 무효이다. 그러나 이러한 조항도 상당한 이유가 있는 경우에는 유효하다. 대법원은 건설기계 판매대리계약 중 대리상에 불과한 판매 회사에게 미회수 매매대금에 관한 무조건의 이행담보책임을 지우는 조항

은 판매 회사가 수령하는 수수료의 액수에 비하여 고객의 무자력으로 인한 위험부담이 너무 커서 판매 회사에 부당하게 불리할 뿐만 아니라, 건설기계 생산자가 미리 매매대금을 리스금융회사로부터 수령하고 나름대로의 채권확보책을 가지고 있음에도 판매 회사에게 금융비용까지 합한 할부금 전액에 대하여 이행담보책임을 지우는 것은 상당한 이유 없이 건설기계 생산자가 부담하여야 할 책임을 판매 회사에게 이전시키는 것이라고 보아야 하므로 법 제7조 제2호에 의하여 무효라고 판단하였다.[36] 그러나 자동차보험의 26세 한정운전 특별약관은 보험자의 담보범위가 축소되어 보험계약자에게 불리한 것은 분명하나, 보험계약자에게도 보험료가 할인되는 이익이 있고, 위 특별약관을 보험계약에 편입시킬 것인지의 여부는 전적으로 보험계약자의 의사에 달려 있는 것이므로 법 제7조 제2호에 해당하여 무효라고 볼 수 없다고 판시하였다.[37]

③ "상당한 이유 없이 사업자의 담보책임을 배제 또는 제한하거나 그 담보책임에 따르는 고객의 권리행사의 요건을 가중하는 조항"(3호)

④ "상당한 이유 없이 계약목적물에 관하여 견본이 제시되거나 품질·성능 등에 관한 표시가 있는 경우 그 보장된 내용에 대한 책임을 배제 또는 제한하는 조항"(4호)

동 규정에서 무효의 판단은 상당한 이유에 관한 평가에 기초한다. 따라서 품질보증서에 의한 애프터서비스를 제공하는 조건으로 사업자의 하자담보책임을 배제 또는 제한하는 경우에는, 그것이 신의성실의 원칙에 반하여 공정을 잃은 것이 아닌 한 유효하다고 보아야 할 것이다.

(나) 부당한 손해배상액의 예정

"고객에게 부당하게 과중한 지연 손해금 등의 손해배상 의무를 부담시키는 약관 조항은 무효로 한다"(법 8조).

사업자는 거래상 발생할지도 모르는 법률상의 분쟁을 예방하기 위하여 채무불이행이나 불법행위로 인한 손해배상책임을 규정하는 약관을 작성하여 사용하는 경우가 있다. 그런데 이러한 약관 중에서 고객에 대하여 부당하게 과중한 지연손해금 등의 손해배상의무를 부담시키는 약관조항은 무효이다. 이러한 약관조항은 위약금이나 손해배상액의 예정 등의 모습으로 나타나고 있다.

---

36) 대법원 2003. 4. 22. 선고 2000다55775, 2000다55782 판결.
37) 대법원 1998. 6. 23. 선고 98다149191 판결.

위약금에 관하여는 택지 분양 시에 분양가의 10%에 해당하는 분양 신청금을 위약금으로 사업자에게 귀속시키는 조항을 부당하게 과중한 손해배상의무를 부담시키는 것으로서 무효라고 판시한 대법원 판례가 있다. 즉 당첨자에게 계약의 체결을 강제하기 위한 수단으로 분양용지의 공급가액의 10%에 상당하는 분양 신청금을 일방적으로 피고에게 귀속시키는 약관조항은, 피고가 분양의 방법에 의하여 토지를 공급하는 경우 공급단위 필지수의 100분의 5의 범위 안에서 예비대상자를 정할 수 있으므로 당첨자가 계약을 체결하지 아니하더라도 피고에게 특별히 현저한 손해가 발생할 것으로 보이지 않는 점, 분양용지의 10%에 상당하는 분양 신청금을 미리 납부하게 하는 것 자체로써 진정한 실수요자 이외의 자가 분양 신청하는 것을 어느 정도 방지할 수 있을 뿐만 아니라, 구태여 분양 신청금을 피고에게 귀속시키지 않더라도 당첨자가 장래 주택이나 단독주택 건설용지를 우선 공급받을 수 있는 이익이 박탈되기 때문에 계약의 체결도 어느 정도 담보될 수 있다는 점 등을 알 수 있는바, 이와 같은 사정들과 한국토지개발공사법 및 약관규제법의 목적 등으로 미루어 보면, 위 약관조항은 고객인 당첨자에 대하여 부당하게 과중한 손해배상의무를 부담시키는 것으로서 무효라고 판시하고 있다.38) 또한 임차인의 월차임 연체에 대하여 월 5%(연 60%)의 연체료를 부담시킨 계약조항 및 임차인의 월차임 연체 등을 이유로 계약을 해지한 경우 임차인에게 임대차보증금의 10%를 위약금으로 지급하도록 한 계약조항이 임차인에게 부당하게 불리한 조항으로서 공정을 잃은 것으로 추정되어 신의성실의 원칙에 반하거나 부당하게 과중한 지연 손해금 등의 손해배상의무를 부담시키는 약관조항으로서 약관규제법 제6조, 제8조에 의하여 무효라고 판시하고 있다.39)

그리고 손해배상액의 예정의 경우에는 채권자가 채무불이행의 사실만 입증하면, 손해의 발생이나 그 손해액을 입증하지 않고도 예정된 손해배상액의 지급을 청구할 수 있는데, 예정된 손해배상액이 부당하게 과다한 경우에는 문제가 된다. 민법은 손해배상의 예정액이 부당하게 과다한 경우에는 법원이 이를 적당하게 감액할 수 있다고 규정하고 있는데(민법 398조 2항), 반면 약관규제법은 그러한 약관조항은 무효라고 규정하고 있다(법 8조). 여기서 약관에 규정되어 있는 손해배상의 예정액이 부당하게 과다한 경우에 무효로 되는 것은 적정한 금액을 초과하는 부분에 국한되는 것이 아니라 그 약관조항 자체라는 점에 주의를 요한다. 따라서 이러

---

38) 대법원 1994. 5. 10. 선고 93다30082 판결.
39) 대법원 2009. 8. 20. 선고 2009다20475, 20482 판결.

한 경우에는 마치 그러한 약관조항이 없었던 것처럼 되고, 그 결과 손해배상의 일반원칙에 따라 배상액이 결정되게 된다. 그리고 손해배상액의 예정에는 채무불이행에 따른 지연손해의 배상, 전보배상, 위약금 및 불법행위에 기한 손해배상 기타 어떠한 명목의 손해배상이라도 고객이 부담하는 것은 모두 포함된다.

(다) 계약의 해제·해지

"계약의 해제·해지에 관하여 정하고 있는 약관의 내용 중 다음 각 호의 어느 하나에 해당되는 내용을 정하고 있는 조항은 무효로 한다"(법 9조).

① "법률에 따른 고객의 해제권 또는 해지권을 배제하거나 그 행사를 제한하는 조항"(1호)

동 규정은 평가에 관한 규정을 두고 있지 않은 절대적 무효 규정이다. 민법은 이행지체 또는 이행불능과 같은 채무불이행의 경우에 채권자에게 계약을 해제하거나 해지할 수 있는 권한을 부여하고 있다(민법 543조 내지 553조). 이와 같은 고객의 해제권이나 해지권을 배제하거나 그 행사를 제한하는 약관조항은 무효이다.

② "사업자에게 법률에서 규정하고 있지 아니하는 해제권 또는 해지권을 부여하여 고객에게 부당하게 불이익을 줄 우려가 있는 조항"(2호)

공정거래위원회는 주식회사 롯데리아에 대하여 동 가맹점계약서 제9조(계약해지)에 "본부는 가맹점에 대하여 … 대금납입이 계속 3회분의 연체 또는 본부가 설정한 채권관리금액을 초과한 대금연체가 발생된 경우 또는 가맹점이 강제집행을 당할 우려가 있거나 신용악화로 인하여 정상적인 영업활동을 할 수 없다고 본점이 판단할 때 … 등에는 즉시 계약을 해지할 수 있다"고 규정하고 있는 약관조항을 약관규제법 제9조 제2호에 위반하여 무효라고 보고 시정권고를 한 바 있다.[40]

③ "법률에 따른 사업자의 해제권 또는 해지권의 행사 요건을 완화하여 고객에게 부당하게 불이익을 줄 우려가 있는 조항"(3호)

④ "계약의 해제 또는 해지로 인한 원상회복의무를 상당한 이유 없이 고객에게 과중하게 부담시키거나 고객의 원상회복 청구권을 부당하게 포기하도록 하는 조항"(4호)

⑤ "계약의 해제 또는 해지로 인한 사업자의 원상회복의무나 손해배상의무를

---

40) 공정거래위원회 시정권고 제97-208호, 공정거래위원회 심결집 제17권 3집(1997. 10), 432면 이하.

부당하게 경감하는 조항"(5호)

⑥ "계속적인 채권관계의 발생을 목적으로 하는 계약에서 그 존속기간을 부당하게 단기 또는 장기로 하거나 묵시적인 기간의 연장 또는 갱신이 가능하도록 정하여 고객에게 부당하게 불이익을 줄 우려가 있는 조항"(6호)

대법원은 대리점계약서상 "이 계약의 효력은 계약 성립일로부터 향후 1년간 지속된다. 계약기간 만료일에 계약갱신의 통보가 없을 때에는 1년간씩 계속 연장된 것으로 한다. 연대보증인의 책임도 이에 준한다"는 약관조항은 연대보증기간 자동 연장 조항이 약관규제법 제9조 제5호(현행법 6호)에 위반되어 무효라고 판시하였다.[41]

(라) 채무의 이행

"채무의 이행에 관하여 정하고 있는 약관의 내용 중 다음 각 호의 어느 하나에 해당하는 내용을 정하고 있는 조항은 무효로 한다"(법 10조).

① "상당한 이유 없이 급부의 내용을 사업자가 일방적으로 결정하거나 변경할 수 있도록 권한을 부여하는 조항"(1호)

② "상당한 이유 없이 사업자가 이행하여야 할 급부를 일방적으로 중지할 수 있게 하거나 제3자에게 대행할 수 있게 하는 조항"(2호)

급부의 변경에는 약속한 급부의 수량이나 성질을 변경하는 것을 포함하며, 그 외에 이행방법, 이행시기 및 이행장소가 변경되는 것도 포함된다. 사업자의 일방적인 급부 변경권은 대체로 하자담보책임을 배제하기 위한 목적으로 이용되는 경우가 많으며, 급부의 결정권한은 대개 이행된 물건이나 서비스가 과연 약속한 채무의 내용에 적합한 것인지를 사업자가 일방적으로 결정할 수 있도록 하기 위하여 부여되는 경우가 많다. 대법원은 택배회사의 위탁영업소계약에서 사정변경에 따라 운송수수료율을 택배회사측이 일방적으로 변경할 수 있도록 규정한 경우, 이는 상당한 이유 없이 급부의 내용을 사업자가 일방적으로 결정하거나 변경할 수 있는 권한을 부여한 조항으로 약관규제법 제10조 제1호에 해당하거나, 고객에 대하여 부당하게 불리한 조항으로 같은 법 제6조 제2항 제1호에 해당되어 무효라고 판시하였다.[42] 그리고 대법원은 대규모 쇼핑몰 내 점포의 임대분양계약 약관 중 임대료 인상에 관한 조항의 경우 그 약관의 내용이 사적자치의 영역에 속하는 것이라

---

41) 대법원 1998. 1. 23. 선고 96다19413 판결.
42) 대법원 2008. 2. 14. 선고 2005다47106, 47113, 47120 판결.

고 하더라도 사업자가 상당한 이유 없이 자신이 부담하여야 할 위험을 고객에게 이전하는 내용의 약관조항은 고객의 정당한 이익과 합리적인 기대에 반할 뿐만 아니라 사적자치의 한계를 벗어날 것이라고 하여 약관규제법 제10조 제1호에 위반한다고 판시하였다.[43]

(마) 고객의 권익보호

"고객의 권익에 관하여 정하고 있는 약관의 내용 중 다음 각 호의 어느 하나에 해당하는 내용을 정하고 있는 조항은 무효로 한다"(법 11조).

① "법률에 따른 고객의 항변권, 상계권 등의 권리를 상당한 이유 없이 배제하거나 제한하는 조항"(1호)

여기서 대상이 되는 항변권에는 동시이행의 항변권 또는 최고·검색의 항변권 등이 있다. 특히 동시이행 항변권은 쌍무계약에서 있어서 이행상의 견련성을 반영한 것으로서, 상대방으로부터 반대급부를 받지 못한 상태에서 자신의 채무를 이행하여야 할 위험으로부터 보호하는 담보적 기능뿐만 아니라 상대방의 이행을 촉구하는 압력수단으로 기능한다는 점에서 고객의 이익에 기여하는 바가 크다. 따라서 상당한 이유 없이 이를 배제하거나 제한하는 것은 불공정한 약관이 될 수 있다. 다만 동시이행의 항변권을 제한하여 고객에게 선이행의무를 인정하는 것이 거래의 특성상 불가피하거나 합리적인 기대 범위 안에 있을 경우에는 상당한 이유가 있는 것으로 부당성이 인정되지 않을 수 있다.

대법원은 사업주체가 당초 주택을 공급받고자 하는 자들과 주택공급계약을 체결함에 있어서 약관에 해당하는 주택공급계약서에서 예상 건축공정에 따라 계약금 납부일 이후 입주예정일까지 사이의 기간에 대하여 3개월 또는 4개월 단위로 6회에 나누어 정기의 중도금 지급기일을 지정하고 이를 계약의 내용으로 삼은 것은 거래통념상 합당하다고 여겨지고, 이러한 약관조항이 사업주체 측의 신용불안이나 재산상태의 악화, 건축공정의 부당한 지연 등 사정으로 인하여 사업주체의 주택공급계약상의 의무이행이 곤란할 현저한 사유가 발생하였음에도 불구하고 주택을 공급받고자 하는 자들에 대하여 당초 약정된 중도금의 이행의무가 선이행의무라는 이유만으로 민법 제536조 제2항 등 계약법의 일반원칙에 따른 주택을 공급받고자 하는 자들의 이행거절이나 지체책임면책 등에 관한 일체의 항변권 등을 모두 배제시킨 채 그 이행을 일방적으로 강요하는 것이라고 해석되지 아니하는 한 그

---

43) 대법원 2005. 2. 18. 선고 2003두3734 판결.

자체로 신의성실의 원칙에 비추어 공정을 잃은 것이라거나 고객에 대하여 부당하게 불리한 것이라거나 또는 법률의 규정에 의한 고객의 항변권, 상계권 등의 권리를 상당한 이유 없이 배제 또는 제한하거나 고객에게 부여된 기한의 이익을 상당한 이유 없이 박탈하는 것이라고 판단되지 아니하므로, 이러한 주택공급계약서의 중도금 납부기일에 관한 조항이 약관규제법 제11조 제2호 등에 해당하여 무효라고 볼 수 없다고 판단하였다.[44)

② "고객에게 주어진 기한의 이익을 상당한 이유 없이 박탈하는 조항"(2호)

예컨대 할부판매약관에서는 할부금의 지급지체가 있는 경우에는 잔금을 일시에 지급하도록 규정하고 있는 경우가 많은데, 이러한 조항은 상당한 이유가 없는 경우에는 무효로 된다.

③ "고객이 제3자와 계약을 체결하는 것을 부당하게 제한하는 조항"(3호)

예컨대 정당한 이유 없이 자기의 경쟁자에게 상품이나 용역을 공급하지 아니하거나 또는 자기의 경쟁자로부터 상품이나 용역을 공급받지 아니할 것을 조건으로 계약을 체결하는 배타조건부거래는 여기에 해당되어 무효가 될 수 있다.

④ "사업자가 업무상 알게 된 고객의 비밀을 정당한 이유 없이 누설하는 것을 허용하는 조항"(4호)

사업자가 고객의 개인정보를 처리하는 것은 고객의 동의에 따르는 것이 원칙인데(개인정보보호법 4조), 동 규정은 이러한 동의가 약관에 의하는 경우를 제한하는 의미가 있다.

(바) 의사표시의 의제

"의사표시에 관하여 정하고 있는 약관의 내용 중 다음 각 호의 어느 하나에 해당하는 내용을 정하고 있는 조항은 무효로 한다"(법 12조).

① "일정한 작위 또는 부작위가 있을 경우 고객의 의사표시가 표명되거나 표명되지 아니한 것으로 보는 조항. 다만 고객에게 상당한 기한 내에 의사표시를 하지 아니하면 의사표시가 표명되거나 표명되지 아니한 것으로 본다는 뜻을 명확하게 따로 고지한 경우이거나 부득이한 사유로 그러한 고지를 할 수 없는 경우에는 그러하지 아니하다"(1호).

---

44) 대법원 2002. 11. 26. 선고 2000다52042 판결.

이것은 '약관의 일방적 변경금지의 원칙'과 관련이 있는 것으로서, 사업자가 약관을 일방적으로 변경하고 그것에 대한 고객의 동의를 의제하기 위하여 많이 이용되고 있는 조항을 규제하기 위하여 마련된 규정이다. 그리고 단서에서 '고지'라 함은 별도의 고지를 말하며, 계약체결 시에 교부된 약관에 기재되어 있는 의제고지는 여기에 해당되지 않는다.

② "고객의 의사표시의 형식이나 요건에 대하여 부당하게 엄격한 제한을 두는 조항"(2호)

대법원은 피보험자가 보험기간 중 자동차를 양도한 때에는 보험계약으로 인하여 생긴 보험계약자 및 피보험자의 권리와 의무는 양수인에게 승계되지 아니하나, 보험계약으로 인하여 생긴 권리와 의무를 승계한다는 것을 약정하고 피보험자 또는 양수인이 그 뜻을 회사에 서면으로 통지하여 회사의 승인을 받은 때에는 그 때로부터 양수인에 대하여 보험계약을 적용한다고 규정한 자동차종합보험보통약관 제42조가 약관규제법 제12조 제2호에 정한 고객의 의사표시의 형식이나 요건에 대하여 부당하게 엄격한 제한을 가하는 조항으로서 무효라고 할 수는 없다고 판시하고 있다.[45]

③ "고객의 이익에 중대한 영향을 미치는 사업자의 의사표시가 상당한 이유 없이 고객에게 도달된 것으로 보는 조항"(3호)

④ "고객의 이익에 중대한 영향을 미치는 사업자의 의사표시 기한을 부당하게 길게 정하거나 불확정하게 정하는 조항"(4호)

(사) 대리인의 책임 가중

"고객의 대리인에 의하여 계약이 체결된 경우 고객이 그 의무를 이행하지 아니하는 경우에는 대리인에게 그 의무의 전부 또는 일부를 이행할 책임을 지우는 내용의 약관 조항은 무효로 한다"(법 13조).

대법원은 이때의 대리인은 본인을 위하여 계약체결을 대리하는 민법상 및 상법상의 대리인을 의미하는 것으로 보고 있다.[46] 대리인이 본인을 위하여 법률행위를 한 경우에, 그 법률행위는 본인과 상대방 사이에서 효력이 발생하고, 대리인 자신은 거기에 대하여 아무런 책임을 지지 않는다. 그러나 거래의 실제에 있어서는 고

---

45) 대법원 1996. 5. 31. 선고 96다10454 판결.
46) 대법원 1999. 3. 9. 선고 98두17494 판결.

객이 그 의무를 이행하지 않는 경우에는 대리인이 그 의무를 이행할 책임을 진다 거나, 계약이 무효 또는 취소된 경우에는 대리인과 상대방 사이에 동일한 계약이 체결된 것으로 본다든가 또는 대리인이 그에 대한 무과실의 손해배상책임을 진다 는 내용의 약관이 사용되는 경우가 있다. 그리고 대리인이 무권대리의 책임을 지는 경우에도 그 책임을 민법 기타 특별법에 의해 정해진 책임보다 가중시켜서는 안 된다.

(아) 소송 제기의 금지 등

"소송 제기 등과 관련된 약관의 내용 중 다음 각 호의 어느 하나에 해당하는 조항은 무효로 한다"(법 14조).

① "고객에게 부당하게 불리한 소송 제기 금지 조항 또는 재판관할의 합의 조항"(1호)

당사자 간에 소송을 제기하지 않겠다고 하는 개별적이고 명백한 특약을 한 경우에는 그 특약이 유효하지만, 약관에 그러한 조항이 포함되어 있는 경우에는 그것이 고객에게 부당하게 불리한 소송제기 금지조항으로서 무효이다. 그리고 민사소송법상 관할의 합의에 대하여 경합하는 법정관할법원 중에서 어느 하나를 지정하거나 그중에서 어느 관할을 배제하는 합의는 전속적 합의로 보고, 그렇지 않은 경우에는 부가적 합의로 보는 것이 통설·판례의 태도이다.47) 그러나 이것도 부제소의 합의와 마찬가지로 당사자 간에 개별적이고 명백한 특약을 한 경우에 한하고, 사업자와 고객 간의 거래에 이용되는 약관 속에 관할합의에 관한 조항을 포함시키는 것은 고객에게 부당하게 불리한 약관으로서 무효라고 보아야 한다. 대법원은 대전에 주소를 둔 계약자와 서울에 주영업소를 둔 건설회사 사이에 체결된 아파트공급계약서상의 "본 계약에 관한 소송은 서울민사지방법원을 관할법원으로 한다"라는 관할합의조항은 약관규제법 제2조 소정의 약관으로서, 민사소송법상의 관할법원 규정보다 고객에게 불리한 관할법원을 규정한 것이어서 사업자에게는 유리할지언정 원거리에 사는 경제적 약자인 고객에게는 제소 및 응소에 큰 불편을 초래할 우려가 있으므로 약관규제법 제14조에 해당하여 무효라고 판시한 바 있다.48)

② "상당한 이유 없이 고객에게 입증책임을 부담시키는 약관조항"(2호)

---

47) 이시윤, 민사소송법, 박영사, 1992, 102면.
48) 대법원 1998. 6. 29. 자 98마863 결정.

(자) 적용 제한

약관규제법 제15조는 국제적으로 통용되는 약관이나 그 밖에 특별한 사정이 있는 약관으로서 대통령령이 정하는 경우에는 법 제7조 내지 제14조의 규정의 적용을 조항별·업종별로 제한할 수 있다고 규정하고 있으며, 동법 시행령 제3조는 국제적으로 통용되는 운송업, 국제적으로 통용되는 금융업 및 보험업, 무역보험법에 의한 무역보험을 그 적용이 제한되는 업종으로 규정하고 있다.49)

Ⅳ. 일부무효의 특칙

민법은 법률행위의 일부분이 무효인 때에는 원칙적으로 그 전부를 무효로 하지만 그 무효부분이 없더라도 법률행위를 하였을 것이라고 인정될 때에는 나머지 부분은 무효가 되지 않는다고 규정하고 있다(민법 137조).

그러나 약관에 의하여 형성되는 계약의 경우에는 약관의 일부조항이 약관규제법에 위반되어 무효가 되더라도 그 계약은 나머지 부분만으로 유효하게 존속하게 된다. 다만 유효한 부분만으로는 계약의 목적달성이 불가능하거나 일방 당사자에게 부당하게 불리한 때에는 당해 계약의 전부를 무효로 한다(법 16조). 이것은 민법 제137조에 대한 예외를 규정한 것이다.

대법원은 전원합의체 판결50)을 통하여, 당해 약관 중 일부만이 무효사유에 해당하고 그 무효부분을 추출·배제하여 잔존부분만으로도 유효하게 존속시킬 수 있는 경우에는, 그 약관을 수정 해석하여 그 한도 내에서만 유효하게 존속시킬 수 있다고 판시한 이래, 현재까지 그러한 태도를 유지하고 있다.51)

---

49) 대법원 1999. 12. 10. 선고 98다9038 판결. 약관규제법 제15조의 해석과 관련하여 대법원은, 약관규제법 제15조의 문리해석상으로는 동법 제6조의 적용은 배제되지 않는다고 볼 수 있으나, 약관이 구체적으로 무효가 되는 경우들을 규정한 동법 제7조 내지 제14조에 대하여, 약관이 일반적으로 무효가 되는 경우를 포괄적으로 규정하고 있는 제6조가 적용되게 되면, 구체적 무효조항들의 적용을 배제하는 제15조의 규정취지가 거의 완전히 몰각되는 불합리한 결과를 가져오게 되므로, 제6조 역시 대통령령으로 정하는 특정 업종들의 약관에는 적용이 없다고 보아야 한다고 판시하였다.

50) 대법원 1991. 12. 24. 선고 90다카23899 판결.

51) 대법원 1997. 12. 26. 선고 96다51714 판결; 대법원 1998. 4. 28. 선고 97다11898 판결; 대법원 1999. 11. 26. 선고 98다42189 판결; 대법원 2000. 5. 30. 선고 99다66236 판결 등.

제 3 절   불공정한 약관에 대한 규제

Ⅰ. 불공정한 약관조항의 사용금지

약관규제법 제6조 내지 제14조에 위반하는 약관조항, 즉 불공정한 약관조항은 무효이다. 따라서 사업자가 불공정한 약관조항을 사용하여 계약을 체결한 경우, 그 상대방이 법원에 그 약관조항의 효력을 다투는 소를 제기하여 그 약관조항이 무효라는 판결을 받게 되면 그 약관조항은 효력을 잃게 된다. 그러나 이러한 사법적 통제는 개별적 통제로서 그 효력이 당해 사건에만 미치게 될 뿐만 아니라 그 약관조항이 구체적인 계약에 편입된 경우에 한하여 사후적인 통제만 할 수 있다는 한계를 가지고 있다. 더욱이 우리나라에서는 아직도 소송절차가 까다롭고 소송비용이 많이 든다는 이유로 국민들이 소송 제기 자체를 꺼리는 경향이 있기 때문에, 약관에 대한 사법적 통제는 제한적인 의미를 가질 수밖에 없다. 따라서 약관규제법은 불공정한 약관에 대한 통제의 실효성을 제고하기 위하여, 사업자가 불공정한 약관조항을 계약의 내용으로 하는 것을 금지한(법 17조) 다음에, 거기에 위반한 사업자에 대하여는 공정거래위원회가 시정권고나 시정명령 등과 같은 행정적인 규제를 할 수 있도록 하고 있다(법 17조의2).

그런데 이러한 행정적 규제는 불공정한 약관조항이 널리 통용되고 있을 당시에는 이를 효과적으로 규제하기 위하여 절실히 필요했으며 또 불공정한 약관의 통제에 상당한 기여를 했던 것이 사실이지만, 약관에 관한 거래질서가 어느 정도 확립된 오늘날에는 그 역할이 많이 약화되었다고 볼 수 있다. 따라서 앞으로는 약관의 내용통제를 행정적 규제에서 사법적 통제 중심으로 전환하는 동시에 사법적 통제를 더욱 활성화할 수 있는 방안을 모색할 필요가 있다.[52]

Ⅱ. 공정거래위원회의 시정조치

약관규제법은 불공정한 약관조항의 사용을 막기 위하여, 공정거래위원회에게

---

[52] 권오승, "약관규제법 집행의 개선", 아세아여성법학 제12호, 2009, 9면 이하, 특히 30면 이하 참조.

불공정한 약관조항을 계약의 내용으로 사용하는 사업자에 대하여 그 시정에 필요한 조치를 권고하거나 명령할 수 있게 하고 있다(법 17조의2). 즉 공정거래위원회는 동법에 위반한 사업자에 대하여, 불공정약과조항의 삭제·수정 등 시정에 필요한 조치를 권고할 수 있다(동조 1항). 독점규제법과 달리 시장권고를 시정명령에 앞서 우선하는 조치로 규정하고 있는 것은, 약관은 본질적으로 계약의 초안이며 사적자치의 영역 안에 위치하는 것이므로, 사적 관계에 국가가 개입하는 것은 신중할 필요가 있다는 사고를 반영한 것으로 볼 수 있다. 그러나 약관에 의한 거래의 공정화를 실현하기 위해 일정한 경우에는 국가가 명령적으로 개입할 필요도 있으며, 약관규제법은 위반사업자가 다음 각 호의 어느 하나에 해당하는 경우에는 사업자에게 불공정약과조항의 삭제·수정 등 시정에 필요한 조치를 명할 수 있도록 규정하고 있다(동조 2항).

① 사업자가 독점규제법 제2조 제3호의 시장지배적 사업자인 경우

② 사업자가 자기의 거래상의 지위를 부당하게 이용하여 계약을 체결하는 경우

③ 사업자가 일반 공중에게 물품·용역을 공급하는 계약으로서 계약체결의 긴급성·신속성으로 인하여 고객이 계약을 체결할 때에 약관조항의 내용을 변경하기 곤란한 경우

④ 사업자의 계약당사자로서의 우월적 지위가 현저하게 우월하거나 고객이 다른 사업자를 선택할 범위가 제한되어 있어 약관을 계약의 내용으로 하는 것이 사실상 강제되는 경우

⑤ 계약의 성질상 또는 목적상 계약의 취소·해제 또는 해지가 불가능하거나 그로 인하여 고객에게 현저한 재산상의 손해가 발생하는 경우

⑥ 사업자가 법 제17조의2 제1항에 따른 공정거래위원회의 권고를 정당한 사유 없이 따르지 아니하여 여러 고객에게 피해가 발생하거나 발생할 우려가 현저한 경우. 이것은 시정권고가 지니는 비강제성 때문에, 사업자가 공정거래위원회로부터 시정권고를 받았음에도 불구하고 정당한 이유 없이 이를 따르지 않을 경우에는, 약관규제법의 실효성을 확보하기 위하여 공정거래위원회가 강제성이 있는 시정명령을 내릴 필요가 있기 때문이다.

그리고 공정거래위원회가 이러한 시정조치를 권고하거나 명령할 때에 필요하면 해당 사업자와 같은 종류의 사업을 하는 다른 사업자에게 같은 내용의 불공정한 약관조항을 사용하지 말 것을 권고할 수 있다(법 17조의2 3항). 한편 법 제23조는

"공정거래위원회는 이 법에 위반된다고 심의·의결한 약관 조항의 목록을 인터넷 홈페이지에 공개하여야 한다"고 규정하고 있는데, 이와 같은 공시도 불공정한 약관의 사용을 억제하는데 기여할 수 있을 것이다.

한편 공정거래위원회가 행정관청이 작성한 약관 또는 다른 법률에 의하여 행정관청의 인가를 받은 약관이 법 제6조부터 제14조까지의 규정에 위반되는 불공정한 약관에 해당된다고 인정할 때에는, 해당 행정관청에 그 사실을 통보하고 이를 시정하기 위하여 필요한 조치를 요청할 수 있다(법 18조 1항). 또 은행법의 규정에 의한 금융기관의 약관이 불공정한 약관에 해당된다고 인정할 때에는 금융감독원에 그 사실을 통보하고 이를 시정하기 위하여 필요한 조치를 권고할 수 있다(법 18조 2항). 행정관청에 시정을 요청한 경우에는 전술한 시정권고나 시정명령은 하지 아니한다(법 18조 3항). 다만 이상의 행정관청 또는 금융감독원에 대한 요청 또는 권고는 재량의 형식으로 규정되어 있기 때문에, 동 규정의 문언해석상[53] 공정거래위원회가 법 제18조 제1항 및 제2항에 해당하는 경우에도 직접적으로 시정권고나 시정명령을 할 수 있는지에 관해 논의의 여지가 있다. 기관 간 협력의 필요성을 반영한 동 규정의 취지와 규제의 실효성 등을 고려할 때, 소극적으로 이해하는 것이 타당하다.

공정거래위원회의 시정명령에 위반한 자에 대하여는 2년 이하의 징역 또는 1억원 이하의 벌금에 처한다(법 32조). 그 위반자가 법인의 대표자나 법인 또는 개인의 대리인, 사용인 기타 종업원인 때에는 그 행위자를 벌하는 외에 그 법인 또는 개인에게도 1억원 이하의 벌금형을 과한다. 다만 법인 또는 개인이 그 위반행위를 방지하기 위하여 해당 업무에 관하여 상당한 주의와 감독을 게을리하지 않는 경우에는 그렇지 않다(법 33조).

III. 약관의 심사

1. 심사의 청구

약관의 심사는 공정거래위원회가 직권으로 개시할 수도 있고, 이해관계인의 청구에 의하여 개시할 수도 있다. 그런데 공정거래위원회에 약관의 심사를 청구할

---

53) 법 제18조 제3항은 시정요청을 한 경우에만 시정권고나 시정명령을 하지 못하는 것으로 규정되어 있기 때문에, 시정요청을 하지 않은 상태에서는 이를 할 수 있다는 해석이 가능하다.

수 있는 자는 약관조항과 관련하여 법률상의 이익이 있는 자, 소비자기본법에 의하여 등록된 소비자단체, 한국소비자원과 사업자단체 등이다(법 19조 1항). 그리고 약관의 심사청구는 공정거래위원회에 서면이나 전자로 제출하여야 한다(법 19조 2항). 한편 공정거래위원회는 심사대상인 약관조항이 변경된 때에는 직권으로 또는 심사청구인의 신청에 의하여 심사대상을 변경할 수 있다(법 19조의2).

2. 약관심사자문위원회의 심사

약관규제법은 약관의 심사에 관한 업무를 당초 약관심사위원회라고 하는 별도의 기구에 맡기고 있었으나, 1992년의 법 개정으로 동 심사위원회를 폐지하고 공정거래위원회가 직접 심사하도록 하고 있다. 그런데 공정거래위원회는 원래 경제질서의 기본법인 독점규제법에 의한 사무를 독립적으로 수행하기 위하여 설립된 독립규제기관으로서, 그 구성이나 성격에 있어서 사인간의 계약의 내용인 약관조항의 공정성을 심사하기에 적합한 기구는 아니라고 할 수 있다. 따라서 공정거래위원회는 약관규제법에 의한 약관의 심사업무를 수행하기 위하여, 약관에 관한 전문적인 지식을 갖춘 사람들을 자문위원으로 위촉하여 그들에게 약관의 심사에 관한 업무를 맡기고 있다. 공정거래위원회는 매월 1~2회 자문위원들을 소집하여 약관에 관한 심사를 하고 있는데, 이러한 자문위원들의 모임을 통상 약관심사자문위원회라고 부르고 있다.

그런데 약관심사의 실제를 살펴보면, 공정거래위원회는 약관의 심사에 관한 한 약관심사자문위원회의 심사에 전적으로 의존하고 있으며, 그 심사결과를 그대로 수용하고 있다. 따라서 현재 약관심사에 관한 업무는 실제로 약관심사자문위원회가 주도하고 있는 실정이다. 그러나 약관심사자문위원회는 단순한 자문기구, 좀 더 정확하게 표현하자면 자문위원들의 모임에 불과하기 때문에,54) 그 법적 지위는 매우 취약할 뿐만 아니라, 공정거래위원회는 약관심사자문위원회의 심사결과에 법적인 구속을 받지 않는다.

---

54) 약관규제법 제31조의2 제1항에서는, 공정거래위원회는 이 법에 의한 약관심사업무를 수행하기 위하여 필요하다고 인정하는 때에는 자문위원을 위촉할 수 있다고 규정하고 있을 뿐이기 때문에, 법률상 자문위원회라는 기구는 존재하지 않는다.

3. 표준약관

(1) 표준약관의 의의

약관규제법은 건전한 거래질서를 확립하고 불공정한 내용의 약관이 통용되는 것을 막기 위하여 1992년에 표준약관제도를 도입하였으며, 2004년 1월에는 표준약관의 사용을 더욱 활성화하기 위하여 이 규정을 대폭 개정하였다. 표준약관은 특정한 산업분야의 경제적 조건과 구성원의 다양한 이해관계를 반영하여 그 거래분야에서 표준이 될 약관을 제시함으로써 건전한 거래질서를 확립하고 불공정한 내용의 약관이 통용되는 것을 막기 위하여 개발된 제도이다.[55] 표준약관은 약관의 특징을 공유하면서, 이에 더하여 자율성과 공정성이라는 특징을 갖고 있다. 즉 표준약관은 특정 산업에 종사하는 이해관계자들의 자율에 의하여 제정되는 것을 원칙으로 함. 표준약관은 약관에 선행하여 특정 산업에 속한 다수의 사업자들이 만든 약관의 원안을 의미한다. 단계적으로 보면, 다수의 사업자에 의하여 표준약관이 제정된 이후, 개별 사업자에 의하여 약관으로 채택되고, 이어서 구체적인 계약의 내용이 되는 편입이 이루어진다. 표준약관의 원칙으로서 자율성은 각 단계에 모두 적용된다. 즉 표준약관의 제정, 약관의 채택, 계약의 편입은 사업자의 자율에 의하게 된다. 또한 표준약관은 공정성을 실현하는 유력한 방식이 된다. 표준약관은 이해가 대립하는 당사자 간의 계약에 적용하기 위하여 제정된 것이므로, 불공정한 내용이 포함되어 있을 경우에 당사자의 자율적 적용을 기대하기 어려울 수 있다. 따라서 표준약관의 제정 단계에서 다양한 이해관계를 조정하고 합리적인 해결 방안을 제시하는 과정을 거치게 된다.

(2) 표준약관의 제정

표준약관의 제정은 원칙적으로 사업자의 자율에 의하지만, 약관규제법은 공정거래위원회가 표준약관의 제정·개정에 관여할 수 있는 4가지 방식을 규정하고 있다. 1) 우선 사업자 및 사업자단체가 스스로 일정한 거래분야에서 표준이 될 약관을 마련하여 그 내용이 동법에 위반되는지 여부에 관하여 공정거래위원회에 심사를 청구할 수 있다(법 19조의3 1항). 가장 전형적인 경우라 할 수 있으며, 사업자의

---

55) 표준계약서가 이해관계자 간의 분쟁의 빈도를 줄이고, 분쟁해결도 보다 용이하게 할 수 있다는 점을 지적하는 것으로, 제철웅 등 4인, 주택임대차 표준계약서 개선방안, 법무부 보고서, 2015, 2면 참조.

자율에 의한다는 표준약관의 특성에 부합한다. 2) 「소비자기본법」 제29조에 따라 등록된 소비자단체 또는 같은 법 제33조에 따라 설립된 한국소비자원은 소비자 피해가 자주 일어나는 거래 분야에서 표준이 될 약관을 제정 또는 개정할 것을 공정거래위원회에 요청할 수 있다(법 19조의3 2항). 표준약관 제정 과정에 사업자에 대립하는 상대방의 이해를 반영할 수 있도록 한다는 점에서 의의가 있으며, 다만 지나친 제정·개정 요청 권한의 행사로 인한 비효율을 방지하기 위하여 표준약관 제정·개정 요청은 등록 소비자단체만 할 수 있도록 제한하고 있다. 3) 또한 소비자단체 등의 요청이 있는 경우(1호), 일정한 거래 분야에서 여러 고객에게 피해가 발생하거나 발생할 우려가 있는 경우에 관련 상황을 조사하여 약관이 없거나 불공정약관조항이 있는 경우(2호), 법률의 제정·개정·폐지 등으로 약관을 정비할 필요가 발생한 경우(3호)에 해당하는 사유가 있을 경우에 공정거래위원회는 사업자 및 사업자단체에 대하여 표준이 될 약관의 제정·개정안을 마련하여 심사 청구할 것을 권고할 수 있다(법 19조의3 3항). 동 규정에서 소비자단체 등의 요청이 있는 경우뿐만 아니라, 직권으로(2호 및 제3호) 공정거래위원회가 표준약관 제정·개정을 권고할 수 있다. 4) 끝으로 공정거래위원회는 사업자 및 사업자단체가 제3항의 권고를 받은 날부터 4개월 이내에 필요한 조치를 하지 아니하면 관련 분야의 거래 당사자 및 소비자단체등의 의견을 듣고 관계 부처의 협의를 거쳐 표준이 될 약관을 제정 또는 개정할 수 있다(법 19조의3 4항). 동 조항은 공정거래위원회에게 사업자 및 사업자단체의 요청에 따른 심사를 하거나 권고하는 것을 넘어서 직접 표준약관을 제정하거나 개정할 수 있는 권한을 부여하고 있다.

이상의 규정에 의하여 공정거래위원회는 사업자가 제정·개정한 표준약관을 심사하거나 직접적으로 표준약관을 제정·개정하는 방식으로 표준약관 제정·개정에 관여하게 된다.

(3) 표준약관의 권장

표준약관이 제정된 경우에도 표준약관의 채택은 사업자의 자율에 의하므로, 실제 표준약관의 활용이 담보되는 것은 아님. 표준약관이 널리 활용되도록 하기 위하여 다양한 법률에서 표준약관 권장에 관한 규정을 두고 있다. 구체적으로 「가맹사업거래의 공정화에 관한 법률」 제11조 제4항, 「대규모유통업에서의 거래 공정화에 관한 법률」 제6조 제9항, 「대리점거래의 공정화에 관한 법률」 제5조 제4항, 「하도급거래의 공정화에 관한 법률」 제3조의2 등에서 표준약관을 권장하는 근거를 마련하고 있다. 이상의 거래 공정화에 관련된 법률에서 표준약관의 권장에 관한 규정을 두고 있지만, 약관규제법은 표준약관 사용의 활성화를 위한 종합적인 대책을 마련하고 있는데, 법 제19조의3 제5항 내지 제9항의 규정이 이에 해당한다. 공정거래위원회는 표준약관을 공시하고, 사업자 및 사업자단체에 대하여 그 사용을 권장할 수 있으며(19조의3 5항), 공정거래위원회로부터 표준약관의 사용을 권장 받은 사업자 및 사업자단체는 표준약관과 다른 약관을 사용하는 경우 표준약관과 다르게 정한 주요 내용을 고객이 알기 쉽게 표시하여야 한다(19조의3 6항). 공정거래위원회는 표준약관의 사용을 활성화하기 위하여 표준약관 표지를 정할 수 있고, 사업자 및 사업자단체는 표준약관을 사용하는 경우 공정거래위원회가 고시하는 바에 따라 표준약관 표지를 사용할 수 있다(19조의3 7항). 사업자 및 사업자단체는 표준약관과 다른 내용을 약관으로 사용하는 경우 표준약관 표지를 사용하여서는 아니 되며(19조의3 8항), 사업자 및 사업자단체가 제8항을 위반하여 표준약관 표지를 사용하는 경우 표준약관의 내용보다 고객에게 더 불리한 약관의 내용은 무효가 된다(19조의3 9항).

동조 제6항에서 표준약관과 다른 내용의 표시 또는 제8항의 표준약관 표지 사용 제한은 사업자에게 거래상 부담으로 작용할 수 있기 때문에, 이들 규정은 표준약관 사용을 간접적으로 강제하는 의미가 있다. 또한 제7항에 의한 표준약관 표지의 사용 방식의 법정은 사업자가 표준약관을 사용하는데 유력한 유인으로 작용할 수 있다. 특히 제9항에서 일정한 경우에 사법상 효력을 부인하는 규정을 둔 것은, 표준약관의 자율적인 특성과 행정적 제재의 한계에 비추어 과도한 법률상 제한으로 볼 여지가 있음은 별론으로 하고, 규정 자체는 표준약관 활성화에 어느 정도 기여할 것으로 예상된다.56)

(4) 표준약관의 정책 효과

표준약관은 공정한 거래 조건을 계약 내용화함으로써 거래 당사자의 이해가 균등하게 반영되어 거래 공정화에 기여할 수 있을 것이다. 일반적으로 거래상 열등한 지위에 있는 당사자는 거래의 계속에 우선적 의의를 부여하는 경향이 있기 때문에, 불공정한 거래 조건을 요구 받는 경우에도 이를 수정할 것을 요구하거나 법

---

56) 2020년 기준 공정거래위원회의 심사를 거치거나 직접 제정하여 표준약관으로 사용되고 있는 약관은, 일반 표준약관 77종, 표준하도급계약서 46종, 표준가맹계약서 4종, 표준유통거래계약서 7종, 표준대리점계약서 3종 등 총 137종이다. https://www.ftc.go.kr/www/contents.do?key=199 참조.

적 절차에 따른 문제 해결을 시도하기 어렵다.57) 이러한 경우에 산업 전체적으로
공정한 기준을 마련하여 적용하는 것은 구체적 당사자가 개별적으로 문제를 해결
하는데 따르는 어려움을 보완하는 의미가 있다. 또한 표준약관을 제정하는 과정
자체가 열등한 지위에 있는 당사자의 이익을 보호하는데 기여할 수 있다는 점도
염두에 둘 필요가 있다. 표준약관은 특정한 산업분야의 경제적 조건과 구성원의
다양한 이해관계를 반영하여 그 거래분야에서 표준이 될 거래조건을 제시하여야
하며, 따라서 제정 과정에 다양한 이해관계자의 참여가 필수적으로 요구된다. 구
체적인 표준약관 제정에 있어서 거래 현실에 나타나고 있는 불공정성의 실태를 파
악하고, 이를 개선하는 과정을 거치게 되며, 이러한 과정은 대립하는 당사자의 이
해가 조정될 여지를 제공한다. 나아가 표준약관을 심사하거나 직접 제정함으로써
공정거래위원회에 의하여 공인된 표준약관은 공정거래위원회의 제재를 피하고자
하는 거래 당사자에게 사실상 표준약관 사용이 강제되는 효과를 낳을 수 있고, 이
로 인하여 거래 공정성에 관한 최소한의 기준이 충족될 수 있는 환경이 조성될 수
있다는 점도 긍정적이다.

IV. 조사 및 의견진술 등

공정거래위원회는 법 제17조의2에 의한 시정조치를 명하거나 권고하기 위하여
필요하다고 인정되는 경우 및 법 제19조에 의하여 심사청구를 받은 경우에는 그
약관이 약관규제법에 위반된 사실이 있는지의 여부를 확인하기 위하여 필요한 조
사를 할 수 있다(법 20조 1항). 그런데 이러한 조사를 하는 공무원은 그 권한을 표
시하는 증표를 지니고 이를 관계인에게 내보여야 한다(법 20조 2항). 이러한 조사를
거부, 방해 또는 기피한 자는 5천만원 이하의 과태료를 부과한다(법 34조 1항).

공정거래위원회는 약관을 심의하기 전에 당해 약관에 의하여 거래를 한 사업자
또는 이해관계인에 대하여 당해 약관이 심사대상이 되었다는 사실을 알려야 한다
(법 22조 1항). 이러한 통지를 받은 당사자 또는 이해관계인은 공정거래위원회의 회
의에 출석하여 그 의견을 진술하거나 필요한 자료를 제출할 수 있다(법 22조 2항).
한편 심사대상이 된 약관이 다른 법률에 의하여 행정관청의 인가를 받았거나 받아

---

57) EU Commission, Communication Tackling unfair trading practices in the business—to—business
food supply chain, 2014, p. 7에서는 열등한 거래당사자가 거래상 불공정성 문제에 대한 법적 구제절
차를 진행하는데 소극적인 이유로서 거래가 종료될 위험이 가장 큰 요인이 되고 있음을 지적하고 있다.

야 할 것인 때에는 공정거래위원회가 심의에 앞서 그 행정기관에 대하여 의견을 제출하도록 요구할 수 있다(법 22조 3항).

그리고 공정거래위원회는 약관규제법에 위반된다고 심의·의결한 약관조항의 목록을 인터넷 홈페이지에 공개하여야 한다(법 23조).

V. 시정조치에 대한 불복절차

약관규제법은 동법에 의한 공정거래위원회의 처분에 대한 이의신청, 소의 제기 및 불복의 소의 전속관할에 대하여는 독점규제법 제64조 내지 제68조의 규정을 준용하고 있다(법 30조의2). 따라서 공정거래위원회의 처분에 대하여 불복이 있는 자는, 그 처분의 고지를 받은 날로부터 30일 이내에 그 사유를 갖추어 공정거래위원회에 이의신청을 할 수 있고, 공정거래위원회의 처분에 대하여 불복의 소를 제기하고자 할 때에는 처분 또는 이의신청에 대한 재결서의 정본을 송달받은 날로부터 30일 이내에 이를 제기하여야 한다. 그리고 이 불복의 소는 공정거래위원회의 소재지를 관할하는 서울고등법원을 전속관할로 한다.

그런데 여기서 문제가 되는 것은 어떤 약관에 대하여 그 조항과 관련하여 법률상 이익이 있는 자, 소비자기본법에 의하여 등록된 소비자단체, 한국소비자원 또는 사업자단체가 약관규제법 제19조에 의하여 공정거래위원회에 그 약관의 심사를 청구한 경우에, 공정거래위원회가 그 약관이 동법에 위반된다고 하여 시정조치를 내린 경우에는 그 사업자가 그 조치의 당부를 다툴 수 있지만, 반대로 공정거래위원회가 그 약관이 동법에 위반하지 않는다고 하여 아무런 조치도 하지 않은 경우에는 이를 다툴 수 있는 길이 없다는 점이다. 이것은 불공정한 약관의 시정에 적극적으로 참여하려는 의사를 가지고 있는 소비자 및 소비자단체의 의욕을 저하시키는 것으로서 소비자 및 소비자단체의 불만의 소지가 되고 있다. 따라서 이러한 문제를 해결하기 위해서 입법론으로는 소비자단체가 법원에 약관규제법에 위반되는 약관의 사용을 금지하는 금지청구를 할 수 있는 권리를 부여하는 것이 바람직할 것이다.

Ⅵ. 분쟁의 조정

약관규제법은 2012년의 법 개정을 통하여 불공정한 약관조항 등과 관련된 분쟁을 조정하기 위하여, 한국공정거래조정원에 약관분쟁조정협의회(이하 '협의회'라 함)를 설치하여 운영하고 있다(법 24조 1항). 협의회는 위원장 1명을 포함한 9명의 위원으로 구성하며, 협의회 위원장은 상임으로 하고 조정원의 장의 제청으로 공정거래위원회 위원장이 위촉한다(법 24조 2항, 3항).

약관규제법 제17조를 위반한 불공정약관 또는 이와 비슷한 유형의 약관으로서 대통령령으로 정하는 약관으로 인하여 피해를 입은 고객은 협의회에 분쟁조정을 신청할 수 있다(법 27조 1항 본문). 그리고 공정거래위원회는 이러한 분쟁조정을 협의회에 의뢰할 수 있다(동조 2항). 이와 같이 분쟁조정이 신청된 사건에 대하여 신청 전 또는 후 소가 제기되어 소송이 진행 중일 때 수소법원은 조정이 있을 때까지 소송절차를 중지할 수 있으며(법 27조의3 1항), 협의회는 이에 따라 소송절차가 중지되지 아니하는 경우 해당 사건의 조정절차를 중지하여야 한다(동조 2항). 또한 협의회는 조정이 신청된 사건과 동일한 원인으로 다수인이 관련되는 동종·유사 사건에 대한 소송이 진행 중인 경우에는 협의회의 결정으로 조정절차를 중지할 수 있다(동조 3항). 한편 다음 각 호의 어느 하나에 해당하는 경우에는 조정이 허용되지 않는다(법 27조 1항 단서).

① 분쟁조정의 신청이 있기 전에 공정거래위원회가 조사 중인 사건
② 분쟁조정 신청의 내용이 약관의 해석이나 그 이행을 요구하는 사건
③ 약관의 무효판정을 요구하는 사건
④ 그 밖에 분쟁조정에 적합하지 않은 것으로 대통령령으로 정하는 사건

협의회가 이상과 같은 분쟁조정 신청서를 접수하거나 공정거래위원회로부터 분쟁조정을 의뢰받은 경우에는 즉시 분쟁당사자에게 통지하여야 한다(동조 3항). 그리고 협의회는 분쟁당사자에게 분쟁조정사항을 스스로 조정하도록 권고하거나 조정안을 작성하여 이를 제시할 수 있으며(법 27조의2 1항), 해당 분쟁조정사항에 관한 사실을 확인하기 위하여 필요한 경우 조사를 하거나 분쟁당사자에게 관련 자료의 제출이나 출석을 요구할 수 있다(동조 2항). 한편 협의회는 같은 법 제27조 제1항에 따라 조정신청을 할 수 없는 사건에 대하여는 조정신청을 각하하여야 하며

(동조 3항), 다음 각 호의 어느 하나에 해당하는 경우에는 조정절차를 종료하여야 한다(동조 4항).

① 분쟁당사자가 협의회의 권고 또는 조정안을 수락하거나 스스로 조정하는 등 조정이 성립된 경우

② 조정을 신청 또는 의뢰받은 날로부터 60일(분쟁당사자 쌍방이 기간연장에 동의한 경우에는 90일로 함)이 경과하여도 조정이 성립되지 않은 경우

③ 분쟁당사자의 일방이 조정을 거부하는 등 조정절차를 진행할 실익이 없는 경우

협의회는 분쟁조정사항의 조정이 성립된 경우 조정에 참가한 위원과 분쟁당사자가 기명날인하거나 서명한 조정조서를 작성하며, 이 경우 분쟁당사자간에 조정조서와 동일한 내용의 합의가 성립된 것으로 본다(법 28조 1항). 그리고 협의회는 조정절차를 개시하기 전에 분쟁당사자가 분쟁조정사항을 스스로 조정하고 조정조서의 작성을 요청한 경우에는 그 조정조서를 작성한다(동조 2항).

또한 공정거래위원회, 고객 또는 사업자는 위와 같은 조정이 성립된 사항과 같거나 비슷한 유형의 피해가 다수의 고객에게 발생할 가능성이 크다고 판단하는 경우로서 대통령령으로 정하는 사건에 대하여는 협의회에 일괄적인 분쟁조정(이하 '집단분쟁조정'이라 함)을 의뢰하거나 신청할 수 있다(법 28조의2 1항). 이러한 집단분쟁조정의 의뢰 또는 신청을 받은 협의회는 협의회의 의결로써 집단분쟁조정의 절차를 개시할 수 있다. 이 경우 협의회는 분쟁 조정된 사안 중 집단분쟁조정신청에 필요한 사항에 대하여 대통령령으로 정하는 방법에 따라 공표하고, 대통령령으로 정하는 기간 동안 그 절차의 개시를 공고하여야 한다(동조 2항). 협의회는 집단분쟁조정의 당사자가 아닌 고객으로부터 그 분쟁조정의 당사자에 추가로 포함될 수 있도록 하는 신청을 받을 수 있다(동조 3항).

제 3 장 할부거래법

제 1 절 총   설

I. 할부매매의 의의

할부매매는 연혁이 고대 로마시대에까지 거슬러 올라가지만, 그것이 본격적으로 활용되기 시작한 것은 산업혁명 이후이다. 즉 산업혁명으로 인하여 상품의 대량생산·대량소비가 가능해짐에 따라, 그때까지 특정한 시장이나 소비자층만을 상대로 하고 있던 기업들이 새로운 수요를 창출하기 위하여 일반대중이나 저소득층에게도 판매를 하기 시작하였고, 이에 따라 대금지급에 관하여 소비자의 부담을 덜어줄 수 있는 할부매매라는 방식을 개발하여 사용하게 되었다.

II. 할부매매의 특징

할부매매는 매수인이 매매의 목적물을 인도받은 후에 그 대금을 일정한 기간 동안 분할해서 지급하는 특수한 형태의 매매로서, 다음과 같은 특징을 가지고 있다.

첫째 대금의 전부 또는 일부의 지급을 장래로 연기한다. 매매계약을 체결할 당시 대금을 지급하지 않고 그 전부를 장래로 연기하는 경우도 있으며, 계약을 체결할 때에 계약금의 형태로 대금의 일부를 지급하는 동시에 매매의 목적물을 인도받고 잔액의 지급을 장래로 연기하는 경우도 있다.

둘째 장래로 연기된 대금은 분할해서 지급된다. 이 점에서 장래로 연기된 대금의 전액을 일시에 지급하는 외상매매와 구별된다. 그리고 할부매매는 연기된 대금을 분할해서 지급하는 기간의 단위에 따라 일부, 주부, 월부 또는 연부로 구별되는데, 우리나라에서는 근로자의 임금이 주로 월급의 형태로 지급되기 때문에 할부매매는 대체로 월부의 모습을 띠고 있다.

셋째 매매의 목적물은 원칙적으로 매매계약의 성립과 동시에 매수인에게 인도

된다. 예컨대 토지나 건물의 매매에 있어서는 매수인이 그 대금을 계약금, 중도금, 잔금 등으로 분할하여 지급하지만, 매도인은 대금의 잔액이 지급될 때까지는 그 목적물을 매수인에게 인도해 주지 않기 때문에 이를 할부매매라고 하지 않는다.

넷째 매도인은 매매의 목적물에 대한 소유권을 대금이 완납될 때까지 자기에게 유보해 두는 경우가 많다. 매도인이 매매계약의 성립과 동시에 그 목적물을 매수인에게 인도해 주고 나면, 매수인이 그 대금지급의무를 성실하게 이행하지 않더라도 이를 강제할 방법이 없게 된다. 따라서 매도인은 대금채권을 확보하기 위하여 그 목적물에 대한 소유권을 대금완납 시점까지 자기에게 유보해 두는 경우가 많다. 이러한 경우에는 그 목적물에 대한 소유권이 민법 제188조 제1항에 따라 목적물의 인도 시에 매수인에게 이전되는 것이 아니라, 매매대금의 완납 시에 비로소 매수인에게 이전되게 된다.

Ⅲ. 할부매매의 기능

1. 긍정적 기능

할부매매는 기술개발의 결과 대량으로 생산된 상품을 대량으로 판매하기 위하여 개발되었고, 자동차, 텔레비전, 냉장고, 세탁기, 비디오, 컴퓨터 등과 같은 고가품의 출현으로 인하여 더욱 널리 활용되게 되었다. 기업들은 생산기술의 발달에 힘입어 고가의 상품을 대량으로 생산해서 공급할 수 있는 태세를 갖추고 있는데, 소비자들은 구매력이 부족하여 이를 구입하여 사용하지 못하는 경우가 많다. 따라서 소비자들은 좋은 상품을 보고도 자금이 부족하여 이를 구입하여 사용하지 못하는 반면, 기업은 좋은 상품을 대량으로 생산해 놓고도 구매자가 없어서 판매하지 못하는 문제가 발생하게 된다.

할부매매는 바로 이러한 문제를 해결하기 위하여 개발된 제도이다. 할부매매는 자금부족으로 인하여 필요한 상품이나 서비스를 구입하여 사용하지 못하는 소비자들에게는 매매계약만 체결하고 아직 그 대금을 완납하지 않은 상태에서 목적물을 인도받아 사용·수익할 수 있게 하는 장점을 가지고 있으며, 상품을 대량으로 생산해서 공급할 준비를 하고 있는 기업에게는 그 상품을 대량으로 판매할 수 있는 기회를 제공해 주는 장점을 가지고 있다. 결국 할부매매는 매수인에게는 구매력 증대의 수단이 되고, 매도인에게는 판매촉진의 수단이 된다.

2. 부정적 기능

할부매매는 이상과 같은 긍정적인 기능 이외에 다음과 같은 문제점도 안고 있다.

첫째 매수인이 할부매매를 이용하면 적은 돈으로 고가의 상품을 즉시 구입하여 사용할 수 있다는 점에 현혹되어, 그 상품의 긴요성이나 자신의 지불능력 등을 충분히 고려해 보지 않은 채 성급하게 구매결정을 하게 될 우려가 있다. 이러한 충동구매 행태는 중요한 사회문제의 하나로 대두하고 있다.

둘째 할부매매는 매도인이 그 대금이 완납되기 전에 목적물을 매수인에게 인도하는 방법으로 매수인에게 상당기간 신용을 제공해 주는 것이기 때문에, 대금채권의 확보에 어려움이 있을 수 있다. 이에 매도인은 대금채권을 확보하기 위하여 그 목적물에 대한 소유권을 매매대금이 완납될 때까지 자기에게 유보해 두는 방법을 취하게 된다. 그런데 소유권의 유보는 담보를 목적으로 소유권을 매도인에게 유보하는 것이기 때문에 그 실현과정에서 매수인에게 불리하게 작용할 우려가 있다.

셋째 할부매매는 통상 매도인이 사전에 작성해 놓은 약관을 이용하여 계약을 체결하게 된다. 그런데 매도인은 매수인의 할부금 지급연체에 대비하기 위하여, 약관에 계약해제, 기한이익의 상실, 위약금 등과 같은 사항에 관하여 엄격한 거래조건을 마련해 두는 경우가 자주 있다. 그러나 매수인은 이러한 약관의 존재 그 자체를 알지 못하는 경우도 있고, 또 설사 그 약관의 존재를 알고 있다고 하더라도 그 내용을 제대로 인식하지 못하는 경우가 많이 있다. 뿐만 아니라 매수인이 설령 그 약관의 내용이 자기에게 지나치게 불리하다는 것을 알고 있다고 하더라도, 그것을 수정해 달라고 요구할 수 있는 힘이 없어서 자기에게 불리한 줄 알면서도 이를 수용할 수밖에 없는 경우도 자주 있다.

Ⅳ. 할부거래법의 연혁

우리나라에서는 1960년대에 들어서자 산업화에 따른 대량생산과 더불어 할부매매가 널리 보급되기 시작하였으며, 그에 대한 문제점도 서서히 노출되기 시작하였다. 그런데 이러한 문제점을 사회적인 차원에서 최초로 제기한 것은 소비자보호단체이었다. 소비자보호단체는 1970년대 후반부터 할부매매의 문제점을 지적하고 이를 해결하기 위하여 여러 가지 방면으로 노력해 오다가, 1980년대에 들어서 할부매매를 규제하기 위한 법률의 제정을 주장하였다. 이에 따라 정부도 할부매매의 문제점을 해결하기 위하여 이를 규제하기 위한 법률을 제정하려는 노력을 경주하게 되었다. 그런데 이러한 노력은 기업계의 반대에 부딪혀 오랫동안 그 결실을 보지 못하게 되었다. 이에 정부는 본격적인 할부매매법을 제정하기 전에 우선 할부매매라는 제도를 이용하고 있는 도·소매업자를 규율하기 위하여 1986년에 제정된 「도·소매업진흥법」에 할부매매계약을 규율하는 몇 개의 조문을 삽입하여 할부판매에 대한 행정적인 규제를 실시하게 되었다.

그러나 동법의 규정들은 도·소매업자에 대한 행정적인 단속규정에 불과하여 할부매매 당사자 간의 법률관계를 규율할 수는 없었으며, 그 적용범위도 할부매매의 전반에 걸친 것이 아니라 그중 일부에만 국한되었다. 뿐만 아니라 동법의 제1차적인 목적이 도·소매업을 적극적으로 육성하는 데에 있었기 때문에 소비자의 보호에는 별다른 기여를 하지 못하였다.

한편 약관규제법은 모든 약관에 대하여 일반적으로 적용되는 약관규제에 관한 일반법이기 때문에 할부매매의 약관에 대하여도 적용된다. 따라서 할부매매약관에 불공정한 조항이 포함되어 있는 경우에는 그 조항은 동법에 의한 통제를 받아 효력을 상실하게 된다. 그런데 동법의 규정에는 보충을 요하는 불확정개념이 너무나 많이 포함되어 있기 때문에, 구체적인 약관조항의 공정성이 문제되고 있는 경우에 이를 쉽게 판단할 수 없는 경우가 많다. 또한 할부매매약관에는 소유권의 유보나 소비자신용 등과 같이 할부매매에 특유한 제도들이 포함되어 있기 때문에, 약관규제법만으로 할부매매약관의 유·무효를 제대로 판단할 수 없는 경우가 많다.

이에 정부는 할부거래에 관하여 제기되는 여러 가지의 문제점을 해결함으로써 할부매매를 이용하는 소비자를 보호하기 위하여 1991년 12월 31일에 「할부거래에 관한 법률」(이하 '할부거래법'이라 함)을 제정하여,[1] 1992년 7월 1일부터 시행하고 있다. 그리고 1999년 5월에는 소관부처를 산업자원부에서 공정거래위원회로 전환하기 위하여, 2010년에는 선불식 할부거래를 규제하기 위하여 동법을 다시 개정하였다.

한편 할부거래는 소비자신용(consumer credit)의 한 형태라는 점에도 주의를 요한다. 일반적으로 이윤을 추구하는 생산활동 과정에서 나타나는 생산자신용과 비교하여 소비자신용은 생활을 영위하는 과정에서 발생한다는 점에서 특별한 보호 필요성이 존재한다. 소비자신용은 소비자에게 직접 금전을 대출하는 '소비자금융'과 구매 과정에서 대금 지급의 유예 등의 방식으로 이루어지는 '판매신용'으로 구분할 수 있는데,[2] 할부거래는 후자의 전형적인 예가 된다. 이러한 점에서 할부거

---

1) 이경현·김영원, 할부매매법의 제정방향, 한국소비자보호원 연구보고서(88-02).

래법은 판매신용에 관한 소비자보호법이라 할 수 있지만, 소비자금융에 관한 소비자보호에 관해서는 공백이 있었다. 2021년 3월 제정된 「금융소비자 보호에 관한 법률」은 이러한 공백을 보완하는 입법으로서 의의가 있으며, 동법은 금융상품의[3] 소비자 보호에 관한 기본적인 규제체계를 형성하고 있다.

제 2 절 할부거래에 대한 규제

Ⅰ. 할부거래법의 목적과 적용범위

1. 할부거래법의 목적

할부거래법은 할부계약 및 선불식 할부계약에 의한 거래를 공정하게 함으로써 소비자의 권익을 보호하고 시장의 신뢰도를 높여 국민경제의 건전한 발전에 이바지함을 목적으로 한다(법 1조). 이 법은 직접적으로는 할부거래의 공정화를 목적으로 하고, 이를 통하여 소비자의 권익을 보호하고 시장의 신뢰도를 높여 국민경제의 건전한 발전에 이바지함을 궁극적인 목적으로 한다. 즉 할부거래법은 '거래질서법적' 성격과 아울러 '소비자보호법적' 성격을 함께 가지고 있다. 그런데 '할부계약에 의한 거래'라 함은 단순한 할부매매뿐만 아니라 할부매매와 동일한 경제적 목적을 달성하기 위한 거래도 포함하는 것으로 이해해야 한다. 그 대표적인 예로서는 리스(lease)계약을 들 수 있다.

리스는 통상 리스이용자와 리스업자 간의 '리스계약'과 리스업자와 공급자 간의 '공급계약'으로 이루어지지만, 이 계약의 구조는 실질적으로는 공급자와 리스이용자간의 상품매매에 리스업자라고 하는 신용제공자가 개입한 3면거래로서, 그 경제적 목적은 제3자가 신용을 제공하는 할부매매와 같다고 할 수 있다. 따라서 리스계약은 할부거래법의 적용을 받게 된다.

---

2) 이호영, 소비자보호법, 홍문사, 2018, 210면 참조.
3) 「금융소비자 보호에 관한 법률」 제2조 제1호에서 금융상품은 가. 「은행법」에 따른 예금 및 대출, 나. 「자본시장과 금융투자업에 관한 법률」에 따른 금융투자상품, 다. 「보험업법」에 따른 보험상품, 라. 「상호저축은행법」에 따른 예금 및 대출, 마. 「여신전문금융업법」에 따른 신용카드, 시설대여, 연불판매, 할부금융, 바. 그 밖에 가목부터 마목까지의 상품과 유사한 것으로서 대통령령으로 정하는 것을 말한다.

2. 할부거래법의 적용범위

할부거래법은 계약의 명칭·형식이 어떠하든 재화나 용역(이하 '재화 등'이라 함)에 관한 할부계약에 적용된다. 그런데 재화나 용역에 관한 할부계약이라고 하여 무조건 적용되는 것이 아니라, 그 대금을 '2월 이상의 기간에 걸쳐 3회 이상 나누어' 지급하고, 재화 등의 대금을 완납하기 전에 재화의 공급이나 용역의 제공(이하 '재화 등의 공급'이라 함)을 받기로 하는 계약에만 적용된다. 그리고 할부매매의 경우에는 소비자가 사업자에게 그 대금을 직접 지급하는 경우(직접할부계약)도 있지만, 소비자가 신용제공자에게 그 대금을 지급하고 재화 등의 대금을 완납하기 전에 사업자로부터 재화 등의 공급을 받기로 하는 경우(간접할부계약)도 있다. 동법은 양자에 모두 적용된다(법 2조 1호).

할부거래법은 선불식 할부거래에도 적용되는데, 선불식 할부계약이란 계약의 명칭·형식이 어떠하든 소비자가 사업자로부터 장례 또는 혼례를 위한 용역(제공시기가 확정된 경우는 제외한다) 그리고 동법 시행령에서 규정한 여행과 가정의례(장례, 혼례를 제외)를 위한 용역 및 이에 부수한 재화 등의 대금을 2개월 이상의 기간에 걸쳐 2회 이상 나누어 지급함과 동시에 또는 지급한 후에 재화 등의 공급을 받기로 하는 계약을 말한다(법 2조 2호, 영 1조의2).

나아가 할부거래법은 소비자에 관한 정의 규정을 두고 있는데, 동법에서 소비자는 "할부계약 또는 선불식 할부계약에 의하여 제공되는 재화등을 소비생활을 위하여 사용하거나 이용하는 자" 또는 "가목 외의 자로서 사실상 가목의 자와 동일한 지위 및 거래조건으로 거래하는 자 등 대통령령으로 정하는 자"를 말하며, 동법 시행령 제2조는 재화 등을 최종적으로 사용하거나 이용하는 자(다만 재화 등을 원재료[중간재를 포함한다] 및 자본재로 사용하는 자는 제외), 법 제3조 제1호 단서에 해당하는 사업자로서 재화 등을 구매하는 자(해당 재화등에 대한 거래관계에 한정한다), 농업·축산업·어업 또는 양식업 활동을 위해 재화 등을 구입한 자로서 「원양산업발전법」 제6조 제1항에 따라 해양수산부장관의 허가를 받은 원양어업자 외의 자를 소비자로 규정하고 있다. 할부거래법이 규율하는 할부거래 또는 선불식 할부거래는 소비자가 당사자인 거래를 의미하므로, 이와 같은 소비자 정의 규정은 할부거래법의 적용 범위를 제한하는 의미를 갖는다.

한편 사업자가 상행위를 위하여 재화 등의 공급을 받는 거래나(법 3조 1호), 재화나 용역 중에서 성질상 동법을 적용하는 것이 적합하지 않은 경우에는 동법을 적용하지 않는다. 그런데 동법의 적용대상이 되는지의 여부는 당사자에게 있어서 매우 중요한 사항이기 때문에, 동법은 이를 대통령령으로 규정하고 있다. 현재 다음과 같은 목적물에 대하여는 동법이 적용되지 않는다(법 3조 2호, 영 4조).

① 농산물·수산물·축산물·임산물·광산물로서 통계법 제22조에 따라 작성한 한국표준산업분류표상의 제조업에 의하여 생산되지 아니한 것
② 약사법 제2조 제4항의 규정에 의한 의약품
③ 보험업법에 따른 보험
④ 「자본시장과 금융투자업에 관한 법률」 제4조에 따른 증권 및 같은 법 제336조 제1항 제1호에 따른 어음
⑤ 부동산

Ⅱ. 할부계약 체결시 사업자의 의무

1. 계약체결전의 정보제공

할부거래의 실제에 있어서는 소비자가 할부계약의 구체적인 내용이나 거래조건을 정확히 파악하지 못한 상태에서, 오로지 적은 돈으로 고가의 상품을 당장에 구입하여 사용할 수 있다는 점에 현혹되어 성급한 구매결정을 하는 경우가 자주 있다. 이를 이른바 충동구매라고 한다. 그런데 소비자가 이러한 충동구매를 하지 않도록 하기 위해서는 할부거래업자가 계약을 체결하기 전에 소비자에게 할부거래의 내용과 거래조건 등에 관하여 자세한 정보를 제공할 필요가 있다.

따라서 할부거래법은 할부거래업자는 할부계약을 체결하기 전에 소비자가 할부계약의 내용을 이해할 수 있도록 재화 등의 종류 및 내용, 현금가격과[4] 할부가격,[5] 각 할부금의 금액·지급횟수 및 지급시기, 할부수수료의 실제연간요율, 계약금,[6] 지연손해금산정시 적용하는 비율 등을 표시하여야 한다. 다만 「여신전문금융업법」에 의한 신용카드가맹점과 신용카드회원 간의 간접 할부계약의 경우에는 할부가격과 각 할부금의 금액·지급횟수 및 지급시기, 계약금, 지연손해금산정시 적

---

4) 할부계약에 의하지 아니하고 소비자가 재화 등의 공급을 받은 때에 할부거래업자에게 지급하여야 할 대금 전액을 말한다.
5) 소비자가 할부거래업자나 신용제공자에게 지급하여야 할 계약금과 할부금의 총 합계액을 말한다.
6) 최초지급금, 선수금 등 명칭이 무엇이든 할부계약을 체결할 때에 소비자가 할부거래업자에게 지급하는 금액을 말한다.

용하는 비율을 표시하지 않을 수 있다(법 5조).

한편 할부거래법은 할부거래업자가 소비자와 계약을 체결할 경우에는 이상과 같은 내용을 표시하도록 하고 있지만, 일반 고객을 대상으로 하여 광고할 경우에 대해서는 아무런 규제를 하지 않고 있다. 그런데 소비자를 보다 두터이 보호하기 위해서는 할부거래업자가 일반 소비자를 대상으로 할부거래에 대한 광고를 할 경우에도, 계약의 중요한 사항을 표시하고 이를 소비자에게 고지하도록 하는 것이 바람직할 것이다.

2. 계약서의 작성·교부의무

할부계약은 원칙적으로 법정된 사항이 기재된 서면으로 체결하여야 한다(법 6조 1항 본문). 이것은 계약방식의 자유에 대한 중대한 제한에 해당하는데, 계약체결의 신중성을 기하여 소비자를 보호하고, 또한 분쟁을 사전에 예방하고자 하는 취지에서 도입된 것으로 볼 수 있다.[7] 할부계약에는 ① 할부거래업자·소비자 및 신용제공자의 성명 및 주소, ② 재화 등의 종류·내용 및 재화 등의 공급시기, ③ 현금가격, ④ 할부가격, ⑤ 각 할부금의 금액·지급횟수·지급기간 및 지급시기, ⑥ 할부수수료의 실제 연간요율, ⑦ 계약금, ⑧ 재화 등의 소유권유보에 관한 사항, ⑨ 소비자의 청약철회의 기한·행사방법·효과에 관한 사항, ⑩ 할부거래업자의 할부계약의 해제에 관한 사항, ⑪ 지연손해금산정시 적용하는 비율, ⑫ 소비자의 기한이익 상실에 관한 사항 및 ⑬ 소비자의 항변권과 행사방법에 관한 사항 등을 기재하여야 한다. 그리고 할부거래업자가 할부계약을 체결할 경우에는 위의 사항을 적은 계약서를 소비자에게 발급하여야 한다(법 6조 2항). 다만 여신전문금융업법에 따른 신용카드회원과 신용카드가맹점 간의 간접할부계약의 경우에는 소비자의 동의를 받아 그 계약을 팩스나 전자문서로 보내는 것으로 대신할 수 있으며, 팩스나 전자문서로 보낸 계약서의 내용이나 도달에 다툼이 있으면 할부거래업자가 이를 증명하여야 한다(법 6조 2항).

할부거래업자에게 계약서를 작성하여 발급하도록 하는 이유는 할부거래관계가 대체로 장기간 지속되고 또 그 내용이 매우 복잡한 경우가 많기 때문에, 계약의 내용을 명확하게 규정해 둠으로써 장차 예상되는 당사자 간의 분쟁을 예방하고, 부당한 거래조건을 요구하지 못하도록 함으로써 계약의 공정화에 기여하기 위한 것이다. 그 밖에 계약서의 교부일은 철회권의 존속기간이 개시되는 기산일이 된다.

---

7) 대법원 2006. 7. 28. 선고 2004다54633 판결 참조.

그리고 신용제공자는 할부가격, 각 할부금의 금액·지급횟수·지급기간 및 지급시기, 할부수수료의 실제 연간요율, 청약 철회의 기한·행사방법·효과에 관한 사항, 지연손해금 산정시 적용하는 비율, 소비자의 기한 이익상실에 관한 사항, 소비자의 항변권과 행사방법에 관한 사항을 적은 서면을 소비자에게 발급하여야 한다(법 6조 3항).

그런데 할부수수료의 실제 연간요율은 금리, 신용조사비, 사무관리비 기타 명목 여하를 불문하고 할부거래에 드는 수수료로서, 매수인이 매도인 또는 신용제공자에게 지급하는 총액이 현금가격에 대하여 차지하는 비율을 말한다. 이것은 결국 할부가격에서 현금가격을 뺀 금액이 현금가격에서 차지하는 비율을 가리킨다. 예컨대 현금가격이 100만원인 냉장고를 12개월 할부로 살 경우에 매월 지급해야 할 할부금이 10만원이라면, 할부수수료는 20만원이 되는 셈이다. 그런데 이러한 실제 연간요율은 그 수준이 적정해야 할 뿐만 아니라, 그 내용이 매수인에게 정확하게 고지되어야 한다. 왜냐하면 이것은 매수인이 그 물건을 현금으로 구입할 것인지 할부로 구입할 것인지를 결정하는 데에 매우 중요한 자료가 되기 때문이다. 한편 실제 연간요율은 이를 복리로 계산하느냐 단리로 계산하느냐에 따라 현저한 차이가 나기 때문에, 할부거래법은 그 계산방법과 최고한도를 대통령령에서 별도로 규정하도록 하고 있다. 동법 시행령은 할부수수료의 실제연간요율의 계산방법은 복리와 단리 모두 가능한 것으로 하고 있고(영 5조 1항, 별표 1), 최고한도는 연 100분의 20으로 한다고 규정하고 있다(영 5조 2항).

만약 할부계약의 주요한 내용이 계약서에 기재되어 소비자에게 발급되지 않은 경우 또는 할부계약서에 법정된 기재사항이 충실히 기재되어 있지 않거나 그 내용이 불확실한 경우에는, 그 계약의 성립이나 해석에 의문이 제기될 여지가 있다. 독일의 구 할부매매법은 할부매매계약이 서식의 요구나 필요적 기재사항을 결한 경우에는 계약이 성립되지 않고, 물건이 매수인에게 인도된 때에 비로소 계약이 성립된다고 규정하고 있었다(동법 1조a). 그러나 우리나라의 할부거래법은 이 경우에도 할부계약은 성립하지만, 당사자 간에 별도의 특약이 없는 한, 그 계약내용은 어떠한 경우에도 매수인에게 불리하게 해석되어서는 안 된다고 규정하고 있다(법 6조 4항). 예컨대 할부가격이 기재되어 있지 않은 경우에는 그 계약의 법적 구속력은 현금가격의 범위 내에서만 인정된다고 보아, 매수인은 현금가격에서 이미 지급한 첫회분 할부금을 뺀 차액만을 분할하여 지급하도록 하는 것이 타당할 것이다. 한편 이와는 별도로 계약서를 발급하지 않거나 거짓으로 적은 계약서를 발급한 자는 과태료의 부과를 받게 된다(법 53조 4항).

Ⅲ. 청약의 철회

1. 철회권의 의의

일반적으로 계약은 청약과 승낙이라는 두 개의 의사표시의 합치로 성립하며, 계약이 성립된 뒤에는 당사자는 자기의 청약 또는 승낙의 의사표시를 철회할 수 없다. 그러나 할부거래의 경우에는 소비자가 충동적인 구매결정을 할 우려가 있기 때문에, 이러한 소비자를 보호하기 위하여 많은 국가에서는 소비자에게 이른바 재고기간 내지 냉각기간(cooling off)을 부여하여, 이 기간 내에 소비자가 할부계약에 관한 청약을 철회할 수 있게 하고 있다.

이 제도는 일단 계약이 체결된 뒤에 소비자가 일정한 기간 내에 그 의사표시를 철회할 수 있도록 하는 것인데, 소비자가 이를 철회하더라도 아무런 불이익을 받지 않고 마치 계약이 처음부터 체결되지 않았던 것과 같은 상태로 돌아간다는 데에 그 특색이 있다. 이 제도는 주로 할부매매나 방문판매와 같은 특수판매를 중심으로 발달하여 왔다. 따라서 이것은 의사표시의 하자를 이유로 한 법률행위의 취소나 채무불이행 또는 사정변경을 이유로 한 계약해제와는 전혀 다른 제도이다.

2. 철회권의 행사기간

소비자는 원칙적으로 계약서를 받은 날, 그 계약서를 받은 날보다 재화 등의 공급이 늦게 이루어진 경우에는 재화 등의 공급을 받은 날로부터 7일 이내에 청약을 철회할 수 있다(법 8조 1항 1호). 동 규정에서 철회 기간의 기산시점은 실질적으로 재화 등의 공급 시가 되는데, 소비자가 청약을 재고하는 것은 실제 공급이 이루어진 이후에 가능할 것이라는 정책적 판단에 따른 것이다. 그러나 계약서를 받지 아니한 경우, 할부거래업자의 주소 등이 적혀 있지 아니한 계약서를 받은 경우 또는 할부거래업자의 주소변경 등의 사유로 위의 기간 내에 청약을 철회할 수 없는 경우에는 그 주소를 안 날 또는 알 수 있었던 날 등 청약을 철회할 수 있는 날부터 7일, 한편 계약서에 청약의 철회에 관한 사항이 적혀 있지 않은 경우에는 청약을 철회할 수 있음을 안 날 또는 알 수 있었던 날부터 7일, 할부거래업자가 청약의 철회를 방해한 경우에는 그 방해행위가 종료한 날부터 7일 이내에 할부계약에 관한 청약을 철회할 수 있다(법 8조 1항 2호 내지 4호).

한편 계약서를 발급한 사실 및 그 시기, 재화 등의 공급 사실 및 그 시기 등에 관하여 다툼이 있는 경우에는 할부거래업자가 이를 입증하여야 한다(법 8조 5항).

3. 철회권의 인정범위

소비자에게 책임 있는 사유로 재화 등이 멸실되거나 훼손된 경우, 사용 또는 소비에 의하여 그 가치가 현저히 낮아질 우려가 있는 것으로서 대통령령이 정하는 재화 등을 사용 또는 소비한 경우, 시간이 지남으로써 다시 판매하기 어려울 정도로 재화 등의 가치가 현저히 낮아진 경우, 또는 복제할 수 있는 재화 등의 포장을 훼손한 경우 및 거래의 안전을 위하여 대통령령으로 정하는 경우, 즉 할부가격이 10만원 미만인 할부계약(신용카드를 사용하여 할부거래를 하는 경우에는 20만원 미만), 또는 소비자의 주문에 따라 개별적으로 제조되는 재화 등의 공급을 목적으로 하는 할부계약에는 철회권이 인정되지 않는다(법 8조 2항).

그런데 할부거래법 시행령은 사용 또는 소비에 의하여 그 가치가 현저히 낮아질 우려가 있는 재화 등으로서, ① 선박법에 의한 선박, ② 항공법에 의한 항공기, ③ 철도사업법 및 도시철도법에 따른 궤도를 운행하는 차량, ④ 건설기계관리법에 따른 건설기계, ⑤ 자동차관리법에 따른 자동차, ⑥ 설치에 전문인력 및 부속자재 등이 요구되는 냉동기, 전기냉방기(난방 겸용인 것을 포함한다), 보일러 등을 규정하고 있다(영 6조 1항). 따라서 이들을 계약의 목적으로 하는 할부계약에는 철회권이 인정되지 않는다. 동 규정은 철회권 행사기간 동안의 사용에 의해서도 가치의 현저한 감소가 있을 것으로 예상되는 재화를 명확히 하려는 취지에서 도입된 것이지만, 선박, 비행기, 궤도차량, 건설기계 등이 비상업적 목적으로 구매되는 경우는 극히 드물 뿐만 아니라, 다른 재화의 경우에도 가치의 현저한 감소가 객관적으로 실증될 필요가 있을 것이다.

한편 할부거래업자는 이상과 같은 이유로 청약을 철회할 수 없는 재화 등에 대하여는 그 사실을 재화 등의 포장이나 그 밖에 소비자가 쉽게 알 수 있는 곳에 분명하게 표시하거나 시용 상품을 제공하는 등의 방법으로 소비자가 청약을 철회하는 것이 방해받지 않도록 조치하여야 한다(법 8조 6항).

4. 철회권의 행사방법

소비자가 청약을 철회하고자 할 때에는 위의 기간 내에 할부거래업자에게 청약을 철회하는 의사표시가 적힌 서면을 발송하여야 한다(법 8조 3항). 그리고 청약 철회의 의사표시는 서면을 발송한 날에 그 효력이 발생한다(법 8조 4항). 즉 서면주의와 발신주의에 의하며, 특히 후자는 의사표시의 효력발생시기에 대하여 도달주의를 채택하고 있는 민법 제111조에 대한 중요한 예외이다.

한편 신용제공자가 따로 있는 간접할부계약의 경우에는 소비자는 전술한 7일 이내에 신용제공자에게도 청약을 철회하는 의사표시가 적힌 서면을 발송하여야 하며(법 9조 1항), 소비자가 이를 이행하지 아니한 경우에는 신용제공자의 할부금 지급청구를 거절할 수 없다. 동 규정은 「방문판매 등에 관한 법률」 제9조 제3항에서 신용제공자에 대한 통지를 판매자가 하여야 하는 것으로 규정한 것과 대비되는데, 정책적으로 이러한 통지를 판매자가 아닌 소비자가 하도록 하는 것이 타당한지에 관해서는 논의의 여지가 있다. 다만 이 경우에도 신용제공자가 철회권 행사기간 이내에 할부거래업자에게 재화 등의 대금을 지급한 경우 또는 할부거래업자로부터 할부금청구의 중지 또는 취소를 요청받은 경우에는 소비자는 신용제공자의 할부금 지급청구를 거절할 수 있다(법 9조 2항). 그리고 할부거래업자 또는 신용제공자는 그 휴업기간 또는 영업정지기간 중에도 청약철회에 관한 업무를 계속해야 한다(법 17조).

5. 철회권행사의 효과

소비자는 할부계약에 관한 청약을 철회한 경우에 이미 공급받은 재화 등을 반환하여야 하며(법 10조 1항), 할부거래업자는 재화를 공급한 경우에는 재화를 반환받은 날로부터 3 영업일 이내에 그리고 용역을 제공한 경우에는 청약을 철회하는 서면을 수령한 날로부터 3 영업일 이내에 이미 지급받은 계약금 및 할부금을 반환하여야 한다. 이 경우 할부거래업자가 소비자에게 재화 등의 계약금 및 할부금의 지급을 지연한 때에는 그 지연기간에 따라 연 100분의 15의 지연이자를 함께 환급하여야 한다(법 10조 2항, 영 7조). 이상의 규정은 철회권 행사에 따른 원상회복에 있어서 소비자에게 선이행의무를 부과하는 방식을 채택하고 있는데, 이러한 방식이 소비자가 기존의 거래관계로부터 신속히 벗어나는 데 있어서 도움이 될 수 있다는 정책적 판단에 따른 것으로 보인다. 한편 거래의 목적물이 용역인 경우에, 그 용역이 이미 제공된 때에는 할부거래업자는 이미 제공된 용역과 동일한 용역의 반환을 청구할 수 없다(법 10조 3항). 이것은 철회권의 행사 시에 할부거래업자가 소비자에게 그 용역과 동일한 용역의 반환을 청구함으로써 소비자의 철회권행사를 방해하지 못하도록 하기 위한 것이다.

한편 할부거래업자는 간접 할부계약의 경우에 청약을 철회하는 서면을 수령한 때에는 지체 없이 해당 신용제공자에게 재화 등에 대한 할부금의 청구를 중지 또는 취소하도록 요청하여야 한다. 이 경우 할부거래업자가 신용제공자로부터 해당 재화 등의 대금을 이미 지급받은 때에는 이를 지체 없이 신용제공자에게 환급하여야 한다(법 10조 4항). 그리고 신용제공자는 할부거래업자로부터 할부금의 청구를 중지 또는 취소하도록 요청받은 경우 지체 없이 이에 필요한 조치를 취하여야 한다(법 10조 5항). 이 경우 소비자가 이미 지불한 할부금이 있는 때에는 지체 없이 이를 환급하여야 한다(법 10조 5항). 할부거래업자가 이러한 요청을 지연하여 소비자로 하여금 신용제공자에게 할부금을 지불하게 한 경우 소비자가 지불한 금액에 대하여 소비자가 환급받는 날까지의 기간에 대한 지연배상금을 소비자에게 지급하여야 한다(법 10조 6항). 그리고 신용제공자가 환급을 지연한 경우에는 그 지연기간에 따른 지연배상금을 소비자에게 지급하여야 한다. 다만 할부거래업자가 할부금의 청구를 중지 또는 취소하도록 하는 요청을 지연하여 신용제공자로 하여금 소비자에 대한 할부금의 환급을 지연하게 한 경우에는 그 할부거래업자가 지연배상금을 지급하여야 한다(법 10조 7항). 할부거래업자 또는 신용제공자는 소비자가 청약을 철회함에 따라 소비자와 분쟁이 발생한 경우 분쟁이 해결될 때까지 할부금 지급거절을 이유로 해당 소비자를 약정한 기일 이내에 채무를 변제하지 아니한 자로 처리하는 등 소비자에게 불이익을 주는 행위를 해서는 안 된다(법 10조 8항).

그리고 할부거래업자는 소비자가 청약을 철회한 경우 이미 재화 등이 사용되었거나 일부 소비된 경우에는 그 재화 등을 사용하거나 일부 소비하여 소비자가 얻은 이익 또는 그 재화 등의 공급에 든 비용에 상당하는 금액으로서 대통령령으로 정하는 범위의 금액을[8] 초과하여 소비자에게 청구할 수 없다(법 10조 9항). 동 규정은 철회권 행사가 소비자의 부당이득 취득 수단으로 활용될 수 없다는 점을 명확히 한 것이다. 한편 목적물의 반환에 필요한 비용은 할부거래업자가 부담한다(법 10조 10항 전단). 그 이유는 반환비용을 소비자에게 부담시킬 경우 그것이 소비자의 철회권행사를 어렵게 할 우려가 있기 때문이다. 또한 할부거래업자는 소비자에게

---

8) 동법 시행령 제8조는 여기서 대통령령으로 정하는 범위의 금액을 다음 각 호의 어느 하나에 해당하는 금액을 말하는 것으로 규정하고 있다. "1. 재화 등의 사용으로 소모성 부품을 재판매하기 곤란하거나 재판매가격이 현저히 하락하는 경우에는 해당 소모성 부품을 공급하는 데에 든 금액, 2. 여러 개의 가분물로 구성된 재화 등의 경우에는 소비자의 일부소비로 소비된 부분을 공급하는 데에 든 금액."

청약의 철회를 이유로 위약금이나 손해배상을 청구할 수 없다(법 10조 10항 후단).

Ⅳ. 불공정한 할부계약의 통제

할부계약은 대체로 약관에 의해 체결되고, 그 약관에는 매수인의 채무불이행에 대한 계약해제, 자력회수, 손해배상, 기한이익의 상실, 위험부담, 기한전의 지급 및 항변권 등에 대한 조항이 포함되어 있는 경우가 많다. 그런데 이러한 조항들 중에는 매수인에게 일방적으로 불리한 것들이 적지 않은데, 이에 대한 민법 제103조나 제104조 또는 약관규제법에 의한 내용통제에는 일정한 한계가 있기 때문에, 할부거래법은 할부계약에서 특별히 문제되는 사항에 대하여 매수인을 보호하기 위한 별도의 규정을 두고 있다.

1. 할부거래업자의 계약해제

민법에 따르면 매수인이 매매대금의 지급의무를 이행하지 아니한 경우에는 매도인은 상당한 기간을 정하여 최고한 후에 그 매매계약을 해제할 수 있다. 그런데 할부거래법은 할부거래업자가 소비자의 할부금 지급의무 불이행을 이유로 그 계약을 해제하려면, 해제권을 행사하기 전에 14일 이상의 기간을 정하여 소비자에게 그 이행을 서면으로 최고하도록 규정하고 있다(법 11조 1항). 그리고 할부계약이 해제되면 각 당사자는 그 상대방에 대하여 원상회복의 의무를 부담하게 되는데, 이때 목적물의 반환의무와 지급받은 할부금의 반환의무는 동시이행의 관계에 있게 된다. 따라서 소비자는 할부거래업자가 원상회복할 때까지 자기의 의무이행을 거절할 수 있다(법 11조 2항).

한편 매수인에게 할부금의 지급지체와 같은 채무불이행이 있는 경우, 매도인이 매매계약을 해제하지 않고 바로 목적물의 반환을 청구할 수 있는지에 대하여 종래 견해의 대립이 있었다. 적극설은 매도인이 그 목적물에 대한 소유권을 가지고 있다는 점을 중시하여, 매도인이 목적물을 매수인에게 사용·수익하게 하는 것은 매매계약과 별도로 체결되는 사용대차 내지 임대차계약에 기초한 것이라고 보고, 매수인이 그의 채무를 성실히 이행하지 않는 경우에는 매도인이 매매계약은 그대로 유지하면서 사용대차 내지 임대차계약만을 해제하여 목적물의 반환을 청구할 수 있다고 하였다. 그러나 소극설은 매수인의 채무불이행이 있을 때에 매도인은 매매계약을 해제하면 바로 목적물의 반환을 청구할 수 있기 때문에 매매계약을 그대로 유지하면서 목적물의 반환만을 청구할 수는 없다고 하였다.

독일 연방대법원(BGH)은 소유권유보부 매매에 있어서, 특히 그 목적물이 투자재인 경우에는 매수인이 매매대금을 지급하기 위해서 그 목적물을 생산과정에 투입시켜서 그로부터 이윤을 얻어야 하기 때문에, 매도인에게 잠정적인 반환청구를 허용하는 것은 매매계약의 경제적 목적에 반한다고 하여 이를 부인하고 있다. 그리고 일본의 하급심판결도 매매계약에 기하여 매도인으로부터 목적물을 인도받은 매수인은 비록 그 목적물에 대한 소유권이 매도인에게 유보되어 있다고 하더라도, 소유권자에 준하여 목적물을 사용·수익할 권능을 가지며, 매매계약이 해제되거나 특약이 있는 경우가 아니면, 매도인은 매수인의 대금지급의 지체만을 이유로 매매목적물의 반환을 청구할 수는 없다고 한다. 우리나라는 이 문제를 입법적으로 해결하고 있는데, 할부거래법은 재화 등의 소유권이 할부거래업자에게 유보되어 있는 경우에, 할부거래업자는 그 할부계약을 해제하지 않고는 그 반환을 청구할 수 없다고 규정하고 있다(법 11조 3항).

2. 할부거래업자의 손해배상청구

민법은 매수인이 그에게 책임 있는 사유로 대금의 지급을 지체하고 있는 경우, 매도인이나 신용제공자는 매수인에게 채무불이행으로 인한 손해의 배상을 청구할 수 있도록 하고 있다. 그러나 이 경우에 우월한 지위에 있는 매도인이 매수인에게 과중한 손해배상책임을 부담시킬 우려가 있으므로, 할부거래법은 할부거래업자 또는 신용제공자의 손해배상청구금액을 일정한 범위로 제한하고 있다.

즉 할부거래업자 또는 신용제공자가 할부금지급의무의 불이행을 이유로 소비자에게 청구하는 손해배상액은 지연된 할부금에 이자제한법에서 정한 이자의 최고한도의 범위 안에서 할부거래업자 또는 신용제공자가 소비자와 약정한 율을 곱하여 산정한 금액에 상당하는 지연손해금을 초과하지 못한다(법 12조 1항, 영 9조). 또한 할부거래업자가 법 제11조 제1항의 규정에 의하여 할부계약을 해제한 경우에 소비자에게 청구하는 손해배상액은 다음 각호의 어느 하나에 해당하는 금액과 전술한 지연손해금의 합계액을 초과하지 못한다(법 12조 2항).

① 재화 등의 반환 등 원상회복이 된 경우에는 통상적인 사용료와 계약체결 및 그 이행을 위하여 통상 필요한 비용의 합계액. 다만, 할부가격에서 재화 등이 반환된 당시의 가액을 공제한 금액이 그 사용료와 비용의 합계액을 초과

하는 경우에는 그 공제한 금액

② 재화 등의 반환 등 원상회복이 되지 아니한 경우에는 할부가격에 상당한 금액. 다만, 용역이 제공된 경우에는 이미 제공된 용역의 대가 또는 그 용역에 의하여 얻어진 이익에 상당하는 금액

③ 재화 등의 공급이 되기 전인 경우에는 계약체결 및 그 이행을 위하여 통상 필요한 금액

이때 할부거래업자 또는 신용제공자가 초과하여 청구할 수 없는 손해배상액은 손해배상액의 예정, 위약금 기타 명칭·형식 여하를 불문하며, 손해배상을 청구함에 있어서도 할부거래업자나 신용제공자는 소비자의 손해가 최소화되도록 신의에 좇아 성실히 하여야 한다(법 12조 3항, 4항).

한편 할부계약에 의한 할부대금채권은 3년간 행사하지 않으면 소멸시효과 완성된다(법 15조).

3. 소비자의 기한이익 상실

할부매매의 약관에는 매수인이 할부금의 지급을 지체하는 경우에는, 매도인은 매수인에게 나머지 할부금의 전액을 일시불로 지급할 것을 요구할 수 있다고 규정하는 경우가 있다. 원래 매수인이 할부금의 지급을 지체한 경우에 매도인은 그 지체에 대한 책임을 물을 수 있는데, 그것은 매도인에게는 대단히 번거로운 일일 뿐만 아니라 그 지체가 반복되는 경우에는 대금회수 자체가 곤란하게 될 우려가 있기 때문에, 이러한 위험을 방지하기 위하여 매도인이 할부계약에 기한이익의 상실사유를 규정해 두는 경우가 자주 있다.

그런데 할부거래법은 기한이익의 상실조항을 원칙적으로 유효한 것으로 보지만, 이러한 조항이 소비자에게 지나치게 불리하게 되지 않도록 하기 위하여 기한의 이익이 상실되는 사유를 제한적으로 열거하고 있다. 즉 소비자가 할부금을 다음 지급기일까지 연속하여 2회 이상 지급하지 아니하고 그 지급하지 아니한 금액이 할부가격의 10분의 1을 초과하는 경우, 또는 국내에서 할부금 채무이행 보증이 어려운 경우로서, ① 생업에 종사하기 위하여 외국에 이주하는 경우와, ② 외국인과의 결혼 및 연고관계로 인하여 외국에 이주하는 경우에는 할부금의 지급에 대한 기한의 이익을 주장하지 못하도록 하고 있다(법 13조 1항, 영 10조). 그러나 할부거래업자 또는 신용제공자가 이상과 같은 사유로 소비자로부터 한꺼번에 지급받을

금액은 나머지 할부금에서 나머지 기간에 대한 할부수수료를 공제한 금액으로 하며, 이 경우 할부수수료는 일단위로 계산한다(법 13조 2항).

4. 소비자의 기한전 지급

할부계약에 있어서 매수인이 그 대금을 할부로 지급할 수 있도록 한 것은 어디까지나 매수인을 위한 것이다. 따라서 할부계약을 체결한 뒤에 매수인이 자금사정이 호전되거나 기타 특수한 사정으로 인하여 할부금의 지급기한이 도래하기 전에 그 할부금을 일시에 지급하고자 할 경우에는 이를 막을 이유가 없다. 그런데 이때 매수인이 일시에 지급해야 할 금액을 나머지 할부금의 합계액으로 하게 되면 매수인에게 지나치게 불리하게 되는 반면 매도인은 부당이득을 취할 우려가 있기 때문에, 할부거래법은 소비자가 할부거래업자 또는 신용제공자에게 지급하는 금액은 나머지 할부금의 합계액에서 나머지 기간에 대한 할부수수료를 공제한 금액으로 한다고 규정하고 있다(법 14조).

5. 소비자의 항변권

할부매매계약은 쌍무계약이기 때문에 매수인이 그 계약의 내용이나 목적물에 불만이 있거나 또는 매도인의 채무불이행이 있는 경우에는, 할부금의 지급을 거절하는 방법으로 매도인에게 대항할 수 있다. 그런데 할부매매의 경우에는 매수인에게 이러한 항변권을 널리 인정하게 되면 매도인의 채권확보가 곤란하게 될 우려가 있기 때문에, 매도인은 약관 등을 통하여 매수인의 항변권을 가능한 한 제한하려고 한다. 따라서 할부거래법은 양자의 이해관계를 적절히 조정하기 위하여, 다음과 같은 사유가 있는 경우에는 소비자가 할부거래업자에게 할부금의 지급을 거절할 수 있게 하고 있다(법 16조).

① 할부계약이 불성립·무효인 경우
② 할부계약이 취소·해제 또는 해지된 경우
③ 재화 등의 전부 또는 일부가 할부계약서에 적힌 재화 등의 공급시기까지 소비자에게 공급되지 아니한 경우
④ 할부거래업자가 하자담보책임을 이행하지 아니한 경우
⑤ 그 밖에 할부거래업자가 채무불이행으로 인하여 할부계약의 목적을 달성할 수 없는 경우

⑥ 다른 법률에 따라 정당하게 청약을 철회한 경우

그리고 신용제공자가 따로 있는 간접할부계약인 경우에는 할부가격이 10만원 (신용카드를 사용하여 할부거래를 한 경우에는 20만원) 이상인 경우에 한하여, 신용제공자에게 할부금의 지급거절의사를 통지한 후에 그 할부금의 지급을 거절할 수 있다 (법 16조 2항, 영 11조).9) 이때 신용제공자에게 지급을 거절할 수 있는 금액은 할부금의 지급을 거절할 당시에 소비자가 신용제공자에게 지급하지 아니한 나머지 할부금으로 한다(법 16조 3항). 그리고 이 경우 소비자가 이러한 항변권의 행사를 서면으로 하는 경우 그 효력은 서면을 발송한 날에 발생한다(법 16조 4항). 한편 할부거래업자 또는 신용제공자는 소비자의 항변을 서면으로 수령한 후 그 항변권의 행사가 위와 같은 사유에 해당하는지를 확인하여야 한다. 만약 그러한 사유에 해당하지 않는 경우에는 소비자의 항변을 수령한 날로부터 할부거래업자는 5영업일, 신용제공자는 7영업일 이내에 서면으로 그 항변을 수용할 수 없다는 의사와 항변권 행사가 소정의 사유에 해당하지 않는다는 사실을 소비자에게 서면으로 통지해야 한다(법 16조 5항). 그리고 할부거래업자 또는 신용제공자가 이러한 통지를 하지 아니한 경우에는 소비자의 할부금지급 거절의사를 수용한 것을 본다(법 16조 6항). 한편 할부거래업자 또는 신용제공자는 소비자가 위와 같은 사유로 할부금의 지급을 거절한 경우 소비자와 분쟁이 발생하면 그 분쟁이 해결될 때까지 할부금 지급 거절을 이유로 해당 소비자를 약정한 기일 내에 채무를 변제하지 아니한 자로 처리하는 등 소비자에게 불이익을 주는 행위를 해서는 안 된다(법 16조 7항).

6. 편면적 강행규정

할부거래법의 규정 중에서 할부계약의 서면주의, 할부수수료의 실제 연간요율, 청약의 철회, 할부거래업자의 할부계약 해제, 할부거래업자 등의 손해배상청구금액의 제한, 소비자의 기한이익 상실, 할부대금채권의 소멸시효, 소비자의 항변권에

---

9) "할부거래에 관한 법률 제12조 제2항(현 16조 2항)에서 매수인의 신용제공자에 대한 할부금의 지급거절권을 인정한 취지는, 할부거래에서 할부금융약정이 물품매매계약의 자금조달에 기여하고 두 계약이 경제적으로 일체를 이루는 경우에 그 물품매매계약이 해제되어 더 이상 매매대금채무가 존재하지 아니하는데도 할부거래의 일방 당사자인 매수인에게 그 할부금의 지급을 강제하는 것이 형평의 이념에 반하므로, 매수인으로 하여금 매도인에 대한 항변사유를 들어 신용제공자에 대하여 할부금의 지급을 거절할 수 있는 권능을 부여한 것이라고 볼 것이다. 그러므로 이른바 간접할부계약에서 신용제공자가 물품매매계약상의 해제의 원인이 된 약정 내용을 알지 못하였다고 하더라도, 매수인은 매도인과 체결한 물품매매계약을 해제하면서 신용제공자에게도 할부거래에 관한 법률 제12조 제2항에 따라 지급거절의사를 통지한 후 그 할부금의 지급을 거절할 수 있다." 대법원 2006. 7. 28. 선고 2004다 54633 판결.

관한 규정과 선불식 할부거래에 관한 소비자 권익의 보호에 관한 규정은 편면적 강행규정이다. 따라서 할부계약의 내용 중에서 이러한 점에 관하여 할부거래법의 규정보다 매수인에게 불리한 것은 효력이 없다(법 43조).

7. 전속관할

민사소송법상 당사자는 합의에 의하여 제1심 관할법원을 정할 수 있다(동법 29조). 그리고 매도인은 이를 기회로 할부매매의 약관에 당해 거래에 관한 일체의 분쟁은 매도인의 주소나 영업소의 소재지를 관할하는 지방법원의 관할로 한다고 규정해 두는 경우가 많다. 그런데 이러한 관할의 합의는 매도인이 그의 경제적 우위를 이용하여 자기에게 일방적으로 유리하게 규정한 것으로서, 매수인에게 부당하게 불리한 경우가 많기 때문에 약관규제법에 의하여 무효가 된다(동법 14조).

그런데 할부거래법은 한 걸음 더 나아가 소비자의 지위를 더욱 보호하기 위하여 할부거래 및 선불식 할부거래와 관련된 소송은 제소 당시 소비자의 주소(주소가 없는 경우에는 거소)를 관할하는 지방법원의 전속관할로 하도록 하고 있다. 다만 제소 당시 소비자의 주소 및 거소가 분명하지 아니한 경우에는 민사소송법의 관련규정을 준용한다(법 44조).

V. 선불식 할부거래의 규제

정부는 최근 장례절차에 필요한 서비스가 이른바 '상조회'와 같은 선불식 할부거래의 형태로 이루어지고, 그로 인한 소비자의 피해가 급격히 증가함에 따라 이를 효율적으로 구제 또는 예방하기 위하여 2010년에 할부거래법을 개정하여 선불식 할부거래에 관한 일련의 규제를 새로이 도입하였다. 기존의 할부거래법 규제 대상이 되는 할부계약은 대금 완납 이전 재화의 공급이나 용역의 제공을 받는 경우를 말하므로, 대금을 분할납부하기는 하지만, 재화 등의 공급이 반드시 대금 완납 전에 이루어지는 것은 아닌 선불식 할부거래는 동법의 규제 대상에 포함될 수 없었다. 그러나 선불식 할부거래도 일반적인 할부거래와 마찬가지로 소비자의 합리적 선택의 침해로부터 보호할 필요성이 있고, 대금 지급방식의 유사성 등을 고려하여 할부거래법에 선불식 할부거래를 규제할 수 있는 근거 규정을 마련하게 되었다.

1. 영업의 등록 등

선불식 할부거래업자는 대통령령으로 정하는 바에 따라 상호와 주소 등 인적사항과 자본금이 15억원 이상이라는 점과 소비자피해 보상보험계약 등을 체결하였다는 사실 등을 증명하는 서류 등을 갖추어 시·도지사에게 등록하여야 한다(법 18조 1항). 그리고 선불식 할부거래업자는 이상과 같은 사항이 변경되거나 혹은 휴업 또는 폐업하거나 휴업 후 영업을 다시 시작할 때는 이를 시·도지사에게 신고하여야 하며(법 18조 3항, 5항), 시·도지사는 변경 신고를 받은 때부터 7일 이내에 신고수리 여부 또는 처리기간 연장을 신고인에게 통지하여야 한다(법 18조 4항). 한편 공정거래위원회는 선불식 할부거래업자가 등록한 사항과 신고한 사항 및 그 밖에 공정거래질서의 확립 및 소비자보호를 위하여 필요하다고 인정하여 총리령으로 정하는 사항은 대통령령이 정하는 바에 따라 공개하여야 한다(법 18조 6항).

한편 선불식 할부거래업자는 매 회계연도가 종료한 후 3개월 이내에 대통령령으로 정하는 절차 및 방법에 따라 주식회사 등의 외부감사에 관한 법률 제2조 제7호 및 제9조에 따른 감사인이 작성한 회계감사보고서를 공정거래위원회에 제출하여야 하고, 공정거래위원회와 선불식 할부거래업자는 그 회계감사보고서를 대통령령으로 정하는 절차 및 방법에 따라 공시해야 한다(법 18조의2).

한편 선불식 할부거래업자로서 등록을 할 수 없는 경우도 있는데, 할부거래법은 등록 결격 사유를 법정하고 있다. 즉 ① 미성년자, 피한정후견인 또는 피성년후견인, 파산선고를 받고 복권되지 아니한 사람, 금고 이상의 실형을 선고받고 그 집행이 끝나거나(집행이 끝난 것으로 보는 경우를 포함) 집행이 면제된 날부터 5년이 지나지 아니한 사람, 금고 이상의 형의 집행유예를 선고받고 그 유예기간 중에 있는 사람, 이 법을 위반하여 벌금형을 선고받고 3년이 지나지 아니한 사람 중 어느 하나에 해당하는 사람이 임원인 회사, ② 금고 이상의 실형을 선고받고 그 집행이 끝나거나(집행이 끝난 것으로 보는 경우를 포함) 집행이 면제된 날부터 5년이 지나지 아니한 사람, 금고 이상의 형의 집행유예를 선고받고 그 유예기간 중에 있는 사람 중 어느 하나에 해당하는 사람이 지배주주인 회사, ③ 제40조에 따라 등록이 취소된 후 5년이 지나지 아니한 회사, ④ 제40조에 따른 등록취소 당시 임원 또는 지배주주였던 사람이 임원 또는 지배주주인 회사는 등록을 할 수 없다(법 20조). 또한 제18조에 따라 등록한 선불식 할부거래업자가 파산선고를 받거나 관할 세무서에 폐업신고를 한 경우 또는 6개월을 초과하여 영업을 하지 아니하는 등 실질적으로 영업을 할 수 없다고 판단되는 경우에는 시·도지사는 그 등록을 직권으로 말소할 수 있다(법 21조).

선불식 할부거래업자에 의한 사업 전부의 양도 또는 이와 비슷한 효과가 있는 합병이나 분할은 가능하며, 다만 이 경우에 신고와 공고의무가 부과된다. 즉 선불식 할부거래업자가 사업의 전부를 양도한 경우 또는 다른 회사와 합병하거나 회사를 분할한 경우 해당 사업의 전부를 양수한 회사, 합병 후 존속하는 회사, 합병에 따라 설립된 회사 또는 분할에 따라 해당 사업의 전부를 승계한 회사는 그 양도일, 합병일 또는 분할일부터 15일 이내에 대통령령으로 정하는 바에 따라 시·도지사에게 신고하여야 한다(법 22조 1항). 그리고 합병, 분할 또는 사업의 전부를 양도하는 선불식 할부거래업자는 대통령령으로 정하는 날부터 14일 이내에 총리령으로 정하는 방법에 따라 일정한 사항을 공고하여야 하는데, ① 합병하는 회사, 합병 후 존속하는 회사 및 합병에 의하여 설립된 회사, 분할하는 회사 및 분할에 의하여 해당 사업의 전부를 승계한 회사, 사업의 전부를 양도하는 회사 및 양수하는 회사 중 어느 하나에 해당하는 회사의 상호, 주소 등 제18조 제6항에 따른 정보공개 사항, ② 합병, 분할 또는 사업의 전부 양도를 통하여 이전되는 선불식 할부계약의 회원수 및 선수금 규모, ③. 합병, 분할 또는 사업의 전부 양도의 내용 및 절차, ④. 그 밖에 소비자의 권리를 보호하기 위하여 필요한 사항으로서 총리령으로 정하는 사항이 공고 대상이 된다(동조 2항). 그리고 제1항에 따른 신고를 한 회사가 제20조에 따른 결격사유에 해당하면 시·도지사는 그 신고를 수리해서는 아니 되며(동조 3항), 제1항에 따른 신고를 받은 날부터 7일 이내에 신고수리 여부 또는 민원 처리 관련 법령에 따른 처리기간의 연장을 신고인에게 통지하여야 한다(동조 4항). 이때 제1항에 따른 신고를 한 회사는 그 신고가 수리된 날이 아니라 양도일, 합병일 또는 분할일부터 종전의 선불식 할부거래업자의 지위를 승계하게 된다.

한편 사업 전부의 양도가 아니라 선불식 할부계약을 이전하는 것도 가능하며, 다만 이 경우 선불식 할부거래업자에게 일정한 의무가 따른다. 선불식 할부계약을 이전하는 선불식 할부거래업자(이하 '이전하는 선불식 할부거래업자'라 함)는 선불식 할부계약의 이전계약(이하 '이전계약'이라 함)을 체결한 날부터 14일 이내에 총리령으로 정하는 방법에 따라 다음 각 호의 사항을 공고하여야 하며, 해당 사항은 ① 이전하는 선불식 할부거래업자 및 선불식 할부계약을 이전받은 선불식 할부거래업자(이하 '이전받은 선불식 할부거래업자'라 함)의 상호·주소 등 제18조 제6항에 따른 정보공개 사항, ② 이전하는 선불식 할부계약의 회원수 및 선수금 규모, ③ 이전계약의 내용 및 절차, ④ 그 밖에 소비자의 권리를 보호하기 위하여 필요한 사항으로서 총리령으로 정하는 사항 등이다(법 22조의2 1항). 이전하는 선불식 할부거래업자는 이전계약을 체결한 날부터 30일 이내에 선불식 할부계약을 체결한 소비자가 이전계약의 내용을 이해할 수 있도록 총리령으로 정하는 방법에 따라 다음 각 호의 사항을 설명하고, 설명한 날부터 7일 이내에 소비자로부터 이전계약에 대한 동의를 받아야 하며, 다만 해당 기간 내에 이전계약에 부동의 의사를 표시하지 아니한 소비자는 이전계약에 동의를 한 것으로 본다. 각 호에서 규정한 설명 사항은 ① 제1항 각 호의 사항, ② 소비자가 7일 이내에 이전계약에 부동의 의사표시가 없는 경우 이전계약에 동의한 것으로 본다는 내용 등이다(동조 2항). 이전하는 선불식 할부거래업자는 소비자로부터 제2항 본문에 따라 설명한 내용을 이해하고 동의하였다는 사실을 서명, 기명날인, 녹취 또는 그 밖에 대통령령으로 정하는 방법으로 확인받아야 하며, 다만 제2항 단서에 해당하는 경우에는 연락시간, 연락방법, 연락횟수 등을 기재하는 등 총리령으로 정하는 방법에 따라 해당 소비자에게 제2항 본문에 따른 설명 등을 이행하였다는 사실을 확인할 수 있도록 하여야 한다(동조 3항). 이전하는 선불식 할부거래업자가 가진 선불식 할부계약에 관한 권리와 의무는 그 계약을 이전받은 선불식 할부거래업자가 승계하며, 이전계약에서 이전하기로 한 자산에 관하여도 또한 같다(동조 4항). 이전계약을 체결하는 경우 대통령령으로 정하는 선불식 할부계약과 관련된 자산은 이전하는 선불식 할부거래업자와 이전받은 선불식 할부거래업자에게 다음 각 호의 기준에 따라 배분하여 귀속하며, ① 이전하는 선불식 할부거래업자는 선불식 할부계약을 체결한 소비자가 납입한 총선수금에서 선불식 할부계약의 이전에 동의하지 아니하는 소비자가 납입한 선수금이 차지하는 비율로 배분한 금액 그리고 ② 이전받은 선불식 할부거래업자는 선불식 할부계약을 체결한 소비자가 납입한 총선수금에서 선불식 할부계약 이전에 동의하는 소비자가 납입한 선수금이 차지하는 비율로 배분한 금액이 기준이 된다(동조 5항). 이전하는 선불식 할부거래업자와 이전받은 선불식 할부거래업자는 제3항에 따라 확인받은 자료를 소비자에게 설명하고 동의를 받도록 한 제2항 본문의 기간이 경과한 날(이하 '동의기간 경과일'이라 함)부터 5년간 보존하여야 한다(동조 6항). 이전받은 선불식 할부거래업자는 동의기간 경과일부터 2개월 이내에 대통령령으로 정하는 방법에 따라 이전계약을 증명하는 서류를 첨부하여 시·도지사에게 신고하여야 하며(동조 7항), 시·도지사는 제7항에 따른 이전계약 신고를 받은 날부터 5일 이내에 신고수리 여부 또는 민원 처리 관련 법령에 따른 처리기간의 연장을 신고인에게 통지하여야 한다(동조 8항).

2. 소비자 권익의 보호

(1) 계약체결 전의 정보제공과 계약서 발급

선불식 할부거래업자 또는 모집인은 선불식 할부계약을 체결하기 전에 소비자가 계약내용을 이해할 수 있도록 다음 각 호의 사항을 설명하여야 하며(법 23조 1항), 설명한 내용을 소비자가 이해하였다는 사실을 서명, 기명날인, 녹취 또는 그 밖에 대통령령으로 정하는 방법으로 소비자에게 확인받아야 한다(동조 2항). 그리고 그 계약을 체결할 경우에는 이를 적은 계약서를 소비자에게 발급하여야 한다(동조 3항). 이상의 규정은 제22조의2에 따라 이전받은 선불식 할부거래업자에게도 적용되며, 이 경우 이전받은 선불식 할부거래업자는 동의기간 경과일부터 30일 이내에 소비자에게 제1항 각 호의 사항을 설명하고, 계약서를 발급하여야 한다(동조 4항). 또한 선불식 할부거래업자는 제1항 각 호의 사항 중 소비자보호를 위하여 필요한 사항으로서 대통령령으로 정하는 사항이 변경되는 경우에는 그 변경된 내용을 소비자에게 서면 또는 그 밖에 대통령령으로 정하는 방법에 따라 알려야 한다(동조 5항).

① 선불식 할부거래업자 및 모집인의 상호·주소·전화번호·전자우편주소·대표자의 이름
② 재화 등의 종류 및 내용
③ 재화 등의 가격과 그 지급의 방법 및 시기
④ 재화 등을 공급하는 방법 및 시기
⑤ 계약금
⑥ 청약의 철회 및 계약 해제의 기한·행사방법·효과에 관한 사항과 청약의 철회 및 계약 해제의 권리행사에 필요한 서식으로서 총리령으로 정하는 것
⑦ 재화 등에 대한 불만 및 소비자와 사업자 사이의 분쟁처리에 관한 사항
⑧ 소비자피해보상에 관한 사항으로 법 제27조 제1항에 따른 소비자피해보상 보험계약 등의 계약기간, 소비자피해보상금 및 같은 조 제4항에 따른 지급의무자 등 대통령령으로 정하는 사항
⑨ 선불식 할부계약을 체결한 날이 속하는 달의 전월까지 선불식 할부거래업자가 받은 총선수금 중 법 제27조 제2항에 따라 보전하고 있는 총보전금액 비율

⑩ 선불식 할부거래에 관한 약관
⑪ 그 밖에 소비자의 구매 여부 판단에 영향을 주는 거래조건 또는 소비자의 피해구제에 필요한 사항으로서 대통령령으로 정하는 사항

(2) 소비자의 청약 철회

소비자는 다음 각 호의 기간(거래당사자가 다음 각 호의 기간보다 긴 기간으로 약정한 경우에는 그 기간을 말함) 이내에 선불식 할부계약에 관한 청약을 철회할 수 있다(법 24조 1항).

① 계약서를 받은 날부터 14일
② 선불식 할부거래업자의 주소 등이 적혀 있지 아니한 계약서를 받았거나 주소 변경 등의 사유로 위의 기간 이내에 청약을 철회할 수 없는 경우에는 그 주소를 알거나 알 수 있었던 날 등 청약을 철회할 수 있는 날로부터 14일
③ 계약서에 청약의 철회에 관한 사항이 적혀 있지 않은 경우에는 청약을 철회할 수 있음을 알거나 알 수 있었던 날부터 14일
④ 선불식 할부거래업자가 청약의 철회를 방해한 경우에는 그 방해행위가 종료한 날부터 14일
⑤ 계약서를 받지 아니한 경우에는 계약일부터 3개월

그리고 소비자가 청약을 철회할 경우에는 위의 기간 이내에 선불식 할부거래업자에게 청약을 철회하는 의사표시가 적힌 서명을 발송하여야 하며(법 24조 2항), 그 효력은 청약의 철회를 발송한 날에 발생한다(법 24조 3항). 한편 청약의 철회에 있어서 계약서의 발급 사실과 그 시기 등에 관하여 다툼이 있는 경우에는 선불식 할부거래업자가 이를 입증하여야 한다(법 24조 4항). 그리고 소비자가 청약을 철회한 경우에 선불식 할부거래업자는 청약 철회의 서면을 접수한 날부터 3영업일 이내에 이미 지급받은 계약금 및 할부금을 환급하여야 하며, 이 경우 선불식 할부거래업자가 환급을 지연한 때에는 그 지연기간에 따라 지연배상금을 함께 환급하여야 한다(법 24조 5항).

(3) 선불식 할부계약의 해제

선불식 할부계약을 체결한 당사자 일방이 그 계약에 따른 의무를 이행하지 아니한 경우에는 다른 당사자가 그 계약을 해제할 수 있다. 우선 소비자가 선불식

할부계약을 체결하고, 그 계약에 의한 재화 등의 공급을 받지 아니한 경우에는 그 계약을 해제할 수 있다(법 25조 1항). 이 경우 선불식 할부거래업자는 소비자에게 그 해제로 인한 손실을 초과하는 위약금을 청구해서는 안 된다(법 25조 2항). 그리고 선불식 할부거래업자는 소비자가 다음 각 호의 어느 하나에 해당하는 사유로 계약을 해제하는 경우에는 위약금을 청구해서는 안 된다(법 25조 3항).

① 휴업 또는 폐업신고를 한 때
② 영업정지 처분을 받은 때
③ 등록이 취소되거나 말소된 때
④ 은행으로부터 당좌거래의 정지처분을 받은 때
⑤ 파산 또는 화의 개시의 신청이 있는 때
⑥ 소비자가 선불식 할부계약의 이전계약에 동의하지 아니한 때

그리고 선불식 할부계약이 해제된 경우 선불식 할부거래업자는 그 해제된 날부터 3영업일 이내에 이미 지급받은 대금에서 위약금을 뺀 금액을 소비자에게 환급하여야 한다. 이 경우 선불식 할부거래업자가 환급을 지연한 때에는 그 지연기간에 따라 지연배상금을 함께 환급하여야 한다(법 25조 4항). 공정거래위원회는 총리령으로 정하는 바에 따라 위약금 및 대금의 환급에 관한 산정기준을 정하여 고시할 수 있다(법 25조 5항).

한편 선불식 할부거래업자는 소비자가 대금 지급의무를 이행하지 아니하면 선불식 할부계약을 해제할 수 있다. 이 경우 선불식 할부거래업자는 그 계약을 해제하기 전에 14일 이상의 기간을 정하여 소비자에게 이행할 것을 서면으로 최고하여야 한다(법 26조).

(4) 소비자피해 보상보험계약 등

선불식 할부거래업자가 시·도지사에게 등록할 경우 소비자로부터 선불식 할부계약과 관련 되는 재화 등의 대금으로 미리 수령한 금액(이하 '선수금'이라 함)을 보전하기 위하여, 소비자피해보상을 위한 보험계약이나 소비자피해 보상금의 지급을 확보하기 위한 은행과의 채무지급보증계약, 대통령령으로 정하는 기관과의 예치계약 또는 공제조합과의 공제계약(이하 '소비자피해 보상보험계약 등'이라 함)을 체결하여야 한다(법 27조 1항). 선불식 할부거래업자가 소비자피해 보상보험계약 등에 따라 보전하여야 할 금액 및 그 산정기준은 선수금 합계액의 100분의 50을 초과하

지 않는 범위에서 대통령령으로 정한다(법 27조 2항). 누구든지 위의 예치금을 상계·압류하지 못하며, 선불식 할부거래업자는 대통령령으로 정하는 경우 외에는 예치금을 양도하거나 담보로 제공해서는 안 된다(법 27조 3항). 소비자피해 보상보험계약 등에 따라 소비자피해 보상금을 지급할 의무가 있는 자는 선불식 할부거래업자가 폐업하거나 은행으로부터 당좌거래의 정지처분을 받은 경우, 등록이 말소 또는 취소된 경우, 그 밖에 선불식 할부거래업자의 채무불이행 등으로 인한 소비자피해 보상을 위하여 대통령령으로 정하는 경우에는 지체 없이 이를 지급하여야 하며, 정당한 이유없이 이를 지연한 경우에는 지연배상금을 지급해야 한다(법 27조 4항). 예치기관은 예치금을 인출하여 해당 선불식 할부거래업자와 선불식 할부계약을 체결한 소비자에게 우선하여 지급하여야 한다(법 27조 5항). 한편 선불식 할부거래업자가 선수금을 받은 경우에는 선수금액, 납입횟수 등 총리령으로 정하는 내용을 소비자에게 통지하여야 한다.

공정거래위원회는 선불식 할부거래에서의 건전한 거래질서의 확립과 소비자보호를 위하여 사업자의 자율적 준수를 유도하기 위한 지침을 관련 분야의 거래당사자, 기관 및 단체의 의견을 들어 정할 수 있다(법 27조의3).

(5) 공제조합

선불식 할부거래업자는 위의 공제사업을 운영하기 위하여 공정거래위원회의 인가를 받아 공제조합을 설립할 수 있는데(법 28조 1항), 공제조합은 법인으로 하며 주된 사무소의 소재지에 설립등기를 함으로써 성립한다(법 28조 2항). 공제조합에 가입한 자는 공제사업의 수행에 필요한 출자금 등을 공제조합에 내어야 하며(법 28조 3항), 공제조합의 기본재산은 조합원의 출자금 등으로 조성하되, 출자금은 200억원 이상으로서 대통령령으로 정하는 규모 이상이어야 한다(법 28조 4항).

공제조합은 소비자피해보상을 위한 공제사업 및 소비자의 권익보호를 위한 공익사업, 소비자피해예방과 홍보를 위한 출판 및 교육사업, 시장의 건전한 발전을 위한 자율정화사업 및 공정거래위원회로부터 위탁받은 사업을 수행하며, 이러한 사업에 대하여는 보험업법을 적용하지 않는다(법 29조).

공정거래위원회는 필요하다고 인정하면 공제조합에 대하여 업무 및 회계에 관한 보고서의 제출 또는 그 밖에 필요한 조치를 명하거나 소속 공무원으로 하여금 공제조합의 업무 및 회계 상황을 조사하거나 장부 또는 그 밖의 서류를 검사하게 할 수 있으며, 공제조합의 운영 및 업무집행이 법령이나 정관 등에 적합하지 아니한 경우 그 시정을 명할 수 있고 그 밖에 소비자피해구제 등과 관련하여 필요한 경우에는 적합한 조치를 요구할 수 있다(법 31조).

(6) 금지행위

선불식 할부거래업자는 다음 각 호의 어느 하나에 해당하는 행위를 해서는 안된다(법 34조).

① 계약의 체결을 강요하거나 청약의 철회 또는 계약의 해제를 방해할 목적으로 상대방을 위협하는 행위

② 거짓·과장된 사실을 알리거나 기만적인 방법을 사용하여 상대방과의 거래를 유도하거나 청약의 철회 또는 계약의 해제를 방해하는 행위

③ 청약의 철회 또는 계약의 해제를 방해할 목적으로 주소·전화번호 등을 변경하는 행위

④ 분쟁이나 불만처리에 필요한 인력 또는 설비가 부족한 상태를 상당기간 방치하여 상대방에게 피해를 주는 행위

⑤ 상대방의 청약이 없음에도 재화 등의 대금을 청구하는 행위

⑥ 소비자가 계약을 체결할 의사가 없음을 밝혔음에도 전화, 팩스, 컴퓨터 통신 등을 통하여 계약체결을 강요하는 행위

⑦ 소비자피해보상보험계약 등을 체결하지 아니하고 영업하는 행위

⑧ 소비자피해보상보험계약 등을 체결하지 아니하였음에도 소비자피해 보상보험계약 등을 체결한 사실을 나타내는 표지나 이와 유사한 표지를 제작 또는 사용하는 행위

⑨ 소비자피해보상보험계약 등에 따라 보전해야 할 금액을 보전하지 않고 영업하는 행위

⑩ 본인의 허락을 받지 아니하거나 허락받은 범위를 넘어 소비자에게 관한 정보를 이용하는 행위. 다만 다음 각 목의 어느 하나에 해당하는 행위는 제외한다.

 i) 재화 등의 배송 등 소비자와의 계약이행에 불가피한 경우로서 대통령령으로 정하는 경우

ii) 재화 등의 거래에 따른 대금을 정산하기 위하여 필요한 경우

iii) 도용을 방지하기 위하여 본임임을 확인할 때 필요한 경우로서 대통령령으로

정하는 경우

iv) 다른 법률에 따라 불가피한 사유가 있는 경우

⑪ 소비자가 계약을 해제하였음에도 불구하고 정당한 사유 없이 이에 따른 조치를 지연하거나 거부하는 행위

⑫ 청약의 철회 또는 계약의 해제와 관련하여 분쟁이 발생한 경우 대금을 지급받기 위하여 소비자에게 위계를 사용하거나 위력을 가하는 행위

⑬ 자신이 공급하는 재화 등을 소비자가 양도·양수하는 것을 상당한 이유 없이 제한하거나 양도·양수함에 있어 과다한 비용을 부과하는 행위

⑭ 다른 사람에게 자기의 명의 또는 상호를 사용하여 선불식 할부거래업을 하게 하거나 선불식 할부거래업 등록증을 대여하는 행위

⑮ 방문판매법 제2조 제5호에 따른 다단계판매방식으로 선불식 할부계약을 체결하거나 선불식 할부계약의 체결을 대리 또는 중개하는 행위

⑯ 금전대차관계를 이용하여 선불식 할부계약의 체결을 요구하는 행위

⑰ 소비자와 체결한 선불식 할부계약 중 일부에 대하여 이전계약을 체결하는 행위

⑱ 이전계약을 체결한 선불식 할부거래업자가 해당 이전계약에 대한 소비자의 동의를 받지 않고 소비자의 예금 등에서 금원을 인출하는 행위

3. 조사 및 감독

(1) 위반행위의 조사

공정거래위원회, 시·도지사 또는 시장·군수·구청장은 선불식 할부거래업자가 할부거래법에 위반한 사실이 있다고 인정할 때에는 직권으로 또는 신고를 받아서 필요한 조사를 할 수 있다(법 35조 1항, 4항). 그런데 공정거래위원회는 이러한 조사를 하기 위하여 한국소비자원과 합동으로 조사반을 구성할 수 있다(법 35조 6항). 한편 시·도지사 또는 시장·군수·구청장이 이러한 조사를 하고자 하는 경우에는 공정거래위원회에 통보하여야 하며, 조사 등이 중복될 우려가 있는 경우에는 공정거래위원회가 시·도지사 또는 시장·군수·구청장에게 조사의 중지를 요청할 수 있다(법 35조 2항).

(2) 부당행위에 대한 정보의 공개

공정거래위원회는 선불식 할부거래에 있어서 공정한 거래질서의 확립과 소비

자 피해의 예방을 위하여 필요한 경우에는 대통령령으로 정하는 바에 따라 선불식 할부거래업자의 법 위반 행위에 대한 조사 결과 등 부당행위에 대한 정보를 공개할 수 있다(법 36조).

(3) 위반행위의 시정권고 등

공정거래위원회, 시·도지사 또는 시장·군수·구청장(이하 '행정청'이라 함)은 선불식 할부거래업자가 이 법에 위반되는 행위를 하거나 이 법에 따른 의무를 이행하지 않은 경우 법 제39조에 따른 시정조치를 하기 전에 그 선불식 할부거래업자가 해당행위의 중지, 이 법에 따른 의무의 이행, 그 밖에 소비자 피해 예방 및 구제에 필요한 조치를 하도록 시정방안을 정하여 그 선불식 할부거래업자에게 이에 따를 것을 권고할 수 있다(법 38조 1항). 그리고 시·도지사 또는 시장·군수·구청장이 법 제38조에 따른 시정권고를 하는 경우에는 지체 없이 공정거래위원회에 보고해야 한다(법 37조 1항, 영 25조).

한편 이러한 시정권고를 받은 선불식 할부거래업자는 그 통지를 받은 날부터 10일 이내에 그 권고의 수락 여부를 시정권고를 한 행정청에 통지해야 하는데(동조 2항), 이를 수락한 때에는 법 제39조에 의한 시정조치가 내려진 것으로 본다(동조 3항).

또한 공정거래위원회는 이 법의 효율적인 시행을 위하여 필요하다고 인정할 때에는 그 소관사항에 관하여 시·도지사 또는 시장·군수·구청장에게 조사·확인 또는 자료의 제출을 요구하거나 그 밖에 시정에 필요한 조치를 하도록 요구할 수 있다. 이 경우 시·도지사 또는 시장·군수·구청장은 특별한 사유가 없으면 이에 따라야 한다(법 37조 2항).

(4) 시정조치 및 과징금 부과

공정거래위원회는 선불식 할부거래업자가 다음 각 호의 어느 하나에 해당하는 행위를 하거나 할부거래법에 따른 의무를 이행하지 않은 경우 해당 선불식 할부거래업자에게 그 시정을 위한 조치를 명할 수 있다(법 39조).

① 선불식 할부거래업자의 영업의 등록·신고, 지위의 승계, 선불식 할부계약의 이전, 소비자 권익의 보호 등과 관련된 의무 위반
② 선불식 할부거래업자의 금지행위 위반

그리고 이러한 시정조치에는 다음 각 호의 어느 하나에 해당하는 조치를 포함한다(법 39조 2항).

① 해당 위반행위의 중지
② 동법에 규정된 의무의 이행
③ 시정조치를 받은 사실의 공표
④ 소비자 피해의 예방 및 구제에 필요한 조치
⑤ 그 밖에 시정을 위하여 필요한 조치

그리고 선불식 할부거래업자가 영업의 등록에 관한 사항의 변경이나, 휴업 또는 폐업이나 휴업 후 영업 재개의 신고를 하지 아니하거나 거짓으로 신고한 경우, 또는 위의 금지행위 중에서 계약체결을 강요하거나 청약의 철회 또는 계약의 해제를 방해할 목적으로 상대방을 위협하는 행위, 거짓·과장된 사실을 알리거나 기만적인 방법을 사용하여 상대방과의 거래를 유도하거나 청약의 철회 또는 계약의 해제를 방해하는 행위, 청약의 철회 또는 계약의 해제를 방해할 목적으로 주소·전화번호 등을 변경하는 행위, 혹은 소비자피해 보상보험계약 등을 체결하지 아니하였음에도 소비자피해 보상보험계약 등을 체결한 사실을 나타내는 표지나 이와 유사한 표지를 제작 또는 사용하는 행위를 하여, 공정거래위원회, 시·도지사 또는 시장·군수·구청장의 시정조치를 받았음에도 불구하고 3년 이내에 같은 위반행위를 한 번 이상 반복하거나 시정조치를 이행하지 아니한 경우에는 공정거래위원회가 1년 이내의 기간을 정하여 그 영업의 전부 또는 일부의 정지를 명할 수 있다(법 40조 1항, 영 27조 2항). 한편 시·도지사는 선불식 할부거래업자가 거짓이나 그 밖의 부정한 방법으로 영업의 등록을 하거나 결격사유에 해당하게 된 경우에는[10] 그 등록을 취소하여야 하고, 자본금이 15억원 이상이 아닌 경우, 소비자피해 보상보험계약 등이 해지된 경우, 영업정지 기간 중에 영업을 하는 경우 또는 최근 5년간 제1항에 따른 영업정지 명령을 3회 이상 받은 경우(제42조에 따라 영업정지에 갈음하여 과징금을 부과받은 경우도 포함)에는 그 등록을 취소할 수 있다(동조 40조 2항). 이때 시·도지사가 선불식 할부거래업자의 등록을 취소하려면 청문을 하여야 한다(동조 3항).

---

10) 대법원은 동 규정의 해석과 관련하여, "결격사유에 해당하게 된 경우의 의미는 일반적으로 결격사유가 발생한 사실이 있는 경우를 의미한다고 보는 것"이 문언에 따른 자연스러운 해석이고, 등록취소처분을 할 당시까지 등록결격사유가 유지되어야 한다고 볼 것은 아니며, 따라서 등록취소 처분 이전에 결격사유가 해소되었더라도 취소가 가능하다는 입장을 취하였다. 대법원 2017. 4. 26. 선고 2016두46175 판결.

또한 공정거래위원회, 시·도지사 또는 시장·군수·구청장은 할부거래법 위반
행위와 관련하여 소비자피해구제 신청이 있으면 위의 시정권고 또는 시정조치를
하기 전에 선불식 할부거래에 관한 소비자보호 관련 업무를 수행하는 기관 또는
단체 등 대통령령으로 정하는 소비자피해분쟁조정기구에 그 조정을 의뢰할 수 있
다. 이 경우, 피해보상기구의 조정안을 당사자가 수락하고 이행하는 경우에는 공
정거래위원회, 시·도지사 또는 시장·군수·구청장은 시정조치를 하지 아니한다
(법 41조 1항, 3항).

그리고 공정거래위원회는 영업정지를 명하여야 할 경우로서 영업정지가 소비
자에게 심한 불편을 주거나 공익을 해할 우려가 있으면 영업정지를 갈음하여 해당
선불식 할부거래업자에 대하여 위반행위와 관련된 매출액을 초과하지 않는 범위
내에서 과징금을 부과할 수 있다. 이 경우 관련 매출액이 없거나 이를 산정할 수
없는 경우 등에는 5천만원을 초과하지 않는 범위 내에서 과징금을 부과할 수 있다
(법 42조 1항). 그런데 공정거래위원회가 과징금을 부과할 때에는 ① 위반행위로 인
한 소비자 피해의 정도, ② 소비자 피해에 대한 선불식 할부거래업자의 보상노력
정도, ③ 위반행위로 인하여 취득한 이익의 규모, ④ 위반행위의 내용·기간 및 횟
수 등을 고려하여야 한다(법 42조 2항).

Ⅵ. 벌   칙

할부거래법은 등록을 하지 않거나 거짓 또는 기타 부정한 방법으로 등록을 하
고 선불식 할부거래업을 하는 자, 선불식 할부거래업자의 금지행위 중 소비자와
체결한 선불식 할부계약 중 일부에 대하여 이전계약을 체결하는 행위(법 34조 17호)
또는 이전계약을 체결한 선불식 할부거래업자가 해당 이전계약에 대한 소비자의
동의를 받지 아니하고 소비자의 예금 등에서 금원을 인출하는 행위를 한 자(법 34
조 18호), 공정거래위원회의 시정명령에 응하지 않거나 영업정지 명령에 반하여 영
업을 한 자는 3년 이하의 징역 또는 1억원 이하의 벌금에 처한다. 또한 이상에 해
당하는 자가 법 위반행위와 관련하여 판매 또는 거래한 대금 총액의 3배에 상당하
는 금액이 1억원을 초과하는 때에는 3년 이하의 징역 또는 판매하거나 거래한 대
금 총액의 3배에 상당하는 금액 이하의 벌금에 처한다(법 48조). 또한 소비자피해
보상보험계약 등을 체결 또는 유지함에 있어 거짓으로 선수금 등의 자료를 제출한
자 또는 법 제34조 제1호부터 제3호까지, 제8호·제9호·제12호 및 제14호부터 제

16호까지에 해당하는 금지행위를 한 자에 대해서는 1년 이하의 징역 또는 3천만원 이하의 벌금에 처한다(법 50조). 그리고 법 제34조 제5호 또는 제11호의 금지행위를 한 자에 대해서는 1천만원 이하의 벌금에 처한다(법 51조).

이상의 형벌을 부과함에 있어서 양벌규정이 적용된다(법 52조). 한편 할부거래법은 사업자가 아닌 할부거래법의 직무를 수행하는 자에 대한 형벌의 부과 규정도 두고 있다. 즉 할부거래법에 따른 직무에 종사하거나 종사하였던 공정거래위원회의 위원 또는 공무원에 대한 비밀엄수 의무를 부과하고(법 47조 4항), 이를 위반한 자에 대해서는 2년 이하의 징역 또는 200만원 이하의 벌금에 처한다(법 49조).

Ⅶ. 과 태 료

할부거래법 제53조에 과태료가 부과될 수 있으며, 부과금액에 따라 다섯 유형으로 나누어 규정하고 있다. 그리고 과태료는 공정거래위원회, 시·도지사 또는 시장·군수·구청장이 부과·징수하지만, 제4항에 따른 과태료는 특별자치도지사·특별자치시장 또는 시장·군수·구청장이 부과·징수한다(동조 6항, 7항).

(1) 5천만원 이하의 과태료
다음 각 호의 어느 하나에 해당하는 자에게는 5천만원 이하의 과태료를 부과한다(동조 1항).

① 제18조 제3항 또는 제5항에 따른 신고를 거짓으로 한 자
② 제18조의2 제1항을 위반하여 감사인이 작성하지 아니한 회계감사 보고서를 제출한 자
③ 제22조 제1항 또는 제22조의2 제7항에 따른 신고를 거짓으로 한 자
④ 제47조 제2항에 따라 준용되는 「독점규제 및 공정거래에 관한 법률」 제81조 제2항에 따른 조사를 거부·방해하거나 기피한 자

(2) 3천만원 이하의 과태료
다음 각 호의 어느 하나에 해당하는 자에게는 3천만원 이하의 과태료를 부과한다(동조 2항).

① 제18조 제3항 또는 제5항에 따른 신고를 하지 아니한 자

② 제18조 제7항을 위반하여 자료를 제출하지 아니하거나 거짓 자료를 제출한 자

③ 제18조의2 제1항에 따른 회계감사 보고서를 제출하지 아니한 자

④ 제18조의2 제2항을 위반하여 감사인이 작성하지 아니한 회계감사 보고서를 공시한 자

⑤ 제22조 제1항 또는 제22조의2 제7항에 따른 신고를 하지 아니한 자

⑥ 거짓이나 그 밖의 부정한 방법으로 제22조의2 제2항에 따른 설명을 하거나 동의를 받은 자

⑦ 모집인이 제23조 제1항 또는 제2항을 위반한 경우 해당 선불식 할부거래업 자(선불식 할부거래업자가 그 위반행위를 막기 위하여 해당 업무에 관하여 상당한 주의 와 감독을 게을리하지 아니한 경우에는 제외)

⑧ 거짓이나 그 밖의 부정한 방법으로 제23조 제1항, 제2항 또는 제4항에 따른 설명을 하거나 확인을 받은 자

⑨ 거짓이나 그 밖의 부정한 방법으로 제23조 제3항 · 제4항에 따른 계약서를 발급한 자

⑩ 제27조 제12항에 따른 서류를 제출하지 아니한 자

⑪ 제33조에 따른 소비자의 열람에 제공하는 재화 등의 거래기록 · 소비자피해 보상보험계약 등의 체결내용을 거짓으로 작성한 자

⑫ 제47조 제2항에 따라 준용되는 「독점규제 및 공정거래에 관한 법률」 제81조 제1항 제1호를 위반하여 정당한 사유 없이 출석하지 아니한 자

⑬ 제47조 제2항에 따라 준용되는 「독점규제 및 공정거래에 관한 법률」 제81조 제1항 제3호 또는 같은 조 제6항에 따른 보고 또는 제출을 하지 아니하거나 거짓으로 보고 또는 제출을 한 자

(3) 1천만원 이하의 과태료

다음 각 호의 어느 하나에 해당하는 자에게는 1천만원 이하의 과태료를 부과한 다(동조 3항)

① 제18조의2 제2항에 따라 회계감사 보고서를 공시하지 아니한 자

② 제22조 제2항 및 제22조의2 제1항에 따른 공고를 하지 아니하거나 거짓으로 공고한 자

③ 제22조의2 제2항 또는 제3항을 위반한 자

④ 제22조의2 제6항을 위반하여 자료를 보존하지 아니한 자

⑤ 제23조 제1항 또는 제2항을 위반하여 설명 또는 확인을 받지 아니한 자

⑥ 제23조 제3항 또는 제4항에 따른 계약서를 발급하지 아니한 자

⑦ 제23조 제5항 및 제32조 제2항을 위반하여 대통령령으로 정하는 사항을 소비자에게 알리지 아니한 자

⑧ 제24조 제5항을 위반하여 계약금, 할부금 또는 지연배상금을 환급하지 아니한 자

⑨ 제25조를 위반하여 대금 또는 지연배상금을 환급하지 아니하거나 과다한 위약금을 청구한 자

⑩ 제27조의2 제1항을 위반하여 총리령으로 정하는 내용을 소비자에게 통지하지 아니하거나 거짓으로 통지한 자

⑪ 제32조 제1항을 위반하여 휴업기간 또는 영업정지기간 중에 청약의 철회 등에 관한 업무를 계속하지 아니한 자

⑫ 제33조에 따른 재화 등의 거래기록 · 소비자피해보상보험계약 등의 체결내용을 소비자가 열람할 수 있도록 하지 아니한 자

(4) 500만원 이하의 과태료

다음 각 호의 어느 하나에 해당하는 자에게는(간접할부계약의 경우 신용제공자를 포함) 500만원 이하의 과태료를 부과한다(동조 4항).

① 제5조를 위반하여 표시를 하지 아니하거나 거짓 표시를 한 자

② 제6조 제2항에 따른 계약서를 발급하지 아니하거나 거짓으로 적은 계약서를 발급한 자

③ 제6조 제3항에 따른 서면을 발급하지 아니한 자

④ 제7조에 따른 할부수수료의 실제연간요율의 최고한도를 위반하여 할부수수료를 받은 자

⑤ 제10조를 위반하여 계약금, 할부금 또는 지연배상금을 환급하지 아니하거나 환급에 필요한 조치를 취하지 아니한 자

⑥ 제10조 제8항 또는 제16조 제7항을 위반하여 소비자에게 불이익을 주는 행위를 한 자

⑦ 제12조 제1항에 따른 지연손해금 산정 시 적용하는 이율의 최고한도를 위반

하여 지연손해금을 받은 자

⑧ 제17조를 위반하여 휴업기간 또는 영업정지기간 중에 청약의 철회에 관한 업무를 계속하지 아니한 자

(5) 100만원 이하의 과태료

심판정에서 질서유지명령에 따르지 아니한 자에게는 100만원 이하의 과태료가 부과된다(동조 5항).

제 **4** 장   방문판매법

제 1 절   총   설

I. 특수판매와 소비자보호

오늘날 소비자거래를 둘러싼 국내외의 환경은 급격하게 변화하고 있다. 한편으로는 소득수준의 향상으로 인하여 소비자의 수요가 다양화·고도화되어 가고 있으며, 다른 한편으로는 교통·통신수단의 발달로 인하여 시간과 장소의 구애를 받지 않고 전 세계를 무대로 거래를 할 수 있게 되었다. 그리고 사업자들은 이러한 환경변화에 적극적으로 대처해 나가기 위해서 방문판매, 전화권유판매, 다단계판매, 후원방문판매, 통신판매, 전자상거래 등과 같은 새로운 형태의 판매방식을 개발해 나가고 있다. 그런데 이러한 특수판매의 경우에는 소비자들은 사업자나 재화에 대한 적절한 정보를 취득하지 못한 상태에서 거래관계를 맺게 되는 반면에, 사업자들은 이러한 소비자들의 열악한 처지를 이용하여 자기의 이윤을 극대화해 나가려는 경향이 있다. 또한 이상에서 언급한 특수판매 유형들은 고정된 영업장소에서 벗어나 거래가 이루어지고, 따라서 소비자들이 준비되지 않은 상황에서 거래에 임하게 된다는 점도 특징적이다. 이러한 상황에서 소비자들은 사업자들의 판촉활동에 의해 합리적인 선택이 침해되거나 왜곡될 수 있다는 우려가 있다.

나아가 우리나라의 경우에는 시장의 사정이나 문화적인 여건도 소비자에게 불리하게 작용하는 경향이 있다. 예컨대 방문판매업자들 중에는 그 규모가 아주 영세할 뿐만 아니라 기업적 윤리조차 제대로 갖추지 못한 사업자들이 많으며, 소비자들 중에는 아직도 인정상 친척이나 친지의 방문청약을 냉정하게 거절하지 못하는 경우가 많이 있다. 그런데 판매업자들 중에서는 이러한 소비자의 약점을 이용하여 자기에게는 일방적으로 유리하지만 소비자에게는 지나치게 불리한 거래를 맺는 경우가 자주 있기 때문에, 특수판매로 인한 피해가 좀처럼 줄어들지 않고 있다.

우리나라에서는 이러한 특수판매에 관한 거래를 공정하게 규율함으로써 소비자의 권익을 보호하고 시장의 신뢰를 제고하는 것을 통하여 국민경제의 건전한 발전에 이바지하기 위하여, 1991년에 「방문판매 등에 관한 법률」(이하 '방문판매법'이라 함)을 제정하여 실시하고 있는데, 이 법률은 1995년 말에 전면적으로 개정되었으며, 1999년 2월에는 사업자에게 부담을 주는 각종 규제를 정비하여 자율적인 경영 환경을 조성하기 위하여, 그리고 동년 5월에는 동법의 주관부서를 산업자원부에서 공정거래위원회로 이관하기 위하여 다시 개정되었다. 한편 2002년에는 방문판매법에서 전자상거래와 통신판매를 분리하여 「전자상거래 등에서의 소비자보호에 관한 법률」(이하 '전자상거래소비자보호법'이라 함)에서 별도로 규율하고, 방문판매법에서는 방문판매, 전화권유판매, 다단계판매, 계속거래 및 사업권유거래 등에 관해서만 규율하게 되었는데, 두 법률은 그 이후에도 여러 차례 개정되었다.

Ⅱ. 방문판매법의 총칙

1. 법의 목적

방문판매법은 방문판매, 전화권유판매, 다단계판매, 후원방문판매, 계속거래 및 사업권유거래 등에 의한 재화 또는 용역의 거래를 공정하게 규율함으로써, 소비자의 권익을 보호하고 시장의 신뢰도를 높여 국민경제의 건전한 발전에 이바지함을 목적으로 한다(법 1조). 따라서 이 법률은 거래질서법적 목적과 아울러 소비자보호법적 목적을 동시에 가지고 있다.

2. 용어의 정의

(1) 방문판매

방문판매란 재화 또는 용역(일정한 시설을 이용하거나 용역을 제공받을 수 있는 권리를 포함한다)의 판매(위탁 및 중개를 포함한다)를 업으로 하는 자(이하 '판매업자'라 함)가 방문을 하는 방법으로 그의 영업소·대리점 기타 총리령이 정하는 영업장소(이하 '사업장'이라 함) 이외의 장소에서 소비자에게 권유하여 계약의 청약을 받거나 계약을 체결하여 재화 또는 용역(이하 '재화 등'이라 함)을 판매하는 것을 말한다(법 2조 1호). 그리고 방문판매자란 방문판매를 업으로 하기 위하여 방문판매조직을 개설하거나 관리·운영하는 자(이하 '방문판매업자'라 함)와 방문판매업자를 대신하여 방문판매업을 수행하는 자(이하 '방문판매원'이라 함)를 말한다(법 2조 2호).

(2) 전화권유판매

전화권유판매란 전화를 이용하여 소비자에게 권유하거나 전화회신을 유도하는 방법으로 재화 등을 판매하는 것을 말한다(법 2조 3호). 그리고 전화권유판매자란 전화권유판매를 업으로 하기 위하여 전화권유판매조직을 개설하거나 관리·운영하는 자(이하 '전화권유판매업자'라 함)와 전화권유판매업자를 대신하여 전화권유판매 업무를 수행하는 자(이하 '전화권유판매원'이라 함)를 말한다(법 2조 4호).

(3) 다단계판매

다단계판매란 다음 각 호의 요건을 모두 충족하는 판매조직(이하 '다단계판매조직' 이라 함)을 통하여 재화 등을 판매하는 것을 말한다(법 2조 5호).

① 판매업자에 속한 판매인이 특정인을 해당 판매원의 하위 판매원으로 가입하도록 권유하는 모집방식이 있을 것
② 위와 같은 판매원의[1] 가입이 3단계(다른 판매원의 권유를 통하지 않고 가입한 판매원을 1단계 판매원으로 함) 이상 단계적으로 이루어질 것. 다만 판매원의 단계가 2단계 이하라고 하더라도 사실상 3단계 이상으로 관리·운영되는 경우로서 대통령령으로[2] 정하는 경우를 포함한다.
③ 판매업자가 판매원에게 다른 판매원들의 재화 등의 거래실적이나 조직관리 및 교육훈련 실적과 관련하여 후원수당을 지급하는 방식을 가지고 있을 것

그리고 다단계판매자란 다단계판매를 업으로 하기 위하여 다단계판매조직을 개설하거나 관리·운영하는 자(이하 '다단계판매업자'라 함)와 다단계판매조직에 판매원으로 가입한 자(이하 '다단계판매원'이라 함)를 말한다(법 2조 6호).

(4) 후원방문판매

후원방문판매란 방문판매 및 다단계판매의 요건에 해당하되, 대통령령으로[3] 정

---

1) 대법원은 "다단계판매조직의 판매원에는 판매를 직접적으로 실행하는 자뿐만 아니라 판매를 직접 실행하는 판매원들을 지원하고 관리하는 업무를 하는 자도 포함되므로, 갑 회사의 팀장과 본부장이 다단계판매조직의 판매원에 해당한다"고 판시하였다. 대법원 2015. 12. 24. 선고 2015두41395 판결.
2) 동법 시행령 제2조 제1항에서 1. 판매원에 대한 후원수당의 지급방법이 사실상 판매원의 단계가 3단계 이상인 경우와 같거나 유사한 경우와 2. 다른 자로부터 판매 또는 조직관리를 위탁받은 자(법 제13조 및 제29조제3항에 따라 다단계판매업자 또는 후원방문판매업자로 등록한 자는 제외한다)가 자신의 하위판매원을 모집하여 관리·운영하는 경우로서 위탁한 자와 위탁받은 자의 하위판매조직을 하나의 판매조직으로 볼 때 사실상 3단계 이상인 판매조직이거나 이와 유사하게 관리·운영되는 경우가 이에 해당한다.
3) 동법 시행령 제3조 "법 제2조 제7호 전단에 따른 후원수당 지급방식은 특정 판매원의 구매·판

하는 바에 따라 특정판매원의 구매·판매 등의 실적이 그 직근 상위판매원 1인의 후원수당에만 영향을 미치는 후원수당 지급방식을 가진 경우를 말한다. 이 경우에는 방문판매 및 다단계판매에 해당되지 않는 것으로 본다(법 2조 7호). 그리고 후원방문판매자란 후원방문판매를 업으로 하기 위한 조직(이하 '후원방문판매조직'이라 함)을 개설하거나 관리·운영하는 자(이하 '후원방문판매업자'라 함)와 후원방문판매조직에 판매원으로 가입한 자(이하 '후원방문판매원'이라 함)를 말한다(법 2조 8호).

(5) 후원수당

후원수당이란 판매수당·알선 수수료·장려금·후원금 등 그 명칭 및 지급형태와 상관없이, 다단계판매업자가 다음 각 호의 사항과 관련하여 소속 판매원에게 지급하는 경제적 이익을 말한다(법 2조 9호).

① 판매원 자신의 재화 등의 거래실적
② 판매원의 수당에 영향을 미치는 다른 판매원들의 재화 등의 거래실적
③ 판매원의 수당에 영향을 미치는 다른 판매원들의 조직관리 및 교육훈련 실적
④ 그 밖에 판매원들의 판매실적을 장려하거나 보상하기 위하여 지급되는 일체의 경제적 이익

(6) 계속거래

계속거래란 1개월 이상에 걸쳐 계속적으로 또는 부정기적으로 재화 등을 공급하는 계약으로서 중도에 해지할 경우 대금 환급의 제한 또는 위약금에 관한 약정이 있는 거래를 말한다(법 2조 10호).

(7) 사업권유거래

사업권유거래란 사업자가 소득 기회를 알선·제공하는 방법으로 거래상대방을 유인하여 금품을 수수하거나 재화 등을 구입하게 하는 거래를 말한다(법 2조 11호).

매 실적 및 이에 직접적으로 영향을 미치는 교육훈련·조직관리 활동이 그 직근 상위판매원 1인의 후원수당에만 영향을 미치는 지급방식으로 한다. 다만, 다음 각 호의 어느 하나에 해당하는 후원수당을 지급하는 것은 법 제2조제7호 전단에 따른 후원수당 지급방식에 포함되지 아니한다. 1. 시간당 교육비 등 구매·판매 실적과 관계없이 미리 마련한 기준에 따라 부정기적으로 지급되는 교육훈련비, 2. 모든 판매원에게 똑같이 지급되는 상여금 또는 시용 제품, 3. 실제 지출된 비용을 기준으로 지원하는 사업장 운영지원비"

3. 적용제외

방문판매법은 원칙적으로 사업자가 상품이나 용역을 방문판매, 전화권유판매, 다단계판매, 후원방문판매 등의 방법으로 거래하는 모든 거래에 적용되지만, 사업자가 상행위를 목적으로 재화를 구입하는 거래, 보험회사와 보험계약을 체결하기 위한 거래, 및 개인이 독립된 자격으로 공급하는 재화 등의 거래로서 대통령령으로 정하는 거래에 대하여는 이 법을 적용하지 않는다(법 3조).

여기서 사업자가 상행위를 목적으로 재화를 구입하는 거래에 대하여 이 법의 적용을 제외하는 것은 이 법의 1차적인 목적이 소비자의 권익보호에 있기 때문이다. 따라서 사업자라 하더라도 사실상 소비자와 같은 지위에서 다른 소비자와 같은 거래조건으로 거래하는 경우에는 방문판매법이 적용된다(법 3조 1호 단서).

4. 다른 법률과의 관계

방문판매, 전화권유판매, 다단계판매, 후원방문판매, 계속거래 및 사업권유거래 등에 있어서 소비자보호와 관련하여 방문판매법과 다른 법률의 적용이 경합하는 경우에는 이 법을 우선 적용하되, 다른 법률을 적용하는 것이 소비자에게 유리한 경우에는 그 법률을 적용한다. 그리고 계속거래에 관하여 이 법에서 규정하고 있는 사항을 다른 법률에서 따로 정하고 있는 경우에는 그 법률을 적용한다(법 4조).

제 2 절 방문판매 및 전화권유판매

Ⅰ. 방문판매 및 전화권유판매의 기능과 문제점

방문판매는 주로 출판물, 주방기구, 가전제품, 화장품, 보험, 학습지 등을 그 대상으로 하며, 전화권유판매는 주로 부동산, 골프장이나 호텔 또는 콘도 등의 이용권, 보험 등을 대상으로 한다. 이러한 방문판매 및 전화권유판매는 판매자에게는 영업소의 설치 등에 필요한 비용을 줄일 수 있고, 소비자에게는 시장조사나 정보수집에 필요한 시간과 비용을 줄일 수 있는 장점이 있다. 그러나 방문판매업자 또는 전화권유판매업자(이하 '방문판매업자 등'이라 함)와 소비자 사이에는 재화 등에 관한 정보와 교섭력 등에 있어서 큰 차이가 있기 때문에 다음과 같은 문제점이 발생할 우려가 있다.

첫째 소비자가 판매업자나 판매원의 인적 사항(상호나 성명, 주소 및 전화번호 등)을 알지 못하는 경우가 많기 때문에, 재화 등에 관하여 불만이 발생하더라도 이를 해소하기가 곤란하다.

둘째 방문판매 또는 전화권유판매의 경우에는 소비자가 재화 등의 종류나 내용, 가격이나 거래조건 등을 자세히 따져 보지 않은 채, 판매원의 설명만 듣고 계약을 체결하는 등 충동구매가 발생할 우려가 있다. 그리고 계약서를 아예 작성하지 않는 경우도 있고 또 약관을 사용하는 경우에는 이를 교부하지 않는 경우도 있기 때문에, 거래의 내용이나 조건이 명확하지 않거나 소비자에게 일방적으로 불리한 경우도 있다.

셋째 방문판매 또는 전화권유판매의 경우에는 계약을 체결하는 판매원과 대금을 수령하는 수금원이 다른 경우가 많고, 또 최근에는 신용카드에 의한 결제가 일반화하고 있기 때문에, 소비자에게 인도된 재화 등이 소비자가 그것을 구입할 당시에 판매원으로부터 들은 설명이나 제시된 견본과 다르거나 그 밖에 여러 가지 불만이 발생하더라도, 그것을 가지고 수금원에게 대항하기가 곤란한 경우가 많다.

넷째 방문판매 또는 전화권유판매의 경우에는 그 계약이 해제된 경우에 그로 인한 손해배상이나 원상회복 등에 관하여 판매업자와 소비자 사이에 분쟁이 발생할 가능성이 있다.

II. 방문판매업자 등의 신고 등

1. 방문판매업자 등의 신고

방문판매업자 또는 전화권유판매업자(이하 '방문판매업자 등'이라 함)는 상호·주소·전화번호·전자우편번호(법인인 경우에는 대표자의 성명, 주민등록번호 및 주소를 포함한다), 그 밖에 대통령령으로 정하는 사항을 공정거래위원회 또는 특별자치시장·특별자치도지사·시장·군수·구청장(자치구의 구청장을 말함)에게 신고하여야 하며(법 5조 1항), 신고사항이 변경된 경우에도 마찬가지이다(동조 2항). 그러나 방문판매원 또는 전화권유판매원을 두지 않는 소규모 방문판매업자 또는 전화권유판매업자, 등록한 다단계판매업자 및 등록한 후원방문판매업자는 신고의무를 부담하지 않는다(법 5조 1항 단서). 그리고 이와 같이 신고한 방문판매업자 등은 휴업 또는 폐업하거나 휴업한 후 영업을 다시 시작할 때에도 이를 신고하여야 한다(동조 3항). 한편 공정거래위원회는 방문판매업자 등이 신고한 사항을 대통령령으로 정하는 바에 따라 공개할 수 있다(법 5조 4항).

2. 방문판매원 등의 명부 비치 등

일반적으로 방문판매자 등은 소비자의 가정이나 직장에 아무런 예고 없이 불쑥 방문하거나 전화를 걸어 재화 등의 구입을 권유하게 된다. 따라서 이러한 경우에는 소비자들이 그 판매원의 신원을 확인하기도 어려울 뿐만 아니라 그 재화 등의 구입이 절실히 필요한지 또는 그 재화의 구입에 필요한 자금은 충분히 준비되어 있는지 등에 관하여 꼼꼼히 따져 볼 겨를도 없이 방문판매자 등의 설명이나 권유에 현혹되어 충동적인 구매결정을 할 우려가 있다. 따라서 방문판매법은 이러한 우려를 해소하기 위하여 방문판매업자 등에게 총리령이 정하는 바에 따라 방문판매원 또는 전화권유판매원(이하 '방문판매원 등'이라 함)의 명부를 작성하도록 하고(법 6조 1항), 소비자피해의 방지 또는 구제를 위하여 소비자가 요청하면 언제든지 소비자로 하여금 방문판매원 등의 신원을 확인할 수 있도록 해야 하며(법 6조 2항), 방문판매자 등이 재화 등을 판매하고자 하는 경우에는 소비자에게 미리 해당 방문 또는 전화가 판매를 권유하기 위한 것이라는 점과 방문판매자 등의 성명 또는 명칭, 판매하는 재화 등의 종류 및 내용을 밝혀야 한다(법 6조 3항).

3. 계약체결 전 정보제공과 계약체결 시 계약서의 교부

소비자가 방문판매나 전화권유판매의 방법으로 재화 등을 구입할 경우에는 그 거래상대방의 인적사항이나 재화의 내용, 가격 또는 거래조건 등에 관하여 정확한 정보를 취득하지 못한 상태에서 계약을 체결함으로써 원하지 않는 거래관계를 맺거나 불리한 계약을 체결할 우려도 있고, 불필요한 분쟁에 휘말릴 우려도 있다. 따라서 방문판매법은 이러한 우려를 해소하기 위하여 방문판매자 등에게 재화 등의 판매에 관한 계약을 체결하기 전에 소비자가 계약의 내용을 이해할 수 있도록 다음 각 호의 사항을 설명하도록 하고 있다(법 7조 1항, 영 11조).

① 방문판매업자 등의 성명(법인인 경우에는 대표자의 성명)·상호·주소·전화번호 및 전자우편주소
② 방문판매원 등의 성명·주소·전화번호 및 전자우편주소. 다만 방문판매업

자 등이 소비자와 직접 계약을 체결하는 경우는 제외한다.

③ 재화 등의 명칭·종류 및 내용

④ 재화 등의 가격과 그 지급의 방법 및 시기

⑤ 재화 등을 공급하는 방법 및 시기

⑥ 청약의 철회 및 계약의 해제(이하 '청약의 철회 등'이라 함)의 기한·행사방법·효과에 관한 사항 및 청약철회 등의 권리행사에 필요한 서식으로서 총리령으로 정하는 것

⑦ 재화 등의 교환·반품·수리보증 및 그 대금환불의 조건과 절차

⑧ 전자매체로 공급할 수 있는 재화 등의 설치·전송 등과 관련하여 요구되는 기술적 사항

⑨ 소비자피해보상, 재화 등에 대한 불만 및 소비자와 사업자 간의 분쟁처리에 관한 사항

⑩ 거래에 관한 약관

⑪ 그 밖에 소비자의 구매여부의 판단에 영향을 주는 거래조건 또는 소비자피해 구제에 필요한 사항으로서, 대통령령으로 정하는 사항

그리고 방문판매자 등은 재화 등의 판매에 관한 계약을 체결할 때에는 위의 사항을 기재한 계약서를 소비자에게 발급하여야 한다(법 7조 2항).[4] 그런데 전화권유판매에 관한 계약서의 경우에는 소비자의 동의를 얻어 그 계약의 내용을 팩스나 전자문서(전자거래기본법 2조 1호에 따른 전자문서를 말함)로 송부하는 것으로써 갈음할 수 있다. 이 경우에 팩스나 전자문서에 의하여 송부한 계약의 내용이나 도달에 관하여 다툼이 있으면 전화권유판매자가 이를 입증하여야 한다(법 7조 4항). 그리고 방문판매업자 등은 위와 같이 소비자에게 설명하거나 표시한 거래조건을 신의에 좇아 성실하게 이행하여야 한다(법 7조 5항).

4. 전화권유판매업자의 통화내용 보존 의무

법 제7조 제1항에 따른 계약 중 전화권유판매에 관한 계약의 경우에는, 전화권유판매업자는 소비자의 동의를 받아 통화내용 중 계약에 관한 사항을 계약한 날부

---

4) 한편 방문판매자 등이 미성년자와 재화 등의 판매에 관한 계약을 체결하고자 하는 경우에는 법정대리인의 동의를 얻어야 하며, 이것은 민법의 규정에 비추어 당연한 것이라고 할 수 있다(민법 5조 1항). 그런데 여기서 특기할 사항은 이 경우에 방문판매자 등이 미성년자에게 법정대리인의 동의를 얻지 못하는 경우에는 미성년자 본인 또는 법정대리인이 그 계약을 취소할 수 있다는 내용을 고지하여야 한다(법 7조 3항)는 점이다.

터 3개월 이상 보존하여야 하며(법 7조의2 1항), 소비자는 전화권유판매업자가 법 제7조 제1항에 따라 보존하는 통화내용에 대하여 방문·전화·팩스 또는 전자우편 등의 방법으로 열람을 요청할 수 있는데, 전화권유판매업자는 그 요청에 따라야 한다(동조 2항).

Ⅲ. 청약철회와 손해배상청구금액의 제한 등

1. 청약의 철회

(1) 철회권의 의의

방문판매 또는 전화권유판매의 경우에는 소비자가 판매자의 설명이나 권유에 현혹되어 충동구매를 할 우려가 있다. 따라서 방문판매법은 이러한 우려를 해소하기 위하여 소비자에게 철회권을 부여하고 있다. 즉 소비자는 계약을 체결한 후 일정한 기간(이를 재고기간 또는 냉각기간이라 함)내에는 아무런 조건 없이 그 청약을 철회할 수 있다. 이와 같이 소비자에게 무조건적인 철회권을 인정하고 있는 것은 '계약은 지켜져야 한다'(pacta sund servanda)고 하는 사법상의 대원칙에 대한 예외로서, 소비자보호를 위한 특칙이라고 할 수 있다.

(2) 철회권 행사의 기간 및 제한

방문판매 등의 방법으로 재화 등의 구매에 관한 계약을 체결한 소비자는 다음 각 호의 기간(거래 당사자 사이에 이보다 긴 기간으로 약정한 경우에는 그 기간) 이내에 그 계약에 관한 청약의 철회 등을 할 수 있다(법 8조 1항).

① 계약서를 받은 날로부터 14일. 다만 그 계약서를 받은 날보다 재화 등이 늦게 공급된 경우에는 재화 등을 공급받거나 공급이 개시된 날부터 14일
② 계약서를 받지 않았거나, 방문판매자 등의 주소 등이 적혀 있지 아니한 계약서를 받은 경우 또는 방문판매자 등의 주소변경 등의 사유로 위의 기간 내에 청약철회 등을 할 수 없는 경우에는 그 주소를 안 날 또는 알 수 있었던 날부터 14일
③ 계약서에 청약철회 등에 관한 사항이 적혀 있지 아니한 경우에는 청약철회 등을 할 수 있음을 안 날 또는 알 수 있었던 날부터 14일
④ 방문판매업자 등이 청약철회 등을 방해한 경우에는 그 방해행위가 종료한

날부터 14일

그러나 소비자는 다음 각 호의 어느 하나에 해당하는 경우에는 방문판매자 등의 의사와 다르게 청약철회 등을 할 수 없다(법 8조 2항).

① 소비자에게 책임이 있는 사유로 재화 등이 멸실되거나 훼손된 경우. 다만 재화 등의 내용을 확인하기 위하여 포장 등을 훼손한 경우는 제외한다.

② 소비자가 재화 등을 사용하거나 일부 소비함으로써 그 가치가 현저히 낮아진 경우

③ 시간이 지남으로써 다시 판매하기 어려울 정도로 재화 등의 가치가 현저히 낮아진 경우

④ 복제할 수 있는 재화 등의 포장을 훼손한 경우

⑤ 그 밖에 거래의 안전을 위하여 대통령령이 정하는 경우

한편 방문판매자 등은 위의 ② 내지 ④에 따라 청약철회 등을 할 수 없는 재화 등의 경우에는 그 사실을 재화 등의 포장이나 그 밖에 소비자가 쉽게 알 수 있는 곳에 분명하게 표시하거나 시용 상품을 제공하는 등의 방법으로 청약철회 등의 권리행사가 방해받지 않도록 조치하여야 한다(법 8조 5항). 다만 방문판매자 등이 이러한 조치를 하지 아니한 경우에는 ② 내지 ④의 사유에 해당하는 경우에도 소비자는 청약철회 등을 할 수 있다(법 8조 2항 단서).

그러나 재화 등의 내용이 표시·광고의 내용과 다르거나 계약 내용과 다르게 이행된 경우에는 소비자는 위의 청약철회 기간이나 철회 제한사유와 상관없이 그 재화 등을 공급받은 날부터 3월 이내에, 그 사실을 안 날 또는 알 수 있었던 날부터 30일 이내에 청약철회 등을 할 수 있다(법 8조 3항). 한편 청약철회의 의사표시는 구두로 할 수도 있고 서면으로 할 수도 있지만, 서면으로 하는 경우에는 청약철회 등의 의사를 표시한 서면을 발송한 날에 그 효력이 발생한다(법 8조 4항).

(3) 청약철회 등의 효과

소비자가 청약철회 등을 한 경우에는 이미 공급받은 재화 등을 반환하여야 한다(법 9조 1항). 그런데 만약 재화 등이 이미 사용 또는 일부 소비된 경우에는 방문판매자 등은 소비자에게 그 재화 등의 사용 또는 일부 소비에 의하여 소비자가 얻은 이익 또는 그 재화 등의 공급에 소요된 비용에 상당하는 금액의 지급을 청구할 수 있다(법 9조 8항). 한편 방문판매자 등은 재화 등을 반환받은 날부터 3 영업일

이내에 이미 지급받은 재화 등의 대금을 환급하여야 한다. 이 경우 방문판매자 등이 소비자에게 재화 등의 대금의 환급을 지연하면, 그 지연기간에 따라 연 40% 이내의 범위에서 지연배상금을[5] 지급하여야 한다(법 9조 2항).

그리고 방문판매자 등이 재화 등의 대금을 환급할 때 소비자가 신용카드나 그 밖에 대통령령으로 정하는 결제수단(이하 '신용카드 등'이라 함)으로 재화 등의 대금을 지급한 경우에는 지체 없이 그 신용카드 등의 대금 결제수단을 제공한 사업자(이하 '결제업자'라 함)로 하여금 재화 등의 대금 청구를 정지하거나 취소하도록 요청하여야 한다. 다만 방문판매자 등이 결제업자로부터 그 재화 등의 대금을 이미 지급받은 경우에는 지체 없이 이를 결제업자에게 환급하고 그 사실을 소비자에게 알려야 한다(법 9조 3항). 이 경우 방문판매자 등으로부터 재화 등의 대금을 환급받은 결제업자는 지체 없이 소비자에게 이를 환급하거나 환급에 필요한 조치를 취하여야 한다(법 9조 4항). 그러나 방문판매자 등 중에서 환급을 지연하여 소비자로 하여금 대금을 결제하게 한 방문판매자 등은 그 지연기간에 대한 지연배상금을 소비자에게 지급하여야 한다(법 9조 5항).

또한 소비자는 방문판매자 등이 정당한 사유 없이 결제업자에게 대금을 환급하지 아니하는 경우에는 환급받을 금액에 대하여 결제업자에게 그 방문판매자 등에 대한 다른 채무와 상계할 것을 요청할 수 있다. 이 경우 결제업자는 대통령령으로 정하는 바에 따라 그 방문판매자 등에 대한 다른 채무와 상계할 수 있다(법 9조 6항). 그리고 소비자는 결제업자가 위의 상계를 정당한 이유 없이 게을리 한 경우 결제업자에 대해 대금의 결제를 거부할 수 있다. 이 경우 방문판매자 등과 결제업자는 그 결제의 거부를 이유로 해당 소비자를 약정한 날자 이내에 채무를 변제하지 아니한 자로 처리하는 등 소비자에게 불이익을 주는 행위를 해서는 안 된다(법 9조 7항).

그리고 청약철회 등의 경우 공급받은 재화 등의 반환에 필요한 비용은 방문판매자 등이 부담하며, 방문판매자 등은 소비자에게 청약철회 등을 이유로 위약금 또는 손해배상을 청구할 수 없다(법 9조 9항). 만약 방문판매자 등, 재화 등의 대금을 지급받은 자 또는 소비자와 방문판매 등에 관한 계약을 체결한 자가 동일인이 아닌 경우 각자는 청약철회 등에 따른 재화 등의 대금 환급과 관련한 의무의 이행

---

5) 지연배상금은 지연된 기간에 따라 연 100분의 40 이내의 범위에서 은행법에 따른 금융기관이 적용하는 연체금리 등 경제사정을 고려하여 대통령령으로 정하는 이율을 곱하여 산정한 지연이자를 말하며, 시행령은 그 이율을 100분의 15로 정하고 있다(영 13조 참조).

에 있어 연대하여 책임을 진다(법 9조 10항).

2. 손해배상청구금액의 제한 등

소비자에게 책임이 있는 사유로 재화 등의 판매에 관한 계약이 해제된 경우 방문판매자 등은 소비자에게 손해배상을 청구할 수 있다. 그런데 이 경우에는 방문판매자 등이 우월적 지위를 이용하여 소비자에게 지나치게 많은 손해배상액을 청구할 우려가 있기 때문에, 방문판매법은 이를 막기 위하여 방문판매자 등이 소비자에게 청구하는 손해배상액은, 다음 각 호의 어느 하나에서 정한 금액에 대금미납에 따른 지연배상금을 더한 금액을 초과할 수 없도록 하고 있다(법 10조 1항).

① 공급한 재화 등이 반환된 경우에는 반환된 재화 등의 통상 사용료액 또는 그 사용으로 통상 얻을 수 있는 이익에 상당하는 금액과 반환된 재화 등의 판매가격에서 그 재화 등이 반환된 당시의 가액을 뺀 금액 중에서 큰 금액
② 공급한 재화 등이 반환되지 아니한 경우에는 그 재화 등의 판매가격에 상당하는 금액

그리고 공정거래위원회는 방문판매자 등과 소비자 간의 손해배상청구에 따른 분쟁을 원활하게 해결하기 위하여 필요한 경우에는 손해배상액의 산정기준을 정하여 고시할 수 있다(법 10조 2항).

3. 금지행위

방문판매자 등은 다음 각 호의 어느 하나에 해당하는 행위를 해서는 안 된다(법 11조 1항).

① 재화 등의 판매에 관한 계약의 체결을 강요하거나 청약철회 등 또는 계약해지를 방해할 목적으로 소비자를 위협하는 행위
② 거짓 또는 과장된 사실을 알리거나 기만적인 방법을 사용하여 소비자를 유인 또는 거래하거나 청약철회 등 또는 계약의 해지를 방해하는 행위
③ 방문판매원 등이 되기 위한 조건 또는 방문판매원 등의 자격을 유지하기 위한 조건으로서 방문판매원 등 또는 방문판매원 등이 되려는 자에게 가입비·판매 보조물품·개인할당 판매액·교육비 등 그 명칭이나 형태와 상관 없이 대통령령으로 정하는 수준을 초과한 비용 또는 그 밖의 금품을 징수하거나 재화 등을 구매하게 하는 등 의무를 지게 하는 행위

④ 방문판매원 등에게 다른 방문판매원 등을 모집할 의무를 지게 하는 행위

⑤ 청약철회 등이나 계약의 해지를 방해할 목적으로 주소·전화번호 등을 변경하는 행위

⑥ 분쟁이나 불만처리에 필요한 인력 또는 설비가 부족한 상태를 상당기간 방치하여 소비자에게 피해를 주는 행위

⑦ 소비자의 청약 없이 일방적으로 재화 등을 공급하고 재화 등의 대금을 청구하는 행위

⑧ 소비자가 재화를 구매하거나 용역을 제공받을 의사가 없음을 밝혔음에도 불구하고 전화, 팩스, 컴퓨터통신 등을 통하여 재화를 구매하거나 용역을 제공받도록 강요하는 행위

⑨ 본인의 허락을 받지 아니하거나 허락받은 범위를 넘어 소비자에 관한 정보를 이용(제3자에게 제공하는 경우를 포함한다)하는 행위. 다만 다음 각 호의 어느 하나에 해당하는 경우는 제외한다.

i) 재화 등의 배송 등 소비자와의 계약의 이행하기 위하여 불가피한 경우로서 대통령령이 정하는 경우

ii) 재화 등의 거래에 따른 대금을 정산하기 위하여 필요한 경우

iii) 도용을 방지하기 위하여 본인임을 확인할 때 필요한 경우로서 대통령령으로 정하는 경우

iv) 법률의 규정 또는 법률에 따라 필요한 불가피한 사유가 있는 경우

한편 공정거래위원회는 이 법의 위반행위의 방지 및 소비자피해의 예방을 위하여 방문판매자 등이 준수해야 할 기준을 정하여 고시할 수 있다(법 11조 2항).

4. 휴업기간 중의 업무처리

방문판매자 등은 그 휴업기간 또는 영업정지기간 중에도 청약철회 등의 업무와 그에 따른 업무를 계속하여야 한다(법 12조 1항). 그리고 방문판매업자 등이 파산선고를 받거나 관할 세무서에 폐업신고를 한 경우, 또는 6개월을 초과하여 영업을 하지 않는 등 실질적으로 영업을 할 수 없다고 판단되는 경우에는 공정거래위원회 또는 특별자치시장·특별자치도지사·시장·군수·구청장은 직권으로 해당 방문판매업 등의 신고사항을 말소할 수 있다(법 12조 2항).

5. 전화권유판매 수신거부의사 등록시스템 등

공정거래위원회는 전화권유판매자의 행위로부터 소비자를 보호하기 위하여 소비자가 수신거부의사를 명시적으로 표시하여 등록할 수 있는 수신거부의사 등록시스템(이하 '등록시스템'이라 함)을 구축할 수 있으며(법 42조 1항), 등록시스템의 운영을 소비자기본법에 따라 설립된 기관 또는 등록된 소비자단체, 그 밖에 방문판매법 제54조에 따라 등록된 사업자단체 또는 다른 법률에 따라 소비자보호를 위하여 설립된 기관 또는 단체에 위탁할 수 있으며, 해당 기관 또는 단체에 그 원활한 운영에 필요한 비용의 전부 또는 일부를 지원할 수 있다(법 42조 3항).

전화권유판매자가 전화권유판매를 하려는 경우에는 대통령령으로 정하는 바에 따라 등록시스템에서 소비자의 수신거부의사 등록 여부를 확인하여야 하며, 전화권유판매 수신거부의사를 등록한 소비자에게 전화권유판매를 하여서는 안 된다. 다만 전화권유판매업자가 총리령으로 정하는 바에 따라 소비자로부터 개별적인 동의를 받은 경우에는 그렇지 않다(법 42조 2항).

제 3 절   다단계판매 및 후원방문판매

I. 총   설

1. 다단계판매의 기능과 문제점

다단계판매는 도·소매의 일반적인 유통경로를 거치지 않고 그 상품을 사용해 본 경험이 있는 소비자 중 일부가 직접 판매원이 되어 다른 소비자에게 상품을 판매하는 과정이 여러 단계에 걸쳐서 이루어지는 판매방식으로서, 그 형태는 매우 다양하다. 그런데 통상의 경우에는 다단계판매원이 호별 방문을 하거나 일정한 장소에 주부들을 초대해 놓고 제품을 설명한 뒤에 이를 판매하는 방식을 취하고 있다. 이러한 다단계판매는 1980년대 초에 우리나라에 도입되어 화장품이나 식기류의 판매방식으로 성행하기 시작하였는데, 최근에는 유통시장의 개방과 함께 암웨이(Amway), 산륭산업(山隆産業) 등과 같은 외국인 투자기업들이 국내시장에 진입하기 위한 판매 전략의 하나로 널리 이용하고 있다.

다단계판매는 판매업자가 점포유지비나 광고비를 절감하고 유통마진을 축소함으로써 소비자들에게 상품을 보다 저렴하게 공급할 수 있다는 장점을 가지고 있다. 그리고 소비자에게 잘 알려져 있지 않은 신제품이나 중소기업의 제품인 경우에는, 다단계판매를 통하여 막대한 광고비를 들이지 않고도 시장에 진입할 수 있는 장점이 있다. 그러나 우리나라에서 행해지고 있는 다단계판매는 그 실질이 피라미드판매와 큰 차이가 없고, 판매원도 주로 상거래의 경험이 거의 없는 학생이나 주부가 상당한 비중을 차지하고 있기 때문에, 다단계판매가 가지고 있는 장점을 제대로 살리지 못하고 있을 뿐만 아니라 다음과 같은 문제점을 낳을 우려가 있다.

첫째 신규가입자의 확보나 새로운 판로개척이 어느 시점에 도달하면 불가능하게 되므로, 거래단계의 하위에 있는 자는 반품거절이나 가입비 반환거부로 피해를 받을 우려가 있다.

둘째 주로 친척이나 친지 등을 통한 연고판매의 형태를 띠게 되므로 분쟁이 표면화되기가 어렵고, 연고판매에 따른 피해자도 조직 확대와 더불어 급속히 확대될 우려가 있다.

셋째 가정주부나 직장인을 상대로 재화 등에 대한 유리한 정보만을 제공하고, 재화의 가치와 무관한 높은 이익의 제공을 약속하여 고객을 유인함으로써, 소비자의 합리적인 선택을 방해할 우려가 있다.

2. 각국의 입법례

다단계판매는 그 조직형태나 운영방법이 매우 다양할 뿐만 아니라, 여러 가지의 장점과 아울러 단점을 가지고 있기 때문에 이를 규제하는 태도도 각 나라에 따라 상당한 차이를 보이고 있다.

우선 미국의 경우에는 각 주마다 차이가 있긴 하지만, 대체로 판매원의 주된 이익이 그 자신이나 후순위 가입자의 상품판매에 의해서가 아니라 판매원의 신규가입에 의하여 발생하는 경우에는 이를 피라미드 판매라고 하여 금지하고 있다. 그리고 독일에서는 상인이 아닌 자가 개입된 사행적인 다단계판매를 전면 금지하고 있으며, 일본에서는 상품이 매개되지 않고 선가입자와 후가입자 사이에 금품의 수수만이 존재하는 금전배당조직 내지 '무한연쇄강'(無限連鎖講)은 일체 금지하지만, 상품판매를 전제로 한 다단계판매는 원칙적으로 허용하고 있다.

II. 다단계판매업자의 등록 등

1. 다단계판매업자의 등록

다단계판매업자는 대통령령으로 정하는 바에 따라 다음 각 호의 서류를 갖추어 공정거래위원회 또는 특별시장·광역시장·특별자치시장·도지사·특별자치도지사(이하 '시·도지사'라 함)에게 등록하여야 하여야 하며(법 13조 1항), 이를 위해서는 먼저 소비자피해보상보험계약 등을 체결하여야 한다(법 37조 1항).

① 상호·주소·전화번호 및 전자우편주소(법인인 경우에는 대표자의 성명·주민등록번호 및 주소를 포함한다) 등을 적은 신청서
② 자본금이 3억원 이상으로서 대통령령으로 정하는 규모 이상임을 증명하는 서류
③ 소비자피해보상보험계약 등의 체결을 증명하는 서류
④ 후원수당의 산정 및 지급기준에 관한 서류
⑤ 재고관리·후원수당 지급 등 판매의 방법에 관한 사항을 적은 서류
⑥ 그 밖에 다단계판매자의 신원을 확인하기 위하여 필요한 사항으로서 총리령으로 정하는 서류

한편 다단계판매업자는 위의 등록한 사항 중 ①부터 ④까지의 사항이 변경된 경우(법 13조 2항), 또는 휴업이나 폐업을 하거나 휴업 후 영업을 다시 시작할 때에는 대통령령으로 정하는 바에 따라 이를 신고하여야 하며, 폐업을 신고하면 등록은 그 효력을 잃는다(법 13조 3항). 그리고 공정거래위원회는 다단계판매업자 등록사항 변경신고를 받은 경우 10일 이내에 신고수리 여부를 신고인에게 통지하여야 하며(법 13조 4항), 그 기간 내에 신고수리 여부 또는 처리 기간의 연장을 통지하지 아니한 경우에는 신고를 수리한 것으로 본다(법 13조 5항). 한편 공정거래위원회는 다단계판매업자에 대하여 등록한 사항과 그 밖에 공정거래질서의 확립과 소비자 보호를 위하여 필요하다고 인정하는 사항을 대통령령으로 정하는 바에 따라 공개해야 하며, 다만 다단계판매업자의 경영상·영업상 비밀에 관한 사항으로서 공개될 경우 다단계판매업자의 정당한 이익을 현저히 해칠 우려가 있다고 인정되는 정보 및 개인에 관한 사항으로서 공개될 경우 사생활의 비밀 또는 자유를 침해할 우려가 있다고 인정되는 정보의 경우는 제외된다(법 13조 6항). 이러한 정보를 공개하

기 위하여 필요한 경우에는 다단계판매업자에게 관련 자료의 제출을 요구할 수 있다. 이 경우 다단계판매업자는 정당한 사유가 없으면 이에 따라야 한다(법 13조 7항).

다단계판매업을 영위하고자 하는 자는 누구든지 다단계판매업자로 등록할 수 있지만, 다음 각 호의 어느 하나에 해당하는 개인이나 법인은 다단계판매업자로 등록할 수 없다(법 14조).

① 다음 각 호의 어느 하나에 해당하는 개인 또는 그 개인이 임원으로 있는 법인
 i) 미성년자 · 피한정후견인 또는 피성년후견인
 ii) 파산선고를 받고 복권되지 아니한 자
 iii) 이 법을 위반하여 징역형을 선고받고 그 집행이 끝나거나 집행이 면제된 날
   부터 5년이 지나지 아니한 자
 iv) 이 법을 위반하여 징역형의 집행유예를 선고받고 그 유예기간 중에 있는 자
② 다음 각 호의 어느 하나에 해당하는 자가 지배주주로 있는 법인
 i) 이 법을 위반하여 징역의 실형을 선고받고 그 집행이 끝나거나 집행이 면제
   된 날부터 5년이 지나지 아니한 자
 ii) 이 법을 위반하여 징역형의 집행유예를 선고받고 그 유예기간 중에 있는 자
③ 등록이 취소된 후 5년이 지나지 아니한 개인 또는 법인
④ 개인 또는 법인의 등록취소 당시 임원 또는 지배주주이었던 자가 임원 또는
  지배주주로 있는 법인

2. 소비자피해보상보험계약 등의 체결

다단계판매업자로 등록하고자 하는 자는 소비자피해 보상을 위한 보험계약, 소비자피해 보상금의 지급을 확보하기 위한 채무지급보증계약 또는 방문판매법 제38조에 따라 설립된 공제조합과의 공제계약(이하 '소비자피해보상보험계약 등'이라 함)을 체결하여야 한다(법 37조 1항).

소비자피해보상보험계약 등은 다단계판매업자의 방문판매법 위반행위로 인하여 받는 소비자피해의 보상을 담보하기 위한 것으로서 종래의 환불보증금제도에 해당하는 것이다.[6] 따라서 그 내용은 소비자피해를 보상하기에 적절한 수준이어야

---

6) 2002년 3월 이전의 구법에서는 다단계판매업을 하고자 하는 자는 등록을 하기 전에 자본금의 10%에 해당하는 금액을(구법 37조 1항), 다단계판매업자는 그가 판매한 상품 또는 제공한 용역의 매월 매출액의 10%에 해당하는 금액을 다음 달 10일까지 주된 사업장의 소재지에서 환불보증금으로 공탁하도록 규정하고 있었다(구법 37조 2항, 5항).

하며, 그 구체적인 기준은 대통령령으로 정한다(법 37조 3항). 그리고 소비자피해보상보험계약 등에 의하여 소비자피해 보상금을 지급할 의무가 있는 자는 그 지급사유가 발생한 경우에 지체 없이 이를 지급하여야 하며, 이를 지연한 경우에는 지연배상금을 지급하여야 한다(법 37조 4항). 한편 소비자피해보상보험계약 등을 체결한 자는 그 사실을 나타내는 표지를 사용할 수 있다(법 37조 6항). 그러나 이러한 계약을 체결하지 아니한 자는 그러한 표지를 사용하거나 이와 비슷한 표지를 제작 또는 사용해서는 안 된다(법 37조 7항).

3. 다단계판매원의 등록

다단계판매조직에 다단계판매원으로 가입하려는 자는 그 조직을 관리·운영하는 다단계판매업자에게 총리령으로 정하는 바에 따라 등록하여야 한다(법 15조 1항). 그러나 다음 각 호의 어느 하나에 해당하는 자는 다단계판매원으로 등록할 수 없다(법 15조 2항).

① 국가공무원·지방공무원 또는 교육공무원 및 사립학교법에 따른 교원
② 미성년자(다만, 아래 ④, ⑤의 어느 하나에 해당하지 않는 법정대리인의 동의를 얻은 경우에는 제외함)
③ 법인
④ 다단계판매업자의 지배주주 또는 임직원
⑤ 법 제49조에 따른 시정조치를 2회 이상 받은 자. 다만 마지막 시정조치에 대한 이행을 완료한 날부터 3년이 지난 자는 제외한다.
⑥ 이 법을 위반하여 징역의 실형을 선고받고 그 집행이 종료되거나 집행이 면제된 날부터 5년이 지나지 않은 자
⑦ 이 법을 위반하여 징역형의 집행유예를 선고받고 그 유예기간 중에 있는 자

그리고 다단계판매업자는 그가 관리·운영하는 다단계판매조직에 가입한 다단계판매원에게 총리령으로 정하는 바에 따라 다단계판매원 등록증을 발급하여야 하고(법 15조 3항), 다단계판매원 등록부를 작성하고, 소비자피해의 방지 또는 구제를 위하여 소비자가 요청하는 경우에는 소비자로 하여금 등록된 다단계판매원의 신원을 확인할 수 있도록 하여야 한다(법 15조 4항). 그리고 다단계판매업자는 등록한 다단계판매원에게 후원수당의 산정과 지급기준, 하위판매원의 모집과 후원, 재화 등의 반환과 다단계판매원의 탈퇴에 관한 사항, 다단계판매원이 지켜야 할 사

항 및 그 밖에 총리령으로 정하는 사항을 확인할 수 있는 다단계판매원수첩(전자기기로 된 것을 포함함)을 교부하여야 한다(법 15조 5항).

4. 등록의 취소

공정거래위원회 또는 시·도지사는 다단계판매업자가 속임수나 그 밖의 부정한 방법으로 등록을 한 경우에는 그 등록을 취소하여야 하고, 다음 각 호의 어느 하나에 해당하는 경우에는 그 등록을 취소할 수 있다(법 49조 5항).

① 속임수나 그 밖의 부정한 방법으로 등록을 한 경우
② 결격사유에 해당되게 된 경우
③ 소비자피해보상보험계약 등이 해지된 경우
④ 영업정지기간 중에 영업을 하는 경우

Ⅲ. 소비자정보의 제공과 청약철회 등

1. 계약체결전 정보제공 및 계약체결시 계약서 교부의무

다단계판매자는 계약체결 시에 계약내용에 대한 설명의무를 부담하는데, 이에 대하여는 위에서 설명한 방문판매자 등에 관한 사항이 그대로 준용된다(법 16조). 즉 다단계판매의 방법으로 재화 등의 판매에 관한 계약을 체결하는 경우에는 계약을 체결하기 전에 소비자가 계약의 내용을 이해할 수 있도록 다단계판매업자와 다단계판매원의 성명, 주소, 전화번호 및 전자우편주소, 재화 등의 명칭, 종류 및 내용과 가격과 그 지급방법 및 시기, 재화 등을 공급하는 방법 및 시기, 청약의 철회 및 계약의 해제의 기한, 행사방법, 효과에 관한 사항 등을 설명하여야 한다.

2. 청약철회 등

(1) 청약철회의 기간과 상대방

다단계판매의 청약철회는 일반 소비자와 다단계판매원의 경우로 구분하여 이원적으로 규정하고 있다는 점에 주의를 요한다. 우선 다단계판매의 방법으로 재화 등의 구매에 관한 계약을 체결한 소비자는 방문판매의 경우와 마찬가지로 14일 이내에 청약철회 등을 할 수 있는데, 이에 대하여는 원칙적으로 방문판매에 관한 규정을 준용한다(법 17조 1항 본문, 8조). 그러나 소비자가 다단계판매원과 재화 등의 구매에 관한 계약을 체결한 경우에 그 소비자는 다단계판매원에게 우선적으로 청약철회 등을 하고, 다단계판매원의 소재불명 등 대통령령으로 정하는 사유로 다단계판매원에게 청약철회 등을 하는 것이 어려운 경우에만 그 재화 등을 공급한 다단계 판매업자에 대하여 청약철회 등을 할 수 있다(법 17조 1항 단서).

그리고 다단계판매의 방법으로 재화 등의 구매에 관한 계약을 체결한 다단계판매원은 그 계약을 체결한 날부터 3개월 이내에 서면으로 그 계약에 관한 청약철회 등을 할 수 있다. 그러나 다단계판매원이 재고의 보유에 관하여 다단계판매업자에게 거짓으로 보고하는 등의 방법으로 과다하게 재화 등의 재고를 보유한 경우, 다시 판매하기 어려울 정도로 재화 등을 훼손한 경우, 그 밖에 대통령령으로 정하는 경우에는 청약철회 등을 할 수 없다(법 17조 2항).

(2) 청약철회 등의 효과

다단계판매에 관한 계약의 청약이 철회된 경우에는 양 당사자는 원상회복의무를 부담하게 된다. 따라서 다단계판매의 상대방은 이미 공급받은 재화 등을 반환하여야 하고(법 18조 1항), 다단계판매자는 재화 등을 반환받은 날부터 3영업일 이내에 이미 지급받은 재화 등의 대금을 환급하여야 한다. 다만, 다단계판매업자가 다단계판매원에게 재화 등의 대금을 환급할 때에는 그 비용을 공제할 수 있으며, 다단계판매자가 상대방에게 재화 등의 대금 환급을 지연한 때에는 그 지연기간에 대한 지연배상금을 지급하여야 한다(법 18조 2항).

그리고 상대방이 신용카드 등으로 대금을 지급한 계약에 대하여 청약철회 등을 한 경우에는 다단계판매자는 지체 없이 그 결제업자에게 재화 등의 대금청구를 정지하거나 취소할 것을 요청하여야 한다. 그러나 다단계판매자가 결제업자로부터 그 대금을 이미 지급받은 때에는 지체 없이 이를 결제업자에게 환급하고 그 사실을 상대방에게 알려야 하며, 환급이 지연되어 상대방이 대금을 결제한 경우에는 결제한 날 이후의 지연기간에 대한 지연배상금을 상대방에게 지급하여야 한다(법 18조 3항). 이 경우, 다단계판매자로부터 재화 등의 대금을 환급받은 결제업자는 지체 없이 상대방에게 이를 환급하거나 환급에 필요한 조치를 취하여야 하며, 다단계판매자가 정당한 사유 없이 결제업자에게 대금을 환급하지 아니한 경우 상대방은 환급받을 금액에 대하여 결제업자에게 그 다단계판매자에 대한 다른 채무와 상계할 것을 요청할 수 있고, 결제업자는 대통령령으로 정하는 바에 따라 그 다단계판매자에 대한 다른 채무와 상계할 수 있다(법 18조 4항). 그리고 결제업자가 이러한 상계를 정당한 사유 없이 게을리 한 경우 상대방은 결제업자에 대해 대금 결제를 거부할 수 있는데, 이 경우 다단계판매자와 결제업자는 그 결제거부를 이유로 그 상대방을 약정한 날짜 이내에 채무를 변제하지 아니한 자로 처리하는 등 상대방에게 불이익을 주는 행위를 해서는 안 된다(법 18조 5항).

또한 다단계판매자는 청약철회 등에 따라 재화 등의 대금을 환급한 경우 그 환급한 금액이 자신이 다단계판매원에게 공급한 금액을 초과할 때에는 그 차액을 다단계판매원에게 청구할 수 있으며(법 18조 6항), 재화 등의 일부가 이미 사용되거나 소비된 경우에는 그 재화 등을 사용하거나 일부 소비하여 상대방이 얻은 이익 또는 그 재화 등의 공급에 든 비용에 상당하는 금액의 지급을 그 상대방에게 청구할 수 있다(법 18조 7항). 그리고 청약철회 등의 경우 공급받은 재화 등의 반환에 필요한 비용은 다단계판매자가 부담하며, 다단계판매자는 상대방에게 위약금 또는 손해배상을 청구할 수 없다(법 18조 8항).

한편 다단계판매자, 상대방으로부터 재화 등의 대금을 지급받은 자 또는 상대방과 다단계판매에 관한 계약을 체결한 자가 동일인이 아닌 경우에는 각자가 청약철회 등에 따른 재화 등의 대금환급과 관련한 의무의 이행에 있어서 연대하여 책임을 진다(법 18조 9항).

3. 손해배상청구금액의 제한

소비자에게 책임이 있는 사유로 재화 등의 판매에 관한 계약이 해제된 경우 다단계판매자는 그 소비자에게 손해배상을 청구할 수 있지만, 그 손해배상액은 일정한 한도로 제한되는데, 이에 대하여는 방문판매에 관한 규정을 준용한다. 즉 다단계판매자가 상대방에게 청구하는 손해배상액은, 다음 각 호의 어느 하나에 정한 금액에 대금미납에 따른 지연배상금을 더한 금액을 초과할 수 없다(법 19조, 10조).

① 공급받은 재화 등이 반환된 경우에는 그 반환된 재화 등의 통상 사용료액 또는 그 사용으로 통상 얻을 수 있는 이익에 상당하는 금액과 반환된 재화 등의 판매가격에서 그 재화 등이 반환된 당시의 가액을 뺀 금액 중에서 큰 금액

② 공급받은 재화 등이 반환되지 아니한 경우에는 그 재화 등의 판매가격에 상당하는 금액

Ⅳ. 후원수당의 지급 등

1. 후원수당

다단계판매업자는 다단계판매원에게 후원수당을 지급할 수 있다. 그런데 다단계판매업자는 그 후원수당의 산정 및 지급기준을 객관적이고 명확하게 정하여야 하며, 이를 변경하고자 하는 경우에는 대통령령으로 정하는 절차를 따라야 한다(법 20조 2항). 그리고 다단계판매업자는 다단계판매원에게 고지한 후원수당의 산정 및 지급기준과 다르게 후원수당을 산정·지급하거나 그 밖의 부당한 방법으로 다단계판매원을 차별하여 대우해서는 안 된다(법 20조 1항).

한편 다단계판매업자가 다단계판매원에게 후원수당으로 지급할 수 있는 총액은 다단계판매업자가 다단계판매원에게 공급한 재화 등의 가격(부가가치세를 포함함)의 합계액의 35%에 해당하는 금액을 초과해서는 안 되며, 가격합계액 및 후원수당 등의 구체적인 산정방법은 다음과 같다(법 20조 3항).

① 가격합계액은 출고 또는 제공 시점을 기준으로 할 것
② 후원수당 지급액은 그 후원수당의 지급 사유가 발생한 시점을 기준으로 할 것
③ 가격합계액 및 후원수당은 1년을 단위로 산정할 것. 다만, 다단계판매 영업기간이 1년 미만일 경우에는 다단계판매업자의 실제 영업기간을 기준으로 한다.
④ 가격합계액을 산정할 때 위탁의 방법으로 재화 등을 공급하는 경우에는 위탁을 받은 다단계판매업자가 다단계판매원에게 판매한 가격을 기준으로 하고, 중개의 방법으로 재화 등을 공급하는 경우에는 다단계판매자가 중개를 의뢰한 사업자로부터 받은 수수료를 기준으로 한다.

그리고 다단계판매업자는 다단계판매원이 요구하는 경우 후원수당의 산정·지급 명세 등의 열람을 허용해야 하며(법 20조 4항), 일정 수의 하위판매원을 모집하거나 후원하는 것을 조건으로 하위판매원 또는 그 하위판매원의 판매실적에 관계없이 후원수당을 차등하여 지급해서는 안 된다(법 20조 5항).

또한 다단계판매업자는 다단계판매원이 되려는 자 또는 다단계판매원에게 다단계판매원이 받게 될 후원수당이나 소매이익에 관하여 거짓 또는 과장된 정보를

제공해서는 안 되고(법 21조 1항), 그들에게 전체 다단계판매원에 대한 평균 후원수당 등 후원수당의 지급현황에 관한 정보를 총리령으로 정하는 기준에 따라 고지하여야 하며(법 21조 2항), 다단계판매조직의 운영방식 또는 활동 내용에 관하여 거짓 또는 과장된 사실을 유포해서는 안 된다(법 21조 3항).

2. 다단계판매원의 등록 및 탈퇴 등

다단계판매업자는 다단계판매원이 되려는 자 또는 다단계판매원에게 다단계판매원의 등록, 자격유지 또는 유리한 후원수당 지급기준의 적용을 조건으로 과다한 재화 등의 구입 등 대통령령으로 정하는 수준을 초과한 부담을 지게 해서는 안 된다(법 22조 1항). 그리고 다단계판매자는 다단계판매원에게 일정 수의 하위판매원을 모집하도록 의무를 지게 하거나 특정인을 그의 동의 없이 자신의 하위판매원으로 등록해서는 안 된다(법 22조 2항).

한편 다단계판매업자는 다단계판매원이 결격사유에 해당되는 때에는 그 다단계판매원을 탈퇴시켜야 하며(법 22조 3항), 다단계판매원은 언제든지 다단계판매업자에게 탈퇴의사를 표시하고 탈퇴할 수 있고, 다단계판매업자는 다단계판매원의 탈퇴에 조건을 붙여서는 안 되며(법 22조 4항), 탈퇴한 다단계판매원의 판매행위 등으로 인하여 소비자피해가 발생하지 않도록 다단계판매원수첩의 회수 등 필요한 조치를 하여야 한다(법 22조 5항).

V. 금지행위 등

1. 금지행위

다단계판매자는 다음 각 호의 어느 하나에 해당하는 행위를 해서는 안 된다(법 23조 1항).

① 재화 등의 판매에 관한 계약의 체결을 강요하거나 청약철회 등 또는 계약의 해지를 방해할 목적으로 상대방을 위협하는 행위
② 거짓 또는 과장된 사실을 알리거나 기만적인 방법을 사용하여 상대방과의 거래를 유도하거나 청약철회 등 또는 계약의 해지를 방해하는 행위 또는 재화 등의 가격·품질 등에 대하여 거짓 사실을 알리거나 실제보다도 현저히 우량하거나 유리한 것으로 오인시킬 수 있는 행위

③ 청약철회 등이나 계약 해지를 방해할 목적으로 주소·전화번호 등을 변경하는 행위

④ 분쟁이나 불만 처리에 필요한 인력 또는 설비가 부족한 상태를 상당기간 방치하여 상대방에게 피해를 주는 행위

⑤ 상대방의 청약이 없는데도 일방적으로 재화 등을 공급하고 재화 등의 대금을 청구하는 등 상대방에게 재화 등을 강제로 판매하거나 하위 판매원에게 재화 등을 판매하는 행위

⑥ 소비자가 재화를 구매하거나 용역을 제공받을 의사가 없음을 밝혔는데도 전화, 팩스, 컴퓨터통신 등을 통하여 재화를 구매하거나 용역을 제공받도록 강요하는 행위

⑦ 다단계판매업자에게 고용되지 않은 다단계판매원을 다단계판매업자에게 고용된 사람으로 오인하게 하거나 다단계판매원으로 등록하지 않은 사람을 다단계판매원으로 활동하게 하는 행위

⑧ 소비자피해보상보험계약 등을 체결하지 아니하고 영업하는 행위

⑨ 상대방에게 판매하는 개별 재화 등의 가격을 대통령령으로 정하는 금액을 초과하도록 정하여 판매하는 행위

⑩ 본인의 허락을 받지 않거나 허락 받은 범위를 넘어 소비자에 관한 정보를 이용하는 행위. 다만 다음 각 호의 어느 하나에 해당하는 경우는 제외한다.

 i) 재화 등의 배송 등 소비자와의 계약을 이행하기 위하여 불가피한 경우로서 대통령령으로 정하는 경우

 ii) 재화 등의 거래에 따른 대금을 정산하기 위하여 필요한 경우

 iii) 도용을 방지하기 위하여 본임임을 확인할 때 필요한 경우로서 대통령령으로 정하는 경우

 iv) 법률의 규정 또는 법률에 따라 필요한 불가피한 사유가 있는 경우

⑪ 다단계판매조직 또는 다단계판매원의 지위를 양도·양수하는 행위. 다만 다단계판매원의 지위를 상속하는 경우 또는 사업의 양도·양수·합병의 경우에는 예외이다.

그리고 다단계판매업자는 다단계판매원으로 하여금 위의 금지행위를 하도록 교사하거나 방조해서는 안 되며(법 23조 2항), 공정거래위원회는 이 법 위반행위의 방지 및 소비자피해의 예방을 위하여 다단계판매자가 지켜야 할 기준을 정하여 고

시할 수 있다.

2. 사행적 판매원 확장행위 등의 금지

누구든지 다단계판매조직 또는 이와 비슷하게 단계적으로 가입한 자로 구성된 조직을 이용하여 다음 각 호의 어느 하나에 해당하는 행위를 해서는 안 된다(법 24 조 1항).

① 재화 등의 거래 없이 금전거래를 하거나 재화 등의 거래를 가장하여 사실상 금전거래만을 하는 행위로서[7] 다음 각 호의 어느 하나에 해당하는 행위

 i) 판매원에게 재화 등을 그 취득가격이나 사장가격보다 10배 이상과 같이 현 저히 높은 가격으로 판매하면서 후원수당을 지급하는 행위

 ii) 판매원과 재화 등의 판매계약을 체결한 후 그에 상당하는 재화 등을 정당 한 사유 없이 공급하지 않으면서 후원수당을 지급하는 행위

 iii) 그 밖에 판매업자의 재화 등의 공급능력, 소비자에 대한 재화 등의 공급실 적, 판매업자와 소비자 사이의 재화 등의 공급계약이나 판매계약, 후원수당 의 지급조건 등에 비추어 그 거래의 실질이 사실상 금전거래인 경우

② 판매원 또는 판매원이 되려는 자에게 하위 판매원 모집 자체에 대하여 경제 적 이익을 지급하거나 정당한 사유 없이 후원수당 외의 경제적 이익을 지급 하는 행위

③ 법 제20조 제3항에 위반되는 후원수당의 지급을 약속하여 판매원을 모집하 거나 가입을 권유하는 행위

④ 판매원 또는 판매원이 되려는 자에게 가입비, 판매 보조물품, 개인 할당 판 매액, 교육비 등 그 명칭이나 형태와 상관없이 10만원 이하로서 대통령령으 로 정하는 수준을 초과한 비용 또는 그 밖의 금품을 징수하는 등 의무를 부 과하는 행위[8]

⑤ 판매원에 대하여 상품권 등을 판매하는 행위로서 다음 각 호의 어느 하나에 해당하는 행위

---

7) "다단계판매조직을 이용하여 피고인들의 각 하위 판매원 등으로부터 투자금 명목으로 금원을 교 부받(은) 행위는 … 재화 등의 거래 없이 금전거래만을 한 경우에 해당한다"고 판시하였다. 대법원 2010. 5. 27. 선고 2009도14725 판결.

8) 대법원은 "다단계판매원인 피고인이 다단계판매원이 되고자 하는 사람들에게 물품을 구입하도록 한 경우, 형식적으로 물품구입비 명목으로 금원을 교부받았다고 하더라도 그 실질은 위 사람들에게 부담을 준 것이라고" 판시하였다. 대법원 2006. 2. 24. 선고 2003도4966 판결.

i) 판매업자가 소비자에게 판매한 상품권을 다시 매입하거나 다른 자로 하여금 매입하도록 하는 행위

ii) 발행자 등의 재화 등의 공급능력, 소비자에 대한 재화 등의 공급실적, 상품권의 발행규모 등에 비추어 그 실질이 재화 등의 거래를 위한 것으로 볼 수 없는 수준의 후원수당을 지급하는 행위

⑥ 사회적인 관계 등을 이용하여 다른 사람에게 자신의 하위판매원으로 등록하도록 강요하거나 그 하위판매원에게 재화 등을 구매하도록 강요하는 행위

⑦ 판매원 또는 판매원이 되려는 자에게 본인의 의사에 반하여 교육·합숙 등을 강요하는 행위

⑧ 판매원을 모집하기 위한 것이라는 목적을 명확하게 밝히지 않고 취업·부업 알선, 설명회, 교육회 등을 거짓 명목으로 내세워 유인하는 행위

그리고 다단계판매업자는 다단계판매원으로 하여금 위의 금지행위를 하도록 교사하거나 방조해서는 안 된다(법 24조 2항).

한편 이상과 같은 금지행위 또는 사행적 판매원 확장행위 등의 금지에 위반한 다단계판매자의 행위로 인하여 이익을 침해받거나 침해받을 우려가 있는 자 또는 대통령령으로 정하는 소비자단체 등은 그 행위가 현저한 손해를 주거나 줄 우려가 있는 경우에는 그 행위에 대하여 대통령령으로 정하는 바에 따라 공정거래위원회에 침해의 정지에 필요한 조치를 요청할 수 있다(법 25조).

3. 휴업기간 등에 있어서 업무처리

다단계판매업자는 그 휴업기간 또는 영업정지기간 중에도 청약철회 등과 그에 따른 업무를 계속하여야 한다(법 26조 1항). 그리고 다단계판매원은 다단계판매업자가 폐업하거나 그 등록이 취소된 경우 그 폐업 또는 등록취소 당시 판매하지 못한 그 재화 등을 다른 사람에게 판매한 때에는 그 다단계판매원이 청약의 철회 등에 따라 반환되는 재화 등을 반환받고, 그 반환받은 날로부터 3영업일 이내에 재화 등의 대금을 환급하여야 한다(법 26조 2항).

4. 주소변경 등의 공고

공정거래위원회 또는 시·도지사는 다단계판매업자가 상호 또는 주된 사업장의 주소·전화번호를 변경하거나 휴업신고 또는 폐업신고를 한 경우 또는 영업정

지처분을 받거나 등록이 취소된 경우에 총리령이 정하는 바에 따라 그 사실을 공고하여야 한다(법 27조).

5. 다단계판매업자의 책임

다단계판매업자는 다단계판매원이 자신의 하위판매원을 모집하거나 다단계판매업자의 재화 등을 소비자에게 판매할 때에 법 제23조 또는 제24조의 금지행위에 위반하지 않도록 다단계판매원에게 해당 규정의 내용을 서면이나 전자우편으로 고지하여야 한다(법 28조 1항). 만약 다단계판매업자가 이 고지의무를 게을리 한 경우에는 다단계판매원이 법 제23조 또는 제24조를 위반하여 다른 다단계판매원 또는 소비자에게 입힌 재산상의 손해는 대통령령이 정하는 바에 따라 다단계판매업자가 배상책임을 진다. 이 경우 다단계판매업자는 다단계판매원에게 구상권을 행사할 수 있다(법 28조 2항).

6. 후원방문판매자의 의무

후원방문판매자는 후원방문판매원에게 판매원 자신의 직근 하위판매원이 아닌 다른 후원방문판매원의 구매·판매 등의 실적과 관련하여 후원수당을 지급하거나 그러한 지급을 약속하여 후원방문판매원을 모집하는 행위를 해서는 안 된다(법 29조 1항).

후원방문판매자에게 법 제6조(방문판매원 등의 명부작성 등), 13조(다단계판매업자의 등록 등),9) 14조(결격사유), 15조(다단계판매) 2항과 제16조(다단계판매자의 소비자에 대한 정보제공의무 등)부터 28조(다단계판매업자의 책임)의 규정10)을 준용한다(법 29조 3항). 그러나 후원방문판매자가 후원방문판매원에게 공급한 재화 등의 70% 이상을 판매원이 아닌 소비자에게 판매한 경우에는 대통령령이 정하는 바에 따라 법 제20조(후원수당의 지급기준) 3항, 제23조(금지행위) 1항 8호와 9호 및 제37조(소비자피해보상보험계약 등)를 적용하지 않는다(법 29조 2항).

---

9) 다만 제13조 제1항 제2호는 준용하지 아니하며, 제3호는 "제37조에 따른 소비자피해보상보험계약 등의 체결 증명서류 또는 제29조 제2항에 해당함을 증명하는 서류"로 본다.

10) 이 경우 법 제20조 제3항 각 호 외의 부분 중 "100분의 35"는 "100분의 38"로 본다.

제 4 절   계속거래 및 사업권유거래

I. 소비자에 대한 정보제공 및 계약서 교부의무

계속거래 또는 사업권유거래(이하 '계속거래 등'이라 함)를 업으로 하는 자(이하 '계속거래업자 등'이라 함)는 대통령령으로 정하는 금액 및 기간 이상을 거래조건으로 하는 계속거래 등에 관한 계약을 체결하는 경우에는 계약을 체결하기 전에 소비자(사업권유거래에서 재화 등을 구매하는 자를 포함함)가 계약의 내용을 이해할 수 있도록 다음 각 호의 사항을 설명하여야 하며(법 30조 1항), 계약을 체결한 때에는 이들을 적은 계약서를 소비자에게 발급하여야 한다(법 30조 2항).

① 계속거래업자 등의 성명(법인인 경우에는 대표자의 성명)·상호·주소·전화번호 및 전자우편주소

② 계속거래를 통하여 판매하는 재화 등(계속거래와 관련하여 따로 구입할 필요가 있는 다른 재화 등이 있는 경우에는 그 재화 등을 포함함)이나 사업권유거래를 통하여 판매하는 재화 등의 명칭, 종류 및 내용

③ 재화 등의 대금(가입비, 설치비 등 명칭에 상관없이 재화 등의 거래와 관련하여 지급하는 모든 금액을 포함함)과 그 지급시기 및 방법

④ 재화 등의 거래방법과 거래기간 및 시기

⑤ 사업권유거래의 경우에는 제공되는 사업에 관한 거래조건으로 대통령령으로 정하는 사항

⑥ 계약의 해지와 그 행사방법·효과에 관한 사항 및 해지권의 행사에 필요한 서식

⑦ 소비자 피해보상, 재화 등에 대한 불만 및 소비자와 사업자간의 분쟁처리에 관한 사항

⑧ 거래에 관한 약관

⑨ 그 밖에 거래 여부의 판단에 영향을 주는 거래조건 또는 소비자의 피해구제에 필요한 사항으로서 대통령령으로 정하는 사항

한편 계속거래를 업으로 하는 자는 소비자에게 용역을 공급하는 계약으로서 소

비자의 별도의 의사표시가 없는 한 자동으로 갱신되는 계약을 체결한 경우에는 그 계약 종료일의 50일 전부터 20일 전까지의 기간에 소비자에게 종료일이 다가오고 있음을 서면이나 전자우편으로 통지하여야 한다. 다만 거래기간이 2개월 이내의 계약인 경우나 소비자가 재계약체결 또는 계약 갱신의 의사표시를 한 경우에는 그 통지를 생략할 수 있다(법 30조 3항). 그리고 계속거래업자 등은 소비자에게 설명하거나 표시한 거래조건을 신의에 좇아 성실하게 이행하여야 한다(법 30조 5항).

II. 계약의 해지 등

1. 계약의 해지와 그 제한

계속거래업자 등과 계속거래 등의 계약을 체결한 소비자는 계약기간 중 언제든지 계약을 해지할 수 있다. 그러나 다른 법률에 별도의 규정이 있거나 거래의 안전 등을 위하여 대통령령으로 정하는 경우, 예컨대 소비자의 주문에 의하여 개별적으로 생산되는 재화 등에 관하여 계약해지를 인정하는 경우에 계속거래업자 등에게 회복할 수 없는 중대한 피해가 예상되는 경우로서 사전에 당해 거래에 대하여 별도로 그 사실을 고지하고 소비자의 서면이나 전자문서에 의한 동의를 얻은 경우에는 계약을 해지할 수 없다(법 31조, 영 40조).

2. 계약의 해지 또는 해제의 효과와 위약금 등

계속거래업자 등은 자신의 귀책이 없는 사유로 계속거래 등의 계약이 해지 또는 해제된 경우 소비자에게 그로 인한 손실을 현저히 초과하는 위약금을 청구하거나, 가입비나 그 밖에 명칭에 상관없이 실제 공급된 재화 등의 대가를 초과하여 수령한 대금의 환급을 부당하게 거부해서는 안 된다(법 32조 1항). 그리고 계속거래 등의 계약이 해지 또는 해제된 경우 소비자는 반환할 수 있는 재화 등을 계속거래업자 등에게 반환할 수 있으며, 계속거래업자 등은 대통령령으로 정하는 바에 따라 대금 환급 또는 위약금 경감 등의 조치를 취하여야 한다(법 32조 2항).

한편 계속거래업자 등은 자신의 책임이 없는 사유로 계약이 해지 또는 해제된 때에 소비자로부터 받은 재화 등의 대금(재화 등이 반환된 경우 환급하여야 할 금액을 포함한다)이 이미 공급한 재화 등의 대금에 위약금을 더한 금액보다 많으면 그 차액을 소비자에게 환급하여야 한다. 이 경우 환급이 지연되는 경우에는 지연기간에 대한 지연배상금을 함께 환급하여야 한다(법 32조 3항). 그리고 공정거래위원회는 위약금의 청구와 대금의 환급 또는 위약금의 경감과 관련한 분쟁을 방지하기 위하여 필요한 경우 위약금 및 대금의 환급에 관한 산정기준을 정하여 고시할 수 있다(법 32조 4항).

3. 거래기록의 열람 등

계속거래업자 등은 대통령령으로 정하는 바에 따라 재화 등의 거래기록 등을 소비자가 언제든지 열람할 수 있게 해야 한다(법 33조).

Ⅲ. 금지행위 등

계속거래업자 등은 다음 각 호의 어느 하나에 해당하는 행위를 해서는 안 된다(법 34조 1항).

① 계속거래 등의 계약을 체결하게 하거나 계약의 해지 또는 해제를 방해하기 위하여 소비자를 위협하는 행위

② 거짓 또는 과장된 사실을 알리거나 기만적인 방법을 사용하여 소비자를 유인 또는 거래하거나 계약의 해지 또는 해제를 방해하는 행위

③ 계속거래 등에 필요한 재화 등을 통상적인 거래가격보다 현저히 비싼 가격으로 구입하게 하는 행위

④ 소비자가 계속거래 등의 계약을 해지 또는 해제하였는데도 정당한 사유 없이 이에 따른 조치를 지연하거나 거부하는 행위

⑤ 계약의 해지 또는 해제를 방해할 목적으로 주소·전화번호 등을 변경하는 행위

⑥ 분쟁이나 불만 처리에 필요한 인력 또는 설비가 부족한 상태를 상당기간 방치하여 소비자에게 피해를 주는 행위

⑦ 소비자의 청약이 없는데도 일방적으로 재화 등을 공급하고 재화 등의 대금을 청구하는 행위

⑧ 소비자가 재화를 구매하거나 용역을 제공받을 의사가 없음을 밝혔는데도 전화, 팩스, 전자우편 등을 통하여 재화를 구매하거나 용역을 제공받도록 강요하는 행위

그리고 공정거래위원회는 이 법 위반행위의 방지 및 소비자피해의 예방을 위하여 계속거래업자 등이 지켜야 할 기준을 정하여 고시할 수 있다(법 34조 2항).

제 5 절   공정거래위원회의 규제와 감독

Ⅰ. 소비자권익의 보호

1. 소비자보호지침의 제정 등

공정거래위원회는 방문판매, 전화권유판매, 다단계판매, 후원방문판매 및 계속거래 등(이하 '특수판매'라 함)에 관한 건전한 거래질서의 확립과 소비자(다단계판매원, 후원방문판매원 및 사업권유거래의 상대방을 포함함)의 보호를 위하여 사업자의 자율적 준수를 유도하기 위한 지침(이하 '소비자보호지침'이라 함)을 관련분야의 거래당사자, 기관 및 단체의 의견을 들어 정할 수 있다(법 35조 1항). 그리고 특수판매를 업으로 하는 자(이하 '특수판매업자'라 함)는 그가 사용하는 약관 등 계약의 내용이 소비자보호지침의 내용보다 소비자에게 불리한 경우 소비자보호지침과 다르게 정한 그 계약의 내용을 소비자가 알기 쉽게 표시 또는 고지하여야 한다(법 35조 2항).

2. 특수판매업자의 입증책임

특수판매업자와 계약상대방 사이에 다음 각 호의 사항에 관하여 다툼이 있는 경우에는 특수판매업자가 이를 증명하여야 한다. 이 경우 특수판매업자는 증명에 필요한 통화 내용 등에 대한 거래기록을 대통령령으로 정하는 바에 따라 보관할 수 있다(법 36조 1항).

① 재화 등의 훼손에 대한 소비자의 책임 유무
② 계약이 체결된 사실 및 그 시기
③ 재화등의 공급 사실 및 그 시기
④ 계약서의 발급 및 그 시기
⑤ 입증책임에 관한 별도의 약정이 없는 그 밖의 거래 사실

그리고 특수판매업자는 이러한 증명에 필요한 통화내용 등 거래기록을 미리 보

존할 수 있다. 이 경우 특수판매업자는 거래기록을 그 대상·범위·기간 및 열람 방법 등에 관하여 대통령령으로 정하는 바에 따라 보존하여야 한다(법 36조 2항).

3. 소비자피해보상보험계약 등

방문판매법 제13조 제1항 및 제29조 제3항에 따라 등록하려는 다단계판매업자 및 후원방문판매업자는 소비자피해 보상을 위한 보험계약, 소비자피해 보상금의 지급을 확보하기 위한 채무지급보증계약 또는 공제조합과의 공제계약 중의 어느 하나에 해당하는 계약, 즉 소비자피해보상보험계약을 체결하여야 하며(법 37조 1항), 공정거래위원회는 방문판매 등 및 계속거래 등에 있어서 소비자보호를 위하여 소비자피해보상보험계약 등을 체결하도록 권장할 수 있다(법 37조 2항).

4. 공제조합의 설립과 감독

방문판매법에 의하여 신고한 방문판매업자나 전화권유판매업자 또는 동법에 의하여 등록한 다단계판매업자나 후원방문판매업자는 소비자피해보상에 대한 보상금지급을 책임지는 보험사업 등 공제사업을 영위하기 위하여 공정거래위원회의 인가를 받아 공제조합을 설립할 수 있다(법 38조 1항). 공제조합은 법인으로 하며, 주된 사무소의 소재지에 설립등기를 함으로써 성립한다(법 38조 2항). 공제조합에 가입한 자는 공제사업의 수행에 필요한 자금 등을 조합에 내야 한다(법 38조 3항). 공제조합의 기본재산은 대통령령으로 정하는 바에 따라 가입한 자의 출자금 등으로 조성하되, 공제조합의 기본재산의 운영에 관한 사항은 공정거래위원회의 인가를 받아야 한다. 다만 정부는 예산의 범위 안에서 출연하거나 보조할 수 있다(법 38조 4항). 공제조합의 가입자격, 임원에 관한 사항 및 출자금의 부담기준에 관한 사항은 정관으로 정하며(법 38조 5항), 공제조합의 설립인가절차, 정관기재사항, 운영, 이사회의 구성 및 권한, 임원의 선임, 감독 등에 관하여 필요한 사항은 대통령령으로 정한다(법 38조 6항). 그리고 공제조합이 공제사업을 하려는 경우에는 공제규정을 정하여 공정거래위원회의 인가를 받아야 하며, 공제규정을 변경하려는 경우에도 마찬가지이다(법 38조 7항). 위의 공제규정에는 공제사업의 범위, 공제료, 공제사업에 충당하기 위한 책임준비금 등 공제사업의 운영에 관하여 필요한 사항을 정하여야 한다(법 38조 8항).

한편 공정거래위원회는 필요하다고 인정하면 공제조합에 대하여 업무 및 회계에 관한 보고서 제출 또는 그 밖에 필요한 조치를 명하거나 소속 공무원으로 하여

금 공제조합의 업무 및 회계사항을 조사하거나 장부 또는 그 밖의 서류를 검사하게 할 수 있다(법 39조 1항). 공정거래위원회는 공제조합의 운영 및 업무 집행 등이 법령이나 정관 등에 적합하지 아니한 경우 그 시정을 명할 수 있고, 그 밖에 소비자의 피해구제 등과 관련하여 필요한 경우에는 적합한 조치를 요구할 수 있으며(법 39조 2항), 공제조합의 임직원이 공제규정을 위반하여 업무를 처리하거나 시정명령이나 조치를 이행하지 아니한 경우에는 관련 임직원에 대한 징계·해임을 요구하거나, 해당 위반행위를 시정하도록 명할 수 있다(법 39조 3항).

5. 특수판매 소비자단체의 지원

공정거래위원회는 특수판매에 있어서 공정거래질서의 확립 및 소비자의 권익을 보호하기 위한 사업을 시행하는 기관 또는 단체에 대하여 예산의 범위 안에서 필요한 지원을 행할 수 있다(법 41조).

Ⅱ. 조사 및 감독

1. 위반행위의 조사 등

공정거래위원회, 시·도지사 또는 시장·군수·구청장(이하 '행정청'이라 함)은 방문판매법을 위반한 사실이 있다고 인정할 때에는 직권으로 필요한 조사를 할 수 있다(법 43조 1항). 다만 다단계판매 및 후원방문판매와 관련된 규정의 위반사실에 대하여는 공정거래위원회 또는 시·도지사가 조사를 할 수 있다(법 43조 1항 단서). 그리고 누구든지 동법에 위반되는 사실이 있다고 인정할 때에는 그 사실을 행정청에 신고할 수 있다(법 43조 7항). 그런데 시·도지사 또는 시장·군수·구청장이 이러한 조사를 하려는 경우에는 공정거래위원회에 통보하여야 하며, 공정거래위원회는 조사 등이 중복될 우려가 있는 경우에는 시·도지사 또는 시장·군수·구청장에게 조사의 중지를 요청할 수 있다. 이 경우 요청을 받은 시·도지사 또는 시장·군수·구청장은 상당한 이유가 없으면 그 조사를 중지하여야 한다(법 43조 2항).

한편 공정거래위원회는 이상의 조사를 위하여 한국소비자원과 합동으로 조사반을 구성할 수 있는데, 이 경우 조사반의 구성과 조사에 관한 구체적인 방법과 절차, 그 밖에 필요한 사항은 대통령령으로 정한다(법 43조 4항). 그리고 합동조사반의 구성원이 되는 한국소비자원 임직원에 대하여 예산의 범위에서 수당과 여비를 지급할 수 있다(법 43조 5항). 행정청이 법 위반행위의 조사를 한 경우에는 그 결과(조사결과 시정조치명령 등의 처분을 하고자 하는 경우에는 그 처분의 내용을 포함함)를 해당 사건의 당사자에게 문서로 알려야 한다(법 43조 3항).

그런데 공정거래위원회는 동법을 위반한 행위가 끝난 날부터 5년이 지난 경우 그 위반행위에 대하여는 시정조치를 명하거나 과징금을 부과하지 않는다. 그러나 시정조치 또는 과징금 부과처분이 판결의 취지에 따라 취소된 경우로서 그 판결 이유에 따라 새로운 처분을 하는 경우에는 그렇지 않다(법 43조 8항).

2. 포상금의 지급

공정거래위원회는 등록을 하지 않고 다단계판매조직 또는 후원방문판매조직을 개설·관리 또는 운영하거나 사행적 판매원 확장행위 등의 금지에 위반한 행위를 신고 또는 제보하고 이를 입증할 수 있는 증거자료를 제출한 자에 대하여 예산의 범위에서 포상금을 지급할 수 있다(법 44조).

그러나 공정거래위원회는 포상금을 지급한 후 다음 각 호의 어느 하나에 해당하는 사실이 발견된 경우에는 해당 포상금을 지급받은 자에게 반환할 금액을 통지해야 하고, 해당 포상금을 지급받은 자는 그 통지를 받은 날부터 30일 이내에 이를 납부해야 한다(법 44조의2 1항).

① 위법 또는 부당한 방법의 증거수집, 허위신고, 거짓진술, 증거위조 등 부정한 방법으로 포상금을 지급받은 경우
② 동일한 원인으로 다른 법령에 따라 포상금 등을 지급받은 경우
③ 그 밖에 착오 등의 사유로 포상금이 잘못 지급된 경우

그리고 공정거래위원회는 포상금을 반환해야 할 자가 납부 기한까지 그 금액을 납부하지 아니한 때에는 국세 체납처분의 예에 따라 징수할 수 있다(법 44조의2 2항).

3. 부당행위에 대한 정보의 공개 등

공정거래위원회는 특수판매의 공정거래질서 확립과 소비자피해 예방을 위하여 필요한 경우에는 대통령령으로 정하는 바에 따라 특수판매업자의 동법 위반행위에 대한 조사 결과 등 부당행위에 대한 정보를 공개할 수 있다(법 45조).

4. 평가 · 인증사업의 공정화

특수판매의 공정거래질서 확립 및 소비자보호를 위하여 관련 특수판매업자의 평가 · 인증 등의 업무를 수행하는 자(이하 '평가 · 인증 사업자'라 함)는 그 명칭에 상관없이 대통령령으로 정하는 바에 따라 그 평가 · 인증에 관한 기준과 방법, 즉 평가 · 인증사업자의 명칭, 주소 또는 사업소의 소재지, 평가 · 인증의 범위, 평가 · 인증업무 개시일, 평가 · 인증의 기준 · 절차 및 방법에 관한 사항을 소비자가 용이하게 열람 · 확인할 수 있는 방법으로 공시하고, 그에 따라 공정하게 평가 · 인증하여야 한다(법 46조 1항). 그런데 평가 · 인증에 관한 기준과 방법은 특수판매업자가 거래의 공정화 및 소비자보호를 위하여 기울인 노력과 그 성과에 관한 정보를 전달하는 데 적절한 것이어야 한다(법 46조 2항). 그리고 공정거래위원회는 평가 · 인증사업자에게 운용상황 등에 관한 자료를 제출하도록 할 수 있다(법 46조 3항).

5. 보고 및 감독

시 · 도지사 또는 시장 · 군수 · 구청장이 방문판매법 제48조에 따른 시정권고를 하는 경우에는 대통령령이 정하는 바에 따라 공정거래위원회에 보고하여야 한다(법 47조 1항). 그리고 공정거래위원회는 동법의 효율적인 시행을 위하여 필요하다고 인정할 때에는 그 소관사항에 관하여 시 · 도지사 또는 시장 · 군수 · 구청장 등에게 조사 · 확인 또는 자료의 제출을 요구하거나 그 밖에 시정에 필요한 조치를 하도록 요구할 수 있다. 이 경우 시 · 도지사 또는 시장 · 군수 · 구청장은 특별한 사유가 없으면 이에 따라야 한다(법 47조 2항).

Ⅲ. 시정조치 및 과징금 부과

1. 시정권고와 시정명령

행정청은 사업자가 방문판매법에 위반되는 행위를 하거나 법에 따른 의무, 예컨대 신고의무 또는 등록의무, 명부비치의무, 계약체결 전 정보제공 및 계약서교부의무, 청약철회 후 대금환급의무, 손해배상청구금액의 제한, 휴업기간 중 업무계속처리의무 등을 이행하지 않는 경우, 동법이 금지하는 행위를 한 경우 또는 거래기록을 보존하는 특수판매업자가 거래기록의 대상 · 범위 · 기간 및 열람방법 등에 관하여 대통령령으로 정하는 바에 따라 보존하지 않은 경우에는 해당 사업자 등에 대하여 그 시정을 위한 조치를 명할 수 있다(법 49조 1항). 그 시정조치는 해당 위반행위의 중지, 법에 규정된 의무의 이행, 시정조치를 받은 사실의 공표, 소비자피해 예방 및 구제에 필요한 조치, 그 밖에 시정을 위하여 필요한 조치를 포함하며(법 49조 2항), 사업자 등에게 시정조치를 받은 사실의 공표를 명할 경우에는 위반행위의 내용과 정도, 기간 및 횟수, 위반행위로 인하여 발생한 소비자피해의 범위 및 정도를 참작하여 공표의 내용과 횟수 등을 정하여 이를 명하여야 한다(법 49조 3항).

그리고 행정청은 위의 시정조치를 하기 전에 그 사업자가 해당 행위의 중지, 동법에 따른 의무의 이행, 그 밖에 소비자피해 예방 및 구제에 필요한 조치를 하도록 시정방안을 정하여 그 사업자에 대하여 이에 따를 것을 권고할 수 있다. 이 경우 해당 사업자가 그 권고를 수락한 때에는 시정조치가 내려진 것으로 보며, 그 뜻을 함께 통지하여야 한다(법 48조 1항, 3항). 시정권고를 받은 사업자는 그 통지를 받은 날부터 10일 이내에 그 권고의 수락 여부를 이를 권고한 행정청에 통지하여야 한다(법 48조 2항).

한편 공정거래위원회는 사업자가 이러한 시정조치에도 불구하고 최근 3년간 같은 위반행위가 2회 이상 반복되거나 시정조치를 이행하지 않는 경우, 또는 시정조치만으로는 소비자피해를 방지하기 어렵거나 소비자에 대한 피해보상이 불가능하다고 판단되는 경우에는, 대통령령으로 정하는 바에 따라 1년 이내의 기간을 정하여 그 영업의 전부 또는 일부의 정지를 명할 수 있다(법 49조 4항). 그리고 공정거래위원회 또는 시·도지사는 사업자가 속임수나 그 밖의 부정한 방법으로 등록을 한 경우에는 그 등록을 취소하여야 하고, 결격사유에 해당하게 되거나 소비자피해 보상보험계약 등이 해지된 경우 또는 영업정지기간 중에 영업을 하는 경우에는 그 등록을 취소할 수 있다(법 49조 5항).

2. 소비자피해분쟁조정의 요청

행정청은 방문판매법 위반행위와 관련하여 소비자의 피해구제 신청이 있으면, 시정권고나 시정조치를 하기 전에 특수판매에 관한 소비자보호관련 업무를 수행하는 기관 또는 단체 가운데 대통령령으로 정하는 소비자피해 분쟁조정기구, 예컨대 한국소비자원 또는 시·도에 설치된 소비자분쟁조정기구에 그 조정을 의뢰할 수 있다(법 50조 1항). 공정거래위원회는 당사자가 이러한 조정안을 수락하고 이를 이행하는 경우에는 시정조치를 하지 않으며(법 50조 3항), 행정청은 그 뜻을 당사자에게 통지해야 한다(법 50조 2항). 그리고 공정거래위원회가 분쟁의 조정을 의뢰하는 경우 예산의 범위 안에서 해당 분쟁의 조정에 필요한 예산을 지원할 수 있다(법 50조 4항).

3. 과 징 금

공정거래위원회는 위의 영업정지를 갈음하여 해당 사업자에 대하여 대통령령이 정하는 위반행위 관련 매출액을 초과하지 않는 범위 내에서 과징금을 부과할 수 있다. 이 경우 관련 매출액이 없거나 이를 산정할 수 없는 경우 등에는 5천만원을 초과하지 않는 범위에서 과징금을 부과할 수 있다(법 51조 1항). 그리고 공정거래위원회가 과징금을 부과할 때에는 ① 위반행위로 인한 소비자피해의 정도, ② 소비자피해에 대한 사업자의 보상노력 정도, ③ 위반행위로 취득한 이익의 규모, ④ 위반행위의 내용·기간 및 횟수 등을 고려하여야 한다(법 51조 2항). 한편 공정거래위원회는 이 법을 위반한 사업자인 회사의 합병이 있는 경우에는 그 회사가 한 위반행위를 합병 후 존속하거나 합병으로 새로 설립된 회사가 한 행위로 보아 과징금을 부과·징수할 수 있다(법 51조 3항).

제 6 절 보칙과 벌칙

Ⅰ. 보   칙

1. 소비자 등에 불리한 계약의 무효

방문판매자 등과 다단계판매자 및 계속거래업자 등의 계약체결전의 정보제공 및 계약체결에 따른 계약서 교부의무(법 7조, 16조, 30조), 전화권유판매업자의 통화내용 보존의무(법 7조의2), 방문판매자 등과 다단계판매자의 청약철회 등(법 8조, 17조)과 그 효과(법 9조, 18조), 손해배상청구금액의 제한(법 10조, 19조) 및 계속거래업자 등의 계약해지(법 31조)와 그 효과(법 32조)의 규정 중 어느 하나를 위반한 계약으로서 소비자에게 불리한 것은 효력이 없다(법 52조).

2. 전속관할

특수판매와의 관련된 소는 제소 당시 소비자의 주소, 주소가 없는 경우에는 거소를 관할하는 지방법원의 전속관할로 한다. 다만 제소 당시 소비자의 주소 또는 거소가 분명하지 아니한 경우에는 민사소송법의 관계규정을 준용한다(법 53조).

3. 사업자단체의 등록

특수판매의 건전한 발전과 소비자 신뢰도의 제고, 그 밖에 공동이익의 증진을 위한 목적으로 설립된 사업자단체는 대통령령으로 정하는 바에 따라 공정거래위원회에 등록할 수 있으며(법 54조 1항), 등록의 요건, 방법 및 절차 등에 관하여 필요한 사항은 대통령령으로 정한다(동조 2항).

4. 소비자에 관한 정보의 오용 · 남용 및 도용 방지 등

특수판매업자가 소비자에 관한 정보를 수집 · 이용하는 경우에는 「전자상거래 등에서의 소비자보호에 관한 법률」 제11조를 준용한다. 이 경우 "전자상거래 또는 통신판매"는 "특수판매"로 본다(법 55조).

5. 권한의 위임 · 위탁

공정거래위원회는 방문판매법에 따른 권한의 일부를 소속 기관의 장 또는 시 · 도지사에게 위임하거나 다른 행정기관의 장에게 위탁할 수 있으며(법 56조 1항), 시 · 도지사는 그 권한의 일부를 시장 · 군수 · 구청장에게 위임할 수 있다(동조 2항). 그리고 공정거래위원회는 이 법의 효율적인 집행을 위하여 필요한 경우 그 사무의 일부를 공정거래위원회에 등록한 사업자단체에게 위탁할 수 있다(동조 3항).

6. 독점규제법의 준용

방문판매법의 집행에 관하여는 독점규제법의 관련 규정을 준용한다. 우선 방문판매법에 따른 공정거래위원회의 심의 · 의결에 관하여는 독점규제법 제64조부터 제68조 및 제93조를 준용하고(법 57조 1항), 이 법 위반행위에 대한 행정청의 조사 등에 관하여는 독점규제법 제81조 제1항부터 제3항 그리고 제6항 및 제9항의 규정을 준용하며(동조 2항), 이 법에 따른 공정거래위원회의 처분 및 시 · 도지사의 처분에 대한 이의신청, 시정조치 명령의 집행정지, 소의 제기 및 불복의 소의 전속관할에 관하여는 독점규제법 제96조부터 제101조까지의 규정을 준용하고(동조 3항), 이 법에 따른 과징금의 부과·징수에 관하여는 독점규제법 제103조부터 제107조까지의 규정을 준용하며(동조 4항), 이 법에 따른 직무에 종사하거나 종사하였던 공정거래위원회의 위원 또는 공무원에 대하여는 독점규제법 제 119조를 준용한다(동조 5항).

Ⅱ. 벌칙 등

1. 벌　칙

방문판매법은 동법에 위반되는 행위를 한 자에 대하여 그 위반행위의 유형에 따라 징역 또는 벌금에 처하도록 하고 있는데(법 58조 내지 64조), 징역형과 벌금형은 이를 병과할 수 있다(법 58조 내지 61조 2항). 그리고 법인의 대표자나 법인 또는 개인의 대리인·사용인 기타의 종업원이 그 법인 또는 개인의 업무에 관하여 동법 위반행위를 한 때에는 행위자를 벌하는 외에 그 법인 또는 개인에 대하여도 해당 조문의 벌금형을 과한다(법 65조).

(1) 7년 이하의 징역 또는 2억원 이하의 벌금

방문판매법에 따른 등록을 하지 않거나 그 밖의 부정한 방법으로 등록을 하고 다단계판매조직이나 후원방문판매조직을 개설·관리 또는 운영한 자, 동법에 의하여 금지된 행위를 한 다단계판매자나 후원방문판매자에 대하여는 7년 이하의 징역 또는 2억원 이하의 벌금에 처한다. 이 경우, 그 위법행위와 관련하여 판매하거나 거래한 대금 총액의 3배에 해당하는 금액이 2억원을 초과할 때에는 7년 이하의 징역 또는 그 대금 총액의 3배에 해당하는 금액 이하의 벌금에 처한다(법 58조).

(2) 5년 이하의 징역 또는 1억 5천만원 이하의 벌금

다단계판매원에게 일정수의 하위판매원을 모집하도록 하거나 특정인을 그의 동의 없이 자신의 하위판매원으로 등록하게 한 다단계판매자, 법 제23조 제1항 1호 또는 2호의 금지행위를 한 자 또는 법 제29조 제1항의 의무를 위반한 후원방문판매자에 대하여는 5년 이하의 징역 또는 1억 5천만원 이하의 벌금에 처한다(법 59조).

(3) 3년 이하의 징역 또는 1억원 이하의 벌금

등록사항의 변경, 휴업·폐업 또는 휴업후 영업을 다시 시작할 때에 거짓으로 신고하거나 다단계판매원 수첩에 거짓 사실을 기재한 다단계판매업자 또는 재화 등의 대금을 환급하지 않거나, 일정 수의 하위판매원을 모집하거나 후원하는 것을 조건으로 하위판매원 또는 그 하위판매원의 판매실적에 관계없이 후원수당을 차등하여 지급한 다단계판매업자 등에 대하여는 3년 이하의 징역 또는 1억원 이하의 벌금에 처한다(법 60조).

(4) 2년 이하의 징역 또는 5천만원 이하의 벌금

일정한 금지행위를 행한 방문판매자 등과 등록사항의 변경, 휴업 또는 폐업 후 영업을 다시 시작할 때에 신고를 하지 않은 방문판매자 등 또는 계속거래업자 등에 대하여는 2년 이하의 징역 또는 5천만원 이하의 벌금에 처한다(법 61조).

(5) 1년 이하의 징역 또는 3천만원 이하의 벌금

일정한 사항을 신고하지 아니하거나 거짓으로 신고한 방문판매업자 등, 방문판매원이 되기 위한 조건 또는 방문판매원 등에게 그 자격을 유지하기 위한 조건으로서 가입비, 판매보조물품, 개인할당 판매액, 교육비 등 그 명칭이나 형태와 상관없이 일정한 수준 이상의 비용을 징수하거나 재화 등을 구매하게 한 자 등에 대하여는 1년 이하의 징역 또는 3천만원 이하의 벌금에 처한다(법 62조).

(6) 1천만원 이하의 벌금

성명 등을 거짓으로 밝힌 방문판매자 등, 계약서를 발급할 때 거짓 내용이 적힌 계약서를 발급한 방문판매자 등, 다단계판매자 또는 계속거래자 등에 대하여는 1천만원 이하의 벌금에 처한다(법 63조).

2. 과 태 료

방문판매법에 규정된 사업자의 의무 중에서 경미한 사항에 위반하거나 절차적인 규정을 위반한 사업자에 대하여는 그 경중에 따라 과태료에 처하게 된다.

(1) 3천만원 이하 또는 5천만원 이하의 과태료

사업자 또는 사업자단체가 제1호 또는 제2호에 해당하는 경우에는 3천만원 이하, 제3호에 해당하는 경우에는 5천만원 이하의 과태료를 부과하고, 사업자 또는 사업자단체의 임원 또는 종업원, 그 밖의 이해관계인이 제1호 또는 제2호에 해당하는 경우에는 500만원 이하, 제3호에 해당하는 경우에는 1천만원 이하의 과태료를 부과한다(법 66조 1항).

① 법 제57조 제2항에 따라 준용되는 독점규제법 제81조 제1항 제1호에 따른 출석처분을 받은 당사자 중 정당한 사유없이 출석하지 않은 자

② 법 제57조 제2항에 따라 준용되는 독점규제법 제81조 제1항 제3호 또는 동조 제6항에 따른 보고 또는 필요한 자료나 물건을 제출하지 않거나 거짓으로 보고하거나 거짓자료나 물건을 제출한 자

③ 법 제57조 제2항에 따라 준용되는 독점규제법 제81조 제2항 및 제3항에 따른 조사를 거부·방해 또는 기피한 자

(2) 1천만원 이하의 과태료

다음 각 호의 어느 하나에 해당하는 자(법 제29조 제3항에 따라 준용되는 경우를 포함한다)에게는 1천만원 이하의 과태료를 부과한다(법 66조 2항).

① 법 제9조를 위반하여 재화등의 대금을 환급하지 않거나 환급에 필요한 조치를 하지 않은 자

② 법 제11조 제1항 제6호, 제23조 제1항 제4호 또는 제34조 제1항 제6호에 따른 금지행위를 한 자

③ 법 제11조 제1항 제8호, 제23조 제1항 제6호 또는 제34조 제1항 제8호에 따른 금지행위를 한 자

④ 법 제13조 제2항 또는 제3항을 위반하여 신고를 하지 않은 자

⑤ 법 제15조 제3항에 따른 다단계판매원 등록증 또는 동조 제3항에 따른 다단계판매원 수첩을 발급하지 않은 자

⑥ 법 제15조 제4항을 위반하여 다단계판매원 등록부를 자성하지 않은 자 또는 다단계판매원의 신원을 확인할 수 있도록 하지 않은 자

⑦ 법 제23조 제1항 제10호에 따른 금지행위를 한 자

⑧ 법 제32조를 위반하여 위약금을 과다하게 청구하거나 대금 환급을 거부한 자

⑨ 법 제42조 제2항을 위반하여 소비자에게 전화권유판매를 한 자

(3) 500만원 이하의 과태료

다음 각 호의 어느 하나에 해당하는 자(법 제29조 제3항에 따라 준용되는 경우를 포함한다)에게는 500만원 이하의 과태료를 부과한다(법 66조 3항).

① 법 제5조 제2항 및 제3항에 따른 신고를 하지 않거나 거짓으로 신고한 자

② 법 제6조 제1항을 위반하여 방문판매원등의 명부를 작성하지 않거나 동조 제3항을 위반하여 방문판매원의 신원을 확인할 수 있도록 하지 않은 자 또는 동조 제3항을 위반하여 성명 등을 밝히지 않은 자

③ 법 제7조 제2항, 제16조 또는 제30조 제2항에 따른 계약서를 발급하지 않은 자

④ 법 제7조의2 제1항을 위반하여 소비자의 동의를 받아 통화내용 중 계약에 관한 사항을 계약한 날부터 3개월 이상 보존하지 않거나 동조 제2항을 위반하여 소비자의 통화내용 열람요청을 따르지 않은 자

⑤ 법 제20조 제2항을 위반하여 후원수당의 산정 및 지급 기준을 변경한 자

⑥ 법 제20조 제4항을 위반하여 후원수당의 산정·지급 명세 등의 열람을 허용하지 않은 자

⑦ 법 제30조 제3항을 위반하여 소비자에게 계약종료일을 통지하지 않은 자

⑧ 법 제33조에 따른 재화등의 거래기록 등을 소비자가 열람할 수 있도록 하지 않은 자

(4) 100만원 이하의 과태료

법 제57조 제1항에 따라 준용되는 독점규제법 제66조를 위반하여 질서유지의 명령을 따르지 않은 자에게는 100만원 이하의 과태료를 부과한다(법 66조 4항).

그리고 과태료는 원칙적으로 행정청이 부과·징수하지만, 다단계판매 및 후원방문판매와 관련된 규정에 따른 과태료는 공정거래위원회 또는 시·도지사가 부과·징수한다(법 66조 5항). 한편 과태료에 관한 규정을 적용할 때에 과징금을 부과한 행위에 대해서는 과태료를 부과할 수 없다(법 67조).

제 5 장   전자상거래소비자보호법

제 1 절 총   설

Ⅰ. 전자상거래와 통신판매의 의의와 특성

1. 전자상거래와 통신판매의 의의

전자상거래란 전자거래의[1] 방법으로 상행위를 하는 것을 말한다(법 2조 1호). 현행법상 전자상거래에 해당되기 위해서는 주문이나 청약, 결제, 이행 등 적어도 거래상 하나 이상의 단계에서 전자문서가 사용되기만 하면 된다. 따라서 오늘날 널리 이용되고 있는 인터넷쇼핑몰을 통한 거래 이외에도 거래대금을 신용카드로 결제하거나 교통카드를 사용하는 거래 또는 인터넷으로 강의를 수강하거나 온라인으로 소프트웨어나 음악파일 등을 다운로드 받는 것을 목적으로 하는 거래도 전자상거래에 포함된다.[2]

한편 통신판매란 우편·전기통신 등의 방법으로 재화 또는 용역 등의 판매에 관한 정보를 제공하고 소비자의 청약을 받아 재화 또는 용역을 판매하는 것을 말한다(법 2조 2호).[3] 따라서 광고지나 신문 등의 광고란에 적힌 사업자의 주소나 연락처에 우편 또는 전화 등을 통하여 주문하고 택배 등을 통하여 재화 등을 제공받는 거래, 유선TV방송을 통하여 광고되는 상품을 전화를 통하여 주문하고 택배 등을 통하여 제공받는 TV홈쇼핑거래, 전화의 자동응답기능(ARS)을 이용하여 각종 정보나 서비스를 제공받는 거래 등이 통신판매에 해당된다.[4] 그리고 통신판매업자란 통신판매를 업으로 하는 자 또는 그 자와의 약정에 따라 통신판매업무를 수행하는 자를 말한다(법 2조 3호). 여기서 주의할 필요가 있는 것은 양자의 개념이 상호 배

---

1) 전자거래란 재화 등의 거래에 있어서 그 전부 또는 일부가 전자문서에 의하여 처리되는 거래를 말한다(전자거래기본법 2조 5호).
2) 이호영, 소비자보호법, 홍문사, 2018, 266면 참조.
3) 다만, 방문판매법 제2조 제3호에 의한 전화권유판매는 통신판매의 범위에서 제외한다(법 2조 2호 단서).
4) 이호영, 앞의 책, 266－267면 참조.

타적인 것이 아니므로 특정한 거래방식이 양자 모두에 해당될 수도 있다는 점이다. 실제로 오늘날 널리 사용되고 있는 인터넷 쇼핑몰을 통한 거래, TV홈쇼핑거래 등은 대부분 전자상거래인 동시에 통신판매에도 해당된다.

그리고 소비자란 사업자가 제공하는 재화 등을 소비생활을 위하여 사용 또는 이용하는 자나 그 밖에 사실상 그와 같은 지위 및 거래조건으로 거래하는 자 등 대통령령이 정하는 자를 말한다(법 2조 5호). 한편 사업자란 물품을 제조(가공 또는 포장을 포함함)·수입·판매하거나 용역을 제공하는 자를 말한다(법 2조 6호).

2. 전자상거래와 통신판매의 기능과 특성

전자상거래와 통신판매는 판매업자의 입장에서는 각종 비용(점포유지비, 섭외비, 광고비, 보관비 등)의 절감, 경영위험의 감소와 판매지역의 확대 등을 실현할 수 있는 장점이 있으며, 소비자의 입장에서는 시장조사나 거래처 또는 재화 등의 탐색이나 선택에 소요되는 시간과 비용을 절감할 수 있을 뿐만 아니라, 간편한 방법(예컨대 e-mail이나 전화 또는 팩스)으로 원하는 재화 등을 쉽게 구입할 수 있는 장점이 있기 때문에, 그 활용이 점차 증가하고 있다.

우리나라의 경우에는 전자상거래와 통신판매가 사용되기 시작한 역사는 그다지 길지 않으나, 최근에 전자상거래와 통신판매가 갖는 장점이 널리 알려지면서 소위 'e-비즈니스'나 '텔레마케팅'에 대한 업계의 관심이 급격히 높아지고 있다. 그런데 종래 전자상거래나 통신판매에서 주로 취급되는 재화 등은 서적이나 유명 상표품 등과 같이 언제, 어디서 구입하거나 큰 차이가 없는 경우가 많고, 일반점포에서는 취급하지 않거나 또는 점포 등에서 직접 구입할 경우에는 수치심을 일으킬 수 있는 상품도 많은 비중을 차지하고 있었다. 그러나 최근에는 다수의 사이버몰이 등장하고 대형백화점에서도 신제품이나 수입상품 등을 중심으로 전자상거래나 전화주문에 의한 통신판매를 실시하고 있으며, 각종 신용카드회사들도 상품이나 서비스(예컨대 여행, 공연이나 기차표, 자동차수리, 꽃 배달 등)에 대한 전자상거래나 통신판매를 실시하고 있다. 그리고 우체국이나 농협 등을 통한 지방특산물의 통신판매도 점차 늘어나고 있다. 그리고 통신판매만을 전문적으로 취급하기 위한 유선방송까지 등장하게 되어, 소비자들이 보다 많은 상품에 대하여 통신판매방식을 아주 쉽게 이용할 수 있게 되었다.

이러한 전자상거래와 통신판매는 다른 판매방식과는 달리 소비자가 판매업자와 직접 대면하여 재화 등의 품질이나 성능 등을 확인하지 않고 오로지 판매업자가 제공하는 광고나 선전에 의존하여 구매 여부를 결정하기 때문에, 소비자가 판매업자의 과대광고나 부당표시 등에 의하여 피해를 볼 우려가 있다. 그리고 전자상거래와 통신판매는 그 성격상 상품을 서로 비교해 볼 수 없고, 또 가격이나 거래조건에 대한 흥정도 하기가 어렵기 때문에, 계약을 체결하는 과정에서 소비자의 의사가 적절히 반영되지 않을 우려가 있다. 한편 전자상거래에서는 대면거래와는 달리 거래가 진행되는 동안 소비자가 구매 여부를 재고할 여유가 없을 뿐만 아니라, 착오와 같은 의사와 표시의 불일치가 발생하는 경우에도 컴퓨터의 경직성으로 인하여 일단 클릭한 후에는 이를 정정하기가 어렵다. 또한 전자상거래와 통신판매는 대체로 선불식 판매방식을 취하게 되므로, 매수인이 매도인에 대하여 행사할 수 있는 동시이행의 항변권을 행사할 수 없다. 그 결과, 상품이나 서비스가 적기에 공급되지 않거나 공급된 상품이나 서비스에 하자가 있거나 불만이 있더라도 이를 해결하기가 곤란한 경우가 많다.

한편 전자상거래의 경우에는 전자문서를 활용하고, 사이버몰을 이용할 뿐만 아니라 전자적 방법으로 대금을 결제하기 때문에, 오프라인상 종이문서에 의한 거래를 염두에 두고 있는 기존의 법률에서는 그다지 심각하게 생각하지 않았던 문제가 대두되기도 하고 해석상의 논란이 야기될 수도 있다. 예컨대 가상공간에서 비대면 거래로 이루어지는 거래의 특성상 계약의 성립, 대금결제, 급무의무의 이행 등에 필요한 전자데이터가 제3자의 행위나 네트워크상의 오류로 인하여 상대방에 도달되지 않거나 도중에 변조될 우려도 있다. 특히 전자상거래 계약은 통상 전자문서의 교환에 의하여 체결되는데, 전자문서는 종이문서와는 달리 다른 사람이 타인의 명의를 도용하여 전자문서를 작성한 후 발송하거나 다른 사람이 만들어 놓은 전자문서에 침입하여 내용을 수정·변경해 놓을 경우 그 위조 또는 변조의 여부를 식별하는 것이 매우 어렵다.[5]

3. 디지털 경제의 발전과 플랫폼의 등장

한편 최근 전자상거래는 온라인 플랫폼의 급격한 성장에 따라서 새로운 변화에 직면하고 있다. 플랫폼은 거래를 중개하는 전통적인 의미를 넘어서 흔히 파이프 산업에서 플랫폼 산업으로의 전환으로(Shift from pipes to platforms) 일컬어지는 산업의 변화를 대표한다. Choudary는 전자의 경우 상품의 제조에 의해 가치가 창출되어 소비까지 이어지는 흐름이 선형적인데(linear) 비하여, 후자에 있어서는 상호

---

5) 신현윤, 경제법, 법문사, 2012, 791면 참조.

의존적인 이용자 그룹 간의 교류에 의하여 가치가 창출된다는 점에서 네트워크적이라고(networked) 분석한다.[6] 흔히 이용자 그룹을 중개하는 플랫폼은 일방적인 가치 흐름의 전달자 역할에 머무는 것이 아니라, 집단 지성, 네트워크 효과, 이용자 생성 콘텐츠 그리고 자기 개선 시스템의 가능성 등과 같은 기능에 의해 새로운 가치를 창출한다.[7] 이 과정에서 데이터는 핵심적인 역할을 수행한다.[8] 플랫폼에서의 데이터는 이용자들의 참여를 유인하는 가장 중요한 요소이며, 동시에 다양한 이용자 그룹의 참여는 데이터의 양과 질적 확대를 낳는다. 그리고 이러한 과정을 주도하는 플랫폼의 경쟁 우위는 지속될 가능성이 크다. 또한 플랫폼 사업자는 플랫폼을 통해 창출된 가치를 이용자들에게 배분하는 기능도 수행하며, 이를 통하여 이용자들의 지속적인 참여와 나아가 전후방으로 다양한 서비스가 결합된 생태계의 구축을 시도하고 있다.[9] 플랫폼의 확장성은 네트워크 효과가 발휘되어 수확체증의 원칙의 작용으로 지배력이 지속적으로 유지 또는 상승하는 동일 시장 내에서의 확장뿐만 아니라, 상하 관련된 서비스 시장으로 시장지배력이 확대되는 것에 의해 구체화될 수 있으며, 나아가 동태적 측면에서 플랫폼은 혁신의 경로를 지배할 수 있을 것이다.[10]

이러한 변화는 온라인 플랫폼을 통하여 이루어지는 전자상거래 비중의 급격한 증가로 구체화되고 있다. 온라인 쇼핑몰 거래액은 2010년 25.2조원에서 2020년 161.1조원으로 증가하였으며, 온라인 쇼핑 시장에서 플랫폼 비중도 2017년 33.2%에서 2019년 44.9%로 최근 급속히 증가하는 추세를 보이고 있다. 이러한 변화는 플랫폼 시대 이전에 제정되었던 전자상거래소비자보호법 개선의 필요성을 뒷받침한다. 특히 전자상거래에서 역할과 비중이 급격히 증대하고 있는 플랫폼 사업자의 책임을 실제에 부합하는 방향으로 명확히 정할 필요가 있으며, 정부는 이러한 방향으로 전자상거래소비자보호법의 전부개정안을 입법예고하고 있다.[11]

---

6) Sangeet Paul Choudary, "Why Business Models fail: Pipes vs. Platforms", Wired Magazine, 2013.

7) Te Fu Chen, "Building a Platform of Business Model 2.0 to Creating Real Business Value with Web 2.0 for Web Information Services Industry", International Journal of Electronic Business Management 7(3), 2009, pp. 168–180 참조.

8) Mark Bonchek & Sangeet Paul Choudary, "Three Elements of a Successful Platform Strategy", Harvard Business Review, 2013. 1. 31.

9) 송태원, "인터넷 플랫폼 시장에서 경쟁제한의 우려와 규제방안에 대한 고찰", 경제법연구 제17권 제1호, 2018,

10) 기존 거대 플랫폼의 R&D는 자신의 위치를 강화시키는 형태의 기술혁신을 추구하며, 이는 소비자 혜택이 극대화되는 사회적으로 최적인 혁신 경로가 아닐 수 있다는 지적으로, 김창욱·강민형·강한수·윤영수·한일영, 기업생태계와 플랫폼 전략, SERI, 2012, 30면.

11) 공정거래위원회, 「전자상거래 소비자보호법」 전부개정안 입법예고, 2021. 3. 5.

Ⅱ. 전자상거래소비자보호법의 제정

통신판매는 원래 앞에서 설명한 방문판매법에 의하여 규율되었다. 그러나 인터넷의 발달로 인하여 전자상거래의 비중이 급격히 증가하고 그로 인한 소비자피해의 발생 가능성이 높아짐에 따라 이를 효과적으로 규제하기 위하여, 2002년 3월에 방문판매법상 통신판매에 관한 사항을 별도로 분리하고, 거기에 전자상거래에 관한 사항을 추가하여 「전자상거래 등에서의 소비자보호에 관한 법률」(이하 '전자상거래소비자보호법'이라 함)을 제정하여 같은 해 7월 1일부터 시행하게 되었다. 그 후 이 법률은 여러 차례의 개정을 거쳐 오늘에 이르고 있는데, 전자상거래 및 통신판매와 관련하여 소비자의 권익을 보호하고 시장의 신뢰도 제고를 통하여 국민경제의 건전한 발전에 이바지함을 목적으로 하고 있다(법 1조).

Ⅲ. 적용제외 및 다른 법률과의 관계

1. 적용제외

전자상거래소비자보호법의 규정은 전자상거래 또는 통신판매 등의 방법으로 이루어지는 사업자와 소비자 간의 거래를 그 대상으로 하며, 사업자(다단계판매원은 제외함)가 상행위를 목적으로 구입하는 거래에 대하여는 적용하지 않는다. 다만 사업자라 하더라도 사실상 소비자와 같은 지위에서 다른 소비자와 같은 거래조건으로 거래하는 경우에는 그러하지 아니하다(법 3조 1항).

부분적으로 적용이 제외되는 경우도 있는데, 우선 법 제13조 제2항에 따른 서면 교부의무는 소비자가 이미 잘 알고 있는 약관 또는 정형화된 거래방법에 따라 수시로 거래하는 경우로서 총리령으로[12] 정하는 거래와 다른 법률(「민법」 및 「방문판매 등에 관한 법률」은 제외)에 이 법의 규정과 다른 방법으로 하는 계약서 교부의무 등이 규정되어 있는 거래에는 적용되지 않는다(동조 2항). 또한 통신판매업자가 아닌 자 사이의 통신판매중개를 하는 통신판매업자에 대하여는 제13조부터 제15조

---

12) 동법 시행규칙 제4조 제1항은 이에 해당하는 거래로서 유·무선 전화기 등으로 전화정보서비스를 이용하는 경우를 예로 들고 있다. 이 경우에는 거래 전에 미리 재화 또는 용역(이하 '재화등'이라 한다)의 제공자의 성명·연락처 및 재화등의 내용·이용요금 등을 밝히고, 거래 후에 거래대금 결제내용을 통보하여야 한다(동조 2항).

까지, 제17조부터 제19조까지의 규정이 적용되지 않으며(동조 3항), 「자본시장과 금
융투자업에 관한 법률」의 투자매매업자·투자중개업자가 하는 증권거래, 대통령령
으로 정하는 금융회사 등이 하는 금융상품거래 및 일상 생활용품, 음식료 등을 인
접지역에 판매하기 위한 거래에 대하여는 제12조부터 제15조까지, 제17조부터 제
20조까지 및 제20조의2 규정이 적용되지 않는다(동조 4항).

2. 다른 법률과의 관계

전자상거래와 통신판매에 있어서 소비자보호에 관하여 전자상거래소비자보호
법과 다른 법률의 규정이 경합하는 경우에는 전자상거래소비자보호법을 우선 적
용하되, 다른 법률을 적용하는 것이 소비자에게 유리한 경우에는 그 법을 적용한
다(법 4조).

제 2 절 전자상거래에 관한 특칙 등

Ⅰ. 전자문서의 활용

전자문서 및 전자거래기본법 제6조 제2항 제2호에도 불구하고, 사업자가 소비
자와 미리 전자문서로 거래할 것을 약정하여 지정한 주소(전자문서 및 전자거래기본법
제2조 제2호의 정보처리시스템을 말함)로 전자문서(전자문서 및 전자거래기본법 제2조 제1호
에 따른 전자문서를 말함)를 송신하지 아니한 경우에는 그 사업자는 해당 전자문서에
의한 권리를 주장할 수 없다(법 5조 1항). 다만 긴급한 경우, 소비자도 이미 전자문
서로 거래할 것을 예정하고 있는 경우, 소비자와 특정한 전자우편주소로 2회 이상
거래한 경우에 그 전자우편주소로 전자문서를 송신한 경우, 소비자가 전자문서를
출력한 경우, 소비자의 이익에 반하지 않고 그 소비자도 해당 전자문서의 효력을
부인하지 않는 경우 또는 긴급하게 연락할 필요성이 있고 전자우편 외에 다른 수
단을 활용할 수 없는 경우에는 그러하지 아니하다(법 5조 1항 단서, 영 4조).

그리고 사업자가 전자서명을 한 전자문서를 사용하려면 전자서명을 한 전자문
서의 효력과 출력방법을 전자우편의 본문에 표시하거나 미리 소비자에게 고지하
여야 하고(법 5조 2항, 영 5조), 또 전자문서를 사용함에 있어 소비자에게 특정한 전
자서명 방법의 이용을 강요(특수한 표준 등의 이용으로 사실상 강제되는 경우를 포함함)해

서는 안 되고, 소비자가 선택한 전자서명 방법의 사용을 부당하게 제한해서도 안 된다(법 5조 3항).

한편 전자상거래를 하는 사업자가 소비자의 회원 가입, 계약의 청약, 소비자 관련정보의 제공 등을 전자문서를 통하여 할 수 있도록 하는 경우에는 회원 탈퇴, 청약의 철회, 계약의 해지·해제·변경, 정보의 제공 및 이용에 관한 동의의 철회 등도 전자문서를 통하여 할 수 있도록 해야 하며(법 5조 4항), 소비자가 재화 등의 거래와 관련한 확인·증명을 전자문서로 제공하여 줄 것을 요청한 경우 이에 따라야 한다(법 5조 5항). 그러나 전자상거래를 하는 사업자가 전자문서로 제공하기 어려운 기술적 이유나 보안상 이유가 명백하여 이를 소비자에게 미리 고지한 경우에는 이를 적용하지 않는다(법 5조 6항).

Ⅱ. 거래기록의 보존 등

사업자는 전자상거래 및 통신판매에 있어서 표시·광고, 계약내용 및 그 이행 등 거래에 관한 기록을 상당한 기간 보존해야 하며, 이 경우 소비자가 그 거래기록을 쉽게 열람·보존할 수 있는 방법을 제공하여야 한다(법 6조 1항). 그런데 사업자가 보존해야 할 거래기록 및 그와 관련된 개인정보(성명·주소·전자우편주소 등 거래의 주체를 식별할 수 있는 정보로 한정함)는 소비자가 개인정보의 이용에 관한 동의를 철회하는 경우에도 이를 보존할 수 있다(법 6조 2항). 그리고 사업자가 보존하는 거래기록의 대상·범위·기간 및 소비자에게 제공하는 열람·보존의 방법 등에 관하여 필요한 사항은 대통령령으로 정한다(법 6조 3항). 여기서 사업자가 보존해야 할 거래기록의 대상·범위 및 기간은 다음과 같다(영 6조 1항).

① 표시·광고에 관한 기록: 6개월
② 계약 또는 청약철회 등에 관한 기록: 5년
③ 대금결제 및 재화 등의 공급에 관한 기록: 5년
④ 소비자의 불만 또는 분쟁처리에 관한 기록: 3년

그리고 사업자가 소비자에게 제공해야 할 거래기록의 열람·보존의 방법은 다음과 같다(영 6조 2항).

① 거래가 이루어진 해당 사이버몰에서 거래당사자인 소비자가 거래기록을 열람·확인할 수 있도록 하고, 전자문서의 형태로 정보처리시스템 등에 저장

할 수 있도록 할 것

② 거래당사자인 소비자와의 거래기록을 그 소비자의 희망에 따라 방문, 전화, 팩스 또는 전자우편 등의 방법으로 열람하거나 복사할 수 있도록 할 것. 다만 거래기록 중에 저작권법 제4조부터 6조까지의 규정에 따른 저작물(저작권법에 따라 복사할 수 있는 저작물은 제외함)이 있는 경우에는 그에 대한 복사를 거부할 수 있다.

③ 사업자가 법 제6조 제2항에 따라 개인정보의 이용에 관한 동의를 철회한 소비자의 거래기록 및 개인정보를 보존하는 경우에는 개인정보의 이용에 관한 동의를 철회하지 아니한 소비자의 거래기록 및 개인정보와 별도로 보존할 것

Ⅲ. 조작실수 등의 방지

사업자는 전자상거래에서 소비자의 조작실수 등으로 인한 의사표시의 착오 등에 의하여 발생하는 피해를 예방할 수 있도록 거래대금이 부과되는 시점 또는 청약에 앞서 그 내용을 확인하거나 바로잡는 데에 필요한 절차를 마련하여야 한다(법 7조).

Ⅳ. 전자적 대금지급의 신뢰확보 등

사업자가 대통령령으로 정하는 전자적 수단에 의한 거래대금의 지급(이하 '전자적 대금지급'이라 함)방법을 이용하는 경우 사업자와 전자결제수단 발행자, 전자결제서비스 제공자 등 대통령령으로 정하는 전자적 대금지급 관련자(이하 '전자결제업자 등'이라 함)는 관련 정보의 보안유지에 필요한 조치를 하여야 한다(법 8조 1항).

사업자와 전자결제업자 등은 전자적 대금지급이 이루어지는 경우 소비자의 청약의사가 진정한 의사표시에 의한 것인지를 확인하기 위하여, 재화 등의 내용, 종류 및 가격, 용역의 제공기간을 명확히 고지하고, 고지한 사항에 대한 소비자의 확인절차를 마련하여야 한다(법 8조 2항). 그리고 소비자와 전자결제업자 등은 전자적 대금지급이 이루어진 경우에는 전자문서의 송신 등의 방법으로 소비자에게 그 사실을 알리고, 언제든지 소비자가 전자적 대금지급과 관련한 자료를 열람할 수 있게 해야 한다(법 8조 3항).

한편 사이버몰에서 사용되는 전자적 대금지급 방법으로서 재화 등을 구입·이용하기 위하여 미리 대가를 지불하는 방식의 결제수단의 발행자는 그 결제수단의 신뢰도의 확인과 관련된 사항, 사용상의 제한이나 그 밖의 주의사항 등을 표시하거나 고지하여야 한다(법 8조 4항).

또한 사업자와 소비자 사이에 전자적 대금지급과 관련하여 다툼이 있는 경우, 전자결제업자 등은 대금지급과 관련된 정보의 열람을 허용하는 등 그 분쟁의 해결에 협조하여야 한다(법 8조 5항).

제 3 절   통신판매에 대한 규제

통신판매는 다른 판매방식과는 달리 소비자의 의사결정이 주로 판매업자의 광고나 선전에 의존하는 경향이 있기 때문에, 소비자가 사업자의 과대광고나 부당표시에 의하여 피해를 볼 우려가 매우 크다. 그리고 TV홈쇼핑의 경우에는 쇼 호스트가 객관성이 결여되거나 허위·과장된 제품설명을 함으로써 소비자들의 상품구입을 부추기거나, 제품의 효능을 설명하면서 근거가 확실하지 않은 주장이나 표현을 함으로써 소비자를 오도하는 등 표시·광고상의 문제점이 나타날 우려가 있다. 특히 원산지나 제품성분 등의 주요 표기사항을 제대로 지키지 않아서 소비자피해가 발생하는 경우도 있다. 한편 경우에 따라서는 습관적으로 무분별하게 물품을 구입하는 '홈쇼핑중독증'에 따른 반품과 분쟁이 사회적 문제로 대두되는 경우도 있다.

따라서 전자상거래소비자보호법은 통신판매로 인한 소비자의 피해를 효과적으로 구제 또는 예방하기 위하여, 통신판매업자를 감독당국에 신고하게 하고, 통신판매에 관한 표시·광고를 규제하는 동시에, 계약이 체결되면 계약서를 교부하게 하고 있다. 그리고 청약의 확인과 판매가능 여부에 관한 정보제공 및 재화 등의 공급, 공급서의 송부, 청약의 철회 등, 손해배상청구금액의 제한 및 통신판매중개자의 책임 등에 대하여 규율하고, 통신판매업자의 금지행위를 규정하고 있다.

I. 통신판매업자의 신고 등

1. 통신판매업자의 신고

통신판매업자는 대통령령으로 정하는 바에 따라 상호(법인인 경우에는 대표자의 성명과 주민등록번호를 포함한다)·주소·전화번호, 전자우편주소·인터넷 도메인 이름·호스트서버의 소재지, 그 밖에 사업자의 신원확인을 위하여 필요한 사항으로서 대통령령으로 정하는 사항을 공정거래위원회 또는 특별자치시장·특별자치도지사·시장·군수·구청장에게 신고하여야 한다. 다만 통신판매의 거래횟수, 거래규모 등이 공정거래위원회가 고시로 정하는 기준 이하인 경우에는 그러하지 않다(법 12조 1항).

그리고 통신판매업자가 신고한 사항을 변경하고자 하는 경우에는 물론이고(법 12조 2항), 그 영업을 휴업 또는 폐업하거나 휴업한 후 영업을 다시 시작할 때에도 대통령령으로 정하는 바에 따라 신고하여야 한다(법 12조 3항). 한편 공정거래위원회는 통신판매업자가 신고한 정보를 공개할 수 있다(법 12조 4항). 그런데 통신판매업자는 휴업기간이나 영업정지기간 중에도 청약철회 등에 따른 대금의 환급과 관련된 업무를 계속하여야 하며(법 22조 1항), 폐업신고를 하지 않은 상태에서 파산선고를 받는 등 실질적으로 영업을 할 수 없을 것으로 판단되는 경우에는 통신판매업자의 신고를 받은 공정거래위원회 또는 특별자치시장·특별자치도지사·시장·군수·구청장은 직권으로 그 신고사항을 말소할 수 있다(법 22조 2항).

2. 신원 및 거래조건에 대한 정보의 제공

통신판매업자가 재화 등의 거래에 관한 청약을 받을 목적으로 표시·광고를 할 때에는 그 표시·광고에 ① 상호 및 대표자 성명, ② 주소·전화번호·전자우편주소, ③ 공정거래위원회 또는 특별자치도지사·시장·군수·구청장에게 한 신고번호와 그 신고를 받은 기관의 이름 등 신고를 확인할 수 있는 사항을 포함하여야 한다(법 13조 1항). 그리고 통신판매업자는 소비자가 계약체결 전에 재화 등에 대한 거래조건을 정확하게 이해하고 실수나 착오 없이 거래할 수 있도록 다음 각 호의 사항을 적절한 방법으로 표시·광고하거나 고지하여야 하며, 계약이 체결되면 계약자에게 다음 각 호의 사항이 기재된 계약내용에 관한 서면을 재화 등을 공급할 때까지 교부하여야 한다. 다만 계약자의 권리를 침해하지 않는 범위에서 대통령령으로 정하는 사유가 있는 경우에는 계약자를 갈음하여 재화 등을 공급받는 자에게 계약내용에 관한 서면을 교부할 수 있다(법 13조 2항).

① 재화 등의 공급자 및 판매자의 상호, 대표자의 성명·주소 및 전화번호 등
② 재화 등의 명칭·종류 및 내용
③ 재화 등의 정보에 관한 사항. 이 경우 제품에 표시된 기재로 계약내용에 관한 서면에의 기재를 갈음할 수 있다.
④ 재화 등의 가격(가격이 결정되어 있지 않은 경우에는 가격을 결정하는 구체적인 방법)과 그 지급 방법 및 지급시기
⑤ 재화 등의 공급 방법 및 공급시기
⑥ 청약의 철회 및 계약의 해제(이하 '청약철회 등'이라 함)의 기한·행사방법 및 효과에 관한 사항(청약철회 등의 권리를 행사하는 데에 필요한 서식을 포함한다)
⑦ 재화 등의 교환·반품·보증과 그 대금 환불 및 환불의 지연에 따른 배상금 지급의 조건 및 절차
⑧ 전자매체로 공급할 수 있는 재화 등의 전송·설치 등을 할 때 필요한 기술적 사항
⑨ 소비자피해보상의 처리, 재화 등에 대한 불만처리 및 소비자와 사업자간 분쟁처리에 관한 사항
⑩ 거래에 관한 약관(그 약관의 내용을 확인할 수 있는 방법을 포함한다)
⑪ 소비자가 구매의 안전을 위하여 원하는 경우에는 재화 등을 공급받을 때까지 대통령령이 정하는 제3자에게 그 재화 등의 결제대금을 예치하는 것(이하 '결제대금예치'라 함)의 이용을 선택할 수 있다는 사항 또는 통신판매업자의 법 제24조 제1항의 규정에 따른 소비자피해보상보험계약 등의 체결을 선택할 수 있다는 사항(법 제15조 제1항의 규정에 따른 선불식 통신판매에만 해당하며, 법 제24조 제3항 각호의 어느 하나에 해당하는 거래를 하는 경우는 제외한다)
⑫ 그 밖에 소비자의 구매 여부 판단에 영향을 주는 거래조건 또는 소비자피해의 구제에 필요한 사항으로서 대통령령으로 정하는 사항

그리고 통신판매업자는 미성년자와 재화 등의 거래에 관한 계약을 체결할 때에는 법정대리인이 그 계약에 대하여 동의하지 아니하면 미성년자 본인 또는 법정대리인이 그 계약을 취소할 수 있다는 내용을 미성년자에게 고지하여야 하며(법 13조

3항), 소비자에게 표시·광고하거나 고지한 거래조건을 신의를 지켜 성실하게 이행하여야 한다(법 13조 5항).

공정거래위원회는 통신판매업자의 상호 등에 관한 사항과 재화 등의 정보에 관한 사항, 거래조건에 대한 표시·광고 및 고지의 내용과 방법을 정하여 고시할 수 있다. 이 경우 거래방법이나 재화 등의 특성을 고려하여 그 표시·광고 및 고지의 방법을 다르게 정할 수 있다(법 13조 4항).

3. 청약의 확인 등

통신판매업자는 소비자로부터 재화 등의 거래에 관한 청약을 받으면 청약 의사표시의 수신 확인 및 판매 가능 여부에 관한 정보를 소비자에게 신속하게 알려야 하며(법 14조 1항), 계약체결 전에 소비자가 청약의 내용을 확인하고, 정정하거나 취소할 수 있도록 적절한 절차를 갖추어야 한다(법 14조 2항).

4. 재화 등의 공급 등

통신판매업자는 소비자가 청약을 한 날부터 7일 이내에 재화 등의 공급에 필요한 조치를 취하여야 한다. 그런데 통신판매업자가 재화 등을 공급받기 전에 미리 재화 등의 대금의 전부 또는 일부를 지급하는 통신판매(이하 '선지급식 통신판매'라 함)의 경우에는 소비자가 그 대금의 전부 또는 일부를 지급한 날부터 3영업일 이내에 재화 등의 공급을 위하여 필요한 조치를 하여야 한다. 다만 소비자와 통신판매업자간에 재화 등의 공급시기에 관하여 따로 약정한 것이 있는 경우에는 그렇지 않다(법 15조 1항).

통신판매업자는 청약을 받은 재화 등을 공급하기가 곤란하다는 것을 알았을 때에는 지체 없이 그 사유를 소비자에게 알려야 하고, 선지급식 통신판매의 경우에는 소비자가 그 대금의 전부 또는 일부를 지급한 날부터 3영업일 이내에 환급하거나 환급에 필요한 조치를 하여야 한다(법 15조 2항).

그리고 통신판매업자는 소비자가 재화 등의 공급절차 및 진행상황을 확인할 수 있도록 적절한 조치를 하여야 하며, 이 경우 공정거래위원회는 그 조치에 필요한 사항을 정하여 고시할 수 있다(법 15조 3항).

II. 청약철회와 손해배상청구금액의 제한 등

1. 청약철회 등

(1) 철회 등의 기간

통신판매업자와 재화 등의 구매에 관한 계약을 체결한 소비자는 다음 각 호의 기간(거래당사자가 다음 각 호의 기간보다 긴 기간으로 약정한 경우에는 그 기간을 말함) 이내에 해당 계약에 관한 청약철회 등을 할 수 있다(법 17조 1항). 이 경우 공급받은 재화 등의 반환에 필요한 비용은 소비자가 부담하며, 통신판매업자는 소비자에게 청약철회 등을 이유로 위약금이나 손해배상을 청구할 수 없다(법 18조 9항).

① 계약내용에 관한 서면을 받은 날부터 7일.[13) 다만, 그 서면을 받은 때보다 재화 등의 공급이 늦게 이루어진 경우에는 재화 등을 공급받거나 공급이 시작된 날부터 7일

② 계약내용에 관한 서면을 받지 아니한 경우, 통신판매업자의 주소 등이 적혀 있지 않은 서면을 교부받은 경우 또는 통신판매업자의 주소변경 등의 사유로 위의 기간 내에 청약철회 등을 할 수 없는 경우에는 그 주소를 안 날 또는 알 수 있었던 날부터 7일

③ 청약철회 등에 대한 방해행위가 있는 경우 그 방해행위가 종료한 날부터 7일

그러나 소비자는 다음 각 호의 어느 하나에 해당하는 경우에는 통신판매업자의 의사에 반하여 청약철회 등을 할 수 없다(법 17조 2항).

① 소비자에게 책임이 있는 사유로 재화 등이 멸실되거나 훼손된 경우. 다만, 재화 등의 내용을 확인하기 위하여 포장 등을 훼손한 경우를 제외한다.

② 소비자의 사용 또는 일부 소비로 재화 등의 가치가 현저히 감소한 경우

③ 시간이 지나 다시 판매하기가 곤란할 정도로 재화 등의 가치가 현저히 감소한 경우

④ 복제가 가능한 재화 등의 포장을 훼손한 경우

⑤ 용역 또는 문화산업진흥기본법 제2조 제5호의 디지털콘텐츠의 제공이 개시

---

13) 대표적인 통신판매업자인 5대 TV홈쇼핑사에서는 이용약관에서 15일 또는 30일의 반품기간을 정하여 자율규제가 이루어지고 있다.

된 경우. 다만 가분적 용역 또는 가분적 디지털콘텐츠로 구성된 계약의 경
우에는 제공이 개시되지 아니한 부분에 대하여는 그렇지 않다.

⑥ 그 밖에 거래의 안전을 위하여 대통령령으로 정하는 경우

한편 재화 등의 내용이 표시·광고의 내용과 다르거나 계약의 내용과 다르게
이행된 경우에는 그 재화 등을 공급받은 날부터 3월 이내, 그 사실을 안 날 또는
알 수 있었던 날부터 30일 이내에 청약철회 등을 할 수 있다(법 17조 3항).

청약철회 등의 의사표시를 서면으로 하는 경우에는 그 의사표시가 적힌 서면을
발송한 날에 그 효력이 발생한다(법 17조 4항). 그리고 청약철회 등과 관련하여 상
품의 훼손에 대하여 소비자에게 책임이 있는지의 여부, 재화 등의 구매에 관한 계
약이 체결된 사실 및 그 시기, 재화 등의 공급사실 및 그 시기 등에 관하여 다툼이
있는 경우에는 통신판매업자가 이를 입증하여야 한다(법 17조 5항). 또한 통신판매
업자는 제2항 제2호 내지 제5호의 규정에 의하여 청약철회 등이 불가능한 재화 등
의 경우에는 그 사실을 재화 등의 포장이나 그 밖에 소비자가 쉽게 알 수 있는 곳
에 명확하게 적거나 시험 사용 상품을 제공하는 등의 방법으로 청약철회 등의 권
리행사가 방해받지 않도록 조치하여야 한다(법 17조 6항). 통신판매업자가 그러한
조치를 하지 않은 경우에는 제2호부터 제5호까지의 규정에 해당하는 경우에도 청
약철회 등을 할 수 있다(법 17조 2항 단서).

(2) 철회 등의 효과

소비자가 청약철회 등을 한 경우에는 이미 공급받은 재화 등을 반환하여야 한
다. 다만 이미 공급받은 재화 등이 용역 또는 디지털콘텐츠인 경우에는 그렇지 않
다(법 18조 1항). 이 경우, 통신판매업자는 이미 재화등이 일부 사용되거나 일부 소
비된 경우에는 그 재화 등의 일부 사용 또는 일부 소비에 의하여 소비자가 얻은
이익 또는 그 재화 등의 공급에 든 비용에 상당하는 금액으로서 대통령령으로 정
하는 범위의 금액을 소비자에게 청구할 수 있다(법 18조 8항). 그리고 통신판매업자
(소비자로부터 재화 등의 대금을 받은 자 또는 소비자와 통신판매에 관한 계약을 체결한 자를
포함한다)는 재화 등을 반환받은 날부터 3영업일 이내에 이미 지급받은 재화 등의
대금을 환급하여야 한다. 이 경우 통신판매업자가 소비자에게 재화 등의 대금환급
을 지연한 때에는 그 지연기간에 대하여 연 100분의 40 이내의 범위에서 「은행법」
에 따른 은행이 적용하는 연체금리 등 경제사정을 고려하여 대통령령으로 정하는

이율, 즉 15%를 곱하여 산정한 지연이자(이하 '지연배상금'이라 함)를 지급하여야 한다(법 18조 2항).

통신판매업자가 재화 등의 대금을 환급할 때, 소비자가 신용카드나 그 밖에 대통령령으로 정하는 결제수단으로 재화 등의 대금을 지급한 경우에는 지체 없이 해당 결제수단을 제공한 사업자(이하 '결제업자'라 함)에게 재화 등의 대금청구를 정지하거나 취소하도록 요청하여야 한다. 다만 통신판매업자가 결제업자로부터 해당 재화 등의 대금을 이미 받은 때에는 지체 없이 그 대금을 결제업자에게 환급하고, 그 사실을 소비자에게 알려야 한다(법 18조 3항). 이 경우 통신판매업자로부터 재화 등의 대금을 환급받은 결제업자는 그 환급받은 금액을 지체 없이 소비자에게 환급하거나 환급에 필요한 조치를 취하여야 하며(법 18조 4항), 만약 환급을 지연하여 소비자가 대금을 결제하게 한 통신판매업자는 그 지연기간에 대한 지연배상금을 소비자에게 지급하여야 한다(법 18조 5항).

소비자는 통신판매업자가 정당한 사유 없이 결제업자에게 대금을 환급하지 아니한 경우에는 결제업자에게 그 통신판매업자에 대한 다른 채무와 통신판매업자로부터 환급받을 금액을 상계할 것을 요청할 수 있다. 이 경우 결제업자는 대통령령으로 정하는 바에 따라 그 통신판매업자에 대한 다른 채무와 상계할 수 있다(법 18조 6항). 그리고 소비자는 결제업자가 이러한 상계를 정당한 사유 없이 게을리한 경우에는 결제업자에 대하여 대금의 결제를 거부할 수 있는데, 이 경우 통신판매업자와 결제업자는 그 결제의 거부를 이유로 그 소비자를 약정한 기일까지 채무를 변제하지 아니한 자로 처리하는 등 소비자에게 불이익을 주는 행위를 해서는 안 된다(법 18조 7항).

한편 청약철회로 인한 재화 등의 반환에 필요한 비용은 통신판매업자가 부담한다(법 18조 10항). 그리고 통신판매업자, 재화 등의 대금을 지급받은 자 또는 소비자와 통신판매에 관한 계약을 체결한 자가 동일인이 아닌 경우에는 각자가 청약철회 등에 따른 재화 등의 대금 환급과 관련한 의무의 이행에 있어서 연대하여 책임을 진다(법 18조 11항).

2. 손해배상청구금액의 제한 등

소비자에게 책임이 있는 사유로 재화 등의 판매에 관한 계약이 해제된 경우에는 통신판매업자가 소비자에게 손해배상을 청구할 수 있는데, 이 경우에 통신판매업자는 그의 거래상의 지위를 이용하여 소비자에게 부당하게 높은 손해배상액을 청구할 우려가 있다. 따라서 전자상거래소비자보호법은 이러한 우려를 막기 위하여, 통신판매업자가 소비자에게 청구하는 손해배상액은 다음 각 호의 구분에 따라 정한 금액에 대금미납에 따른 지연배상금을 더한 금액을 초과할 수 없도록 하고 있다(법 19조 1항).

① 공급한 재화 등이 반환된 경우에는 그 재화 등의 통상 사용료 또는 그 사용으로 통상 얻을 수 있는 이익에 상당하는 금액과 그 재화 등의 판매가격에서 그 재화 등이 반환된 당시의 가액을 뺀 금액 중에서 큰 금액
② 공급한 재화 등이 반환되지 않은 경우에는 그 재화 등의 판매가격에 상당하는 금액

그리고 공정거래위원회는 통신판매업자와 소비자간의 손해배상청구에 따른 분쟁의 원활한 해결을 위하여 필요하면 통신판매업자가 소비자에게 청구하는 손해배상액을 산정하기 위한 기준을 정하여 고시할 수 있다(법 19조 2항).

3. 통신판매중개자의 의무와 책임

통신판매중개를 하는 자(이하 '통신판매중개자'라 함)는 자신이 통신판매의 당사자가 아니라는 사실을 소비자가 쉽게 알 수 있도록 미리 고지하여야 하여야 한다(법 20조 1항). 그리고 통신판매중개를 업으로 하는 자(이하 '통신판매중개업자'라 함)는 통신판매중개를 의뢰한 자(이하 '통신판매중개의뢰자'라 함)가 사업자인 경우에는 그 성명(사업자가 법인인 경우에는 그 명칭과 대표자의 성명) 주소·전화번호 등 대통령령으로 정하는 사항을 확인하여 청약이 이루어지기 전까지 소비자에게 제공하여야 하고, 통신판매중개의뢰자가 사업자가 아닌 경우에는 그 성명·전화번호 등 대통령령으로 정하는 사항을 확인하여 거래의 당사자들에게 상대방에 관한 정보를 확인할 수 있는 방법을 제공하여야 한다(법 20조 2항). 한편 통신판매중개자는 사이버몰 등을 이용함으로써 발생하는 불만이나 분쟁의 해결을 위하여 그 원인 및 피해의 파악 등 필요한 조치를 신속히 시행하여야 하며, 이 경우 필요한 조치의 구체적인 내용과 방법 등은 대통령령으로 정한다(법 20조 3항).

한편 통신판매중개자가 자신이 통신판매의 당사자가 아니라는 사실을 소비자가 쉽게 알 수 있도록 미리 고지하지 아니한 경우, 통신판매중개 의뢰자의 고의 또는 과실로 소비자에게 발생한 재산상의 손해에 대하여 통신판매중개 의뢰자와 연대하여 배상할 책임을 진다(법 20조의2 1항). 그리고 통신판매중개자는 소비자에

게 정보 또는 정보를 열람할 수 있는 방법을 제공하지 않거나 제공한 정보가 사실
과 달라서 소비자에게 발생한 재산상 손해에 대하여 통신판매중개 의뢰자와 연대
하여 배상할 책임을 진다. 다만 소비자에게 피해가 가지 않도록 상당한 주의를 기
울인 경우에는 그렇지 않다(동조 2항). 한편 통신판매업자인 통신판매중개자는 자
신이 통신판매의 당사자가 아니라는 사실을 고지했더라도, 법 제12조부터 15조까
지, 제17조 및 18조에 따른 통신판매업자의 책임을 면하지 못한다. 다만 통신판매
업자의 의뢰를 받아 통신판매의 중개를 하는 경우 통신판매중개 의뢰자가 책임을
지는 것으로 약정하여 소비자에게 고지한 부분에 대하여는 통신판매중개의뢰자가
책임을 진다(동조 3항). 또한 사업자인 통신판매중개 의뢰자는 통신판매중개자의
고의 또는 과실로 소비자에게 발생한 재산상 손해에 대하여 통신판매중개자의 행
위라는 이유로 면책되지 않는다. 다만 소비자에게 피해가 가지 않도록 상당한 주
의를 기울인 경우에는 그러하지 아니하다(동조 4항).

4. 통신판매의 중요한 일부 업무를 수행하는 통신판매중개업자의 책임

통신판매에 관한 거래과정에서 청약의 접수를 받거나 재화등의 대금을 지급받
는 통신판매중개업자는 통신판매업자가 다음과 같은 의무를 이행하지 않는 경우
에는 이를 대신하여 이행해야 한다(법 20조의3).

(1) 통신판매중개업자가 청약의 접수를 받는 경우
① 법 제13조 제2항 제5호에 따른 정보의 제공
② 법 제14조 제1항에 따른 청약의 확인
③ 그 밖에 소비자피해를 방지하기 위하여 필요한 사항으로서 대통령령으로 정
   하는 사항

(2) 통신판매중개업자가 재화등의 대금을 지급받는 경우
① 법 제7조에 따른 조작 실수의 방지
② 법 제8조에 따른 전자적 대금지급의 신뢰확보
③ 그 밖에 소비자피해를 방지하기 위하여 필요한 사항으로서 대통령령으로 정
   하는 사항

제4절   관련사업자의 협력과 금지행위

Ⅰ. 관련사업자의 협력 등

1. 배송사업자 등의 협력

전자상거래나 통신판매에 따라 재화 등을 배송(「정보통신망 이용촉진 및 정보보호 등에 관한 법률」 제2조 제1항 제1호의 정보통신망을 통한 전송을 포함함)하는 사업자는 배송 사고나 배송장애 등으로 분쟁이 발생하는 경우에는, 소비자가 분쟁발생의 사실을 소명하여 요청하면 배송관련 기록의 열람제공, 사고 또는 장애관련 사실의 확인을 위한 기록의 열람 등 분쟁의 해결에 협조해야 한다(법 9조 1항, 영 11조). 그리고 사업자가 전자상거래를 할 수 있도록 사이버몰 구축 및 서버 관리 등을 해 주는 호스팅 서비스를 제공하는 자는 사업자와 호스팅 서비스에 관한 이용계약을 체결하는 경우 사업자의 신원을 확인하기 위한 조치를 하여야 하며(법 9조 2항), 사업자와 소비자 사이에 분쟁이 발생하는 경우 ① 공정거래위원회, ② 특별시장·광역시장·도지사·특별자치도지사 또는 시장·군수·구청장, ③ 수사기관, ④ 분쟁의 당사자인 소비자, ⑤ 그 밖에 분쟁해결을 위하여 필요하다고 인정되어 대통령령으로 정하는 자, 즉 한국소비자원, 소비자분쟁조정위원회, 전자거래분쟁조정위원회 또는 콘텐츠분쟁조정위원회의 요청에 따라 사업자의 신원정보 등 대통령령으로 정하는 자료를 제공함으로써 그 분쟁의 해결에 협조하여야 한다(법 9조 3항, 영 11조의2 2항).

2. 전자게시판서비스 제공자의 책임

정보통신망 이용촉진 및 정보보호 등에 관한 법률 제2조 제1항 제9호의 게시판을 운영하는 같은 항 제3호의 정보통신서비스 제공자(이하 '전자게시판서비스 제공자'라 함)는 해당 게시판을 이용하여 통신판매 또는 통신판매중개가 이루어지는 경우 이로 인한 소비자피해가 발생하지 않도록 다음 각 호의 사항을 이행해야 한다(법 9조의2 1항).

① 게시판을 이용하여 통신판매 또는 통신판매중개를 업으로 하는 자(이하 '게시

판 이용 통신판매업자 등'이라 함)가 이 법에 따른 의무를 준수하도록 안내하고 권고할 것

② 게시판 이용 통신판매업자 등과 소비자 사이에 이 법과 관련하여 분쟁이 발생한 경우 소비자의 요청에 따라 법 제33조에 따른 소비자피해분쟁조정기구에 소비자의 피해구제신청을 대행하는 장치를 마련하고 대통령령으로 정하는 바에 따라 운영할 것

③ 그 밖에 소비자피해를 방지하기 위하여 필요한 사항으로서 대통령령으로 정하는 사항

그리고 전자게시판서비스 제공자는 게시판 이용통신판매업자등에 대하여 법 제13조 제1항 제1호 및 제2호의 신원정보를 확인하기 위한 조치를 취하여야 한다(동조 2항). 한편 전자게시판서비스 제공자는 게시판 이용 통신판매업자등과 소비자 사이에 분쟁이 발생하는 경우 다음 각 호의 어느 하나에 해당하는 자의 요청에 따라 위의 신원 확인 조치를 통하여 얻은 게시판 이용 통신판매업자등의 신원정보를 제공하여 그 분쟁의 해결에 협조하여야 한다(동조 3항).

① 법 제33조에 따른 소비자피해 분쟁조정기구
② 공정거래위원회
③ 시 · 도지사 또는 시장 · 군수 · 구청장

3. 사이버몰의 운영

전자상거래를 하는 사이버몰의 운영자는 소비자가 사업자의 신원 등을 쉽게 알 수 있도록, ① 상호 및 대표자 성명, ② 영업소가 있는 곳의 주소(소비자의 불만을 처리할 수 있는 곳의 주소 포함), ③ 전화번호 · 전자우편주소, ④ 사업자등록번호, ⑤ 사이버몰의 이용약관, ⑥ 그 밖에 소비자보호를 위하여 필요한 사항으로서 대통령령이 정하는 사항을 표시하여야 하며(법 10조 1항), 그 사이버몰에서 전자상거래소비자보호법의 규정에 위반한 행위가 이루어지는 경우 운영자가 조치해야 할 부분이 있으면 시정에 필요한 조치에 협력해야 한다(법 10조 2항).

4. 소비자에 관한 정보의 이용 등

사업자는 전자상거래 또는 통신판매를 위하여 소비자에 관한 정보를 수집하거나 이용(제3자에게 제공하는 경우를 포함한다)할 때에는 「정보통신망 이용촉진 및 정보

보호 등에 관한 법률」 등 관계 규정에 따라 이를 공정하게 수집하거나 이용하여야 하며(법 11조 1항), 재화 등을 거래함에 있어서 소비자에 관한 정보가 도용되어 해당 소비자에게 재산상의 손해가 발생하였거나 발생할 우려가 있는 특별한 사유가 있는 경우에는, 본인 확인이나 피해의 회복 등 대통령령으로 정하는 필요한 조치를 하여야 한다(법 11조 2항).

II. 금지행위 등

1. 금지행위

전자상거래를 행하는 사업자 또는 통신판매업자는 다음 각 호의 어느 하나에 해당하는 행위를 해서는 안 된다(법 21조).

① 거짓 또는 과장된 사실을 알리거나 기만적 방법을 사용하여 소비자를 유인 또는 거래하거나 청약철회 등 또는 계약의 해지를 방해하는 행위.[14] 여기서 '기만적 방법을 사용하여 소비자를 유인하는 행위'란 소비자가 재화 또는 용역을 구매하는 데 영향을 미칠 수 있는 사실의 전부나 일부를 은폐·누락하거나 축소하는 등의 방법으로 소비자의 주의나 흥미를 일으키는 행위 자체를 뜻하는 것이고, 이러한 유인행위는 소비자를 속이거나 소비자로 하여금 잘못 알게 할 우려가 있는 행위만으로 성립하고, 그 행위로 소비자가 유인되는 결과까지 발생하여야 하는 것은 아니다.[15]

② 청약철회 등을 방해할 목적으로 주소·전화번호·인터넷도메인 이름 등을 변경하거나 폐지하는 행위

---

14) 대법원은 "원고가 자신이 운영하는 인터넷 사이트에 무료로 가입하여 1주일 동안 유료회원의 서비스를 받도록 하는 이 사건 이벤트를 실시하면서 그 인터넷 사이트 화면에서 '무료체험', '공짜'라는 문구를 크게 강조하는 반면에, '7일 무료체험 후에는 자동 정회원으로 전환되어 월정액 2,000원이 부과됩니다'라는 안내문구는 이용자가 인지하기 어렵게 화면 하단에 작은 글씨체로 표기한 것은 이용자가 이러한 내용을 제대로 인식하지 못한 채 부주의로 이벤트에 참여하게끔 유도한 것이며, 또한 원고가 자신이 운영하는 인터넷 사이트의 자동결제 유료회원들에게 매월 회비 결제시에 '〈자동맞춤짝 서비스 원고 주식회사〉 원고 주식회사 모바일 회원인지 메시지 2,000원 피고 주식회사' 또는 '맞춤짝이 나타났습니다 원고 주식회사 2,000원 결제 피고 주식회사'라는 문구로 문자메시지를 발송한 것은 자동결제를 알리는 문자메시지를 보내면서도 이를 받아보는 사람이 스팸 문자메시지 또는 결제 승인 요청 메시지인 것처럼 오인할 수 있도록 함으로써 매월 자동결제가 진행되고 있다는 사실을 정확히 알리지 않은 것이므로, 이러한 원고의 행위는 전자상거래법 제21조 제1항 제1호의 기만적 방법을 사용하여 소비자를 유인 또는 거래하거나 청약철회 등 또는 계약의 해지를 방해하는 행위에 해당한다"고 보았다. 대법원 2008. 12. 24. 선고 2008다58961 판결.
15) 대법원 2014. 6. 26. 선고 2012두1815 판결.

③ 분쟁이나 불만처리에 필요한 인력 또는 설비의 부족을 상당기간 방치하여 소비자에게 피해를 주는 행위

④ 소비자의 청약이 없음에도 불구하고 일방적으로 재화 등을 공급하고 그 대금을 청구하거나 재화 등의 공급 없이 대금을 청구하는 행위

⑤ 소비자가 재화를 구매하거나 용역을 제공받을 의사가 없음을 밝혔음에도 불구하고 전화, 팩스, 컴퓨터통신 등을 통하여 재화를 구매하거나 용역을 제공받도록 강요하는 행위

⑥ 본인의 허락을 받지 아니하거나 허락받은 범위를 넘어 소비자에 관한 정보를 이용하는 행위. 다만, 다음 각 호의 어느 하나에 해당하는 경우는 제외한다.

i) 재화 등의 배송 등 소비자와의 계약의 이행에 불가피한 경우로서 대통령령으로 정하는 경우

ii) 재화 등의 거래에 따른 대금정산을 위하여 필요한 경우

iii) 도용방지를 위하여 본인 확인에 필요한 경우로서 대통령령으로 정하는 경우

iv) 법률의 규정 또는 법률에 따라 필요한 불가피한 사유가 있는 경우

⑦ 소비자의 동의를 받지 아니하거나 총리령으로 정하는 방법에 따라 쉽고 명확하게 소비자에게 설명·고지하지 아니하고 컴퓨터프로그램 등이 설치되게 하는 행위

2. 기준의 제정, 고시

공정거래위원회는 이 법의 위반행위를 방지하고 소비자피해를 예방하기 위하여 전자상거래를 하는 사업자 또는 통신판매업자가 준수하여야 할 기준을 정하여 고시할 수 있다(법 21조 2항).

제5절   공정거래위원회의 규제와 감독

I. 소비자권익의 보호

1. 소비자보호지침의 제정 등

공정거래위원회는 전자상거래 또는 통신판매에 있어서 건전한 거래질서의 확

립과 소비자의 보호를 위하여 사업자의 자율적 준수를 유도하기 위한 지침(이하 '소비자보호지침'이라 함)을 관련분야의 거래당사자, 기관 및 단체의 의견을 들어 정할 수 있다(법 23조 1항). 그리고 사업자는 그가 사용하는 약관이 소비자보호지침의 내용보다 소비자에게 불리한 경우에는 그 약관의 내용을 소비자가 알기 쉽게 표시하거나 고지하여야 한다(법 23조 2항).

2. 소비자피해보상보험계약 등의 체결

공정거래위원회는 전자상거래 또는 통신판매에서 소비자를 보호하기 위하여 관련사업자에게 보험법에 의한 보험계약, 소비자피해보상금의 지급을 확보하기 위한 채무보증지급계약 또는 공제조합과의 공제계약(이하 '소비자피해보상 보험계약 등'이라 함)을 체결하도록 권장할 수 있다(법 24조 1항). 다만 사이버몰에서 사용되는 전자적 대금지급 방법으로서 재화 등을 구입 · 이용하기 위하여 미리 대가를 지불하는 방식의 결제수단의 발행자는 반드시 소비자피해보상보험계약을 체결하여야 한다(법 24조 1항 단서).

그러나 통신판매업자는 선지급식 통신판매를 할 때 소비자가 법 제13조 제2항 제10호에 따른 결제대금예치의 이용 또는 통신판매업자의 소비자피해보상보험계약 등의 체결을 선택한 경우에는 소비자가 결제대금예치를 이용하도록 하거나 소비자피해보상보험계약 등을 체결하여야 한다(법 24조 2항). 다만 소비자가 다음 각 호의 어느 하나에 해당하는 거래를 하는 경우에는 적용하지 않는다(법 24조 3항).

① 신용카드로 재화 등의 대금을 지급하는 거래
② 정보통신망으로 전송되거나 법 제13조 제2항 제10호에 따른 제3자가 배송을 확인할 수 없는 재화 등을 구매하는 거래
③ 일정기간에 걸쳐 분할되어 공급되는 재화 등을 구매하는 거래
④ 다른 법률에 따라 소비자의 구매안전이 충분히 갖추어진 경우 또는 위의 ① 부터 ③까지의 규정과 유사한 사유로 결제대금예치 또는 소비자피해보상보험계약 등의 체결이 필요하지 않거나 곤란하다고 공정거래위원회가 정하여 고시하는 거래

그리고 소비자피해보상보험계약 등은 이 법의 위반행위로 인한 소비자피해를 보상하거나 결제수단 발행자의 신뢰성을 확보하기에 적절한 수준이어야 하며, 그 구체적인 기준은 대통령령으로 정한다(법 24조 5항). 한편 소비자피해보상보험계약

등에 따라 소비자피해보상금을 지급할 의무가 있는 자는 그 지급사유가 발생한 경우 지체 없이 소비자피해보상금을 지급하여야 하며, 이를 지연한 경우에는 지연배상금을 지급하여야 한다(법 24조 6항). 그리고 소비자피해보상보험계약 등을 체결하려는 사업자는 소비자피해보상보험계약 등을 체결하기 위하여 매출액 등의 자료를 제출할 때에 거짓 자료를 제출해서는 안 된다(법 24조 7항). 한편 소비자피해보상보험계약 등을 체결한 사업자는 그 사실을 나타내는 표지를 사용할 수 있으나, 소비자피해보상보험계약 등을 체결하지 아니한 사업자는 이러한 표지를 사용하거나 이와 유사한 표지를 제작 또는 사용해서는 안 된다(법 24조 8항).

또한 전자상거래를 하는 사업자 또는 통신판매업자가 불특정 다수의 소비자를 대상으로 전화, 팩스, 컴퓨터 통신 또는 전자우편 등을 이용하여 재화를 구매하거나 용역을 제공받도록 권유하는 행위(이하 '구매권유광고'라 함)를 할 때에는 이 법과 「정보통신망 이용촉진 및 정보보호 등에 관한 법률」 등 관계 법률의 규정을 준수하여야 한다(법 24조의2 1항). 공정거래위원회는 이상의 규정을 위반하여 구매권유광고를 한 전자상거래를 하는 사업자 또는 통신판매업자에 대한 시정조치를 하기 위하여 방송통신위원회 등 관련 기관에 위반자의 신원정보를 요청할 수 있다. 이 경우 신원정보의 요청은 공정거래위원회가 위반자의 신원정보를 확보하기 곤란한 경우로 한정하며, 방송통신위원회 등 관련기관은 「정보통신망 이용촉진 및 정보보호 등에 관한 법률」 제64조의2 제1항에도 불구하고 공정거래위원회에 위반자의 신원정보를 제공할 수 있다(법 24조의2 2항).

3. 전자상거래소비자단체의 지원

공정거래위원회는 전자상거래 및 통신판매에서 공정거래질서를 확립하고 소비자의 권익을 보호하기 위한 사업을 시행하는 기관 또는 단체에 예산의 범위에서 필요한 지원 등을 할 수 있다(법 25조).

Ⅱ. 조사 및 감독

1. 위반행위의 조사 등

공정거래위원회, 시·도지사 또는 시장·군수·구청장은 전자상거래소비자보호법에 위반되는 사실이 있다고 인정할 때에는 직권으로 필요한 조사를 할 수 있다

(법 26조 1항). 그리고 누구든지 이 법의 규정에 위반되는 사실이 있다고 인정할 때에는 그 사실을 공정거래위원회, 시·도지사 또는 시장·군수·구청장에게 신고할 수 있다(법 26조 4항). 공정거래위원회는 이 법 위반행위에 대한 조사를 위하여 한국소비자원과 합동으로 조사반을 구성할 수 있다(법 26조 6항). 그런데 공정거래위원회, 시·도지사 또는 시장·군수·구청장은 이 법 위반행위의 조사를 한 경우에는 그 결과(조사결과 시정조치명령 등의 처분을 하려는 경우에는 그 처분의 내용을 포함한다)를 해당 사건의 당사자에게 서면으로 알려야 한다(법 26조 3항).

그러나 공정거래위원회는 이 법을 위반하는 행위가 끝난 날부터 5년을 지난 경우에는 그 위반행위에 대하여 시정조치를 명하지 않거나 과징금 등을 부과하지 않는다(법 26조 5항). 다만, 소비자피해분쟁조정기구의 권고안이나 조정안을 당사자가 수락하고도 이를 이행하지 않는 경우에는 그러하지 아니하다(법 26조 5항 단서).

2. 공개정보 검색 등

공정거래위원회, 시·도지사 또는 시장·군수·구청장은 전자상거래 및 통신판매의 공정거래질서를 확립하고 소비자피해를 예방하기 위하여 필요하면 전자적인 방법 등을 이용하여 사업자나 전자상거래 또는 통신판매에서의 소비자보호 관련 법인·단체가 정보통신망에 공개한 공개정보를 검색할 수 있으며(법 27조 1항), 사업자 또는 관련 법인·단체는 이러한 공정거래위원회, 시·도지사 또는 시장·군수·구청장의 정보검색을 정당한 이유 없이 거부하거나 방해하는 행위를 해서는 안 된다(법 27조 2항). 그리고 공정거래위원회, 시·도지사 또는 시장·군수·구청장은 소비자피해에 관한 정보를 효율적으로 수집하고 이용하기 위하여 필요하면 대통령령으로 정하는 바에 따라 전자상거래나 통신판매에서의 소비자보호 관련업무를 수행하는 기관(「공공기관의 운영에 관한 법률」 제4조에 따른 공공기관으로 한정한다. 이하 이 조에서 같다)이나 법인·단체에 관련 자료를 제출하거나 공유하도록 요구할 수 있는데(법 27조 3항), 공정거래위원회, 시·도지사 또는 시장·군수·구청장으로부터 이러한 자료의 요구를 받은 기관이나 법인·단체는 정당한 사유가 없으면 자료의 제출이나 공유를 거부해서는 안 된다(법 27조 4항). 한편 공정거래위원회는 전자상거래 및 통신판매의 공정거래질서를 확립하고 소비자피해를 예방하기 위하여 전자적인 방법 등을 이용하여 검색된 정보 중 사업자가 이 법을 위반한 행위나 그 밖에 소비자 피해의 예방을 위하여 필요한 관련정보를 대통령령으로 정하는 바에 따라 공개할 수 있다(법 28조).

3. 평가·인증사업의 공정화

전자상거래 및 통신판매의 공정화와 소비자보호를 위하여 관련사업자의 평가·인증 등의 업무를 수행하는 자(이하 '평가·인증 사업자'라 함)는 그 명칭에 관계없이 대통령령으로 정하는 바에 따라 그 평가·인증에 관한 기준, 방법 등을 공시하고, 그에 따라 공정하게 평가·인증하여야 한다(법 29조 1항, 영 31조). 이러한 평가·인증에 관한 기준과 방법은 사업자가 거래의 공정화 및 소비자보호를 위하여 한 노력과 성과에 관한 정보를 전달하는 데 적절한 것이어야 한다(법 29조 2항). 그리고 공정거래위원회는 평가·인증사업자에게 운용 상황 등에 관한 자료를 제출하게 할 수 있다(법 29조 3항).

4. 보고 및 감독

이 법에 따라 시정권고를 하는 경우에는 시·도지사는 공정거래위원회에, 시장·군수·구청장은 공정거래위원회 및 시·도지사에게 그 결과를 보고하여야 한다(법 30조 1항). 그리고 공정거래위원회가 전자상거래소비자보호법의 효율적인 시행을 위하여 필요하다고 인정할 때에는 그 소관사항에 관하여 시·도지사 또는 시장·군수·구청장에게 조사·확인 또는 자료의 제출을 요구하거나 그 밖에 시정에 필요한 조치를 요구할 수 있다. 이 경우 해당 시·도지사 또는 시장·군수·구청장은 특별한 사유가 없으면 그 요구에 따라야 한다(법 30조 2항).

Ⅲ. 시정조치 및 과징금 부과

1. 시정명령과 시정권고

공정거래위원회는 사업자가 이 법의 규정에 위반하거나 이 법에 따른 의무를 이행하지 않는 경우 해당 사업자에 대하여 그 시정조치를 명할 수 있다(법 32조 1항). 여기서 시정조치란 해당 위반행위의 중지, 이 법에 규정된 의무의 이행, 시정조치를 받은 사실의 공표,[16] 소비자피해 예방 및 구제에 필요한 조치, 그 밖에 위

---

16) 대법원은 공표명령을 할 것인지 여부 및 방법에 대해서 공정거래위원회가 재량을 갖는 것으로 보았다. 대법원 2014. 6. 26. 선고 2012두1525 판결. 한편 배너광고에 관한 사건에서 대법원은 "배너광고를 하면서 광고상품의 재고가 소진되었음에도 광고대상에서 제외시키는 등 적절한 조치를 취하지 않았고, 소비자가 더 이상 광고상품을 검색할 수 없게 되었는데도 포털사이트에 설치한 배너광고에 여전히 광고상품이 그대로 표시되도록 방치한 잘못이 있으므로 갑 회사의 허위광고로 인한 고객

반행위의 시정을 위하여 필요한 조치를 말한다(법 32조 2항).

그리고 공정거래위원회는 위의 시정조치명령에도 불구하고 위반행위가 반복되거나 시정조치명령에 따른 이행을 하지 않는 경우 또는 시정조치만으로는 소비자 피해의 방지가 현저히 곤란하다고 판단되는 경우에는 대통령령으로 정하는 바에 따라 1년 이내의 기간을 정하여 그 영업의 전부 또는 일부의 정지를 명할 수 있다(법 32조 4항).

그런데 공정거래위원회, 시·도지사 또는 시장·군수·구청장은 사업자가 이 법을 위반하는 행위를 하거나 이 법에 따른 의무를 이행하지 아니한 경우에는 앞에서 설명한 시정조치를 명하기 전에 그 사업자가 그 위반행위를 중지하거나 이 법에 규정된 의무, 또는 시정을 위하여 필요한 조치를 이행하도록 시정방안을 정하여 해당 사업자에게 이에 따를 것을 권고할 수 있다. 이 경우 그 사업자가 권고를 수락하면 시정조치가 명하여진 것으로 본다는 뜻을 함께 알려야 한다(법 31조 1항). 이러한 시정권고를 받은 사업자는 그 통지를 받은 날부터 10일 이내에 그 권고의 수락 여부를 그 권고를 한 행정청에 알려야 하며(법 31조 2항), 시정권고를 받은 자가 그 권고를 수락하면 이 법에 따른 시정조치가 명하여진 것으로 본다(법 31조 3항).

2. 임시중지명령

공정거래위원회는 전자상거래를 하는 사업자 또는 통신판매업자의 전자상거래 또는 통신판매가 다음 각 호에 모두 해당하는 경우에는 그 사업자에 대하여 전자상거래 또는 통신판매의 전부 또는 일부를 대통령령으로 정하는 바에 따라 일시중지할 것을 명할 수 있다(법 32조의2 1항).

① 전자상거래 또는 통신판매가 법 제21조 제1항 제1호에 해당하는 것이 명백한 경우
② 전자상거래 또는 통신판매로 인하여 소비자에게 재산상 손해가 발생하였고, 다수의 소비자에게 회복하기 어려운 손해가 확산될 우려가 있어 이를 예방

유인행위에 대하여 의무 해태를 탓할 수 없는 정당한 사유가 인정된다고 보기는 어려우나, 배너광고가 포털사이트에 5일 정도 게재된 것에 불과하고, 갑 회사가 프로모션 이벤트 페이지 등에서 위 9,900원짜리 '나이키 상품을 찾을 수 없다는 사정을 알게 된 후 곧바로 배너광고를 삭제한 점, 이후 재고가 충분하지 않은 입점업체의 상품은 프로모션 광고의 대상이 될 수 없게 한 점 등을 고려해 볼 때 전자상거래 등에서의 소비자보호에 관한 법률 제32조 제2항 제3호에서 정한 공표명령의 요건을 충족했다고 볼 수 없다"고 보았다. 대법원 2012. 6. 28. 선고 2010두24371 판결.

할 긴급한 필요성이 인정되는 경우

그리고 공정거래위원회는 전자상거래 또는 통신판매의 전부 또는 일부를 일시 중지하기 위하여 필요한 경우 호스팅서비스를 제공하는 자, 통신판매중개자, 전자 게시판서비스 제공자 등에게 해당 역무 제공의 중단 등 대통령령으로 정하는 조치를 취할 것을 요청할 수 있으며, 그 요청을 받은 사업자는 정당한 사유가 없으면 이에 따라야 한다(법 32조의2 2항).

한편 소비자기본법 제29조에 따라 등록한 소비자단체 또는 한국소비자원, 소비자분쟁조정위원회, 전자거래분쟁조정위원회, 콘텐츠분쟁조정위원회, 그 밖에 소비자보호 관련법령에 따라 설치·운영되는 분쟁조정기구는 전자상거래를 하는 사업자 또는 통신판매업자가 임시중지명령의 요건을 충족한다고 인정될 때에는 서면으로 공정거래위원회에 그 전자상거래 또는 통신판매의 전부 또는 일부에 대하여 일시 중지를 명하도록 요청할 수 있다(법 32조의2 3항).

3. 소비자피해분쟁조정의 요청

공정거래위원회, 시·도지사 또는 시장·군수·구청장은 전자상거래 또는 통신판매에서 이 법 위반행위와 관련하여 소비자의 피해구제신청이 있는 경우에는, 시정권고나 시정조치를 하기 전에 전자상거래 또는 통신판매에서의 소비자보호관련업무를 수행하는 기관이나 단체 등 대통령령으로 정하는 소비자피해분쟁조정기구, 예컨대 한국소비자원 분쟁조정위원회, 전자거래분쟁조정위원회, 그 밖에 소비자보호관련 법령에 의하여 설치·운영되는 분쟁조정기구에 조정을 의뢰할 수 있다(법 33조 1항).[17] 소비자피해분쟁조정기구의 권고안 또는 조정안을 당사자가 수락하고 이를 이행한 경우에는 시정조치를 하지 않는다(법 33조 3항). 그리고 공정거래위원회가 분쟁의 조정을 요청하는 경우 예산의 범위 안에서 당해 분쟁의 조정에 필요한 예산을 지원할 수 있다(법 33조 4항). 한편 소비자피해 분쟁조정기구는 분쟁조정이 이루어진 경우에는 그 결과를, 분쟁조정이 이루어지지 않은 경우에는 그 경위를 지체 없이 조정을 의뢰한 공정거래위원회, 시·도지사 또는 시장·군수·구청장에게 보고하여야 한다(법 33조 5항).

---

17) 공정거래위원회, 시·도지사 또는 시장·군수·구청장은 당사자가 소비자피해 분쟁조정기구의 권고안 또는 조정안을 수락하고 이행한 경우에는 시정조치를 하지 않는다는 뜻을 당사자에게 알려야 한다(법 33조 2항).

4. 과 징 금

공정거래위원회는 영업정지를 명할 수 있는 경우, 그 영업정지가 소비자 등에게 심한 불편을 줄 우려가 있다고 인정하는 경우에는 그 영업정지에 갈음하여 해당 사업자에 대하여 대통령령으로 정하는 위반행위 관련 매출액을 초과하지 않는 범위[18] 안에서 과징금을 부과할 수 있다. 이 경우 관련 매출액이 없거나 이를 산정할 수 없는 경우 등에는 5천만원을 초과하지 않는 범위 안에서 과징금을 부과할 수 있다(법 34조 1항). 그리고 공정거래위원회가 과징금을 부과할 때에는 ① 위반행위로 인한 소비자피해의 정도, ② 소비자피해에 대한 사업자의 보상노력 정도, ③ 위반행위로 취득한 이익의 규모, ④ 위반행위의 내용·기간 및 횟수 등을 고려하여야 한다(법 34조 3항). 한편 과징금 납부기한의 연장, 분할납부, 과징금의 징수 및 체납·환급처분에 관하여는 독점규제법의 규정(동법 103조부터 107조)을 준용한다(법 39조 4항).

제 6 절 보 칙 및 벌 칙

I. 보   칙

1. 소비자 등에 불리한 계약의 무효

청약철회 등(법 17조)과 그 효과(법 18조) 및 손해배상청구금액의 제한(법 19조)의 규정은 편면적 강행규정이다. 따라서 이러한 규정을 위반한 약정으로서 소비자에게 불리한 것은 효력이 없다(법 35조).

---

18) 여기서 대통령령이 정하는 위반행위 관련매출액을 초과하지 않는 범위라 함은 ① 당해 위반행위가 매출이나 소비자피해발생의 직접적인 원인이 아닌 경우에는 당해 위반행위의 발생시점으로부터 그 종료시점까지의 매출액의 10%에 해당되는 금액, ② 당해 위반행위가 매출이 일어난 직접적 원인이 된 경우에는 당해 위반행위와 상당인과관계가 있는 매출액 전액에 해당되는 금액, ③ 당해 위반행위가 소비자피해의 직접적 원인이 된 경우에는 당해 위반행위로 인하여 피해가 발생한 매출액 전액에 해당되는 금액을 말한다. 다만 당해 행위가 위의 행위들 가운데 2 이상에 해당되는 경우에는 그 중 큰 금액을 말한다(영 38조).

2. 전속관할

통신판매업자와의 거래에 관련된 소는 소 제기 당시 소비자의 주소를 관할하는 지방법원의 전속관할로 하고, 주소가 없는 경우에는 거소를 관할하는 지방법원의 전속관할로 한다. 다만 소 제기 당시 소비자의 주소 또는 거소가 분명하지 아니한 경우에는 그렇지 않다(법 36조).

3. 사업자단체의 등록 등

전자상거래와 통신판매의 건전한 발전과 소비자에 대한 신뢰도의 제고, 그 밖에 공동 이익의 증진을 위하여 설립된 사업자단체는 대통령령으로 정하는 바에 따라 공정거래위원회에 등록할 수 있으며(법 37조 1항), 그 등록의 요건·방법 및 절차 등에 관하여 필요한 사항은 대통령령으로 정한다(법 37조 2항).

4. 권한의 위임·위탁

이 법에 따른 공정거래위원회의 권한은 대통령령으로 정하는 바에 따라 그 일부를 소속기관의 장 또는 시·도지사에게 위임하거나 다른 행정기관의 장에게 위탁할 수 있으며(법 38조 1항), 시·도지사의 권한은 그 일부를 시장·군수·구청장에게 위임할 수 있다(법 38조 2항). 그리고 공정거래위원회는 이 법을 효율적으로 집행하기 위하여 필요한 경우에는 그 사무의 일부를 공정거래위원회에 등록한 사업자단체에게 위탁할 수 있으며(법 38조 3항), 이 경우에는 예산의 범위에서 그 위탁사무의 수행에 필요한 비용의 전부 또는 일부를 지원할 수 있다(법 38조 4항).

Ⅱ. 벌칙 등

1. 벌   칙

전자상거래소비자보호법 제26조 제1항에 따른 조사 시 폭언·폭행, 고의적인 현장진입 저지·지연 등을 통하여 조사를 거부·방해 또는 기피하거나 법 제32조 제1항에 따른 시정조치명령을 받고 그 명령에 따르지 아니한 자 또는 법 제32조 제4항에 따른 영업의 정지명령을 위반하여 영업을 계속한 자는 3년 이하의 징역 또는 1억원 이하의 벌금에 처한다(법 40조). 그리고 통신판매업자의 신고를 하지 아니하거나 거짓으로 신고한 자, 소비자피해보상보험계약 또는 결제대금예치계약을 체결하지 않았음에도 불구하고 그러한 사실을 나타내는 표지를 사용하거나 이와 유사한 표지를 제작 또는 사용한 자는 3천만원 이하의 벌금에 처하고(법 42조), 통신판매업자의 신원 또는 거래조건에 관하여 거짓 정보를 제공한 자는 1천만원 이하의 벌금에 처한다(법 43조). 한편 법인의 대표자나 법인 또는 개인의 대리인, 사용인 그 밖의 종업원이 그 법인 또는 개인의 업무에 관하여 이 법 제40조 내지 제43조의 위반행위를 한 때에는 행위자를 벌하는 외에 그 법인 또는 개인에 대하여도 해당 조문의 벌금형을 과한다. 다만 법인 또는 개인이 그 위반행위를 방지하기 위하여 해당 업무에 관하여 상당한 주의와 감독을 게을리하지 않은 경우에는 그렇지 않다(법 44조).

2. 과 태 료

전자상거래소비자보호법에 규정된 사업자의 의무를 위반한 사업자에 대하여는 그 의무 위반의 경중에 따라 공정거래위원회, 시·도지사 또는 시장·군수·구청장이 다음과 같은 과태료를 부과한다(법 45조). 다만 법 제34조에 따라 과징금을 부과한 행위에 대해서는 과태료를 부과할 수 없다(법 46조).

(1) 1억원 이하의 과태료

법 제32조의2 제1항에 위반하여 영업을 계속 한 자에게는 1억원 이하의 과태료를 부과한다(법 45조 1항).

(2) 3천만원 이하 또는 5천만원 이하의 과태료

사업자 또는 사업자단체가 ① 또는 ②에 해당하는 경우에는 3천만원 이하, ③에 해당하는 경우에는 5천만원 이하의 과태료를 부과하고, 사업자 또는 사업자단체의 임원 또는 종업원, 그 밖의 이해관계인이 ① 또는 ②에 해당하는 경우에는 500만원 이하, ③에 해당하는 경우에는 1천만원 이하의 과태료를 부과한다(법 45조 2항).

① 법 제39조 제2항에 따라 준용되는 독점규제법 제81조 제1항 제1호에 따른 출석처분을 받은 당사자 중 저앙한 사유 없이 출석하지 않은 자
② 법 제39조 제2항에 따라 준용되는 독점규제법 제81조 제1항 제3호 또는 제6

항에 따른 보고를 하지 않거나 거짓으로 보고하거나 거짓 자료나 물건을 제
출한 자

③ 법 제39조 제2항에 따라 준용되는 독점규제법 제81조 제2항 및 제3항에 따
른 조사를 거부·방해 또는 기피한 자

(3) 1천만원 이하의 과태료

다음 각 호의 어느 하나에 해당하는 자에게는 1천만원 이하의 과태료를 부과한
다(법 45조 3항).

① 법 제9조의2 제1항을 위반하여 소비자피해방지를 위한 사항을 이행하지 않
은 자

② 법 제21조 제1항 제1호부터 제5호까지의 금지행위 중 어느 하나에 해당되는
행위를 한 자

③ 법 제8조 제4항에 따른 경제수단의 발행자로서 법 제24조 제1항 각호 외의
부분 단서를 위반하여 소비자피해보상보험계약 등을 체결하지 않은 자

④ 법 제15조 제1항에 따른 선지급식 통신판매업자로서 법 제24조 제2항을 위
반한 자

⑤ 법 제8조 제4항에 따른 경제수단의 발행자로서 법 제24조 제7항을 위반하여
거짓 자료를 제출하고 소비자피해보상보험계약 등을 체결한 자

⑥ 법 제15조 제1항에 따른 선지급식 통신판매업자로서 법 제24조 제7항을 위
반하여 거짓 자료를 제출하고 소비자피해보상보험계약 등을 체결한 자

⑦ 법 제32조의2 제2항을 위반하여 공정거래위원회의 요청을 따르지 않는 자

(4) 500만원 이하의 과태료

다음 각 호의 어느 하나에 해당하는 자에게는 500만원 이하의 과태료를 부과한
다(법 45조 4항).

① 법 제6조를 위반하여 거래기록을 보존하지 않거나 소비자에게 거래기록을
열람·보존할 수 있는 방법을 제공하지 않은 자

② 법 제10조 제1항 또는 제13조 제1항에 따른 사업자의 신원정보를 표시하지
않은 자

③ 법 제12조 제2항 및 제3항에 따른 신고를 하지 않은 자

④ 법 제13조 제2항을 위반하여 표시·광고하거나 고지를 하지 않거나 계약내용에 관한 서면을 계약자에게 교부하지 않은 자

⑤ 법 제13조 제3항을 위반하여 재화등의 거래에 관한 계약을 취소할 수 있다는 내용을 거래상대방인 미성년자에게 고지하지 않은 자

⑥ 법 제20조의3 제1호 가목을 위반하여 법 제13조 제2항 제5호에 관한 정보를 제공하지 않은 자

(5) 100만원 이하의 과태료

법 제39조 제1항에 따라 준용되는 독점규제법 제66조를 위반하여 질서유지의 명령을 따르지 않은 자에게는 공정거래위원회가 100만원 이하의 과태료를 부과한다(법 45조 5항, 7항).

사항색인

[ㄱ]

가격차별 337
간이심사대상 기업결합 202
개별약정의 우선 604
거래강제 351
거래거절 331
거래기록의 열람 697
거래상 지위남용 354, 383
거래상의 지위남용행위 326
거래의 적정화 561
거래조건차별 338
거래지역·거래상대방의 제한 363
거래처 이전방해 366
결합정보의 보고의무 575
경영간섭 360
경쟁 126
경쟁사업자 배제 341
경쟁제한 127
경쟁제한방지법 107
경쟁제한성 210
경제 5
경제력집중 234
경제민주화 49
경제법의 개념 4, 5
경제법의 법원 7
경제적 동일체 238
경제적 자유 29
경제적 평등 29
경제적·사회적 민주주의 29
경제정책 16

경제질서 20
경제질서의 기본법 7
경제체제 20
경제헌법 7
경제활동 6
경품류 381
경품류 제공 381
계량 및 규격의 적정화 559
계속거래 671
계속거래상의 부당염매 343
계약서의 작성·교부의무 640
계약설 600
계약의 해제·해지에 관한 부당한 조항 615
계약자유의 원칙 7, 538, 598
계약체결시 계약서 교부의무 686
계약체결시 계약서의 교부 674
계약체결전 정보제공 639, 674
계열회사를 위한 차별 339
계열회사에 대한 채무보증의 금지 267
계열회사의 편입 및 제외 260
계획경제 21
고객의 권익에 대한 부당한 침해 617
공공재 25
공동의 연구·개발 277
공동의 이익 399

공동행위의 부당성 290
공동행위의 인가 306
공시의무 272
공정거래저해성 322
공정한 거래 320, 322
공정한 경쟁 320, 322
공제조합의 설립 699
과실책임의 원칙 538
과잉금지의 원칙 312
과징금 429
과징금의 법적 성격 429
과징금의 부과 430
과태료 707
과태료 납부명령 431
관련매출액 314
관련시장 128, 205
광고의 기준 560
교육을 받을 권리 553
구속조건부거래 360
구입강제 356
구조적 피해 534, 542
구조적인 취약점 461
국제경제법 16
국제연합 소비자 보호지침 554
국제적 경쟁상황 218
권리남용금지의 원칙 544
규모의 경제 156
규범설 600
규제 6, 50, 57
규제산업 136
기술개발제품 492
기술의 부당이용 364

744 사항색인

기술혁신 촉진 지원사업
　488
기업결합　188
기업결합신고대상회사　197
기업결합의 신고　196
기업결합의 신고요령　198
기업집단　237
끼워팔기　351

[ㄴ]

내부적 성장　160
냉각기간　642, 676

[ㄷ]

다단계판매　670, 681
다단계판매업자의 등록　683
다단계판매업자의 책임　694
단결권　553
단독효과　213
단체소송　547
단체활동권　553
당연위법　298
대·중소기업 상생협력　503
대·중소기업의 동반성장정책
　468
대기업 중심적인 경제구조
　526
대심적 요소　421
독과점적인 시장구조　528
독점규제법상 손해배상의
　의의　447
동의의결의 신청　439
동의의결의 절차　439
동의의결의 취소　442
동의의결의 확정　441
동의의결의 효과　442
동의의결제도　437
동일인　237

동조적 행위　282
등록의 취소　686

[ㄹ]

리스계약　637

[ㅁ]

매수인의 기한이익 상실에
　관한 사항　640
매수인의 항변권　649
면책제도　315
면책조항　594
명시·교부의무　601
무가지　381
무한연쇄강　682
물가안정 및 공정거래에 관한
　법률　86
미·일 구조조정협의　117

[ㅂ]

방문판매　669
방문판매업자 등의 신고
　673
방문판매원 등의 명부 비치
　674
배타조건부거래　361
법률상 추정　285
벤처기업　513
병행수입　377
복합적 기본권　543
불공정거래행위　322
부당고가매입　345
부당내부거래　271
부당염매　342
부당이득　314
부당한 면책조항　612
부당한 손해배상액의 예정
　613

부당한 이익에 의한 고객유인
　346
부당한 지원행위　367
부당한 고객유인　345
부당행위에 대한 정보의
　공개　701
부정경쟁　330
부채비율　246
불이익제공　358
비관련다각화　239

[ㅅ]

사건심사의 착수보고　417
사실상의 추정　286
사업권유거래　671
사업자　121
사업자단체　124, 398
사업지주회사　245
사업협동조합　477
사업활동방해　364
사원판매　352
사유재산제　25, 45
사적자치　7, 594
사적자치의 원칙　538
사회적 시장경제　17, 36
사회조화적 시장경제　34, 44
사회주의　21
사회주의적 계획경제　22
사회주의적 시장경제　23
산업조직론　69
삼배배상　547
상대적인 취약점　461
상표간의 경쟁　320
상표내의 경쟁　320
상품시장　129, 206
상품확대형 결합　196
상호출자　263
상호출자제한 기업집단　252

새로운 회사설립에의 참여 193
석명권 424
선불식 통신판매 721
선택할 권리 551
설명의무 601
성과공유제 504
셔먼법 96
소기업 515
소비자 권리 542
소비자 등에 불리한 계약의 무효 704
소비자 분쟁조정 및 피해구제 권고안 566
소비자 정책 555
소비자단체 568, 569
소비자단체소송 553, 585
소비자리익의 보호에 관한 특별교서 543
소비자보호 75
소비자문제 533
소비자보호 협력 565
소비자보호운동 534
소비자보호지침 698
소비자복지 75
소비자분쟁조정위원회 562, 582
소비자에 대한 정보제공 561
소비자에 대한 정보제공 및 계약서 교부의무 695
소비자의 개념 535
소비자의 열등성 539
소비자의 조직활동의 지원 559
소비자의 지위 537
소비자의 책무 555
소비자의 특성 540

소비자정보요청협의회 588
소비자정책위원회 557
소비자주권 75, 537
소비자피해보상보험계약 731
소비자피해보상보험계약 등의 체결 684
소비자피해분쟁조정 703
소비자피해의 구제 581
소상공인 515
소송적격 586
소액다수의 피해 552
소유권유보부 매매 647
소유권의 유보 635
소제기의 부당한 제한 620
소회의 407
손해배상청구금액의 제한 679, 688
수거·파기 등의 권고 577
수거·파기 등의 명령 578
수정된 시장경제 36
수직결합 195, 215
수탁·위탁거래의 공정화 507
수평결합 195, 213
순수지주회사 245
순수한 혼합결합 196
순환출자 265
시장경제 21, 35, 47
시장실패 25
시장지배적 사업자 157
시장지배적 사업자의 추정 159
시장지배적 지위남용의 금지 385
시장확대형 결합 196
시정권고 428
시정명령 428

시험·검사시설의 설치 565
신규진입의 가능성 219
신문 381
신설합병 193
신의성실의 원칙 544, 605, 607, 608
심사 414
심의 414

[ㅇ]

안전의 권리 550
알 권리 550
암묵의 요해 284
약관 591
약관심사자문위원회 625
약관에 관한 심사 625
약관의 내용통제 600
약관의 유효성통제 607
약관의 편입통제 600
SSNIP 206
역외적용 153
연고판매 682
연방거래위원회법 100
영업의 양수 193
완전경쟁 73
완전경쟁시장 210
완전독점시장 210
외부적 성장 160
원상회복명령 312
원인금지주의 78
위계에 의한 고객유인 349
위해의 방지 559
위해정보 보고기관 580
위해정보의 수집 579
위험전가조항 594
유럽 독점금지법 102
유효경쟁 73, 210
의견을 반영시킬 권리 552

의견진술기회의 부여 443
의결 414
의사의 연락 281, 284
의사표시의 부당한 의제 618
의식적 병행행위 286
이업종교류 481
이의신청의 대상 435
이의신청의 법적 성격 435
이익제공강요 357
이행강제금 232, 233
인력의 부당유인·채용 365
인력지원 371
일반 중소기업법 471
일반심사대상 기업결합 202
일반적 소비자분쟁해결기준 562
일본의 독점금지법 111
일부무효의 특칙 621
1인 창조기업 515
일정한 거래분야 128
임원겸임 192, 204
임원파견 192
임의규정 594
입찰담합 302

[ㅈ]

자금지원 369
자동화 지원사업 481
자료열람요구 444
자발적 리콜제도 576
자본주의 21, 35
자본주의적 시장경제 22, 36
자본주의적 통제경제 23
자산지원 370
자원배분의 효율성 76
자유시장경제 23
자율적 분쟁조정 570

자중손실 156
자회사 행위제한 249, 250
작성자불리의 원칙 606
재고기간 642, 676
재심사명령 425
재판상의 화해 584
적용제외 131
전방결합 195
전속고발권 446
전속관할 651, 705
전원회의 407
전자거래분쟁조정위원회 736
전자문서 715
전자상거래 710
전통경제 21
전통시장 515
전화권유판매 670
정당한 사유 333
정당한 이유없이 322
주소변경 등의 공고 693
주식소유비율 246
주식취득 192, 203
중소기업 사업전환정책 495
중소기업 옴부즈만 474
중소기업 인력지원 498
중소기업 적합업종 512
중소기업 중앙회 479
중소기업 창업지원계획 482
중소기업 판로지원 493
중소기업관련법 518, 519
중소기업기본법 471
중소기업상담회사 486
중소기업육성대책요강 463
중소기업의 구조 고도화 481
중소기업의 사업영역 보호 510

중소기업의 육성 463
중소기업자 471
중소기업자간 경쟁제품 491
중소기업자의 범위 472
중소기업정책 463
중소기업제품 구매촉진 491
중소기업진흥공단 482
중소기업창업투자회사 483
중소기업협동조합 475
지속가능한 소비 554
지역시장 129, 208
지원사업 481
지주회사 244
직권규제주의 79
직권주의적 요소 421
진정상품 377
집단분쟁조정 584
집단소송 547
집단적 차별 341

[ㅊ]

차별적 취급 336
창업보육센터 483
철회권 642, 676
청약철회 676, 686, 722
청약확인 721
최종소비자 536
충동구매 639

[ㅋ]

카르텔 278
클레이톤법 98

[ㅌ]

탈법행위의 금지 220
통신판매 710
통신판매중개자 725
통일적 해석의 원칙 606

통제경제　30
트러스트제도　94
특별 중소기업법　513

[ㅍ]

판매목표강제　357
편면적 강행규정　650
폐해규제주의　78
표시의 기준　560
표준약관　626
표준약관제도　626
품목별 소비자분쟁해결기준
　562
플랫폼　712
피해구제의 청구　581
피해보상을 받을 권리　552
필수설비이론　169

[ㅎ]

한국공정거래조정원　409
한국소비자원　571, 572
할부매매　633
할부수수료의　실제연간요율
　639
합리의 원칙　98
합의권고　581
합작회사　194, 301
해외경쟁의 도입수준　218
행정규제주의　78
허핀달-허쉬만 지수　211
헌법상의 경제질서　10
혁신형 중소기업　467
협동조합　475
협동조합 연합회　478
협력효과　214

형벌의 부과　445
혼합결합　217
혼합경제　21, 36
회사의 합병　193
회생불가회사와의 기업결합
　223
효율성 증대를 위한 기업결합
　221
후방결합　195
후원수당　689
휴업기간 등에 있어서 업무
　처리　693
휴업기간중의 업무처리　680
흡수합병　193

[저자약력]

권오승

서울대학교 법과대학 및 동대학원 졸업
서울대학교 대학원 법학박사
독일 프라이부르크대학에서 연구(1984.6~1986.7),
　　독일 훔볼트재단 지원
경희대학교 법과대학 교수 역임
미국 Harvard대학과 독일 Mainz대학 방문교수
제13대 공정거래위원회 위원장 역임
서울대학교 법과대학 및 법학전문대학원 교수 역임
현 서울대학교 법학전문대학원 명예교수
　　한동대학교 대학원 석좌교수
　　대한민국학술원 회원

〈저 서〉

企業結合規制法論(法文社, 1987)
民法의 爭點(法元社, 1990)
EC競爭法(法文社, 1992)
公正去來法 實務解說(韓國上場會社協議會, 1993)
公正去來法審決例100選(共著, 法文社, 1993)
사법도 서비스다(미래 미디어, 1996)
公正去來法講義(編, 法文社, 1997)
獨逸競爭法(譯, 法文社, 1997)
公正去來法講義Ⅱ(編, 法文社, 2000)
自由競爭과 公正去來(編, 法文社, 2002)
製造物責任法(共著, 法文社, 2003)
公正去來와 法治(編, 法文社, 2004)
通信産業과 競爭法(編, 法文社, 2004)

消費者保護法(제5판, 法文社, 2005)
情報通信과 公正去來(編, 法文社, 2006)
公正去來法과 規制産業(공편, 법문사,
　　2007)
법으로 사랑하다(홍성사, 2010)
독점규제법 30년(편, 법문사, 2011)
독점규제법(제7판, 공저, 법문사, 2020)
아세안 경쟁법(편, 법문사, 2022)
법학교수의 삶(법문사, 2022)
독점규제법: 이론과 실무(제6판, 공저,
　　법문사, 2023)
독점규제법 기본판례(제2판, 공저,
　　법문사, 2023)

홍명수

서울대학교 법과대학 졸업
서울대학교 대학원 법학과 졸업(법학석사·박사)
명지대학교 법과대학 학장 역임
공정거래분쟁조정협의회 조정위원 역임
근정포장 수상(2020)
현 명지대학교 법과대학 교수

〈저 서〉

재벌의 경제력집중 규제(경인문화사, 2006)
경제법론Ⅰ(경인문화사, 2008)
경제법론Ⅱ(경인문화사, 2010)
경제법론Ⅲ(경인문화사, 2013)
경제법론Ⅳ(경인문화사, 2018)
경제법론Ⅴ(경인문화사, 2022)
독점규제법(제7판, 공저, 법문사, 2020)